**국가폭력에 맞선
원풍 노동자 이야기**

풀은
밟혀도

다시
일어선다

원풍동지회 엮음

학민사
Hakmin Publishers

일러두기

1 '원풍노조,' '노조,' '원풍'은 전국섬유노동조합 원풍모방지부를 말한다. '원풍'은 원풍모방주식회사를 일컬을 때도 있다.

2 '영등포산선,' '산업선교회,' '산선,' '영산,' '회관'은 영등포도시산업선교회를 말한다.

3 '소그룹,' '~팀,' '~반'은 원풍노조 조합원들의 자율적 소모임을 말한다.

4 '지부장'은 1980년까지의 원풍노조 대표를, '조합장'은 1981년 이후의 원풍노조 대표를 말한다.

5 '상근간부'는 원풍노조 사무실에서 상근하는 지부장(조합장) 1인, 부지부장(부조합장) 1인, 총무 1인을 말한다.

6 '상집간부,' '상집위원'은 원풍노조의 일상적 활동과 업무를 의결, 집행하는 상무집행위원을 말한다. 상집 위원은 20명 전후로 대의원들의 추천을 받아 대의원총회에서 인준한다.

7 '대의원'은 각 작업장별로 20~30명에 1명씩 선출하는 원풍노조의 대의제도이다.

8 '9·27', '9·27사건', '원풍노조 9·27사건' 등은 1982년 9월 27일 공권력의 비호 아래 원풍모방 노동조합 을 파괴하기위해 구사대가 폭력을 행사한 사건을 말한다.

9 '폭력배,' '구사대'는 9·27사건 때 농성 조합원들을 끌어내기 위해 회사에 의해 투입된 노조 배신자, 관리직 사원, 그밖에 정체불명의 사람들을 말한다.

10 '출근투쟁'은 1982년 9·27사건 때의 원풍노조 해고 노동자들이 10월 7일과 13일, 회사 정문 앞과 건너 편 강남성심병원 앞에 모여 출근하려 했던 집회투쟁을 말한다.

11 '인증서,' '명예회복 증서,' '민주화운동인증서' 등은 '민주화운동 관련자 명예회복 및 보상 등에 관한 법 률'에 의거 민주화운동관련자명예회복및보상심의위원회가 원풍노조의 9·27사건 등의 투쟁을 민주화 운동으로 인정하여 수여한 '민주화운동관련자증서'를 말한다.

12 'YWCA 위장결혼식사건'은 1979년 11월 24일 서울 명동 YWCA강당에서 열린 '통일주체국민회의 대 의원에 의한 대통령선거계획책 규탄집회'를 말한다.

13 '노동자집회'는 1980년 5월 13일 한국노총 강당에서 열린 '노동기본권확보전국궐기대회'를 말한다.

* 이 책은 민주화운동기념사업회의 지원으로 제작되었습니다.

원풍노조 126명의 증언록에 부처

북풍한설을 거역하며 살아온 50년의 삶

불가의 옛말에 "모래가 손가락 사이로 흘러내리듯 시간은 나로부터 달아난다"는 말이 있습니다. 시간이 흐름을 거스를 수 없듯이, 지난날의 기억은 나뿐만 아니라 세간의 기억에서도 달아나기 마련입니다.

1972년, 원풍모방의 전신인 한국모방에서 시작된 민주노조 건설의 빛나는 승리는 단순히 70년대를 대표하는 노동운동의 역사에 그치지 않습니다. 유신독재와 긴급조치라는 엄혹한 시대 조건 속에서 원풍노조가 이루었던 많은 성과들은 지금 여기에서 고통 받고 있는 노동자와 서민들에게 꺼지지 않는 희망의 불꽃으로 이어지고 있습니다.

알려진 것처럼 원풍노조는 70년대 민주노조 중 가장 오래 싸워, 가장 많은 해고자가 나온 기록을 가지고 있습니다. 이 같은 기록을 세울 수 있었던 바탕에는 활발한 조합원 교육, 다양한 연대활동, 노조 내 남녀평등, 노동자의 경영참여 등 당시로서는 매우 앞선 노조와 이를 뒷받침한 노동자들이 있었기 때문입니다.

이 책에 실린 원풍노조 126명의 기억과 기록은 잘 알려진 운동가가 아닌 평범한 민초이자 현장 노동자들의 삶이라는 점에서 더더욱 소중합니다. 사람이며 또한 노동자인 각자가 노동조합을 통해 어떻게 투쟁하고 변화했으며, 다른 곳 다른 삶 속에서도 함께 견디며 끊임없이 연결되어 왔는가를 잘 보여주고 있습니다.

꽃은 바람을 거역해서 향기를 낼 수 없지만,
선하고 어진 사람이 풍기는 향기는
바람을 거역하여 사방으로 퍼진다.

북풍한설을 거역하며 살아온 세월이 어언 50년에 가깝습니다. 광풍 가운데서
도 스러지지 않았던 10년의 싸움, 그 후로 오늘까지 이어진 진실규명과 명예회
복 투쟁에서 보여준 원풍노조와 조합원들의 모습 속에서 우리는 짧은 뜨거움이
오랜 따뜻함으로 변모한 '사람'을 발견합니다.

모두를 품는 따뜻한 연대의 마음이 오늘의 노동현실을 거역하는 짙은 향기가
되어 사방으로 퍼지기를 바라며, 수고하신 모든 분들, 참여하신 모든 분들께 깊
이 감사드립니다.

2019년 10월
민주화운동기념사업회 이사장 지선

원풍노조 126명의 증언록에 부쳐

우리의 아픔, 우리의 사랑

원풍모방노동조합은 1970년대 민주노조의 마지막 이름입니다. 그 시절, 산업화 1세대로 살아온 우리들에게 붙여진 이름은 공순이, 공돌이였습니다. 그러나 우리는 노동조합을 통하여 사회의식을 깨우쳤고, 민주주의를 배웠습니다. 노동이 일상이었던 고단한 삶이었지만, 우리는 교육과 독서, 토론을 통하여 노동의 소중함을 깨닫고, 노동자로서의 정체성을 명확히 받아들였습니다.

노동자로 불리는 것이 조금도 부끄럽지 않았습니다. 의식의 변화는 우리로 하여금 진정한 의미의 행복과 자긍심을 갖게 하였습니다. 이 책에 실린 원풍동지 126명의 증언은 바로 우리들의 그 젊은 날의 이야기로부터 시작합니다. 그 이야기는, 우리들이 가난의 절망을 어떻게 희망으로 바꾸었는지, 또 저학력의 열등의식에 어떻게 삶의 지혜를 채워갔는지 진솔하게 설명합니다.

그러나 기쁨과 행복, 희망의 삶은 그리 길지 않았습니다. 우리들의 기쁨과 행복, 희망의 근거였던 원풍노조가 강탈당한 것입니다. 이 책에 실린 글들의 두 번째 내용입니다. 1982년 9월 27일, 예수를 팔아넘긴 유다의 후에 같은 자들이 노조 사무실로 쳐들어왔습니다. 조합원들은 강력히 저항하며 단식투쟁에 돌입했습니다. 그들과 한 패거리인 TV 카메라맨과 사진기자들은 매우 흥미롭다는 표정으로 셔터를 눌러댔습니다. 정의와 진실에는 아무 관심도 없었습니다.

경비실에는 일찌감치 경찰들만 북적거렸고, 식당과 기숙사는 폐쇄되고 수도도 끊겼습니다. 농성 조합원들이 사용하던 화장실은 오물이 넘쳐흘렀습니다. 빈 드럼통을 놓고 마대를 둘러쳐 임시 화장실을 만들었지만 버틸 수가 없었습니다.

4박5일간 단식으로 죽기를 각오하며 저항하던 우리들은 결국 공권력의 지원을 받는 야수와 같은 구사대들에 의해 무참하게 끌려나오고 말았습니다.

그날은 10월 1일, 추석날 새벽이었습니다. 김민기의 〈늙은 군인의 노래〉를 개사한 우리들의 투쟁가 〈어두운 밤 지나면〉은 그때 그 시절의 우리 상황을 잘 묘사하고 있습니다.

> 나 태어나 원풍모방 노동자 되어 / 민주노조 세운지 어언 십여 년
> 내 젊음 다 바쳐서 땀 흘려 일했건만 / 9월의 마지막 밤에 매 맞고 끌려났네
> 아~ 억울하다 짓밟힌 생존권 / 민주노조 어디 갔나! 감옥 속에 갇혀있나
>
> 나 끌려 나 거리에서 방황했지만 / 한 맺힌 이 울분 참고는 살 수 없다
> 무엇을 배웠는가! 무엇을 느꼈는가 / 어둠이 깊어지면 새벽이 밝아온다
> 아~ 노동자여 잠 깨어 일어나서 / 단결과 투쟁으로 민주사회 이룩하자

노동조합을 무력화시키기 위해서는 먼저 노조간부들을 제거하고 적극적으로 노조활동을 하는 조합원들을 퇴사시키는 것이었습니다. 공권력은 경찰, 안기부, 노동부는 물론 시장, 군수, 면장, 농협조합장, 심지어는 초등학교 교사까지 동원하여 부모형제와 친인척을 압박함으로써 사표를 내게 했습니다. 사표를 내지 않으면 연행하여 구속하겠다고 협박했습니다. 이렇게 하여 우리들은 기쁨과 행복, 희망의 근거였던 원풍모방에서 쫓겨났고, '원풍민주노조 10년'의 깃발은 군사독재의 군홧발에 찢겨버렸습니다.

이 책에 실린 글들의 세 번째 내용은, '가난하고' '못 배운' '여성 노동자'가 '빨갱이'로 몰려 신산한 삶을 살아온 30년의 이야기입니다. 각서를 거부하여 해고자가 된 우리들에게는 블랙리스트가 들씌워져 있어서 어디에도 취업을 못하게 했습니다. 두 발을 뻗고 누울 공간은커녕 세 끼 식사조차 쉽지 않았습니다. 인간으로서의 '실존'은커녕 목숨을 이어가야 하는 '생존'조차 힘들었습니다.

결혼은, 그런 막막한 처지의 우리들에게 마지막 도피처였습니다. 블랙리스트로

취업을 할 수 없으니, 여자들의 '평생직장'인 결혼을 한 것입니다. 그러나 결혼생활도 만만치는 않았습니다. '빨갱이'라는 주홍글씨는, 시부모와 시집식구들의 마음을 비틀게 했고, 심지어는 남편조차도 냉랭하게 만들었습니다. 먼 훗날 아이들이 커서 엄마를 옹호하고 이해해 줄 때에야 그 서러움이 풀렸습니다.

2007년, 대한민국 정부는 원풍노조와 우리들의 투쟁을 민주주의 발전에 기여한 것으로 인정하였습니다. 우리 모두 '빨갱이'의 굴레를 벗어나 명예회복이 되었습니다. 그 명예회복 인증서를 받던 날, 우리 모두는 펑펑 울었습니다. 국가는 우리를 '산업역군'이라고 추켜세우고는 내버렸지만, 우리는 국가가 준 그 종이 한 장에 감격했습니다. 우리 126명 원풍동지들의 이야기는 이렇게 해피엔딩 비슷하게 끝을 맺습니다.

만족스럽지는 않지만, 이렇게라도 동지들의 기억을 풀어 책으로 묶어내기까지는 많은 분들의 헌신과 도움이 있었습니다. 우선 방용석 지부장님과, 원풍 시절의 소중한 기억을 남겨준 우리 원풍동지들이 없었더라면 이 책은 처음부터 불가능했습니다. 진심으로 지부장님과 동지들께 감사드립니다.

양승화, 양태숙, 장남수, 지명환, 황선금 동지들은 인터뷰를 진행하고 이를 풀어 정리하는 작업을 했습니다. 김학민 경기문화재단 이사장님은 원고를 정리하여 편찬의 방향을 잡아 주셨습니다. 이 책이 술술 읽힐 수 있다면, 위 여섯 분이 애쓴 결과입니다. 마지막으로, 이 책이 발간될 수 있도록 지원해 주신 민주화운동기념사업회의 지선 이사장님과, 이 책의 출간을 맡아주신 학민사에도 감사의 인사를 드립니다.

2019년 가을
원풍동지회 회장 황선금

어용 노조를 물리치고

민주노조의 탄생

원풍노조 전성시대

차 례

밀려오는 먹구름

마지막 민주노조 산화하다

풀은 밟혀도 다시 일어선다

어용 노조를 물리치고

001

우리의 만남이 희망입니다

방용석

_____1945년 11월, 충북 진천군 이월면 송림리에서 태어났다. 1970년 2월 한국모방(원풍모방)에 입사, 1972년 8월 노동조합 교육선전부장으로 파업과 명동성당 농성을 주도하여 '국가보위에관한특별조치법' 위반으로 구속되었다. 1975년 2월 폭력혐의로 구속된 후, 1974년 6월 노조 지부장으로 선출되었다. 1976년 11월, '국가원수모독혐의'로 치안본부 대공분실에 연행되어 6일간 조사를 받았다. 1980년 5월 광주민주항쟁 희생자를 위한 모금 운동으로 수배되고 해고되었으며, 1982년 11월 원풍노조 탄압사건으로 구속되었다. 1983년 8월 석방된 후 1984년 3월 한국노동자복지협의회를 결성하여 전두환 정권의 탄압에 맞서 저항하다가 불법유인물 제작 배포 혐의로 두 차례 구류처분을 당하였고, 이때 경찰의 폭력으로 오른쪽 청력을 손상당하였다. 1996년 5월부터 2007년 2월까지 정치활동을 하였고, 2001년 민주화운동 관련자로 명예회복이 되었다.

1960년대 중반, 농촌의 젊은이들 사이에서는 '산업박람회'를 구경하러 가는 바람이 불었다. 5·16쿠데타로 권력을 잡은 박정희 정권은 경제개발정책의 일환으로 1964년에 구로공단을 조성한 후, 노동력을 충원하기 위해 산업박람회를 열었던 것이다. 농촌의 젊은이들은 돈을 벌 수 있다는 희망으로 앞 다투어 서울로 올라왔고, 그 바람은 박정희 정권의 노동 수탈적 경제개발의 출발을 알리는 신호였다.

가난에 허덕이다가 공장 노동자가 되기 위해 고향을 등진 사람들에게 상경길은 낯설고 두려운 여정이었으며, 서울은 메마르고 각박한 도시였다. 그중에서도 농촌의 소녀들은 스웨터공장, 가발공장, 신발공장, 방직공장을 찾아 헤매었다. 더러는 나이가 너무 어려 남의 이름으로 입사를 했고, 또 더러는 '중학교 졸업'으로 거짓 이력서를 쓰기도 했다.

그들은 공장에서는 장시간 노동에 시달렸고, 옆 사람과 곁눈질 한 번 할 수 없도록 감시를 받았으며, 주말에도 야근을 일삼았기에 제대로 쉬는 날도 없이 하루하루를 보내야 했다. 국가는 그들을 '조국근대화를 열어가는 산업역군'이라고 추켜세웠지만, 기업주와 독재정권의 어두운 유착은 곧 그 마각을 드러냈다.

구 속 으 로   시 작 된   노 동 운 동

1970년, 나는 어머니가 손에 쥐여 준 오천 원을 들고 서울로 왔다. 돈을 벌어야겠다는 희망을 품고 첫 번째로 취직을 한 곳이 한국모방이었고, 그곳에서 유능한 기술자가 되어야겠다고 다짐하였다. 그렇게 들어간 한국모방의 노동조합이 1972년에 정상화되면서 노동운동이 무엇인 줄도 모르는 내가 노조의 상집간부가 된 것은 전혀 예상치 못한 결과였다.

노동운동은 어느 날 운명처럼 나에게 다가왔다. 1972년 8월 9일, 여름 장맛비가 억세게 쏟아지던 날이었다. 고요했던 공장이 갑자기 소란스러워졌다. 수백 명의 노동자들이 모여 소낙비에도 아랑곳하지 않고 기업주의 부당한 해고와 부서 이동을 규탄하였다. 그 즈음 회사는 노동조합 간부들을 압박하기 위하여 일방적으로 해고를 하거나 부서를 이동시켰다.

9월 3일, 노조는 특근을 거부하는 파업으로 탄압에 맞서기로 결의하였다. 회사의 관리자들은 밤새워 현장을 감시하고, 경계를 서고, 을러대면서 작업장 출입문을 굳게 잠갔다. 조합원들이 기계를 멈추게 하여 공장은 적막감에 휩싸였다. 회사는 공장을 폐업하겠다고 협박하고, 기숙사의 외출을 통제하며 식당을 폐쇄했다.

나는 기숙사 울타리 바깥에서 '정문으로 나오라!'는 현수막을 들고 기숙생들이 뛰어나오도록 유도했다. 그리고는 노조 대의원들로 하여금 정문 밖으로 나온 조합원들에게 명동성당으로 집결하도록 알리게 했다. 많은 조합원들이 명동성당에 들어가 밤늦게까지 경찰과 대치했다. 결국 우리의 요구조건을 수용하겠다는 중재가 이루어져 모두들 경찰 버스를 타고 공장으로 돌아올 수 있었다.

그렇게 전 조합원이 단결하여 노동조합을 지켜냈지만, 나는 파업을 주도하고 명동성당에서 농성을 주도한 행위 때문에 '국가보위에 관한 특별조치법'과 '집회 및 시위에 관한 법률' 위반혐의로 구속되었다. 뜻하지 않게 구속이 되어 기술자가 되겠다는 나의 꿈은 온데간데없이 날아가 버렸다. 아마도 서울에 올라올 때 꾸었던 꿈이 어긋나지 않았더라면, 나는 유능한 기술자로, 돈독한 신앙인으로, 평범한 자유인으로 살았을 것이다.

검 사 와 의   대 면

구속 후 생전 처음 검사 앞에 섰다. 빛바랜 낡은 죄수복을 입은 내 모습이 스스로도 낯설고 초라해 보였지만 용기를 내야 했다. 무엇을 잘못했는지 알지도 못한 채 구속까지 당해 심문을 받는 것은 나로서는 무척 억울한 일이었다.

"검사님! 회사가 식당을 폐쇄하고 밥을 주지 않았습니다. 기숙사생들은 묵묵히 굶어죽어야 합니까?"

물끄러미 바라보던 검사가 윽박지르듯 내쏘았다.

"사회를 혼란시켰잖아!"

기가 막혔다. 무엇이 사회혼란이란 말인가? 교도관도 모르는 '국보위법' 위반이라고 했다. 당시 상황으로는 중형을 피하기 어려운 죄목이라고 하여 절망감에 빠졌다. 노조 간부가 된 지 17일 만에 벌어진 날벼락이었다. 솔직히 당시는 노조 걱정보다는 구속자가 되었으니, 범죄자라는 낙인이 찍혀 서울로 돈 벌러 온 꿈이 좌절되는 것이 더 걱정스러웠다. 그 후 나는 다섯 번의 감옥살이와 세 번의 강제 연행, 그리고 두 번에 걸친 수배생활을 하면서 20여 년을 보냈다.

그런데 이게 웬일인가! 구속된 지 열흘째 되던 날 밤에 갑자기 석방이 된 것이다. 나와 함께 구속되었던 정상범 총무도 석방되었다. 뜻밖에 벌어진 대역전이었다. 영문도 모른 채 회사로 돌아온 나에게 조합원들은 따뜻한 미소로 격려를 해주었다. 절망감에 빠져 있던 나에게 조합원들은 큰 용기를 주었던 것이다. 나는 그 사건을 겪으면서 처음으로 노동조합도 할 만한 것이 아닌가 하는 생각이 들었고, 그 순간 감옥살이로 깨어진 꿈이 되살아났다. 이전과는 다른 노동운동의 꿈이었다.

1973년 6월 4일, 기업주의 경영부실로 한국모방이 부도가 났다. 나와 노조는 부실경영의 문제점을 찾고, 노사의 힘을 모아 공장을 다시 일으켜 세웠다. 이를 계기로 공장이 정상화되고, 노조도 굳건히 뿌리를 내려가고 있었다. 그러나 어느 날 경찰은 내가 조합원 교육 중에 '대통령을 모독' 했다며 치안본부 대공분실로 연행하였으나 6일 만에 풀려나왔다.

세 번 째 구 속

1979년 10월 26일, 박정희 대통령이 자기 심복의 총을 맞고 쓰러졌다. 그 총소리는 독재자 박정희가 어둠 속으로 사라지는 신호였지만, 민주화를 고대해 왔던 이 땅의 민중들에게는 희망의 빛이었다. 그러나 1980년 5월, 전두환 신군부가 광주시민들을 처참하게 살육하는 사태가 벌어졌다. 계엄령이 전국으로 확대 선포되어 삼천리는 그야말로 적막강산이었다.

1980년 7월, 나는 원풍모방에서 해고되었다. 소위 노동계 정화 조치에 의한 나의 해고는 노동조합운동을 잘해 보겠다는 두 번째 꿈을 송두리째 빼앗아갔다. 합동수사본부는 불법 유인물 제작 배포, 광주희생자를 위한 모금 등을 이유로 소위 '김대중 내란음모사건'과 법정 소란혐의 등을 적용하여 수배했다. 나는 나중에 연행되었을 때 수사관들의 무자비한 폭행으로 고막이 파열되었고, 결국 그 후유증으로 2008년에 청력을 잃어버렸다.

그러나 독재세력의 탄압이 심해지면 심해질수록 원풍노동조합을 지키려는 나의 의지는 더욱 굳어져 갔다. 한국모방 시절, 처음에는 어색하기만 했던 노동조합이 이제 나에게 제2의 신앙처럼 자리를 잡아간 것이다. 물론 그렇게 되기까지는 조합원들의 변함없는 신뢰와 사랑이 있었기에 가능했던 것이다.

1982년 9월 27일, 원풍노조가 파괴당할 때까지 이어졌던 '민주노조 10년'은 내 인생의 전성기라고 할 수 있다. 그것은 개인적으로 가정형편이 부유해졌다거나 사회적 지위가 황홀했던 시기였기 때문이 아니었다. 나를 무한히 신뢰해준 조합원들과 함께 '민주노조 10년'을 활동해 왔기 때문이었다. 언제 돌이켜 보아도 그 시절 나의 삶은 무척이나 행복하고 아름다웠다.

1980년 12월, 계엄령 해제가 임박할 무렵 원풍노조 간부 48명이 연행되어 그중 14명이 해고당했다. 어려운 상황에서 이무술 집행부는 원만한 노사관계를 유지하기는 어려웠으나 조합원들의 적극적인 지지와 협력으로 조직을 안정적으로 이끌어가는 듯했다.

1981년 대의원대회에서 대의원들은 회사 측과의 일전이 필요하다는 뜻으로 노조 총무 선출과정에서 조합장이 지지했던 장××이 아닌 이옥순을 선출했다. 이에 부담을 느낀 듯 이무술 씨가 조합장직을 사퇴하였다. 후임자였던 정선순 집행부가 유인물을 제작 배포하며 저항의 수위를 높이자 청와대 손진곤 비서관과 안기부 조정관이 노조 간부 전원이 사퇴하지 않으면 노사 정상화는 불가능하다는 최후통첩을 하였다.

그 이후 김승년 검사가 관계기관 대책회의를 소집하여 원풍노조 파괴를 계획하였고, 그로써 82년 9·27폭력사태를 일으켜 노조를 파괴한 것이다. 4박5일간 단식농성은 전쟁터를 방불케 하였다. 이 사건에서 200여명이 연행되고 8명 구속, 28명 구류, 570여 명이 강제해고를 당함으로써 70년대 민주노조의 마지막 깃발이 짓밟히고 끝이 났다.

1982년 11월 12일, 나는 '원풍노조 9·27사건' 때의 '제3자 개입금지' 위반이란 죄명으로 구속되었다. 독재 권력은, 1980년에 내가 해고되었으므로 원풍노조와는 관계가 없는 제3자인데, 그 사건에 개입했다는 것이다. 이 조항은 1980년 10월, 노동관계법을 개악할 때 신설된 것이다. 전두환 정권은 그때 노동조합법과 노동쟁의조정법에 그 조항을 넣었다.

감옥살이를 하면서 돌아보니, 지난 10년간 민주노조를 사수하기 위해 온몸을 바치며 농성장에서 마지막까지 최선을 다해 투쟁했던 600여 명의 원풍 조합원들이 너무 고마웠다. 그리고 내가 원풍노조의 마지막 집행부 간부들과 함께 구속된 것도 감사했다. 결과보다는 과정이 더 중요하다는 것을 잘 알고 있었기에 그러했다.

산 선 과 의   인 연

1983년 8월, 원풍노조는 실질적으로 사라졌으나 그 10년의 투쟁은 역사에 새겨질 것이라는 믿음을 갖고 감옥 문을 나섰다. 석방된 노조간부들을 반갑게 맞이해주는 조합원들의 미소에는 앞으로 무엇을, 어떻게 할 것이냐는 물음도 배어 있었다. 10개월 동안 사회로부터 격리되었던 간부들은 조합원들과 함께 앞으로 무엇을 할 것인가를 진지하게 논의해야 했다.

하지만 그 논의를 시작하기도 전에 영등포산업선교회 측에서 원풍 노동자들과의 결별을 통고했다. '아, 이렇게도 변할 수 있구나!' 새삼스럽게 차가운 현실을 느끼면서 적지 않은 실망감이 밀려 왔다. 그러나 조합원들은 놀라기는커녕 올 것이 왔다는 표정들이었다. 지난 겨울 산선에서는 관리자를 시켜 더 이상 방을 사용하지 못하도록 폐쇄하였다는 것이었다.

그제야 1년 전 9월 27일 원풍노조가 파괴당하던 날, 인명진 목사가 원풍 노동자들이 끌려나오더라도 영등포산선에는 오지 않게 하라고 했던 말이 생각났다. 그때부터 영등포산선 실무자들과 원풍 노조원들의 동반적 관계는 무너졌던 것이다. 나는 끓어오르는 감정을 애써 억누르며 조합원들을 달랬다.

"조합원 여러분, 우리 다시 시작합시다! 여기서 포기할 수는 없습니다. 그러나 쉽지는 않을 것입니다. 우선 큰일을 한다기보다는 할 수 있는 일부터 찾아 해보는 것입니다. 민주노조운동 10년의 저력을 믿고 다시 시작합시다!"

이렇게 우리는 법외노조 운동을 시작하였다. 누구도 가보지 않았고 경험해 보지도 않았던 낯선 길을 찾아 나선 것이다. 불모지를 일구는 개척자처럼, 조합원들은 그 길이 민주사회를 이룩하는 길이라고 믿었다. 그리고 그 믿음을 담은 〈민주사회 이룩하자〉라는 노래를 만들어 부르기도 했다. 영등포산선과의 인연은 여기까지였다.

한 국 노 동 자 복 지 협 의 회

1984년, 70년대 민주노동조합 운동을 했던 해고 노동자들이 모였다. 우리나라 처음으로 '한국노동자복지협의회'란 반합법 공개조직을 결성하여 활동을 시작하였다. 당시는 민주화운동청년연합, 민주통일민중운동연합, 민중문화운동협의회, 민주언론운동협의회 등 수많은 민주화운동 단체들이 속속 결성되고 있었다. 민주화운동 세력들이 전두환 정권과의 전면투쟁을 선언하고 나선 것이다.

1987년 6월, 호헌철폐와 독재타도를 외치는 시위가 전국에 소용돌이쳤다. 급기야 6월항쟁이 시작된 지 20여일 되는 6월 29일, 노태우가 대통령 직선제 개헌을 발표하면서 시민항쟁은 끝이 났다. 뒤이어 독재정권 시대 숨죽여 살아온 노동자들의 대투쟁이 시작되었다. 1987년 한 해 동안 3,700여 건의 노동자들의 파업시위가 발생했으니, 참으로 놀라운 일이 아닐 수 없었다.

1990년 1월, 전국노동조합협의회가 출범하였고, 그 깃발 아래 민주노동조합들이 뭉쳤다. 70년대 민주노조보다 수백 배에 이르는 조직 노동자가 생겨난 것이다.

흩어지면 죽는다
흔들려도 우린 죽는다
하나 되어 나가자
승리의 그날까지…

〈파업가〉가 전국으로 울려 퍼지는 모습을 바라보는 것만으로도 흡족했다. 1987년 7,8월의 노동자 대투쟁이 이 땅의 억압받는 노동자들과, 노동운동으로 희생된 전태일 등 수많은 열사의 한을 풀어주고, 우리가 못다 이룬 70년대 민주노조의 염원을 풀어, 노동자가 인간답게 대우받는 계기가 되기를 빌고 또 빌었다.

전국노동조합협의회가 전국조직으로 자리를 잡아가면서, 개별 노동조합에 대한 지원으로 자기 역할을 해왔던 '한국노동자복지협의회'는 발전적 해체를 선언하였다. 이로써 나는 노동운동을 시작한 지 25년 만에 두 번째 꿈을 정리한 것이다.

정 치 인 의 길 을 가 다

1996년 5월, 나는 제15대 국회의원이 되었다. 이제 노동운동에서 정치로 길을 바꾸어 걷게 된 것이다. 국회의원 선서를 하고 나오는데, 넓은 국회 광장에 만발한 꽃들이 나를 반겨주는 듯하였다. 나는 꽃들에게 속삭였다. '그래 정치도 잘 할게, 많이 도와주렴.' 나는 임기 4년을 마칠 때까지 환경노동위원회에서 늘 원풍노조 조합원들을 생각하며 의정활동을 수행하고 관련 현장을 누볐다.

1997년 12월, 드디어 정권교체가 이루어졌다. 김대중 대통령의 당선은 우리나라 헌정사상 처음으로 이루어진 민주정부로의 교체였고, 군부 독재정권을 종식시키는 기적과 같은 일이었다. 그러나 IMF 외환위기는 새로 출범한 정부의 발목을 잡았고, 수많은 노동자들이 실업자가 되어 고통의 늪에 빠져들었다.

이로 인한 노동자와 정부의 끊임없는 갈등 상황에서 나는 정부의 노동행정을 책임지는 노동부장관을 맡게 되었다. 30여 년 전, 어머니가 손에 쥐어 준 단돈 오천 원을 들고 서울로 올라와, 유능한 기술자가 되어 돈을 벌어 보겠다고 다짐했던 시골 청년이 노동부장관까지 되었으니, 개인으로나 가문으로나 어찌 자랑이 아니겠는가마는 당시의 노동현실은 나를 우울하게 했다.

김대중 정부는 2000년에 '민주화운동 관련자 명예회복 및 보상 등에 관한 법률'을 제정했다. 이 법에 의하여 원풍노조 해고 조합원들과 함께 나도 민주화운동 관련자로 인정되어 명예회복 인증서를 받았다. "귀하는 민주헌정질서 확립에 기여한 바가 크므로 이 증서를 드립니다." 비로소 우리들 가슴에 독재 권력이 새겨놓은 주홍글씨가 지워진 것이다.

밝은 내일을 위하여

울고 웃으며 지켜온 원풍노조 10년! 독재세력의 집요한 탄압과 유혹에도 굴복하거나 현혹되지 않고 끝내 견디어 냈다. 쓰러져가는 회사를 일으켜 우리 삶의 터전을 지켰고, 짓밟혀 온 우리의 인권, 우리의 생존권을 우리 스스로의 힘으로 회복시켰다. 그리고 마침내 저들이 우리 가슴에 새겨놓았던 주홍글씨가 지워지고, 그 자리에 '민주화운동 관련자'라는 자랑스러운 이름이 다시 새겨졌다.

원풍 조합원들은 명예회복이 되는 순간, 해고자로 살아오면서 가슴속에 묻어둔 젊은 날의 고단한 삶을 보상이라도 받은 듯 기쁨의 눈물을 흘렸다. 가족들의 축하와 격려를 받고 어깨를 으쓱하는 조합원들의 모습을 보면서, 살아온 내 삶의 보람을 느꼈다. 우리의 삶이 옳았던 것이다.

2016년 겨울, 우리가 밝힌 광화문 촛불은 추악하고 부패한 권력을 끌어내렸다. 이 어찌 기쁘지 않으랴. 함께 했기에 희망을 만들 수 있었던 우리의 여정은 앞으로도 변치 않을 사랑으로 계속될 것이다. 가는 길이 멀고 험해도, 밝은 내일을 향해 자랑스럽게, 그리고 부끄럽지 않게 살아갈 것을 다짐해 본다.

002

함께 가자, 갈 길 멀고 험해도

양승화

──────1957년 충북 제천에서 태어나, 1972년 한국모방에 입사했다. 78년부터 노조의 4선 대의원을 지냈고, 쟁의차장, 교선부장, 부조합장으로 활동했다. 80년 12월에 10일간 계엄사에 연행되어 조사받았고, 1982년 9·27사건으로 징역 10개월에 처해졌다. 1985년 노동자들의 민주한국당 당사 농성에 지원을 나갔다가 연행되어 구류 10일을 살았다. 1989년 안양노동회관 관장을 역임하고, 2016년 녹색환경운동 위원장을 지냈다. 2011년 원풍동지회 초대 회장을 지냈고, 현재는 운영위원으로 활동 중이다.

　나의 고향은 충북 제천이다. 3남2녀 중 둘째로 태어났다. 아버지는 5대독자로 자식들을 애지중지 키우셨다. 집안 형편은 괜찮은 편으로 끼니를 거르는 일은 없었다. 아버지는 자식들을 가르치고 잘 살려면 큰 도시로 나가야 한다는 생각으로 내가 초등학교를 졸업할 때쯤 서울로 이사를 했다. 이사한 곳은 옥수동 산동네로 한강이 내려다보이는 곳이었다. 당시는 한강 물이 아주 맑아서 거기서 목욕도 하고 빨래도 할 수 있을 정도였다. 그래서 여름이면 한강에 나가 놀던 생각이 난다. 나는 아버지의 지인인 지동진 씨의 소개로 72년 7월 7일 한국모방에 입사했다.

학 교　가 는　길

　입사하자마자 기숙사에 들어갔다. 처음으로 가족과 헤어져 생활하게 된 나는 며칠 동안 이불 속에서 남몰래 울었다. 아마 가족을 떠나서 살아가는 것에 대한 외로움, 새로운 세상을 만나는 것에 대한 두려움 같은 것이었다고 생각한다. 방 식구들이 많았던 기숙사의 단체생활은 즐겁고 지낼 만했다. 정해진 규칙이 있고, 그것을 지켜야 하는 단체생활은 나를 바로 세우게 했다.

나는 노조활동을 하면서, 인간으로 살아가야 될 권리를 요구할 수 있는 인격체를 가진 인간이라는 것을 알게 되었다. '나는 누구인가? 어떻게 살아야 되는가? 무엇을 하며 살 것인가?'를 배우는 내 인생에서 중요한 시기였다고 생각한다.

나는 공부하고 싶은 열망이 강했다. 당시 영등포에 자리한 한림학원에 다니면서 영어, 한문, 기초상식 등을 공부했다. 그러다가 1979년, 삼성중고등학교에 다니기 위해 기숙사를 나와 이영순과 같이 학교 근처에서 자취를 했다. 얼마나 입어보고 싶었던 교복이었는지, 노조활동과 대의원으로 정신없이 바쁠 때인데도 피곤한 줄 모르고 학교에 다녔던 기억이 난다.

선생님들은 우리랑 비슷한 또래의 나이여서인지 일하면서 공부하는 우리들을 잘 배려해주었다. 학교에 가 비슷한 또래들을 만나면서 설렘이라는 감정을 느껴보기도 했는데, 지금 생각해보아도 그때 그 상황은 아주 소중한 추억이다. 나는 2012년 중·고등학교를 검정고시로 졸업하고 방송통신대학교에 진학하여 2016년에 학사학위를 취득했다. 대학까지 졸업했지만, 사실 한림학원에서 2년 남짓 공부한 것이 내가 인생을 살면서 사용하는 지식의 밑거름이 되었고, 나에게 큰 영향을 끼친 것이다.

서울로 이사 와 아버지는 현대해상에 다니셨는데, 1982년 내가 노조활동을 했다는 이유로 아버지까지 해고를 당했다. 나는 아버지 회사의 부장을 만나 아버지가 왜 나 때문에 해고를 당해야 하는지 물어보고 해고철회를 요구했다. 그때 아버지는 내가 부장과 대화하는 것을 옆에서 듣고 계셨는데, 끝나고 나자 우리 딸이 할 말을 다 했다면서 좋아하셨다. 그 후 아버지는 복직이 되어 그 회사에서 정년퇴임을 하셨다.

명동성당 가던 날

1972년 9월 3일, 노동조합이 특근을 거부하자 회사에서는 식사를 제공하지 않아 온종일 굶은 상태로 기숙사에서 뒹굴고 있었다. 그런데 오후에 기숙사 밖에서 시끄러운 소리가 들려 창문으로 내다보니 회사 정문 밖으로 나오라고 누군가가 소리를 지르고 있었다. 나를 비롯한 방 식구들은 생각할 틈도 없이 입던 옷 그대로 뛰쳐나갔다.

정문 밖에 있던 언니가 우리들 인솔하여 시내버스를 탔다. 버스 안은 비좁았다. 나는 고무신에 머리가 엉망이었다. 거지꼴을 한 우리들을 사람들이 힐끔거리며 쳐다봤다. 한참을 달려 도착한 곳은 명동성당이었다. 성당 안에는 미사보를 쓰고 기도를 올리는 신자들이 많았다. 나는 명동이 처음이거니와 성당도 처음 와보는 곳이라서 어리둥절했다.

한참을 지나자 경찰이 성당을 에워싸고 해산하지 않으면 모두 연행하겠다고 엄포를 놓았다. 그러자 방용석 씨가 일어나, 가더라도 김수환 추기경을 만나 미사라도 드리고 가자고 했다. 경찰이 '저 놈이 주동자'라면서 잡으려고 달려들자 조합원들이 저항하며 연행하지 못하도록 접근을 막았다. 시간이 흐르고 밤 12시가 넘어 경찰이 제공한 차를 타고 회사에 도착하니 새벽 1시가 넘었다. 식당에서 그 시간에 식사를 제공하여 첫 끼니를 먹을 수 있었다. 이때 나는 단체행동으로 우리가 원하는 것을 이룰 수 있다는 것을 처음 알게 되었고, 가슴 밑바닥으로부터 묘한 설렘이 솟구쳤다.

나는 1978~81년까지 대의원을 4선 했다. 그리고 79년부터 쟁의차장, 교선부장, 부조합장으로 활동했다. 나는 산업선교회의 열성 회원은 아니었다. 그리고 산선의 활동과 노동조합의 활동은 구분해서 해야 한다는 생각이 강했다. 노동조합이 궤도에 오르고 간부가 된 것이 계기가 되어 간부의 자세, 책임감 등이 인간화운동이라는 것을 배울 수 있었다. 이때 노동조합에는 기라성 같은 선배간부들이 많아서 갓 간부가 된 나는 상집회의 때 숨소리조차 내기 어려울 만큼 분위기가 진중했다.

1978년, 동일방직 똥물 사건은 충격적이었다. 민주적인 노동조합을 파괴하려는 목적으로 남자 조합원들이 똥을 퍼서 여자 노조원들의 몸에다 퍼부었던 야만적인 사건이다. 이 사건이 있고 나서 124명이 해고를 당하고 거리투쟁을 오랜 기간 해왔다. 그 같은 사건은 우리에게도 언제든지 닥칠 수 있다고 생각하였기 때문에 강한 연대감을 느끼곤 했다. 1979년, YH노조의 신민당사 농성 때 김경숙이 죽으면서 박정희가 어디까지 나쁜 짓을 할지 모르겠다는 생각이 들었다. 결국 이

사건은 부마항쟁의 단초가 되었고, 박정희 정권을 끝내는 기폭제가 되었다.

박정희의 죽음, 광주민주항쟁

대통령 박정희가 정보부장의 총에 맞아 죽었다는 뉴스를 접하고는 만세를 불렀다. 독재자가 죽었으니 이제 민주화의 봄이 오고 있다는 설렘에 마음이 들떴다. 79년 11월, 계절은 겨울을 향해 가는데, 마음은 민주화의 씨앗이 싹을 틔우는 봄을 꿈꾸었다. 독재자가 사라진 세상의 변화를 기대하며, 그래서 그 지긋지긋한 군사정권의 겨울이 지나가기를 염원하며 몇 개월간 달콤한 꿈으로 행복했다.

박정희의 죽음은 이 나라의 민주화를 열망하는 이들에게 모처럼 최루탄이나 각목 없는 시위를 할 수 있도록 해주었다. 대학생들은 거리로 나섰고, 노동자들은 노총 강당에 모여 궐기대회를 열었다. 새로운 변화를 요구하며 한국노총에서 5월 13일부터 개최한 노동기본권 확보 궐기대회이다. 방용석 지부장을 비롯하여 민주노조들은 노동3권 완전보장을 요구하며 농성에 돌입했다. 농성은 5월 16일까지 이어졌는데, 그날 오후 연단에서 연설을 하던 방 지부장이 해산선언을 했다.

오랜만에 우리들의 요구를 마음껏 외쳐보면서 한껏 기분이 들떠 있는데, 왜 해산을 하느냐고 투덜거렸다. 조금만 더 밀어붙이면 이길 수 있을 것 같은 아쉬운 마음을 뒤로하고, 남아있던 열기는 여의도에서 회사까지 비 속에서 노동가를 부르고 가면서 식혔다. 그리고 그날 밤 계엄 확대조치가 발표되었는데, 방 지부장은 사전에 그 정보를 미리 알았던 것 같았다.

5월 18일 이후, 텔레비전에서는 연일 광주에서 시민들을 선동하는 빨갱이들에 의하여 폭도들이 시청을 점령했다는 등의 뉴스가 보도되었고, 그 뉴스로 인해 광주에 무언가 큰일이 일어나고 있음을 직감할 수 있었다. 언론을 불신하고 있던 간부들은 숨죽이며 광주에서 일어나고 있는 상황에 귀를 기울이고 있었다. 며칠이 지나 광주 시내가 피바다가 되었다는 유인물이 한 장 날아왔다. 그 내용은 시민들과 학생들이 계엄군과 대치하여 싸우고 있는데, 공수부대가 시민들을 닥치는 대로 찔러 죽이고 있다는 것이었다. 임산부까지도 개머리판으로 찍어 죽이고, 병원에는 부상자들이 넘쳐나 입원실이 부족하여 복도에 누워서 치료를 기다리다 죽어가는 사람들이 허다하다는 내용도 있었다. 광주는 모든 교통이 차단되어 고립되어 있고, 그 상황을 알리기 위하여 야간에 산을 넘어 죽음을 무릅쓰고 이 소식을 전하니, 이 유인물을 보신 분들은 더 많은 사람들이 보도록 복사하여 광주 시민들이 당하고 있는 이 상황을 알려달라는 다급한 내용이었다.

노동조합은 상집회의에서 광주의 부상자들을 돕는 모금이라도 하자는 데 의견을 모으고, 식당에 대자보를 붙였다. 전 조합원이 참여해서 이틀 만에 470만 원이 모였고, 그 돈을 광주의 윤공희 대주교에게 전달하였다. 그러나 이 일은 눈엣가시 같던 원풍노조를 탄압하는 계기가 되었다. 합동수사본부에서 나온 자는, 간첩과 간첩이 아닌 자의 차이는 발바닥 두께의 차이밖에 나지 않는다며 노동조합을 빨갱이 집단으로 몰아갔다. 빨갱이가 침투한 광주를 도왔으니 방 지부장도 빨갱이라는 것이다.

7월에 서울시에서 특별감사가 나와 노동조합을 샅샅이 뒤지고 광주에 성금을 전한 영수증을 확인했다. 그리고는 방 지부장과 박순희 부지부장을 노동계 정화조치로 해고하고, 김대중 내란음모사건으로 조사한다며 출두하라는 통지서를 보내면서 수배령을 내렸다. 두 사람은 이때부터 노동조합이 파괴되는 날까지 조합 사무실에 들어오지 못했다.

위 기 로   치 닫 는   노 동 조 합

1980년 12월 8일, 노동조합 지부장직무대리 이문희를 시작으로 계엄사령부 합동수사본부로 48명이 연행되어 조사를 받았다. 그중 14명은 해고를 당하고 이규현, 임재수, 이문희, 이상배 등 남자간부 4명은 순화교육을 갔다. 나는 12월 17일에 연행되어 독방에 갇혔다. 조사실에 여군이 들어오더니 알몸이 되게 하고는 머릿속까지 만져보고 뒤져봤다. 수사관은 그동안의 회사와의 모든 쟁의를 쟁의부에서 결정하고 앞장선 것으로 간주했다. 당시 쟁의부 차장이었던 나는 '원풍은 쟁의부가 결정하는 것이 아니라 전체 상집회의의 결정으로 쟁의를 한다'고 진술했지만, 그들은 믿어주지 않았다.

합동수사본부는 일반 건물에 있었고, 그곳에서 자기들끼리 부르는 호칭은 사장, 전무였다. 일반 회사의 시스템처럼 운영되듯이 보였기 때문에 그곳이 어떤 곳인지 일반인들은 알 수가 없었다. 거기에 계엄령이 내려지자 합수사라는 이름을 붙인 것인데, 실제로는 보안사의 위장조직인 '범진사'였다.

　수사관은 사표를 쓰도록 강요했다. 사표를 쓰지 않겠다고 하자 발로 차고 머리를 쥐어박으면서 "여기 지하실에 가면 고문실이 있다, 김재규도 지하실에서 고문 받았다. 지하실에서 고문당하면 살아남는 사람이 없다"고 협박했다. 사표를 쓰면 굴복하는 것이라는 생각과, 노동조합이 앞으로 어떻게 될까 걱정이 많이 되었다. 수사관은 연행된 사람 중에 사표를 쓰지 않은 사람은 없다며 욕을 했다.

　나는 버티다가 하는 수 없이 사표를 쓰고 억울해서 엄청나게 울었다. 사표를 받고 나자 그들은 연행된 원풍 동지들을 두 개의 큰방에 나눠 관리했다. 그때 정해자는 조사를 받고 오면서 펑펑 울어 눈물로 한강물이 넘쳐 날 거라고 했고, 장석숙은 재미난 음담패설로 배꼽을 잡고 웃게 했다. 당시 단장실에 빨간색, 보라색, 노란색으로 원풍의 조직 계보를 만들어 벽면 한쪽에 부착해 놓고 있었던 것이 아직도 기억난다.

　합수부에 연행되었던 80년 12월 겨울은 유난히도 눈이 많이 내렸다. 춥고, 무섭고, 힘들었다. 유리창 너머로 보이는 네온사인은 낯설기만 하였다. 하얗게 쌓인 눈을 밟으며 들뜬 기분으로 선물꾸러미를 한 아름씩 안은 총총걸음의 인파들로 붐비는데, 우리들은 자유가 허락되지 않아 그 광경을 세면시간이나 저녁시간을 이용하여 훔쳐보곤 했다.

　거리의 화려함이 보고 싶었던 것이 아니다. 우리들을 떠나보내고 간부들이 없는 노동조합을 지키며 이제 나오려나 저제 나오려나 하며 초조하게 기다리고 있을 동지들이 어느 길모퉁이에서 손짓하는 것 같았다. 노동조합 활동을 한다는 이유만으로 우리를 이곳에 가두어 놓았다고 소리라도 지르고 싶은 충동을 억제하며 철창으로 가려진 성에 낀 유리창을 열심히 닦아냈다. 이렇게라도 하지 않으면 울화가 치밀어 숨이 막혀 죽을 것 같았기 때문이다.

　합동수사본부에서 사표를 쓴 사람 중 박순애, 양분옥, 정해자와 나는 당시 산선의 인명진 목사가 보증을 서서 연행된 지 10일 만에 풀려나왔다. 사표도 없었던 일로 되었다고 한다. 석방되던 날, 우리 네 명을 단장실로 불렀다. "너희들이 노동조합을 잘못 한 것은 아니다. 방용석은 노동조합 운영도 잘했다. 그런데 시대를 잘못 타고났다. 똑딱배가 항해 중인데 배 안에서 싸우면 배가 뒤집혀 다 죽기 때문에 배에서 싸우고 있는 것을 정리하는 것이다"라고 했다. 그러면서 또

"현실에 맞게 수술을 하는 거다. 몸에 난 종기는 도려내야 하는데, 도려내다 보면 생살도 찢겨나간다"는 말도 하였다.

살 아 남 는 자 들 의 과 제

나는 12월 27일에 석방되었다. 다시 현장으로 출근을 하면서 노동조합을 재정비하기 시작했다. 조합장을 새로 선출하고 해고된 간부들의 빈자리에 새로운 간부들을 보선했다. 살아서 돌아오기는 했는데, 중요한 직책과 무게중심을 가지고 있던 간부들의 빈자리가 크게 느껴졌다. 그러나 그러한 빈자리를 느끼고 할 여유도 없이 권력과 회사의 탄압에서 어떻게 살아남을 것인가를 고민해야 했다.

합수부에서 살아남은 자들은 노동조합을 지켜내고 조합원들의 조직적 힘을 모으는 것이 지상과제였다고 할 수 있다. '어떻게 만들어낸 민주노조인가?' 이런 생각이 우리들의 머릿속에서 떠나지 않았다. 노조를 지켜내야 하는 부담을 안고 출발한 집행부는 이무술을 조합장으로 하는 간부진을 재구성하였다.

회사는 노동조합에 사사건건 시비를 걸기 시작했다. 단체협약 체결이 시급했지만, 회사는 기본적인 사항을 조인하는 것까지도 거부했다. 회사는 새해 벽두부터 귀순용사, 한글학자 등을 불러 전 조합원들을 상대로 일주일간 정신교육을 했다. 한글학자 한갑수는 '출근할 때는 권리는 경비실에 맡기고 의무만 가지고 출근하라'는 식의 강의를 하여 조합원들의 빈축을 샀다. 조합원들은 소리 내서 껌 씹기, 하품하기, 작업복 다리 하나 접어 입기, 같은 색깔로 머리띠 하기 등으로 저항감을 표시했다.

81년 11월, 회사와 노동부는, 핵심간부 16명이 해고되어도 노동조합이 건재하자 합수부가 박순애, 양분옥, 양승화를 해고시키지 않은 것을 아쉬워한다는 소식이 들렸다. 노동부는 원풍노조를 파괴하기 위하여 원풍타이어노조와 원풍모방노조를 통합하라는 지시를 내렸다. 원풍노조 대의원 27명을 포섭하여 타이어 측으로 위원장을 만들어 원풍모방노조를 무력화시키려는 음모였다.

모방과 타이어 대의원들이 모여 투표를 했지만, 모방 27표, 타이어 20표로 노동부에서 밀고 있었던 타이어의 정대원 조합장을 탈락시키고, 모방의 이무술 지부장, 타이어의 박장길 부조합장을 공동위원장으로 선출했다. 회사와 노동부는 무척 당황했다. 타이어 노조는 대회가 끝나자마자 도망치듯 대회장을 빠져나갔다. 이 날 한 조직에 대표자가 둘이 되는 기형적인 노동조합이 탄생되었다.

배 신 의   그 림 자

이무술이 조합장이 되고 난 후, 삼청교육에 갔다가 복귀한 이문희 전 지부장직무대리는 집행부 구성에 있어 양병욱, 박영수를 총무부장과 감사에 선임하도록 요구하기 시작하면서 노골적으로 집행부에 간여하기 시작했다. 82년, 9·27폭력 사태가 일어났을 때 이문희는 구사대의 유인물을 대필해주기도 했다. 그 대가로 그와 함께 순화교육을 갔던 이상배가 신협으로 복직되었다.

이무술 조합장은, 방용석 지부장처럼 노동조합을 운영하면 이 시대에 살아남을 수 없다는 것, 자기는 강성이 아니라 온건하다며 '이무술 방식'으로 노동조합을 운영하려 했다. 노조간부가 해고를 당해도 회사와 싸워볼 의지를 보이지 않자, 조합원들은 이러다가 노동조합이 유명무실해질까봐 많이 걱정했다. 현장은 노동조합의 안일한 행태에 걱정하고 있었고, 그 결과 82년 대의원 선거에서 소장파 대의원들이 대거 진입했다. 이무술은 자기가 요구하는 총무 등 간부들에 대한 인사가 대의원대회에서 받아들여지지 않자 조합장을 사퇴하고 현장으로 출근하면서 갈등이 시작되었다.

계속 내리막길을 걷던 노동조합에 갈등 기류가 소용돌이치면서 현장 여기저기에서 삐걱거리는 소리가 들리기 시작했다. 박찬배 부공장장은 노동조합에 수시로 드나들며 상근자들을 무시하고, 조합원들이 씹다가 버린 껌도 주워 씹으면서 자기가 뭐든지 다 할 수 있다는 것들을 과시했다. 노동조합 앞의 '투쟁으로 세운 노조 단결로서 수호하자'는 현수막을 훼손하고 비상계획과 박상천이 그 현수막을 감추어버렸다.

회사가 새로 임명된 노동조합 사무원의 출근을 저지하자, 이영순, 홍옥선 등이 이에 항의하다가 경비에게 맞아 병원에 입원하는 일도 일어났다. 회사는 노동조합에 충돌을 유도하려고 자극을 하기도 하고, 한편으로 무자비하게 탄압하기도 하는 등 갖은 술수를 부렸다. 이에 노동조합은 전체 조합원들을 대상으로 회사와의 싸움에 대비하는 정신교육을 하였다.

감 금 된 조 합 장

현장의 조합원들은 노동조합 간부들에 대한 신뢰를 바탕으로 싸움을 함께해야 이길 수 있다는 생각으로 각오를 다졌다. 의식이 있든 없든 계산하지 않고 집행부를 믿고 끝까지 함께했다. 왜 단식을 하느냐, 왜 퇴근을 하지 않느냐, 왜 추석 휴무인데 고향에 갈 수 없냐고 이의를 제기하는 조합원들은 없었다.

원풍노조는 마지막 깃발을 들고 메마른 대지에 홀로남은 들풀처럼 민주노조의 사수를 위해 사력을 다해 버티고 있었다. 마지막 십자가를 내가 지겠다는 조합원들의 의지를 어느 권력자가 막아설 수 있을까? 언제나 그랬듯, 우리가 가는 길을 막아서는 것은 배신자들이었다. 우리의 앞길을 막아서는 그자들은 돈에 눈이 먼 노예처럼 살기를 원하는, 우리 앞에 박힌 돌뿌리였다.

배신자들의 도발은 가공과에서부터 시작되었다. 가공과 담임 김성우는 대의원 김성구와 충돌을 일으켜 남녀 간의 대립을 확대시킨 인간이었다. 의도된 도발자의 행동에 회사는 물론 관계기관 대책회의에서는 환호를 했다고 한다. 그들은 기회를 놓치면 안 된다는 생각으로 분주하게 움직이기 시작했다. 우선 김성구와 그의 동료인 김영희, 박혜숙, 그리고 박순애 부조합장과 이옥순 총무를 해고하였다. 법과 단체협약을 따질 겨를도 없이 번개처럼 처리한 것이다.

이제 더 이상 머뭇거릴 여유가 없음을 판단한 노동조합이 대결의 첫발을 내딛기도 전에 저들의 합동작전이 시작되었다. 9월 27일, 김덕수, 유천종, 서순교, 양병욱, 강정순, 문계순, 박영수, 문명숙 등이 입가에 야릇한 미소를 지으며 노조 사무실 문을 박차고 들어와서 문을 잠갔다. 그들은 전쟁에서 승리자가 된 양 대가를 요구했다.

"조합장, 이제 그만 사표를 내고 물러나시지. 그동안 해먹을 만큼 해 먹었으니 물러날 줄도 알아야지요. 그래 안 그래? 이 쌍년아! 대답을 해야지 버틴다고 될 일이 아니잖아! 상황판단이 안 되나 본데, 너도 살고 우리도 사는 길은 네가 조합장을 관두는 것이야!"

의기양양한 태도로 보아 필경 회사로부터 무엇인가 약속을 받은 것으로 보였다. 그들은 밤새도록 조합장에 대한 협박을 멈추지 않았다. 그날 오전, 싸움이 시작되기도 전에 KBS, MBC의 카메라맨과 신문기자들이 몰려오고, 경찰이 경비실과 회사 내에 배치되어 상황이 진행되기를 기다렸다. 언론과 권력이 한 편이라는 것이 확인되었다. 우리는 작업장에서 집단 감금된 채 마지막이 될지 모를 외로운 투쟁을 시작하였다.

조합장이 감금되자 노조 사무실 문을 부수려던 박순애 부조합장과 이옥순 총무가 부상을 당하여 병원으로 이송된 후 회사로 들어오지 못하는 상황이 되었다. 당황스러웠다. 누군가는 대책을 세워 대처해야 한다는 생각이 들어 나는 부조합장 자격으로 상집회의를 소집하였다. 회의를 열 장소마저 없어 회사 울타리 옆에 11명이 모여 4개 항을 결의하였다.

1. 농성은 비번 근무자들로 하고 불법파업은 없도록 한다.
2. 농성은 단식으로 하고 추석 귀향을 중단한다.
3. 농성 장소는 정사과와 검사과로 한다.
4. 상집간부는 농성장 관리에 전력을 다한다.

투쟁의 시작과 끝

투쟁지침을 결정하고 우선 경비실 앞으로 이동하였다. 영문도 모르는 조합원들의 긴장된 표정, 사태의 심각성을 조금이라도 파악한 분노의 표정들이 노동조합 지도부의 지침을 기다리고 있었다. 퇴근자들이 모여들었다.

"조합원 여러분, 저는 양승화입니다. 제가 지금부터 벌어지고 있는 상황을 보고드리겠습니다. 잘 듣고 집행부의 결정에 따라주시기 바랍니다. 지금 노조 사무실에는 구사대라 자칭하는 남자들 수십 명이 조합장을 감금하고 조합장에게 사표를 강요하고 있습니다. 이것은 우리 노조를 파괴하기 위한 정부와 회사 측의 계략입니다. 우리는 이겨내기 위하여 죽을 각오로 끝까지 싸울 것입니다."

앞에서 결정된 농성의 원칙을 보고하자 조합원들의 반응은 기어이 올 것이 오고 말았다는 표정이었다. 남자들 대부분은 회사의 앞잡이로 나섰다. 민주노조 10년간의 은혜를 원수로 갚는 배신이었다. 회사의 강요에 할 수 없이 동원된 것이 아니었다. 잘 보여 뭐하나 더 얻어먹으려는 노예의 모습이었다.

농성 기간 내내 노금순, 최영숙, 정영례, 박혜숙. 차언년 등 상집간부들이 역할을 잘해 크게 걱정을 덜 수가 있었다. 그 무렵 병원 치료를 마친 박순애, 이옥순이 후미진 회사 울타리를 넘어 농성장으로 들어왔다. 농성장은 활기가 돌았지만,

고립무원의 상황을 타개하기는 어려웠다. 막연한 희망으로 외부의 지원을 기다렸지만, 이우정 선생이 찾아왔으나 경비실까지였다. 외롭고 고독한 싸움이었다.

농성장으로 몰려든 650여 명의 조합원이 기계와 기계 사이에 자리를 잡고 서로를 위로하고 내일을 걱정하면서 밤낮으로 불 꺼진 농성장을 지켰다. 더러는 이것이 마지막 싸움이란 생각으로, 더러는 내일의 밝은 희망을 기대하며 배고파 뒤틀린 뱃가죽을 움켜쥐고 울고 웃었다.

고향에서 올라온 부모나 형제들이 딸의 이름을 부르며 농성장을 뒤져 현장은 쫓고 쫓기는 숨바꼭질을 연출하였다. 딸이 빨갱이들에 의해 이용당하고 있다는 정부기관의 말에 겁을 먹은 부모들의 모습이었다. 회사 측의 공세가 강화되었다. 농성장에 스팀을 틀어 질식하는 환자가 늘었다. 며칠 후가 바로 추석이어서 그런지, 조합원들을 끌어내리려는 구사대의 폭력이 증대하기 시작했다. 저들도 다급해진 듯 했다. 회사 작업복으로 바꾸어 입은 경찰과 본사 직원들도 보였다.

회사 사무실에는 경찰, 검찰, 안기부, 노동부 관계자, 기자 등이 진을 치고 있었고, 우리들은 두려움과 공포와 배고픔으로 지쳐가고 있었다. 조합원들은 하나둘씩 쓰러져 병원으로 업혀나가면서 희망을 잃어가며, 처절하게 깨져나가고 있었다. 경비실과 철문 밖 경찰들은 우리를 바라보고 실실 웃고 있었다. 그들 눈에 우리는 사람이 아니었다.

우리는 마대 끈으로 몸과 몸을 묶어 사력을 다하였으나 권력의 사주를 받은 폭력배들이 포기할리 만무했다. 나는 운동장에 나가 싸우자고 소리쳤다. 공격을 선택한 것이다. 운동장은 조합원과 구사대가 싸우는 난투장이 되었다. 조합원들의 울부짖는 소리가 밤하늘을 가르며 울려 퍼졌지만, 대답은 없었다. 그 애절한 통곡소리를 하늘은 들었을까.

누군가가 경비실 유리창을 의자로 내리쳐서 대형 유리창이 산산이 부서졌다. 나중에 확인해 보니 정사과 홍옥선이었다. 옥선이는 그 와중에도 유리창 값 물어줄 걱정을 하였다고 한다. 나는 눈을 떠보니 한독병원이었고, 곧바로 남부경찰서로 연행되었다. 조합원들은 어떻게 되었을까? 모두 어디로 갔을까? 죽거나 크게 다친 사람은 없을까? 견딜 수 없는 불안감이 나를 엄습해왔다. 이제 모든 것이 끝난 것인가? 마지막 십자가가 이런 것인가? 아니 이대로 끝낼 수는 없다. 살아남은 자의 숙제가 남아있을 테니까.

연행되는 경찰차 차창 너머로 대림동 길에 조합원들이 보였다. 어디로 가야 하는지 방향도 잡지 못했을 텐데 어떻게 하나, 하는 생각이 스쳐 지나갔다. 나의 힘은 한계가 있었고, 헤쳐 나갈 지혜도 없는 나 자신을 원망했다. 부처님도, 예수님도, 정의도 우리가 당하는 현장에는 없었다. 폭력배들의 조롱 소리와 비웃는 소리, 권력의 군홧발로 찍어 누르는 그 소리에도 끝까지 굴복하지 않고 싸워 준 조합원들이 감사했다. 조합원들에 대한 미안함 때문인가, 나는 경찰에 끌려가는 것이 다행일지도 모른다는 생각을 했다. 그날, 노동조합과 조합원들의 자존심이 짓밟히는 것 같아 울고 또 울었다.

눈 보 라 몰 아 치 는 황 야 로 내 몰 린 동 지 들

조합원들은 4박5일 농성을 하면서도 해고로 이어지거나 폭력배들에게 끌려 나오는 것이 마지막이 되리라 생각하지 않았다. 나는 겉으로는 의연한 척 했지만, 내심 미안하고 조합원들을 눈보라 몰아치는 황야로 내몬 것 같아 늘 마음 한구석이 시리고 아팠다. 그러나 수많은 사람을 죽이고도 눈 하나 까딱하지 않는 권력인데, 어쩔 수 없다고 스스로를 위로했다.

동료들과 같이 잘 싸웠다고 격려하며 헛헛한 마음을 내보이지 않으려고 큰소리를 치기도 했지만 내심은 늘 미안했다. 농성장 책임을 맡았던 나는 다른 방법이 없었을까? 나라도 전방 지하 마룻바닥에 들어가 죽어도 나오지 않고 싸웠어야 했던 것은 아니었는지, 그런 생각을 해 볼 때도 있었다. 어차피 현장에서 싸우다가 죽겠다는 각오로 농성을 결정했다. 비폭력 단식으로 싸우게 한 것이 조합원들의 단결을 강화할 수 있었고, 거대한 권력과의 싸움은 그 방법밖에 없었다고 생각했다.

원풍이 민주노조의 마지막 보루라며 걱정하던 사람들마저 정작 우리가 끌려나올 때는 민주인사도, 먼저 해고된 선배들도 보이지 않았다. 고립된 싸움이 두려워서, 그리고 어디에도 연락할 곳조차 없어서 다급한 마음에 무전기를 사서 보내달라고 했을 만큼 힘들었다.

아버지가 연행된 나의 석방보증을 서려고 노동부 사무소로 오셨다.

"내 딸 승화야, 괜찮은 거야? 다친 데는 없고? 수고했다. 내 딸이 자랑스럽다. 이제 집에 가자!" 내가 살면서 아버지로부터 처음 들어 보는 격려였다. 이렇게 나를 사랑한 아버지는 1996년에 세상을 떠나셨다.

추석날 오전, 영등포산선에서 상집회의가 소집되어,

1. 출근투쟁을 계속한다.
2. 노조기금으로 조합원들에게 6만 원씩 생활지원금을 지급한다.
3. 성명서를 제작하여 배포한다.

는 세 가지 사항을 결의하고 행동에 나서기로 했다.

경찰은 상집간부 전원에게 지명수배령을 내렸다. 우리의 손과 발을 묶어놓으려는 것이었다. 뻔히 알면서도 피할 수밖에 없었다. 두 번에 걸친 출근투쟁으로 경찰에 연행된 조합원 수가 200여 명이 넘어섰다. 구류자도 늘어났다. 언년이와 숙자가 구속되었다. 가족들에 대한 정부기관의 협박이 날로 극심해가고 있었다.

날씨가 추워졌다. 택시를 타고 이동하는데 원풍노조 간부들이 지명수배되었다는 라디오 뉴스에 이어, 당시 유행했던 조용필의 '못 찾겠다 꾀꼬리' 노래가 흘러나왔다. 스산한 늦가을에 발길에 차이는 낙엽을 밟으며 출근투쟁을 하기 위하여 동지들을 만나러 다녔다. 그러나 새로운 투쟁방법을 찾지 못한 상황에서 수배된 간부 심현숙이 연행되고, 나 또한 끝내 싸움 한번 제대로 못 해보고 체포되어 감옥에 갇혔다. 너무나도 허무하고 미안했다.

구 속 과   재 판

나는 11월 13일 연행되어 집회와 시위에 관한 법률 위반, 노동쟁의조정법 위반이라는 죄명으로 구속되었다. 벌건 대낮에 폭력배들에게 조합을 강탈당하고 끌려 난 것도 억울한데 구속이라니, 대한민국이 법치국가이기는 한 것인지 한심했다. 당시 육교에 붙은 '선진조국 창조 정의사회 구현'이라는 현수막이 바람에 나부끼며 우리들을 희롱하고 있었다.

82년 12월 24일, 교도소에서 크리스마스를 맞이했다. 잠은 안 오고 이 생각 저 생각으로 긴 밤을 지새우고 있는데, 교도소 밖에서 노래 소리가 들렸다. 처음에는 '누가 이 새벽에?' 라는 생각으로 귀를 기울이고 있는데, 우리가 자주 부르던 〈오 자유〉, 〈금관의 예수〉 등의 노래여서 속으로 따라 부르며 가슴이 뭉클하고 왈칵 눈물이 났다. 교도소 담을 뛰어넘어 동지들을 만나러 가고 싶었지만, 그 충동을 억제하며 노래로 내 곁에 와준 동지들이 있어 행복했다.

> 오랜 시련에 헐벗은 저 높은 산 위로
> 오르려 애쓰는 군중들의 함성이
> 하늘을 우러러보다 그만 지쳐버렸네
> 산을 에워싼 강물은 유유히 흐르는데
>
> 하늘에 계신 우리 아버지시여
> 당신의 뜻이라면 하늘 끝까지 따르리라
> —〈군중의 함성〉 1절

83년 2월 18일, 구치소 측의 차별대우, 빨래 금지, 책·편지 등의 제한, 직계가족의 면회규제 등의 부당한 처우를 개선하라고 요구하며 단식농성에 들어갔다. 곧 구치소 측에서 일부 요구를 받아들여 3일 만에 단식을 중단했다. 하루도 빠지지 않고 매일 면회를 오는 부모님들, 그리고 직계가족이 아니라 면회실 문이 열릴 때마다 함성으로 '밥 잘 먹고 건강히 지내라'고 걱정해주는 조합원들이 있었다. 구속된 8명을 다 보려면 하루 종일 기다려야 하는데, 면회 와준 조합원들에게 고맙고 미안했다.

83년 4월 30일, 1심 재판이 끝나고 최후진술을 하면서 무기한 단식농성을 선언했다. 우리들은 '민주노조 말살정책을 중지하고 원풍노조를 원상회복 시킬 것, 정부는 국제그룹의 양정모와 폭력배를 처벌할 것, 재판부는 정치재판을 중지할 것, 우리들을 일반 재소자와 동등하게 대우할 것, 노동악법을 개정할 것'을 요구조건으로 내걸었다.

그때의 심정은 단식을 하다가 죽어도 여한이 없다는 생각이었고, 배가 고프다는 생각보다는 회사에서 강제로 끌려 나오고 해고당하고 실형까지 받은 현실에 절망하고 억울하다는 생각뿐이어서 악으로 단식을 계속했다. 단식이 길어지자 밖에서 가족들도 동조 단식을 했다. 사태가 심각해지자 교도소 자체가 해결할 수 있는 일반면회와 편지가 자유롭게 허용되었다. 5월 16일, 최영숙, 김금자, 정영례, 노금순 등 밖에 있는 간부들과 협의, 16일 만에 단식을 풀었다.

김승년 검사는 구청장, 남부경찰서장, 안기부, 보안사 관계자, 노동부 소장 등과 함께 원풍노조 동향보고서를 만들고, 대책회의를 해오면서 원풍노조 파괴를 총지휘하였다. 원풍 재판은 1983년 2월부터 16차례 진행됐다. 재판이 열릴 때마다 200여 명의 조합원들이 방청하였다. 폭력배들과 회사 측이 검찰 쪽 증인으로 나와 조합원들의 야유를 받기도 했다.

김승년 검사는 1심 구형에서, '북괴 김일성은 남조선의 청년과 학생들을 공산혁명의 가교적 역할을 감당할 혁명계층이라고 지칭하고 있다'고 주장하며, 그 이유로 '피고인과 같은 젊은 근로자들이 국가발전의 소명의식 부족으로 공허한 이상론에 빠져있기 때문이다. 피고인 등과 같이 노동문제에 끼친 영향 등을 고려할 때 반국가적 행위로 절대 용납할 수 없다. 피고인들이 사회적 불안을 조성할 위험이 크므로 엄한 처벌을 받아야 마땅하다고 생각한다'고 목소리를 높였다. 이렇듯이 공안검사 김승년은 사건의 실체와는 무관하게 노조활동을 반공 이데올로기로 엮어 방 지부장을 비롯한 4명은 3년, 나는 2년 구형을 때렸다.

석 방

83년 8월 13일, 우리들은 광복절을 맞이하여 형집행정지로 풀려났다. 석방된 다음 날, 그 어려운 상황을 견뎌내고 모여든 조합원들이 적지 않았다. 눈물겨운 만남이었다. 그러나 산업선교회와의 관계가 어색해 입맛이 씁쓸했다. 내 마음에서 빨리 지울수록 내게는 보약이 될 것으로 생각하였다. 조합원들도 그리 생각하는 듯했다. 우리가 지키려던 70년대 민주노조의 마지막 깃발은 아무런 기약도 없이 이렇게 내려졌다.

> 함께 가자 우리 이 길을 / 투쟁 속에 동지 모아
> 가다 못 가면 쉬었다 가자 / 아픈 다리 서로 기대며
> 함께 가자 우리 이 길을 / 마침내 하나 됨을 위하여

그러나 그 고단한 삶은 우리를 단련시켰다. 나는 노조를 통하여 삶의 방향과 가치 의식에 눈뜨게 되었고, 인식의 영역이 넓고 깊어졌다. 같이 가는 동지들과의

만남으로 인간의 삶과 도리를 찾았다. 구속 기간 내내 해야 할 일을 다 못했다는 생각에서 벗어나지 못하기도 하였지만, 석방 후 다시 시작한다는 결의에 따라 법외노조활동이란 가보지 못한 길을 걷기 시작했다.

84년 3월 10일, 70년대 민주노조운동을 했던 사업장들을 중심으로 노동자들의 동력을 모아 노동악법을 개정하고 탄압받는 노동자들의 힘이 되고자, 많은 사람들의 관심 속에서 '한국노동자복지협의회'가 출범하였다.

85년 1월 21일, 경인지역 노동자들은 블랙리스트 철폐, 노동악법 개정을 요구하며 민한당 당사에서 농성에 들어갔다. 농성하는 동지들을 응원하기 위하여 한노협, 민청련 등 20여 명이 여의도 민한당사 앞에 갔다가 경찰에 의해 강제 연행되었다. 전경들은 경찰차에 실린 원풍의 황선금 동지에게 욕설을 내뱉고 때렸다. 이에 항의하다가 나는 경찰의 군홧발에 복부를 차여 한참 동안 숨도 쉬지 못하고 배를 잡고 뒹굴었다. 이러다 죽는구나 싶을 정도로 통증을 느꼈지만, 경찰은 다른 사람들은 석방하면서 나는 서대문경찰서로 보내 30일 구류처분을 내렸다.

차가운 마룻바닥에서 구류를 살면서 군홧발로 차인 곳이 고통스러워 물만 마셔도 얼굴이 부어오를 정도로 몸이 아팠다. 나는 정식재판을 청구하여 10일간 구류를 살고 석방되었다. 석방이 되고 오랫동안 한방치료를 했지만, 지금도 위가 안 좋아 몸 상태가 안 좋으면 바로 위부터 아프다.

안 양 노 동 회 관

88년, 평화민주당(평민당)은 서민의 정당을 표방하면서 안양에 노동회관을 설립하기로 했다. 나는 노동회관 활동을 하기로 결정하고 안양으로 이사를 했다. 당시 안양에는 중소기업이 많았다. 당시 노동조합은 대체로 한국노총에 소속되어 있었다. 이 노동회관에 대해 김대중 총재도 관심을 많이 가지고 있어 물심양면으로 도움을 주셨다. 그때 김대중 총재의 평민당도 빨갱이라는 낙인이 찍혀 노동회관 사무실을 임대하지 못해 엄청나게 고생했던 기억이 있다. 내가 관장을 맡고 차언년이 간사로 활동하면서 안양 노동자들과 함께하고자 노력했다.

안양노동회관은 노동조합들과 관계하며 탈춤, 풍물, 기타교실, 노동교육 등 문화활동을 통하여 조합 간부들의 의식 변화에 주력했다. 노동조합 간부들의 의식이 변화하면 노동자들의 힘을 길러 근로조건 개선 등을 이루어 낼 수 있기 때문이다. 원풍에서 배웠던 노동조합 조직법이나 인간관계에 중심을 둔 조합 활동을 통하여 민주노동조합으로 변화하는 과정에 도움이 되고자 노력을 했다. 안양 노동회관에서는 금속, 식품, 섬유, 의료, 택시, 아파트 등 30여 노동조합 사업장과 관계를 맺었다.

한국노동자복지협의회가 해산되고 난 후 1998년 (사)녹색환경운동을 결성했다. 방 지부장이 국회의원으로 환경노동위에서 활동할 때, 환경문제에 관심을 가진 원풍 자녀들을 비롯하여 학생들, 주부 등이 참여했다. 이를 바탕으로 경인지역에서 70년대 노동운동을 했던 동지들이 가지고 있는 가치관이나 조직력을 시대에 맞게 환경운동으로 승화시키자는데 의견을 모았다. 동일방직 최연봉 씨를 위원장으로, 내가 초대 사무국장을 맡아 녹색환경운동이 출범했다.

당시 원풍의 자녀들은 유아기에서 초등학생으로 성장하던 중이었다. 그 자녀들이 중고등학생으로 성장할 때까지 함께 했고, 지금은 그 자녀들이 결혼하여 2세들을 키우고 있다. 그 아이들 속에 내 딸 가영이도 있다. 가영이를 낳은 엄마는 내 여동생이지만, 가영이가 4살 때 제부가 뺑소니차에 치어 죽었고, 6살 때 내 동생도 암으로 세상을 떠났다. 그렇게 연달아 부모를 잃은 가영이는 외할머니 집에서 생활하다가 초등학교에 입학하면서 우리 집으로 와서 나의 딸이 되었다. 그런 가영이가 이제 서른이 넘어 나의 든든한 친구가 되었다.

가영이가 없었다면 나는 참으로 건조한 삶을 살았을지 모르겠다. 가영이는 정치 사회에도 관심이 많아 내가 하는 원풍 활동도 적극적으로 응원한다. 내 성격이 살가운 편이 못되어 귀한 손님으로 온 가영이에게 너무 대접을 못 하는 게 아닌지, 성장하는데 긍정적 요소보다는 부정적 요소를 더 많이 체화되도록 한 것은 아닌지 걱정도 되고 미안한 마음도 있다.

나는 2017년, 오랜 동안 계속 해왔던 환경운동을 정리했다. 노동운동에서 환경운동으로, 그리고 또다시 복지운동으로 전환하면서 여전히 운동을 통해 사회를 변화시키는 일들을 하고자 하는 꿈을 꾸고 있다.

피고 대한민국은 …

'민주화운동 관련자 명예회복 및 보상 등에 관한 법률'에 의거, 신청을 하여 2007년에 정부로부터 민주화운동 명예회복 인정을 받았다. 해고당하고 28년 만에 내가 살아온 삶이 빨갱이, 간첩이 아니라 나라와 사회를 위해 민주화운동을 했다는 것을 대한민국 정부에서 인정해준 것이다. 뭐라 말할 수 없는 기쁨이 느껴졌고, 집행부를 믿고 따라준 조합원들이 명예회복 인증서를 받고 뿌듯해하는 것을 보면서 다시 우리의 부활이 시작되었다고 생각했다.

2010년, 민주화운동 명예회복과 더불어 생활지원금도 받았다. 지난 28년간 지치지 않고 계속 싸워온 결실이기도 했다. 원풍에서 해고된 조합원 중 연락이 닿지 않는 570명의 조합원을 위하여 신문광고를 내자는 의견도 있었지만, 원풍노조 관련 기사를 통해 알리는 작업을 하도록 했다. 이로써 100여 명의 동지들이 새롭게 연락이 되어 160명 중 157명이 명예회복을 하고 생활지원금도 받았다. 오랜만에 만난 동지들이 반갑기도 하고, 그동안 어디에서 무엇을 하고 살았는지 궁금했다. 82년 9·27 이후 긴 시간을 지나 명예회복을 위하여 다시 만나게 된 동지들을 보는 감회가 새로운 가운데 세월의 회한을 느꼈다.

2010년 6월 30일, 과거사진상조사위원회로부터 '국가는 피해자들에게 사과하고 명예회복을 시키는 등 적법한 조치를 취할 필요가 있다'는 결정이 나왔다. 이에 우선 40명이 2010년 11월 국가를 상대로 소송을 하여 2011년 6월 22일 1심 재판에서 승소했다. 이 승소를 계기로 135명도 소송을 제기했다. 민사재판이기는 하지만 재판이 열릴 때마다 서초동 법원으로 갔다. 판사가 '피고 대한민국'을 지칭하면서 진행되는 재판 상황을 보며 묘한 감정이 들었다. 그동안 살아오면서 국가를 상대로 소송까지 하게 되는 세상이 오리라는 생각을 못 했었다. 우린 항상 국가의 탄압을 받으며 살아온 것에 익숙해진 존재 아니었던가.

1심 재판 7개월 만에 다시 2심에서 승소 판결을 받았을 때는 만세를 불렀다. 이런 날도 오다니, 세상을 다 얻은 느낌이라는 게 이런 걸까라는 생각이 들면서 느끼는 기쁨은 그동안 막혀있던 체증이 일시에 씻겨 내려가는 짜릿한 기분이었다. 모진 바람 맞아가며 살아온 보람이 느껴졌고, 가슴이 벅찼다. 그동안 주눅 들고 힘들었던 삶들이 더는 힘들지 않고, 국가를 상대로 승소를 했다는 것에 마치 하늘을 날듯이 마음이 붕붕 떠다녔다. 그렇게 고등법원까지 승소하는 기쁨에 법원 가는 길이 즐겁고 신나기만 했다.

2013년, 박근혜가 대통령이 되고 나서 '피고 대한민국'이 상고한 대법원 재판이 잘 안되면 어쩌지, 하는 불안감이 들었다. 한편으로는, 이명박 때도 법원에서 인정을 했는데 삼권분립은 지켜지겠지, 하는 생각으로 대법원의 판결을 기다렸다. 그런데 아니나 다를까 대법원에서 판을 엎었다. 패소한 것이다. 지금 와서 보니 양승태가 사법권을 농단하여 박근혜의 입맛에 맞도록 재판을 했던 것이다. 삼권분립을 지켜내야 할 법원이 자기들의 이해를 위해 자발적으로 권력의 개가 되었다는 뉴스를 보고 사법부에 대한 분노와 실망감이 극에 달했다.

요즘 양승태를 고발하는 기자회견을 하고, 1인시위도 하면서 헌재에 계류 중인 헌법소원에 정의로운 심사를 요구하는 탄원서를 냈다. 그리고 원풍은 또다시 투쟁을 위하여 거리로 나섰다. 양승태는 대한민국의 헌정질서를 어지럽히고 삼권분립의 근간을 뒤흔든 범죄자이다. 대한민국의 국민으로서 당연히 싸워 흐트러진 헌정질서를 바로잡아야 한다는 생각이 들었다. 다행히 2018년 8월 30일, 헌법재판소는 정부로부터 피해 보상을 받았다고 하더라도 정신적인 피해에 대하여 다시 배상신청을 할 수 있다는 판결을 내려 재심을 청구할 수 있는 기회가 주어져 또다시 소송 준비를 한다.

못 다 한 이 야 기

1982년 9·27 이후, 빨갱이, 좌경, 용공 등 각종 덫의 굴레에서 늘 해고와 핍박을 당하는 세월을 살아왔다. 원풍노조 조합원들은 권력에 의해 짓밟히고 해고당했고, 블랙리스트로 인하여 취업도 못 하면서 긴 시간 시리고 아픈 삶을 살아왔다.

우리는 눈보라 치는 허허벌판에 내던져져 각자도생으로 살아남는 피나는 노력을 했다. 그러나 우리는 그 모진 고통 속에서도 원풍의 정신을 잃지 않았고, 그 정신을 계속 유지·발전시켜 더 큰 것으로 승화시켰다. 강철은 어떻게 단련되는가? 그 고통이 우리를 단련시켰다고 나는 확신한다.

지금까지 함께한 동지들, 한국노동운동의 역사에 또 하나의 이름을 남기는 이 증언록에 참여하게 되어 너무 기쁘다. 지금까지도 그래왔지만, 이 증언록으로 우리 모두의 인연이 더 깊이, 더 오래, 더 단단하게 이어지기를 바란다.

머나먼 길을 걸어왔다. 그러나 우린 길이 있어서 간 것이 아니다. 각자가 정신 차리고 가다 보니 길이 되었다. 그리고 여러 사람이 같이 가니 더 큰 길이 되었다. 우리가 걸어왔던 이 길이, 뒤에 올 사람들이 헤매지 않도록, 영원히 녹슬지 않는 이정표가 되기를 꿈꾼다.

딸 김가영이 엄마에게 −

나는 어릴 때부터 엄마에게 원풍 이야기를 들으면서 자랐다. 어렸을 때 언년이 이모와 엄마가 모임 하는 장소에 따라다니기도 했고, 녹색환경에서 진행하는 환경탐사에도 참여하면서 자연스럽게 이모들과도 만나게 되었다. 그때는 이모들이 무슨 모임을 자주 한다고 생각했었는데, 지금 생각해보니 원풍노조 모임이었다.

1982년 9월 27일 당시는 전두환의 군부독재 시절이어서 거기에 맞서 싸우기도 쉽지 않았던 상황이었을 텐데, 그 싸움을 넘어서도 오랜 기간 모임을 한다는 것 자체가 신기했다.

엄마가 받은 민주화운동 인증서가 대한민국에서 민주화운동을 했다고 인정해주는 증서라서 놀랐다. 원풍노조 같은 경우는 정부가 직접 계획하여 노조를 파괴한 사건인데, 대한민국 정부가 민주화운동 명예회복 인증서를 발급한 것은 바로 자기들의 잘못을 인정한 것이어서 더 통쾌한 기분이 들었다.

내가 고등학교 다닐 때 근현대사 교과서에 YH, 동일, 원풍이 70년대 민주노조운동을 했다는 내용과, YH노조의 신민당사 농성으로 독재자 박정희가 정보부장의 총을 맞고 사망했으며, 그 사건이 이 나라의 민주화에 크게 공헌했다는 내용을 공부했다. 당시 엄마가 다녔던 원풍모방 노조가 교과서에 나온 것에 자부심을 느꼈고, 반 친구들에게 우리 엄마가 다녔던 회사이고 엄마가 노동운동을 했다고 자랑했더니, 친구들이 정말이냐며 신기해했던 기억이 있다.

2012년 2월 겨울, 강원도 백담사 만해마을에서 있었던 원풍의 자녀모임은 참으로 의미가 컸다. 엄마로부터 한 번도 듣지 못한 엄마의 삶의 역사적 의미를 들었기 때문이다. 영상과 강의를 통하여 그 시대의 참혹함과 엄마가 고단하게 살아오신 것을 알게 되어 오랫동안 가슴이 쓰리기도 하였다. 자랑스러운 우리 엄마이고 이모님들이기도 하다. 세상의 변화는 저절로 오는 것이 아니라는 것을 깨달은 모임이었다.

이모들의 증언록 작업을 하는 것을 보면서 각자 저마다의 이야기를 풀어놓는 것이 역사적으로 큰 의미가 있을 것이라고 생각했다. 그렇게 열심히 살았던, 각자의 영역에서 살아온 사람들이 중년을 지나가는 나이에 자기 인생을 한 번쯤 정리하고, 그 결과물이 나오는 것은 원풍 이모들에게도 큰 선물이 되겠다는 생각을 했다.

엄마는 원풍 모임이라면 거의 빠지지 않고 참여하는 것 같다. 집안의 행사나 그 어떤 일 보다도 우선순위로 활동하는 것으로 보인다. 엄마는 노동운동을 한 것에 늘 당당하셨고, 옳은 일을 하였다는 마음가짐으로 살아오셨다. 나는 엄마의 그런 모습을 보고 자라서인지 사회적 약자나 노동운동에 대한 관심이 많은 편이다. 그래서 사회문제나 정치에 관한 이야기를 할 때도 엄마랑 의견 충돌이 일어나지 않는다.

원풍노조 활동을 하는 이모들의 삶을 보면서 '사람은 빵으로만이 아니라 꿈을 가지고 살아야 한다'는 명제가 얼마나 중요한지 알게 되었다. 원풍 이모들이 밟혀도 밟혀도 또 다시 들풀처럼 일어나 굳건히 살아가는 그 정신을 응원한다.

003

내 정체성의 중심, 원풍노조

박순애

_____1955년, 정읍 고부에서 태어났다. 1972년에 원풍에 입사했다. 당시 막내였지만 어용노조를 극복하던 시기의 노조민주화 투쟁에 참여했다. 교선부 차장 등을 거쳐 상근 부조합장으로 일하다가 82년 9·27투쟁 후 수배, 연행되어 구속되었다. 현재 경기도 용인에서 농사를 지으며 늦깎이로 방통대를 졸업하고 주민참여예산네트워크, 경기여성활동가포럼, 용인경전철주민소송단 등의 지역활동을 하고 있다.

원 풍 노 조 와 의 만 남

나는 전봉준의 고향이기도 한 정읍시 고부에서 1955년에 7남매 중 둘째로 태어났다. 초등학교 졸업 후 15살이 되던 69년에 언니가 있는 서울로 올라와 용산에 있던 미원 보세공장에서 일했다. 그러던 중 함께 일했던 한 아줌마가 '한국모방'이라는 곳에서 사람을 모집한다는데, 거기 안 가볼래?' 하고 물었다. 한국모방이라니? 대한민국을 대표하는 회사 같아서 호기심이 생겼다.

그런데 중졸은 되어야 한다는 것이었다. 내가 실망해 하자, 아줌마는 자기 동생의 졸업장을 떼다 주었다. 그 덕에 나는 그 아줌마의 동생 '권명숙'이 되어 입사했다. 그런 경우가 많아 몇 년 지나 노조가 회사와 교섭하여 본명으로 바꿔주는 작업을 했고, 비로소 아버지가 지어준 내 이름 순애로 돌아왔다. 내 이름을 온전히 불리게 된 곳, 원풍은 내 정체성의 중심을 세우게 한 곳이기도 했다.

18살이 되던 72년 7월 한 여름, 제일 시끄러운 직포과에 배치되었다. 하루 12시간 주야간 교대근무였지만, 토요일 저녁 7시에 출근해서 일요일 낮 1시까지 18시간 근무가 걸릴 때는 최악이었다. 서서 일해야 하니 다리는 무지하게 아프고 눈꺼풀은 저절로 감겼다.

어느 날 팔에 두 줄짜리 완장을 찬 장복진 부반장(노조간부)이 식당에 가서 물을 떠오라고 하면서 정사과에 들러 엄순애라는 사람한테 내일 아침 몇 시에 스위치를 끄는지 물어보고 오라는 것이었다. 시키는 대로 주전자를 들고 식당에 들러 물을 담아 오면서 정사과에 들어가 그 사람을 찾아서 물었더니, 내일 아침 6시에 스위치를 끄고 정사과로 모이라고 했다. 직포과 부반장에게 그대로 전했다. 그러자 부반장은 다시 나에게 저기 완장 세 줄짜리 천옥선이 눈치 못 채게 직포 기기마다 다니면서 모두에게 전하라는 것이었다. 뭔가 은밀한 분위기라 나도 조용조용 다니며 전달을 했다.

밤 근무를 마치고 아침 6시가 되니 슬금슬금 서로를 눈짓하던 언니들이 모두 직기 스위치를 내리고 정사과로 달리는 것이었다. 나도 쫄레쫄레 따라 달려가 보니 많은 사람들이 모여 있었고, 회사 간부들까지 나와 뭐라고 설명을 하며 이 회사가 문을 닫을지 어떨지 모르니 일단 모두 가라고 설득했다.

웅성거리던 사람들이 식당으로 갔지만 밥도 안 주는 탓에 자취생들은 집으로, 기숙사생들은 일단 기숙사로 돌아갔다. 1, 2, 3층 기숙사생들이 한꺼번에 모이기는 이때가 처음이었을 것이다. 모두 잠도 안자고 밥을 못 먹었으니 회사 앞 가게에 외상장부를 달고 군것질거리를 사다먹으며 웅성웅성댔다.

그렇게 점심시간이 지났는데, 창밖을 보라는 고함소리가 들려 내려다보니 몇 명이 '수단방법을 가리지 말고 정문까지만 나와라'라고 쓴 플래카드를 펼쳐들고 서 있었다. 우리는 옷도 입은 그대로, 슬리퍼면 슬리퍼를 닥치는 대로 꿰차고 나가려는데 "사감이 기숙사 문을 잠갔다"는 누군가의 외침이 들렸다. "다 막아야 한다!"는 소리도 들렸다. 옥상으로 몰려가다가 깨진 유리문을 어떻게 열어 경비실까지 내려가 보니 경비들이 몰려서서 '지금부터 나가는 사람은 짐을 싸서 나가라'고 을러댔다.

어디로 가는지, 누구의 지시인지도 모른 채 꾸역꾸역 엉겁결에 따라간 곳은 명동성당이었다. 성당은 미사 중이었지만 미사가 끝나도 스무 살 무렵의 여성노동자들은 일어나지 않았다. 얼마나 지났는지, 정보부에서 나왔다면서 누군가가 가운데 서서 회사로 가면 해결해 줄 테니 돌아가라고 설득하고 있었다. 시간이 얼마나 지났을까, 다른 사람이 앞에 섰다. 저 이는 노동자 측이라고 옆의 언니들이 말해 주었다. 그는 회사에서 해결해주기로 약속했으니 돌아가자고 했다. 그가 지동진 지부장이라는 것을 나중에 알게 되었다.

통행금지 시간이 지나 경찰버스를 타고 회사로 돌아와 식당에 다 모였다. 간부들이 노조 사무실에서 조사를 받는 동안 우리 모두가 대기한 것이다. 아침이 되자 노조지부장이 식당으로 나와, 해결하기로 되었으니 아침반은 출근하라고 했다. 다들 야근 마치고 밤을 새운 터라 일을 어떻게 하느냐고 하니, 정 못 견딜 것 같은 사람은 원하면 조퇴처리를 해주기로 회사와 합의했으니 일단 출근하라고 했다. 내가 초보 노동자로 겪은 그 사건이 바로 노조탄압에 저항한 '9·3파업 명동성당 농성사건'이었다.

노 동 자 의 자 긍 심 이 빛 나 던 시 절

75년 3월 10일의 '근로자의 날' 행사는 방 지부장이 구속된 상태에서 했다. 회사에서 열어주는 행사를 거부하고 조합원들은 대림동에서 고척동 구치소까지 '지부장 면회행진'을 시작했다. 우리는 떼거리로 몰려가 구치소 앞에서 "지부장 내 놔라!" 소리소리 질러대니 구치소 직원들이 난리가 났다. 조사 받으러 검찰청에 가서 없다고 했지만, 한바탕 소리 지르며 버티는데 저녁 무렵이 되어 검찰청 갔던 차가 들어오는 게 보이고, "지부장이 탄 것 같다," "봤다," "아니다" 설왕설래하기도 했다.

결국 지부장을 만나지는 못했지만, 속이 후련하기도 하고 재미있기도 했다. 지부장의 면회가 가족밖에 되지 않아 가족이 면회할 때마다 몰려가 유리창 밖에서 그림자라도 보려고 기웃거리고, '힘내세요!' 소리 지르기도 했다. 보통 40~50명이 몰려다녔던 것 같다. 그런 힘으로 지부장이 석방되었고, 투쟁경력이 쌓이면서 '뭉치면 된다'는 확신과 성취감이 커졌던 것 같다.

76년 11월에는 방 지부장을 회사 앞에서 까만 세단에 태워 데려갔다고 했다. 어디로 갔는지 모르는 상태에서 내의 보따리를 들고 남부경찰서로 몰려갔다. 다짜고짜 날씨가 추우니 '우리 지부장 내의를 전해야겠다, 만나게 해 달라'고 요구했다. 그러자 높은 사람이 나와 '너희 지부장은 여기 없다. 더 높은 데 있다'고 했다. 더 높은 데가 어디냐고 소리 지르니 시경이라고 했다. 다시 서울시경찰청으로 몰려가니 비상이 걸렸는지 높은 사람이 나와 '여기도 없다. 너희들 이렇게 하면 다 집어넣겠다. 셋 셀 때까지 해산하지 않으면 연행한다'라고 겁을 주는데도 함께 있으니 배짱이 생겨 버렸다.

캄캄해져서야 기숙사로 돌아왔다. 방 지부장이 '국가원수모독죄'라는 희한한 죄명으로 도대체 어디로 갔는지 모르던 때였다. 그 사건은, 노무과에서 누군가의 인사발령장을 발견한 지부장이 이게 뭐냐고 물었더니, 회사측 관리자가 '기숙사 사감으로 올 건데 대통령이 보냈다'고 하여 "대통령이 할 일이 그렇게 없나? 일개 기숙사 사감까지 누구 보내라, 경비는 누구 보내라 하나?"라고 한 것을 총무과 계장이 대통령을 욕했다고 고발해 대공분실에서 연행한 건이었으니 참으로 소가 웃을 노릇이었다. '국가원수모독죄' '국가시책비방죄' 등 죄목도 많았고, 걸리면 징역이 최소 3년이라는 등 당시는 무시무시했다.

그런데 전 조합원이 '누가 우리 지부장을 구속했나?'라고 쓴 리본을 달고 출근했고, 퇴근반은 식당에 모여 지부장을 석방하라며 노래 부르고, 장기자랑도 하고, 교육도 하니 조합원의 산 교육장이 되어버렸다. 현장에서는 보이지 않게 생산량을 팍팍 줄이는 방법으로 싸웠다. 당시는 노동자들의 단체행동권이 금지되어 있던 때라 파업을 할 수는 없었기 때문에 노조는 지혜롭게 싸워야 했고, 그래서 요령껏 생산량을 줄이는 방법을 선택했다. 전 조합원이 은밀한 지시를 통해 슬며시 기계부속을 빼놓고 고장이 났다고 기계를 세우거나, 화장실에 가서 오래 있거나, 실을 느리게 바꿔 감거나 하는 등 할 수 있는 요령을 다해 생산량을 확 줄여버린 것이다. 결국 똥끝이 탄 회사가 두 손을 들었고, 방 지부장은 풀려나왔다. 지부장이 고생은 했지만, 그 통쾌한 승리감은 노동조합의 결속력을 강화하는 계기가 되었다.

상 집 간 부 가 되 다

노동조합, 산업선교회, 크리스찬아카데미 등의 교육, 각종 인권집회, 민주인사들의 재판 방청 등에 빠지지 않고 참여하면서 내 의식은 조금씩 성장해 갔다. 탈춤반이 만들어지자 바쁜 와중에도 합류했다. 몸은 뻣뻣하지만 그 몸짓 그대로 보는 사람들의 웃음을 유발했다. 말뚝이로 상징되는 노동자집단과 양반으로 상징되는 권력집단을 대비시켜 구성한 대본 만들기도 재미있었다. 나는 '양반 2'의 역할을 맡아 한껏 거만한 몸짓을 연기해보기도 했다. 배우고 실천하고 열정이 치솟던 시절이었다. 부서의 대의원으로 열심히 활동했더니 직포과 상집간부였던 차윤순 언니가 사직하고 나간 후 교선부 차장을 맡게 되었다. 노동조합은 내 일상의 중심이 되었다.

78년 '동일방직 똥물 사건'이 발생한 후 같은 방 식구로서 나를 잘 따르던 장남수가 구속될 때는 희한한 일이 일어났다. 남수가 구속되기 며칠 전, 새벽 6시 출근을 하는데 남수가 "언니, 지난 밤 꿈에 파란색 새 작업복을 주더라"라기에 무심코 "야, 너 감옥 가려나 봐, 파란색은 죄수복 색깔이잖아?" 말해놓고 나도 화들짝 놀라고, 남수도 "어, 진짜?"하며 놀랐다. 그런데 며칠 후 남수가 감방에 간 것이다. 나는 남수가 외롭지 않게 자주 편지를 보내면서 웃기는 소리도 하나씩 적곤 했다. 마음 한편으로 내가 꿈 해몽을 그렇게 해버린 것에 죄책감이 들었다.

79년 10월, 박정희 대통령이 죽었다는 뉴스가 나오는 순간 만세를 불렀다. 사람 죽었다고 좋아하는 것은 도리가 아니지만, 그렇게 독재를 하고, 힘없는 우리를 잡아가고, 기업주 편만 들고, 자기를 비판하는 사건은 보도도 안 하고, 정치 잘못한다고 바른말 하면 잡아가고, 똑똑한 사람 간첩으로 만들고, 대통령을 18년이나 하고도 물러 날 생각은 안 하고…, 그런 독재자는 잘 죽었다는 기분이었다. 하지만 기대했던 민주화는커녕 사회 분위기는 차갑게 식어버렸다.

80년, 노총 쇄신을 위해 노총회관을 점거하고 철야 투쟁했던 궐기대회는 빛을 보지 못하고 씁쓸하게 해산해야 했고, 흉흉한 소문이 돌더니 민주인사들이 연행되고 5·18 광주항쟁이 터졌다. 경찰이 몇 명 죽었다는 식의 뉴스만 흘러 다녔지만, 그 참혹한 실상은 유언비어처럼 전해졌다. 원풍 조합원들은 전라도 출신이 많아 집에 다니러갔는데, 도로에 머리카락이 엄청 많더라, 사람들이 죽었다더라, 라는 이야기를 안고 왔다. 무서운 상황이긴 하지만 모금이라도 하자는 것이 노동조합의 뜻이었다. 그렇게 모금한 돈이 470만원이었고, 박순희 부지부장이 가톨릭 광주대교구 윤공희 대주교께 전달하고 왔다.

그런데 얼마 후 방 지부장과 박순희 부지부장이 '김대중내란음모사건'에 연루되었다는 혐의로 수배되었다. 두 분이 피해 다니는 동안 가끔 노조와의 연락을 위해 만났다. 그때 연락책은 김명자 언니가 많이 했다. 김명자 언니는 당시 결혼으로 사직한 후였기 때문에 비교적 감시의 눈초리에서 안전하다는 이유였다. 그 언니를 통해 방 지부장이 나에게 "청량리 시조사 앞에서 만나자"고 연락을 해 와 어둑한 밤에 청량리 약속 장소에 가 있는데, 그때 방 지부장의 남색 바바리가 설레고 두려우면서도 반가워 가슴이 뛰었다. 방 지부장을 만나 정강자 선생 집으로 갔던 기억도 난다. 가끔은 박순희 부지부장을 함께 만나기도 했다.

수배중인 사람을 만나는 것이지만 겁나지는 않았다. 다만 어떻게 하면 안전하게 만날 수 있을까 하는 생각, 혹시 내가 뒤를 밟히거나 잡혀가서 이 내용을 불게 되면 어쩌지 하는 걱정만 했다. 몇 번씩 차 갈아타고 만나러 가는 과정이 나름 짜릿하기도 했다. 빵집에서 빵을 먹고 헤어지곤 했는데, 후일 합수부에 내가 연행되었을 때도 이 일은 불지 말아야겠다고 다짐했다.

계 엄 사 의 만 행

이문희 부지부장이 직무대리를 맡아 운영하던 노조가 위기를 맞았다. 80년 12월, 계엄사 합동수사본부는 이승옥 공장장 등 회사 측 관리자 일부를 연행하여 사표를 받았다. 대체로 노조에 협조적이었던 인물들이었다. 그리고 형평을 맞추기라도 하듯이 노조간부들을 불러들였다. 이문희 부지부장을 먼저 연행한 수사관들은 계엄사에 앉아 부지부장에게 지시하여 노조간부들을 차례로 그곳으로 불러들였다. 처음에는 쟁의부, 다음엔 조직부, 다음은 교선부, 조사통계부 이런 식이었다. 그렇게 상집간부 전원과 일부 대의원이 연행되었다. 집행부에서 오라하니 가야할 것 같았다. 수사관들은 공장 안과 심지어는 기숙사까지 들락거렸다. 특히 얼굴이 곰보처럼 많이 얽어있던 과장과 최 수사관이란 자가 계속 오가며 지휘를 하는 것 같았다.

'범진사'라는 건물에 들어가니 철문을 열고 한 칸에 한 명씩 앉히고 조사했다. 먼저 여자 수사관이 온몸을 검색했다. 그들의 질문은 틀에 박힌 듯 똑 같았다. 인적사항 적고, 친구가 누구냐 묻고, 광주 모금한 것 누가 주도했냐, 도시산업선교회 회원이냐 등이었다. 두렵지 않은 건 아니지만, 간부들이 같이 있으니 그나마 위안이 되었고, 시절이 험악하여 감당해야 하는 몫이라고 마음을 다잡았다. 이제 노조가 깨지는구나, 라는 좌절감이 밀려오기도 했다.

그들은 사표를 강요했다. '￦ 표를 왜 여기서 쓰냐'고 항의하니, '나라에서 하는 일이다. 너희 회사는 종기가 ￦서 수술을 해야 한다 그러다 보면 생살도 찢어질 수밖에 없다. 배가 풍랑을 만났는데 끝까지 가기 위해서는 시끄러운 사람은 바다에 빠뜨릴 수밖에 없다. 잔디도 우뚝 솟아있는 것은 잘라버린다'고 했다. 그 사무실에는 빨강색, 보라색 등으로 색칠한 원풍노조 간부들의 성향분석표가 붙어있었다. 그들은 한 방에 다 몰아 놓아 쪼그리고 앉아 있는 우리 앞을 지나다니면서 전 미카엘 신부가 방용석, 박순희를 숨겨주고 있는 것 같다고 슬쩍 떠보기도 했다.

성탄절 날은 파티를 해준다며 지하에 있는 식당으로 우리를 모두 데리고 내려갔다. 시키는 대로 식당에 앉아 있는데, 전날 석방시킬 듯이 회사로 데리고 간 이무술 등 일부 간부들이 다시 줄줄 식당으로 들어오는 것 아닌가. 그나마 그들이 석방된 줄 알았던 우리는 놀랍고 황망해 일시에 통곡이 터져 나왔다. 결국 파티는 무산되고 다시 구금시설로 올라갔다.

12월 말까지 그렇게 불안하게 하더니, 네 명의 남자 간부들을 순화교육에 보내고, 14명의 간부들을 해고했다. 어떤 분류였는지 모르지만 이무술 교선부장과 몇몇 간부와 함께 나는 살아남았다. 새로운 집행부가 꾸려졌고, 나는 부조합장을 맡게 되었다.

9 · 27, 참 을 수 없 는 분 노

회사는 노조를 약화시키려고 작정한 듯 걸핏하면 자극했다. 단체협약도 지키지 않았고, 근로감독관은 걸핏하면 오라 가라 했다. 노조는 회사가 도발할 명분을 주지 않기 위해 인내하기로 방침을 정하고 어떻게든 그 어려운 시기를 극복해야 한다고 생각했다. 조합원들은 지쳐갔고 불만도 누적되는 상황이었다. 그런 상황에서 섬유노조 본부에서 화학계통인 원풍타이어와 섬유계통인 원풍모방을 하나의 노조로 통합하라는 공문이 내려왔다. 5월 30일까지 통합하지 않으면 노조를 해산시킨다는 것이었다. 모방 쪽 힘을 약화시키고 타이어에 권한을 넘기려는 술수라는 것을 모를 리 없었지만 항의해봤자 소용없었다. 사태를 고민하던 노조는 작전을 짰다.

우여곡절 끝에 통합대회가 열렸다. 위원장 선거가 시작되었고, 모방 쪽 대표를 먼저 뽑겠다고 요청하여 만장일치로 당시 조합장인 이무술이 선출되었다. 이어 타이어 위원장을 선출하는데 원풍의 27표가 모두 당시의 타이어 위원장이 아닌 부위원장 박장길을 찍어 그가 선출되었다. 그들은 당연히 현 위원장이 될 줄 알았던 것인데, 원풍모방노조는 미리 작전을 짜 상대적으로 유연한 부위원장을 선출해버린 것이다. 허를 찔린 그들은 펄펄 뛰고 난리가 났다.

그런 와중에 회사는 휴가비 문제로 노조를 뒤지는 등 크고 작은 사건들이 끊이지 않았다. 가공과에서는 작업배치를 뺑뺑이 돌려 조합원들의 감정을 한껏 자극했다. 그 상황을 항의하는 가공과 대의원 김성구를 담임이 구타하는 일이 벌어졌다. 김성구가 억눌러오던 분을 참지 못하고 담임의 뺨을 올려붙이는 사태가 벌어졌다. 이 사건의 전말은 무시되고, 여성 조합원이 남자 어른인 상사의 뺨을 때렸다는 것만 부각하여 남성 노조원들의 공분을 자극하는 명분으로만 한껏 활용되었다. 아슬아슬한 긴장이 20여 일간 지속되었다. 참을 수밖에 없는 상황에 가슴이 터질 듯 답답해진 조합원들은 일을 못하겠다며 잠깐이지만 기계를 꺼버리는 사태가 일어났다.

회사는 기다렸다는 듯이 82년 9월 25일(토요일), 회사 게시판에 공고를 붙였다. '김성구, 박혜숙, 박순애, 이옥순을 해고한다'는 것이었다. 박순애, 이옥순은 김성구 문제를 주동했고, 박혜숙은 어느 집회에서 성명서를 낭독했다는 이유였다. 해고장을 비닐에 싸 붙이고, 철망까지 쳐놓고도 모자라 경비가 지키고 있었다. 이 문제로 26일(일요일) 영등포산선에서 임시 간부대책회의가 열렸다. 이날 회의에서 두 가지를 결정했다. 1. 이제는 싸울 수밖에 없다. 추석연휴가 끝난 후 바로 쟁의행위에 돌입한다. 2. 추석연휴 동안 노조 사무실에 비상 대기한다. 그리고 다음날인 월요일에 상집회의를 소집했다.

그러나 한 발 늦었다. 회사는 추석연휴 전에 노조를 깨기로 작전계획을 잡았던 것이다. 27일, 월요일 오후 1시에 회의가 잡혔는데, 이날 오전부터 수상한 남자들이 공장 안으로 들어왔다. 분위기가 어수선한 가운데 회의가 시작되는 순간 불시에 남자들이 문을 걸어차고 들어왔다. 남자들은 노조 사무실을 점령하고 조합장을 에워쌌다. 그리고는 간부들을 모두 밖으로 끌어낸 후 조합장만 남기고 문을 걸어버렸다. 나는 노조 사무실 안으로 들어가려고 유리창을 주먹으로 쳐서 깼다.

피가 낭자하여 조합원들에게 끌려 병원으로 가는데, 직포과에서 누군가 따라

왔던 기억이 난다. 한독병원에서 응급처치를 하고 약을 받으려 하는데 형사가 와 있는 것이 보였다. 여기서 잡히면 공장 안으로 못 들어갈 것이라는 생각이 머리를 스쳐 약을 타지 않고 주사도 팽개치고 조합원 한 명과 도망쳤다. 형사를 피해 독산동까지 갔다가 버스를 타고 영등포산업선교회로 가니 이옥순 총무도 머리를 다쳐 와 있었다. 공장 안으로 들어가지 못해 애를 태우는데 폭력배들에 의해 밤새 시달린 후 화곡동에 버려졌던 조합장이 산발이 되어 산업선교회로 왔다. 상근자 3명 모두가 손발이 묶인 상태가 된 것이다. 농성장을 양승화 부조합장이 지휘한다는 소식에 다행이라 생각되었다.

29일 밤, 기숙사 뒤쪽 으슥한 곳의 개구멍을 뚫고 현장 안으로 진입했다. 그때는 무서운 게 없었다. 조합원들 속으로 들어가니 박수를 치고 어찌나 좋아하던지…. 눈물겨운 상봉이었다. 당연히 나는 조합원들과 함께 해야 했다. 비로소 내 자리를 찾은 느낌이었다. 달리 논의할 겨를도 없이 조합원들과 섞여 농성에 들어갔다.

30일부터는 회사에서 보낸 전보를 받은 조합원 가족들이 놀라 찾아오기 시작했다. '당신 딸이 불순분자집단에서 혼숙하고 있다'고 하니 부모들이 얼마나 놀랬을 것인가? 그 가운데 쇠갈고리 의수를 한 상이군인 한 사람이 들어와 누구를 찾는다고 휘젓고 다녀 공포를 느끼게 했다. 그날 저녁에 폭력배들이 쳐들어온다고 누군가 비명을 질러 운동장 등나무 밑에까지 뛰쳐나왔다. 뒤에서 솜뭉치 뜯어내듯 한 명씩 뜯어내는 바람에 뜯겨나가지 않으려고 우리는 부둥켜안고 웅크렸다. 거기에는 노조 부지부장 이제호씨도 있었다. 그러자 폭력배들은 이제호씨를 겨냥해 여자들 치마 아래에서 어쩌고 해대며 야유를 퍼부었다. 심지어 '여자를 죽이는 방법이 두 가지 있는데, 하나는 때려서 죽이고 하나는 밤에 죽인다'는 따위의 허접한 야유로 빈정대며 자극했다.

새벽이 되었다. 10월 1일 추석날이다. 최후의 작전명령이 떨어졌는지, 그들은 몽둥이를 들고 두들겨 패기 시작했다. 단식농성 댓새 째였고 피골이 상접해 있던 우리는 승냥이에 쫓기는 양 새끼처럼 두들겨 맞으며 길거리로 내쫓겼다. 경비실 유리창이 깨지는 소리, 비명소리, 폭력배들의 발자국소리에 새벽이 갈라졌다. 이제호, 양승화, 이옥순과 나는 남부경찰서에 연행되었다. 양승화 부조합장의 아버지가 경찰서에 와 보증을 서서 우리 넷은 풀려났다.

1번 타자로 구속, 철창에 갇힌 노동조합

우리는 모두 약속한 듯이 산업선교회에 모였다. 그때 갈 수 있는 공간은 거기 밖에 없었다. 분한 마음을 가누지 못한 채 뭘 해야 할까 논의하는 중 인 목사가 경찰이 여기까지 쳐들어 올 모양이라며 여기 있으면 안 된다며 피하라고 했다. 급하게 흩어져 마땅히 피할 데도 없어 이옥순까지 데리고 언니네로 갔다. 그런데 다음날 새벽 남부경찰서 형사가 집 앞에 보였다. 그가 아직 나를 발견하지 못했고, 바로 창문으로 뛰어내리면 마당을 통해 밖으로 나갈 수 있겠다고 생각했다. 그러나 내가 튀어 버리면 이옥순 총무가 문제였다. 도리 없이 재빨리 문 뒤로 이옥순을 밀어 넣고, 나만 순순히 연행되었다. 그들은 언니 집에 이옥순까지 와 있으리라고는 생각 못한 것이다.

차도 없이 나를 잡으러 온 형사들과 버스를 타고 남부경찰서에 가니 박명신씨가 있었던 것 같다. 유치장에 있는데 노동부의 김용건 감독관이 찾아왔다. 그는 "굳이 박순애를 가둘 필요는 없다. 나가면 조용히 있겠다는 각서만 쓰고 그냥 나가라"고 딱하다는 듯이 말했다. '그래, 까짓 거 각서를 쓰고 일단 나가서 싸우자. 안한다는데 저들이 어쩌겠어?'라고 머리를 굴렸다. 그래서 "나로 인해서 불상사가 있었다면 유감이다. 아무것도 안 하겠다"라는 정도로 각서를 써주었다. 그러나 저들의 교활한 속임수를 간과하였고, 나도 내 꾀에 속았다.

사람이 마음이 급해지면 자기 꾀에 자기가 빠지기도 한다는 것을 나중에야 깨닫고 분하고 분했다. 감방에 넣어지니 회한이 가슴을 쳤다. 제대로 싸워보지도 못했고, 조합원들을 추슬러 뭔가 해야 하는데 간부 중 제일 먼저 어이없이 구금되고 보니 엄청 난 자괴감에 억울하고 힘들었다. 나가기만 하면 우선 김용건을 찾아내어 죽이고 말겠다고 이를 갈 지경이었다.

영등포구치소로 넘어가니 원풍 문제로 시위를 하다 잡혀 온 학생들이 있었다. 여현호, 조성우, 김재엽 등이었다. 우리는 묶인 상태로 악수를 주고받았다. 심사가 말이 아닌 상태로 징역이 시작되었다. 당시 구치소에는 콘트롤데이타 사건으로 박영선, 이태희, 조성희 등도 구속되어 있어서 그게 위로라면 위로였다. 조금 지나자 차언년도 잡혀오고, 김숙자도 들어오더니 방용석 지부장, 박순희 부지부장, 정선순 조합장, 양승화 부조합장, 이옥순 총무 등 간부들까지 몽땅 들어왔다.

내 죄명은 '노동쟁의조정법 제3자 개입금지 위반'이라고 했다. 농성에 들어가기

하루 전 게시판에 해고장을 붙이고는 원풍노조 부조합장인 나를 원풍 노동자가 아닌 '제3자'라는 것이다. '제3자'로 치부된 데다가, 나중에 다른 간부들도 다 구속되긴 했지만, 먼저 연행된 나는 재판도 별도로 받아야 했고, 혼자 다른 변호사로 정해지는 등 정말 '제3자'가 되어버린 것 같은 감정에 서럽기까지 했다.

징역을 살던 중 구치소의 부당한 처우문제 등으로 단식을 할 때도 누군가 면회를 와 입 모양으로 단식하는 표현을 보고 '아이고, 또 나만 밥 먹고 있었나보네' 싶어 죄책감에 시달려야 했다. 나중에 알고 보니 아직 논의 중이었고, 내가 제일 먼저 단식을 시작한 것이었다. 나와 언년이만 같은 사동이었고, 다른 간부들은 모두 다른 사동에 있어서 운동시간에 나가면서 눈치껏 기웃대며 간부들 얼굴을 일별하기도 했다. 그립고 서럽고 억울해서 마음이 곱으로 불편한 징역살이었다. 최후진술에서는 솟구치는 수많은 말을 접고 힘주어 이 말만 했다.

"오늘날 우리의 현실은 온갖 불의와 부정과 폭력이 돈과 힘 있는 자들에 의해 자행되고 정당화되고 묵인되는 실정입니다. 우리는 인간의 감정으로 최대한 참을 수 있는 데까지 참아왔습니다. 힘없는 자들만이 당하는 거꾸로 된 현실로 피해자만 구속당하였습니다. 이런 사회를 어찌 복지사회, 정의사회라고 할 수 있습니까. 그것은 허울 좋은 구호일 뿐입니다. 복지사회가 되려면 노동자들이 사람으로 보일 때 비로소 이루어진다고 생각합니다."

석방 되던 날도 공교롭게 나를 제일 먼저 불러 문을 따고 나가는데, 나는 이감을 가나보다 싶어 안에다 대고 들으라고 막 소리를 질렀다. 그런데 차에 태우고서야 석방되는 것이고, 정읍 집으로 데려가는 것을 알았다. "너희들이 석방된다고 신문에 났기 때문에 기자들이 구치소로 몰려 올 거다, 그래서 각자 집으로 데려다주는 것"이라고 했다. 집에 도착하자마자 정읍경찰서에서 형사가 와 그들에게 나를 인계한 후 영등포구치소 지프차는 떠났다.

이런저런 의도적이지 않은 우연들 때문에 자꾸 나만 혼자 떨어지는 것 같고 분리되는 것 같아 심리적으로 위축되고 불편했다. 어쩌면 '각서'를 썼다는 그 기분 나쁜 기억이 깊숙이 자리 잡아 나를 괴롭힌 탓일지도 모르겠다. 다음날 바로 서울로 내달았다. 감방에서 견딜 수 없었던 것은 보고 싶은 동지들을 만날 수 없는 것이었다. 서울로 올라와 조합원들을 끌어안고는 얼마나 좋았던지…. 그러나 조합원들과 끌어안고 살 수만은 없기에 공장 공고를 살피다가 독산동에 있는 쌍

마패션에 들어갔지만 며칠 지나지 않아 해고당했다. 블랙리스트 때문이었다.

오늘도 광장에 선다

원풍모방노조 활동의 행간 사이에는 영등포산업선교회와 함께 한 많은 시간들이 있었다. 신뢰도 컸고 애착도 많았던 곳이다. 그런데 영등포산업선교회와 원풍노조는 그 많은 꿈과 나눔의 시간을 묻고 결별했다. 어제까지 같이 했었는데, 오늘 갑자기 "산업선교회 안 한 건물에 두 개의 조직이 같이 할 수 없다"고 인 목사가 말했다. 처음엔 믿기지 않았지만 실언이 아니었다는 사실을 확인하니 무어라 할 말이 없었다. 어쩌겠는가, 길이 달라졌으면 다르게 갈 수밖에. 10여 년의 인연이 쓸쓸하게 끝나는 순간이었다. 영등포산업선교회라는 교회기구와 결별하는 것은 특별히 애달플 것도 없지만, 영등포지역의 공장노동자들과 함께 해왔던 우정까지 작별하는 상황이 되어버린 것이 안타까웠다.

18살부터 28살까지 20대를 노조 활동만 하며 산 것 같다. 청년기의 성장 동력과 관계가 모두 노조였다. 그야말로 자나 깨나 원풍노조 생각뿐이던 시절이었다. 친언니보다 노조가 더 좋았고, 어머니 뵈러 가는 것도 뒤로하고 노조 사람 만나는 것이 우선이었다. 힘든 것도 함께 있으면 힘든 줄 몰랐고, 어울려 놀 때면 마이크를 잡고 온갖 익살을 떨었다. 조합원들이 행복하면 나도 행복했다. 원풍노조 일에 참석하지 않은 적이 없고, 내가 노조인지 노조가 나인지 분리하지 않고 생활했다.

노조의 중책을 맡은 마지막 활동기간은 집행부가 조합원들을 너무 힘들게 한 것 같아 몹시 마음이 아프다. 회사의 전략에 말려 노조가 기획한 투쟁을 못한 아쉬움, 상황을 예측하지 못한 책임 등이다. 그런데도 눈 앞에 닥쳐와 버린 전장에서 노조 간부들을 신뢰하며 혼신의 힘을 다해준 조합원들께 머리 숙이지 않을 수 없다. 그 마음으로 지금껏 살아왔다.

지역에서 할 수 있는 일은 가능한 한 참여했다. 그 중 학교급식문제를 개선한 일이 특히 기억에 남는다. 아이가 학교에 다닐 때 학교운영위원을 하려고 보니 학부모들 학력이 소위 SKY 출신이었다. 내 초등학력으로는 기가 죽었지만, 2010년 아이가 고3 때 운영위원에 입후보하여, 6명을 뽑는데 2등으로 선출되었다.

나는 '아이들의 급식이 형편없다. 신선한 먹거리에 중점을 두고 급식개선에 집중하겠다'고 선언했다. 엄마들과 함께 나름 치열하게 활동한 덕에 한우 1등급을 2등급 가격에 공급받을 수 있었고, 여타 급식의 질도 크게 개선되었다. 학교 급식은 엄마들의 관심이 얼마나 있느냐에 따라 달라짐을 체험했다. 원풍 시대의 열정이 내 속에서 되살아남을 느꼈던 활동이었다.

인생은 누구와 인연이 되느냐에 따라 삶의 방향이 잡히는 것 같다. 생각해보면 바르게 살고자 최선을 다했다. 이 삶에 후회는 없지만, 돈 버는 계산은 못하고 살아 자식한테 등 기댈 언덕 하나 만들어놓지 못한 아쉬움이 남는다. 그러나 자부심이 있다. 무엇보다 대한민국의 경제발전을 박정희가 했다고 말하는 사람이 많은데, 청춘을 바쳐 공장에서 일한 우리가 주역이었다고 소리쳐 말하고 싶다.

늦게나마 국가가 우리들을 민주화운동 관련자로 인정했으니, 우리 원풍노조 조합원들은 이 나라의 민주화에도 한 몫 기여했다는 자부심도 가지게 되었다. 그러나 아직도 싸울 일은 끝나지 않아 나는 번번이 농장 문을 닫고 거리로 달려간다. 반세기가 되도록 이어져 온 원풍노조는 오늘도 피켓을 들고 법원 앞에, 국회 앞에, 광화문 광장에 서 있다.

아들 이준영이 엄마에게 −

어릴 때부터 어머니를 따라 원풍 이모들의 모임에 간 적이 많다. 원풍 이모들은 어머니가 우리 형제를 부르듯이 태영아, 준영아, 하며 머리를 쓰다듬곤 하셨다. 그러다보니 웬만한 원풍 이모들의 이름도 다 안다. 내가 별로 다정다감한 아들은 못되지만 그래도 눈치로 보면 어머니의 한평생은 원풍 이모들과의 관계로 울고 웃고 하셨던 것 같다. 그러니 나도 절반쯤은 원풍 사람이다.

어머니를 보면 때때로 짠한 마음이 들면서도 본받을 점이 많다. 짠한 것은 가냘픈 몸피로 노동을 손에서 놓은 적이 없기 때문이다. 내가 이때까지 본 어머니 모습은 늘 온종일 농장에서 꽃모종을 심고 가꾸고 팔러 다니던 모습, 온종일 깻잎을 따서 풀물이 거멓게 들어있는 손, 그런 것이었다.

그러나 한편 어머니는 그야말로 의지의 한국인이다. 해가 저물 무렵에나 일손을 놓고도 식구들 다 챙긴 후에 지역 모임, 판소리 모임, 광장시위, 지역 시민운동, 장애인학교 교장 역할까지 온갖 활동을 하신다. 뿐만 아니라 늦은 나이에 검정고시를 통과하더니 대학 졸업까지 해내셨다.

어머니께서 젊은 나이에 교육을 받으셨다면 아마 대단한 일을 하셨을지 모른다. 내가 어머니였다면 이런 희생을 할 수 있을까, 굽힘 없이 꺾임 없이 투쟁할 수 있었을까, 라는 생각을 해보면 아들로서 자랑스럽다는 말이 나올 수밖에 없다.

어머니는 큰 욕심이 있는 사람 같지 않다. 집안일을 하고, 가족끼리 소박하게 외식하는 등 작은 것에도 행복해하신다. 그리고 무엇보다 정직한 것을 중요하게 생각하신다. 체질적으로 거짓말을 못 하는 분이기도 하다. 어렸을 때, 거짓말을 하고 학원을 빠졌다가 학원 빠진 문제가 아니라 거짓말한 것이 문제되어 호되게 혼난 기억들이 있다.

가끔 이러한 어머니의 태도는 혹시 회사나 정부 관료들의 입에 붙은 거짓말에 당하고 진저리치면서 어머니의 의식에 영향을 미친 것이 아닐까 생각될 때도 있다. 그래도 정부가 하는 일에 나도 어머니도 감동한 적은 있다. 어머니를 감방에 보내고 평생 괴롭혔던 국가가 어머니의 활동을 민주주의를 위해 헌신한 민주화운동가로 인정했을 때이다.

그땐 정말 어머니가 자랑스러웠고, 그렇게 잘 살아 온 엄마가 더욱 고마웠다. 주변머리가 없긴 하지만 마음으로는 어머니를 힘껏 부둥켜안았던 순간이다. 어렸을 때는 잘 몰랐었는데, 성장하면서 점점 더 어머니의 일생이 얼마나 힘들고 위험했을지 생각해보게 된다. 부당한 것들과의 투쟁을 멈추지 않고 살아 온 어머니를 사랑하고 존경한다.

004

나는 지옥에서 살아남았다

이규현

_____1950년, 전북 순창에서 태어났다. 전주공고 졸업 후 1969년 3월 한국모방 노량진 제2공장에 입사했다. 1975년에 대의원에 선출되었고, 이후 부서 담임과 상집위원(쟁의부장)을 겸했다. 1980년 12월 18일, 계엄사 합동수사본부에 연행되어 강제 해고되고 삼청교육대에 끌려갔다. 이후 순창으로 귀향해 흑염소를 방목하여 2017년 '한국인의 밥상'이란 TV 프로에 소개될 정도로 성공했다. 2007년, 민주화운동 관련자로 명예회복이 되었다.

할아버지 대의 넉넉한 살림을 물려받은 우리 집은 부농이었다. 농협에 근무하는 아버지 대신 농사일과 7남매나 되는 자식들을 건사하는 일은 어머니 몫이었다. 1950년 5월 25일 내가 태어나고 한 달 뒤에 6·25 전쟁이 발발했다. 그로 인해 내가 성장하던 시기는 전쟁복구 과정이라 나라 전체가 궁핍했다. 겨울양식이 떨어지고 보리가 수확될 때까지 곡식이 귀했던 시절, 굶주림을 견디지 못한 사람들은 영글지 않은 보리를 베다 먹어야 했던 그 시기를 어른들은 보릿고개라고 하셨다.

중학교를 졸업할 무렵 고등학교 진학문제를 놓고 벽에 부딪쳤다. 구체적인 계획이나 이유는 없었지만 내 꿈은 기업의 사장이었다. 경제적으로 여유가 있던 환경 때문에 그랬는지, 아니면 다들 꿈 얘기를 하니 그랬는지는 모르겠다. 아버지는 전주에 있는 공고를 가라고 하셨다. 말할 수 없이 서운했지만 아버지의 뜻을 거부하지 못했다. 큰형님은 대학원을 보내고 작은형님도 대학을 보냈는데 나한테는 왜 이러실까? 당시 농협을 퇴직한 아버지의 사정을 알면서도 이해하기 어려 웠다. 6남1녀 중 나만 대학을 보내지 않은 아버지에 대한 원망, 그것은 내가 나이 가 들어서야 사라졌다.

결국 나는 전주공고 방직과에 입학해 섬유 관련 기계와 기술을 배웠다. 고향인 전라북도 순창군 풍산면 용내리라는 산골에서 전주로 올라왔다. 당시 방적과는 우리나라 섬유산업이 호황이라 전망이 있었다. 전주에는 모방이나 경방이 없어 학교에선 성적순으로 서울에 있는 대기업에 추천을 했다. 1등은 제일모직에, 그 다음 상위권 성적은 한국모방과 경방으로 보냈다. 지방 공고 출신이 서울 대기업 에 추천되는 특혜라 경쟁이 치열했다. 공고 3학년 여름방학에 한 달 정도 실습을 다녀온 다음 졸업하면 바로 입사를 하는 것이다. 1969년 3월 한국모방에 입사하 고 보니, 서울공고 출신이 가장 많고 다음이 한양공고와 전주공고였다.

한국모방에 입사하다

내가 근무할 당시 방적과는 전방과 정방을 합쳐 통칭하고 있었다. 한 반에 60~70명 정도 근무했는데, 기계를 운전하는 운전반과 기계에 문제가 생기면 손 을 보는 보전반으로 나뉘었다. 나는 보전반에서 남자 5명, 여자 5명이 함께 근무 했다. 운전반엔 남자기사 2명에 담임 하나였고, 나머지 60명이 여자였으니 차이 가 많이 났다. 서울에 있는 대기업에 취업했다는 자부심은 열심히 일해서 돈을 벌 어야겠다는 생각을 갖게 했다. 일요일에는 무조건 특근을 자청했고, 시켜주지 않 으면 사무실로 작업실장을 찾아 갔다. 월급을 받으면 모두 저금을 했는데, 통장 이 불어나는 재미가 있었다.

1971년에 군에 입대해서 74년에 제대해 현장에 복귀하니, 노조 지부장은 지동 진이란 사람이었다. 그는 정용오가 섬유노조에서 지부장 자격 정지처분을 받자 새로 선출되었다고 했다. 그 사이 회사에도 많은 일이 있었는데, 73년 4월 정부 는 '금융 정상화 및 기업풍토 정화'라는 기치 아래 반사회적 기업인 명단을 발표 했다. 그 명단에 박용운 사장도 들어있어 문제가 되자 회사에선 백래진으로 사장 을 교체했다고 한다. 그런데 6월에 회사가 부도나자 백 사장은 거액을 챙겨 홍콩 으로 도망갔다. 죽일 놈! 경향신문이 '한국모방 경영부실로 도산 직전'이란 기사 를 내자 각 신문도 다투어 후속보도를 했다. 그러니 계약업자들이 공장에 떼로 몰려와 작업 중인 제품을 빼가고 난리도 아니었다.

그때 노조간부들이 조합원들을 모아 회사 정문과 후문을 봉쇄했던 일은 잘한 것 같다. 이미 빼간 물건은 어쩔 수 없고, 남은 물건이라도 지켜야 되니까. 안 그러면 밀린 임금과 퇴직금은 고사하고 회사를 믿고 저축했던 예금 한 푼 못 건질 테니 말이다. 그러면 우리 같은 노동자는 실업자가 되면서 인생이 송두리째 날아가는 거다. 나 또한 제대하고 복귀할 곳이 없어졌을 것이다. 얘기를 들을수록 끔찍했고, 노조가 대단하단 생각이 들었다.

조합원들이 회사를 지키는 동안 지동진 지부장과 방용석 총무는 노동청도 가고, 윤원희 부사장과 채권은행인 제일은행에 가서 해결책을 찾았다고 했다. 회사 물류창고에 있는 이란사와 스웨터를 내보내는 조건으로 제일은행으로부터 4천만 원 자금 지원을 요청하고, 수습대책위원회를 발족하여 지동진 지부장이 위원장을 맡았다. 대책위에는 노조간부, 현장감독, 회사 측이 포함되어 있었다고 했다.

노조가 믿음직스러웠다

현장에서 일하는 사람들은 많은 일들을 겪으며 노조에 대한 신뢰가 두터워 적극적으로 참여하고 나섰다. 수습대책위원회는 노사공동 경영체제가 좋은 예가 될 거라 했다. 그렇게 지동진 전무가 6월 6일 노사대표 50여 명이 모인 야유회 자리에서 뜻밖의 발언을 했단다. 정부에 보낸 청원서의 90%는 해결된 거나 마찬가지라 자기가 해야 할 일을 다했으니 사표를 내겠다는 것이다. 노조에서 11일 정기대의원대회에서 방용석을 지부장으로 선출했다. 알고 보니 지동진은 조합원들이 자신에게 많은 의혹을 갖고 있다는 걸 알자 사표를 낸 것이다. 조합원들은 그가 최근에 구입한 주택뿐 아니라 재정지출 부분에 의혹을 제기했다.

여름이 시작되면서 정부가 회사를 경매처분할 거라는 얘기가 돌았다. 조합원들은 실직에 대한 걱정으로 불안한 나날을 보내면서도 노조에서 어떻게든 대책을 마련할 거란 기대를 갖고 있었다. 회사에선 또 다시 수습대책위원회를 제안했지만, 노조는 거절했다. 그동안의 과정을 통해 사주의 속셈이 무엇인지 충분히 알았고, 껍데기만 남은 회사의 정상화를 기대하기 어렵다고 판단했기 때문이다.

노동자들이 안심하고 일할 수 있는 근본적인 대책이 필요했다. 그해 12월 말경 임시대의원대회가 열렸다. 대의원들은 지동진의 횡령사건을 막지 못한 책임을 지고 사퇴한 방용석을 지부장으로 선출했다. 그리고 12월 27일, 한국모방은 경매에서 원풍산업 이상순 대표에게 낙찰되었다. 노조에선 고용승계와 임금문제 등 요구사항이 보장되면 공매처분 주식 38만 주가 무효화 되어도 이의를 제기하지 않기로 뜻을 모았다.

그 무렵 나이도 어리고 현장경력도 많지 않았지만, 나는 승급이 빨라 담임이 되었다. 회사에서 요구하는 내용과 현장에서 사람들을 통솔하며 중간 역할을 잘 해보려고 노력했다. 그러나 노조에서 준법투쟁을 주도할 때마다 일부 현장 동료들에게 오해를 살 때도 있었다. 노조가 회사를 살리고 조합원의 권익을 위해 일하는 건 찬성이었다. 하지만 일부 동료들의 급진적 성향으로 인해 우려되는 부분도 있었다. 반대로 일부 담임들은 회사의 입장만 생각하는 이도 있었다. 고지식한 내 성격은 담임은 회사와 노조 양측의 중간에 있어야 한다고 생각했다.

다른 담임들은 나이가 있다 보니 모두 결혼해 가정을 이루고 있었고, 그들과 어울리다보니 부동산에 관심을 갖게 되었다. 그들은 입만 열면 해마다 전세가 올라 이사 다니기 힘들다는 푸념을 늘어놨다. 마침 신길동에 2백만 원에 나온 집이 있어 내가 모은 돈에 부족한 액수를 매형에게 빌려 매입했다. 나중에 이 집이 큰 도움을 주게 될 줄은 그땐 몰랐다. 그렇게 현실적인 삶에 대한 준비를 해 나가고 있던 어느 날, 방 지부장이 구속되었다.

남부경찰서 출두 2시간 만에 전격 구속이라니, 어떻게 그럴 수 있는가 내용을 확인해봤다. 지난해 말 노조파괴 음모를 꾸미던 회사 비서실장 하상진과 공금횡령 적발로 사표를 낸 지동진, 그 둘이 앙심을 품고 폭행과 명예훼손으로 고발을 했다. 노조를 위해 열심히 일하던 방 지부장의 구속은 나에게 충격이었다. 곧바로 조합원 750여 명이 회사 식당과 노조 사무실에서 철야농성을 시작했다. 노조에선 각계에 진정서를 보내고 대의원들은 결의문을 채택했다. 지부장 석방에 대한 농성이 계속 이어지면서 노동절을 맞이했다. 1975년 노동절은 잔치집이 아니라 초상집 분위기였다. 조합원들은 영등포구치소까지 도보행진을 하며 지부장 석방을 촉구했다.

유신체제의 백주 대낮에 가슴에 리본을 단 조합원들의 행렬이 끝도 없이 이어졌다. 길가에 경찰들이 늘어섰고 백차와 버스가 대열의 뒤를 따랐다. 회사에서 구치소까지 2시간 정도 노래를 부르며 행진했다. 시민들이 데모 하는 이유를 물어보기도 하고 버스 안에서 손을 흔들어 주기도 했다. 이 날을 시작으로 조합원들은 몇 명씩 짝을 지어 구치소로 면회 요구 투쟁을 하러 갔다. 그러자 법원은 보석 신청을 받아들여 지부장을 석방했다. 이 사건으로 인해 조합원들은 결속력과 노조에 대한 신뢰를 더욱 갖게 했다.

노 조 간 부 가 되 다

1976년, 새로운 집행부가 구성되면서 나도 임원에 선출되었다. 공장은 정상가동 중이라 상반기는 큰 문제없이 지냈는데 하반기로 접어들면서 문제가 발생했다. 11월에 방 지부장이 행방불명되어 수소문 끝에 시경 대공분실에서 조사 중인데, 국가원수모독죄라고 했다. 한 달 전 회사 총무과에서 민동기 계장과 방 지부장이 말다툼을 벌인 일이 발단이었다.

기숙사 사감을 원호 대상자로 바꾸려는 민동기 계장의 처사를 지부장이 항의하자, '대통령령'에 따라 발령을 냈다며 민동기가 밀어붙이려 했단다. 그러자 '대통령이 일개 회사 인사발령도 하는 세상이냐?'고 지부장이 일갈한 것이 불씨였다. 기숙사 사감 문제는 기숙사생들의 단결력과 동원력하고 관련이 있었다. 그러니 노조와 회사에선 물러설 수 없는 예민한 문제였던 것이다. 조합원들은 집단으로 남부경찰서와 서울시경으로 몰려가 지부장 면회와 석방을 요구했고, 결국 24일 지부장은 석방되었다.

나는 부모님의 권유로 지금의 아내를 만나 전주에서 결혼식을 올렸다. 새로운 사람을 만나 새롭게 시작하는 인생은 신혼이란 이름으로 설레고 달달하다. 아내가 임신을 하고 우리는 태어날 첫 아이를 기다리고 있었다. 내가 즐거운 꿈을 꾸고 있는 동안 세상은 요동치며 돌아가고 있었다. 1979년 10월 26일, 18년 장기집권을 했던 박정희 대통령이 궁정동 안가에서 피격 당하자 전국은 출렁했다. 1980년 5월 18일엔 광주에서 계엄군과 항쟁하던 시민들이 무참히 살해당하는 사건이 있었다.

그해 12월 8일 오후 2시 출근이었다. 작업준비를 하고 있는데 계엄사 합동수사본부에서 나왔다며 조사할 게 있으니 가자고 했다. 끌려 간 곳은 서소문의 보안사였는데, 정치범을 관리하는 '범진사'라는 특수 부대였다. 그곳엔 다른 노조에서 끌려온 간부들도 있었는데, 조사를 받는 중에도 계속해서 사람들이 연행되어

왔다. 원풍은 대의원 몇 명을 포함해 상집간부 전원이 끌려와 48명으로 가장 많았다. 그들의 공간에서 그들이 만들어 내는 분위기는 살벌했다. 두들겨 맞지 않아도 다른 곳에서 들리는 비명소리는 우리를 위축시켰다.

이런 곳에 우리가 왜 끌려와 조사를 받아야 하는 지 알 수가 없었다. 조사가 끝난 뒤 나를 포함한 남자간부 4명은 따로 분리되었다. 그들은 우리를 삼청교육대로 보낼 거라고 했는데, 그곳이 어떤 곳인지 짐작도 못했다. 왜 우리가 가야 하는지도 그때는 몰랐다. 나중에야 쿠데타로 정권을 잡은 전두환의 흉계 때문이란 걸 알았다. 정권을 비판하거나 반대하는 세력을 제거하려는 걸 그들은 '사회 정화, 노동계 정화'라는 이름으로 시행했다. 민주세력을 첫 희생양으로 삼았던 것이다.

조사가 끝났는지 한 명씩 차에 태웠는데 양옆에는 경찰이 탔다. 창 밖을 볼 수 없어 어디로 가는지 짐작할 수 없었는데, 도착하니 사직서를 내밀었다. 정산된 퇴직금을 앞에 놓고 손도장을 찍는데, 울컥 뜨거운 덩어리가 목구멍으로 올라왔다. 그다음 서대문경찰서로 데려가 우리 4명을 한 방에 넣었다. 다른 방에는 타 노조 간부들이 있었는데, 그 와중에도 반가워 인사를 나눴다. 동료들을 만나니 위안도 되었지만, 하루하루가 안개 속처럼 불안한 날들이었다. 하루는 형사가 찾아와 아들이 태어났다는 소식을 전해줬다. 기뻤다. 결혼 후 기다렸던 첫아들이 태어났으니 분명 기쁜 일이긴 한데 마음이 무거웠다. 아내와 아들과 노조는 앞으로 어떻게 될까 하는 걱정이 앞섰다.

삼 청 교 육 대 를 가 다

그해 겨울 서대문경찰서 유치장은 무척 추웠고, 우리의 몸과 마음은 더욱 스산했다. 그곳에서 1981년 새해를 맞았는데 보안사에서 나온 사람들이 우리를 버스에 태웠다. 어디로 가는 지도 모른 채 덜컹거리는 버스에 몸을 맡겼다. 무거운 침묵 속에 꽤 오래도록 버스는 달렸다. 목적지에 도착했는지 버스가 정차하자 앞문이 열리면서 군인들이 올라왔다. '이 새끼들, 대가리 박아! 니들은 이제부터 사람이 아냐!'

묻지도 따지지도 않고 앞에서부터 몽둥이를 휘두르며 욕설을 퍼부었다. 머리를 맞지 않으려고 두 팔로 감싼 채 의자 사이에 고개를 숙였다. 한참을 매타작. 욕

타작을 하더니 내리라고 했다. 군부대 넓은 운동장은 고함소리와 흙바닥을 뒹구는 사람들로 가득했다. 나중에 알았지만, 그곳은 강원도 원주에 있는 38사단이라 했고, 삼청교육대는 그곳 말고도 몇 군데 더 있다고 들었다. 특수부대보다 더 지독했던 곳, 그곳에 있던 사람들은 끌려온 이유를 대부분 몰랐고 사연들도 다양했다.

한겨울 영하의 추운 날씨에 팬티만 입고 훈련을 받다 몽둥이로 맞으면 '쩍' 하고 달라붙으며 살이 찢어지는 것 같았다. 하루 종일 들리는 건 몽둥이 휘두르는 소리와 욕설이었다. 눈을 떠서 잠자리에 들 때까지 하루 종일 뺑뺑이를 돌고 도는 일상이었다. 걸핏하면 이단옆차기로 군홧발이 날라 왔다. 주야장창 매를 맞다 보니 발뒤꿈치로 맞으면 덜 아프다는 요령도 생겼다. 임재수 총무는 군홧발에 잘못 맞아 갈비뼈 4대가 부러졌다. 안타까웠지만, 거기서 우리가 도울 수 있는 방법은 없었다. 나중에 들었지만 임신 중이었던 임 총무의 부인이 피범벅인 남편의 옷을 받고 충격으로 아이가 유산되었다고 들었다. 가슴이 아팠다.

새벽 6시에 기상하면 새 모이만큼 밥을 주고 밤 10시에 잠을 재웠다. 추위와 배고픔도 매 맞는 고통과 공포를 이길 수는 없었다. 같은 숙소에 있어도 얘기 한마디 나눌 시간도 기력도 없는 날들이었다. 그들 말대로 우리는 사람이 아닌 짐승이었다. 생각을 하는 것이 아니라 본능으로 어떻게 덜 맞고 이 지옥에서 살아남을까, 배고픔을 견디며 생각하는 건 오로지 그것뿐이었다. 젊고 건강한 사람들은 그나마 버텨낼 수 있었지만, 나이가 들거나 약한 사람들은 죽어 나갔다. 운동장을 가득 메운 사람 중에 저항하는 사람은 한 명도 없었다. 총과 몽둥이 앞에 누군들 저항할 수 있겠는가. 이를 악물고 죽기 살기로 버틸 뿐이었다.

일주일 정도 지났는데, 우리 4명을 사무실로 불러 가보니 합수부에서 나왔다고 했다. 고생한다고 알량한 위로를 하며 담배를 권하기도 하고, 자기들은 나쁜 놈이 아니라며 변명도 했다. 우리를 죽지 않을 만큼 굴려 정신을 개조시키라고 했단다. 그들의 말을 듣고 있자니, 원풍노조가 강성이라 간부들 사표를 받아 어용노조로 만드는 게 목적인 것 같았다. 이곳에 끌려온 사람들은 A, B, C급으로 분류해 훈련기간이 달랐는데, 우리는 4주 만에 풀려났다.

회 문 산 으 로   귀 농 하 다

아귀지옥이 이런 곳인가 생각이 들만큼 끔찍했던 삼청교육대에서 집으로 돌아왔다. 처음엔 그곳을 벗어났다는 게 실감이 나지 않았다. 그동안 노조 부위원장이면서 신협 이사장을 겸임하고 있던 이제호 씨가 우리 가족을 챙겼다고 들었다. 덕분에 아내는 갓난아이를 데리고 불안한 마음을 다독일 수 있었단다. 고마운 일이었다. 아내와 젖먹이를 보니 언제까지 악몽에 시달리며 정신을 피폐하게 할 수는 없다는 생각이 들었다. 자칫하면 정신줄을 놓을 수도 있는 상황에서 벗어나야 했다. 그러나 원풍노조의 간부로 삼청교육대까지 끌려갔다 온 상황에 취업은 꿈도 꿀 수 없었다. 게다가 낮도 밤도 없이 감시하는 그림자 형사까지 있었다.

살아 돌아오니 살아갈 일이 걱정이었다. 퇴직금으로 시흥에서 가방가게를 열었는데 생각대로 잘 되지 않았다. 그림자 형사는 가게를 드나드는 사람들도 감시하고 있었다. 업종을 바꿔 장사를 시도했지만 번번이 투자했던 돈을 모두 까먹었다. 몇 년이 지났는데도 일거수일투족을 감시하는 그림자 형사도 진저리가 났다. 아내에게 서울에선 도저히 살아갈 방도를 못 찾겠으니 시골로 내려가자고 했다. 고향엔 아버님이 생전에 소유했던 산이 있고, 그 산에 밤나무를 많이 심어 놓으셨다. 그곳에서 벌을 키워 꿀을 채취하고 흑염소를 키우며 마음이라도 편하게 살고 싶었다. 셋째를 임신 중이었던 아내는 귀향이 불안했을 텐데도 흔쾌히 그러자고 했다.

어릴 적 내가 살던 동네에서 산길로 2Km 떨어진 회문산. 도착해보니 얘기를 들은 것보다 훨씬 더 부실했다. 나무가 빽빽한 오솔길을 따라 들어간 곳엔 다 무너져 내린 집 한 채가 있었다. 사람의 온기가 빠져나가 방치된 집은 문짝이 너덜거리고 온통 거미줄투성이였다. 아내와 어린 두 아이는 귀신이 나올 것 같다며 겁을 먹었다. 팔을 걷어 부치고 비바람을 막을 수 있도록 손을 봐야했다. 전기가 들어오지 않아 촛불과 석유등을 써야 했고, 수도 대신 계곡물을 퍼다 쓰는 생활을 했다.

말이 좋아 귀농이지 도시로부터 탈출한 산속에서, 믿고 의지할 것은 나 자신과 가족뿐이었다. 가지고 있던 돈을 탈탈 털고 빚을 내어 흑염소를 사고 벌통을 만들어 놓았다. 흑염소가 자라 수입을 내고, 벌을 키워 꿀을 채취할 때까지 버텨내야 했던 생활. 산에 있는 뽕나무에서 오디를 따다 아이들에게 줬다. 나무열매와 산나물 등 먹을 수 있는 건 다 채취해서 먹으며 피눈물 나는 생활을 했다. 그 와 중에도 순창에 있는 담당형사는 주기적으로 나의 동향을 파악했다.

80년대에 흑염소 한 마리는 10만원에서 12만원 정도였다. 흑염소는 산에 풀어 놓으면 알아서 풀을 뜯어 먹어 키우기 편했다. 1년 정도 키우면 수입이 괜찮을 거 라는 주변의 말을 듣고 시작했다. 경험도 없고 상식도 부족한 상태에서 의욕만 넘쳐 과욕을 부렸다. 백 마리를 사서 장사하는 사람한테 맡겨 키웠는데, 관리소 홀로 한 마리가 병에 걸리면서 전염되어 모두 죽었다. 알아서 혼자 크는 동물은 없는데 무지했던 것이다. 결국 빚더미에 앉게 되었다.

할 수 없이 결혼 전에 신길동에 샀던 집을 팔았다. 당시 2백만 원 주고 샀던 집 은 부동산 상승으로 엄청 올라 3천 7백을 주고 팔아 빚을 모두 갚았다. 탈탈 털 린 빈손을 보며 죽고 싶을 정도로 힘들었지만, 아내와 어린 삼남매가 있었다. 이 대로 무너질 순 없다는 생각에 벌통에만 매달렸다. 다행히 해마다 벌이 날라다 주는 꿀은 양이 제법 많았다. 주변에서 도움도 주었지만 방 지부장과 원풍 식구 들이 많이 팔아줬다. 수확한 꿀은 모두 판매를 했고, 수입의 80%는 저금하고 나 머지로 악착같이 살았다. 그것이 종자돈이 되어 흑염소를 한 마리씩 꾸준히 사들 였다. 그렇게 사들인 염소가 새끼를 낳고 해서 불려갔다.

흑염소에 걸었던 제2의 인생은 경험부족으로 쓰디쓴 맛을 봤지만 포기하지 않 길 잘했다는 생각을 한다. 느리고 더디지만 한 마리 두 마리 키우면서 지나온 세 월을 보상받을 만큼 농장을 확대했다. 흑염소를 키우면서 요리법이나 필요로 하 는 사람에 대해서도 공부를 했다. 보양식이라는 인식 때문인지 주문하는 곳이 많 아 판매도 안정적이 되었다. 초기에 실패했던 교훈으로 지금은 7백 마리 가까운 흑염소를 매일 혼자서 사료 주고 풀 먹이며 산속에서 관리하고 있다. 2017년 가 을에는 '한국인의 밥상'이라는 프로에서 취재를 하고 갔다. TV에 내 농장이 나 오는 걸 보며 만감이 교차했다. 그동안 그렇게 먹고 살기 위한 삶에 묻혀 원풍노 조 소식은 챙기지 못했다.

사노라니 맺힌 응어리도 조금 풀렸다

애들이 서울로 학교를 가면서 뒷바라지를 위해 따라 갔던 아내도 삼남매가 모 두 결혼해 자리를 잡자 다시 내려왔다. 자주는 아니지만 원풍 시절 함께 상집간부 했던 동료들을 만나면 늘 같은 얘기들을 나눈다. 노조에서 부도를 막아 회사를 살리기 위해 얼마나 노력했는지, 노조를 민주적으로 이끌어 가기 위해 열심히 살았던 우리의 청춘들, 그때 우리가 그렇게 당하지 않았으면 지금 어떻게 되었을까? 강제해직 당한 것에 대한 분함과 아쉬움, 그래도 힘겨운 시간을 다들 잘 버텨냈고 잘 살고들 있어 고맙다.

세월이 지나니 정부에서 베트남 전쟁에 투입되어 고엽제로 시달리는 피해자들에 대한 보상 얘기를 한다. 삼청교육대에 강제로 끌려간 사람들 피해보상 얘기도 한다. 그러나 베트남 전쟁에 투입된 분들과 삼청교육대에 끌려간 사람들은 전혀 다른 내용이다. 삼청교육대는 깡패에서부터 우리처럼 민주화를 외치지 못하게끔 끌고 간 사람들도 있다. 지금도 한 번씩 그때의 끔찍했던 꿈을 꾼다. 그들에게 당했던 억울하고 분한 심정이 복받치면 악몽을 꾸는 것 같다. 꿈에서 깨어나면 악몽이어서 다행이라며 가슴을 쓸어내리고 현실에 감사한다. 삼청교육대는 일괄적 피해보상이 중요한 것이 아니라 진실규명이 먼저 수행되어야 한다고 생각한다.

원풍에서 '민주화운동 관련자 명예회복 및 보상법'에 따라 일을 추진한다고 해서 신청했다. 민주화운동 관련자 증서를 받으니 강제해고되고 삼청교육대 끌려갔던 가슴의 응어리가 조금은 풀리는 것 같다. 그동안 고생한 가족들에게도 비로소 떳떳할 수 있었다. 원풍노조를 지키는데 기여한 과거의 내 삶이 자랑스럽고 잘 살았다는 생각도 들었다. 13년 동안 청춘을 보내며 민주노조의 기틀을 만들던 시기부터 전성기까지 보냈던 원풍. 사노라면 힘겨운 날도 있고 용기를 필요로 하는 날도 있다. 그러나 내가 선택한 삶에 누구를 원망하거나 후회하지 않고 앞만 보고 살아 왔다.

원풍을 지키고자 애쓴 동료들에게 고맙고 미안하다. 뒤늦게 9·27 소식을 들었을 땐 아무 것도 한 것 없는 내가 부끄럽고 가슴 아팠다. 더욱이 그동안 노동조합에서 받은 혜택을 저버리고 배신에 앞장선 남자들의 만행에 할 말을 잃었었다. 그 모든 과정을 거치면서 오늘날까지 꾸준히 역할을 하고 있는 원풍의 집행부에 감사하고 감사할 따름이다.

005

나의 삶을 빛나게 한 원풍노조

이필남

——————1949년 충남 논산에서 태어나 68년 원풍모방의 전신인 한국모방에 입사했다. 73년부터 노조 대의원, 기숙사 자치회장, 조직부장 등으로 활동하다 80년에 퇴사했다. "운동하는 사람들은 자기한테는 이득이 없다. 자기에게 이득이 없어도 다람쥐 쳇바퀴 돌리듯이 계속 돌리지 않으면 사회가 썩는다. 고여 있으면 부패한다"는 함석헌 선생의 말씀을 가슴에 새기며 살아왔다.

나는 충남 논산시 연산면 어은리에서 9남매 중 셋째로 태어났다. 부모님은 반드시 아들을 낳으라는 뜻으로 필남이라고 내 이름을 지었다. 우리 집은 농사도 짓고 물레방앗간도 운영했지만, 워낙에 어려운 보릿고개 시절이라 대가족이 살아가기에는 턱없이 부족했다. 나는 초등학교를 졸업하고 돈을 벌어야겠다는 생각으로 서울 사는 언니네 집에서 생활하면서 취직자리를 알아보기로 했다. 당시 한국모방에 다니고 있던 외삼촌 조카딸이 소개하여 68년 9월 28일 원풍모방(한국모방)에 입사할 수 있었다.

나는 염색과에 배치받아 첫 출근을 야간부터 하게 되었다. 당시 근로조건은 주야 12시간 교대근무였다. 염색과는 염색 원료를 쓰고, 또 표백제를 쓸 때는 숨쉬기가 힘들 정도로 머리가 지끈거리고 아팠다. 또 염색냄새를 빼내기 위해 환풍기를 돌려야 하므로 겨울에는 다른 부서의 작업장보다 더 추웠다. 그러나 가장 힘들었을 때는 토요일과 일요일 사이였다. 그때는 주간과 야간이 바뀌기 때문에 교대반은 24시간을 근무한다. 이때는 너무 피곤해서 졸리고 힘들었다. 그나마 계속 기계가 돌아가지 않는 염색 시간에는 조금 쉴 여유가 있는 것이 다행이었다.

당시 회사에는 노동조합이 존재했지만 어용이었다. 임금도 같은 업종 타 회사보다 낮았다. 72년에는 퇴직한 조합원들의 퇴직금을 지급하지 않아 퇴직금 받기 투쟁위원회가 결성되었다. 그즈음 가톨릭 신도, 기독교 신자들이 소모임을 결성하고 노동조합 개혁을 위한 활동으로 지부장을 교체하는 데 큰 역할을 했다. 같은 부서에 근무했던 박영혜 언니가 72년에 사표를 내고 영등포산업선교회의 신용협동조합 실무자로 활동을 했다. 나는 영혜 언니의 권유로 산업선교회를 다니기 시작하면서 노동조합 정상화를 위하여 활동하는 데 관심을 두기 시작했다. 차기 지부장으로 부상하던 지동진 씨가 조합원 자격을 갖추기 위하여 경비실에서 염색과로 부서를 옮기면서 지동진 씨를 알게 되었다.

첫 번째 파업

72년 8월 9일, 노동조합 정상화를 위한 파업을 진행하였다. 비가 많이 내리던 날, 전 조합원이 오후 2시부터 총무과 사무실 앞에 모여들었고, 그 숫자는 점점 늘어나기 시작했다. 이때의 투쟁 이유는 지동진 씨의 노량진 공장 전출명령을 철회하라는 것이었다. 구호를 외치고 노동조합 활동을 보장하라는 플래카드를 펼쳐 들었다.

오후 6시가 되니 등나무 밑으로 여자 조합원들이 모여들었고, 남자들은 구경만 하고 있었다. 퇴근반이 모이고, 기숙사생들도 합세해서 인원이 점점 많아졌는데, 가공과에서는 조합원들을 투쟁에 참여하지 못하도록 안에서 남자들이 문을 잠그고 열어주지 않았다. 그 상황을 알고 밖에 있던 조합원 수십 명이 몰려가 수정부에서 밖으로 연결되는 창문을 뜯었다. 그래서 가공과 조합원들도 우르르 몰려나오면서 농성에 합세했다.

남부경찰서와 회사는 노동자들의 시위를 막기 위하여 대화를 요구했다. 노동자 쪽에서는 정상범을 대표로 내보냈으나 지동진 원직 복귀는 들어주지 않겠다고 하여 교섭이 결렬되었다. 그러자 정상범이 '우리는 물러서지 않는다!'고 소리치며 등산용 칼로 손가락을 내리쳐 피가 나자 회사에서 한발 물러섰다. 형사들이 정상범을 연행하려 하자 조합원 중에서 누가 갈고리 칼로 형사의 팔을 찍어 피를 흘리자 위기의식을 느낀 형사들이 연행을 포기했다.

저녁 7시가 되자 전 공장이 작업을 중단하고 수백 명의 여성 노동자들이 운동장으로 뛰쳐나와 농성 인원이 천 명이 넘을 정도로 늘어났다. 농성자들은 애국가와 〈우리 승리 하리라〉를 부르며 숙연한 자세로 농성에 임했다. 회사는 밤 11시가 되어서야 파업사태에 대한 법적 책임을 묻지 않겠다는 것을 약속했고, 우리는 농성을 끝냈다.

72년 8월 17일의 대의원대회에서 지동진 씨가 지부장으로 선출되자, 회사는 상집간부와 열성적인 활동가들에게 해고, 직위해제, 부서이동 등을 감행, 노골적인 노조탄압을 시도했다.

두 번째 파업

72년 9월 3일, 회사가 노동조합 간부들을 해고하는 등 탄압을 계속하자 교섭은 결렬되고 노조에서는 일요일 특근을 거부했다. 식당에서는 특근 거부 조합원들에게 밥을 제공하지 않아 기숙사생들은 하루 종일 굶고 있었다. 그러던 중 밖에서 소란한 소리가 들려 창문을 열고 내다보니, 방용석 씨가 정문으로 나오라는 플래카드를 들고 외쳤다. 나를 비롯한 기숙사생들은 무슨 일인가 놀라기도 했지만, 일단 밖으로 나가야 한다는 생각에 옷도 갈아입지 않고 무작정 경비실 밖으로 뛰어나갔다.

기숙사생들이 뛰쳐나가자 사감은 기숙사 현관 출입문을 잠가버렸다. 그러는 사이 2층에서 뛰어내리고 유리창 깨지는 소리가 났다. 비상계단을 통해 뛰어내렸다. 사감이 당황하여 다시 현관문을 열어놓자, 기숙사생들은 모두 밖으로 나올 수 있었다. 나는 인솔하는 간부들을 따라 버스를 탔는데, 어디로 가는지도 몰랐다. 버스비는 인솔한 언니가 내주었다. 기숙사에서 입던 옷과 헝클어진 머리를 한 우리들을 사람들이 흘끗거리고 쳐다봤다.

버스에서 내려 도착한 곳은 명동성당이었다. 성당에 도착해 안으로 들어가려고 하는데, 경비실에서 어디에서 왔냐고 물어 노동자들이 어려운 문제가 있어서 왔다고 했다. 성당 안은 미사포를 쓴 하얀 머리와 조합원들의 까만 머리가 대비되어 보였다. 계속 사람들이 늘어나자 미사를 보던 사람 중에 다리가 불편해 휠체어를 탄 신자가 우리 보고 왜 그러냐고 물어 회사 상황을 설명했더니, 그런 일이 있냐며 잘되기를 바란다고 관심을 보였다. 미사가 끝나자 경찰들이 성당을 에워쌌다.

경찰서장은 성당을 에워싸고 있는 경찰들을 보라면서 '여러분들을 바로 해산시킬 수 있다'면서 겁을 주었다. 우리들은 숨죽이고 성당 안에서 경찰들의 움직임을 주시하고 있는데 방용석 교선부장이 의자 밑에 숨어 있다가 나와, '집으로 가자. 그런데 김수환 추기경과 미사나 한번 보고 가자'고 했다. 그러자 경찰이 '저놈이 주동자'라고 하고 잡으려고 하니, 조합원들이 소리를 지르고 접근을 못 하게 하여 방용석 교선부장의 연행을 막았다.

자정이 넘도록 농성이 계속되었다. 경찰과 늦도록 대치를 하다가 밤 12시가 넘어 경찰차 5대로 조합원 전원이 회사로 되돌아왔다. 조합원들은 자정이 넘어서야 그날 첫 끼니를 먹을 수 있었다.

구속된 방용석과 정상범이 석방되고 난 후 노동조합은 정상화되었다. 회사와의 끈질긴 싸움 끝에 노동조합을 쟁취하는 데 성공한 것이다. 그러나 73년 6월, 회사의 경영부실로 부도가 발생하여 도산할 위기에 처했다. 노동조합은 지부장이 참여하는 수습대책위원회를 거쳐 노사공동경영체제를 채택, 지부장이 회사 전무로 자리를 옮겼다. 전무 자리에 오른 지동진 지부장이 금전적인 문제로 사퇴하고, 그 뒤를 이어 방용석 지부장 체제로 운영되기 시작했다.

노동조합은 부도 난 회사를 경매처분하는 과정에서 조합원들에게 피해가 가지 않도록 고용승계 및 금품청산, 단체협약 인정 등의 약속을 받아내는 등 큰 역할을 했다. 그리고 경매 결과 원풍산업이 낙찰을 받아 회사명이 한국모방에서 75년 2월 15일에 원풍산업모방공장으로 변경되었다. 노동조합이 중심이 되어 수습대책위원회를 구성하여 회사를 운영하면서 도산 위기를 극복하고, 이를 계기로 노동조합의 조직력이 강해지기 시작했다.

75년 2월 26일, 방 지부장이 고척동 구치소에 구속되었다. 노동조합은 지부장 석방을 요구하는 구명대책회의를 조직하고, 3월 10일 노동절 기념식을 끝내고는 회사에서 제공하는 점심도 거부하고 걸어서 구치소까지 갔다. 방 지부장 면회를 요구하자 구치소에서는 검찰 출두 중이라며 다음에 오면 면회를 시켜주겠다고 하여 일부는 검찰청으로 가고 나머지는 해산했다. 그때 나는 지부장님 면회를 했다. 방 지부장은 조합원들의 적극적인 석방요구로 한 달 만에 석방되었다.

처 음 받 아 보 는 노 동 교 육

77년 중반부터 크리스찬아카데미에서 중간집단 양성교육을 했다. 노동조합 간부 지도력 개발과정 교육을 했을 때 노조 지도자급들이 참여했다. 4박5일간 청계피복이나 반도상사와 같은 사건을 공유하면서 다른 회사의 상황을 심도 있게 알아가는 과정에서 노동운동 전반에 대해 느껴지게 되었다. 처음 받아보는 교육이었지만, 이러한 교육과정의 학습이 오래도록 나의 삶을 빛나게 했다. 그때의 교육 프로그램 중에 자신의 무덤에 새겨질 비문을 쓰는 시간이 있었다. 나는 "이필남 사망 2035년 10월 5일, 가난과 무지로 억눌린 이웃을 위해 살다 죽었노라" 라고 썼다.

산업선교회에서 들었던 강의 중에는 함석헌 선생님의 말씀이 잊혀지지 않는다. 그 강의 중에 '운동하는 사람들이 자기한테는 이득이 없다. 그런데 왜 계속하느냐? 예를 들어보면 다람쥐도 쳇바퀴를 계속 돌리는데 다람쥐에게도 이득이 없는데, 계속 돌린다. 자기에게 이득이 없어도 계속 돌리지 않으면 사회가 썩는다'는 내용이 지금도 생생하다. 그 말이 가슴에 와 닿았다. 또 고여 있으면 부패한다는 교훈도 준 것이다.

산 재 환 자 를 위 하 여

나는 73년에 대의원을 시작으로 80년 사표를 낼 때까지 노동조합 조직부장을 맡아서 활동했다. 기숙사는 73년부터 자치회를 조직하여 각반에 부회장을 한 명씩 두고 전체를 총괄하는 총무와 방 실장들이 임원이 되어 운영되었다. 조합원들이 가장 많은 시간을 보내는 기숙사에서는 사감의 감시로 노동조합 활동을 방해 받을 수노 있다. 이에 기숙사생들을 중심으로 자치회를 운영하여 사감의 부당한 간섭을 견제하고 자유로운 노동조합 활동을 할 수 있도록 하며, 사생활을 보호하는 것을 목적으로 두었다.

나는 자치회장이 되어 78년부터는 광산 산재노동자 후원 모금을 위하여 바자회를 열었다. 출품은 기숙사생들이 한 점 이상씩 자유롭게 선택하고, 외부 인사들을 초청하여 출품된 작품을 판매, 수익금을 산재 노동자들에게 필요한 물품을 사서 전달하는 방식이었다. 기숙사생들은 솜씨를 발휘하여 작품을 내는 것에 즐거워했고, 임원들은 탄광에서 일하다가 진폐증에 걸려 고생하는 노동자들을 돕

따뜻한 물이 나오는 기숙사는 깨끗하여 호텔이 부럽지 않았다. 나의 작업현장은 재생 원료로 실을 생산하는 방적과 방모였는데, 열 두서너 명이 근무했다. 다른 부서에 비해 일하는 사람들이 많지 않아 서로 금방 친해질 수 있었다.

노동조합 정상화 투쟁

내가 노동조합이 중요하다고 깨달은 것은 1972년 8월 9일, 노동조합 정상화투쟁위원회가 파업농성을 할 때였다. 지동진 씨가 중심이 되어 어용노조를 갈아엎으려는 사실을 회사 측에서 알아채고, 염색과에서 일하던 지동진 씨를 노량진공장으로 전출시켜 노조활동을 막으려고 했다. 투쟁위원회가 이 사실을 알고 파업농성을 벌인 것이다.

그날따라 비가 많이 내렸다. 기숙사에서 총무과 앞으로 모두 모이라는 말을 들었다. 부랴부랴 총무과 사무실 앞으로 달려갔더니, 꽤 많은 사람들이 모여 있었다. 수백 명의 조합원들이 경비실에서 총무과에 이르기까지 늘어서 있는데, 그 넓은 운동장이 꽉 찬 것 같았다.

경비들과 사원들이 달려와 농성을 해산시키려고 하면, 우리들은 들고 있던 우산으로 찌르겠다고 윽박지르며 방어를 했다. 그날 현장에서 근무하던 사람들이 모두 기계를 끄고 농성에 참가했는데, 가공과만 남자들이 문을 걸어 잠가 못 나오고 있었다.

우리들은 그 소식을 듣고 가공과로 몰려가 문을 뜯고 조합원들을 나오게 하여 파업에 동참하게 한 기억이 난다. 파업농성에 처음 참여했던 나는 무섭기도 했지만, 한편 우리 노동자들이 뭉치면 힘이 강해지고 돈 많은 기업도, 정부도 겁날 것이 없다는 사실을 깨달았다.

그때부터 노동조합에서 해야 할 일이라면 어디를 가든 다 따라다니면서 하나라도 더 배우려고 했다. 그때만 해도 내가 노동자 의식이 있어서 그런 것은 아니었다. 다만 노동조합이 정상화되어야 우리의 권리를 주장할 수 있다는 것을 어렴풋이 깨닫게 되었기 때문이다.

회사 측의 탄압을 이겨내고 노동조합이 정상화되는 과정에서 많은 간부들이 희생되었다. 회사 측과 결탁했던 어용노조 집행부가 물러나고, 자주적으로 운영하는 지동진 지부장 집행부가 들어서자 회사의 탄압이 한층 더 심해졌다. 상집간부들을 해고하거나 부서이동을 시키는 등, 노조가 자리를 잡지 못하도록 온갖 수법을 동원했다.

지동진 지부장 집행부는 회사의 탄압에 맞서 일요일 특근을 전면 거부하기로 결정하였다. 그날은 9월 3일, 일요일이었다. 수출품 선적 만기일을 앞둔 회사에게 타격을 주기로 한 것이다. 회사는 보복조치로 기숙사생들에게 밥을 주지 않았고, 사내 매점마저 문을 닫아버려 쫄쫄 굶어야 했다. 그날 명동성당으로 몰려가서 농성을 했는데 기억은 희미하다.

기 업 부 도

1973년 6월 회사가 부도났다. 사장은 도망을 갔고, 노동조합은 수습대책위원회를 조직하고 회사를 경영했다. 노사공동경영체제가 되면서 노조지부장 지동진 씨가 전무 자리로 파견되어 경영에 참여했다. 그리고 방용석 교선부장이 새로운 지부장이 되었다.

1974년 12월, 채권은행인 제일은행이 한국모방을 경매 처분하였다. 원풍산업이 낙찰을 받아 한국모방에서 원풍산업모방공장으로 명칭이 변경되었다. 부도가 난 후 경매가 되기 전까지 노동조합 집행부는 조합원들의 인건비가 체불되는 일이 없게 하려고 일감을 찾아 동분서주하였다. 제일모직과 대농방직에서 하청을 받아 작업을 했다. 조합원들은 일감이 들어오면 더욱 열심히 일을 했다.

당시 노동조합의 적극적인 대처와 결단이 없었더라면 공장은 문을 닫았을 것이고, 조합원들은 옷 보따리를 들고 고향으로 갈 수밖에 없었을 것이다. 당시 방용석 지부장과 간부들이 앞장서서 고생한 덕분에 회사가 살아났고, 천여 명이 넘는 조합원들은 생계 터전을 지킬 수 있었다.

1978년 4월에 나는 상집간부가 되었다. 방모의 상집간부를 하던 선배가 퇴사를 하면서 그 뒤를 이어 대의원과 상집간부를 겸하게 되었다. 노동조합 활동을 따라만 다녔던 내가 노조의 중책을 맡게 되어 기분이 우쭐했지만, 한편 잘해야 한다는 부담도 있었다. 처음 대의원이 되어 총회를 할 때였다. 의장이 회순에 따라 회의를 진행하고 있는데, 나는 잔뜩 긴장하여 작업복 주머니 속에 있는 쪽지를 만지작거렸다. 적절한 순서에 발언할 내용이었는데, 실수하지 않고 발언하려니 떨렸다.

"의장, 방모 대의원 윤춘원입니다. 건의 안건이 있습니다." 의장에게 발언권을 받은 나는 "사장님께 기숙사와 경비실에 공중전화를 설치해 주실 것을 건의합니다. 요즘 세상은 달나라를 가는 시대라는데, 우리는 전화 하나 걸려고 해도 외출증을 받아서 나가야 합니다. 회사가 공중전화를 설치하여주기를 건의합니다."

동료 대의원들의 동의와 재청이 터져 나온 것은 당연한 일이었다. 발언을 마치고 자리에 앉았는데 다리가 왜 그리 떨리던지, 그래도 기분은 좋았다. 내가 이렇게 많은 사람들 앞에서 발언을 할 수 있는 용기가 있다는 것이 뿌듯했다. 공중전화는 총회 이후 기숙사와 경비실에 설치되었다.

노조 집행부는 해마다 4월이면 대의원총회를 준비하느라고 바빴다. 선출된 대의원들을 교육하고, 대의원들의 자세와 역할, 회의 진행방법 등에 대하여 교육과 토론을 하며 총회를 준비하였다. 대의원총회에 부의된 안건을 심의하고 결정하는 것은 곧 조합원들의 권익으로 이어지는 것이므로, 긴장이 되었고 실수가 없어야 했다.

단 체 교 섭 위 원 이   되 다

1978년, 나는 노조 측 단체교섭위원으로 선임되었다. 단체교섭위원은 노조대표 5명과 회사대표 5명으로 구성되었다. 당시 노조대표 위원은 상집간부 이필남, 장기선, 김두옥, 이상배, 그리고 나였다. 단체교섭회의는 사무실 2층 쇼룸에서 있었다. 탁자를 가운데 두고 양쪽 대표가 마주 앉아 회의를 하는데, 처음 단체교섭위원으로 들어가서 그런지 그 상황이 참 어색했다.

상집간부 다섯 명이 함께 들어갔으니 걱정할 것은 없었다. 그런데 그날따라 단체교섭이 순조롭지 않았다. 노조대표들은 24시간 동안 회의장을 나가지 않고 식사도 거부했다. 회사 측 대표들은 우리의 눈치를 살피며 밥을 먹으라고 들락날락거렸지만, 우리는 꼼짝도 하지 않고 시위를 했다. 긴장감이 팽배해진 상태에서 배고픈 것은 참을 수 있었는데, 벼룩이 내 다리를 물어뜯어 괴로움을 참느라고 애를 썼던 기억이 난다.

조합원들도 회의장 밖에 수백 명이 모여 시위를 하였다. 결국 그 회의는 노동조합의 임금인상 요구안이 관철되면서 마무리되었다. 조합원들은 회의장을 나오는 교섭위원들에게 박수와 환호성을 지르며 반겨주었다. 그 순간 철야교섭으로 쌓였던 피로가 씻은 듯이 사라졌다.

노동조합에서는 조합원들을 열성적으로 교육시켰다. 간부들은 한 층 더 적극적으로 교육에 참여해야 했다. 당시 노동조합 간부들은 돌아가면서 크리스찬아카데미 교육을 받았다. 크리스찬아카데미는 1965년 독일교회의 지원을 받아 창립되었으며, 1974년부터 중간집단육성 프로그램을 통해 노동자, 농민, 청년, 여성 등을 교육하던 기관이다. 나도 그 기관에서 교육을 받았고, 교육을 이수한 여성 노동자를 중심으로 '여성해방동지회'라는 모임을 결성하였다. 우리 노조 상집간부 외에 동일방직 노조지부장 이총각, YH노조 지부장 최순영, 반도상사 지부장 장현자 등이 회원이었다.

1979년 3월, 박정희 정권은 크리스찬아카데미 간사들을 용공으로 몰아 모두 연행하는 사건을 일으켰다. 그 여파는 원풍모방노동조합을 비롯하여 소위 민주노동운동을 한다는 조직에까지 미쳤다. 박순희 부지부장이 조사에 응할 수 없다고 거부하여 상집회의를 열어 대책을 논의하였다. 그리고 어떠한 이유로든 노조 간부의 연행은 노조를 파괴하려는 탄압으로 간주한다는 결의문을 발표하였다.

조합원들은 노조 사무실에서 농성을 하며 대기하였다. 며칠간 대치를 하다가 상집회의에서 사건과 관련한 조사는 피할 수 없다는 판단을 하여 박순희 부지부장이 자진 출두하여 조사를 받기로 했다. 그리고 정보부 기관원과 협상을 했다. 박 부지부장을 노조 사무실에 와서 데려가고, 당일 오후 6시에는 조사를 마치고 노조 사무실로 돌아오는 조건을 내걸었다.

나는 내심 걱정이 되었다. 저자들이 용공으로 몰아 노조를 깨려고 하는 수작인데 박 부지부장님을 보내주지 않을 수도 있을 것 같아 조바심이 났다. 3월 27일, 하루 종일 조사를 받고 밤 11시 30분쯤 다소 지친 모습으로 사무실에 들어서는 부지부장님을 맞이하면서 비로소 안도의 숨을 내쉬었다. 우리 노동조합의 힘을 실감했던 사건이었다.

1980년의 악몽

1979년에는 참 많은 사건들이 터졌다. 봄에는 크리스찬아카데미를 불순세력으로 몰아붙이며 국민들을 위협하더니, 8월에는 YH노조 노동자들이 신민당사를 점거 농성하였다. 경찰은 농성하던 노동자들을 강제 진압하였고, 그 과정에서 김경숙이 죽임을 당했다. 박정희 정권은 '도산이 가면 도산된다'며 불순세력 운운하는 거짓 선전물을 만들어 대대적으로 왜곡 보도를 하며 민주노동조합 운동을 말살하려고 하였다.

그러나 정권에 비판적인 사람들을 용공으로 몰며 살벌하게 통치했던 독재정권은 박정희가 부하의 총에 맞아 죽으면서 막을 내렸다. 18년간 통치하던 독재자가 사라진 뒤에 맞이한 새해는 사람들을 들뜨게 했다. 당연히 민주주의가 실현될 것이라고 믿었다. 그 꿈은 1980년 5월 18일, 전두환 신군부가 광주시민을 총칼로 무참히 짓밟으며 산산조각이 났다.

원풍노조 상집회의에서는 광주민주항쟁 희생자 돕기 모금운동을 결의하였다. 모금함을 하얀 전지로 싸서 식당에 설치하였고, 그 옆 벽면에는 모금협조 공고문을 붙였다. 조합원들은 집행부의 결정을 잘 따라 주었고, 모금된 돈은 박순희 부지부장님이 천주교 광주대교구 윤공희 대주교님께 전달했다. 그 암울한 시대에 아픔에 그렇게나마 동참할 수 있어서 다행이었다.

광주민주항쟁 희생자 돕기 모금운동은 전두환 군부가 원풍노조를 본격적으로 탄압하는 빌미가 되었다. 전두환 신군부는 '김대중 내란음모사건'에 방용석 지부장님을 연루시켜 수배령을 내렸고, 또한 노동계 정화 조치라는 명목으로 박순희 부지부장님과 방 지부장님을 해고시켰다. 노동조합은 상집회의를 열어 심사숙고하였지만 뾰족한 수가 나오지 않았다. 광주시민들을 학살하고 계엄령이 발령되었던 시기였으니 움쩍달싹도 할 수 없었다.

그해 12월이었다. 이문희 지부장직무대리와 한상분 부지부장, 임재수 총무 등 상근자 세 명이 계엄사 합동수사본부로 연행되었다. 이어서 나를 비롯해서 상집 간부 전원과 대의원 등 48명이 연행되었다. 서소문 범진사는 정말 분위기가 으스스했다. 여자 군인들이 한 사람씩 좁은 공간으로 격리를 시키더니 몸과 옷을 검색하였다.

이어서 두 명의 군인이 심문을 시작했다. 조사통계부장이었던 나는 직위와 관련한 역할과 책임을 추궁 받았다. 특히 광주모금운동과 관련하여 김대중을 만났느냐는 점을 집중적으로 물어보았다. 또한 동일방직 노동자들이 데모를 할 때 빵을 사다주었는데, 왜 사다 주었느냐, YH노조 노동자들이 신민당사에서 농성할 때 무엇을 지원하였느냐, 왜 그런 불순한 일에 가담을 하고 후원을 했느냐 등을 캐물었다. 어떤 날은 별 한 개가 모자와 어깨에 반짝거리는 장성이 와서 조사를 했다. 마지막 조사자는 정보과장 김 누구라고 하면서 '사회에 나가면 그림자 같이 따라다닐 것이니 행동을 조심하라'며 협박을 했다. 이로써 조사가 마무리되었다. 참 두렵고 무서운 시간이었다. 그래도 동료들과 함께 있어서 위로가 되었다.

군인들은 12월 30일, 감금당한 지 15일째에 사직서를 들고 왔다. 그들은 내 손을 끌어다가 지장을 찍었다. 나는 그렇게 강제해고를 당하고 범진사에서 풀려났다. 군인들은 나와 한상분 부지부장을 차에 태우더니 노량진공장 사무실로 갔다. 지금 생각해보면, 해고자들을 격리시키기 위하여 임시로 노무과 직원을 파견하여 처리한 것이 아닌가싶다. 소공동 본사나 원풍모방 사무실은 위험하다고 판단하지 않았을까싶다.

해 고 보 다   더   무 서 운   블 랙 리 스 트

사무실 분위기는 이미 행정처리를 다 하고 기다린 듯한 분위기였다. 일사불란하게 퇴직금이 담긴 봉투를 건네주었고, 확인 지장을 찍는 것으로 끝이 났다. 그리고 원풍모방 경비실 앞에 내려놓으며, 바로 기숙사에 들어가 짐을 싸가지고 나가라고 했다.

한상분 부지부장과 나는 공장을 떠나면서 마지막으로 조합원들을 만나고 가자고 했다. 방적과 전방, 정사, 정방, 소모, 직포, 가공 작업장을 돌면서 조합원들과 인사를 했다. 조합원들의 표정은 굳어 있었고, 가벼운 목례 외에는 말을 거는 사람도 없었다. 모두가 착잡한 심정인 듯 했다. 다정한 인사조차 건넬 수 없었던 우리도 심란하기는 마찬가지였다. 동병상련의 아픔을 겪는 사람들끼리 애잔한 눈빛들만 주고받으면서 서로를 위로했다. 나는 후배들에게 무거운 짐을 남겨 주고 떠나간다는 생각은 미처 하지 못했다. 다만 이무술이 해고를 당하지 않아 참 다행이라고 스스로 위안을 했다. 똑똑한 친구이니, 노조 집행부를 잘 추슬러서 이끌어 나갈 것이라고 믿었다.

해고를 당한 후 신발가게를 하는 셋째 남동생을 도와주고 있었다. 그런데 그 가게를 매일이다시피 출근하는 감시자들이 있었다. 보이는 감시자도 있었고, 보이지 않는 감시자도 있었다. 어느 날은 정보과 형사가 찾아와 가게에 죽치고 앉아 동생에게 '당신 누나가 빨갱이 짓을 한 것을 아느냐'며 허튼 소리를 했던 모양이다. 동생이 반박을 하며 가게에서 꺼지라고 했더니, 그 형사는 동생의 멱살을 잡고 밖으로 끌고나가 주먹질을 마구 했다.

보다 못한 시장 사람들이 뜯어말렸는데, 동생은 연일 계속되는 감시와 억울함으로 스트레스를 받더니 심장병이 생겼다. 가슴이 아프다고 뒹굴며 괴로워하는 동생을 데리고 동네 병원에 갔다. 의사는 강남성심병원으로 보냈고, 다시 서울대병원으로 옮겨진 동생은 오랫동안 입원치료를 받았지만 평생 심장병을 지병으로 안고 살고 있다. 또 막내동생은 육군3사관학교에 입교원서를 내고 시험을 치렀는데, 1차에서는 합격했지만 2차에서 떨어졌다. 동생은 엄청 실망을 했다. 그 일도 내가 원풍모방노동조합에서 활동한 이력 때문에 신원조회에서 떨어진 것이 아닌가싶다. 연거푸 동생들이 어려운 일을 당하는 모습을 지켜보면서 범진사의 김 모라는 과장의 말이 생각나 소름이 끼쳤다. "계엄사를 나가는 순간부터 그림자처럼 따라다닐 거다"라고 했던 그 말이었다. 국가에서 나를 해코지하는 것이라는 생각이 강하게 들었다.

1968년에 입사하여 12년간 일했던 공장에서 강제해고를 당한 것은 세월을 잘못 만나서 그랬다고 쳤다. 아니 그렇게 생각하는 것이 소중한 원풍노조를 지키는 것이라고 생각하며 억울함을 떨쳐 버리려고 했다. 그런데 저들은 어머니가 일찍 돌아가셔서 가슴이 아린 동생들의 삶에까지 개입하여 힘겹게 했다. 그런 모습을 지켜보는 것이 너무 괴로웠다.

명 예 회 복 이   되 다

국가권력기관의 감시체제에서 벗어날 수 없었던 나는 심한 스트레스에 시달렸다. 잠을 자다가도 벌떡벌떡 일어났다. 명치끝에 무언가가 치밀어 올라 가슴이 아팠다. 몸도 마음도 아프고 괴로워서 지난날들을 다 잊어버리고 싶었다. 계엄사에 끌려가 감금되었던 일, 강제해고를 당했던 일, 아픈 동생의 일, 아니 원풍노동조합 활동을 했던 소중한 기억까지 다 잊어버리고 싶었다.

1982년 10월의 어느 날이었다. 느닷없이 형사 대여섯 명이 우리 집으로 쳐들어왔다. 구둣발로 방에 들어오더니 상집간부를 찾으러 왔다며 어디 있는지 대라고 다그쳤다. 나는 방 한쪽에 세워져 있던 비키니 옷장 지퍼를 쭉 내려서 보여주었다. 나는 괴로운 날들을 보내면서도 후배들이 원풍모방노동조합을 잘 지켜낼 것이라고 믿고 바랐다. 그런데 결국 '9·27사건'이 일어나 원풍모방노동조합이 무너졌다. 가슴이 무너지는 듯한 충격을 받았고, 수배령까지 내려진 후배들이 얼마나 고생을 할까 생각하니 가슴이 아팠다.

2000년 '민주화운동 관련자 명예회복 및 보상심의법'이 제정되었다. 나는 1차 접수기간에 원풍노조 해고 동료들과 함께 명예회복 신청서를 냈다. 그리고 이듬해 민주화운동 관련자로 인정되어 명예회복이 되었다. 나는 그제야 안도의 숨을 쉴 수가 있었다. 나를 그림자처럼 따라 다니던 감시로부터 해방된 것이었다.

노심초사 걱정했던 내 아들의 앞날을 걱정하지 않아도 되니 참 좋았다. 또한 나 때문에 고생을 한 동생들의 앞날을 걱정하지 않아도 될 것 같았다. 그리고 사랑하는 우리 원풍동지들도 나와 같은 억압의 굴레에서 해방된 것이 너무 기쁘고 좋았다.

명예회복이 되자 마음이 참 편안해졌다. 너무 괴롭고 힘들어서 가슴속 저 밑바닥 무의식 속에 꾹꾹 묻어버리고 싶었던 원풍노조 활동들이 되살아났다. 내 인생에서 보석보다 더 소중한 삶이 고스란히 그곳에서 반짝거리는 것 같았다. 주옥같은 추억들이 원풍노조와 함께 살아있었던 것이다.

2019년, 내 나이 71살이다. 이미 황혼에 접어들고 있지만, 원풍노조와 함께 걸어온 내 인생이 너무나 행복하고 감동스럽다.

007

하늘이 맺어준 인연들에 감사하며

명인숙

—————1949년 11월, 충남 서산시 해미면에서 태어났다. 1968년 한국모방(원풍모방의 전신)에 입사하여 1972년 8월 노동조합 상무집행위원회 간부로 활동하다가 해고된 후, 43일 만에 복직되었다. 1974년까지 근무하였다.

나는 1949년 충남 서산에서 5남매 중 셋째 딸로 태어났다. 1967년 열여덟 살 때 한국모방에 입사하여 방적과 전방에서 7년간 근무하였다. 당시 박정희 정권은 경제개발 성장제일주의 정책을 펼쳤다. 노동자들은 저임금 정책에 시달렸으며, 농민들은 저곡가 정책에 짓눌렸다.

박정희 정권은 도시 중심의 경제발전을 추진하였다. 1964년에 수출산업공단인 구로공단을 조성하였고, 산업박람회를 개최하여 농촌 인구를 도시로 유도하였다. 농촌에서 살기 힘들었던 농민들은 서울에 가면 돈을 벌 것이라는 희망을 갖고 단봇짐을 싸서 서울로 몰려들었다. 1960년대는 경공업을 확장하던 때라 서울로 간 사람들은 섬유, 봉제, 가발, 요꼬(스웨터) 등의 공장에서 장시간 노동과 저임금에 시달렸다.

나는 입사한 후 1년쯤 지나면서 친구들과 서울 근교 산으로 등산을 다녔다. 대림동에는 빅토리산악회가 있었는데, 한국모방에 다니는 사람들이 거기의 회원으로 활동했다. 이길우, 이후식, 서봉숙, 김순영, 정상범 등이 그들이었다. 1971

년, 산악회 회원이었던 이길우 씨가 노동조합 간부들이 조합비를 유흥비로 쓰는 것을 알게 되어 문제제기를 했다가 해고당했다. 부당한 해고에 항의하였으나 결국 그는 회사에서 쫓겨나고 말았다.

한국모방노동조합의 정상화

1972년 8월쯤이었다. 작업장에서 누가 먼저 시작했는지는 알 수 없었지만, 노동조합을 바꿔야 한다는 움직임이 조용하게 번져가고 있었다. 이 같은 움직임은 고참 반장들이 중심이 되어서 은밀하게 진행되었다.

8월 9일 오후 2시, 퇴근반 조합원들이 회사 사무실 앞 운동장에 모여 농성을 시작하였다. 직포과 정상범, 정사과 송옥순, 권경숙, 검사과 홍말순, 염색과 장인숙, 전방 조삼년 등이 앞장서서 주도하였는데, 그 배후에는 노조 여성부장 김갑준 씨가 있었다.

"지동진의 제2공장 발령을 철회하라!" "노동조합 활동을 보장하라!" 누군가가 구호를 선창하자 모두 함께 따라 외쳤다. 노동조합을 정상화하려는 사람들과 뜻을 같이 하는 지동진 씨가 지부장에 출마할 준비를 하는 것을 알았던 회사 측은 그를 노량진 제2공장으로 발령을 냈다. 이에 노조 정상화를 바라던 조합원들이 모여 항의농성을 시작한 것이었다.

그날따라 비가 주룩주룩 내렸다. 수백 명의 조합원들은 내리는 비에 옷이 젖어도 아랑곳하지 않고 회사 측 사무실 앞에 모여들었다. 회사 측은 경비와 사원들을 앞세워 농성을 해산시키려고 하였으나, 조합원들은 몇 시간을 대치하고 있었다.

갑자기 피업농성 주동자인 정상범 씨가 등산용 칼로 자신의 손을 책상 위에 올려놓고 내리 찍었다. 그 순간 경찰이 정상범 씨를 체포하여 끌고 가려고 하자 조합원들이 몇 겹으로 막아서서 정상범 씨를 빼앗았다. 그때부터 농성이 더욱 거세졌다. 야근 근무자들이 기숙사에서 내려와 합세하였고, 현장에서 작업을 하던 조합원들도 기계를 끄고 농성에 합류하여 파업농성이 되었다.

그때는 파업농성이 실정법을 위반하는 것인 줄도 몰랐다. 파업농성은 밤 10시경까지 계속되다가 회사, 섬유노조, 농성자 대표가 모여 합의서를 작성하면서 끝이 났다. '대의원을 선출하기 위하여 8월 17일 대의원선거를 실시한다. 지동진 씨를 염색과 원직으로 복귀시킨다' 등이 그 합의 내용이었다.

농성이 끝나자 통행금지 시간 때문에 헤어지기가 바빴다. 농성을 주도하였던 사람들은 신변의 안전을 위하여, 그리고 다음 대책을 의논하기 위하여 회사 뒤편 의용촌에 있는 여관으로 갔다.

8월 17일, 나는 노동조합 대의원선거에서 전방을 대표하는 대의원으로 선출되었고, 새롭게 출범하는 민주적 노동조합에서 상무집행위원회 간부로 활동하게 되었다. 나는 당시 상무집행위원회 간부(이하 상집간부로 통일)가 무슨 일을 하는 것인지 몰라 걱정이 되었는데, 나뿐만이 아니라 동료 간부들도 모두 그랬던 것 같다.

회 사 의 보 복

지동진 지부장 집행부가 출범한 대의원대회가 끝나자 회사의 보복이 시작되었다. 우선 상집간부들을 부서이동시켰다. 김영애(조사통계부장)는 식당으로 보냈고, 김갑준(부지부장)과 나양숙은 소모과의 양모 빠는 곳으로 보냈다. 나(총무차장)를 포함하여 방용석(교선부장), 나연자(교선차장), 강순례(부녀부장), 홍말순(쟁의차장)은 전방 보전실로 보내 기계기름 청소를 시켰다. 당시 41명의 상집간부와 대의원들이 부서이동, 해고, 또는 직위해제 등의 부당한 처우를 당했다.

부당한 처우에 맞서 우리는 가슴에 "인내는 쓰다. 그러나 열매는 달다"라고 쓴 리본을 달고 다녔다. 무엇보다 조합원들이 겁먹고 기죽지 말라는 뜻도 있었고, 스스로 당당하다는 모습을 보여주고 싶었던 것이다. 회사 측은 우리들이 리본을 달고 저항하는 모습을 보자, 리본 제작을 이유로 나와 홍말순, 김갑준, 나연자, 강순례 다섯 명을 해고시켰다.

해고 사유는 "리본을 만든 천 조각과 매직이 회사 물품이며, 회사 물품을 사용하여 회사에 손해를 끼쳤다"는 것이었다. 해고된 상집간부들은 경비실 출입도 통제되어 노조 사무실에도 들어갈 수 없었다. 노동조합 정상화를 기대하였던 조합원들은 숨죽여가며 걱정을 하고 있었다.

9월 2일, 상집회의를 대림동 중국집에서 개최하였다. 주요 안건은 회사 측의 노조활동 탄압공작에 효과적으로 대처하는 내용이었다. 회의 결과 9월 3일 오전 6시, 일요일 특근작업을 전면 거부하여 회사에 타격을 주기로 결정하였다. 노조 집행부의 행동지침과 호소문을 적은 쪽지가 비밀리에 현장과 기숙사에 뿌려졌다.

상집간부들은 옷 속에 유인물을 감추고 기숙사에 들어가 방에 붙여 놓았다. 방 식구들에게 파업에 참여할 것을 단단히 알리며, 어떠한 일이 있어도 회사 측의 방해 공작에 무너져서는 안 된다고 다짐을 놓았다.

그러나 한 가지 걱정되는 것이 있었다. 야근을 마치고 9월 3일 일요일 아침에 퇴근하는 조합원들이 기계를 끄고 현장을 모두 나와야 일요일 특근거부 파업이 성공을 한다는 점이었다. 조마조마했지만, 회사 사원들과 현장 관리자들이 퇴근을 막는 것을 뿌리치고 모두 작업장을 나와 공장의 모든 기계를 끄는 데 성공하였다.

명 동 성 당 으 로

9월 3일 파업은 성공하였다. 그러나 이에 대한 보복으로 회사는 식당을 폐쇄, 기숙사생 900여 명에게 식사를 제공하지 않았다. 노조간부들은 긴급회의를 열었다. 기숙사생들을 밖으로 나오게 하여 명동성당으로 가서 노조 탄압을 사회에 알리기로 결정하였다.

방용석 교선부장이 기숙사 뒤편 울타리 옆 어느 집 지붕에 올라가 '정문으로 나와라!'라고 쓴 현수막을 들고 흔들었다. 기숙사생 중 누가 그 현수막과 소리를 듣고 동료들에게 알렸다. 순식간에 기숙사생 900여 명이 현관문으로 우당탕탕 뛰어나가려 했다. 소스라치게 놀란 사감이 저지를 하며 난리를 쳤지만 600여 명이 기숙사를 빠져나가 명동성당으로 갔다.

당시 우리들의 모습은 거지떼와 비슷했다. 기숙사에서 편안한 옷차림으로 있다가 갑자기 밖으로 뛰쳐나왔으니 옷매무새가 단정할 리가 없었다. 슬리퍼를 신은 사람은 그나마 괜찮아 보였을 것이다. 어느 조합원은 맨발로 명동성당까지 버스를 타고 갔다.

나는 그때 처음으로 명동성당에 들어갔다. 굉장히 웅장했다. 우리는 조심스레 성당 안으로 들어가 맨 앞자리부터 앉았다. 신자들은 하얀 미사포를 머리에 쓰고 있었고, 우리 조합원 600여 명은 소리 없이 무리지어 앉아 있었으니, 누가 보더라도 이상한 사람들이 몰려왔구나, 라고 짐작했을 것이다.

신자들은 미사가 끝나자 성당을 떠났고, 신부도 보이지 않았다. 경찰들이 어느새 성당 안에 들어와 뒤쪽에 진을 치고 경계를 하고 있었다. 그때 영등포산업선교회 조지송 목사가 왔다가 경찰들에게 끌려 나갔다. 그러더니 경찰간부로 보이는 사람이 해산을 종용하였다. 우리는 숨소리도 못 내고 말없이 고개를 앞 의자에 얼굴을 가린 채 엎드려 있었다. 성당은 고요했다. 무거운 정적이 얼마간 흘러 갔던 것 같다.

"여러분!" 하는 소리가 들렸다. 고개를 들어 소리 나는 쪽을 바라보니 방용석 노동조합 상집간부였다. 그때 뭐라고 했는지 잘 기억이 나지 않는다. 다만 경찰이 그를 잡으려하자 농성하던 조합원들의 비명에 가까운 함성이 터졌다. 경찰들은 멈칫했다. 주동자를 체포하여 농성을 해산시키려고 경찰은 호시탐탐 우리들을 주시했다. 경찰이 발자국만 떼면 우리들은 함성을 질러 대응했다.

농성은 밤 12시를 넘어가고 있었다. 그 때쯤 지동진 지부장이 일어나더니 회사로 돌아가 협상 내용을 발표하겠다고 설득했다. 어떻게 협상했는지, 경찰에서 버스 5대를 제공해 그 버스를 타고 통행금지 시간이 훨씬 지난 시간에 제1 한강다리를 건너 회사로 돌아왔다. 회사는 식당에 식사할 수 있게 준비해 주었고, 우리들은 종일 굶주린 배를 채우고는 지동진 지부장으로부터 회사와 협상한 내용을 듣고 새벽에 해산하였다. 합의 내용이 무엇인지 잘 몰랐지만, 지동진 지부장을 믿고 해산을 한 것이다.

연 이 은 해 고 와 구 속

다음날 아침 일찍 출근하자, 노량진경찰서에서 상집간부 전원을 연행하여 유치장에 가두었다. 유치장에는 이미 정상범 씨와 방용석 씨가 갇혀 있었다. 상집간부 20여명이 유치장에 갇혔으니, 우리들의 노동조합 정상화투쟁은 실패한 것인가 하는 생각이 들었다. 경찰은 명동성당 농성과 관련하여 몇 가지 조사를 하더니 방용석과 정상범 간부는 구속하고, 그외 간부들은 석방하였다. 그나마 다행이라고 생각했다.

노동조합 집행부는 회사 측의 부당노동행위를 정부와 국회, 사회에 호소하며 도움을 청하였다. 당시 영등포구 김수한 국회의원이 임시국회에서 대정부질문으로 한국모방의 노사분규와 구속자 석방을 촉구하였다. 나는 국회의원이 국회에서 발언을 했다고 우리 문제가 해결이 될까싶어 별 기대를 하지 않았다. 그런데 9월 15일, 방용석, 정상범 상집간부가 석방되었고, 나도 해고된 지 40여일 만에 복직이 되었다.

1973년 3월 10일, 민주노조가 출범하고 처음 개최하는 노동절 행사였다. 조합원들은 활기를 찾았고, 이문영 교수, 정병채 변호사, 박청산 노사문제연구회 회장, 김수한 국회의원 등 4명을 고문으로 추대하여 노조의 힘을 강화하였다.

5월 어느 날, 지동진 지부장과 조삼년, 송옥순 간부가 행방불명되었다. 수소문 끝에 소위 '김낙중 간첩단 사건'에 연루되어 중앙정보부에 연행되었다는 사실을 확인했다. 5일간 조사를 받고 나온 간부 세 사람이 관련 사실을 함구한 것으로 보아 극심한 고통을 겪은 듯했다.

1973년 6월 2일, 회사가 부도를 냈다. 임원들은 모두 잠적했고, 5월분 임금도 체불되었으며, 기숙생들에게 밥을 해줄 쌀도 떨어진 상태였다. 긴급히 노동조합 집행부가 나서서 '수습대책위원회'를 구성, 회사 운영권을 인수받았다. 나는 수습대책위원회 사무실에서 사무행정을 맡기로 했다.

수습대책위원회는 창고에 있는 원자재와 현장에서 작업 중이던 제품들을 처리하여 조합원들의 5월분 임금을 지급하였다. 또한 제일모직에서 실과 양복지 생산을 임대받아 기계를 가동하며 동분서주하였다. 수습대책위원회는 노사공동경영체제가 만들어질 때까지 17개월간 회사를 경영하였다. 지동진 지부장은 노사공동경영체제로 전환할 때 노조 대표로 전무직으로 파견되어 경영에 참여하기도 했다.

1974년, 지동진 씨가 공금 문제와 관련하여 회사를 그만두었는데, 나도 그때 같이 회사를 떠났다. 가장 가슴 아픈 기억이다. 나는 1975년 11월에 노조활동으로 만난 방용석 씨와 결혼하여 아들 둘을 낳았다. 회사는 잘 돌아가는 것 같았고, 남편이 구속되기도 하였으나, 노동조합은 활성화되어 잘 운영되는 듯했다.

박정희 대통령의 죽음

1979년 10월 26일, 이른 아침에 스피커에서 박정희 대통령의 사망 소식이 흘러나왔다. 남편은 아침밥을 먹는 둥 마는 둥 하며 출근하였다. 그 후 바쁜 나날을 보내는 듯했다. 그렇게 겨울이 가고 1980년 봄이 왔다. 5월, 광주 민주항쟁이 일어났다는 소식을 들었고, 그 이후 어느 날부터 남편은 집으로 돌아오지 못했다.

7월, 회사 동료가 남편 방용석 씨가 노동계 정화 조치로 해고를 당했다는 말을 전해주었다. 경찰이 집으로 찾아오기 시작했다. '김대중 내란음모' 관련 소환장이 집으로 두 번씩이나 배달되었다. 경찰은 집 앞에 승용차를 대놓고 밤새워 감시하다가 어머님이 새벽기도를 가는 뒤까지 미행하였다.

조합원들은 남편이 해고되고 수배가 되자 우리 집 식구들이 걱정되어서인지 수십 명씩 거의 매일 다녀갔다. 생활비에 보태라고 현금을 몰래 놓고 가기도 하고, 어떤 날은 부엌에 닭고기를 놓고 가기도 했다. 대체로 기숙사생들이었는데, 때가 되면 국수 한 그릇 나누어먹는 것이 내가 할 수 있는 일이었다.

남편의 소식은 알 길이 없는데, 노동조합은 갈수록 어려운 일들이 생겨 힘들어지는 것 같았다. 12월에는 노조간부 수십 명이 계엄사에 연행되었다는 소식이 날아왔다. 갈수록 노동조합이 최악의 상황으로 치닫고 있는 것 같았다. 그런 와중에도 수배 생활을 하는 남편을 걱정하는 조합원들을 만날 때마다 나도 모르게 한숨이 나왔지만, 한결같은 마음으로 남편을 신뢰해주고 우리 가족을 찾아주는 것이 고마웠다. 남편은 1년 간 수배생활을 하다가 계엄령이 해제되면서 집으로 돌아왔다.

1982년 3월, 노동조합 소식을 들으니 마음이 착잡해졌다. 이무술 조합장이 갑자기 대표직을 사직했다고 한다. 정부의 탄압이 더욱 거세진 것 같은데, 후배들은 조직을 다시 정비하며 대처를 잘 하는 것 같았다. 그러던 중 '원풍노조 9·27 사건'이 터졌다. 조합원들이 4박5일간 단식농성으로 싸우고 있는데, 아무것도 도울 수가 없어 발만 동동거렸다. 남편도 자신의 무력감에 한숨만 쉬었다.

어머님의 눈물

어머님은 그 소식을 들으신 날부터 원풍모방 정문 앞에 가 공장 안을 우두커니 바라보다가 속이 잔뜩 상하신 모습으로 돌아오셨다. 9월 30일 저녁부터는 농성장에서 쓰러져 병원에 실려 간 조합원들을 밤새워 간호하셨다. 조합원들의 온몸이 마비가 되어 뒤틀리는 팔과 다리를 주물러주고 얼굴을 닦아주며 돌보셨다.

밤을 꼬박 지새우며 간호를 하셨던 어머니는 몸이 축 늘어져 집으로 돌아오자마자 방바닥에 쓰러져 아무 말씀도 못하고 눈물만 흘리셨다. 아들이 교도소를 가고 수배가 되었을 때도 흐트러짐이 없으셨던 어머니였다. 평소에는 좀처럼 보지 못한 어머니의 눈물을 보면서 내 가슴도 무너져 내리는 것같이 아팠다.

나는 죽을 쑤었다. 그 흔한 석유곤로도 없어서 연탄 아궁이 하나에다 죽을 끓여 밤새 날랐다. 그래봐야 수백 명이 한두 숟가락씩이나 먹었을까싶다. 죽 한 그릇조차 제대로 못 먹인 것이 마음에 늘 걸렸다. 남편은 새벽에 농성장에서 끌려나온 노금순과 정영례를 집으로 데리고 왔다. 5일간 먹지도 씻지도 못한 모습이 오죽했을까싶었는데 바싹 마르고 휑한 눈에 눈물을 글썽이고 있었다.

남편은 그 일이 있은 후 다시 집에 들어오지 않았다. 노조 상집위원들과 함께 또 수배령이 내려져 형사들이 식구들까지 감시하며 찾았다. 11월 12일, 남편이 체포되어 구속되었다. 구속자는 8명이고, 1명은 불구속이었다. 그 중 열아홉 차언년도 구속되었는데, 남편보다 미성년자인 언년이가 더 걱정되었다.

남편과 함께 구속된 사람들은 구치소에서도 차별을 받았다. 일반 죄수들은 아무나 면회가 가능했지만, 집회 및 시위법 위반으로 구치소에 들어간 사람, 곧 정치범들은 가족만 면회를 가능하게 제한했다. 구속자들은 구치소 측의 차별대우를 개선하라며 단식으로 저항했다. 1983년 5월, 구속자들이 두 번째 단식을 한다고 했다.

남편은 단식투쟁을 한 지 보름이 지나도록 중단하지 않았다. 애가 타던 가족들과 원풍조합원들은 기독교회관에 모여 동조 단식농성을 시작했다. 그러나 하루도 지나지 않아 경찰에 의해 강제 해산을 당했다. 단식 중단을 완강히 거부하던 남편을 지학순 주교님이 구치소를 방문하여 설득, 단식 16일 만에 중단시킬 수 있었다.

소 중 한 인 연 에 감 사

1983년 8월 13일, 남편과 구속자 여덟 명 전원이 석방되었다. 그리고 9월말 경 원풍노조와 영등포산업선교회가 갈라서게 되었고, 나는 그 과정을 씁쓸한 마음으로 바라보았다. 남편은 그 이후부터 교회에 나가지 않았다. '헐벗고 병든 자들은 다 내게로 오라'고 말씀하신 예수님이 교회에 없다고 생각하는 것 같았다.

1983년, '원풍노조 9·27사건' 1주년 모임을 우리 집 좁은 거실에서 했다. 1984년, 남편은 70~80년대 민주노동조합 운동을 했던 사람들과 함께 '한국노동자복지협의회'를 창립하여 법외노조 운동을 시작했다. 남편은 1996년부터 10년간 정치인의 길을 걸었다.

2017년 1월 13일, 어머님이 97세의 연세로 돌아가셨다. 슬하에 아들 하나밖에 없으셨던 어머님은 항상 원풍노조 조합원들을 당신 딸들이라며 자랑스러워하고 기도하시며 보고 싶어 하셨다. 하늘나라로 가신 어머님의 영혼이 참 평화를 누리시기를 기도드린다.

긴 시간, 머나 먼 길을 걸어오면서 하늘이 맺어준 모든 인연들에게 감사한다. 모두 평안하시기를……

008

원풍은 나의 고향이다

김 명 자

_____1952년에 태어나 1969년 원풍모방의 전신인 한국모방에 입사했다. 1976년부터 2선 대의원과 노조 조사통계부 차장으로 활동했다. 원풍 재직 중 가톨릭노동청년회 활동도 했다. 80년 12월에 퇴직했다. 노조가 풍전등화와 같은 위기에 결혼하고 퇴사하여 동료들에게 평생 미안한 마음으로 살아왔다.

나는 서울에서 태어나 어려서 춘천으로 이사를 했다. 아버지 고향은 평안남도 신의주다. 아버지와 친척들은 고향과 가까운 곳을 선택하여 춘천이나 영월 등 강원도를 삶의 터전으로 삼으셨다. 아버지는 사업수완이 뛰어나 춘천에서 평양 냉면집을 운영하셨다. 모시옷에 백구두를 신고 다닐 정도로 아버지는 멋쟁이셨다. 엄마는 암으로 내가 8살 때 돌아가셔서 아들 셋에 딸 하나인 집안에서 어머니의 빈자리는 크게 느껴졌다. 어머니들이 하는 집안일은 내가 챙기며 살게 되었다.

어머니가 돌아가신 후 아버지께서 마음을 잡지 못하는 와중에 가세가 기울었다. 춘천에서 초등학교를 졸업하고 온 가족이 서울로 이사를 왔다가 1년 만에 다시 강원도 영월로 이사를 가게 되었다. 나는 시골에서 사는 것이 갑갑했고, 또 돈을 벌어야겠다는 생각에 서울 양평동 이모네 집으로 갔다. 당시 이종사촌 언니가 대한모방을 소개해서 1968년 17살에 대한모방에 입사했다. 대한모방에서는 바쁜 중에도 영등포의 한림학원 중등과정을 공부하러 다녔다.

원풍의 전신 한국모방 입사

1969년 봄에 나는 기능공으로 한국모방에 들어가게 되었다.(한국모방은 1975년 주인이 바뀌면서 원풍모방이 되었다) 나는 원풍에 입사하자마자 바로 기숙사에 들어갔다. 같은 방 식구로 만난 직포과 장복진 언니와 생활하면서 노동조합 이야기를 듣고 관심을 가지게 되었다. 71년 당시 원풍은 어용노동조합이었고, 근로조건이나 임금도 대한모방보다 훨씬 떨어졌다

종교가 없었던 나는 원풍에서 활동하는 가톨릭과 산업선교회 회원들을 보면서 종교에 눈을 뜨게 되었다. 74년부터 신길동에 있는 살레시오 청소년쉼터 수녀원에서 수녀들과 꽃꽂이도 하고 생활에 필요한 일상적인 것들을 배우러 다니면서 교리도 접하게 되었다. 그때부터 자연스럽게 성당에 나가게 되면서 75년에 영세를 받았다. 노동조합에 적극적인 관심을 가지게 된 동기는 당시 부지부장인 박순희 언니가 현장을 순회하면서 한 노동조합의 중요성에 대한 이야기를 듣게 되면서부터였다. 77년부터 원풍노동조합은 안정기에 접어들었다.

나는 가톨릭노동청년회(JOC) 활동을 하면서 가톨릭 신자들이 모인 성우회의 회장이 되었다. 당시 회원들과 성나자로 마을로 야유회도 갔고, 살레시오 사비오를 초청하여 회원들과 포크댄스도 같이 하면서 즐겼던 기억이 있다. 성우회를 재조직, 돈보스코센터에서 JOC를 만드신 요셉 까르딘 신부님을 모시고 회원들과 강의도 듣고, 남부연합회 회원들과 같이 활동을 했다. 원풍은 직포 차윤순, 전방 이무술, 정방 이은숙, 김홍분, 가공 전옥자, 정사는 나, 이렇게 각 부서에서 JOC 회원을 차출하여 '멍석' 팀을 조직, 일주일에 한 번씩 회합을 했다. 그러다가 79년 회원들이 결혼하기 위하여 퇴직하게 되면서 2년 만에 조직이 소멸될 위기에 처하자, 내가 김윤옥의 대모가 되면서 새로운 팀을 만들어주었다.

방 지부장은 1970년대 초 활발하게 활동하던 성우회(가톨릭노동청년회)가 해체된 이유를 "1973년 소위 김낙중 간첩단 사건과 관련하여 성우회 간부 2명이 정보부에 연행되어 조사받은 충격과, 1974년 한국모방 부도 당시 사장이었던 윤원희 씨가 가톨릭 신자들의 모임인 성우회 회원들에게만 특별히 퇴직금을 지급하겠다는 약속을 믿고 사표를 냈기 때문"이라고 말했다.

노조 활동

나는 76년에 대의원이 되어 2선을 하고, 78년에 상집간부가 되어 조사통계부 차장으로 활동했다. 방용석 지부장님은 간부들에게 책을 많이 읽으라면서 『왕 비열전』, 『전봉준』 등 많은 서적을 추천했다. 나는 결혼할 때도 소중하게 생각 하는 책을 챙겨 가장 먼저 책장에 꽂을 정도로 책을 아꼈다.

지부장님은 자주 성경의 창세기에 나오는 소돔과 고모라 이야기를 예를 들어 서 말씀하셨다. 아브라함은 소돔과 고모라성을 멸하려 하는 하느님에게 묻는다. 만일 의인 50명이 소돔에 있어도 멸하시려 하나이까? 아니 10명이라도 있으면…. 소돔과 고모라성에서 하느님은 의인을 찾으셨지만 결국에는 의인이 없어서 멸망 시킨 것이라며, 저 많은 활동가 중에 의인이 50명만 있으면 노동조합을 지킬 수 있다는 취지로 간부들의 정신교육을 했다.

나는 지부장님과 집에 가는 방향이 같아 자주 이야기를 나눌 기회가 있었다. 지부장님에게 당시 간부들만 참여했던 크리스찬아카데미 교육을 가고 싶다고 이 야기해서 77년 3회 때 아카데미 교육을 받을 수 있었다. 4박5일 아카데미 교육을 통하여 전국적 지도자들을 만나게 되면서 나는 한층 더 성장하게 되었다. 대학원 생들 및 각 지역 지부장들이 모여 강의를 듣고 토론을 하면서 '이렇게 공부를 하 면 전국적으로 노동조합이 성장하겠구나'라고 생각했다.

76년에 방 지부장님이 정체불명의 사람들에 의하여 검은 승용차에 실려 갔다 는 소식을 듣고 지부장님이 기관에 연행되었다는 사실을 알게 되었다. 노동조합 에서는 관계기관에 알아보았으나 국가원수 모독 발언으로 조사 중이라는 것만 말할 뿐 어디에서 조사를 받는지조차 알려주지 않았다. 노동조합에서는 상집회 의를 열어 대책을 논의했다. 영장도 없이 연행된 것에 분노하며 이 날부터 매일 철야농성을 했다.

낮에는 종교계, 학계, 노동계, 언론계 인사 등 40여 명을 초청하여 간담회를 개 최했고, 저녁에는 퇴근하는 조합원들이 함께 노조 사무실에 모여 매일 기도회를 열었다. 당시 개신교 신자였던 최양근과 가톨릭 '멍석' 팀의 이은숙이 기도문을 작성하여 지부장님의 석방을 촉구하는 기도를 하면서 조합원들과 함께 공유했 다. 지부장님은 연행 된 지 6일 만에 풀려났다

YWCA 위장결혼식 사건

나는 79년에 YWCA 위장결혼식에 참여했다가 연행되었다. 경찰은 나를 달랑 들어다가 경찰버스에 집어 던졌다. 그리고 어쩔 틈도 없이 남대문경찰서로 연행하였다. 분리해서 조사했기 때문에 같이 연행된 원풍 조합원들은 만날 수가 없었다. 연행된 후 바로 조사를 받는데, 내가 원풍노조의 간부라고 이야기하면 방 지부장님에게 해가 되고 노동조합에 피해가 갈까봐 걱정이 되었다.

마침 그 시기에 명동성당에서 견진성사를 받았던 것이 생각났다. 나는 진술서에 명동성당에서 견진성사 교리를 받고 오는 길에 예식을 한다고 사람들이 모여 있어서 들어가 보았다고 2박3일 동안 한 시간에 한 번씩 쓰는 진술서에 일관되게 기술했다. 나를 담당한 수사관은 자기도 종교를 가지고 있는 사람이라면서 내 말을 믿어주었다. 그렇게 조사를 받고 2박3일 만에 풀려났다.

그날 우리와 함께 연행된 대학생들도 같은 유치장에 있었는데, 그들은 A, B, C급으로 나뉘어 조사를 받았고, "야 이년아, 여기 왜왔어?" 하면서 발길질을 하고 욕도 하는 등 심하게 대했다는 이야기를 들으면서 두려움에 떨었다. 당시 원풍 조합원 중 8명이 구류를 살고 나머지는 훈방되었다. 나는 훈방이 되어 좋았지만, 고문 받고 구류 사는 동료들에 대해서는 미안한 마음이 떠나지 않았다.

1980년 신민당에서 개최한 헌법개정공청회에 참석하였다. 방 지부장님이 발언을 했을 때 방청석에 있던 사람들은 귀를 쫑긋 세우고 들었다. 방 지부장님께서 헌법 개정을 왜 해야 하는지 논리적으로 말씀을 하시자 여기저기서 박수가 터져 나왔다. 나도 방 지부장님의 노동3권 발언에 가슴이 벅찼고 오래 기억에 남았다.

80년 광주민주화운동 피해자를 위해 모금한 것을 트집 잡아 노동계 정화 조치로 방 지부장님하고 박 부지부장님이 수배를 당했다. 노동조합에 출근을 못하는 박순희 부지부장을 총무가 만나고 오라고 했다. 만나는 현장이 들켜 연행될까봐 몰래 접선하듯이 청량리역 근처에서 만나 스쳐 지나가면서 지부장님 잘 계신다는 안부를 전하라는 말을 듣고 헤어졌다.

두 번째는 창신동 순희 언니 이모네 집에서 만나, 언니가 도피해 다니는 이야기를 듣고 원풍노조의 상황을 설명했다. 이때 경찰에 들키지 않고 몰래 만나야 된다는 생각에 가슴이 두근거려 '이게 접선이구나!'라는 생각이 들었다. 많은 인파 속에서 잠깐 이야기하고 노동조합에 전할 이야기를 듣고 돌아오면서 무섭기도

하여 가슴이 콩닥거리고 뛰었다.

눈물의 결혼

나는 80년 12월 17일 결혼을 했다. 당시는 계엄 하에 간부들 48명이 연행되어 조사를 받고 있었고, 현장 분위기도 살벌할 때였다. 결혼 적령기를 넘겨 29살이 되자 집에서는 결혼을 해야 한다고 계속해서 종용했다. 아버지의 성화에 선을 본 사람이 있었는데, 한 달 만에 약혼식을 하고 두 달 만에 결혼 날을 잡아왔다. 나는 그렇게 빨리 진행될 줄 몰랐다. 다른 간부 언니는 지금 결혼할 때가 아니라고 이야기를 했다. 나도 그건 아닌 것 같아서 결혼할 사람을 만나자고 하여 '지금 계엄 하에 노동조합이 어려워서 이 결혼을 할 수가 없다'고 통보했다. 그랬더니 시집에서도, 우리 집에서도 난리가 났다.

아버지는 내가 경찰서에 연행되었던 것에 걱정을 많이 했고, 또한 엄마도 없는데 마음이 아파 딸이 결혼하여 잘 살아야 된다는 생각이 강했다. 나도 경찰서에 연행되었던 것이나 지부장님이 지명수배 받고 피해 다닐 때의 두려운 마음도 있었다. 결혼을 안 하고 수배당한 박순희 언니처럼 일할 것인지 고민을 해봤다. 그러나 나는 약해서 그렇게 하기가 힘들다는 생각이 들었다.

박순희 언니를 찾아가 결혼하자는 사람이 있다고 상의를 했더니 흔쾌히 하라고 했다. 나는 세 번 만나는 과정에서 그 사람이 착하다는 것은 느꼈는데, 연애를 한 것도 아니고 뭐가 뭔지도 모르고 얼떨결에 결혼을 한 것이다. 이번에 결혼하지 않으면 엄마 없는 나를 위해 누가 결혼을 주선해줄까 싶은 생각에 머리가 복잡했다. YWCA 사건으로 연행되어 조사받았던 일 등, 이러다가 큰일이 나지 않을까 하는 염려도 있어서 그렇게 갑자기 결혼을 결정하게 되지 않았는가 하는 생각을 해본다.

80년 12월 17일, 내 결혼식 날에도 간부들은 모두 합수부에 연행되어 있었다. 결혼식을 하는 내내 내 마음도 편하지 않았다. 나는 그 시기에 결혼한 것이 지금도 미안하고 너무 마음이 아프다. 조그마한 힘이라도 보태야 하는데 나약하게 무너진 죄인 같은 마음이 들었다. 그리고 그것이 오랜 기간 상처로 남아 있다. 나는 81년 1월 말에 사표를 냈다.

81년 이무술이 지부장이 되고 나서 나에게 3월 10일의 노동절 때 축사를 하라고 했다. '노동조합은 우리의 힘으로 단결해서 싸워나가야 한다'는 등의 내용으로 축사를 했던 기억이 난다. 82년 9·27 폭력사태가 나고 나서 노조가 파괴되었다는 이야기를 듣고는 전두환의 계엄 하에서도 살아남은 노동조합이 너무나 힘 없이 무너졌다는 생각이 들었다. 방 지부장님이 계셨더라면…, '지부장님의 역할이 적지 않았구나' 하는 생각을 했다.

잊지 못할 원풍

나는 퇴직하고도 37년 동안 원풍을 잊은 적이 없다. 회사에서 해고당하고도 그렇게 오랜 시간에 걸쳐 만나고 사는 조직은 없다. 좋은 인연들이 만나 훌륭한 후배들이 배출되었고 오랫동안 모임도 할 수 있었다고 생각한다. 젊은 날 내 주위에 원풍노조의 훌륭한 선후배들이 없었다면 내가 어떻게 살고 있었을까? 사회를 바로 보고, 바르게 살아야 하는 인성과 정의롭게 사는 삶이라든가, 부당한 억압에도 굴복하지 않고 사는 것을 배우게 된 것은 나에게 있어 정말 큰 축복이라고 생각한다.

결혼생활을 하면서 황금 보기를 돌같이 하고, 남에게 들은 이야기를 함부로 옮기거나 이중적인 말을 안 하고 사는 것은 원풍에서 배웠던 삶이다. 정의구현사제단 김홍진 신부님에게 가정 이야기를 할 기회가 있었는데, 내 인생에서 정의롭고 공정한 사람들을 만났기 때문에 60살이 넘은 지금까지도 그 삶을 이어가고 있다고 말했다. 나는 우리 아이들에게도 원풍노조 이야기를 한다. 그래서인지 사회를 보는 눈이 나와 다르지 않아 아이들도 진보적인 성향으로 성장을 했다.

후배들이 원풍동지회를 이끌어가는 것을 보면서 어떻게 저렇게 단결하여 잘하고 있나 하는 생각을 하면서 '사람들은 아픔을 겪어야 더 끈끈해지는구나' 하는 생각을 했다. 후배들이 9·27 사건 때 함께 4박5일 단식농성을 하면서 아픔을 겪었기 때문에 더 결속력이 강하게 된 것으로 보인다. 더불어 자녀들까지도 모임을 하고 있어서 잘되었다고 생각한다. 나중에 후배들이 명예를 회복했다는 이야기를 듣고, 그동안 받은 고통의 대가만큼은 아니지만, 그래도 어느 정도 보상은 되었다는 점이 감사했다.

젊은 시절 희로애락이 있었던 곳이라서 원풍노조를 떠올리면 눈물부터 난다. 험난한 길을 잘 넘어 왔는데 노조가 어려울 때 결혼을 하고 퇴직을 하여 끝

마무리를 제대로 하지 못한 것 같아 늘 마음이 아프고, 가슴에 돌덩이가 얹혀있는 것처럼 무거웠다. 그동안 못다 한 이야기를 이렇게라도 털어놓게 되어 다행이라고 생각한다. 원풍동지회가 앞으로도 건강한 모임으로 건재하고, 노후에도 더 좋은 모습으로 남아야 하지 않느냐는 생각을 한다. 원풍노조는 나에게 있어서 고향이고 친정이기 때문이다. 고향은 어떠한 상황에 처하든지 언제나 따뜻하게 품어주는 보금자리이다. 원풍노조는 우리 모두에게 그러한 존재라 믿는다.

방 지부장님이 지난번 총회에서 증언록에 참가하지 않으면 후회하게 될 거라는 이야기를 듣고 이 구술작업에 참여해야 되겠다는 생각을 집에 가서 곰곰이 했다. 되돌아보면 크게 이룬 것은 없지만, 원풍에 11여 년을 다니면서 내가 곳곳에 참여한 흔적은 있다는 생각이었다. 노조활동을 통하여 배운 것, 함께한 것을 말하고 싶었다. 구술작업 약속을 잡아놓고 며칠 밤을 설치며 이 생각 저 생각으로 머릿속이 복잡했다. 그러나 지난날을 정리하고 원풍에서의 삶을 되짚어볼 수 있게 되어 정말 좋았다.

009

마라톤 같았던 내 인생

박칠성

―――――1933년, 현재 이북 지역인 강원도 고성군 장전읍에서 태어났다. 한국전쟁의 와중에 인민군 포로가 되었다가 탈출하여 부산으로 왔다. 부산의 조선방직에 근무하다가 1966년 한국모방(원풍모방 전신)에 입사하여 염색과에서 근무했다. 82년 9·27폭력사건 때 강제 해고를 당해 출근 투쟁을 하다가 영등포경찰서에 연행되어 구류10일을 살았다. 2007년, 민주화운동 관련자로 인정받아 명예회복이 되었다.

한국모방에 근무할 때 내 별명은 마라톤 선수였다. 1966년에 입사하면서 시작한 운동장 달리기는 1982년 '9·27폭력사건'이 일어나기 전까지 쉼 없이 달렸다. 운동장을 돌고 또 돌다보면 대충 7~8㎞의 거리를 뛰게 된다. 선수가 될 것도 아니면서 왜 그렇게 무리하게 뛰느냐며 동료들이 만류하곤 했지만 나는 멈추지 않았다. 소낙비가 내리는 날에도, 눈보라가 치는 날에도 뛰고 또 뛰었다. 나는 달리면서 인생을 배웠다. 매일같이 달리던 마라톤은 1982년 9월 27일 폭력사건을 기점으로 멈추고 말았다.

굴곡진 역사를 온몸으로 겪다

나는 1933년, 38선 이북인 강원도 고성군 장전읍에서 태어났다. 일제 식민지와 해방, 그리고 한국전쟁을 온몸으로 겪으면서 살아왔다. 장전읍은 정어리 가공공장이 많은 곳이다. 동해에서 금강산을 가려면 장전항을 이용해야 한다.

어린 시절 풍족하지 못한 집안 형편 때문에 학교를 못 다녔다. 1945년 8월 15일 일제 식민통치로부터 해방된 다음해인 1946년, 나는 열세 살 나이에 장사꾼들 틈에 끼어 남한으로 내려왔다. 한국전쟁 당시는 인민군의 포로가 되었던 적도 있었다. 포로로 전투에 참가할 경우 총알받이로 쓰일 게 뻔하므로 밤에 도망을 나와 목숨을 유지했다.

한국전쟁이 끝나자 부산의 조선방직에 취업하여 몇 년간 일하다가 1966년에 서울로 올라왔다. 그리고 한국모방에 임시공으로 입사하여 염색과에서 근무를 했다. 당시 내 나이 32살이었다.

내가 입사했을 당시 한국모방에는 어용노동조합이 있었다. 노조간부들은 조합원의 권익을 위해 일하기는커녕 조합비를 자신들의 향락을 즐기는 데 쓴다는 소문이 자자했다. 1971년, 야외에서 대의원대회가 열렸다. 당시 노동조합 간부들의 잘못된 행동을 주시하던 남자 대의원 이길우, 김종광, 이덕우 등 7명이 문제제기를 했다. 그런데 회사는 다음날 그 7명을 모두 해고했다.

그들은 회사 사무실 앞 등나무 아래에 모여 부당하게 해고당한 문제를 제기하며 항의했다. 그러나 조합원들 누구도 그들에게 동조하지 않았고 무관심했다. 어쩔 수 없이 그들은 회사를 모두 떠나고 말았다. 목구멍이 포도청이라 회사 눈치만 보면서 해고자들을 모른 척 했던 내 처신이 참 부끄러웠던 기억이다.

그 일이 있고 1년쯤 지난 어느 날, 퇴직한 여성들이 퇴직금을 요구하며 매일같이 회사 정문에 몰려와 항의하는 사태가 벌어졌다. 그들은 경찰에 잡혀가면서도 또 와서 퇴직금을 요구하였다. 그때도 나는 구경꾼 노릇만 했다. 내 발등에 떨어진 문제가 아니라고 강 건너 불구경 하듯 했다. 생각해 보면 참 부끄러운 구경꾼이었고, 용기라고는 손톱만큼도 없었던 것이다.

내 가 본 민 주 노 동 조 합

1972년 8월 9일, 오후 2시에 파업이 일어났다. 바야흐로 박정희 군부독재자가 자신의 권력을 확장하기 위해 '국가보위에관한특별조치법'을 통과시키고 민중들을 탄압하던 엄혹한 시절이었다. 어용노동조합의 부패를 비판하면서 노동조합 정상화를 요구하는 파업이었는데, 밤 10시가 넘도록 계속되었다. 그때에도 남자 조합원은 직포과의 정상범뿐이었고 전부 여성 조합원들만 있었다. 남자 조합원들은 처자식을 먹여 살리기 위해 별도리가 없다는 핑계를 대었다.

그 이후 노동조합은 노동자들이 자주적으로 운영하는 체제로 바뀌었다. 그러나 회사의 탄압은 극심했으며, 노동조합의 지동진 지부장과 새 집행부 간부들은 강력하게 저항을 했다. 노조간부들의 탄압사건으로 잔업을 거부하는 사태가 벌어졌고, 여성 조합원들은 명동성당에 가서 농성을 하였다. 그 사건으로 노조간부 방용석, 정상범 씨가 구속되었고, 다른 간부들은 해고당했다.

그런데 놀랍게도 얼마 지나지 않았는데, 구속된 방용석 교선부장과 정상범이 석방되어 현장을 누비고 다니지 않는가. 도대체 뭔가 세상이 달라진 것인가? 어떻게 저런 일이 가능한 건지 궁금했다. 그러나 회사 눈치를 보며 파업과 농성에 모른 체했던 남자 조합원들은 그 사건의 내막을 잘 몰랐다.

분명한 사실은 노동조합 정상화투쟁에서 회사는 패했고 노동조합은 승리를 거둔 것이었다. 해고된 노조간부들이 대부분 복직을 한 것은 당연한 결과였다. 그 다음해인 1973년의 노동절은 노동조합 주관으로 진행되었다. 그 이전 어용노동조합 때는 노동절 행사까지도 회사가 주도하여 진행했으니, 엄청나게 큰 변화가 아닐 수 없었다.

1973년 6월 2일, 회사가 부도났다. 사장은 줄행랑을 치고, 임원들은 잠적하고, 빚쟁이들만 회사 정문에 몰려와 북적대고 있었다. 그해 5월에는 임금도 받지 못했는데 식당에 쌀까지 떨어져 기숙사생들이 밥도 먹지 못할 지경이 되었다. 노조 집행부는 수습대책위원회를 구성하여 회사 운영을 인수받아 재건에 나섰다.

회사 정문에 남자 조합원들을 배치하여 몰려오는 빚쟁이들을 막았다. 처음으로 남자들이 노조의 지시에 따라 움직이기 시작한 것이다. 이 역시 목구멍이 포도청이었기에 나선 것에 불과했지만 말이다. 수습대책위원회는 노사공동경영을 시작하여 1974년 9월까지 운영하였다.

당시 노사공동경영체제를 채택하면서 노조 대표로 지동진 지부장이 전무로 자리를 옮기었고, 방용석 교선부장이 노조 지부장이 되었다. 방용석 지부장은 회사 측 간부인 전무와 함께 주거래은행과 싸워 원풍산업이 부도난 회사를 인수받게 하였다. 또 방 지부장은 고용승계 등 조합원들에게 유리한 조건을 확보하였다.

이것은 기적이라고 할 수 있다. 왜냐하면 부도난 회사를 노조가 운영하다가 다른 사업주에게 넘겼는데, 그 상태에서 조합원들의 고용승계는 물론 여타 노동조건을 향상시켰기 때문이다. 부양가족이 있던 남성 조합원들은 그 사건 이후 노동조합에 대한 신뢰가 높아지지 않았나 싶다.

1980년 광주민주항쟁과 노동조합의 위기

1980년은 암울한 해였다. 1979년 10·26사건으로 18년간 독재정치를 했던 박정희가 죽었으니 민주주의가 실현되려나, 기대를 했던 날도 있었다. 그러나 그해 5월 광주 금남로를 핏빛으로 물들인 전두환 신군부는 계엄령을 확대하여 원풍노동조합과 여타 민주노동조합들을 탄압하였다.

원풍노조에서는 방용석 지부장과 박순희 부지부장을 광주민주항쟁에 얽어매 '김대중 내란음모사건' 관련자로 몰아 수배령을 내렸다. 그리고 연이어 노조간부들을 계엄사 합동수사본부로 연행하여 감금하였다. 계엄 군인들은 남성간부 4명을 해고하여 삼청교육대로 순화교육을 보냈고, 여성간부들도 해고하여 강제귀향조치를 했다. 광주민주항쟁이 일어나던 그때 나는 이런 시를 써 보았다.

남녘에서 불어오는 바람은
처참한 아우성을 싣고
내 귀 고막을 흔드는 구나
남녘에서 불어오는 바람은
피비린내를 싣고서
내 코의 점막을 진동시키는구나

노동조합에 위기가 닥치자 남성 조합원들은 또 태도가 변하기 시작했다. 회사 측 간부들이 남성 조합원들을 포섭하여 노조 조직을 흔들기 시작했다. 총무과 남자 사원들은 물론 생산부 사원들, 그리고 각 현장의 담임들이 노동조합에 대해 공격적으로 변해가기 시작했다. 그때 염색과 상집간부였던 박명신 동료가 나에게 와 '형님이 노조에 힘을 실어주어야 한다'면서 남자들의 온당치 못한 분위기를 설명해 주었다.

자주적이며 민주적으로 강력한 조직력을 자랑했던 원풍노동조합이었다. 박정희 유신체제에서도 끔쩍하지 않았던 그 원풍모방노동조합이 마침내 전두환 신군부에게 깃발이 꺾이고 말았다.

1982년 10월 7일, 원풍노동조합 폭력사태를 규탄하는 기도회가 있었다. 장소는 영등포산업선교회 강당이었는데, 그날 그곳을 경찰이 포위하여 봉쇄했다. 영등포로타리부터 아예 진입이 차단되었다. 그 집회에는 노동자들뿐만 아니라 민주연대투쟁을 하겠다는 학생들도 많았다. 집회장소가 경찰에게 봉쇄되자 영등포 시내 곳곳에서 산발적으로 시위가 벌어졌다.

"노동조합 탄압을 중지하여라."
"구속간부 석방하고 폭력배를 처벌하라."
"양정모는 물러가고 정상가동 실시하라."

나는 구호를 외치며 동료들과 영등포시장 근처에서 시위를 하다가 영등포경찰서로 연행되었다. 그때 수십 명의 학생들도 연행되었는데, 많은 학생들이 구류처분을 받았고, 여현호(현 청와대국정홍보비서관) 등 학생 4명이 구속되었다.

구 류 살 고 나 오 니 해 고

나는 원풍노조 여성 조합원들과 함께 10일간 구류처분을 받고 유치장에 구금되었다. 회사는 시위를 하다가 구류를 살고 나온 나를 그냥 놔둘 리가 없었다. 구류를 살면서 짐작했던 대로 해고되었다. 구사대는 자신들과 함께 노동조합을 파괴하는 데 동참하지 않은 것만으로도 나를 해고 대상으로 찍어놓았을 것이다.

나는 10여 일간 유치장에 갇혀 있으면서 이런저런 생각을 했다. 아무리 처자식을 먹여 살려야 하는 가장이고, 목구멍이 포도청이라 해도 불의의 폭력에게 무조건 복종하는 각서를 쓸 수 있단 말인가. 더군다나 조합원들의 권익을 위해 싸워주던 노동조합과 동료들을 어떻게 배신할 수 있단 말인가. 이러한 생각을 갖고 있었던 것은 나만이 아니었다. 뜻을 같이한 남성 조합원들이 14명이었다.

원풍모방에 다녔다는 이유로 다른 곳에는 취직을 할 수가 없었다. 대다수 해고된 동료들은 막노동판에서 일을 했고, 중동 건설현장으로 떠나기도 했다. 지물포, 호프가게를 운영했던 동료들도 있었지만, 생활에 어려움을 겪는 것은 마찬가지였다.

그러던 중 원풍신용협동조합의 이사장이었던 이제호 씨가 간암으로 세상을 떠났다. 염색과에서 함께 근무했던 박명신 상집간부도 폐암으로 유명을 달리했다. 이제호 씨는 1982년 9·27폭력사건 당시 노동조합의 부조합장을 겸직하였는데, 4박5일 단식농성을 하면서 건강이 많이 악화되었고, 불구속을 당해 재판을 받는 고초를 겪었다. 박명신 동료도 그 사건으로 29일간 구금되는 고생을 했다. 두 동료의 생전 모습이 눈에 선하다. 생사고락을 함께 나누었던 소중한 인연들이었는데, 유명을 달리하여 너무 애처롭다. 그리운 마음에 두 분을 잊을 수가 없다.

민 주 화 운 동 가 로   명 예 회 복 이   되 다

2007년, 나는 민주화운동 관련자로 명예회복 인증서를 받았다. 생활지원금도 함께 받았다. 오래 살다보니 이토록 기쁜 날도 있구나, 하는 생각으로 가슴이 메어지는 듯했다. 지난 25년간 겪었던 시련들이 영화 필름처럼 눈앞에 스쳐갔다. 이 벅찬 기쁨을 술이라도 한 잔 마시며 즐거야겠다는 생각을 하면서 잠을 설쳤다.

원풍모방은 국제그룹이 망하면서 우성모직으로 넘어갔고, 충북 청주로 이전했다. 9·27 당시 구사대의 앞잡이 노릇을 하던 양병욱, 김덕수, 김준호, 박영수, 김성우 등이 지금 우리들이 국가로부터 명예회복이 되었고, 거기다가 보상금까지 받았다는 소식을 듣는다면 과연 기분이 어떨까 하는 생각이 들었다.

민주화운동 관련자 인증서는 '뿌린 대로 거둔다'는 속담을 나의 생애에서 실감할 수 있게 해주었다. 더할 나위 없이 자랑스러운 나의 삶의 증표이다. 지난 수십 년간 사회로부터 받았던 냉대와 고단했던 삶이 한 순간에 다 날아가 버린 듯하였다. 미약하나마 정의의 편에 서서 살아온 인생살이 덕분에 삶의 보람을 찾아 너무 행복하다.

2019년, 내 나이 86세가 되었다. 원풍모방 운동장에서 마라톤으로 단련시켰던 건강도 전과 같지 않다. 앳되었던 원풍동지들의 머리에도 서릿발이 늘어나는 것을 보면서 옛 추억에 잠긴다. 나는 오늘도 원풍노동조합원의 한 사람으로서 소중한 추억을 증언하고 있다.

우리들의 기억을 채록하여 역사서로 만들려는 동지들이 고맙고 뿌듯하다. 역시 우리들의 자랑, 원풍노동조합이다. 우리 역사의 한 시대에 주인의식을 갖고 살아왔다는 자부심에 감사의 기도를 드린다.

010

작은 행복에 감사하며

김숙자 전방C

_____1955년, 충남 아산에서 태어났다. 1972년 한국모방(원풍모방 전신)에 입사하였다. 1982년 기숙사 자치회 회장과 노조 대의원으로 활동하다가 82년 9·27폭력사건으로 인한 출근투쟁 때 연행되어 구속되었다가 83년 8월에 석방되었다. 2007년에 '민주화운동 관련자 명예회복 및 보상 등에 관한 법률'에 의하여 민주화운동가로 명예회복이 되었다.

나는 1955년 충남 예산군 삽교면 신구리에서 1남4녀 중 장녀로 태어났다. 부모님은 농부였지만 집안 형편이 그리 가난하지는 않았다. 하지만 부모님은 중학교 진학을 원했던 나를 여자는 시집이나 잘 가면 된다면서 동생들이나 잘 돌보고 살림이나 배우라고 하셨다. 1960년대만 해도 아들은 교육을 많이 받게 하여 집안을 일으킬 대들보라고 하였고, 딸은 다소곳하게 자라 시집이나 좋은 데 가면 된다고 했다.

부모님의 요구를 뿌리치고 장항에서 교회를 인도하던 이모를 찾아갔다. 목사이신 이모부에게 기대어 중학교에 다닐 생각이었다. 그렇게 중학교는 어렵사리 졸업은 했지만, 고등학교까지는 염치가 없어서 더 기댈 수가 없었다. 좋은 방법이 없을까 궁리를 하던 차에 서울에서 한국모방(원풍모방 전신)에 근무하던 친척 언니가 취직을 시켜주겠다는 연락이 왔다.

1972년 4월, 그 언니의 소개로 한국모방에 입사했다. 출근 첫날 회사 간부로 보이는 사람이 "야, 너는 아직 솜털이 뽀송뽀송해서 집에 가서 엄마 젖을 더 먹고 와야 현장에서 일할 것 같다"라며 놀렸던 기억이 난다. 방적과 전방 작업장은 상상했던 것보다 굉장히 넓고 기계가 많이 있었다. 기계가 크고 돌아가는 소리까지 요란하여 귀청이 먹먹해져서 도무지 정신을 차릴 수가 없을 지경이었다. 이런 작업장에서 어떻게 일을 할 수 있을까, 걱정이 되기도 했다. 다행히 주산 3급자격증이 있었던 나에게 현장에서 생산량을 기록하는 업무가 맡겨졌다.

일을 익히며 노조를 배우며

입사한 지 몇 개월 지나던 어느 날이었다. 전방의 선임자 언니가 쪽지를 주면서 정방 어느 언니에게 은밀하게 전해주라고 하였다. 그 심부름을 몇 번 했는데, 나중에 알고 보니 한국모방노동조합이 민주노동조합으로 변화하기 위한 정상화 투쟁에 관한 일이었다. 어린 나이였고 노동조합이 무엇인지도 전혀 모를 때였기 때문에 선배 언니들이 옳다고 하는 일이면 그냥 따라다녔다.

나는 기독교 집안에서 자라 그 신앙이 내 삶의 전부라고 생각했었기에 노조 활동보다는 교회 활동에 더 치우쳤다. 애당초 서울 가서 취직하여 돈을 벌면 고등학교에 진학을 하겠다는 다짐도 서서히 시들해졌고, 교회에서 주일학교 봉사에만 거의 전념하며 살았다.

1973년, 회사가 부도가 났다. 월급이 제 날짜에 나오지 않았기에 불안했지만, 노조가 나서서 회사 경영을 했으므로 잘 되겠지, 하는 마음으로 다녔다. 1974년, 원풍산업에서 회사를 인수하면서 그동안 근무했던 기간에 대해 퇴직금을 받았다. 그 퇴직금 오천 원으로 부모님께 소 한 마리를 사서 드렸다.

부도난 공장을 노조가 운영하다가 원풍모방에서 인수하여 다행이었지만, 그 뒤 노동조합에 크고 작은 시련이 닥쳤다. 1975년 3월이었다. 방용석 지부장님이 갑자기 구속되었다. 조합원들은 대림동 공장에서부터 고척동 구치소까지 2시간을 걸어서 면회 요구를 하며 시위를 벌였다. 1976년에는 방 지부장님이 국가원수 모독죄로 대공분실에 연행되어 조합원들이 밤낮으로 6일간 농성하여 석방되는 사건도 있었다.

조합원들은 일치단결하여 이런저런 숱한 시련을 다 이겨내면서 회사 측과 대등한 관계가 되었다. 임금인상이나 단체협약 개정을 위한 노사교섭을 할 경우 회사 측이 노조의 힘에 밀려 우리의 요구가 관철될 때는 그지없이 통쾌했다. 당시는 박정희 독재정권이 유신헌법으로 노동자들을 극심하게 억압하던 시절이었지만, 원풍의 우리들은 단결된 노조의 힘에 의하여 상대적으로 자율성을 보장받았다고 할 수 있다.

박정희 정권은 유신과 긴급조치에 반대하는 국민들의 투쟁열기가 점점 고조되어가자 강경책을 썼지만, 박정희는 1979년 10월 26일 심복이었던 김재규 중앙정보부장에게 총격을 당하는 불운을 맞았다. 노동자를 억압하던 독재자가 무너지자, 동료들의 표정은 밝아졌고, 노조 사무실에는 많은 조합원들이 북적거렸다. 나도 그때부터 노조 사무실에 자주 들락거리기 시작했는데, 그 동안 노조활동에 무관심한 것이 내심 부끄러웠다.

분 노

1980년 봄, 유신독재가 무너지고 온 국민이 민주주의가 오리라 기대했다. 하지만 전두환 신군부는 계엄령을 확대하여 권력을 장악하고는 민주화 세력을 짓밟고 광주를 피로 물들였다. 광주희생자 돕기 모금운동을 했다는 이유로 노조에 불길한 일들이 벌어졌다. 방용석 지부장님과 박순희 부지부상님이 정화 해고를 당한 것이다.

계엄령이 해제되면 모든 일이 풀리겠지 하며 기다렸던 기대는 그해 12월이 되면서 더욱 악화되었다. 노조 상집간부 전원과 대의원 등 48명이 합동수사본부에 연행되어 14명이 강제로 해고되었다. 그 중 남자 간부 4명은 삼청교육대로 끌려갔는데, 이규현 씨는 나와 함께 근무하던 전방 C반 현장 책임자였으며 우리 부서를 대표하는 상집간부였다.

그 소식을 들은 나는 가슴이 철렁했다. 삼청교육대는 주로 깡패들만 끌고 가는 곳으로, 폭력이 난무하여 성한 몸으로 돌아오는 사람이 없다는 소문이 돌았기에 더욱 긴장했다. 작업장에 출근하면 이규현 간부가 쓰던 책상과 손때 묻은 업무일지를 바라보는 것만으로도 가슴이 아리고 분노가 치밀었다. 여성 간부들은 계엄군의 감시를 받으며 기숙사에서 옷 보따리를 싸들고 고향으로 끌려갔다.

그런 상황을 속수무책으로 바라만 보아야 하는 남겨진 사람들은 슬픔과 분노로 뒤범벅이 되었지만, 붙잡을 수도 항변도 하지 못한 채 부들부들 떨고만 있어야 했다. 1981년 새해가 되었지만, 희망의 근거는 어디에서도 찾을 수 없었다. 삼청교육대로 끌려간 남성 간부들이 어떤 고초를 당하고 있는지 알 길이 없었고, 고향으로 끌려간 여성 간부들도 가끔 소식을 들을 뿐이었다.

노조는 이무술 씨를 조합장으로 선출하여 집행부를 구성했다. 노조 사무실은 다시 일어서야 한다며 찾아오는 조합원들로 북적거렸다. 그러나 전두환 신군부를 뒤에 업은 회사 측은 노조의 힘이 약화된 때를 놓치지 않았다. 작업장 반장이었던 나는 작업지시만큼은 회사 측으로부터 통보를 받았다. 그런데 난데없이 교양교육에 보낼 사람을 선별하여 보내라는 통보가 오는가 하면, 새마을교육이니 TQC(품질관리) 교육에 참여시키라는 등의 통보를 보내왔다. 이른바 정신교육을 하여 노조의 조직력을 무력화시켜보겠다는 속셈이었다.

하지만 우리라고 회사 측이 통보한 대로 고분고분 따르겠는가. 현장 활동가들과 상의하여 의식이 잘 무장된 조합원을 추천하여 교육장에 보냈다. 이런 일은 우리 부서뿐만 아니라 노동조합에서 으레 하던 작전이었다. 결국 회사 측은 교육에 참여한 노동자들이 자기들의 의도대로 따라주지 않자 모든 정신교육을 중단했다.

마지막 대의원

1982년, 나는 기숙사자치회 회장과 노조 대의원으로 선출되어 뒤늦게 활동을 하게 되었다. 거기다가 조합원들의 복지사업으로 노조에서 운영하는 신용협동조합 이사까지 맡게 되었다. 지난 수년 동안 게으름을 피웠던 것에 벌이라도 받는 듯이 한꺼번에 여러 책임이 주어졌다. 벅차기는 했지만, 하나님이 나에게 주신 사명일 거라는 생각이 들었다. 또 많은 사람이 노력하여 지금까지 노조를 잘 이끌어왔는데 이제라도 내가 할 수 있는 몫이 있다면 열심히 해야 한다는 생각도 들었다. 여하튼 최선을 다해보자며 각오를 단단히 다지고 활동했다.

1982년, 대의원들은 회사 측의 반노동자적 작태에 더는 밀려서는 안 된다고 다짐하고 결의했다. 그런데 정기 대의원대회 때 이상한 기류가 감돌았다. 이무술 조합장이 노조활동에 소극적이었던 장×× 조합원을 노조 총무로 추천하였다. 대의원들은 그 인선안을 부결시키고 적극적으로 활동을 하던 이옥순 조합원을 총무로 선출하였다.

이 사건을 빌미로 이무술 조합장은 자신이 불신임을 받은 것이라며 조합장직을 사퇴하였다. 조합장이 일방적으로 사퇴하자 결국 조직 내에 잠재해 있던 갈등이 표면으로 드러나게 되었다. 집행부는 정선순 부조합장을 조합장직무대리로 세워 3월 10일 노동절 대회를 치러야 했다.

회사 측은 끊임없이 노조를 파괴하려는 음모를 꾸몄다. 작업량을 외부로 빼돌려 현장 기계의 반이 솜먼지가 쌓인 채 흉물처럼 멈추었다. 조합원들과 노조와의 갈등을 촉발하기 위하여 의도적으로 부실경영을 한 것이었다. 일부 조합원들은 이러다가 회사가 문을 닫는 것이 아닐까 불안해했다. 특히 남자 조합원들이 더욱 그런 경향이 심했다. 결국 기업주의 잔꾀에 넘어가 남자 조합원들 중 일부가 구사대의 앞잡이가 되어 노조파괴에 앞장섰다.

마지막 십자가 9·27

마침내 구사대는 1982년 9월 27일, 자기들 삶의 터전이었던 노조 사무실을 폭력으로 때려 부수었고, 미친 듯이 날뛰며 동료들을 거리로 내몰았다. 민주노조가 세워진 지 10년 만에 국가폭력에 의해 그 자랑스러운 깃발이 꺾인 것이다. 하지만 이대로 물러설 수는 없었다. 1982년 10월 13일, 나는 출근투쟁을 하다가 200여 명의 조합원들과 함께 남부경찰서에 연행되었다.

경찰서 강당에 수용당한 우리는 악을 쓰며 투쟁가를 불렀다. 경찰들이 엄하게 벌하겠다고 으름장을 치자 누구라고 할 것 없이 애국가를 목이 터져라 부르고 또 불렀다. 가슴에 복받치는 억울함에 눈물이 하염없이 흘러나왔다. 개별적으로 조사를 한 다음 일부를 분리하여 조사했다. 출근투쟁 집회를 주도한 사람이 누구냐고 다그쳤다.

그들은 수배된 상집간부들의 행방을 찾는 데 혈안이 되어 있었다. 차라리 내가 주도했다고 하여 조사를 일단락짓는 것이 다른 동료들의 희생을 막는 길이고, 상집간부들이 투쟁을 더 잘하게 하여 노조를 되찾을 수 있는 게 아닐까, 하는 생각이 들었다. 그런 각오를 다진 다음, 조사를 받을 때 형사에게 내가 출근투쟁을 주도한 사람이니 나만 처벌하고 모두 석방하라며 대들 듯이 진술했다.

하룻밤을 꼬박 새워 조사를 마친 담당 형사는 김숙자와 차언년은 구속 조치되었다고 말했다. 그 말을 듣고 담담해지려고 애를 썼지만, 나이 어린 차언년까지 구속되었다는 말에 너무 당황스러웠다. 언년이에게 미안해서 할 말을 잊고 말았다.

최후 진술

11월, 방 지부장님과 간부들도 구속되어 내가 있는 고척동 구치소로 들어왔다. 나는 옥살이를 하면서 감옥에서 오다가다 동료들과 마주치는 것이 두려웠다. 그들의 모습에서 내 모습을 보게 되고, 그 순간 온 힘을 다해 버티고 있는 나 자신이 무너질 것 같은 두려움 때문이었다. 그러한 두려움을 숨기려고 동료 수감자들을 만나면 냉랭하게 또는 새침하게 외면하면서 의연한 척했다.

고척동 구치소에서 감옥살이를 하던 때를 떠올리면 가슴이 먹먹해진다. 갇혀있는 몸이 고달파서가 아니다. 사법부가 독재권력의 꼭두각시가 되어 강한 자의 편을 들어 자신들의 기득권을 유지하려는 야만적인 세상이 한탄스럽고 슬펐다. 죄없이 죄수복을 입고 재판장에 서있는 동료들의 모습이 너무 안쓰러웠고, 우리들의 얼굴을 보기 위해 법정을 가득 메웠던 해고 동지들이 안타까워 차마 눈을 마주칠 수가 없었다.

재판을 받을 때, 언년이는 나이도 어린 것이 어쩜 그리도 야무지게 최후진술을 잘하는지 감탄스러웠다. 하지만 나는 할 말이 없었다. 아니 할 말이 없는 것이 아니라 하고 싶지 않았다. 그저 "우리가 마지막 십자가를 지고 갈 터이니 다시는 이 땅에서 우리와 같이 또다시 억울하게 고통을 당하는 노동자들이 없기를 바라는 심정이 간절할 뿐이다"라고 짤막하게 최후진술을 마쳤다.

1983년 8월에 우리들은 감옥을 나왔다. 그러나 몸은 자유로워졌지만, 생계는 다급했다. 해고자에 전과자라는 블랙리스트가 덧씌워져 취업의 길은 아득하기만 했다. 10여 년이 넘는 타향살이에 고달픔이 몰려왔고, 모든 것을 잊고 그저 고요히 쉬고 싶었다. 그래서 선택한 것이 결혼이었다. 외삼촌의 성화에 못 이겨 중매 결혼을 했다.

무속을 믿던 시어머니와 기독교 신앙이었던 나와는 신혼 때부터 종교적 갈등이 빚어졌고, 따라서 결혼 생활도 고통스러웠다. 시어머니는 나를 감시하던 경찰로부터 노동운동을 하다가 감옥에 갔다는 사실을 알게 되었고, 그 이후 '빨갱이 년이 들어와서 집안이 망하게 되었다'며 언어폭력을 서슴없이 퍼부었다. 참고 살아보려고 무진 애를 썼지만, 정신적으로 피폐해진 나는 더는 견딜 수가 없어 결국 이혼했다.

작은 행복을 찾으며

2007년 나는 정부에 의해 민주화운동 관련자로 인정이 되어 명예회복이 되었다. 명예회복 인증서는 지난 세월 내 가슴에 못질을 해왔던 불순한 자, 빨갱이년, 집시법위반 등의 온갖 굴레를 벗어나게 해주었다. 그러나 주홍글씨가 떼어졌지만, 가슴 속에 멍울진 상처까지 위로가 되는 것은 아니었다. 동료들이 인증서를 받고 자녀와 가족들에게 보여주고 격려를 받았다는 이야기를 들으면 부러웠다.

지금 내 나이 60대 중반이다. 내 삶을 돌아보니 눈물이 자꾸 흐른다. 그렇다고 불행하다고는 생각하지 않는다. 누가 뭐래도 나는 순간순간을 나름대로 최선을 다해서 살아왔다. 정신적으로 많이 피폐할 때 현재의 남편을 만났다. 넉넉한 생활은 아니지만, 마음이 편한 것으로 위안을 받는다. 지나온 내 삶의 자취를 알고 이해해주는 사람이다. '멀리 가려거든 함께 가라'는 말을 거울삼아 서두르지 않는다. 느닷없는 행운을 바라기보다는 일상에서 작은 행복을 찾으려고 애쓴다.

올해도 원풍동지회는 '원풍노조 9·27' 모임을 할 것이다. 그때 서울에 가서 친구들을 만나 수다를 떨어야겠다. 원풍동지들을 만나면 사는 즐거움이 느껴진다.

011

원풍은 내 인생의 절반

김중순

_____1956년 충남 대전에서 태어나. 1972년 원풍모방의 전신인 한국모방에 입사했다. '무궁화' 소그룹과 기숙사 부회장으로 활동했다. 82년 9·27사건으로 해고를 당하고 10월 13일 출근투쟁을 하다가 남부경찰서로 연행되어 구류 10일을 살았다. 정부에 의해 민주화운동 관련자로 명예회복이 되었다.

　나의 고향은 충남 대전이다. 나는 가정형편이 어려워 초등학교를 졸업하고는 바로 서울로 올라와 남의 집에서 집안일을 하는 것으로 서울 생활을 시작했다. 그렇게 몇 년을 지내다가 대림동에서 삼촌이 자취를 하는 방에 같이 살면서 삼촌이 다니던 한영합판 공장에 취직했다. 그런데 방도 좁은 데다 삼촌이랑 한 방에서 지내는 것이 너무 불편하기도 해서, 같은 공장에 다니는 친구들 2명과 겨우 잠만 잘 수 있는 조그마한 하꼬방을 얻어 자취를 시작했다.

　셋이서 시작한 자취생활은 겨우 잠자는 것과 끼니를 때우는 것이 가능한 기초적인 수준이었다. 월급도 적고 반찬을 제대로 해먹을 형편이 안 되어서 밥에다 간장 하나 놓고 먹기가 일쑤였고, 점심시간에는 집에 가서 소금으로 간만 맞춘 수제비를 끓여 먹으면서 서울 생활을 이어가고 있었다. 그러던 중 인천 사는 친구가 한국모방에 들어갔다고 연락을 해왔다.(한국모방은 원풍모방의 전신이다)

한국모방 입사

나는 72년에 시험을 보고 한국모방에 입사했다. 내가 한국모방에 입사하려고 했던 가장 큰 이유는 거기에는 기숙사가 있어서 좀 더 편하게 생활할 수 있는 공간이 생긴다는 것이었다. 회사에 입사하자마자 기숙사에 들어갔는데, 기숙사는 내가 자취하던 방과는 비교할 수 없이 좋았다.

나는 정사과에 배정을 받았는데, 내가 입사할 때는 인원이 부족했던지 첫 출근부터 청소하는 과정을 거치지 않고 바로 기계에 투입되어 일을 했다. 이렇게 몇 개월을 근무하다가, 같이 일하는 친구가 퇴직했다가 다시 기능공으로 입사하면 임금을 더 받을 수 있다고 해서 사표를 내고 동광모방에 1년 있다가 재입사를 했더니, 정말로 월급을 조금 더 올려서 받을 수 있었다.

나는 놀러 다니는 것을 좋아해서 옷 사 입고 모양내느라 월급의 대부분을 지출했다. 그리고 친구들과 기숙사 옥상에 가서 노래 부르며 놀곤 했는데, 그렇게 생활하는 것에 정말 만족했다. 그러면서도 6남매의 맏딸이라서 월급 타서 친구들과 계를 하면서 조금씩 돈을 모아 엄마의 전세금 50만 원을 챙겨드렸다.

나는 몸이 약했다. 낮에 잠을 안자고 놀다가 야간에 출근하면 졸려서 너무 힘들었다. 오후 2시 퇴근반에는 나이트클럽에서 놀다가 기숙사 10시 통금시간에 쫓기기 일쑤라 늘 불만이었다. 외출금지를 당하지 않으려면 늘 뛰어야 했으니 말이다. 지금 생각해보면 어떻게 그 생활을 계속했는지 모르겠다.

76년, 건강검진에서 폐결핵이라는 진단을 받았다. 몸이 약해 면역성이 떨어지면서 결핵이 생겨난 것이다. 폐결핵은 전염이 될 수 있어서 기숙사를 나와야 하는데 그럴 형편이 안되었다. 한 방에서 생활하는 직포과 조영림에게만 이야기하고, 다른 사람들에게 전염되지 않도록 조심해서 살겠다는 각오로 밥 먹기 싫어도 약 먹어야 된다는 생각으로 밥도 열심히 챙겨 먹고, 1년 동안 약을 먹고 난 후 검사를 해보니 완치가 되었다. 몸도 약한데 일하는 현장이 먼지가 많았고, 또한 아버지가 폐결핵을 앓아 가족력이 있었던 것도 원인이었던 것 같다.

'무궁화'팀

나는 산업선교회에도 나가고, '무궁화' 소그룹도 만들어서 활동했다. 소모임하는 친구들과 산업선교회에서 명 선생에게 여성의 청결에 관하여 교육을 받았던 것이 기억에 남는다. 그리고 산업선교회 조지송 목사님과 수유리 4·19탑에 가서 우리나라의 민주화를 위하여 어린 학생들이 얼마나 많이 희생을 했는지를 알게 되면서 숙연한 마음이 들었다.

노동운동에 관해서도 드러나게 뭘 하지는 않았지만, 조금씩 공부를 하면서 진일보해가고 있었다. 당시 노동조합에 가면 정말 많은 책이 있었는데, 읽은 책 중에서 생각나는 것은 『여명의 눈동자』였다. 정말 깊은 감명을 받았고, 나중에 드라마로 제작되어 방영되었는데도 책의 깊이와는 견줄 수가 없다.

나는 김세환의 노래를 좋아했다. 7080노래 콘서트를 보러 경복궁 옆에 있는 소극장에도 다니고, 세종문화회관에서 연극 〈바람과 함께 사라지다〉도 봤던 기억이 난다. 영등포의 금마차, 신촌의 노고산, 청량리의 맘모스 나이트가 유명했는데, 나를 비롯해서 좀 논다는 친구들은 모두 그곳을 드나들었다.

80년, 기숙사 임원이 되어 황선금, 양분옥과 같이 부회장을 맡아서 일했다. 불우이웃돕기 바자회를 할 때 기숙사생들이 출품한 작품으로 전시를 하고 외부 인사들로부터도 물품을 기증받아 판 돈으로 어려운 노동자들에게 도움을 주었다. 이때 나도 뜨개질로 파란색 장미 쿠션을 만들어 작품으로 냈던 기억이 난다.

조 합 원 들 과   함 께

82년 9·27 농성 때 나 혼자였다면 버티기 어려웠을 테지만, 600여 명이 같이 농성을 하게 되어 불안하지는 않았다. 조합원들이 단결해서 움직이면 된다고 생각했다. 불법투쟁의 명분을 주지 않기 위해 이틀은 단식하면서 출근을 했고, 나중에 추석휴무 앞두고 완전 단식을 하면서 농성할 때에는 토할 것 같고 어지러워 내가 나를 안정시켜야 될 것 같다는 생각이 들었다. 농성하는 사람들의 외곽에 있으면 구사대에게 끌려갈 것 같아 가운데에 들어가서 누웠다.

폭력배들이 똥물을 뿌린다면서 지붕 위에 올라가 위협을 가하고, 농성장에 진입하여 조합원들을 마구잡이로 끌고 나갈 때는 두려웠지만, 그래도 나 혼자가 아니었기 때문에 크게 불안하지는 않았다. 정 조합장이 감금되고, 이옥순 총무, 박순애 부조합장이 끌려 나가는 상황에서 양승화 부조합장이 농성장을 이끌었다. 우리 반에서는 혜영이가 활동을 많이 했는데, 나도 언니로서 같이 해야 된다는 생각이 들었다. 나는 몸이 약해 너무 배가 고프기는 했지만, 밖으로 나가야겠다는 생각은 안 했다. 끝까지 조합원들과 함께해야 한다는 생각으로 농성에 임했다.

9월 30일 마지막 날, 농성하던 조합원들이 운동장까지 뛰어나와 '사람 살리라!'고 소리를 질렀다. 새벽녘까지 농성하던 조합원들이 모두 끌려 나오는 등 혼란스러운 가운데 나는 기숙사에 올라갔다. 4박5일간 먹지 못해서인지 변비가 너무 심해서 화장실에 몇 시간을 앉아 있었다. 겨우 씻고 옷을 챙겨 입었지만, 10월 1일이 추석인데 시골집으로 갈 수가 없었다. 그래서 원풍을 같이 다니고 있는 최재선의 회사 근처 어머니 댁으로 갔다. 방 한 칸에 엄마와 남동생이 같이 살았는데, 당장 오갈 데가 없어서 거기에 있으면서 노동조합의 연락을 받았다.

구 류 생 활

10월 13일, 출근투쟁을 한다는 연락을 받고 대림파출소 앞으로 모이라고 해서 파출소 앞에서 만났다. 머리띠를 하고 조합원들과 같이 도로를 건너다가 남부경찰서로 197명이 연행되어 밤새도록 조사를 받고 진술서를 썼다. 나는 잘못이 없다, 내 권리를 찾는데 그게 뭐가 잘못이냐고 진술서를 썼더니, 계속해서 다시 쓰라고 하면서 겁을 주었다.

나는 즉결재판에 넘겨져 12명과 함께 구류를 살게 되었다. 유치장에 6명씩 나누어 수감했는데, 구류를 살면서도 내 잘못이 별로 없어 굽힐 게 없다고 생각했기 때문에 당당했다. 유치장 옆방에 수감된 원풍 식구들하고 대화도 하고, 아픈 친구가 있어서 병원에 보내달라고 해서 병원도 갔다 오기도 했다.

남부경찰서 유치장에서 구류를 살고 있을 때 대전에서 아버지가 면회를 오셨다. 면회실의 조그만 창문으로 나를 보면서 '어떠냐?' 물으시기에 "아버지, 저 아시지요? 제가 바른 일만 하는 거 아시잖아요?"라고 했더니 아버지는 내 말을 바로 알아들으시고 "알았다. 네가 잘 알아서 해라. 믿는다"라고 하면서 가셨다. 뒤돌아 가는 아버지의 뒷모습을 보니 마음이 무척이나 무거웠다. 서울까지 오는 차비나 제대로 챙기셨나 싶은 생각도 들고, 가슴이 뭉클했다.

며칠 후 경찰이 대림동에 사는 외할머니를 모시고 왔다. 할머니는 나를 보자마자 놀라서 벌벌 떨고 계셨다. '제가 잘못해서 경찰서 온 것 아니니, 할머니, 떨지마시라'고 하면서 할머니를 안심시키고 있는데, 경찰서장실에서 할머니랑 특별면회 형식으로 자리를 마련해 주었다. 할머니께 걱정하지 말고 집에 가시라고 했더니, 할머니는 "이놈의 가시내야, 지금 여기 들어와서 걱정하지 말라는 게 말이 되냐!"며 우셨다.

그런 광경을 보고 있던 경찰서장이 '그러지 말고 할머니 따라 나가서 시집이나 가라'고 빈정거렸다. 그래서 경찰서장에게 '내가 경찰서장이 시집을 가라고 해서 가고 말라고 해서 안 가고 그럴 사람으로 보이느냐? 그건 내가 알아서 할 일이니까 참견하지 말라'고 했더니, 할머니는 높은 사람에게 그렇게 말한다고 뭐라고 하셨다. 그렇게 할머니는 나를 걱정하면서 돌아가셨다. 할머니를 달래서 집에 보내드리고는 마음이 많이 아팠다. 경찰이 연세도 많은 할머니에게까지 알려서 충격을 받게 했으니 그때를 생각하면 지금도 그들이 미워진다.

남부경찰서에서 구류를 다 살고 석방되자, 형사들이 부모님에게 연락해 대전에서 삼륜차를 대절하여 아버지가 오셨다. 기숙사 짐을 정리하려고 내가 생활하던 방문을 열고 들어가 보니, 아직 남아있는 짐이 먼지가 수북한 채로 있었다. 짐이라야 가방 하나에 이불 보따리가 전부였다. 기숙사를 나오면서 기존에 있던 사감과 그동안 감사했다는 인사를 나누고, 총무과에 들려 경력 8년 차, 500여만 원의 퇴직금을 받고 고향으로 끌려가듯이 내려갔다.

원풍 다닐 때 대림동에 있는 산부인과로 치료받으러 다닌 적이 있었는데, 대전에 내려가 생활하는 중에 형사가 그것을 어떻게 알았는지, 내가 임신을 했다며 문간방에 세 들어 사는 새댁에게 이야기했다고 한다. 그렇지 않아도 빨갱이니 뭐니 하며 나를 이상하게 보는데 임신까지 했다고 하니 너무 어이가 없었다. 그렇게 이야기를 하고 다니는 형사 때문에 한동안 마음고생을 했었고, 계속 집으로 형사가 찾아오자 엄마가 '우리 딸이 뭘 잘못했는데, 자꾸 와서 감시 하냐'며 앞으로 오지 말라고 소리쳤다. 그래도 경찰이 계속 집 주변을 돌면서 감시를 하다가, 결혼하고 나서야 그 감시망에서 벗어났다.

구류를 살고 나와서 나는 혼자라도 출근을 해보고 싶은 생각이 들어 회사에 간 적이 있었다. 회사 경비실에서 총무과 직원이 여기가 어디라고 왔냐면서 느닷없이 뺨을 후려쳤다. 그때는 회사도 예민해져 있을 때이고, 각서를 받고 선별해서 출근을 시키던 때인데, 혼자서 회사에 갔으니 무슨 일을 당할지 모르는 상황이라 순간 무서워서 그냥 돌아왔다. 그 후로 회사에 출근하는 것을 포기했다.

민주화운동가가 되어

나는 30세 되던 85년 3월, 지금의 남편을 만나 결혼을 하고 서울 신정동에서 신접살림을 시작했다. 남편은 고지식해서 민주화운동이나 사회적인 문제로 저항하는 것을 이해 못해서 아직도 원풍에 다닌 것을 이야기 못했고 앞으로도 못하고 살 것 같다. 그나마 다행인 것은 아들이 자녀모임에도 나오고 엄마를 진정으로 이해한다. 아빠랑 이야기하면 오히려 원풍모임 자체를 반대하여 엄마가 힘들어질까 봐 아빠에게는 이야기하지 말자고 해서 아들과 둘이만 모임에 가고 있다. 아들이 '엄마도 경찰서 가기도 했냐'고 물어봐서 구류 살았던 이야기를 했더니. '엄마가 대단하다'면서 오히려 힘이 되어주기도 한다.

원풍모임에 다시 오게 된 것은 민주화운동 관련자로의 명예회복을 신청하기 위하여 마감 전에 혜영이로부터 연락을 받고서였다. 생활지원금을 받았을 때의 느낌은 '내가 딱히 무엇을 한 거 같지도 않은데 이런 증서를 받다니, 내가 이런 증서를 받을 자격이 있기는 한가?'하는 생각에 염치가 없기도 하고, 나도 노동운동을 했다는 두 생각이 공존했다.

나는 결혼 후에는 원풍의 모임을 알지 못했다. 그때부터 지금까지 35여 년 간 활동을 지속했다고 하니 정말 대단하다는 생각이 든다. 그동안 원풍을 계속 유지하고 이끌어 오신 분들에게 정말 감사하면서 한편으로 죄송한 마음이 든다. 그때 받은 생활지원금은 너무 소중해서 쓰지 않고 잘 간직하고 있다.

요양보호사의 하루

나는 현재 요양보호사로 일을 한다. 요양보호사의 근로조건은 불합리한 면이 많다. 탄력제 노동시간을 적용하여 24시간 일을 하고 이틀을 쉰다. 하루에 24시간 일을 하니까 한 달 10일만 근무하다고 계산해도 근로시간이 240시간이어야 한다. 그런데 하루 8시간을 휴식시간이라는 이유로 빼고, 근무시간을 16시간으로 계산해서 한 달 160시간을 근무시간으로 인정한다.

병원에서 24시간 일을 할 때, 식사시간이라는 이유로 3시간, 휴식시간이라는 이유로 야간에 5시간을 뺀다. 그런데 일하는 요양보호사들은 환자의 상태를 살피면서 식사를 하고, 야간에도 환자 옆에서 환자를 보호하면서 야간근무를 하는데, 이걸 잠자는 시간으로 분류해서 8시간을 빼는 것이다.

노동부에 항의했더니 아직 체계적이지 않은 부분도 있지만, 근로기준법에 명시된 대로 실행하기 때문에 법에 위반되지 않으므로 아무런 문제가 되지 않는다는 답변만 받았다. 이렇게 한 달 일하면 야간수당 월 8만 2천원을 포함해 세전 153만원을 월급으로 받는다. 앞으로 노령인구가 계속 증가하면 요양보호사도 당연히 증가할 것이므로 불합리한 제도를 바꾸는 것도 내가 할 일이라고 생각한다. 그런데도 그 문제를 제기하는 것이 계란으로 바위 치기 같은 것이라고 생각하여 그냥 넘기고 있는 내가 너무 무력하게 느껴진다.

나는 개인적으로도 나의 삶에 대해 한번 글로 써보고 싶었다. 그런데 원풍에서 증언록을 만들면서 나의 이야기도 써 준다니 너무 잘된 일이다. 구술 작업을 하면서 나의 20대부터 현재까지 가슴 깊숙이 묻어두었던 삶을 꺼내 기억을 더듬어 보게 되면서 자신을 되돌아보게 되었다. 지난날을 반성하고 회고하는 시간은, 때로는 아픈 것들도 있지만 이 모든 것들이 나의 모습이고 역사라는 생각에서 그 의의를 찾을 수 있다.

20대 원풍 시절, 세상을 향해 잘못된 것은 잘못됐다고 외쳤다. 식당에 모여 우리의 요구를 관철하기 위하여 농성했던 것은 내 순수와 열정의 기억이다. 함께하면 힘도 강해진다는 것도 배웠고, 인생을 정의롭게 사는 것, 그러려면 어떻게 살아가야 하는지도 배웠다.

원풍은 내 인생의 절반을 차지하는, 나라는 인간과 떼려야 뗄 수 없는 존재이다. 그래서 이렇게 오랜 세월 같이하게 된 원풍동지회가 너무도 소중하고 자랑스럽다. 어른들 모임도 잘하고 있지만, 자녀들 모임까지 결성된 것은 매우 잘된 일이다. 원풍 모임이 앞으로도 계속되어 70~80대까지도 있었으면 하는 바램을 가져본다.

012

시린 가슴에도 온기가

신필섭

_____1954년 충북 진천에서 태어나 1972년 원풍모방의 전신인 한국모방에 입사했다. 81년 대의원으로 활동 중에 해고를 당했다. 현재는 유통회사에서 근무하고 있다. "원풍동지회는 예나 지금이나 나라걱정, 사회걱정을 하는 애국자들이다. 개인의 이익만을 추구하거나 이기적인 면만 내세우지 않는다. 모두가 공유할 수 있는 폭넓은 대화는 원풍이라서 가능하다"고 생각하며 살아왔다.

내 고향은 충북 진천으로, 어렸을 때 엄마가 돌아가셨다. 새엄마가 들어오면서 경제적인 부분은 물론이고 정신적인 어려움이 더 크게 느껴지는 가정환경 때문에 집에 마음을 붙이지 못했다. 나는 중학교를 졸업하자마자 원풍에 먼저 다니고 있던 언니의 소개로 1972년 봄에 원풍모방(당시는 한국모방)에 입사했다.

내가 입사했던 72년에는 12시간씩 2교대로 일을 했고, 토요일에서 일요일에는 주야가 바뀌기 때문에 18시간씩 특근을 했는데, 그렇게 장시간 노동을 해도 월급은 너무 적었다. 현장에서 가장 힘들 때는 야근할 때인데, 분옥이와 같이 목관통을 두드리며 노래하면서 졸음을 이겨내곤 했다.

당시는 노동조합이 어용에서 민주노동조합으로 바뀌는 과도기였다. 다른 섬유계통보다 월급은 30% 정도 낮았지만 그래도 3개월의 양성공 기간이 지나면 숙련공으로 되어 정규직이 보장되니까 안정된 직업을 가질 수 있었다.

위기의 극복

당시는 노동조합이 '유니온 숍' 제도라서 입사와 동시에 자연스럽게 조합원이 되었다. 나는 친구들이랑 조합 사무실에 들리기는 했어도 노동조합 활동을 적극적으로 한 적은 없다.

73년 6월, 회사가 부도가 났다며 어수선해졌다. 그렇지만 노동조합이 중심이 되어 수습대책위원회가 구성되어 회사를 운영하면서 부도위기를 극복하고, 이걸 계기로 노동조합의 조직력이 강해지기 시작했다.

그러나 74년, 회사는 또다시 위기에 처했고, 이를 극복하기 위해 노사공동경영체제를 채택하여 지부장이 회사 전무로 자리를 옮겼다. 전무 자리에 오른 지동진 지부장이 금전적인 문제로 사퇴하고, 그 뒤를 이어 방용석 지부장 체제로 운영되기 시작했다. 방 지부장 체제는 회사를 경매 처분하는 과정에서 조합원들에게 피해가 가지 않도록 고용승계 및 임금청산, 단체협약 인정 등의 약속을 받아내는 등 큰 역할을 했다.

경매 결과 원풍산업이 낙찰을 받아 회사 이름이 한국모방에서 75년 2월 15일 원풍모방으로 변경되었다. 이러한 과정을 겪으면서 노동조합은 민주적인 노동조합으로 발전하였고, 회사도 안정권에 들어서면서 타 회사보다 임금이 30% 더 많아지기도 했다.

1979년에 박정희 대통령이 죽고 나서 이제 유신정권이 끝나 어둠이 걷히고 새로운 희망의 빛이 찾아올 거로 생각했다. 그런데 계엄령이 내려졌고, 정국은 좋아질 기미가 보이지 않았다.

당시 재야 운동권에서는 독재체제 연장을 저지하기 위하여 1979년 11월 24일 YWCA 강당에서 국민대회를 개최했다. 이때 원풍에서도 많은 조합원이 조를 짜서 참여했는데 식이 시작되자마자 바로 경찰들이 들이닥쳐 대회 참가자들을 마구잡이로 연행해갔다. 다행히 나는 그때 뒷문으로 도망쳐 나와서 잡히지 않았지만, 연행된 다른 동지들은 고문도 받고 구류도 살고 고생을 많이 했다.

1980년에 전두환 정권이 들어서는 과정에서 5·18 광주항쟁이 일어나고, 봄을 기다리던 세상은 얼어붙은 겨울로 되돌아가는 듯했다. 당시 정국은 한 치 앞도 내다 볼 수 없는 상황이었다. 광주는 군인들이 출입을 막고 있는 고립된 상태로 확대계엄령이 내려지면서 수많은 사상자가 병원에 넘쳐나고 있다는 소식이 들려

왔다. 노동조합에서는 광주를 위하여 모금한다는 대자보를 식당에 붙였다. 광주를 위하여 우리가 할 수 있는 일이 모금밖에 없는 것에 가슴이 아팠고, 나는 그저 죄인 된 심정으로 모금에 참여하며 상황을 지켜볼 수밖에 없었다.

합 동 수 사 본 부

원풍노동조합도 독재정권의 칼바람을 피해 가지 못했다. 광주를 위하여 모금했다는 이유로 방 지부장님과 박 부지부장님이 정화 조치 차원에서 해고되고, 지명수배를 당해 이때부터 노동조합에 한 번도 들어오지 못했다. 너무 무서운 사태가 벌어지니 노동조합이 깨지지 않을까 걱정이 되었다.

80년 12월, 노동조합 간부들이 합동수사본부에 연행되어 조사를 받고 강제사표를 내게 해 14명이 해고를 당하고, 그중 4명이 순화교육을 갔다. 노동조합의 부장급 간부들은 거의 해고되었고, 부장 중에서 이무술만 살아 돌아와 조합장을 맡았다. 회사에서는 노동조합을 와해시키려고 단체협약 체결도 뒤로 미루고, 사사건건 문제를 만들었다. 나는 1981년에 대의원으로 선출되어 어려워진 노동조합 상황을 체감하며 활동했다.

회사는 1981년 새해 벽두부터 일주일간 전 조합원을 대상으로 식당에서 교육을 했다. 이때 귀순용사의 반공강의, 한글학자 한갑수 등 5명 정도가 강의를 했는데, 한갑수는 '회사에 출근할 때 권리는 경비실에 맡기고 의무만 가지고 출근하라'는 등 정말 말도 안 되는 유치한 강의를 했다. 조합원들은 드러내 놓고 뭐라고는 못하고 소리 내서 껌 씹기, 볼펜 소리내기, 바지 한쪽 걷어 올리기 등으로 불만을 표시했다.

노동조합은 힘이 약화되어가고 있고, 이 틈을 타 노동부에서는 원풍 타이어와 모방노동조합을 통합시키려는 공작을 벌였다. 노조위원장을 타이어 쪽이 맡게 해 원풍모방노동조합을 와해시키려는 통합대회 등의 지시를 했지만, 조합원들의 단단한 단결력으로 회사의 뜻대로 되지 않았다.

그러자 회사는 TQC 품질관리를 한다는 명분으로 어깨에 TQC 마크를 달도록 하고, 고과점수를 매겨 임금에 반영하게 한다는 등 관리자들이 현장을 설치고 다녔다. 그해 12월, 회사는 조합원들을 자기네 관리 하에 통제를 강화하려고 막대한 돈과 시간을 들여 전 직원을 양수리로 일주일간 새마을교육을 보냈다. 새마을교육으로 조합원들의 정신을 바꾸어 놓겠다는 의도였다.

노동조합에서 정식으로 회사에 문제를 제기한 것은 아니었지만, 회사의 의도에 말려들지 말자는 생각을 했고, 교육에 참여하더라도 우리들이 리드를 해서 오히려 타 회사 노동자들의 의식을 일깨우자는 생각도 있었다.

이런 분위기에서 우리 정사 C반 반원 중 이장옥과 한기복이 사표를 냈다. 그들은 회사에다가 품질관리경진대회 갔다 온 후 양분옥과 신필섭으로부터 추궁을 당해 사표를 내게 되었다는 진정서를 냈다. 한기복은 반에서 부반장이었고 기숙사에서는 같은 방 식구였는데, 노동조합 활동은 전혀 하지 않았고, 오히려 회사 측 입장에 서 있었다.

해 고

회사는 자기들의 계획에 협조하지 않는 나와 양분옥 두 사람을 'TQC 교육 반대'를 명분으로 본보기 해고를 했다. 내가 1981년 12월 24일 해고를 당하고 나자 고향 진천의 아버지와 수원에 사는 큰언니가 찾아왔다. 진천경찰서 형사가 집으로 찾아와서 아버지한테 '당신 딸이 빨갱이한테 물들어서 큰일났다'고 하자, 아버지가 놀라 떨면서 큰언니를 앞세워 나를 찾아오신 것이다.

당시 오빠가 은행에 근무했는데, 오빠의 신상까지 다 파악해서 협박을 했다고 한다. 우리 집은 딸 여섯에 외아들인 오빠가 집안의 기둥이어서 오빠가 나로 인해 피해를 보아 잘못되면 큰일 난다고 생각했다. 아버지는 '네년이 오라버니 신세를 망치려고 그러냐!' 하면서 바로 집으로 가자고 난리를 쳤다. 그때 나는 주관이 약해 아버지 말이 곧 법이라고 생각하고 가족들에게 순응했다.

그러나 시골집에 계속 있을 여건이 안 되었고, 여동생 둘이 수원에서 자취하면서 직장을 다니고 있어서 거기 가서 같이 지냈다. 나는 원풍의 노동조합 힘이 엄청 크다고 생각했는데, 막상 내가 해고를 당하고 피해를 보았지만 구조를 받지 못했다는 생각에 노동조합의 힘으로 복직되기는 쉽지 않겠다는 생각이 들어 미련을 두지 말자며 살다가 84년에 결혼을 했다.

결혼 후에는 먹고사는 네 급급해 원풍을 잊고 살았다. 그러던 중 2007년에 양분옥이 연락을 해서 민주화운동 명예회복과 생활지원금을 받을 수 있다는 이야기를 했다. 원풍이 깨진 지 몇 십 년이 지났는데 무슨 말도 안 되는 소리 하냐며 명예회복 신청을 하지 않겠다고 거부했다. 그러다가 마지막쯤에 민주화운동 관련자 명예회복을 신청했다. 솔직히 나는 해고당하여 원풍을 위하여 한 일이 별로 없다. 자격도 안 되는데 욕심내는 건 아닌가 하는 생각이 들기도 했었다.

민주화운동가로 명예회복이 될 줄이야

민주화운동 인증서와 생활지원금을 받고 이런 별일도 있다는 생각을 했다. 불가능한 것이 가능하게 된 그 현실이 믿기지 않았다. 그래서 참 원풍이 대단하다는 생각을 다시 한 번 하게 되었다. 내가 생활지원금을 타던 날, 남편과 아들은 어떻게 그런 일이 다 있냐며 무척이나 좋아했다.

원풍에서 해고당하고 나서 의식적으로 외면하며 살아왔던 원풍인데, 그동안 저 밑바닥에 눌러놓았던 지난날들이 다시 생각나면서 가슴이 두근거렸다. 그동안 내가 가졌던 피해의식을 이제야 불식시킬 수 있을 것 같았고, 지난날의 원풍에서의 소중했던 추억을 되살려 보니 아름다웠던 청춘의 시절이 느껴지면서 시리기만 했던 가슴에 온기가 전해졌다.

내가 민주화운동으로 인정받은 것은 아마도 김대중 정부였기에 가능했다고 생각한다. 공장을 다니면서 무시당하고, 공순이, 공돌이라고 천시를 받았던 시절에 우리가 했던 민주노동조합운동은 노동자들이 사람답게 살아가는 길을 열어놓았다고 본다. 그리고 그 공로를 인정받아 민주화운동으로 명예회복을 하고 인증서를 준 것으로 생각한다. 나는 생활지원금으로 자동차를 한 대 샀다. 그리고 내가 일하는 직장에서 40명 정도에게 점심을 내고, 형제들에게도 밥을 사주면서 모처럼 내 주변 사람들에게 넉넉히 기분 좋게 한 턱씩 내며 인사치레를 했다.

이제 와 원풍에 대해 생각해보면, 원풍노조는 세상을 제대로 바라보는 눈을 뜨게 해준 곳이라고 생각한다. 해고당하고 나서 억울한 마음이 커 원풍의 활동이나 민주화에 대하여 무관심하게 생각한 면이 없지도 않았지만, 지금은 그런 생각을 한 게 잘못이라는 것을 깨달았다.

원풍동지회는 예나 지금이나 만나면 나라걱정, 사회걱정을 하는 애국자들이다. 개인의 이익만을 추구하거나 이기적인 면만 내세우는 것 없이 모두가 공유할 수 있는 폭넓은 대화는 원풍이라서 가능하다고 생각한다. 1년에 한 번씩 하는 총회를 통해 전국에 있는 동지들을 볼 수 있는 것도 참 좋다고 생각한다.

요즘 나는 유통업계에서 최저임금을 받고 일한다. 임금은 경력 1년이나 10년이나 거의 같다. 이러한 현실과 당시 원풍의 상황을 비교해 보면 원풍노동조합은 전 조합원들을 차별하지 않아 조합원들이 인간적인 대우를 받고 자부심을 느끼게 했다. 회사와 대등한 입장에서 협상하며, 노동자들을 위해 임금을 인상시키고, 근무환경을 개선하며, 더 좋은 복지혜택을 제공해 인간적인 삶을 살도록 했었다는 것을 요즘 들어 새삼 느끼게 된다. 45년간의 나의 자존심이고 자랑거리인 원풍모임이 지속되기를 바라는 마음 간절하다.

013

내 인생에 박수를 보내다

양분옥

_____1955년, 전북 순창에서 8남매 중 막내딸로 태어났다. 1971년 한국모방(원풍모방 전신)에 입사하였고, 1979년 정사 C반 대의원과 1980년 상무집행위원으로 활동하였다. 1980년 12월, 합동수사 본부로 연행되어 조사받고 풀려났다. 1981년 기숙사 자치회 부회장을 겸하여 활동하다가 그해 12월에 강제 해고당하였다. 2007년 민주화운동가로 명예회복이 되었고, 현재 동지회 감사로 활동하고 있다.

나는 전북 순창에서 8남매의 막내딸로 태어났다. 1971년 열여섯 살 때 한국모 방(원풍모방의 전신)에 입사했으며, 1년쯤 지난 후 대한모방으로 직장을 옮기고 방적과 정사 기능공으로 일했다. 선배들이 기능공으로 가면 월급을 더 받을 수 있다고 가르쳐 주었기 때문이다.

1975년에 다시 원풍모방에 재입사했다. 3년 만에 돌아온 셈인데, 현장 분위기 가 활기차고 무언가 많이 달라져 있었다. 1971년에 입사했을 때는 처음 경험하는 공장생활이었고, 게다가 완전히 적응이 안 된 상태에서 대한모방으로 옮겼기에 현장 분위기를 제대로 몰랐을 수도 있다.

그렇다 쳐도 대한모방 현장과는 전혀 다른 분위기였다. 뭐랄까, 동료들이 생기 가 넘치고 자신감이 있어 보였다. 대한모방에도 노동조합이 있었지만 별로 관심 이 없었다. 1년에 한번 노동절 행사에만 가야 하는 줄 알고 참석했을 뿐이다. 그 야말로 노동조합이 왜 있어야 하는지 전혀 몰랐다.

처 음 실 감 한 노 조 의 힘

그 무렵에 등산이 유행했다. 나는 친구들과 산으로 놀러가는 것을 즐겼다. 원풍모방에 입사한 후 대림동에 있는 산악회에 가입하여 틈만 나면 산에 갔다. 기숙사 동료들은 노동조합에 대한 이야기를 많이 했지만, 한 귀로 듣고 한 귀로 흘렸다. 1976년 11월, 방용석 지부장님이 소리 소문 없이 사라지는 사건이 발생하였다. 뒤늦게 국가원수모독죄로 정보기관에 연행되어 조사를 받고 있다는 사실이 확인되었다. 당시는 긴급조치가 선포되어 있는 삼엄한 시기였기 때문에 걱정이 이만저만이 아니었다.

그런 상황에서도 조합원들의 분노는 하늘을 찌를 듯했다. 조합원들은 식당에 모여 철야농성을 하였다. 방용석 지부장님은 잡혀간 지 6일 만에 석방되었다. 이 사건과 관련하여 공장장이 좌천되기도 하였다. 그 사건으로 조합원들의 사기가 더욱 충천하였다. 나는 이 사건을 계기로 노동조합의 힘을 알게 되었고, 노조활동에 관심을 갖기 시작했다.

1979년 4월, 나는 정사 C반 대의원으로 선출되었다. 박정희 유신체제가 말기로 갈수록 노동운동에 대한 탄압이 심해지던 때였다. 동일방직 노동자 124명을 해고시키고, 블랙리스트를 작성하고 배포하여 그들의 생존권을 박탈하였다. YH 사건 이후 정부는 산업체에 침투한 '도산세력'을 뿌리 뽑는다는 명분으로 한층 더 민주노조를 탄압하였다.

전국의 대학가에서는 긴급조치 철폐 데모가 빈번히 일어났다. 노동자들의 상부조직이면서도 민주노동조합 말살 정책에 앞장섰던 한국노동조합총연맹은 물론 전국섬유노조본부도 노동자 탄압 세력의 앞잡이가 되어 날뛰었다. 원풍모방노동조합은 그런 상황을 바람막 하나 없이 조합원들의 단결된 조직력으로 헤쳐 나갈 수밖에 없었다.

대 통 령 의 죽 음 과 Y W C A 사 건

1979년 10월 26일, 영원할 것 같았던 박정희 독재정권이 무너졌다. 이제 노동악법도 사라지고 조금 더 나은 세상이 오려나, 하는 기대에 부풀었다. 그런데 심상치 않은 기류가 흘렀다. 재야인사들은 독재정권의 연장을 막기 위하여 직선제 개헌 요구를 하면서 '통일주체국민회의 대의원'에 의한 대통령선거를 반대하는 시국집회를 준비했다.

박정희 정권은 영구집권을 위하여 '통일주체국민회의'라는 허수아비 기구에서 대통령을 선출하는 제도를 시행해왔는데, 당시 전두환 군부는 박정희가 죽었는데도 다시 똑같은 방법으로 대통령을 뽑으려 했던 것이다. 계엄령 하에서는 모든 집회가 불가능했기 때문에 결혼식을 위장한 시국선언 집회였다. 이른바 'YWCA 위장결혼식 사건'이다.

나는 그날 동료들과 함께 명동에 있는 YWCA 강당으로 들어갔다. 시국선언식이 시작되는가 싶더니 눈 깜짝할 사이에 백골단이 강당으로 뛰어 들어와 방망이로 사람들을 내리치면서 연행해갔다. 나는 그곳을 빠져나와 무사히 기숙사로 돌아왔지만, 우리 동료들 8명이 연행되었다. 대부분이 대의원들이었고, 무차별적으로 폭행을 당하며 조사를 받고는 즉심에 회부되어 구류를 살았다.

1980년 5월 13일, 한국노동조합총연맹 주관으로 '전국노동기본권확보궐기대회'가 열렸다. 한국노총이 체면치레로 여는 행사였다. 그곳에는 두어 달 전부터 한국노동조합총연맹 위원장실을 점거하고 복직을 촉구하는 동일방직 해고 노동자들이 있었다. 한국노총에서 행사를 졸속으로 끝내려 하자, 민주노조운동을 하던 노동자들이 단상을 점거하고 농성을 계속하였다. 원풍 노동자들은 방용석 지부장님이 행사장을 압도하고 어용노총 간부들을 쩔쩔매게 하면서 행사를 진두지휘하는 모습을 보고 큰 힘을 얻었다. 지금도 수십 년 전의 그때를 떠올리면 통쾌하다.

5월 17일, 계엄령이 전국으로 확대되었다. 광주에서 계엄군에 의해 시민이 죽어가는 사태가 벌어졌다. 민주화의 봄이 오다가 다시 겨울로 되돌아가고 있는 시절이었다. 광주민주항쟁은 수많은 사람들이 죽임을 당하고 난 후에야 끝이 났다. 원풍모방노동조합 집행부는 국민을 지켜야 하는 군인이 국민을 죽이는 이러한 기막힌 사태에 대하여 분노하지 않을 수 없었다.

무엇인가 할 수 있는 일을 찾아야 했다. 그러나 계엄군이 총칼을 휘두르며 국민을 압박하는 그런 상황에서 노동자들이 무엇을 할 수 있단 말인가. 노동조합에서는 모금운동을 펼치기로 결의하고, 공고문과 함께 모금함을 식당에 설치했다. 대부분의 조합원들이 서슴없이 모금에 참여를 했다. 얼마를 했는지는 기억이 잘 나지 않는데, 하루 일당을 넣은 사람도 있고, 월급의 10%를 낸 사람도 있었다고 했다.

계엄사의 폭력

그해는 참 살얼음판을 걷는 듯한 날들의 연속이었다는 생각이 든다. 방용석 지부장님과 박순희 부지부장님에게 '김대중 내란음모 사건'으로 수배령이 내려져 노동조합 사무실에서는 볼 수가 없게 되었다. 그리고 전두환 신군부는 노동계 정화라는 빌미로 많은 노동조합 간부들을 연행 압박하였고, 기업주는 해고를 단행하였다.

그해 12월, 노동조합을 파괴하기 위해 노골적으로 수작을 부렸다. 합동수사본부는 이문희 지부장 직무대리와 임재수 총무를 연행하고, 이어 상집간부 전원과 대의원 등 48명을 연행하여 조사했다. 합동수사본부 수사관들도 우리 노동자들이 잘못이 없다는 것을 알고 있었다.

그들은 "원풍노동조합은 참 훌륭하다. 그러나 현시대에는 맞지가 않다. 너무 앞서있기 때문이다"라고 하면서 "수술을 하다보면 생살을 찢게 될 때도 있다. 지금 나라가 풍랑을 만난 건데, 짐을 바다에다 버릴 수밖에 없듯이 너희들도 그런 경우다" 등등의 말을 주워섬겼다. 계엄사 수사관들은 "김대중이 빨갱이거든. 방용석 너희 노조 지부장이 그 빨갱이를 도운 거야. 너희들도 마찬가지야, 억울해도 할 수 없어. 그러니 사표 내고 시집이나 가렴"이라고 을렀다.

계엄사에서 함께 조사를 받던 동료들 중에는 강제사직을 당하고 삼청교육대로 끌려간 사람도 있었고, 일부는 강제사직을 당하고 고향으로 내려갔다. 다행히 나는 무사히 작업장으로 돌아올 수 있었다. 1981년 1월, 상집간부와 대의원 등 14명이 해고되었기 때문에 원풍노동조합은 이무술 씨를 조합장으로 선출하고 서둘러 조직 정비를 해나갔다. 나는 그때 상집간부로 선출되었다.

황당한 해고통지서

한 해가 저물어 가는 12월이었다. 회사 인사위원회에서 문서 하나가 날아왔다. 같은 부서에서 대의원으로 활동하고 있던 신필섭과 함께 인사위원회에 출두하라는 내용이었다. 이무술 조합장과 상의를 하고 일단 인사위원회에 응하기로 했다. 그런데 출두요청서가 날아온 이유를 알고 보니 참 기가 막혔다.

정사과에서 함께 근무하던 한 조합원이 TQC(품질관리) 교육을 몰래 다녀왔다. TQC 교육은 사실 회사 측에서 노동조합 조직을 분열, 약화시키기 위한 계략이었다. TQC 교육에 대하여 노동조합에서 공식적인 입장을 밝히지는 않았지만, 조합원들의 단결력을 약화시키려는 수작이란 것을 알고 있었던 터라 거부감을 갖고 있었다. 그런데 같은 부서에서 근무하는 조합원이 상집간부인 나나 대의원에게까지 숨기고 그 교육을 몰래 다녀온 것이다.

그 사실을 알고 난 뒤, 나는 그 조합원에게 사전에 이야기를 왜 안했느냐고 물었다. 그런데 그가 회사간부에게 "노조간부가 내가 TQC 교육을 받은 것을 비판했다"고 사실을 왜곡 확대하여 보고했다. 트집거리를 잡은 회사간부가 그 일로 나와 신필섭 대의원의 징계를 인사위원회에 요청했던 것이다.

12월 23일이었다. 작업을 하고 있는데 이무술 조합장이 종이 한 장을 들고 왔다. 그러더니 대뜸 "양분옥! 회사에서 TQC 활동을 반대한 이유로 신필섭 대의원과 너 두 명은 해고라네"라고 말하고는 해고장을 건네주었다. 너무 화가 났다. 그 해고사유를 도저히 받아들일 수가 없었다. TQC 교육을 반대한 것 때문에 해고를 당하는 것이 아니라고 생각되었다. 1980년 12월, 14명을 해고한 사건의 연장선상에 있는, 노조 파괴를 목적에 둔 계획된 해고였다.

이무술 조합장과 집행부는 고민했다. 나는 이 사태는 개인의 문제라기보다는 노동조합을 탄압하는 행위라고 판단하여 적극적으로 대처해야 한다고 생각했다. 그런데 노조 집행부는 속 시원한 대책을 내놓지 않았다. 그때 노조 집행부가 왜 그렇게 미흡하게 대처했을까? 물론 당시는 노동조합이 약화된 상태였으며, 회사와 정보기관이 노조파괴를 할 수 있는 기회를 호시탐탐 노리고 있을 때였다. 자칫 잘못하다가는 그들의 의도에 말려들 가능성도 배제할 수가 없었을 것이다.

노동조합 집행부에서 나와 신필섭 대의원의 해고 사건을 미온적으로 대처하는 것은 개인적으로 서운했다. 조직적인 관점에서 보았을 때도 그 결정이 맞나 하는 의문이 있었지만, 노조 집행부를 신뢰했던 만큼 그 결정을 따르기로 마음먹고 기숙사에서 짐을 꾸려 조용히 나왔다. 머지않은 날에 다시 출근할 날이 오겠지, 하는 마음을 갖고서 말이다.

마지막 유인물을 들고

누구에게서 들었는지 지금은 기억조차 없는데, 노동조합 사무실에 폭력배들이 난입하여 조합장이 감금되었다는 소식을 들었다. 가슴이 철렁 내려앉았다. 영등포산업선교회로 달려갔다. 그곳에는 방 지부장님과 몇몇 해고자들이 있었다. 밖에서 할 수 있는 역할이 있으면 최선을 다해야겠다고 생각했다.

그러나 그저 회사 맞은편에서 보이지도 않는 농성장을 바라보는 일 외에는 도움을 줄 수 있는 일이 없었다. 농성장인 정사과는 내가 1971년 서울에 올라와서 첫 직장으로 발을 디딘 곳이고, 10년간 노동을 하다가 해고를 당한 작업장이었다. 눈을 감고 가라고 해도 구석구석을 다 찾아갈 것 같은 곳이었다.

그렇게 혼신을 다해 노동을 했던 그 정사과를 지금 먼발치에서 바라볼 수밖에 없었고, 그저 동료들이 분노하면서 투쟁하는 모습을 상상할 수밖에 없었다. 농성장의 우리 조합원들이 얼마나 힘들까? 다치지 말아야 할 텐데…. 그러나 농성을 지휘하는 집행부를 믿고 있었기에 잘 해내갈 것이라고 생각했다.

농성 닷새째, 그날은 추석날 새벽이었다. 농성장에서 조합원들이 모두 끌려 나갔다. 그러나 주저앉아 있을 수만은 없었다. 폭력으로 강탈당한 노동조합을 되찾아야 했다. 나는 당시 수배자 명단에서 제외되어 있었다. 아마도 1년 전에 해고된 상태였기 때문일 것이다. 그래서 현직 간부들에 비해 행동이 자유로웠고, 경찰의 감시를 덜 받았다.

어느 날, 수배 중이었던 정선순 조합장에게서 연락이 왔다. 비밀리에 남영동 근처에서 만나 어느 여인숙에서 함께 잠을 잤다. 정 조합장은 가슴에서 유인물을 꺼내 건네주었다. 유인물을 인쇄하여 11월 14일 서교동교회 기도회 때 배포하라는 것이었다. 사전에 노출되지 않도록 하라는 주의를 듣고 새벽에 여인숙을 나와 헤어졌다.

나는 유인물을 배에 띠로 칭칭 감은 뒤 산업선교회로 돌아와 몇 사람과 상의한 끝에 황선금 동지와 함께 비밀을 지켜줄 만한 작은 인쇄소를 찾아 영등포로 갔다. 인쇄소 주인은 걱정스러운 표정을 지으며 밤에 작업을 하겠다고 했다. 나는 그곳에서 인쇄가 다 끝날 때까지 기다리고 있다가 유인물을 들고 나왔다. 그렇게 하여 탄생한 유인물이 '노동운동 말살 정책을 중지하라!'였다.

평소에도 겁이 많았지만, 그때만큼 떨렸던 적은 없었던 것 같다. 두려움도 있었겠지만, 이것이 잘못되면 원풍노조의 투쟁에 큰 차질이 생기지 않을까 하는 걱정이 더욱 컸지 않았을까. 서교동교회 기도회는 결국 무산되었지만, 유인물은 그 이후 전국에 뿌려졌다. 9·27사건과 관련하여 나도 소중한 일을 해낸 기억이 있어 감사한다.

사실 당시 영등포산업선교회에는 유인물을 인쇄할 수 있는 등사기가 있었다. 그러나 원풍노조사태가 난 이후 타자기며 등사기를 일체 사용하지 못하게 했다. 경찰에 걸리면 산업선교회까지 피해가 발생한다는 것이 이유였다. 그때부터 산업선교회의 태도에 불만이 있었지만, 산업선교회 역시 원풍노동조합과는 협력 관계였기 때문에 보호를 해야 한다는 생각으로 그런 상황을 받아들였다. 인명진 목사는, 원풍모방노동조합이 깨지면 산업선교회도 깨질 것이라고 수없이 말해 왔다.

내 삶을 공감해주는 아이들

나는 1984년 11월에 결혼을 하여 1남1녀를 낳았다. 원풍 사무실이 있는 도림동에서 그리 멀지 않은 곳에 살고 있어서 매년 9·27모임에는 아이들을 데리고 함께 참석했다. 하루 전날 몇몇 동지들과 만나 모임 때 필요한 먹거리를 장만하는 것도 즐거웠다. 2006년까지는 '원풍의 집'에서 50~60명이 모이던 때라 술안주로 커다란 들통에 동태찌개를 끓이고, 떡을 썰고, 과일을 깎아 상을 차렸다. 현관문이 열릴 때마다 환하게 웃으면서 들어서는 동지들을 맞이하는 기쁨 때문에 피곤함도 잊었던 시절이다.

아이들도 자기들이 하고 싶은 일을 찾아하면서 잘 자라주었다. 어려서부터 원풍모임에 참석했던 터라 딸아이는 원풍동지회 자녀모임 '꿈을 이어가는 사람들' 회원으로 참여하는 것을 당연하게 받아들인다. 9·27 행사가 돌아오면 딸아이도 그 모임을 기다린다. 딸은 자녀모임에서 엄마와 이모들의 20대 때의 아픈 역사를 알게 되었다고 말했다. 2세로서 엄마와 이모들의 아픔을 보상해줄 수는 없지만, '원풍노조 9·27' 행사에 참여함으로써 엄마의 삶을 공감하며 위로를 드리고 싶다고 했다. 내 자식이지만 그런 아이들이 참 고맙다. 엄마의 지나온 삶을 존중해주면서 토닥여주는 아이들이 사랑스럽고 든든하다.

2007년, 민주화운동 관련자로 명예회복이 되었다. 해고당한 지 19년 만의 일이었다. 사실 나는 해고당한 이후, 당시 노동조합의 상황을 이해는 했지만, 죽은 듯이 그 해고를 받아들인 것이 서운하여 가슴에 한으로 맺혀 있었다. 그런데 명예회복과 함께 그 서운함이 다 사라졌다.

우리 동지들의 눈물겨운 승리였다. 보상이 적고 많음의 문제가 아니었다. 엄혹한 시대에 용기 있게 민주노조운동을 하면서 시련을 당했던 보상으로서 새삼스럽게 자존감을 느낄 수 있게 해주었다. 우리들이 수십 년간 변치 않고, 외치고, 올곧게 걸어온 정의로운 행진이 만들어낸 당연한 성과이리라. 나도 이제 육십을 훌쩍 넘겼다. 지난 세월 회한이 어찌 없었겠는가마는, 내 인생에 스스로 박수를 보내고 싶다. 양분옥, 너 잘 살아왔어!

딸 강미정이 엄마에게 –

어렸을 때부터 엄마를 따라 이모들과 모임 하는 사무실에 자주 다녔다. 나는 엄마가 친구들과 같이 친목모임을 하는 정도로만 생각했지, 원풍노조 모임이라는 것은 잘 몰랐다. 나중에 엄마에게 원풍이 뭐냐고 물어보니 "전에 엄마가 다녔던 회사 이름이야"라고 말해주셨다. 나는 자연스럽게 원풍 이모들과 친해지면서 사무실도 자주 드나들었던 것 같다.

엄마는 원풍에서 해고당한 일에 대해 자세하게 이야기하지 않았다. 그래서 엄마가 어떤 경로도 해고를 당했는지 나는 잘 모른다. 초등학교에 들어가서는 갯벌 탐사도 다니고, 지부장님이 국회의원 하실 때 환경탐사 다니면서 자연의 중요성도 공부했었다. 이때 원풍 이모들이 하는 일이 노조뿐만 아니라 지구를 살리는데 필요한 일들도 한다는 생각을 했다.

지난번 원풍총회에 참석했을 때 36주년이라고 했다. 그렇게 긴 기간을 만나며 사는 이모들에 대해 놀랐다. 정으로 똘똘 뭉쳤다고 해도, 한 해 두 해 이렇게 시간이 지나면 멀어지기 마련인데, 함께 좋은 세상 만들어 간다는 것에 대한 책임감이나 의무감이 강한 것 같다. 30년 넘게 늘 같은 마음과 모습으로 모인다는 것은 쉬운 일이 아니다. 존경스럽기도 하고 대단하다는 생각이다.

내가 보는 우리 엄마는 늘 강하셨고, 자식들에게는 엄했다. 칭찬보다는 잘 되었으면 하는 마음으로 강하게 키우려고 했던 것 같다. 그래서인지 나에게는 잘해도 잘한다고 안하신다. 환갑이 지났는데도 엄마 주위에 사람이 많은 것을 보면 엄마가 살아온 삶이 잘 산 삶이 아니었나 생각된다. 나도 엄마처럼 사람 관계를 돈독하게 잘 하며 사는 것을 배워야 되겠다는 생각을 해본다.

엄마로부터 민주화운동 관련자로 명예회복이 되고 생활지원금도 받았다는 이야기를 들었다. 그동안 엄마는 내가 생각지도 못할 만큼의 아픔을 속에 품었던 것 같다. 나는 엄마를 보며 세상을 이해하는 관점이 달라졌다. 민주화운동이나 정치 문제가 언론에서 다뤄질 때, 엄마가 아니었다면 그냥 지나쳐버릴 것을 한 번 더 보게 되었다. 또 엄마가 뉴스를 놓칠까봐 내가 알려주기도 한다.

작년 8월 30일, 엄마가 헌법재판소의 재판 방청권을 신청해달라고 해서 '이건 또 뭐야?'라고 생각했는데, 양승태 대법원장의 사법농단 문제가 우리 엄마와도 연관되어 있는 것에 놀랐다. 온라인으로 신청한 방청권이 나오자 엄마는 너무 좋아하셨다. 나도 즐겁고 뿌듯했다.

헌법재판소에 재판 참관하러 다니고, 1인시위하고, 이런 일들이 쉬운 것은 아닌데 엄마와 이모들의 열정은 정말 대단하시다고 생각한다. 요즘은 사람들이 시위하면 엄마의 일 같아 관심 있게 한 번 더 보게 된다. 우리 엄마가 나라를 걱정하고, 정의롭게 사는 것에 대하여 자랑스럽다.

엄마나 이모들의 삶을 보면서, 평생 한 가지 일에 몰두하는 것을 보면서 정말 대단하다고 느낀다. 남자친구에게도 엄마가 민주화운동을 하셨다고 이야기했다. 다행히 남자친구도 엄마가 민주화운동을 하신 것에 관심을 보이고 있고, 비슷한 생각으로 말도 통해서 좋다. 엄마의 삶의 모습은 내 삶의 거울이 될 것이다.

014

우리에게도 희망의 날이 올까

이영순

_____1957년 경기도 의왕에서 태어나. 1972년 원풍모방의 전신인 한국모방에 입사했다. '소나무' 소그룹 활동을 했고, 82년 9·27사건으로 해고를 당했다. 10월 13일의 출근투쟁으로 구류 10일을 살았다. "인생에서 가장 힘들었던 시기는 노동조합이 파괴당하고 감옥에 가고 블랙리스트로 사회적 제약이 생겼을 때. 우리는 항상 선과 정의를 생각하며 일을 했다고 자부했는데 결과는 너무 비참했다"고 회고한다. 현재 식품공장을 운영하고 있다.

나는 어려서부터 소설가가 되고 싶은 꿈을 꾸며 살았다. 그러기에 책 보는 것을 즐겼다. 학교 다닐 때는 여러 과목 중에서 국어를 잘했다. 시나 글 쓰는 것을 좋아하였고, 외국에서 들어온 영화를 즐겨 보면서 이해가 빨랐다. 그러나 가정형편이 여의치 못해 학교 공부를 계속할 수 없었다.

1972년 7월, 한국모방에 입사하였다. 이제 소설가가 되는 꿈을 접어야 했다. 공장 다니는 처지에 소설가가 된다는 것은 생각할 수조차 없다는 생각에서이다. 할 수 없이 다니는 공장이니 재미가 있을 리 없었다. 그러던 어느 날 노조 사무실에 가게 되었다. 나는 많은 책을 보고 놀랐다.

"이 책을 볼 수 있나요? 빌려주기도 하나요?"

"그럼요. 얼마든지요."

나는 노조 사무실에 오기를 잘했다는 생각을 하면서 책을 빌려 나왔다. 너무 기뻤다. 나는 거의 매일같이 노조 사무실을 드나들며 책을 빌려 보았다. 아마도 노조 사무실에 있는 책을 거의 다 보았을 것이다. 소설가가 되지 못한 아쉬움을 이렇게 달래며 공장생활에 재미를 붙였고, 당연히 노조활동에도 관심을 두게 되었다.

노 동 자 가   되 어

입사한 지 얼마 안 되어 8월 9일 파업이 벌어졌다. 그리고 9월 3일 '명동성당 농성 사건'이 발생하였다. 73년 6월에는 회사가 부도가 났다며 어수선해졌다. 노조가 중심이 되어 수습대책위원회가 구성되어 회사를 운영하기 시작하였다. 노조대책위원회의 힘이 실질 권한이 없는 사장보다도 강해보였다.

부도 난 회사 같지 않게 월급도 잘 나오는 것 같고, 현장 일거리도 타 회사에서 하청을 받은 것이지만 기계가 잘 돌아가고 있었다. 과장, 계장, 담임들이 노조 대의원이나 상집간부들의 눈치를 살피는 처지가 된 것이다. 회사가 잘 돌아가자 박용운 사주에 의해 백승빈 사장이 취임하였으나 지부장 폭행사건으로 74년 1월에 사임했다.

회사는 또다시 위기에 처했고, 이를 극복하기 위해 노사공동경영체제를 채택하여 지동진 지부장이 회사 전무로 자리를 옮겼다. 그해 6월, 방용석 지부장 체제로 노조가 운영되면서 정부가 노사공동경영체제 유지에 필요한 회사 부채 상환연기와 운영자금 융자에 반대한다는 사실이 확인되었다.

정부와 은행이 회사를 경매 처분하려 하자 노조는 초비상 상태에 들어갔다. 고용승계와 급료청산, 그리고 단체협약 인정 등을 약속하고서야 경매 절차가 이루어졌다. 회사는 원풍산업으로 낙찰되었고, 회사 이름도 75년 2월 15일, '원풍산업모방공장'으로 변경되었다. 부도 난 지 1년 8개월 만에 회사가 정상화된 것이다. 험난한 고비를 용케도 넘은 것은 모두가 노조에 힘을 몰아준 조합원의 덕이었다.

78년 승화가 정사과 대의원이 되었다. 그리고 79년에는 대의원과 상집간부가 되었다. 기분이 좋았다. 매사에 적극적인 성격이라서 맡은 일을 잘 처리해 낼 것이라 믿었다. 당시 노조는 안정적으로 운영되고 있었다. 임금인상이나 단체협약 체결도 순조롭게 이루어졌다. 그러나 동일방직과 YH 노조가 파괴되는 과정에서 원풍에도 정치적 소용돌이가 몰아쳤다.

피 어 나 지 못 한 꽃

79년 10월 26일, 박정희 대통령이 사망하였다. 기쁨인가 슬픔인가, 희망인가 절망인가를 생각했다. 자유가 묶인 세상이 밝아질까? 잃어버린 민주주의를 되찾을 수 있을까?

봄소식이 들려왔다. 들에도, 산에도, 학원에도, 공장에도 봄이 오고 있었다. 그러나 여의도 노총회관에서 노동기본권을 요구하며 농성하는 노동자들도, 서울역 광장에서 시위하는 대학생들도 수상쩍은 군부의 움직임에 해산을 했다. 봄이 오는가 했는데 엄동설한이 몰려왔다.

광주에서 계엄군과 시민이 충돌했다. 아니, 군인들의 난동이 벌어진 것이다. 광주에서의 시민항쟁은 피비린내의 죽음으로 끝이 났다. 금남로의 피를 닦아내는 살수차의 모습이 텔레비전에 방영되었다. 할 말을 잊은 우리들은 죄인이 되었다. 노조에서는 광주를 지원하는 성금을 모금한다는 벽보를 식당에 내걸었다.

방 지부장의 수배에 이어 12월 8일 노조간부들이 줄줄이 계엄사로 연행되었다. 승화도 연행되어갔다. 망한 회사를 살려낸 노동조합이지만 총구 앞에는 속수무책이었다. 저 자들은 무슨 짓도 할 수 있다는 것을 나는 사색이 되어 들었다. 나는 그날의 심정을 이렇게 남겼다.

"승화가 풀려나 우리 앞에 나타났다. 고생했다는 말을 할 틈도 없이 14명의 간부가 강제 해고당하고 4명의 남자 간부들이 삼청교육대로 끌려갔다는 사실에 우리는 절망할 수밖에 없었다."(1980. 12. 27)

12월 8일부터 대의원 이상 노조간부들이 연행된 후 연말을 맞았다.

"회사 측에서는 노조 사무실을 비우라는 최후통첩을 보냈다. 아픔은 말할 수 없이 밀려왔고, 하얀 눈길이 저주스럽고 야속했다. 크리스마스라고 밤을 새우는 사람, 음악 소리, 새벽 찬송 소리. 억울하고 슬픈 절규가 있는 무법지대에 처량하게 당하는 우리가 있는데 행복한 이들은 누구인가? 노동조합 한 죄밖에 없는데 우리를 찬 모서리로 몰아붙이고 있다. 이 억울함. 정의로운 참된 사회는 어디에 있는가? 우리의 눈길은 허공에 닿고 호소하고 있다."(1980. 12. 24)

"새해는 왔지만 아무런 감동도 시작도 끝도 느낄 수가 없었다. 남자 간부 4명이 순화교육에 보내졌다는 날, 우리는 소리 없이 울 수밖에 없었다. 우리의 아픔, 서러움들이 밀려와 멀고 먼 시베리아 벌판의 시린 추위도 이보다 더할까? 부장들이 다 해고라니 계급차별인가. 우리의 의지를 굽히지 말고 옳고 바르게 살아남아야 한다. 눈은 아직도 깊이 쌓여 겨울은 깊기만 하다."(1981. 1. 4)

절 망

현장은 침울한 상태에서도 기계를 돌려야 했다. 그래야 세상이 유지될 수 있다는 현실이 너무 싫었다. '우리는 희망이 없는데 반드시 애국자가 되어야 하는가?'를 되뇌었다. 풀려난 간부들이 서둘러 집행부를 꾸려나가는 모습이 어찌 그리도 애처롭게 보이든지.

이무술 집행부가 출범했으나 회사의 태도는 전과 같지 않았다. 우리는 기고만장하게 돌변한 회사의 태도에 또 한 번 분노하며 이를 악물었다. 노동조합이 약화된 틈을 노려 기회로 삼으려는 정부와 회사의 계획에 맞춰 돋보이려는 남자들의 추악한 작태가 서글퍼 보였다.

회사는 정신교육, 새마을교육, 품질관리교육을 강요하며 노동조합을 무력화시키느라 총력전을 펴고 있었다. 교육비가 8억 원이 들었고, 현장 가동률은 인원이 부족하여 절반으로 떨어져 6년 만에 적자경영이 되었다고 한다. 회사가 이렇게 하고도 존립할 수 있을까 싶었다.

근근이 버텨오던 노동조합에 또다시 위기가 닥쳐왔다. 이무술 조합장이 사퇴하면서 현장에 갈등 기류가 나타나기 시작하였다. 회사가 이러한 기회를 그냥 넘길 리 없었다. 가공과 대의원 김성구와 담임 김성우의 폭력사태를 빌미 삼아 담임들을 중심으로 한 남자 조합원들을 결집시켜 9·27 폭력사태를 조장한 것이다. 고비를 잘 넘기려 조심조심 해왔는데 너무 빨리 왔구나 싶었다.

승화가 농성을 진두지휘하기 시작하였다. 부조합장이기 때문이다. 승화도 이것이 마지막 싸움이 되리라는 것을 잘 알고 있었을 것이다. 퇴근을 중지하고 단식농성으로 대응하기 시작하였다. 600여 명의 5일간의 단식농성은 말로 다 표현할 수 없는 처절함이었다. 물과 전기마저 차단된 현장은 암흑이었고, 탈진한 조합원들이 기계 사이에 널브러져 있는 모습은 시체더미와도 같았다.

마 지 막 절 규

화장실에서 내뿜는 악취에 숨을 쉴 수 없어 실신하는 조합원들이 늘어나도 병원에 갈 수조차 없었다. 딸을 찾으러 온 가족들의 눈에 띄지 않으려고 마대를 뒤집어쓰고 있다가 실신하는 조합원도 있었다. 농성 마지막 날 새벽, 폭력배들은 농성장을 덮칠 기세였다. 그들은 농성장을 겨우 지키는 조합원들을 물고 뜯고 할퀴어 아수라장을 만들 참이었다.

이렇게 끌려날 바에야 모두 운동장으로 나가 싸우자고 외쳤다. 승화의 목소리였다. 신발도 신지 못한 채 맨발로 운동장에 모인 조합원들이 소리 높여 외쳤다. 사람 살려! 노동조합 탄압을 중지하라! 양정모는 물러가라! 그러나, 돌아오는 메아리는 없었다.

정문을 지키던 늑대 같은 경찰이 우리를 가로막고 정문 밖으로 밀어냈다. 폭력을 행사하며 발길질을 해댔다. 그리고 병원으로 끌고 갔다. 병원으로 실려 간 조합원이 무려 200여 명이나 되었다. 대림동 병원들은 원풍조합원으로 초만원을 이루었다. 방마다 침대가 모자라 복도에 늘어놓고 링거를 꽂았다.

지옥도 이렇지는 않을 것이다. 일부는 경찰버스에 태워져 쓰레기장에 버려지기도 하였다. 이런 아우성은 새벽이 되어서야 끝이 났다. 승화는 병원을 거쳐 남부서로 연행되었다. 그리고 회사 앞은 아무 일도 없었던 듯이 한산한 모습으로 전경들만이 도열해 있었다.

이제 다 끝난 것인가? 다들 어떻게 되었을까? 끝난 것은 끝난 것이 아니다, 다시 시작해야 한다. 출근투쟁을 하여 노조 사무실과 현장을 되찾아야 한다.

감 옥 으 로 부 터 의   쪽 지

승화가 경찰서에서 풀려난 날, 추석 아침에 풀려나는 간부들을 신병인수 하러 오신 승화 아버지께서는 "장하다. 너희들 때문에 나라가 이만이라도 한 거다. 내가 딸을 공부시켜주지 못해 항상 마음에 걸렸는데, 그때 회사 앞에 가보니 내 딸이 그래도 이 아비보다 낫구나 하는 생각을 하게 되었다"고 말씀하셨다.

나는 딸을 믿고 자랑스럽게 여기면서 격려하는 그런 아버지를 가진 승화가 부러웠다. 또한 정보기관의 재촉에 못 이겨 딸이 빨갱이에 속아 못할 짓을 한다며 호통을 치는 가족들의 심정은 또 얼마나 쓰리고 아플까를 생각하니 눈물이 났다.

출근투쟁으로 연행된 사람이 197명이었다. 수배 중이던 간부들도 모두 연행되어 유치장에 갇혔다. 구속자 8명, 구류자 23명이었다. 남부경찰서 유치장이 비좁아 구로경찰서로 나누었다. 유치장에서 쪽지가 날아왔다.

"마지막 남은 간부들이 어려움이 많을 줄 압니다. 그러나 최선을 다해 밖에 나가서 만나는 작업을 해야 합니다. 우리가 석방되어 남은 조합원들과 같이할 수 있다면 행동으로 뭉칩시다. 심현숙이는 꼭 만나서 사랑으로 감싸서 함께 동참할 수 있도록 해주세요."(양승화)

"보고 싶다. 우리 모두 다시 웃으며 만날 수 있는 날을 기다려 조금도 후회하지 않고 좌절하지 않는 강한 사람이었으면… 무어라 표현할 수 없어 가슴이 아프지만 걱정하지 말고 다시 시작한다는 마음으로 새날을 기약하자. 모든 것을 다 알고 시작한 것이니 서로가 부담과 걱정을 덜기로 하자. 강한 믿음으로 이 시련을 극복하여 다시 만나자. 날씨가 너무 추워서 서러워진다. 다시 만나 시작하는 일, 새롭게 시작하는 기쁨만을 간구하자. 내가 할 수 있는 최선을 다할 게. 부족한 점 너의 넓은 마음으로 이해해 주렴. 좀 더 따뜻한 겨울이었으면 한다. 그 어느 때보다 더 간절한 마음으로 빌고 싶다."(이영순)

"영순아 미안하다. 너무 일도 못하고 와서 면목이 없다. 나의 마음 착잡하다. 그러나 당당하게 감옥 생활을 하겠다. 다리가 아픈 게 계속 불편하기는 하지만, 엄마나 아버지 만나 잘 말씀드리고 걱정하지 마시라 해라. … 진실은 거짓을 이긴다는 그 말 나는 믿는다. 그리고 그렇게 되기를 바라면서 후회 없이 이 길을 향해 가겠다. 언년이에게 관심 갖고 뒷바라지 잘해줘라. 가슴 아프다."(양승화)

똥 씹 는 검 사

8명의 재판이 시작되었다. 감옥에 갇힌 민주노조 재판이었다. 그동안 흩어져 살던 조합원들이 법원을 가득 채웠다. 보고 싶은 언년이가 법정에 들어섰다. 사회 혼란자라며 구형을 하는 검사의 말을 언년이가 되받았다.

"뭐라고요? 우리가 사회를 혼란시켰다고요? 내가 생각하기에는 우리 노조를 파괴하기 위해서 죄 없는 우리를 재판하는 검사님이 사회를 혼란시킨 것 같은데요. 아닌가요?"

방청석에서 와, 하며 옳소! 하는 소리가 터져 나왔다. 당황한 김승년 검사가 똥 씹는 표정으로 저런, 저런 하자 판사는 재판을 서둘러 종료하였다. 나는 속으로 시원함을 느꼈다. 우리 쪽 변론을 맡은 홍성우 변호사가 항의했다.

"재판장님, 이 사건에 대한 재판은, 가해자는 거리를 활보하고 오히려 피해자만 법정에 세워 재판을 하는 것 아닙니까? 왜입니까?"

나치 시대에나 있을법한 재판은 이렇게 끝이 났다.

아프고 쓰린, 깊이 파인 상처를 위로하며 잔재들을 주워 모았다. 떠난 사람들의 서랍과 일용품을 정리하며 눈물이 흐르지만 엄연한 현실이었다. 상갓집 지난 뒤 같은 휑한 사무실. 작은 것이라도 주워 모아 새로운 내일을 준비해야 했다. 초롱초롱한 수많은 눈망울이 있기에 눈물을 감추고 웃어야 했다. 얼어붙은 겨울, 영원히 풀리지 않을 것 같은 이 겨울, 영원히 풀리지 않을 것 같은 이 계절.

미끄러운 길을 걸으며 지난날이 되어버린 동지의 얼굴들이 어지럽게 지나간다. 우리의 꿈은 저만치 뒷걸음쳐 있다. 고였다 다시 흐르듯, 언젠가 둑을 무너트리듯, 시원한 물줄기를 생각하자. 얼었던 물이 풀릴 때 언 땅에도 새순이 돋고 우리에게도 희망의 날이…

원풍노조가 폭력배들에게 파괴당한 후인 10월 13일, 출근투쟁을 하다가 남부경찰서에 연행되어 구류를 살았다. 이때 고천에서 작은아버지가 찾아와 왜 빨갱이가 되었냐며 집에 가자고 했다. 나는 하도 어이가 없어서 공장에서 일하다 해고되어 출근하려고 가다 붙잡혀 왔다니까, 그런 일도 있냐고 의아해하면서도 작은아버지는 여기서 나가자고 했다. 나는 집에 못 간다고, 나는 빨갱이가 아니니 그냥 가시라고 밀어냈다.

구류를 살고 나오자 노량진경찰서 담당이 매일 와서 엄마에게 딸 요즘 뭐 하냐며 감시를 했다. 당장 살길이 막막해서 봉제공장에 시다로 취업을 하여 하루에 12~18시간 일을 하고, 작업량이 많이 들어오면 밤도 새우기도 하면서 3번이나 해고를 당했다.

> 보고 싶은 친구들 갈 수 없는 그리움의 세계
> 나는 일자리를 찾아 시다가 되었다.
> 낮도 밤도 알 수 없는 캄캄한 지하실
> 8시 30분 아침은 먹는 둥 마는 둥
> 제각기 자리에 앉아 재봉틀 돌리는 소리. 또또 치는 소리

오늘은 몇 장을 해야 할까

일감을 잡고 보니 난감하고 질린다.

정신없이 뒤집고 다리기, 끈이라도 없으면 덜 까다로울 걸

이놈에 잠바 안 팔렸으면

은근히 분통이 터진다.

확 던지고 싶지만 마음뿐

참고 있던 소변을 보러 화장실에 갔다

도로변에 차 소리. 오가는 사람들은 즐거워만 보이고

하염없이 부러운 눈으로 쳐다본다.

다시 지하실, 그새 밀린 일감이 어지러이 쌓여있다.

우린 오늘도 저녁을 11시에 먹나 보다.

비좁은 공장 수북한 먼지 속

그래도 그 속에서 실컷 잠이라도 자 보았으면

마무리를 하니 땡 1시 새벽 시계 소리

몸은 지치고 눈은 졸려 시야가 흐릿했다.

어둠이 깔린 밤길을 뚫고 걸으며

나는 소리라도 지르고 싶었다.

언제까지 살아야 하나.

— 시다의 꿈

명 태 아 줌 마 의   하 루

지치고 힘든 시간을 버티고 있는데, 엄마가 많이 아파 빨리 결혼하란다. 엄마가 나 결혼하는 거 보고 죽고 싶다며 애원하시니, 28세에 강원도 어촌으로 시집을 갔다. 경험도 없이 남편과 여름엔 오징어 건조를 하고 겨울엔 명태를 말리고 직접 판매까지 해야 하는데 쉽지가 않았다.

아들을 낳고 살고 있던 어느 날, 어떤 젊은 사람이 옷차림이 어울리지 않게 차려입고 들어와 작은 노리개를 사라면서, 오징어 팔아 밥은 먹고 사느냐, 어떻게 사느냐 이것저것 물어보더니, 이제는 자리도 잡고 했으니 잘 사시라는 이상한 소리를 하고 갔다. 나중에 생각해 보니 나를 감시하는 형사였다.

2007년 민주화운동 명예회복 인증서를 받는 순간 오랫동안 가슴에 맺혀 있던 것이 풀리는 기분이었다. 결국 보상으로 명예회복이 되었다고 생각하니 가슴이 찌릿했다. 정부로부터 받았던 빨갱이, 불순분자라는 것이 거짓이라는 것을 인증하는 명예회복 인증서를 받은 것만 해도 대단하다고 생각되어 정말 감사했다. 그리고 민사소송을 통하여 승소해서 받은 배상금도 상당한 의미가 있다고 생각되었다. 이러한 것들로 나의 젊음을 보상받을 수는 없지만, 국가를 상대로 해서 이겼다는 것에 기쁨을 감출 수가 없었다.

나는 지금도 정사과에서 농성하며 밥도 못 먹고, 화장실 물이 안 나와 막혀 변이 엉겨 붙어서 안 내려가고, 현장에서 고통 받던 꿈을 가끔 꾸며 몸서리를 친다. 내 인생에서 가장 힘들었던 것은 노동조합이 파괴당하고, 동지들이 감옥에 가고, 블랙리스트로 사회활동에 제약이 생겼을 때였다. 항상 선과 정의를 생각하며 일했다고 자부했는데 결과는 비참했다. 아픔과 억울함을 안고 어떻게 살아가야 하나, 걱정이 앞섰고 조직에 대한 회의도 많이 느꼈었다.

돌아보면 원풍노조를 통하여 사람답게 사는 것을 배워 대충 지나치지 못하는 것 때문에 고달플 때도 있다. 하지만 부끄러운 부모가 되지 않기 위해, 이타적으로 살아야 하는 원풍의 정신과 사명이 있다고 생각한다. 자기 삶을 어떻게 살아야 하는지, 그 답을 학교나 부모님들도 가르쳐 주지 않았는데, 노동조합에서 밑바닥부터 배우면서 역사를 써 내려간 것이다.

원풍에서 경험했던 노동조합의 힘으로 공동체가 되어 일할 때 무섭고 두려울 것도 없이 가장 당당했다. 삶을 다하는 날까지 부끄럽지 않게 살아서 마침표를 찍는 것이 나의 바람이며 꿈이다. 그래서 나는 오늘도 새로운 마음으로 다시 시작한다.

015

지지 않는 꽃

정정순

———————1954년 경남 남해에서 태어나 1972년 원풍모방의 전신인 한국모방에 입사했다. 1981년 기숙사 자치회 총무, 노조 대의원을 지냈으며, 1982년 9·27사건으로 해고를 당했다. 2007년 정부에 의해 민주화운동 관련자로 인정되어 명예회복이 되었다.

나이 고향은 경남 남해의 운암이다. 어렸을 때부터 키가 아주 작고 약해서 남들보다 성장이 느렸다. 나이가 19살인데도 굴곡이 없는 몸매를 유지하자, 고향을 떠나 물을 갈아먹으면 성장이 촉진되지 않을까 해서 오빠가 서울로 올라오도록 도와주었다. 나는 서울에 오고 나서부터 몸이 건강해지기 시작했다.

72년 당시 한국모방 사장이 박용운이었는데, 그 사람이 우리 6촌올케의 오빠였다. 당시 우리 동네에서는 올케 오빠가 서울에서 공장을 운영하는데 돈도 잘 벌고, 회사도 잘 돌아간다면서 그 사장이 큰 인물이라는 소문이 자자했다. 그래서 한국모방에 들어가고 싶어 하는 사람들이 많았다. 나는 72년 6월, 19살에 한국모방에 입사했다.

한국모방에 입사하면서 좋은 남자 만나 시집 잘 가는 것이 나의 꿈이었다. 그래서 월급 타면 결혼자금을 모으기 위해 저축도 하면서 야무지게 돈 관리를 했다. 나는 청소부터 시작하는 양성공을 벗어나 빨리 원공이 되어 기계 앞에서 일하고 싶다는 생각을 했다. 72년 당시에는 12시간씩 맞교대를 하고, 주말에는 18

시간씩 휴일 특근을 하기도 했는데, 그렇게 현장에서 일해도 피곤한 줄 모르고 좋았다.

명 동 성 당   농 성

72년 9월 3일은 노조가 파업한 날이었다. 입사한 지 얼마 되지 않아 뭐가 뭔지 잘 모를 때였는데, 같은 방 식구들이 밖으로 나오라고 했다면서 같이 가자고 해서 얼떨결에 따라 간 곳이 명동성당이었다. 기숙사에서 입고 있던 옷 그대로 버스를 탔는데, 사람들이 우리를 이상하게 보는 것 같았다. 인솔하는 언니가 버스비도 내주고, 명동이라는 곳을 처음 가보기 때문에 나는 일행을 잃어버릴까봐 손을 꼭 잡고 다녔다. 명동성당 안으로 들어가자 미사를 보는 사람들이 많아 우리들은 숨소리도 내지 않고 조용히 있었다.

저녁 때가 되어 신자들이 모두 빠져나가고 우리만 남게 되자, 경찰이 들이닥쳐 농성을 해산시키기 전에 돌아가라며 겁을 주었다. 그렇게 대치상태에 있다가 지도부가 교섭을 해서 밤늦게 경찰차를 타고 회사에 도착했다. 하루 종일 밥도 못 먹고 굶다가 그제야 식당에서 밥을 먹었다. 밤 12시가 넘어 경찰차를 타고 회사까지 온 거며, 식사시간이 아닌데도 밥을 먹을 수 있는 것이 너무 신기했다. 뭉치면 힘이 된다는 것을 처음으로 알게 된 계기였다.

73년 6월, 회사가 부도가 났다며 어수선해졌다. 노조가 중심이 되어 수습대책위원회가 구성되어 회사를 운영하면서 부도난 회사 같지 않게 월급도 잘 나오고, 일거리도 비록 타 회사에서 하청을 받은 것이지만 잘 돌아가고 있었다. 노동조합 간부들이 대내외적으로 열심히 뛰어 회사를 살려낸 것이다. 더불어 노동조합 조직도 단단해지고, 민주적인 노동조합으로 자리 잡아가고 있었다.

그러다가 74년 회사가 또다시 위기에 처했다. 이를 극복하기 위해 노사공동경영체제를 채택하여 지부장이 회사 전무로 자리를 옮겼다. 그 뒤를 이어 6월에 방용석 씨가 지부장이 되고 정부와 은행이 회사를 경매처분하려 하자 노조는 초비상 상태에 접어들었다. 어려움을 겪고서야 고용승계와 금품 청산, 그리고 단체협약 인정 등을 약속하고 경매 절차가 이루어졌다.

이러한 과정을 겪으면서 원풍산업이 낙찰을 받아 75년 2월 15일 회사 이름이 한국모방에서 원풍산업모방공장으로 변경되었다. 노동조합은 어려운 고비를 여러 번 넘기면서 단단하고 신뢰받는 민주노조로 발전했고, 타 회사보다 임금이나 단체협약 내용이 좋아지기 시작했다.

79년 대통령 박정희가 사망했다. 그러나 얼어붙었던 겨울공화국이 끝나고 봄이 오기를 기다리고 있던 우리들에게 80년 5·18 광주항쟁 이후의 또 다른 군부독재가 다가오고 있었다. 노조는 광주항쟁 사상자들을 위한 모금운동을 벌였고, 정권은 이를 꼬투리 잡아 방용석 지부장님과 박순희 부지부장님을 노동계 정화라는 명목으로 해고하고 수배령을 내렸다. 이때부터 노동조합의 힘은 현저히 약화되기 시작했다.

절망의 겨울

80년 12월, 지부장직무대리 이문희가 계엄사 합동수사본부에 연행되는 것을 시작으로 노동조합 간부들이 차례로 잡혀갔다. 기숙사 사감이 여군 출신으로 바뀌고, 경비도 군 출신이 들어와서 업무를 보기 시작했다. 기숙사생들은 여군 출신이 사감이 되는 것은 노동조합을 약화시키고 기숙사생들의 동향을 파악하기 위한 것으로 생각해서 밀어내려고 했지만, 힘이 부족했다. 정체모를 사람들이 작업복을 입고 현장을 순시하기도 했는데, 그때는 옆 사람과 이야기도 못할 만큼 살벌한 분위기여서 그저 눈치만 보고 있었다.

노동조합 간부들이 합동수사본부에 끌려가 20여일 이상 감금되어 돌아오지 못하고, 끝내는 14명이 해고를 당하고 4명이 순화 교육을 가는 상황을 접하면서 '이제는 노동조합의 힘이 다 되었다'는 절망적인 생각이 들었다. 당시 우리 부서는 상집간부 양분옥을 중심으로 조직적으로 노동조합 활동을 했는데, 양분옥과 대의원 신필섭이 TQC 활동을 방해한 혐의로 해고를 당하면서 힘이 쭉 빠지는 느낌이 들었다. 이대로 영영 끝나는 건 아닌가, 하는 생각에 현장 분위기가 더 뒤숭숭해졌다.

나는 72년에 입사를 했으므로 기숙사에서도 꽤 선임이 되어 81년에는 자치회 총무를 맡아서 일했다. 기숙사자치회는 회장 1명, 총무 1명, 각반별 부회장 1명이 집행부가 되고, 각 방의 실장들이 임원이 되어 기숙사의 제반 문제들을 의논하고 결정하는 일을 했다.

폭력에 단식으로 대응

82년 9월 27일, 폭력배들이 노동조합 출입을 막고 조합장을 감금했다는 소식을 기숙사에서 들었다. 당시 우리 반은 야간반이라서 잠을 자고 있었다. 상집간부로부터 기숙사생들은 노동조합 앞으로 모두 내려오라는 연락을 받고 노조로 갔다. 나는 정사 C반에서 대의원으로 활동을 하고 있을 때였는데, 당시 노동조합에서는 회사의 탄압에 대비하여 대의원과 전(前) 대의원, 핵심활동가들을 포함, 비상조직과 같은 연락체계를 갖추고 있었다. 노동조합 앞에는 폭력배들이 바리게이트를 치고 사무실 출입을 막고 있었고, 조합원들은 울고불고 난리가 났다. C반 기숙사생들은 이날 점심부터 단식을 시작하면서 이틀을 출근했다.

검사과에 모여 농성을 할 때 쓰러져 나가는 사람들도 있었는데, '이제 다 끝나는구나. 노동조합이 힘이 없으니까' 이런 생각이 들었다. 4박5일간 농성을 하면서 가장 기억나는 것은 가족들이 면회를 왔다고 하면서 조합원들을 농성장에서 끌어내려고 했던 방송이다. 그리고 조합원들의 사지가 뒤틀려 쓰러지면 농성장 밖으로 내놓았던 광경이다.

계속 단식을 하자 속이 메스껍고 어지러워 소금물을 타서 먹었지만, 며칠을 굶었기 때문에 쓰러져 실려 나가는 조합원들이 점점 늘어났다. 이 틈을 타 구사대들이 조합원들을 무자비하게 끌어내기 시작하자, 농성 조합원들은 운동장으로 뛰쳐나갔고, 나는 거기에서 마지막까지 버티다가 폭력배에 의하여 끌려 나왔다.

10월 1일, 방배동에 있는 작은오빠네 집으로 가서 추석을 지내고 있었다. 그런데 시골의 큰오빠가, 밭에서 일하고 있는데 남해경찰서 경찰이 찾아와 동생이 간첩들과 같이 있으니 빨리 내려오게 연락하라고 했다며 전화를 했다. 작은오빠는 '내가 알아서 할 테니까 형님 별로 걱정 안 해도 된다'며 큰오빠를 안심시켰다. 그러나 큰오빠는 시집이나 빨리 보내려는 마음으로 '꽃도 봐야 사가니까' 고향집으로 내려 보내라고 계속 독촉했다.

그 무렵 삼환기업을 다니는 작은오빠 회사로 안기부에서 나온 것 같은 사람이 나를 만나게 해달라고 했다고 한다. 작은오빠는 내가 놀랄까 봐 걱정을 하면서 회사로 좀 나오라고 했다. 회사로 가니 작은오빠가 나를 데리고 어느 식당으로 들어갔다. 식당 안에는 웬 남자 두 사람이 앉아있었다. 그 남자들이 정정순이냐고 묻기에 그렇다고 했다. 회사에 몇 년 근무를 했느냐고 물어보기에 한 10년 했다고 했더니, 노동조합의 정보를 제공할 수 없느냐고 물어봤다.

나는 '내가 똑똑하고 활동을 잘해서 대의원이 된 것이 아니라 10년 이상 근무했기 때문에 대의원이 된 것이다. 노조의 기밀을 제공할 것은 없다'고 대답했다. 그랬더니 그 사람들은 '오늘 점심을 먹었으니, 영수증을 첨부해야 해서 확인도장이 필요하니 도장을 달라'고 했다. 나를 만난 것에 대한 확인도장을 찍어 올려야 된다는 것이다. 나는, 도장을 왜 가지고 다니겠느냐, 또 당신들하고 점심 먹을 거라는 생각도 안 했다며 끝까지 거부하고 헤어졌다.

작은오빠의 회사에 기관원이 찾아오며 계속 압력을 가하자 올케언니가 나에게 사표를 내라고 종용했다. 나도 작은오빠 집에 얹혀살면서 지속적으로 찾아와 괴롭히는 기관원들을 보면서 미안하다는 생각이 들었다. 그래서 11월 25일 사표를 냈다. 더는 취업하지 않고 남해에서 올라온 큰오빠네 조카들과 자취를 하다가 서울에서 선을 본 사람과 83년 4월에 결혼을 하고 남편의 고향인 부산에서 살았다. 결혼하고 나서는 감시를 받지 않았다.

나 지금, 꿈을 꾸고 있는가

그동안 원풍 동료들이 계속해서 만나고 있는지도 몰랐다. 9·27 사건 이후 뿔뿔이 흩어져 연락도 안 하는 줄 알았기 때문이다. 그러던 어느 날, 박영순에게서 원풍에 민주화운동 관련자 신청서를 내고 조사를 받으면 생활지원금을 받을 수 있다는 연락이 왔다. 나는 '얘가 지금 꿈을 꾸나? 원풍이 깨진 지가 몇 년이고, 누가 그렇게 돈을 준다는 거야?' 이렇게 생각하며 처음에는 믿지 않았다. 다만 지부장님이 노동부장관을 하신다는 이야기를 듣고 인터넷에서 찾아보니 정말 장관이 되셨다는 기사가 있어서 기쁘고 놀랐다.

나는 2007년에 원풍 모임에 다시 나오게 되면서 민주화운동 관련자 신청을 하는 서류를 한 보따리 받아갔다. 부산에서 이와 관련하여 조사를 받았는데, 여러 사람을 조사해 봤지만 이렇게 서류를 완벽하게 갖추어 온 사람은 내가 처음이라고 했다. 다른 사람들은 그냥 와서, '내가 뭘 했습니다. 어느 날 무슨 일이 있었습니다.' 이렇게 해서 믿을 수가 없었는데, 내 서류를 보고는 정말 훌륭한 일을 했다며 감탄했다.

남편은 내가 원풍 다닌 것을 알고 있었지만 그 동안 별다른 말은 없었다. 내가 민주화운동 인증서를 받은 것을 보고는 '참 원풍이라는 노조가 대단하다. 이런 노조는 대한민국에서 찾아보기 드물다'며 감탄했다.

나는 다시 찾아온 원풍 모임을 보면서 이 모임 자체가 정말 대단하다고, 돈 주고도 이런 모임은 못 한다고 생각했다. 그동안 세월이 얼마나 많이 지났는데, 그 긴 세월 동안 지속해서 이런 모임이 유지되는 것은 정말 대단한 일이라고 생각했다. 그래서 우리 딸 수현이도 자녀 모임에 참석했고, 올해 결혼도 시켰다.

내가 사는 부산은 지역 특성이 있는 곳이다 보니 정치적으로나 사회적으로 힘들 때가 많았다. 내 이웃들에게 원풍에서 활동한 이야기도 하고, 생활지원금도 받고, 명예회복도 되었다고 이야기를 해도 빨갱이라고 몰아붙였다. '너희가 가만히 있는데 폭력배들이 와서 끌어내고 그랬겠냐'며 '너희들이 먼저 무리한 요구 조건을 내놓고 그래서 끌려 나왔겠지' 하면서 비웃는 사람들도 있었다. 젊은 사람들은 원풍 이야기를 하면 이해를 하는데, 70이 넘은 사람들은 무조건 부정한다. 남편에게도 "그러면 너도 완전 빨갱이 아인가?" 하며 매도했다. 그래도 남편과 아이들이 나와 생각이 같아서 다행이다.

작년에 촛불집회를 겪으면서 민주화를 열망하는 사람들이 정권교체를 이루어 낸 것에 희망을 걸어본다. 내가 사는 부산에도 변화의 바람이 불어올 것이다. '부산 사람들아, 나 빨갱이 아닙니다! 민주화운동 했다고 국가에서 인정받은 사람입니다!'라고 크게 외쳐보고 싶다. '나 빨갱이에서 민주화운동가로 명예회복이 되었습니다. 보소! 국가가 인정하는 이 증서를!' 만천하에 인증서를 펼쳐 보이고 싶다. 원풍은 나의 가슴에 피어나 영원히 지지 않는 꽃이다.

016

원풍동지들과 함께 걸어온 길

김두옥

―――――1955년, 충남 당진에서 6남매 중 외동딸로 태어났다. 1973년 5월 원풍모방에 입사했다. 1977년 노조 상무집행위원으로 선출되어 활동하다가, 1980년 12월 전두환 신군부의 합동수사본부에 연행되어 조사를 받고 강제해고와 강제귀향 조치를 당하였다. 2001년, '민주화운동 관련자 명예회복 및 보상 등에 관한 법률'에 의하여 민주화운동 관련자로 명예회복이 되었다

나는 1955년 충남 당진에서 6남매 중 외동딸로 태어났다. 할아버지는 교육열이 높은 분이었다. 장남이었던 아버지에게 미술을 가르치기 위해 일본 유학을 보냈다. 또한 손주였던 오빠들은 대학까지 공부를 시켰다. 단 손녀딸인 나는 여자라는 이유로 고등학교 진학을 반대했다. 여자는 공부를 많이 하면 시집을 못 간다는 것이 주된 이유였다. 집안에서 딸이라는 이유로 차별을 받았던 나는, 엄마를 졸라 1973년 서울로 올라왔다.

그해 5월에 한국모방에 입사하여 가공과 생산현장에 배치되었다. 가부장적이고 억압적인 집안에서 해방되고 싶어 서울로 탈출을 했지만, 시골 소녀가 처음 마주한 공장은 두렵고 무서웠다. 집채만 한 시커먼 기계가 돌아가는 소리에 귀청은 터져나갈 듯했고, 까딱 잘못하면 그 기계에 몸이 빨려 들어가 버릴 것 같아 겁이 났다.

우악스럽게 생긴 남자들이 여자들을 흘깃흘깃 훔쳐보는 눈짓도 싫었다. 야간

근무 때는 졸리어서 지옥같이 느껴질 만큼 힘이 들었다. 그러나 몇 개월 근무하다 보니 작업환경이 익숙해졌다. 동료들과 사귀면서 지옥 같았던 야근도 견딜만해졌다. 태어나서 처음으로 닥치면 무엇이든 헤쳐 나갈 길이 열린다는 것을 몸으로 깨달은 시절이었다.

노조 상집간부 활동

입사한 지 4년이 되던 어느 봄날이었다. 그해 대의원대회를 앞둔 날로 기억된다. 방용석 지부장님이 노동조합 사무실을 다녀가라고 했다. 의아한 마음으로 노조 사무실에 갔는데, 뜻밖의 이야기를 들었다. 통보라고 하는 말이 맞을 것이다. 가공과 부서를 대표하는 노동조합 상집간부로 내정되었다는 말씀이었다.

"예, 제가 노조 상집간부가 되었다고요? 저는 노조활동은 물론 대의원도 한번 해보지 않았는데 어떻게 상집간부를 합니까?" 하고 방 지부장님에게 되물었다. 지부장님은 "힘들겠지만, 상집회의에서 심사숙고한 끝에 결정한 것이니 따라주면 좋겠다"고 말씀하셨다. 차분하면서도 단호하게 권하는 말씀에 더는 뭐라고 거부할 말이 없었다.

그러나 한편으로는 걱정이 되었다. 부서의 대의원이나 조합원들이 나를 보고 상집간부가 될 자격이 없는 사람이라고 항의할 것 같았다. 아니나 다를까, 현장으로 들어서는 나를 보자마자 당시 대의원인 양병욱이 남자 조합원 몇 명과 같이 따지듯이 항의했다. 대의원을 하는 사람도 상집간부를 못하는데, 노조 활동에 무관심했던 네가 어떻게 상집간부를 하느냐는 말이었다.

어느 정도 짐작은 했지만 내가 상집위원을 시켜달라고 한 것도 아닌데, 부서 동료들이 너무 심하다는 생각이 들었다. 하지만 나를 비판하는 동료들 처지에서 생각을 해보니 한편 이해도 되었다. 그들이 주장하듯이 내가 노동조합 활동에 소극적이었던 것도 사실이었으니, 그 비판은 어쩌면 당연하기도 했다. 혼자 이런저런 고민을 하다가 방 지부장님을 만났다. 부서 동료들의 반응을 설명하면서 내가 상집간부를 하는 것은 무리인 것 같으니, 다른 사람으로 교체하여 달라고 요청하였다.

방 지부장님은 "현장에서 지금 너에게 향하는 비난은 본인이 앞으로 어떻게 활동하느냐에 따라 달라질 수 있다. 너무 걱정하지 말고 열심히 노력하라"고 말씀하셨다. 나는 이렇게 우여곡절을 겪으면서 원풍모방노동조합의 상집위원이 되었다. 기왕 상집간부가 되었으니 열심히 배우며 조합원들과 호흡을 맞추면서 노조활동을 해나가리라고 다짐했다.

소모임에 가입하여 영등포산업선교회에서 진행하는 노동교육 프로그램에 참여하였고, 노조교육에도 거의 빠짐없이 참석하였다. 종로5가 기독교회관에서 매주 열리는 구속자석방 및 해고노동자 복직을 촉구하는 기도회와 각종 집회에도 근무시간이 아니면 거의 참석하였다. 그야말로 눈코 뜰 새가 없을 지경으로 노조활동에 심혈을 기울였던 때였다.

가공과는 다른 부서와는 달랐다. 남성 조합원들이 많았고, 선임 여성 조합원들도 많았다. 나중에 안 사실이었지만, 내가 상집간부로 선출된 것은 이 두 부류의 집단을 잘 어우르면서 소통할 수 있는 적임자로 고민 끝에 선택되었다는 것이었다. 그만큼 가공과는 타 부서와 달리 노조 활동에 비협조적인 분위기가 강했다. 노조활동을 앞장서서 하면서 부서의 문제점이 보였고, 상집간부의 역할이 무엇인지 알게 되었다. 무엇보다 동료들의 노조활동에 대한 관심과 협조의 폭을 넓히는 것이 중요하다고 판단하여, 나름대로 목표를 세우고 열심히 노력했다.

동료들은 차츰 나를 신뢰해주었고, 노조활동에도 함께 하는 조합원들이 늘어나기 시작했다. 개인적으로도 노동조합에서 활동하면서 새롭게 눈을 뜨고 차츰 변화되어가는 내 모습이 대견하여 뿌듯했다. 노조활동을 하지 않았을 때는 삶에 대한 목표의식이 없었고, 겉모습만 치장하였던 것 같다. 활동을 하면서 사람이 어떻게 사는 것이 정말 잘 사는 것인가를 깨달았다.

봄 꽃 이 피 다

1979년 10월 26일, 독재자 박정희 대통령이 부하가 쏜 총에 맞아 죽어 유신정권이 막을 내렸다. 그 날을 잊을 수 없는 이유는 국가의 지도자가 사망한 날이라서가 아니라 군사 쿠데타로 정권을 잡고 18년간 독재정치로 노동자들을 억압하던 권력이 무너진 날이기 때문이다. 계엄령이 선포되었지만, 그 날 이후 세상이 변화되어 민주세상이 곧 열릴 것 같았다.

제1야당이었던 신민당이 주최하는 개헌공청회에 방용석 지부장님이 노동자 대표로 나가 노동악법 개정을 촉구하는 발언을 하셨다. 5월에는 여의도 한국노동조합총연맹 강당에서 '노동기본권확보궐기대회'가 열렸다. 노동악법 철폐와 어용노조간부 퇴진을 촉구하는 대회였다. 원풍노조 조합원들은 근무반 외에는 모두 참여하였다.

그날 대회장이 떠나갈 정도로 우레와 같은 박수를 받으면서 등장했던 방용석 지부장님의 모습은 37년이 지난 지금도 잊혀지지 않을 정도로 감동적이었다. 우리는 그렇게 노동악법이 사라지고 노동자들이 잘 사는 세상이 오리라는 기대와 희망으로 들떴다.

그러나 5월 17일, 전두환 신군부는 계엄령을 확대하였다. 계엄군이 광주시민들을 총칼로 무참히 살해하는 끔찍한 사건이 벌어지면서 민주화의 열기는 순식간에 얼어붙었다. 원풍노조도 살얼음판을 걷는 듯한 상황에 놓였다. 방용석 지부장님과 박순희 부지부장님이 수배되었고, 노동계 정화 조치로 해고되었다. 5·18 광주 희생자 돕기 모금으로 원풍노조는 독재정권의 눈 밖에 났다. 방용석 지부장님이 김대중 내란음모 혐의자로 지목되어 계엄사의 수사대상이 된 것이다.

원풍노조의 운명은 풍전등화와 같았다. 물론 원풍노동조합의 지도부만 정화해고를 당한 것은 아니다. 70년대에 민주노조활동을 해왔던 노조간부들은 모두 정화라는 미명으로 해고당했다. 유신정권의 폭압 속에서도 버티어 왔던 민주노동조합들이 소리 한 번 질러보지 못한 채 무너져간 암울한 시대였다.

긴급 소집된 상집회의에서 이문희 부지부장을 지부장직무대리로 세우고 계엄령이 해제될 때까지 노조에 가해지는 억울한 일들을 참고 기다리자고 결정했다. 엄혹하기 이를 데 없었던 계엄 시기에 노동자가 할 수 있는 일은 없었다. 다만 두 사람의 지도자가 없는 노동조합 사무실을 조합원들과 함께 24시간 불 밝히고 지키는 것뿐이었다. 그분들이 돌아오는 날이 곧 오리라는 기대와 희망을 갖고….

꽃 이 시 들 다

1980년, 계엄령 해제를 한 달 남짓 남겨둔 12월 초였다. 합동수사본부 군인들이 원풍노조에 들이닥쳤다. 12월 5일 이문희 지부장직무대리가 합동수사본부로 연행되었다. 이어서 임재수 총무와 한상분 부지부장을 연행하더니 상집간부 전원을 끌고 갔다. 나는 잠깐 조사를 받고 먼저 연행된 간부들과 함께 노조로 돌아올 것이라고 믿었다. 수사관들은 한 사람씩 각방으로 끌고 갔다. 그곳에는 남자 수사관 한 명과 여자 수사관 한 명이 2인1조가 되어 조사했다.

그들은 "공장에 돈 벌러 왔으면 돈이나 벌지 쓸데없이 왜 노동조합 활동을 하느냐?", "광주사태는 빨갱이들이 한 짓인데, 누가 선동하여 그 빨갱이들에게 모금을 해주었느냐?", "광주시민 돕기 모금은 빨갱이 김대중 내란음모에 가담한 죄가 된다", "방용석 지부장이 김대중을 도운 것은 범죄 행위이다"라고 윽박지르며 조사를 했다.

남자 수사관은 여자 수사관의 젖가슴에 손을 넣고는 자신의 무릎에 그 여자를 앉히고 애무를 하는가 하면, 엉덩이를 손으로 쓰다듬는 행동을 반복하였다. 군인들이 자행하는 상상 밖의 행동은 나에게 위압감을 주었고, 온몸에 소름이 돋고 무섭고 떨렸다. 그때를 떠올리면 지금도 심장이 조여든다.

그들은 감금한 지 20여 일쯤 지난 12월 31일 사표를 제출하라고 요구하였다. '원풍모방공장이 너희들 때문에 잘 돌아가지 않고 있다. 이문희 직무대리도 사표를 썼으니 너도 사표를 제출하라'고 을렀다. 무서워도 참고 견디었는데 사직서를 제출하라니 기가 막혔다. 억울한 마음에 위경련이 발병하여 배가 너무 아팠다. 국군통합병원으로 실려 가서 응급치료를 받기도 했다.

결국 군인들에게 사직서를 제출할 수밖에 없었다. 세상에 이토록 억울한 일이 있을 수 있단 말인가, 강요와 협박에 못 이겨 그곳에서 사직서를 던지고 얼마나 울었는지 모른다. 8년간 근무했던 작업현장과 사랑했던 동료들과 이별인사도 나누지 못한 채 소리 없이 떠날 수밖에 없었다. 개인의 의지는 거대한 국가폭력 앞에서 모래성과 같았다.

군인들은 우리들을 차에 태워 회사로 데려와 퇴직금을 정리하게 하더니 기숙사까지 따라붙어 짐싸는 것을 감시했다. 나는 그렇게 정들었던 노동조합을 먼발치에서 바라보며 작별 인사를 하고 군인들에 이끌려 강제로 고향집으로 떠나야 했다.

고향에 돌아오자 마을사람들이 수군거렸다. 아무개네 딸이 서울에서 북한사람들과 내통을 했다느니, 지나가는 사람들을 바늘로 콕콕 찔러 못살게 군다느니…, 어머니는 부엌에서 아궁이에 불을 때면서 '우리 딸이 잘못한 일도 없는데 왜 빨갱이라고 하느냐'고 혼잣말을 하시며 눈물을 훔치는 것을 여러 번 보았다. 동네 이장은 물론 경찰, 면사무소 공무원 등의 감시는 계속되었다.

고향집에 머물러 있으면서 간간이 원풍노조 소식을 들었다. 이무술 상집위원이 노조대표가 되어 노조가 수습되어간다는 소식을 들었을 때는 다행이라고 생각했지만, 얼마 후 그가 조합장직 사표를 냈고, 정선순이 조합장이 되었다는 소식을 들었을 때는 충격도 받고 걱정도 되었다. 그러나 이제 내가 할 수 있는 역할은 없었다. 현장에 남아있는 동료들이 잘해 내기를 기대할 수밖에 없었다.

감옥에 갇힌 민주노조

1982년 9월 27일, 국가폭력으로 노조가 파괴되었다는 소식을 들었다. 방 지부장님과 박 부지부장님, 그리고 당시 조합 지도부가 구속되었다는 소식도 들려왔다. 가슴이 아프고 화가 났다. 당시 구사대들에게 감금되어 있던 노조 대표는 나와 같은 부서의 동료였다. 그 사건이 일어나기 전에 가공과에서 담임과 대의원이 충돌하는 폭행 사건이 일어났다. 구사대에 앞장선 자가 가공과의 양병욱이란 말까지 들으니 기가 막혔다. 그 부서의 선임 활동가로서 부끄럽기까지 했다. 이제야말로 지난 10년간 활동했던 원풍노조의 모든 것이 끝나는구나, 하는 생각이 들었다.

나는 1982년 11월에 결혼했다. 맞선을 본 지 1주일 만에 양가 부모들에게 떠밀리다시피하여 결혼을 했다. 1983년, 최영숙 동료가 편지를 보내왔다. 구속된 간부들의 재판이 있다는 소식이 담긴 편지였다. 구속된 간부들이 보고 싶고, 노조를 빼앗기고 거리로 쫓겨난 동료들의 안부가 궁금하여 서울행 기차를 탔다. 문래동 남부지방법원 법정에 들어서니 동료들이 가득히 자리를 메우고 있었다.

동료들은 법정을 떠들썩하게 뒤흔들었다. 검사가 궤변을 늘어놓을 때는 야유와 폭소를 퍼부었고, 변호사가 명쾌한 변론으로 구속자들을 옹호하면 우레와 같은 박수를 치며 응원하였다. 생각했던 것보다 해고된 동료들이 분노가 사그라지지 않았고 활기가 있어 보여 좋았다. 그 이후 구속된 간부들이 석방되었다는 소식이 들렸고, 영등포산업선교회와의 결별 소식도 알게 되었다.

원풍노조 동료들이 법외노조운동을 한다는 소식, '원풍의 집'을 마련하였다는 소식에 그동안의 걱정이 말끔히 사라지는 듯이 기뻤다. '역시 우리 원풍조합원들이야!' 하는 생각이 들었다. 우리 동지들의 사그라지지 않는 분노와 정의를 향한 꿈틀거림을 느낄 수 있어서 마음이 한결 가벼웠다. 누구도 가보지 않았던 길을 만들어가는 동료들의 앞날에 승리의 기쁨만 있기를 빌었다. 아이 셋을 키우는 나는 일상에 매여 허겁지겁 살았다. 동지들과 가까이에서 함께 하지는 못하지만, 연락이라도 자주 하고 안부를 나누며 살아가야겠다고 다짐했지만 그저 마음뿐이었다.

1996년, 방용석 지부장님이 국회의원이 되었다는 소식을 들었다. 너무 기뻐서 혼자서 소리를 지르며 손뼉을 쳤다. 노동운동에 무관심했던 남편도 환하게 웃으면서 축하해 주었다. 1980년 12월, 계엄사에서 해고를 당한 이후 십 수 년 간 억눌려 막혔던 가슴이 뻥 뚫리는 것 같았고, 해고를 당한 것도 억울한데 빨갱이라는 낙인까지 찍혔던 깊은 상처가 보상되는 기분이었다.

그 후 방 지부장님은 노동부장관으로 임명되었다. 그 소식을 티브이 뉴스를 통해 들었을 때는 온몸에 전율이 이는 것 같았다. 방 지부장님이야말로 노동부장관이 제격이라는 생각이 들었다. 희망의 빛이 내 삶에도 되살아나는 것 같이 기뻤다. 지부장님과 우리 동료들이 숱하게 겪은 시련들이 오래된 영화필름처럼 회상되면서 그 순간이 감동으로 다가왔다.

함 께 가 는 길

2000년을 맞이했다. 사람들은 모두가 들떠있는 듯이 보였다. 나 역시 잊을 수 없는 한 해였다. 김대중 정권에서 '민주화운동 관련자 명예회복 및 보상법'을 제정하였고, 나는 그 법에 따라 해고된 지 20년 만에 민주화운동가로 명예회복이 된 것이다. '귀하는 민주화와 헌정 질서에 기여한 자'란 글귀가 선명하게 쓰인 인증서를 받아들고 기분이 얼마나 좋았는지 모른다.

한편으로는 방 지부장님과 함께 앞장 서서 원풍모방노동조합 해고자 복직투쟁위원회 활동을 해왔던 동료들에게 미안했다. 다 차려놓은 밥상에 숟가락 하나 올려놓은 것 같은 기분이었다.

과거의 국가는 나를 빨갱이 불순분자라며 강제해고시켰는데, 김대중 국민의 정부는 나의 불명예를 벗겨주었다. 내 인생에 새겨졌던 주홍글씨를 지워주었다. 아들은 명예회복 인증서를 보더니 "엄마가 참 훌륭한 일을 하셨어요! 이 인증서는 집안의 보물로 자손 대대로 길이 물려주어야겠어요" 하며 나를 추켜세워 주었다. 딸들도 엄마 수고 많았다며 자랑스럽다고 토닥여주었다. 지금은 큰사위,

작은사위까지 보았다. 우리 장모님 참 훌륭하다고 추어올리는 사위들의 말에 어깨를 으쓱하곤 한다.

2010년 10월, "원풍노조는 우리들의 자랑이요, 희망이요, 삶의 터전이었고, 청춘의 광장이요"라고 시작하는 『원풍모방노동운동사』 출판기념식 초청장을 받고 설레는 가슴으로 참석했다. 불순 노동자로 낙인찍혔던 불명예에서 벗어난 원풍동지들의 밝은 표정을 마주하는 순간이 참 좋았다.

올해 내 나이 63세, 충남 천안에서 도시가스 안전점검원으로 20년 째 근무하고 있다. 두 딸은 결혼하여 손주까지 안겨주었다. 가끔 손주 보는 재미가 즐겁다는 생각이 드니 나도 늙어 가는가보다. 손주를 바라보는 즐거움과 비교하여 똑같다고는 할 수 없지만, 원풍동지들을 만나는 것은 늘 기분이 좋은 일이다.

원풍동지회 해고자들의 모임이 2017년 올해로 35주년을 맞았다. 더 늙어서 활동이 어려워질 때까지 이 모임은 계속 이어질 것이다. 이토록 귀한 인연이 세상 어디에 또 있을까싶다. 소중한 인연의 끈을 놓치지 말고 지금까지 걸어온 길 그대로 함께 갈 수 있기를 기도해본다.

함께 가자 우리 이 길을 / 투쟁 속의 동지 모아

함께 가자 우리 이 길을 / 동지의 손 맞잡고

가로질러 들판 산이라면 / 어기어차 넘어주고

사나운 파도 바다라면 / 어기어차 건너 주자

해 떨어져 어두운 길을 / 서로 일으켜주고

기다 못 가면 쉬었다 가자 / 아픈 다리 서로 기대며

함께 가자 우리 이 길을 / 마침내 하나 됨을 위하여

나는 다듬어지지 않는 거친 목소리로 흥얼거리며 옛 생각에 잠겨본다. 2017년 5월 10일, 오늘은 촛불민심이 승리한 날이다. 문재인 대통령은 6·10항쟁 기념사에서 촛불은 유월항쟁의 꽃이라고 하였다. 촛불 승리의 대표로 상징되는 그의 뒷모습에서 아름다움을 볼 수 있기를 기대한다.

017

고진감래

이 영 섭

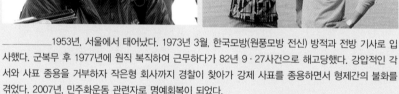

_____1953년, 서울에서 태어났다. 1973년 3월, 한국모방(원풍모방 전신) 방적과 전방 기사로 입사했다. 군복무 후 1977년에 원직 복직하여 근무하다가 82년 9·27사건으로 해고당했다. 강압적인 각서와 사표 종용을 거부하자 작은형 회사까지 경찰이 찾아가 강제 사표를 종용하면서 형제간의 불화를 겪었다. 2007년, 민주화운동 관련자로 명예회복이 되었다.

　나는 1973년 3월, 한국모방(원풍모방의 전신) 방적과 전방 기사로 입사했다. 3개월쯤 지나 작업장 일이 조금씩 익숙해질 무렵 입대영장이 나와 군대를 갔다. 한국모방은 군복무 기간에 부도가 났다. 이에 노동조합은 회사 측과 노사연합 공동체를 구성하여 노사공동경영을 했다. 1974년, 채권은행이 회사를 경매 처분하기로 결정하였고, 원풍모방으로 사업주가 변경되었다. 노조는 고용승계를 보장받았으며, 그 덕분에 36개월의 군복무를 마치고 1977년에 원직으로 복직할 수 있었다.

　나는 처음에는 노동조합에 별 관심이 없었고, 결혼한 이후에 관심을 갖게 되었다. 아내 기성순은 한 작업장에서 근무하던 동료로, 우리는 79년 1월에 결혼했다. 아내는 결혼을 한 후에도 계속 회사를 다녀 우리는 그 시절 보기 드문 사내 부부였다. 아내가 임신하여 몸이 무거워지자 걱정이 되었다. 그런데 작업장 관리자가 상대적으로 일하기 편한 기계로 옮겨 주었다. 그리고 산후 유급휴가를 받아서 출산했다.

당시에는 어느 공장에서도 있을 수 없는 파격적인 노동환경이었다. 강력한 조직력을 갖춘 노동조합이 회사와 체결한 단체협약 덕분이었다. 노조 집행부가 조합원 개개인의 어려움을 일일이 헤아리고, 노동자의 권익을 지키는 일이라면 서슴없이 실천한다고 느끼면서 나는 노조 활동에 관심을 갖게 되었다.

신 혼 에   꾸 었 던   꿈

당시 남자라면 누구나 그랬겠지만, 내 꿈은 원풍모방에서 정년퇴직할 때까지 근무하는 것이었다. 본보기로 삼은 사람은 방적과 과장과 계장이었다. 그들은 기사로 입사하여 작업장에서 오래 근무했고, 경력이 쌓이면서 작업장 생산부 책임자로 승진한 사람들이었다. 구체적으로 미래를 생각해 본 적은 없었지만, 오래 근무하다보면 그 사람들처럼 나도 관리자가 될 수 있겠구나, 하는 꿈을 가졌던 것이다.

1979년, 원풍모방은 흑자경영에도 불구하고 국제그룹에 넘어갔다. 얼마 지나지 않아 내가 부러워했고 동경의 대상이었던 과장과 계장이 인사이동을 당했다. 그 자리에는 서울공대 학력자가 과장이 되어 왔다. 나는 그때부터 승진에 대한 기대를 접었던 것 같다. 현장 노동자로 정년퇴직까지 근무할 수 있는 것만으로 만족한다고 마음을 굳히며, 노조의 존재를 더욱 소중하게 느꼈다.

공대 출신 관리자들은 노동자를 대하는 태도가 달랐다. 가끔 고장 난 기계를 고치는데 수리가 잘 안될 때도 있다. 몇 시간 고장 난 기계를 붙들고 실랑이를 하다보면 짜증이 나기도 한다. 그럴 때는 연장으로 기계를 툭툭 치면서 투덜거릴 때가 있다. 전임 김칠만 과장은 작업장을 순찰하다가 그런 광경을 보면 "이 기사, 의사가 환자를 때리면 되겠는가, 살살 달래며 치료를 해주어야지…" 하며 고장 난 기계를 살펴보며 고치는 것을 도와주었다.

하지만 공대 출신 과장은 달랐다. 똑같은 경우에도 그들은 기계 도면을 들고 와 도면대로 고치면 될 것을 왜 몇 시간씩 수리를 못 하느냐고 다그쳤다. 기계를 잘 알고 있는 나와 기사들은 "20~30년 간 사용한 기계이고, 고장과 수리를 반복하면서 기존의 기계 형태가 변형되어 도면대로 수리가 되지 않는다"고 말했다. 하지만 그들은 자신들이 배운 이론대로 고칠 것을 강요하였다.

물론 그들이 주장하는 이론대로 해봤다. 그러나 고장 난 기계는 고쳐지지 않았다. 그러한 경험을 하면서 상부상조하던 노사의 질서가 흔들릴 수 있겠다는 불길한 예감이 들었다. 곧 국제그룹 사업주가 자신의 사업 동반자인 노동자를 힘으로 억압할 것 같았고, 노사 충돌은 불가피할 것만 같았다.

1979년 당시 원풍노조는 강력한 조직력을 자랑하던 시기였다. 내 염려는 부질없는 걱정일 것이라고 믿었다. 당시 신혼살림이 넉넉하지는 않았지만, 아들을 얻은 기쁨으로 행복한 시기였다. 아들 교육비를 걱정하지 않아도 되는 미래가 보장된 단체협약이 언제까지나 지켜질 것이라고 믿었다. 아내를 고생시키는 것이 미안했지만, 몇 년 더 고생하면 생활 형편이 나아질 것이라는 미래에 대한 희망이 있었다.

노 조 탄 압 으 로 꿈 은 깨 지 고

1980년 5월, 광주의 유혈사태를 자행한 전두환 정권이 등장하면서 평생직장이라고 여겼던 꿈도 깨질 것 같았다. 부질없는 걱정이라고 여겼던 일들이 현실로 닥쳤던 것이다. 노조 간부들이 군인들에게 끌려가 해고를 당하고, 삼청교육대 순화교육장으로 압송되었다. 순화교육장으로 끌려간 사람들 중 멀쩡하게 걸어 나온 사람이 없다는 흉흉한 소문도 돌았다. 남성 조합원들은 삼삼오오 모이면 침통한 표정으로 순화교육 간 임재수 노조 총무와 이규현 쟁의부장 등 간부들을 걱정했다.

1982년 9월 27일, 그날은 국가폭력사태가 일어난 날이다. 원풍모방에 근무하던 중에서 가장 나쁜 사건이 발생한 날로 기억된다. 퇴근 무렵, 노조 사무실에 폭력배들이 몰려와 난리가 났다는 말을 들었다. 허겁지겁 노조 사무실로 달려갔다. 구사대들이 식당에서 가져온 식탁을 사무실 앞에 이중삼중 쌓아 방어벽을 쳐놓았고, 그 앞에는 남자들이 서로 팔짱을 끼고 막아서있었다. 그 중에 평소 알고 지냈던 직포과 기사도 끼어 있었다.

순간 나는 그 놈의 얼굴에 손가락질을 하며 "야 이놈아, 네가 거기에 왜 있어! 죽여 버리기 전에 어서 나오지 못해!" 하며 소리를 질렀다. 그때 노조간부가 현장 근무자는 속히 돌아가라고 했다. 나는 작업복 차림에 연장주머니를 허리춤에 찬 채였다. 다시 현장으로 돌아와 교대를 하고 노조 사무실에 가보니 그 놈은 보이지 않았다.

남자 동료들이 구사대의 앞잡이가 되어 조합장을 감금하고 노조 사무실을 가로막고 서있는 모습을 마주하는 기분이 씁쓸했다. 농성에 합류한 남성 조합원들은 많지 않았다. 처음에는 30~40여 명이 농성장에 있었던 것 같았는데, 한 두 사람씩 끌려 나가거나, 스스로 나간 뒤 다시 들어오지 않았다. 20여 명만이 농성장을 끝까지 지켰던 것 같다.

남성 조합원들은 주로 출입문을 지키는 역할을 했다. 나는 농성 나흘째 되던 9월 30일 밤 9시경쯤 끌려 나온 것 같다. 아마도 구사대들은 추석 전에 우리를 다 끌어낼 참이었던 것 같다. 여성 조합원들이 한 차례 와르르 끌려 나갈 때 구사대를 막으려다가 그만 폭력배들에게 밀려 정문 밖으로 쫓겨났던 것이다.

정문 밖은 그야말로 아수라장이었다. 여성 조합원들의 통곡소리와 신음소리, 고함소리 등이 뒤엉켰다. 구사대들에게 두 팔이 잡혀 무릎이 꺾인 채 질질 끌려 정문 밖에 팽개쳐진 여성 조합원, 남자 네 명이 달라붙어 팔은 팔대로 다리는 다리대로 들려 나온 조합원, 다시 공장으로 들어가려다 구사대 발길질에 채여 시멘트 바닥에 나가떨어져 울고 있는 사람 등등.

그때 쓰러져서 일어나지 못하는 여성 조합원이 있었다. 나는 실신한 조합원을 업고 병원으로 뛰었다. 응급실은 우리 조합원들로 초만원이었다. 복도 의자에까지 눕혀 있었다. 박갑진, 허만관, 임충호, 김도철 등 남성 동료들은 쓰러진 여성 조합원들을 업고 참담한 심정으로 병원 응급실로 수없이 뛰어갔다.

새벽 몇 시쯤이었는지, 전방에 함께 근무하던 임기연 동료가 양문교회로 가야 한다고 했다. 기연이는 맨발이었다. 차가운 새벽길을 맨발로 걸으며, 단식으로 기력이 없어서 그런지 휘청거리던 그의 모습이 지금도 눈에 선하다. 더 비참했던 것은 기연이를 부축하고 양문교회를 갔지만, 목사에게 문전박대를 당한 채 발길을 돌려야 했던 일이다. 아마도 이미 조합원들이 그곳에서 철수한 뒤였을 것 같다. 수십 년이 지난 지금도 임기연 동료가 맨발로 대림동 차가운 새벽길을 오가던 모습이 떠오르면 가슴이 아릿해진다.

그날 그 새벽, 양승화 부조합장의 기록에 의하면, 내가 한독병원에서 실신한 채 깨어나지 못하는 양승화 부조합장의 팔과 다리를 주무르며 울었다고 한다. 까맣게 잊은 기억이다. 하지만 당시는 누가 누구인지 분간하지 못하였지만, 실신하여 깨어나지 못하고 팔과 다리가 뒤틀려 괴로워하는 모습을 참담한 심정으로 지켜보았던 기억이 난다.

국 가 폭 력 이 사 주 한 불 화 와 갈 등

10월 13일, 출근투쟁이 있었던 이후부터 경찰과 공무원이 수시로 집에를 찾아왔다. 형사들은 무법자처럼 막무가내로 행동했다. 비가 오던 어느 날인가, 형사 두 명이 장화를 신은 채 어머니 방으로 저벅저벅 들어가 연로하신 어머니와 어린 아들을 놀라게 했다. 그들은 나와 아내에게 원풍모방에 사표를 내든지, 노조활동을 하지 않겠다는 각서를 쓰고 들어가 근무하라며 압박했다.

또 그 즈음 OB맥주에 근무하던 둘째형님이 씩씩거리며 찾아왔다. 형님은 다짜고짜 "너희 부부 때문에 내가 회사에서 해고를 당하게 되었다. 당장 사표를 내든지 각서를 쓰고 출근하든지 결정해!"라며 버럭 화를 냈다. 경찰이 형님 회사까지 찾아와, 동생이 빨갱이라면서 '당신이 해결하지 못하면 OB맥주에서 잘리게 될 것'이라고 협박을 했다는 것이다. 형님은 거의 매일 우리 집으로 찾아와 고함을 질렀고, 우리 형제는 크게 말다툼을 했다.

형님은 '원풍노조 9·27사건'으로 말미암아 끝내 충청도 지방의 공장으로 좌천되었고, 그 일로 수십 년이 지나도록 나와 왕래하지 않았다. 형님은 지난 2016년에 별세했다. 나는 임종하기 전날 형님을 찾아갔다. 형님은 환하게 웃으며 반갑게 맞이해 주었다. 나는 형님의 손을 꼭 잡고 사죄를 했다. 마음이 허탈했다. 우리 형제를 갈라놓은 국가폭력이 원망스러웠다.

'원풍노조 9·27사건'은 나로 하여금 본의 아니게 여러 사람들과 불화와 갈등을 일으키게 했다. 피붙이 형님과 결별해야 했으며, 그로 인해 어머니께 큰 근심을 끼쳐드렸다. 내가 태어나 자란 곳에서 살고 있었던 친구들까지도 나를 '빨갱이'라고 불렀다. 동네에 이웃하며 살던 일가친척들도 수군거렸다.

고 달 픈 해 고 자 의 삶

해고를 당하고 나서는 내적 갈등이 심했다. 우리 부부가 그달 그달 벌어서 생계를 이어가던 처지였는데, 아내도 함께 해고를 당하면서 어린 자식과 어머니와 함께 살아갈 길이 막막했다. 둘째형님을 비롯하여 경찰과 동장 등 공무원들이 찾아와 각서를 쓰고 출근하라고 닦달하지 않더라도 당장 생활이 걱정되어서 마음이 갈팡질팡했다.

'원풍노조 9·27사건' 직후 있었던, 아내에게도 하지 못했던 부끄러운 이야기를 이 자리에서 고백한다. 그해 11월 중순경쯤으로 기억한다. 생활비를 걱정하던 나는 구사대의 앞잡이였던 전방 담임 장재천의 집 대문 앞을 서성거린 적이 있다. 그에게 각서를 쓰고 출근을 하겠다고 부탁을 하려고 찾아갔었지만, 끝내 문을 두드리지 못하고 돌아왔다. 마음을 굳게 먹고 그 집 대문 앞까지 갔지만, 그 순간 동료들의 얼굴이 스쳐 지나갔다.

특히 허만관의 얼굴이 뚜렷이 떠올랐다. 나는 그가 회사 관리자였던 친척으로부터 각서를 쓰고 출근하라는 압박을 심하게 받고 있었다는 것을 알고 있었다. 그가 거부하기 힘든 입장이었다는 것은 내가 누구보다 잘 알고 있었다. 박갑진, 김도철, 김동진, 임충호 등 동료들의 고민 또한 나와 다르지 않다는 것을 알고 있었다. 무엇보다 전방 동료들과의 약속을 저버리는 배신자가 되는 것 같아 두렵기도 했다.

겨울바람이 스산했던 12월 23일, 우리 부부는 허만관, 박갑진 등 여덟 명의 동료들과 함께 퇴직금을 정산 받고는 원풍모방을 정리했다. 젊은 나이에 어디 가면 밥은 못 먹고 살까싶었다. 하지만 막상 찾아다녀보니 해고 노동자를 받아주는 곳은 없었다. 내가 가진 기능을 받아주는 방직공장은 더더욱 없었다. 이리저리 수소문 끝에 벽돌 찍는 공장에 다니는 친척 조카의 도움으로 그곳에서 막노동을 했다. 이후 안 해본 일이 없을 정도로 막노동판을 누비며 살았다.

설상가상으로 힘든 일도 불거졌다. 아이가 다쳐 입원치료를 받았고, 소아천식이 심해 병원신세를 늘 져야 했다. 직장의료보험이 상실되어 치료비가 만만치 않았다. 국민의료보험제도가 없었던 때였다. 우리 집 사정을 보다 못한 처갓집에서 물질적으로 도움을 주었고, 처남의 알선으로 사우디 건설현장에도 갈 수 있었다. 더운 기후가 체질과 맞지 않아 고생을 했지만, 다행히 약간의 돈을 모을 수 있었다.

민 주 화 운 동 가 로　명 예 회 복

나는 2007년에 '민주화운동 관련자 명예회복 및 보상법'에 의해 명예회복이 되었다. "귀하는 대한민국의 민주헌정질서 확립에 기여하고, 국민의 자유와 권리를 회복…"이라는 문구의 명예회복 인증서를 가슴에 안고 속으로 속으로 엉엉 울었다.

아내는 활짝 웃으며 "여보! 이게 꿈이야, 생시야!" 하며 마냥 기뻐했다. 아내가 환하게 웃는 모습을 참 오랜만에 보는 것 같았다. 은행에 근무하던 아들이 상기된 얼굴로 퇴근하여 집으로 들어섰다. 아들은 은행 지점장이 자기를 찾아와 "자네는 훌륭한 부모님을 모시고 살고 있네"라고 했다면서 "엄마 아빠, 축하해요!" 하며 기뻐했다.

아들은 할머니, 둘째아버지와 자기 부모가 갈등을 겪는 것을 보면서 불안했었다고 했다. 그런데 부모님이 국가로부터 명예회복이 되어 기쁘다면서 정의롭게 살아오신 두 분이 자랑스럽다고 말해 주었다. 자신도 부모 덕분에 어디서 무슨 일을 하든지 자신감 있게 살아갈 수 있을 것이라며 좋아했다.

아들의 이야기를 들으면서 지난 수십 년간 남몰래 가슴앓이하며 전전긍긍했던 불안감으로부터 해방될 수 있었다. 국가가 블랙리스트를 전국에 배포하여 사회로부터 배제 당하게 했던 힘든 경험이 아들에게까지 대물림되어 피해를 당하고 살까봐 노심초사하며 살아온 지난 세월이었다. 동네 친구들은 이제 나에게 더 이상 '빨갱이 친구'라고 놀리지 않는다.

내 가슴의 멍에를 벗겨주고 평화를 안겨준 원풍 동지들이 참 고맙다. 언제부터인가, 친구와 지인들을 만나면 우리들 원풍동지회의 모임을 자랑한다. 원풍동지회는 내 삶의 소중한 자산이며 자랑이다.

018

민중과 동행하는 삶으로

박순희

_____1947년, 서울에서 태어났다. 1974년 원풍모방 직포기능공으로 입사하여 대의원, 상근 부지부장을 맡았다. 79년 크리스찬아카데미 사건으로 중앙정보부에서 혹독한 조사를 받았고, 80년 광주항쟁 이후 수배상태에서 노동계 정화조치로 해고되었다. 82년 원풍사건 때 '노동쟁의에관한제3자개입금지위반' 혐의로 구속되었다. 현재, 천주교정의구현전국연합 지도위원, 민주노총 지도위원을 맡고 있으며, 2018년에 여성의 권익향상에 기여한 공로를 인정받아 '대한민국동백장'을 받았다.

지금도 가끔, 내가 1974년 한국모방(원풍모방 전신)에 입사하지 않았다면 어떤 삶을 살았을까, 하는 생각을 한다. 아마도 천주교 신앙인으로서 수도자 성소로 시대에 맞게 살아가려고 노력하며 살았을 것 같다. 나는 1968년 대한모방에 다닐 때, 당산동성당에서 한국가톨릭노동청년회(JOC)의 투사 선서를 했다.

내가 노동 문제에 관심을 갖던 초창기인 1970년 11월 13일, 평화시장의 노동자 전태일이 분신하는 사건이 발생했다. "노동자는 기계가 아니다!" "근로기준법을 지켜라!"라며 노동법 책자를 끌어안고 자신의 생명에 불을 지른 전태일 열사의 죽음은 큰 충격이었고, 지금까지 나 자신을 현장에 머물게 하는 계기가 되었다.

내가 원풍모방노동조합과 인연을 맺은 시기는 JOC 남부연합회 여자 회장으로 활동하던 때, 당시 한국모방에 근무하던 JOC 회원들을 만나면서이다. 당시 한국모방노동조합은 어용 집행부였고, 의식 있는 조합원들이 노조정상화추진회를 조직, 민주노조 건설을 위해 조직을 확장해 가던 시기였다. 나는 한국모방 조합원들 중에 JOC 회원으로 활동하던 소모임을 지도했다.

한국모방 노동자들은 1972년 7월 8일 '한국모방노동조합 정상화투쟁위원회'를 결성하고, 8월 17일 민주노조를 탄생시켰다. 하지만 당시는 박정희 군부독재 정권이 1971년 12월 국가비상사태를 선포하며 '국가보위에 관한 특별법'을 제정하여 단체행동권과 단체교섭권을 금지시켰던 시기였다. 기업주는 정부기관과 결탁하여 민주노조를 탄압하였고, 노조는 파업과 명동성당 농성으로 맞섰다. 나는 당시 투쟁하던 한국모방노조를 가슴 졸이며 뒷바라지했다. 그때의 그 두근거리던 떨림이 원풍노동조합에 대한 첫 마음으로 남아있다.

노 동 운 동 을   하 려 고   한 국 모 방   입 사

1973년 6월, 한국모방이 부도가 나자, 노동조합은 노조를 중심으로 수습대책위원회를 조직하여 회사를 경영하다가 백승빈 씨가 사장으로 들어오자 업무를 인계했다. 그런데 12월 30일 송년회에서 백승빈 사장이 지동진 지부장을 폭행하는 '한국모방노조 지부장 구타사건'이 발생하였다.

1974년 1월, 가톨릭과 개신교 종교지도자들이 대책위원회를 구성하여 돈보스코센터에서 회의가 열렸다. 나는 사회를 맡아 그 회의를 진행했다. 대책회의를 마치고 병원에 입원해 있었던 지동진 지부장의 병문안을 갔다. 그곳에서 지 지부장으로부터 한국모방에 입사해 도와달라는 부탁을 받았다.

당시 나는 구로공단에서 수녀님 몇 분과 함께 공동체 생활을 시작한 지 얼마 되지 않은 시기였다. 심적 갈등이 있었지만, 결국 노동현장에서의 민주노조운동의 삶을 선택하였고 직포과 기능공 채용 공고가 있었던 1974년 2월, 기능공으로 입사했다. 사명감을 갖고 노동운동을 목적으로 취업한 것이다.

1975년 2월 26일, 입사한 지 1년 만에 직포과 대의원으로 선출되었다. 1975년은 한국모방이 원풍산업으로 사업주가 바뀐 해였다. 1973년에 부도가 나자 2년여 간 노조가 수습대책위원회를 조직하여 노사 공동경영을 했고, 또한 대정부투쟁을 거치면서 노조는 그 어느 때보다 자신감과 활기에 차 있었다.

대의원 선거 날이었던 2월 26일, 남부경찰서에서 방용석 지부장에게 출두를 요청했고, 자진출두를 한 지 2시간 만에 방 지부장이 전격 구속, 송치되었다. 노조 집행부는 갑자기 방용석 지부장이 구속되자 대책회의를 열었고, 내가 상근부지부장으로 임명되어 노조활동의 중심에 서게 되었다. 노조 대표가 구속된 상황이었기에 상근부지부장 직함을 거부하지 못하고 진정제 두 알을 먹고 투쟁을 조직했던 생각이 난다.

방용석 지부장의 석방투쟁을 조직하면서, 조합원들의 일치된 투쟁이 노동운동의 시작이라는 사실을 새삼 깨닫게 되었다. 그로부터 40여년이 지난 지금 되돌아보면, '개인의 삶이 전체의 힘으로 이어졌다'는 생각을 한다. 지금까지 내가 민중의 삶 속에 함께 하는 것은, 원풍노조 조합원들과 함께 체험한 삶이 연대로 이어져 맥을 이어가고 있는 것이라고 생각한다.

원풍모방노동조합이 가는 길은 순탄하지가 않았다. 박정희 독재정권은 민주노조 운동을 말살하기 위해 칼날을 세우고 있었다. 1976년에는 방용석 지부장이 국가원수 모독죄로 대공분실 요원들에게 체포되어 석방투쟁을 해야 했다. 1978년에는 동일방직노조 똥물사건이 일어났으며, 1979년에는 YH 노동자들이 신민당사에서 농성하며 투쟁하다가 공권력에 의하여 김경숙 동지가 사망하였다.

크 리 스 찬 아 카 데 미   사 건

군부독재자는 원풍노조를 비롯하여 금속, 화학 등 몇 안 되는 민주노조를 깨부수려고 용공 좌경으로 몰아갔다. 1979년 3월, '크리스찬아카데미 사건'이 발생하였다. 신인령, 김세균, 장상환, 한명숙 등 실무자들을 빨갱이로 몰고 용공 단체로 조작하였다. 크리스찬아카데미는 유신체제 하에서 농민, 여성, 노동 등 각 분야별 중간집단교육 프로그램을 진행하였다. 크리스찬아카데미 교육을 받은 노동조합 간부들을 중앙정보부로 연행하여 조사했다. 나에게도 출두요청이 왔다.

노조에시는 긴급 상집간부 대책회의를 소집하였고, 결의문을 발표하였다. 어떠한 이유로든 간부의 연행은 노동조합을 파괴하려는 탄압으로 간주하고, 만약 강제로 연행할 경우 전 조합원이 극한투쟁을 불사하겠다는 내용이었다. 상집간부 대책회의에서 투쟁을 결의하고, 이와 동시에 조합원들은 노조 사무실에서 농성에 돌입하였다. 결국에는 참고인 조사가 불가피하다는 사실을 인식하였고, 기관원이 노조에 내방하여 함께 자신출두 형식으로 중앙정보부에 가서 조사를 받기로 결정했다.

다음 날 나는 중앙정보부에 가서 조사를 받고 밤 11시가 넘어서 무사히 귀가

했다. 강력한 노조가 뒤에 버티고 있었지만, 중앙정보부에서 조사를 받을 때는 극심한 공포심을 느꼈다. 입에 담지 못할 욕설과 비방을 일삼았고, 원풍노조를 용공단체로 연결하기 위해 집요하게 조사하여 가슴이 떨리고 당혹스러웠다. 그때의 기억은 잊을래야 잊을 수가 없다.

1979년 8월, YH 노동자들이 신민당사에서 투쟁하다가 김경숙 동지가 사망했다. 박정희 독재정권은 '산업체 외부세력 침투실태 조사단'을 만들어 원풍노조 사무실에 쳐들어왔다. 사회적 긴장과 불만은 극도로 팽창해 있었고, 급기야 부마항쟁이 터졌다. 결국 70년대 민주노조를 파괴하려던 박정희는 10월 26일 심복 김재규의 총에 맞고 자기 생명이 파괴되었다.

수 배 자 가 되 어

1980년 5월, 광주에서 민주항쟁이 일어났고, 수많은 시민들이 죽임을 당했다. 원풍 조합원들 중에는 호남 지역 사람들이 많았다. 가족이나 친척들의 안위가 걱정되어 많은 사람들이 수시로 노조를 들락거렸고, 사내 분위기가 어수선했다. 노조에서는 상집회의를 열어 광주항쟁 희생자를 위한 모금운동을 벌이기로 결정하여 모금액 470만원을 광주대교구 윤공희 대주교에게 전달하고 영수증을 받았다.

원풍노조가 광주에 성금을 전달하였다는 사실이 알려지면서 계엄군과 경찰, 노동부가 본격적으로 탄압하기 시작했다. 그해 7월, 계엄사는 방용석 지부장과 부지부장이었던 나에게 '김대중 내란음모' 관련자라는 혐의를 씌웠다. 정치적 상황이 혹독한 때라서 노조를 떠나 수배자 생활을 했다. 전두환 정권은 한국노총과 섬유노조를 앞세워 '노동계 정화'라는 미명으로 섬유노조에서 나를 제명하였고, 회사는 이를 받아들여 나를 해고하였다.

1981년 3월, 수배 중이었던 나는 천주교 원주교구 지학순 주교님의 중재로 안기부에 연행되어 조사를 받았다. 안기부에서는 애당초 3일만 조사한다고 했으나 조사는 16일간 이어졌다. '광주 빨갱이를 도운 너는 갈아서 한강물에 버리면 그만이다'라며 옆방에서 고문 당하는 사람의 비명을 듣게 하고, 고문으로 축 늘어진 학생, 청년들의 모습을 보이며 위협했다. 안기부의 최종 요구는 '노동운동 포기각서', '보사부에 취업종용' 등 그동안 살아온 삶을 모두 부정하는 것이었다. 그때를 생각하면 지금도 치욕스럽고 자존심이 상하여 가슴이 답답하고 식은땀이 날 정도로 트라우마를 앓고 있다. 나는 요시찰인물로 낙인찍혔고, 블랙리스트가 전국에 뿌려져 기관의 감시와 미행을 당하였다. 공장에는 다시 들어갈 수가 없었다. 조합원들도 만날 수가 없어서 하루하루가 고통스러운 나날이었다.

1982년 9월 27일, 검찰, 경찰, 노동부 등 관계기관은 폭력을 동원하여 70년대 민주노조의 마지막 깃발인 원풍노조를 무너뜨렸다. 원풍노조는 여러 난관을 거치며 싸움 준비를 하고도 어처구니없이 국가폭력에게 파괴당했다. 광주시민을 학살하고 권력을 찬탈한 살인마 전두환 정권의 하수인인 경찰과 공무원, 회사 폭력배들은 대림동 일대를 전쟁터를 방불케 하는 아수라장으로 만들며 조합원들을 짐승처럼 끌어냈다.

공장에서 끌려나간 조합원들을 받아주는 곳은 없었다. 종교단체를 찾아갔지만 번번이 거절당했다. 성당 신부에게도, 영등포산업선교회에게도 거부를 당했다. 나는 '원풍노조 9·27사건' 때 노동쟁의법 상의 제3자개입금지 조항 위반으로 구속되었다. 고척동의 영등포구치소에서 감옥생활을 하면서 제3자 금지법은 '이웃사랑금지법'이라고 생각하게 되었고, 노동운동이야말로 시대가 요구하는 운동이라는 인식을 갖게 되었다. 독방에서 피정을 하는 마음으로 감옥살이를 하면서 지난 삶을 돌아보던 시기였다.

감옥살이는 곱절의 고통이었다. 죄 없이 갇힌 징역살이가 억울했는데, 도둑질하고 사기 친 범죄자들보다 규제가 더욱더 심했다. 읽고 싶은 책은 금서라고 안 되고, 면회도 가족 외에는 금지되었다. 공범자가 여덟 명이었으니 감시는 더욱더 심했다. 지금은 사라진 영등포구치소는 일제 강점기에 지은 감옥이라서 그런지 마룻바닥에서 벌레들이 기어 나오기도 했다. 감옥에서도 차별을 받으니 더욱 화가 났다. 우리는 차별 대우에 항의하며 15일 간의 단식투쟁으로 저항했다. 비겁한 승리보다 정의로운 패배를 선택한 우리는 감옥에서도 투쟁을 멈추지 않았다.

서울을 떠나 전북공업단지로

1983년 8월 12일, 영등포구치소에서 석방되었다. 10개월간 격리를 당하고 사회에 나와 보니 많은 것이 달라져 있어 괴리감마저 들었다. 70년대 민주노조의 마지막 보루였던 원풍노조가 파괴되자, 지식인 운동권 일부에서는 70년대 노동운동을 경제주의니 조합주의니 하면서 매도했다. 모든 것이 허무했다. 하지만 나의 신념은 누가 뭐라 해도 노동현장에 머물며 노동자들의 의식을 깨우치고 권리를 회복하는 데 힘을 보태는 사람이 되는 것이었다.

그해 11월에는 전북 이리(익산)공업단지가 있는 창인동성당의 '가톨릭노동사목'에서 활동을 시작하였다. 새로운 노동자를 만나 교육하고 조직하며 노동운동을 했다. 태창메리야스는 1981년 유명무실했던 어용노조를 몰아내고 민주노조를 세웠지만, 전두환 정권을 등에 업은 회사와 관계기관의 탄압을 심하게 받고 있었다. 태창메리야스 해고노동자들의 복직투쟁과 블랙리스트 철폐 투쟁을 했던 기억들이 아스라하다.

1987년, 이리수출자유지역에 있었던 독일 회사 '후레이 패션'의 임금인상 투쟁으로 해고당하고 피눈물 나는 출근투쟁을 벌이던 노동자들이 복직으로 승리했던 기억도 잊을 수가 없다. 후레이 패션 노동자들의 투쟁은 수출자유지역에 불꽃이 되어 민주노조운동을 활발하게 일어킬 수 있는 계기가 되었다고 할 수 있다. 그해 8월, 노동자 대투쟁으로 노동조합연합회를 조직하였다.

1988년, 창인동 노동사목을 떠나 충남 대전공업단지가 있는 지역으로 자리를 옮겼다. 노동자들이 많이 사는 대화동에 어린이집을 마련하였다. 낮에는 노동자들의 자녀를 돌보아주고, 저녁에는 노동자들의 모임방으로 운영하며 '노동자가족협의회'를 구성하여 삶을 나누었다. 또한 대전의 가톨릭농민회와 연대하여 도시 노동자와 농촌의 농부들의 더불어 잘 살기 운동은 좋은 기억으로 남아있다. 충남지역노조협의회를 결성하였고, 1988년에는 전국노동운동단체협의회의 공동대표로, 서울 가톨릭 노동사목에서 활동하였다.

첫 마음으로

1987년 8월, '6·10민주항쟁'은 노동자대투쟁으로 이어졌다. 나는 1991년 전국노동조합협의회를 결성하는 데 일조를 했다. 노동자들의 전국조직을 건설하고 노동자들을 교육하는 일을 도왔다. 가톨릭노동사목전국협의회에서 활동하면서 전국의 노동자들과 교류하며 노동운동을 지원하였다. 1995년, 민주노동조합총연맹(민주노총)이 창립된 뒤 지도위원으로 활동하고 있다.

원풍노조 동지들과 함께 한 생사고락의 시간들은 소중한 삶의 기록이며 가치라고 믿는다. 나를 현장에 머물게 했던 첫 마음을 지키며 살아가기는 쉽지가 않았다. 첫 마음이 고스란히 그대로 이어지기를 바라는 것 자체가 욕심일지도 모른다. 다만 억울한 일을 당한 약자들과 함께 실천하며 살겠다는 마음만은 변치 않겠다.

2017년 현재, 나는 천주교정의구현전국연합에서 활동하고 있다. 여전히 짓밟히는 민중들과 연대하면서 길에서 외치며 살아가고 있다. 이 길이 나의 길이라고 믿으며, 불의에 항거하는 삶 속에서 민중들과 동행하는 삶이 되기 위해 노력한다.

019

큰 자랑이 된 원풍노조

박미선

_____1958년, 충북 제천에서 태어났다. 1974년 원풍모방에 입사하여 1982년 9·27사건 때 해고되었다. 한때는 공장 다닌 사실조차 꺼내지 못하고 살기도 했지만, 민주화운동 유공자로 명예회복이 되면서 당당해졌다. 현재는 강원도에서 펜션 사업을 하며, 때로 노동자단체에서 MT를 오면 원풍시절 이야기를 들려준다.

공장 담벼락에 장미가 예쁘게 피던 때였다. 운동장의 등나무 아래에는 소담한 나무벤치가 있었다. 그래서일까, 거기는 항상 정답게 느껴졌다. 74년에 먼 친척뻘인 지동진 지부장을 소개자로 하여 한국모방에 입사했을 때의 느낌이다. 구로공단 내 성화섬유라는 곳에서 1년 정도 일했고, 시골 양장점에서 미싱 견습공으로 일하기도 했던 터라 한국모방은 규모도 있고 좀 대단해 보였다.

나는 충북 제천에서 태어났다. 3남2녀 중 위로 오빠가 한 명 있지만, 장녀라 월급 받으면 동생들 학비 대주고 명절에는 가족들 선물과 생활필수품을 사다주곤 했다. 동생이 지금도 누나가 사 준 짜장면이 제일 맛있었다는 이야기를 가끔 한다.

처음엔 정방에서 양성공으로 일하다가 가을 쯤 직포로 가니 더 좋았다. 정방은 먼지가 너무 많았다. 75년 한국모방은 원풍모방으로 바뀌었다. 일이 힘든 것보다는 12시간 야근이 너무 힘들었다. 밀려오는 잠을 쫓기 위해 타이밍이라는 약을 먹기도 하고, 화장실에 쪼그리고 앉아 졸다가 혼도 나고, 기름걸레 들고 기계 청소 하느라 손이 시커멓게 되던 때였다. 그래도 특근수당도 많이 받고, 월급도 다른 곳에 비해 많았는데, 그게 다 노조 덕분이라는 것을 알았다.

꿈 같았던 원풍 시절

기숙사는 A반으로 배정되어 101호에서 생활했는데, 얼마 후 B반으로 바뀌어 217호에 배정되었다. 문 옆으로 자리가 정해져 거북했고, 캐비닛도 두 사람이 하나를 같이 쓰니 불편했지만 경력이 쌓이면서 혼자 차지가 되었다. 방 식구는 김명희, 박태자 등이었는데 늘 어울렸던 사람들이다. 코펠 들고 관악산 가서 참치찌개, 감자볶음, 두부김치, 카레를 해 먹던 일, 분식 주는 날이면 주전자 들고 가 몇 그릇씩 국수 받아와서 기숙사 옥상에 앉아 먹던 일이 재미있었다.

기숙사 바자회 때는 십자수를 놓아 출품도 했다. 명화를 본떠 놓거나 달, 강아지 같은 그림도 넣었다. 내 작품이 팔려 불우이웃 돕는 일에 쓰이니 기분이 좋았다. 연말이 다가오면 기숙사 입구에 예쁜 트리가 놓였는데, 그 앞에서 사진을 찍기도 했다. 강당에서 탁구도 치고, 다림질 방에서 군것질하며 수다도 떨고, 목욕탕에서 같이 몸을 담그고 앉아 장난을 치기도 했다.

성내의 포도밭, 소사 복숭아, 이목리 딸기밭은 원풍모방 노동자들의 단골 유원지였다. 특히 대림시장 입구에 있던 충남식당의 떡라면은 가히 일품이었다. 방 식구들과 대림극장에 영화를 보러가기도 했다. 정윤희, 유지인, 윤정희, 문희가 대세였다. 영화제과 2층의 음악다방에서 어니언스의 노래 〈편지〉, 〈작은 새〉, 〈긴 머리 소녀〉 등을 듣던 생각도 난다.

부서에서 영월 고수동굴, 청령포 등에 야유회를 가기도 했다. 북한산 도선사, 관악산 연주대 등에도 자주 갔던 것 같다. 카세트를 틀어놓고 춤도 좀 췄다. 체육대회 때는 걸스카우트 옷을 빌려 입고 응원도 하고 행사안내 역할도 했다. 노동절 행사에 가수들이 와서 쇼를 하던 기억도 있다. 노동조합 사무실이 식당 옆이어서 밥 먹으러 오가며 들락거렸고, 영등포산업선교회에서 소그룹 활동도 했다. '상록회'라는 이름이었다. 영등포산업선교회의 명 선생이 꼿꼿이 지도를 해주었고, 인명진 목사는 늘 호탕하게 소리 지르고 다니고.

최인호 작가의 소설을 좋아해서 노조에서 빌려다 읽었다. 『여명의 눈동자』 같은 책도 있었다. 아, 계도 많이 했다. 신앙촌 담요 계, 스텐 다라이 계, 밍크이불계 등 다양했다. 원풍 여공들은 혼수 준비하느라고 대체로 계 하나쯤은 들고 있었다. 교양을 넓히겠다고 영등포 한림학원 교양반에 등록해서 다니는데, 버스를 타고 대학생인 척 학생 회수권을 냈다가 차장이 학생증을 보자고 해서 다음 정류장에서 얼른 내렸던 창피한 경험도 있다.

명절 때는 청량리역에서 길게 동글동글 끝없이 이어진 줄을 서서 표를 끊느라 하루를 다 보내기도 했지만 집에는 가야 했다. 동생들 과자 선물세트, 부모님 내복을 사들고 고향 가던 기쁨은 설렘이었다. 신협에 조금씩 저축도 했지만, 집을 위해 쓰는 것은 당연했다. 다행히 학비를 보태주었던 남동생들이 잊지 않고 고마워하니 그것도 고맙다.

82년 9월 27일

노동조합에서 하는 행사나 집회를 지원하는 활동도 하고 가끔 기독교회관의 목요기도회 등에도 참석했다. 돈보스코회관이나 영보수녀원에서 교육도 받았고, 직포과 동료들과 수원 나사로 마을을 찾아가 청소도 해주는 등 봉사활동을 하며 뿌듯했던 기억도 있다. YH 노동자들이 신민당사에서 농성하고 있을 때 기숙사 방 식구들과 지지방문을 갔는데, 경찰이 건물 입구를 막고 있어 멀리서 지켜보다가 돌아오기도 했다.

그러다 박정희의 사망소식을 듣고는 기분이 좋았다. 뭔가 더 나아지지 않을까 기대했던 것이다. 그때는 사실 한 3~4년 더 벌고 결혼해야지 하는 생각을 갖고 있었다. 그런데 더 무서운 사람이 나타나 많은 것이 바뀔 줄은 몰랐다.

79년 겨울 YWCA 위장결혼식 사건 때는 직포과 대의원이었던 이옥림과 함께 참석했다. 어떤 상황인지도 정확히 모르는 채 노조에서 참여하라고 한 행사인가 보다 하고 대의원을 따라 간 것인데, 그게 시국선언 집회였다. '신랑 입장!' 하니 신랑이 입장했다 그러나 신부가 들어오지 않은 상태에서 갑자기 두루마리 같은 걸 쫙 펼치더니 큰 소리로 시국선언문을 낭독하는 것이었다. 순간 밖에서 동정을 살피던 경찰이 순식간에 우당탕 뛰어 들어왔고, 실내는 요란한 발소리와 비명이 뒤엉켰다. 나는 다행히 잘 도망쳐서 잡히지는 않았는데, 이때 여러 명이 잡혀가 고초를 겪었다고 들었다.

그뿐이 아니었다. 80년 광주항쟁의 참상을 노조에서 들었을 때는 너무 무서웠다. 가보지도 못하니 무슨 그런 일이 있을 수 있는지 기가 막혀 하며 성금 모금에 참여했다. 그 후에도 노조에는 많은 일들이 일어났지만, 내가 구체적으로 그 순간에 어디서 무엇을 하고 있었는지는 잘 기억나지 않는다. 기억은 시간을 훌쩍 넘어 82년 그 날에 가 닿는다.

82년 9월 27일, B반인 나는 2시 퇴근을 조금 남긴 상태였다. 그런데 누군가 현장을 돌며 조합장이 감금됐다, 폭행당하고 있다, 문계순이 폭행하고 있다, 깡패도 있다는 등의 소리를 지르는 것을 들었다. 마음이야 바로 노조로 달려가고 싶었지만, 노조 간부들이 작업 중단지침을 내리지 않았기 때문에 놀란 가슴만 콩닥거리고 있었다.

작업 끝나는 시간이 되자마자 후들거리는 다리로 노조 사무실로 달려갔다. 누가 먼저랄 것도 없이 모두 달리고 있었다. 그러나 노조 사무실 앞은 건장한 남자들이 몇 겹으로 막고 있었고, 우리는 다급하게 노조 사무실과 가장 가까운 정사과 현장에 모였고 거기서 그대로 농성이 시작되었다. 내 옆에는 직포과 동료 김순녀, 임선호, 박태자 등이 있었다. 폭력배들이 조합장을 감금하고 있는 상황이라 우리는 "조합장님 힘내세요!"하고 소리를 질러댔다.

이어 노조 간부들이 상황을 정리하기 시작했다. "파업은 저 자들이 유도하는 것이므로 작업을 계속하되 퇴근반은 농성장으로 온다!"는 지시에 따라 출근반과 퇴근반은 번갈아 작업장과 농성장을 오가며 꼬투리 잡힐 행위를 피해 농성했다. 그러나 사흘째 무렵엔가 집단 파업농성으로 전환했다. 정사과 현장은 넓은 공간이었지만 600여 명이 들어차 기계 사이사이를 비집고 들어가 앉으니 숨이 막혀 답답했다.

그러나 그보다 더 두려운 것은 노동조합을 잃게 될지 모른다는 생각이었다. 반드시 승리해야했기에 〈우리 승리하리라!〉 라는 노래를 많이 불렀던 것 같다. 화장실에 가고 싶어도 나가면 끌려간다는 말에 화장실도 못가고 용변을 가림막을 만들어 쓰레기통을 하나 갖다놓고 해결하기도 했다. 나중엔 단식상태에서 식수공급마저 차단되니 화장실 갈 일도 없었다.

문제는 뒤에서부터 하나 둘 끌려 나가고, 탈진해 쓰러져 실려 가는 상태인데, 회사가 스팀을 틀어 댄 것이다. 탁한 공기가 가득한 곳에 숨이 막히는 열기를 가하니 여기저기서 픽픽 쓰러졌고, 죽은 짐승 채가듯 그들은 농성자들의 숫자를 줄여 나갔다. 가족에게 전보를 쳐서 부모들이 달려왔다. 태자도 부모가 와서 끌려 갔다. 나는 아무도 찾아오는 사람이 없어 우리 집에는 연락이 안 갔나보다 했는데, 나중에 보니 사는 게 힘들어 우리 부모는 나를 찾아 올 날을 못 빼던 차에 상황이 종료된 것이었다.

처음엔 오로지 같이 해야 한다는 마음뿐이었고, 설마 하루 이틀 이렇게 농성하면 해결될 줄 알았다. 그런데 날이 갈수록 절망감이 밀려왔다. 수백 명의 조합원들이 살점 뜯기듯 한 명씩 한 명씩 끌려 나가고, 많은 사람들이 쓰러져 병원으로 실려 갔다. 우리는 더 이상 공장 밖으로 끌려 나가지 않으려고 서로 어깨를 부둥켜 스크럼을 짜고 버텼다.

농성 중에 쓰러진 조합원을 업고 병원으로 간 남자 조합원들이 다시 들어오지 못했는데, 유일하게 신협 이사장인 이제호 씨가 남아 있었다. 폭력배들은 이제호 씨 들으라고, 여자들 치마 속에 있느니, 어쩌느니 야유를 해댔다. "여자를 죽이는 방법이 두 가지가 있는데, 하나는 패서 죽이는 거고, 하나는 밤에 죽이는 거"라느니 하는 짓거리들도 해댔다.

해 고

9월 30일 저녁, 결국 나도 폭력배 두 명에게 머리채를 잡힌 채 후문 쪽으로 끌려 나와 어두운 골목에서 발길로 옆구리를 여러 차례 걷어차였다. 그들은 주먹으로 가슴과 머리를 쥐어박더니 '다시는 회사 주변에 나타나지 말라!'고 협박한 후 사라졌다. 숨이 멎을 것 같고, 억울하고 분한 심사에 땅바닥에 퍼질러진 채 한참을 울었다.

분에 차서 다시 공장 앞으로 달려가 보았지만, 한 발짝도 안으로 들어갈 수 없었다. 실신한 동료들만 한 명씩 끌려 나와 정문 밖으로 팽개쳐지면 누구든지 울면서 업고 병원으로 달려갔다. 한독병원으로 달려가 보니 링거를 꽂고 있는 조합원들이 한 둘이 아니었다. 내 상태가 그나마 나은 지경이라 정신을 차려 그들의 간호를 돕다가 임선호와 함께 김순녀의 자취방으로 갔다.

얼마 동안 그 집에서 함께 지내며 출근투쟁을 하느라 공장 앞으로 가서 싸우다 밀려나기를 반복했다. 그러나 그 자취방 앞에도 형사들이 지키고 있어서 집 밖으로 나가기 어려운 상황이 되었다. 추석 연휴가 끝나는 동안 내내 그 방에 있었다. 그러나 그 자취방에서 여러 명이 지내는 것도 한계가 있어 영등포산업선교회에서 집단기거하고 있던 원풍 식구들과 합류했다.

회사 측은 추석 휴무를 일방적으로 연장한 후 각서에 도장을 찍고 반성문을 쓰면 출근하라고 했는데, 그런 일을 당하고도 아무 일 없는 듯이 각서 쓰고 출근할 수는 없었다. 결국 퇴직금 찾아가라고 해서 찾아왔다. 다 같이 그렇게 했다.

그 후 영등포산업선교회에서도 그만 오라고 하니 갈 데도 없게 되었다. 대한모방에 친구가 다니고 있어서 서류를 내봤지만 거부당했다. 원풍 노조원의 블랙리스트가 돌아 취업이 불가능하다는 얘기가 속속 확인되었다.

해를 넘기고 고향집에 가보니 그 동안 경찰도 다녀가고, 반장도 다녀가고, 딸이 빨갱이 물들었다하며 난리를 친 모양이었다. 그래도 집에서는 나를 그렇게 닦달하지는 않았다.

취직도 잘 안되고, 전부터 사귀고 있었던 사람도 있었기에 결혼하는 것으로 마음을 접었다. 사실 절망감도 있고 포기도 되었다. 다행히 남편이 될 사람은 원풍 사건을 겪은 나를 잘 이해했다. 결혼 후에는 살림만 하며 묻혀 살았다. 고향 사람인 양승화 부조합장의 결혼식에 갔다가 원풍 식구들도 만나고 소식도 들었다. 그 후 틈나는 대로 한번 씩 모임에 참여했다.

명예회복 신청 때는 미처 소식을 접하지 못해 시기를 놓쳤다. 잘못된 것이 명백한 사항을 처리하는 것에 무슨 시기가 있는지 납득되지 않았지만 현재까지는 그렇다. 방용석 지부장이 노동부장관이 된 소식은 매스컴을 통해 알았다. 반가웠지만 찾아 뵐 엄두를 내지 못했다. 원풍은 내 20대의 젊음을 불살랐던 추억이 쌓인 곳이다. 사진을 보면서 가끔 그때를 생각한다. 내 삶의 가장 즐거운 한 때였다.

예전에는 공장 다닌 사실이 창피해서 숨겼는데 이제는 얘기한다. 개인적으로는 명예회복 신청절차를 못했지만 원풍노조가 명예회복 되었으니 자랑스러울 수밖에 없다. 원주 현대자동차 사람들이 내가 운영하는 펜션에 묵은 적이 있는데, 그들에게도 원풍 이야기를 했다. 우리는 삼십 몇 년 만에 명예회복도 되었다고 자랑스럽게 말할 수 있었다. 그들이 잘했다고 공감해 주었다. 지금은 그 시절을 스스럼없이 말할 수 있게 된 것도 참 좋다. 당당했던 그 시절이 다시 살아나는 느낌이다.

020

푸르른 소나무를 닮은 사람들

임충호

_____1955년, 경기도 평택에서 태어났다. 1974년, 고등학교 3학년 실습생으로 원풍모방에 입사하였다. 1982년 9·27사건 때 단식과 폭력으로 쓰러진 여성 동료들을 등에 업고 병원을 수없이 오가며 눈물을 펑펑 쏟았던 기억을 잊지 못하고 있다. 2008년, 민주화운동가로 명예회복이 되었고, 2016년 『공장이 내게 말한 것들』에 생애사가 수록되어 있다. 현재 원풍동지회 운영위원으로 활동하고 있다.

2019년, 원풍모방노동조합이 국가권력에 의해 파괴당한 지 어느덧 37년이 되었다. 오랜 과거가 되었지만, 원풍노조를 떠올리면 지금도 마음이 행복해진다. 처음 사회생활을 시작했던 원풍모방은, 대학 진학이 좌절되고 더 이상 꿈을 꿀 수 없다고 생각했던 그 시절 나에게 새로운 삶을 꿈꾸게 해준 곳이다.

고3 실습생으로 입사

1974년 4월, 나는 공업고등학교 3학년 학생의 신분으로 원풍모방에 입사했다. 기계과에서 공부한 이력으로 공작부에 배치되었는데, 거기는 기계를 제작하거나 고장 난 기계를 고치고 부품을 수리하는 부서였다. 남자기사들만 있었고, 선배들은 어린 나를 막내동생처럼 대해주며 기술을 가르쳐 주었다.

1975년 2월, 고등학교를 졸업하고 정식 공원이 되었다. 공작부 과장이 직포과로 이동하면서 나를 직포과 기사로 데리고 갔다. 직포과는 양복지를 짜는 곳인데, 베틀 돌아가는 소리가 요란하였고, 여성들이 70~80여명이나 있어서 깜짝 놀랐다. 기사는 우선 고장 난 베틀을 고쳐주는 일을 하고, 또 직물별로 무늬를 넣는 기계를 조작하는 역할을 맡았다.

기사 1명당 베틀 30~40대를 담당하였는데, 직포과에는 기계가 120여대 넘게 있었다. 베틀 돌아가는 소리는 고막이 찢어지는 듯 요란했지만, 작업하는 사람들끼리 몸짓, 눈짓으로 소통하는 넉넉한 분위기가 감도는 작업장이었다. 이전에 아르바이트나 실습을 하러 다녔던 살벌한 노동 현장과는 전혀 다른, 사람들의 따뜻함이 느껴지는 공장이었다.

원풍모방에는 웬만한 학교 운동장보다 더 큰 운동장이 있었다. 공놀이를 좋아했던 나는 운동장에서 축구와 배구를 즐겼다. 조기축구회에 가입하여 활동했는데, 조기축구회는 노조의 지지와 회사 측의 후원을 받았다. 체육대회 때는 부서별로 팀을 짜 시합을 했고, 계열사의 타 공장 노동자들과 친선 경기를 하기도 했다.

축구 경기 일정이 정해지면 날마다 운동장에서 연습을 했다. 천여 명이 넘는 여성 조합원들이 운동장을 오가며 응원을 하고 구경하면 괜히 어깨가 으쓱해져서 더 잘 하려고 뛰었던 생각이 난다. 그래서였을까, 나는 운동장에 서면 행복했다. 처음에는 무엇이 그토록 자유롭게 해주는지 몰랐다.

삼청교육대로 끌려간 노조 간부

1980년 5월 17일, 계엄령을 전국으로 확대하면서 권력을 장악한 전두환 신군부에게 노조가 탄압을 받게 되자, 비로소 노조가 뒤에서 버텨주고 있었기에 조합원들이 자유롭게 취미활동을 할 수 있었다는 사실을 깨달았다.

나는 여성 조합원들처럼 따로 소모임 활동을 하지 않았다. 처음에는 노조 사무실을 드나드는 것조차 멋쩍었다. 그러던 중 조기축구회를 함께 했던 직포과 김태훈 씨가 대의원이 되면서 노조 사무실을 스스럼없이 들락거리게 되었다. 게다가 노조 상근총무 임재수 선배도 직포과 기사 출신이어서 노조가 더욱 친근하게 느껴졌다.

조기축구회는 조합원들만 회원이 아니었다. 회사 측 사원 또는 관리자들도 축구회 회원으로 들어와 있었다. 지금 생각해 보면 상집간부들은 의도적으로 축구회 활동을 한 것이었다. 축구 연습을 마치고 삼삼오오 무리지어 막걸리 한 잔을 시원하게 마시는 것도 재미있었던 기억이다. 막걸리에 순댓국 한 그릇을 나누면서 노조 소식을 나누었던 기억이 난다.

1980년 12월 초, 계엄사 합동수사본부에서 노조 상근간부인 이문희 지부장직무대리와 임재수 총무, 상집간부와 대의원 48명을 연행해갔다. 12월 내내 노조 간부들이 계엄사에 조사를 받으러 왔다 갔다 하더니 연말에는 충격적인 소식이 전해졌다. 14명이 강제 사직을 당했고, 그 중 이문희, 임재수 총무, 이규현 쟁의부장, 이상배 등 남성간부 4명이 삼청교육대로 압송되어 순화교육에 보내졌다고 했다.

사회적으로 물의를 빚는 깡패들의 정신을 개조한다는 순화교육장은 고된 훈련과 폭행으로 죽는 사람들도 있다는 소문이 자자했다. 그런 곳으로 노조간부들이 끌려갔다니 기가 막혔다. 조합원들의 권익향상을 위해 헌신한 상집간부들을 국가는 상을 주지는 못할망정, 생계 터전에서 쫓아낸 것도 모자라 깡패들만 보낸다는 삼청교육대로 보낸 것이다.

1981년 1월, 작업현장은 몹시 스산했다. 삼청교육대로 끌려간 선배들은 물론이고 노조의 앞날이 걱정되었다. 하루하루가 바늘방석에 앉은 것처럼 좌불안석이었다. 활기가 넘치던 작업장은 베틀 돌아가는 소리만 요란할 뿐, 모두가 침울한 표정으로 묵묵히 일만 했다.

그러던 어느 날, 삼청교육대로 끌려갔던 간부들이 집으로 돌아왔다는 소식을 들었다. 동료들과 임재수 총무를 만나러 갔다. 갈비뼈가 부러지고 머리가 다치고 온몸이 만신창이가 된 모습에 뭐라고 위로할 말이 없었다. 살아서 돌아온 것만으로도 천만다행이라는 말 외에 더 이상 해줄 말이 없었다. 노조활동을 한 것이 죄가 되어 온갖 고초를 당했는데, 아무런 힘이 되어주지 못하는 현실이 답답하고 미안했다.

처자식 있는 사람들이 갑자기 삼청교육대에 끌려가 건강과 생계의 터전을 한꺼번에 빼앗긴 고통을 어찌 다 헤아릴 수 있었겠는가. 죄를 지은 것 같은 미안함과 공포심을 느끼며 위기의식으로 초조하게 보냈던 날들이었다.

위기의식이 현실이 된 9·27사건

남자 조합원들은 흡연실에 모이면 심란한 얼굴로 바람 앞의 등불과 같은 노조의 위기를 걱정했다. 정년퇴직까지 근무하리라 철석 같이 믿고 있었던 일터의 앞날이 더 걱정되었다는 것이 솔직한 심정이라고 할 수 있다. 내가 노조 사무실을 자주 가게 된 것은 그 무렵이었다. 조합원으로서 집행부에 무언가 힘이 되어야 한다는 생각을 하고 틈만 나면 노조 사무실에 갔었다.

그날은 새벽 여섯 시 출근반이었다. 퇴근길에 노조 사무실에 들러 가야지, 하면서 공구를 정리하는데 현장이 갑자기 술렁거렸다. '왜 저러지, 사고가 났나?' 그 순간 귀청을 찢는 듯 한 베틀소리 너머로 고함소리가 들렸다. '노조 사무실에 큰일이 났대…' 설마 하던 사태가 기어코 벌어진 것이었다. 사건이 일어나기 며칠 전부터 흡연실에서 기사들은 회사 측 움직임이 심상치 않음을 걱정했다.

한달음에 달려갔더니 노조 사무실 앞에 폭력배들이 몇 겹으로 서서 들어가지 못하게 했다. 노조 사무실 안에는 조합장이 혼자 감금당해 있었다. 남성 조합원 몇 명이 모여 의논을 했다. '우리가 저 놈들과 한판 붙어 감금된 조합장을 구출해보자'는 것이었다. 그러나 솔직히 노조를 겹겹이 에워싸고 지키고 있는 폭력배들과 맞붙어 싸울 자신이 없었다.

분통이 터져 씩씩거리다 보니 해가 졌다. 정사과 작업장 농성장에는 조합원들이 가득 모였다. 직포과 남성 조합원들은 슬금슬금 빠져나갔고, 서너 명만 그곳에 같이 있었다. 남자들은 우왕좌왕하며 회사 측의 눈치를 보는 것 같았다. 그도 그럴 것이 현장 책임자였던 담임이 폭력배 무리 속에 있었고, 부서의 과장, 계장 등 회사 간부들이 폭력배를 진두지휘하고 있으니 멀리서 관망하는 남자들이 많았다.

소수의 남자 동료들은 조합원으로서 책임을 다해야 한다고 결심했다. 우리는 최선을 다해 투쟁에 참여하자고 마음을 다지고 각자 역할을 분담했다. 구사대의 동향을 살피거나 농성장에 구사대들이 쳐들어오지 못하게 출입문을 지키는 역할 등을 맡았다.

감금된 노조 조합장

나는 조합장이 감금되어 있는 노조 사무실의 동향을 감시하며 밤새 노조 사무실 주변을 살피고 있었다. 그런데 새벽녘에 노조 사무실 문이 슬그머니 열렸다. 덩치가 큰 남자 어깨에 무언가가 담긴 자루가 메어져 있었다. 여러 명의 폭력배가 그 앞뒤에 서서 사무실을 황급히 빠져나갔다.

'어! 저게 뭐지?' 순간 조합장을 담은 자루일 거라는 생각이 번뜩 머리를 스쳐 지나갔다. 순간적으로 나는 용수철이 튕겨 나가듯 그들을 따라 뛰었다. '조합장이 죽었나!' 어쩌면 조합장이 죽어서 몰래 어디로 묻으러 가는지도 모르겠다는 불길한 생각이 들었다. 정문까지 급히 뛰어갔지만 경비들이 가로막았다. 자루를 둘러멘 남자들은 벌써 경비실 밖으로 빠져나갔다.

다급해진 나는 되돌아 노조 사무실 쪽으로 뛰어가 철망이 쳐진 담을 훌쩍 뛰어넘어 경비실 쪽으로 갔다. 그 자루를 검은 승용차에 실은 것 같다는 직감으로 승용차를 향해 뛰었다. 그러나 나는 회사 정문 밖에 진을 치고 있던 경찰에게 잡혀서 감금되고 말았다. 온몸으로 경찰들을 밀치고 소리쳤지만, 이미 자루를 실은 차는 어디론가 사라졌다.

경찰차에서 조사를 받고 풀려났지만, 농성장은 물론 정문 안으로는 다시 들어갈 수 없었다. 구사대와 경찰은 정문 앞에 서있지도 못하게 밖으로 밀어냈다. 할수없이 정문 근처 구멍가게에서 맥없이 냉수만 들이키며 왔다 갔다 했다. 그 가게 TV에서는 원풍모방 분규사태를 크게 보도했지만, 불법폭력을 저지른 회사 측을 두둔하고, 오히려 폭력을 당하는 조합원들이 불법을 저지르고 있다는 거짓말을 해댔다. TV를 부수어버리고 싶은 충동을 참으며 정문 앞 동향을 살폈다.

농성 사흘째로 기억된다. 갑자기 정문 앞에 진을 치고 있던 경찰버스와 경찰이 철수했다. 무슨 일인가 싶어 정문 앞으로 달려갔더니, 차마 눈뜨고 볼 수 없는 광경이 벌어지고 있었다. 폭력배들 두세 명이 한 조가 되어 여성 조합원 한 명을 팔은 팔대로 다리는 다리대로 사지를 들어 정문 밖 시멘트 바닥에 짐짝처럼 내던지고 있었다.

그중 벌떡 일어나 고래고래 소리를 지르며 공장 안으로 다시 들어가려고 뛰어갔다가 다시 걷어차여 나동그라져 통곡하는 조합원이 있는가 하면, 아예 실신한 채 들려와 죽은 듯이 누워있는 사람들도 있었다. 회색 작업복은 시커먼 땟자국으로 꼬질꼬질했고, 머리카락은 산발한 채였다. 대부분이 신발이 벗겨진 맨발이었다. 도무지 산 사람으로 보이지가 않았다.

공장 정문 밖 경사진 길바닥에 여기저기 쓰러져 있는 그 모습을 어떤 말로 표현할 수 있을까. 수십 년이 지난 지금도 그때 그 광경을 떠올리기만 하면 가슴에 분노가 치밀고 목이 멘다. "이봐요, 정신 좀 차려요!" 누가 누군지 얼굴을 알아볼 수가 없었다. 어깨를 흔들어도 일어서지 못하는 동료들을 업고 병원 응급실로 뛰었다. 강남성심병원, 누가의원, 한독병원 등.

그 와중에 낯익은 얼굴 하나는 직포과 이화숙이었다. 평소 형! 형! 하던 후배였는데, 의식을 잃은 채 축 늘어진 그 모습이 얼마나 불쌍하고 가련하던지 등에 업고 강남성심병원으로 뛰면서 펑펑 울었다. 분노와 아픔이 가슴을 저미게 했던 오래된 기억이다.

여성 조합원들은 참 대단했다. 응급실에 뉘어놓고 링거를 꽂은 것을 보고 나왔는데, 정신이 혼미한 상태에서도 링거를 뽑아 던지고 다시 정문으로 뛰어와 싸우고 있었다. 또다시 폭력배들에게 걷어차이고 힘없이 땅바닥에 내동댕이쳐지기를 반복하면서도 불법폭력에 온몸을 던져 저항하며 울부짖었다.

해 고 자 의   인 생 살 이

10월 7일, 회사 정문 밖에 1차 해고자 38명의 명단이 붙었다. 남자는 김도철, 김태훈 등 다섯 명이었는데 내 이름 석 자도 거기에 들어있었다. 아내와 세 살짜리 큰아들, 갓 태어난 둘째아들 네 식구의 생계를 책임져야 하는 가장이었지만, '까짓 것, 아직 젊은데 어디 가서 무엇을 하면 못 먹고 살겠어?' 하는 오기가 생겼다.

그러나 해고자의 현실은 만만한 게 아니었다. 1983년 2월경 일화모직으로 이력서를 들고 갔다. 거기에는 원풍모방 직포과 과장으로 있다가 이직하여 중역으로 근무하던 사람이 있었다. 그는 9·27사건이 일어나기 전, 나를 찾아와 일화모직으로 옮기면 우대해주겠다고 제안했었다. 희망을 안고 찾아갔지만 그는 "야, 임마! 지금은 널 받아 줄 수 없어!" 하며 일언지하로 거절했다.

당시에는 무슨 영문인지 알지 못했다. 동료들도 이곳저곳 이력서를 냈지만 원풍모방 해고자는 받아줄 수 없다고 거절당했다. 기능사 자격증도 블랙리스트 앞에서는 휴지조각에 불과했다. 해고를 함께 당한 10여명의 남성 조합원들은 각자 먹고살 궁리를 할 수밖에 없었다.

나는 아파트 공사장 도배사들을 따라다니며 도배를 배웠다. 그리고는 나중에 빚을 내어 지물포를 냈지만, 잘 되지 않아 문을 닫고 날품팔이를 했다. 어렵사리 처남의 도움으로 가내공장을 운영하다가 IMF 경제위기 때 납품하던 길이 막혀 끝내는 공장 문을 닫아야 했다.

민 주 화 운 동 가 로 명 예 회 복

2008년, 나는 '민주화운동 관련자 명예회복 및 보상 등에 관한 법률'에 의해 명예를 회복했다. 원풍노동조합의 민주노조운동이 군부독재 시절 국민의 자유와 권리를 신장시킨 활동으로 인정받은 것이다. '불순한 해고자'라는 불명예가 벗겨지고 '민주화운동가'가 되니 하늘을 나는 듯 기분이 좋았다. 생활지원금이라는 명목으로 보상금도 받았다. 처음에는 불로소득 같았지만, 함부로 써버려서는 안 되는 소중한 가치가 담겨 있는 돈이었다.

민주화운동 관련자 명예회복은 나에게 새로운 도전을 꿈꾸게 했다. 2010년, 애완견의 털을 깎아주는 미용사 자격증을 취득하여 애견 샵을 개업한 것이다. 나이 든 중년남자가 강아지 미용을 한다고 하니 뜨악한 표정으로 돌아가는 사람도 있었다. 하지만 지금은 애견미용사로 능력을 인정받아 단골손님이 많다. 노년으로 접어든 나이에 애견 샵을 혼신의 힘을 다하여 즐겁게 운영하고 있다.

원풍동지회는 내 인생에서 남다른 의미를 갖고 있다. 원풍은 나의 젊음이 송두리째 머물러 있는 곳이다. 2016년 4월에 출간한 『공장이 내게 말한 것들』에는 자랑할 것은 없지만 부끄럽지도 않은 나의 생애사가 실려 있다. 참 뿌듯했다.

원풍동지회는 사계절 변하지 않는 푸른 소나무를 떠올리게 한다. 고향 같은 포근함이 느껴지는 모임이 원풍동지회이다. 나에게는 영원히 잊지 못할 최고의 모임이다.

민주노조의
탄생

021

다시 찾은 웃음 꽃

기성순

_____1955년, 서울에서 태어났다. 1979년 1월, 사내 결혼하여 당시에는 흔하지 않은 부부가 한 부서에서 근무하였다. 1982년 9·27폭력사건으로 해고당했다. 2007년 정부에 의해 민주화운동 관련자로 명예회복이 되었다.

1982년 9월 27일, 우리 부부는 원풍모방노동조합을 말살하기 위해 폭력을 자행하는 국가권력에 저항하다가 해고를 당했다. 해고를 당한 뒤 25년간 온갖 풍상을 겪으며 살아왔다. 남편은 부모가 '불순한 해고자'라는 낙인 때문에 아들에게까지 피해가 갈까봐 걱정을 했다고 한다. 남편이 그 낙인으로 인해 오랫동안 남몰래 가슴앓이를 하고 있었다는 것도 나중에야 알았다.

원 풍 모 방   입 사 와   결 혼

남편 이영섭과 나는 방적과 전방 A반에서 근무를 했다. 그 시절 아주 드문 사내 부부였으며, 한 부서에서 함께 일한 경우는 우리 말고 없지 않았을까싶다. 나는 1975년에 양성공으로 입사하였고, 남편은 1977년 3월에 제대하고 복직했다. 남편은 방적과 기사였다. 고장 난 기계를 고쳐 주러 왔을 때 처음 만났는데, 알고 보니 둘 다 당시에는 드문 서울 태생이었다. 서로 공감대를 느끼며 관심을 갖게 되었고, 날마다 현장에서 마주치면서 자연스럽게 연애를 하게 되었다.

우리는 1979년 1월에 결혼했다. 남편은 경제적으로 여유롭지가 않았고, 나 역시 별반 다르지 않았기에 퇴사를 하지 않고 계속 근무하기로 결정했다. 당시는 결혼한 여성은 퇴직하는 것을 당연하게 여기던 시대였다. 원풍모방노동조합은 산후휴가는 물론이며, 아기에게 젖을 먹이는 수유시간까지 단체협약으로 보장되어 있었다. 그럼에도 기혼여성은 그리 많지가 않았다.

결혼 후 임신을 하니 생각했던 것보다 3교대 노동이 힘에 부쳤다. 작업장 관리자는 임산부에 관한 단체협약에 따라 상대적으로 일하기가 편한 기계로 옮겨주었다. 나는 결혼한 후 여러 가지 혜택을 받으면서 노동조합의 중요성을 한층 더 실감하였다. 노동조합은 한 사람 한 사람의 권익까지 빠짐없이 챙겨주고 조합원 개개인의 사정을 일일이 살펴봐주었다. 나는 아들을 낳고 산후휴가를 마치고는 원직으로 복귀했다.

우리 부부는 아이를 키우면서도 결근 한 번 하지 않았을 정도로 열심히 일했다. 때때로 아기가 아파 휴가를 내고 싶을 때도 있었지만, 작업에 피해를 주거나 동료들을 힘들게 하지 말자고 다짐하며 하루도 빠짐없이 회사를 나갔다. 딱 한 번 조퇴를 신청했다. 아기가 아파 병원에 입원했는데, 진료시간에 맞추어 가야했기 때문이다. 그런데 생산량에 지장이 있다며 반장이 고개를 저었다. 보다 못한 남편이 "애기 엄마가 조퇴할 수 없다면 내가 외출을 다녀오겠습니다"라고 하니까 그제야 조퇴증을 발급해 주었다. 이 모든 것이 뒤에 노동조합이 버티고 있었기에 가능했던 일이었다.

우리는 맞벌이 부부로 희망을 갖고 살았다. 당장은 돈이 없어 월세방에서 살고 있지만 차츰 나아질 것이라고 믿었다. 퇴직금을 담보로 목돈을 대출받아 전세자금을 마련할 계획도 세웠다. 공동구매조합을 이용해 살림살이는 물론이고 아기 분유 등도 싸게 구입할 수 있었다. 아이가 커서 학교에 갈 때가 되면 단체협약에 의해 전액 장학금을 받을 수 있었으니 학비 걱정을 하지 않아도 되었다. 조금만 고생하고 노력하면 생활기반을 잡을 것이라고 생각했다.

해 고 의   시 작

1980년 5월, 계엄군이 광주에서 시민들에게 발포하여 많은 사람들이 죽었다. 광주민주항쟁의 끔찍한 진실을 노조를 통하여 알았고, 광주시민들을 돕자는 노조 집행부의 결정에 따라 적은 돈이지만 모금에 참여했다. 모금행사 뒤 어느 날부터 방용석 지부장님과 박순희 부지부장님을 노조 사무실에서 만날 수 없게 되었다. 특히 박순희 부지부장님은 현장을 순회할 때나 오고가며 만날 때마다 유난히 자상하게 대해 주었던 분이었다. 결혼하여 임신한 여성 조합원이 노동하는 것이 힘들어 보여 그랬는지, 내 등을 토닥이며 힘을 주었던 분이었다.

노조 지도자 두 분이 안 계시니 노조의 앞날이 캄캄해지는 것 같았다. 그래도 계엄령만 풀리면 다시 돌아오리라 생각했다. 다만 군인들이 국민을 죽이는 험한 세상이니, 수배되어 쫓겨 다니는 두 분의 안위가 걱정되었다.

그로부터 몇 달이 지나 12월이 되었다. 합동수사본부는 지부장 직무대리와 상근자들을 모두 연행하더니, 이어서 상집간부와 대의원 등 48명을 연행해갔다. 결국 남성 간부 네 명이 해고되고 삼청교육대로 끌려갔으며, 여성 간부들도 해고시키고 강제로 고향으로 내려 보냈다. 한 직장에 근무하던 우리 부부는 노동조합이 위기에 빠지자 다른 사람들보다 한층 더 불안감을 느끼며 살았다.

원풍노조 9·27사건을 떠올리면, 우리 부부가 불법 해고된 뒤 살아갔던 암흑과 같은 세월이 생각나 가슴이 먹먹해지고 눈물부터 난다. 9월 27일, 폭력배들이 노동조합에 난입하여 조합장을 감금했다는 소식을 듣고 퇴근하자마자 노조 사무실로 달려갔다. 사무실 주변에는 어디에서 불러 모았는지 수많은 남자들이 진을 치고 있었다. 박찬배 부공장장은 비열한 웃음을 흘리며 서있었고, 한상엽 방적과 과장 등 회사 관리자들이 왔다 갔다 하면서 폭력배들을 지휘하고 있었다.

우리는 노동조합 정상화를 요구하며 농성에 들어갔다. 임기연과 두세 명의 부서 동료가 아기가 있으니 집에 갔다가 내일 새벽 출근시간에 오라고 하여 나는 못이기는 척 늦은 밤에 집으로 돌아갔다. 집행부와 동료들에게 미안했지만, 아기가 눈앞에서 어른거려 염치 불구하고 남편에게 말하고 혼자 저녁 늦게 집으로 갔던 것이다.

9월 28일, 이튿날 새벽 신문이 배달되었다. 서울신문이었는데, 신문 1면에서부터 원풍모방노동조합의 폭력사태 기사로 온통 도배를 하다시피 했다. 세상에 어떻게 이럴 수가 있을까. 모조리 거짓말이었다. 불순한 '도산'세력이 회사를 망하게 하려고 무리한 요구를 하면서 폭력을 휘두르며 농성을 하고 있다는 것이다. 이 무슨 말도 안 되는 소리인가. 그날도 농성장에 갔다가 시내버스 막차가 끊기기 전에 엄마 아빠를 기다리며 보챌 아기 생각을 하며 집으로 돌아갔다.

9월 29일, 이른 아침에 농성장에 들어가려고 하는데, 경비실에서 구사대들이 못 들어가게 막았다. 그날부터 추석 휴무가 시작되었다. 나는 농성장에서 굶고 있는 남편과 동료들이 걱정되었고, 조합원으로서 당연히 참여해야 하는 의무라고 생각하고 들어가려고 애썼지만 소용이 없었다. 구사대들과 실랑이를 벌이는 나를 경찰이 집으로 돌아가라며 밀어내어 정문 앞에 서 있지도 못하고 쫓겨났다.

9월 30일, 그날은 단식농성 나흘째였다. 한결 많아진 경찰들이 회사 정문과 울타리, 그리고 대림동 전체에 배치되어 삼엄하게 지키고 있었다. 전날은 그래도 정문 앞까지 갈 수 있었는데, 그날은 근처에 얼씬도 하지 못하게 경찰들이 막고 있었다. 애간장이 타는 듯했다. 단식농성을 하는 남편과 동료들이 걱정되어 먼발치에서 공장 주변을 서성이며 목이 빠져라 정문을 지켜보았지만, 괴괴한 적막감만 흘렀다. 왠지 알 수 없는 불안감이 밀려왔다.

밤 10시쯤 조합원들이 아우성치며 끌려나오는 소리가 들렸고, 그때 남편을 만났다. 초췌한 몰골이었지만, 다친 곳은 없어 보여서 다행이라 여겼다. 남편은 농성장에서 끌려 나오면서 쓰러진 여성 조합원들이 많다면서 병원으로 갔다.

주 객 이 전 도 된 각 서 협 박

10월 13일, 2차 출근투쟁을 한다는 소식을 듣고 강남성심병원 앞으로 갔다. 며칠 만에 동료들을 만나니 무척 반가웠다. 짧은 인사를 나누면서도 눈길은 도로 건너편 회사 정문을 응시하고 있었다. 정문 근처에는 아침 출근반인 B반 조합원들이 모여 있는 것이 어렴풋이 보였다. 구호를 외치는 소리와 아우성도 들렸다. 동시에 "출근하러 갑시다!" 하는 소리와 함께 동료들이 정문을 향하여 뛰었고, 동시에 경찰들이 사나운 기세로 뛰쳐나가 앞길을 막아섰다.

전방 동료 김순애가 아기 엄마가 잡혀가면 안 되니, 빨리 집으로 가라고 소리를 치며 나를 떠밀고는 도로로 뛰어들었다. 나는 움찔하며 뒷걸음질을 쳤다. 순식간에 도로 한복판에서 벌어지는 폭력사태를 망연자실 바라보며 나는 발만 동동거렸다.

경찰은 우리 조합원들보다 숫자가 서너 배는 많아보였다. 허리에 권총을 차고 방망이를 든 경찰들은 동료들을 경찰버스 앞으로 몰더니 한 사람에 2~3명씩 달려들어 경찰버스에 실었다. 동료들은 연행되지 않으려고 발버둥을 치며 도로가에 눕는가 하면, 아예 경찰버스 밑으로 들어가 차가 움직이지 못하게 막았다.

"경찰은 물러가라!", "폭력배는 물러가라!"라는 구호와 경찰들의 호각소리, 확성기 소리, 동료들의 비명과 울부짖음이 뒤엉키어 대림동 삼거리 도로는 마치 전쟁터를 방불케 했다. 손바닥으로 경찰버스 쇠창살 창문을 붙잡고 통곡하며 몸부림치는 조합원들을 싣고 가는 경찰차를 바라보며 얼마나 울었는지 모른다.

원통한 마음을 진정하지 못한 채 집으로 갔다. 형사가 뒤따라 들어오더니 다짜고짜 "이영섭 씨는 어디 갔습니까?"라고 다그쳤다. 나는 모른다고 시침을 떼었는데, 형사는 몇 시간이 지나도록 갈 생각을 하지 않고 죽치고 있었다. 그날 저녁 동장과 통장, 그리고 형사가 또 찾아왔다.

형사는 그날 이후 우리 집을 출근하듯 매일 같이 찾아왔다. 그들은 우리 부부만 감시하고 괴롭히는 것이 아니었다. 당시 둘째시숙이 영등포 OB맥주공장에 근무하고 있었다. 경찰과 그 회사 간부가 둘째시숙을 찾아가 동생 부부에게 각서를 쓰고 출근을 하게 하든지, 아니면 사표를 내게 하라고 윽박질렀다. 만약에 동생 부부를 설득하지 못하면 당신에게 피해가 갈 것이라는 협박도 했다.

집으로 찾아온 시숙에게 남편은 '우리는 잘못한 것이 없고, 노동조합이 정상화될 때까지 각서를 쓸 수도, 사표를 내지도 않을 것'이라고 대꾸했다. 시숙은 노발대발하며 돌아갔다. 며칠 후 다시 찾아온 시숙은 OB맥주회사에서 자신을 지방공장으로 발령을 낸다는데, 다 너희 부부 때문이니 책임지라고 펄펄 뛰었다.

우리와 함께 살았던 시어머니는 둘째아들과 막내아들이 옥신각신하는 것을 보고 애를 태우며 괴로워했다. 우리 부부는 고민 끝에 사표를 제출하기로 결정했다. 12월 23일, 해가 뉘엿뉘엿 질 무렵에 퇴직금을 정리하려고 원풍모방 경비실에 갔다. 미리 약속을 한 남성 조합원 여덟 명과 정문에서 만나 노무과에서 퇴직금을 정리하고 공장을 나서는데 발걸음이 천근만근 무거웠다.

그들도 지난 2~3개월간 경찰과 관공서, 그리고 친인척들에게 시달려 지치고 쓰라린 마음이 얼굴에 여실하게 드러나 보였다. 우리는 건강하게 잘 지내라는 몇마디 인사말과 씁쓰레한 웃음을 주고받고는 뿔뿔이 헤어졌다.

부 부 해 고 자

둘째시숙과는 그 일이 있은 후 수십 년이 지나도록 관계가 끊겼다. 해고 후 살아가는 삶은 고통의 연속이었다. 퇴직금을 합쳐 월세방에서 전세방으로 옮기려고 했는데, 아이가 넘어져 어깨 관절이 부러지는 사고를 당해 병원에 입원했다. 퇴직으로 의료보험마저 상실했기 때문에 병원비를 감당하기가 쉽지 않았다. 아이는 소아천식까지 앓기 시작했다.

설상가상으로 남편은 돈벌이 자리를 알아보다가 퇴직금을 사기당했다. 시어머니가 계셨지만 아픈 아이를 업고 병원을 들락날락해야 하니, 나마저 매어 있어 돈벌이를 할 수가 없었다. 당장 병원비와 생계비가 막막했다. 다행히 친정 동생들이 아이 병원비를 도와주어서 그나마 치료를 할 수 있었다. 그래도 당시는 힘들다는 생각을 그다지 많이 하지는 않았다.

남편은 방적과 기사였으니 방직공장에 취직을 해보려 했지만 받아주는 곳이 없었다. 아이 병원비와 노모를 모시고 월세방에서 살아가는데, 시간이 흐르면서 생활은 더욱 어려워지고 감시도 더욱 심해져갔다. 친정 작은오빠가 우리 집 사정을 딱하게 여겨 남편을 사우디의 럭키건설 현장에서 일할 수 있도록 알선해 주었다. 이 사회에서는 취업하기가 어렵다고 판단한 남편은 사우디 건설현장으로 갔다. 그러나 기후가 맞지 않아 몸이 아파 힘들어 했다. 남편은 힘들게 버티다가 1년 6개월 만에 돌아왔다.

나는 나대로 아이와 시어머니를 돌보면서 가내공장을 다니면서 틈틈이 부업을 하여 생활비를 벌었다. 대체로 도급제였는데, 그 시절에 얼마나 일을 지독하게 했던지 남들보다 3~4배 많은 90여만 원을 버는 달도 있었다. 그렇게 악착같이 돈을 벌었지만, 가정형편은 좋아지지 않았다.

아이는 소아천식으로 항시 숨을 가빠해서 초등학생 때부터 고등학교를 졸업할 때까지 책가방을 들어다 주어야 했다. 시어머니도 나이가 많아지면서 병원에 모시고 가는 날이 많아졌다. 거기다 남편은 건설현장을 따라다니느라 집을 떠나 지방에서 막노동을 하더니 위장에 구멍이 나서 수술을 했고, 나중에는 심근경색으로 심장시술을 두 번이나 했다.

티끌만한 희망도 없이 살았던 시절이다. '원풍노조 9·27' 정기모임은 알고 있었지만, 참석할 시간도, 마음의 여유도 없었다. 그러던 1996년의 어느 날이었다. 방용석 지부장님이 국회의원이 되었다는 뉴스를 보았다. "어머, 우리 지부장님이 국회의원이 되셨네!"하며 동네사람들과 공장사람들에게 막 떠들면서 자랑을 했다.

10년이 넘도록 희망도 없이 기가 푹 죽어 살았는데, 방 지부장님이 국회의원이 되었다는 소식과 2002년에 노동부장관이 되었다는 뉴스를 들으니, 곧 나의 삶에도 희망의 빛이 스며들 것 같았다. 너무 기뻐 박수를 치며 좋아서 하하! 거리는데, 그렇게 웃는 모습을 공장사람들은 처음 보았다고 했다.

정말 그랬다. 사는 것이 워낙 고달팠다. 그 동안 생활에 찌들려 정말 말과 웃음을 잃어버린 듯이 살았다. 돌변한 나의 모습을 본 어떤 사람은 마치 사이비 종교집단에 빠진 광신자 같다고 했다. 그래도 좋았다. 나는 살아갈 희망을 되찾았고 앞으로 좋은 일만 생길 것 같았다.

민 주 화 운 동   관 련 자 로   명 예 회 복

그 느낌은 틀리지 않았다. 2000년 1월, 김대중 '국민의 정부'는 '민주화운동 관련자 명예회복 및 보상 등에 관한 법률'을 제정하였고, 이 '민주화보상법'에 따라 원풍노조 해고자들도 명예회복이 될 것이라는 소식이 들려왔다.

2007년, 우리 부부도 민주화운동 관련자로 인정을 받고 명예회복이 되었다. "귀하는 대한민국의 민주헌정질서 확립에 기여하고 국민의 자유와 권리를 회복 신장시켰으므로 …"라고 시작하는 민주화운동 관련자 명예회복 인증서를 받아들고 우리 부부는 서로 얼굴과 인증서를 번갈아보며 꿈인지 생시인지 얼마나 기뻐했는지 모른다.

우리 부부에게 이 인증서는 어떤 가치도 넘어서는 값진 선물이었다. 지난날의 고통스런 세월을 살아내면서 겪었던 서러움이 다 사라지는 것 같았고, 그래서 그 기쁨도 배가되는 것 같았다. 그 세월에 대한 보상을 미흡하나마 받게 되고, 불순한 해고자라는 낙인을 떼어내고 민주화운동가로 인정받으면서 우리 부부는 지친 몸과 마음에 생기를 되찾았다.

내 나이 어느 새 환갑이 지났다. 나는 현재 요양병원 식당에서 환자들의 식사를 배식하는 일을 하고 있다. 가능하면 즐겁게 일을 하려고 노력하면서 당당하게 흐트러짐 없이 살아가려고 애쓰고 있다. 원풍노동조합은 나에게 지칠 줄 모르는 삶의 열정을 샘솟게 하는 모임이다. 원풍노조 조합원이어서 힘들었던 시절도 있었지만, 원풍노조는 우리 부부에게 희망과 용기를 갖고 살아갈 수 있게 한 에너지였다. 그래서 더욱 든든하다. 원풍동지들이 정말 고맙다.

022

노동조합이 뭐 길래

김금자

_____1956년, 전북 부안에서 태어났다. 1975년, 친구로부터 원풍노조 이야기를 듣고 '노조가 뭐 길래?' 호기심으로 입사하였다. 1977년 대의원으로 활동하였고, 78년에는 노조 상무집행위원회 조직차장, 80년 회계감사로 활동했다. 그해 12월 합동수사본부에 연행되어 강제사직을 당하였다. 1982년 9·27사건 당시 구속자 옥바라지와 대외 관련 활동을 했다. 2014년, 원풍동지회 2대 회장으로 활동하였다.

나는 1956년에 전북 부안에서 9남매 중 여섯째로 태어났다. 중학교를 졸업하고는 2년간 집안일을 거들며 지냈다. 부모님은 내가 열여덟 살이 되자 맞선 자리를 찾고, 재봉틀, 이부자리 등 혼수품을 장만하셨다. 시집보내려는 부모님을 피해 도망치듯이 집을 나와 서울로 왔다.

1975년 7월, 스물한 실 때 원풍모방에 들어갔다. 원풍모방에 입사하기 전에는 구로공단의 어떤 사무실에서 경리 일을 했다. 그러던 어느 날 원풍모방에 다니던 친구를 만났는데, 노동조합의 지부장이 구속되어 데모를 했더니 석방이 되었다는 말을 했다. 처음 들어보는 이야기라서 무슨 소리인지 도무지 이해가 되지 않았다.

어떻게 그런 이상한 일이 있느냐고 반문했다. "그 회사에 근무하는 사람은 지부장이 되었든, 누구였든 구속되었으면 회사 측이 해결하면 될 것을 왜 너희 노동자들이 데모를 하는 거니?" 호기심이 발동하였다. "얘, 너희 회사 사람 뽑으면 나에게 알려주렴. 아무래도 내가 들어가서 알아봐야겠어"라고 부탁했다. 그 뒤 친구가 소개를 해주었고, 그래서 나는 원풍모방에서 일하게 되었다.

상 집 간 부 가   되 다

작업장은 방적과 전방 B반이었다. 처음에는 괜히 들어왔다고 후회를 했다. 생각했던 것보다 작업장은 삭막했고, 기름과 먼지가 덕지덕지 붙은 기계에서 일하는 것이 싫었다. 하지만 그런 갈등은 얼마 안 있어 사라졌다. '노동조합이 뭐 길래?' 하는 호기심으로 입사를 해서 그랬는지 사람들과도 금방 친해졌다.

노조 사무실을 내 집 드나들듯 하다가, 1977년 봄, 뜻하지 않게 부서에서 노동조합 대의원으로 선출되었다. 노조 활동이 무엇인지 별로 아는 것은 없었지만 기분이 좋았다. 대의원 활동을 했고, 1978년에는 노조 회계감사로 선임되어 상집위원회에 들어갔다. 원풍노조는 민주노조로 출발한 지 6년을 지나면서 선배들의 헌신적인 활동 덕분에 강력한 조직력을 자랑하고 있었다. 그러나 상집위원이 되어보니, 노조가 늘 긴장 속에 있다는 사실을 느끼게 되었다.

겉보기에는 평탄해 보였지만, 기업주는 물론 경찰과 관공서가 노조 활동을 방해하기 위해 갖가지 압력을 가하고 있다는 사실을 알게 되었다. 상집위원으로 활동하며 회의를 많이 했는데, 그것이 가장 기억에 남는다. 방용석 지부장님은 상집위원들에게 회의 안건과 노조 안팎에서 일어나는 상황이 이해가 모두 될 때까지 토론을 하게 하였다. 8시간 마라톤 회의를 했던 적도 수없이 많았다.

박정희 독재정권은 1978년 동일방직 똥물사건을 시발점으로 민주노조운동 말살정책을 강하게 밀어붙였다. 1979년 8월, 불법 폐업에 맞서 신민당사를 점거하고 농성을 하던 YH노조 노동자들을 폭력적으로 진압한 이후, 노동조합 활동은 더욱 억압되었다. 정부는 "도산이 가면 도산한다"라는 말로 민심을 선동하고 언론을 조작하여, 민주노조운동을 벌이던 노동자들을 도산 세력으로 몰아 파괴하려고 했다.

그리고 그 앞잡이로는 전국섬유노동조합연맹 위원장 김영태가 있었다. 상급노조의 위원장이었던 그는 동일방직노동조합을 파괴하는 데 앞장섰고, 원풍모방 노동조합을 깨려고 호시탐탐 노리고 있었다. 권력의 시녀 노릇을 한 '섬유연맹' 은 원풍노조의 대의원 자격을 제한하기도 하였다. 원풍노조는 정보기관에서도 눈엣가시처럼 여기고 있었다. 그들은 원풍노조를 '도산의 못자리'라며 감시했다.

1979년 8월, YH노조 신민당사 점거농성사태가 일어난 이후 박정희 독재정권은 박준양 검사를 단장으로 한 '산업체 외부세력침투 실태조사위원회'를 구성했다. 그들은 원풍노조에도 실태조사를 하려고 찾아왔지만, 정보를 미리 알았던 노조 상근자들이 모두 자리를 비우고 노조 사무실을 자물쇠로 잠갔다. 노조를 탄압하기 위한 정부의 조사를 거부한 것이다.

계엄령 하의 원풍노조

1979년 10월 26일, 독재자 박정희가 자기의 부하 김재규의 총에 맞아 사망했다. 18년간 강압적으로 통치하던 유신독재자가 쓰러진 것이다. 우리들은 민주화가 곧 오리라 믿었다. 그리고 경제개발이니 뭐니 하면서 노동자를 억압하던 노동악법도 사라질 것이라고 생각했다.

1980년 봄이 되자 그동안 억압받던 노동자들이 노동조건 개선을 요구하며 곳곳에서 들고 일어났다. 사북에서는 광부 6천여 명이 총파업을 했다. 전국에서 억눌려있던 노동자들의 목소리가 봇물 터지듯 터져 나왔다. 대학가에서도 학생들이 계엄령 해제를 요구하며 시위를 벌였고, 시위는 순식간에 전국적으로 확산되어갔다. 5월 13일에는 한국노총회관에서 '노동기본권 확보 전국궐기대회'가 열렸다.

1980년 5월 17일, 신군부는 계엄령을 확대 선포하였다. 계엄군은 시위대를 강제진압하며 민주인사들을 체포하였다. 광주에서는 많은 시민들이 계엄군의 발포로 죽어갔다. 세상은 다시 꽁꽁 얼어붙었다.

노조에서는 긴급 상집회의를 소집하여 광주항쟁 피해자 돕기 모금운동을 벌이기로 결의하였다. 조합원 모두가 기꺼이 참여한 모금운동이었다. 박순희 부지부장님이 천주교 광주교구장 윤공희 대주교에게 470여만 원의 성금을 전달했다. 전두환 신군부는 광주모금운동을 빌미로 원풍노동조합을 탄압했다. 방용석 지부장님은 '김대중 내란음모사건'에 엮어 수배되었고, 박순희 부지부장님과 함께 노동계 정화 대상자로 몰려 해고를 당했다.

그해 12월 5일, 합동수사본부에서 나온 군인 2명이 노조 사무실에 들어왔다. 최 수사관이라는 군인은 이문희 지부장직무대리와 몇 마디 이야기를 나누더니 회계감사였던 구지회 선배와 나에게 작업장 전체를 안내하라고 지시했다. 착잡한 심정으로 군인들과 함께 노조 사무실을 나와 바로 옆 건물의 방적과와 정사과를 지나 정방, 전방, 염색과를 둘러보고, 소모과를 지나 직포과, 가공과를 한 바퀴 돌고 나왔다.

12월 8일, 합수부는 이문희 지부장직무대리와 임재수 총무, 한상분 부지부장을 연행하였다. 노조 상근자가 모두 연행되자, 남은 상집간부들이 대책을 논의하였지만 별 뾰족한 수는 없었다. 나는 12월 17일, 양분옥, 양승화와 함께 합수부의 출두요청에 따라 조사를 받고 돌아왔다가, 12월 22일 다시 연행되어 조사를 받았다.

그해가 저무는 12월 30일, 합수부 군인들은 "너희들을 더 이상 괴롭히고 싶지 않다. 아무 말 말고 사직서에 지장을 찍어라"라며 종이 한 장을 내밀었다. 순간 내가 사표를 내는 것으로 노조가 살아남는다면 다행이지 않을까 하는 생각으로 손가락을 꾹 눌렀다. 군인들의 감시를 받으며 기숙사 짐을 챙기고 귀향조치를 당했다. 합수부에서 강제 사직을 당한 분노 탓인지 몸이 아팠다. 권력의 강압에 의해 노조를 떠났지만, 마음은 늘 그곳에 있었다.

유인물을 싣고

1982년 2월 말경, 이무술이 갑자기 조합장 직을 사퇴하고 작업장으로 복귀했다는 소식을 들었다. 부조합장이었던 정선순이 조합장이 되었다. 노조 상황이 악화되어가는 것 같아서 걱정되었다. 위기에 처한 원풍노조 정상화를 위해 할 수 있는 일을 돕기로 했다. 그해 5월, 노조 집행부에서는 '원풍모방노동조합 탄압을 중지하라!'라는 제목의 유인물을 대량으로 인쇄하여 전국에 배포하기로 계획했다. 노조파괴를 노리는 회사와 정부기관의 감시와 탄압을 더 이상 참고만 있을 수가 없었던 것이다.

나는 밖에서 유인물을 제작, 배포하는 일을 담당하였다. 기독교 청년운동단체 회원을 소개받아 그들과 함께 비밀이 보장되는 인쇄소를 찾아갔다. 을지로 인쇄소 골목에 있는 세진인쇄소의 강은기 사장이었다. 당시는 반정부 유인물을 인쇄하다가 걸리면 의뢰인은 물론 인쇄소까지 조치를 당했다. 강 사장에게 호소문 10만 장의 인쇄를 부탁했다. 그 분은 놀라는 표정을 지었지만, 곧 고개를 끄덕였다.

인쇄된 유인물은 용달차 한 대 가득이었다. 이를 영등포산업선교회관에 감추어 놓고 전국에 배포하기 시작했다.

나는 기독청년 회원과 함께 '5·18광주민주항쟁' 2주기 행사가 열리는 광주로 유인물을 싣고 가, 금남로에 있는 광주 가톨릭센터 옥상에서 시민들이 많이 오 갈 것으로 예상되는 퇴근시간을 기다렸다. 오후 6시, 유인물을 두 손으로 한 움 큼씩 집어 허공에다 마구 뿌렸다. 내 손을 떠난 유인물은 바람을 타고 눈송이처 럼 휘날리며 땅으로 떨어졌다. 지나가는 시민들이 유인물을 집어 들고 가는 모습 을 보니 가슴이 뛰었다.

대전, 전주, 청주 등 집회가 열리는 곳마다 찾아다니며 유인물을 뿌리면서 원풍 노동조합 탄압사건을 전국에 알렸다. 뜻하지 않게 유인물 배달부가 되었지만 즐 거웠다. 노조 집행부와 조합원들과 함께 할 수 있는 일이 있어서 그나마 다행이 었다. 그때 원풍노조 유인물을 함께 인쇄하고 뿌리러 다닌 청년은 '원풍노조탄 압수습대책위원회'에서 활동했던 이민우이며, 그는 지금 나의 남편이다.

9·27 폭력사태

1982년 9월 27일, 그날 12시에 정선순 조합장과 약속이 있어서 대림동으로 갔 다. 그런데 정 조합장이 나오지 않았다. 노조 사무실도 전화를 받지 않았다. 노 조에 무슨 일이 터졌다는 느낌이 머리를 확 스치고 지나갔다. 아나나 다를까, 구 사대 폭력배들이 노조 사무실에 쳐 들어가 조합장을 감금했다는 소식을 들었다.

아, 기어코 터졌구나! 다급한 상황인데도 밖에서 무슨 도움을 주어야 할지 몰 라 답답했다. 우선 생각나는 대로 '원풍노조탄압수습대책위원회' 위원 몇 분에 게 전화를 했다. 4시경 이우정 대책위원장님과 지학순 주교님, 이창복 선생님 등 을 모시고 회사 정문으로 갔다. 정선순 조합장의 면회를 요청했지만, 구사대들에 게 거절당하여 발길을 돌려야 했다.

영등포산업선교회로 가 대책위원들과 80년 해고자 몇 명이 모여 대책을 논의하 였지만 뾰족한 대안이 없었다. 그저 애타는 마음으로 상황을 지켜볼 수밖에 없었 다. 박순애 부조합장과 이옥순 총무가 구사대에게 얻어맞아 병원으로 이송되었다 는 소식, 양승화 부조합장이 농성을 이끌어가고 있다는 현장 소식을 듣고 안타까 워 속이 탔다. 하지만 조합원들이 단결하여 잘 싸울 것이라는 믿음이 있었다.

추석 휴무가 시작되면서 농성장과 연락을 취하기가 더 어려워졌다. 단식이 나흘째로 접어들면서 쓰러져 병원에 실려 가는 조합원들이 많아졌다고 했다. 병원에서 정신을 차린 조합원들이 링거 바늘을 뽑고 다시 농성현장으로 들어가려고 정문 앞에서 싸우고 있다는 소식을 들었을 때는 가슴이 메어졌다.

10월 초, 상집간부 전원에게 수배령이 내렸다. 나는 영등포산업선교회에서 조합원들과 함께 생활하면서 외부 활동을 했다. '원풍노조탄압수습대책위원회' 위원과 그외 외부 인사들에게 원풍노조사태를 알리고 협조를 이끌어 내는 일과 수배 간부들과의 연락을 유지하는 일을 맡았다.

10월 중순경으로 기억되는데, 조합원들에게 쟁의기금을 나누어주려고 조합비를 찾으러 영등포 제일은행에 갔다. 그런데 은행에서 돈을 찾아 들고 나오다가 구사대 폭력배들에게 모두 빼앗겼다. 조합원들은 이래저래 경제적으로 힘들어했는데, 도움을 주지 못해 속이 상하고 안타까웠다.

옥 바 라 지

11월 12일 저녁이었다. 11월 14일에 열릴 원풍노조탄압 항의집회와 관련하여 의견을 나누기 위해 박순희 부지부장님을 만났다. 수배 중이었던 언니를 따라 간부들의 은신처였던 도곡동 아파트의 초인종을 눌렀다. 오랜만에 만날 간부들의 얼굴을 상상하며 문이 열리기를 기다렸지만, 문을 열고 우리를 맞이한 사람들은 남부경찰서 형사들이었다. 수배자가 아닌 나는 3일간 구금되어 조사를 받고 바로 석방되었지만, 방용석 지부장님과 다섯 명은 구속되고, 그 외 간부들은 20일 구류처분을 받았다.

간부들이 구속되면서 나는 최영숙과 함께 '원풍노조 9·27사태' 구속자 관련 활동을 지원했다. 구속자 가족들과 함께 사회 각계각층에 원풍노조사태를 알리고, 억울하게 갇혀있는 구속자들의 조속한 석방을 위하여 회의나 기도회에 참석하여 도움을 청하였다. 박순희 부지부장님을 면회하는 일은 내가 담당했다. 당시는 구속자 면회를 가족 외에는 할 수 없었다. 내가 박 부지부장 여동생의 신분증을 갖고 교도관을 속여 면회자로 등록을 했다. 구속자들의 단식투쟁 때 지학순 주교님을 모시고 특별면회를 하다가 교도관에게 들통이 났지만, 김금자가 박진희가 되어 여러 번 부지부장님을 면회했다.

당시 조합원들은 뿔뿔이 흩어진 상태였다. 1983년 1월, 단체로 숙식을 했던 영등포산업선교회에서 쫓겨나다시피 나온 뒤는 생계를 위해 각자 새로운 직장을 찾아나서야 했던 것이다. 한편으로 9·27폭력사태를 겪으면서 지친 심신을 쉬려고 고향집으로 내려간 사람들도 있었다. 최영숙은 재판 날이 다가오면 전국에 흩어져 살고 있는 조합원들에게 편지를 써서 보냈다. 그는 흩어진 조직을 추스르며 구속자 석방 활동을 하느라 애를 많이 썼다.

조합원들은 재판 날이면 하던 일들을 뒤로하고 법정으로 몰려왔다. 어떤 재판에서는 사복형사들을 법정에서 몰아내고 구속 간부들을 응원하였다. 조합원들은 변호인들의 변론에 박수를 보내고, 검찰에게는 야유를 했다. 구속자들이 최후진술을 할 때는 재판정이 떠나가도록 박수를 치며 힘을 보태주었다.

구속자들은 구치소 내의 차별대우에 항의하여 10여일 넘게 단식을 하였다. 가족들도 종로5가 기독교회관에서 성명을 발표하고 동조단식을 하였다. 함석헌 옹을 비롯하여 문익환 목사님, 이문영 교수 등과 해직노동자, 기독청년회원 등 각계각층 40여 명이 함께 단식투쟁을 하였다. 다른 구속자들은 단식을 풀었는데, 방용석 지부장은 설득할 수가 없었다.

임재수 총무와 최영숙 등 간부들이 긴급대책회의를 열어, 원주교구 지학순 주교님께 방용석 지부장이 단식을 중단할 수 있도록 도움을 청하기로 하였다. 나는 그 길로 이창복 선생과 지학순 주교님을 찾아뵙고 사정을 말씀드렸더니 흔쾌히 응낙하셨다. 이튿날 최영숙이 이창복 선생과 지학순 주교님을 모시고 고척동 구치소로 가 방 지부장을 특별 면회하여 겨우 단식을 중단시킬 수 있었다. 단식은 16일 만에 멈추었다. 그해 8월 13일, 구속간부 8명이 모두 석방되면서 한시름 놓았다.

'원풍노조 9·27사태' 1주년을 준비하던 중에 영등포산업선교회의 실무자로부터 문제가 튕겨져 나왔다. 원풍노조의 노동자가 아니라 산업선교회의 개인회원 자격으로만 산업선교회관을 이용할 수 있다는 주장을 폈다. 그것은 억지에 불과했다. 우리는 영등포산업선교회의 입장이 변한 것이라고 판단하였다. 그러나 우리들은 복직투쟁을 멈출 수 없었다. 온힘을 다해 복직을 위해 싸울 것을 결의하고, 영등포산업선교회와의 관계를 정리하였다.

내 인생에 감사

나는 1983년 12월에 결혼하였다. 남편은 '원풍모방노동조합 탄압을 중지하라!'는 유인물을 인쇄하여 함께 전국을 다니며 배포하던 그 청년이었다. 올해가 결혼한 지 35년이 되었다. 남편은 결혼할 당시 해직교사였으나, 문민정부가 들어서면서 복직이 되었다.

우리 부부는 2000년의 '민주화운동 관련자 명예회복 및 보상심의에 관한 법률'에 의하여 민주화운동가로 명예회복이 되었다. 원풍노조 해고자 157명도 명예회복이 되었고 생활지원금도 받았다. 환히 미소를 띤 동료들의 얼굴이 보기 좋았다. 하지만 남편의 소득 때문에 나는 생활지원금을 받지 못해 기분이 씁쓸했다.

2015년 2월, 국가배상소송을 제기한 지 5년 만에 대법원에서 승소판결을 받았다. 더 기분이 좋았던 것은 33년 전 국가가 원풍노조에 가한 폭력이 불법이라는 판결이었다. 우리가 끝내 승리한 것이다. 1972년, 민주노조를 일으켜 세우고, 이를 지키려던 우리들의 노력이 수십 년 만에 아름다운 결실을 맺은 것이다. 새삼 내 인생에 감사한다.

2016년 12월 9일, 국회 본회의에서 박근혜 대통령 탄핵 소추안 표결이 진행되었다. 나는 동료들과 함께 여의도 국회의사당 앞에 원풍동지회 깃발을 들고 서 있었다. 날씨는 추웠지만, 전국에서 모여든 시민들의 뜨거운 열기 덕분에 훈훈했던 날이었다. 거리에 설치된 대형 모니터에서 드디어 '박근혜 대통령 탄핵이 결정되었다'는 소식이 울려 퍼졌다.

우와! 촛불시민의 승리였다. 가슴 벅찬 감동으로 동료들과 함께 덩실덩실 춤을 추었다. 촛불을 들었던 국민의 힘이 새삼 뜨겁게 느껴지는 순간이었다. 동료들과 함께 소주를 한 잔 기분 좋게 마시면서 축배를 들었다.

이 땅에 진정한 민주주의가 실현되기를 소망하며 광장에 나가 촛불을 들고 한목소리로 함성을 지를 수 있는 사랑하는 가족과 원풍 동지들이 있으니, 나는 세상에 부러울 것이 없는 사람이다. 그러하니, 나는 참 행복한 사람이다.

023

내 삶속에 등대

김금희

_____1957년, 강원도 양양에서 태어났다. 1975년, 열아홉 살 때 원풍모방에 기능공으로 입사하였다. 82년 9·27사건으로 해고되었다. 현재는 강원도 고성의 노인복지시설에서 요양보호사로 일하고 있다. 2007년 정부에 의해 민주화운동 관련자로 인정되어 명예회복이 되었다.

"나 태어나 원풍모방 노동자 되어 / 민주노조 세운 지 어언 십여 년~."

수십 년이 흘러간 지금도 무심코 이 노래를 흥얼거린다. 〈늙은 군인의 노래〉를 개사한 노래다. 1982년 9월에 '원풍노조 9·27사건'이 일어났다. 간부들은 교도소에 갇히고 노조는 파괴되고 우리는 회사에서 쫓겨났다. 암담했던 그 시절에 자주 불렀던 투쟁가이다. 그로부터 35년이란 세월이 흘러갔는데도 나는 왜 이 투쟁가가 입에 붙어 있을까.

주방에서 설거지를 하다가도, 밭두렁에 콩을 심다가도, 요양원에서 어르신을 돌보다가도 이 투쟁가를 흥얼거린다. 아마도 내 생애 가장 의미 있었던 시절을 잊지 못하기 때문이 아닐까. 원풍모방노동조합에서 활동했던 그 시절이 내게는 보석 같은 시간이었다.

1975년 여름, 열아홉 살 때 나는 원풍모방에 입사했다. 강원도 양양 설악산 자락에서 태어나서 자란 나는 패티김의 〈서울의 찬가〉를 들으면서 활기가 넘치는 서울을 동경했다. 1974년 봄, 서울에 살고 있던 고모가 지인에게 부탁하여 동광모방 방적과에 입사를 했다.

동광모방은 주야간 2부제 시스템으로 12시간씩 맞교대해가며 일했다. 산골에서 서울에 가면 연극이나 영화를 보고, 명동이나 고궁으로 놀러 다닐 수 있을 거라고 생각했다. 그런데 12시간 주야간 노동으로 몸이 지치고 시간도 없어서 고궁 나들이는커녕 영화구경도 할 여유가 없었다. 그런 내 마음을 알았던지 원풍모방에 다녔던 사촌언니가 원풍모방에서 기능공을 모집하는데 시험을 치르라고 했다. 기능공 시험은 간단했다. 방적과 전방에 '카드기'라는 집채만 한 기계가 있는데, 그 기계를 작동시키면 되었다. 약간 떨기는 했지만 어렵지 않게 기계를 돌려서 합격했다.

원풍모방은 언니에게 듣던 대로 동광모방보다 근로조건이 훨씬 좋았다 무엇보다 하루 8시간만 근무하는 것이 좋았다. 그토록 하고 싶었던 취미 활동을 자유롭게 할 수 있었다. 영화도 구경하고 연극도 보러 다니고, 문화적인 생활을 누릴 수 있어서 행복했다.

수수꽃다리의 추억

지금도 잊혀지지 않는 연극이 하나 있다. 시청 근처에 있는 정동 세실극장에서 공연했던 〈갈잎에 노래〉라는 연극이다. 당시는 그곳으로 연극을 보러 가는 것 자체가 낭만적으로 보이던 시절이었다. 희미하게 대략적인 줄거리만 기억나지만 참 감명 깊게 보았다. 그날 연극을 보고 나오는데 진한 향기가 코끝을 찔렀다. 향기를 따라 갔더니 수수꽃다리꽃(라일락꽃)이 활짝 피어 있었다. 어찌나 예뻤던지 시집을 가면 살림집에 수수꽃다리 한 그루를 꼭 심겠노라고 다짐했다. 훗날 결혼한 뒤 집을 장만하여 이사하던 날, 남편이 수수꽃다리를 사들고 와서 베란다에 심어주었다.

기숙사도 동광모방과는 비교가 되지 않을 만큼 크고 시설도 훌륭했다. 언덕 위에 자리 잡고 있는 3층 건물은 이상 속에 그리던 곳이었다. 정면은 붉은 벽돌로 마감하고, 양쪽 옆면과 뒷면은 하얀색을 칠한, 커다란 유리 창문이 많은 현대식 건물이었다. 옥상에 올라가면 시야가 탁 트였다. 저 멀리에는 관악산이 우뚝 서 있었고, 대림동 일대가 훤히 보였다. 마치 서울 시내가 눈에 다 들어오는 듯했다. 기숙사를 오르내리는 길섶은 개나리로 산울타리가 쳐 있었다. 추운 겨울이 지나고 새봄이 오면 샛노란 꽃봉오리가 하나 둘 피어나서 출퇴근길에 마중을 해 주었다. 운동장으로 들어가는 입구에는 등나무를 얹어놓은 퍼걸러가 있었다. 거기에 자줏빛 꽃이 활짝 피면 얼마나 향기로웠는지 모른다. 그리고 기숙사 뒤에는 작은 산이 있었는데, 아카시아 꽃이 활짝 필 때면 산들바람에 달콤한 꽃향기가 기숙사 방마다 날아들었다.

특히 등나무 퍼걸러에서의 추억이 많다. 초여름, 등나무에 자줏빛 꽃이 활짝 피면 꽃보다는 향기가 가던 발길을 멈추게 하였다. 이순옥, 권윤순, 이미숙 등 전방 동료들과 퇴근길에 삼삼오오 앉아서 노닥거리던 곳이며, 기숙사 방 식구들과 식당으로 밥 먹으러 오가며 쉬어가던 곳이다. 그리고 '원풍노조 9·27사건' 마지막 날, 등나무 아래서 만신창이 몸을 쉬고 있다가 끌려나왔다. 꽃으로 향기로 시원한 그늘이 되어주었던 등나무, 그 퍼걸러가 옛 추억과 함께 참 그립다.

절대권력에 맞선 노조

유난히 사물을 낭만적으로 보며 감상하기를 즐기는 나였지만, 그렇다고 감상주의에 빠져 살지는 않았다. 내가 주도하여 노조활동을 하지는 않았지만, 뒤에서 밀어주는 사람도 조직에서는 꼭 필요한 자리라고 생각하며 나름대로 노력을 했다. 노동조합의 힘이 강하다는 것을 깨달은 것은 방용석 지부장님이 '국가원수 모독죄'로 대공분실에 연행되었을 때다. 1976년 11월 어느 날 방용석 지부장님이 어디론가 잡혀갔다는 말이 작업장과 기숙사 방방마다 쫙 퍼졌다.

소문의 전말은 이랬다. 회사 측이 일방적으로 기숙사 사감을 군경 원호대상자로 교체하여 기숙사생들을 통제하려고 했다. 방용석 지부장님이 우연히 이 사실을 확인했다. 방 지부장님이 부당한 일이라고 지적하자 총무과 계장이 국가원수의 명령이라고 을러대었다. 이때 반박한 방 지부장님의 표현을 꼬투리 잡아 총무과 계장이 죄목도 무시무시한 '국가원수 모독죄'로 신고하여 대공분실에 연행되어 조사를 받고 있다는 것이다.

나는 이 말을 듣고 가슴이 마구 떨렸다. 무소불위 절대권력을 가진 박정희 대통령을 모독한 죄라니 영락없이 고문을 당하고 구속이 될 것이라며 큰일 났다고 이곳저곳에서 웅성거렸다. 기숙사 복도를 누군가가 뛰어다니며 회사 사무실로 급히 집결하라고 외쳤다. 방 식구들과 같이 뛰어 내려갔는데 이미 수많은 조합원들이 사무실 안과 밖에서 울고 불며 난리를 치고 있었다. 조합원들은 형사를 수십 겹으로 빙빙 둘러싸고 아우성을 쳤고, 형사는 얼굴이 시뻘개졌다. 공장장과 총무부장 등 사원들은 조합원들을 말리느라고 난리를 쳤다.

나는 그런 광경을 처음 보면서 저 무시무시한 놈들이 우리 지부장님을 보내주기는커녕 더 힘들게 하면 어쩌나싶었다. 그런데 그 일이 있고 나서 방 지부장님이 석방된 것이다. 아, 이게 우리 노동자들이 뭉친 힘이구나. 노동자들이 단결하면 못할 것도 없다는 것을 실감하면서 노동조합의 강한 힘을 깨닫게 되었다.

입사한 지 2년여 정도 지난 후 전방 A반 동료들을 중심으로 소모임을 조직했다. 이름은 '산수화'라고 지었다. 소모임 활동을 시작하자 일상이 바빠졌다. 때때로 〈만다라〉, 〈독수리오형제〉 등 영화를 즐기고 싶었지만 가야 할 집회가 많았다. 살벌한 그 시대에도 사람들이 엄청 많이 모였던 동대문성당 집회가 생각난다. 함평농민들의 고구마 사건 문제와 동일방직 해고노동자들의 억울한 사건을 호소하는 집회였다. 우리는 집회에 다녀오면 기숙사 방 식구들이나 작업장에서 자연스럽게 그 이야기를 주고받았다. 집회에서 이해가 덜 되었던 부분은 그렇게 뒷이야기를 나누면서 이해를 해나갔다.

낭만적인 성향이었던 내가 의식을 깨우치고 사회문제에 관심을 가질 수 있었던 것은 순전히 노동조합에서 교육을 받았기 때문이다. 우리 전방 A반은 노조 사무실에서 전체 모임을 여러 번 가졌다. 어떤 날은 교육을 받았고, 꾸중을 들었던 날도 있었다.

교육내용도 꾸중도 다 잊어버렸는데, 지금도 기억에 생생하게 남아있는 말이 있다. 방 지부장님이 교육을 할 때마다 우리들에게 강조했던 말이다. "노동조합이 왜 우리에게 절실하게 필요한 것인지 알아야 하며, 그 노동조합을 지키려면 여러분들의 의식이 늘 깨어 있어야 한다."

방 지부장님은 노동절 행사 때마다 대회사를 했다. 그 한마디 한마디가 가슴으로 다가왔다. 지금은 그때 무슨 말씀을 하셨는지 기억이 희미하지만, 희망을 갖고 정의로운 세상을 만들어가자는 긍정의 메시지였다.

1980년 봄

1980년 새해를 희망찬 꿈을 꾸면서 맞이했던 것 같다. 박정희 유신체제가 무너졌으니 노동3권이 되살아날 것이며, 따라서 노동자들이 살기 좋은 세상이 올 것이라고 기대를 했다.

1월에는 신민당사에서 개헌공청회가 열렸다. 방용석 지부장님이 노동계 대표로 참석을 했다. 이런 집회는 누가 시키지 않아도 현장 출근반이 아니면 으레 참석을 했다. 강당에는 사람들이 발을 디딜 틈 없이 꽉 찼다. 거기 모인 사회 각계각층 사람들도 우리들처럼 민주주의가 눈앞에 다가온 듯 활기가 차 있었다.

그런데 그해 5월 광주 금남로가 피바다가 되었다는 소문이 들렸다. 전두환 신군부가 계엄군을 광주 시내에 투입하여 시민들을 총칼로 죽이고 있다는 믿기 어려운 소식이었다. 신문이나 티브이 뉴스에서는 단 한 줄도 기사가 나오지 않았다. 우리는 KBS방송국으로 항의전화를 걸기로 했다. 지금이야 휴대폰을 초등학생부터 할아버지, 할머니까지 주머니에 넣고 다니지만, 당시는 유선전화도 부잣집에만 있던 시절이었다. 더군다나 우리들은 기숙사생들이 아니던가. 동전 하나씩 들고 공중전화 박스 앞에 길게 늘어서서 차례를 기다렸다가 진실을 보도하라고 항의전화를 했다.

나는 그때까지만 해도 우리 노동조합은 별일 없이 지나가리라 믿었다. 광주시민 희생자 돕기 모금운동에 참여했는데, 그것은 국민으로서 당연한 일이었다. 그런데 그 일로 우리가 믿고 의지했던 방용석 지부장님과 박순희 부지부장님을 원풍모방 사내에서는 더 이상 만날 수가 없게 되었다.

1980년 12월에는 노동조합이 위기에 처했다는 사실을 실감하는 사건이 연발탄처럼 터졌다. 노조 상근자 이문희 지부장직무대리와 한상분 부지부장, 임재수 총무가 계엄사 합동수사본부로 연행되었다. 이어서 상무집행위원 전원과 대의원 48명이 연행되었다. 동지섣달 엄동설한 추위만큼 우리들 마음도 꽁꽁 얼어붙었다. 노조 사무실은 계엄사 군인들이 폐쇄하였고, 작업장 관리감독도 매서운 감시를 받으며 노동을 해야 했다. 연행된 간부들의 소식도 알길 없었다.

전두환 정권은 암흑과 같은 12월 내내 우리의 속을 태우더니, 끝내 그해 연말에 간부 14명을 해고시키고, 그 중 4명은 순화교육이란 명목으로 삼청교육대로 압송했다. 해고된 여성 간부들에게는 강제로 귀향조치를 내렸다.

계엄사에서 다행히 해고를 당하지 않고 돌아온 노조간부들은 조직을 정비하여 새로운 집행부를 꾸렸다. 국가권력에게 된서리를 맞은 노동조합은 이제 예전과 같은 힘을 보여줄 수 없었다. 전에는 상상조차 하지 않았던 '공장새마을교육'을 가라는 지시가 내려왔다. 이는 노동조합의 힘이 약해졌다는 반증이었다. 우리는 이런 어이없는 지시에 따르고 싶은 마음이 전혀 없었지만, 어려운 때일수록 당당하게 대처하자는 기본방침을 세웠기 때문에 나는 다른 부서 동료들과 함께 새마을교육에 참가했다.

　새마을교육장에는 남녀 노동자 수백 명이 여러 공장에서 왔다. 강당에 모아놓고 강의를 하더니 10명씩 조를 나누어 토론을 하게 했다. 우리는 토론 주제를 제쳐두고 현 정부가 노동자를 탄압하는 사례를 이야기하면서 노동조합이 중요하다는 사실을 강조했다. 대체로 남성 노동자들이었는데, 그들은 우리의 이야기를 흥미진진하게 들었다. 그 다음부터 회사는 새마을교육에 섣불리 보내지 못했다. 조합원들은 조합원들대로, 노조 집행부는 집행부대로 지혜와 슬기를 모아 위기를 헤쳐 나가던 시절이었다.

1982년 가을

　전두환 군부는 민주노조로는 하나 남은 원풍모방노동조합을 이 땅에서 기어코 뿌리를 뽑아내야 발을 뻗을 수 있었는가보다. 82년 9월 27일, 그날 나는 인간이 얼마나 비인간적이고 졸렬해질 수 있는지를 보았다. 부서에서 조합원으로 일했던 생산현장 관리자인 담임 등이 구사대의 앞잡이로 나섰다. 그들은 지난 10년간 노동조합 간부들이 조합원들의 권익을 위하여 어떻게 활동해왔는지 익히 알고 있던 자들이었다. 남성들이 여성 조합원들보다 훨씬 더 많은 혜택을 누렸으면서도 이제 와서 등을 돌리다니 기가 찼다. 제 스스로 밥그릇을 깨는 줄도 모르고 있었다.

　노조 사무실이 강압적으로 폐쇄되자 우리는 단식농성에 들어갔다. 농성 닷새째, 마지막 날 새벽이었다. 농성장은 전기도 끊기고 물도 끊겼다. 게다가 스팀을 강하게 틀어놓았다. 질식해서 죽을 것 같아서 결국 우리는 밖으로 뛰쳐나왔다. 밖으로 나오니 온몸이 깊은 늪 속으로 서서히 빠져드는 것 같은 느낌이 들었다. 지칠 대로 지쳐서 의식을 놓고 있었던 모양이다.

　돌아가신 아버지 모습이 보였고, "금희야!" 하며 부르는 소리도 들렸다. 깜짝 놀라서 눈을 떠보니 등나무 아래 나무의자에 몸이 일부 걸쳐진 채 누워 있었다.

순간 남자 세 명이 달려들어 한 놈은 뒤에서 양쪽 겨드랑이를 잡고, 다른 두 놈은 다리를 하나씩 들고 정문 밖으로 끌어냈다.

정신을 차리고 보니 주변에는 동료들이 한 사람도 보이지 않았다. 대림동의 새벽 거리는 어둡고 추웠다. 몸이 몹시 떨렸다. 신발은 언제 벗겨졌는지 맨발이었고, 며칠간 입고 뒹군 작업복 속으로 한기가 파고들어 살이 에이는 듯이 시렸다. 자취방이 도로 건너편 대림시장 뒷골목에 있었는데, 발걸음이 천근만근처럼 느껴졌다. 대림동의 높고 높은 육교 계단을 기어가다시피 올랐다. 먼동이 트는지 어렴풋이 주위 모습이 눈에 보이기 시작했다. 한복을 차려입은 사람들이 오고가고 있었다. 아, 오늘이 추석명절 날이구나. 더도 말고 덜도 말고 늘 한가위만 같아라라는 명절인데, 나는 맨 발바닥에 스며드는 냉기를 온몸으로 느끼면서 아스팔트를 걷고 있었다.

상집간부들은 모두 체포되었다. 수배령에 쫓겨 다니면서 출근투쟁을 조직하고 지원하며 투쟁을 준비하다가 은신처가 발각되었다. 언론은 국가폭력을 미화하고 구사대의 대변인이 되어서 떠들어대고 있었다. 어떻게든지 하늘과 땅이 다 아는 불법과 만행을 저지른 저들의 악행을 세상에 알려야 했다. 조합원들은 2~3명이 한 팀이 되어 유인물을 들고 양심적으로 행동할 만한 사회 각계각층의 사람들을 찾아다녔다. 종교인도 찾아가고, 국회의원도 찾아갔다.

하루는 김병오 국회의원 사무실을 찾아갔다. 평소 노동자들의 문제에 관심이 많은 국회의원으로 알려진 사람이다. 그날 마침 김 의원이 사무실에 있었다. 그분이 우리들에게 갈비탕을 배달시켜주어서 먹고 있는데, 식사가 채 끝나기도 전에 김 의원이 다급한 목소리로 형사들이 사무실로 오고 있다면서 뒷문으로 얼른 나가라고 말했다.

그 말만 듣고 허겁지겁 도망쳐 나왔는데 참 어이가 없었다. 지금 돌이켜 봐도 이해할 수 없는 일이다. 국회의원조차 형사를 무서워했던 시절이었다. 그런저런 일들을 겪으면서도 억울함을 호소하려고 여기저기 기웃거렸던 기억이 아릿하다.

눈물의 명예회복 인증서

2007년, 나는 민주화운동 관련자로 명예회복이 되었다. 살다보니 좋은 날이 나에게도 왔다. 기분이 너무 좋았다. 그 인증서를 받아들고 보고 또 들여다보니 그

위에 수많은 원풍동지들의 얼굴이 어른거렸다. '원풍노조 9·27사건' 당시 웃고 울던 동료들의 모습과 그 농성장이 어렴풋이 스쳐 지나가면서 눈시울이 뜨거워졌다. 눈물이 주르륵 흘렀다. 슬픔의 눈물이 아니었다. 승리한 자가 누릴 수 있는 기쁨의 눈물이었다.

남편과 본의 아니게 여러 번 말다툼을 벌이다가 이혼 위기까지 겪었다. 김대중 전 대통령에게 꼬리처럼 따라 다니던 '빨갱이'라는 낙인 때문이었다. 시댁 큰아버지는 한국전쟁 때 인민군들에게 억울하게 죽임을 당했다. 시댁 식구들과 남편은 공산당을 원수로 여기고 있었다. 시집의 과거사를 몰랐던 시절, 남편은 빨갱이 편을 들어줄 것 같은 김대중 씨는 대통령이 되면 안 된다는 말을 한 것이다.

평소 빨갱이 트라우마가 있었던 내가 발끈하여 '빨갱이가 어디 있느냐?'며 다툼이 일어난 것이다. 그러나 남편은 김대중 선생이 대통령으로서 정치하는 것을 보면서 그 분의 정치적 신념을 지지한다. 명예회복이 되면서 나는 삶에서 행복을 느꼈다. 진정한 민주정치란 평범한 국민들을 행복하게 해주는 것이라는 확신을 갖게 해주었다.

지금 나는 강원도 고성 동쪽 바닷가 북쪽 끝에 살면서 노인복지시설에서 요양보호사로 일한다. 수십 년이 흘러간 지금도 그 시절 자유롭게 서로를 믿고 의지했던 원풍노동조합이 그리울 때가 많다. 구술에 참여하여 지난 수십 년을 돌아보다보니 새삼 원풍노동조합과 동료들이 눈물나게 고맙다. 원풍노조 활동의 기억은 밤바다를 밝혀주며 배들의 항로를 안내하는 등대처럼 내 삶 속에서 빛이 되어주고 있다.

024

내 자존감의 뼈대를 세운 곳

김윤옥

_____1957년, 서울에서 태어났다. 1974년에 원풍모방에 입사했다. 1979년, 실크 블라우스 입고 'YWCA 위장결혼식'에 참석했다가 연행되어 15일 구류처분 받았다. "든든한 노조가 있어 겁나지 않았다"는 그도 노조 대의원으로 활동하다가 9·27폭력사건 때 해고당했다. 2007년에 명예회복이 되었다.

나는 열일곱 살이 되던 1975년에 한국모방에 입사했다. 원풍으로 바뀌기 전 한국모방 말기 무렵이었고, 민주노조의 태동기였다. 수습기간에는 직포준비 와인다에서 실을 감다가 정경으로 배치되었다. 그런데 12시간 야근이 너무 힘들었다. 발바닥은 아프고, 잠은 오고, 하루하루가 힘겨워 매일매일 내일은 그만 둬야지… 그런데 매일 그만 둘 생각을 하고도 매일 또 잊어버리고 일하게 하는 것은 기숙사 덕분이었다. A반이라 1층이었던 기숙사에 들어가 방 식구들과 어울리면 만사가 잊혀졌다. 기본적으로 친화력이 있는 성격이라 언니들이나 동료들과도 잘 어울려 다니다 보니 어느새 힘든 것도 잊고 적응하고 있었다.

친화력은 나의 힘

성격이 쏘다니는 것을 좋아하고 사람 만나는 것을 좋아해서일 것이다. 그러다 보니 직포과에서 식당에 가려면 정방, 정사 등 다른 부서가 있는 건물 밖으로 나가서 가는 게 일반적이지만, 나는 추위도 피할 겸 다른 부서를 지나다니면서 사람들 만나는 것도 좋아 그 부서들을 다 거쳐 통과하고 다녔다. 같은 성당에서 JOC 활동을 하는 노금순 등이 전방에서 일하고 있어 더 그랬을 것이다. 같은 부서인 향림이, 옥수, 전방 노금순, 가공과 송순영 등과 친했다. 또한 정포의 주명님, 정사과의 분옥 언니랑도 친하게 지냈으니, 부서를 넘나든 나의 친화력은 제법 대단했던 것 같다.

야근을 빼고는 사실 크게 고생이라는 생각은 들지 않았다. 월급은 얼마 받는다고 엄마한테 말했지만, 보너스 나오는 것은 속이고 맛있는 것 사먹고 다니고, 양장점에서 옷 맞춰 입고 구두 사 신고 했다. 특히 새로나양장점에서 옷을 많이 맞춰 입었다. 그렇게 어울려 다니면서 눈 오는 날이면 노조 사무실에 눈을 뭉쳐 던져 일하는 간부들을 놀려대곤 했으니 철도 없었다. 단체교섭 때면 노조 간부들은 모든 힘을 쏟았지만, 나는 그 과정 자체가 재미있었다. 떼 지어 노조 사무실 들락거리며 뭐라도 하는 것 같으니 괜히 어깨가 들썩였다. 상집간부 언니들이 무조건 예쁘다고 해주니 그냥 좋았다.

공장 체육대회 때는 풍물단에 참가해 상모를 돌리며 놀기도 했다. 당시는 3월 10일에 '근로자의 날' 행사를 했는데, 양명순이라는 친구가 〈노란셔츠 입은 사나이〉를 아주 잘 불러서 흥을 돋우었던 기억도 난다. 나이트클럽과 음악다방도 심심찮게 다녔다. 유류파동이 나서 경제가 안 좋아 뒤숭숭할 때가 있었는데, 엄마한테는 유류파동에 무슨 월급이 나오겠냐며 속이고 다 써버리기도 했다. 집에 돈을 꼭 부쳐야 할 만큼은 아니어서 그랬을 것이다.

나는 서울에 집이 있었지만, 노는 재미로 기숙사 생활을 했다. 사감은 나를 잘 봐주었다. 어느 날 사감실에 손님이 와 있는데, 나의 중학교 때 역사 선생님이었다. 그 분이 사감과 친구였던 것이다. 그 후 사감이 특별히 좀 더 잘 해주었고, 기숙사 바자회 같은 때는 나를 불러 잔심부름을 시키기도 했다. '가보시키'로 군것질도 많이 해 먹었다. 누군가 외출을 다녀오거나 퇴근할 때 가게에 연락을 해서 건네받은 외상 과자를 기숙사 아이롱실(다림질 방)에 펼쳐놓고 한껏 수다를 떨며 먹어댔다.

미용실은 드라이 한번에 100원을 받았고, 파머도 거의 약값만 받았던 것 같다. 아무튼 싸게 이용할 수 있었고, 신협에 공동구매도 있어서 필요한 것 다 싸게 쓰니 아주 편했다. 기숙사의 좋지 않은 기억도 있다. 바퀴벌레에 대한 공포였다. 껌

한 개를 한 번에 모두 씹기가 아까워 반으로 잘라 씹었는데, 그 반쪽을 벌레가 갉아 먹은 것이다. 분명 바퀴벌레가 먹었다는 생각에 소름이 돋았다.

시흥에 고모네가 있었는데 '이건 네 방이야'라고 해준 방이 있어 가끔은 집밥을 먹고 오기도 하고, 자취하는 노금순의 방에 가서 수다를 떨고 놀기도 했다. 또 문계순이 부서 동료와 같이 자취를 했는데 그 집에 가서 놀던 생각도 난다. 2시에 퇴근하면 대림성당에도 갔다. 박순희 언니는 JOC 투사였고, 주명림, 송순영, 노금순 등과 같이 소모임을 했다. 그래서 초창기에는 산업선교회에 나갔는데, 언젠가부터 나가지 않게 되었다. 산업선교회는 여기저기서 많은 사람들이 모여 정신도 없고 내 성향에도 별로 안 맞는 것 같았다.

당시는 김세환의 〈좋은 걸 어떡해〉라는 노래가 라디오를 켜면 나와 나는 그 노래를 아주 좋아했다. 노조 사무실에서 『여명의 눈동자』를 빌려 읽기도 했다. 그룹 모임 때 포도밭에 갔다 오다가 노혜연이라는 친구와 둘이 다시 포도밭에 들어가 노을이 져 컴컴해질 때 커터 칼로 포도 서리를 하던 기억도 난다.

격동의 세월

1979년 10월 26일, 박정희 대통령이 죽은 사건 때의 기억이 생생하다. 당시 회사에서는 가끔 킹텍스 양복지를 종업원들에게 팔았다. 그날이었을 것이다. 양복지 파는 자리에서 이문희 부지부장을 만났다. "좋은 아침이에요." 나는 통통 튀는 목소리로 인사를 했다. 여러 의미를 함축한 말이었고, 내 목소리도, 인사를 받는 목소리도 상기되었던 기억이 난다. 새로운 무언가가 열릴 것 같은 기대가 있었다.

그런데 분위기가 좋은 방향으로 흐르지 않았다. YWCA 위장결혼식 참석을 노조로부터 전달받는데 나 혼자 가게 되었다. 실크 블라우스에 밤색 투피스를 입고 남대문에서 무슨 볼일을 보고 참석한 것 같다. 주변에 경찰이 많았지만 크게 두렵지는 않았다. 당시는 노조가 든든한 배경 같은 느낌이었으니까.

강당에 들어가서 몇 분도 지나지 않았는데 갑자기 우당탕탕하더니 경찰이 밀려들어왔고, 나는 뒷덜미를 잡혀 끌려갔다. 차에 실려서 보니 장석숙도 있었다. 간 곳은 남대문경찰서였다. 유치장에 넣어놓고 매일 종이를 주며 자술서를 쓰라고 했다. 내 나름 알리바이를 만들어 적었지만 뭐라고 핑계를 댔는지는 기억이 안 난다. 구류처분을 받고 정식재판을 청구해서 보름 만에 나왔다. 나중에 임 총무가 동행해서 정식재판을 받으러 가기도 했다.

고생을 했지만, 그런 곳에 왜 보냈느냐고 노조를 원망하지는 않았다. 보름 동안 구류를 살고 나오니 노조에서는 고생했다며 영화제과 2층 호성식당에서 맛있는 불고기를 사주었다. 회사 바로 앞에 영화제과가 있어서 지나다니다가 방 지부장을 만나면 팔을 붙잡고 졸라 맘모스 빵도 여러 번 얻어먹었다. 대림시장 뒤 떡라면 집과 시장 좌판의 김치전도 잊을 수 없다.

80년 광주항쟁을 겪은 이후 모든 것이 얼어붙었다. 광주 희생자들을 돕는 모금을 하는데, 그 참상을 듣고 내가 흥분해서 이건 꼭 해야 하는 거라고 동료들에게 떠들었다. 그리고 나서 간부들이 수배되고 해고되는 등 한바탕 회오리바람이 지나갔다. 임재수 총무 등 남자 간부들이 삼청교육대로 끌려 간 것이 생생한 느낌으로 남았다. 암울했던 한 해였다. 뭔가 표류하는 느낌이었다.

해 고

81년이 왔다. 이무술 씨가 조합장을 맡았지만, 나는 잠깐의 과도기일 거라고 생각했다. 해고된 간부들은 조만간 복직될 거라고, 다시 좋아질 거라고 믿었다. 이무술 씨는 나한테 덜렁거린다며 "어유 쟤 좀 봐!" 하며 웃곤 했다. 함께 웃을 수 있었으면 좋았을 텐데 상황은 그렇지 못했다. 회사는 전에 없었던 것들을 강요했다. 새마을교육을 한다고 양평에도 갔는데, 다른 회사에서도 많이 와 있었다. '우리는 원풍이야!' 당당하게 어깨를 펴고 내가 주장을 맡아 남자들과 축구를 하며 운동장을 뛰어 다녔다. 어떻게든 슬기롭게 이 시기를 잘 버텨야 한다는 생각을 모두가 했던 것 같다.

그러나 이무술 집행부가 갈등을 빚으며 정선순 집행부로 바뀌었고, 회사는 점점 교활하게 노조를 괴롭혔다. 현 집행부를 몰아내고 노조를 장악하려는 회사 앞잡이들의 움직임도 눈에 띄게 빈번해졌다. 결국 9·27사건이 터졌다. 나는 그날 고모 집에서 2시에 출근했는데, 정문 입구부터 싸한 느낌이 들었다. 분위기가 이상하다고 생각하는데 노조 사무실 앞에 사람들이 몰려 있었고, 문계순, 강정순, 위동련 등이 폭력을 행사하고 있다는 것을 알았다.

조합장은 감금되었고, 폭력배들이 사무실을 둘러싸버려 가까이 갈 수가 없었다. 출근을 해야 하는 나는 직포과로 바로 가지 않고 정사과로 들어갔다. 정사과 반장 테이블 옆에 많은 조합원들이 모여 있었다. 퇴근반들도 합류하면서 숫자는 불어났다. 문계순이 폭력배에 가담하고 있다는 사실이 매우 충격이었다. 그의 자취방에 가서 놀다 온 적도 있고, 그의 남편이 가구점을 하는 곳에도 가본 터였는데, 이게 무슨 날벼락이냐 싶었다. 믿어지지 않았다.

덜덜 떨리는 심정으로 일단 작업장에 들어가 일을 하고 퇴근 후에 정사과 농성장에 합류했다. 화장실 물도 끊겨 버리고, 수백 명의 똥물이 켜켜이 쌓여 냄새가 엄청 났다. 세수도 양치도 못하면서 한계를 넘어 버렸는지, 몸이 적응해버렸는지 나중엔 그것도 무감각해졌다. 농성장에 한동안 있었던 이무술 씨는 중간에 나갔다. 당시 나는 누군가는 안의 상황을 밖에 알려야 할 사람도 필요하니 그런 것으로 이해했다.

하루 이틀 지나니 가족들이 와서 찾고 난리였다. 아버지가 동장이랑 같이 왔다느니, 농성장에 왔는데 딸이 어디에 있는지 찾지 못해 그냥 갔다느니 하는 얘기들이 흘러 다녔다. 나중엔 노래를 부를 힘도 없었지만, 폭력배들에게 밀리면 안 된다는 생각으로 버텼다. 노조의 단결력을 믿었기에 두렵지는 않았다. 창고과 과장 이익순이 떨어져 나가지 않으려고 한 무더기가 된 우리를 보고 비아냥거렸다. 그는 팔짱을 끼고 "여자는 두 번 죽이는 게 있어, 밤에 죽이고 때려서 죽이고…" 어쩌고 하며 자극해댔다.

넷째 날일 것이다. 스크럼을 짜고 버티고 있는데, 뒤에서 갑자기 달려들어 떼어내는 힘에 의해 끌려 나왔다. 그 와중에 정문 밖에서 안타깝게 바라보는 JOC 용동진 전국 회장의 얼굴이 얼핏 보였는데, 용 회장이 밖으로 패대기쳐진 나를 택시에 태워 고모집으로 데리다 주었다. 집에 가니 거의 하혈이라고 할 정도로 많은 양의 생리가 터졌다. 고모가 놀라 집으로 연락을 했고, 부모님이 달려와 왕십리 집으로 데려갔다. 기진맥진한 상태라 순순히 따라갔다. 열흘 가량을 누워서 보내는데, 동사무소와 파출소에서 사람이 들락거렸다.

나는 그해 11월, 그러니까 바로 다음 달에 결혼하기로 예정되어 있었지만 내년 4월에 하자고 미뤘다. 죄도 없는데, 시집도 안 가고 이게 뭐 하는 것이냐며 엄청 야단을 맞았다.

그날 이후

간부들이 대거 구속되고, 조합원들도 모두 흩어지면서 좌절감과 허탈함에 휩싸였다. 기운이 빠져 푹 꺼지는 느낌이었다. 시간이 지나면서 나타나기도 계면쩍고, 그러다보니 자꾸 멈칫거리다가 때를 놓쳤다. 끝까지 같이 하지 못했다는 미안함, 비겁하다는 자괴감에 오랫동안 짓눌렸다. 많은 날들이 지난 후에야 원풍 모임에 왔지만, 그때 마지막까지 함께 하지 못한 게 무겁게 남아있다.

84년에 결혼을 했다. 그러나 빈털터리로 이혼했다. 큰애가 다운증후군을 앓아 특수학교에 다니고 있어 아이 보살피며 사느라 허덕였다. 2002년, 과천의 안동국시집에서 서빙을 하고 있는데 노동부장관이 된 방 지부장이 식사하러 왔다가 만났다. 70된 할머니와 교포 한 명, 나 셋이서 일하던 때여서 그들에게 뭐라 설명할 수는 없었지만 반갑고 자랑스러웠다.

2007년, 명예회복 신청을 할 때도 미안했다. 명예회복증서를 받자 계집애가 쓸데없는 짓 한다고 했던 오빠가 멋쩍게 웃었다. 동생은 '원풍 사람들 정말 대단하다'고 말했다. 원풍 다녔다고 하면 빨갱이라고 하던 사람들에게도 당당해졌다. 그때 생활지원금으로 받은 돈이 종자돈이 되어 최근 작지만 내 집을 장만했다.

명예회복도 좋지만 살면서 정말 좋았던 것은 '공순이'라는 호칭에 주눅 들지 않았던 시절이다. 자부심이 있던 그때 말이다. 다운증후군 아들을 키우면서도 세상의 시선이나 기준에 크게 주눅 들지 않고 당당하게 살아 온 것도 그 영향일 것이다. 그때 많이 사랑하고 신뢰했던 언니들, 동료들과의 기억은 늘 힘이 된다. 날라리같이 살아도 돌아 갈 곳이 있는 가족 같은 관계, 든든한 배경 같은 느낌이다.

자의식이 자라나던 시기에 노조로부터 잘 보호받았던 기억이 자존감의 뼈대가 되어 나는 한 사람의 시민으로 잘 살아가는 것 같다. 지금의 바람은 몸 아픈 아들과 건강하게 좀 더 오래 함께 하는 것이다. 그리고 초등학교 동창회 같은 정겨운 원풍 모임과 더불어 잘 늙어 갔으면 좋겠다.

025

소원이 이루어진 날의 감동

이영자

_____1959년 경기도 화성에서 태어나, 1975년 원풍모방에 입사했다. 1978년 대의원으로 활동을 했고, 1982년의 9·27폭력사건으로 해고를 당했다. 10월 13일 출근투쟁을 하다가 남부경찰서에 연행되어 조사 받은 후 풀려나왔다. 정부에 의해 민주화운동 관련자로 명예회복이 되었다.

　나는 경기도 화성에서 6남매 중 셋째 딸로 태어났다. 어머니는 내가 중학교 때 돌아가셨고, 아버지마저 내가 원풍에 입사하고 2년 만에 돌아가셨다. 당시 원풍에는 언니가 다니고 있었다. 언니가 당시 예비군중대장이었던 강석천 씨에게 3만원의 사례금을 주어서 나는 1975년 5월에 입사할 수 있었다.

　시골에서 살다 온 나에게 기숙사는 별천지 같은 느낌이었다. 기숙사 방문을 열자 방 식구들이 다들 나를 주목해서 바라보는데, 약간 수줍기도 하고 어색하기도 했다. 실장 언니가 새로운 방 식구가 생겼다며 인사를 시키고, 기숙사 규정과 잠자는 자리, 내가 쓸 수 있는 캐비닛을 지정해 주는 등 친절하게 안내해 주었다. 기대 반 걱정 반이었던 나는 바로 방 식구들과 친하게 지내게 되었다.

　여름에는 방 식구들과 단합대회를 하러 안양에 있는 포도밭과 딸기밭을 다녔던 기억이 난다. 당시 원풍은 복지가 잘 되어 있어서 일단 편리했다. 미용실도 원풍 안에 있어서 저렴하게 이용했다. 신협 공동구매 시스템도 정말 좋았는데, 집에 가전제품 등을 싸게 사 갈 수 있어서 우리집은 남들보다 앞서 전자제품을 사용하였다.

동생을 위한 헌신

내가 원풍에 입사하면서 꿈이 있었다면 남동생을 공부시켜 우리 가족이 남부럽지 않게 사는 것이었다. 부모님이 모두 돌아가시자 원풍에 다니던 언니는 사표를 내고 동생들을 돌보기 위해 시골집으로 내려갔다. 나는 입사 후 직포과 황영애, 임향복과 삼총사로 매일 같이 붙어 다녔다. 그러나 임향복은 원풍 9·27사건 후에 다시 회사로 복귀했다.

나는 월급을 타면 동생들의 뒷바라지를 위해 거의 모두 집으로 보냈다. 그 당시 남동생을 고등학교에 보내야 하는데 생활이 어려웠다. 나는 어렵게 생활을 해도 동생이 잘되면 된다는 생각으로 희생을 감수했다. 동생은 누나가 공부하도록 도와줘서 고맙다며, 자기도 누나를 도와주겠다고 하더니 2년 전에 암으로 세상을 떠났다.

정사과에 배치를 받고 권사에서 일하다가 고참이 되어서는 연사 공정에서 일했다. 현장 일 중에 나를 가장 힘들게 했던 것은 야간근무였다. 현장을 너무 오래 비울 수는 없어서 너무 졸리면 화장실에서 좀 기대어 있다가 문소리가 나면 벌떡 일어나서 나오고 했던 기억이 난다. 기숙사 생활을 하다가 나중에 자취생활을 잠깐 했던 적이 있는데 꼭 야간근무 들어갈 시간이 되면 라디오에서 〈별이 빛나는 밤에〉 방송을 했다. 아마 지금도 그 프로가 있는 것 같던데, 그때는 그 시그널만 나오면 '아, 또 야근을 들어가야 하는구나' 하는 생각으로 부담스러웠다. 지금은 추억의 시그널로 정겹다.

기숙사 방 식구 중에 누가 고향에 갔다 오면 미숫가루를 해왔다. 특히 전라도 사람들이 미숫가루를 잘해 와서 자기네끼리 강당에 모여 미숫가루를 타 먹는데 너무 먹고 싶었다. 2시에 출근해서 저녁 10시 퇴근하면 얼마나 배가 고픈지 그 미숫가루 냄새가 내 코를 자극하는데 차마 달라고는 못했다. 그럴 때는 친한 친구들하고 옥상에서 놀기도 하고, 또 어떤 때는 가게에서 공동출자로 과자를 사다 먹고 했던 추억이 있다.

나는 언니들을 따라 노동조합에 가보았다. 노조 사무실에서 책을 보기도 하고, 노동조합에 관한 이야기도 했다. 그때부터 노조가 우리들을 위하여 일하는 곳이라는 것을 알게 되었다.

우리를 위한 노조

과천에 있는 영보수녀원에서 1박2일로 노조 교육을 받았는데, 아마 산업선교 교육이었던 것으로 기억한다. 지금도 생각나는 것은 칫솔을 하나 가지고 돌아가 면서 쓰라고 했다. 이것은 단결을 보여주기 위한 교육이라고 했지만, 처음에는 정말 못할 것 같아서 서로 미루었는데 나중에는 그냥 다 하게 되었다. 칫솔 하나 로 2,30명이 같이 사용했다. 다음날 매화나무 아래에서 찍었던 사진을 보면 그 시절이 그립기만 하다.

나는 78년에 노조 대의원에 선출되었다. 기분이 좋았다. 노동조합에 관련하여 심도 있게 공부를 하는 계기가 되었고, 반원들을 위하여 일할 기회가 주어져서 나름대로 보람도 느끼게 되었다. 노동조합의 힘이 상승하고 있을 때 대의원을 했 으니 어깨에 힘주고 신나게 활동했다. 다음 해에는 탈춤반이 만들어졌다. 노동절 행사 때의 탈춤 공연에서, 회사 간부들이 보고 있는 자리에서 우리가 하고 싶었 던 생각들을 속이 후련한 대사로 전달하여 너무너무 통쾌했다.

나는 7명이 모인 '소라'라는 소그룹 활동을 했는데, 소라 그룹은 직포, 직포준 비, 정방, 방모 등의 부서가 다른 친구들과 했다. 부서는 달랐어도 서로 잘 맞아 꽂꽂이도 배우고 기타도 익히고 잘 뭉쳐 다녔다. 그때 배웠던 것들이 지금도 많 은 도움이 되고 있다.

78년에는 기숙사 실장 언니가 바자회에 작품으로 낼 것을 준비하라고 해서 나 는 도장주머니와 목도리를 짜서 출품했다. 그때 짰던 상아색 목도리는 팔리지 않아 지금도 간직하고 있다. 그리고 바자회 때 가족들을 초대해도 된다고 해서 돌아가신 엄마 대신 큰엄마를 모셔왔는데, 큰엄마가 너무 좋아하셨다. 큰엄마에 게 기숙사의 우리 방에서부터 시작해 목욕탕, 다리미실, 옥상까지 다 보여드렸더 니 시골집보다 좋은 곳에서 생활한다며 흐뭇해 하셨다.

79년, YH돕기 기금을 모으기 위하여 손수건을 제작하여 판매하였는데, 나를 비롯하여 우리 소그룹에서는 손수건을 많이 팔아주었다. 당시 민주노조인 원풍 노동조합의 구성원으로서 YH 문제는 남의 일이 아니라고 생각해서 연대하는 마 음으로 손수건을 샀던 것으로 기억한다. 그때 샀던 손수건을 나는 지금도 간직 하고 있다.

가족들의 슬픔

대통령 박정희가 79년에 사망하자 드디어 민주화의 봄이 오려나 했다. 그러나 80년 수많은 광주시민의 희생을 밟고 출범한 전두환 정권이 들어오면서 더 혹독한 탄압이 시작되었다. 당시 나는 회사에서 보내는 4박5일간의 새마을교육을 받으러 양평으로 갔다. 회사에서는 새마을교육을 정신교육 삼아 노동조합을 약화시키려는 의도로 여러 가지 방법을 동원했다.

82년, 결국 회사에서는 노동조합을 파괴하려고 폭력배들 동원하여 9·27사건을 일으켰다. 이때 농성을 하면서 3일을 굶으니 하얀 것은 다 밥으로 보였다. 그렇게 힘들게 농성을 하고 있었는데, 가족이 자기 딸들을 찾으러 와서 울고불고 끌고 나가고 난리를 쳤다. 나랑 같이 '소라' 그룹을 했던 친구 아버지도 농성장에 찾아와 "너 미쳤냐? 여기서 왜 이러고 있냐!"며 친구를 끌고 나갔다. 그 친구는 그 후 다시는 본 일이 없다.

동생이 어떻게 알게 되었는지 현장을 찾아왔다. 동생은 농성현장을 보고 울면서 "언니, 거기 있지 말고 나와!" 그랬다. 나는 그냥 동생 얼굴을 보고 악수만 한 뒤 "나는 죽어도 여기서 죽을 테니까 걱정하지 말고 가라" 그랬다. 동생은 발길이 안 떨어진다고 하며 울면서 돌아갔다.

10월 1일 새벽, 나는 운동장에서 끌려 나가 한독병원에서 링거를 맞고 정신을 차렸다. 다시 회사 앞으로 갔더니 아무도 없었다. 기숙사로 들어갈 수도 없고, 그래서 화성에 있는 고향집으로 갔는데 언니가 빨리 다른 곳으로 피하라고 했다. 경찰들이 찾아왔다는 것이다. 그래서 향남지구에서 사는 큰언니네 집에서 한 달 정도 있었다. 그러자 큰언니네 집으로도 형사가 찾아 왔다. 겁에 질린 언니는 '너 잡혀가지 않으려면 다른 곳으로 피해야 한다'고 난리를 쳤다. 나는 하는 수없이 수원으로 나가 방을 얻어서 생활했다.

출근길에서의 연행

10월 13일 출근투쟁을 하려고 회사 건너편에서 조합원들을 만났다. 그런데 이때 전경들이 들이닥치더니 마구잡이로 끌고 가서 경찰차에 실었다. 조합원들은 소리를 지르고 잡혀가지 않으려고 발버둥쳤지만, 모두 남부서로 연행되어 1박2일간 조사를 받았다. 진술서도 쓰고 열 손가락 지문도 찍고, 상반신 위에다 이름

쓴 것을 들고 사진도 찍고, 무슨 범죄자 다루듯이 하고 풀려났다.

그 후 10월 28일, 짐을 정리하러 내가 생활하던 기숙사의 방문을 열고 들어갔는데 내 짐만 남아있고 먼지가 뿌옇게 쌓여 있었다. 덩그러니 놓여 있는 내 짐이 너무 초라하게 보였다. 정들었던 방 식구들이 떠오르면서 마음이 서글퍼서 나도 모르게 엉엉 울었다.

짐을 들고 기숙사를 내려오면서 다시는 오지 못할 정들었던 기숙사를 생각하니 눈물만 나고 여러 가지 생각으로 가슴이 아팠다. 바로 그날 사무실에 들러 퇴직금을 정리했다. 집으로 돌아가면서 '앞으로 어디 가서 뭘 하지?'라는 생각이 들었다.

회사를 정리하고 몇 달 후에 선희숙이와 같이 작은 공장에 취업했다. 인원이 몇 명 안 되는 공장이라서 다행히도 해고당하지 않고 결혼할 때까지 다닐 수 있었다. 남편은 원풍에서 노조 활동을 한 것을 알면서도 잘 이해를 해주어서 결혼 생활은 별문제 없이 잘 지냈다.

명예회복 인증서

나의 원풍에서의 활동이 민주화운동으로 인정되어 민주화운동 인증서를 받았다. 남편은 내가 대단하다고, 다시 봐야 되겠다고 이야기를 했다. 아이들은 우리 엄마가 훌륭한 사람이라고 칭찬했다. 나는 이 민주화운동 인증서를 대를 이어 가보로 잘 간직해야 된다고 생각하여 지금도 잘 보관하고 있다.

그리고 대한민국 정부를 상대로 한 민사소송에서 승소하여 배상금을 받았을 때는 마음이 뿌듯하고 눈물이 났다. 나 혼자라면 어림도 없을 일들이 원풍의 지도부 언니들 덕분에 가능했다. 그동안 빨갱이 운운하며 별소리 다 들으며 힘들었던 지난날들을 모두 보상받았다고 생각한다.

구술 작업을 하자는 연락을 받았을 때, 내 이야기가 책에 실린다는 것이 얼마나 자랑스러운 일인가, 이런 생각이 들면서 너무 좋았다. 우리 애들에게도 내가 살아온 이야기를 글로 기록하여 전해 주게 되어 정말 뿌듯하다. 죽기 전에 살아온 이야기를 남기고 싶었는데, 이렇게 나의 소원이 이루어졌으니 정말 감동이 아닐 수 없다. 꿈을 꿨지만, 나 혼자서는 할 수 없는 것들을 대신해 주는 지도부에게 감사한다.

생각해보면 원풍은 내 젊음을 함께 했던 곳이고, 내가 어떻게 살아야 잘 살 수 있는가를 알게 해준 곳이다. 그때 원풍노동조합을 만나지 않았다면 노동운동이 뭔지 알지도 못했을 것이고, 그렇다면 세상을 올바르게 살아가는 방법도 깨닫지 못했을 것이다. 나의 소중한 인연들이 쌓인 원풍의 모임은 앞으로도 지속되어야 한다고 생각한다. 나도 더 열심히 참여하도록 노력할 것이다.

026

가뭄에 단비처럼

이현숙

—————1959년, 충남 공주에서 태어났다. 1975년, 원풍모방에 입사하였다. 조합원 체육대회 때 여자 축구선수로 운동장을 활기차게 뛸 때를 가장 행복한 기억으로 갖고 있다. 1982년 9·27사건으로 해고당하였다. 2007년 민주화운동가로 명예회복이 되었고, 2018년 재심소송에서 국가배상금을 받았다.

나는 1975년, 열일곱 살 때 원풍모방에 입사했다. 한 마을에 살던 친구가 직포과에 근무했었는데, 그 친구의 소개로 입사했다. 방적과 소모에 배치되었다. 방적과에는 우리집만큼 큰 기계가 우뚝 서 있었다. 커다란 원형 롤러 몇 개가 맞물리면서 돌아가는데, 기계 속으로 빨려 들어갈 것 같아 무서웠다. 소모과는 양모 원료를 깨끗하게 빨아 불순물을 제거하고 평평하게 펴는 작업을 하는 곳이다.

소모과에서 1차 가공을 마친 양모는 다음 공정을 위해 염색과 또는 전방으로 이동한다. 세탁한 양모는 축축하고 약품 냄새가 났다. 그래도 야간 근무할 때 식사시간이 되면 밥을 빨리 먹고 돌아와 양모 원료를 목까지 덮고는 토끼잠을 자곤 했다. 냄새 나고 축축한 양모가 포근하게 느껴졌다.

기숙사는 입사하면서 바로 들어갔다. 열세 명이 한 방에서 생활한다고 하여 깜짝 놀랐는데, 방이 시골의 타작마당처럼 널찍했다. 전깃불도 들어오지 않았던 시골에서 살다가 처음 서울에 와서 그런지, 기숙사 시설을 보고 눈이 휘둥그레졌다. 목욕탕에서는 뜨거운 물이 콸콸 쏟아졌고, 널찍한 강당에는 텔레비전이 있어서 연속극과 쇼를 볼 수 있었다. 다림질 방도 따로 있어서 작업복 바지를 다려 주름을 칼날처럼 세우고 다녔다.

전기가 있는 도시는 이렇게 편리한 거구나, 하는 생각을 하면서 단체생활에 적응했다. 기숙사 생활을 떠올리면 방 식구들과 야외로 놀러 다녔던 생각이 난다. 한탄강 유원지로 물놀이를 가기도 했고, 남이섬에서 게임을 하고 해방춤을 추며 깔깔거리며 놀기도 했다. 지금도 그때의 일이 생각나면 저절로 웃음이 나온다.

방 식구 언니에게 화장하는 법을 배웠고, 뜨개질 하는 법을 서로 가르쳐주면서 고향집 이야기며 작업장 이야기 등을 도란도란 나누었다. 실에 구슬을 꿰어 도장집을 떴고, 화장대 받침대, TV 박스 덮개 등을 뜨개질하여 혼수품으로 간직했다. 스킬 자수 액자도 많이 떴는데, 나는 '家和萬事成'을 만들어 고향집 안방에 걸어놓았다. 그 액자는 몇 해 전까지만 해도 친정집 안방에 걸려 있었다.

소모임 '소라'

언제 소모임에 가입했는지 기억이 없다. 이름이 '소라'였는데, 회원은 7~8명으로 모두 같은 또래들이었다. 그들과 한복을 입고 경복궁에서 사진을 찍으며 놀았던 것이 가장 기억에 남는다. 소모임 친구들과는 함께 어울려 이곳저곳 다니는 것 자체가 즐거웠다. 소모임은 영등포산업선교회관에서 정기적으로 모임을 가졌다. 거기에는 교양 프로그램이 여럿 있었는데, 곰 인형과 꽃다발을 예쁘게 만들었던 생각이 난다.

영등포산업선교회에서는 원풍노동조합 노동자들뿐만 아니라, 롯데제과, 해태제과, 대일화학 등 영등포 지역의 타 사업장 노동자들도 만났다. 나는 그들의 노동조건을 듣고 원풍모방이 다른 공장들보다 월등하게 좋은 조건의 노동 현장이라는 사실을 새삼 깨달았다.

어느 해였는지, 해태제과 노동자들이 8시간 노동 쟁취를 위한 투쟁을 힘겹게 벌이는 광경을 보았다. 시골에서 처음 올라와 원풍모방에 근무했던 나는 8시간 노동은 어느 공장이든 당연히 주어지는 조건으로 생각했다. 그뿐만이 아니었다. 신용협동조합이 있어 푼돈을 저축하여 목돈을 마련할 수 있었고, 의료보험이 있어 시골에 계신 부모님도 병원비 혜택을 받을 수 있었다.

나는 이런 혜택을 공장에 다니는 노동자라면 누구나 다 누리고 사는 줄 알았다. 그러나 소모임 활동을 하면서 다른 공장 노동자들이 얼마나 열악한 환경에서 일하는지 알게 되었고, 내가 자주적인 노동조합의 조합원이라는 사실이 자랑스러웠다.

해마다 봄이 시작되는 3월이면 열렸던 노동절 행사도 잊을 수가 없다. 탈춤 공연은 어떤 내용이었는지 또렷이 기억나지 않지만, 같은 방 식구 차언년이 탈춤을 추어서 관심 있게 보았다. 나이가 어린 언년이는 방에서도 부지런하여 당차게 자신이 해야 할 일을 했는데, 탈춤도 활기차게 잘도 추었다. 가을에 열렸던 체육대회도 잊을 수가 없다.

그때 나는 배구선수와 축구선수로 활약하였다. 배구는 잘 하지 못했지만, 축구는 나름 잘했던 것 같다. 등나무 아래에 동료들이 모여 박수를 치고 함성을 지르며 "이현숙! 잘 뛴다. 잘한다!" 응원을 많이 해주었다. 공을 뻥 차면 멀리 가지 않고 바로 코 앞에 떨어져 까르르 웃음이 터져 나왔지만 뜀박질은 잘 했던 것 같다. 파란색 운동복을 입고 운동장을 이리저리 뛰어다녔던 20대의 건강했던 그 모습이 못 견디게 그리운 요즘이다.

노조 탄압

1980년 7월 어느 날, 방용석 지부장님과 박순희 부지부장님에게 수배령이 내려졌다. 전두환 신군부는 급기야 두 분을 노동계 정화라는 명분으로 해고시켰고, 이를 기화로 본격적으로 노동조합을 탄압하기 시작했다. 그해 12월에는 상집간부 전원과 대의원 등 48명의 간부를 연행하여 14명을 해고하였다.

무섭고 살벌한 분위기에 잔뜩 긴장하면서 암울하게 한 해를 보냈다. 1981년 1월, 계엄사에서 해고를 면하고 돌아온 상집간부들이 새로운 집행부를 꾸렸다. 어수선한 분위기가 지속되어 노조가 걱정되었지만, 우리 부서의 상집간부 노순용을 잘 도와주어야 한다는 생각만 했다.

1982년 9월 27일, 여느 때와 같이 현장에서 근무를 하고 있었다. 갑자기 노순용 간부가 뛰어와 노조 사무실에 남자들이 몰려 가서 조합장을 감금했다는 이야기를 했다. 가슴이 덜덜 떨렸다. 분노와 두려움이 한꺼번에 몰려왔다. 2시에 퇴근하자마자 노조 사무실 앞으로 달려가 보았더니 분위가 살벌했다. 집행부는 폭력배들이 물러날 때까지 무기한 단식농성을 벌이기로 결정했다. 조합원으로서 당연히 집행부의 결정을 받아들였다.

농성 나흘째 되던 날이었다. 몸이 땅 속으로 기어들어가는 듯 하더니 정신이 가물가물거렸다. 정신을 차려보니 병원이었다. 그 시간에도 폭력배들과 싸우고 있을 동료들이 있는데 병원에 누워있는 내가 한심스러웠다. 벌떡 일어나 링거 바늘을 뽑아내고 농성장으로 들어가려고 정문으로 뛰어갔지만, 겹겹이 지키고 있던 구사대들이 막아 들어갈 수가 없었다.

10월 13일, 2차 출근투쟁을 하던 날이다. 강남성심병원 앞에 집결하여 회사 정문 앞에서 연좌농성을 하고 있는 B반 조합원들과 합류하기 위해 대림동 8차선 도로를 건너가려고 몇 발짝 뛰어가다가 경찰에 잡혔다. 생전 처음 경찰서에 잡혀가서 그런지 조금 두려웠다. 경찰은 우리들을 커다란 강당에 몰아넣었다. 연행된 197명의 동료들과 한 곳에 있으니 두려움이 사라지고 마치 농성장처럼 생각되었다.

경찰은 직사각형의 나무로 된 번호표를 목에 걸고 죄인처럼 사진을 찍었다. 그날 밤이 새도록 조사를 받고 대다수 조합원은 이튿날 새벽에 훈방되었다. 나역시 그때 경찰서 밖으로 나왔지만, 차언년이 구속되어 마음이 아프고 속이 상했다. 나이도 어리고 몸도 건강하지 않은 아이가 감옥살이를 어떻게 견딜까 생각하니, 혼자 경찰서를 나서는 발걸음이 무거웠다.

가뭄에 단비가 되어준 명예회복

나는 1983년 10월 중매로 결혼했다. 서울에서 철물점을 차리고 신혼살림을 시작했다. 남매가 유치원에 다닐 때 갑자기 남편이 허리에 통증을 느껴 치료를 받았지만, 하반신 마비가 되었다. 철물점은 문을 닫아야 했고, 살아갈 일이 막막했다. 특별한 기술이 없어도 할 수 있는 식당 일을 하면서 네 식구 생계를 이어갔다. 결혼 직후에는 큰애를 업고 '원풍노조 9·27모임'에도 참석했었는데, 남편 대신 생활전선에 뛰어든 이후에는 하루하루 살아가기도 벅찼다.

2007년 어느 날, 황선금 언니가 전화했다. '민주화운동 관련자 명예회복 및 보상법'이 제정되었으니, 명예회복 신청을 하라고 했다. 그 소리가 무슨 소리인지 알아듣지도 못하였지만, 오랫동안 모임에 참석하지 못해 미안해서 하지 않겠다고 했다. 명예회복이 되면 억울했던 과거에서 벗어날는지는 모르겠지만, 하루라도 벌지 않으면 그만큼 생활비가 줄어드니까 핑계이기도 했다. 언니는 나의 반응이 답답했던지, 꼭 신청을 하라고 당부했다.

2008년, 집으로 민주화운동 관련자로 명예회복 인증서가 배달되었다. 별 기대 없이 접수했는데 막상 인증서를 받고 보니 기분이 날아갈 듯 좋았다. 남편과 딸에게 자랑했다. 딸은 "엄마가 이런 일을 한 적이 있어? 우아! 우리 엄마가 민주화운동을 하신 적이 있구나!" 하며 나를 안아주었다.

거기다가 생활지원금까지 통장으로 입금된 것을 확인하는 순간, 꿈이면 어쩌나 하는 생각이 들 정도로 믿어지지가 않았다. 나에게 있어 명예회복은 가뭄의 단비와 같았다. 그러면서 까맣게 잊고 살았던 원풍노동조합에 대한 추억이 떠올라 가슴이 벅찼다. 원풍동지들에게 미안한 마음과 함께 감사했다.

사 랑 하 는 나 의 원 풍 동 지 회

2019년 1월, 서울지방고등법원의 국가배상소송 재심재판에서 승소했다. 1982년 9·27사건 당시, 공권력의 부당한 폭력을 재판부에서 인정하여 손해배상 결정이 확정된 것이다. 국가배상 확정판결 소식을 듣고 역시 우리 원풍노조는 정말 위대하다는 생각이 들었다.

그리고 사법부로부터 승소 판결을 받기까지 노력한 선배들과 동료들에게 미안하고 고마웠다. 몸이 아프다는 이유와 어머니 치매 간호에 지쳐 있어 '양승태 사법농단' 시위에 한 번도 참여하지 못한 것이 정말 죄스러웠다. 나에게는 그 일이 마음의 빚으로 남아 있다.

2019년, 올해로 내 나이 어느새 61세 회갑이다. 육십의 내 삶에서 가장 즐거운 기억을 이야기하라면, 서슴없이 원풍노조의 조합원으로 살아갔을 때라고 말하고 싶다. 넓고 넓은 운동장에서 축구공을 따라 뛰어다니던 나의 20대, 그 시절이 너무 그립다.

027

전설 속의 누님

임선호

1957년, 충청도에서 태어났다. 1975년에 원풍에 입사하였다. 대의원을 거쳐 상집간부로 활동하던 중 1982년에 해고되었다. 이때 수배되었지만 임의동행 형식으로 출두해 조사를 받고 석방되었다. 정부에 의해 민주화운동 관련자로 명예회복이 되었다. 현재 세종시참여연대 공동대표, (사)세종여성회 자문위원, 세종시외식업지부 부지부장도 맡고 있다.

"전설 속의 누님!" 무봉리 순대국 식당을 운영하는 나를 이렇게 부르며 찾아오는 손님들이 있다. 그들은 조치원 지역에서 노동운동을 하거나 시민운동을 하는 사람들이다. 그들이 나를 그렇게 부르게 된 것은 십여 년 전, 우연히 우리 식당에서 늦도록 회식한 후 계산을 하고 나가면서 〈임을 위한 행진곡〉을 흥얼거렸던 날부터다. 하루 일이 끝날 즈음이라 카운터에서 마무리 작업을 하던 나는 "어, 나도 그 노래 아는데"라며 따라 불렀다. 놀란 듯 바라보는 그들에게 내가 누구인지를 고백하게 된 날이다.

사실 '고백'이다. 지은 죄도 없이, 아니 죄는커녕 억울한 일을 당하고도 늘 경찰에 쫓기고 빨갱이 운운 위협을 받아왔던 터라 타인에게 내 삶의 전력을 말하는 것은 용기가 필요한 터였다. 그런데 익숙하고도 반가운 그 노래 소리에 마음이 이어져버린 나는, "원풍모방에서 해고된 노동자였다"라는 말을 한 것이고, 그들은 큰 환영으로 나를 반겼다. "누님이 바로 그 전설 속의 누님 중 한 분이었군요. 이 지역에서 그렇게 운동한 분은 누님밖에 없습니다."

새로 얻은 동생들

그날부터 나는 그들의 '누님'이 되었고 그들은 뻔질나게 드나들었다. 식사하러 오면 같이 온 사람들을 항상 나에게 소개했고, 주방을 기웃거리며 남편에게도 형님, 형님, 하고 인사를 했다. 나는 상황이 닿는 대로 지역 사람들의 든든한 누님이 되기로 마음먹었다. 지역 활동가들의 모임이나 행사에 갈 때면 순대라도 들고 가고, 막걸리나 김치라도 지원하며 어울렸다. 어느 날은 무슨 행사에 오라고 해서 갔더니 단상으로 나를 불러 소개를 하더니 '전설 속의 누님'이라며 꽃다발을 주는 게 아닌가, 순간, 울컥 눈가가 젖어 들었다.

그렇게 지역 사람들과 어울려 순대국에 마음도 퍼 담으며 사는 동안, 국민의 정부, 참여정부가 들어섰고, 원풍노조의 활동이 민주화운동으로 인정되면서 민주화운동 인정 증서가 집으로 배달되어 왔다. 서랍에 고이 간직해 둔 민주화운동 관련자 명예회복 인증서를 순대국 먹으러 온 지역의 친구들에게 자랑했다. 그랬더니 어느 날 그 친구들이 액자틀을 하나 사들고 왔다.

"누님, 그런 귀중한 증서를 왜 서랍에 처박아 둡니까? 액자에 걸으세요." 남편은 얼른 망치를 들고 나오더니 못을 박았고, 음식점 등록증 옆에 그 액자를 나란히 걸었다. 기분 좋았다. "오늘 순대 한 사라 서비스~" 내 목소리가 날아올랐다.

나는 밥장사를 하면서 사람들이 맛있게 먹는 모습을 보는 게 참 좋다. 그리고 문득 내가 사람들을 잘 기억한다는 것을 알았다. 오랜만에 온 손님한테 그때 하신다던 일 잘 되었느냐고, 그 일의 내용을 말하면 사람들이 어떻게 그걸 다 기억하느냐고 놀라곤 했다. 순대국 하나라도 사람들은 식성이 다 다르다. 어떤 사람은 순대를 많이, 어떤 사람은 내장을 많이, 어떤 이는 양념을, 어떤 이는 맑은 것을 좋아한다. 2년만엔가 온 손님에게 "다른 고기 빼고 순대만 드시죠?" 했더니, "어휴, 깜짝이야!"라고 소스라치면서도 고마워했다.

그리고 일을 할 때 비교적 공정하다는 소리를 듣는다. 내 가족이라고 아닌 것 봐주거나, 남이라고 옳은 걸 그르다고 하지 않고, 기면 기고 아니면 아니다. 가만히 생각해보면, 아! 이게 노동조합 하다가 몸에 밴 습관이구나, 사람을 진지하게 대하다 보니 기억을 잘하게 되고 매사에 가능한 한 분별 있게 하려고 애쓰는구나, 라는 생각이 들기도 한다.

노 동 조 합 의 꿈

원풍모방에 입사한 후 양성공 교육을 받으면서부터 언니들에게 노동조합 이야기를 들었고, 입사하자마자 유니온숍 제도에 의해 조합원이 되었다는 것을 알았다. 입사한지 몇 개월이나 지났을까, 노동조합 지부장이 노동조합 교선부장과 결혼식을 한다고 하여 식장에도 쫓아갔다. 기숙사 방 식구들이랑 노동조합과 관련된 활동을 하고 다니는 게 참 재미있었다. 남자도 별 관심 없었고, 유흥에도 관심이 없어 오로지 일하고 노동조합 활동만 했다. 소그룹 활동을 하면서 음식을 만들어 먹기도 하고, 노조 교육장에서 노래하고 율동도 하며 흥겨웠다.

79년쯤인가, 기숙사에서 바자회를 하는데 연보라색의 포근한 털실로 아기 조끼를 떠서 출품했는데 금세 팔렸다. 수익금으로 어려운 곳에 기부하던 일이라 정성을 다했는데 누군가 결혼해서 아기 입히려고 사갔을까…. 퇴근하면 코바늘로 뜨개질 하던 그 시간들도 아련한 추억이 되었다.

82년에는 직포과 대의원이 되었다. 80년에 간부들이 계엄사에 끌려가서 해고되고, 몇 사람 살아남은 간부들이 중심이 되어 새 집행부를 꾸렸지만, 약화된 노동조합을 깨려는 시도가 교활한 방법으로 거듭되어 오던 시기였다. 80년 12월에는 군인들이 기숙사에 들락거리고, 사감도 공수부대 출신으로 바뀌더니 언젠가는 방송기자들이 카메라를 들고 들어왔다.

간편한 실내복 차림으로 생활하던 기숙사생들은 옷도 제대로 갖춰 입지 못한 채 어디 여자 기숙사에 남자들이 들어오느냐고 거세게 항의했지만, 그들은 셔터를 눌러댔고 '도산이 가면 기업이 도산한다'는 식의 산업선교회 비방 프로그램을 제작하여 내보냈다. 물론 항의하는 우리 모습은 '산업선교회에 물든 불순한 노동자들의 악쓰기' 쯤으로 깔렸을 것이다. 화면에는 원풍모방의 양복지 명칭인 '킹텍스' 간판도 선명했다.

그렇게 불순한 노조, 불순한 노동자로 몰아가더니 82년 9월 27일 최후의 마수가 뻗쳐왔다. 그들이 도발해 온 전쟁이었다. 노동조합은 폭력의 무뢰배들에게 점령되었고, 나와 우리들은 정사과 실 뭉치더미 속에서 불가항력적인 농성을 할 수밖에 없었다.

노동조합의 역량이 컸던 80년 이전에는 혜택을 받아만 먹던 남자들이 폭력에 앞장섰고, 성적 수치심을 유발하는 발언을 해대며 노골적으로 자극했다. 심지어 여성 조합원들보다 어깨에 걸쳐진 짐이 더 많은 데도 양심을 지키려 함께했던 남자 조합원들에게, 여자들 치마 속에 있으니 어쩌느니 하며 비아냥거렸다. 그런 모멸을 참으면서도 여자 조합원들이 쓰러지면 울면서 병원에 업어 나르고, 울타리되어 버텨 준 남자 조합원 몇몇 분들은 함께 해고당했다. 고마운 사람들이다.

당시 이무술 집행부에서 정선순 집행부로 바뀌는 등 노동조합도 우여곡절을 겪는 동안 나는 상집간부가 되어 있었다. 그러니 역할의 엄중함도 무겁던 때였다. 4박5일의 농성기간이 아무리 고달파도 힘겨운 내색을 할 수가 없었다. 아니 분노 때문에 힘겨웠다. 그러다 결국 끌려나왔고, 다시는 그곳으로 돌아가지 못했다. 그렇게 행복했던 공간을 무자비하게 짓밟고 해고자로 만든 권력을 도저히 잊을 수도 용서할 수도 없다.

마음을 멍들게 한 '자수'

기숙사에서 짐을 챙겨 나왔다. 어디로 가야할지, 누구에게 도움을 받아야할지 막막했다. 신사동에 있던 이모네로 갔으나 그것도 하루 이틀이지, 눈치가 보였다. 다행히 최영자와 둘이서 시흥에 방 한 칸을 얻게 되었지만, 상집간부 전원에게 지명수배가 내려져 있는 상태라 편안히 거주할 수가 없었다. 박순희 부지부장이 봉천동의 어느 집을 소개해줘서 갔지만, 그곳도 여러 날 있기는 무리였다.

간부들은 회의를 통해 일단 나와 손선례 두 명은 조합원들이 모여 집단생활을 하고 있는 영등포산업선교회로 들어가는 것이 좋겠다고 결정했다. 우리 둘은 007작전하듯 영등포산업선교회로 잠입했고, 등잔 밑이 어둡다는 속담을 기대하며 조합원들과 함께 지냈다. 그러나 그곳에도 하루에 몇 차례씩 기관원들이 들락거리며 간부들의 사진과 조합원들을 대조했다. 기관원이 떴다 하면 나와 손선례는 십자가 밑에 있는 좁은 창고를 비집고 들어가 웅크리고 앉아 있었다. 가슴 졸이는 날들이었다.

그러던 어느 날 인명진 목사가 나와 손선례를 불렀다. 노조간부들과도 다 얘기가 되었고 경찰서에도 얘기가 다 되었으니, 출두하여 조사 받으면 풀려나온다는 것이었다. 인명진 목사를 많이 신뢰하던 때였고, 간부들이 결정했다니 이유가 있겠다는 생각으로 순응했다. 인 목사 말대로 조사 형식만 거치고 석방되었다. 그러나 그 후 도피 해 있던 간부들이 모두 연행되어 구속되었다. 이상한 죄의식

같은 것이 가슴을 짓누르기 시작했다.

더구나 훗날 경찰의 수배자 명단에 간부들 얼굴이 다 있는데, 그 중 임선호, 손선례의 얼굴에 '자수'라는 붉은 글씨로 줄이 쳐진 걸 보는 순간 심장이 덜컥 내려앉고 얼굴이 화끈해졌다. 같이 구속되었어야 했다. 자수라니, 내가 그런 비겁한 행위를 했단 말인가. 물론 나중에 방 지부장도, 간부들도 그건 '자수'가 아니라 '자진출두'라고 말했다. 네가 무슨 죄가 있느냐는 것이다. 그러나 경찰이 붉은 줄 쳐 놓았던 게 자꾸 떠올라 위로가 되지 않았다. 찜찜한 기분은 멍울 하나가 되어 남은 것 같다.

어느 날, 여당의 중요 정치인이 되어 텔레비전 화면에 등장하는 인명진 목사 얼굴을 보면서 그 찜찜한 자괴감에 다시 얼굴이 확 달아올랐다. 내가 저 목사한테 그때 속았던 거 아닐까라는 기분, 자존심에 상처가 나는 느낌. 그 순간을 꺼내기도 싫어서 묵혀두었던 감정인데, 오래 지난 후 원풍노조 간부들에게 그 이야기를 했을 때 노조에서는 우리 둘을 출두하게 하라는 협의를 한 적이 없었다는 것을 알았기 때문이다.

같은 노조 간부들이었는데 우리 둘은 그렇게 풀려나고, 나머지 간부들, 더구나 나이도 어린 언년이까지 구속되어 징역 사는 것을 보는 동안 내내 마음이 불편했다. 사실 밖에 있는 것도 고달픈 징역이었다. 수배 문제가 해결되자말자 산업선교회에서 누가 날 찾아왔다는 혜영이 말에 두근두근하며 내려가 보니 충남 연기군 동네의 면장이 엄마를 앞세우고 온 것이다. 시골로 내려가자는 것이다. 실랑이를 거듭한 끝에 엄마가 포기했다.

그러나 시골집 밖에 항상 두어 명의 남자들이 오락가락하니 우리 식구들은 물론이고 이웃들까지 신경 쓰이고 눈초리가 나빠져 시달린다는 것이다. 심지어는 당신 딸이 남자와 도망을 갔다느니, 빨갱이 집단에 있다느니, 말도 안 되는 얘기를 해대니 아버지까지도 나를 빨갱이라고 몰아붙이는 것이다. 너무 화가 나서 "내가 빨갱이면 신고해서 상금 타시라"고 쏘아댔지만, 가족들까지 불편한 상황이 되니 마음이 천근이었다.

가족과 지인들에게 받는 모욕과 눈치는 부당하고 억울했지만 설명할 수 없는 시대였다. 어쩌다 시골집에 내려가면 1분도 지나지 않아 면장이 들이닥쳤다. 동네 사람들이 연락병 역할까지 하는구나 싶으니 여간 신경이 쓰이는 게 아니어서 불면증에 시달릴 지경이 되었다.

블랙리스트에 이름이 오르고

구로동 전자회사, 대한모방, 제과공장, 가는 곳마다 그놈의 블랙리스트 때문에 거부당했다. 우여곡절 끝에 논산에 있는 방직공장에 들어갔는데, 어느 날 아침 조회시간에 공장장이 "우리 공장에 산업선교회 출신 빨갱이가 있으니 조심하라"고 했다.

몸도 마음도 움츠린 채 그래도 먹고 살아야 하니 버텨보려 했으나 내 일거수 일투족이 다 감시망 안에 있는 것 같아 하루하루가 바늘방석 같았다. 결국 압박 감에 더 못 버티고 사표를 집어 던진 후 가정집의 식모(가정부)로 들어갔다. 설마 가정집 일하는 것을 막지는 않겠지, 라는 심산이었다. 다행인지 그곳에서 1년여 일을 했지만 기분이 좋지는 않았다. 원풍모방은 마치 꿈이었던가 싶게 아련하고, 내가 왜 친구들도 못 만나고 여기 숨어 있어야 하는지 설거지를 하면서도 울컥울컥 설움이 올라왔다.

그때 중매로 남편을 만났다. 직장 이야기가 나오면 둘러댔었고, 블랙리스트 얘기는 꺼내지도 못하는 이 상태를 남편이 이해할까, 언젠가 이 일로 결혼이 파탄 나는 것은 아닌가, 따위의 불안이 늘 있었다. 그러나 다행히 남편은 반듯한 사람이었다. 내 생활태도와 진정성을 신뢰했다. 민주화운동 인증서가 오고 지역의 사람들이 내 전력을 귀히 여겨주는 것을 보며 더 그랬을 것이다.

공장 다닌 것이 자부심이 되는 것, 민주노조의 힘이었다. 사실 연애 한번 안 해보고 결혼한 게 때때로 슬며시 억울해지기도 한다. 만약 원풍노조가 깨지지 않고 그대로 일할 수 있었더라면, 그 생활이 좋았기에 결혼할 생각을 하지 않았을지 모르겠다는 생각도 든다.

해마다 9월이 오면

명절 이외에는 문을 닫지 않는 밥장사를 하면서도 9월이 되면 마음이 들뜬다. 이 날만은 그 누구도, 어떤 일도 내 앞을 막아서지 못한다. 동창회는 매번 연락 와도 한 번도 가본 적이 없지만, 이 모임은 두어 달 전부터 일정을 챙긴다. 얼른 다른 사람이 쉬는 날 정하기 전에 이 날은 '내가 나가야 되는 날'이라고 못 박기 위해서이다. 남편도 아무리 바쁜 단체손님이 있어도 이 날은 이유를 달지 않는다.

공교롭게도 시아버님이 생존해 계실 때 모임 날과 생신이 겹친 적이 있었다. 아버님 생신 날 식구들이 모여 있는데, 마음은 콩밭에 가 있어 허둥거렸다. 결국 콩나물 사와야 한다고 나가 열차 타고 원풍 모임으로 내빼버린 적도 있다. 해마다 9월이면 '그날'을 떠올리며 제주와 강릉, 광주와 대구, 멀든 가깝든 만사를 뒤로 하고 바람난 처녀처럼 달려가는 그곳, '원풍동지' 모임이다. 삶의 큰 줄기이고 의미인 원풍 사람들과의 만남은 그렇게 35년 이상 개근이다.

모여서 뭐 별 대단한 것을 하는 것도 아니다. 그저 얼굴 보고, 소식 나누고, 같이 밥 먹는다. 안타까움도 나누고, 기쁨도 나누고, 때때로 어떤 상황들에 분개하기도 한다. 지금은 체력이 '쇠해서' 밤늦기 전에 돌아오지만 10년 전까지만 해도 원풍 모임 갈 때면 남편에게 "해 뜨기 전에는 못 올 거"라고 말하고 나갔다. 그러고는 해뜨기 전이 아니라 다음 날 해가 기웃해질 즈음에야 들어왔다. 밤새워 신길동 '원풍의 집'에서 수면바지 똑같이 입고 누워 수다를 떨다가 해장국 먹고 서울거리를 함께 쏘다니다가 헤어졌다.

그리고 그 힘으로 또 벙글거리며 살아갔다. 초창기에는 모두 결혼하고 애 낳아서 어린아이들을 데리고 오는 경우도 많았는데, 그 애들이 전부 내 자식 같았다. 도대체 무엇이 60대 아줌마가 되어도 변치 않는 '일편단심'을 지니게 하는가. 나는 말한다. '다른 사람이 느끼지 못하는 것을 함께 느끼는 것, 이게 얼마나 귀한 거여.'

더 좋은 것은 가끔은 경찰행정을 공부한 아들과, 예술대학에서 연기를 공부하다 지금은 사업을 배우고 있는 아들 둘과 함께 참석한다. 원풍노조가, 국가폭력을 동원하여 집단 해고한 후 블랙리스트를 작성하여 취업까지 차단한 국가를 상대로 손해배상 민사소송을 제기하는 경위서를 작성할 때도 장남이 컴퓨터로 도와주었다.

그 과정에서 아들은 엄마의 '사건'을 비로소 구체적으로 알게 되었고 "엄마 고생 많으셨다"고 말했다. 수업을 마치고 돌아오면서 가게에 필요한 장을 봐오는 일에 한 번도 싫은 내색을 하지 않는 아들이 이제는 엄마의 '화려한 외출'에 동참하는 동지적 교감을 나눌 수 있으니 매번 설렌다. 내 꽃다운 청춘과 함께한 노동조합은 40년이 흘렀어도 이렇게 내 삶의 정신적 동력이 되어 있다.

028

잊을 수 없는 아픔의 기억들

최 종 예

1957년 충남 공주에서 태어나 1975년에 원풍모방에 입사했다. 1982년 9·27사건으로 해고를 당했다. 그해 10월 13일, 출근투쟁을 하다가 남부경찰서로 연행되어 조사를 받았다. 2007년 정부에 의해 민주화운동 관련자로 인정되어 명예회복이 되었다.

내 고향은 충남 공주의 계룡산 줄기 자락에 자리 잡고 있는 곳이다. 5남매의 맏이로 태어난 나는 늘 책임감이 컸다. 나는 농사일보다는 좀 더 큰 도시로 나가 살고 싶은 욕구가 있어서 서울로 가기로 맘먹고 상경했다. 부푼 마음으로 첫 발을 디딘 곳은 구로공단의 '대협'이라는 봉제회사로, 거기에 입사해 몇 개월을 다녔다. 그러다가 고향 사람이 원풍의 노무과장 박태석 씨를 잘 안다면서 나를 소개해 주었다.

나는 75년, 18살의 나이로 원풍모방에 입사했다. 원풍모방은 이미 공단에서도 아주 좋은 곳이라는 소문을 들어 회사에 들어갔을 때 나는 뛸 듯이 기뻤다. 처음 입사할 때는 정방 보전실로 배치를 받아 근무하다가 정방으로 옮겨 일을 하게 되었는데, 그 부서 담임이 나중에 구사대가 된 김덕수였다.

정방 보전에서 하는 일은 기름을 만져야 해서 그렇지 힘들지 않아 일하기가 좋았다. 보전실은 작은 키로 일하는 데도 아무런 지장이 없었는데, 정방은 기계가 높은 편이어서 '다이'에 실을 올리고 내려 옮겨야 하기 때문에 힘이 들었다. 그래도 나는 야간에 한 번도 졸지 않을 만큼 회사 일을 열심히 했다.

나 는 야 산 업 의 역 군

한림대병원이 있었던 자리에 방이 여러 개인 집이 있었는데, 나는 그곳에서 동생과 자취를 하다가, 고향 부모님이 서울로 이사를 오면서 두 칸짜리 방이 너무 좁아 입사 후 1년쯤 되어 기숙사에 들어갔다. 그런데 기숙사 생활은 규칙이 있었다. 잠자리 배치도 신기했는데, 고참은 중앙에서 자고 나는 완전 신참이라서 맨 끝 창가로 자리를 배정해 주었다. 요를 반으로 접어 깔아야 될 정도로 방 식구들이 많았다.

수시로 샤워장에 가 목욕하는 것은 너무 좋은데, 작은 캐비닛 하나를 둘이 사용하는 것이 너무 옹색했다. 밤이 되면 잠자리가 창가라서 너무 추웠다. 회사 바로 앞에 부모님 계시는 집이 있는데, 하는 생각에 잠자리에서 나도 모르게 눈물이 흘렸다. 집 떠나 온 서러움 같은 것이 들어 처음 며칠은 많이 힘들었지만, 내 속마음을 누구에게 말하거나 보여주고 싶지 않아 혼자 가족에 대한 그리움을 달랬다.

월급을 타면 내가 쓸 용돈만 떼어놓고 엄마에게 다 드렸다. 그때는 내 것이라는 개념보다는 가족이라는 개념이 강했고, 엄마가 알아서 잘 관리해주실 거라고 믿었다. 나중에 엄마는 나에게 150만원을 모아 주었다. 나는 산을 좋아해서 원풍 산악회 회원으로 등산을 많이 다녔다. 산악회 회원 중에는 회사 간부들도 있어서 노동조합 활동을 하는 사람들로서는 눈치도 보이고해서 피해 다니기도 했다. 상집간부를 했던 양분옥도 산악회 활동을 같이 했다.

76년, 지부장님이 국가원수 모독혐의로 치안본부 대공분실로 연행되었을 때 노동조합에서 기숙사생들에게 다 모이라는 연락이 각 방으로 왔다. 이때 방 식구들과 같이 노동조합 사무실과 식당에 가서 지부장님 석방을 요구하는 농성을 했다. 남부경찰서에 가서 항의도 했다. 조합원들의 단결된 힘이 발휘되어 6일 만에 지부장님이 석방되었다.

내 일 은 해 가 뜬 다

주일날이면 산업선교회로 예배드리러 다녔다. 입사하고 3년쯤에 소그룹 활동을 하면서 명 선생님에게 꽃꽂이를 배웠다. 집회 때나 농성을 할 때 자주 불렀던 〈사노라면〉은 늘 가슴이 찡하고 슬펐다.

사노라면 언젠가는 좋은 날도 오겠지
흐린 날도 날이 새면 해가 뜨지 않더냐
새파랗게 젊다는 게 한밑천인데
쩨쩨하게 굴지 말고 가슴을 쫙 펴라
내일은 해가 뜬다 내일은 해가 뜬다

비가 새는 작은 방에 새우잠을 잔데도
고운 님 함께라면 즐거웁지 않더냐
오손도손 속삭이는 밤이 있는 한
쩨쩨하게 굴지 말고 가슴을 쫙 펴라
내일은 해가 뜬다 내일은 해가 뜬다

79년, 노동조합에서 탈춤반을 만들어 공연했다. 탈춤반은 노동자들의 아픔이나 문제점들을 춤과 대사를 통해 조합원들에게 알리는 일을 많이 했다. 특히 노동절 행사 때는 공연이 끝나고도 뒤풀이 형식으로 전 조합원을 단결시키는 역할을 했다. 그때 가장 기억에 남는 사람이 차언년이다. 언년이는 우렁찬 목소리로 사장에게 하고 싶은 말을 시원하게 내뱉어 속이 후련했다. 조방쟁이 탈춤 공연 때는 기계춤을 창안해 사용자의 부당함과 노동자의 억울함을 잘 표현해 온몸에 전율이 느껴지곤 했다.

79년 10월 26일, 박정희 대통령이 죽자 나는 큰일이 났다는 생각이 들었다. 나라가 잘못될 것 같은 마음이 들면서 슬펐다. 80년 5월, 여의도 한국노총에서 열린 궐기대회에 참석했다. 그즈음 민주화를 열망하는 대학생들이 거리시위를 하고 노동자들은 궐기대회를 열어 민주화 분위기를 고조시키고 있었다. 동일방직 동지들은 노총에 들어가 점거농성을 하고 있었고, 민주노조운동에 관심이 있는 다른 사업장들도 궐기대회에 참가하였다. 수많은 노동자들이 함께 구호도 외치고, 우리 지부장님이 연단에서 연설도 하면서 분위기가 고조되었다. 그러나 갑자기 궐기대회를 중단하고, 여의도에서부터 대방역을 거쳐 회사까지 구호를 외치며 걸어 온 기억이 난다.

며칠 후 광주에서 수많은 사람들이 죽어갔다는 이야기를 듣게 되었다. 박정희의 죽음은 잘 판단이 안 섰다. 그러나 광주항쟁은 전두환이 정권을 잡으려고 그렇게 많은 사람들을 피로 물들게 했다는 것을 단숨에 알아차렸다. 아무 일도 없는 것 같이 보도하는 언론도 믿지 않게 되었다. 노동조합에서는 광주항쟁 피해자들을 위한 모금을 벌였고, 나도 이에 참여했다.

악몽의 그날

80년 7월, 방용석 지부장님과 박순희 부지장님을 노동계 정화라는 명분으로 해고하고 지명수배령을 내렸다. 전국이 공포로 얼어붙었다. 12월에는 노동조합 간부들과 핵심 조합원들, 탈춤반원을 합동수사본부로 연행하고, 노동조합 사무실을 각목으로 폐쇄, 출입을 막았다. 계엄사 요원들이 현장을 순시하고, 기숙사는 군 출신 사감이 오면서 분위기가 엄청 살벌했다. 합동수사본부에 끌려간 사람 중에서 간부 14명이 해고를 당하고, 4명이 순화교육을 갔다.

82년 9월 27일, 회사는 폭력배를 동원하여 노동조합을 깨려고 조합장을 감금했다. 나는 9·27사건 당시 야간반이었는데, 구사대가 쳐들어 왔다는 이야기를 듣고 농성에 합류했다. 첫날은 식당에서 배식을 하지 않아 배가 많이 고팠다. 추석 휴무 즈음 회사 측이 가족들에게 연락을 했다. 가족들은 농성장을 헤집고 다니며 딸을 찾으러 다녔다.

폭력배들은 조합원들을 밖으로 끌어냈다. 그들은 마치 개돼지 끌고 가듯 2명씩 달려들어서 조합원들을 질질 끌고 나갔다. 끌려 간 사람들을 쓰레기 매립장에 버렸다는 등의 이야기도 들리고, 몸이 아파 업혀나간 사람들은 병원으로 갔다고도 했다. 처음에는 600여 명이 모여 농성을 했는데, 사람들이 끌려 나가면서 숫자가 확 줄어드는 것이 보였다. 농성자가 줄어드는 것은 우리들의 힘이 약화된다는 것이라 생각되었다. 나는 '사람들이 다 빠져나가게 되면 어떻게 하지?'라는 생각 때문에 힘들었다.

농성 마지막 날, 조합원들이 폭력배들에 의하여 계속 끌려 나가자, 그렇게 조합원들이 다 끌려 나간다면, 우리들이 어떤 상황에 처해 있고, 어떤 탄압을 받고 있는지 누구도 모르는 채 모든 것이 소멸되고 말 것 같아, 간부들은 차라리 회사 운동장으로 나가 우리의 억울함을 알리자고 했다. 그래서 나도 다른 농성자들과 함께 운동장으로 뛰어 나가 '사람 살리라'고 고래고래 소리를 쳤다.

그러나 그 밤중에 우리를 도와줄 사람은 어디에도 없었다. 총무과장 이익순은 조합원들에게 계속 빈정거렸다. 특히 남자들에게는 여자 치마폭에서 논다는 등 허튼소리를 하며 우리들을 동물원의 원숭이처럼 대하였다.

10월 1일 새벽까지 운동장 정문 앞에 앉아 농성을 했다. 회사 간부들은 우리들에게 독종 같은 년들이라고 내뱉었다. 정문 밖으로 끌려 나가지 않으려고 악을 쓰면서 버텼다. 그러나 폭력배들은 완력으로 조합원들을 밀어내고 철문을 닫았다. 나는 그날 이후 그 문을 다시는 들어가지 못하고 해고를 당한 것이다.

출 근 투 쟁

나는 폭력배들이나 경찰에 잡히면 안 된다는 공포와 두려움으로 신발이 벗겨진 채로 막 뛰어 양문교회로 들어갔다. 양문교회에 있다가 맨발로 집으로 갔다. 아버지는 맨발로 집에 들어오는 나를 보고 씻고 좀 쉬라고 했다. 엄마와 아버지는 운동장에서 농성을 할 때 회사 옆 강림약국 앞에서 계속 나를 기다렸다고 한다. 우리가 운동장으로 뛰어나갔던 9월 30일 밤부터 10월 1일 새벽까지 회사에서 일어났던 상황을 보고 계셨던 것이다.

아버지가 뭐 때문에 그러냐고 물어보셔서, 회사가 우리 노동조합을 없애려고 그러는 것이며, 지부장님과 간부들을 잡아들이려고 정부에서 정치적으로 한 것이라고 말씀드렸다. 아버지가 '그럼 이제 끝난 거냐?'고 물어, 나는 '모두 끝난 것은 아니다. 언제 끝날지 모른다'고 대답했다. 정말 나는 이렇게 끝이 날 줄은 전혀 몰랐다.

10월 7일, 노동조합 간부들이 지명수배를 당해 도망 다니고 있을 즈음, 산업선교회에서 원풍을 위한 기도회를 연다고 하여 조합원들과 함께 낭산동으로 갔다. 그런데 정보가 샜는지 경찰들이 산업선교회 출입문을 완전 봉쇄하고, 그 일대를 둘러싸 막고 있었다. 그래서 조합원들은 당산동에서 영등포 일대까지 밀려가면서 시위를 하였다. 이때 대학생들도 같이 참여하여 '전두환은 물러가라!'고 외치면서 시위를 했다. 경찰은 최루탄을 쏘면서 시위자들을 연행했다.

나는 악에 받친 상태로 몇날 며칠을 지냈다. 내가 출근은 안하니, 아버지가 그 이유를 물어보셨다. 나는 회사에서 쫓겨나 못 간다고 했다. 아버지는 거기까지만 물어보셨다. 부모님은 나를 많이 믿기 때문에 내가 원풍으로 출근투쟁 등을 하러 다녀도 뭐라 하지 않으셨다.

10월 13일, 출근투쟁을 하려고 강남성심병원 앞에 모였다. 곧 경찰은 우리들을 질질 끌어 경찰차에 강제로 실었다. 연행되면서 옷도 벗겨졌다. '양정모는 물러가라'고 외쳤다. 연행된 남부경찰서에서는 〈사노라면〉 등 노래를 계속 불렀다. 경찰이 노래를 못 부르게 소리를 지르면, 모두가 일어나 울면서 애국가를 불렀다. 출근도 못하고 그렇게 연행된 것이 너무 억울하고 슬펐다. 1박2일 동안 조사를 받고 남부경찰서에서 풀려났다.

나는 지금도 그 농성현장을 생각해 보면 착잡하다. 다른 조합원들도 나와 같을 거라고 생각하는데, 그때 그 농성장은 정말 힘들었다. 그래서 다 잊고 싶었다. 자꾸 생각하고 떠올리면 너무 힘드니까 '그냥 다 잊어버려야지'라고 마음속으로 계속 되뇌었기 때문에 지금은 기억 속에서 지워진 것들도 많다. 출근투쟁으로 남부서로 연행될 때, 옷이 벗겨지면서 가슴이 나오고, 울부짖으면서 끌려갔던 생각을 하면 너무 수치스럽고 억울하고 약이 올랐다.

떠 도 는 내 신 세

상집간부 정영례가 지명수배를 당해 도망 다닐 때, 대학로의 마로니에공원과 신설동의 돌체다방에서 만난 기억이 난다. 당시 형사들은 노조 간부들을 잡으려고 눈이 뒤집혀서 다니고 있었다. 영례가 정방에서는 그래도 나를 활동가로 생각하고 믿고 만난 것 아닌가, 그런 생각이 든다. 내가 외출했다 돌아오면 형사들이 집 근처에서 기다렸다가 나를 붙잡고는 "정영례 씨, 아시지요?" 이러면서 잠깐 이야기 좀 하자고 하며 승용차에 태워 남부서로 데려갔다.

그렇게 두 번이나 나를 영례 문제로 연행했는데, 형사들은 영례가 어디에 있는지 알고 있는가, 영례를 만난 적이 있는가를 집요하게 물었다. 나는 '모른다, 만난 적 없다.' 이 말만 계속 반복했다. 형사는 회사에 가서 각서를 쓰면 회사를 다시 다닐 수 있으니, 될 수 있으면 출근을 하라고 했다. 그럴 생각이 없다고 하니, 그럼 빨리 사표를 내고 정리를 하라고는 돌려보냈다.

11월 12일, 간부들이 모두 연행되었다는 소식을 들었다. 우리는 간부들이 수배 중에도 잘 피해 다니다가 언젠가는 밖으로 나와 새로운 계기를 마련하기를 기대했다. 그런데 간부들이 모두 구속됐다는 이야기를 들었을 때는 이제 진짜 끝났다는 생각이 들었다.

나는 82년 말경 회사를 정리했다. 그리고는 대림동에 있는 조그마한 전자회사와 이어폰을 만드는 회사에 몇 달 다니다가 83년 10월 29일에 결혼을 했다. 결혼을 하고 난 후에도 영례와 연락을 하면서 '민주노조 10년' 출간 기념식 등 원풍 모임에도 가끔씩 참석을 했다. 그러다가 2007년, 민주화운동보상법에 의거 민주화운동 관련자로 신청을 했다. 그 과정에서 82년 9·27사건을 또다시 떠올리는 것이 괴로웠다.

다시 생각해봐도 회사는 정말 악독한 방법으로 우리들을 내쫓았다. 그리고 그 앞잡이를 한 구사대들은 정말 잔인하고 나쁜 놈들이다. 정방과장 한상엽, 담임 김덕수, 기사 김상득이 구사대로 나섰을 때, 배신감이 크게 느껴졌다. '식구들이 딸려 있어서 어쩔 수가 없었나 보다'라는 생각도 했지만, 그래도 그건 용서할 수 없는 짓들을 한 것이다.

나 민주화운동가야!

2007년, 민주화운동 관련자 신청서를 접수하자 구청에서 조사를 받으러 오라는 연락이 왔다. 나는 친구와 함께 갔다. 경찰관과 구청 직원 두 사람이 조사를 했다. 해고당했을 때의 상황이 생각나자 감정이 격해지고 손이 떨려 서류가 잘 보이지 않았다. 지난 일들을 생각하면 너무 화가 나서 이런다고 했더니, 녹차를 따라주며 친절하게 나를 다독여 주었다. 그들은 나에게 고생 많이 하셨다고 하며, 내 친구에게 '이 분은 이렇게 고생을 많이 하셨는데 친구 분은 그 동안에 뭐 하셨냐'고 물어보았다. 친구는 "난 그런 거 몰라요!" 해서 같이 웃었다.

민주화운동 인증서를 받던 날, 이제는 누구에게도 마음 편하게 말할 수 있고, 또 구구절절 변명할 필요도 없이 이것만 내밀면 되겠다는 생각이 들면서, '진작 좀 주지!' 하는 생각도 들었다. 직장생활을 안 해보아 잘 모르는 남편은, 인증서를 보고 그동안 고생 많이 했다고 격려해 주었다. 그 동안 우리를 빨갱이라고 했는데, 이제는 내가 빨갱이가 아니라는 것을 증명할 수 있다는 것이 그 무엇보다 좋았다.

생활지원금을 받을 수 있을까 걱정했다. 그래도 노무현 정부이니 기대는 했다.

다행히 생활지원금을 받아 딸의 결혼자금으로 유용하게 사용했다. 82년에 해고를 당하고 나서 그동안 고생하고 힘들었던 것을 생각해보면, 명예회복증서와 생활지원금으로 그 모든 것을 완전히 보상받았다고는 생각하지 않지만, 이만큼이라도 된 것이 다행이라고 생각한다. 다만, 순화교육을 갔던 분들이나 구속자들을 생각하면 그것으로 한이 다 풀릴 수는 없다고 생각한다.

원풍노동조합은 내가 8년이나 생활을 했던 곳이다. 지난 세월 아련하게 떠오르는 즐거움들은 원풍노동조합을 통해 이루어진 것들이다. 그렇지만 한편으로 나에게 있어 원풍노동조합은 아픈 기억이다. 그 마지막을, 공권력에 의해 탄압받아 제대로 마무리 짓지 못하고 끝났던 것은 오랜 시간이 지난 지금에도 내 마음에 멍울져 있다. 내 청춘의 열정을 다해 부딪쳤던 만큼, 그 억울함이 지금도 남아 있다. 당시 기세등등했던 구사대들에게 묻고 싶다. 당신들 당당하게 살고 있냐고? 지금 행복하냐고?

029

황금빛 내 인생

허만관

_____1953년 강원도 횡성에서 태어나 중학생일 때 서울로 와 고등학교를 졸업하였다. 1975년 여름 원풍모방 방적과 기사로 입사했다. 1982년 9·27사건 당시 강압적인 각서를 거부하여 해고당했다. 블랙리스트로 취업이 어려워지면서 사우디 건설 현장을 다녀오기도 했다. 2007년, 민주화운동 관련자로 인정받았다. 현재는 인테리어 사업을 하고 있다.

1975년 여름, 나는 스물세 살 때 원풍모방의 방적과 전방 기사로 입사했다. 원풍모방은 퇴근하고 나면 또 출근시간이 기다려지는 직장이었다. 작업장에서 함께 근무하는 동료들이 좋았고, 거친 노동 현장이었지만 따뜻한 정과 끈끈한 동료애와 의리가 있는 곳이었다. 지금도 나의 20대, 그 시절을 떠올리면 가슴이 설렌다. 그토록 행복한 추억이 많은 직장을 '원풍노조 9·27사건'으로 송두리째 빼앗기고 말았다.

탄압에 도전하는 듬직한 노조

원풍노조의 조합원들이 작업장에서 의리를 지키며 자유롭게 노동할 수 있었던 것은 노동조합이란 든든한 배경이 있었기 때문이었다. 나는 여성 조합원들처럼 앞장서서 노동조합 활동을 하지 못했으니, 그때나 지금이나 무임승차해온 것 같은 미안한 마음을 갖고 있다. 그러나 노조에 대한 자부심은 나도 여느 조합원들과 같다고 말할 수 있다.

전방 A반 동료들은 남다른 정을 주고받으며 관계를 쌓아갔다. 부서 전체 동료들이 다함께 복숭아밭이나 딸기밭으로 자주 야유회를 다녔다. 야유회는 단순히 친목을 도모하는 놀이만이 아니었다. 부서 내 작업장에서 일어난 갈등을 해소하고 소통하는 만남의 장이었다. 남성 기사는 4~5명뿐이었고 여성 기능공이 50~60여 명으로 다수를 차지했지만, 남녀 인식 없이 조합원으로서 하나로 똘똘 뭉쳤던 부서였다.

80년, 전두환 신군부가 계엄령을 확대하자 세상이 온통 뒤숭숭했다. 계엄권력이 원풍노조의 지부장과 부지부장을 정화 해고하더니, 12월에는 노조 지부장 직무대리와 상집간부 등 주요 활동가들을 연행했다. 뭔가 심상치 않다는 걱정은 했지만, 조사만 받고 정상적으로 돌아오리라고 믿고 있었다.

그런데 이규현 전방 C반 상집간부와 노조 상근활동가 임재수 총무 등 남성 간부 4명이 강제로 삼청교육대에 끌려갔다는 날벼락 같은 소식이 왔다. 이때 비로소 노조에 위기가 닥쳤다는 생각이 들었다. 또 전방 A반 상집간부 김금자 씨와 장석숙 동료를 비롯한 14명이 계엄사에서 강제사직을 당하여 현장으로 돌아오지 못했다. 무엇보다 삼청교육대로 끌려간 간부들이 여간 걱정스러운 것이 아니었다.

하지만 노조 집행부가 해고된 상집간부들의 빈자리를 채우며 조직을 정상화시키기 위해 신속하게 움직이는 모습을 보며 마음이 놓였다. 전두환 정권의 노조 파괴 작업에 동조하였던 무리들은 핵심간부만 제거하면 노조가 저절로 무너지리라 판단했을 것이나, 노조는 이에 굴하지 않고 어려움을 굳게 헤쳐 나가서 마음이 든든했다. 한국전쟁 당시 다수의 병력을 투입하여 앞 사람이 죽으면 그 다음 사람이 총을 들고 나서는 중공군의 인해전술 같다는 생각이 들어 홀로 감탄했던 기억이 있다.

당시 작업장에서는 신군부 세력을 등에 업은 회사 관리자들과 노동자들 사이에 크고 작은 시비가 붙어 편안한 날이 없었다. 생산직 관리자들은 현장 감시를 강화하여 지나치게 간섭했으며, 기회주의자들은 그 야비한 본색을 드러내어 동료들을 힘들게 했다. 그러나 조합원들은 그런대로 지혜롭게 대처해 나갔다.

1982년 '9·27 폭력현장'에서

그날은 아침 6시 출근반이었다. 오전 10시쯤 장재천 담임이 나를 부르더니 나직하게 속삭였다. 공장에서 무슨 일이 있더라도 개의치 말고 무조건 집으로 퇴근하라는 것이었다. 이 무슨 뚱딴지같은 소리지, 라고 생각했지만, 그는 벌써 모습을 감추었다. 그러더니 1시쯤 구사대가 노조 사무실에 난입하여 조합장을 감금했다는 소식이 들렸다. 전방 A반 담임 장재천, 전방 보전 박영수 등 담임급 조합원들이 구사대의 앞잡이 노릇을 하고 있다고 했다.

순간 며칠 전부터 흡연실에서 들었던 이야기들이 퍼즐 조각처럼 하나로 맞추어지듯 연결되었다. 가공과 동료가, 박찬배(부공장장) 등 회사 간부들, 현장 담임들과 일부 동조하는 남자들이 경기도 수원의 무슨 연수원에 모였는데, 무슨 꿍꿍이가 있는 것 같다는 것이다. 염색과 박명신 대의원은, 사원이 염색과에서 사용하는 화학 염색물품 중 독성약품을 창고로 모두 옮겼다는 이야기를 했고, 기관실 어느 동료는 굴뚝으로 올라가는 사다리를 사람 키가 닿지 않는 높이로 잘랐다는 말을 했다. 이런 일들이 다 노조를 파괴하기 위한 준비 작업이라고는 미처 생각하지 못했다.

동료들과 2시에 퇴근하고 노조 사무실 앞으로 갔다. 과연 듣던 대로 폭력배들이 진을 치고 있는데, 아는 얼굴들도 있어 마주하는 것이 곤혹스러웠다. 이영섭과 운동장 한편에 있는 등나무 아래로 갔다. 거기에서는 총무과 이익순과 여성 조합원들이 말다툼을 하고 있었다. 이익순이 조합원들에게 차마 입에 담지 못할 욕지거리를 마구 해대는데도 맞서 싸우지 못했던 기억이 지금도 죄책감으로 남아 있다.

농성 첫째 날만 해도 우리가 구사대들을 노조에서 몰아내면 원상회복되리라 믿었다. 남성 조합원들은, 1972년 민주노조 태동기 때 회사 편에 섰다가 노조가 승리하자 곤혹스러워진 기억들이 있었다. 초기에는 그동안 노조가 지는 싸움을 한 적이 없다는 경험으로 농성에 많이 참여했다. 하지만 양다리를 걸치고 서울질하던 남자들은 결국 구사대들에게 회유되어 농성장을 빠져나갔다.

지금도 9·27사건을 생각하면 선명하게 떠오르는 기억들이 많다. 나는 농성장에서 염색과 출입문을 지키고 있었다. 그 문은 경비실과 가까운 곳이라 면회를 온 가족들과 실랑이를 많이 했다. 막무가내로 농성장으로 들어가려는 가족들을 설득하여 돌아가게 하기도 했고, 설득이 안 되는 가족은 만날 수 있게 주선했다. 어떤 가족은 자기 딸을 만나자마자 때리고 욕을 하며 끌고 나갔고, 어떤 조합원은 가족을 잘 설득하여 돌려보냈다.

농성장에서 끌려 나간 조합원들이 가족을 집으로 보내고 정문 밖에서 항의하는 모습도 보았다. 가족들이 한꺼번에 몰려올 때는 입에 침이 말라 소리가 나오지 않을 정도로 목이 아파 힘들었다. 구사대들은 부모에게 전보를 쳐 경비실로 오게 한 다음 농성장에 들여보내기 전에 다짐을 받았다고 했다. '당신 딸이 빨갱이들에게 강제로 감금되어 있으니 무조건 집으로 데려가라'는 회유와 협박을 했다.

감동을 주던 여성 조합원들

여성 조합원들은 참 대단했다. 그야말로 온몸을 바쳐 투쟁했다. 세수도 하지 못해 땟자국이 꼬질꼬질한 얼굴이었지만, 눈빛은 반짝거렸다. 일사불란하게 행동하며 열정적으로 농성하던 동료들의 모습은 영원히 잊을 수 없을 것이다. 농성 사흘째, 구사대들이 우르르 달려와 문을 지키던 남자들을 끌어내리려고 했다. 그때 여성 조합원들이 벌떼같이 달려들어 우리를 에워싸고 막아서며 구사대들을 밖으로 몰아냈다.

나는 농성 나흘째 날, 끌려 나가 정문 밖에 있었다. 농성장에서 실신하여 나온 동료들을 병원으로 옮기고, 간호사들의 응급처치를 도와주었다. 쓰러진 조합원들이 얼마나 많았는지, 응급실은 물론 입원실도 모자라 복도 간이의자에 뉘였다. 응급처치라고 해봐야 링거를 꽂아주고 몸을 편안하게 눕혀주는 게 고작이었다.

어느 조합원은 팔은 팔대로 뒤틀리고 다리는 다리대로 마비가 되어 아프다고 비명을 질렀다. 여기저기 아프다는 곳을 주무르다 보면 몸에 기운 한 점 남아 있지 않았다. 어떤 여성은 심장발작이 일어난 것 같아 죽는 줄 알고 가슴을 조이며 지켜보았던 아찔했던 기억도 있다. 조합원들은 그토록 몸이 다 망가져 지쳐 있었어도 정신만 들면 링거 바늘을 뽑아 던지고 정문으로 뛰어갔다.

지금도 콧날이 시큰해지는 한 장면이 있다. 한독병원에서 간호사들을 도와 동료들을 보살피고 있는데, 밖에서 투쟁가가 들렸다. 반사적으로 뛰쳐나가 보니 원풍 조합원들과 학생들이 어깨를 걸고 대림동 차도를 막고 시위를 하고 있었다. 경찰은 군홧발 소리를 척척 내며 시위대를 해산시키려고 밀고 들어왔고, 시위대는 투쟁가를 부르면서 맞서나가 밀고 밀리며 시위를 하고 있었다. 시위대 중에서 전방 임기연 동료가 눈에 띄었는데 맨발이었다. 맨발로 차도를 가로막고 투쟁가를 부르며 경찰들과 맞서 당차게 싸우던 여성 동료들의 모습은 지금도 잊을 수 없는 기억으로 남아있다.

'원풍노조 9·27사건'으로 해고당한 남성 조합원은 12명이었다. 회사는 임충호와 김도철 등 다섯 명을 해고했지만, 나와 이영섭 등 7명은 노조 활동을 포기하는 각서를 쓰고 출근하라고 종용했다. 원풍에는 매형이 직포과 담임으로 근무하고 있었고, 사무직에도 친척이 있었다. 회사 간부들은 그 사람들을 동원하여 각서를 종용하였다. 매일 집으로 형사와 동장 등 공무원들이 찾아와 각서를 쓰고 출근하라고 종용할 때는, 노조간부들에게는 미안했지만, 마음이 흔들린 적도 있었다.

나는 부부가 한 부서 동료였고 조합원이었던 이영섭에게 각서를 쓰고 출근하라고 권한 적이 있다. 그 친구는 어머니와 서너 살 되는 아들을 부양해야 하는데, 부부가 다 해고를 당하면 생활이 걱정되었기 때문이다. 그런데 이영섭은 오히려 나를 걱정해 주었다. 내가 매형 가족과 친척에게 시달리고 있는 것을 알고 있었기 때문이었다. 서로 각서를 쓰고 들어가라며 위로해 주고 걱정해 주었다.

결국 내가 이영섭, 박갑진, 김동진, 김도철과 함께 해고를 선택한 것은, 솔직히 고백하자면, 전방 A반 여성 동료들을 배신할 수 없었기 때문이다. 나는 당시 대의원이었던 김숙자, 박혜숙, 이순옥, 임태송 등 여성 조합원들과 나누었던 끈끈한 정과 순수한 의리를 저버릴 수가 없었다. 9·27사건 당시 조합원으로서는 노조 집행부의 행동강령을 따르고 지키는 것이 당연한 의무였다. 이 증언록을 계기로 고백하건대, 나는 전방 여성 동료들의 관심과 격려가 없었다면 조합원의 의무를 다하지 못하였을 것이다.

타국을 넘나들던 해고자의 삶

해고된 10여 명의 동료들과는 거의 매일 만나다시피 했다. 김도철 외는 가족을 부양해야 하는 가장으로서 당장 생계를 걱정해야 했다. 이미 섬유공장 기사 자격으로는 취업을 할 수 없다는 것을 알았지만, 새로운 일자리를 찾는 것은 만만하지가 않았다. 생각보다 취직이 어렵다는 것을 실감하던 어느 날, 해고자 몇몇이 원풍모방 뒤편 야산에 모여 공장을 하염없이 내려다보았던 적도 있었다.

박명신(염색과 상집간부) 형님은 아파트 건설현장에서 일용직 노동을 하다가 생맥주 가게를 차렸고, 나는 탁구장을 개업했다. 하지만 정보과 형사들이 건물 주인을 수시로 찾아와 귀찮게 하니 연장 계약을 해주지 않았다. 결국 권리금만 날리고 문을 닫아야 했다. 한국을 떠나 사우디 공사 현장으로도 갔지만, 물설고 낯선 타국 땅까지 가서 가족과 떨어져 돈을 벌어야 한다는 것이 견디기가 힘들어 1년 만에 돌아왔다.

고 이제호 이사장님은 해고자들과 함께 돈벌이할 사업을 계획했었다. 이제호 이사장님 건물에 지하실이 있었는데, 그곳에 콩나물공장을 차려 장사하면 몇 사람 일터는 만들어질 것이라는 구상이었다. 하지만 이사장님의 건강이 나빠져 실행으로 옮겨보지 못했다. 남성 해고자들의 모임인 '정우회'는 고 이제호 형님과 고 박명신 형님이 주선하여 이루어진 것이다. 두 형님 생전에 명예회복과 국가배상소송 등을 함께 하였더라면 얼마나 기뻐하셨을까 싶다. 참으로 안타깝다.

2007년, 나는 '민주화운동 관련자 명예회복 및 보상 등에 관한 법률'에 의하여 명예가 회복되었다. 국가로부터 불순한 해고자라는 불명예가 사라지고 민주화운동 관련자로 인정받은 것이다. 솔직히 25년 전에 해고된 해묵은 사건인데, 이제 와 명예회복을 신청한다고 해서 받아들여질 것이라는 믿음은 없었는데, '민주화운동 관련자'라는 인증서를 받아들고서야 실감이 났다.

정말 기뻤다. 이 모두가 노조 집행부와 동료들이 '원풍노조 9·27사건'을 국가기관의 폭력에 의한 사건으로 밝히기 위해 노력한 결과라는 것을 잘 안다. 원풍민주노조 10년의 역사, 그 역사를 기록되어야 할 가치 있는 것으로 세상에 인식시킨 원풍 동지들 덕분이다. 그러기 때문에 집행부를 이끌어온 간부들과 동료들이 수고할 때 함께 하지 못하고 무임승차한, 미안한 마음이 드는 것이다.

어 제 도 오 늘 도 황 금 빛 으 로

나는 지금은 인테리어와 설비공사를 하고 있다. 가끔 일용직 노동자를 불러서 일할 때가 있다. 그중에는 노동운동을 하는 사람도 있고, 정치활동을 하던 사람도 만난다. 그들과 세상 돌아가는 이야기를 나누다 보면 원풍노조를 자랑하게 되고, 자연스럽게 으쓱해지며 자부심을 갖는다.

이렇게 자부심을 가질 수 있는 것도 법외노조 활동을 이어온 원풍동지회가 있기 때문이다. 원풍노조가 과거의 추억으로만 머물러 있다면 한갓 무용담으로 끝나고 말 것이다. 여전히 살기 좋은 세상을 희망하며 사회봉사활동을 하고, 왜곡된 정치를 향해 소리 내어 비판하고, 촛불을 드는 원풍 동지들이 있기 때문에 나는 자부심을 갖고 살아갈 수 있게 된 것이다. 바람이 있다면, 기왕에 하는 사회봉사활동을 확장하여 후세들이 우리의 정신을 이어갈 수 있도록 발전시키면 좋겠다는 생각이다.

내가 해고자로 살았던 지난 세월은, 이제 국가로부터 민주화운동을 한 사람으로 인정된 것으로 위로와 보상이 되었다. 원풍노조 시절은 내 인생에서 황금빛으로 반짝반짝 빛났던 시기였다. 원풍노조는 평생 좋은 기억을 가슴에 간직하고 살아갈 수 있게 해주었다. 원풍노조의 역사 속에 나도 함께 있는 것이 너무나 자랑스럽고 감사하다.

030

더불어 걸어온 길

황선금

—————1955년, 강원도 철원에서 태어났다. 1975년 원풍모방 방적과에 기능공으로 입사하였다. 1980년 노조 대의원으로 활동하였고, 1982년 9·27사건으로 해고당했다. 1985년 원풍법외노조 상근자, 2001~17년 (사)녹색환경운동 사무국장, 운영위원장으로 활동하였다. 2016년에 생애사 『공장이 내게 말한 것들』(기획 원풍동지회, 글 황선금, 실천문학사) 발간작업에 참여했다. 2015년부터 현재까지 원풍동지회 회장으로 활동하고 있다.

  1975년 6월, 스무 살 때 원풍모방 방적과 전방 기능공으로 입사했다. 원풍모방에 입사하기 전에는 대한모방에서 2년간 근무했다. 공부에 목말라 있었기에 일이 끝나면 영등포 한림학원의 '숙녀 교양반'에 다녔다. 하지만 내 체력은 12시간의 주야간 노동을 견디지 못했다. 안타깝게 지켜보던 고참이 8시간 근무만 하는 원풍모방에서 기능공을 모집한다며 그리로 옮기라고 권했다.

  정든 곳을 떠나기가 망설여졌지만, 4시간 노동을 덜 하면 공부를 할 수 있겠다는 생각이 들었다. 게다가 기능공으로 들어가면 월급도 더 많이 받는다고 했다. 방적과 전방은 코머(comber) 기능공을 알아준다는 선임자의 귀띔을 잊지 않고 이력서에 '2년간 수련'이라고 기입하고 제출했다. 코머는 양성공 시절 잠깐 배웠고, 상대적으로 작업하기 쉬운 길링다이에서 일했었다. 무사히 입사시험을 통과했고, 바로 원풍모방노동조합의 조합원이 되었다.

원풍 입사, 소모임 '에델바이스'

기숙사는 입사한 지 6개월이 지난 1976년 1월에 입주한 것 같다. 기숙사 생활을 유독 친절하게 안내해주던 동갑내기 박숙희가 소모임 활동을 함께 하자고 권했다. 소모임 명칭은 '에델바이스'였고, 또래 일고여덟 명이 일주일에 한 번씩 만나는 모임이라고 했다. 일단 이름이 마음에 들었다. 그래도 혼자였다면 선뜻 마음이 움직이지 않았을 것이다. 비슷한 시기에 입사했고 죽이 잘 맞는 임종우와 함께 가입했다.

잔뜩 호기심을 갖고 박숙희를 따라간 곳은 당산동 시범아파트에 있었던 영등포도시산업선교회(산선)였다. 거실과 방 두 개, 그리고 주방이 있었는데 사람들로 북적거렸다. 무엇이 그리 재미있는지 웃음소리가 여기저기서 터져 나왔다. 활발한 분위기와 친근하게 반겨주는 사람들이 첫 인상으로 남아있다.

소모임은 일주일에 한 번 정기적으로 모였는데, 새벽 출근과 야근 때는 오후 시간에 만났고, 오후 근무일 때는 오전 시간에 만나 1~2시간 정도 진행했다. 소모임에서 활동하면서 새로운 세상을 만났고, 무엇보다 동질감이 느껴지는 많은 사람들과 사귈 수 있었다. 기숙사, 작업장, 식당 등에서 서로 아는 체하며 인사를 나누는 사람들이 많아졌다. 특별한 이야기를 나누지 않았어도 서로 뭔가 같은 편이라는 동지애가 느껴졌다.

소모임 활동은 재미있었다. 직장을 옮기면서까지 하고 싶었던 공부에 대한 욕구가 집안 형편 때문에 좌절되었던 차에 배움에 대한 갈증을 해소시켜 주었다. 사회문제, 정치문제, 노동법, 노동의 역사, 민중의 역사 등 교육 프로그램에 참여하며 책도 많이 읽었다. 『노동의 철학』, 『프랑스혁명사』와 같은 사회과학 서적은 두세 번 읽어도 이해하기가 어려웠다. 그럼에도 추천도서는 그야말로 닥치는 대로 읽고, 토론하고 배우면서 자신을 성장시키려고 애를 썼던 시절이었다.

원풍노조에서는 소모임 활동을 적극적으로 권장하였다. 나는 신입직원이 입사할 때마다 노조활동을 적극 권했고, 7~10명을 한 그룹으로 짜서 소모임을 조직하였다. 애초 활동했던 '에델바이스' 외 '비둘기', '한마음', '날개', '불로초' 등 네 개의 소모임을 조직하였고, 후배들을 노조활동으로 이끌었다. 당시 각 근무반 별로 소모임 자치회가 있었는데, 자치회별 20여 개의 소모임이 있었다. 나는 자치회 임원으로 활동하며 여러 소모임 활동가들과 관계를 맺으며 지냈다. 무엇보다 가정환경 때문에 주눅 들어 말수가 적고 남 앞에 나서기를 두려워했던 성격의 내가 변화된 것이 좋았다. 소모임 활동을 하면서 나 자신도 미처 알지 못했던 긍정적인 나의 성격이 발현되었고, 이로 인해 나는 한층 더 성장했다.

노 조 교 육 – 나 는 누 구 인 가

1976년으로 기억한다. 전체 조합원 교육이 있었는데, 신인령 선생님이 강사로 오셨다. 자그마한 키에 검남색 잠바를 입은 모습이 생각난다. 주제가 '노동조합은 무엇인가'였는데 그 강의가 지금까지도 감명 깊게 남아있다. 뭐랄까, 나의 실체를 확 들여다보게 하는 강의였다.

나는 정말 부지런히 일만 하면 가난한 집안의 살림형편이 좋아질 것이라는 희망을 갖고 있었다. 기업이 잘 굴러가야 노동자도 잘 살 수 있다는 대한뉴스에서 나오는 이야기를 철썩 같이 믿고 살았다. 신 선생님의 강의는 내가 서 있는 현실을 냉정하게 볼 수 있게 해주었다.

헌법에 보장된 노동3권을 유신체제와 국가보위를 위한 특별조치법으로 묶어놓고 노동자를 억압하고 있는 군사독재정권의 실체, 자본주의의 모순 등 사회문제를 어렴풋이 알게 되었다. 노동자 개인의 힘과 노력만으로는 이룰 수 없지만, 노조를 중심으로 똘똘 뭉친 단결된 힘이야말로 꿈을 이룰 수 있는 대안이라는 것도 배웠다. 노동조합의 중요성을 배우면서, 노조활동에 관심을 기울이게 되는 계기가 되었다.

1976년 11월이었다. 방용석 지부장님이 박정희 대통령을 모독하였다는 죄목으로 대공분실로 잡혀갔다고 했다. 노조의 중요성을 어렴풋이 알아가던 시기에 지부장님의 국가원수모독죄 사건은 노조활동에 더 적극적으로 참여하는 동기가 되었다. 그날은 야근이었는지, 낮 시간에 기숙사에 있었다. 갑자기 복도가 소란스러워지며 다급하게 외치는 소리가 들렸다.

"회사 총무과에 정보과 형사가 왔다!"

방 식구들과 함께 주섬주섬 옷을 꿰어 입고 다투어 총무과로 뛰어갔다. 사무실 안은 조합원들로 가득하여 더 들어갈 수가 없었고, 그 앞 운동장까지 수백 명이 모여서 아우성을 치고 있었다. 외출복을 입은 사람들 속에 작업복을 입은 사람들도 눈에 띄었다. 현장에서 몰려나온 듯했다. 조합원들은 "우리 지부장님 내

놔! 우리 지부장님…"라고 외쳤다. 직포 B반의 한 조합원은 "우리 아버지 내놔! 우리 아버지!"라고 눈물을 흘리며 고함을 질렀다.

총무과 안이 궁금하여 사람들을 비집고 들여다보았다. 여성들에게 몇 겹으로 둘러싸인 형사가 잠바며 와이셔츠가 뜯긴 채 이리저리 밀치는 대로 몸이 휘둘리며 시뻘개진 얼굴빛으로 쩔쩔매고 있었다. 그토록 과격한 시위현장은 처음 보았다. 나는 순간 '노조지부장이 참 대단한 사람이네' 하며 혀를 내둘렀다. 그러나 한편으로는 우리가 저 형사를 가혹하게 하면 오히려 그 보복으로 지부장님이 더 힘들어지지 않을까 걱정되어 기분이 착잡해졌다.

그 사건이 나를 더욱 놀라게 한 것은, 방 지부장님이 노조 사무실로 아무 일도 없었던 것처럼 돌아오셨기 때문이다. 방 지부장님의 국가원수모독죄 사건은 국가권력을 비판적으로 바라볼 수 있게 해주었고, 노동자들도 노동조합의 강한 힘으로 부당한 권력과 맞설 수 있다는 용기를 주었던 계기가 되었다.

봄 날 의 해 방 구 같 았 던 원 풍 노 조

노조의 힘은 참 대단했다. 박정희 독재정권은 영구집권을 하려고 온갖 악법을 만들어 공포정치를 펼쳤다. 그 악법을 배경으로 살기등등했던 박 정권은 노동자들의 자주적인 노조활동을, 공장을 망하게 하는 도산 세력의 음모라고 운운하며 일체의 노동운동을 탄압했다. 하지만 단결된 힘을 가진 원풍노조의 조합원들은 상대적으로 평화로운 분위기에서 자유롭게 활동했다.

원풍노조는, 노동3권이 '국가보위에관한특별조치법'으로 묶여 있었지만, 단결된 힘으로 태업을 벌이며 회사와 맞섰고, 단체협약 협상 때마다 복지가 향상되었다. 조합원들의 이익을 증진시키기 위해 신용협동조합과 공동구매조합도 설립했다. 월급을 봉투째 집에 내놓았던 나는 아버지 병원비 때문에 목돈이 필요할 때가 몇 번 있었지만, 신협에서 신용으로 대출할 수 있어서 별 어려움 없이 위기를 넘길 수 있었다. 공동구매조합은 좋은 물건을 싸게 구입함으로써 간접적으로 소득을 보장받을 수 있었으며, 소비자운동으로 서로 돕는 공동체를 체험하며 배웠다. 무엇보다 회사에서 선심 쓰는 시혜적 복지가 아니라 노동조합의 힘으로 쟁취한 혜택이니만큼 자부심이 컸다.

또한 노조의 후원과 지지를 배경으로 타 사업장 노동자들의 투쟁을 지원하러 몰려다니기도 했다. 1978년, 인천 동일방직 노동자들이 똥물을 뒤집어쓰고 쫓겨나 복직투쟁을 하던 현장은 빠짐없이 찾아갔다. 방림방적의 체불임금을 받아주기 위하여 사장에게 항의전화 걸기, 노조민주화와 8시간 노동을 위하여 투쟁하던 해태제과 상품 불매운동과 사업주에게 항의전화 걸기 등등이 생각난다.

휴대폰은커녕 집전화도 없었던 그 시절, 동전을 하나씩 들고 공중전화 앞에 길게 줄을 서 있던 풍경이 아련하다. 당시 원풍노조 조합원들의 자유로운 활동은 그 시대 다른 사업장 노동자들에게는 부러움의 대상이면서 희망의 지표였다는 생각이 든다. 나는 민주주의가 실현되어야 노동자의 권리가 확장될 수 있다는 의식을 갖게 되면서부터 종로5가 기독교회관에서 열렸던 목요기도회와 여러 집회 현장에도 거의 빠지지 않고 다녔다.

원풍노조, 독재정권의 탄압을 받다

1980년 4월 3일, 나는 노조 대의원으로 선출되었다. 전방 A반 동료들의 지지를 받아 무기명 투표에서 부서를 대표하는 대의원으로 선출된 것이다. 그 해 대의원 1박2일 수련회에 참가했다. 장소는 수원 크리스찬아카데미 '내일을 위한 집'이었다. 약간 높은 지대에 외따로 있던 건물이었는데, 분홍빛 진달래꽃, 노란빛 개나리꽃 등이 만발한 화창한 봄날의 풍경이 지금도 기억 속에 따스하게 남아있다.

그해 봄은 '민주화의 봄'이라고 했다. 18년간 집권하던 독재자 박정희가 부하의 총에 유명을 달리했으니, 민주화가 곧 오리라 믿었던 때였다. 억눌린 노동자들이 일제히 들고 일어나 노동쟁의가 봇물 터지듯 터졌다. 하지만 원풍모방은 임금인상 협상도 순조롭게 진행되어 평온한 봄날이었다.

1980년 5월 13일, 한국노동조합총연맹 강당에서 '노동기본권 확보궐기대회'가 열렸다. 노조에서는 대의원들에게 토큰을 나누어주며 조합원들을 노총 궐기대회에 참석하게 했다. 한국노동조합총연맹은 평소 어용이라고 비난받던 곳이었다. 조합원들과 처음 찾아간 노총 강당은 발 디딜 틈 없이 노동자들로 꽉 차 있었다. 민주주의가 곧 이루어질 것이라는 기대가 컸던 시기였던 만큼 전국에서 모였다. 나는 세상의 변화를 바라는 의식화된 노동자들이 많아진 것 같아서 설레기까지 했다.

행사가 시작되는가 싶더니 방 지부장님이 단상에 올라가 진행자를 제치고 마이크를 잡았다. 우리 조합원들은 물론 거기에 모인 타 사업장 노동자들도 우레와 같은 함성과 함께 박수를 쳤고 강당이 들썩거렸다. 기세등등하던 어용노총 간부들이 우리들의 야유에 쩔쩔매는 모습은 통쾌하기까지 했다. 야간근무였는지 농성장에 내내 있다가 출근을 했고, 이튿날 퇴근을 하자마자 여의도 노총으로 달려갔다.

그날은 봄비가 부슬부슬 내렸다. 갑자기 노총 집회를 해산한다고 했다. 열기 넘치던 분위기는 찬물을 끼얹은 듯 냉랭해졌고, 무슨 큰일이 밀려오고 있다는 위기감이 들었다. 집회는 해산되었고, 원풍노조 조합원들은 빗속에 우산도 없이 지부장님을 따라 시위를 하듯 걸어서 공장으로 돌아왔다. 알 수 없는 불안감, 억울함, 아쉬움 등 착잡한 심정으로 걸어갔던 기억이 난다.

5월 17일, 전두환 신군부는 계엄령을 확대했다. 그제야 노총 집회를 해산한 이유를 어렴풋이 알게 되었다. 하루가 다르게 정치상황이 급변했다. 1박2일 간의 대일화학 노동자들의 임마누엘 수련장에 무장한 계엄군 20여 명이 몰려와 강압적으로 해산을 시도했고, 산업선교회의 인명진 목사를 연행했다. 그 시각 전국의 수많은 재야인사들도 잡아갔다. 노조 사무실이며 작업장이 술렁거렸다.

이어서 광주시민들이 무차별적으로 학살되었다는 소식을 들었을 때는 소름이 돋았고, 도저히 믿을 수가 없었다. 전방 이미순은 집이 광주였는데, 가족들의 생사가 걱정되어 안절부절 어쩔 줄을 몰라했다. 노조에서는 광주희생자 돕기 모금함을 식당 한 쪽에 놓았다. 월급봉투를 어머니께 드리기 전에는 열어보지도 않았지만, 그날은 일부를 떼어 모금함에 넣었다. 참혹하게 희생된 광주시민들에게 할 수 있는 일이 그것밖에 없어 자괴감이 들었다.

그러니 모금 운동은 노조탄압의 빌미가 되었다. 광주 모금 이후 방 지부장님과 박순희 부지부장님이 노동계의 정화대상이 되어 해고가 되었고, 곧 수배되었다. 노조 사무실은 밤낮으로 불이 밝혀 있었고, 조합원들도 노조를 지키며 계엄령이 해제되어 두 분이 돌아오기만을 기다렸다.

폐 쇄 된 노 조 사 무 실

12월 초순이었다. 이문희 지부장직무대리와 한상분 부지부장, 임재수 총무가 합동수사본부로 조사를 받으러 갔다고 했다. 그날부터 거의 날마다 상집간부들이 서너 명씩 불려가더니, 상집간부 전원과 주요 대의원 등이 연행되어 갔혔다. 군인들은 노조 사무실 문을 각목 열십자로 못질 하여 폐쇄해 놓고 작업장을 확보하며 감시를 강화했다.

두세 명만 모여도 불법집회로 간주하여 잡아가는, 폭력이 난무하던 시절에 각목이 박힌 노조 사무실을 바라보니 이대로 끝나는가 싶어 공포감이 엄습했다. 당장이라도 발로 차고 망치로 때려 부수어 노조 문을 활짝 열어버리고 싶은 심정이 굴뚝 같았지만, 살기등등한 계엄군의 눈초리에 객기를 부릴만한 용기가 없었다. 그저 억울함에 사무쳐 흐르는 눈물을 훔치며 이를 가는 것이 고작이었다.

대의원 몇 명이 방적과 한 구석에 은밀히 모였다. 아마 그 시간에 근무하는 사람이 있어서 작업장에서 만났던 것 같다. 기억으로는 직포(A) 대의원 이재열, 염색(A) 박명신, 정사(B) 이옥순, 전방(B) 노금순, 정방(C) 정영례, 그리고 나였다. 노조 상근자와 상집간부가 한 사람도 남김없이 잡혀간 그 상황을 대의원들이 어떻게 대처해야 할 것인지 의견을 나누었다.

거기서 모아진 대처방안을 갖고 산선 목회자의 조언을 구하러 갔다. 당시는 산선에도 마음대로 드나들 수가 없었다. 인명진 목사가 5월에 잡혀갔다가 석방된 후 산선 분위기가 확 달라졌다. 현관에는 탁구대를 놓았고, 2층으로 올라가는 계단에는 게임기를 들여놓았다. 평소 산선에서 비판적이었고 기피했던 놀이기구들이었다.

이옥순, 정영례와 함께 산선 건물 뒤쪽 식당 후문으로 들어가 2층 사무실 안 골방 같은 공간에서 조지송 목사와 인 목사를 만났다. 우리는 대의원들이 주동하여 농성을 시작해야 한다고 주장했다. 이토록 억울한 일을 당하고도 숨죽이고 있는 것은 최선이 아닌 것 같았기 때문이었다. 그리고 믿는 구석이 있었다. 어디에 계신지 알 수 없지만, 수배중인 방 지부장님과 박 부지부장님이 들어오셔서 지도해 주실 것이라는 확신이 있었다.

조 목사님은 농성을 하면 이옥순, 정영례, 황선금이가 죽게 될 터인데 안 된다고 했고, 인 목사님은 꿈속에서 방 지부장을 만났는데 싸움은 절대 하지 말라고 했다면서 농성은 절대 안 된다고 했다. 답답한 마음으로 터덜터덜 공장으로 돌아오던 그 길이 왜 그리도 춥고 아득했던지.

작업장은 회사 간부와 계엄군이 연신 드나들며 감시했다. 전에 비해 100% 강화된 감시체계였다. 더군다나 군인들까지 현장을 활보하고 있으니 조합원들은 분통이 터져 우는 사람도 있었다. 부서 대의원이자 부반장이었던 나는 분노한 조합원들이 혹여 기계에 다칠까봐 현장을 수없이 돌고 또 돌았다. 조합원들은 노조간부들이 모두 잡혀갔는데도 묵묵히 일만 해야 하는 현실을 참 힘들어했다. 당장이라도 폭발하려는 분노를 삭이며 침묵으로 견디는 그 하루하루가 지옥과 같았던 기억이 새삼 가슴을 먹먹하게 한다.

12월, 그해 끄트머리 즈음이 되면서 연행되었던 간부들이 일부 돌아왔다. 14명은 합동수사본부에 의해 강제 해고를 당했고, 그 중 이규현, 임재수, 이문희, 이상배 등 남자간부 4명은 삼청교육대로 끌려갔다. 여자간부들은 강제로 귀향조치를 당했다. 전방 A반에서는 상집간부 김금자와 장석숙 조합원 두 명이 해고를 당했다.

그해 12월은 눈도 참 많이 내렸다. 마음도 얼어붙는데 몸도 얼어붙어 무척 춥고 시린 겨울이었다. 강제사직을 당하고 떠나가는 사람도, 깊은 침묵으로 보내야 하는 남은 자들도 비통했던 시절이었다. 국가폭력 앞에 아! 소리 한번 질러보지 못하고 억울함을 받아들여야 하는 무력함이 뼈에 사무치던 시련기였다.

원풍노조, 국가폭력에 무너지다

1981년 1월, 전방 B반 반장이며 노조 교선부장이었던 이무술이 노조대표가 되어 새 집행부를 꾸렸다. 나는 그의 후임으로 전방 B반 반장으로 자리를 옮겨서 근무를 해야 했다. 그로부터 1년 후인 1982년 3월, 이무술 조합장이 일방적으로 노조대표직을 사임하고 작업장으로 돌아왔다. 노조가 풍전등화의 위기에 처해 있는데, 갑자기 조합장직을 사퇴했으니 조합원들은 어이없어 했다.

현장 책임자였던 나는 이해할 수 없는 그의 행위에 말문이 막혔다. 조합원들 사이에서 불신의 틈이 생겨나기 시작했다. 바위처럼 견고했던 조직력이 흔들리는 조짐이 보였다. 이무술의 무책임한 행동을 두고 몇몇 조합원들끼리 간간히 다툼이 있었다. 그 무리들 중 몇몇은 노조의 행동강령을 배반하고 폭력배들이 강요하는 각서를 썼다.

그날은 추석연휴 휴무를 이틀 앞둔 월요일이었다. 2시 출근반이었던 나는 노조가 뒤숭숭한 시기였기에 오전 11시쯤 출근하였다. 가는 길에 공동구매조합에 들러 명절에 집에 갖고 갈 설탕과 몇 가지 물건을 사들고 노조 사무실로 갔다. 노조에는 이미 많은 조합원들이 와 있었고, 자리가 없어 한 의자에 두 명씩 엉덩이만 걸치고 앉아있기도 했다. 출근시간을 확인하려고 시계를 들여다보는 순간, 노조 문이 벌컥 열리더니 낯익은 현장 담임과 남자 조합원들이 씩씩거리며 들어왔다.

이게 뭐야! 하는 순간 우악스러운 남자들의 손아귀에 잡혀 밖으로 끌려 나갔다. 밖에서는 한상엽 방적과 과장, 박찬배 부공장장 등이 폭력을 지시하고 있었고, 계영우, 이덕희 등 남자 사원들이 식당에서 8인용 식탁과 의자를 밀고 오더니 노조 사무실 출입문은 물론 주위를 빙빙 돌아가며 막아 사무실을 봉쇄했다.

폭력배들은 고도의 훈련을 받은 조직깡패들처럼 체계적이고 신속하게 움직였다. 노조 사무실 2층 높이의 창문까지 합판으로 막아 못질을 하고는 식탁을 쌓아 방어벽을 구축했다. 폭력배들은 그 앞에서 서로 팔짱을 끼고 노조 사무실 출입을 철통같이 막았다.

누군가가 소리쳤다. "조합장이 혼자 감금되었다!" 아찔했다. 뒤통수를 얻어맞은 기분이었다. 우왕좌왕하는 사이 근무교대 시간이 되었다. 집행부의 긴급 행동 강령이라며 "노조는 합법적인 투쟁으로 불법 폭력에 맞서기로 결의하였다. 근무자는 작업장을 이탈하지 말 것이며, 퇴근자는 노조 앞으로 집결하라"는 결정이 전달되었다.

작업장에 들어온 나는 허탈했다. 노조 사무실을 폭력으로 강탈한 자들이 작업장 책임자인 담임들이라서 작업을 인계해 줄 사람도, 인계를 받을 사람도 없었다. 평소 노조활동을 등한시하던 부반장 문명숙까지 조합장의 인질범이 되어 결근을 했다. 작업지시를 해야 할 생산부 과장 한상엽도, 계장 계영우도 구사대가 되어 결근을 했다. 심한 배신감으로 속이 뒤집어졌다.

단식을 하며 잠을 못자고 일을 하는데도 정신은 더욱 또렷해졌다. 분노가 치미는 만큼 이성이 깨어있었던 것 아닐까싶다. 더군다나 작업장에 혼자 남아있는 책임자로서 단식과 수면부족으로 지쳐있는 조합원들이 기계에 다쳐 산재사고가 날까봐 신경이 곤두서서 더욱 정신이 또렷하지 않았을까.

회사와 구사대는 노조를 파괴하려 혈안이 되어 파업(무단결근)을 하였고, 불법 폭력을 당한 조합원들은 기계를 정상가동하여 생산에 임하면서 투쟁을 하는 기묘한 모순이 발생하였다. 전방 B반은 일을 마치고 9월 28일 밤 10시에 퇴근했다.

원풍모방에서의 마지막 노동을 끝낸 것이다.

성당에서 내몰리다

9월 29일 농성 셋째 날, 단식한 지 사흘이 지나면서 지쳐 쓰러지는 조합원들이 늘어났다. 나는 박혜숙, 노금순, 임태송 등과 함께 아픈 조합원들을 살폈다. 웬만큼 견딜만한 조합원은 상대적으로 공기가 맑은 정사과 기계 사이에 옮겨 누워 있게 했다. 시간이 지날수록 손발이 뒤틀리고 의식이 가물가물해지는 동료들이 늘어났다. 병원 치료가 급한 동료를 농성장 밖으로 인계해 주려다가 나는 구사대 두 놈에게 번쩍 들린 채 정문 밖으로 끌려 나갔다.

경비실 앞에는 회사가 보낸 전보와 뉴스를 보고 달려온 가족들이 몰려서 웅성대고 있었다. 구사대들은 끌고 나온 조합원들을 승용차에 강제로 태우고는 구로공단 구석진 곳에 내려놓고 도망을 쳤다. 그렇게 격리되었다가 다시 버스를 타고 돌아왔다며 씩씩거리는 조합원이 있는가 하면, 병원에 실려 갔다가 정신이 들자마자 손목에 꽂혀있던 링거를 빼버리고 달려온 조합원도 있었다. 그렇게 대략 30여명이 경비실 앞에 있었는데, 가족들과 함께 구사대를 향해 항의하자 전경들이 몰려오더니 도로가로 밀어냈다.

길거리에서 서성일 수밖에 없었던 우리는 대방동성당으로 몰려갔다. 신부에게 원풍모방에서 쫓겨난 노동자들인데, 공장에서 단식농성을 하는 동료들이 해산될 때까지만 머물게 해달라고 사정했다. 보좌신부는 자기는 결정권이 없다고 회의실을 나갔고, 얼마 후 도 요한 신부라며 외국인이 들어왔다. 그가 노동사목 지도 신부라는 말에 구세주를 만났다고 생각하는 순간, "성당에 왜 왔어요? 노동문제가 성당에 온다고 해결되나요?" 얼음장 같이 차갑게 몇 마디 내쏘더니 도 신부도 나가버렸다. 노동사목 신부에게 걸었던 실낱같은 기대가 무너져 많이 원망했지만, 노조를 파괴하려고 달려드는 국가폭력 문제가 성당으로 간다고 해결되는 것은 아니었다.

저녁 9시경 정문 앞으로 다시 온 나는 정사과 김향자와 함께 철조망을 넘어 농성장으로 들어갔다. 순찰하는 구사대들의 손전등 불빛을 피해 가시철망을 넘고 대파 밭고랑을 기어서 은밀하게 전방 화장실로 들어갔다. 발자국 소리를 걱정했던 우리는 화장실에 신발을 나란히 벗어놓고 농성장으로 잠입하였다.

영등포산업선교회와 결별하다

10월 1일 새벽, 농성 닷새째 날이었다. 폭압적인 진압작전에 의해 우리는 결국 공장에서 쫓겨났다. 기숙사에 들어갈 수 없었던 조합원들은 산선에서 합숙생활을 해야 했다. 당장 갈 곳이 없는 것이 첫 번째 이유였고, 불법폭력에 맞서 투쟁을 하려면 모여 있어야 했다.

상집간부들에 대해서는 전원 수배전단이 뿌려졌다. 산선에서는 조합원들끼리만 합숙을 하며 빼앗긴 노조와 노동현장을 되찾기 위한 투쟁을 계획해야 했다. 전국적으로 동원된 공권력뿐만 아니라 거짓보도를 일삼는 언론에도 대응해야 했다. 그러나 딱히 할 수 있는 일이 없었다. 호소문을 써서 전철에서, 길에서, 교회 앞에서 뿌리는 일이 고작이었다. 국회의원, 종교인, 민주인사 등도 찾아다니며 호소문을 돌리고, 왜곡된 사건내용을 알리며 도움을 청했지만 별 도움이 되지 못했다. 피해당사자의 호소보다는 관제언론의 거짓 뉴스를 더 믿고 있어 문전박대를 당하기 일쑤였다.

출근투쟁을 하다가 붙잡혀 구류를 사는 조합원들이 늘어갔다. 1차 출근투쟁 때는 김숙자(전방A) 대의원, 박칠성(염색) 아저씨 등 6명과 학생 시위자들이 영등포경찰서에서 구류를 살았고, 여현호(서울대) 등 학생 4명이 구속되었다. 2차 출근투쟁 때는 차언년과 김숙자(전방C)가 구속되었고, 12명은 구류처분을 받았다. 합숙하던 조합원들은 삼삼오오 갇혀있는 동료들의 면회도 가야 했다.

11월 12일, 수배 중이었던 상집간부들이 서교동교회의 항의집회를 준비하다가 모두 연행되었다. 망연자실하였지만 합숙하는 동료들에게는 태연한 척해야 했다. 노조지도부와 상집간부 8명이 구속되었고, 신협 이제호 이사장은 불구속되어 재판을 받았다. 구류 20여일을 살고 나온 간부들은 강제 귀향조치 되었다. 일부는 조합원들이 기다리는 산선으로 돌아왔고, 몇몇은 아예 돌아오지 않았다.

12월 24일 성탄 전야였다. 노동교회에서 예배를 마친 원풍노조 해고자들은 다른 사업장 노동자 90여명과 함께 새벽 3시 경 산선을 나와 고척동 구치소로 걸어 갔다. 이는 새벽송을 빙자한 거리시위였다. 엄동설한에 감옥에 갇혀 있는 동료들이 안타깝고 미안하고 억울했다. 원풍 조합원들은 감옥살이를 하는 간부들에게 말로 다할 수 없이 미안한 마음이었지만, 자신들의 생활 역시 말이 아니었다. 머무를 수 있는 방도 없었고, 생활비 걱정에 무심코 입 밖으로 새어나오는 동료들의 한숨소리가 가슴을 먹먹하게 했던, 춥고 시리고 아득했던 밤길이었다.

　이른 새벽 고척동 구치소는 칠흑 같은 어둠속에 휩싸여 있었다. 구치소 안 높은 망루에서 깜박거리는 차가운 불빛만이 괴괴한 적막 속의 구치소를 밝히고 있었다. 우리는 구치소 높은 담장을 끼고 돌면서 그 안에 갇혀있는 동지들의 이름을 한 사람 한 사람 목이 터져라 부르고 부르고 또 불렀다. 이름을 부르다 지치면 투쟁가를 불렀다. 어둡고 괴로운 구치소의 새벽이었다.

> 얼어붙은 저 하늘 얼어붙은 저 벌판
> 태양도 빛을 잃어 아 캄캄한 저 어둠의 거리
> 어디에서 왔나 얼굴 여윈 사람들
> 무얼 찾아 헤매이나 저 눈 저 메마른 손길
> 오 주여, 이제는 여기에
> 　　　　　－ 김민기, 〈금관의 예수〉 중에서

　1983년 1월 19일, 원풍 해고자들은 산선 강당에서 해산식을 거행했다. 원풍노조 9·27사건 이후 산선 지하 소강당에서 숙식을 함께 하며 부당한 폭력을 사회에 알리기 위해 애면글면 보낸 3개월을 정리하는 시간이었다. 산업선교회 측의 합숙 해산요구를 어쩔 수 없이 받아들였지만, 생계비는 물론 자취방을 얻을 돈도 없는 동료들이 수두룩했다.

　최영숙 상집간부의 사회로 진행된 해산식은 눈물바다였다. 이우정(원풍모방노동조합 탄압대책위원회 위원장) 선생님의 격려사와 조지송 목사의 기도가 유일한 위로였다. 탈춤반 조합원들의 대사 없는 춤사위는 우리들의 분노와 아픔을 표현해주는 저항의 몸짓 그 자체였다.

　1983년 9월, 영등포산업선교회는 압박을 받고 있었다. 대한예수교장로회 교단의 정기총회에서 전년부터 산업선교 존폐가 거론되고 있었기 때문이다. 산선 회원들은 예배를 마친 후 대책회의를 했고, 원풍 지도부 몇몇은 9·27 폭력사건 1주년 준비회의를 했던 날이었다. 인명진 목사는 한 건물에 두 개의 조직이 존재할 수 없다며 원풍 노동자들과의 결별을 선언했다. 그 사건과 관련하여 원풍 노동자들은 인명진 목사와 신철영, 송진섭 등 실무자들과의 연석회의를 제안했고,

그 회의에서 원풍 노동자들은 산업선교회와의 결별을 재확인하였다.

당시 산선 실무자였던 신철영과 송진섭은 2005년 "원풍모방 노동자들이 영등포산선 안에 피신하여 기거하며 아지트로 사용하면서 나가서 독자적으로 싸우지 않는 것에 문제를 느꼈다"라고 원풍 노동자들을 산선에서 내몬 이유를 말하고 있다.(이종구, 2005, 『1960~70년대 노동자의 작업장 문화와 정체성』, 「1970년대의 산업선교 활동과 특징」, 한울아카데미) 또한 산선은, 이로써 원풍 해고자들이 독립적으로 설 기회가 되었다며 궁색한 변명을 하였다. 산선이 우리들을 산선에서 내몬 이유와 주장은 터무니없는 것이었다. 그 당시 최악의 상황에 처한 원풍 노동자들에게 스스로 서도록 주체성을 강권한 궤변이다.

2009년, 장숙향 연구자는 이에 대해 "박정희 정권보다 더 포악한 전두환 정권의 등장으로, 산선 목회자와 실무자들이 더 이상 버틸 힘을 잃고 대한예수교장로회 교단에 승복하여 마지막 투쟁을 감행하던 산선의 못자리 원풍모방노조 노동자들의 손을 놓아버리고 교회를 선택한 것이다"라고 분석하고 있다.(장숙향, 2009, 「한국개신교의 산업선교와 정경유착」) 이 글에서와 같이 산업선교회 실무자들이 원풍 해고자들을 내보낸 이유는 전두환 군부를 등에 업고 노동운동을 말살하겠다는 기독교교단의 자체 탄압에 무너지게 된 것이며, 그로 인해 민주노조운동의 한 막이 내려진 것이다.

2010년, 대한예수교장로회는 영등포산업선교회를 역사유적지로 지정하였고, 민주화운동기념사업회에서는 '민주화운동사적지'라는 기념비를 기증하였다. 70~80년대 독재와 맞서 노동자들의 인권회복에 힘쓰고 민주화에 기여한 공로를 인정받은 것이다. 하지만, 나는 이 시점에서 산업선교회 60년 역사와 명예에 따라다니는 질문인 '왜 산선이 자신의 못자리 원풍 해고노동자들을 내몰았는가?'를 진심으로 되묻고 싶다.

법외노조 활동을 하다

1984년 1월, '원풍의 집'이 생겼다. 전두환 군부통치가 절정을 향해 가던 암울한 시절에 암호처럼 부르던 '신길동 101호'가 그곳이다. 축대 위에 오뚝하게 3층으로 지어진 빌라 1층이다. 노조 탄압 시기인 1981년, 노조기금 일부를 돌려받은 조합원들이 다시 모금하여 천주교 원주교구장 지학순 주교님에게 헌금을 했는데, 그 기금을 되돌려 받은 덕분에 마련된 집이었다.

전두환 신군부의 강압통치 시절, 민주화운동을 하던 많은 사람들이 민주주의를 논하며 원풍의 집을 드나들었다. 나는 85년도 1월부터 법외원풍노동조합 상근활동가로 근무하였다. 매월 1회 조합원들이 모여 해고 노동자로 살아가는 어려움을 나누었다. 조합비와 같은 형식으로 매월 회비를 거두었고, 서로 위로와 격려를 주고받으며 누구도 가보지 않았던 법외노조활동을 실천해갔다.

1984년 3월 10일, 노동절이었다. 그날 홍제동성당에서 한국노동자복지협의회(한노협) 창립식이 있었다. 해고를 당한 지 2년 만에 노동절 행사장에 가는 발걸음은 소풍가는 기분 같았다. 2천여 명이 모여든 행사장은 발 디딜 틈이 없었고, 성당 마당까지 꽉 찼다. 70년대 민주노동운동을 하던 해고자들이 한데 뭉쳐서 새로운 출발을 선언하는 날이었다. 현장운동에 회비 정도를 납부하는 후원회원이었지만, 한국노동자복지협의회는 그 시대가 요구하는 나름의 역할을 해낸 조직이었다고 평가한다.

1999년 10월, (사)녹색환경운동이 창립되었다. 현장노동운동을 지원하던 한노협은 전국민주노동조합총연맹이 출범하면서 새로운 사회운동으로 전환하였다. 당시 환경문제의 심각성을 인식하여 노동운동을 했던 주체들이 환경시민단체를 창립한 것이다. 나는 창립회원으로 시작한 환경운동을 2017년 간판을 내릴 때까지 매진하였다. '자연은 우리의 소중한 친구'란 문구를 슬로건으로 내걸고 초등학생부터 중고등학생, 주부 등 가족이 함께 참여하는 활동을 했다.

당시만 해도 쓰레기 종량제 봉투가 없었던 시절이었고, 재활용품 분리수거도 없어 쓰레기가 사회문제로 연일 이슈화 되고 있었다. '생활 속의 환경실천운동'을 조직의 목적사업으로 정하고, 어린이생태교실, 주부생태교실, 역사와 자연환경 생태탐사 등 체험 프로그램을 운영하며 환경인식 개선활동을 했다. 작지만 나름 시대적 소명을 다한 사회운동이라고 평가해 본다.

무엇보다 승자독식의 치열한 경쟁사회로 내몰리는 청소년들에게 휴식과 같은 체험활동을 경험시키고, 자연과 사람이 만나고 사람과 사람이 만나는 조화로운 만남의 장이 되도록 심혈을 기울었다. 원풍노조 활동에서 배우고 실천하였던, 정의로운 사회를 지향하였던 가치관을 온전히 투여한 시민운동이었다.

국가폭력을 법정에 세우고

2000년, 김대중 정부는 '민주화운동 관련자 명예회복 및 보상 등에 관한 법률'을 제정하였다. 원풍노조 해고자 28명이 1차 접수를 하였다. 2000년은 국가폭력으로 해고를 당한 지 18년이 지난 때였다. 심의기간이 몇 개월 지난 어느날, 민주화운동 관련자로 명예회복이 되었다는 증서가 날아왔다. 감격이라는 표현 말고는 다르게 할 말이 없었다. 매년 '원풍노조 9·27' 즈음이면 도지던 홧병을 치유받은 명예회복 인증서였다.

2010년 10월 9일, '원풍노조 9·27사건' 28년차 모임은 두 권의 책을 출간한 기념식으로 진행하였다. 우리들의 역사를 담은 『원풍모방노동운동사』와 『못다 이룬 꿈도 아름답다』를 출간한 것이다. 그날 출간된 책에는, 드러낼 것 없지만 결코 부끄럽지 않은 나의 생애사도 담겨 있다. 200여 명의 동료들이 모인 출판기념식장은 축제 분위기였다. 옳은 길을 당당하게 걸어온 자들이 누리는 잔치마당이었다.

그날의 기념식에서 우리는 원풍노조를 파괴하고, 노동자들을 해고하고, 블랙리스트로 사찰하여 국민의 기본권을 짓밟은 국가폭력을 고발하기로 결의하였다. 이 국가배상소송은 2010~15년까지 진행되어, 33년 전 원풍노조 파괴와 해고는 국가의 위법한 공권력이 개입한 것이며, 그로 인하여 해고자의 중대한 인권을 침해했다는 진실을 이끌어냈다.

동지들, 우리 잘 살아왔지!

20대 청춘은 그 누구에게나 황금기로 기록되듯이, 나에게도 원풍노조의 조합원으로 활동했던 그 시절은 인생 최고의 삶이라는 가치를 부여할 수 있다. 민주주의를 실천했던 노조활동은 자유와 평등의 가치를 익히는 배움의 장이었으며, 사회적으로 속박하던 굴레를 벗어던지고 스스로 존엄한 인간이기를 선언하며 자아를 성장시켰던 시절이었다.

원풍노조의 좋은 기억을 기억하고 있는 우리들은, 사회 시스템 밖에서 차별받으며 살아온 산업화 초기 노동자이다. 군부독재가 경제개발을 주도하며 통제하고 규제하며 억압하던 시대, 노동자 스스로 자신들의 권리를 찾으며 자유를 누렸다. 하지만 국가권력은 폭력을 앞세워 우리의 터전을 파괴하였고 해고자로 전락

시켰다. 뿐만 아니라 블랙리스트로 얽어매고 감시하여 사회 밖으로 내몰았다.

아직도 동료들은 비정규직으로, 거기다가 나이 든 여성으로 한정된 노동을 하고 있다. 음식점, 마트, 청소부, 요양보호사, 산후조리사 등으로 살아간다. 하지만 우리는 자신이 서 있는 자리에서 최선을 다하여 자존감을 지키며, 사람이 사람답게 사는 사회가 되기를 바라며 살아가고 있다.

나는 2019년 오늘에도 옳은 일에 주저 없이 나서는 원풍 동지들을 만날 때마다 감격한다. 한결같은 마음으로 모임에 참여하는 우리는 10대, 20대 때 원풍노조에서 체험하고 배운 민주주의와 정의, 평등, 자유 등의 소중한 가치들을 지금도 잊지 않고 있다. 그것이 37년이라는 긴 세월을 뛰어넘는 소속감과 자부심을 잃지 않게 하는 원동력이라고 생각한다.

인생길 굽이굽이마다 감동을 주는 원풍 사람들이 있어서 좋다. 가치관이 같은 사람들과 세상을 바라보고 공감하고 소통하며 행동하는 삶은 분명히 행복한 삶이라고 말할 수 있을 것이다. 『논어』에서 이런 구절을 보았다.

"서로 진심으로 격려하며 노력하고, 잘 화합하며 즐겁게 지내면, 선비라고 할 수 있다."

031

탈춤 추며 행복했던 노동조합

황영애

―――――1959년, 충남 논산에서 태어났다. 1976년 2월에 원풍모방에 입사했다. 1982년 9·27폭력 사건으로 해고되기 전까지는 노조 대의원, 탈춤반 회장을 맡고 있었다. 원풍 재직 중에 박순희 노조 부지부장을 대모로 하여 천주교의 영세를 받았다. 현재 '천주교여성공동체 겨레하나'에서 활동하고 있다.

원풍과의 인연은 엄마가 대방동 해군본부 뒤쪽에서 과자를 만들 때 이미 시작되었을 것이다. 엄마는 그때 마가린으로 과자를 튀겨 가게에 배달해주는 일을 하고 있었다. 그러나 엄마가 죽어라고 일해 놓으면 아버지가 수금해서 다 써버리곤 했다. 엄마는 나름 돈을 벌었지만, 아버지가 잘 못 살았던 것이다. 때문에 나는 초등학교 2학년을 다니다 말아야 했다.

부모님이 서울에서 과자를 팔며 살 때 우리 형제들은 시골에서 할머니와 살았고, 나는 할머니한테 매일 혼나며 일했다. 엄마가 막내를 낳으면서 나를 서울로 불러올렸다. 2학년이던 나는 시골에서 전학서류를 해갔고, 당연히 전학이 될 줄 알았다. 그런데 아버지가 예비군 훈련을 안 받은 게 걸려 벌금이 부과되어 있었는데, 벌금을 내지 않아 그게 문제가 되어 있었다. 그것 때문에 뭔가 서류가 안 되는 건지 전학 처리가 안 되는 것이었다. 그때 대방동, 신대방동 주변 학교를 다 돌아 다녔는데 거부당했다. 자식을 초등학교도 못 마치게 되는 상황을 방치한 아버지뿐 아니라 엄마에게도 그 원망은 오래 가슴 밑바닥에 남았다.

결국 내 밑 여동생인 막내가 9살 아래인데, 그 동생을 키우는 꼬맹이 엄마가 되어 또래 친구들과는 놀 수도 없었다. 어느 날 아이들과 놀아보려고 하는데, 조씨 성을 가진 아이가 "너는 학교도 안 다니는 것이 왜 우리랑 놀려고 해? 우리 엄마가 너 하고 놀지 말래!"라며 밀어냈다. 그 아이의 표정과 말투가 너무너무 분해서 부엌에 가서 칼을 들고 나왔다가 혼이 났다. '학교도 안 다니는 애'라는 말은 내게 가장 아픈 말이었고, 그게 참기 어려워 내 감정을 자극했던 것 같다.(그 이후 나는 지금도 조씨 성을 좋아하지 않는다)

내 등에 업혀 살던 애가 좀 큰 후에는 다시 시골에 가서 일하며 살았다. 그러다 엄마가 하던 일이 망하면서 아버지와 우리 형제들은 모두 시골로 내려갔지만, 엄마는 막내만 데리고 서울에서 살았다. 그 후 할머니가 암에 걸려 고생하셨고, 나는 논산 고향에서 할머니의 뒤치다꺼리를 하며 지냈다.

또래 아이들이 학교에서 돌아오는 시간에는 몸을 숨기고 있다가 아이들이 지나가고 나면 다시 밭고랑에 엎드려 일했다. 아버지는 할머니와 내가 밭에서 일해도 도울 생각도 하지 않고 술만 찾았다. 할머니는 언제나 나에게 뭘 못했다는 말만 했다. 칭찬이라는 것은 들어보지 못했다. 할머니가 늘 야단치던 기억만 남아 가슴에 멍이 들었는데, 엄마도 내 딸에게 그렇게 자꾸 야단을 치는 것이 아닌가. 그 때문에 엄마와 크게 싸운 적이 있다. 내가 할머니 때문에 얼마나 상처를 받았는데, 왜 엄마는 아직 알아듣고 행동할 나이가 안 된 아이에게 그런 걸 요구하느냐고 한바탕 했더니, 엄마가 그때 한마디 털어놓긴 했다. 내가 너한테 미안한 게 있다고. 그 후에도 엄마가 내 아이를 돌보는 동안 많이 부딪치고 싸웠다.

엄마는 까다롭고, 나는 느긋한 성격이라 늘 내 행동을 못마땅해 하여 잔소리가 심했다. 나는 심리적으로 엄마를 편히 이해하기가 힘들다. 엄마도 나를 모르는 것 같고, 서로 받아들이기 힘든 것이다. 그러나 '부모 없이 내가 있을 수 있겠는가'라는 생각으로 기도하며 마음을 추스른다. 오빠는 술 한 잔 하면 '쟤는 매일 신발도 안 신고 밭으로 어디로 뛰어다녔다'는 말을 자주 되새겨 내가 성질이 나서 막 대들기도 한다. 가족이 때론 상처이고 고통이라는 생각도 많이 하며 살았다.

원풍과의 인연

할머니가 돌아가신 후 서울 엄마 집으로 올라왔는데, 그때 엄마가 세 살던 집의 삐쩍 마른 할아버지가 원풍모방 직포 준비 뒤쪽에 있던 폐기물소각처리장에서 일하고 있어서 그 분을 소개자로 하여 원풍에 입사했다. 당시는 누구라도 소개자가 있어야 입사를 하게 했던 것 같은데, 소각장 할아버지가 그 역할을 해 준 것이다. 그 분은 전방에서 일한 김복순의 할아버지이기도 했다. 76년 2월에 입사하여 소모과의 양성공을 거쳐 직포과로 배치되었다. 내가 서울에 올라오면서 엄마는 시골로 내려갔다.

원풍모방에 입사하기 전에 노량진에 있는 20여 명 규모의 봉제공장에서 일한 적이 있다. 철야를 밥 먹듯이 하는 곳이었다. 그때 엄마도 내려간 후라 잠깐 작은 집에서 다녔는데 도시락을 싸가야 했다. 먹고 사는 게 힘든 때라 밤에 숙모가 삼촌에게 힘들어 하는 말을 얼핏 듣고 눈치가 보여 '이제부터 회사에서 점심을 준다'고 한 후 도시락 싸 가는 걸 포기했다. 일하는 시간도 길고 배도 고팠지만, 그냥 굶거나 우유 하나 사 먹거나 하며 견뎠다.

그러나 원풍은 규모나 복지가 전의 봉제공장과는 비교가 되지 않았다. 식당이 있고 일주일에 한번은 고깃국도 나오는 게 아닌가. 훌륭한 반찬은 아니었지만, 밥도 마음껏 먹을 수 있었다. 기숙사는 순서상 문 옆자리에 배치되었지만, 나로서는 호텔이었다. 마음대로 사용할 수 있는 목욕탕, 빨래를 삶아 널 수도 있었고, 다림질 방과 강당에 텔레비전도 있었다. 옥상에 올라가면 아래로 내려다보이는 풍경이 너무 시원하고 좋았다. 창가에 서서 부모 생각하며 우는 동료도 보았다. 그럴 때는 기분이 좀 이상해지곤 했다.

노동조합 사무실에 책이 많아 자주 갔다. 한글도 기초나 겨우 배우고 그만 둔 나는 기를 쓰고 어떻게든 글을 익히려고 했다. 글을 읽을 때는 받침에 유의해서 보았다. 이런 말을 할 때는 이런 받침을 쓰는구나, 저렇게 말할 때는 받침이 달라지는구나, 따위를 세심하게 살피고 기억하려고 애썼다. 그렇게 조금씩 글을 읽으며 남모르게 혼자 공부를 했다.

원풍에는 야간 중학교나 학원에 다니는 사람들이 많았지만, 초등학교 졸업장이 없는 나는 그것도 할 수 없었다. 내 나이에 초등학교를 졸업 못한 사람은 눈을 씻고 봐도 없었기에 졸업 자격증을 획득하는 방법도 찾기 어려웠다. 초등학교도 못 다녔다는 것을 내색하지 못해 대놓고 찾거나 펼쳐 놓고 공부하기도 어려웠다. 새록새록 부모가 원망스러웠다. 초등학교 졸업만 시켜놓았어도 나도 남들처럼 학원도 다니고 야간 중학교도 다녔을 것이다. 자꾸 어깨가 움츠려졌다.

배 움 에 대 한 갈 구

78년부터 가톨릭 성우회 활동을 했다. 박순희 부지부장이 기꺼이 나의 대모가 되어 주었다. 영등포산업선교회에서 그룹 모임도 했다. '소라' 그룹이었다. 꽃꽂이, 한문, 매듭공예를 배웠고, 가방이나 모자를 만들었다. 졸업장 같은 것이 없어도 누구나 할 수 있는 공부였고, 누구도 그런 것을 묻지 않았다. 기숙사 바자회 때는 손뜨개로 도장집과 컵받침을 만들어 출품하기도 했다. 배우지 못한 내 욕구를 그런 것들로 채우려고 했다. 그리고 못 배운 것이 내 잘못이 아니라는 것을 조금씩 깨닫기 시작했다.

배우는 것이라면 무엇이든 하던 나여서 탈춤반 활동도 하게 되었다. 탈춤의 기원이나 성격 자체가 특히 매력적이었고, 공부하는 기회도 많아졌다. 탈춤반은 자주 수련회도 가졌고, 이야기를 나누는 자리도 많았다. 탈춤반 수련회를 하던 어느 밤, 촛불을 켜고 자기 이야기를 하는 자리에서 내 속 이야기를 비로소 털어놓을 수 있었다. 그때 말하는 나도, 듣는 동료들도 같이 울었다. 비로소 가슴 속 돌덩이 하나를 꺼내버린 듯 해방감이 들었다.

제일 행복했던 시기가 그때였다. 탈춤반을 하면서 무대에 올라 춤을 추는 내 모습이 뿌듯하고 대견했다. 탈춤을 지도하러 왔던 신재걸, 이상훈, 현광일 등 대학생들과 재미있게 막걸리도 마시며 어울려 놀았다. 처음엔 그 학생들이 부럽기도 하고, 저들은 무엇이 아쉬워 우리에게 이렇게 친절하게 시간을 사용하는지 의아하기도 했지만 곧 선입견은 사라졌다.

퇴근 후 여가시간을 쪼개 뜨거운 옥상에서 탈춤을 배우고 탈도 만들었다. 공연 때의 역할은 때로는 노조를 깨는 깡패로, 때로는 정의로운 노동자로 뒤든 했다. 장구를 치기도 했다. 탈을 쓰고 할 말을 다 하니 속이 시원하기도 했다. 그러나 멀쩡한 사람들을 두들겨 패는 깡패 역을 할 때는 극일지라도 마음이 안 좋았다. 나도 노동자인데 짓밟는 역할을 하자니 마음 아팠다. 잠을 못자고 연습하다가 야근 때 졸리고 고단하기도 했지만, 그것은 행복한 고생이었다. 내 인생 최고의 전성기였다.

월급은 받는 대로 용돈 조금 남기고는 집에 모두 보냈다. 그 돈은 동생들의 학비와 부모님의 생활비로 사용되었다. 그래도 상여금은 보내지 않고 따로 챙겨 신협에 저축했다. 하지만 군인이었던 오빠가 가끔 용돈을 받으러 오면 그 돈도 헐어줘야 했다. 그래도 상여금 덕에 여기저기 원 없이 놀러 다녔다. 달력에 빨간 글씨만 보이면 기차를 타고 부산도 가고, 홍도도 가고, 나이트클럽도 갔다.

이영자, 김보해, 임향복 등과 주로 어울려 다녔는데, 나이트클럽에 가면 그 친구들은 술을 잘 마셔서 기숙사 들어갈 때 친구들의 외출증까지 술을 안 마신 내가 찾았다. 물론 사감실 앞은 신발을 벗어들고 살금살금 숨어 들어야 했다. 당시 기숙사에는 술을 마시고 들어오면 외출에 제한을 받는다거나 하는 벌칙이 있었기 때문이다.

해 고

79년, YH 노동자들이 신민당사에서 농성하고 있을 때, 원풍 식구들과 함께 지지방문을 했다. 그런데 다음 날인가 경찰이 난입하고 김경숙이 죽는 사건이 발생한 것을 보고 몹시 놀랐던 기억이 생생하다. 탈춤반 대본을 만들면서 그런 상황을 규탄하는 내용도 넣은 것 같다. 그리고 박정희가 죽었을 때는 당연히 앞으로 더 좋아지겠지, 라는 기대가 있었지만, 더 어려워졌다. 계엄이 선포되고, 광주항쟁이 일어나고, 원풍 간부들이 대거 끌려가 해고되는 사태가 벌어졌다. 그 후 2년은 무척이나 긴장한 상황이 계속되었다.

82년 9월 27일, 나는 아침 6시 출근하여 오후 2시에 퇴근하는 A반이었다. 퇴근시간이 임박한 즈음에 조합장이 감금되었다는 이야기를 들었다. 당연히 현장으로 달려갔고, 그 모든 상황을 눈 앞에서 보았다. 그리고 농성에 들어갔다. 농성장에서 누군가 뭐라고 말을 했는데(배고프다고 했는지?) "너는 이 상황에서 그런 이야기가 나오냐? 조합장이 살았는지 죽었는지 모르는데…"라며 면박을 주었던 기억이 또렷하게 남아있다.

농성 나흘째인가 갑자기 회사가 확 틀어댄 스팀 때문에 모두 숨이 막혀 하던 기억도 난다. 그러다 30일 저녁, 등 뒤에 달라붙은 승냥이처럼 덤빈 폭력배들에게 뜯겨 끌려 나왔다. 비명을 지르며 끌려 나오는데, 작은아버지와 친척 아저씨가 경비실 옆 정문에 와 있었다. 나는 즉시 인계되듯이 잡혔고, 몸부림을 쳤지만 잡혀 집으로 내려갔다.

집에서 며칠을 전전긍긍하며 애를 태우다가 도망쳐 대림동으로 달려가니 다 흩어지고 산업선교회에 모여 있었다. 탈진하거나 다쳐서 병원에 입원했던 사람이 한 둘이 아니었던 상황과, 마지막 날 새벽에 두들겨 맞으며 끌려 나온 동료들의 상황을 확인하니 며칠 시골에 가 있었던 것이 너무 미안했다. 합숙이 시작되었다. 공장 앞으로 가서 출근투쟁을 벌였지만 거대한 바위였다. 정문 앞에는 공고문이 붙었다. 각서를 쓰고 출근하든지, 사표를 내든지 하라는 것이었다. 어떻게 각서를 쓸 수 있단 말인가? 결국 퇴직금을 수령해야 했다.

퇴직금으로 성수동에 방을 얻었다. 그 방에서 가끔 동료들을 만나기도 하고 집회나 일이 있을 때마다 합류했다. 한동안은 주산학원을 운영하던 오빠의 빨래도 해주고 살림도 도우며 지냈는데, 경찰이 매일 학원을 찾아온다는 것이다. 그것도 학원 학생의 부모에게 원장 동생이 이런 사람이라고 압박을 하니 수강학생이 떨어져 나간다는 것이다.

당시는 같이 해고되어 성수지역 공장에 들어갔던 금숙이랑 명환이가 원풍을 다녔다는 이유로 해고되는 등 공장조차 들어가기도 쉽지 않은 상황이라 지레 주눅 들어 공장에 갈 엄두도 못 냈다. 블랙리스트가 미치지 않을 것 같아 파출부 일을 선택했다. 파출부 일은 쓸쓸했지만 가끔 원풍모임 참석하고, 친구들을 만나는 것이 큰 낙이었다. 나중에는 한노협 문화부에서 동일, 콘트롤, 원풍 등에서 탈춤반을 했던 친구들과 연합 탈춤반 모임도 하고, 그 과정에서 청계피복 친구의 도움으로 미싱을 배웠다. 미싱 보조를 벗어나는 것도 쉬운 일은 아니었지만, 이 또한 청계 친구들의 도움으로 작은 공장에 미싱사로 취직할 수 있었다.

민주화운동 명예회복 증서를 받았을 때, 남편은 '아이구, 잘 됐네!'라며 기뻐했고, 아들도 '우리 엄마 대단하세요'라고 치하했다. 성당 사람들에게도 자랑했다. '오! 우리 마리아가 그런 일을 했어?' 모두 놀라워 했다. 물론 엄마나 오빠에게도 이야기했다. 그 많은 세월의 한을 보상받는 듯했다.

매년 가을, 또는 원풍 부서모임이나 또 다른 원풍모임에 다녀오면 한 해 동안의 피로가 확 풀리는 느낌, 새로운 기운을 받는다. 아픔을 함께했던 사람들이고, 나를 누구보다 잘 아는 사람들이다. 내 삶의 모두는 원풍노조를 통해 배웠던 것이 바탕이 되어 있다. 그것은 나를 바로 세우는 버팀목이고 나의 행복이다.

032

나의 갈길 다 가도록

김두숙

_____1958년 충북 청원에서 태어나, 1976년에 원풍모방에 입사했다. 1979년, 대의원이 되었고 탈춤반 활동을 했다. 그해 12월 YWCA위장결혼식 사건으로 연행되어 10일간 구류를 살았다. 1980년 계엄사 합동본부에 연행되어 해고를 당했다. 1981년 청계노조 탈춤반을 지도했다. 2007년 정부에 의해 민주화운동 관련자로 인정되어 명예회복이 되었다.

　어느 날 아들에게서 전화가 왔다. 자기가 다니는 대학 도서관에서 책을 보던 중 노동운동을 한 사람들 이름에 엄마 이름이 나오는데, 엄마가 맞는 거냐고 물었다. 어느 회사냐고 물으니 원풍인데 『민주노조 10년』이란 책에 엄마 이름이 나와서 확인하는 거라고 했다. 나는 두근거리는 마음으로 아들에게 '원풍이라면 엄마가 맞을 거라'고 대답을 했다. 그러자 아들은 그 책에 나오는 엄마 이름을 보고 깜짝 놀랐다며, 엄마가 그런 일도 했었냐면서 그때부터 나에 대한 관심을 갖기 시작했다.

　아들의 말을 듣고 나도 정신이 번쩍 들었다. 그동안 사는 게 바빠서 책이 나온 지도 모르고 있었다는 생각을 하면서 원풍에 다녔던 동료에게 전화를 했다. 그리고 그 동료에게 그 책을 택배로 보내주면 읽고서 돌려주겠다고 하고, 그렇게 책을 받아 밤을 새워 단숨에 읽었다. 그 동안 잊고 있었던 원풍에서의 지난날들이 그리워지고 가슴 속 밑바닥에 내려놓고 있었던 일들이 주마등처럼 떠올랐다.

이렇게 잊어버린 세월을 찾아 원풍과의 관계를 다시 이은 것은 아들로 인해서였다.

첫 직 장

나는 초등학교 4학년 때부터 고향인 청원에서 군인들의 밥을 해주고 식료품과 쌀을 받아 생활에 보태었다. 그리고 중학교 졸업을 할 때까지 부모님이 운영하는 구멍가게 일을 도와주며 집안의 궂은일을 도맡았다. 아버지는 시각장애가 있으셔서 일을 못 하였기 때문에 어머니가 억척스럽게 생활을 책임져야 했는데, 어머니는 속상하거나 힘든 일이 생기면 화풀이로 나에게 매를 들곤 했다.

엄마에게서 벗어나고 싶은 마음으로 가득 차 있던 중에 고향 친구인 경자가 명절 때 고향으로 왔다가 원풍에서 사원을 뽑는다고 나를 서울로 데리고 갔다. 그렇게 나는 1976년 2월 4일, 원풍에 입사했다. 그때 내가 서울에 온 이유는 돈을 벌고자 하는 마음보다는 엄마에게서 벗어나고자 하는 목적이 더 컸다. 이런 내 마음을 알고 있던 경자가 나를 구해준 것이다.

바로 기숙사에 들어갈 수가 없어서 난곡동에 있는 경자네 집에서 한 달 동안 신세를 지고 나서야 기숙사로 들어갈 수 있었다. 한 방에서 14명이나 생활하는 곳이라서 정신이 없었지만, 시설이나 규모가 좋아 맘에 들기는 했다. 방바닥은 종이 장판이라서 반들반들하였고, 신발장도 있고, 그 밑에 세숫대야 놓는 곳도 있었다. 그리고 캐비닛도 있었고, 이불 쌓아놓는 공간에는 옆으로 커튼을 치고 옷을 따로 걸도록 되어 있었다.

기숙사에서 가장 맘에 드는 곳은 목욕탕이었다. 시골에서는 물을 데워서 부엌에서 목욕을 했었는데, 기숙사에는 수도꼭지만 틀면 언제든지 따뜻한 물이 펑펑 쏟아져 나왔다. 시골에서 살 때는 내 방이 따로 있어서 나만의 공간에서 살다가 완전히 오픈되는 곳에서 잘 지낼 수 있을까 걱정이 되었다. 그러나 사람은 어느 환경이든 적응하는 동물인지 곧바로 방 식구들하고도 친해졌다.

식당 밥은 정말 맛있었다. 한참 먹을 때인지라 많이 먹고 잘 먹었던 것 같다. 조개젓이 나오는 날은 밥 한 그릇을 더 타다가 비벼 먹었다. 그러나 지금 조개젓을 사다가 비벼 먹어보면 그때 그 맛이 나지 않는다. 돈보스코센터로 수련회를 갔을 때 냉면 대접으로 밥을 먹었던 기억이 나는 것을 보면 그 시절 정말 밥을 많이 먹은 것 같다.

노동조합을 만나다

어느 날 노동조합을 지나가다 사무실을 들여다보니 책이 아주 많았다. 책을 빌리게 되면서 그때부터 노동조합을 드나들게 되었다. 빌려온 책은 밤을 새면서 보기도 했는데, 정말 재미있었다. 이틀에 한 번꼴로 책을 빌리려고 들리다가 자연스럽게 노동조합에 대한 호기심이 생겼다. 그때 감명 깊게 봤던 책이 김형석의 에세이 전집이었다.

77년에 소그룹 '거북이'를 만들어 나를 포함 총 8명이 활동을 했다. 소그룹에서는 4·19기념탑 야유회에 가서 놀기도 하고, 꽃꽂이도 배웠던 것 같다. 그러면서 대의원들이 노동조합 이야기를 현장에 전해줄 때, 내가 일하는 분야에서는 대의원의 전달사항을 내가 대신 받아 전해 주겠다고 하면서 자연스럽게 대의원들을 도와주는 활동을 했다.

79년 1월에 탈춤반원을 모집했다. 나는 탈춤반을 하면 무조건 좋을 줄 알고 손을 번쩍 들었다. 그렇게 시작된 탈춤을 처음 연습할 때는 너무 힘들었다. 다리에 알이 배어 앉았다 일어났다 하는 것이 힘들었다. 화장실 가는 것이 큰 고욕이었다. 그래도 그해 3월 10일 노동절 행사무대에 올려야 하므로 아파도 참고 연습을 했다.

극의 대본을 짜고, 외우고, 춤사위 익히는 것 등 어느 것 하나 만만한 게 없었다. 대본을 잘 짜기 위해서는 우리 현대사 속의 노동문제를 공부할 수밖에 없었다. 민주노조와 어용노조와 차이를 알아야 대본을 짤 수 있었고, 무엇보다 자기가 이해되고 가슴에 와 닿아야 대사를 제대로 전달할 수 있기 때문에 노동운동에 대한 공부는 필수였다. 힘도 들었지만 일하면서 틈틈이 연습하는 것이 재미있었다.

그해 7월, 산업선교회관 개관식에서 어용노조와 민주노조 등 현재 당면한 노동문제를 내용으로 하여 탈춤공연을 했다. 공연이 끝나고 야유도 받고 칭찬도 받았는데, 나의 역할이 어용노조의 김영태여서 욕도 엄청나게 먹었다. 그러나 그 많은 사람들 앞에서 해냈다는 뿌듯함과 함께 뒤풀이를 하면서 어울릴 때 느꼈던 동질감은 탈춤을 한 보람을 느끼기에 충분했다.

79년, 나는 내 작업반의 노조 대의원으로 선출되었다. 원풍에서 대의원인 것은 반에서 신망을 받고 있다는 증거이기도 했다. 4월에 대의원대회를 했는데, 다른 회사 사람들도 방청했고, 회사에서도 간부들이 참석했다. 의장인 지부장님에게 대의원들이 질문도 하고, 대의원대회에서 나온 이야기들이 그해 노사관계를 가늠하게 할 정도로 중요했다. 우리 부서에서는 이영자 언니가 간부이면서 반장이었고 김준호가 담임이었는데, 나는 노동조합의 전달사항을 알리다가도 영자 언니랑 마주치면 눈치가 보여 내 자리로 돌아오곤 했다.

위 장 결 혼 식   사 건

79년, 박정희가 사망하고, 그해 11월에 독재연장 저지를 위한 YWCA 위장결혼식 집회에 원풍 활동가들도 백여 명 이상 참석했다. 나는 2시 퇴근이라서 같은 반에서 활동하는 부서원 몇 명과 함께 참석을 했는데, 노동조합에서는 토큰을 나눠주면서 5명씩 조를 짜서 참석하게 되었다. YWCA 강당에 가보니 이미 사람들이 꽉 차 있었다. 사회자가 '신랑 입장!'하면서 참석자들이 구호를 외치기 시작하자 바로 백골단이 치고 들어왔다. 뛰어서 강당 밖으로 나왔으나 백골단이 한쪽 도로를 막고 다른 쪽으로 밀어 붙이면서 참석자들을 연행하는 중에 나도 서대문경찰서로 잡혀갔다. 당시 청바지를 입고 있었는데, 경찰서에 가자마자 바닥에 무릎을 꿇리더니 울퉁불퉁한 슬리퍼 발로 허벅지를 내리밟았다. 그러자 허벅지가 찢어지면서 피가 바지 위로 스며 나왔다.

수사관들은 교대로 돌아가며 머리를 구타하고, 빨갱이 년, 독사같은 년 등 쌍욕을 해댔다. 거의 잠을 재우지 않고 고문을 하면서 무릎을 꿇고 6일 동안 조사를 받았다. 잠을 못 자고 매일 두들겨 맞으니 감각이 둔해져 나중에는 아무 생각도 안 들었다. 누가 보내서 갔느냐, 배후자가 누구냐고 추궁해 스스로 갔다고 했고, 누구랑 같이 왔냐고 해서 나 혼자 왔다고 했다. 끈질기게 배후자가 없다고 주장을 하자 유치장에 집어넣었다가 계속 불러서 조사를 한 후, 즉결재판을 받았다.

즉결재판에 불복, 정식재판을 청구하여 10일간 구류를 살았는데, 오히려 마음은 편했다. 담요 하나로 독방 유치장에 갇혀 있자니 몹시 추웠다. 유치장에서 준 노란 도시락은 보리밥에 반찬은 단무지 하나였다. 당시 그 사건으로 연행되어 온 사람들은 거의 대부분 몸이 구렁이로 감아놓은 것처럼 성한 사람이 없을 정도로 고문을 당했다.

경찰서 유치장의 차가운 데에 있다가 석방되어 집에 와 따뜻한 방이나 물에 들어가면 발끝에서부터 온몸에 전기가 오듯이 찌릿찌릿해 한동안 적응하느라 고생을 했다. 조금씩 한 발 한 발 따뜻한 방에 들여놓는 적응기를 거쳐 겨우 정상적인 생활을 다시 할 수 있었다. 그 동안 한약과 침으로 오랫동안 치료를 했는데, 고문의 후유증으로 지금도 날이 추워지면 왼쪽 허벅지가 아프다.

광 주 민 주 항 쟁

80년 5월의 광주민주항쟁 때 모금이라도 해서 다행이었다. 나는 아버지도 오빠도 몸이 아파 집안의 생계를 책임지는 지라 월급을 타면 모두 집으로 보내어서 여유가 없었다. 광주에서 수많은 사람이 죽거나 다쳐서 병원의 병실이 모자라 복도에까지 부상자가 널려있고, 피를 많이 흘린 부상자들이 수혈을 못해 죽어가고 있다는 소식을 유인물로 접하고는 가슴이 많이 아팠다. 내가 보낸 작은 돈이라도 광주의 부상자들에게 도움이 되기를 바라는 마음으로 모금에 참여했다.

광주민주항쟁 부상자들에 대한 모금을 하고 난 후인 7월, 방 지부장님과 박 부지부장님이 노동계 정화 명목으로 지명수배를 받으면서 노동조합은 이문희가 직무대리를 하고 있었다. 그해 12월 8일, 서소문에 있는 계엄사 합동수사본부에 직무대리가 연행된 것을 시작으로 하여 48명의 간부와 대의원들이 강제 연행되어 14명이 해고당하고, 그중 4명은 순화교육을 갔다.

1980년 12월 22일, 장석숙, 장남수 그리고 나, 이렇게 셋이 합동수사본부(범진사)로 연행되었다.(범진사는 보안사의 위장 수사기관으로, 서소문의 평안교회 옆에 있었다) 연행된 첫날부터 군인들은 한 사람씩 조사를 시작했다. 나에게는 주로 YWCA 사건과 광주민주항쟁 때 모금한 것, 그리고 산업선교회를 어떤 목적으로 다녔는지 집중적으로 조사했다.

며칠째 똑같은 조사를 반복하더니 나중에는 사표를 쓰라고 했다. 왜 사표를 회사도 아닌 이곳에서 써야 하냐고 항의하자, 수사관은 '너 이곳이 어떤 곳인지 아냐'며 '이 건물 지하실에 가면 고문실이 있는데 간첩들을 다루는 곳'이라고 했다. '그곳에서 고문을 당하면 살아서 나오는 놈 없다. 먼저 연행되어 온 간부들도 모두 다 사표를 냈다. 사표를 내지 않으면 너희들은 여기에서 못나간다'고 하면서 계속 협박을 했다. 막막했다. 강압에 의해 사표를 내고 나니 너무 억울하고 분한 마음도 들고, 노동조합 걱정, 집 걱정도 들면서 생각이 복잡했다. 12월 30일, 수사관들이 동행하여 기숙사 짐을 강제로 싸게 하고, 그 짐을 실어다가 장위동 집에 던져놓고 갔다.

해고를 당하고 난 후, 원풍 경비실에서 회사에 다니고 있는 사람을 만났는데, 나를 만났다는 이유만으로 그 사람이 시말서를 썼다고 전해 들었다. 그런 이야기를 듣고 나서는 나 때문에 피해를 주면 안 된다는 생각에 원풍 사람들을 만나는 것도 더 이상 하면 안 되겠다고 하여 점차 원풍에서 멀어져갔다.

해고를 당하고 나니 당장 집안이 어려워져 취업이 절실했다. 방림방적에 취업을 하려 하였으나 내가 해고자인 것을 알고는 받지 않았다. 대한모방에도 취업이 되어 기숙사까지 들어갔는데 하루 만에 해고를 당했다. 취업이 어렵겠다는 생각에 낙담하고 있는데, 청계피복노동조합에서 탈춤을 가르쳐 달라는 제의가 들어와 이거라도 하자는 생각으로 시작을 했다. 그런데 청계피복노조는 노동시간이 너무 길어 퇴근하고 오면 사람들이 지쳐서 탈춤을 할 기력이 없었다. 동대문성당을 빌려 일주일에 한 번씩 탈춤 지도를 하다가 참가자들이 점차 줄어들면서 중단했다. 그 후 부도난 오빠의 사업을 도와주려고 삼척으로 이사를 가면서 원풍은 잊고 살았다.

나는 83년에 결혼을 하여 시댁에서 살다가, 아이를 낳고 85년에 분가하여 화곡동 쪽에서 살았다. 나는 남편이랑 무난하게 살지를 못하고 아들이 고등학교 2학년 때 정리했다. 내 생활이 안정적이지 못하다 보니 누구를 찾아보는 것도 안 되었다. 큰아들이 대학에 들어가 우연히 원풍노동운동사인 『민주노조 10년』을 보고 나에게 전화를 해서 그때서야 82년에 일어난 9·27사건에 대해서도 알게 되었다.

촛 불 을 들 기 까 지

나는 2007년 명예회복을 위한 민주화운동 인증 신청을 할 때 연락을 받고 다시 원풍 모임에 오게 되었다. 그때 인증서 신청에 필요한 서류를 준비하기 위하여 서대문경찰서에서 구류를 살았던 것을 찾아보니 이미 보존시효가 지나 자료가 없었다. 그렇지만 해고당했던 기록은 남아있어서 인증서를 신청하는 데는 문제가 없었다.

민주화운동 관련자 인증서를 받았을 때는 정말 말도 못하게 기뻤다. 나는 그때 강릉에 살고 있었는데 그 인증서가 성남에 사는 애들 집으로 왔다. 우리 애들이 받으려고 하니 본인이 아니면 안 된다고 해서 내가 성남우체국에서 찾아왔다. 그 증서를 찾아와 열어보는데 순간 눈물이 났다. 오빠 식구들도 함께 있었는데, '내 동생이 언제 이런 것을 했냐'면서 조카들에게 '네 고모가 이렇게 훌륭한 일을 했다'며 자랑했다. 나는 그 인증서를 여러 번 꺼내 보고 또 봤다. 그 다음 해에 생활지원금을 받아 훼미리마트를 창업했고, 이는 우리 애들 둘을 대학까지 공부시키는데 큰 도움이 되었다.

이제는 자식들도 모두 성장하여 나의 지난 이야기를 그들과 공유할 수 있다. 아들은 고집 센 할머니에게도 선거 때 누구에게 투표를 해야 되는지 잘 설명해주기도 하고, 나와도 의견이 잘 통해 아주 좋다. 광화문 촛불집회에 참석하고 간 후 서울 촛불집회 갔다 왔다고 했더니 "엄마, 나는 성남의 촛불집회에 한 번도 안 빠지고 다녔어"라면서 LED 촛불을 보여주었다. '오늘은 다른 약속이 있어서 늦게 갈 수도 있으니 엄마가 가지고 가라'면서 촛불을 건네주었다.

딸은 원풍 자녀모임에 참석도 하고, 거기에서 우리 딸을 아껴주는 태진이를 만나 결혼도 해서 이제는 별로 걱정할 일이 없다. 내가 잘 챙겨주지 못하였고, 가정환경이 어렵다 보니 빨리 철이 든 애들에게 미안함도 있지만, 아이들이 잘 성장해주어서 그저 고마운 마음뿐이다.

원풍 35주년! 정말 오랜 세월이다. 이토록 긴 시간을 만날 수 있는 것은 그 어려움을 겪으면서도 고난을 나누어가진 동질감 비슷한 전우애라고 생각한다. 그렇게 서로를 향한 마음이 더욱 다져졌고, 또 만나서 지난날의 기억들을 같이 나눌 수 있는 상대가 있기 때문에 모이는 것 같다. 원풍은 내 인생의 전환점이라 할 수 있다. 처음 공장생활도 거기서 했고, 거기에서 나는 제대로 된 인간으로 거듭날 수 있었다. 많고 많은 공장 중에서 원풍에 들어간 것은 천운이라고 생각한다.

나는 요즘 종합병원에서 요양사로 일한다. 8시간 근무로 154만 원 월급을 받는다. 35년이 지났지만 원풍의 근로조건보다 더 좋은 곳은 별로 없다. 함께 일하는 동료들이 『공장이 내게 말한 것들』에 실린 나의 글을 읽고 '언니는 다시 태어나 그 시절로 돌아가면 어떻게 할 거냐'고 묻는 말에 나는 1초도 안 걸리고 '다음 생에 또 힘들고 고문 받고 빨갱이로 몰리더라도 나는 다시 그 길을 갈 거'라고 했더니 '언니는 그렇게 하고도 남을 거라'고 한다.

얼마 전 고향 친구가 전화로 "두숙아, 고마워. 너희 때문에 내가 편안하게 살잖아!" 하면서 인사를 건넸다. 그 말을 듣는 순간 가슴이 뭉클했다. 그 동안 내가 참 잘 살아왔구나! 그리고 앞으로도 정말 잘 살아야겠다는 생각이 들면서 친구의 응원에 용기가 생기고 기운이 솟아올랐다.

딸 임은지가 엄마에게 –

처음 엄마가 원풍 자녀모임에 가자고 했을 때, 이모들이 노동운동을 했던 분들이라서 '으쌰! 으쌰!' 하는 그런 분위기일 줄 알았다. 6년 전 백담사에서 1박2일 처음 모임을 할 때 동영상을 보고 나는 그 당시에 이런 일들이 있었다는 것이나, 아무리 30년 전의 일이라고는 하지만 이런 일들이 우리나라에서 있었다는 게 말도 안 된다는 생각을 했다. 영화 같은 일들이 벌어진 것이다. 몇 십 억을 빼돌린 것도 아니고 살인을 한 것도 아닌데 정부나 회사에서 어떻게 노동자 한 명 한 명을 그렇게 짓밟을 수가 있지, 라는 생각을 했다.

어렸을 때 엄마를 보면서 '우리 엄마는 똑똑하고 야무지고 대쪽 같고 정말 잘난 사람인데, 왜 우리 엄마가 하는 일은 북어 껍질이나 까고 그런 일만 할까'라는 생각이 들었다. 어느 날 '엄마는 좀 더 멋진 일을 할 수 있을 것 같은데 왜 이런 일만 하냐'고 하니, 집이랑 가까워서 너희들을 챙길 수 있는 부업을 하는 거라고 답했다. 나는 그때 엄마가 블랙리스트에 들어 있어서 취업하기가 어려워 부업으로 자식들을 키우며 생활을 하게 되었다는 걸 알게 되었다.

엄마는 내가 커서 학교를 졸업하여 자연스럽게 친구처럼 이야기를 할 수 있게 되자 나 '옛날에 이런 것도 했었다'라면서 탈춤 이야기도 털어놓았다. 목소리가 가늘어 간신 역할을 하게 되었다는 이야기나 몸짓으로 추었던 탈춤 동작들을 보여주기도 했다. 그러나 원풍에서의 해고와 관련한 이야기는 엄마가 해주지 않아 몰랐다. 원풍 자녀 모임에서 이모들이 고생한 이야기를 알게 되었고, 그래서 엄마에게 지난 이야기를 들을 수 있었다. 원풍 모임에서 알게 된 것이 너무 많았고, 모두 새로운 것이었다.

엄마는 경찰서에 연행되어 고문을 받은 이야기를 하면서, 여러 가지 고문 중에서 잠을 자지 못하게 하는 고문이 너무 괴로웠다고 했다. 그런데 그런 이야기를 들으면서도 엄마가 왜 경찰서에 끌려갔는지, 왜 고문을 받았는지는 잘 몰랐다. 노동운동을 했다는 것은 알았는데 고문과는 매치가 잘 안 되었다.

엄마의 글도 자녀 모임을 하고 난 후에 보게 되었다. 엄마가 고생했던 이야기는 너무 마음이 아팠다. 다만 아빠에 대한 이야기는 엄마의 시각으로 본 것이고, 아빠의 입장도 있을 거로 생각한다. 어쨌든 그때 아빠와 엄마 등 우리 가족 모두가 힘들었다는 생각을 했다. 앉은 자리에서 엄마의 글을 3번 정독했는데, 엄마가 너무 힘들었다는 것이 가슴에 와 닿았다. 같은 여자로서 유년기가 힘들었으면 회사에서나, 결혼해서나, 또는 나이 들어서라도 행복해야 하는데 엄마의 일생은 너무 힘들기만 한 것 같아 참으로 안쓰럽다. 요즘에는 여행도 같이 하고 잘 해드리려고 하는데, 그것으로도 위로가 될 것 같지는 않다.

어릴 때는 엄마가 재미있었지만 무서웠다. 그리고 중학교 때는 엄마랑 떨어져 사는 것이 서운하고 그립고 보고 싶어 힘들다고 투정을 부렸다. 그런데 내가 힘들어할 때 엄마는 방에 불을 넣지 않았고, 버스를 타지 않고 걸어서 다녔고, 혼자서 맛있는 것을 해 먹지 않았다. 지금은 엄마가 안쓰럽기도 하지만, 한편으로는 존경스럽고 위대한 것 같다. 나는 엄마에게 항상 이야기한다. 엄마가 멋있다고. 대단하다고.

내일은 엄마와 시어머니의 민주화운동 명예회복 인증서를 걸어두고 볼 수 있도록 액자를 사러 가야겠다.

033

내 인생의 우상 원풍노조

김순애

_____1956년, 전남 장성에서 태어났다. 1976년 원풍모방 제2공장에 입사하였다. 1977년 4월 모방공장으로 옮겨 노조 활동을 하다가 1982년 9·27사건 때 해고당했다. 그해 10월 13일, 출근 투쟁을 하다가 연행되어 구류 20일을 살았다. 2007년, 민주화운동가로 명예회복이 되었다. 결혼 후 자원봉사활동으로 관계기관으로부터 표창장과 감사패를 13번 받았다.

　　나는 전남 장성에서 10남매 중 일곱 번째로 태어났다. 우리 집은 비교적 넉넉한 편이었다. 할아버지는 동네에서 이름을 대면 모르는 사람이 없을 정도의 마을 유지였다. 그러나 장자 중심의 가족관계에서 작은아들이었던 우리 아버지는 할아버지 덕을 그다지 보지 못했다. 그런 아버지도 장자와 아들 순으로 교육을 시켰다. 당연히 나는 딸이면서 일곱 번째였기 때문에 교육의 혜택을 전혀 받지 못했다.

　　어린 시절 내 꿈은 백의의 천사였다. 아기 때부터 병치레를 많이 해서 부모님은 내가 태어나고 4년 만에 출생신고를 했다. 그래서였을까, 나는 간호사가 되고 싶었다. 실제 서울로 가기 전에 장성의 한 개인병원에서 간호보조원으로 근무했었다. 그때 병원 근무를 하면서 간호사가 되고 싶은 꿈이 더욱 간절해졌다. 그래서 서울로 가서 돈을 벌어 공부하기로 결심했다.

원풍 제2공장에 취업

　　나는 1976년에 서울로 올라왔다. 그리고 노량진에 살고 계신 외삼촌의 소개로 원풍모방 제2공장의 봉제부에 취업했다. 취업을 한 나는 오매불망하던 간호대학을 가는 꿈을 실현하기 위해 검정고시학원에 등록했다. '눈 감으면 코 베어간다'는 게 서울 인심이라고 했지만, 난생 처음 대가족을 떠나 홀로 사는 것이 자유롭고 좋았다. 퇴근하면 학원을 가고, 학원에 가지 않는 날은 친구와 이곳저곳 돌아다니면서 구경하는 것이 재미있었다.

1977년 4월, 노량진 거리가 익숙해질 무렵 제2공장이 문을 닫았다. 원풍모방노동조합은 회사 측과 협상하여 자진 퇴사자는 최고 5개월분의 해고수당을 지급하였고, 모방공장으로 옮기고 싶은 사람은 모두 받아들이는 것으로 합의했다. 나는 모방공장으로 가는 것을 희망하여 방적과 전방 A반으로 옮겼다.

처음 몇 달은 적응하는 것이 힘들었다. 제2공장에서는 주간근무만 했는데, 모방공장은 주야간 3교대 근무를 하였고, 작업현장도 봉제보다 훨씬 거칠었다. 그 무엇보다 야간근무 때 졸리면 다리가 풀려 견디기가 힘들었다. 그래도 공장 규모가 큰 본사에서 근무하게 된 것이 뿌듯했다.

제2공장에 근무할 당시에는 노동조합이 무엇인지 잘 몰랐다. 제2공장이 경영부실로 문을 닫았을 때도 폐업수당이나 고용승계 등의 조건이 그 시절 가장 높은 수준으로 노사가 합의하여 이행했다는 사실도 잘 몰랐다. 노동법의 '노'자도 모르는 채 모방공장으로 이직을 했던 것이다.

탈춤반 회원이 되어

1978년 즈음, '억새'라는 소모임에 가입했다. 소모임은 새로운 경험이었다. 순수 친교모임이면서도 배움이 있는 모임이었다. 낯선 타향에서 사람들과 관계를 다질 수 있었고, 다양한 지식과 정보를 공유하며 세상 돌아가는 이치도 배울 수가 있었다. 비로소 노동조합이 왜 필요하고, 노동자의 권리가 무엇인지를 깨닫게 되었고, 이를 통해 나 자신의 가치관도 새롭게 정립할 수 있었다.

원풍노동조합에서 여러 가지 활동을 했는데, 무엇보다도 탈춤 회원으로 활동하면서 가장 큰 보람을 느꼈다. 탈춤의 역사를 공부하고, 춤사위를 배우고, 춤을 추는 것이 정말 흥겨웠다. 노동절 행사에서 공연할 탈춤을 계획하고 대본을 쓸 때는 머리가 쥐가 나는 듯 했다. 공연 연습을 하느라 제대로 잠을 못 자 야근 때면 기계를 붙잡고 꾸벅꾸벅 졸았다. 두 가지를 병행하느라 힘들기도 했지만, 탈춤을 출 때는 늘 신이 났다.

어느 해 노동절 행사에서 탈춤 공연을 할 때였다. 내가 맡은 역할은 거드름을 피우는 양반이었다. 대본에 따르면, 기생이 무대에 먼저 등장하여 살랑살랑 기생 춤을 추며 유혹을 하면, 내가 슬금슬금 무대에 등장해 기생과 한바탕 놀아나야 했다. 그런데 기생보다 양반 행세를 하는 내가 먼저 무대에 불쑥 나갔다가 당황하여 허둥지둥 뒷걸음을 치며 퇴장하여 공연장이 웃음바다가 되었다.

유달리 춤을 잘 추는 동료들이 있었다. 차언년과 최금숙은 춤사위와 대사에 강한 힘이 느껴졌고, 강렬한 눈빛으로 공연을 실감나게 했다. 탈춤 공연은 공연자들만의 무대가 아니었다. 1천여 명이 넘는 조합원들이 어깨를 들썩거리며 손뼉을 쳐주고, 추임새를 넣어주며 장단을 맞추어 주면 신명이 절로 나 덩실덩실 춤을 추었다. 그야말로 온몸이 짜릿해지는 순간이었다.

노 조 탄 압

1980년 5월, 전두환 신군부의 계엄군이 전남 광주에서 시민들을 학살했다는 소식을 들었을 때는 온몸에 소름이 끼쳤다. 도저히 믿기지가 않았다. 당시 오빠가 광주에 살고 있었으므로 걱정도 되었다. 당시는 전화도 없었다. 흉흉한 소식에 속만 태우고 있는데, 나중에 오빠가 무사하다는 소식을 듣고 얼마나 기뻤는지 모른다.

신군부의 살기는 우리 노동조합에까지 뻗쳤다. 노조에서는 광주시민들의 희생 소식을 듣고 참담한 마음을 담아 모금운동을 폈는데, 그 일을 빌미로 노조 지도부에게 '김대중 내란음모 가담자'라는 낙인이 찍혔다. 결국 방용석 지부장님과 박순희 부지부장님이 정화 대상이 되어 해고를 당하고 수배령까지 내렸다.

출퇴근을 할 때마다 노동조합 사무실을 들락거리며 두 분의 안부를 들으려고 했지만, 달리 들을 소식이 없어 답답할 뿐이었다. 정치상황이 잠잠해지면 우리 곁으로 돌아오실 거야, 라는 희망을 갖고 기다릴 수밖에 없었다. 그러나 그 바람은 그해 겨울에 산산조각이 났다.

12월, 이문희 지부장직무대리와 한상분 부지부장, 임재수 총무가 계엄사 합동수사본부에 끌려가더니, 이어서 상집간부와 대의원 등 48명이 계엄사로 연행되었다. 결국 상집간부와 대의원 14명이 해고를 당했다. 그중 남성간부 4명은 삼청교육대로 보내졌고, 여성간부들은 고향집으로 강제 귀향조치를 당했다. 전방 A반에서는 김금자 상집간부와 장석숙 선배가 계엄사에 끌려가 해고를 당했다 조합원들은 치밀어 오르는 울분을 참아야만 했고, 발만 동동거릴 수밖에 없었다.

1981년 새해가 되었지만 작업장 분위기는 침울했다. 공장장을 비롯하여 생산부 과장, 계장, 사원까지 철저하게 작업장을 감시했다. 전에는 하루에 한 번 정도, 그것도 당직자만 현장 순시를 했는데, 노조집행부가 위축되자 그들은 살판이 난 듯했다. 특히 방적과 과장 한상엽과 계장 계영우는 작업장을 생쥐처럼 수시로 돌아다니며 작업지시체계를 무시하고 제멋대로 지시를 내리고 조합원들을 감시하였다. 작업장에는 생산체계를 총관리하는 담임이 있고, 반장과 부반장, 그리고 공정별 지도공이 작업지시를 이어가는 체계가 갖추어져 있었다. 물론 그들은 조합원이었다.

나는 당시 양모와 폴리에스텔 원료를 혼합하는 첫 번째 공정에서 일을 했다. 그런데 평소와 다르게 반장이 아닌 과장이 직접 작업지시 하는 것을 항의하다가 징계 사유가 되어 인사위원회에 회부되었다. 그러나 내가 단체협약을 무시한 인사위원회에의 출석을 거부하면서 갈등이 더욱 심해졌다. 9·27폭력사건 직후 출근투쟁을 하다가 내가 경찰서에 연행되었을 때, 한상엽은 경찰서까지 찾아와 손가락으로 나를 지목하며 주모자라고 고해바쳐 결국 유치장에서 20일 구류를 살아야 했다.

국 가 폭 력 의 만 행

그날은 1982년 9월 27일이었다. 국가권력을 등에 업은 회사 측은 노동조합을 파괴하기 위해 집행부 간부들을 해고시키고, 작업장 감시체계를 강화하며, 단체협약을 무시하는 등 온갖 술수를 벌였다. 그러나 구사대들을 동원하여 폭력까지 휘두를 줄은 우리 누구도 예상하지 못했다.

폭력배들에게 조합장이 감금당했다는 소식을 듣고 부랴부랴 노조 사무실로 뛰어갔을 때는 이미 힘으로는 어떻게 해볼 수 없는 상황이었다. 회사는 노조 사무실뿐만 아니라 식당까지 폐쇄했다. 식당과 노조 사무실이 벽을 사이에 두고 있었기 때문이었을 것이다. 회사 측은 아침 6시에 출근하고 저녁에 퇴근하는 기숙사생들에게까지 식사 제공을 중단했다.

노조집행부에서는 단식농성을 선언했고, 비폭력으로 저항하자고 결의했다. 농성장에서 밤을 꼬박 새고 이튿날 작업장으로 출근하였지만 힘든 줄을 몰랐다. 아니 급박하게 돌아가는 상황이 너무 어이가 없다보니 그런 생각을 할 겨를조차 없었다. 구사대들은 추석 전에 우리들을 농성장에서 모조리 끌어내리고 작정했던 모양이다. 농성 나흘째 되는 날은 전기도 끊고, 물도 끊더니, 급기야 스팀을 강하게 틀어 농성장 공기를 탁하게 만들어 사람들을 질식 상태에 빠지게 했다.

결국 닷새째 날 새벽, 나는 조합원들과 함께 운동장으로 나갈 수밖에 없었다. 우리들은 구사대들에게 끌려 가지 않으려고 서로를 꼭 끌어안고 떨어지지 않으려 있는 힘을 다해서 뭉쳐 있었다. 구사대들은 우리들을 빙 둘러서서 빈정거리더니 한꺼번에 달려들어 한 사람씩 떼어내기 시작했다. 머리채를 잡고 휘두르고, 구둣발로 차고, 팔은 팔대로 다리는 다리대로 남자 3명에게 들려 정문 밖 시멘트 바닥으로 떨어졌다.

몸뚱이가 아픈 것보다 서러움에 복받쳐서 엉엉 울다가 정신을 잃었다. 귓가에 사람들이 웅성거리는 소리가 들리는 것 같았고, 아우성치며 우는 소리도 들렸다. 정신이 번쩍 들어 눈을 떠보니 병원 침대에 누워 있었다. 옆 침대이건 앞 침대이건 우리 조합원들뿐이었다.

무슨 소리지? 깨어나자마자 물었더니 누군가가 입원해 있는 양승화 부조합장을 경찰이 끌고 가고 있다고 말해주었다. 누워있을 수가 없었다. 당장 달려가려고 했지만 몸이 움직이지를 않았다. 농성장에서 끌려 나올 때 구사대들과 실랑이를 하다가 구둣발에 왼쪽 발등이 밟혀 심하게 다쳤던 것이다. 폭력을 당한 우리가 무슨 죄가 있어 아픈 사람까지 연행한다 말인가. 화가 머리끝까지 치밀었다. 양 부조합장이 구속되면 어떡하나싶어 감정이 뒤죽박죽되었다.

철 창 속 에 갇 혀

10월 13일, 출근투쟁을 약속한 그날, 대림동 강남성심병원 앞에는 많은 동료들이 모여 있었다. 길 건너 회사 정문에도 조합원들이 모여 있는 것이 보였다. 누군가가 "출근합시다!"라고 외쳤다. 조합원들이 회사 정문을 향해 8차선 도로를 건너가려고 하는 순간 대기하고 있던 경찰들이 벌떼같이 달려들었다. 경찰은 우리를 곤봉으로 때리고 군홧발로 차며 질질 끌어 경찰버스 안에 짐짝처럼 가두었다. 박혜숙은 경찰 곤봉에 맞아 이빨이 부러져 입에서 피가 철철 흘렀다. 나는 박혜숙이 피를 흘리는 것을 보고 더욱 화가 나 경찰에게 마구 대들었다.

197명의 조합원들이 남부경찰서로 연행되었다. 형사들은 우리들을 한 사람씩 불러 조사를 했다. 조사내용은 "산업선교회 회원이냐?", "상집간부는 어디에 있느냐?", "누가 집회를 주도하였느냐?" 등이었다. 나는 아팠던 발이 경찰들과 몸싸움을 하다가 더 다쳐 절룩거리고 다녔다. 조사를 하던 형사는 내 발등의 상처를 보더니 많이 아프겠다면서 "당신들이 죄가 있어 잡아 온 것은 아니다. 우리도 상부에서 시키는 것이니 어쩔 수 없이 이 짓을 하는 것이다"라며 한숨을 쉬었다.

그때 방적과 과장 한상엽이 경찰서에 나타났다. 그리고 나를 향해 손가락질을 하면서 '저 애가 주동자'라고 지목했다. 나는 따로 분리되어 2층 보호실에서 밤새워 조사를 받아야 했다. 그곳에는 3,40명의 조합원들이 있었는데, 차언년도 그곳에서 조사를 받았다. 언년이는 혹시 우리들이 잘못 진술하여 수배 중에 있는 상집간부들이 잡힐까봐 눈빛으로 단속을 했다. 그날의 출근투쟁을 간부들이 기획한 것으로 밝혀지면 우리들의 투쟁은 지는 것이라며, 상집간부들이 잡히지 않고 끝까지 잘 싸우도록 우리가 십자가를 지고 가자고 했다.

경찰의 감시가 엄혹한 그 상황에서도 상집간부들을 지켜야 우리 노동조합을 되찾을 수 있다고 하던 언년이의 결의에 찬 그 눈빛이 지금도 선하다. 그 사건으로 차언년, 김숙자 대의원 2명이 구속되었고, 나는 12명의 동료들과 함께 구류 20일 처분을 받고 남부경찰서 유치장에 구금되었다.

그해 가을은 유난히 추웠고, 유치장은 더욱 추웠다. 유치장에서 꽁보리밥을 먹으라고 주는데 도저히 넘어가지 않았다. 하루가 지나자 조합원들이 담요와 내복, 사식도 넣어주어서 별 어려움 없이 지낼 수가 있었다. 구속자 2명을 포함하여 14명이 유치장의 두 방으로 분리되어 수감되었다. 우리는 한 곳에서 투쟁가를 부르면 따라 부르면서 서로를 격려했다.

20일 구류를 살고 석방되던 날, 큰오빠와 고향마을 읍사무소 공무원이 같이 와 경찰서에서 기다리고 있었다. 꼼짝없이 두 사람에게 잡혀 장성 고향집으로 끌려갔다. 아버지는 집에 들어서는 나를 보고 화를 벌컥 내셨다. 여자아이가 얌전하게 살지 않고 데모를 하여 경찰서를 드나들며 구류까지 사느냐는 것이었다. 아버지께 자초지종을 말씀드렸더니 화가 풀리셨다. 경찰은 날마다 집으로 찾아와 나를 감시했다. 부모님께 내가 서울로 못 가게 잡아두어야 한다는 것이었다.

명 예 회 복

남편은 통신회사를 다녔다. 나는 결혼 전에 남편에게 원풍모방노동조합에서 활동했다는 이야기를 했다. 신혼 때는 시부모와 시동생, 시누이 등 대식구가 한 집에서 살았다. 어느 날, 시어머니가 내가 원풍에 다녔다는 사실을 아셨다. 시어머니는 그때부터 '원풍노조는 빨갱이 소굴이라던데 너도 물든 것이 아니냐'며 불신하였다. 시어머니와 사는 9년간은 원풍동지회 9·27모임에 한 번도 참석하지 못했다.

1990년에 분가를 했다. 고추보다 더 맵다던 시집살이에서 벗어나자 무엇보다도 자유로워져서 좋았다. 생활이 자유로워지면서 원풍동지들이 보고 싶었고, 만나고 싶었다. 그러나 어디로 가야 만날 수 있는지 알 길이 없었다. 그러던 어느날, 광명시 실내 체육관에서 어떤 행사가 있어 참석을 했는데, 거기에서 방용석 지부장님을 만났다. 무척 반가웠다. 그때부터 원풍동지회 소식을 듣게 되었고, 모임에서 동지들을 만날 수 있었다.

그러자 원풍노조에서 배우고 경험했던 공동체 정신이 되살아났다. 아파트의 통장과 바르게살기 실천위원으로 활동하면서 가정형편이 어려운 어르신들의 생일잔치를 차려 드렸고, 생활이 곤란한 사람들을 찾아내 기초연금 수급 혜택을 받을 수 있도록 도움을 주는 등 다양한 자원봉사활동을 했다. 지역사회를 위하여 봉사했다는 공로로 경기도지사 표창을 받았고, 광명시장, 구청장 등으로부터도 표창장과 감사패를 13번이나 받았다.

2007년, 나는 국가로부터 민주화운동 관련자로 인정받아 명예회복증서를 받았다. 가슴이 뭉클하여 눈물이 나왔다. 명예회복 인증서를 시집식구들과 친정식구들에게 보여주며 어린애처럼 자랑했다. 모두들 기뻐해 주었다. 무엇보다 시어머니의 오해를 풀 수 있어서 좋았다. 친인척 중에서 공무원 시험에 떨어져도 나 때문에 연좌제에 걸려 떨어졌다는 억울한 소리를 더 이상 듣지 않게 되어서 좋았다. 그런 오해를 모두 풀 수 있어 홀가분했고, 그간 나를 얽어매었던 사슬로부터 해방이 되어 기분이 날아갈 것 같았다.

내가 원풍모방노동조합과 인연을 맺은 지 40년이 되었다. 원풍노조에서 활동했던 경험, 그 시절에 가졌던 열정은 나의 의식을 늘 깨어있게 해주었다. 내가 지금 봉사활동을 열심히 할 수 있는 것도 원풍노조에서 몸으로 익혔던 공동체 정신이 뿌리가 되었다고 생각한다. 또 지금까지 내가 지치지 않고 자신감 있게 살아갈 수 있는 원동력도 원풍노조에서 나왔다고 할 수 있으니, 참 고맙다. 원풍동지들과의 소중한 인연도 너무 감사하다.

034

오래도록 간직하고 싶은 인연들

김향자

_____1959년 전북 진안에서 태어나, 1976년 원풍모방에 입사했다. '억새,' '백마,' '멧돼지' 소그룹 활동을 했으며, 1979년부터 세 번 대의원에 선출되었다. 1982년 9·27사건으로 해고를 당하고, 10월 13일 출근투쟁 때 남부경찰서에 연행되어 조사를 받았다. 2007년 정부에 의해 민주화운동 관련자로 인정되어 명예회복이 되었다.

나는 전북 진안에서 농사짓는 집안의 맏딸로 태어나 밭농사 논농사 등 안 해 본 일이 없었다. 가정형편이 넉넉지 않는데 농사일만 계속한다는 것은 희망이 없다는 생각을 하던 차에 친구 사촌형부가 원풍에서 예비군 중대장을 하고 있어 그분의 소개로 1976년 3월에 원풍에 입사했다.

정사과로 반 배정을 받아 야근반에 첫 출근하던 날, 밤새워 실매듭 잇기를 연습하는데 정말 힘들었다. 양성 기간이 끝나고 현장에서 일할 때는 휴가자나 결근자가 생기면 대타로 일을 많이 했다. 그게 불만이라서 반장에게 따졌더니, 네가 어느 자리를 가든지 잘하니까 맡긴다고 했다. 3교대라서 야간근무 할 때는 조금 힘들기는 했지만, 시골에서 일하던 것에 비하면 아무 것도 아니었다.

소그룹 '억새'

노조에서 책을 빌려다 보면서 노동조합에 대하여 조금씩 알아가던 중 같은 방 식구 언니가 소그룹 활동을 한번 해보라고 제안했다. 그래서 그 언니 따라 여러 부서 사람들이 모여 '억새'라는 소그룹을 결성했다. 나는 원풍에 적응이 되어가면서 억새 말고도 백마, 멧돼지 등 여러 개의 소그룹을 결성했다. 그리고 1979년부터 1981년까지 대의원을 3선했다. 이렇게 활동을 하면서 산업선교회도 나가게 되었고, 거기서 취미활동도 하고 교육도 받았다. 그룹 활동을 하면서도 공부하고 싶은 열망에 삼성중고등학교를 다녔다.

지부장님은 노동조합 사무실보다는 현장에서 보는 날이 많았다. 어느 날은 야간반이었는데, 지부장님이 현장을 돌아보시다가 만나게 되었다. 2주 전에 현장에 들어왔을 때 감기 걸린 것을 알고 가셨는데, 2주가 지난 지금 감기는 다 나았냐고 물어보셔서 정말 놀랐다. 아니 어떻게 그 많은 조합원 중에 내 상태를 잊지 않고 기억하고 있는지, 많이 놀랐고 깊은 감동을 받았다.

1976년 11월에 방 지부장님이 국가원수 모독혐의로 연행되었는데, 많은 조합원이 노조 사무실과 식당에 모여 농성을 하면서 지부장님의 석방을 요구하자 대공분실에서 조사를 받고 6일 만에 석방되었다. 그때 나는 조직의 힘이 어떤 것인지 실감하게 되었다.

1979년 7월에도 크리스찬아카데미 재판을 방청하다가 소란을 피웠다는 이유로 지부장님을 비롯하여 간부들이 서대문경찰서로 연행되었다. 그 소식을 듣고 100여 명의 간부들과 조합원들이 서대문경찰서까지 가서 지부장님을 내놓으라고 구호를 외치며 농성을 했다. 저녁이 다 되어 어둑어둑해졌는데, 경찰 쪽에서 석방했다고 하면서 돌아가라고 하더니 조합원들을 경찰버스로 회사까지 데려다 주었다. 와서 보니 지부장님이 먼저 회사에 도착해 있었다.

1979년, YH사건으로 구속된 간부의 면회를 하기 위해 노동조합 간부였던 이필남 언니를 비롯한 몇 명이 성동구치소로 갔다. 이때 2시 출근반이라서 기숙사 규칙상 12시까지 귀사해야 하는데, 1시에 들어오게 되었다. 기숙사 규칙을 위반했는데도 노동조합 활동으로 늦어졌기 때문에 괜찮았으니, 노동조합의 힘이 막강했다는 것을 알 수 있다.

못 다 핀 봄꽃들

1979년 10월 26일, 박정희 대통령의 사망으로 독재정권이 무너졌다. 현장에서는 '근조'가 새겨진 까만 리본을 달으라고 반장이 나누어 주었다. 그런데 그 리본을 단 조합원은 한 명도 없었다. 대통령이 죽었는데 슬프기보다는 이제 독재가 끝나고 우리의 삶도 좀 달라지려나, 하는 희망적인 기대감이 생겼다.

민주화의 봄이 오길 바라면서 학생들이나 노동자들이 연일 시위를 하며 민주화를 외치고 있을 때, 우리도 한국노총으로 궐기대회를 하러 갔다. 한국노총에는 동일방직 동지들이 복직을 요구하며 농성을 하고 있었다. 나는 그때 요구르트랑 빵, 휴지 등 농성에 필요한 생필품들을 사서 동일방직 동지들에게 주어 응원도 하면서 궐기대회에도 참가했다.

그 궐기대회에서 방 지부장님이 연단에 올라 연설을 하고, 각 사업장에서 참여한 노동자들도 환호와 박수를 보내며 열기 넘치게 진행하다가 갑자기 대회가 중지되고 해산을 했다. 우리들은 여의도에서 나와 대방역을 지나오면서 구호도 외치고 노동가를 부르면서 행진하여 회사로 돌아왔다.

심상치 않았던 분위기는 다음날 광주민주항쟁으로 이어져, 민주화의 봄은커녕 제대로 꽃도 피우지 못하고 얼어붙은 겨울로 곤두박질쳤다. 언론에서는 광주항쟁을 빨갱이들의 소행이라고 연일 왜곡 보도하였다. 그런 상황에서 경상도와 전라도 사람들을 지역감정으로 몰아가는 유언비어가 난무했다. 노동조합에서는 조합원들이 분열하거나 충돌하는 것을 막기 위해 광주항쟁과 관련된 교육도 했다.

원풍에서 광주항쟁 희생자 돕기 모금을 했다는 이유로 빨갱이라고 낙인찍히게 될 줄은 전혀 예상 못했다. 피로 물든 광주항쟁 이야기를 접하면서, 여우를 피하니 호랑이를 만났다는, 기나긴 박정희 독재가 끝나니 무식하게 사람을 죽이는 전두환을 만난 것에 진저리가 쳐지고 정말 절망했다. 광주에서 수많은 사람이 죽어가면서 확대계엄령이 내려지고, 방용석 지부장과 박순희 부지부장이 정화 대상자로 수배를 받고 해고까지 당하게 되었다.

1980년 12월 8일, 합동수사본부에 조사를 받으러 간 간부들이 감금되어 나오지 못했다. 지도부들이 모두 연행된 상태에서 현장에 남아있는 나는 뭘 해야할지 너무 막막했다. 합동수사본부는 14명을 해고하고, 그중 남자간부 4명을 순화교육에 보냈다. 노동조합은 부장급 중에서 해고당하지 않은 이무술을 조합장으로 뽑고 간부들을 새로 보강했지만, 노동조합의 힘은 전과 같지 않았다.

그래도 노동조합은 야간에도 사무실을 개방하고 교육도 하며 비상사태에 대비하였다. 1982년 대의원선거에서 젊은층으로 대의원이 많이 교체되었다. 노동조합이 싸움 한 번 제대로 못 해보고 흐지부지 끝나는 것은 아닌지의 불안한 마음과, 노동조합 지도부가 강력한 힘을 발휘하기를 바라는 조합원들의 소망이 반영된 것이다. 1982년 대의원대회가 끝나고 이무술이 조합장을 사퇴하고 현장으로 출근하면서 갈등기류가 나타나기 시작했다. 9·27사건은 그 결과물이기도 하다

제 주 여 행 중 에 들 은 9 · 2 7 사 건

평소에 꼭 가보고 싶었던 제주여행을 친구들 3명과 같이 떠났다. 들뜬 마음으로 밤새도록 기차를 차고 아침에 목포에 내렸다. 바람이 많이 부는 항구 목포. 저녁 때나 배가 뜬다고 하여 유달산 등을 구경하고 저녁 배로 제주에 도착했다. 첫날 아침부터 비가 내렸다. 한라산 정상으로 향하는 우리에게 위험하다며 산행을 만류했지만, 의욕이 넘치는 젊음으로 백록담까지 등반했다. 힘이 들기는 했지만 그래도 물이 가득 찬 백록담을 보니 오르기를 잘했다고 생각했다.

다음날 정방폭포, 만장굴, 천지연폭포 등을 구경하며 제주도의 이국적인 경치를 즐기고는 여행을 끝내고 돌아가야 할 시간이 되어 부둣가로 향했다. 제주도가 고향인 고애란이는 우리가 배편으로 온다는 것을 미리 알고 있었다. 나는 애란이를 만나보고 떠나려고 기다렸는데 보이지 않았다. 순간 뭔가 불길한 생각이 들어 회사 앞 단골가게에 전화를 했더니 원풍에 데모가 나서 3일째 난리가 났다고 했다. 우리는 부랴부랴 서둘러 저녁 9시에 서울로 돌아왔다.

회사 정문 근처에는 얼씬도 못하도록 20여 명의 폭력배들이 의자를 놓고 앉아서 지키고 있었다. 회사로 들어가려고 정문을 향하여 가려는데, 폭력배들이 일제히 일어나더니 "야, 이 개같은 년! 너 죽고 싶어?" 하면서 떠밀어 들어가지 못했다. 농성장에 어떻게 들어가야 하나 고민을 하는 중에 전방 황선금 언니를 만났다. 언니와 의용촌으로 가서 회사 뒤쪽 직포과 있는 곳의 철조망을 넘어, 폭력배들의 감시를 피해 포복으로 기어 화장실까지 간 후 농성현장으로 들어갈 수 있었다.

현장은 조합원들이 마대로 띠를 만들어 서로를 감고 있었다. 그리고 커다란 스테인리스 물통에 긴장해서 생긴 생리를 처리한 생리대가 산처럼 수북이 쌓여 있었고, 그 옆에는 드럼통으로 만든 간이화장실이 마대로 가려 있었다. 농성현장은 컴컴하고 다들 쓰러져 있는데, 거의 실신한 상태로 눈만 반짝이고 있는 조합원들

의 모습이 마치 죽어있는 것 같아 보였다. 밖에서 들어갈 때는 이렇게 처참할 거라는 생각을 하지 못했다. 너무 가슴이 아팠다. 그 광경이 너무나 생생하게 각인되어 지금도 지워지지 않는다.

9월 30일 아침, 간부들과 대의원들이 회의를 통해 조직점검을 하고, 길어지게 될 농성에 대비하여 조합원들에게 죽 두 수저씩을 먹이고 나자 오전부터 가족들이 찾아와 농성장은 또다시 아수라장이 되었다. 그러다가 전기와 수도를 끊은 농성장에 스팀을 강하게 틀어 조합원들의 팔다리가 뒤틀리면서 쓰러지기 시작했다. 쓰러진 조합원들이 업혀 나가기도 하고, 쓰러진 채로 있으면 조합원들이 울면서 팔다리를 주무르다가 뒤틀리는 게 정상으로 돌아오지 않으면 밖으로 밀어 놓았다. 그러면 폭력배들이 병원으로 보냈다.

나는 그런 중에 현장에서 김인환 정사과 과장 등 4명이 달려들어 끌려 나왔다. 내가 몸부림을 치니, 이래도 저래도 끌려날 거니까 가만히 있으라면서 회사 밖으로 내동댕이쳤다. 끌려 나간 조합원들이 다시 정문 앞으로 모여 대치하고 있는데, 나와 같은 부서의 이숙자가 실신해서 남자 조합원이 업고 나왔다. 나는 숙자를 한독병원에 데려다주고 링거 맞는 것을 보고 집에 왔다.

출 근 투 쟁

10월 7일, 출근투쟁을 위하여 200여 명의 조합원들이 정문 앞으로 모여들었다. 회사는 문을 잠그고 출입을 통제했다. 조합원들은 '노조탄압 중지하라,' '폭력배를 처벌하라'는 등의 구호를 외치며 진입을 시도했지만, 전투경찰과 구사대들이 몽둥이를 들고 조합원들과 대치하면서 진입은 불가능했다. 저녁 때가 되어 산업선교회 집회에 참여하기 위해 해산하고 당산동으로 갔다. 당산동은 이미 경찰들로 길이 막히고, 곳곳에서 시위를 벌이다가 연행되는 사람이 늘어났다.

10월 13일, 2차 출근투쟁 때 강남성심병원 앞에 모여 '폭력배는 물러가라'고 외치면서 회사로 가려는데 갑자기 경찰들이 8차선 도로를 차단하고 닥치는 대로 조합원들을 연행했다. 조합원들은 길바닥에 드러누워 계속 구호를 외쳤다. 그러나 경찰은 마구 폭력을 휘두르며 197명을 남부경찰서로 연행하였다. 경찰서에서 노동가를 부르면 경찰들이 시끄럽다고 난리를 쳐 애국가를 반복해 불렀다. 조사를 받고 마지막에는 진술서를 쓰도록 하고는 이름을 앞에 달고 사진을 찍었다.

이영순 언니가 구류를 살고, 차언년이 구속되어 억장이 무너지는 것 같았다.

언론에서는 원풍모방의 사건을 노노 싸움, 또는 도산세력이 침투해 회사를 도산시켰다는 보도를 특집으로 내보냈다. 그러던 어느 날, MBC 저녁 9시 뉴스에 모자이크로 처리된 전방 전 간부 김진자가 출연했다. 뉴스에서는 갈고리, 쪽가위, 그리고 실바구니를 끌고 다니는 긴 갈고리 등 우리들이 작업할 때 사용하는 도구들을 늘어놓고 원풍 노동자들이 이런 연장으로 폭력을 행사했다고 떠들어 댔다. 우리들에 대한 언론의 왜곡보도로 울분을 토했던 것이 생각난다.

형사가 고향에 계신 아버지를 찾아왔다. 형사는 내가 계속 원풍에 다닐 건지를 물어봤다고 한다. 아버지는 '내 자식을 지금까지 지켜 봐왔고, 이번 일도 회사에서 잘못한 것이지 우리 딸 잘못은 없는 것으로 안다. 우리 딸은 빨갱이가 아니다. 그 아이들 잘못 없다'고 했더니 형사가 고개를 끄덕이며 갔다고 한다.

노조 간부들의 재판

간부들이 구속되었다는 소식을 듣고 가슴이 철렁 내려앉았다. 1심 재판이 끝나면서 승화 언니의 최후진술이 지금도 기억에 남아있다.

"야훼여, 살려 달라고 울부짖는 이 소리, 언제 들어주시렵니까? 호소하는 이 억울한 일, 언제 풀어 주시렵니까? 어인 일로 이렇듯 애매한 일을 당하게 하시고, 이 고생살이를 못 본 체 하십니까? 보이느니 약탈과 억압뿐이요, 터지느니 시비와 말다툼뿐입니다. 법은 땅에 떨어지고 정의는 끝내 무너졌습니다. 못된 자들이 착한 사람을 등쳐먹는 세상, 정의가 짓밟히는 세상이 되었습니다."

이 성경 구절을 인용한 최후진술은 내 가슴을 뭉클하게 했다. 당시 우리의 부르짖음이었고, 나의 마음을 대변하는 말이었기 때문이다. 억울하게 당하기만 하고 어디다 이야기 할 수도 없었기에 그 진술은 늘 머릿속에서 맴돌았다.

1983년 8·15특사로 구속된 간부들이 석방된다는 소식을 듣고 너무 기뻤다. 어렸을 때 소풍 가는 것하고는 또 다른 설렘으로 뜬눈으로 밤을 새우고 원풍 집행부 언니들이랑 많은 조합원들이 새벽에 구치소로 갔다. 그런데 석방된다던 구속자들이 나오지를 않아 구치소 측에 물어보니 벌써 다들 나갔다고 했다. 마중을 나갔다가 허탕을 치게 된 셈이니 황당했다. 석방되는 간부들을 만나 뭐라도 할까봐, 시체가 드나드는 뒷문으로 빼돌린 것이다. 그러나 간부들이 석방되었다는 것만으로도 우리들은 좋기만 했다.

　원풍노조가 폭력적으로 파괴되고 난 후 나는 1983년 4월, 난곡동에 있는 전자 회사에 김광분과 이현숙과 같이 취업했다. 그런데 3개월 만에 인원감축을 한다고 해서 사표를 냈다. 그리고 구로공단에 있는 릴렉스 전자, 광동제약, 안국약품 등 여러 회사에 이력서를 넣었지만 취업이 되지 않았다. 나는 생활을 위해 작은 공장 에 취업하며 지내다가, 85년에 결혼을 하고 지방으로 내려가 살게 되었다.

민 주 화 운 동　인 증 서

　2000년, 우리를 '민주화운동 관련자'로 명예회복을 추진한다고 하는데 '저게 뭐 될까? 그러나 해보기는 해야지'라는 생각이었지, 무언가 결과를 얻게 될 거라 는 기대는 별로 없었다. 그러다가 2007년에 '민주화운동 인증서'를 받았을 때 나 는 나라의 유공자가 된 거나 같은 느낌이 들었다. 내가 한 것이 별로 없는 것 같 고, 이렇게 인정받게 될 거라는 건 생각지도 못했다. 늘 피해만 보며 살고 원풍은 지난날의 행복으로만 남아있었던 것 같았는데, 선배들이 애써서 인증서를 받게 되었다는 생각에 미안하고 감사했다.

　그리고 생활지원금을 받았을 때는 그 돈이 너무나 귀해서 원풍에 내는 회비도 안내고 그 돈이 들어있는 통장을 하루에도 몇 번씩이나 들여다봤다. 감격하면서 도 그 돈을 차마 손을 댈 수가 없어서였다. 그러던 중 살고 있던 동네가 재개발 되면서 이사를 해야만 하는 상황인데, 그 돈을 전세금 내는데 보탰으니 나에게는 꼭 필요한 곳에 귀중하게 쓰이게 된 셈이다. 우리 어머니는 세상에서 이런 일도 있냐면서 좋아하셨다.

　2010년, 민사소송을 제기해서 1심과 고등법원(2심)에서 승소했을 때는 정말 기 뻤고, 법으로도 인정받는 것 같아 좋아했다. 그러나 박근혜 정권이 들어서고 대 법원에서 패소했을 때에는 내 것을 도로 빼앗긴 기분이 들어 허탈했다.

　원풍을 만난 것은 내 인생에 있어 최고의 행운이라고 생각한다. 원풍에서 사람 답게 사는 법을 배웠다. 옳고 그름을 보는 눈을 뜨게 해준 것, 그래서 혼란스럽 고 어두웠던 시대에 흔들리지 않고 바르게 살아왔던 그 정신이 나의 자부심이며, 나의 자산이다. 매년 총회를 하는 날이면, 아직도 마음이 들떠 며칠 전부터 친정 에 가듯이 마음이 설렌다. 원풍에서의 인연이 계속되어 우리의 노년까지도 원풍이 이어지길 바라는 마음에 소망을 걸어본다. 그만큼 나는 원풍을 통해 맺어진 인연을 절대로 놓치고 싶지 않다.

딸 이진실이 엄마에게 −

엄마가 근무했던 원풍과 원풍노조에 관련된 이야기를 어렸을 때는 잘 몰랐다. 그러다가 2016년, 원풍에서 출간한 책의 출판기념회를 충남 계룡산에서 한다고 엄마가 같이 가자고 하셨다. 나는 내성적이라서 혼자 가기가 어색하고 쑥스러워 사촌동생에게 같이 가자고 하여 참석하게 되었다.

그날 출판기념회에서 받은 책은 『공장이 내게 말한 것들』이라는 제목의 원풍노조 소속 조합원들의 이야기가 실린 것이었는데, 그중 엄마의 이야기도 있었다. 그동안 나는 엄마가 얼마나 고생했는지 모르고 있다가 그 책을 읽고 나서야 엄마의 삶과 엄마의 마음을 조금이나마 알게 되었다. 출판기념회를 보면서 원풍모임이 30년을 훌쩍 넘겨서도 계속되고 있다는 것에 놀랐고, 우리 엄마가 그 책의 주인공의 한 명으로 당당하게 자리를 차지하고 있는 것에 자부심도 생겼다.

출판기념회에 다녀와서 원풍에 관련한 책도 보고, 인터넷에 검색도 해보게 되면서 엄마가 몸담았던 원풍노조에 대해 조금씩 더 알아가고 있다. 원풍 이야기가 인터넷에 뜨면 댓글도 달고, 댓글을 달기 위해 원풍에 대해 더 알아 가면 알아갈수록 엄마를 이해하는 폭이 넓어졌다.

어렸을 때 엄마를 따라 모임에도 가고 이모들을 만나러 다녔던 기억도 있는데, 그때는 뭔지도 모르고 따라다녔다. 지금 와서 생각을 해보니 그때 따라간 곳이 원풍모임이었다. 그리고 엄마가 원풍모임 간다고 하면 '그냥 아는 분들끼리 모임을 하나보다'라고 생각을 했지 노조활동의 연장선이라는 생각은 전혀 못했다.

우리 엄마가 노조활동을 할 그 당시는 원풍노조 조합원들이 다 소녀들이었을 텐데, 그 소녀들이 더 나은 노동환경을 쟁취하기 위해 노동운동을 했다는 것도 신기하고, 그 소녀들이 엄마가 되고 할머니가 되어가는 오랜 시간이 지나서도 소녀 시절처럼 모임을 지속해서 하는 것도 신기하다는 생각을 했다.

그리고 무엇보다 내가 보는 우리 엄마는 강직하였고, 가정에 대한 책임감도 강하지만, 나에게는 무뚝뚝하고 엄격한 엄마라고 생각했는데 동료들하고의 모임은 그렇지 않은 것 같아서 그것도 내게는 놀라운 부분이다.

나는 그동안 엄마와 살갑게 이야기를 나누거나 하지 못하고 살았던 것 같다. 우리 엄마는 그저 엄하고 무섭다고만 생각했다. 지금 와서 생각해보면 엄마에게 이야기하면 아무렇지도 않게 받아줄 텐데, 내가 지레 겁먹고 이야기를 못한 부분도 많은 것 같다. 아마도 내 친구들과 다르게 어렸을 때부터 엄마가 바쁘셔서 우리들을 직접 돌볼 형편이 안 되어 정서적 소통이 잘 안되었고, 그런 게 오래 지속하다 보니 엄마랑 서로 어려워하며 산 것 같다.

내가 떼도 쓰고 요구도 하면 된다고는 하지만, 어렸을 때부터 안 하던 거라서 잘 안 된다. 엄마도 사는 것이 너무 바빠, 나와 엄마는 일상적인 이야기조차 잘 나누지 못하고 조금 건조하게 살았다는 생각이 든다. 그러니 원풍 이야기는 더더군다나 깊이 있게 이야기하지 못했고, 그래서 그동안 잘 모르고 있었던 것이다. 요즘에서야 엄마가 원풍노조에서 일반 조합원도 아니고 대의원이라는 직책을 맡았었다는 것을 알고 깜짝 놀랐다.

나는 책을 보기 전까지는 엄마가 얼마나 힘들게 살아왔는지 몰랐다. 마지막에 자녀에 대한 생각을 표현한 부분에서, 나에 대해 미안하고 사랑한다는 표현한 것을 보았을 때, 평소에 대놓고 말을 안 하셨지만, 자식에 대한 깊은 사랑을 품고 있다는 것을 알게 되었다. 그러면서 엄마에 대해 좀 더 이해해보려는 생각, 더불어 원풍에 대해서도 더 알고 싶은 마음이 더 많이 생겼다.

그동안은 엄마로서의 엄마만 봤었는데, 한 인간으로서의 엄마를 알 수 있는 계기가 되었다. 그러고 나니 이제 와서 힘들게 살아온 엄마에 대해 왜 내가 먼저 관심을 기울이지 못했을까, 하는 자책과 안타까운 마음이 있지만, 이제 엄마의 마음도 알게 되었으니 앞으로는 엄마와의 거리가 더 좁혀질 수 있도록 노력해야겠다고 다짐한다.

전에 민주화운동 관련자 인증서를 받았을 때, 그 내용을 찬찬히 살펴보니 엄마가 정말 멋있게 잘 살았다는 것을 알게 되어 깊은 감명을 받았다. 어렸을 때는 사회에 대한 관심이 없었지만, 크면서 정치에 관심이 생기고, 그러면서 엄마가 대단한 일을 하셨다는, 교과서에 나올만한 일을 하셨다는 생각이 들어 그 인증서를 받는 것이 당연하다고 생각한다.

엄마가 생활지원금을 받고 나서야 원풍 이야기를 자세히 해주신 것을 보면, 원풍노조원으로서 살아온 삶에 자신감이 생기고, 앞으로도 더 활발하게 살아갈 수 있도록 한 변화였다고 본다. 나도 친구들이나 주변 사람들과 민주화에 관한 이야기를 나누다보면 우리 엄마가 민주화운동 인증서도 받고 생활지원금도 받았다는 이야기를 자랑스럽게 하게 되었다.

요즈음 양승태 전 대법원장의 국정농단 이야기가 자주 뉴스로 나오는데, 나는 원풍노조가 그 직접적인 피해자라는 것을 몰랐다. 곧 그 피해가 엄마와 관련되어 있다는 이야기를 듣고 깜짝 놀랐다. 엄마가 그 직접적인 피해자라고 생각하니 엄마와 함께 분노를 느끼면서, 우리 엄마가 그 역사적 사건의 중심에 있다는 생각이 확 들었다. 그래서 나는 정치계와 언론에서 나오는 이야기들에 더 관심을 가지게 되었다.

2017년, 내가 촛불 집회를 가면 친척들은 '너도 엄마를 닮아서 촛불 집회에 가느냐?'고 했다. 물론 엄마의 영향도 받았지만, 사회적으로 옳지 않거나 정의롭지 못하면 그냥 넘기지 못하고 화가 나서 발끈하게 된다. 요즘 내가 관심을 두는 것은 페미니즘이다. 여성은 늘 중요한 일을 하고도 지워진다고 하고, 실제로 역사적으로도 그런 경우가 부지기수이다. 그런데 원풍은 여성들이 중심이 되어 움직인다. 이를 보면서 큰 감명을 받았다.

전에는 운동가들이 사사건건 정부랑 다투던 모습을 볼 수 있었다. 이를 보면서 '어떻게 저렇게 자기 삶도 따로 없이 정부랑 싸우면서 살지?'라는 생각을 했다. 그런데 지금에 와서 보니 엄마와 원풍이 그런 삶을 살았었다. 대단하다고 생각한 사람들이 가까이에 있었는데, 나는 그걸 놓치고 살았다. 평생 자기를 희생하여 여러 사람에게 도움이 되는 삶을 살아가는 것도 의미 있는 삶이라고 생각한다.

사실 나는 그동안 자녀모임에 쑥스러워서 못 나갔다. 내성적인 성격 때문에, 가면 잘 어울리지만, 가기 전까지는 엄청난 긴장감과 스트레스를 받게 된다. 그러나 앞으로는 자녀모임에도 참여를 해보려고 한다. 엄마나 원풍 이모들에게 바람이 있다면, 열심히 싸우는 만큼 원하는 결과를 얻었으면 좋겠다. 원풍 이모들이 이기는 것이 다른 사람들에게 힘이 되고, 희망이 되기 때문이다. 엄마! 이모님들! 힘내세요.

035

그리운 추억에 웃는다

박 영 순

_____1956년에 충남 온양에서 태어나, 1976년에 원풍모방에 입사했다. 1982년 원풍노조의 조사통계부 차장으로 활동하다가 1982년 9·27폭력사태 때 해고를 당했다. 2007년에 민주화운동 관련자로 명예회복되었다.

나의 고향은 충청남도 온양이다. 농사일을 하는 농촌보다는 도시생활을 선호했던 나는 고종사촌인 한상분 언니의 소개로 1976년 5월에 원풍에 입사했다. 입사해서 양성공으로 일당 520원을 받았는데, 기숙사비 등을 제하고 나면 월급으로 1만 3천 원 정도 받았던 것 같다. 나는 결혼자금을 모으려고 적금도 붓고 나름대로 계획성 있게 월급을 관리했다.

나는 정사과로 배치되었는데, 해사, 연사, 권사 어느 작업공정에 투입해도 눈썰미가 있어서 금방 배우고 잘한 것 같다. 그러다 보니 조장은 결근자나 휴가자가 생기면 그 자리에 나를 배정해서 나는 자꾸 대타를 하게 되었다. 지정된 공정이 따로 없이 빈자리를 채우는 역할은 불만으로 이어지기도 했다.

내 생애의 황금기

기숙사에서 생활하면서 아프다고 꾀병을 부리거나, 또는 정말 아플 때 기숙사 사감에게 아파서 밥 먹으러 못 간다는 도장을 받아 방에서 사용하는 주전자를 가지고 가면 식당에서 밥을 담아올 수 있다. 그렇게 받아온 밥을 기숙사에서 비벼 방 식구들끼리 둘러앉아서 먹으면 정말 맛있고 재미있어서 가끔 꾀병도 부렸었다.

오후반으로 일할 때 10시에 퇴근하면 외출이 안 되어 배가 너무 고팠다. 그때는 먹어도 먹어도 배가 고플 때라 출퇴근하는 자취생들에게 부탁해서 외상으로 라면땅, 자야, 고소미, 보름달 빵 등 간식거리들을 한 보따리 울타리 너머로 받아서 방 식구들이랑 나눠 먹고, 월급 탈 때 돈을 내었던 즐거움도 있었다.

매년 노동절 행사를 할 때는 식당에 무대를 꾸미고 외부에서 가수가 와 공연도 했다. 그리고 우리들이 처해 있는 상황을 탈춤반이 극으로 만들어 속 시원하게 회사도 비판하고 정치적인 문제도 풍자해, 내가 하고 싶은 이야기를 대신해 줘서 가슴이 후련했다.

1979년, 박정희 대통령이 오랫동안 독재를 하다가 사망하자 세상이 바뀌는 줄 알았는데, 전두환에 의해 1980년 5월 광주항쟁으로 수많은 사람이 희생되었다. 소문으로는 수많은 사람들이 죽어가고, 광주가 피로 물들었다는 이야기를 듣고 너무 무섭다는 생각이 들으면서 불안했다. 노동조합에서 광주 희생자를 돕는 모금을 한다는 대자보를 식당에 붙이고 모금운동을 했을 때, 그렇게라도 우리가 할 수 있는 것이 정말 다행이라는 생각이 들었다.

1980년 12월, 계엄령 하에서 노동조합 간부들이 합동수사본부로 연행되었을 때는 마음이 매우 불안했다. 노동조합의 핵심간부들이 모두 연행되어 조합의 힘이 약화된다는 생각이 들었다. 특히 노동조합 부지부장이었던 한상분 언니가 삼청교육대로 끌려갈까봐 많이 걱정했다. 이때 합동수사본부에서 노동조합 간부 14명이 해고를 당했고, 그중 4명이 순화교육을 갔다. 우리 부서 간부인 양분옥이 합동수사본부에서 조사를 받았지만 해고를 면하고 다시 현장에 출근하게 되어 다행이라고 생각했다.

노 조 간 부 가 되 어

그런데 1년 후인 81년 12월 24일, 양분옥은 TQC교육을 방해했다는 이유로 해고되었다. 우리 반에서 한기복 부반장이 품질관리경진대회를 갔다가 왔는데, 노조간부인 양분옥과 신필섭에게 추궁을 당해 사표를 내게 되었다는 진정서를 회사에 냈다. 회사는 상집간부인 양분옥과 대의원 신필섭에게 인사위원회에 출두하라고 하더니 일방적으로 해고를 했다.

이는 명백히 단체협약사항을 위반한 것이었다. 핵심간부를 해고함으로써 노동조합의 힘을 약화시키려는 의도였다. 회사에 의해 양분옥이 해고를 당했지만, 노동조합에서는 해고를 인정하지 않겠다는 의지로 양분옥에게 노동조합 총무 보직을 주고, 후임으로 내가 상집간부가 되었다.

나는 간부가 되고 나서 상집회의에 두 번 정도 참석한 것 같다. 나는 노동조합 간부 보직을 조사통계부 차장으로 받았는데, 염색과 박명신 씨가 부장이었다. 내가 처음 상집간부가 되었을 때 폴란드의 노동운동가 바웬사의 책이 노동자들이 읽어야 할 필독서로서 인기가 있었다. 나도 그 책을 3천원을 주고 산 것 같은데, 현장에서 일하다가 식사시간에 그 책을 노동조합에서 샀기 때문에 기숙사에 가져가지 못하고 노동조합 사무실에 맡겼다. 나중에 시간 날 때 책을 가져간다고 했지만, 얼마 지나지 않아 9·27사건이 일어나 그 책도 사라져버렸다.

내가 참석한 두 번째 상집회의에서 결정된 내용 중에는, 회사가 노동조합을 탄압하고 있으니 간부들이 만반의 준비를 해야 된다는 내용도 있었다. 또 그런 일이 일어나면 빨갱이한테 물들었다고 할 테니, 간부들도 미리 가족에게 연락해 걱정하지 않도록 하고, 조합원들에게도 고향의 가족들에게 미리 알려서 안심하게 하라며 상집회의를 마쳤다. 그런데 그 이틀 후인 9월 27일, 폭력배들이 쳐들어 온 것이다.

우리 부서의 반장인 강정순은 9·27 당시 구사대의 앞잡이였다. 평소 나를 좋게 봤는지 잘 대해줘서 그 집에 놀러 가기도 하고, 남편도 잘 알고 했기 때문에 나는 강정순이 무섭다는 생각은 안했다. 그런데 내가 상집간부가 된 뒤로 사이가 나빠졌다. 강정순이 나에게 와 눈을 부라리면서 짜증을 내면, 나는 '저거 또 지랄이네, 비 오겠네' 하면서 무시했고, 이때부터 완전히 등을 돌리게 되었다. 나는 현장에서는 한 줄짜리 완장으로 일하는 조장이었다.

1982년 9·27사건 때, 정사과 현장에서 농성을 하고 단식도 하게 되었는데, 그 때 나는 간부라는 직책에 있어 조합원들을 신경 써야 하는 입장이라서 그런지 배가 고픈지도 몰랐다. 농성장에서 다들 며칠 굶은 채로 누워 있는데, 우리 부서의 신금현은 농성하는 사람들의 얼굴이 다 빵으로 보인다고 농담을 했다. 생짜로 단식하는 것이 정말 많이 힘들다는 생각을 했다.

맨홀 속에 숨어

농성이 장기화되면서 점점 생각이 비관적으로 바뀌어 갔다. 부공장장인 박찬배나 노무과 김용해를 비롯하여 회사 간부들이 우리에게 와 살벌한 분위기를 만들었다. 마지막 날 폭력배들에게 끌려 나올 때 누군가가 양문교회로 가라고 소리를 쳤다. 나는 양문교회로 가면 폭력배들이 잡으러 올 것 같아서, 사람이 많은 쪽으로 가는 것이 겁나 샛길로 빠져 난곡동 가는 방향으로 갔다.

당시 난곡동으로 가는 길 건너에 냇가가 있고 거기에 맨홀이 있었는데, 나는 둥근 맨홀 안에 들어가 쪼그리고 앉아 있었다. 나와 같이 움직인 사람들도 맨홀통 하나에 한 명씩 들어가 숨어 있다가 주변이 조용해진 틈을 타서 맨홀에서 나와 시골집으로 갔다. 나는 며칠을 굶었기 때문에 바로 밥을 먹으면 안 될 것 같아 죽을 쑤어달라고 해서 먹고 기운을 차렸다. 그리고는 얼마 안 되어 아버지랑 같이 퇴직금을 타고 회사를 정리했다.

나는 82년 11월 21일에 결혼했다. 결혼할 때 남편도 원풍에 다닌 것을 알고 있었다. 나는 2007년에 민주화운동 명예회복과 생활지원금을 신청하기 위하여 원풍모임에 다시 나왔다. 처음 생활지원금을 받을 수 있다고 했을 때, 이게 될까, 하는 의구심이 강하게 들었다. 그런데 우편으로 명예회복 인증서와 생활지원금이 확정되었다는 통지를 받고 가슴이 벅차 여러 생각으로 밤을 새웠다.

나는 남편과 애들에게도 민주화운동 인증서 받은 것과 생활지원금 받은 것을 알리지 않았다. 남편이 너무 보수적이라서 노동조합이나 사회적인 이야기는 잘 안한다. 얘기 하면 서로 의견이 달라 싸움만 하게 되니 될 수 있으면 입을 다물고 살게 된다. 요즘에는 박근혜 대통령이 너무 잘못해서 문제가 많자, 그나마 생각이 조금 달라지는 것 같기는 하다.

아쉬움

지금에 와서 생각해보면 원풍에 다닐 때 조금 더 열심히 노동조합 활동을 했었더라면 더 많이 더 정확하게 사회를 알게 되었을 것이고, 나의 삶에도 많은 도움이 되었을 텐데, 하는 아쉬운 생각이 든다. 그래도 세상을 바로 보는 눈과, 진보적으로 쏠린 가치관은 원풍노동조합의 영향으로 생각하며, 그걸 알려주고 길러준 원풍노조에 감사한 마음이다.

그동안 남편에게도, 아이들에게도 원풍 이야기나 내 이야기를 안 하고 살았는데, 지금은 남편에게 원풍 모임에 간다고 이야기할 정도가 되었으니 많이 발전한 편이다. 남편은 요즘 뇌경색으로 건강이 안 좋아졌다. 남편은 건강이 나빠지고 나서 성격이 많이 유해졌고, 나와 사이도 많이 좋아졌다. 그러니 '인생지사 새옹지마'인가보다. 잃는 것이 있으면 얻는 것도 있다는 생각이 든다. 나만 힘든 것이 아니라 남편도 같이 힘들었을 텐데, 남편 원망만 하고 살았다는 생각에 반성하고, 앞으로는 주어진 현실에 감사하며 살려고 한다.

뒤돌아보면 원풍에 다닐 때가 내 인생에서 가장 황금기였다고 생각한다. 별다른 걱정 없이 노동조합에서 만들어놓은 복지혜택을 누렸고, 인간관계도 이기적이지 않도록 해줘서 정신적으로도 풍요로웠다는 생각이 든다. 오늘도 가슴 저 밑바닥에 내려놓았던 원풍에 대한 추억을 꺼내며 슬그머니 웃음지어 본다. 원풍에서의 좋았던 시절이 그립기만 한 요즘이다.

036

나는 행복한 사람

안윤옥

_____1936년, 일제 강점기 전북 김제에서 태어났다. 1963년 군인이던 남편과 결혼하여 살다가 1975년 다섯 남매를 두고 남편이 심장마비로 순직하자, 1976년 3월 마흔 살 때 원풍모방에 입사했다. 1980년 12월, 합동수사본부의 압력으로 강제 해고당했다. 2007년, 정부에 의해 민주화운동 관련자로 인정되어 명예회복이 되었다.

1976년 3월 28일, 내 나이 마흔 살 때 원풍모방에 입사했다. 나는 1936년 전북 김제에서 일제 강점기에 태어났다. 아홉 살 때 초등학교에 입학했는데, 그해 우리나라가 해방되었다. 직업군인이었던 남편과 1963년에 결혼하여 강원도 화천군 사창리 27사단 부대 앞에서 살았다.

1975년, 어느 날 부대에서 연락이 왔다. 남편이 심장마비로 순직했다는 것이었다. 정신없이 장례를 치렀지만 아이들과 살길이 막막했다. 당시 나는 서른아홉 살이었다. 딸 넷에 아들 하나 다섯 남매를 낳았는데, 막내아들이 두 돌이 지났던 때였다. 당시 서울 봉천동에 살고 있던 언니가, 서울로 올라와 취직을 하면 아이들과 살기가 나을 것 같다며 권했다.

서울로 이사를 온 나는 보훈처에 취업을 부탁했다. 얼마 후 원풍모방 방적과 선별실로 출근하라는 연락이 왔다. 선별실에는 40~50대의 나이가 비슷한 원호 가족 아주머니 여섯 명이 근무하고 있었다. 선별실은 실을 생산할 때 발생한 부산물 중 재활용이 가능한 원료를 고르는 곳이었다.

원풍노조와의 인연

나는 2019년 현재 84세이다. 내 평생 가장 잘 한 일이 있다면 원풍모방에 들어가 노동조합과 인연을 맺은 것이다. 항상 올바른 길에 서 있는 사람들과 평생을 만나 살아가며 나이 들어가는 것이 즐겁다.

1976년, 직장이라고는 처음 들어간 원풍모방에서 노동조합 간부들과 조합원들이 사는 모습을 보면서 40년을 살아온 내 가치관이 확 바뀌었다. 나는 총을 든 사람만 애국자인 줄 알았다. 그래서 박정희가 최고 애국자인 줄 알았다.

그런데 원풍에 들어가 보니 열일곱, 열여덟 살, 스무 살 나이 어린 애기들이 3교대 야근을 하며 돈 벌어 오빠, 동생 등록금 대주고 집안 살림살이에 보태며, 한편으로는 자신들의 권익을 위해 열심히 싸우는 모습을 보고 생각이 달라졌다. 거기다가 올바른 사회를 위해 열심히 활동하는 사람들을 보면서 크게 깨달았다. 바로 노동자들이 애국자구나! 40여 년 간 굳게 갖고 있었던 세상을 바라보는 내 생각이 깨진 것이다.

생전 처음의 직장생활은 다닐 만했다. 강원도 화천 부대 앞에서 아이들만 바라보고 살 때는 다른 곳으로 가서는 살 수가 없을 것 같았다. 그런데 식사시간 후에 원풍모방노동조합을 들며날며 조합원들과 간부들을 만나면서 사는 맛이 났다. 혼자만 원풍노조를 짝사랑했는지 모르겠지만, 그곳에서 함께 직장생활을 하는 것만으로도 나는 즐거웠다.

원호가족은 노동조합의 조합원이 될 수가 없었다. 당시 임시공으로 특별 채용되어서 그랬는지, 아무튼 조합원이 될 수 없었던 것이 몹시 안타까웠다. 그럼에도 노동조합 덕분에 많은 혜택을 보았다. 월급이야 꼬박꼬박 나오는 것이 당연하다 하더라도 노동조합에서 운영 관리하던 공동구매조합에서 생활필수품을 싸게 구입할 수 있어서 좋았고, 미용실과 목욕탕 등 공장 내 편의시설을 이용할 수 있어서 좋았다.

그보다 더 큰 혜택과 덕도 많이 보았다. 1977~78년쯤으로 기억되는데, 방송에서 원호가족 수당을 4만원씩 지급한다는 뉴스가 나왔다. 원풍모방에서 2만 8천원을 받고 있을 때였다. 나는 원풍에서 받은 2만 8천원과 편지를 봉투에 담아 노동청으로 보냈다. 그 내용은 원호수당 4만원을 주는 곳으로 나를 보내달라는 것이었다. 며칠 후 노무과장이 불러서 갔더니, 그 후부터 2만 2천원을 올려 주어 4

만원을 받았다.

1979년에는 소공동 원풍 본사에 가서 아이들 장학금을 달라고 항의했다. 원풍모방노동조합 단체협약에는 중·고·대학생 자녀에게 장학금을 지급하게 되어 있었다. 그런데 원호가족 자녀들은 학비를 면제받는다는 이유로 장학금을 지급하지 않았다. 나는 선별실 동료들에게 회사가 우리에게 장학금을 주지 않는 것은 부당하다며 본사로 가서 항의하자고 제안했다.

원호가족들은 박정희 정권을 비판하는 노조를 좋아하지 않았다. 이점순 씨만 내 의견에 동의하여 둘이 소공동 본사 담당자를 찾아갔다. 본사 직원은 자녀가 학비 면제를 받기 때문에 장학금을 지급할 수 없다는 원론적인 이야기만 해댔다. 나는 학비 면제는 애들 아빠가 죽고 없어서 받는 것이고, 내가 원풍모방에 근무하고 있으니 단체협약에 명시된 장학금은 받을 권리가 있다고 따졌다.

본사 직원은 나 같이 힘없는 자의 요구를 고분고분 들어줄 리가 없었다. 나는 유리 창문으로 올라가 요구를 들어주지 않으면 뛰어내려 죽어버리겠다고 협박했다. 본사에서는 내 주장을 받아들여 자녀가 있는 원호가족들도 장학금을 받을 수 있게 해 주었다.

이와 같이 내가 겁 없이 큰소리를 땅땅 치며 권리를 주장하고 뜻을 이룰 수 있었던 것은 모두 노동조합이라는 뒷배가 든든했기 때문이었다. 노조 간부들이 지혜를 주었고, 힘과 용기를 주었기에 겁 없이 덤볐던 것이다.

정 화   대 상 이   되 어   해 고 를   당 하 다

나는 원풍에서 일하며 약한 자에게 힘이 되어주는 노조간부들이 믿음직스러웠고, 나이 어린 조합원들이 열심히 일하며 노조활동을 하는 모습도 너무 예뻤다. 자기 부모형제를 도와주는 것이지만, 기특하여 내 마음이 흐뭇하기도 했다. 서로를 아끼고 위하며 살아가는 사람들과 인연을 맺고 훈훈하게 직장생활을 하는 것이 행복했다. 이 정도면 살만한 세상이라 생각하며 마음 편안하게 일했던 시절이었다. 그래서 그랬는지 어린 다섯 남매를 키우며 노동하는 것도 힘들지 않았다.

나는 1980년 해고를 당할 때까지 노조 사무실을 거의 하루도 빠짐없이 드나들었던 것 같다. 노동조합 덕분에 내 권익이 보호받고 누리며 살고 있어 무언가 도움을 주고 싶었다. 생각 끝에 사무실에 드나드는 나이 어린 조합원들이 차 한 잔이라도 따뜻하게 마시기를 바라며 전지분유를 사들고 가 여러 차례 슬그머니 놓고 나오는 것으로 보답하려고 했다.

1980년 5월, 노동조합에서 광주민주항쟁 희생자 돕기 모금운동을 했다. 국민의 한 사람으로서 당연히 해야 할 일이었으며, 노동조합에서 추진하는 모금운동이니만큼 참여하는 것이 마땅했다. 그 일이 있은 후 안타까웠던 것은 방용석 지부장과 박순희 부지부장이 수배가 되고 정화 조치로 해고를 당한 것이다.

그해 초여름, 어느 날부터였는지 바람에 펄럭이는 현수막이 눈에 들어왔다. 정문에서 작업장으로 출근을 하는 길목이었다. 다른 내용은 기억나지 않고 다만 '정화'라고 쓴 글씨가 자꾸 눈에 거슬렸다. 나는 그해 12월에 직장 정화 대상자가 되어 해고를 당했다. 선별실에서 근무하던 원호가족 6명 중 4명을 해고한 것이다. 회사 측 간부는 전두환 정부의 정화위원회에서 해고명령이 내려와 어쩔 수 없다고 했다.

전두환 신군부는 사회정화라는 미명하에 민주노조운동을 하던 노동자들을 해고했다. 더불어 직장 정화라는 명분으로 회사 측 관리사원 16명을 해고하였다. 그때 노동조합에 우호적이었던 생산부 부장, 과장, 계장 등과 나와 이점순 씨가 정화 해고를 당했다. 해고 통보를 받고 의외로 마음이 담담했다. 원풍에 입사할 때 업고 다니던 막내아이가 그때는 제법 커서 걸어 다니는 데, 나가서 무엇을 한들 못 먹고 살겠나 싶었다.

아쉬운 것은 좋아하는 사람들과 헤어지는 것이었다. 그야말로 좋은 시절은 이제 끝이구나, 하는 생각이 들었다. 해고를 당하고 취직이 쉽지 않아 손수건 장사를 했다. 여자학교 교문 앞에 손수건을 펴놓고 팔았다. 푼돈이라도 벌어야 하는데, 어느 날 장사를 마치고 집으로 돌아오는 길에 넘어져서 허리를 다쳤다. 당시는 해고를 당해 의료보험증도 반납을 한 상태라서 병원에도 못 갔다. 나중에 어렵사리 프라자호텔 주방에 취직을 한 후 병원에 갔더니 치료 시기가 지나 고칠 수가 없다고 하였다.

프라자호텔 식당에서 15년간 근무하고 정년퇴직을 했다. 그곳에서도 직원들에게 주는 장학금을 나에게는 주지 않았다. 그래도 찍소리 한마디 못했다. 프라자호텔에 취직하기 전에 이점순 씨와 몇 군데 일자리를 알아보러 다녔다. 자녀 학비가 가장 걱정되었던 우리는 장학금 제도가 있느냐고 물었다. 원풍모방 노동조건을 비교하며 일할 곳을 찾았던 것이다. 그러나 단 한 곳도 없었다.

원풍노조 9 · 27 폭력 사태

원풍노동조합 조합원들이 농성을 한다는 소식을 TV뉴스에서 듣고 깜짝 놀랐다. 잘 되기를 바라며 걱정만 하던 어느 날, 노조 상집간부 최영숙으로부터 전화가 왔다. 노조간부들이 모두 지명수배 되어 갈 곳이 없는데, 당분간 우리 집에 있어도 되겠냐는 전화였다. 얼른 오라고 했다. 특별히 해준 것은 없지만, 마지막 싸움을 하며 고생하는 간부들을 도울 수 있어서 다행이었다. 이옥순 총무와 최영숙 둘이 와서 지내다가 수배자들이 지낼만한 집을 얻었다며 가더니 며칠 후 경찰에 체포되었다는 소식이 들렸다.

그해 겨울이었다. 구속된 방용석 지부장의 건강이 걱정되어 고척동 구치소로 면회를 갔다. 가족 외에는 면회가 금지되는데, 나는 방 지부장의 아내를 따라 다행히 들어갈 수 있었다. 철창 사이로 바라보이는 방 지부장은 여전히 넉넉한 웃음으로 맞이해주었다. 수척해진 모습을 보며 건강이 걱정되었다. 그 때 마음속으로 간절하게 빌었던 기도가 있다.

'하나님! 이 사람들이 부디 건강하게 살아서 교도소를 나오게 하소서. 그리하여 그들이 이루고자 하는 뜻을 이룰 수 있게 해주소소.'

방 지부장님은 "고맙습니다만, 이옥순이를 면회하시지 그러셨어요. 옥순이가 면회가 잘 안 되는 것 같더라고요."교도소 안에서도 후배들을 더 생각하는 그 마음이 여전히 믿음직스러웠다. 당시 나는 프라자호텔에 근무했는데, 간부들 재판이 있는 날이면 근무시간을 바꿔 재판정에 갔다. 그래야 보고 싶은 간부들 얼굴을 잠시나마 볼 수 있고, 무엇보다 방청석을 채워 재판 받는 사람들에게 힘이 되어주고 싶었다.

1984년 3월, 노동절 행사에 갔다. 홍제동성당을 들어가는 입구에서부터 성당 안까지 빼곡하게 모여든 노동자들을 보고 감탄했다. 그 집회에는 원풍노조 해고 노동자들뿐만 아니라 80년대 해고 노동자들이 모두 모였다. 2천 명쯤 된다고 했다. 원풍노조 조합원들이 여전히 죽지 않고 살아있구나, 하는 생각이 들어 새로운 희망으로 기분이 들뜨기까지 했다. 행사장 밖에는 경찰이 새까맣게 진을 치고 감시를 하고 있었지만 두렵지 않았다.

명예회복

2007년, '민주화운동 관련자 명예회복 및 보상 등에 관한 법률'에 의하여 명예회복이 되었다. 정화해고를 당한 지 27년 만의 일이었다. 너무 기쁘고 행복했다. 원풍노동조합의 간부들과 조합원들이 올바른 길에 서서 이룬 성취의 덕을 단단히 보았던 것이다.

원풍노조 사람들의 삶의 모습을 보며 내 삶도 따라서 변화되었다. 뭐랄까, 새로운 세상을 눈뜨게 해주었다. 교회에서 신앙 간증을 한 적이 있었다. 하나님의 사랑을 실천하며 살아가는 원풍노동조합에서 만난 사람들의 이야기를 했다. 사람을 소중하게 여기며 사회정의를 위해 끊임없이 노력하는 희생적인 사람들 덕분에 이기적인 내 생각도 바뀌었다고 했다. 그 사람들이 불의에 맞서 싸운 덕분에 국가로부터 명예회복이 되어 당당하게 살아온 삶을 간증하였다.

2018년 4월 7일, 원풍동지회의 관악산 야유회에 갔다. 내가 원풍모방에 입사했을 때 열여덟 살, 열아홉 살 애기들이 60대 중년이 되어 있었다. 모두 여전히 밝고 환하게 웃으며 반갑게 맞이해 준다. 그 예쁜 사람들 덕분에 이 나이에 관악산에서 아름다운 봄 경치를 구경했다. 분홍빛 진달래꽃, 노란 개나리꽃, 흐드러지게 핀 벚꽃 등 꽃 잔치에 물들어 마음껏 웃으며 즐겼던 행복한 날이었다.

꽃들이 만개한 봄날, 오색단풍이 곱게 물든 가을날을 기다린다. 해마다 가을의 '원풍노조 9·27모임'을 손꼽는 것이 오래된 나의 기다림이다. 평생 좋은 사람들을 만날 수 있고, 그 날을 손꼽아 기다릴 수 있으니, 나는 정말 행복한 사람이다.

037

나의 첫사랑 원풍노조

정영례

_____1959년, 전북 군산에서 태어나 76년 원풍모방에 입사했다. 1978년부터 노조의 3선 대의원, 부녀부장으로 활동했다. 1980년 계엄사 합동수사본부에 연행되어 조사를 받았으며, 1982년 9·27 사건으로 해고된 후 10.13 출근투쟁 때 남부경찰서에 연행되어 구류 20일을 살았다. 2011년 정방 회장을 했고, 현재는 원풍동지회 회계감사로 활동하고 있다.

내 마음의 천국, 원풍

나는 전북 군산시 비안도라는 섬에서 8남매의 막내로 태어났다. 비안도에서 중학교를 중퇴하고 공부를 더하고 돈도 벌고 싶은 욕심에 무작정 서울 언니네 집으로 올라왔다. 막상 언니네 집으로 오기는 했는데, 방 한 칸에 여러 명이 생활을 하고 있어, 빨리 취직을 해서 좁고 옹색한 그곳에서 벗어나고 싶었다.

서울에 대한 동경심이 깨져 실망을 하고 있던 중에 아는 분이 원풍모방의 모집공고를 보고 시험 일자를 알려주어 1976년 8월에 원풍모방에 입사했다. 필기시험을 보고 면접을 할 때, 면접시험관인 박태석 씨가 누구 소개로 왔냐고 물어봤다. 소개자 없으면 취업이 안 되냐고 물어봤더니, 꼭 그런 것은 아니라고 했다. 게시판에 공고된 합격자 명단을 찬찬히 훑어보는데, 맨 마지막 두 번째로 내 이름이 있어서 너무 기뻐 펄쩍 뛰면서 만세를 불렀던 생각이 난다.

입사는 했는데, 기숙사에 당장 빈방이 없어서 대기하고 있다가 두 달 후에나 들어갈 수 있었다. 기숙사는 따뜻한 목욕탕, 텔레비전이 있는 강당이 있어 좋았다.

기숙사를 둘러싸고 있는 언덕이라든가, 철마다 피는 꽃 등 주변 전경도 맘에 들었다. 여름에는 운동장의 등나무 밑 벤치에 앉아 놀던 생각, 저녁 10시 퇴근할 때 가게에 쪽지를 써 주면 철조망 너머로 먹을 것을 한 보따리씩 받아 후불로 계산하고 방 식구들과 나누어 먹었다.

주전자로 밥을 타다가 양동이에 양배추 썰어 넣고 비벼서 방 식구들끼리 둘러앉아 정말 맛있게 먹었던 생각도 난다. 저녁에 퇴근하면 12시에 옥상 문을 닫을 때까지 도란도란 이야기도 하면서 놀았던 그때가 내 생애 가장 행복했던 시절이었다. 원풍 기숙사 생활은 내 마음 속의 천국이었다. 나는 정방으로 부서를 배치받아 지관을 고르면서 청소를 했다. 그러다가 눈썰미가 있어서 동기들보다 먼저 신(新)기계에 투입되어 일을 했다.

그즈음 식당에 밥 먹으러 다니면서 노동조합에 들리게 되었는데, 조합 사무실 벽면 한쪽이 책으로 가득했다. 나는 책을 보고 싶은 호기심에서 사무실을 자주 들리게 되었다. 그때 전집으로 나오던 『여명의 눈동자』에 매료되어 다음 편을 기다리는 것이 길게만 느껴졌던 생각이 난다. 노동조합 사무실에 양성공들이 가면 방용석 지부장님이 툭툭 농담을 던지셨다. 그런 분위기로 노동조합에 친근감이 느껴지면서 관심을 갖기 시작했다.

임금협상 지원 농성

1976년 10월 11일, 지부장님이 국가원수모독혐의로 연행되었을 때 나는 입사한 지 얼마 안 되는 신입이었다. 그때 처음으로 식당과 조합 사무실에서 철야농성에 참가하면서 노동가도 부르고 구호도 외치면서 지부장님의 석방을 요구했다. 지부장님은 치안본부 대공분실로 연행되어 조사를 받고 6일 만에 석방되었다. 나는 이때 단결해서 뭉치면 안 되는 일이 없다는 것을 깨닫게 되었다.

나는 부서원 8명과 함께 '대들보'라는 소그룹을 만들어 활동을 하다가 1978년에 대의원으로 선출되면서 돈보스코 센터, 영보수녀원 등으로 교육도 다녔다. 신인령 교수님의 노동운동 교육과 방용석 지부장님의 노조교육이 인상 깊었다. 특히 방 지부장님의 교육내용 중에는, '잔디가 쭉 고르게 자라야 되는데, 좀 웃자란 잔디는 주목을 받게 되어 잘리게 된다'며 원풍노동조합이 그 이치에 맞는 행동을 하는 것인지 늘 조심스럽게 활동해야 한다고 했다.

1979년, 임금협상을 2층 쇼룸에서 진행했다. 회사 측에서는 교섭을 여러 번 연장하면서 성의 없이 미루고 있었다. 그에 대응해 조합원 500여명이 총무과 사무실을 점거하고 새벽 6시까지 노래자랑, 장기자랑, 탈춤 등을 공연하면서 응원했다. 이것은 노동조합에 소극적인 조합원들도 조합 활동에 관심을 갖도록 하는 교육의 장이 되었다. 조합원들에게는 임금인상 뿐만 아니라 교섭하는 방법을 직접 보고 배우는 산 교육의 장이 되었으므로 일거양득이 된 것이다.

1978년 동일방직 사건이 일어났다. 1979년 8월 9일, YH 조합원들이 폐업 반대 요구를 하며 신민당사에서 농성할 때 원풍 동지들 몇 명이 신민당사 주변에서 힘내라고 노래 부르고 구호를 외치며 응원했던 기억이 난다. 그해 10월 26일, 박정희 대통령이 김재규 정보부장의 총에 맞아 사망했다는 신문 호외가 뿌려졌다. 어수선한 분위기에서 계엄령이 내려졌다. 오래 동안 독재를 하던 박정희 대통령의 죽음으로 그동안 묵었던 체증이 내려가고 옥죄어있던 것들이 확 터지는 느낌이 들었다. 그렇게 나는 후련한 마음으로 진정한 봄을 기다리고 있었다.

숨 막 히 는 정 국

계엄령이 내려진 가운데 신군부가 들어오면서 정국이 얼어붙었다. 그러자 11월 24일, 민주화를 갈망하는 사람들이 모여 YWCA 강당에서 통일주체국민회의 반대 집회를 열었다. 원풍노동조합에서는 조직적으로 그 집회에 동원을 했는데, 나도 김영순과 같이 갔다. 많은 사람들이 강당을 가득 메우고 있는데, 신랑 입장을 알리면서 성명서를 읽자마자 경찰들이 들이닥쳤다. 나와 영순이는 놀라 화장실로 가 쥐 죽은 듯이 한동안 숨어 있다가, 조금 한산해진 틈을 타 서울역까지 죽도록 뛰어 버스에 오르고서야 한숨을 돌렸다. 당시 원풍조합원들 뿐만 아니라 많은 사람들이 연행되어 고문을 받고 구류를 살았다.

80년 5월 13일부터 민주화의 봄이 오길 바라는 노동자들이 한국노총 강당을 가득 메웠다. 집회를 하는 도중에 정한주 한국노총위원장에게 〈노총가〉를 부르라고 했는데 모른다고 해서, 야유를 하며 그럼 〈산토끼〉라도 부르라고 했다. 1982년에 노동부장관이 된 정한주를 우리들은 '토끼장관'이라고 불렀다.

노동자들의 한국노총 궐기대회와, 학생들의 거리시위로 민주화의 열기는 화사한 봄과 함께 달아오르고 있었다. 그런데 갑자기 뜨겁게 달구어진 노총강당이

서늘해지면서 해산을 선포하고, 우리들은 여의도에서 회사까지 〈우리 승리하리라〉 노래를 부르면서 비를 맞으며 걸어 왔다.

5월 18일, 광주에서 시민들의 항쟁이 일어났다. 그러나 텔레비전 뉴스는 불순한 자들이 폭동을 일으키고 있다고, 간첩이 침투해서 군인들이 투입되었다고 거짓보도를 계속하였다. 다시 암흑시대가 오고 있다는 불길한 생각이 들었다. 광주에서 들리는 이야기로는, 병원 복도까지 부상자들이 넘쳐 나는데, 피가 부족해서 수혈을 할 수가 없다고 했다. 노동조합에서는 광주를 위하여 모금을 한다는 벽보를 붙였고, 전 조합원들이 모금에 참여했다. 우리 모두 숙연한 마음으로 광주를 지켜보고 있었다.

그러자 광주를 위해 모금한 것을 트집 잡아 노동조합에 대한 탄압이 시작되었다. 방용석 지부장과 박순희 부지부장을 노동계 정화 조치명단에 넣고 수배령을 내렸다. 12월 8일부터는 노동조합 간부 48명을 합동수사본부로 연행하여 조사했다. 그중 14명을 해고하였고 남자 4명은 삼청교육대에 끌려갔다. 나는 12월 26일 현장에서 일하던 중에 합동수사본부로 연행되어 독방에 갇혀서 여군에게 조사를 받고 오후 6시에 회사로 돌아왔다.

흔들리는 노동조합

노동조합 상집간부의 부장급들 중에서 살아 돌아온 이무술이 1981년에 조합장이 되었다. 그리고 이 시기와 맞물려서 삼청교육대에 갔던 간부들도 돌아왔다. 그중에서 이문희가 이무술을 만나 원풍노동조합에 자기의 의견을 관철시키려고 한다는 소문이 돌았다.

1981년 12월, 양분옥(상집간부)과 신필섭(대의원)이 품질관리교육을 방해했다는 이유로 해고를 당했다. 단체협약에 노동조합 간부의 해고는 노사합의 하에 하도록 되어 있는데, 회사는 단체협약을 무시하고 해고를 한 것이다. 이런 상황에 대해 미온적인 노동조합의 태도에 울분이 쌓였던 조합원들은 투쟁을 해야 한다며 강경하게 목소리를 냈다. 노동조합의 힘이 약화되면서 조합 자체가 유명무실해질 것을 조합원들은 걱정하고 있었다. 노동조합의 힘이 약화되자 남자들 중 가공과 강기숙, 양병욱, 정방 김덕수는 틈만 나면 '회사랑 같이 가야 우리가 살아남는다'는 식의 여론을 형성하며 조합원들 간의 틈을 벌렸다.

1981년, 노동조합에서는 회사와의 싸움에 대비하여 전 조합원을 교육하고 간부들은 노동조합 사무실 소파에서 교대로 쪽잠을 자는 등 24시간 비상대기 했다. 81년, 노동조합 간부를 포함한 활동가 100여 명이 광화문에 있는 국제극장에서 〈사막의 라이온〉 영화를 보면서 정부의 탄압에 대한 대응을 모색했다. 그외 간디의 비폭력운동, 영국노동운동사 등의 시청각 교육은 정신무장을 하는데 도움이 되었다.

1982년 2월, 대의원을 선출했는데 56명 중에 36명이 소장파였다. 현장에서 노동조합이 좀 더 강경하게 대처하기를 바라는 항의이기도 했다. 그러자 이무술이 조합장을 사퇴하고 현장으로 출근하면서 갈등이 빚어지기 시작했다. 1982년의 노동절 행사를 기점으로 조합장이 바뀌었는데, 나는 4선 대의원으로 활동하고 있던 중에 상집간부가 되어 부녀부장을 맡았다.

비폭력 운동

1982년 9월 27일, 그날은 월요일이었다. 노동조합에 폭력배가 쳐들어왔다는 연락을 받고 올 것이 왔다는 생각으로 노조 사무실로 달려갔다. 조합장은 감금되었고, 폭력배들이 바리게이트를 쳤다. 노동조합 앞에서는 조합원들이 폭력배들에게 항의하며 싸우며 울부짖는 말 그대로 아비규환이었다. 회사 주변은 경찰차가 에워싸고 있었고, 기관원들과 KBS, MBC 기자들이 한꺼번에 들이닥쳤다.

폭력배들은 노동조합 깨기가 이렇게 쉬운데 왜 여지까지 질질 끌었는지 모르겠다며 웃고 있었다. 그런데 파업을 하지 않고 조합원들이 냉정하게 행동하자 '이년들이 덤벼들어야 될 텐데 큰일'이라고도 했다. 식당은 배식을 하지 않고 청소를 한다면서 바닥에 물이 흥건했다.

현장에서 작업을 하던 조합원들이 노동조합 앞으로 몰려들기 시작했다. 승화 언니는 대의원들에게, 조합원들이 화가 나도 감정대로 하면 안 된다며 냉정하게 대처하라며, 회사 정문 앞으로 조합원들을 모두 모이게 했다. 승화 언니는 파업을 하면 저들의 작전에 말려드는 꼴이 되는 상황이니, 작업자들은 모두 현장으로 돌아가도록 조합원들에게 알리라고 대의원들에게 지시했다.

상집간부 회의가 소집됐다. 회의 장소가 따로 없어서 식당 앞에 있는 비닐하우스 옆에서 회의를 했다. 이때 결정된 내용은 '정상으로 작업한다. 농성은 정사과 현장으로 정한다. 오늘부터 퇴근을 중지한다. 그리고 저녁 식사시간인 7시 30분부터 검사과 현장에서 점거농성에 들어간다'였다. 그날은 날씨가 너무 을씨년스러웠다. 기숙사생들은 파카 잠바를 입고 농성할 준비를 하도록 하고, 그동안에 준비했던 대의원 후속모임 등 노동조합 조직가동체계를 활용하도록 알렸다.

농성장인 검사과 철망 앞에서는 폭력배들이 '밥 먹어라,' '농성장에서 나오라'고 소리쳤다. 양병욱은 앞장서서 검사과 철조망을 뜯고 들어온다고 하면서 깐죽거렸다. 의식이 약한 농성자들은 심하게 두려워했다. 나가고 싶은 조합원은 몸이 아프다며 밖으로 나갈 명분을 만들어 농성장을 빠져나가기도 하였다. 이무술이 갑자기 농성장에 들어와 농성을 지휘하는 양승화 부조합장에게 '왜 조합원들을 굶기냐?'며 항의했다. 양 부조합장이 상집회의의 결정이라고 하자, 계속 조합원들 틈에서 비협조적인 태도를 취했다.

나는 노조간부였지만, 양승화 부조합장을 도와 농성 현장을 이끌어가는 것이 힘들고 무서웠다. 의지할 사람이 승화 언니밖에 없었는데, 언니도 무전기를 사서 보내라고 할 정도로 고립된 상황이었다. 모든 것을 승화 언니가 결정하고 해결해야 되는 상황이어서 걱정이 많이 되었다.

회사에서는 선무방송을 통해, 코스모스가 피어있는 고향으로 명절을 지내러 가라고 조합원들을 선동했다. 그리고 우리 아버지가 위독하다는 전보가 왔다는 방송을 했다. 이미 십년 전에 돌아가신 아버지가 왜 이제 위독하냐며, 회사에서 거짓방송을 하는 것을 조합원들에게 폭로했다. 그러자 조합원들이 야유를 하고 같이 폭소를 터트렸다.

회사 밖으로 나가면 농성장으로 다시 들어 올 수가 없었다. 그래서 하는 수 없이 농성 조합원이 쓰러지면 농성장 밖으로 내다놓았고, 그러면 폭력배들이 병원으로 이송했다. 회사에서는 가족들을 연락하여 농성장으로 들여보냈다. 가족들은 조합원들의 얼굴을 일일이 확인하며 딸들을 찾으러 다녔다. 농성자 중에는 끌려가지 않으려고 끝내 숨어서 나타나지 않은 사람도 있는 반면, 못이기는 척하면서 농성장을 빠져나가는 사람도 있었다.

마 지 막   절 규

이렇듯 농성장이 아수라장이 되자, 승화 언니가 상집회의를 열어 '우리가 외부에 노출되지 않고 끌려나지 않을 장소를 물색하자'는 의견을 제시했다. 전방 마룻바닥 밑에 들어가면 안전할 것 같았다. 그런데 그곳도 농성자 모두가 들어갈 수는 없고, 또한 폭력배들이 지키고 있어서 쉽지 않을 것 같아 실행에는 옮기지 못했다.

마지막에는 마대로 서로를 연결하여 끌려 나가지 않으려고 안간힘을 썼지만, 폭력배 네 명이 달려들어 짐승 끌고 가듯이 했다. 농성장에서는 지관도 던지고 신발도 던지면서 저항을 했지만 불가항력이었다. 간부들은 상집회의를 열어, 농성장에서 끌려나오면 새문안교회, 양문교회, 대방동성당 등에서 만나자고 부서별로 정해 대의원들에게 알리도록 했다.

무너지기보다는 밖에라도 우리를 알리자는 마음으로 운동장으로 뛰어나갔다. 회사 운동장에서 '사람 살려!', '폭력배는 물러가라!'고 아무리 목 놓아 외쳐 봐도 우리를 도와주는 사람은 어디에도 없었다. 정문 앞 경비실에서는 우리들의 머리에 누런 미숫가루를 마구 뿌렸다. 처음에는 똥물인 줄 알았는데, 고소한 냄새가 나서 미숫가루인 것을 알게 되었다.

폭력배 네 명이 나에게 달려들더니 번쩍 들어 운동장 밖으로 밀어냈다. 새벽 5시쯤이었다. 그렇게 우리는 회사에서 끌려나왔다. 양문교회로 갔는데, 우리들을 나가라고 했다. 어디로 가야 하나 생각을 하면서 육교로 올라갔는데 거기에서 지부장님을 만났다. 이후의 일은 생각이 잘 안 난다. 정신이 들어서 보니 지부장님 집이었다. 할머니가 울면서 나를 주무르고 계셨다. 언니가 쑤어준 죽을 먹고 기운을 차려 산업선교회로 갔다.

산업선교회에서 조합원들을 만나 서로를 위로하며 앞으로의 일들을 걱정하였다. 간부들은 지명수배가 내려져 모두 피해 다니기 시작했다. 지명수배 중에 여러 집을 전전하다가, 도곡동 어느 집에서 지내면서 나와 심현숙 둘이 동교동 집회에 나가기로 결정되어 준비를 하던 중에 모두 연행이 되었다. 정말 마지막 각오를 하고 한번 싸움이라도 해보려고 준비를 했는데 그렇게 허무하게 끝나버렸다.

내가 4박5일간 농성하면서 가장 힘들었던 것은 폭력을 이길 수 있는 방안이 없었다는 점이었다. 그리고 당시 회사 밖에 있었던 원풍 해고자들이나 간부들이 할 수 있는 역할이 없었을까, 아직도 궁금하다.

비안도에 갇히다

남부경찰서에서 조사를 받고는, 간부들 5명은 구속되고, 나는 20일 구류를 살고 석방되었다. 석방되던 날, 인수해 갈 보호자로 비안도에 사는 오빠가 시청 직원하고 같이 나를 데리러 왔다. 나는 오빠랑 언니네 집에서 하루를 보내고, 시청 직원이랑 같이 기차를 타고 군산시청으로 갔다. 시청 공무원은 나를 보더니 빨갱이라고 하면서 서울에 가면 안 된다며 회유와 협박을 했다.

비안도에서는 여객선이 유일한 외부와의 통로인데, 경찰의 철저한 감시 때문에 나는 섬에 갇히게 되었다. 비안도에 와서 보니 내가 지명수배를 받아 도망다니는 동안 가족들을 계속 괴롭혔다. 나는 언니가 5명인데, 형사들이 제주도에 있는 언니네 집에까지 찾아와 내가 빨갱이에 물들어서 큰일 났다며 빨리 잡아서 데리고 오라고 겁을 주었다.

엄마는 그때의 충격으로 바다에 경비정만 뜨면 우리 막내 잡으러 온다며 부들부들 떠는 등 정신적으로 이상증세가 나타났다. 조그마한 섬마을의 우리 집에는 사람들이 드나들지 않았고, 빨갱이라는 소문이 나서 동네 사람들 눈초리가 무서워 나는 어디를 다닐 수조차 없었다.

비안도에서 한 달 넘게 있다가 감시가 소홀한 틈을 타 군산으로 나오게 되었다. 군산에서 동창 둘이 자취하는 집에 갔는데, 친구들은 나를 완전히 빨갱이 취급을 했다. 노동조합의 상황을 설명해도 선입견을 가지고 있으니 내 이야기가 전혀 받아들여지지 않았다. 거의 뜬눈으로 밤을 새우고 아침이 되자마자 서울로 올라갔다. 그러나 언니네 집에는 갈 수가 없었고, 그래서 구로동에 사는 지인의 집에 얹혀살기로 했다.

1983년 초에 기숙사 짐을 가지러 갔다. 우리 방에는 내 짐만 남아있었는데, 캐비닛도 열려 있었고 옷은 흩어져서 난장판이 되어 있었다. 참담한 마음으로 눈물밖에 안 나왔다. 악만 남아 있었다. 필요한 옷가지 몇 개만 정리해서 언니네 집으로 가져다놓았다.

1983년 5월 16일, 고척동 구치소로 방용석 지부장님을 면회하러 언니, 박순자, 김금자, 최영숙과 함께 갔는데, 구로경찰서 경찰 10여 명이 우리를 연행하려 했다. 내가 무슨 이유로 연행하는지 이유나 알고 가자 하자, 경찰은 우리에게 전기방망이를 휘둘렀다. 옷이 찢기고 온몸에 멍이 들었다. 구로경찰서에서는 우리들이 데모를 하려고 해서 연행을 했다며, 불법연행을 하고도 사과도 없이 오후에 덜렁 석방했다.

고 단 한 내 처 지

1983년, 8.15특사로 구속된 간부들이 모두 석방되었다. 나는 노금순의 집에서 지내며 원풍으로부터 헤어 나오지 못하는 마음을 추스르고 있었다. 그런데 금순이가 결혼을 하면서 갈 곳이 없어졌다. 한 축이 무너진 허탈함과 의지할 데가 없어진 마음은 황량하기 그지없었다. 어떻게 살아가야 되는지, 그 아득한 현실이 나를 힘들게 했다.

생활할 곳이 없어서 친구네 집 등을 전전하기도 했고, 지하철역에서 밤을 새우기도 했다. 취업이 안 되는 막막한 상황에서 대림동 도깨비시장 근처의 옥탑 방 월세를 얻었는데, 부엌도 없고 보일러도 없어서 전기장판으로 겨우 추위만 면하고 살았다. 밥을 해먹을 생각은 아예 못하고, 자고일어나면 방안에 있는 걸레고 물이고 다 얼어 있었다. 온몸이 쑤시고 아팠지만, 그나마 내 고단한 몸을 누울 방 한 칸이 생겨 좋아했던 기억이 있다.

나는 청타를 배워서 연대 앞의 문서작업을 하는 곳에 취업했다. 나는 검정고시로 고등학교까지 마치기는 했지만, 필요한 것만 공부를 하게 된 상황이라서 어려움도 많았다. 당시 일하던 곳에서는 청와대의 문건을 받아 서류를 작성하는 일을 했는데, 그때 보안문제로 신원조회를 하자 나는 원풍 블랙리스트에 걸려 해고를 당했다.

나는 을지로에 취업을 하고도 늘 형사들의 감시를 받았고, 정신적으로 너무 힘들어서 인지공황장애가 왔다. 어느 날은 길을 가다보면 아스팔트가 일어나 덮쳤고, 버스를 타고 가다가도 심장이 아프고 조여 와 버스에서 내려야만 했다. 갑자기 힘이 쭉 빠지면 서있기도 힘들어 주저앉아야 됐다. 당시 을지병원에서 공황장애라는 진단을 받았다. 몇 년간 정신과 치료를 받으면서, 약을 계속 먹으면 안되고 스스로 극복을 해야 한다고 하여 산에도 열심히 다녔다. 나는 상처를 그대로 받는 성격이라서, 내 마음에서 자기방어를 하다가 또 상처를 받았다는 생각이 든다.

엄마의 통곡

2007년, 민주화운동 인증서를 받았을 때의 느낌은 '왜 이제서야?'라는 생각이 었지만, 그냥 누구에게든 외치고 싶었다. 나 빨갱이 아니라고, 나 민주화운동 한 사람이라고 막 외치면서 억눌렸던 응어리를 터트리고 싶었다. 그래서 주위 사람들에게 나라에서 주는 민주화운동 인증서를 받았다고 자랑을 했다. 그런데 주변에서는 정작 그 가치를 알아주는 사람이 없었다.

시골에 살고 있는 오빠에게 인증서를 받았다는 소식을 전하자, 그 동안 '우리 막내가 정말 빨갱이인가, 생각을 했었는데, 이제는 발 뻗고 자겠다'고 했다. 엄마는 이 이야기를 듣고 대성통곡을 했다고 한다. MBC에서 2001년에 방영한 〈마녀사냥, 이제는 말할 수 있다〉 프로그램이 오빠가 살고 있는 비안도에 가서 촬영을 했다. 나는 그동안 정부로부터 피해를 받으며 힘들었던 부분을 이야기할 수 있는 기회가 생겼다. 오빠는 그 방송을 통해 그동안 동네 사람들로부터 빨갱이 집안이라며 눈치를 받았던 서러움과 한이 다 풀렸다고 했다.

원풍노조에 대해 생각해본다. 원풍노조는 나에게 삶을 정의롭게 살아가도록, 올바른 가치관을 갖도록, 비굴하게 살아가지 않도록 해준, 그리하여 나를 진정한 인간으로 만들어준 곳이다. 원풍노조를 추억하면, 봄에 피어나는 아지랑이 같은, 철들기 시작할 때 찾아온 아련한 설렘 같은 것이 있다. 그래서 지금도 힘들 때는 원풍에서의 행복했던 추억을 꺼내 보고 그 기억으로 다시 현실을 살아가는 힘을 얻는다. 꿈과 희망으로 가슴 뛰게 했던 원풍은 나의 첫사랑이었다.

038

세상과 맞선 열네 살 소녀

차언년

————1963년 충남 공주에서 태어나, 1976년에 원풍모방에 입사했다. '백마' 소그룹과 탈춤반에서 활동했고, 1982년에 노조 대의원에 선출되었다. 1982년, 노조의 유인물을 배포하다 남대문경찰서로 연행되어 벌금형을 받았다. 1982년 9·27사건으로 해고되었으며, 10월 13일의 출근투쟁 주도 혐의로 구속되어 징역 10개월을 복역했다. 1989년 안양노동회관 간사로 활동했다. 2007년에 민주화운동 관련자로 명예회복이 되었다.

　나는 충남 공주 장기면에서 화전민의 딸로 태어났다. 화전민이었던 부모님은 산을 개간하여 밭을 일구며 내 땅 하나 없는 소작농으로 살았다. 종일 밭에서 일해도 하루 세끼 밥 먹고 살기에도 턱없이 부족하였다. 입 하나 덜고 돈도 벌기 위해서 1976년 2월, 14살에 노무과장에게 소개비를 건네고 세 살 위인 친구 언니의 주민등록증을 제출하고서야 원풍모방에 입사할 수 있었다.

　첫 출근을 하는 날, 공장이 너무 커서 놀랐다. 입사하여 처음에 배정받은 곳은 소모과 선별실로 주간만 일하는 곳이었다. 소모과에서 같이 일하는 동료들도 대부분 14살에서 16살로 남의 이름으로 입사한 어린 친구들이 많았다. 소모과 선별에서 라벨이 되어 있는 양털을 끊어 적정한 온도에 찌게 되면 양털이 살이랑 같이 붙어있는 것을 분리하는 털 고르는 일을 3개월 정도 했다. 그러다가 공정이 바뀌어서 양털을 비눗물에 빨아 지저분한 것을 깨끗하게 정리하는 일을 하다가 정사과로 다시 반 배정을 받았다.

배불리 먹다

나는 원풍에 입사해서 하루 세 끼 밥을 배불리 먹을 수 있다는 게 너무 좋았다. 어린 나이에도 늘 오늘은 무엇으로 가족들의 주린 배를 채울까 끼니를 걱정했던 것에 비하면 너무 행복하지만, 고향에서 배고프게 사는 부모님이나 동생들이 생각나서 혼자 배불리 밥을 먹으면서도 마음이 편치 않았다. 당시는 밀쌀로 밥을 지어서 따뜻할 때는 괜찮았지만 식으면 딱딱했다. 단무지 반찬이 자주 나왔지만, 그래도 나는 맛있어서 몇 번씩 더 타다 먹었다. 원풍에서 나영금 언니와 내가 밥을 가장 많이 먹는 사람이었을 것이다.

기숙사는 그동안 경험해 보지 못한 새로운 세계였다. 강당에서 텔레비전을 애국가가 나올 때까지 볼 수 있었고, 뜨거운 물로 언제든지 목욕도 할 수 있는 것이나, 기숙사의 규칙적인 생활도 아주 흡족했다. 나에게 드디어 새로운 문화생활이 생긴 것이다.

나는 월급을 타면 빨랫비누만 사고 집으로 돈을 모두 보냈다. 이렇게 돈을 집으로 보내는 것은 원풍에 들어오면서 세운 목표 때문이다. 오빠가 대학을 졸업하면 우리 집을 가난에서 벗어나게 해줄 거라는 기대를 했다. 집안은 찢어지게 가난했지만 가족들이 오빠에게 모든 것을 걸고 뒷바라지를 해서 대학을 보냈다.

나는 그토록 원했던 삼성중학교에 입학해 교복을 입고 학교에 가는 날이면 날아갈 것 같은 기분이었다. 다행히도 회사에서는 장학금을 지급해 공부하는데 따로 돈 걱정을 하지 않아서 가능한 일이었다. 학교에 다니고, 탈춤도 추고, 노동조합 활동도 했던 그때가 가장 바쁘게 살았던 때가 아닌가 생각된다.

원풍은 내가 입사했던 때가 가장 좋았던 시절이었던 것 같다. 그해 10월에 체육대회를 할 때는 전체 조합원들과 회사 간부들, 그리고 대림동에 사는 주민들까지 다 와서 즐길 수 있었다. 회사는 직포과 뒤쪽 농장에서 키우는 돼지를 두 마리나 잡았고, 의용촌에서 밀주를 가져왔다.

탈춤반

나는 79년에 재근이를 통해 탈춤반 활동을 하면서 자연스럽게 노동조합의 중요성을 알아가게 되었다. 탈춤반에서는 대본을 쓰고, 외우고, 무대에 올라가기까지 많은 연습을 했다. 탈춤 대본을 쓰기 위해 일제강점기 때부터 한국전쟁, 조선방직쟁의사건 등등 노동운동과 관련한 근현대사 공부를 하면서 나의 것으로 체화하여 공연에서 녹여낼 수 있도록 수없이 연습했다. 이러한 과정을 통해서 나는 노동운동이 무엇인지 눈뜨기 시작했다.

노동조합에서는 수시로 프로그램을 만들어서 교육했는데, 이때 신인령 선생님의 교육 중 '정어리는 잡아먹히지 않으려고 몸집이 큰 고기로 보이기 위하여 떼로 몰려다닌다'는 이야기를 듣고, 서로 단결하여 큰 조직을 만들어야 노동조합을 마음대로 파괴할 수 없다. 그만큼 조직의 힘이 중요하다는 것으로 받아들였다. 그리고 1박2일 교육할 때, 5분 발언을 통하여 취업하게 된 동기를 말하거나 촛불의식을 통하여 다짐의 시간을 갖는 등 각자 자기의 이야기를 털어놓아 서로를 알게 되면서 더 친해지고 의식적으로도 더 성장하는 계기가 되었다.

76년에 대림시장에 갔다 오는 길에 지부장님을 어떤 남자들이 옆에서 팔을 끼고 까만 세단에 태우고 가는 것을 봤다. 그러자 조합원들은 노무과로 몰려가서 항의농성을 하고 나도 동참했다. 지부장님은 치안본부 대공분실에 국가원수모독죄로 잡혀간 지 6일 만에 석방되었다. 나는 이때 단결하여 뭉치면 안 되는 일이 없다는 것을 깨달았고, 승리감도 느꼈다.

너무나 짧은 봄소식

1970년대 민주노동조합은 몇 개뿐이었는데, 1978년 동일방직노조 사무실에 똥물을 퍼부으면서 민주노조를 파괴하더니, 1979년에는 YH도 폐업하자 노동자들이 신민당사에서 농성하다가 김경숙 동지가 사망했다. 이렇듯 정국은 어수선한데 대통령 박정희가 79년 10월 26일 정보부장의 총에 죽음을 맞이했다. '이게 뭐지? 이제 겨울공화국은 끝나고 봄이 오려나?' 하고 한껏 부푼 맘으로 민주화된 사회를 꿈꾸었다.

1980년 5월 13일, 학생들은 서울역에서 시위하고 노동자들은 한국노총으로 모여들었다. 타 사업장도 같이 하여 노총 강당을 가득 메운 열기로 곧 새로운 날이 열릴 것 같았다. 우리 지부장님이 연단에 올라 멋있게 연설을 하다가 갑자기 해산한 후 여의도에서 회사까지 비를 맞으면서 걸어왔다. 그리고 며칠 후 광주에서는 시민들이 계엄군에 의해 무차별하게 죽어 나가면서 암흑천지가 되었다. 우리 노동조합에서 광주 희생자를 위한 모금을 한다는 대자보가 붙었다. 광주가 피바다라는데, 우리는 침통한 심정으로 모금에 참여했다.

7월에 광주를 위해 모금했다는 것을 트집 잡아 방 지부장님과 박 부지부장님이 정화 대상으로 지명수배를 받으면서 노동조합에서 다시는 만날 수 없게 되었다. 그리고 그해 12월 계엄사에서 노동조합 간부 48명을 연행하여 조사했다. 나도 이때 연행되어 조사를 받고 풀려나오기는 했지만, 부장급 간부 14명이 해고를 당하고, 그중 남자 4명이 순화교육을 가게 되면서 노동조합은 약화되기 시작했다.

합수부에서 살아남은 간부 중에 이무술이 조합장을 하면서 회사의 노골적인 탄압이 시작되어 상집간부 양분옥과 대의원 신필섭이 해고되었다. 노동조합이 제대로 싸움 한 번 못하고 이대로 탄압만 받다가 소멸하는 것은 아닌지 걱정하는 조합원들이 많았다. 그래서 82년의 대의원들은 대체로 젊은층으로 많이 선출되었다. 나는 삼성중학교를 졸업하고 다시 고등학교에 가려고 준비를 하던 중에 양승화 언니가 그래도 조합 활동을 해야 한다고 강력하게 이야기해서 원풍의 마지막 대의원이 되었다.

노동조합은 정부와 회사에 맞서 '노동조합 탄압을 즉각 중지하라'는 유인물 10만 장을 만들어 일반 시민들에게 알리는 작업을 했다. 나는 임태송 언니하고 청량리행 지하철을 타고 유인물을 돌리기 시작했는데, 남영역에서 공안원에게 잡혀 남대문경찰서로 넘겨졌다. 남대문경찰서에서 자술서 쓰기를 거부하자 '개같은 년, 눈알을 빼버리겠다'는 등 욕설을 퍼붓고 폭력을 휘둘렀다. 경찰서에서 유치장에 하루 넘겨졌다가 벌금 1만 원을 내고 풀려났다.

반역의 무리

82년 9월 27일, 운명의 날이 다가왔다. 언젠가 올 것이라고 예상했던 폭력배들이 노동조합 앞에 바리게이트를 치고 조합장을 감금하고 조합 사무실 출입을 봉쇄했다. 현장에서는 파업을 해야 한다며 조합원들이 우왕좌왕하고 있었다. 나는 급히 승화 언니를 찾았다. 언니는 이런 때일수록 차분해야 된다며 작업하는 현장을 이탈하지 말 것, 그리고 간부들의 지시를 기다릴 것을 공장 전체 대의원들에게 알리라고 했다.

저녁 식사시간인 7시 30분에 3개 반이 검사과 농성장에 모였다. 승화 언니가 현재 진행되는 사항을 보고하고 오늘부터 퇴근을 중지하고 끝까지 싸운다고 언포했다. 한 사람도 자리를 이탈하지 말고 노동조합을 되찾을 때까지 우리의 단결된 힘을 보여주자고 했다.

승화 언니는 나에게 신협에 가서 라면 같은 먹을 것이나 생리대 등이 있는지를 보고 오라고 했다. 첫날 농성현장 전체를 둘러보는데, 기계 사이에 누워있는 조합원들이 생라면 등을 먹고 있다가 깜짝 놀라서 감추었다. 농성이 언제 끝날지 알 수 없는 상황인데, 단식을 하면서 얼마나 견딜 수 있을지 많이 걱정되었다.

나는 밤새 노동조합 주변을 순찰했다. 그런데 새벽에 남자들이 마대자루를 지고 나가는 것을 보고 승화 언니에게 알렸다. 언니는 조합원들이 동요되면 안 되니 함구하고 상황을 알아보자고 했다. 그런데 그 마대자루를 짊어지고 밖으로 나가는 것을 본 임충호씨가 철조망을 날아서 뛰어넘었다. 마대자루를 까만 승용차에 싣고 안양 방향으로 가더라고 전했다.

당시 승화 언니가 가장 힘들어했던 것은 농성장과 밖의 연락이 끊어진 것이다. 너무 답답하니까 무전기를 구해보자고도 했다. 농성 셋째 날에 밖의 상황을 보려고 승화 언니랑 직포과 쪽으로 해서 정문까지 돌아봤다. 그때 회사 측 남자들도 회사 주변을 돌고 있었다. 이때 밖에서 돌멩이에 쪽지를 말아 던져서 받았는데, 저녁에 이옥순 총무와 박순애 부조합장이 들어온다고 했다. 그리고 그날 밤에 직포과 뒤쪽 철조망을 뚫고 언니들이 들어왔다. 농성하던 조합원들의 환호와 박수로 현장은 활기가 돌았다.

죽 한 모금

오랫동안 농성할 것에 대비하여 죽을 두 수저씩 먹은 것이 탈이 났는지, 나는 너무 배가 뒤틀리고 아파서 도저히 농성장에 있을 수가 없었다. 언니가 밖에 나가 약을 사 먹고 틈을 봐서 들어오라고 했다. 그런데 현장에 다시 들어가려고 회사 주변을 돌면서 기회를 보는데 구사대들이 철통같이 막고 있어서 쉽지 않았다. 정문에서 회사의 동태를 살피고 있었는데, 쓰러진 조합원들이 업혀 나오기 시작했다.

길 건너편 공중전화박스 옆에 있던 할머니(지부장님 어머니)와 같이 한독병원으로 뛰어 갔다. 너무 많은 조합원들이 쓰러져 들어오니 병원에 침대가 부족해서 그냥 복도에 눕혀 놓고 링거를 꽂았다. 사지가 뒤틀려서 돌아가는 것을 충호 씨와 할머니, 내가 같이 주무르는데 풀리지 않았다. 그때 같이 있던 충호 씨와 할머니와 손발 돌아가는 조합원을 붙들고 정말 엄청나게 울었다.

농성 마지막 날, 링거를 빼고 정문 앞으로 갔다가 다시 끌려 나기를 반복하다가 마지막에 끌려 나온 조합원들과 양문교회로 갔다. 며칠을 굶고 씻지도 않고, 다들 맨발에 꼬질꼬질 해서 냄새가 나는 등 몰골이 말이 아니었다. 특히 노금순 언니는 긴 머리로 산발을 했으니 더 심했다.

교회에서는 나가라고 했지만, 당장 갈 곳이 없는 우리들은 새벽까지 그곳에서 지부장님 집에서 쑤어온 죽을 먹고 기다리고 있다가 날이 밝아지자 양문교회를 나왔다. 나는 한독병원에 있는 조합원들을 만나려고 갔는데, 아침이 되자 경찰이 승화 언니를 연행할 때 조합원들이 막을까 봐 병실마다 문을 다 닫고 그 현장을 못 보게 했다. 내가 언니가 가면 안 된다고 통곡을 하니까, 언니는 걱정하지 말라는 말만 남기고 남부서로 연행되었다.

나는 산업선교회로 가서 같이 농성했던 동지들도 만나고 고향으로 내려갔다가 다시 출근투쟁을 하려고 상경했다. 기숙사에서 생활하다가 쫓겨났으니 당장 숙식할 곳이 없었다. 그때 자취를 하던 정희복 언니네 집에서 신세를 많이 졌다. 언니네 방이 너무 좁아서 새우잠을 자고, 그 다음 날도 희복 언니네 집으로 갔는데 차마 들어갈 수가 없어서 처마 밑에 앉아 밤을 새고 대림동을 돌아다녔다.

10월 7일, 출근투쟁을 하려고 회사 정문 앞에 모였는데 성명서도 제대로 못 읽고 폭력배들에게 밀려났다. 당시 대림동 바닥은 무법천지였다. 어느 날 이영순 언니와 부서원들을 만나기 위해 누가의원 앞에서 버스를 기다리고 있는데, 부서 담임이 경찰과 같이 오면서 "저 년!" 하고 영순 언니를 지목하자 경찰이 영순 언니를 연행했다. 나는 완전 곱슬머리 파마로 변장을 해서 연행을 면할 수 있었다.

출 근 투 쟁

10월 12일, 회사에서는 쫓겨나 갈 데도 없고 돈도 없는 상황에서 노동조합에서 준 돈이 6만 원 정도 있었다. 지부장님 집에서 김숙자 언니를 만났는데, 그 언니도 돈이 나만큼 있다고 해서 그럼 우리가 그 돈으로 머리띠를 만들자고 하여 신풍시장에서 광목을 한 필 사 지부장님 집으로 갔다.

10월 13일 출근투쟁을 앞두고 밤을 꼬박 새가면서 '정상가동을 속히 해라!'

'폭력배는 물러가라!' '노동조합을 살려내라!'는 구호를 밤새도록 썼다. 언니는 광목천을 재단해 주었고, 할머니는 구호를 쓴 페인트를 빨리 말리려고 밤새 부채질을 했다. 그렇게 쓴 구호를 허리와 가슴에 숨겨서 회사 앞으로 갔다.

회사 건너편 강남성심병원 앞에서 만난 조합원들이 머리띠를 매고 길을 건너려고 하는데 경찰들이 네다섯 명씩 달려들어 전경버스로 연행했다. 그때 나는 버스 바닥에 누워 버스가 못 가게 막고 있었는데, 버스가 그대로 출발하려고 하자 누군가가 바닥에 사람이 있다고 소리쳤다. 그래서 버스 밑에서 끌려나와 전경들에게 들려 닭장차에 태워졌다.

197명이 남부경찰서에 연행되었다. 누가 시켰냐? 간부들은 어디 있냐? 똑같은 진술서를 10번도 더 썼다. 나하고 숙자 언니는 머리띠를 만든 주범으로 격리되어 남부서 뒤쪽 건물에서 조사를 받았다. 조사받는 도중에 숙자 언니가 웬 남자를 보고 "지동진 씨 왜 왔어?" 하기에 나는 말로만 들었던 지동진 씨를 처음으로 보았다. 지동진 씨는 우리에게 누가 시켰다고 한마디만 하면 되는데 왜 고집을 부리고 있냐고 했다. 그러자 숙자 언니가 '그런 말 하려면 가라'고 소리를 질렀고, 지동진 씨는 우리를 설득하려는 것을 포기하고 갔다. 숙자 언니와 나는 조사가 끝나고 경찰서 유치장에 들어갔다.

구치소로 넘어가는 날, 수갑도 차고 포승줄로 묶고 하니까 불편하기도 했지만, 잘못한 것도 없는데 왜 이래야만 하는지 속도 상했다. 남부지청으로 조사를 받으러 가면 비둘기장 같은 대기실에 온종일 가두어 놓고 검사실에서야 겨우 포승줄만 풀어 줬다.

김승년 검사는 누가 시켰으며, 무슨 돈으로 했는지, 양승화가 어디 있는지 등을 물었다. 내가 노동조합에서 생활비로 받은 돈으로 광목을 끊어다가 플래카드를 만들었다고 하자, 너희들이 뭘 알아서 했겠냐며 배후가 누구인지 집요하게 심문했다. 김승년 검사는 겉은 파란데 속은 빨간 수박 같다고 했다. 숙자 언니가 어떻게 조사를 받고 있는지 걱정되었는데 우연히 화장실에서 만났다. 언니 잘하고 있냐고 물어보니 "야 지지배야, 너나 잘해!" 하면서 오히려 아무렇지도 않게 말했다.

감 옥 생 활

고척동 구치소에 처음으로 입소하는 날, 우리를 태운 차가 구치소 정문을 통과하자 쾅 하며 닫히는 철문 소리가 내 귀에 박히면서 소름이 돋았다. 여자들만 갇힌 여사로 교도관이 안내하더니 벽을 보고 앉게 하고 항문까지 들여다보는 검사를 하고서야 입소절차가 끝났다. 몸 전체를 다 훑어보는데 정말 기분이 더러웠지만, 어쩔 수가 없었다.

방 배정 때문에 잠시 복도에 서 있는데, 창문을 두드리는 소리에 고개를 들어보니 콘트롤데이타의 태희 언니였다. 반가워서 눈치를 보면서 인사를 나누고 2동에 있는 감방으로 들어갔다. 그 곳은 간통 범죄자들의 방으로, 방 식구들은 나를 보더니 다짜고짜 뭘 훔치다 들어왔냐고 물었다. 훔친 것 없다고 하자 "야, 괜찮아. 우리한테는 이야기해도 돼. 우리도 다 같으니까!"라고 말했다. 내가 나이가 어려 보이니까 간통은 아닐 테고 절도를 하다가 들어온 것으로 본 것이다. 죄명이 뭐냐고 물어 집회시위 법률위반이라고 했더니, 데모하다 들어왔냐면서 앞자리 교도관이 잘 볼 수 있는 요시찰 인물이 앉는 곳에 자리를 배정해 주었다.

구치소에서도 지명수배 된 간부들이나 기숙사에도 들어갈 수 없는 조합원들을 생각하면서 걱정이 많았다. 그렇게 감옥생활에 적응을 하면서 검취를 받으러 남부지원에 갔는데, 누가 "언년아!" 하고 불러서 깜짝 놀라 보니 승화 언니였다. 순간 너무 화가 나서 "왜 들어왔냐!"고 차갑게 소리를 질렀다. 구속되면서 어린 마음에 내가 희생하고 간부들이 끝까지 남아 원풍문제를 해결해 다시 회사에 출근할 수 있는 길을 열어주기를 기도하고 있었다. 그런데 남부지원에서, 그것도 너무 빠르게 승화 언니를 만났으니 기가 막히고 하늘이 무너지는 절망감에 눈 앞이 캄캄하여 주저앉고 싶었다.

구치소에서 들리는 소문에, 구속된 언니들이 단식을 한다는 데 옆방에 있는 숙자 언니에게 통방으로 물어봐도 모른다고 했다. 그래서 나도 무작정 단식을 하니 보안과장이 면담을 통하여 왜 단식을 하냐고, 요구조건이 뭐냐고 물어봐서 대통령을 만나게 해달라는 것과 방 지부장님을 만나게 해달라는 말을 했다. 보안과장은 밥을 먹으면 지부장님을 만나게 해주겠다고 해서, 먼저 만나게 해주면 밥을 먹겠다고 단호하게 주장했더니 지부장님을 보안과장실에서 만나게 해주었다. 그때 지부장님을 끌어안고 반갑고 좋아 많이 울었던 기억이 난다.

최 후 진 술

나는 항소심까지 가서 10월형을 받았다. 다음과 같이 최후진술을 했다.

"우리한테 사회불안을 야기시켰다고 검사님이 말하는데, 검사님 같은 분이 바로 사회불안을 야기시키고 있는 것입니다. 우리는 민주적이고 자율적인 노동조합을 요구할 뿐입니다. …권력이 노동자를 짓밟으면 짓밟을수록 일어난다는 것을 알아야 합니다. '공장 일을 내 일처럼'이란 표어 밑에서 일한 노동자는 해고와 감옥이란 훈장을 붙여주고…. 민주적인 노동조합을 파괴하는 것이 민주주의 나라라고 할 수 없습니다. (판사가 제지) 해고는 인정할 수 없습니다. 억울합니다."

항소심까지 끝나고 나니 다른 교도소로 이감을 보낸다는 이야기가 돌았다. 아쉬운 마음에 운동 나갈 때마다 언니들이 보고 싶은 마음을 담아 구치소가 울리도록 노래를 크게 불렀다. 그러면 남자들이 수감된 사동에서 원풍문제로 구속된 대학생 여현호, 조성우, 김재엽이 손을 흔들어주곤 했다. 그때 우리 문제에 함께 해준 대학생들이 정말 고마웠다. 그리고 조합원들도 넉넉한 살림이 아니어서 당장 교통비도 없어 힘들어했는데, 그럼에도 불구하고 흩어지지 않고 끝까지 남아 준 것에 지금까지도 정말 감사하게 생각한다.

그렇게 10개월 옥살이를 하다가 8·15특사로 석방되는 날, 새벽부터 우리들을 맞이하러 노동조합 동지들이 앞에서 기다리고 있었는데, 구치소에서는 마중 나온 동지들과 만나지 못하게 시체들이 나가는 문으로 우리를 빼돌려 내보냈다.

시 다   신 세

감옥에서 나오고 나서 취업을 해야 하는데 어디로 가야 할지 막막했다. 남대문 지하에 있는 봉제공장에 시다로 일하러 갔는데, 출근시간은 있지만 퇴근시간이 없었다. 늘 피곤함에 찌들어 커피를 하루에 7~8잔을 마시면서 버텼다. 겨울에는 날씨도 춥고 바람도 찬데, 춥다는 생각보다는 시원하다는 생각이 들 만큼 가슴이 답답했다.

원풍에서의 인격적인 대우와 복지시설, 그리고 근로기준법에 준해서 일하던 때와는 비할 바가 아니었다. 원풍을 생각하면 눈물이 나고, 현실의 힘든 상황을 이겨내야 하는데 외롭고 슬퍼 동지들만 생각났다. 천국 같던 원풍에서의 과거와 지옥 같은 현실에서 먹고 살기 위하여 매일 울며 남대문에서 시다 생활을 했다.

결국에는 월급도 못 받고 나오게 되었고, 영순 언니가 다니던 봉제공장에 취업했는데, 영순 언니가 바른말을 하다가 해고를 당하는 바람에 언니 소개로 들어온 나도 같은 부류라고 해고되었다.

그러다가 공단에 있는 1,200명 규모의 성도섬유에 입사하게 되었다. 1년 정도 잘 다니던 대학생 출신이 유인물을 뿌리다가 해고를 당하자 회사에서는 전체 신원조회를 해서 나를 찾아냈다. 이때부터 회사에서 집까지 감시하기 시작했다. 회사는 현장 일을 안 시키고 매일 전무실로 불러 거기에서 하루 종일 있게 했다. 하루는 전무가 블랙리스트 명단을 보여주는데 원풍, 콘트롤데이타, 동일방직 등이 나와 있었다. 전무는 학출들 때문에 거물을 건졌다며 '네가 원하는 것 다 들어줄 테니 회사만 나가 달라'고 했다. 3개월 정도 전무실로 출근을 하고 나니 현장 사람을 만날 수도 없고, 친하게 지냈던 사람들도 회사 눈치를 보느라 나에게 인사 한마디 건네지 못했다. 더 버티는 것은 의미가 없다고 판단해서 사표를 내고 말았다.

그리고 시대샤쓰에 입사해서 몇 개월 일하다가 88년 말에 승화 언니가 안양노동회관 관장을 하면서 나에게 같이 일을 하자고 권하여 간사로 일했다. 안양노동회관에서는 한국노총 소속 노동조합들과 관계하면서 탈춤, 풍물, 기타 교실, 노동교육 등 문화 활동을 통하여 노동자들의 단결된 힘을 길러 근로조건 개선과 노동조합 간부들의 의식 변화에 주력했다.

원풍에서 배웠던 노동조합 조직법이나 인간관계에 중심을 둔 조합 활동을 통하여 민주노동조합으로 변화하는 과정에 도움이 되고자 노력을 했고, 근로조건의 개선을 가져올 수 있도록 했다. 당시 노동회관은 금속, 식품, 섬유, 의료, 택시, 아파트 등 30여 개의 노동조합 사업장과 관계했다. 노동운동 선배로서 후배 노동자들에게 내가 먼저 배운 것을 재정리하여 알려줌으로써 노동조합과 조합원들이 변화되는 모습들을 보며 보람을 느끼기도 했던 때이다.

민 주 화 운 동   관 련 자   인 증 증 서

2007년, 민주화운동 명예회복을 신청하려고 동사무소에 서류를 떼러 갔는데, 담당 실무자가 대단한 일을 했다고 칭찬을 해서 세상이 바뀐 것을 실감했다. 인증서를 우편으로 받고, 원풍에서 끌려 나오고 난 후 빨갱이라는 낙인이 찍혀 고향을 비롯하여 내가 가는 곳마다 형사들의 감시 하에 고통스럽게 살았던 지난 날들이 생각나면서 눈물이 핑 돌았다.

나는 꿈인지 생시인지, 도무지 뭐라고 표현할 수 없는 마음으로 인증서를 여러 번 꺼내서 보고 또 보았다. "귀하는 대한민국을 위하여 민주헌정질서 확립에 기여 하고…" 명예회복 인증서를 받았다고 엄마에게 이야기했더니, 엄마는 제일 먼저 그 것을 받으면 빨간 줄이 없어지는 거냐고 물어보셨다. 아버지는 고생했다는 말로, 그동안 나로 인해 무거웠던 마음을 내려 놓으셨다.

올해 중학교 2학년인 아들은 명예회복 인증서를 보고 엄마도 민주화운동을 했냐며 좋아했다. 또 원풍동지의 증언록을 만든다고 했더니, 무척 궁금해 하면서 큰 관심을 표했다. 아들은 서울 광화문으로 촛불집회를 한번 갔어야 하는데, 못 간 것을 못내 아쉬워하기도 했다.

나에게 천국과 지옥에 관해 답하라고 하면 1초도 안 걸리고 말할 수 있다. 원 풍은 천국이었다고. 나를 낳은 것은 부모님이지만, 원풍은 나를 바르게 성장하 도록 키워 준 또 다른 부모님이라고 생각한다. 인간으로서 어떤 인격을 가지고 살아가야 하는지 바른 가치관을 형성하게 해주었고, 사회를 바로 보는 눈을 뜨 게 해서 자식들을 올바르게 키울 수 있도록 많은 것을 알게 해 준 곳이다. 그만 큼 고맙고 각별한 원풍을 위해 나는 특별한 사정이 생기지 않는 한 모임에 열심 히 참여할 것이고, 앞으로도 원풍의 정신을 이어가도록 노력할 것이다.

풀은 밟혀도 다시 일어선다

원풍노조
전성시대

039

희망의 촛불을 들고

김예희

—————1959년, 충남 당진에서 태어났다. 1977년, 원풍모방에 입사하였다. 1978년 '동일방직 똥물사건' 규탄 목요기도회에 참석하면서 노동운동에 관심이 높아졌다. 1982년 노조 대의원으로 선출되어 활동하던 중, 그해 5월 전철에서 유인물을 돌리다가 경찰에 연행되어 벌금 4천원이 없어 손목시계를 풀어주고 석방되었다. 1982년 9·27국가폭력사건 때 해고당했다. 2007년, 민주화운동 관련자로 명예회복이 되었다.

　나는 1959년 충남 당진에서 태어났다. 맏딸이었던 나는 어머니가 품팔이를 나가 늦게 돌아오는 날이면 밥을 지었고, 나도 틈틈이 이웃으로 품팔이를 나가 밭 매주고 그 돈을 학비에 보탰다. 그때 내 나이가 아홉 살이었다. 그렇게 어렵게 중학교를 졸업했는데, 집안 형편상 더 이상 상급학교에는 진학할 수가 없었다. 어느 날 엄마가 조심스럽게 "예희야, 너 거기 갈 생각 없냐?"라고 말씀하셨다. 나는 "어디요? 아 서울이요? 글쎄…"하며 고민하다가 "알았어, 엄마!"라고 고개를 끄덕였다.

　1977년, 내 나이 18세였다. 서울에 올라와 처음 취직한 곳이 원풍모방이었다. 처음에는 가공과 수정부에 배치되었으며, 얼마 안 있어 건식으로 이동하여 그곳에서 5년간 근무하다가 해고당했다. 임금은 하루 780원, 월 2만 5천원 정도였다. 기숙사는 출근한 지 한 달쯤 지나서 입주할 수 있었다.

　기숙사는 대림동 전체가 다 내려다보이는 비교적 높은 곳에 위치해 있어서 전망이 좋았다. 나무마루가 깔린 널찍한 강당도 있고, 항상 따뜻한 물을 사용할 수 있는 목욕탕도 있어서 너무 좋았다. 나는 시골에 살면서 끼니마다 보리밥을 먹어 보리밥이라면 냄새만 맡아도 싫었는데, 회사 식당에서는 늘 쌀밥이 나왔다. 식사는 그야말로 꿀맛 같았다.

월급은 매달 부모님께 우편환으로 2만원씩 부쳐 드리고, 나머지는 목돈을 마련하기 위하여 기숙생들끼리 계를 만들어 부었다. 그런데 계주를 하던 선배 언니가 갑자기 사표를 내는 바람에 계가 깨졌다. 아끼고 아껴서 목돈을 마련하려던 계획이 말짱 도루묵이 되었다. 부은 돈은 오랜 세월이 흐른 후에 푼돈으로 받았다. 이후 나는 계는 절대 들지 않았다.

세 상 을 보 다

어느 날 노조 사무실에서 방용석 지부장님의 강의를 들었다. 난생 처음 듣는 노동조합에 대한 강의였다. 그 후 소모임에 가입하였고, 영등포산업선교회에 다니면서 그곳에 있는 신용협동조합에도 가입하였다. 목돈을 마련하기 어려운 노동자들이 작은 돈을 맡겨 목돈이 필요한 사람에게 빌려주고, 거기에서 발생하는 이자는 다시 출자자들에게 배당되는 신협 공동체 운동에 공감이 갔다.

나는 조금씩 노동운동에도 관심을 갖게 되었다. 어느 날부터 기숙사 한 방 식구였던 박혜숙 언니를 따라 종로5가 기독교회관 기도회에 참석하였다. 1978년 동일방직 똥물사건을 그 기도회에서 알게 되었는데, 앞줄에 앉아있던 김대중 전 대통령이 눈물을 뚝뚝 흘리면서 우는 것을 보았다. 나는 그분의 우는 모습을 보면서, 왜 우는 거지, 하며 고개를 갸웃거리며 주위를 빙 둘러 보았다.

그런데 많은 사람들이 울고 있었다. 나를 데리고 간 언니에게 물었다. "혜숙 언니! 저 사람들은 남의 일인데 왜 저렇게 서럽게 울고 있는 거예요?" 혜숙 언니는 "응, 그것은 여기에 모인 사람들이 자신의 처지와 별반 다를 게 없다는 동질감을 느꼈기 때문일 거야"라고 대답하고는 덧붙여 말했다. "그러니까 우리들도 잘 해야 돼, 원풍노조도 동일방직처럼 저렇게 안 되려면…," 나는 고개를 끄덕이며 "알았어요, 잘 해야지요"라고 대답했다. 그런데 당시 원풍모방노동조합은 전성시대가 아닌가? 설마 그런 일이 일어나겠나 싶었다.

79년 8월이었다. YH무역 노동자들이 불법 폐업조치에 맞서 신민당사에서 농성하던 중 경찰의 진압 과정에서 노동자 김경숙이 사망하는 충격적인 사건이 발생하였다. 그 사건으로 많은 사람이 구속되었고, 정치 상황은 더욱 살벌해졌다. 신민당 김영삼 총재를 비롯한 국회의원들이 경찰에게 무차별 폭행을 당하자 전국에서 학생과 국민들이 항의하며 여론이 들끓기 시작하였다.

그 과정에서 김경숙의 장례는 경찰의 철통같은 감시 속에서 신속하게 치러졌다. 원풍노조 조합원들은 그러한 혹독한 상황에서도 장례식에 참석하여 울면서 항의하다가 30여 명이 연행되었으나 곧 석방되었다. 이 사건을 빌미로 정부는 산업체에 대한 외부세력의 침투실태조사를 한다고 발표하였다. 그것은 자율적으로 노동조합 활동을 하는 소위 민주노동조합을 탄압하겠다는 속셈이었다.

우리 원풍모방노동조합에도 '외부세력 침투실태조사단'이 찾아왔다. 단장은 검사였다. 조사단이 조사를 하는 중에 조합원들은 일부러 노동조합 사무실을 더 자주 들락거리면서 검사를 조롱하였다. 결국 그 검사는 별 소득 없이 철수하였다.

봄이 온다더니

1979년 10월 26일, 박정희 대통령이 부하의 총에 맞아 죽었다는 소식을 뉴스에서 들었다. 천년만년 해먹을 것 같이 혹독한 세상을 만들어가더니 하룻밤 사이에 부하의 총에 맞아 죽었다. 권력의 무상함이란 이런 사건을 두고 이야기하는 것 같았다. 1980년 봄이 오자 예쁜 꽃들이 기지개를 펴고 있었고, 기숙사를 오르내리는 길섶에도 개나리 울타리가 노랗게 물들었다. 노동자를 억압하던 정권이 무너졌으니 노동자들의 권리도 좋아지리라는 기대가 부풀었던 봄이었다.

1980년 5월 13일, 한국노동조합총연맹 강당에서 '노동기본권 확보를 위한 전국궐기대회'가 열렸다. 물론 한국노총이 체면치레로 여는 행사였다. 원풍모방노동조합에서는 조직적으로 조합원을 동원하여 근무반만 제외하고 500여 명이 참석하였다. 나는 그날 야간 근무반이었는지, 오전 10시 행사가 시작될 때부터 참석했다.

천여 명의 노동자들이 모인 강당에 들어서니 힘이 저절로 나는 것 같았다. 행사가 시작되고 몇 가지 순서가 진행되는가 할 때였다. 방용석 지부장님이 마이크를 잡았다. 참석자들은 우레와 같은 박수와 함성으로 지지해주었고, 지부장님은 대회장을 장악하며 행사를 진행해나갔다. 행사를 주관하던 한국노총 관계자들은 노동자들의 야유와 비난으로 대회장에서 밀려났다. 참으로 통쾌했던 순간이었다.

어용노총 집행부 퇴진을 촉구하였으며, 노동3권 보장을 촉구하는 노동자들의 함성이 드높게 퍼져나갔다. 원풍모방노동조합 조합원들은 노총 궐기대회장에서 현장으로 출근하였고, 현장에서 퇴근하면 바로 여의도 노총 농성장으로 갔다. 피곤이 몰려올 때는 농성장에서 토막잠을 잤지만 힘들지는 않았다.

그런데 서울역에서 시위하던 대학생들이 해산한 뒤, 노총에서 농성을 주도하던 노조간부들도 해산을 결정하였다는 소식이 날아왔다. 당시는 왜 그렇게 해야 하는지 몰랐지만, 뭔가 심상치 않다는 불길한 예감이 들었다. 한국노총에서 해산하는 그날은 봄비가 부슬부슬 내렸다. 지부장님과 우리 조합원들은 비를 맞으면서 여의도 노총회관에서 대림동 원풍모방까지 행진하였다.

우리 승리하리라
우리 승리하리라
오 오 오, 참 맘으로 나는 믿네
우리 승리하리라

원풍노조에 대한 탄압

얼마 안 있어 광주에서 계엄군이 시민들을 향해 총을 쏘아 살해하고 있다는 소식이 들려왔다. 광주의 중심 금남로가 피로 범벅이 되었다고 했다. 원풍노조에는 광주와 나주 등이 고향인 조합원들이 많았던 터라 노동조합 또한 우울한 분위기였다. 노조 집행부는 광주항쟁으로 어려움을 당한 시민들을 돕기 위하여 모금운동을 벌였다. 모금운동 후 광주시민을 총칼로 살육하면서 권력을 장악한 전두환 정권은 우리 노동조합에도 노골적으로 탄압을 가하기 시작했다.

어느 날, 노동조합 사무실에만 가면 언제나 반갑게 맞이해주던 방용석 지부장님과 박순희 부지부장님이 수배령에 쫓겨 더 이상 노조에서 만날 수가 없게 되었다. '김대중 내란음모사건' 관련자란 혐의가 들씌워졌다고 했다. 우리는 믿지 않았다. 노동운동을 말살하려는, 민주노조를 파괴하려는 조작극이라는 것을 잘 알고 있었다. 두 분은 1년이 넘는 수배생활을 한 뒤에야 만날 수 있었다. 그때는 노동계 정화조치자란 이유로 해고가 된 상태였다.

나는 1982년 2월에 가공과를 대표하여 노동조합 대의원으로 선출되었다. 당시 나이가 많은 선배들보다 나이 어린 조합원들이 대의원에 많이 선출되었는데, 그것은 회사 측과의 한판 승부를 각오하고 있다는 의미가 담겨 있었다. 그런데 3월 10일, 노동절 행사를 바로 앞두고 이무술 조합장이 돌연 조합장직을 사퇴했다. 이는 조합원들에게 적지 않은 충격을 안겨준 사건이었다. 부조합장이었던 정선순 씨가 후임으로 선임되어 집행부를 정상화하였지만, 미묘한 갈등이 부서 안팎에서 일어났다.

1982년 5월, '원풍노조 탄압을 중지하라!'는 유인물을 시민들에게 배포하였다. 인천행 전철을 타고 승객들에게 유인물을 돌리는데 몇 개 역을 지나기까지 돌리자 공안요원이 나타나 경찰서로 연행되어 갔다. 경찰서에 연행되는 것이 처음이라서 가슴이 벌렁거렸지만, 이 정도 일로 뭘 어쩌겠어, 하는 생각으로 담담한 척했다.

그러나 당시는 전두환 군부독재가 국민들의 행동 하나 말 한마디 모두 규율하던 시대였다. 결국 인천 즉결재판소로 넘겨져 벌금 4천원을 선고받았다. 주머니에 돈이 한 푼도 없었던 터라 손목시계를 풀어주고 경찰서에서 풀려날 수 있었다. 기분이 씁쓸했다. 시계가 아까워서가 아니었다. 사업주가 법을 지키지 않아 법을 지켜달라고 한 것뿐인데, 벌금 낼 돈이 없는 노동자의 시계를 압류하다니, 국가가 너무 치사한 것이 아닌가 싶었다.

회사 측은 갖가지 방법으로 노조를 탄압하였다. 회사는 작업량을 외부로 빼돌리면서 인원을 감축하였다. 이는 노조 조직을 약화시키려는 수작이었다. 그런 상황 속에서 체계적인 작업환경이 조성될 수가 없었고, 이리저리 기계를 옮겨 다니게 되니 작업관리자와 조합원들의 갈등이 필연적으로 나타날 수밖에 없었다.

그해 9월, 우려하던 일이 터지고 말았다. 나와 교대반이었던 가공과 B반 대의원 김성구가 부서의 현장 관리자였던 담임 김성우에게 폭행을 당하는 사건이 발생하였다. 결국 김성구 대의원에 대한 폭행사건으로 인해 그 부서에서 활동을 열심히 하던 조합원 2명이 해고를 당했고, 이어 노동조합의 박순애 부조합장과 이옥순 총무가 해고 조치되는 사건으로 확대되었다.

비폭력 저항

1982년 9월 27일, 폭력배들이 조합장을 감금하고 조합장직 사퇴를 강요하는 노조파괴 폭력사태가 발생하였다. 회사의 사주를 받은 남자들이 회사를 구한다며 노조 사무실을 폭력적으로 습격하여 점령하였다. 나는 오전 출근 근무반으로 퇴근을 준비하던 와중에 이 소식을 들었다. 조합원들의 분노는 걷잡을 수 없이 커졌고, 현장은 당장이라도 터질 듯한 긴장감에 휩싸였다.

이것은 단순한 사건이 아니었다. 이제 노동자들은 한 발짝도 물러설 수 없는 절체절명의 기로에 선 것이다. 추석 명절 직전이었지만, 상집회의는 전체 조합원이 명절을 쇠러 고향에 가는 것을 중지하기로 결의하였다. 나는 이 싸움이 어쩌면 마지막 싸움이 될지 모른다는 불길한 생각이 들었다. 그래서인지 무엇이든 내가 할 수 있는 일은 다해야 한다는 각오를 하고 있었다. 개사곡 〈마지막 십자가〉를 부르면서, 십자가를 지고 가겠다는 동료들의 얼굴에는 비장함이 서렸다.

농성장은 양승화 부조합장이 지휘하였다. 퇴근한 조합원들과 야간 근무반 동료들이 농성현장으로 몰려들었다. 추석휴무가 시작되면서 600여 명이 넘는 조합원들이 함께 투쟁하였다. 국가와 회사의 불법적 폭력에 단식으로 저항하는 우리는 시간이 지날수록 지쳐갔다. 실신하거나 몸을 가누지 못하는 동료들이 늘어났다. 농성장은 난민수용소와 같았고, 죽음의 전쟁터 같았다.

농성 4일째 되던 9월 30일, 그날은 추석 전날이었다. 수도와 전기마저 끊긴 농성장과 회사 내에는 어둠이 짙게 깔려 있었다. 폭력배들은 명절 전에 우리를 끌어내려고 했다. 그야말로 폭력의 광란이 시작된 것이다. 농성장은 조합원들의 비명소리로 가득했다. 나도 눈을 떠서 보니 병원이었다. 순간 침상을 박차고 회사 정문으로 달려갔다. 어찌된 일인지 동료들은 간 곳이 없었고 철문만 굳게 닫혀 있었다.

기숙사생이었던 나는 당장 갈 곳이 없었다. 생각 끝에 방용석 지부장님 집으로 찾아갔다. 근심이 가득한 얼굴로 나를 맞이해 주시는 방 지부장님의 어머니와 명인숙 언니 얼굴을 보니 서러움이 복받쳤다. 한참을 부둥켜안고 울었다. 단식 닷새 만에 지부장님 댁에서 죽을 한 그릇 먹고 나서야 정신이 들었다. 인간에게 한 끼니를 먹는 것이 이리도 소중하다는 것을 새삼 느꼈던 순간이기도 하다.

정신을 차리고 나니 무엇보다도 먼저 가공과 동료들이 어떻게 되었는지 궁금했다. 영등포산업선교회에 모여 있을 것 같아서 그곳으로 갔다. 정말 많은 조합원들이 그곳에 모여 서로서로 위로를 해주고 있었다.

출 근 투 쟁

10월 7일, 회사 측에서 9·27노조폭력사태 이후 출근을 공지한 날이었다. 노조 집행부의 결의에 따라 출근투쟁을 시작했다. 노동현장을 되찾아야 노조를 되찾을 수 있다고 판단한 것이었으리라. 나는 가공과 동료들에게 집행부의 행동강령을 전달하고, 회사 정문으로 갔다. 정문은 굳게 닫혀 있었고, 전경들이 철통같이 둘러싸 출입을 가로막았다.

회사 정문 옆 벽에는 해고자 38명의 명단이 붙어 있었다. 내 이름도 그 벽보에 있었다. 부당해고를 당한 것이다. 경찰간부가 마이크를 들고 떠들어댔다. 벽보에 명단이 있는 해고자는 들어갈 수 없으며, 그외 사람들은 회사에서 요구하는 각서를 쓰고 출근을 하라는 경고였다. 기가 막혔다. 경찰이 기업주의 앞잡이가 되어 있는 꼬락서니가 참 한심했다.

정문 안에서는 남자 구사대들이 철문 사이로 우리들을 쳐다보고 있었다. 그동안 같은 작업장에서 동료로 근무하던 사람들이었다. 그들은 기업주의 노예가 되어 앞장서서 동료들에게 폭력을 휘두르고 있었다. 그들은 "우리는 처자식을 먹여 살려야 하기 때문에 어쩔 수 없는 노릇이다. 결혼을 하지 않은 여자들과는 처지가 다르다"며 자신들의 부도덕한 행위를 변명하였다. 결국 1차 출근투쟁은 경찰에게 도로 밖으로 밀려나 좌절되었다.

10월 13일, 2차 출근투쟁을 하였다. 수배 중이었던 상집간부들의 출근투쟁 전략에 따라 대의원들이 조직적으로 움직였다. 새벽 6시 출근이었던 B반 조합원들은 정문 앞에 집결하였고, 오후 2시 출근 C반과 야근 A반은 원풍모방 맞은편 파출소 앞에 집결하였다. 전체 조합원이 정문 앞에 집결할 경우 강제해산을 당할 위험이 많을 것 같아 전략적으로 분산한 것이다.

그러나 대림동 거리에 진을 치고 있던 경찰력과 구사대의 저지를 뚫고 회사로 출근하는 것은 불가능했다. 결국 남부경찰서로 197명이 무자비하게 폭행을 당하면서 연행되었다. 경찰은 강당에 우리들을 몰아넣고 한 사람씩 불러 조사를 하였다. 온갖 협박에 맞서 애국가를 4절까지 밤새도록 목이 터져라 부르고 또 불렀다. 국가폭력에 대한 분노와 슬픔을 애국가를 부르며 저항하였던 것이다. 국가를 원망하는 마음으로 애국가를 불러보기는 그때가 처음이었다.

밤새워 조사를 한 경찰은 대의원 활동을 했던 차언년과 김숙자 언니를 불법시위를 주도하였다며 구속하고, 수십 명에게 구류처분을 내렸다. 그 외의 사람들은 이튿날 석방하였다. 그날 이후 대림동 거리는 경찰이 허가한 폭력배들이 제 세상을 만난 듯 활개를 쳐 원풍 노동자들에게는 치안이 없는 무법천지로 바뀌었다. 제2의 고향 같았던 대림동은 공포의 거리가 되었다.

기숙사에서 생활을 했던 나는 숙소가 없어 산업선교회에서 숙식을 해결할 수밖에 없었다. 나와 같은 처지에 있었던 동료들 수십 명이 그곳에서 함께 식사를 하면서 구속자 석방을 위한 기도회를 열었고, 회사와 국가의 부당한 폭력을 알리는 호소문을 들고 종교기관이나 사회단체 등을 찾아다니며 호소하였다. 또한 동료들의 끼니가 걱정되어 나는 임태송 언니와 함께 주방 일을 맡아서 했다. 지금도 그때 산업선교회 식당에서 동료들의 식사를 준비하던 때를 생각하면 마음이 울컥해진다.

불법폭력을 당한 우리는 공장에서 쫓겨났고, 동료와 선배 간부들은 구속되었다. 엎친 데 덮친 격으로 산업선교회에서는 우리들을 모두 나가라고 했다. 할 수 없이 1983년 1월에 해산식을 하고 뿔뿔이 흩어졌다. 그 해 9월, 영등포산업선교회는 원풍 노동자들과의 결별을 선언하였다. 오랜 세월 동안 맺어온 관계였는데, 책임 목회자와 실무자들의 태도가 이해되지 않았다. 우리는 해고자들이었지만, 법외노조로 노동운동을 계속하기로 결의하였다.

딸과 함께 광화문 광장으로

나는 국가폭력으로 해고된 지 25년이 지난 2007년, '민주화운동 관련자 명예회복 및 보상 등에 관한 법률'에 의하여 민주화운동 관련자로 인정되었다. 인증서를 받고 마음이 더 없이 기뻤다. "귀하는 대한민국의 민주헌정 질서에 기여하고 국민의 자유와 권리를 회복, 신장시켰으므로 '민주화운동 관련자 명예회복 및 보상 등에 관한 법률'의 규정에 의하며 이 증서를 드립니다."

어느 날, 민주화운동 관련자 명예회복 인증서를 본 딸이 "어, 우리 엄마가 이런 것을 받았네!"하며 밝은 표정을 짓는데 너무 흐뭇했다. 이제 나는 세 명의 딸에게 평생을 두고 자랑할 수 있는 자랑거리가 생긴 것이다. 나의 삶의 일부가 역사에 새겨진 것을 생각하니 지난날의 고생이 헛되지 않았던 것이다.

촛불집회에 빠지지 않고 참석했던 둘째딸은 헌법재판소에서 박근혜 대통령 탄핵이 결정되던 날, "엄마! 8 대 0이야, 대박이야!"하며 기뻐했다. 그런 모습을 보면서 참 대견하다는 생각이 들었다. 그래 나도 기분이 참 좋다! 우리 모두 간절히 진실이 밝혀지기를 바랐으니 말이다.

나는 지금 요양보호사로 일하고 있다. 치매 어르신들을 돌보는 일이 쉽지만은 않지만 마음만은 여유롭다. 막내딸이 두 살 때 남편이 교통사고로 세상을 떠나 아이들이 성장할 때까지는 생활하기가 힘이 들었다. 생활형편이야 지금도 별반 달라진 것은 없지만 아이들이 다 커서 자잘한 집안 이야기는 물론 세상 돌아가는 이야기까지 함께 나눌 수 있어서 참 좋다.

딸과 함께 거의 매주 광화문 광장에서 촛불을 들고 기도했다. 우리 딸들이 내일에는 진실과 정의로운 사회에서 살 수 있기를 간절하게 빌었다. 일상이 그리 넉넉하지는 않아도 내가 이렇게 광장에 나와 촛불을 들 수 있는 것은 원풍모방노동조합 운동을 한 덕이라고 생각한다. 내 딸과 원풍 동지들과 함께 촛불을 들고 광장에서 정의를 외치는 오늘이 행복하다. 나는 내일도 희망의 촛불을 들고 외칠 것이다.

대한민국은 민주공화국이다!
모든 권력은 국민으로부터 나온다!
촛불이 민주주의이다!

"주문 피청구인 대통령 박근혜를 파면한다!"는 헌법재판소의 선고는 바로 촛불의 승리이다! 국민이 승리한 것이다! 그런데 안도의 기쁨과 함께 씁쓸함이 스쳐가는 것은 왜일까? 국민으로부터 버림받은 대통령의 초라한 뒷모습 때문일 것이다. 바람찬 광장에서 겨울 내내 희망의 봄을 기다리고 있다. 2017년, 봄꽃이 활짝 피는 봄날에 내 딸과 함께 기념사진이라도 한 장 찍어두어야겠다.

딸 가지선이 엄마에게 –

내가 어릴 때를 떠올리면, 엄마는 항상 직장 생활을 하면서 집안일까지 하느라 바쁘게 사시면서 자신보다 자식들을 먼저 챙기시는 모습이 생각난다. 엄마는 음식을 먹을 때도 자식들이 좋아하는 것으로 택하셨고, 옷을 살 때도 엄마 것은 항상 뒷전이었다. 나중에 보면 엄마 옷은 항상 해져있던 게 많았다.

엄마는 결혼해서도 맞벌이하면서 집안도 돌봤던 지라 항상 피곤하고 힘드셨을 텐데, 늘 든든하게 우리들을 챙겨주고 힘이 되어주셔서 고맙다는 생각이 든다. 내가 대학생이 되고 아르바이트를 하게 되면서 엄마에게 옷도 선물하고 자식들을 위하여 희생만 하는 엄마를 챙겨드릴 기회가 생겨서 다행이다.

엄마는 민주화운동 관련자로의 명예회복 인증서와 생활지원금을 받고 나서, 1982년 원풍에서 해고를 당하고 그 후 블랙리스트로 인하여 취업이 어려웠던 이야기를 자세하게 들려주었다.

엄마가 받은 인증서는 "귀하는 대한민국의 민주 헌정질서 확립에 기여하고 국민의 자유와 권리를 회복, 신장시켰으므로…."라는 구절로 시작하고 있다. 한마디로 대한민국 정부가 인정해주는 증서였다. 이 증서를 받고 나서의 엄마 표정은 여태 고생하던 걸 보상받아서인지 가장 보람차다는 느낌의 모습이었다.

나는 엄마의 노동운동 이야기를 듣고 난 후부터 사회에서 일어나는 일들에 관심을 갖게 되었다. 시위라는 행동이 멀리 있는 게 아니라 우리 주변에서도 충분히 일어날 수 있는 일임을 알게 되었다. 그래서 뉴스나 민주화운동에 관련된 영화 등이 나오면 지나치지 않고 챙겨보게 된다.

나는 평소 엄마랑 대화를 많이 나누는 편인데, 엄마는 맏딸이라 집안에서 관심을 특별히 받지 못했고, 일찍 객지에 나가 돈을 벌어 집안 생활비를 보태주었다는 이야기를 하셨다. 당시 사회상황이 그랬듯이 딸보다 아들을 더 중요시했고, 어릴 때 외갓집에 가서 밥을 먹어도 손자들은 할아버지와 함께 밥상에서 먹고, 손녀들은 할머니와 작은 밥상에서 먹었던 것이 아직도 기억난다.

2016년, 박근혜 대통령의 퇴진운동을 할 때 엄마와 매주 광화문으로 촛불집회를 다녔다. 그러면서 엄마와 동질감도 느끼고, 정치문제와 사회문제가 나와 무관하지 않다는 것을 알게 되었다. 추운 겨울 내내 진행된 촛불집회가 대통령을 바꾸는 중요한 계기가 되는 것을 보면서, 비록 나 하나의 힘은 약하지만 뭉치면 강한 힘이 된다는 것을 알 게 되는 중요한 교훈이었다.

요즘 양승태 전 대법원장의 사법농단에 관하여 언론이 계속 보도하고 있다. 원풍 이모들이 40도를 넘나드는 무더위에도 법원 앞에서 시위하는 모습을 보면서, 나는 직접 참석할 수는 없지만 늘 마음으로나마 함께하려고 한다.

사법농단의 문제가 우리 엄마와 연관되어 있다는 것도 놀랍지만, 법원이 정치와 결탁되어 있다는 사실이 충격적이다. 하루 빨리 사법농단의 실체가 밝혀져 피해를 본 우리 엄마를 비롯하여 많은 분들이 구제받기를 바라는 마음으로 원풍 이모들을 응원한다.

040

세상을 쓸고 얻은 행복

김오순

_____1961년 6월 전라북도 정읍에서 태어났다. 1977년 한국모방 노량진 제2공장에 입사했으나 1978년 원풍모방으로 고용 승계되었다. 1982년 9월 27일 사건으로 강제 해고를 당했다. 1999년 3월, 전북대학병원 청소 용역으로 입사하여 민주노총 전북본부 일반노조 지부장에 당선되어 활동하고 있다. 2007년, 민주화운동 관련자 명예회복 증서를 받았다. 2010년, 원풍모방노조에서 본인을 포함한 7명의 생애사 『못다 이룬 꿈도 아름답다』가 출간되었다.

원 풍 의   추 억

과거의 삶이 화려했던 사람은 늘 기억하며 돌아가고 싶어 한다. 하지만 나는 과거를 떠올리는 게 싫고 돌아가고 싶지도 않다. 두메산골 가난한 집 맏딸이 어린 나이에 서울에서 돈을 벌어야 했던 시절, 정신적으로 경제적으로 정말 힘들었다. 그래서 나는 열심히 살아온 지난 시간을 통해 만들어진 현재의 삶이 좋다. 그러나 돌아보면 원풍 시절이 있어 나의 청춘을 추억하고 위안을 받을 수 있었던 것 같다.

내가 자란 산골마을은 겹겹이 골을 만들어 아늑하게 감싸인 작은 동네였다. 겨우내 얼었던 땅을 헤집고 아래 들녘 작은 싹들이 올라오던 1961년 봄, 어른들 말로 보리 먹을 때 나는 태어났다고 했다. 위로 오빠가 셋, 여동생이 둘인 6남매 중 큰딸. 가족은 많은 데 한 뼘 땅도 없어 뼈 빠지게 일을 하시던 아버지. 우리 집 일이 끝나면 남의 집 일을 했고, 논두렁 밭두렁에 무엇이든 심었다. 자식 입에 먹을 것 들어 갈 때가 제일 행복하다던 아버지는 천생 농부셨다.

초등학교를 졸업하자 서울에 올라오면 취직시켜주겠다고 친척이 말했다. 전라북도 정읍 산외면에서도 한참 들어가는 상두리 골짜기에 살던 나는 혼자 갈 수가 없었다. 전주 사는 친척집까지 갔다가 하룻밤을 자고 집으로 와버렸다. 막상 서울을 가려니 부모님과 떨어지는 게 겁이 나고 두려웠다. 집안일을 도우며 친구들과 10여 킬로 떨어진 이웃동네로 누에를 치러 다녔다. 뽕나무 잎을 따서 누에밥을 주고 배설물 치우는 일이었다. 잠업실에 층층이 있는 누에에게 뽕잎을 따다 주면 꿈틀거리며 빠른 속도로 갉아 먹었다. 수많은 누에가 동시에 잎을 갉아 먹는 사각사각 소리는 마치 장대비가 쏟아지는 소리 같았다.

해마다 추석이나 설 명절이면 도시로 나간 친구들이 고향에 내려왔다. 그런 날은 한 집에 모여 서울 얘기, 직장 얘기로 밤새 수다를 떨었다. 친구들이 나도 서울에 올라와 같이 직장을 다니자고 권했다. 1977년 친구가 근무하는 원풍모방 노량진 제2공장에 취업을 했는데 당시 16살이었다. 그곳은 4층 건물인데 1층은 스팀 다림질실, 2층은 생산된 옷을 마감하는 곳, 3층과 4층은 '요꼬'라는 기계로 털실 옷을 짜는 일명 보세공장으로 불렸다. 1년 정도 근무했는데 경영악화로 문을 닫았다. 대림동 원풍모방으로 통합한다고 했지만, 다른 직장을 찾아 떠나는 사람도 있어 모두 뿔뿔이 흩어졌다.

원풍모방은 노량진 제2공장에 비해 회사 규모도 컸지만, 기숙사 시설이 잘 되어 있었다. 전방 B반에 배치된 나는 기숙사 219호에서 생활하며 친구들과 모임을 했다. 원풍 조합원은 대부분 소모임 활동을 했는데, 우리 모임은 '청포도'였고 7~8명이 함께 했다. 소모임 활동에선 노동조합에 관한 내용과 실생활에 필요한 지식을 배웠다.

내가 수강했던 여러 프로그램 중 요리 첫 수업 때 만든 도넛은 잊을 수가 없다. 밀가루에 우유를 넣고 반죽해 밀대로 납작하게 편 뒤 유리컵으로 찍어 큰 원을 만든다. 그다음 병 뚜껑으로 가운데를 찍으면 도넛 모양이 나왔다. 기름에 노릇노릇하게 튀겨진 것을 하얀 설탕 솔솔 뿌려 한 입 베어 물면 부드럽고 달달한 것이 입안에서 사르르 녹았다. 그 맛도 일품이지만 친구들과 장난치며 만들던 과정이 더 좋았다.

기숙사에는 경제적인 어려움 때문에 배움의 기회를 놓쳤다가 뒤늦게 공부하는 사람이 많았다. 내가 학교를 다니고 싶어 하자 친구는 노조에서 장학금을 지원하니 수업료 걱정은 안 해도 된다고 했다. 친구와 신길동에 있는 새마을중학교에 입학했는데, 그곳은 교육과정을 이수하면 2년 만에 졸업도 가능했다. 나는 원풍에서의 안정되고 여유 있는 생활로 한 단계씩 넓은 세상으로 나아갔다.

야수들의 광란

기숙사 생활 3년 만에 회사 근처에 전세방을 얻어 3남매가 자취를 하게 됐다. 10분 거리밖에 안됐지만 언제나 출근 1시간 전에 집을 나와 노조 사무실을 거쳐 현장에 들어갔다. 1982년 9월 27일, B반인 우리는 오후 2시 출근이었다. 여느 때와 다름없이 회사에 오니 정문 안과 밖에 낯선 남자들이 몰려 있으면서 우리를 아래위로 훑어 보며 불량스럽게 실실 웃었다. 담배 연기를 '훅' 하고 일부러 우리에게 뿜는 사람도 있었다. 건들거리며 뭔가 위압적인 분위기를 풍기는 그들이 상당히 눈에 거슬렸다.

정문 경비실에서 왼쪽으로 보도블록이 깔린 길의 끝에 노조 사무실이 있고, 그 뒤에 식당이 있었다. 노조 사무실 맞은편은 현장 건물인데, 정사, 정방, 전방이 나란히 붙어 있다. 내가 일하는 전방은 그곳을 지나 정사과를 오른쪽으로 돌아야 했다. 그런데 노조 사무실 앞에 바리게이트가 쳐져 있고 수십 명의 남자들이 막고 있었다. 각부서 담임과 몇몇 반장, 그리고 낯익은 회사 사원들도 있었다. 1시간 전에 폭력배들이 쳐들어 와 지금 대치중이라고 했다. B반이 출근을 앞두고 몰려오기 시작하자, 순식간에 통로가 가득 찼다. '폭력배는 물러가라,' '감금한 조합장을 내 놓아라,' '회사는 폭력사태의 책임자를 처벌하라'는 구호가 터져 나왔다.

백주대낮에 몽둥이 들고 노조 사무실에 쳐들어와 조합장을 감금하고 점거하고 있는 그들. 담임과 반장, 회사 사원부터 계장들로 구성된 폭력배들. 자기들은 '회사를 정상화하고 살리기 위한 구사대'라고 했다. 그들은 우리에게 쌍욕을 내뱉으며 눈에 살기를 띠고 으르렁거렸다. 매일 현장에서 마주치며 함께 했던 사람들이 갑자기 야수로 변한 것이다.

노조 사무실에서 끌려나오다 각목에 머리를 맞아 다쳤다는 이옥순 총무가 치료를 받고 머리에 붕대를 감은 채 뒤늦게 왔다. 노조 간부들은 폭력적 행동이나 파업은 안 된다며 현장으로 출근하라고 외쳤다. 비번은 금일부터 정사과에 모여 항의농성을 시작한다고 했다. 일을 하면서도 감금된 조합장은 어떡하나, 앞으로 노조는 어떻게 되는 건가, 오만가지 걱정으로 머릿속이 복잡하게 얽히며 오늘밤이 영원히 지속될 것 같아 불안했다.

밤 10시 퇴근하면서 부서원 전체가 농성장인 정사과로 몰려갔다. 밤새 농성을 하면서 이런 상황에 이틀 앞으로 다가온 추석휴무는 의미가 없겠다는 생각을 했다. 예매했던 표를 환불하러 친구들과 버스터미널에 다녀왔다. 그런데 회사 주변 상황이 나갈 때와 달라져 있었다. 경찰버스 여러 대가 회사 담벼락에 줄지어 서있고, 정문 양옆으로 전경들이 늘어서 있었다. 예비군복과 사원 작업복을 입은 남자들은 정문 안과 밖을 에워싸고 있었다. 방송국에서 나온 어깨에 카메라를 멘 사람들과 손에 마이크를 들고 있는 사람, 카메라를 목에 건 기자들이 분주하게 움직여 회사 앞은 어수선했다.

농성장이 부러웠다

사람들을 뚫고 정문으로 들어가려 했지만, 겹겹이 서있던 남자들이 막아섰다. 왜 못 들어가게 하느냐 항의하자 시골 가서 추석이나 보내라고 했다. 그러는 동안 많은 조합원들이 모였다. 들어가겠다는 우리와 못 들어간다는 그들과의 몸싸움이 벌어졌다. 그러나 건장한 남자들을 힘으로 이길 수는 없었다. 그때 누군가 외쳤다 '새문안교회로 모이래!' 농성장에 들어 갈 수 없는 상황에 한 줄기 빛과 같았던 그 말.

모두 버스를 타고 광화문에 있는 새문안교회로 갔다. 그곳은 민주인사를 위한 기도회나 집회가 여러 번 열렸던 곳이다. 누가 이곳으로 가라고 했는지 확인도 하지 않았다. 넓은 예배당 한쪽에 모인 우리는 누가 어디를 다쳤다더라, 경찰이나 기자들이 어쨌다더라, 폭력배들 속에 아는 얼굴이 누구누구 보이더라는 얘기를 하고 있었다. 이곳에서 기다리면 노조간부 중 누군가 와서 우릴 농성장으로 데려 갈 거라 기대했다. 아니면 우리가 무엇을 어떻게 해야 하는지 알려 줄 거라 생각했다. 지금까지 노조에서 이끄는 대로 따랐던 조합원들은 간부들이 시키는 대로 했었으니까. 그런데 시간이 흘러도 노조간부는 오지 않았다. 우리는 어떻게 해야 할지 알지 못했고, 무엇을 해야 되는지 알 수 없었다. 농성장이 아닌 이곳에 있는 우리 처지가 불안하고 답답했다. 버림받아 고아가 된 기분이었다.

다음날 다시 회사 정문 앞에 모였는데, 어제와 마찬가지로 사람들로 북새통이었다. 전투경찰과 회사에서 동원한 남자들이 정문 출입구를 겹겹이 가로막고 있었다. 카메라를 들고 있는 방송국 기자들은 회사 주변을 열심히 찍었다. 기자들이 우리에게 저 안에서 왜 농성을 하느냐고 물어 봤을 땐 열심히 설명을 해줬다. 폭력배들이 노조 사무실을 점거한 상황과 조합장을 감금 협박한 것, 자칭 구사대라고 하는 사람들이 어떤 인물들인지.

그런데 우리가 너무 순진했다는 걸 나중에 알았다. TV에선 우리를 취재한 내용은 없고 도시산업선교회 소속의 과격분자, 빨갱이들이 일반 조합원을 감금해놓고 회사를 도산시키려 농성한다고 보도했다. 기자들과 카메라맨은 내용을 모르는 사람들이 보면 오해할만한 것들만 골라 찍었다. 뉴스를 통해 본 것과 사람들에게 들은 걸 생각하면 폭력배들만큼이나 기자들이 미웠다. 그 와중에 고향에선 친척들이 TV에 나온 나를 보고 발칵 뒤집혀 난리가 났었단다.

농성장 밖에서 우리가 할 수 있는 일은 가족들을 안심시키는 거였다. 하지만 설득하지 못하고 농성장까지 들여보내서 미안했다. 그런데 우리도 행동지침을 알려주는 사람이 없어서 많이 힘들었다. 농성장에 함께 있지 못해 가슴이 아팠고, 밖에 있어 외로웠다. 농성장에 있는 사람들이 부러웠다.

구류와 각서

추석날 새벽 농성장에서 모두 끌려나온 조합원들은 당장 갈 곳이 없어 산선에서 공동생활을 했다. 나는 자취집과 산선을 오가며 출근투쟁 준비에 참여했다. 많은 인원이 함께 숙식하는 것은 보통일이 아니었지만, 동료들은 스스로의 일을 찾아서 했다. 다른 무엇보다 아침저녁 식사가 제일 문제였다. 황선금, 박혜숙, 이순옥, 임태송 언니들과 김예희가 주로 식당에서 일했다. 음식 만드는 것은 내가 잘하는 일이라 식사 때가 되면 일을 도왔다. 식단이랄 것도 없는 싸고 양이 많은 재료지만, 동료들이 맛있게 먹으면 즐거웠다.

같은 전방에 근무하며 소모임 멤버인 최영자와 원풍모방 사태에 대한 유인물을 배포하러 다녔다. 유인물을 집집마다 한 장씩 넣기도 하고, 버스나 전철을 타고 사람들에게 나눠주기도 했다. 이렇게 열심히 하면 다시 회사로 들어갈 수 있고 노동조합도 되찾을 수 있을 거라 생각했다.

10월 7일, 회사 앞에 모여 출근투쟁을 하는데 정문에 38명의 해고자 명단이 붙어 있었다. 명단 속에서 내 이름 석자를 확인했다. 다른 동료들도 마찬가지였겠지만, 내가 왜 쫓겨나야 하는지 알 수 없었다. 출근투쟁과 영등포산선에서 열린 집회과정에서 2명이 구속되고 다수가 구류를 살았다. 대학생들도 4명이나 구속되었다. 10월 13일, 또다시 출근 투쟁을 시도했지만 처절한 몸싸움 끝에 남부경찰서로 연행되었다.

그러던 어느 날, 곤히 잠을 자고 있던 새벽 2시쯤 형사들이 조사할게 있다며 찾아 왔다. 오빠와 동생의 걱정을 뒤로 하고 경찰서에 가서 조사를 받았다. 그들은 수배중인 이옥순 언니에 대한 행방을 물었다. 아무 것도 모른다고 하자 각서를 쓰게 한 뒤 풀어 주었다.

11월에는 수배 중이던 상집간부 전원이 연행되었다는 비보를 들었다. 구류를 살고 나온 간부들 외에 6명이 구속되어 고척동구치소엔 8명이 갇혔다. 원풍에 5년 동안 근무하면서 선배들을 따르고 친구들과 함께 하는 것으로 족했었다. 그런데 출근투쟁을 하고 유인물 배포과정을 통해 노조가 얼마나 중요한지 절감했다.

1983년 1월, 영등포산선 강당에 모여 '해산식'을 하고나니 앞이 캄캄했다. 16살에 올라온 서울에서 원풍은 나의 전부였다. 오빠와 동생은 학교를 다녀 생활을 꾸려가야 했던 나는 힘들게 버티고 있던 중이었다. 해산식을 한 뒤 곧바로 취업을 위해 뛰어 다녀야 했다.

새로운 직장을 찾아 취업했어도 적응하는 일은 쉽지 않았고, 짧게는 2~3개월 단위로 떠돌아야 했다. 그러다 추석에 집에 내려가 부모님과 생활하며 가구를 주문제작하는 남자와 선을 봤다. 가진 것 없고 주문제작이라 경제성도 약해 생활이 어렵다고 말하는 28살 남자의 솔직함이 마음에 들었다. 결혼식을 앞두고 경찰이 찾아와 참 끈질기다 싶었다. 시댁에서 살 때도 경찰관 2명이 또 찾아 왔다. 그들은 원풍노조 간부들과 연락하고 있느냐, 원풍 사람들을 아직도 만나느냐, 결혼해서 어떻게 생활하느냐고 물었다. 잘못한 것도 없는데 경찰이 찾아와 이것저것 물으니 시부모와 남편 보기 민망했으나, 원풍사태와 관련한 내용을 얘기해 이해를 구했다.

시부모님과 함께 9년 동안 생활하다 전세집을 얻어 전주로 분가했다. 딸은 초등학교 1학년에 입학했고, 아들은 6살이었다. 남편은 목수 일을 하였는데, 건축 붐이 한창이라 수입이 좋아 4년 만에 집을 장만했다. 시부모님의 시골집도 새로 지어드렸다. 나름 행복했는데 1997년에 IMF 경제위기가 터졌다. 나라 전체가 흔들리는 시기라 건축일도 침체기였다. 실업자가 된 남편 대신 내가 나서야 했다. 초등학교 6학년 딸과 4학년 아들을 돌봐야 하는 전업주부가 할 수 있는 일은 별로 없어 친구의 소개로 식당일을 했다.

노조 결성

1999년 3월경 친구의 권유로 용역회사를 통해 전북대학병원에서 청소 일을 시작했다. 대학병원은 직접 고용하지 않고 주차, 청소, 주방, 시설관리, 경비 등 대부분을 용역에 맡겼다. 그렇게 하면 직접고용에 따른 복잡한 내용을 피할 수 있어 편하기 때문이다. 특별한 자격증과 전문경력은 없지만, 39살은 용역회사에선 젊은 나이였다. 청소 일을 3년 정도 하고 2001년 치과병동 조무사로 일하게 됐다. 토요일과 일요일에도 일했는데, 용역회사에선 아무 보수도 지불하지 않아 점차 의혹이 생겼다.

어느 날, 영세민 자녀교육비 국가보조금을 타려고 의료보험 서류를 떼러 의료보험조합 사무실에 갔다가 의료비에 대한 내용을 알게 됐다. 의료비는 용역회사와 우리가 50%씩 부담해야 되는 걸 100% 내고 있다는 사실, 도급가의 70%를 우리가 받고 용역회사는 30% 수수료를 챙기는 건데 50 대 50으로 나누고 있었던 것이다. 아무것도 모르니 법적 최저임금에도 못 미치는 돈을 받고 일을 하고 있었던 것이다.

용역회사를 통해 일하는 사람들은 대부분 학벌 없고 나이가 많다. 경력직도 아닌 단순노동이라 월급이 적은 게 당연하다고 생각한다. 나도 용역회사의 불합리한 처분 때문이라고는 생각 못했다. 어쩌면 불합리하고 잘못됐다는 걸 알아도 어떻게 해야 좋을지 몰라 그저 당하고 있었는지도 모른다. 모든 것을 알았으니 바꿔야 했다. 원풍에서 활동했던 많은 것들을, 노조에서 교육받았던 경험을 생각했다. 그러나 어디서부터 시작해야 좋을지 몰랐고, 동료들의 호응도 자신이 없었다. 괜히 불만을 얘기했다가 일자리만 잃을까 두렵기도 했다. 구조를 바꿀 수 있는 방법을 찾아 혼자 가슴앓이를 하며 3년을 흘려보냈다.

하루는 치과 조무사로서 전북대학병원노조에서 상근하던 조합원이 제안을 해왔다. 민주노총 전북본부 일반노조가 만들어지는데 조합원으로 가입하겠냐고. 나는 망설임 없이 치과병동에서 함께 일하는 동료 3명과 가입서를 냈다. 시설 쪽에서도 여러 사람이 가입했다. 2002년 5월, 동료 박명희와 함께 점심시간을 이용해 노조에 가입하지 않은 동료들을 불러 모았다. 교수 연구동의 쉼터에 50여 명이 모였고, 40여분 만에 노조가입원서를 받아냈다. 그렇게 해서 '민주노총 전북본부 일반노조 대학병원지부'가 출범하게 됐다.

6천원의 변화

용역회사와 자신들의 불평등한 관계를 개선하기 위해서는 힘을 모아야 한다는 공감대는 이미 갖고 있었다. 그러나 노조가 누구를 위해 무엇을 어떻게 해야 되는지는 잘 몰랐던 것이다. 누군가 앞장을 서니 모두들 호응한 것이다. 그동안 박명희와 내가 노동조합의 필요성에 대해 틈만 나면 얘기한 결과였다. 의료보험료 1만 2천원 중 절반을 용역회사가 부담하지 않고 있다는 걸 동료들에게 알려줬다. 원청과 용역회사, 그리고 용역관계의 불합리성에 대해서도 얘기했다. 그것이 동료들이 노동조합 가입을 적극적으로 하게 만든 것 같다.

지부가 꾸려지자 용역회사인 '청원'을 상대로 단체협약을 제안했다. 불합리한 관계를 개선해야 했다. 의료보험 비용전가와 관련해 경찰에 고발도 했다. 오랫동안 일을 해왔고 나이도 많은 박명희를 대표로 했다. 그런데 고발과 관련해 경찰서에 가는 것 자체를 겁내고 두려워했다. 할 수 없이 내가 대표격으로 협상을 했다. 의료보험 비용을 파견 노동자에게 전가한 것과 휴일에 수당 없이 근무시킨 것에 대해 배상하라, 법 규정에 따라 최저임금 이상을 보장하라, 상여금, 휴가비, 중식비, 연차 등을 제도화하라는 게 단체협약 내용이었다.

용역회사는 그 동안 지켜온 기득권을 놓치고 싶지 않아서인지 세 번이나 거절했다. 대학병원에 원청의 하도급을 용역회사가 얼마에 가져가고 용역 처우를 어떻게 했는지 호소하고 그 문건을 공개했다. 그래도 용역회사가 계속 외면하자 우리는 파업을 감행했다. 문건을 통해 부당한 내용을 알고 있던 병원 직원들은 응원과 격려를 해줬다. 상황이 급변하자 용역회사는 당황해 협상에 나섰고, 지부에서 원하는 방향으로 단체협약이 체결되었다.

설마 했던 아주머니들은 깜짝 놀랐다. 그 동안 억울하고 부당해도 참고 살았는데, 노조를 통해 힘을 합하자 불가능해 보이던 일이 해결된 것이다. 나이 많은 약자라고 무조건 참고 피해보는 것에 익숙해 있던 사람들, 그들에게 변화가 생겼다. 세상의 부당함과 편견에 대해 바르게 보고 자신있게 목소리를 내기 시작했다. 지부 일에 적극적으로 임했고, 그래서 어느 지부보다 단결력이 좋았다. 의료보험 비용 6천원에서 시작된 변화였다.

10년 넘게 지부장을 맡으면서 집안 살림과 아이들 양육을 병행하느라 참으로 힘들었다. 스트레스도 많이 받았고, 마음고생도 많았었다. 원풍노조에서 활동했던 시간은 내가 지부장을 맡아 일을 해나가는데 밑거름이 되었다. 조합원이었던 그 시절엔 알지 못했던 많은 것들이 새로운 깨달음으로 오기도 했다. 조합원으로 단순 참여하는 것과 노조를 이끌어 가는 것이 얼마나 큰 차이가 있는 지도 알게 되었다. 그 동안 많은 과정을 통해 지부는 안정이 되었고, 용역회사와의 관계도 정상화되었다. 나는 지부장에서 물러나 평조합원으로 활동하며 조합원 교육을 맡아 지부를 뒷받침하려고 노력했다.

2017년, 정부에서 비정규직을 정규직화 하겠다고 하자 2018년 전북대병원노조는 일반노조에서 탈퇴하고 보건노조에 가입했다. 정부에서 복수노조를 허용하면서 조합원이 많은 곳이 단체협약 우선권을 갖기 때문이다. 정부에서는 용역회사와 병원 대표, 그리고 보건노조 대표들로 삼자협의체를 구성하라고 했다. 문제는 6개의 용역회사와 병원 대표 구성이 쉽지 않다 보니 시간만 끌고 해결이 나지 않는다. 나는 이 문제가 끝날 때까지 '전북대병원노조 미화분회장'으로 활동하기로 했다.

청소용역으로 시작해 치과 조무사로 일하며 지부를 만들어 조합원들과 함께 많은 일을 해왔다. 내가 부당함에 맞서 활동하며 오랜 기간 지부장으로 사람들에게 신뢰를 얻은 것은 원풍에서의 경험이 있었기에 가능했다고 생각한다.

원풍을 통해 노조의 필요성도 알았고, 노동자로 당당하게 살아야할 이유도 알았다. 그래서 용역노조를 만들고 이끌어 오면서 누구에게도 기죽지 않고 자신 있게 할 수 있었다. 힘겨웠던 과거 속에 유일하게 청춘을 기억하고 기댈 수 있었던 곳, 무미건조했을 내 청춘에 낭만과 희망을 줬던 원풍이 나에게 남겨준 자산이다.

041

내 힘의 원천

나영금

_____1960년, 전북 고창에서 태어났다. 1976년에 원풍모방에 입사하여 일하다가 1982년 9·27노조강탈 폭력사건 때 강제 해고되었다. 정부에 의해 민주화운동 관련자로 인정되어 명예회복이 되었다.

두 번째 노조원이 되어

나는 지금 서울대병원의 장례식장 식당에서 일하고 있다. 2015년 6월에 용역업체를 통해 이곳에 들어와 장례식장 음식을 조리하기 시작한 게 벌써 몇 년이 지났다. 장례식장이 직장이니 늘 죽음을 가까이 하고 있는 셈이다. 수십 년 만에 다시 노조에도 소속되었다. 서울대병원 서비스노조 민들레분회다. 이 분회에 미화, 식당 등이 포함되어 있는 것이다.

이곳은 아침 6시부터 오후 3시까지, 또 낮 12시 반에서 저녁 9시 30분까지 등으로 나눈 3교대 근무를 한다. 식사시간 포함, 8시간 3교대로 근무했던 원풍모방에서 해고된 후 수 십년이 지난 지금 나의 근로조건이다.

여기서 일해 보니 죽는 사람이 왜 그리도 많은지 바쁠 때는 정신이 없었다. 조금 한가할 때면 죽음을 접하는 사람들의 다양한 모습을 바라본다. 처음엔 슬픔이나 안타까움이 느껴지기도 했지만, 늘상 보니 이제는 좀 덤덤해지기도 한다. 같이 일하는 사람들은 대체로 냄새도 나고 무섬증이 난다며 물건을 가지러 창고에 가는 일도 꺼려하는데, 나는 이상하게 좀 담담한 편이다.

특히 발인장이라고 하여 고인의 시신에게 마지막으로 인사를 하는 곳인데, 오래 일한 선배들도 무섭다고 하며 음식물 짬밥을 버리러 가지 않았다. 그러나 나는 그냥, 죽은 이에게 이제 안녕! 하는 심정으로 지나간다. 내가 특별히 좀 대담한 건지, 나름 산전수전 다 겪고 보니 두려움이 없어진 건지 모르겠다.

병원에서 일하다 보면 간호사, 의사들 중 민주노총 산하 조합원들을 많이 접하게 되어 저절로 반가운 마음이 들었다. 어느 날 회식을 하다가 우연히 원풍모방노조 이야기를 했더니, 반색을 하며 '아, 그 전설 같은 곳에서 일한 분이냐'고 나를 다르게 대하는 것이었다. 그 후 나를 찾아와 원풍노조 이야기를 해 달라고 하는 분도 있었다. 그럴 때마다 '아, 우리가 대단했구나' 하는 생각이 들어 자랑스럽고 자부심에 뿌듯해지기도 했다.

서울대병원에서 일하기 전에는 목욕탕에서 때를 미는 일도 한참 했는데, 목욕탕 일은 수입은 괜찮았지만 불규칙하고 힘도 들어 그만두었다. 목욕탕에서 일할 때는 개인 대 개인의 관계이다 보니 노동조합이니 조직이니 하는 것은 먼 얘기였다. 그에 비해 이곳은 훨씬 사람관계가 넓고, 이야기도 많이 할 수 있어서 좋다.

나는 모난 성격이 아니라 사람들과 덜렁덜렁 잘 지내는 편인데, 불쑥 뱉어버리는 입 때문에 한번 씩 튀는 적이 있긴 하다. 저게 아닌데 싶은 걸 보면 못 참아서 불쑥 말해버리는 것이다. 원풍노조에서 학습된 것이 있는 모양인데, 그때와는 다른 상황임에도 입을 가만히 두지 못하는 것이다.

젊은 날의 원풍노조 그 시절

내가 원풍노조에서 보낸 젊은 날, 아득하고도 그리운 시절이다. 나는 초등학교를 졸업하자마자 노량진에 있는 원풍모방 제2공장에 다니면서 기술을 익혀 기능공으로 신대방동의 원풍모방에 입사했다. 그래서 원풍에서는 또래의 양성공들이 주전자 들고 물 뜨러 다닐 때 당당하게 직기 앞에 서 있었다. 당연히 친구들보다 임금도 더 많았다.

기숙사에 들어가지 않은 것은, 그때 기숙사 수용에 한계가 있어 서울에 주소를 둔 사람은 잘 안받아주기도 했지만, 언니가 집 놔두고 왜 거기 들어가느냐고 기어코 말렸기 때문이다. 언니는 지독히 알뜰하게 돈을 모았고, 나도 신협에서 퇴직금을 담보로 대출받아 보태 미아리 산꼭대기에 집을 산 후였다. 미아리에서 신대방동까지 출퇴근 하느라 새벽 첫 버스를 타야 했고, 밤 10시 퇴근반일 때는 마지막 버스를 타고 아슬아슬하게 통금시간 전에 집에 도착하면서도 내 집이 있다는 자부심으로 그 고생을 한 것 같다. 그때는 밤 12시 정각에 통금 사이렌이 울리던 때라 버스를 놓칠까봐 늘 조마조마했다.

그래서 아쉽게도 나에게는 기숙사 추억이 없다. 기숙사생들이 대림시장 떡라면이 엄청 맛있다고 하도 얘기해서 날 잡아 한번 가 봤는데, 집에서 밥 해먹던 나한테는 별로였다. 원풍 식구들은 다 아는 사실이지만, 나는 몸집은 호리호리해도 먹는 것을 엄청 좋아했다. 친구들이 놀랄 정도로 밥을 많이 먹는지라 내가 맛없다고 하면 믿지 않을 것이다. 식당에 가면 고봉으로 식판 두 개를 먹었으니까. 그러나 아무리 대식가라고 해도 집에서 먹는 음식과 바깥음식의 맛은 달랐다.

다들 그렇겠지만, 나도 공부를 하지 못했으므로 책이라도 읽으려고 했던 것 같다. 노동조합을 제대로 알기도 전에 노조의 책장이 눈에 들어왔다. 책장을 바라만 봐도 좋았다. 2시 퇴근 때면 식당에서 밥을 먹은 후 노조 사무실에 들어가 책장을 쓱 훑어 눈에 들어오는 책 한 권을 뽑아 들면 꼼짝 안하고 다 읽을 때까지 앉아 있었다. 『대망』 스무 권짜리인가를 열흘 만에 독파했고, 『어머니』 뭐 그런 책도 읽은 기억이 난다. 무협지를 좋아했지만 노조에는 없었다.

집이 멀어 소그룹 모임하는 것에는 좀 불리했지만, 그래도 누구나 활동하던 소모임을 나라고 안 할 리 없었다. 노동조합이나 산업선교회에서 강의를 들을 기회가 있으면 최대한 쫓아다녔다. 당시는 산선이나 노조에서 주최하는 이런저런 프로그램이 있었던 것 같다. 나는 특히 강의도 강의이지만 문동환 목사님의 목소리가 너무 좋아 그분이 어디서 강의하는지 물어보고 찾아다녔던 적도 있다. 그러다 보니 원래 삼성공민학교에서 중학교 과정을 마치고 고등학교도 공부할 계획이었던 것을 때려치워 버렸다. 노조에서 책 읽고, 강의 들으러 다니고, 소그룹 모임하는 게 더 재미있어진 것이다.

나 에 게 는 기 적 같 은 단 식 농 성

동료들과 바다로 산으로 놀러 다니는 것도 신이 났다. 언젠가 여름휴가 때 경포대를 갔는데, 당시는 텐트를 대개 가지고 다닐 때라 텐트를 쳐 놓고 화장실 앞에 줄을 서 있는데 낯익은 얼굴을 만났다. 지명환이었다. 명환이와 그렇게 친할 때는 아니었지만, 거기서 원풍 식구를 만나니 서로 반가워했다. 그때 사실 점옥이, 난희 등 여덟 명이 놀러갔다가 뭔 일인가로 다툼이 생겨 네 명은 다른 곳으로 간 상태였다. 해변에 설치된 나이트에도 몰려가고 내가 좋아했던 〈스잔나〉라는 노래도 부르고 하며 즐겁게 놀다가 뭔 일로 옥신각신했던 것이다. 어쨌든 우리 넷은 명환이네 옆으로 텐트를 옮겼다.

명환이네 텐트 옆에서 옹기종기 같이 저녁을 해 먹는데, 어쩌다 주변에 있던 남자들 셋이 합석해 그들과 함께 밥을 먹게 되었다. 그런데 한 남자가 내 옆에 앉으며 관심을 보이는 것이었다. 문제는 다른 사람들이 숟가락을 다 놓은 후에도 나만 제일 큰 코펠에 밥을 잔뜩 넣고 그걸 모두 먹는 거를 보고 놀라는 눈치였다. 그 남자는 '아이구, 나는 영금씨 못 먹여 살리겠네' 어쩌고 농담을 했고, 나는 아랑곳하지 않고 싹싹 그릇을 비웠다.

나는 그렇게 먹어도 살이 찌지 않으니 더욱 더 먹었던 것 같다. 그런 내가 원풍노조 9·27사건 때 닷새나 못 먹고 버텼으니…. 9·27사건을 생각하면, 너무 배가 고팠던 기억만 생생하다. 그때의 단식농성으로 나는 무지 힘들었다. 그것을 견뎌낸 것만으로도 나로서는 거의 기적이었다.

농성 와중에도 내가 자꾸 먹는 이야기를 해서 친구들이 면박을 주었던 기억이 난다. 농성 3일째 되던 날, 옆에 있는 누군가와 통닭 이야기를 하다가 푹 꺼진 배를 움켜잡고 눈물을 흘리며 웃었던 기억이 난다. 원래 나는 '닭 한 마리'라는 별명이 있을 정도로 식탐이 대단하여 웬만한 크기의 통닭 한 마리쯤은 게 눈 감추듯 해치울 수 있다. 그러나 참아야했다. 조합장은 감금되어 있고 노동조합은 폭력배들이 장악해 있었다. 이런 상황에 배고픔 하나 참아내지 못해서야…. 비통했지만 나를 굶주리게 하는 자들의 폭력을 보았기에 참고 싸웠다.

그렇게 버텼지만 결국 공장에서 끌려나왔고, 출근투쟁을 하다가 경찰서에 연행되었다. 경찰은 각서를 쓰라고 했다. 나는 무슨 각서를 쓰느냐고 대들었다. 밥 못 먹어 죽다가 살아난 게 잘못이라는 각서를 쓰라는 거냐고 대들자, 경찰도 기가 막히는지 나를 물끄러미 쳐다보았다. 숙자 언니와 언년이가 구속되었고, 여러 명이 구류를 살게 되었다. 나는 구류처분을 받을 만큼의 등급도 못 되는가 싶어 씁쓸하고 부끄러웠다.

영등포산선에서 생활할 때 나는 주로 주방에서 음식을 만드는 일을 담당했다.

그때 식사비용 눈치 보느라 싼 미역줄기만 엄청나게 볶았던 탓에 지금도 미역줄기를 보면 신물이 난다. 나는 집이 서울이었고, 그렇지 않아도 영등포산선에서 눈치를 봐야 하는 상황이 되면서 출퇴근하듯 집과 산선을 오갔다. 그러나 경찰이 매일 집 앞을 기웃거려 거동이 편치 않았다.

한번은 노조에서 무슨 집회를 기획했던 날인 것 같은데, 집 밖으로 나가려니 뒷집 아저씨와 또 다른 한 남자가 앞을 막는 것이었다. 우리 집 바로 뒷집 아저씨가 형사였던 것이다. 그는 임무를 띠고 왔는지, 오늘은 무조건 자기들과 같이 있어야한다고 막아섰다. 어쩔 수 없이 형사들의 차를 타고 돌아다녀야 했다. 점심 때가 되니 어느 식당으로 가는데 소고기 음식점이었다. 이왕 이리 된 것 '에라, 실컷 먹어주자!' 하고는 제비추리를 배터지게 먹었다. 내가 어디서 그런 고기를 먹겠냐고! 그들은 내가 먹는 양을 보며 말은 못하고 속으로 놀랐을 것이다.

해 고   이 후

명환이, 점옥이, 난희, 화숙이, 혜영이 등의 친구들은 원풍 안에 있을 때보다 해고된 후 훨씬 친해졌다. 같이 투쟁하고 산선에서 밥해 먹으면서 모여 있으니 더 잘 알게 되기도 했다. 부서 구별 없이 끝까지 함께 한 사람들이므로 훨씬 동지애가 깊어진 느낌이었다. 그런 친구들에게 폐를 끼친 적도 있다. 나는 성격이 묘한 데가 있어 가끔 잠적하듯이 어딘가에 틀어박혀 꼼짝 안하기도 한다.

한번은 명환이네 집에 갔는데, 명환이는 성수지역에서 활동하느라 집에 들어오지 않았다. 그런데도 명환이 방에 처박혀 명환이 어머니가 들여 주는 밥을 하루 세끼 받아먹으며 사흘 동안 책만 읽고 온 적도 있다. 명환이가 주말에 집에 가니 점잖으신 명환이 아버지가 "얘, 영금인가 하는 네 친구 참 용감하더라"라고 하시더라는 말을 나중에 듣고 나는 헤헤 웃었다.

결혼하고 부산에서 살다가 이혼한 후 네 살짜리 딸을 데리고 점옥이네 집에 가서 며칠 신세를 지기도 했다. 그렇게 뻔뻔하기도 했지만, 친구들 일이라면 마음을 다해 돕기도 했다. 점옥이가 아기를 낳을 때는 병원에 동행하였고, 산후 뒷바라지를 나름 정성껏 해주기도 했다.

나는 음식을 만들어 친구들이 잘 먹게 하는 것도 좋았고, 음식 만드는 일도 체질에 맞아 원풍모임을 할 때는 대개 음식 담당을 했다. 그래서 지금도 장례식장에서 죽음을 벗한 음식을 만들고 있는 것이다. 어린 아이를 데리고 이혼한 후 못난 엄마를 만나 고생하는 딸을 위해서라면 못할 일이 없었다.

전 남편에게서 네 살 된 딸을 찾아와 키우며 마음도 몸도 힘들던 때라 한동안은 원풍 모임에도 참석하지 못하고 아무 것에도 관심을 갖지 못했다. 그래도 나를 잊지 않고 연락해 준 원풍 식구들 덕분에 민주화운동 명예회복 신청절차를 진행할 수 있었고, 생활지원금도 수령하게 되어 큰 힘이 되었다.

원풍모임 하는 날은 다시 옛날로 돌아간 듯 수다를 떨고 웃는다. 평생 벗할 친구들이 여기에 있다. 이들의 위로와 격려가 없었다면 아이 키우며 살아가는 일이 훨씬 고달팠을 것이다. 원풍은 내 힘의 원천이다.

042

서울의 추억

문선자

————1957년, 전남 보성에서 태어났다. 1977년, 원풍모방에 입사하여 1981년 노조 상무집행위원으로 활동하다가 1982년 9·27사건으로 수배자가 되었다가 그해 11월에 연행되어 20일 구류를 살았다. 이후 강제로 사직서를 내고 고향으로 끌려갔다. 2007년, 민주화운동가로 명예회복이 되었다.

서울, 이게 얼마만이던가. 1982년 11월 초겨울 바람이 싸늘하게 불던 날, 나는 남부경찰서 유치장에서 나와 서울을 떠나야 했다. 나는 '원풍노조 9·27사태' 때 상집간부로, 수배를 피해 다니다가 체포되었다. '불법집회 및 시위'라는 죄목으로 구류 20일을 살았고, 석방되던 날 강제로 고향으로 돌아가야 했다. 그날 나를 '호송'하기 위해 전남 보성군청에서 공무원이 파견되었고, 나는 아버지 손에 이끌려 어쩔 수 없이 고향으로 가는 기차에 올라탔다.

그렇게 무겁게 떠났던 서울을 십여 년이 더 지나서야 아들과 딸의 손을 잡고 다시 올 수 있었다. 영등포역에 내려 그리운 사람들을 찾아가는데 가슴이 두근두근거리고 발걸음은 하늘을 나는 듯 사뿐거렸다. 얼마나 그립고 보고 싶었던가. 결혼하고, 아이들을 낳고, 시집식구들을 챙기고 하다 보니 하루하루가 정신없이 지나갔다. 그렇게 바쁜 일상을 보내다가도 문득 고개를 들어 하늘을 올려다보면, 그리운 얼굴들이 뭉게구름처럼 피어나곤 했다.

나는 전남 보성에서 비교적 부유한 집안의 맏딸로 태어났다. 서당을 운영하던 할아버지는, 손자는 서당에 들어가게 했지만, 손녀인 나는 서당 근처를 얼씬도 못하게 했다. 대여섯 살쯤이었을 것이다. 할아버지의 차별에 심통이 나 나는 할아버지가 특별히 예뻐하는 사촌남동생의 고무신을 아궁이에다 처넣어버렸다. 할아버지는 여자는 공부를 시키기보다 시집을 잘 보내는 것이 더 중요하다고 입버릇처럼 말씀하셨다.

전화교환원의 꿈

나는 그런 집안 분위기가 마음에 들지 않았다. 중학교를 졸업한 나는 광주로 유학 간 남동생을 따라가 밥과 빨래를 해주며 전화교환원 자격증을 땄다. 1977년 어느 날, 어머니는 서울 원풍모방의 아는 사람이 거기에 교환원으로 취직을 시켜 준다는데 가겠느냐고 물었다. 그렇지 않아도 서울에 올라가 돈을 벌어 시집이나 가야겠다고 생각하던 참이었다. 잘 되었다싶어 얼른 어머니를 따라나섰다. 내 나이 스무 살이었다.

교환원으로 일하는 줄 알고 원풍모방에 입사했는데, 교환원 공석이 없다며 생산현장인 방적과 전방으로 배치되었다. 작업현장은 생각했던 것보다 공기가 탁했다. 섬유원료에서 풍기는 약품 냄새가 진동했다. 솜먼지가 얼굴 여기저기에 달라붙어 간지럽고, 기계 소리는 왜 그렇게 시끄러운 지 정신이 없었다. 나는 시험실에 배치되어 기계에 투입되는 원료의 품질을 실험하여 적합여부를 검사하는 일을 맡게 되었다. 내심 다행이다 싶었다.

노동조합에서 활동하게 된 데는 특별히 어떤 계기가 필요하지 않았다. 현장이나 기숙사 방 분위기에 이끌려 자연스럽게 소모임에 가입했다. 소모임 활동을 하면서 노동조합 상근간부들과 정이 두터워졌고, 노조 사무실이 마치 내 집과 같이 포근하게 느껴졌다. 방용석 지부장님은 아버지 같이 든든했고, 박순희 부지부장님은 어머니처럼 따뜻하게 대해주었다. 박 부지부장님은 항상 개개인의 안부를 묻고, 노동계가 돌아가는 소식도 전해주어서 좋아했다.

나는 노조활동에 관심을 가지면서 전에는 몰랐던 새로운 지식과 정보를 알 수 있게 되었다. 노조활동이 참 흥미롭고 재미있었다. 헌법에 노동3권이 보장되어 있다는 것도 신기했다. 노동자의 권리가 보장되어야 한다는 사실을 깨달았을 때는 '어머, 그렇게 좋은 법이 우리 노동자에게 있었는데 난 몰랐네' 하며 무릎을 탁 쳤다. 그날 이후 목을 빼고 교육시간을 기다렸다.

새로운 지식과 정보를 쌓아가는 것을 좋아했던 나는 되도록 빼놓지 않고 노동조합 교육을 들으려 했다. 지금도 신인령 교수와 김근태 의원의 강의가 떠오른다. 특히 "우리 사회를 고기를 잡은 그물이라고 한다면, 큰 고기들은 그물을 다 빠져나가는데 송사리같이 작은 물고기만 그물망에 걸리는 잘못된 구조예요. 사회적으로 약자인 송사리와 같은 노동자 여러분은 뭉쳐 커다란 무리를 지어야만 잡혀 먹히지 않습니다. 노동자들이 권리를 찾아 지키려면 단결해야만 할 수 있어요"라는 신인령 교수의 강의가 잊히지 않는다.

노조활동을 해나가면서 점차 노동운동의 중요성도 깨달을 수 있었다. 부서별로 교육을 받고, 거기에다가 소모임의 팀장, 서기, 총무 등 직책별로 모임을 가지며 교육을 받으면서 노동조합의 중요성을 충분히 인식할 수 있게 된 것이다.

영등포산업선교회의 프로그램도 우리의 의식을 일깨우고 성장시켜 주었다. 우리는 단체행동을 통해 배운 바를 실천으로 옮겼다. 그중에서도 특히 임금인상과 단체협약을 갱신하기 위해 노사 간 단체교섭을 할 때, 모두가 일치단결하여 태업에 들어가 생산량을 줄였던 생각이 난다. 단체행동권을 실천함으로써 우리가 원하는 방향으로 단체교섭을 진행해나갈 수 있었다.

노동조합 활동이 일깨워 준 정치의식

이 일을 계기로 노동조합의 중요성과 더불어 민주노조운동의 가치를 한층 깊이 깨달을 수가 있었다. 더 나아가 독재정권에 의해 억압되어 있는 노동자의 정당한 권리를 찾아야 한다는 생각도 갖게 되었다. 당시는 박정희 유신정권이 단체행동권을 '국가보위를 위한 특별조치법'으로 묶어 탄압하던 시절이었다.

노동조합 활동을 하면서 자연스럽게 정치적 민주주의를 염원하게 되었다. 그리고 그러한 뜻이 공유되는 곳이라면 팔소매를 걷어붙이고 쫓아다녔다. 종로5가 기독교회관에서는 매주 목요일 기도회가 열렸다. 억울하게 해고를 당한 노동자, 시위를 하다가 잡혀간 학생, 또는 반공법으로 감옥살이는 하는 장기수 등 억울하게 갇혀있는 사람들을 위한 기도회였다. 시간이 나는 대로 기도회에 참석하여 구속자 가족들로부터 호소를 듣기도 하고, 해고자들의 탄압실태도 들으면서 절실하게 민주정치를 갈망하였다.

우리는 든든한 노동조합이 있기 때문에 상대적으로 자유롭게 활동할 수 있었지만, 그 자유로움을 지키려면 민주노조운동이 확산되어야 한다는 사실도 절실하게 깨달았다. 이런 문제의식을 갖게 되면서 타 사업장의 노동탄압도 남의 문제가 아닌 내 문제로 받아들이게 되었다. 농민운동, 학생운동, 또는 지식인들의 민주화운동과 연대하는 것을 노동조합 활동의 한 부분으로 생각하고 집회와 기도회에 열심히 쫓아다녔다.

현장에서 일하면서 집회에 참여하는 것은 그리 쉬운 일이 아니었다. 야간 근무 때는 잠이 부족해 졸음을 참고 일을 해야 했다. 기숙사의 식사시간을 놓쳐 고픈 배를 어루만지며 자야 하는 날도 있었다. 그 시절 외식을 하려면 큰마음을 먹어야 했다. 떡라면을 사먹는 것이 고작이어서 그것이 우리들의 최고 외식이었다. 그것조차도 기숙사 통금시간에 쫓겨 사먹을 여유가 없었던 때가 많았다. 그래도 무슨 사명감을 갖고 있는 사람처럼 집회장을 쫓아다녔다.

그렇게 열정을 갖고 활동할 수 있었던 것은, 노동조합이 무수한 제약과 걸림돌들을 해결해 주고 보호막이 되어 주었기 때문이다. 노동조합 때문에 생리휴가와 월차휴가를 자유롭게 쓸 수 있었으며, 조합원들이 기숙사자치회를 운영하며 매일 외출이 가능하도록 규정을 개선하여 자유로운 행동이 보장되었다.

나는 원풍모방에 근무하면서 노조활동을 할 때, 서울대학교 다니는 학생이 부럽지 않을 만큼 자랑스러웠다. 다양한 복지혜택을 누릴 수가 있었고, 신용협동조합을 이용하여 저축을 하고 알뜰소비를 하면서 모두 함께 공동체를 이루어 살아가기 위해서는 어떻게 해야 하는지를 깨닫게 되었다. 무엇보다 아무 불편 없이 노동을 할 수 있다는 점이 좋았다.

노 조 탄 압

1980년, 희망찬 내일을 꿈꾸며 새해를 맞이했다. 18년간 독재를 했던 박정희 대통령이 암살당한 뒤 민주주의가 활짝 꽃을 피울 것 같았다. 국회에서는 개헌 공청회가 열려, 노동3권의 보장 등 전반적으로 노동악법이 개정될 것 같은 분위기였다. 민주화의 흐름을 타고 억눌렸던 노동자들이 일제히 목소리를 드높였다. 사북사태는 독재정권과 어용노조에 짓눌렸던 불만이 터져 나온 항쟁이었다.

원풍노동조합은 오히려 평온하였다. 단체교섭도 순조롭게 마쳤다. 그런데 그해 5월에 흉흉한 소문이 돌았다. 수많은 광주시민들이 계엄군의 총에 맞아 죽고 부상을 당했다는 소식이었다. 그 소식에 가슴이 철렁 내려앉았다. 남동생들이 광주에서 학교를 다니고 있었기 때문이다. 전화가 없던 시절이어서 동생들 걱정에 가슴을 졸였는데, 다행히 동생들은 무사했다.

노동조합 집행부에서는 광주희생자 돕기 모금운동을 벌였다. 이 일로 인해 방용석 지부장님과 박순희 부지부장님이 김대중 내란음모 사건으로 엮여 수배가 되었다. 언제까지나 평탄할 것만 같았던 노동조합이 본격적으로 탄압을 받기 시작했다.

그해 12월, 노조 상근자인 지부장직무대리와 총무, 부지부장이 1차로 계엄사 합동수사본부로 연행되더니, 상집간부 전원과 대의원 등 총 48명이 구금되었다. 계엄군이 회사 사무실에 상주하면서 작업현장과 노조활동을 감시하였다. 계엄사에 연행되었던 48명의 간부와 대의원 중 4명은 삼청교육대로 끌려가 임재수 총무는 갈비뼈가 부러져서 돌아왔다. 그리고 여성간부들은 해고와 동시에 강제 귀향조치를 당했다.

노동조합의 핵심 간부들이 해고를 당하는 모습을 참담한 심정으로 바라보며 1981년 새해를 맞이했다. 작업현장은 활기를 잃었다. 해고를 면하고 복귀한 상집간부들이 노조를 재건하기 위해 대책을 세웠다. 이무술 교선부장을 조합장직무대리로 세우고 집행부를 꾸렸다. 그때 나는 회계감사로 추천되어 상집위원으로서 활동을 시작했다.

기라성 같은 선배들이 해고를 당해 노조를 떠난 데다 정치사회적으로 엄혹하기 이를 데 없었던 시절에 노조 상집위원으로 활동을 시작하게 되니 마음이 참으로 착잡했다. 그러나 좌절만 하고 있을 수는 없었다. 최선을 다해 노조를 정상화시키고 민주노동조합을 지켜야 한다고 다짐했다.

회사 측과 정부는 조직을 무너뜨리기 위해 교묘한 수법을 썼다. 부산의 원풍타이어노조와 서울의 원풍모방노조를 통합하라는 지시가 내려왔다. 둘은 화학노조와 섬유노조로 분야도 다르고, 지리적으로도 멀리 떨어져 있는데 두 곳을 단일노조로 통합하라는 것은 억지였다. 노동부와 서울시 노동계는 악법도 법이라며 통합하지 않을 경우 해산명령을 내리겠다고 위협했다. 노조 집행부는 머리를 맞대고 전략을 세웠다. 결국 우리의 전략대로 통합대회를 무산시키는 데 성공하였다. 희망이 없던 시절에 가슴이 후련해지는 승리였다.

그러자 회사는 작업현장의 감시체제를 더욱 강화하였고, 조금만 눈에 거슬리면 인사위원회에 회부하여 노사 간에 갈등을 조장하였다. 그렇게 내외적으로 노조를 와해시키려는 세력들이 도사리고 있는데, 노조 지도부 내에서는 단결은커녕 갈등의 씨앗이 싹트고 있었다.

나는 새내기 상집간부로 배우는 과정에 있었지만, 한 가지 이해가 안 되는, 걱정이 되는 일이 있었다. 다름 아닌 이무술 조합장이었다. 그는 해고된 간부들과 노조문제를 공유하지 않는 것 같았고, 의견도 교환하지 않은 듯 보였다. 선배들이 국가권력에 의해 부당하게 해고를 당했으니만큼, 집행부에서는 그들을 조직원으로 인정해서 노조활동을 공유해야 마땅했다. 그런데 이무술 조합장은 해고된 선배들과 일정한 선을 긋고 있는 것 같았다. 간부회의에서도 자신의 의견을 강하게 관철시키려는 의도가 보여 은근히 걱정스러웠다.

1982년 9월 27일

드디어 우려되던 사건이 터지고 말았다. 1982년 3월 10일의 노동절 행사를 며칠 앞둔 날, 이무술 조합장은 갑자기 노조대표직 사표를 내고 현장으로 복귀해 버렸다. 정부와 회사가 끊임없이 노조를 파괴하기 위해 음모를 꾸리고 있었고, 그들이 반드시 물리적 수단을 동원할 것이라고 예상하던 시기로, 노조로서는 어떻게 전략전술을 짜 대처할 것인지 고민을 해야 하던 때였다.

그런데 왠지 모르지만 이무술 조합장은 당면한 노조의 문제에서 한발 뒤로 물러선 사람같이 느껴졌다. 그는 나를 상집간부로 추천한 방적과 전방 선배였고, 평소에는 남다른 신뢰를 받고 있던 사람이었다. 이무술 조합장이 사퇴하면서 내심 걱정했던 조직 내부의 갈등이 표면화되었다. 무척 당황스러웠던 기억이다.

1982년 9월 27일, 구사대 폭력배들에게 조합장이 감금을 당하고 순식간에 노조 사무실을 빼앗긴 일은 지금 생각해도 너무 기가 막혔다. 작업장에서 폭력사태 대한 얘기를 듣고 노조 사무실로 달려가 봤더니 예상했던 것보다 더 어이없는 상황이 벌어져 있었다. 나와 함께 작업장 한 책상에서 일을 하던 담임 장재천 씨가 구사대가 되어 노조 사무실에 와 있었다. 조합원이 자신의 노조를 파괴하는 데 앞장을 선 꼴이다. 방적과 한상엽 과장과 계영우 계장의 얼굴도 낯선 폭력배들 사이로 보였다.

농성장은 양승화 부조합장이 이끌어갔다. 상집간부들은 최후까지 농성장에 남아 투쟁을 해야 하므로 폭력배들에게 끌려 나가지 않도록 조심하자고 서로 주의를 주었다. 그때 기억조차 희미한 무슨 일이 있었는데, 아마 집행부의 일이었을 것이다. 나는 그 일 때문에 경비실로 갔다. 그런데 덩치가 큰 남자 두 명이 양팔을 잡고 정문 밖으로 끌어내더니 형사들에게 나를 인계했다.

형사들은 다짜고짜 나의 양팔을 잡고 검은 승용차에 떠밀어 태웠다. 그러더니 내가 살고 있는 자취방으로 안내를 하라고 닦아세웠다. 자취방에는 유인물과 책이 있었다. 그곳으로 가면 안 될 것 같았다. 우물쭈물하다가 정방 이경희 동료의 집을 가르쳐주었다. 형사들은 경희네 집 앞에 차를 세우더니 내리라고 을렀다. 내가 열쇠를 안 갖고 왔다고 하자 형사들은 자물쇠를 따기 위해 대문 앞에 섰다. 그 순간 나는 걸음아 날 살려라 하며 옆 골목으로 도망을 쳤다.

농 성 장 에 서   끌 려   나 오 다

농성장에서 끌려 나오고 며칠이 지난 후, 불법시위를 주도한 간부로 지명되어 수배령이 내려졌다. 어이가 없었다. 내가 도대체 무슨 죄를 지었다고 수배전단을 뿌리고, 신문에까지 기사를 내나싶어 대놓고 항의하고 싶었다. 하지만 훗날을 도모해야 한다는 집행부의 결정에 따라 숨어 지내기로 했다. 약 한 달에 걸친 수배생활은 긴 기간은 아니었지만 무척 고달픈 나날이었다. 마음 편하게 지낼만한 집이 없었고, 우리를 숨겨준 사실이 발각되면 범인은닉죄로 처벌을 받을 터이기에 불편하기 그지없었다.

나는 최금숙과 함께 평소 산선 활동으로 알고 지냈던 남화전자 해고자 이봉우의 자취방에서 지냈다. 그 친구도 생활이 상당히 어려워 보였는데, 도움을 받고 있으려니 말할 수 없이 괴로웠다. 그후 경찰에 잡혀 귀향 조치되어 떠나면서 이봉우 씨에게 고맙다는 인사도 못한 채 내려가 살았다.

앞으로도 얼마나 더 쫓기며 지내야 하는지 막막하던 차에 집행부에서 도곡동에 허름한 아파트를 얻어 거기서 지낼 수 있게 되자 기분이 날아갈 것 같이 좋았다. 수배간부들이 한 곳에 모두 모여 투쟁계획을 논의하였지만 뾰족한 수는 없었다. 머리를 맞대고 고민한 끝에 11월 14일 기도회에 최대한 많은 조합원들을 참석하게 하여 권력과 야합한 회사의 폭력을 사회에 고발하기로 결정했다.

그러던 중에 집회 이틀 전 한 동료가 어머니를 만나러갔다가 경찰에 체포되었다. 결국 은신처가 들통난 것이다. 남부경찰서 유치장에서 즉결재판을 받았다. 나는 구류 20일을 선고받고 유치장에 갇혔다. 전남 보성에서 아버지가 면회를 왔다. 아버지는 추운데 건강 잘 살피라는 말씀만 하고는 빨간색 보온내복을 넣어주고 가셨다. 석방되어 나오던 날, 아버지와 보성군청 공무원이 경찰서 앞에서 나를 기다리고 있었다.

공무원은 경찰서 근처 어느 식당으로 아버지와 나를 데리고 가더니, 종이 한 장을 내밀었다. 사표를 쓰라는 것이었다. 나는 "내 개인의 자유의지로 입사를 한 사람이다. 퇴사 역시 내가 결정을 할 것이다"라며 거부했다. 아버지는 평소 불의를 보면 참지 못하는 분이었는데 "선자야, 너 이제 그만큼 했으면 됐다. 할 만큼 했으니 이제 그만 사직서를 내고 집으로 가자"며 나를 달랬다.

군청 공무원은 사표를 내면 보성군청에 취직을 시켜주겠다며 어르고 달랬다. 침통한 표정을 짓고 있는 아버지의 얼굴을 보니, 자식으로서 더 버티기가 죄송스러웠다. 마지못해 사직서를 썼다. '내 의사와는 달리 타인의 강요에 의하여 사직서를 제출합니다.' 공무원은 사직서를 보더니 짝짝 찢어버리고 다른 종이를 내밀었다. 몇 번을 실랑이 하다가 결국 '가정문제로 사표를 제출한다'고 써서 넘겨주었다. 가슴이 너무 아팠다.

강제 귀향, 그리고 결혼

집으로 돌아가자며 내미는 아버지의 손을 차마 뿌리칠 수가 없었다. 고향을 떠나 서울로 간 지 6년 만의 일이었다. 내 의지와 전혀 상관없는 국가권력의 강압에 의한 선택이었다. 동료 간부들이 구속을 당하고, 조합원들이 기다리고 있는 상황에서 나는 모든 것을 체념한 사람처럼 멍하니 고향집에 머물렀다.

부모님과 집안 어른들은 하루라도 빨리 시집을 보내려고 부산하게 움직였다. 결국 맞선을 보고 1983년 12월에 결혼을 했다. 남편은 직장이 부산에 있었다. 부산에서 생활하면서도 늘 마음 한편에서는 원풍 동료들이 생각나 보고 싶었다. 남편에게는 노동운동을 했다는 사실을 털어놓지 않았다.

어느 날, 그냥 볼일이 있어 서울에 다녀오고 싶다고 했는데, 무슨 이유였는지 아이들을 낳은 다음에 다녀오라고 했다. 기분이 나빴다. 하지만 내가 선택한 결혼이었다. 결혼생활에 충실하자고 마음을 정리하고는 원풍노조와 관련된 일은 거의 잊고 살다시피 했다.

결혼한 지 십여 년이 지나서야 '원풍노조 9·27모임' 소식을 듣고 서울로 올라갔다. 딸과 아들의 손을 잡고 영등포역에 내렸다. 가슴이 떨리고 눈물이 핑 돌았다. 그 해 9·27모임은 원풍모방에서 해고된 지 10년째 행사로 진행하고 있었다. 행사장은 노조기금으로 마련한 '원풍의 집'이었다. 우리 사무실에서 우리 동지들을 만나니 더욱 반갑고 뿌듯했다.

명예회복과 국가배상소송 승소

2008년, 국가로부터 명예회복 인증서를 받았다. 노동운동에 대해 그다지 관심이 없었던 남편과 아이들도 그때부터 노동운동을 긍정적인 시선으로 보게 되었다. 아이들은 명예회복 인증서를 보고 "우리 엄마가 대단한 분이셨네!" 하며 추켜세워 주었다. 아이들은 노동운동이 무엇인지 확실하게 모르지만, 우리 사회를 위해 중요한 일을 한 것으로 알고 있다며 좋아했다. 이제는 아들과 딸은 물론 남편도 나를 지지해준다. 원풍동지회 모임에 참석하기 위해 서울에 다녀오겠다고 하면 선뜻 고개를 끄덕여준다.

2015년 2월, 대법원에 올라간 국가배상소송이 승소하였다. 뛸 듯이 기뻤다. 어느덧 강제 사직을 당한 지 33년이 지났다. 강산이 세 번이나 변하고도 남을 세월이다. 정말 감동이었다. 돈이 많고 적은 것이 문제가 아니었다. 우리의 삶이 옳았음을 사법부로부터 인정받았으니 진정한 명예회복이었다.

승소 소식을 듣는 순간 방용석 지부장님의 모습과 재판을 승리로 이끌어내는 데 앞장서서 수고한 동지들의 얼굴이 떠올랐다. 그 기나긴 세월 동안 변함없이 원풍노조의 자존감을 지키면서 왜곡된 역사를 바로 세우려 싸워 온 동지들이 희생한 덕분에 영광을 누리게 되었다.

나는 참 운이 좋은 사람이다. 원풍모방노동조합을 만나 세상을 살아가는 지혜를 배웠고, 좋은 동료들을 만나 평생을 함께 살아가고 있으니 말이다. 2017년에도 서울행 기차를 타고 '원풍노조 9·27 35주년' 행사에 다녀왔다. 젊은 날에 희로애락을 함께 나눈 친구들, 말하지 않아도 가슴으로 소통이 되는 귀중한 원풍동지들과의 만남은 언제나 나를 설레게 한다.

043

슬프고도 즐거운 날, 9월 27일

박순자

_____1960년, 전북 정읍에서 태어났다. 1977년, 원풍모방에 입사하여 소그룹 활동을 했다. 1982년 9 · 27사건으로 해고를 당하고 10월 13일 출근투쟁을 하다가 남부경찰서로 연행되어 조사를 받았다. 2007년 정부에 의해 민주화운동 관련자로 인정되어 명예회복이 되었다.

언니 따라

나는 전북 정읍에서 농사일을 돕고 살다가 언니 따라 77년 8월에 원풍에 입사했다. 기숙사는 103호로 배정을 받았다. 직장생활을 처음 시작하게 된 것이 원풍이었고, 사회생활도 원풍을 통해서 내딛게 되었다. 방 식구들과 안양의 딸기밭, 이목리의 포도밭으로 몰려다니면서 이가 시리도록 포도를 따 먹었던 즐거움, 그리고 몸이 아플 때 식당에서 주전자에 밥을 타 와 기숙사 방 식구들과 같이 비벼서 먹을 때는 정말 꿀맛이었던 기억이 떠오른다.

나는 입사 후 정사과로 배정을 받아서 권사에서 일했다. 작업이 힘들거나 하지는 않았지만 소화가 잘 안 되는 체질이라 특히 야근을 할 때 많이 체했기 때문에 바늘로 엄지손가락을 여러 번 딴 기억이 난다.

나는 원풍에 입사하고 난 뒤 삼성새마을중학교에 입학했다. 퇴근하고 기숙사에서도 방 식구들이랑 어울려 놀기보다는 학교 공부를 하는 것을 선택했다. 일하면서 공부하는 것이 힘들기도 했지만, 배움에 대한 갈망이 있었던 나는 교복

머리맡을 돌아다니며 자기 딸을 찾겠다고 누워 있는 얼굴 하나하나를 들춰보았다. 끌려 나가지 않기 위해 끝까지 가족들에게 들키지 않게 숨어 버티던 조합원들도 있었다.

폭력배들이 지붕 위로 올라가 똥물을 뿌리려고 하거나, 또는 물을 뿌리겠다고 하는 등 호수를 들고 설쳐대는 것을 보면서 동일방직 똥물 사건을 알고 있는 나는 우리에게도 그런 일들이 일어나지 않을까 하는 생각이 들어 무섭기도 하고 슬프기도 했다.

농성 마지막 날, 나는 탈진해서 손발이 뒤틀리면서 현장에서 쓰러져 한독의원으로 실려 갔다. 정신이 들어서 보니 링거가 팔에 꽂혀 있었고 밖에는 경찰이 지키고 있었다. 그런데 회사 운동장에서 사람 살리라는 소리가 들렸다. 내가 왜 이렇게 있어야 하냐며 링거를 빼고 다시 현장에 들어가려고 정문 앞으로 갔다가 또 쓰러졌다. 한독의원에서 산소 호흡기를 부착하고 입원해 10월 1일 추석날 퇴원했다.

출 근 투 쟁

82년 10월 13일, 출근투쟁을 하려고 회사 맞은편 강남성심병원 앞에 집결했다. 그때 TV 방송에서 나와 우리들의 모습을 취재하고 있었다. 그런데 방배동에 사는 고모가 오셔서 "이놈들아, 방송도 똑바로 하지 않으면서 왜 카메라로 찍느냐!"며 기자가 들고 있는 카메라를 부숴버렸다. 고모는 자식이 없이 혼자 살면서 조카들을 자식처럼 생각하는 분이었다.

그런 아수라장 속에서 경찰은 조합원 한 명당 4명이 달려들어 양쪽 팔다리 하나씩을 잡아 경찰차에 싣고서는 남부경찰서로 연행하였다. 나는 남부경찰서에서 하룻밤을 새우며 조사를 받고 풀려난 후, 방배동 큰언니네 집에서 생활하면서 시계 만드는 전자회사, 봉제공장 등을 다니다가 83년 11월에 결혼했다.

남편은 내가 원풍에 다닌 것은 아는데, 원풍이라는 곳이 어떤 곳인지는 잘 모르고 있었다. 서산 해미에서 농사지으며 살고 있을 때 여름에 태풍으로 벼가 쓰러져서 묶고 있는데, 우편배달부가 원풍회보를 건네주고 갔다. 그래서 남편이 원풍회보를 보게 되어 내가 원풍 이야기를 자세히 했다. 이때 남편이, 그렇게 회사가 아니꼬우면 사장을 하면 되지 무슨 노동운동이냐고 하여 남편이랑 싸우며 울고불고 했다.

이후로도 원풍 이야기만 나오면 남편과 의견이 맞지 않아서 싸우게 되니, 둘 사이에서는 자연스럽게 원풍 이야기를 비켜 갔다. 그렇게 노동운동에 대하여 부정적이던 남편도 내가 2007년 민주화운동 인증서를 받고 난 후부터는 오히려 더 좋아하면서 인증서를 액자에 넣어 간직했다. 그러면서 친구들에게 이 사람이 민주화운동을 한 사람이라며 자랑도 했다.

생활지원금도 받았다. 그 일부를 딸들에게 관리하도록 맡겼다. 딸들도 엄마를 다시 보는 계기가 되었다며 좋아했다.

왜 원풍노조를 깨려 했을까

왜 권력이 당시 원풍노동조합을 깨려고 했는지 생각해보면, 민주적인 노동조합을 했기 때문이라고 생각한다. 원풍은 다른 회사들보다 근로조건이 좋았다. 원풍조합원들은 공고하게 단결된 조직의 힘으로 모든 일들을 대처해갔다. 그 과정에서 정치의식이 높아졌다. 권력으로서는 이런 노동조합이 존재한다는 것 자체가 다른 노동자들에게 영향을 미칠 것으로 보고 무리를 해서라도 원풍노동조합을 파괴하려 한 것이다.

그러면 왜 우리는 노동조합을 지키려고 했을까? 나 혼자로는 힘이 약해 무엇 하나 할 수 없었기 때문에 노동조합을 만들고 지키려고 한 것이다. 단결된 힘을 모아 행동할 수 있는 것이 바로 노동조합이다. 노동조합이 없어지면 개별 노동자인 나를 지킬 수 있는 방패막이가 없어지는 것이다. 그렇기 때문에 더 절실하게 노동조합을 지키려고 했던 거 같다. 물론 나의 근로조건도 중요하지만, 우리 자식 세대에도 좋은 근로조건을 물려주어야 된다는 생각이 강하게 들었다. 그런 이유가 더해져 노동조합을 지키려는 마음이 강했던 것 같다.

이 구술 작업으로 지나온 나의 삶을 되돌아보게 되었다. 원풍은 내가 살아온 궤적 중에 가장 중요하고 즐거웠던 부분이었고, 희망을 꿈꾸게 했다. 지금 다시 그때로 돌아가게 된다면, 정말 알차고 의미 있게 잘 살 것 같다. 요즘도 가끔 그 시절로 돌아가고 싶다는 생각을 해보기도 한다. 결혼해서 남편과의 생활이 너무 힘들었고, 꿈꾸었던 이상적인 결혼생활이 현실에서 이루어지지 않으면서 힘든 부분도 많았다. 그래서 더 그런 생각이 드는지도 모르겠다.

원풍은 나의 삶의 터전이었고, 그래서 청춘의 시절 그것을 지키려고 닷새 동안이나 단식하면서 싸웠다. 그런 경험을 공유한 원풍동지회는 굳은 믿음과 무한한 신뢰를 가진 사람들이 만나는 모임이다. 82년 9월 27일, 그 날은 슬퍼서 울던 날이었지만, 매년 원풍 사람들을 만날 수 있게 해주기 때문에 지금의 9·27은 즐거운 날이다. 매년 그날을 기다리는 마음으로 살고 있다. 나는 9월이 되면 마음이 설레고 들뜬다. 아픔과 설렘을 동시에 준 원풍, 거기에서 같이 했던 우리들의 남은 삶이 행복하기를 소망한다.

044

세상으로 통하는 통로

손선례

_____1959년 전남 고창에서 태어나, 1977년 원풍모방에 입사했다. '횃불' 소그룹 활동을 했다. 1980년 계엄사 합동수사본부에 연행되어 조사를 받았다. 1981년 대의원과 상집간부로 교선부 차장, 조직부 차장으로 활동하다가 1982년 9·27사건으로 해고당했다. 2009년에 민주화운동 관련자로 인정되어 명예회복이 되었다.

나의 고향은 전북 고창이다. 부모님은 떡 방앗간, 고추 방앗간을 운영하면서 쌀농사, 밭농사도 짓고 여름이면 누에도 키웠다. 그래서 우리 집은 일이 너무 많아 7남매의 맏딸인 나는 머슴처럼 일을 하며 부모님을 도와야만 했다. 사계절 쉬는 날 없이 일이 있어 아버지가 원하는 대로 하지 않으면 불호령이 떨어져 거부할 수가 없었다. 나는 19살이 되도록 우리 동네 밖을 차를 타고 나간 적이 없을 정도로 집에 갇혀서 일만 했다. 아버지는 큰딸인 내가 허파에 바람 들어가면 동생들이 본받는다는 사고방식을 가지고 계셨다.

아버지는 이렇게 남존여비 사상이 강해 내가 중학교를 졸업하고 고등학교에 보내달라고 했더니 단번에 거부를 하셨다. 나는 아버지가 너무 엄하시니 대들지도 못하고 속으로 가슴앓이를 했다. 아버지는 자식을 인격체로 여기지 않고 하나의 물건 취급하듯이 대했기 때문에 나는 이런 환경에서 벗어나고 싶었다. 내가 벌어서 내가 공부한다는 생각으로 집을 떠나기로 결심하고 19살에 서울로 향했다.

원풍 입사

원풍의 검사과에서 일하고 계신 작은아버지(손미석)의 소개로 1977년 11월 4일, 원풍모방에 입사했다. 내가 원풍에 입사했을 당시는 근로조건이 아주 좋았다. 기숙사 생활도 만족스러웠다. 기숙사 강당이나 세면장 등 시설이 너무 좋았고, 명절 때에는 고향에 가지 않는 사람들을 위해 기숙사자치회에서 밥과 간식을 챙겨주곤 했다. 우리 방에는 13명이 생활을 했는데, 방 끝에까지 요를 반으로 접어서 잠을 잘 만큼 식구가 많았다.

기숙사 방은 깨끗하고 쾌적하기는 했지만, 나는 직장생활이 처음이다 보니 모든 게 낯설었다. 기숙사생들이 많아 외출도 출입증을 끊어야 가능한데, 서울에는 처음이라 외출 나갈 일도 별로 없었다. 그렇지만 시골에서 올라온 촌뜨기처럼 보이기는 싫어서 일단 시간이 날 때는 아무 버스나 타고 종점까지 갔다 오고 하면서 서울지리를 익혔다.

현장부서는 정방으로 배정을 받았다. 그런데 현장이 너무 시끄러워서 옆 사람하고 이야기 하는 것도 힘들었다. 조용하게 일하는 것을 그렸던 나의 생각이 엇나간 것이다. 지관 돌아가는 소리, 실 감는 소리 등등. 두꺼운 나일론 실 같은 작업은 더 시끄러웠다. 정방은 에어컨을 틀어서 습도와 온도를 맞추지 않으면 작업이 안 되는 곳이다. 다른 부서와 다르게 에어컨을 틀어서 온도를 맞추어도 습도가 높아 더 더웠다.

한쪽에 200개씩 기계 한 대에 총 400개를 보는데, 일이 익숙해지면 기계 두 대도 보게 된다. 기계를 보다가 롤러에 실이 감기면 뜯어내야 되는데, 실을 뜯다보면 칼이 기계에 빨려 들어갈 때도 있어서 칼이 부러지기도 했다. 현장은 먼지도 많아 기계 청소도 자주 해야 되어 적응하기까지는 힘이 들었다.

원풍에서 받은 첫 월급 1만 1천원으로는 부모님의 빨간 내복이랑 할아버지 내복까지 샀다. 9천원이 들었다. 첫 월급으로 부모님 속옷을 선물하면 오래 사신다고 한다. 우체국에서 속옷을 부치고 남은 2천원으로 한 달을 살았다. 엄마는 내가 보낸 속옷을 받고는 엄청 우셨다고 한다. 그 후에는 월급을 타면 작은엄마에게 계를 들어 몇 년 동안 돈을 모아, 동생들이 서울에 올라오면 같이 지낼 자취방을 만들었다.

세 상 에 눈 을 뜨 다

원풍 입사 후 1년 동안은 아무 것도 안하고 책만 보면서 서울생활에 적응하는 데 힘썼다. 안병욱 교수의 에세이집 『뜻이 있는 곳에 길이 있다』, 『처음을 위하여 마지막을 위하여』 등을 읽으면서 사회생활을 하는데 필요한 가치관을 형성하는데 많은 도움을 받았다. 고등학교에 가려고 알아봤더니 일을 하면서 공부하는 것이 쉽지는 않을 것 같아 포기했다. 대신 생각이 있어도 표현을 잘 못하는 나를 바꾸려는 마음과 더불어, 지식은 부족해도 지혜라도 얻자는 심정으로 많은 책을 접하게 되었다.

노동조합이 있다는 이야기를 듣기는 했지만, 누군가가 이끌어 주지를 않아 혼자서 조용히 오며가며 노동조합 사무실에 드나들었다. 첫날 노동조합에 갔을 때는 사무실이 좀 작다는 생각이 들었다. 처음에는 노조가 무슨 뜻인지도 몰랐다. 물어보니 노동조합을 줄인 말이라고 했다. 나는 이걸 시작으로 노동조합을 알아가게 되었다.

노조에 대해 인상 깊었던 기억은, 명절에 회사에서 대절해 준 버스를 타고 고향에 갔던 일이다. 월급, 상여금에 더해 명절 때는 버스 대절까지 하고, 버스 안에서 먹을 간식을 챙겨주기까지 했는데, 이런 것들이 모두 노동조합이 회사와 협상해서 이루어낸 거라고 해서 놀랐다.

내가 노동조합에 관심을 가지고 활동을 하게 된 것은 79년부터였다. 그해 하반기쯤 정방 사람들 중심으로 '횃불'이라는 소그룹을 만들었다. 정방은 활발하게 노동조합 활동을 하는 사람이 많지는 않아 보였다. 그해 3월 10일 노동절 행사는 원풍의 전 조합원들이 모여 노동절을 기념하고 노동의 의미를 되새겨 보는 날이었다. 식당에 무대를 설치하고 부서별 노래자랑도 하고 가수들도 초대했다. 초대가수 장은숙이 자기의 히트곡인 〈함께 춤을 추어요〉를 부르는데, 플래시에 빨강, 파랑, 노랑 색지를 붙여 수작업으로 조명을 비춰주었던 장면이 생각난다.

또 탈춤반이 공연을 너무 잘 해서 놀랐다. 출연자들의 목청도 좋고 춤도 잘 추었다. 특히 노동자들의 입장을 대변하여 열악한 노동현실을 꼬집는 대사로 우리들의 심금을 울렸다. 나는 탈춤반이 직장을 몇 년이나 다녔기에 저렇게 대범하게 무대에 올라가서도 잘 할까, 궁금했다. 그들이 우리에게 전하려는 메시지가 무엇인가도 생각해 보았다.

모든 프로그램이 끝나면 우리 모두가 한바탕 어울리는 뒤풀이로 노동절 행사는 끝이 났다. 행사가 끝나면서 '이렇게 조합원들이 많은데, 지금 한 마음 한 뜻으로 같은 생각을 하고 있을까? 모두의 생활환경이 달라 받아들이는 깊이와 넓이, 그 의미가 다를 텐데, 각기 어떤 생각을 하고 있을까?'라는 생각이 문득 들었다.

갈 등 의 시 작

79년 10월, 대통령이 중앙정보부장의 총에 맞아 죽고 난 후 이제 좋은 세상이 오는 줄 알았다. 그리고 다음해인 80년 5월, 한국노총 궐기대회에서 방용석 지부장님이 단상으로 나가 연설을 했다. 나는 '지부장님이 앞에 나섰다가 잡혀가면 어떻게 하지?' 걱정이 들었다. 그날 노총 대회에는 원풍뿐만 아니라 다른 사업장에서도 많이 참여했다. 그렇게 큰 집회에 가본 것이 처음이었다. 그런데 궐기대회를 하다가 갑자기 해산을 한다고 발표해서, 여의도 노총에서 노동가를 부르면서 회사까지 비를 맞으며 걸어 온 것이 생각난다.

80년 12월은 전국이 겨울공화국이었다. 조합장 직무대리 등 상집간부들이 합동수사본부에 연행되어 조사를 받고 있었고, 나와 최영숙 언니는 12월 23일 11시 30분쯤 연행되었다. 수사관은 나에게 노동조합에 가입하게 된 동기, 대의원을 어떻게 하게 되었는지 등을 물었다.

사전에 상집간부회의에서 경찰에 연행되거나 하면 너무 아는 체 하지 말고 어리숙하게 조사를 받으라고 했던 기억이 나서, 나는 시골에서 살다 여기 처음으로 입사를 해서 잘 모른다고 잡아뗐다. 연행되던 날, 나와 영숙 언니는 갑자기 몸이 아프고 해서 4시간 조사를 받고 풀려났지만, 노동조합 핵심간부들은 14명이나 해고를 당하고 4명이 순화교육을 갔다.

81년, 합동수사본부에서 살아남은 이무술이 조합장을 하면서 우리 부서에서는 내가 대의원으로 선출되었고, 최숙자가 상집간부가 되었다. 그러나 노동조합은 권력과 회사의 탄압으로 어려워지기 시작했다. 그리고 82년, 이무술이 조합장을 사퇴하고 현장으로 복귀하면서 갈등이 생기기 시작했다. 최숙자도 이무술을 따라 간부직을 사퇴하면서 내가 상집간부까지 맡게 되었다.

최숙자는 완장 두 줄짜리 부반장을 하면서 내가 노동조합에서 활동하는 것을 못 마땅하게 여겼다. 그러던 어느 날 김진자와 최숙자가 내가 자취하는 집으로 찾아왔다. 최숙자는 나에게 "나중에 알게 되겠지만, 노동조합에 어려운 문제가 있다. 이무술 조합장이 하자는 대로 해야 되는데 그렇게 안하려는 분위기가 있다. 우리들이 하라는 대로 해야 한다. 정신 차려라!"라는 아리송한 말을 남기고 갔다. 나중에 알고 보니 이무술 편에 선 세 명의 간부가 생각을 달리하여 노동조합 틈을 벌리는데 일조를 한 것이다.

조여오는 노조 탄압

82년, 회사의 탄압이 점점 노골화되면서 '횃불' 소모임에서 관악산으로 모임을 갔다가 맨 뒤에서 내려오는데, 어떤 아저씨가 "아가씨, 이리와 봐!" 하더니 나를 초소 같은 곳으로 데리고 갔다. 앞에 가던 친구들이 "어, 선례 어디 갔지?" 하면서 나를 찾는데 나를 본 것은 아니었다. 그 아저씨는 담배에 불을 붙이더니, 나를 겁주려는 듯 내 눈 앞에 담뱃불을 가져다 댔다. 그러더니 물어보는 말에 똑바로 대답하라고 했다. 속으로는 겁이 났지만, 아무렇지도 않은 듯이 "뭘 물어 볼 건데요?" 했다. 여기를 누가 가자고 해서 왔냐고 묻기에 부서원들이 산에 놀러가자고 해서 왔다고 했다. 그랬더니 "똑바로 이야기 안하면 ××털을 다 뽑아 버린다!"고 해서 심장이 벌렁거리고 얼마나 놀랐는지 모른다. 우리를 감시하는, 뭔가 알고 온 사람 같아서 나는 아무 것도 모른다고 하고 빠져나왔다.

노동조합은 정부의 탄압이 거세지자 대의원교육, 후속모임 교육 등 교육을 많이 했다. 돈보스코센터에서 1박2일 교육을 할 때 촛불의식과 다짐의 시간을 가졌는데, 어떤 간부 언니는 절대 결혼을 안 한다고 하면서 앞으로 어떠한 일이 있어도 노동조합을 위하여 자기 한 몸 바칠 거라고 다짐했다. 나는 그 언니의 다짐을 들으면서 우리 노동자들은 단결하는 것 밖에 방법이 없는 것 같고, 어차피 못 배운 사람이 남편을 만날 때에는 비슷한 사람 만나 계속 고생만 할 것 같다는 생각을 했다. 그리고 그 자녀가 또 노동자가 되어도 잘 살 수 있게 하려면 우리들이 의식화되어야 한다고 생각했다.

그때 강의를 해주었던 이우정 교수님, 신인령 선생님이 생각난다. 신인령 선생님은 근로기준법이 왜 한자로 되어 있는지 알고 있냐며 "노동자들이 근로기준법을 알아야 혜택을 받고 법적으로 보호를 받을 수 있다. 그런데 노동자들이 똑똑해지면 회사나 정부가 골치 아프니까 한문으로 어렵게 근로기준법을 만들었다,

여러분들 한문 알아요?" 하면서 강의를 하는데 나는 그 말이 너무나 머릿속에 꽉 박혔다. '진짜 왜 이게 한문으로 되어 있지? 한글로 된 노동법 책자 만들어 달라고 요구해야 한다'고 생각했다.

원풍노조 마지막 날

82년 9월 27일 현장에서 근무를 하던 중 12시 30분쯤 폭력배들이 노동조합에 바리게이트를 쳤다는 소식을 들었다. 당시 교육선전부 차장을 맡고 있던 때였다. 2시에 퇴근을 하고 상집회의를 식당 앞 비닐하우스 옆에서 했다. 박순애 부조합장과 이옥순 총무는 구사대들에게 폭행을 당해 병원으로 실려가고, 양승화 부조합장이 중심이 되어 상집회의를 주관했다. 이때 결정은 '법에 위반되지 않도록 작업을 계속한다. 그래서 2시 출근반은 출근을 하고 퇴근반과 나머지 반은 모두 대기한다. 그리고 농성 장소는 정사과로 한다'였다.

이로부터 4박5일간의 농성에 들어갔다. 농성 3일째 되던 날, 정방의 조애자 아버지가 김제에서 찾아왔다. 기관에서 찾아와 남자, 여자가 혼숙을 하고 있고, 나쁜데 빠져 있다며 빨리 가보라고 했다고 한다. 그 친구는 그때 아버지를 따라 시골로 내려갔다. 나는 아버지에게 전화를 해 추석에 집에 못 간다, 회사에서 노동조합을 깨려고 해서 농성 중이라고 했다. 평소에 그것이 좋은 일을 하는 거냐 하셨던 분이고, 그다지 나를 애지중지하는 것도 아니었으니 집에 가지 않아도 별 관심이 없었다. 농성장에서 이무술은 '조합원들 왜 밥 안 먹이고 단식을 시키냐'며 밥 먹게 하라고 하면서 간섭을 하고 다녔다.

마지막 날 저녁, 폭력배들이 농성 조합원들을 무차별하게 끌어내기 시작했다. 이렇게 끌려날 바엔 소리라도 질러 주변에 알려야 되겠다는 생각으로 운동장으로 뛰어나갔다. 한꺼번에 많은 인원이 경비실 앞에 멈추어 서면서 몰리자, 가운데에 있었던 나는 숨을 못 쉬어 쓰러져서 밖으로 밀어놓는데, 그런 나를 누군가가 업고 병원에 데려다 놓았다.

아침에 정신을 차리고 보니 한독병원인데 아무도 없고 혼자 있었다. 신발도 없어서 맨발로 회사 앞으로 갔더니 신발이 산더미처럼 쌓여 있었다. 거기에서 아무 신발이나 주워 신고 택시를 타고 산업선교회로 갔다. 택시요금이 없어서 거기서 누군가가 나와 택시비를 내준 것 같다. 산업선교회에는 조합원들이 생각보다 많지 않았다.

출근투쟁을 준비하는 과정에서 상집간부들에게 지명수배령이 내렸다. 제일 나중에 간부가 된 임선호와 나는 산업선교회에 있는 조합원들에게 보고도 하면서 같이 산업선교회에 숨어 지냈다. 나도 지명수배 중이라서 산업선교회 담당형사가 오면 인명진 목사가 예배 보는 대강당 단상 밑에 숨도록 했다. 그러다가 인명진 목사가 기관과 이야기를 해서 자진출두하여 조사만 받고 나오도록 확답을 받았다며 나와 임선호 둘을 경찰에 가게 했다. 실제로 몇 시간 조사받고 풀려났다.

결혼, 그리고 남편과의 이별

원풍사건이 나고 산업선교회에 있을 때 남자친구가 찾아왔다. 결혼을 염두에 두고 있었던 남자친구는 군산조선소에 다녔었다. 그런데 어떻게 내 남자친구인지 알았는지 그의 회사에도 경찰이 몇 달간 드나들며 나를 데리고 오라고 괴롭혀 끝내는 사표를 내게 되었다는 것이다. 나 때문에 피해를 보게 된 남자친구에게 굉장히 미안했다.

간부들이 지명수배로 피해 다닐 때 그 남자친구랑 같이 승화 언니를 동대문에서 만났다. 내가 구속되거나 할까봐 불안해서 나와 같이 언니를 만난 거였다. 그러다가 내가 산업선교회에 있는 것을 남자친구가 알고 있는 것이 부담스러워 다른 곳으로 옮기려고 하다가 남자친구에게 잡혀 동거를 하고 그 1년이 지나 결혼식을 올렸다. 애를 둘 낳고 살다가 85년에 남편을 교통사고로 사별했다.

남편이 별세하고 난 후부터는 원풍 모임에도 나가기 시작했다. 2007년 민주화운동 명예회복 신청서를 준비할 때는 잘될 거라는 생각보다는 함께 같은 목소리를 내는 것이 중요하다고 생각되었다. 막상 2009년에 민주화운동 인증서를 받고나니 '내가 받을만한 자격이 되나'라는 생각이 들었다. 그동안 간부 언니들이 열심히 할 때 참석도 제대로 못했고, 제일 먼저 결혼하면서 시골로 내려갔던 것들에 대해 미안한 생각을 가지고 있어 부끄럽기도 했다. 지금 나는 민주화운동 인증서를 가장 소중하게 생각한다.

생활지원금을 받았을 때도 원풍 식구들에게 정말 미안했다. 나에게 생활지원금 5천만 원은 5억보다 더 큰 돈이었다. 당시 나는 남편 없이 아이들을 키우느라 생활이 정말 힘들었기 때문에 그 돈으로 빚도 갚고 가게보증금도 낼 수 있어 지금 내가 살아가는데 긴요한 바탕이 되었다.

　이제 와서 생각해보면, 내 인생에서 원풍은 삶의 기초, 생각의 기본을 잡아준 곳이다. 삶이 너무 지쳐 있을 때 원풍에 입사하여 노동조합에서 권해주는 책을 보면서 내 가치관이 확립되었고, 그래서 원풍노동조합은 내게 대학교보다 더 좋은 곳이라고 생각한다.

　내가 현재 참석하는 모임은 원풍동지회밖에 없다. 하는 일이 미용실이다 보니 휴일에는 더 바쁘고, 그러다보니 일반인들하고 어울릴 시간이 없다. 나에게 원풍동지회는 세상과 소통하는 통로다. 내 직업이 서비스업이다 보니 사람들을 많이 만나게 되는데, 그러다보면 나와 의견이 다른 사람도 많다. 의견이 다른 이들에게 나도 또 다른 통로 역할을 해야겠다.

　원풍노동조합에서 받은 교육 중 '이 나라의 산업 일꾼이 진짜 애국자'라는 그 말이 옳다고 생각했다. 내가 원풍에 입사하지 않았거나 노동조합이 없는 공장에 들어갔다면 외모적으로 치장이나 하여 나를 감추고, 노동자라는 것을 숨겼을 것이다. 그러나 원풍에서 다져진 가치관 때문에 나는 어느 누구하고 대화를 하더라도 떳떳한 마음을 갖게 된 것을 항상 감사하게 생각한다.

　구술 증언록을 만드는 걸 보면서 역사가 이렇게 남겨진다는 걸 알게 되었다. 또 역사는 바로 우리 같은 사람들이 살아가는 삶의 자취라는 것을 새삼 다시 확신하게 되었다. 뜻 깊은 작업을 하느라 수고하는 간부들에게 진심으로 미안하고 감사하다.

045

십자수 액자에 간직한 고운 기억

이영남

_____1959년, 전남 장성에서 태어났다. 1979년 9월, 직포기능공으로 원풍에 입사하였다. 1982년 9·27폭력사건으로 해고되었다. 민주화운동 보상심의법에 의해 민주화운동 관련자로 인증서를 받았다. 지금은 홍성에서 남편과 함께 소를 키우며 단위협동조합 활동도 하고 있다.

"너도 합격인가 봐!" 그때가 낙엽이 막 떨어지던 때니까 가을이었을 것이다. 경기도 오산의 대성모방에 다니던 나는 친구 경자와 함께 원풍모방 기능공 시험을 보기로 했다. B반에서 일했던 인순이와 이름이 기억나지 않는 친구가 (시흥 살았는데) 먼저 원풍에 입사한 후 연락이 온 것이다. 오산에서 올라와 한독병원 옆 여관에서 하루 밤 자고 다음 날 아침 기능공 입사시험을 보러 공장 안으로 들어갔다.

그런데 경자에게는 신직기를 주고 나에게는 구직기를 주는데 내가 떨리는 건지 직기가 떨리는 건지 덜덜 떨리는 것이었다. 시험 끝난 후 경자한테는 됐다고 말하는데 나한테는 말이 없어서 떨어졌나보다 하고 실망하고 있는데, 경자가 너도 합격한 것 같다고 소리쳤다. 그렇게 원풍모방의 기능공이 되었다. 이미 해오던 일이고 더 좋은 조건의 기능공으로 들어왔으니 재미있었다. 월급 받으면 꼬박꼬박 적금을 넣었다.

풍비박산된 우리 집, 우리 노조

내가 어릴 때는 우리 집이 잘 살았다. 조합장으로 일했던 아버지는 여유가 있어서 삼촌들 공부까지 다 시켰는데 예기치 않은 일이 발생했다. 아버지의 동료가 아버지 인감을 훔쳐 조합에 손실을 끼치는 사고를 내면서 아버지의 상황이 어려워졌고, 우리 집은 내리막길로 접어들었다. 엄마가 그 후 엄청 고생했다.

엄마의 고생을 보고 자라서 악착같이 돈을 모았던 것 같다. 나중에 원풍 깨질 때 보니 400만원이라는, 당시로는 적지 않은 돈을 모았던 것이다. 그때 엄마에게 100만원 드리고 300만원을 내 결혼비용으로 썼으니 어지간히 돈을 안 쓰고 모은 것이다. 그 돈으로 결혼할 때 텔레비전까지 사갔으니까. 엄마는 내가 드린 돈을 안 쓰고 막내아들 장가갈 때 보태준다고 고이 챙겼다.

아무튼 원풍에 다니면서 별로 힘들었던 기억은 없다. 산업선교회도 다니고 소그룹 모임도 했다. 직포에 아주 키 큰 친구(김주복이든가)와 지금 어디서 두부공장 한다는데 이름은 생각나지 않는 친구하고 뭣도 모르고 따라 다녔다. 산에 가서 퍼질러 앉아 이야기 하며 놀기도 했다. 계곡에 가서 부침개도 구워 먹었다. 원풍 바자회 때 십자수로 액자 두 개를 만들어서 하나는 출품했고, 하나는 아직도 가지고 있다. 그 액자는 누가 만지지도 못하게 하고 있다. 기숙사는 무엇보다 여러 명이 모여 수시로 만나 이야기할 수 있는 점이 좋았다. 취미생활도 할 수 있었고, 더운 물 펑펑 나오는 목욕탕은 정말 최고였다.

내가 노동조합 일에 적극적으로 참여한 것은 아니다. 하지만 주어진 조합원의 역할은 충실히 했고, 필요한 곳에 동원 요청이 오면 빠지지 않았다. 그저 이대로 열심히 일하다 때 되면 모아놓은 적금 가지고 결혼하려고 했다. 그런데 월급이 12,3만원으로 올라 희망이 좀 더 커졌는데, 그렇게 오른 월급을 딱 한번 받고 사건이 터졌다. 82년 9월 27일, 그날이었다.

당시 원풍 노조원이라면 누구라도 당연히 그 농성에 함께하지 않을 수 없었다. 노조를 깨겠다고 작정한 일부 사람들만 폭력을 행사하는 자들과 함께 있었을 뿐이다. 잘못이 없는데 죽여라 하고 있을 사람이 어디 있겠는가. 농성 중에 가족들이 찾아 와 동료들을 하나씩 끌고 가는 소동이 벌어졌다. 자기 오빠를 나에게 소개했던 장정숙의 동생도 찾아왔다. 지금은 시동생이 된 그 동생이 나에게도 나가자고 설득했지만, 나는 거부했다. 그다지 노동조합에 적극적이지 않았던 나였지만, 그 상황은 누가 봐도 부당했기 때문이다.

원풍에 입사해서 얼마나 좋았던가. 그게 다 노조 덕분이었다. 그런 노조를 깡패 같은 자들이 깨려고 하는 것을 받아들일 수 없었다. 결국 마지막 날까지 버티며 함께 싸우다 끌려 나왔다. 몽둥이질에 쫓겨 달리다 보니 신발이 없어져 누군가에게 헌 신발을 얻어 신고 차비도 얻어서 삼양동 오빠 집으로 갔다.

그렇게 산발이 된 채로 원풍모방에서 쫓겨난 후 다시 돌아가지 못했다. 각서를 쓰고 들어가라고 했지만 그럴 수는 없었다. 취업을 하려고 했지만 남들처럼 나도 불가능했다. 기술자였지만 쓸데가 없었다. 할 수 없어 시골에 내려갔는데 교사인 작은아버지가 집에 있으라고 호통을 쳤다. 그러나 어떻게 집에 있겠는가. 기어코 서울에 다시 올라왔지만 백수로 지내다가 다음 해에 결혼했다.

결혼, 인연, 운명

원풍에서 일하는 동안 장정숙의 오빠를 소개 받았었다. 야근하다가 화장실에 갔는데, 정숙이가 대천해수욕장에 놀러가자고 하는 것이었다. 그러자 하고 어울려 해수욕장에 갔는데 느닷없이 정숙이가 자기 오빠를 불러 소개한다고 앉히는 바람에 얼결에 만났다. 그 다음에도 원풍모방 앞 호성식당이 있던 건물 다방으로 나오라고 해서 갔더니 정숙이네 부모들까지 와서 앉아있고, 반지까지 하나 해와서 결혼하자는 것이었다. 졸지에 상견례가 되어버렸다. 그 남자가 지금 나의 남편이고 정숙이는 시누이가 되었다. 그 집 식구들은 나를 순하다며 마음에 들어 했다.

83년 스물일곱에 원풍에서 적금 들어 둔 돈으로 나름 가전제품 다 챙겨서 결혼했다. 그런데 시댁이라고 가보니 찢어지게 가난한 집에 19살에 남편 잃고 혼자된 70세 시할머니, 역시 혼자 된 57세 시어머니에 남편의 형제가 5명이었고, 자주 드나드는 시어머니 형제가 8명이었다. 땔감을 마련하기 위해 나무를 하러 다녀야 했고, 정부미 쌀 한 말 사놓으면 게 눈 감추듯 없어지는데, 벌써 다 먹었냐며 나를 책망했다. 밭에 수박, 오이, 딸기, 상추 바꿔가며 심었는데 벌이 날아오는 10시 전에는 꽃을 다 따줘야 해서 동이 트기도 전에 나가 일해야 했다. 내가 결혼을 한 건지 일꾼으로 들어 온 건지 헷갈릴 지경이었다.

아무리 애써 밭을 가꾸어도 돈은 남편이 가지고 있고, 술을 좋아하는 사람이라 벌어봐야 밑 빠진 독이었다. 싸우기도 하고 집을 나가보기도 했지만 갈 데가 없었다. 여자가 안 좋은 일로 친정가는 것도 못할 노릇이다. 달리 말할 데도 없으니 자꾸 남편과 다투게 되었다.

한번은 5만 원짜리 하나 던지면서 나가라고 해 미장원에 가서 산발이 된 머리를 자르고 무작정 기차를 탔다. 영등포역에 내려 원풍모방이 있던 대림동 주변을 돌아다녔다. 나도 모르게 발길 닿는 대로 간 곳이 거기였다. 사라져버린 공장 자리에는 아파트가 서 있고 기숙사가 있던 언덕도 흔적이 없었다. 하릴없이 주변을 서성이다 동생이 사는 집 앞까지 갔는데 거기도 망설이다가 못 들어갔다.

결국 서부역에 가서 기차를 타고 광천으로 돌아왔다. 나를 반겨줄리 없다는 것은 예상했지만 친정식구 데리고 오지 왜 혼자 오느냐는 소리와 함께 엄청 맞기만 했다. 남편은 네가 해준 시계 안 찬다며 던지고, 집안 형님은 얼른 빌라며 나를 탓했다. 몇 번은 그냥 죽어버리자고 차 끌고 나가 달려보기도 하고, 노래방 가서 소리를 지르기도 하고, 나중엔 악이 받쳐 텔레비전을 다 깨버려도 봤다. '순하다' 는 소리 듣던 예전의 나는 어디로 가버린 걸까? 이제는 서로 나이 들고 싸울 기운도 빠져 습관처럼 산다. 시어머니도 돌아가시고 세월도 흘렀다.

내 인생에 이런 날도 …

작년 여름, 아들 방에서 자는데, 한밤중에 정숙이가 내 방으로 들어와 앉더니 "언니, 미안해"라고 말했다. "내 팔자가 그렇지 뭘" 하고 퉁명스럽게 대꾸했지만 그렇게 말해 주는 것이 고마웠다. 원풍에서 일할 때는 다정한 동료였지만 시누이가 된 후 원망되었던 정숙이었다. 그러나 정숙이도 내가 올케가 되면 집안도 편안하고 좋겠다는 기대로, 나를 좋아해서 오빠에게 소개했을 텐데 고생하는 것을 보니 마음 편치 않았을 것이다. 아니, 같이 사는 게 아니라 명절에나 한번씩 와서 보니 내 생활을 잘 모르기도 했을 것이다.

동지 같은 관계와 시누이와 올케라는 관계는 입장이 다르니 아무래도 예전 같을 수는 없기도 하다. 하지만 그도 남의 아내이고 며느리이고 하니 왜 모르겠는가. 인생이 뜻하는 대로 가는 것이 아니라는 것. 단순한 시누이 올케 관계만이 아니어서 내가 더 야속해했는지도 모르겠다. 이런 이야기를 늘어놓아 정숙이가 불편할까 봐 신경이 쓰인다. 하지만 나의 지난 삶을 정리해보고 내 가슴속에 있던 덩어리 같은 것을 꺼내 날려 보내는 심정으로 그냥 쓴다.

요즘은 그저 아이들의 고모이기도 한 정숙이, 나의 시누이도 부디 건강하게 잘 살았으면 좋겠다는 생각을 많이 한다. 원풍에서의 인연에 더해 끊을 수 없는 가족관계가 되었으니 예사 인연이 아니지 않은가. 지금은 남편과 숫소 18마리를 키운다. 나이든 남편의 뒷모습을 보면 짠해지기도 한다. 나는 틈틈이 축산 일을 거들긴 하지만, 지역의 한 협동조합에 출근해서 월급을 받고 일한다. 속이 훨씬 편해졌다.

민주화운동 인증 신청 때는 조순분에게서 전화를 받았다. 자세한 내용을 알고 싶어 상집간부였던 양분옥 씨한테 전화를 했더니 여러 가지 내용을 알려주어 신청 과정에 참여할 수 있었다. 먹고 사느라 지쳐 잊은 듯이 살고 있었는데 절차를 맡아 처리해준 간부들이 고마웠고, 지금은 어떻게든 원풍 모임엔 참석하려고 애쓴다.

인증서를 받았을 때는 참으로 뿌듯하고 자랑스러웠다. 내 인생에 이런 날도 있구나 싶었다. 생활지원금은 빚 갚는데 유용하게 썼다. 원풍모방에서 보냈던 젊은 날이 있어 추억 한 자락이 저장되었다. 그 시절 만들었던 십자수 액자를 다시 꺼내 곱게 닦아본다. 이 기억은 내 인생의 마지막까지 나를 따뜻하게 할 것이다.

046

나의 등대지기

이 혜 영

_____1960년 경기도 화성에서 태어나. 1977년에 원풍모방에 입사했다. 1981년부터 2선 대의원을 했고, 1982년 노조의 유인물을 배포하다 구로경찰서에 연행되어 구류 3일을 살았다. 1982년 9 · 27 사건으로 해고를 당하고, 10월 13일 출근투쟁을 하다가 남부경찰서에 연행되어 조사를 받았다. 2007년에 정부로부터 민주화운동 관련자 인증서를 받았다.

　나는 경기도 화성에서 태어나 중학교를 졸업하고 오산에 있는 모방공장에 입사했다. 하루 12시간씩 이어지는 근무에 체력이 따라주지 않아서 퇴직금을 타려고 겨우 1년을 버틴 후 사표를 냈다. 그리고 다시 고향으로 돌아와 부모님의 농사일을 돕던 중에 같은 동네 선배인 이향숙 언니의 소개로 1977년 10월경 18세의 나이로 원풍모방에 입사했다.

　정사과로 배치를 받고 1년 정도는 계속 청소만 한 것 같다. 모방공장의 기계 사이에는 먼지가 엄청 많은데, 나와 같이 입사한 동기생이랑 청소를 정말 열심히 해서 정사과 과장이 청소 잘한다고 칭찬을 할 정도였다. 청소하면서 짬짬이 기계에 붙어서 일하는 것을 배우기도 했고, 주전자에 물 뜨러 식당에 갔다가 누룽지가 있으면 가져다가 나누어 먹고, 그러한 소소한 것들이 재미있고 좋았다.

산 업 선 교 회 에 　가 다

　입사하고 열흘 만에 기숙사에 들어갔다. 2층 221호, 우리 방에는 13명 정도가 배정되어 많은 사람이 큰방에 일렬로 누워 자는 것을 보면서 신기했던 기억이 난다. 넓은 강당과 목욕탕, 단체생활 등 시골에서의 환경과 너무나 다른 기숙사 생활이 즐거웠다. 그렇게 회사에 적응해가던 중에 향숙 언니가 '우리에게 유익한 곳이 있는데 같이 가볼래?' 하기에 언니를 따라 산업선교회에 처음으로 가게 되었다. 산업선교회는 조금 낡은 시민아파트에 있는 가정집 같았는데, 그때 처음 만난 조지송 목사님은 인자하고 조용조용해서 호감이 갔다. 산업선교회와의 인연은 그렇게 시작되어 수시로 드나들면서 모임을 하게 되었다.

체질적으로 약골인 나는 목표로 두고 있던 학교 진학도 포기할 수밖에 없었다. 그리고 아침잠이 많아 야근보다는 새벽 5시에 일어나 출근하는 것이 더 힘들었다. 현장에서는 권사기계에서 일을 했는데 1982년에 일본에서 자동기계가 들어오면서 손으로 이어주던 매듭을 기계가 하자 생산량이 늘어나 일의 강도가 높아졌다. 조금이라도 게으름을 피우면 실이 감긴 크기가 표가 나서 반장이 난리를 치기도 했다.

처음 입사하여 양성공 때 지부장님으로부터 노동조합이 무엇을 하는 곳인지를 교육 받았지만, 그때는 그냥 이런 것이 있나 보다 정도로 생각했다. 그러다가 출퇴근시간에 노동조합 사무실을 드나들면서 책을 빌려 보기도 하고, 간부들의 이야기도 듣고 하면서 노조가 무엇을 하는 곳인지 조금씩 알아가기 시작했다. 특히 방용석 지부장님은 노동조합보다 현장에서 뵙는 경우도 많았다. 모든 현장을 돌면서 애로사항을 물어보기도 하고, 격려도 해주는 모습을 보고 노동조합이라는 곳이 조합원들을 챙겨주는 곳이라는 것을 그때 알았다.

그러면서 노동조합에서 임금인상 요구가 있거나 행사가 있을 때 노래를 잘한다는 이유로 앞에 나가서 노래도 부르게 되면서 조합원들이랑 친숙해지고 자연스럽게 노동조합 활동에 녹아들어갔다.

대 의 원 에   선 출

해마다 봄이 되면 대의원들을 새로 선출해서 대의원대회를 하는 것을 재미있게 보고, 나도 대의원을 하고 싶다는 생각을 하게 된 것 같다. 1981년에 대의원으로 선출되었다. 정사과는 노동조합 사무실과 가장 가까이 있어서 노동조합 상황을 제일 먼저 알게 되는 곳으로, 노동조합의 전달사항이 있으면 정방에서부터 직포과를 거쳐 가공과까지 알렸다. 1982년에는 산업선교회에서 김근자가 회장을 하고 내가 B반 총무를 맡아 잔심부름을 많이 하게 되었는데, 나는 그때도 그 일이 재미있었다.

대의원 교육은 주로 영보수녀원이나 돈보스코 센터에서 받았는데, 현장에서는 대의원이 공식적으로 노동조합 활동하는 것은 출근으로 인정되었다. 또한 노동조합은 대의원 모임뿐만 아니라 의식 있는 조합원을 참여시켜 간부나 대의원 부재 시에 그 역할을 할 수 있도록 만든 후속모임도 있어서 나는 자연스럽게 소모임 활동을 여러 개 했다. 그때는 노동조합 활동을 현장의 반장들이 협조하고 옆의 동료가 이해를 해주어서 가능했다.

1982년에 재선 대의원이 되었다. 2월에 초선 대의원들과 같이 바람을 쐬러 가자고해서 즉흥적으로 회비도 걷고 빵·자유·평화라고 찍힌 티셔츠를 입고 강원도 강릉으로 갔다. 민박을 잡아놓고 낮에 신나게 놀고 저녁에 잠을 자다가 소변이 급해서 일어났는데 연탄가스 중독으로 문턱 앞으로 고꾸라지면서 앞니 5개가 부러졌다. 같이 간 친구들도 연탄가스를 마셨는데, 다행히도 나 때문에 모두 일어나 크게 문제가 되는 상황으로 이어지지는 않았다.

당시 해안가 보초를 서고 있는 군인한테 도움을 청해 서울까지 택시를 대절해서 병원에 입원하여 잇몸이랑 이를 치료했다. 그때 앞니를 치료하려면 양쪽 거는 것까지 7개로 70만 원 정도가 든다고 해서 여유가 없는 나는 퇴직을 하고 퇴직금으로 이를 하려고 했다. 그때 임선호 언니가 같이 놀러 갔던 동료들이 돈을 각출하여 도와주기로 했다는 이야기를 전했다.

이선순, 김옥녀, 김삼순, 서용숙, 김근자, 임선호 대의원들이 10만 원씩 모아 줘서 내가 사표를 내지 않고 끝까지 원풍에 다닐 수 있었다. 당시 그 돈은 한 달 월급도 넘는 큰돈인데, 돈의 액수를 떠나 그 마음이 정말 감사해서 지금까지도 고마움이 남아있다. 이 지면을 빌어 다시 고마운 마음을 전하고 싶다.

계엄사의 폭력

80년 12월, 노동조합 간부 48명이 계엄사 합동수사본부로 연행되었다. 노동조합은 폐쇄되고 합동수사본부에서 온 수사관들이 현장을 순시하고 사감과 경비를 공수부대 출신 여군으로 교체했다. 여군 출신 경비는 퇴근할 때 기숙사생들의 몸수색을 하는 등 계엄 하의 회사와 기숙사와 작업현장은 살얼음판 같았다. 합동수사본부에서 조사를 받은 후 노동조합 간부 14명이 해고를 당하고, 4명이 삼청교육대로 끌려갔다.

1981년, 이무술이 조합장이 되면서 노동조합은 남아있는 간부들을 중심으로 조직을 개편하였다. 그러나 회사의 탄압이 극심해지고 노동조합의 힘은 점점 약해지고 있었다. 그러다 82년, 이무술이 노동조합장을 사퇴하고 현장에 복귀하면서 갈등이 시작되었다. 현장에서는 반조직운동을 하는 사람들이 회사 밖에서 만난다는 흉흉한 소문이 들렸지만, 물증을 잡기가 쉽지 않았다.

나는 1982년 6월, 지하철에서 이선순과 함께 노동조합 말살정책을 중지하라는 유인물을 돌리다가 구로역에서 공안원에게 잡혔다. 지하철을 타고 가던 사람들은 뭐야? 하면서 웅성거리며 우리가 잡혀가는 것을 구경하고 있었고, 우리는 유인물을 빼앗기지 않으려고 속옷으로 감추면서 연행되었다. 구로경찰서에서 조사를 받고, 남부경찰서로 넘겨져 이선순과 같이 구류 3일을 살았다. 그때 남부경찰서에서 유인물을 돌리다 구류를 살고 있는 김성구 언니를 만났다. 나는 반가워서 언니! 하고 불렀더니 경찰이 "이년들! 조용히 안 해! 유인물 돌리다가 잡혀 온 년들이 뭐가 좋다고?" 하면서 핀잔을 주었다.

9 · 2 7 사 건

82년 9·27사건 때 구사대가 몰려오기 전인 10시쯤 노동조합 사무실에서 B반 대의원들이 모임을 하는 중에 누군가가 남자들이 몰려온다고 술렁거렸다. "그럼 우리는 사무실 밖으로 나가자!" 하면서 분수대 앞 풀밭에서 모임을 계속하고 있었는데, 오후 1시쯤 남자들이 몰려와 식당의 식탁을 들고 와서 바리게이트를 치고, 열을 맞춰 줄을 서기에 뭐하는 거냐고 물었다.

그들은 우리들의 말에는 대꾸도 없이 정선순 조합장을 사무실 안으로 밀어 넣고 감금했다. 우리는 식당 앞 공터에 모여 있었는데, 박순애 부조합장이 조합 사무실 유리창을 깨다가 손목을 다쳐 병원으로 가고, 위동련은 모여 있는 우리에게 쌍욕을 해댔다. 그러더니 조합 사무실로 들어가려는 이옥순 총무를 번쩍 들어 시멘트 바닥으로 내동댕이쳐 머리가 깨지면서 피를 흘려 급하게 병원으로 업혀 갔다.

노조 사무실 앞 조합원들은 울고불고 난리가 났다. 그때 간부 중에 누군가가 '흥분하면 안 된다. 차분하게 행동하고 출근은 해야 한다'고 해서 출근반인 B반은 당시 식당에서 밥을 주지 않아 굶고 출근을 했다. 나는 대의원이었으므로 조합원들이 동요되지 않도록 상황을 알리고, 그때부터 노동조합의 간부들과 같이 작업이 끝나면 농성을 했다.

사건이 나자마자 회사 주변을 전경 버스가 에워쌌고, 담당 형사는 불법 감금 사태가 일어났는데도 강 건너 불구경 하듯 하고 있었다. 나는 단식을 하면서도 대의원으로서 농성하는 B반을 책임져야 한다는 사명감이 있었다. 회사는 조합원들의 집으로 전보를 치거나 연락을 했고, 기관에서는 부모 형제들을 동원했다. 그렇게 농성장에 찾아온 부모님들을 설득하는 하는 것이 힘들었다.

추석 휴무가 시작되는 농성 3일째, 정사 B반 손진주는 아버지도 오빠도 다 이 회사에 다녔는데도 엄마가 데리러 오니, 지레 겁을 먹고 울면서 금방 쓰러질 것 같은 모습을 하더니 자기 어머니를 따라 농성장을 빠져나갔다. 이런 식으로 농성장을 빠져나가는 사람들이 늘어나니 '어떻게 해야 하나?' 하는 생각으로 불안했다. 나는 조합원들이 단식하면서 힘들까 봐 주전자에 한 가득 소금물을 타서 먹이고, 굶어서 누워있는 조합원을 찾아다니며 비닐로 베개를 만들어 머리에 받쳐주는 등 조합원들 챙겨주기에 바빠 배가 고픈지도 몰랐다.

비겁한 담임

폭력배 중에 정사과 B반 담임인 조남진이 앞장서서 설치고 다녔다. 조남진에게, 신협의 간사로 근무하는 동생인 조미화를 봐서라도 이러면 안 된다고, 동생에게 부끄럽지도 않냐고 따졌다. 그런데 오히려 우리를 비웃으면서 미친년들이라고 욕을 했다.

농성 마지막 날, 폭력배들은 이제호 부조합장을 비롯하여 남자 농성자들을 만나러 와서는 '남자 새끼가 여자들 틈에서 그게 뭐냐'고, '뭐 달린 놈아…' 하면서 남자들을 모두 끌어냈다. 남자들을 끌어내는 와중에 나는 옆에 있다가 밟혀 엄청나게 고생했다.

노동조합에 틈을 벌리는 역할을 했던 전 간부 중에서 이무술만 농성현장에 들어와 뒤에서 '왜 밥을 안 먹냐'고, '단식하는 조합원들에게 밥을 먹여야 한다'고

하면서 집행부에서 하는 일에 협조적이지 않았다. 승화 언니가 농성 투쟁에 도움이 되지 않는다며 이무술을 내보냈다.

농성 막바지에는 식당에 죽을 부탁해서 동치미 국물과 죽 두 수저씩을 먹었다. 조합원들이 계속 쓰러지고 있어 길어지게 될 농성에 대비하여 힘을 비축해야겠다는 생각이었다. 언니들은 혜영이가 제일 먼저 쓰러질 것 같은데, 그래도 대의원이라 잘 버틴다고 했다.

나는 농성 마지막 날 운동장에 모여 있을 때 일찍 끌려 나왔다. 최영숙 언니가 현장에서 찍은 사진 필름을 나에게 넘겨주면서 농성장에서 빠져나가 안전하게 보관하라고 했다. 날씨도 추워 영숙 언니가 준 잠바를 입고 주머니에 넣은 필름을 손에 쥐고서 식당 옆 쥐구멍 같은 문이 있어 그곳을 통해 밖으로 나가려고 하는데 폭력배들이 다가왔다. 나는 내 발로 걸어 나갈 테니 비키라고 욕을 하고는 밖으로 빠져나왔다. 밖에는 할머니(지부장님 어머니)도 계시고, 윤순희 언니 등 먼저 끌려 나온 사람들이 "혜영아, 괜찮아?" 하면서 걱정해줬다.

운동장으로 뛰쳐 나갈 때 신발이 벗겨져 맨발이었다. 나 말고도 맨발로 끌려 나온 사람들과 함께 양문교회로 갔다. 어떤 목사님이 양문교회 문을 막 두드렸더니 문이 열렸다. 그 분은 원풍모방 노동자들이 쫓기는데 왜 문을 안 열어 주냐고, 하늘에서 하느님이 다 보고 계신다고 막 호통을 쳤다. 그 덕분에 우리들은 교회 안으로 들어갈 수 있었다.

나는 너무 힘들어서 졸기도 하면서 새벽까지 있다가, 추석날인데 집에 갈 생각은 하지도 못하고 양문교회에서 나온 후 정순이가 자취하는 집으로 가서 쓰러져 잤다. 일어나서 라면을 끓여 먹고 오후에 산업선교회를 가서 끌려 나온 조합원들을 만났다.

노동조합에서는 사전에 고향의 부모님에게 원풍에 어떠한 일이 일어나도 놀라거나 찾아오거나 하지 말라고 편지를 썼던 것을 우편으로 보냈었다. 그것이 효과가 있었는지 9·27농성 중에는 가족들이 나를 찾아오지 않았지만 우리 가족들역시 많이 시달렸다고 한다.

가족들의 시련

당시 오빠는 원풍 회사와 가까이 있던 박스공장에 다녔는데, 그 공장으로 형사들이 매일 찾아와 해고하겠다고 협박을 해 결국에는 사표를 냈다. 어느 날 박스공장 사장과 오빠가 나를 만나러 산업선교회로 찾아왔다. 사장은 이씨 종친이고 먼 친척뻘이라고 하는데, 나 때문에 자기네 회사가 피해를 본다고 난리를 쳐 하는 수 없이 시골집으로 갔다.

시골에 내려갔더니 면사무소에서 나를 데리러 왔다. 면사무소에 가서 면장에게 원풍의 상황을 설명했더니, 면장은 면사무소에 취직시켜 주겠다고 했다. 나는 면사무소에서 사무 볼 사람도 아니고, 이곳에 올 생각이 조금도 없다며, 집에 가서 조용히 있을 테니 신경 쓰지 말라고 하고 집으로 왔다.

다음 날에는 화성경찰서 대공과에서 찾아왔다. 처음에는 '너희들이 뭔데 나를 감시하냐'면서 대공과 형사하고 싸웠다. 그러자 형사들은 큰언니네 집에 가서 언니를 못살게 하고, 형부는 처제 때문에 경찰이 매일 가게에 앉아 있어 장사도 안 된다며 나를 감시했다. 며칠이 지나 감시가 약간 소홀한 틈을 타 다시 서울로 왔다.

10월 13일, 출근투쟁을 하러 정해진 시간보다 조금 일찍 정문 앞으로 갔다. 투쟁 준비를 마친 100여 명의 B반 조합원들이 강림약국 앞에 모여 있었는데, 경찰은 연행되기 전에 빨리 해산하라고 했다. 그때 길 건너에서 차언년을 비롯해 조합원들이 스크럼을 짜고 길을 건너왔다. 나는 그 대열의 중간쯤에 끼었는데, 경찰이 나를 알아보고 '이년이 여기 또 왔네' 하면서 잡아 경찰차에 태웠다.

그렇게 남부경찰서에 연행되어 1박2일 조사를 받았다. 2층 대공과에서 조사를 받았는데, 유명애가 조사받은 것과 대질하면서 안 맞으면 왜 말이 틀리냐며 욕을 했다. 유인물은 누가 제작했는지, 머리띠는 누가 만들었는지를 집중적으로 물어봤다. 경찰은 활동가와 비활동가를 짝지어 잠도 안 재우고 조사를 했다. 나는 다음날 풀려났다.

폐 허 가 된 기 숙 사

82년 12월 말쯤, 기숙사에 짐을 정리하러 갔을 때도 여전히 공수부대 출신의 사감이 있었다. 폐허처럼 변한 기숙사 2층 계단으로 올라가 내가 지내던 복도 맨 끝에 있는 221호까지 가는 동안 별생각이 다 들었다. 열려있는 먼지 쌓인 빈 방들이 눈에 들어왔다. 이 방은 명화가 있었는데, 저 방은 누가 있었는데, 라는 생각들이 스쳐 지나갔다. 내가 살던 방문을 열고 들어가니 캐비닛도 열려 있고 먼지가 수북이 쌓인 내 짐만 덩그러니 놓여 있었다.

사람들이 바쁘게 짐을 싼 흔적들이 보였는데, 여러 명이 사용할 때는 그렇게 좁아 보였던 기숙사 방이 휑하니 폐가처럼 느껴졌다. 짐이라고 해봐야 입던 옷, 구두, 그리고 노동조합에서 사다 놓은 책들이 전부였는데, 보자기로 싸여있는 이불이 섬뜩하고 송장처럼 느껴졌다. 원풍을 나가 앞으로 어떻게 살아가야 하지, 라는 생각이 들면서 눈물이 쏟아져 울면서 짐을 싸기 시작했다.

차언년의 방에 보관 중인 탈춤반 옷을 챙기러 1층으로 내려갔다. 당시 기숙사는 2, 3층을 다 비워놓고 1층으로 몰아 한 층만 쓰고 있었다. 구속되어 있는 차언년이 살던 115호 방에 노크를 하고 문을 열고 들어가니, 야근을 했는지 10명 정도가 자고 있었다. 방안으로 들어서자 자다가 부시시 눈을 뜨고 나를 바라보는데, 다 낯익은 얼굴들이었다. 잠을 자는 방이라 커튼을 쳐서 캄캄했고, 잠자던 사람들은 웬일이냐는 식으로 나를 쳐다보는데 아무런 표정도 읽을 수가 없었다. 내가 "일할 맛이 나?" 하고 물어보니 누구도 대답하는 사람이 없었다.

나는 빨리 탈춤반 옷을 챙겨 나와야 된다는 생각에 다른 사람들 신경 쓸 겨를이 없었다. 그런데 자다 일어난 어떤 사람이 나에게 뭘 찾느냐고 물어봤다. 차언년의 짐 중에 내가 맡겨 놓은 것이 있어서 찾으러 왔다고 했다. 나는 급하게 탈춤옷을 챙겨서 그 방을 빠져나왔다. 그때는 회사에 각서를 쓰고 들어가 일을 하는 그 애들이 우리를 배신했다는 생각에 좋은 감정으로 대할 수 없었다.

기숙사 계단을 내려오면서 이제 끝인가, 라는 생각이 들어서 슬펐다. 이제 어디로 가야 하는지, 당장 갈 곳도 없어 그저 심란했다. 기숙사에서 가져온 짐을 당장 옮길 곳이 마땅치 않아 영등포에 있는 선순이 언니네 집에 임시로 보관했다가 나중에 시골집으로 옮겼다.

해 고 이 후

원풍에서 나오고 나니 돈이 없어 당장 생활비를 벌어야 했다. 그래서 노금순 언니, 영자, 나 3명이 구로동에 있는 전자회사에 갔다. 면접을 보는데, 전자회사는 손이 빨라야 한다며 카드를 빨리 놓는 것을 해보라고 해서 잘하니까 합격이라고 했다. 그러나 조금 있다가 과장이 얼굴이 파래서 들어오더니 문 닫으라고, 원풍 년들 떴다고 소리를 지르면서 빨리 나가라며 우리를 밀어냈다. 거기를 나오면서 취업은 안 되는구나, 라는 생각이 들고, 갈 데가 없는 현실이 암담했다.

고민을 하다가 최영자와 같이 보리차 장사를 하려고 보리차를 되로 받아서 봉지에 담아 대림시장으로 갔다. 우리가 단골로 다니던 칼국수집, 한복집, 신발집에서 좀 팔아주겠지, 라고 생각하고 갔는데, 일언지하에 거절을 당했을 때는 정말 슬프고 세상이 냉정하다는 것을 느꼈다. 그래도 생활은 해야 하니 보리차 파는 것을 몇 개월 더 했다.

생활공간이 없는 나는 산업선교회에서 생활하면서 이옥순 언니의 구치소 면회 및 뒷바라지를 했다. 옥순 언니가 구속되고, 옥순 언니의 오빠가 처음 몇 번은 면회를 다니더니 바쁘다면서 직계가족 면회를 나에게 인계한 것이다.

나는 간부들의 재판은 빠지지 않고 방청했다. 재판정에 가면 눈물부터 쏟아지고, 재판을 보면서 아무 일도 안 하고 있는 나 자신이 죄인 같았다. 그러면서 싸움 한 번 못해보고 너무 일찍 구속된 간부들이 원망스럽고 미움 같은 것도 있었다. 지부장님과 간부들 재판 때, 회사 측에 서서 폭력을 휘둘렀던 위동련, 이익순 등이 방청석에 자리를 차지하고 있으면서 우리들의 방청을 방해하여 욕도 하고 몸싸움도 했다.

산업선교회에서 생활하던 나와 명환이를 비롯한 몇 명이 뭐라도 해보려고 했지만, 산선 실무자들에게 들켜 혼이 났다. 실무자들은 밖의 상황이 어떤지 아느냐, 아무 것도 하지 말라면서 늘 우리를 야단치고, 소리 지르고, '너희들이 지금 그런 거 할 때 아니니 분란 일으키지 말고 조용히 있으라'고 하면서 밤늦게 들어오면 문도 안 열어 주었다. 그때는 산업선교회가 아니면 당장 갈 데도 없고 해서 말도 못 하고 넘어 갔는데, 이제 와서 생각하면 후회가 되기도 한다.

82년 12월, 크리스마스 즈음에 '원풍사건으로 구속된 동지들과 뜻을 함께하며'라는 유인물을 가지고 국회의원 사무실이나 김승훈 신부님이 계시는 성당, 새문안교회 등 종교계 등을 방문하여 우리의 억울함을 알리며 기금 마련을 위하여 동분서주했지만, 도와주는 사람은 별로 없었다.

산업선교회에서 나가라는 통보를 듣고, 같은 부서 양영자와 광명에 있는 아파트 15층까지 계단으로 걸어서 올라 다니는 곳에 방을 얻어 자취를 했다. 취업을 하려고 공단을 누비고 다니면서 몇 군데 이력서를 냈는데, 나를 받아주는 곳은 없었다. 나는 교통비도 없는 날이 많아 남아있는 집행부에서 면회 다닐 때 토큰을 챙겨주어 그나마 다행이었다. 정순이나 안순이 집 등을 다니면서 신세를 졌다. 결혼한 친구들 집에 가서 도움을 받기도 했다.

83년 간부들이 석방된 후 사촌동생들과 같이 자취를 하면서 수원에 있는 삼성 전자 하청공장에 고모의 소개로 취업을 했다. 그런데 노동부에서 어떻게 알았는 지 사장에게 계속 전화를 해서 이혜영이 근무하냐고 확인하니, 사장이 나중에는 무슨 죄를 지었냐고 물었다. 소개해준 고모에게 피해를 주는 것 같아 몇 달 만에 회사를 정리했다. 그 후 아주 소규모 가내공업에 취업하는 등 번번한 직장을 갖 지 못하고 30여 년 세월이 흘렀다.

역 사 가 된 원 풍

2007년 민주화운동 명예회복 인증서를 받고 나서 이런 날도 오는구나, 하는 생 각이 들었다. 인증서는 블랙리스트로 취업도 못 하고 이 집 저 집 전전하며 살던 나에게 나의 선택이나 삶이 잘못된 것이 아니라는 것을 증명해 주는, 나의 자존 심과 같은 것이다. 나는 사는 데 급급해서 저축도 못하고 살았다. 그러니 생활지 원금은 그동안 고생했던 것에 대한 보상이고 덤이라고 생각한다.

원풍의 노동운동 자체가 역사이고, 그 역사성 때문에 나는 매년 모임에 참여하 는 것이다. 내가 경찰의 감시를 견디어 내면서 당당해질 수 있었던 것은 나를 똑 똑하게 해주고 인생을 알게 해준 원풍노조가 있어서 가능했다.

다른 공장에서 만난 친구들은 그저 직장 동료들로만 느껴진데 비해, 원풍은 나에게 아주 큰 존재이다. 원풍에는 기댈 수 있는 동지와 선배들이 있고, 어려움 도 같이 나눌 수 있어 숨이 쉬어졌다. 원풍은 나에게 마음의 지주 같은 곳이고, 내가 아무리 힘들어도 받아주고, 의지가 되고, 위로가 되는 곳이다. 원풍 동지들 은 내가 방향을 잃었을 때 불빛이 되어 주는 등대이며, 삶을 살아가는 동안 외롭 지 않게 나와 함께하는 동반자이다.

돈이 없었다. 학원비까지 지출하기에는 빠듯했다. 또한 그토록 원했던 공부였지만 막상 해보니 별로 재미가 없었다. 이런저런 이유로 학원을 더 다닐 수가 없었다.

돈보다 더 귀한 것을 깨우쳐준 노동조합

도시 생활은 기대했던 것과는 달리 건조하고 하루하루가 무의미했다. 소모임에 들어가면 이것저것 배울 것이 많다고 들었지만, 나에게 소모임을 하자고 권유하는 사람도 없었다. 기숙사에 살고 있지 않았고, 보전실에는 소모임 활동을 하는 사람이 없어서 그랬던 모양이다. 그러다가 전방에서 소모임 활동을 하고 있는 황선금 언니에게 소모임에 들어가고 싶다고 말했다. 언니는 선뜻 자신이 속해있는 '에델바이스'에서 함께 활동을 하자고 했다.

'에델바이스' 회원은 아홉 명이었던 것 같다. 회원들은 전방, 직포, 가공, 정사 등 다양한 부서에 속해 있었고, 나이도 한두 살 위이거나 또래였다. 소모임은 회장과 회비를 관리하는 총무, 그리고 활동을 기록하는 서기로 구성되어 있었다. 정기모임은 매주 1회 영등포산업선교회에서 모였다. 모임의 주제는 회원들끼리 상의하여 결정했는데, 시사강좌, 노동법, 세계노동운동사, 민중의 역사 등등을 선택하고 6개월 단위로 계획을 짜 진행했다.

노동조합에서는 소모임 회장과 총무, 서기의 직책별 정기모임도 개최했다. 주로 원풍노동조합의 역사와 노사관계의 쟁점, 정부의 노동정책의 문제점, 노동법과 노동조합법 등에 대해서 가르쳐주었다.

소모임 활동을 시작하자 무엇보다도 자기가 어디에 소속되어 있다는 느낌을 가질 수 있어서 좋았다. 혼자가 아니라 의지할 수 있는 누군가가 있다는 사실이 알게 모르게 힘이 되어 주었다. 또한 비슷한 또래들과 어울려 산과 들로 놀러 다니는 것이 즐거웠고, 그러면서 점점 더 관계가 깊어질 수가 있었다.

나는 소모임 동료들과 어울리면서 좀 더 폭넓게 활동할 수 있게 되었다. 또 노동조합이 무엇인지, 그것이 내 삶과 어떤 관계가 있는지를 알아갈 수 있었다. 이토록 좋은 노동환경에서 돈을 벌 수 있는 것은 거저 주어진 특권이 아니라 민주노조운동을 한 선배들 덕분이라는 사실을 깨달았다.

노동조합에서 교육을 받으면서, 육체노동은 부끄러운 것이 아니며 돈보다 더 귀한 것이 있다는 점을 깨닫게 되었다. 유신정권이 노동자들을 왜 억압하는지도 알게 되었다. 노동자가 바라고 만들어가야 할 새로운 사회는 어떤 사회일까 꿈꾸며 배우는 시간들이 참 좋았다. 때로는 노동현실을 직시하면서 절망할 때도 있었지만, 현실을 바르게 인식할 수 있게 해주어서 노동조합이 무척 고맙게 느껴졌다.

삶 의   터 전 을   파 괴 한   국 가 폭 력

원풍모방노동조합은 1980년 5월 광주항쟁의 희생자들을 위해 모금 운동을 벌였다. 전두환 신군부는 이 모금 운동을 빌미로 수단과 방법을 가리지 않고 원풍노조를 파괴하려고 달려들었다. 방용석 지부장님과 박순희 부지부장님이 정화조치로 해고당하고 수배되었다.

그해 12월에는 상집간부 14명이 계엄사 합동수사본부로 연행되어 해고를 당하고 남자 4명은 삼청교육대로 끌려갔다. 간부들이 그렇게 부당하게 회사에서 내쫓기고, 국가폭력에 희생당했지만, 우리는 한마디 항의도 하지 못했다. 아니, 당시 침묵만 강요하였던 권력에 항거하지 못한 것이다.

1982년 2월, 나는 전방 보전실 A반 조합원을 대표하는 대의원으로 선출되었다. 그해 선출된 대의원들은 남다른 각오가 있었지 않았을까. 국가가 노골적으로 노조 말살정책을 자행하던 시절이니만큼 정신적으로 무장을 해야 했다. 그해 1박2일의 대의원수련회에서 대의원들이 유행가 〈마음 약해서〉를 개사하여 만든 투쟁가 〈마지막 십자가〉는 그 결의의 분위기를 잘 보여주고 있다.

단결 없이는 승리 못하네
원풍모방 노동조합
노동자들이 단결해야지
그 누가 해결 하나요
돈과 권력 야합하여 탄압하는데
우리 문제 힘을 합쳐 해결해야지
마지막 십자가 내가 져야지
정상가동을 속히 하여라

단체협약 준수하여라

많이 참았네 오래 참았네
노동조합 탄압을 중지하여라
노동자들의 생계비를 보장하여라
살고 싶다 법치국가 법을 지켜라
누굴 위해 일하는가 말 좀 해봐라
뜨거운 피가 용솟음치네
정상가동을 속히 하여라
단체협약 준수하여라

전두환 정권의 노조 파괴공작에 그대로 당하고만 있을 수는 없었다. 노동조합에서는 노동조합 말살정책을 폭로하며 탄압중지를 호소하는 유인물을 대량으로 인쇄하여 돌렸다. 대의원들이 유인물을 가방에 넣고 가 거리에서 나눠주기도 하고, 시내버스와 전철을 타고 다니면서 시민들에게도 나누어 주었다.

6월의 어느 날이었는데, 나는 정사과 대의원 차언년과 한 조가 되어 유인물을 돌리러 노동조합을 나섰다. 노량진역에서 전철을 타고 승객들에게 호소문을 돌리는데, 가슴이 무척 떨렸다. 언년이는 맞은편에서 승객들에게 호소문을 당당하게 잘 나누어주고 있었다.

나도 용기를 내 막 뿌리고 있는데, 남영역에서 경찰이 타더니 전철 밖으로 끌고 갔다. 나는 남대문경찰서로 연행되어, 불법 유인물을 배포한 혐의로 즉결에 넘겨져 하룻밤을 경찰서에서 자고 석방되었다. 나뿐만 아니라 다른 조합원들도 유인물을 배포하다가 수도 없이 잡혀들어 갔다.

기어코 올 것이 왔다

악몽과 같던 그날은 1982년 9월 27일, 월요일이었다. 나는 오전 근무자였다. 그 전날 일요일에 직포과 이화숙을 길에서 만났는데, 노조 부조합장 박순애와 총무 이옥순, 가공과 조합원 김영희, 박혜숙 등 4명을 해고한다는 공고가 회사 게시판에 붙어있다는 말을 했다. 소스라치게 놀라 사실을 확인하려고 한달음에 노조 사무실로 달려갔다가 거기서 자고 새벽 6시에 출근했다.

노조 사무실에서 작업장으로 출근하는데, 우물이 무너지던 모습의 어젯밤 꿈이 자꾸 생각났다. 작업장의 기사 아저씨 한 분이, '어제 일요일 가공과 남자들 20여 명이 안양으로 무슨 교육을 받으러 갔는데, 아직 출근을 하지 않았고, 아침 8시를 기해 노조 사무실로 쳐들어간다'고 했다는 이야기를 했다. 불길한 생각이 들어 아침 8시 식사시간을 이용해 노조 사무실에 갔더니 오히려 평온한 분위기라서 안심하고 현장으로 돌아왔다.

오후 1시가 조금 넘었는데, 정방 C반 지명환이 전방으로 뛰어 들어왔다. "언니, 지금 노조 사무실에 남자들이 쳐들어왔어요!" 본사, 타이어공장, 운전기사, 사원들과 남자들이 총동원되어 노조 사무실이 난리가 났다는 것이다.

기어코 올 것이 왔구나, 하는 생각과 동시에 노조로 달려가려고 하는 순간, 침착하게 작업현장을 지키라는 집행부의 행동강령이 전해졌다. 양승화 부조합장의 지시가 아니면 절대 기계를 세우고 작업장을 나오면 안 된다는 것이었다. 회사 측에서 교묘하게 불법파업을 유도하여 우리를 옭아맬 빌미를 주면 안 되니 냉철하게 행동하라는 지시였다.

그러나 말이 쉽지 차분하게 있을 수가 없었다. 가슴이 터질 것만 같았다. 퇴근시간은 왜 그리 더디 가는지…. 2시에 퇴근하는 사람들은 모두 정문으로 집결하라는 연락이 왔다. 그날따라 가을바람이 얼마나 세차게 불어대던지 한겨울같이 추웠다. 웅성웅성하는 조합원들을 향하여 양승화 부조합장이 입을 열었다.

"조합원 여러분, 마음을 굳게 먹으세요. 폭력배들에 의해 노조 사무실에 감금되어 있는 조합장은 잘 버티고 견디어 낼 거예요. 우리는 저들의 잔인한 폭력행위를 하나하나 새겨야 합니다."

감 금 당 한 조 합 장

노동조합 사무실에는 상근간부가 3명 있었다. 정선순 조합장과 박순애 부조합장, 이옥순 총무가 상근지도부였는데, 정선순 조합장은 감금되었고, 박순애 부조합장과 이옥순 총무는 폭력배들이 노조 사무실로 쳐들어올 때 저항을 하다가 다쳐 병원으로 실려 가서 치료를 받고 있었다. 양승화 부조합장은 비상근자로서 작업장 근무였는데, 집행부 대표로 사태를 지휘하고 있었다.

양 부조합장은 조합원들에게 정문 앞과 노조 사무실 앞 분수대로 집결하라고 지시했다. 나는 분수대 앞으로 갔다. 노조 사무실은 폭력배들이 식탁으로 겹겹이 막아놓고 그 앞에 늘어서 있었다. 박찬배 부공장장, 방적과 생산과장 한상엽, 계영우 등 사원들이 히죽거리면서 곁을 지키고 있었다.

집행부는 해가 지면서 날씨가 추워지자 정사과 검사실을 농성장으로 정하고 조합원들을 그곳으로 안내했다. 그렇게 4박5일 동안 폭력배들이 노동조합 사무실에서 철수할 것과 노조 정상화를 요구하면서 비폭력으로 저항하였다.

첫날은 대의원들을 중심으로 회사 정문과 후문을 교대로 지켰다. 나는 후문에서 밤 10~12시까지 보초를 서다가 교대를 하고 농성장 안에서 쉬고 있었다. 새벽이 되니 농성장이 몹시 추웠다. 9월 28일 새벽 4시 40분경, 후문에 벗어 두고 온 스웨터를 가지러 가다가 차언년을 만났다. 언년이는 다급한 목소리로 "언니, 마침 잘 왔어. 얼른 담장 밖으로 나가! 지금 노조 사무실에서 저놈들이 사람을 포대에 싸서 밖으로 메고 나갔는데, 조합장 같아! 빨리 따라가야 돼!"라고 했다.

생각하고 말고 할 겨를이 없었다. 뒷문이 잠겨 있어서 2미터쯤 되는 철망 울타리를 올라타고 넘는데, 남자 다섯 명이 우르르 달려오더니 내 스웨터 자락을 잡고 놓아주지를 않았다. 할 수 없이 옷에서 몸을 빼고 울타리를 넘었다. 그 순간 "저년 잡아라!" 하는 고함과 함께 호루라기 소리가 요란하게 나더니 사방에서 폭력배들이 몰려들었다.

무작정 대로를 달려 대림교회로 뛰어 들어가 의자 밑에 숨었다. 마침 그때 새벽예배 중이었다. 그렇게 폭력배들에게 쫓겨 숨는 바람에 막상 조합장은 어디로 끌려갔는지 알 수 없었다.

오빠의 격려

단식 사흘째 되는 날부터는 많은 동료들이 탈진해서 여기저기 쓰러졌다. 지친 동료들을 챙겨야 한다는 대의원의 사명 때문이었는지, 다행히 나는 잘 견디었다. 아니 어디서 그런 힘이 솟았는지 밥을 굶었는데도 끄떡없이 마지막까지 씩씩하게 잘 다녔다. 아마도 가족의 응원이 내가 버틸 수 있는 힘이 아니었을까.

당시 회사 측은 농성 조합원의 부모형제들에게 거짓 전보를 쳤다. '당신 딸이 불순한 자들에게 잡혀있다'느니, '남녀가 혼숙을 하고 있으니 임신할 수 있다'는 등등의 새빨간 거짓말로 가족들을 격분시켜 농성장으로 들여보냈다. 기절초풍할 소식을 들은 가족들은 혈육을 데리고 나가려고 막무가내로 농성장을 헤집고 다녔다. 조합원들은 가족들에게 들키지 않으려고 얼굴을 작업복으로 가리거나 마대를 뒤집어쓰기도 했다. 가족에게 끌려가지 않으려고 울부짖는 조합원들, 끌고 나가려는 가족들의 아우성으로 농성장은 아수라장이 되었다.

그때 나의 오빠도 농성장에 들어왔는데, 오빠는 "저는 임태송의 오빠입니다. 여러분! 힘내서 열심히 싸우십시오!"라고 응원을 해주었다. 동료들이 박수를 치며 잠시나마 웃는 모습이 보기 좋았다. 어떻게 하든지 이 상황을 잘 견디어내고 폭력배들을 노조에서 몰아내는데 힘이 되었으면 좋겠다는 생각이 들었다.

우리는 안간힘을 써가며 노동조합을 지키려고 버티고 버텼지만 결국 추석날 새벽에 끌려나오고 말았다. 그대로 흩어질 수 없었던 우리는, 원풍모방에서 500여 미터쯤 떨어진 곳에 있는 양문교회로 뛰어 들어갔다. 새벽의 추위와, 폭력배와 경찰에 쫓겨 피신 차 들어간 교회였지만, 교회 관리자는 예배에 지장이 있다면서 나가라고 했다. 잠시만 있다가 가겠다고 사정을 하고는, 방용석 지부장의 어머님이 쑤어온 죽을 먹고 교회를 나왔다.

집으로 가기 전에 병원에 입원해 있는 동료들을 돌아볼 참이었다. 누가의원, 한독의원, 대림의원을 차례로 가 입원해 있는 동료들을 들여다보고 필요한 심부름을 해주고 나왔다. 대림의원에 갔더니, 치료를 받고 있던 양승화 부조합장을 형사들이 지키고 있다가 정신이 들자 링거 바늘을 꽂은 채 연행해 갔다고 했다. 그 상황을 보고 항의를 하다가 정신을 잃은 정사과 박순자는 산소 호흡기에 의존한 채 의식이 없었다. '에잇, 죽일 놈들!'

집에 들어가서야 나는 내 모양새를 들여다 볼 수 있었다. 거울에 비친 내 몰골은 머리에서 발끝까지 때 구정물이 묻어 꾀죄죄하고, 비쩍 마른 몸은 뼈와 가죽만 남은 듯했다.

경찰에 차단된 출근투쟁

회사는 10월 7일 출근을 하라고 공고를 했다. 오후 2시에 정문 앞으로 집결했는데 경찰이 저지를 했다. 회사 간부가, 담벼락에 붙여 있는 공고문의 해고자는 출근할 수 없으며, 나머지 사람들은 각서를 써야 출근할 수 있다고 떠들었다. 경찰 간부까지 확성기를 들고 회사 간부의 말을 되뇌었다. 우리들은 "경찰은 물러 가라!", "폭력배는 물러가라!" 등의 구호를 외치며 투쟁가를 불렀다.

그러나 수백 명의 경찰들에게 밀려 해산을 할 수밖에 없었다. 해고자 명단에는 내 이름도 있었다. 이렇게 끝나는 건가, 하는 생각이 들었다. 그래도 끝까지 싸워 볼 일이었다. 그날 저녁, '원풍모방노동조합 탄압문제를 위한 대책위원회'가 영 등포산업선교회관에서 기도회를 개최한다고 하였지만, 그 집회 역시 경찰이 원천 봉쇄해 영등포 일대에서 산발적으로 시위를 하다가 무산되고 말았다.

10월 13일, 2차 출근투쟁을 벌였다. 부서 조합원들을 비밀리에 만나 출근투쟁 을 준비했다. 새벽 6시 30분, 아침 출근반이었던 B반은 회사 정문 쪽에 모였고, A반과 C반은 정문 맞은편 강남성심병원 앞에 집결하였다. 경찰이 회사 정문과 우리가 집결한 강남성심병원 주변을 지키고 있어 긴장감이 팽배했다.

정문 쪽에 집결한 B반 조합원들은 삼엄한 저지선을 뚫고 공장 안으로 들어간 것 같았는데, 어느 순간 끌려나오는 듯 아우성이 들렸다. 8차선 차도를 뛰어 건 너 공장 정문 앞으로 달려가는 조합원들을 경찰이 팔짱만 끼고 보고 있을 리 없 었다. 경찰은 닥치는 대로 연행하여 경찰버스에 마구 실었다. 경찰과 치고받으면 서 몸싸움을 하다 보니 박혜숙이 "나를 죽여라! 이 개새끼들아!" 하며 악을 썼다. 그 친구 입에서는 피가 철철 흐르고 있었다.

혜숙이를 붙잡고 병원으로 가자고 했다. 혜숙이는 차라리 경찰버스 안에서 죽 겠다면서 악을 쓰며 내리지 않았다. 경찰에게 '사람 죽일 작정이냐'며 '어서 이 사람을 병원에 갈 수 있게 문을 열라'고 소리를 질렀다. 겨우 혜숙이를 진정시켜 병원으로 데리고 가 치료를 받을 수가 있었다. 참으로 암울한 시대였다.

산업선교회에서의 합숙

기숙사생들이 많았던 우리는 갑자기 갈 곳이 없어 영등포산업선교회에서 합숙 을 했다. 나는 어머니와 같이 살고 있었지만, 빼앗긴 노동조합을 되찾으려면 한 데 모여 의논을 하면서 싸워야 하므로 합숙에 참가했다. 국가기관은 언론을 동 원하여 사실을 왜곡 보도했다. 회사가 불법적으로 노동조합을 폐쇄하고 폭력으 로 노동자들을 쫓아내고 공장을 휴업시켰음에도, 노동조합에서 먼저 싸움을 걸 어 공장이 문을 닫게 된 것으로 둔갑시켰다.

'불순한 도산세력' 운운하면서 대대적으로 사회여론을 조작해갔다. 우리도 할 수 있는 일이라면 무엇이든 해야 했다. 하지만 호소문을 써서 시민들에게 뿌리고, 사회 주요 인사들을 찾아가 진실을 알리며 호소를 하는 것 외에는 달리 할 수 있는 방법이 없었다. 국회의원을 찾아가고, 교회 지도자를 찾아다니면서 진실을 호소하였지만, 돌아온 것은 냉대뿐이었다.

저녁에 허탈하게 회관으로 돌아오는 동료들의 허기를 달래줄 밥을 하는 일은 내가 맡은 업무 중에 하나였다. 가공과 대의원이었던 김예희와 식사 당번을 맡아서 했다. 영등포시장은 산선에서 걸어 30분 정도 거리에 있었다. 매일 그곳으로 가 반찬거리를 사들고 와서 조리를 하고 밥상을 차리고 설거지를 했다. 반찬거리를 싼 것으로 장만하다보니, 미역줄기, 동태, 어묵, 그리고 김치였다.

매일 똑같은 반찬을 내놓는 것이 동료들에게 미안했지만, 산업선교회 실무자들에게서 식비를 그날그날 받아 그 돈 안에서 쓰다 보니 반찬이 부실할 수밖에 없었다. 그리고 원풍노동자들에게 너무 많은 돈이 들어간다느니, 부식비가 만만치 않다느니 등등의 이야기가 들릴 때마다 눈치가 보였다. 그래도 동료들이 따뜻한 밥을 먹고 힘을 내어 잘 싸워 이겨서 다시 출근할 수 있기를 바라면서 나름 열심히 밥을 짓고 설거지를 했다.

마 지 막   탈 춤   공 연

1983년 새해가 밝았다. 하지만 우리는 여전히 막막했다. 지난해의 악몽에서 깨어나지 못하고 있었다. 잠을 잘 방도 생활비도 없었다. 산업선교회의 인명진 목사는 원풍노동자들에게 단체 숙식을 더 이상 제공할 수 없다면서 해산해달라고 요구하였다. 단체 숙식 3개월만이다.

1983년 1월 19일, 100여 명의 조합원들이 모여 해산식을 거행했다. 사회를 보던 최영숙 교선부장의 목소리는 또렷했지만 서러움이 묻어나왔다. 이는 비단 나만 느꼈던 감정이 아니었을 것이다. 이우정 대책위원장님이 위로와 격려의 말씀을 해주셨다. 간단한 내용이었지만, 당시로서는 크게 위로가 되었다. 그분 외에는 우리를 위로해주는 이가 그때 그곳에는 아무도 없었다.

탈춤 회원들이 무거운 동작으로 뒤풀이 공연을 했다. 어쩌면 원풍노동조합의 이름으로는 마지막 공연이 될지도 몰랐다. 슬픔과 분노, 구치소에 들어가 있는 동료들을 향한 그리움, 안타까움 등 이루 말로 다 토해 낼 수 없는 아픔을 몸짓으로, 춤사위로 풀어내 보여주는 듯했다. 몸이 아팠다, 얼쑤! 마음이 슬펐다, 얼쑤!

그러나 우리는 그대로 주저앉을 수가 없었다. 기차놀이 하듯 두 손으로 앞사람의 어깨를 잡고 둥글게 돌려 뛰면서 투쟁가를 목청껏 부르며 다짐을 했다. 진실이 드러나고 정의가 바로 설 때까지 끝까지 싸우자고. 산업선교회의 노동자교회 예배당에 걸린 십자가가 그날 따라 몹시 침울하게 보였다.

해산하고 집으로 돌아오는 발길이 무거웠다. 그제야 집안 살림을 챙겨보니 내 월수입이 끊어진 지 몇 달이 지나 사글세를 내지 못해 쫓겨날 지경이었다. 구속자들에게는 미안했지만, 퇴직금을 타서 신길동에 방 한 칸에 조그만 부엌이 붙어있는 집을 2백만 원 전세로 얻었다. 이제는 당장 엄마와 먹고 살 돈을 벌어야 했다.

다시 공장으로

조그만 봉제공장에 시다로 취직을 했다. 원풍모방의 현장과는 전혀 다른 세상이었다. 뭐 이런 공장이 다 있나 싶었다. 원풍모방 작업장에서는 상상도 할 수 없는 어처구니없는 일들이 비일비재 일어났다. 현장 문제를 공유할 수 있는 동료들을 모아 조직하는 것이 우선 해야 할 일 같았다. 그런 활동을 하려면 내가 먼저 신뢰할 수 있는 사람으로 보여야 했다.

한 달 정도 성실하게 시키는 대로 노동을 했다. 그런데 어느 날 뜬금없이 공장장이 나를 부르더니 당장 공장을 나가라고 하였다. 이유를 물었지만, 대답해 줄 리가 없었다. 그 이후에도 이 공장 저 공장을 전전했다. 서류심사과정에서 퇴짜를 맞기도 하고, 운 좋게 다니다가 해고를 당하기를 되풀이하였다.

1986년에 와이셔츠를 만드는 봉제공장에 들어갔다. 노동자들이 열악한 노동현장에서 억압받고 있다는 문제의식을 공유한 동료와 함께 노동운동을 목적으로 취업을 한 것이다. 내가 원풍노동조합에서 누렸던 당연한 노동자의 권리를 알게 해주고, 열악한 노동환경을 함께 고민하며 개선해가고 싶었다.

다시 노동운동을 결심하기까지 많은 갈등이 있었다. 나이 드신 어머니의 생계를 책임져야 할 가장이었기 때문이다. 결국 두 가지 책임을 다 할 수 없다는 사실을 깨달았다. 어머니께 몇 년간 모은 돈을 다 드리고 혼자 생활하셔야 된다고 말씀을 드리고 집을 나왔다. 빈털터리로 나온 나는 1984년, 조합원들이 모금하여 가톨릭 원주교구장 지학순 주교님께 맡겨 놓았던 기금으로 마련한 '원풍의 집'에서 숙식을 해결했다.

노동조합을 설립하기 위한 계획을 세우고 동료들을 모아 소모임을 조직하였다. 소모임에서는 노동법에 보장되어 있는 내용 중에 기업주가 불법으로 노동자를 착취하는 문제를 주로 다루었다. 해결방안을 함께 토론하면서 권리를 찾아갔다. 기업대표를 노동부에 고발하여 생리수당과 월차수당을 받았다.

단체행동으로 개인들에게 이익이 돌아가는 체험을 한 동료들은 한층 적극적으로 활동을 하였고, 많은 사람들이 관심을 갖게 되었다. 그 후 소모임을 확장하여 노동조합을 설립하기 위해 움직였다. 그때 함께 활동하던 동료와 약간의 견해차이가 발생하였다. 대의를 위하여 내가 사퇴를 했고, 얼마 지나지 않아 그 공장에 노동조합이 설립되었다.

원 풍 노 조 운 동 이 내 게 가 르 쳐 준 것

돌이켜보면 내가 원풍모방에 다닌 기간은 불과 5년밖에 되지 않는다. 참 짧은 기간인데도 내 삶은 거기에 뿌리를 내리고 있다고 해도 지나친 말이 아니다. 어렸을 때 옆집에 살던 친구와 둘이 고향집 마당에 멍석을 깔고 나란히 누워 밤하늘에 반짝이는 별들을 바라본 적이 많았다.

나는 그 때 별을 헤아리며, 사람이 어떻게 살아야 하는 건지, 하는 나이에 맞지 않는 고민을 하곤 했다. 그리고는 친구와 조잘거리며 안개가 뽀얗게 쌓여 있는 듯한 내 삶의 미래를 걱정했다. 그때 그 고민에 대한 답을 원풍모방노동조합에서 민주노조운동을 하면서 찾았다. 우리가 늘 가슴에 새겼던 말이다.

'사람이 사람답게 살아야 사람이다!'

048

'위험'했던 청춘의 점선들

장남수

_____1958년 경남 밀양에서 태어났다. 1977년에 원풍모방에 입사하여 노조 대의원, 탈춤반 회장 등으로 활동했다. 1978년 동일방직사건 연대투쟁인 '부활절 시위' 때 구속되었다. 석방 후 원직으로 복직되었지만, 1980년 계엄사에 의해 해고되었다. 그 후 한노련 홍보부장, 지역 경실련 사무국장 등으로 일했다. 1984년 수기 『빼앗긴 일터』를 출간했고, 현재 제주도에서 사람의 삶을 기록하는 일을 계속 하고 있다.

청년기의 정의감이었으리라, 열여덟 가슴에 회오리가 일었다. 원풍에 입사하기도 전에 언니는 노조 권장도서라며 「월간대화」를 정기구독해 주었고, 탄압으로 광고를 싣지 못해 뒷장이 백지였던 그 책은 내 인생의 터닝 포인트가 되었다. 그 책을 통해 전태일, 동일방직, 철거민들의 절규에 닿았고, 심장은 요동쳤다. 원풍 문 앞에 섰을 때도 정사과 대의원이었던 언니 덕에 이미 귀에 익었던 터라 공연히 친숙한 느낌이었다.

여공 되기도 힘든 원풍

원풍은 무지 큰 공장이었다. 작은 키 탓에 한 차례 떨어진 후 언니가 노무과장 집에 굴비 한 짝을 넣었다든가 해서 통과되었으니 더 그랬을 것이다. 입사와 동시에 기숙사가 배정되었다. 310호! 문을 열 때마다 부딪히던 내 자리는 오랫동안 바뀌지 않았다. 방 식구는 열 두어 명 되었던 것 같다. 곱슬머리에 하얀 얼굴의 강원도 출신 영희 언니, 연애를 잘해 매 주말이면 외박을 나가던 친구… 어디서들 잘 살고 있는지, 글을 쓰다 보니 아련하고 그리워진다.

1977년, 양성공 훈련기간 없이 직포 준비계로 배치되었다. 며칠은 반장이 통경 옆자리에 앉혀 실매듭 잇는 일을 가르쳤다. 다른 동료들은 까짓 거 일도 아니라는 듯이 잘 배웠지만 나는 타박을 들었다. 지금도 바느질 매듭을 잘 못 만들고 손재주 없는데다 일머리가 미련하니 경상도 말로 '되퉁맞은' 것은 타고 난 모양이다.

다행히 준비계 일은 그리 복잡하거나 힘든 게 아니어서 할만 했다. 고된 것은 3교대의 밤 근무였다. 학원까지 다니다보니 짧은 낮 수면으로 밤을 버티는 건 고역이었다. 번번이 야식을 포기하고 실 뭉치 저장하는 공간에 쪼그리고 자다가 몰려드는 기계 가동 소음에 고통스럽게 눈을 뜨곤 했다.

입사한지 얼마 되지 않아 「월간대화」에 보낸 내 글이 실렸다. 이름 옆에 'W모방 노동자'라고 되어 있으니 노조에서는 이게 누구냐고 궁금해 했고, 갓 입사한 조합원이라 놀라워하던 기억이 있다. 그 후 노조 사무실 문턱은 내 작은 발로도 꽤 닳았을 것이다. 한 쪽 벽면을 차지한 책장의 책을 다 읽으리라 다짐했다. 『정글』, 『여공 20년 후』, 『알려지지 않은 이야기』, 『어머니』 같은 책들은 의식을 더욱 고양시켰다.

310호는 당시 노조의 막내간부였던 순애 언니가 있었다. 순애 언니는 천지사방 안 가는 곳이 없었다. 기독교회관, 민주인사들의 재판정, 유명 인사들의 강연회… 지적 허영이 있는 나는 당연히 그런 모임들이 좋았고, 순애 언니를 따라 다녔다. 함석헌, 문익환, 계훈제 등 유명 인사 옆에 앉아 있으면 공연히 뿌듯해지던 감정, 허약한 공명심에다 불의에 저항하는 모임이라는 정의감까지 겹치니 더할 나위 없었다.

급기야 목요기도회 때는 노동자 측으로 내가 단상에 서서 기도도 하게 되었다. 그때 기자 몇이 다가와 인명진 목사가 써 준 거 아니냐고 묻는 바람에 노동자는 기도도 할 줄 모른다고 생각하느냐고 화를 내기도 했다. 사실 인 목사가 하던 말, 어투를 상당히 본떴으니 기자들이 그럴 만도 했으리라. 아무튼 그 기도문은 「씨올의 소리」에 게재되었고, 그런 과정들로 나는 좀 더 관심 받는 노동자가 되면서 붕 뜨기도 했을 것이다.

이것이 70년대 원풍노조의 얼굴

결국 야학, 한림학원 등 공부를 놓지 않던 내가 미련 없이 배움의 방향도 달리하게 되었다. 천지사방 뛰던 이듬해, 직포과 준비계의 만장일치 대의원도 되었다. 그러나 대의원 확정공고도 붙기 전에 시위를 벌여 구속될 줄이야 누가 짐작이나 했을까. 순전히 동일방직 노동자들이 똥물을 뒤집어쓴, 바로 그 때문이었다. 그날, 구세군교회에서 열린 '고통 받는 자들을 위한 기도회' 뒷자리에서 분노는 급속히 조직되었다.

"내일 아침 여의도 부활절 예배장으로 가자. 언론이 한 줄도 보도하지 않으니 우리라도 소리치는 돌이 되자!"

가끔 생각해본다. 그게 78년이 아니고 88년쯤이었다면 어땠을까? 아마 운동의 방식이나 갈래도 좀 보고 들었고, 겁도 많아져 몸을 뺐을 것이다. 그렇게 비조직적인 방식은 동의할 수 없다느니 어쩌느니 하면서. 그러나 그때는 무식한만큼 용감했고, 그래서 앞 뒤 따지지 않았다. '내 작은 이 한 몸 역사에 바쳐' 하는 식의 정의감만 팽배했다. 정작 광장에서 다른 친구들은 의연했지만, 나는 사시나무 떨 듯 했으면서.

그럼에도 50만이 참석한 부활절 예배가 웅장하게 진행되는 사이를 뚫고 다람쥐처럼 단상으로 달려가 생방송 마이크를 거머쥔 '호소'는 단 몇 분의 비명처럼 끝났다. 주변에 포진해있던 사복경찰에 의해 질질 끌려가는 우리들 뒤에서 잠시 웅성거렸던 단상은 이내 고요해졌고, 목사의 기도소리는 다시 평화로웠다. '예배 방해죄'로 우리는 징역에 처해졌다.

석방 될 때까지 많은 분들의 도움을 받았다. 변호사 지원, 영치금, 생필품, 책, 재판정을 채운 격려 등…. 그 무엇보다 큰 것은 원직 복직이었다. 당시 같이 구속되었던 6명중 다른 공장 5명은 당연히(?) 해고자가 되었는데, 나는 노조 행사장에서 환영까지 받으며 복귀했다. 노조가 단체협약에 새로운 조항 하나를 추가했던 것이다. '조합원의 해고는 노사합의 하에만 할 수 있다!'

이것이 70년대 원풍노조의 얼굴이었다. 어떤 경우에도 '조합원의 해고는 노사합의를 통하지 않으면 할 수 없다'는, 2018년 지금도 시행이 어려운 조항이었다. 당시 간부회의에서도 분분했다고 들었다. 원풍 일도 아닌 사안인데 개별 행동을 통해 발생한 문제니 난처한 것 아닌가? 결론은 조합원을 지킨다는 것이었다. 내가 78년의 원풍 노조원이었기에 가능했던 일이다. 새삼 감사하지 않을 수 없다.

원직 복직으로 마음이 편했던 것은 아니다. 남영나일론, 삼원섬유, 동일방직, 방림방직 등 감방 동료들이 길거리에 있는데 나만 받은 혜택이 마음에 걸려 사표를 내고 싶다는 심정을 토로했다가 방 지부장에게 면박을 당하기도 했다. 돌아온 공장은 변함이 없었다. 기숙사 310호 내 사물함에서 굳어진 치약과 보관되어 있던 세숫대야를 다시 꺼냈다. 직포 준비계 C반의 대의원으로도 복귀했다.

탈춤 불량품 회장

몇 개월이 지난 다음 해 초 즈음인가, 노조는 문화 활동의 일환으로 탈춤반을 만들었다. 우연히 연세대 노천극장에서 〈노비문서〉라는 공연과 탈춤을 보고 흥분한 경험이 있던 터라 노조 간부의 권유에 두말없이 응했다. 뻣뻣해서 '탈춤 불량품'이라는 별명까지 얻었지만 대본을 만드는 게 더 재미있어서 초기 연구부장을 맡았고, 나중에는 '불량품'인데도 불구하고 회장이 되었다.

노동이 신나는 것은 결코 아니었지만, 탈춤이나 노조활동으로 즐거움을 만들었던 것 같다. 수련회도 자주 하고 매일 모여 뚱땅거리다보니 탈춤반 구성원들 간의 친밀감도 각별했다. 더구나 노조 조직부장인 이필남 선배가 탈춤반 고문을 맡아 노조의 무한한 애정과 지원을 받으니 어깨에 힘이 들어갔다. 당시 원풍노조의 결속력은 강고했고 노사 간 교섭도 순조로웠다. 회사도 노조의 건재함이 해가 될 것이 없다고 인식했던 것 같다. '권리를 획득하기 위해서는 책임도 다해야 한다,' '근무시간 내의 성실함' 등을 노조가 강조했던 시기였다.

반장들이 노조간부인 경우가 많아서 권위도 있었다. 조합원들의 복지는 눈에 띄게 좋아졌고 자존감이 고양되었다. 자긍심이 커지니 노동자가 벼슬이라도 된 듯 했다. 대학생을 본뜨느라 한림학원 책을 옆구리에 끼고 다녔고, 노동자들의 심리를 간파한 학원에서 제공한 뱃지를 꽂고 다녔던 나였다. 점차 의식이 고양되면서 그런 허세가 다 부질없게 느껴졌다. 즐거움이 노조이고, 최고의 배움터는 민주인사들의 재판정이나 집회가 되었다.

원풍은 해마다 가을운동회를 열었고, 탈춤반은 멋지게 공연을 했다. 장구도 깽쇠도 뭐 하나 잘 하는 게 없는 나는 풍물 팀의 끝에서 찢어진 옷에 깡통을 들고 문둥이 탈을 쓴 잡색을 맡아 한껏 연기를 하며 운동장을 휘젓고 다녔다. '문둥이 불쌍하다'고 건네주는 막걸리를 받아 마시느라고 탈을 수 차례 들어 올려야 했다. 어디서 그런 기질이 나오는지 알 수 없었다. 다른 공장 친구들이 놀러 왔다가 부러운 눈빛을 보냈다. 드높은 가을 하늘만큼 충만해지던 날들이었다.

원풍이 잘 나가니 이제는 다른 공장 노조조직 확산에 기여해야 한다는 토론도 있던 때였지만, 나는 원풍을 그만둘 생각이 없었다. 가려진 아늑함이 좋았다. 물론 정치적 상황은 민주노조에 매우 불리했다. 한국노총을 중심으로 하는 어용노조에 단위노조들이 속할 수밖에 없는 때였고, 복수노조는 허용되지 않았으니까.

헉, 박정희 대신 전두환이!

그러다 박정희가 죽었다. 어둠을 걷고 민주노조를 확장하리라는 기대가 솟았다. 하지만 일장춘몽이었다. 전두환이라는 듣도 보도 못한 일당에 의해 암흑세상이 되고 말았다. 검은 화살은 열 손가락 안의 민주노조들과 더불어 원풍노조를 겨냥했다.

80년 12월 8일이었다. 야근을 마치고 방의 커튼을 내린 후 모두 잠들었다. 그런데 꿈결처럼 누군가 우리 방문을 두드리고 열어젖히며 순애 언니를 찾았다. 순애 언니가 부스스 눈을 뜨는 모양인데, 나는 단잠을 깬 그를 성가셔하며 돌아누웠다. 하나 치고 들어 온 다급한 목소리에 모두 화들짝 일어났다.

"언니, 빨리 노조 사무실로 오래요. 수사관들이 나왔대요."

나도 옷을 꿰차고 달려갔다. 노조 사무실은 '회의중' 팻말이 붙어있고, 조합원들이 웅성대고 있었다. 광주항쟁 이후 지부장과 부지부장이 수배상태라 직무대리를 맡고 있던 이문희 부지부장 등 간부 세 사람은 이미 계엄사에 연행되어 간 상태였다.

그날을 시작으로 노조 간부들이 연이어 계엄사로 호출되어갔다. 수사관들은 아예 회사에 본부를 설치해 놓고, 현장은 한 명이 하던 당직을 여섯 명으로 늘리는 등 살벌한 분위기를 조성하는가 하면, 한밤중에 느닷없이 노조간부의 방을 수색한다며 기숙사로 밀고 들어오는데다 사감이 연행되었다 돌아오기도 했다. 공포였다. 뭔가 일어날 것만 같은 어두움, 끝을 알 수 없어 더욱 불안했다.

12월 16일, 노조에서 나를 불렀다. 상집간부가 작은 사무실로 데리고 들어갔다.

"남수야, 정해자랑 너도 출두하래. 탈춤 관계로 조사할 게 있대."

그때 나는 탈춤반 회장이었고, 정해자는 탈춤반 회원이면서 상집간부였다.

"안 가요, 죽어도 안 갈 거예요!"

스스로 다짐하듯 이를 악물었다.

"그래, 하여튼 알고 있어라. 또 전화 올 것 같다. 안 되면 끌고 갈지도⋯."

말끝을 흐리는 간부에게 나는 내 발로는 안 갈 거라고 말했다. 이미 연행된 부지부장을 시켜 수사관들이 지목하는 사람을 계속 불러들이는 상황이었다. 나는 버텼고, 그들도 일단 뒤로 빼둔 건지 며칠이 흘러갔다. 뻗대긴 했지만 그 며칠의 공포는 가슴을 옥죄는 불안이었다. 12월 22일, 상집간부들 전원과 대의원 10명이 연행된 날 저녁, 노조 사무실이 터지도록 모인 가운데 운명의 전화벨이 울렸다. 기숙사 사감이 나를 찾는다고 했다. 장석숙, 김두숙과 함께 출두시키라는 것이다. 합수부 차가 공장장실 옆에 와 있다고 했다. 나는 안간힘으로 버티며 정사과 현장으로 뛰어 들어가 쪼그리고 앉아 있는데, 어느 조합원이 데리러 왔다.

"차가 대기해 있어. 가야 할 것 같아. 너만 타면 된대."

끌고 가라고 악을 써 보기도 했지만, 참새 목구멍에서 내는 쨱소리 같았다. 다 갔는데 혼자 버티는 게 무슨 의미가 있을까, 모르겠다, 될 대로 되라지. 두려움과 자포자기가 범벅된 상태로 대기하고 있는 차량 쪽으로 걸어갔다. 동생 형숙이가 울음이 터지려는 얼굴로 내의 한 벌을 내밀었다. "언니, 이것 입고 가, 혹시⋯." 혹시 징역 살게 될지 모른다는 뜻이었다. 괜찮다고, 한껏 의연한 척 차에 탔지만, 내려앉는 어둠처럼 속은 숯덩이였다.

'범진사'에서 당한 해고

상집간부도 아닌 나를 지목하여 불러들이는 건 분명 조짐이 좋지 않았다. 밖에는 흰눈이 펑펑 쏟아지고 있었다. 눈길을 기어가는 검은 승용차 타이어가 펑크라도 나버리기를 빌었다. 그러나 지옥문 같은 철문이 열렸고, 이미 가 있던 간부들과 함께 갇혔다. '범진사'라고 칭해졌던 서소문의 건물이었다.

수도경비사령부 여군들의 감시 하에 각본화 되어 있는 조사가 시작되었다. 아니, 같이 연행된 우리 세 명은 별달리 조사도 없었다. 자서전 같은 자술서를 쓰고 사표 쓰지 않으면 순화교육 보낸다는 협박 속에 결국 그들이 만들어 둔 사직서에 지장을 찍었다. 이문희 부지부장, 임재수 총무 등 남자간부 네 명은 삼청교육대에 보내졌고, 부장급 간부들과 우리 세 명을 포함한 14명은 해고되었다.

12월 31일, 최종으로 장석숙, 김두숙, 나 셋은 여군들 두 명과 함께 노량진 본사에서 퇴직금을 수령했다. 기숙사에서 짐을 꾸리는 우리를 본 동료들의 통곡을 뒤로하고 두숙이는 삼륜차에 짐을 싣고 경기도로, 석숙 언니는 고향인 서포리로 향했다. 나는 집이 멀어 며칠 후에 짐을 빼겠다고 한 사정이 참작(?)되어 수사관들의 승용차에 태워져 신정동에 내려졌다. 어디 하소연 한마디 못해보고 해고자가 되었다.

회한처럼 스친다. 아무리 계엄 하였지만 그렇게 맥없이 줄줄이 사탕처럼 가야 했을까? 만약 그때 '그래 개새끼들아, 다 죽여라!' 하고 버텼다면 대림동 한복판에서 총질이라도 당했을까? 역사의 가정은 덧없는 일이지만, 그 어떤 상상을 하더라도 당시 상황은 굴욕적이었다.

그 후 지인의 주선으로 청담동 초기 풀무원에서 두부 배달과 야채 포장을 했다. 당시 박우섭, 소준섭 등 여러 명의 수배자들이 살짝살짝 드나들었고, 풀무원을 운영하던 신동수, 원혜영 선생 등이 그들을 후원하는 것을 느낄 수 있었다. 그곳에서 많은 사람들을 만났고, 따뜻하게 지냈다. 그러나 원풍노조는 위기를 맞고 있었다.

마 지 막   통 화

82년 9월 27일 오후 1시경, 노조 사무실에 전화를 걸었다. 832-6328. 한참 신호가 울린 후에 "여보세요?" 목소리가 건너왔다. 정선순 조합장이었다.

"소식이 궁금해서 전화했는데요."

내 목소리를 알아들은 것 같았다. 순간 수화기를 통해 다급한 음성이 흘러나왔다. "우리 조합원들이 폭행을 당하고 있어요, 남자들이 몰려와서…."

전화는 뚝 끊어졌다. 기어코 일이 터졌구나, 온몸이 부들부들 떨려왔다. 그 며칠 전, "남자들의 태도가 이상해. 대림동에 좀 와볼래?"라는 순애 언니의 전화를 받고 대림다방에서 조합원들 몇명과 함께 있던 순애 언니를 만났다. 모두 상기된 표정들이었다. 남자들이 회사 간부들과 식당이나 맥주집으로 몰려다니는데, 아무래도 반조직 조짐이 보인다며, 삼우치킨에도 한 무리가 들어갔으니 가보라고 했다. 살며시 삼우치킨 문을 열어보니 아무도 없었다. 방금 한 무리가 나갔다고 아주머니가 말했다.

그런 상황을 보고 온 터라 걱정되어 전화한 것인데, 바로 그때 조합장은 감금된 상태로 내 전화를 받았고, 조합원들이 폭행당하고 있었다고 말하는 순간 폭력배들이 전화기를 잡아채 버린 것이었다. 그것이 원풍노조 사무실로 이어진 마지막 통화였다. 나는 허둥지둥 여기저기 전화를 걸어 원풍노조 상황을 호소한 후 대림동으로 달려갔다.

가장 먼저 눈에 들어 온 것은 국방색 기동대 버스였다. 공장 앞은 삼엄한 경비망이 쳐져 있었고, 사복경찰들이 얼쩡거리고 있었다. 그렇게 농성은 시작되었고, 나는 매일 저녁 달려갔다. 29일에는 끌려 나왔던 이옥순, 박순애 두 언니가 개구멍을 통해 진입하기로 작전을 짜기도 했다. 양분옥 언니와 나는 주변에서 망을 봐주다가 무사히 합류했다는 확신이 선 후 산선으로 돌아왔다. 농성이 시작된 후 매일 원풍 앞에서 서성였다. 내 동생도 거기 있었으니 더욱 발 뻗고 있을 수 없었다. 투쟁 마지막 날도 밤새 밖에 서 있다가 새벽에 몽둥이에 쫓기는 행렬과 함께 달렸다. 그렇게 수 백 명이 해고되었는데 풀무원 직원으로 '등 따시게' 살기가 힘들었다. 결국 사표를 내고 말았다.

살면서 여러 차례 오지랖을 부린 것 같다. 부활절 사건도 따지고 보면 그렇고, 풀무원을 결단하듯 때려치운 것도 그렇다. 그 누구도 나와서 도우라 한 사람도 없는데…. 그러나 간부가 아니니 논의구조에 참여도 안 되고, 특별히 주어지는 일도 없으면서 원풍조합원들 옆을 떠나지 못했다. 내가 서성거린다고 뭐가 달라지는 것도 아닌데, 나는 그렇게 대책이 없는 사람이었다.

그때 조지송 목사가 구속된 간부들의 석방을 촉구하는 홍보물을 만들어보라고 했다. 당시 미술학원을 운영하던 분('질경이'의 이기연), 음악 하는 분(이영미)과 의논하여 만들어진 홍보물은 물결치는 파도 속에서 구속된 간부들이 웃고 있는 사진 옆에 〈부서지지 않으리〉라는 (김준태 시인의 시에서 따온) 악보가 들어간 전단지다. 세월이 지나 이 노래는 '작자 미상'으로 하여 가수 안치환이 불렀다.

그 문건이 인쇄소에 들어간 순간, 조 목사의 주선에 따라 전주에서 요가원을 운영하던 박상희 목사(당시 영등포산업선교회 실무자로 일하다 지방으로 내려가 있던)의 집에 박혀 있었다. 한 달쯤 지나 별 문제가 없겠다는 연락을 받고 돌아왔다. 당시 구속되어 있던 간부들은 가족 외에 면회도 안 되고 규제도 많은 상황이었다. 결국 감방 단식투쟁으로 조금 나아졌다. 나는 방 지부장 면회 담당자로 결정되어 구치소 드나들고 재판 녹취해서 한 글자씩 새기듯 풀었다.

밝은 시간에는 함께 달렸고 어두운 밤에는 혼자 가만히 울었던 날들…. 우리 모두는 그랬을 것이다. "사람들이 진심으로 그리워하는 건 따뜻한 볕이 들던 시절이 아니라 바람이 몹시 불던 어떤 날일는지 모른다"고 한 정신과 의사 정혜신의 말처럼, 그래서 지금 우리는 그 시절을 보듬고 있는지도 모르겠다.

처음 그 자리는 늘 우리 자리

84년 신길동에 '원풍의 집'이 만들어지고 한국노동자복지협의회(이하 '노협')가 같이 사용했다. 원풍은 최영숙 언니가 상근으로 일했다. 나는 성수동 시계공장, 구로공단의 한국마벨 등을 전전하며 원풍회보 만드는 일을 거들었다. 또 한동안은 노협 홍보팀 상근자로 일하며 운동판의 소용돌이를 보고 겪기도 했다. 노협 내부의 노선갈등, 운동권 전체의 NL-PD 논쟁 등이었다.

무슨 소린지 알아들을 수도 없는 논리로 상처를 주고받는 판이 이해되지 않았다. 해고된 많은 노동자들이 사무실로 몰려들었는데, 위원장과 사무국장의 운동노선이 달라 갈등하는 경우도 보았다. 위원장은 NL계열의 학생 운동권과 닿아 있고, 사무국장은 PD계열과 닿아 있는 식이었다. 광주항쟁의 터 위에서 도출된 치열한 이념논쟁은 91년 소련 사회주의가 붕괴되었다며 한순간 공허해들 하더라만, 참 격렬하고도 잔인하며 허무하기도 했던 풍경이다.

그런 가운데도 개인적으로는 내 습작노트를 본 지인의 권유로 『빼앗긴 일터』(1984, 창비)를 출간하기도 했다. 글 쓰는 사람이 되고 싶었던 꿈 하나는 시작한 셈이었다. 당시 민중문학 바람이 불던 때라 나름 유명해졌고, 출판 관련 인연도 많아졌다. 형성사, 한울, 풀빛 등의 출판사에서 「함성」, 「우리들」 등의 이름으로 출간했던 잡지 일도 잠시 동참했다. 노협 기관지 일로 노동현장 취재도 다니면서 울산 등에서 많은 사람들을 만나기도 했다.

민주화투쟁의 광장에서 최루가스도 꽤 마셨다. 그 역사의 현장에 항상 노동자들이 있었다. 훗날 같은 자리에서 시선을 함께했던 많은 지식인들이 권력의 중심부로 진입하는 것도 보았다. 같이 바라보았던 진실을 왜곡하고 부정하는 사람들도 보았다. 인간이 마음 한번 뒤집는 순간 간악하고 잔인해지는 것을 보며 스스로 가슴을 쓸어내리기도 했다. 세월이 흘러도 처음 그 자리는 늘 우리 자리였다.

88년, 대우조선 노동자투쟁을 기록하기로 모 출판사와 약속하고 거제도로 갔는데, 오지랖 넓게 노동운동 관련 단체 실무를 떠안아버렸다. 교통비도 없는 일이었다. 그렇게들 활동하던 때이기도 했지만, 어쩔 수 없는 기질이기도 했다. 결국 기간은 속절없이 길어졌고, 목적은 뒷전으로 가버렸다. 그뿐인가, 방 한 칸도 없던 대우조선 해고자와 결혼하고 정착했으니 알 수 없는 게 인생이었다.

돌아보면 인생은 늘 어떤 선택들을 거쳐야 했고, 그 선택의 지점은 대개 사람과 연관되어 있다. 내가 원풍노조원이 아니었고, 순애 언니, 방 지부장을, 탈춤반 친구들을 만나지 않았다면, 만약 내가 그날 구세군교회에서 열린 기도회에 참석하지 않았고 지선 언니, 명자, 현숙이들을 만나지 않았다면, 그런 인연들을 지속하지 않았다면, 나는 지금 어떤 모습으로 무엇을 바라보고 서 있을까?

그 순간의 많은 선택들은 내가 사회를 인식하여 바라보는 폭이 있거나 시야가 넓어서가 아니라 그 사람이기에 같이 하게 되는 어떤 것, 그 사람이기에 주저하지 않게 되는 무엇 때문이었기도 했다. 스무 살 무렵의 내가 뭘 제대로 알았겠는가. 운동의 방향도, 세계를 보는 시선도 사람으로부터 비롯되었다는 것은 부정할 수 없다. 그런 선택들의 결론이 지금 내 모습일 것이다.

동지들에게 평화를!

내 청춘의 줄기인 원풍은 늘 내면의 장기처럼 자리 잡고 있다. 원풍노조와의 긴 세월, 아픔과 힘겨움도 있었다. 감방에서 석방된 얼마 후 노조 사무실에서 방 지부장이 김지하의 〈오적〉, 〈비어〉 등이 수록된 복사본 한 뭉치를 보여주셨다. 몇 줄 읽다 내가 감탄하니 조심해서 읽으라 하셨다. 매우 충격적인 문체, 놀라운 직설이 나를 매료시켰다. 복사해야겠다고 생각했다. 야학 선생님들이 운영하던 (지금 한울출판사의 전신이 되는) 서점에서 복사를 했다.

책을 늦게 반환하는 바람에 고백하게 되었고, 한 간부가 "쟤, 정말 위험한 애야!"라고 혀를 차는데, 그 말이 꽤 상처가 되었다. 이미 부활절 사건의 전력을 지닌 터라 아팠을 것이다. 그렇듯 원풍노조 안에서 나는 어디로 튈지 모르는 '관심' 조합원이었을지도 모르겠다. 실제 내 성향은 수동적이고 소심하지만, 청년기의 나는 꽤 분주했기 때문이다.

원풍 이외의 관계가 제법 많아 밖으로 나도는 탓도 있었을 것이고, 나름의 유명세로 교만하여 '잘난척'이 하늘을 찌르기도 했던 것 같다. 무심한 몸짓과 행동들이 동료들에게 어떻게 비칠지 성찰할 줄도 몰랐다. 스스로의 발밑은 잘 못 보는 것이었다. '위험'하게 달리는 동안 부모님은 명절이나 부활절에도 찾아오는 형사들로 고통당했고, 남동생은 군대에서 감시당했다. 죄는 고요하게 쌓인다는데, 돌아보면 부끄럽고 못난 기억들도 많이 쌓였다.

제주도로 이사한지 3년, 문득문득 하늘을 올려다본다. 바람도, 가끔 보는 별빛도 새롭다. 틈나면 올레를 걷고, 바닷가에 앉아 '만물을 이롭게 하되 다투지 않는' 물을 생각한다. 나름의 세월을 건너 온 이제, 숲길 걷고 고사리 꺾으며 가능한 한 고요하려고 애쓴다. 더불어 한 시대를 함께 한 벗이요, 뜻을 같이 나눈 동지들의 평화를 빈다.

딸 민혜인이 엄마에게 −

지난 가을 원풍 모임에 다녀 온 엄마의 폰에 새로 저장된 사진 몇 장을 보았습니다. 올해 회갑인 엄마가 커다란 케이크를 앞에 놓고 웃는 모습이었습니다. 100명 넘게 모인 원풍 모임에서 회갑 맞은 엄마와 칠순을 맞은 이모들 몇 분이 축하를 받는 장면이더군요. 두숙 이모의 딸인 은지 언니와 사위가 된 태진 오빠가 꽃다발도 들고 왔다는데, 저도 갔더라면 좋았겠다 싶어 아쉬웠습니다.

이 글을 쓰기 전에 오래된 엄마의 앨범을 꺼내 보았습니다. 앳된 엄마가 예쁜 옷을 입고 원풍모방 기숙사 언덕에서 찍은 사진도 있었고, 탈춤반 동료들과 공연하거나 야외에서 춤을 추는 사진도 있었습니다. 지금의 저보다도 훨씬 어렸던 소녀 같은 엄마, 흥겹게 덩실덩실 탈춤을 추는 엄마의 모습은 흘러간 영화를 보는 듯 낯설지만, 그때가 엄마의 빛나던 청춘이었더라고요. 엄마와 이모들의 청춘이 '원풍노조'였기에 그날들을 잊지 못하는 것인가, 하는 생각도 들었습니다. 40여년 세월 동안 100여명이 넘는 사람들이 매해 모인다는 것을 요즘 같으면 상상하기도 힘든 일이니까요.

어린 시절 엄마는 거제도 대우조선 노동자들이 모이는 자리에 저를 데리고 다녔습니다. 엄마를 선배라고 부르던 삼촌들은 늘 작업복 차림이었고, 술 한 잔 하시면 '흩어지면 죽는다, 흔들려도 우린 죽는다' 하는 노래들을 불렀습니다. 엄마의 카세트 테이프에서도 저는 동요보다 먼저 '투쟁가'를 들었고, 심지어 제가 뱃속에 있을 때 엄마는 클래식을 듣거나 명상시를 읽은 게 아니라『태백산맥』같은 책만 읽었다 하시니 저는 태생부터 '불순분자'에 가까웠나봅니다.

초등학생 때는 녹색환경 캠프에서 천사 같은 민지 언니를 만났고, 수많은 원풍 이모들도 만났습니다. 가끔 엄마를 따라 서울에 가서 방 지부장님이나 엄마와 징역을 같이 살았다는 이모들을 만나면 친척처럼 따뜻하게 대해 주셨던 기억이 납니다. 그동안 얻어듣고 주워들은 이야기들만 쌓아도 한 트럭의 역사가 될 정도지요.

당연히 제 내면으로 엄마의 동지들이 지녔던 가치들도 스며들었던 것 같습니다. 부당한 공권력에 분노하고, 차별에 예민하고, 매사에 소외되는 이 없이 공정하려고 나름 애쓰기도 합니다. 노동자들의 이야기에 특별히 돌아보게도 되고요.

30여년 지켜본 엄마의 삶은 굴곡도 고비도 많았지만, 달라지지 않는 모습들이 있었습니다. 창간부터 구독한 한겨레신문을 하루도 끊은 적이 없고, 손석희 앵커가 진행하는 뉴스룸은 꼭 챙겨보고, 어디선가 노동자 이야기가 나오면 귀를 세웁니다. 광화문에서 열리는 크고 작은 집회에 부지런히 참여하셨고, 세월호 사건 이후로는 밥 먹듯 광화문 광장으로 나가셨습니다. 고 백남기 농민이 물대포에 쓰러졌던 그날 그 자리에도 엄마가 있었다는 사실을 알고 걱정도 되었습니다. 물론 엄마는 에너지가 예전 같지 않아 그저 뒷자리에 가만히 몸 하나 보태고 온다고 하시지만요.

정규 교육과정에서 문학을 제대로 공부한 적도 없는 엄마는 스물다섯 살에 책을 냈고, 노동자들의 이야기를 지속적으로 써오고 계십니다. 제주도로 이사 온 후에도 엄마는 평범한 사람들의 구술사 기록 모임에 참여합니다. 얼마 전 제주도 남서쪽 끝자락에서 90년대까지 가동되었던 감저(제주도 방언-고구마) 전분공장에서 일했던 분을 인터뷰하는 자리에 동행했습니다. 엄마는 여전히 '공장'과 '노동'에 관심이 많고, 그런 분을 만날 때면 생기가 납니다. 노동자들의 문화, 근로조건, 성차별 등 질문과 답이외에도 드러나지 않은 지점들에 깊은 생각에 잠기곤 하십니다.

저도 엄마를 보고 배운 가락으로 우리 사회의 여전히 불평등하고 어두운 곳에 시선이 가곤 합니다. 요즘은 페미니즘 도서들을 읽으며 엄마들이 활동하던 당시 노동자로서 겪은 착취와 억압 외에도 여성으로서 겪었을 또 다른 이중의 차별과 고통이 존재했으리라는 생각에 마음 아프기도 합니다.

글을 쓰다 보니 2010년 여름, 『원풍모방노동운동사』의 부록으로 '딸들이 말하는 엄마 이야기' 좌담을 하던 생각이 납니다. '동지들의 딸'이라는 유대감으로 민지 언니, 가영 언니를 만났고, 우리들의 눈으로 보아왔던 엄마의 삶을 도란도란 이야기하다 울기도 하고 깔깔대기도 했었지요. 이상하게 뿌듯하고 벅찬 감정이었습니다. 엄마들이 서로에게 그렇듯 우리끼리도 감출 것 없이 솔직해도 흉이 되지 않는 느낌, 그리고 많은 이모들이 받쳐주는 든든함이 있었습니다. '원풍의 자녀들도 결국 원풍이더라'는 엄마의 말씀 대로였습니다.

그 뒤 이어진 자녀 모임에 함께했던 서른 남짓의 원풍 아이들은 엄마들의 '못다 이룬 꿈'을 이어가자는 토론을 했습니다. 이 책이 출간되는 날은 '원풍 아이들'이 축가라도 불러드리면 좋겠다는 생각입니다.

저는 요즘 중학교에서 학생들을 가르치며 가끔 생각합니다. 40여 년 전, 이 아이들 또래의 어떤 여성들은 교복도 입어보지 못했지만 집안의 무게를 홀로 짊어지기도 했고, 동지들과 하나 되어 생존권을 박탈한 국가권력에 굴복하지 않고 싸웠다는 것, 수 백 명이 닷새나 단식농성을 했고, 감방에도 끌려갔지만 수십 년이 지난 지금도 포기하지 않고 싸우고 있다는 것….

참 놀라운 역사입니다. 이 '구술사'가 출간되면 제가 근무하는 학교 도서관에도 꽂아둘 생각입니다. 지난 시절 우리 엄마, 우리 이모들의 용기 있는 삶 덕분에 오늘을 살아가는 우리가 조금은 더 희망을 가질 수 있었다는 사실이 이 책을 읽은 누군가에게 큰 울림이 된다면 참 좋겠습니다.

049

나는 또 하나의 꿈을 꾼다

최 금 숙

_____1960년 1월, 전남 함평에서 2남3녀 중 장녀로 태어났다. 1977년 10월, 원풍모방에 입사하여 1980, 81년 부서 대의원, 1982년 부서 대의원 겸 상집위원(교선차장)으로 활동했다. 1982년 9월 27일의 농성사건으로 남부경찰서에서 구류를 살았다. 1983년, 빠이롯트 만년필 회사에 입사했으나 블랙리스트로 이듬해 6월에 해고되었다. 2006년에 민주화운동 관련자로 명예회복이 되었다. 현재 문구점을 운영하고 있다.

가 슴 을 뛰 게 한 탈 춤

"에이 더러운 놈의 세상, 너 죽고 나 죽자!" 울분에 찬 내 절규에 관중석 여기저기서 한숨과 탄식이 흘러나왔다. '깨갱 깽 깨,' '덩 덩 덩 덩,' 쇠와 장구소리에 맞춰 쓰러져 있던 동료들이 일어난다. 관중들도 무대로 쏟아져 나와 순식간에 한 덩어리가 되어 노래를 부르고 더덩실 춤을 춘다.

내가 탈춤을 추게 된 것은 1979년 3월 10일 '근로자의 날' 공연을 보고나서였다. 그날 대학생들이 추던 탈춤 공연을 보며 내 가슴은 널을 뛰듯 쿵덕쿵덕 뛰었다. 나도 저렇게 신명나게 춤을 추고 목청껏 소리 지르고 싶었다. 노동조합에서 탈춤반원을 모집한다는 얘기를 듣고 망설이지 않았다.

탈춤반은 일반 소모임과 달리 전 조합원을 대상으로 모집했고, 노조에서 직접 지원했다. 일반 조합원들이 문화적으로 접근하도록 하는게 재미도 있으면서 파급력이 큰 교육이라고 생각했기 때문이다. 근로자의 날에 공연했던 '진영'이란 팀은 봉산탈춤, 고성 오광대, 양주산대놀이를 탈춤반에게 가르쳐 주었다.

체육대회 때는 농악을 칠 수 있게 우리에게 사물놀이도 가르쳐 주었다. 공연 대본을 만들기 위해선 노동운동사를 공부하고, 정치권력의 문제도 공부해야 했다. 우리가 현실에 맞춰 각색한 대사 한마디 한마디에 사람들은 울고 웃었다. 공부하랴, 춤 연습하랴, 사물 배우랴 시간도 많이 투자해야 되고 힘도 들었지만, 신나고 즐거웠다.

1981년 11월 1일, 영등포산업선교회관에서 노동제가 열렸는데 축제의 마지막은 우리 탈춤반이 장식했다. 원풍조합원뿐 아니라 영등포 일대의 다른 사업장에서도 노동자들이 몰려와 2층까지 있는 강당이 비좁을 정도였다. 우리는 1953년 해방 직후 방직공장 여성 노동자의 투쟁을 다룬 〈조선방직쟁의〉를 공연했다. 관중들의 반응은 대단해서 환호와 박수가 터져 나왔고, 흥분한 사람이 무대로 신발을 벗어 던지기도 했다.

12월엔 가톨릭노동청년회 전국지도자대회의 초청을 받았다. 노동조합에서 관광버스를 대절해 전주까지 가서 공연했다. 1982년 8월엔 기독교청년회의 초청을 받아 수유리 한신대학교에서 공연했다. 탈춤반이 공연준비를 하거나 공연을 마치면 노조간부들이 참석해 회식을 시켜줬다. 때와 장소를 가리지 않고 탈춤반이 가는 곳엔 늘 노조간부들이 함께했다.

꿈을 찾아 서울로

1960년 1월 2일, 내가 태어난 이듬해 엄마가 돌아가시자 아버지는 어린 나를 위해 재혼하겠다고 하셨다. 새엄마가 2남2녀를 낳으셔서 나는 5남매의 장녀인 셈이다. 사람에 대한 최초의 기억은 내가 '우는 할머니'라고 불렀던 외할머니다.

일곱 살쯤이었는데 아버지가 나를 그리 멀지 않은 동네 상가에 데려갔다. 활짝 열린 대문을 들어서자 사람들이 나를 붙들고 울었다. 사진속의 할머니는 가끔씩 찾아와 내 손을 잡고 울기만 하던 분이었다. 질금거리는 눈물을 치맛자락으로 훔치며 뒤돌아보고 또 보며 대문을 나서시던 분, 세월이 흘러서야 그분이 외할머니였다는 걸 알았다.

아버지를 생각하면 언제나 나를 보던 촉촉하게 젖은 눈이 떠오른다. 술을 드실 때면 눈물까지 흘리셔서 어린 나로서도 당혹스러워 새엄마의 눈치를 보기도 했다. 우리 마을은 경주최씨 집성촌이라 60여 가구 대부분 친척이었다. 측은하게 바라보는 동네 어른들의 시선을 느끼며 성장해서인지 나는 또래보다 일찍 철이 들었다. 새엄마는 나에게 잘해줬지만 나는 말없이 스스로 알아서 처신했다. 중학생이 되자 새벽에 일어나 아침상을 차려놓고, 도시락을 싸서 학교에 갈 정도로.

모내기철이면 강아지 손이라도 빌리고 싶다고 할 정도로 일이 많았다. 그럴 때면 학교도 못가고 집안일을 도와 어른들이 입이 마르도록 칭찬했다. 하지만 나도 학교에 가고 싶었고, 새참을 머리에 이고 논둑길을 걸어가면 목이 아팠다.

중학교 졸업 후 진학하고 싶었는데, 동생이 넷이나 되니 안 된다고 했다. 농사 지어 5남매 학비 대기가 힘들다는 걸 이해하면서도 서운했다. 선생님이 되고 싶은 꿈을 포기할 수 없었다. 고등학교를 졸업하면 동생들 뒷바라지를 하겠다고 처음으로 부모님께 부탁하며 설득을 했다.

그러나 진학은 좌절되었고 내 꿈은 허공으로 흩어졌다. 진학문제는 나에게 커다란 상처로 남았고, 실망감을 추스르기 힘이 들었다. 그해 추석 외삼촌이 내려왔을 때 아버지의 반대를 무릅쓰고 따라나섰다. 서울 가서 돈을 벌어 내 힘으로 진학해 꿈을 이루겠다는 결심을 하고. 함평에서 영등포까지 완행열차는 16시간이나 걸렸다. 처음으로 서울 땅을 밟았는데, 외삼촌이 살던 신길동은 시골보다 못한 판자촌이었다.

1977년 10월, 원풍모방에 입사해 전방 C반에 배치되었다. 첫 공정에 해당되는 곳으로 부서내의 8개 작업과정을 거쳐 정방으로 보냈다. 부서에서 기계와 섬유 원료 다루는 방법을 배웠는데, 작업공정에 따라 노동의 강도가 달라 돌아가면서 기계를 담당했다.

한 달 정도 외삼촌 집에서 출퇴근을 하다가 기숙사에 입소했는데, 월급을 받으면 매달 외삼촌을 찾아갔다. 내가 꿈을 쫓아 서울로 올 수 있게 해준 고마움, 어려운 형편에도 나를 한 달씩이나 데리고 있었던 것을 잊을 수는 없었다.

기숙사 3층에 있었던 우리 방엔 13명이 함께 생활했다. 봄에 창문을 열면 방안 가득 아카시아 꽃향기가 들어왔다. 기숙사는 규율에 따라 관리하는 사감이 있지만, 자치회가 있었다. 방을 대표하는 책임 실장이 있었고, 그들이 모여 자치회를 구성했다. 기숙사에 문제가 생기면 회의를 통해 해결했다.

밤 10시면 전체 방을 소등했지만 복도와 공부방은 소등하지 않았다. 나는 공부방에서 아버지에게 편지 쓰는 것이 좋았다. 내 편지를 받으면 아버지는 답장을 보냈고, 나는 그 편지를 읽고 또 읽었다. 편지에는 늘 미안하다고 했는데, 아버지가 나에게 무엇이 그리 미안했는지 모르겠다.

내 가   선 택 한   학 교

학교를 다니며 공부를 하고 싶었지만 3교대로 근무하면서 야간고등학교를 다니는 건 쉽지 않았다. 같은 부서 조장인 조성덕 언니가 '송죽'이란 소모임을 했는데, 함께 하자는 제안을 했다. 회원 7명은 노동법을 배웠고, 미국이나 유럽의 노동운동사도 들었다. 노동조합에서 부서별로 하는 교육과 A, B, C 반별로 하는 교육도 받았다. 노동조합은 나에게 또 다른 학교였다. 교육을 받을수록 일반학교 진학의 의미를 잃어 아주 미련을 버렸다.

1980년 전두환 신군부가 들어서면서 한국노총과 섬유노조본부는 방용석 지부장과 박순희 부지부장을 정화 조치했다. 두 분은 칼날을 피해 은신했고, 노동조합 사무실에 나올 수 없는 상황이 되었다. 그런 상황에서 나는 부서의 대의원이 되어 무거운 책임감을 느끼며 활동했다. 무뚝뚝하고 말수가 적던 나는 탈춤반을 통해 활발하고 적극적으로 변했다. 그런 변화는 대의원으로 부서 활동을 하는데 도움이 되었다.

그해 12월 상집간부와 대의원 48명이 계엄사 합동수사본부로 연행되어 부장급 14명이 강제 해고됐다. 우리 부서 상집간부였던 이규현 선배를 포함한 남자 4명은 삼청교육대로 끌려갔다. 탈춤반 회장인 장남수 언니와 총무 김두숙 언니도 해고당했다. 노동조합은 폭격을 맞은 것 같았고, 기숙사는 초상집 분위기였다. 우리 방에서 함께 생활하던 한상분 부지부장이 여군들과 함께 짐을 챙기러 왔다. 여군들의 살벌한 분위기에 모두 얼이 빠져 지켜만 보고 있었다.

여군들에게 떠밀려 언니가 방을 나가자 정신이 들었다. '이건 아니야! 뭘 잘못했다고?' 모두 언니를 부르며 1층 현관으로 몰려가 문을 막아섰다. 옷자락을 붙들고 울고불고 난리를 쳤지만 군인들과의 몸싸움을 이길 수 없었다. 정문 앞에 대기한 트럭이 언니를 태우고 멀어져 가는 걸 눈물을 훔치며 바라볼 수밖에 없었다.

1982년, 3선 대의원이 되면서 상집간부가 되었다. 하루가 어떻게 지나가는지,

한 달이 어떻게 흘러갔는지 모를 정도로 바빴다. 그런데 2월 대의원대회를 끝내고 이무술이 노조 대표직을 사임한다고 했다. 갑작스런 발언에 모두 황당했고, 뒤통수를 맞은 듯 얼이 빠졌다. 그는 수습할 시간도 주지 않고 상근 전에 일하던 전방 B반으로 복귀했다. 집행부가 꾸려진지 1년밖에 안됐는데 또 이런 일이 생기다니….

정선순 부조합장을 조합장 직무대리로 선임하여 노동절 대회를 치러야 했다. 이무술의 행동은 노조간부들 사이에서도, 조합원들 사이에서도 의견이 엇갈려 미묘한 갈등의 소지가 되었다. 문제를 해결할 방법을 찾지 못한 채 상황을 수습해야 했다. 집행부는 정선순을 조합장으로 추대해 혼란을 최소화하는데 주력했다. 괴로운 것은 탈춤반 회원 몇 명도 이무술을 따랐다는 것이다. 그들은 9·27 폭력사건 때 회사에서 요구한 대로 각서를 쓰고 현장에 들어갔다.

수 배 자 가 되 어

"노조 사무실에 폭력배가 쳐들어 왔다!" 누군가 소리치며 다니자 복도가 소란스러웠다. 기숙사 언덕을 무슨 정신으로 뛰어 내려갔는지 모른다. 노조 사무실 앞에 도착하니 이미 폭력배들이 바리게이트를 쳐놓았다. 조합장은 사표를 강요당하며 감금되어 있는 상태라고 했다. 긴급 상집회의가 열려 전원이 결의했다. '회사의 사주에 의한 폭력에 비폭력으로 대응한다. 내일까지 정상근무하며 추석 휴무를 반납하고 항의 농성한다'는 사항을 조합원들에게 공지하고 비근무자는 정사과로 모여 농성에 돌입했다.

노조 사무실 앞에서는 각 언론사와 방송국 기자들이 카메라를 돌리고 사진을 찍고 난리였다. 그들은 사실을 확인하기 위해 취재하러온 모습이 아니었다. 관계 기관과 회사에서 주는 내용을 보도하기 위해 온 것이었다. 폭력배들이 들이닥치고 곧 바로 언론사에서 오는 게 가능한가? 게다가 회사 사원들은 언론사에서 온 사람들을 경호하고 있었다.

모두의 증언처럼 우리는 4박5일 단식농성을 하고 추석날 새벽에 끌려나왔다. 그날 이후 상집간부 전원에게 수배령이 내려졌다. 수배전단지는 경찰서뿐 아니라 거리 곳곳에 붙여졌다. 살인, 강도 같은 흉악범들만 수배전단이 붙는 줄 알았는데 내 사진이 그렇게 붙여지다니 실소를 금할 수 없었다. 간부들은 2인1조가 되어 피해 다녀야 했는데, 나는 감사였던 문선자 언니와 한 조였다.

방 지부장이 소개해준 이 집 저 집에서 하룻밤씩 신세를 졌다. 쥐꼬리만 한 월급으로 생활하는 어느 남매의 집에도 갔는데, 쌀이 떨어져 라면에 콩나물을 넣고 끓여 먹어 울컥했다. 한 달 먹을 쌀도 사놓지 못하는 남매가 짠했고, 그런 남매에게 의탁하고 있는 내 신세가 서글펐다. 폭력으로 노조를 빼앗기고도 왜 우리가 당해야 하는지, 법은 누굴 위해 존재하는 것인지 참담했다.

조합원들이 1차, 2차에 걸쳐 출근투쟁을 했다가 200여 명이 남부경찰서에 연행되었다는 얘길 들었다. 2명이 구속되고 집회 때마다 조합원들은 구류를 살았다. 게다가 박순애 부조합장도 구속되었다. 수배자로 모든 상황을 지켜봐야만 하는 게 답답했다.

10월 20일, 태릉 숲에서 확대간부회의가 열렸다. 바닥에 수북이 쌓인 낙엽에 비해 헐벗은 숲속의 나무들이 을씨년스러웠다. 차가운 바람을 맞으며 모여 있던 사람들의 가슴은 더없이 스산했다. 전원이 구속을 각오하고 집회를 열기로 했다.

한두 명이, 하루 이틀도 아니고 옮겨 다니며 신세를 지는 것도 보통 일이 아니어서 도곡동에 아파트를 빌렸다. 우리는 수배 중 처음으로 한 집에 모여 두 발뻗고 잠을 잤다. 11월 14일, 서교동에서 원풍노조 폭력사태를 규탄하고 해결하기 위한 집회를 열기로 했다. 각자 역할 분담을 하여 준비를 하고 있는데, 12일 잠복 중인 형사들이 아파트로 쳐들어 왔다. 전혀 예상하지 못한 상황이라 어이가 없어 남부경찰서로 연행되면서도 꿈을 꾸는 것 같았다. 형사들이 우리 수배자들의 가족들을 감시하고 있던 차에 한 명이 걸려들었다고 했다. 서교동 집회에 나올 간부가 마지막으로 엄마 얼굴을 보러 갔다 미행당한 것이다.

방용석, 박순희, 정선순, 양승화, 이옥순 선배가 구속되고, 나를 비롯한 나머지는 구류 처분을 받았다. 함평면장과 함께 경찰서 유치장으로 면회를 온 아버지는 건강 잘 챙기라는 말만 하셨다. 20일 구류를 살고 나오던 날, 면장이 아버지와 함께 올라와 기다리고 있었다. 이미 회사에 들러 사직서에 도장을 찍고, 퇴직금은 물론 기숙사 짐까지 정리했단다. 속수무책이었다. 시골집에 오니 함평경찰서 형사들이 들락거렸고, 면직원도 감시를 했다. 대문 앞만 나가도 따라오니 꼼짝달싹할 수가 없었다. 날이 갈수록 무력감에 모든 의욕이 상실되어 갔다.

눈물의 해산식

겨울 해는 일찍 떨어져 시골의 밤은 도시보다 더 빠르고 어둡게 내려앉는다. 아버지 생신이라 동네 친척들이 마당에 멍석을 깔고 흥청거리며 저녁을 먹고 있었다. 손님들에게 음식을 내가느라 정신이 없는데, 대문 앞에 오토바이가 서더니 낯익은 얼굴들이 보였다. 군산에 사는 이재근과 서울에 있는 지명환, 이미 버스도 떨어진 시간의 예상 밖 출현이라 깜짝 놀랐다.

어른들께 인사를 하고 시끄러운 집을 벗어나 바닷가 쪽으로 자리를 옮겼다. 산선에서 공동생활을 하고 있던 명환이는 상집간부 언니들과 동료들이 나를 기다린다고 했다. 탈춤반을 하다 9·27 이전에 사표를 내고 군산에 사는 재근이는 명환이의 연락을 받고 광주에서 만나 같이 왔단다. 다음날 명환이와 재근이가 떠나자, 나는 며칠 동안 기회를 엿보다 서울행 기차에 올랐다.

영등포산선 측에서 원풍 사람들은 이제 그만 나가라고 하여 향후 대책을 위한 긴 토론을 했다. 8명의 구속자 뒷바라지와 조합원들의 지속적 연락을 위해 2명의 상근자를 정했다. 해산식 날 조합원들 앞에서 탈춤반이 마지막 공연을 하기로 했다. 그 많던 탈춤반 회원은 어디 갔을까? 남수 언니, 영애 언니, 명환이, 형숙이, 재근이만 남았다. 지금의 우리 현실에 무슨 말이 필요할까. 봉산탈춤 팔목을 대사 없이 몸으로 표현하는 '고난의 춤'이면 족하지.

1983년 1월 19일, 조합원들은 해산식을 위해 산선 강당에 모였다. 침통한 분위기 속에 성명서를 읽었고 이우정 교수님은 격려사를 해주셨다. 마지막으로 우리가 무대에 올랐는데 울컥하며 주먹만 한 뜨거운 덩어리가 올라왔다. 처음부터 울면 안 되지, 가슴을 쓸어내리며 소매 끝의 한삼자락을 허공으로 날렸다. 얼쑤! 버선발로 묵직하게 바닥을 치며 솟아올랐다. 얼쑤! 손끝과 발끝에 한을 실어 몸 전체로 분노와 서러움을 담았다. 얼쑤!

예전 같으면 추임새가 여기저기서 쏟아져 나왔을 텐데 고요했다. 아니 이를 악물고 흐느끼는 것 같은 소리만 간간이 들렸다. 공연이 끝나고 모두 하나가 되어 어깨동무를 하고 투쟁가를 불렀다. 신이 나서 불렀던 투쟁가를 눈물범벅이 되어 반 울음으로 끝냈다.

그해 4월, 천호동에 있는 빠이롯트에 입사했다. 만년필로 유명한 회사였지만, 원풍과는 비교할 수 없을 정도로 열악했다. 지명환은 4과, 나는 3과라 부서는 달

있는 추억을 쌓을 수 있었다.

원풍은 나에게 자긍심을 심어준 곳이다. 사는 동안 끊임없이 도전하며 주변에 도움 되는 일을 고민하게 한다. 어릴 때 꿈꾸었던 선생님은 아니지만 아이들과 함께 하고 싶다는 생각을 했다. 주변에서 환경 때문에 흔들리는 아이들이 마음 쓰였다. 그래서 늦은 나이지만 '청소년 상담사'를 해보고 싶다는 꿈을 꾸게 되었다. 나의 도전이 아름다운 결실로 맺어지도록 노력할 것이다.

차남 정경용이 엄마에게 –

어머니와 아버지는 서울에서 외삼촌의 중매로 만났다고 한다. 아버지는 위로 누나가 여섯 명이나 있는 아들이 귀한 집의 장남이었다. 두 분은 결혼식을 올리고 아버지의 고향인 장성으로 내려와 시댁에서 신혼살림을 시작했다. 내가 기억하는 어머니는 말수가 적고 늘 바빴다. 우리 가족이 할머니 댁에 살 때도, 분가해서 초등학교 앞에서 문방구를 할 때도 어머니는 쉴 새 없이 바빴다.

내가 고등학생 즈음이던 때, 어머니가 젊은 시절에 원풍모방의 노조운동에 참여한 이야기를 꺼냈다. 묵묵히 가족들의 뒤치다꺼리를 도맡아 해 온 어머니였기에 그 모습이 익숙해서, 너무도 잘 어울려서 어머니의 젊은 시절에 대해 의문을 품은 적이 없었다. 그런 나에게 노동조합에서 적극적으로 활동했던 어머니의 과거는 어머니를 다시 보게 되는 전환점이 되었다.

그리고 내가 어릴 적부터 이모라고 따르던 어머니의 친구 분들이 함께 노동운동을 했던 동지였다는 것도 그 때 알게 되었다. 그들은 임금인상 투쟁은 물론 노동자들의 복지향상을 위해 온힘을 다해 노력했다. 10대, 20대의 여성 노동자들이 노동조합 활동 때문에 정부와 회사의 감시, 강제 연행, 구속, 해고 등 감당하기 힘든 시련과 억압을 겪으며 노동운동의 길을 걸은 것이다.

가난한 집에서 태어나 교육도 제대로 받지 못한 채 노동자가 될 수밖에 없었던 어머니와 그 동지들. 그러나 어머니가 들려준 이야기에서의 그 분들은 착취당하는 불쌍한 존재로서의 노동자 모습이 아니었다. 그들은 노동조합 활동을 통해 스스로 권리를 찾고, 노동자로써 행복하고 즐거운 시간을 만들었다. 때로는 탄압받는 다른 노조의 싸움에도 함께하는 연대를 실천했다. 힘겨운 시기였지만 당당하게, 앞장서서 새로운 길을 개척했던 어머니와 동지들이었다.

어머니는 어느덧 예순을 바라보는 나이가 되었지만 여전히 바쁘다. 또 다른 의미의 바쁨이다. 원풍모방 민주노조 최금숙의 삶으로 돌아가 노동조합으로 맺은 끈끈한 유대감을 바탕으로 활발하게 활동을 이어가고 있다. 어머니는 '민주화운동 관련자'로 명예회복이 되었다. 또한 '진실·화해를 위한 과거사정리위원회'로부터 원풍노동조합의 강제해산은 공권력의 부당한 개입으로 이루어진 것이란 사실도 규명되었다.

폭력과 차별에 침묵하지 않고 자신의 목소리를 내려는 용기, 경제개발이란 미명하에 착취와 억압이 판을 치는 노동자들의 삶을 변화시키고자 하는 도전이 씨실과 날실처럼 엮여 민주노조운동의 역사에 큰 발자취를 남겼다. 그리고 그 운동의 중심에 내 어머니가 있었다는 사실이 자랑스럽다.

우리 아들들은 언제나 어머니의 바쁜 삶을 지지하고 응원한다.

050

내 인생의 길잡이

구 길 모

_____1957년, 충남 공주에서 7남매 중 다섯째로 태어났다. 1978년 원풍모방에 입사하였다. 그해 단체협약 노사협상이 결렬되어 태업으로 맞섰을 때 노조의 힘을 실감했다. 1982년 9·27사건으로 해고당하였다. 2007년, '민주화운동 관련자 명예회복 및 보상 등에 관한 법률'에 의하여 민주화운동가로 명예회복이 되었다.

나는 1978년 초여름, 스물한 살 때 원풍모방에 입사했다. 원풍모방은 어릴 적부터 알고 있었다. 대림동에 살고 있던 작은아버지가 "서울에 올라오면 취직을 시켜줄게. 좋은 곳이야"라고, 예전부터 원풍모방을 말해주었기 때문이다. 하지만 막상 서울에 올라와 취직자리를 부탁했더니 작은아버지는 고개를 저었다. 원풍모방 입사조건이 중학교 졸업자 이상이라서 소개해 줄 수가 없다는 말씀이었다.

실망이 컸다. 처음 집을 떠나 서울에 올라올 때는 돈을 벌어서 공부를 할 생각이었다. 그런데 작은오빠와 작은언니가 결혼을 하고 나니, 고등학교에 다니는 다섯 살 터울의 남동생의 학비를 대줄 사람은 나밖에 없었다. 쥐꼬리만 한 월급으로 동생과 자취생활을 하고 학비까지 대주다보니 나까지 공부할 여력이 없었다. 처음에는 내 꿈을 포기하는 것이 억울하여 부모형제에게 화도 많이 냈지만, 어린 동생이 무슨 죄가 있나 싶어 아예 동생을 대학까지 가르치는 것이 내 인생의 목표가 되어버렸다.

동생과 살면서 가장 큰 고민은 역시 학비를 마련하는 것이었다. 자취방은 수시로 이사를 해야 했고, 적은 월급으로 쌀과 연탄을 사고 방세를 주고 남은 돈으로 동생 도시락 반찬거리와 학비를 대야 했다. 쪼들리는 생활비에 전전긍긍하며 월급이 더 많고 상여금이 있는 원풍모방에 들어갈 날을 기다렸다. 원풍모방은 노동조합이 강해 월급과 상여금이 많다는 소문이 대림동에 자자했다.

1978년 초, 내가 다녔던 삼정공업사가 문을 닫았다. 당장 생활비가 절박해진 나는 작은어머니께 원풍모방에 들어갈 수 있게 해달라고 떼를 쓰듯 부탁을 했다. 마침 작은어머니 친구가 가공과 반장이었는데, 그 분 소개로 어렵사리 원풍모방에 입사하여 가공과 수정부에서 일하게 되었다.

금지된 단체행동, 태업으로 맞서

말로만 듣던 노동조합의 힘을 실감한 것은 그해 가을쯤으로 기억된다. 단체협약 노사협상이 결렬되어 태업을 한다고 했다. 작업장에서 동료들이 웅성웅성하더니 척척 해나가던 작업의 템포를 갑자기 늦추었다. 화장실도 일부러 자주 들락거리면서 생산량을 뚝 떨어뜨렸다. 태업을 얼마나 했는지 잘 기억나지 않지만, 회사 측은 노조가 내놓은 원안대로 협상을 했다. 준법투쟁에 처음 참여하여 단체행동으로 승리했던 그때의 기분은 이루 말할 수가 없었다.

우와! 노동자가 보잘것없는 사람이 아니었구나! 하는 생각이 처음 들었던 경험이었다. 노조간부들이 멋있어 보였고, 동료들도 멋져 보였다. 원풍노동조합을 왜 강하다고 했는지 알게 되었다. 노동자가 노동조합의 깃발 아래 하나로 뭉쳐있으면 돈 많은 기업주보다 더 큰 힘을 가질 수 있다는 것을 실감한 사건이었다. 노동조합의 거대한 힘과 소중함을 깨우친 나는 노조 활동을 열심히 해야겠다는 책임감을 느꼈다.

가공과 수정부에는 '모닥불'이라는 소모임이 있었다. 정정자, 송순영 등 또래들이 회원으로 활동하고 있었다. 정기적으로 매주 한 번씩 영등포산업선교회관에서 모여 강의를 듣고, 책을 읽고 돌아가면서 소감을 나누었다. 때로는 철 따라 딸기밭, 포도밭, 복숭아밭 등 서울 근교에 있는 과수원으로 놀러 다니면서 친목도모도 했다. 소모임 활동은 재미있었다. 나와는 상관없는 것 같았던 정치와 사회문제에 관심을 갖게 되었고, 민주주의가 무엇인지 등 새로운 세상을 조금씩 알아가는 것이 즐거웠다.

소모임 활동을 하면서 나의 의기소침했던 성격도 차츰 바뀌어갔다. 하고 싶었던 공부를 포기하고 동생을 공부시키는 생활이 내 인생의 전부인 듯이 되자, 부모형제를 향한 원망도 많았다. 바닥인생을 사는 것 같아 스스로 하찮은 인생이라고 비관했다. 하지만 노동조합에서는 모든 인간이 소중한 인격체로 존중받아야 한다고 가르쳐주었다.

실제 작업장에서 우리는 사업주와 대등한 관계로 존중받으며 노동을 했다. 노조 간부들과 동료들에게 인격적으로 대접을 받고 살면서 무엇이든지 할 수 있다는 자존감을 가질 수 있게 되었다. 어머니와 오빠는 나를 만나면 "너는 원풍에 들어가서 얼굴빛이 환하게 변화되었다"라고 하며 좋아했다.

도 산 의 못 자 리

1979년 8월, YH노조 노동자들이 신민당사를 점거하여 농성했던 사건이 기억난다. 오후에 퇴근을 하고 동료들과 함께 YH노조 노동자들을 지지하려고 마포 신민당사에 갔다. 그곳에는 이미 원풍노조의 다른 부서 조합원들도 많이 와 있었다. 그런데 갑자기 경찰이 들이닥쳤다. 김영삼 당시 신민당 총재를 연행하려고 달려들었으며, 우리들은 경찰에게 쫓겨 그곳에서 밀려났다. 신민당사는 순식간에 아수라장이 되었다.

결국 경찰의 과잉진압 과정에서 한 여성 노동자가 죽임을 당하였다. 박정희 정권은 YH 사건을 "도산이 가면 도산된다"라는 말을 내세우며 대대적으로 언론플레이를 하며 자주적으로 노동조합 활동을 하던 노동자들을 마치 회사를 망하게 하는 불순세력으로 몰아갔다. 그중 원풍노조는 도산세력의 못자리로 주목이 되었다.

그해 10월 26일, 18년간 독재통치를 하던 박정희가 심복 정보부장의 총에 맞아 세상을 떠나면서 도산세력 운운은 사라지는 듯했다. 독재자의 죽음은 민주주의의 부활로 이어지는 듯한 분위기였다. 그해 11월, YWCA 회관에서 결혼식을 위장한 시국선언 집회가 있었다.

그 사건으로 원풍노조 동료들도 여러 명 연행되었는데, 우리 부서 송순영이도 잡혀갔다. 남대문경찰서 유치장으로 순영이를 면회 갔지만, 직계가족이 아니면 면회가 안 된다고 하였다. 할 수 없이 순영이 언니를 불러 면회를 하고 사식을 넣어 줄 수 있었다. 경찰서 유치장에 구금되었던 순영이와 동료들은 15일간의 구류 끝에 석방되어 아무 일도 없었던 듯이 다시 자신의 일터로 복귀하여 근무하였다. 그때만 해도 원풍노조가 별 탈 없이 승승장구하리라 믿었다.

1980년 5월, 군인들이 광주시민들을 마구잡이로 학살한다는 소문이 들렸다. 그 이후 정치상황은 한 치 앞을 내다볼 수 없었다. 노조간부가 수배되고 정화해고를 당했다. 노동조합은 바람 앞의 등불처럼 위기에 처해졌다. 노동조합은 모진 풍파를 겪으며 1981년 새해를 맞았다. 듬직했던 간부들이 많이 해고를 당하고, 이무술 집행부가 들어섰다.

당시 노조는 위기에 처하면서 쟁의기금으로 모았던 조합비를 조합원들에게 도로 내주었다. 나는 그 쟁의기금은 어차피 내 돈이 아니라고 생각하여 전액을 모금함에 넣었다. 대다수 조합원들은 기금을 돌려받을 수밖에 없었던 노조 상황을 착잡한 심정으로 받아들이며 모금에 참여했다. 우리 부서의 선배가 조합비를 받아 자신의 주머니에 슬쩍 집어넣는 것을 보았다. 나는 도저히 이해할 수가 없어서 그 언니에게 왜 모금에 참여하지 않느냐고 따졌던 생각이 난다.

9 월 2 7 일 폭 력 사 건

나는 결혼식 날짜를 11월 14일로 잡아놓았다. 추석 명절 연휴가 지나면 사표를 내고 결혼 준비를 하려던 참이었다. 원풍노조 9·27사건이 터지기 하루 전날은 일요일이었는데, 그날 자취방을 다 정리하고 언니 집으로 짐을 옮겼다.

9월 27일 월요일은 오후 2시 출근이었다. 오후 1시 40분경 출근을 하려고 경비실에 들어섰는데 경비들이 출입을 막았다. 순간 노조에 무슨 일이 생겼나, 하는 불길한 생각이 들었다. 이미 그 시간, 노동조합은 폭력배들에게 점거를 당하여 아수라장이 되었던 것이다. 출근반은 작업장을 지키라는 노조의 지시에 따라 근무를 했지만, 일이 손에 잡히지 않았다. 밤 10시에 작업장에서 퇴근하고, 바로 농성장으로 달려가 철야농성에 합류했다.

한편 언니 집으로 짐을 옮기고 출근한 사람이 며칠째 집으로 돌아오지 않자 동생은 걱정이 되어 안절부절 못했다. 그러던 차 TV 뉴스에 원풍모방에 노사분규가 발생했다는 보도가 나왔다. 걱정이 많았던 동생은 남부경찰서 경찰인 사촌오빠를 찾아가 자초지종을 이야기하며 도움을 청했다.

사촌오빠는 동생을 앞세워 원풍모방 경비실에 왔는데, 그곳에서 남부경찰서장과 맞닥뜨렸다. 오빠는 자신이 원풍모방에 온 전후 사정을 이야기 했고, 서장은 잘 만났다는 듯이 반드시 농성장에 들어가 동생을 끌고 나와야 한다고 지시했다. 만약 동생을 끌고 나오지 못하면 모가지가 달아날 줄 알라고 협박까지 했다. 농성 사흘째 되는 날, 나는 어쩔 수 없이 사촌오빠에게 이끌려 농성장에서 나올 수밖에 없었다.

10월 13일, 출근투쟁을 하다가 남부경찰서에 연행되었다. 200여 명의 동료들과 함께 연행되었는데 형사가 따로 불러 조사를 했다. 형사는 "너 사촌오빠가 경찰이지?" 하더니 "네가 이렇게 데모를 하고 원풍모방에 사표를 내지 않으면 그 경찰이 쫓겨날 수도 있다" 하며 사표를 강요했다. 내가 절대 사표를 낼 수 없다고 거부하자 형사는 기어코 오빠를 불렀다. 오빠는 자신의 처지를 봐서 다시는 시위에 참여하지 않겠다는 각서만이라도 써 달라고 했다. 오빠의 사정을 외면할 수가 없어서 각서를 써주고 경찰서를 나왔다.

사촌오빠는 충남 공주 고향집 부모님을 찾아갔다. 어렵게 경찰에 합격하고 발령을 받은 지 몇 개월밖에 안된 신참인데, 길모 때문에 해고를 당할 지경이라며 제발 길모가 원풍모방에 사표를 내게 설득해 달라고 했다. 오빠는 내가 머물고 있었던 언니 집에도 거의 매일 찾아오다시피 하면서 원풍노조와 관계를 끊어 달라며 사정을 했다.

부모님과 언니, 오빠, 형부 등 식구들이 모두 나서서 저마다 한마디씩 했다. "너 때문에 저 애가 경찰에서 불이익을 당하면 그 원망을 평생 듣고 살 수도 있다"며 사표를 내고 노조에는 전혀 관여하지 말라고 했다. 사촌오빠가 딱하여 때때로 갈등도 있었지만, 내 손으로 사표를 쓰지는 않았다. 그러다가 장기 결근자가 되어 해고를 당한 것으로 기억된다.

민주화운동 관련자로 명예회복

그해 11월 14일, 나는 결혼식을 올렸다. 그 이틀 전인 11월 12일, 수배령이 내려져 피해 다녔던 간부들이 연행되어 동료들이 낙심하고 있을 때였다. 신혼여행에서 돌아온 나는 동료들과 고척동의 구치소에 갇혀 있던 방용석 지부장님을 면회

갔다. 여러 번 면회를 갔지만 단 한 번도 얼굴을 본 적은 없고, 사식만 넣고 돌아와야 해서 안타까웠던 생각이 난다.

해마다 9월 27일 즈음에 만나는 정기모임에는 어린 아들과 딸을 데리고 참석했다. 이사를 자주 다니다 보니 때때로 연락처가 변경되어 소식을 못 듣고 살 때도 있었지만, 양태숙에게서 소식을 듣고 있었다. 2007년 태숙에게서 연락이 왔다. 25년 전 억울하게 해고를 당한 우리들이 명예회복을 할 수 있는 법이 생겼다면서 신청을 하라고 했다. 그 소식을 처음 들었을 때는 '국가가 나를 명예회복시켜 준다고? 그런 일이 정말 가능한 것일까?' 하는 의구심이 들었다.

'김대중 국민의 정부는 역시 다른가보네' 하는 정치의 변화를 실감했지만, 국가를 한 번도 신뢰해 본 적이 없었다. 다만 원풍노조 간부들만은 믿을 수 있었기에 서류를 접수시켰다. 그로부터 몇 개월이 지난 어느 날, 원풍노동조합 조합원으로서 국가의 폭력에 항거하다가 희생된 사람으로 인정받아 민주화운동 관련자로 인정한다는 통지가 왔다.

가슴이 터질 듯한 감동이 밀려왔다. 새삼 원풍노동조합이 자랑스럽고, 조합원으로 활동했던 지난날들이 뿌듯했다. 세상에 나와 같이 이토록 큰 보상을 받은 사람이 또 있을까 싶었다. 당시 교통사고를 당한 후유증으로 마음이 우울할 때였는데, 민주화운동가로 인정받은 명예회복 인증서는 지친 삶에 활력을 되찾아 주었다.

지칠 때마다 힘을 주는 원풍 동지들

내가 누리는 기쁨이 저저 주어진 것이 아니라는 것도 잘 알고 있다. 원풍동지회 선배들의 헌신과 노력 덕분이라는 것을 알고 있었기에 미안하고 고마웠다. 남편은 원풍노조 사람들은 정말 대단한 사람들이라며 자기 친구들과 이웃에게 자랑한다. 내 아내가 원풍모방노동조합 활동을 했었는데, 거기 사람들은 수십 년이 지난 지금도 사회활동을 하면서 우리 아내까지 명예회복을 시켜주었다고.

아들도 엄마의 삶을 자랑스러워한다. 민주화운동 명예회복 인증서를 본 아들은 "와~ 우리 엄마 정말 대단하네! 근데 우리 엄마가 대단한 것인지, 원풍노조가 대단한 것인지…" 하며 너스레를 떨며 축하해 주었다. 나는 아들에게 말했다. '엄마가 대단한 것이 아니라 원풍노조 선배들이 대단한 사람들'이라고, 이 세상에서 가장 존경하는 사람은 대통령도 아니고 누구도 아닌 방용석 지부장님과 선배들이라고.

그 무엇보다도 명예회복을 함으로써 아이들에게 '대단한 엄마'라고 칭송받은 것이 자랑스럽고 뿌듯했다. 나는 지금도 남편에게 그 옛날 원풍노조에서 활동할 때가 가장 행복했다고 말한다. 원풍노조는 꿈을 잃고 방황했던 한 청춘에게 희망을 꿈꾸며 살아갈 수 있는 힘과 용기를 준 인생의 길잡이였다. 육십을 살다보니 때때로 지칠 때도 많다. 그럴 때마다 원풍 동지들을 떠올리며 힘을 얻는다. 이토록 소중한 사람들이 내 곁에 있어서 행복하다.

051

내 인생의 꽃이었다

권영숙

_____1960년 충북 괴산에서 태어나, 1978년 봄에 원풍모방에 입사해 노동조합 활동을 통하여 정치, 경제, 사회를 공부하게 되었다. '심지'라는 소그룹을 결성해서 활동했다. 1982년 9·27사건으로 강제 해고를 당하고 블랙리스트로 취업조차 어려워지면서 1983년에 결혼했다.

    나는 충북 괴산군의 시골에서 6남매 중 넷째로 태어났다. 우리 집은 산을 개간하여 농사를 짓는 화전민으로 가난하게 살았다. 돌이 많은 산의 돌을 골라서 지게로 져 날라 밭을 만드는 일은 보통 힘든 일이 아니었다. 그렇게 만들어진 밭에서 수확된 보리쌀, 좁쌀, 감자, 고구마 등이 우리의 주식이었다. 논이 없어서 소작농 일을 하며 받은 쌀은 1년 동안 일한 품에 비하면 돌아오는 것이 너무 적은 양이었다. 겨우 밥은 먹고 살았지만, 생활이 달라지지는 않았다.

    그러던 중에 옆 동네 사는 오빠 친구가 원풍을 알려줬다. 방직공장인데 근로조건이 아주 좋다는 것이다. 부푼 꿈을 안고 이력서를 내 필기시험은 합격했는데, 면접을 보러갔더니 키가 작다는 이유로 불합격이 되었다. 면접에서 떨어지고 그냥 집에 가려니 막막해서 다시 면접관인 박태석 총무과장을 찾아가 '이대로 그냥 갈 수는 없다. 키가 작기는 하지만 일을 시켜보고 판단을 해달라'고 사정을 했더니 다시 받아주었다. 그렇게 나는 1978년 봄에 18살의 나이로 원풍에 입사했다.

꿈만 같은 원풍

1977년 상경해서 앨범 만드는 공장, 인형 만드는 공장에 잠시 다녔던 적이 있었다. 그 공장에서는 8시간 근로는 꿈도 못 꾸었고, 일요일에도 바쁘면 당연히 일했다. 제공되는 밥도 부실하고 여러모로 열악한 환경이었다. 구로공단에서 휴일도 없이 12시간씩 일하다가 원풍에 입사했는데 마치 대학교에 입학한 것처럼 좋았다. 8시간 근무에 여가시간에는 내가 필요한 것을 할 수 있다는 것 자체가 꿈만 같았다. 말로만 듣던 원풍은 실제로 입사해보니 한마디로 천국이었다.

또 운이 좋았던 게 입사하자마자 기숙사에 들어갈 수 있었던 것이다. 기숙사 환경은 내가 생각했던 것 이상으로 좋았는데, 그중에서도 경비실을 통과하여 기숙사로 올라가는 오솔길이 너무 좋았다. 장미꽃, 나무, 잔디, 그리고 길을 따라서 올라가면 계단이 있고, 계단을 다 올라가면 나타나는 깨끗한 건물이 기숙사다.

같은 방 식구들은 비슷한 또래가 많았고 언니들도 잘 배려해 주었다. 둘씩 쓰기는 했지만 캐비닛도 있어서 불편함이 없었다. 식당도 회사 안에 있어서 음식 냄새도 나지 않고, 기숙사 자체가 충분히 쉴 수 있는 공간이었다.

대부분 시골에서 생활했던, 나와 비슷한 환경에 있던 친구들이 팔도 각지에서 다 모여 생활하기 때문에 풍요로운 이야기와 정서는 좋다는 말이 부족할 정도로 좋았다. 특히 원풍의 목욕탕은 환상이었다. 나는 작업복도 각을 제대로 잡아서 다림질해서 입고 다녔다. 외출할 때는 맞춰 입은 옷으로 깔끔하게 멋을 내 대학생 부럽지 않게 하고 다녔다.

나는 가공과 건식에 배정을 받았다. 건식은 습식에서 넘어온 천을 말려서 브러시로 먼지를 터는 일을 한다. 우리 부서는 공간이 넓었고, 먼지가 많이 나는 것도 아니고 시끄럽지도 않았다. 현장은 가족 같은 분위기로, 야간에 졸릴 때는 아이스크림도 사다먹고 고향에 갔다 오면서 맛있는 것을 가져와 나누어 먹는 등 서로 배려하는 그런 분위기였다.

'심지' 소그룹

노동조합에 대한 이야기는 들었지만 거기서 무엇을 하는지는 잘 몰랐다. 친구들이 궁금한 것 있으면 노동조합 사무실에 가서 물어봐도 된다고 했지만, 내가 들어가도 되나, 라는 생각에 찾아가지 못했다. 그러다가 점심시간에 식사를 하고 가공과 식구들과 노조 사무실에 드나들기 시작했다. 조합 사무실에서 지부장님을 뵈면 반가워하시면서 일하는데 애로는 없냐, 안전이 최고니까 안전관리를 잘 하라고 하면서 관심을 가져주었다. 가끔 지부장님이 현장에 들어오시면 보기만 해도 힘이 났고 내 어깨도 힘이 들어가 왠지 기분이 좋았다. 나는 조합 사무실에 있는 전집으로 된 『조선왕조실록』을 빌려 보면서 사무실을 자주 갔던 기억이 있다. 그러면서 건식에서 일하는 예희, 수복이 등과 같이 '심지'라는 소그룹을 만들어서 활동했다.

내가 원풍에 입사할 때의 꿈은 돈 많이 벌어서 집안을 살리는 것, 그리고 조금 여유가 생기면 학교에 가는 것이었다. 그런데 나는 학교 가는 것도 뒤로 미루고 돈 버는 것을 최우선 목표로 선택했다. 향자가 교복 입고 학교에 다니는 것을 보면 엄청 부러웠다. 원풍의 경우 공부를 하게 되면 회사에서 장학금도 주지만 학비 말고 들어가는 비용이 아깝고, 또 매주 토요일, 일요일 특근을 하려면 시간이 없고 피곤해서 지칠 것 같았다.

그래서 학교는 포기하고 월급 타면 최소한의 용돈만 남기고 적금을 들고, 신협에 예금해서 돈을 모으기 시작했다. 당시 신협 때문에 물품도 저렴하게 사는 등 신협이 경제적인 부분에서 도움이 많이 되었다. 이렇게 잔업과 특근을 하니까 다른 친구들보다 월급을 더 많이 받아서 집에서 그토록 갖고 싶었던 논을 한 마지기 조금 넘게 부모님께 사드릴 수 있었다.

처음으로 내 땅에서 농사짓던 해에 오빠가 통일벼를 심었다. 매일 논에 가서 피도 뽑고 물도 대고 하면서 살다시피 했다. 첫해 농사가 너무 잘되어 그 논에서 수확한 쌀로 떡을 한 보따리 해주어서 방 식구들 하고 나누어 먹었다. 나는 부모님이 그토록 갖고 싶었던 땅을 사주었다는 생각에 가슴이 뿌듯했다.

단 체 교 섭

입사 다음 해인 1979년에 2층 쇼룸에서 노조 간부들이 임금인상을 교섭하는데, 조합원들은 1층 사무실을 점거하고 밤샘 농성을 했다. 노동가도 부르고 장기자랑도 하면서 힘을 합하여 임금 협상이 끝날 때까지 함께해서 좋은 결과가 나왔던 것이 아직도 기억에 남아있다.

그때 방 지부장님은 "회사를 상대로 싸울 수 있는 것은 지부장 혼자만의 힘으로 할 수 있는 것이 아니고, 여러 조합원의 힘이 있었기 때문에 내가 그만큼 용기를 가지고 회사를 상대로 임금인상이나 근로조건 향상을 위하여 협상도 자신 있게 할 수 있었다. 내 뒤에는 조합원들이 있어서 두렵지 않고 든든하"고 말했던 것이 지금도 생각난다.

그 무렵 노조 영상교육으로 간디의 영화를 본 적이 있다. 비폭력 단식으로 저항하는 간디의 일생을 그린 영화를 보고 나서 깊은 감명을 받았다. 교육이 끝나면 각 분반마다 아주 열심히 토론했고, 그렇게 분반 토론했던 것들을 가지고 발표를 했다. 미처 내가 생각하지 못했던 것들이 다른 분반에서 나오기도 해서 나중에 발표가 끝나고 전체를 취합해서 보면 더 많은 것들을 느끼고 생각할 수 있었다.

박 정 희   대 통 령 의   죽 음

1979년 10월 26일 박정희 대통령이 중앙정보부장의 총에 맞아 사망했다. 박정희가 군사정변으로 대통령이 되었지만, 우리 시골에서는 새마을운동이 시작되면서 신작로를 닦고 다리도 놓고, 빨래터를 시멘트로 만들어줬다. 그리고 그 공사를 동네 사람들에게 맡겨 일을 하면 정부에서 밀가루를 지급했다. 배고플 때 밥한 숟가락이 중요했던 때라서 가난한 사람들이 밀가루라도 넉넉하게 먹게 된 것을 고맙게 생각했던 나는 박정희 대통령의 사망이 너무 슬펐다.

대통령이 사망해서 전쟁이 나는 것은 아닌지, 또는 나라가 망할까 봐 걱정도 되었다. 텔레비전에서 장례식 치르는 장면을 보면서 슬퍼서 많이 울었다. 지금도 경제를 위하여 힘쓴 것은 인정하지만, 그래도 조금 달라진 생각은 너무 오래 독재를 한 것은 문제라고 생각한다. 국민이 중요시하는 민주주의의 가치를 무시했다는 것을 뒤늦게 알게 되었다.

1980년 5월 18일 광주항쟁이 일어났다. 광주에서 많은 시민이 죽어가고 있는데 언론에서는 빨갱이가 침투하여 광주시민들을 선동하여 시위하고 있다고 연일 보도했다. 노조 상집간부인 김금자 언니가 같은 방 식구라서 광주와 관련된 빠른 소식을 들을 수 있었다. 광주로 오가는 길이 막혀 들어 갈 수도 없어 가보지도 못하고 연락도 안 된다며 걱정을 많이 했다. 그래서 광주에서 뭔가 사건이 크게 터졌고, 큰일이 생긴 것을 알게 되었다. 광주 희생자를 위하여 모금하는 것도 당연히 해야 된다고 생각하고 조금이라도 도움이 되길 바라면서 참여했다.

이를 계기로 80년 7월에 방 지부장님과 박 부지부장님에게 노동계 정화 조치가 내려졌다. 광주 폭도들을 위하여 모금했다며 빨갱이 운운하면서 해고를 했고, 이때부터 지부장님이 노동조합에 나오지 못했다. 나는 이러다가 노동조합이 깨지는 것은 아닌가 하는 생각에 오른팔이 떨어져 나간 것 같았다. 하늘이 무너지는 것 같았고 막막했다. 이를 시작으로 회사에 의해 노조의 탄압이 심해지는 것을 느끼면서 이제 좋은 시절 다 끝난 것이 아닌가 하는 생각이 들었다.

80년 12월, 노조 간부들이 합동수사본부에 연행되어 조사를 받고 있을 때 회사의 분위기는 살벌하다 못해 시베리아 벌판이었다. 기숙사와 현장은 더 엄혹해지고 분위기가 냉랭해졌으며, 철저하게 규칙을 적용하면서 옥죄었다. 이렇게 노조에 어려움이 닥쳐오고 있었다.

9·27사건과 출근투쟁

82년 9월 25일, 그토록 가고 싶었던 제주도 여행을 위하여 휴가를 내고 친구 4명이 떠났다. 제주도에서 신나게 놀고 돌아오는 길에 원풍 9·27사건으로 폭력배들이 노동조합을 점거하여 조합원들이 농성하고 난리가 났다는 이야기를 들었다. 가슴이 덜컥 내려앉았다. 명절을 쇠러 고향으로 가려던 계획을 포기하고 회사로 갔다. 경비실에서는 농성장에 들어갈 수 없다고 하면서 기숙사는 물론 회사 출입도 금지했다. 당시 기숙생이었던 나는 경비실 앞에서 하루를 보내고 오갈 데가 없어서 하는 수 없이 고향으로 내려갔다.

추석 연휴가 끝나고 출근을 하려고 다시 경비실에 왔는데, 경비실에서는 필요한 물건만 챙겨올 수 있도록 허용했다. 입을 옷과 필요한 것만 꺼내 오긴 했지만 당장 생활할 곳이 없었다. 그때 자취를 하고 있던 향자네 집에서 지내기도 하고 영등포도시산업선교회를 오가며 생활을 했다.

82년 10월 7일, 출근투쟁을 하려고 정문 앞에 모였는데, 회사 주변에는 전경차가 둘러싸고 있었고, 폭력배들이 농성하는 우리들을 밀고 당기고 난리가 났다. 폭력배들은 농성하는 우리들을 정문 언덕배기에서 굴려 밀어냈다. 이 날 정문에서 밀려난 우리들은 저녁 시간에 영등포산선에서 원풍을 위한 기도회가 있다고 하여 거기에 참석하기 위하여 해산했다.

10월 13일에 2차 출근투쟁을 하기 위해 강남성심병원 앞에서 만나 머리띠를 두르고 회사 앞으로 가려고 하는데 전경들이 달려들어 연행하기 시작했다. 나를 비롯하여 동료들이 길바닥에 드러누워 구호를 외치는데 한 사람씩 떼어다 차에다 실었다. 잡히지 않으려고 발버둥을 쳐도 막무가내로 끌어냈고, 그 과정에서 신발이 벗겨져 나는 신발을 잃어버린 채 남부경찰서로 연행되었다.

남부경찰서에 연행된 것이 억울해 울면서 노동가도 부르고 애국가도 부르면서 저항했다. 형사들은 한 사람씩 불러 조사하면서 진술서를 쓰라고 했다. 나를 조사하던 형사는, 노동조합이 강해서 이런 문제가 생겼다며, 내가 노동조합에 적극적이지 않으니 회사에 다시 출근하라고 회유를 했다. 나는 노동조합 간부들도 다 출근하고, 내 친구들도 모두 출근하게 해주면 더 열심히 일하겠다고 대답했다. 형사는 그렇게는 힘들다며 고집을 부린다고 면박을 주었다. 그렇게 진술서를 쓰고 1박2일 만에 풀려났다.

같은 시기 고향에서는 이장이 집으로 찾아와 부모님들에게 영숙이가 큰일 났다며 빨리 서울로 가서 데려오든지 하라고 난리를 쳤다. 그리고 오빠가 독산동에서 친구들과 자취를 했는데, 형사가 그 자취집 주인을 찾아와 오빠가 이 집에 산지 얼마나 되었는지, 동생은 있는지, 동생이 이 집에 드나드는지 등을 물어봤다고 한다. 주인집에서는 동생이 무슨 사고를 쳤냐며, 왜 형사들이 찾아다니냐며 이상한 눈초리로 물어봤다고 했다.

남부경찰서에서 풀려난 후 회사 경비실에 갔더니 부서와 이름을 대라고 했다. 회사 사원이 여기 그만두면 어디 취직할 거냐면서 월급도 올려주고 할 테니 다시 각서 쓰고 출근하라고 회유를 했다. 나는 각서는 못 쓴다, 옛날 조건 그대로 노조탄압을 중지하고 전 조합원 다 출근을 하게 하면 나도 출근하겠다고 했다. 그러면서 개개인의 동의를 받는 것은 회사 측에서 하는 거냐, 노동조합에서 하는 거냐고 물어봤더니, 회사 측에서 하는 거라면서 잘 생각해 보라며 시간을 주겠다고 했다. 나는 끝까지 출근하지 않겠다고 했고, 회사는 퇴사처리를 했다.

기숙사에서 생활하던 나는 회사를 나오게 되자 당장 거주할 곳이 없었다. 향자네 집에서 계속 지내는 것도 미안하고 그래서 퇴직금을 받아 전세방을 마련했다. 4년 6개월 동안 일해서 퇴직금 230만 원을 탔다.

나는 공장에 취업하는 것은 어려울 것 같아 독산동에 있는 슈퍼에 점원으로 들어갔다. 슈퍼는 장사가 잘 되었기 때문에 무척이나 바쁜데, 3개월 만에 주인이 나가 달라고 했다. 왜 나가야 되냐고 했더니 형사가 왔다갔다면서 어쩔 수 없이 그만둬야 한다고 했다. 나는 놀 수도 없고 해서 다시 건너편 슈퍼에서 2달 정도 일하고 있는데 또 해고를 당했다. 두 번이나 해고를 당하고 나니 막막했다. 하는 수 없이 결혼이나 하자는 마음으로 83년 겨울 24살의 나이로 결혼했다.

결 혼

나는 결혼한 후 남편과 같이 원풍 모임에 가기도 했다. 그러나 남편이 보수적이다 보니 원풍모임에 나가는 것을 불편해했다. 남편이 원풍모임 나가는 것을 별로 안 좋아하고 눈치를 주니 한동안 발을 끊고 지냈다. 그 동안 연락을 끊고 살기는 했지만 원풍 식구들이 너무 보고 싶어 향자에게 연락을 해보니 전화번호가 바뀌었다. 여기저기 수소문한 끝에 겨우 연락이 되어 2010년에 모임에 참여하게 되었다. 민주화운동 인증서 신청하는 시기는 연락이 끊어진 때여서 나는 민주화운동 인증서를 받지 못했다. 대신 2010년에 국가를 상대로 민사소송을 한다고 하여 나도 소송에 참여했다. 그리고 고등법원에서 2,500만원 배상을 받을 수 있도록 승소 판결이 나왔는데, 대법원에서 패소했다.

너무 억울했다. 82년 9·27사건 이후 나의 계획은 무너지고 꿈도 좌절되었다. 블랙리스트로 취업도 못 해서 내 인생에 차질이 생겼던 것을 생각하면 대법원 패소 판결은 최악의 판결이라고 생각한다.

나는 2012년 대통령 선거에서 박근혜에게 투표했다. 박정희가 대통령이었을 때 농촌사회를 잘살게 해준 것에 대한 호감이 있었고, 육영수 여사 같은 훌륭한 부모 밑에서 자랐기 때문에 박근혜가 잘 컸고 정치도 잘할 거라고 생각했다. 나는 박근혜에 대하여 잘 아는 바도 없고, 솔직히 엄마 아버지보고 지지 표를 던진 것이다. 그런데 지금은 그 선택을 얼마나 후회하고 있는지 모른다. 박근혜가 저렇게 정치를 못할 줄 정말 몰랐다. 2012년 대선에 대한 나의 선택에 대해서는 입이 열 개라도 할 말이 없다.

원풍 조합원들이 지금까지 모이는 것은 노조의 힘이다. 나의 마음은 지금도 원풍 조합원이고, 모임에 참석할 때도 조합원으로 원풍 사람들을 만나러 가는 것이다. 내가 죽을 때까지 만나야 한다고 생각한다. 만날만한 충분한 명분도 있고 다행히도 신길동 '원풍의 집'이라는 구심점이 있어서 원풍 조합원 누구나 갈 수 있고, 숙박을 해도 되어 너무 좋은 것 같다.

원풍은 나의 힘이다

원풍은 늘 머릿속에 있는 보이지 않는 나의 힘이다. 원풍에서 성장한 청년의 시기에 세상을 바로 보는 눈과 정의롭게 사는 것을 배웠고, 이는 태산도 무너트릴 수 있는 엄청난 힘이 된다는 것도 배웠다. 이렇게 일생을 좌우할만한 제대로 된 가치관을 형성한 것이 원풍이 내게 주는 힘이고 내 삶의 원동력이다.

나도 원풍에서 배운 것 때문에 겸손하게 낮은 자세로 손님들을 대할 수 있었다. 내가 원풍을 다니지 않았다면 이렇게 긍정적인 인격 형성이 되기가 쉽지 않았을 것이다. 세상 보는 눈도 달라졌고, 내 자아도 많이 성장한 것 같다. 원풍에서 토론도 하고 의견을 표현했던 것을 통해 담대하게 사람들을 대하는 방법도 배웠다.

구술작업을 하자는 이야기를 들었을 때 조합 활동 열심히 했던 분들과 함께 내 이름, 나의 이야기가 들어갈 것이라는 생각이 들면서 흐뭇했다. 원풍의 역사 속에 내 청춘도 있다. 그때는 다들 순수했고 모든 사람을 다 인격적으로 대해주었다. 이렇게 배려해주는 노동조합 간부들이 있었기 때문에 그때도 지금도 단결이 잘되고, 가진 것 없어도 초라하지 않았고 비굴하지 않았다고 생각한다.

내 삶에서 원풍 시절은 인생의 전성기로서 마치 활짝 핀 꽃과 같았다고 생각한다. 원풍은 가장 순수했던 열정이 있던 곳으로, 내가 다시 태어났을 때 그 세상에도 원풍이 있다면, 그리고 우리 원풍노조도 있다면 다시 입사하고 싶을 정도로 원풍노조 조합원인 것이 자랑스럽다.

052

고달픈 해고자의 삶

김도철

──────1954년 경북 대구에서 태어났다. 경북공고 방적과를 졸업하고 대구 신한견직에 근무하다가 군복무를 마치고 서울로 올라와 1978년 9월 원풍모방 방적과 기사로 입사하였다. 1982년 9·27 사건 때 1차 해고되었고, 이후 블랙리스트로 인해 생활에 어려움을 겪었다. 2007년, 정부에 의해 민주화운동 관련자로 인정되어 명예회복이 되었다.

나는 1978년 9월, 원풍모방의 방적과 기사로 입사했다. 실업계인 경북공고 방적과를 다닌 나는 졸업반일 때 대구에 있는 신한견직에 취업이 되었지만, 바로 입영통지서를 받아 군대에 갔다가 제대하고 서울로 올라왔다. 당시 서울에 작은누나가 살고 있어서 그곳에서 머물다가 원풍모방에서 기사를 모집할 때 지원서를 제출하여 합격했다.

전방 보전에는 기사 세 명, 담임 한 명, 그리고 여성 노동자 네 명 등 열 명도 근무하지 않았다. 기사들은 기계가 원활하게 돌아가도록 기름을 치는 등 관리도 하고, 기계가 고장 나면 수리도 했다. 여성 노동자들보다 상대적으로 일하기가 쉽지 않았나 싶다.

내가 입사했을 당시 원풍모방노동조합은 조직의 힘이 강력했다. 그러나 남성 조합원들은 노동조합에 대하여 담담했던 것 같다. 그런 분위기였으니, 나 역시 노동조합에는 별 관심이 없었다. 원풍모방은 당시 국내에서 사내 복지가 가장 잘 되어 있는 회사였다. 나는 그것이 그저 본래 주어진 것으로 생각했고, 내가 운이 좋아 복지가 잘된 기업에 들어왔다고 생각했다.

해도 해도 너무한 국가기관

나는 원풍모방의 조기축구회에 들어갔다. 회원이 수십 명이 넘었는데, 사무직에 있는 사람도 있었지만 대체로 현장 기사들과 영선계, 전력계, 창고과 조합원들이었다. 그중에는 노동조합 상집간부가 있었는데 직포과 김태훈이었다.

내가 노동조합에 관심을 두기 시작한 것은 1980년 5월쯤이었을 것이다. 나를 포함하여 남성 조합원들은 대부분 노동조합이 언제까지나 잘 돌아갈 것이라고 믿고 있었다. 그런데 갑자기 방용석 지부장님이 수배되었다. 정치적으로 살벌했던 시기였기에 그때부터 긴장이 되었고, 여성 조합원들의 이야기에 귀를 기울였다.

그해 12월에는 노동조합 상근자들과 상집간부 전원이 계엄사 합동수사본부로 연행되었다. 그들은 20여 일간 구금되었는데, 기가 막힌 소식이 들려왔다. 남성 상집간부 4명이 해고되고 삼청교육대로 끌려간 것이다. 네 명 중에 총무 임재수와 전방 담임 이규현은 자주 만나던 사람이었다. 국가가 해도 너무한다는 생각이 들었다. 그때야 노동조합이 위태로워지고 힘을 잃으면 우리가 피해를 입는다는 사실을 깨달았다.

조기축구회 회원 중에서 마음이 통하는 사람들, 곧 노동조합을 지지하는 사람들이 따로 모임을 시작했다. 그 당시 상집간부였던 김태훈 씨를 통하여 노동조합이 돌아가는 이야기를 듣고 걱정을 나누기도 했다. 그러나 남성 조합원들의 활동은 미미했다. 당시 나는 전방 보전에서 근무하면서 담임 박영수와 갈등이 심했다. 박영수는 1982년 9·27폭력사태 때 구사대의 앞잡이 노릇을 했는데, 노조의 대의원이기도 했다.

우리는 독선적인 그를 '김일성'이라고 불렀다. 원칙과 관례대로 작업 지시를 내리지 않고, 자신의 감정대로 일을 처리했다. 마음에 드는 사람은 쉬운 작업을 시키고, 마음에 들지 않는 사람은 힘든 일을 시키는 등 차별을 했다. 부당한 처사를 일삼는 박영수에게 임태송 대의원이 항의했고, 그녀를 강압적으로 억누르려는 모습을 목격한 내가 편을 들다가 박영수와 심하게 싸웠다. 그 일이 있는 후부터 그는 노골적으로 임태송 대의원과 나를 따돌렸다. 결국 임태송 대의원은 전방 작업장으로 파견을 나가게 되었다.

회사는 노동조합을 깨려고 온갖 수단을 동원하였다. 퇴사하여 공백인 기능공을 2년간 모집 중단했다. 전방 작업장에서는 기능공이 부족하여 생산공정이 원활하게 돌아갈 수가 없었다. 보조 부서였던 보전실에서 전방으로 파견을 가야하는 상황이었다. 관례로는 파견을 나가야 할 대상은 입사 순위로 가장 늦게 들어온 사람을 보내야했는데, 박영수 담임은 임태송 대의원을 파견하였다. 감정적인 처사로 볼 수밖에 없었다.

그 사건과 맞물려 언쟁을 벌이다가 전방 보전 임태송 대의원, 이순옥 대의원, 그리고 내가 인사위원회에 회부되었다. 우리는 인사위원회에 출두하지 않았다. 방적과 과장 한상엽과 계장 계영우가 전방 보전에 수시로 들락거리면서 독촉을했다. 그러던 중 가공과 대의원 김성구와 담임 김성우 사이의 폭행 사건이 터졌고, 이어 구사대가 노동조합을 통째로 집어삼키려는 9·27폭력사태가 일어났다.

첫 번째 해 고 자

1982년 9월 27일, 담임들과 사원, 그리고 백여 명이 넘는 남자들이 폭력으로 노동조합 사무실을 강탈했다. 구사대들이 노동조합을 강제 점령했다는 소식을 듣는 순간, 바로 그거였구나, 하며 스쳐지나가는 일이 있었다. 당시는 귓등으로 흘려들었던 얘기였다.

9·27폭력사건이 터지기 한 달 전쯤부터 남자들이 자주 모여 수군거렸다. 그때 공무과 이종벽이라는 사람이, 남자들이 노조를 부수려 한다는 말을 했다. 노동조합 지도부에 문제가 있다고 하는 사람도 있었다. 우리와 같이 모임 하는 사람들은 노동조합이 뭐가 문제냐며 옥신각신 말다툼을 벌이기도 했다.

노동조합을 지키기 위해 조합원들은 그날부터 단식농성에 들어갔다. 나도 농성장인 정사과로 들어갔는데, 다른 부서 남성 조합원들은 많지가 않았다. 전방 기사와 전방 보전 기사들은 모두 참여했지만, 다른 부서 남성들은 별로 없었다. 이제호 이사장이 농성장에 꼬박 계셨는데, 그때도 몸이 매우 아프신 것으로 보였다.

우리 남성들은 구사대들이 쳐들어 올 만한 문을 지켰다. 세 군데를 지키고 있었는데, 나는 화장실로 가는 통로 쪽 문을 맡았다. 농성 사흘째였는지 나흘째였느지, 노무과장 김용회가 농성장 출입구로 와 큰 '다라이'에 죽을 쑤어왔다고 문을 열라고 했다. 나는 죽을 들고 문을 열라는 구사대들과 몸싸움을 하다가 정문 밖으로 끌려 나가고 말았다.

10월 7일, 출근을 시도하려고 정문 앞으로 갔다. 경비실 벽에 해고자 명단이 붙어 있었고 찬찬히 들여다보니 내 이름도 거기에 있었다. 나는 노동조합 활동을 열심히 하지도 않았는데 1차 해고자가 된 것이다. 2차 출근투쟁 때는 경찰서에 연행되었다. 하룻밤을 새가면서 조사를 받고 이튿날 풀려났다. 회사는 각서를 쓰든지, 아니면 사표를 내라고 압박했다. 남성 조합원들은 나름대로 모여 사태를 지켜보면서 앞일을 걱정할 수밖에 없었다.

남성 조합원들은 대체로 결혼하여 가족의 생계를 책임지고 있던 가장이었다. 국가권력은 사표와 각서를 종용하기 위하여 회사 간부들과 구사대, 그리고 경찰, 공무원까지 동원했다. 조합원들의 가족은 물론 친지들까지 찾아다니며 괴롭혔다. 나는 미혼이라서 다행이라는 생각이 들 정도로 부인과 어린아이들까지 위협을 당했다.

나와 전방 보전실에 함께 근무하였던 박갑진 씨는 세 들어 사는 집에 경찰과 동장이 찾아와 사표를 강요했다. 단호하게 거부하자 동네 깡패들까지 몰려와 협박했다. 아장아장 걸어 다니던 딸들이 걱정되었던 박갑진 동료는 그 동네를 떠나 김포로 도망치듯 이사를 했다.

우리 가족도 예외는 아니었다. 대구에 사는 고모와 큰누나, 서울에 사는 작은누나에게까지 형사들이 찾아와 김도철이 빨갱이들에게 물들었다는 말도 안 되는 소리를 늘어놓고 갔다고 했다. 해고를 당한 이후 10여 년이 지나도록 그런 감시를 받으며 살았다.

고 달 픈 해 고 자 의 삶

해고자로 살아가기는 쉽지가 않았다. 우선 전공이었던 섬유업체에 기사로 취업하는 것이 불가능했다. 전방과 전방 보전에서 해고된 기사는 5명이었다. 그 외 다른 부서에서 7명이 해고되었고, 총 13명이 해직되었는데, 모두가 생활에 어려움을 겪고 있었다. 여성 조합원들이라고 다르지 않았겠지만, 내가 자주 만나는 사람들은 남성 해고자들이다 보니 그들의 어려운 사정을 훤히 알 수가 있었다.

우리는 서로 일자리 정보를 나누면서 건설현장으로 막노동을 다녔다. 나는 어렵사리 돈을 벌어 조그만 상가를 얻어서 문방구를 차렸다. 그 무렵에 결혼했는데, 장사가 잘되지 않았다. 다시 건설현장으로 가서 아파트 배관설비 등을 배우면서 일을 했다. 그렇게 기능을 익혀 아파트 건설현장의 설비, 배관 하청을 받아서 공사했다.

그 덕분에 돈을 모아 집도 마련하고 생활형편이 좀 좋아지나 했더니 IMF가 터지면서 하청 일도 할 수가 없게 되었다. 공사장 배관설비를 해보려고 몇 년간 일자리를 찾다가 아파트 보일러 관리자로 취업이 되어 현재까지 그 일을 하고 있다.

2007년에 민주화운동 관련자로 명예회복이 되었다. 당시 내 생활은 곤궁하기 이를 데가 없었다. 공사판에 다니면서 어렵사리 장만한 아파트를 빚 때문에 팔고, 13평짜리 허름한 연립을 장만하여 이사하려고 했던 때였다. 딸 둘에 아들 하나 3남매를 데리고 좁은 집으로 이사를 하려니 나 스스로 초라하기 짝이 없었다. 그러던 중에 명예회복이 되었고, 생활지원금을 받아 지금 살고 있는 27평짜리 연립으로 이사할 수 있었다.

나는 원풍에서 노동조합 활동도 제대로 하지 못하고 해고자가 되었다. 그 낙인으로 한때 고달픈 삶을 살기도 했다. 그러나 원풍노동조합의 조합원으로서 살았던 덕분에 국가로부터 민주화운동 명예회복 인증서를 받았다. 그 인증서는 힘겹게 살아온 내 삶 전부에 대한 보상과 같은 기분이었다.

우리 사회에서 60대 중반을 넘어서까지 육체노동자로 살아가는 삶은 그리 녹녹하지가 않다. 그러나 원풍동지회가 있어 노년으로 가는 인생살이가 힘이 난다.

053

자녀들에게 물려줄 보물

김동진

─────1953년 서울 영등포에서 태어났다. 1982년 9 · 27폭력사건 당시 아버지가 경찰과 공무원들의 강압에 못 견디고 대신 사직서를 써서 해고되었다. 어렵사리 취업한 공장에 다니다가 관할 지방노동청 근로감독관에게 강제 소환을 당하여 빨갱이 운운하며 조사를 받았다. 2007년, 민주화운동 관련자로 명예회복이 되었고, 2015년 국가배상소송에서 승소하였다.

나는 1978년 6월, 원풍모방 방적과 전방 보전실에 기사로 입사했다. 원풍모방에 입사하기 전에는 원풍산업 노량진 제2공장의 보일러실에서 근무했다. 보일러실에서 일을 하다 보니 제1공장이었던 원풍모방에서는 월급을 더 많이 주고, 근로조건도 훨씬 좋다는 이야기를 들었다. 귀가 솔깃해져 노량진 사무실 강모 이사에게 원풍모방에 들어갈 수 있도록 주선을 부탁했다. 강 이사 덕분에 원풍모방 공장 보일러 기사로 취직이 되었는데, 당시 보일러실에 빈자리가 없어서 전방 보전 기사로 배치된 것이다.

원풍모방노동조합 사무실에 처음 발을 디딘 것은 신입사원 교육을 받으러 갔을 때였다. 노동조합 사무실은 그리 크지는 않았는데, 30여 명 안팎의 사람들이 가득 앉아있었다. 비슷한 시기에 입사한 사람들로 보였고, 남성은 나를 포함하여 두세 명뿐이었으며 거의 여성 조합원들이었다. 그때 무엇을 교육받았는지 잘 기억은 나지 않지만, 노동조합이 무엇을 하는 곳이며, 왜 있어야 하는지 등과 같은

이야기를 듣고, 상근간부들과 인사를 나누고는 교육을 마쳤다

1978년 내가 입사했을 당시는 노동조합의 힘이 강력했던 시절이었다. 원풍모방공장이 왜 좋다고 소문이 났는지 알 것 같았다. 무엇보다 3개월마다 상여금이 나와서 신혼살림에 큰 보탬이 되었다.

남성 조합원들은 노동조합 이야기를 즐겨 나누지 않았던 것 같다. 관심이 없었던 것은 아니었고, 워낙 노동조합 상집간부들이 잘하고 있었으니까 굳게 믿고 있었을 뿐이었다. 지금도 마찬가지지만, 원풍노동조합 간부들은 헌신적으로 활동을 했으며, 그들이 노조를 위해 노력한 일들은 잊을 수가 없다.

9월 27일 폭력사건

1982년 9월 27일, 나는 출근반에게 인계해줄 작업 내용을 정리하며 퇴근할 준비를 하고 있었다. 임태송 대의원이었을 것이다. 노조 사무실에 회사 남자사원들이 쳐들어와 조합장을 감금했으니 퇴근을 중지하고 노조 사무실 앞으로 집결하라는 것이었다. 남자 기사 몇 명과 함께 노조 사무실 앞으로 달려갔는데, 예측했던 것보다 사태가 심각했다.

안면이 있는 남자 사원들도 있었지만, 처음 보는 남자들이 더 많은 듯 했다. 그리고 밖에서는 볼 수 없었지만, 조합장을 감금한 노조 사무실 안에는 우리 부서 담임 박영수와 전방 담임 장재천, 유천종 등 구사대의 앞잡이가 된 남자 조합원들이 있었다. 여성 조합원들은 울부짖으며 폭력배들과 몸싸움을 벌이면서 노조 사무실로 들어가려고 야단이었지만, 남자들은 한 발짝 뒤로 물러선 채 바라만 보았다.

나는 분노가 치밀어 올랐지만, 폭력배들과 맞서 싸울 용기는 없었다. 노조 집행부는 조합장이 노조 사무실에 감금당해 있으며, 노동조합을 불법으로 점거한 폭력배들이 물러날 때까지 철야농성을 한다고 발표하였다. 노조 사무실 옆 건물인 정사과 현장이 농성장으로 정해졌다.

농성장에 들어온 전체 남자 조합원은 생각보다 많지 않았다. 내가 근무하던 전방과 보전실의 남성 조합원은 11명이었지만, 박영수와 장재천 2명은 구사대의 앞잡이가 되어 있었다. 농성 합류자는 직포 2명, 염색 2명, 가공과 2명, 공작 2명으로 그나마 우리 부서가 많이 참여한 셈이었다.

농성장의 20여 명 남자 조합원들은 농성장으로 출입할 수 있는 세 곳의 문을 지켰다. 염색 쪽 문은 허만관과 몇 명이 교대로 지켰고, 나는 김도철과 함께 식당으로 가는 문을 지켰다. 나중에 농성이 해산당하고 나서 강제사직을 당한 남자 조합원은 전체 조합원 238명중 13명뿐이었다.

회사 측은 추석휴무가 시작되면서 조합원 가족들에게 빨갱이 운운하며 거짓 전보를 쳤다. 허겁지겁 달려온 부모형제들이 농성장으로 밀려들어와 한때 아수라장이 되었다. 농성 나흘째였을 것이다. 회사 측에서 물을 잠그고 스팀을 강하게 틀었다. 단식으로 지쳐있는데다가 공기까지 탁해지자 여성 조합원들이 하나둘 쓰러지기 시작했다. 참으로 처연했다.

실신하는 조합원들이 점점 많아지는데 병원으로 데리고 갈 수가 없었다. 구사대들이 농성자들을 끌어내리고 문 밖에서 진을 치고 있었기 때문이다. 문을 열었다가는 다 끌려갈 것 같아 아예 출입문을 꽉 잠그고 있을 수밖에 없었다. 나도 모르게 "나쁜 놈들! 때려죽일 놈들!"이란 욕이 쉴 새 없이 나왔다. 35년이 지난 지금도 그 때 그 정경이 눈에 선하다.

회유와 협박

9월 30일이었을 것이다. 직장예비군중대에서 예비군 훈련을 소집했다. 회사 측에서 획책한 일 같았는데 빠질 수가 없는 상황이었다. 예비군 훈련을 받으러 갔더니, 농성장에 있던 사람들만 선별하여 회사 사무실 2층 쇼룸으로 데리고 갔다. 그곳에는 노량진 제2공장의 간부가 있었다.

그는 나를 보더니 '당신은 강 이사를 생각해서 농성장에서 나가라'고 했다. 그는 종이에 줄을 한 줄 찌익 긋더니 "김동진 씨, 한 발만 이쪽으로 옮겨놓아요" 하며 회사 측을 가리켰다. 나는 "애당초 회사가 불법 폭력을 저지르지 않았다면 농성을 하는 일도 없었을 것"이라 말하고, 조합원들과 끝까지 함께 싸울 것이니 설득하려 하지 말라고 대꾸했다.

그 자리에 있었던 예비군중대장은 남성 조합원들에게 종이 한 장을 내밀며 지장을 찍으라고 강요했다. 나는 강하게 거부했고, 예비군중대장은 내 손목을 꽉 잡고 강제로 찍으려고 시도했다. 실랑이를 벌인 끝에 그의 손을 뿌리치고 사무실을 나왔다.

다시 농성장으로 들어가려 하였으나 구사대들은 아예 농성장 방향은 얼씬도 못하게 막고 정문 밖으로 나가는 길만 열어놓고 내 몰았다. 당시 나는 간첩이 제일 나쁜 놈이라고 생각했었는데, 그 놈들은 간첩들보다 더 나쁜 놈이라는 생각이 들었다.

농성장을 나와 뉴스를 보았다. 뉴스는, 원풍모방노동조합이 회사 측에 부당한 요구를 하며 불법 폭력을 저지르고 있다는 식의 거짓보도였다. 농성장에 있을 때, 조선일보 기자라는 작자가 인터뷰를 요청해 왔다. 허만관과 나는 우리의 실태를 사실대로 보도할 것이냐고 재차 확인했다. 기자는 목숨을 걸고 사실대로 보도하겠노라고 다짐했다. 혹시나 하면서도 사실대로 보도해 달라고 부탁했던 일이 얼마나 어리석었는지 자괴감이 들었다.

10월 13일, 2차 출근투쟁을 한다는 연락을 받고 대림동 삼거리 강남성심병원 앞으로 갔다. 대림동 일대는 이미 경찰버스 여러 대가 도로 양쪽에 서 있었고, 경찰이 우리보다 훨씬 많았다. 병원 바로 옆 파출소 앞에도 경찰이 집결해 있었다. 왕복 8차선이었는지 10차선이었는지, 대림동 도로는 굉장히 넓었다. 건너편 회사 정문 앞에 있던 조합원들이 내지르는 함성이 들렸고, 이쪽에 모여 있던 조합원들이 정문을 향하여 도로에 뛰어드는 순간 경찰 수백 명이 몰려들었다.

경찰은 "저년들, 죽여버려!" 욕지거리를 내뱉으면서 방망이를 휘두르며 달려들었다. 여성 조합원들은 대림동 차도 한가운데에서 경찰들에게 끌려가지 않으려고 비명을 지르며 발버둥을 쳤다. 체포되어 경찰버스에 연행된 조합원들이 쇠창살을 잡고 울부짖었다. 그때 여성 조합원들처럼 온몸을 던져 함께 투쟁하지 못했던 것이 참 미안하다. 두렵고 겁이 많이 났던 생각이 난다.

며칠이 지나 아버지가 사표를 쓰게 하려고 찾아왔다. 나는 사표를 낼 만큼 잘못한 일이 없으니 사표를 쓸 수 없다고 아버지를 설득했다. 아버지는 당시 노량진 제2공장 보일러 기사로 근무하고 있었다. 회사 간부들은 아버지에게 '당신 아들이 사표를 내지 않으면 당신까지 사표를 써야 한다'고 협박했다.

거기다가 아버지 친구가 고척동 동장이었는데, 그 사람이 아버지를 찾아와 "자네 아들 불순한 짓을 하고 다니는 놈이야!" 하며 원풍모방에 사표를 쓰게 하라고 닦아세운 모양이었다. 아버지는 노발대발하여 그 친구와 싸웠다고 한다. 당시 부모님은 신정동에 살았는데, 날마다 경찰과 동사무소 직원이 찾아와 아들이 사표를 쓰지 않으면 집안이 이롭지 못할 것이라고 협박을 했다. 결국 아버지는 '네가 와서 해결하라'고 하셨다.

아내가 부모님 집으로 갔더니 경찰 두 명이 기다리고 있다가 보상금을 얼마 줄 터이니 제발 사표를 내게 하라고 꼬드겼다. 아내는 경찰에게 '당신들이 원풍모방 사장에게서 돈을 얼마나 처먹고 이러는지 모르겠지만, 우리 남편은 사표를 쓸 만큼 잘못한 것이 없다. 당신들이 참견할 일이 아니니 다시는 부모님께 찾아오지 말라'고 소리를 쳤다. 아버지는 결국 회사 간부들과 경찰, 그리고 관공서의 협박에 못 견디고 나 몰래 원풍모방에 사표를 제출하고 퇴직금까지 받아갔다.

노동자를 감시하는 근로감독관

나는 당시 두 살 배기 아들과 백일이 지난 딸 남매를 두고 있었다. 당장 먹고 살 생활비가 급했다. 집에서 가까운 독산동의 건우설비라는 곳에 취직을 했는데 3일 만에 해고를 당했다. 사유인즉 원풍모방에서 해고를 당한 사실이 있기 때문이라고 했다. 당시는 블랙리스트니 뭐니 들어본 적도 없었고, 내가 노동운동을 한 전력도 없고 하여 사회적으로 배제될 것이라고는 상상도 못했다.

아내가 자기의 형부에게 취직자리를 부탁하여 다행히 경기도 덕정에 소재한 중앙제지에 보일러 기사로 들어갔다. 한번 해고를 당했던 경험이 있어 내심 불안했지만, 서울의 대림동과는 멀리 떨어져 있으니 별일 없을 거라고 생각했다. 그러나 출근한 지 닷새째 되던 날, 의정부지방노동청에서 왔다며 근로감독관이 회사를 찾아왔다. 다짜고짜 나를 부르더니, 노동청에 가서 조사를 해야 할 것이 있다며 차에 타라고 요구했다. 근로감독관은 원풍모방에서 데모를 한 적이 있지 않느냐, 원풍모방노동조합은 빨갱이며 간첩 집단이라는 등 말도 안 되는 말들을 쏘아붙였다.

기가 막혔다. 정부가 썩어도 너무 썩어 있었다. 노동자의 권익을 위해 일해야 할 노동청이 되레 노동자들을 짓밟는 짓을 앞장서서 하고 있었다. 이미 알고 있었지만, 원풍노동조합을 깬 실체가 기업주가 아니라 바로 썩어문드러진 국가권력이었다는 사실을 실감하였다.

나는 원풍노동조합에서 간부로 활동을 한 적이 없다. 그냥 평조합원으로 최소한의 책임과 의무를 다했을 뿐이다. 그런 나를 국가권력은 가는 곳마다 쫓아다니며 이 땅에 발을 붙이고 살지 못하게 할 작정인 듯했다.

그곳에서 몇 시간 조사를 받으며 앞일을 걱정하고 있는데, 회사에서 사장과 상무 두 사람이 쫓아왔다. 근로감독관은 그 사람들에게 '이 사람은 원풍모방에서 빨갱이 짓을 한 사람인데 직원으로 쓸 것이냐?'고 물었다. 사장은 "내 직원은 내가 알아서 쓸 것이니 상관하지 마시오"라며 나에게 나가자고 했다. 참 고마웠다. 다행히 좋은 기업주를 만난 덕분에 다시 해고는 당하지 않아 안심하고 생계활동을 할 수 있었다.

명예회복과 국가배상 소송

나는 2007년에 국가로부터 민주화운동 관련자로 인정되어 명예회복이 되었다. 원풍모방노동조합의 조합원이었다는 이유만으로 해고를 당하고, 노동부에 불러가 빨갱이니 간첩이니 뭐니 하며 해고 위기를 당했던 25년의 풍상이 주마등처럼 스쳐 지나갔다. 동료 해고자 허만관이 전화를 했다.

"야, 동진아, 우리가 이겼다. 이겼어!"

전화기 선을 타고 들려오는 동료의 목소리는 들떠 있었고 흥분되어 있었다. 남성 해고자는 13명이었는데, 그동안 친목계를 조직하여 모임을 이어오고 있었다. 모임에서 만난 동료들과 기쁨을 함께 나누었다. 모두들 해고자로 살아오며 힘들었던 시절도 있었지만, 결국은 정의롭게 살아온 덕분에 명예를 누리게 되었다고 좋아했다.

2015년 2월에는 사법부에 국가배상소송을 제기한 지 5년 만에 대법원에서 승소판결을 받았다. 대한민국이 33년 전에 휘두른 위법한 폭력을 고발하고, 국가를 법정에 피고로 세워 우리 노동자가 승리한 것이다.

"역시 우리 원풍노동조합이야!" 원풍동지회의 집행부 간부들과 동지들이 고마웠다. 그리고 불의에 굴복하지 않았던 내 자신도 자랑스러웠다. 민주화운동 명예회복 인증서를 아들과 딸, 며느리에게 보여주며 내가 살아온 삶을 자랑했다. 아들과 딸, 며느리는 그 인증서를 우리 집 보물로 손주들에게 물려주겠노라고 했다. 정의의 편에서 살아온 보상을 내 생애에서 누릴 수 있다니 정말 뿌듯했다.

054

그리운 사람들

김순자

—————1960년 전라북도 고창에서 태어나, 1978년 서울에 올라와 영등포에 있는 산업체학교 삼성 새마을고등학교를 다녔다. 1979년 3월, 원풍모방의 직업훈련생으로 취업해 조합원으로 활동하다가, 1982년 9월 27일 노조파괴 폭력사건으로 강제해고 되었다. 1985년에 결혼해 서울에서 생활하다가 남편의 고향인 정읍으로 귀향했다. 현재 농협 마트를 통해 전국에 양곡을 판매하는 사업을 하고 있다.

꿈을 꾸면 행복했다

나뭇가지 마다 햇빛을 받아 눈부신 하얀 꽃들이 바람을 타고 흩뿌려진다. 보도블록 위에 흰눈처럼 손톱만한 꽃잎들이 소복이 쌓였다. 흩날리는 꽃잎을 받으며 양팔을 벌리고 보도블록 위에서 빙글빙글 돌고 있는 나. 친구들 얼굴이 하나씩 하나씩 눈꽃 사이로 들어와 어느새 우린 둥그런 원이 되었다. "눈꽃이 아니고 벚꽃이야. 팝콘처럼 맛있어 보이지 않니?" 한 친구가 꽃잎을 한 움큼 입에 넣자 너도 나도 따라한다. 활짝 핀 창경원 벚꽃 아래 까르륵 환하게 웃는 친구들이 카메라를 보고 있다. 하나, 둘, 셋, 찰칵! 셔터 소리와 함께 번쩍 눈을 뜬다.

나는 지금도 가끔 윙윙거리며 시끄럽던 기계소리마저 그리운 그곳을 꿈속에서 찾아간다. 그곳에 가면 풋풋했던 내가 있고, 그립고 보고 싶은 얼굴들이 있다. 꿈속에서 보는 얼굴들은 오래된 흑백사진 속 정지된 모습이 아니었다. 무엇이 그리도 재밌고 즐거운지 늘 활짝 웃으며 떠들고 장난친다. 소모임으로 활동하던 7명의 친구들과 산으로 강으로 놀러갔던 곳. 딸기밭, 포도밭에 가서 양손 가득 따가지고 볼이 미어지게 먹으며 놀던 곳. 어느 날은 부서에서 관광버스를 대절해 단체로 놀러갔던 곳도 나왔다. 불국사 넓은 계단에 차례로 앉아 단체사진을 찍고, 삼삼오오 몰려다니며 유적을 구경하는, 그리고 친구들과 각양각색의 포즈를 잡으며 사진 찍는 꿈.

또 어떤 꿈은 현장에서 기계를 보며 옆 친구와 수다를 떨었다. 얼마나 재미있게 얘기를 하는지 실이 끊어져 롤러에 감기는 것도 모르고 있다. 롤러에 감긴 실을 갈고리로 뜯어내고 뜯어내도 뭉친 실은 똑같아 씨름을 한다. 그때 억센 팔이 내 손을 잡고 흔들었다. 또 꿈을 꾸었다. 잠을 자면서 계속 이불을 쥐어뜯고 있어 남편이 깨웠다고 했다. 무슨 꿈을 꿨는지 궁금해 하는 남편에게 멋쩍게 웃으며 "기분 좋은 꿈!"

꿈을 꾸며 깔깔대는 나를 처음엔 이상하게 생각하던 남편은 그렇게 웃는 꿈을 꾸니 부럽다고 했다. 꿈속에선 원풍 9·27의 억울하고 분한 악몽도, 강제 사표를 내고 작은 공장을 전전하며 힘들고 고생스러웠던 기억도 없다. 그리운 이들은 꿈속에서 언제나 행복하고 즐거웠다. 그러나 꿈을 깨고 나면 그 얼굴들이, 원풍이 떠올라 금방 우울해진다. 몽둥이를 들고 싸움을 도발해온 폭력배들은 남고, 우리는 왜 억울하게 쫓겨나야 했는지. 그곳에 남은 그들에게 왜 그랬냐고, 그래서 당신들이 얻은 것은 무엇이냐고 묻고 싶다.

예고된 싸움

1982년 9월 27일, 갑자기 도발해온 폭력배들에 맞서 싸운 4박5일 단식농성. 마지막 날인 10월 1일 새벽, 회사 정문 앞에 하나로 뭉쳐있는 우리는 어림잡아 50여 명. 내 눈으로 직접 보고 있어도 믿기지 않는 현실이었다. 농성장에 있었던 6백 명이 넘는 사람을 새벽에 몽둥이를 들고 쳐들어온 폭력배들이 순식간에 끌고 나갔다. 단식농성을 하면서 죽을 수도 있다는 생각을 해본 적은 없다. 그러나 그 새벽 미쳐 날뛰는 폭력배들에게 꼼짝없이 맞아 죽을 지도 모른다는 생각이 들었다. 몽둥이와 발길질에 뒤엉킨 비명소리는 끔찍한 공포와 두려움을 가져왔다. 그러나 끌려가지 말고 버텨야 한다는 생각뿐이었다.

정문 밖 큰 도로엔 지나가는 사람도, 자동차 한 대도 없는 어두운 새벽이었다. 거대한 괴물 같은 어둠이 우리를 세상으로부터 분리하고 있는 것 같았다. 세상은 새벽 단잠에 취해 있는데, 우리는 폭력배와 마지막 결전을 치르고 있었다. 떨어지지 않으려고 앞사람의 허리를 두 팔로 껴안았다. 흩어지면 죽고 동료의 손을 놓치면 끝이라는 생각밖에 없었다. 폭력배들의 육두문자와 발길질이 난도질하듯 쏟아지던 순간 정문이 양 옆으로 활짝 열렸다. 그들은 뒤에서 빗자루로 쓸듯 우리를 정문 밖으로 밀어냈다. 50여 명이 한 덩어리처럼 뒤엉켜 비탈을 쓸려 나가며 뒹굴었다.

진저리를 치며 눈을 뜨니 회사 근처 길바닥이었다. 아직 문을 열지 않은 상가들은 인기척도 없고, 길가의 낙엽과 쓰레기가 바람에 쓸려 다녔다. 옷에 묻은 흙먼지를 털며 일어났는데, 농성장에서 며칠을 뒹군 회색 작업복은 엉망이었고 얇아서 몸이 떨렸다. 기절한 사람들을 정문에서 보이지 않는 길바닥에 버리다니, 우리가 쓰레기란 말인가. 분노와 허탈감에 눈물도 나오지 않았다.

어디로 가야 하나? 돈 한 푼 없는 이 몰골로 갈 곳이 없었다. 자취하는 친구 집을 찾아 대림동 골목길을 걸었다. 친구의 옷을 빌려 입고 산선을 오가며 회사에서 공지한 추석 연휴기간 동안 출근투쟁을 준비했다. 우리는 회사에 잘못한 것도, 회사를 그만 둔 적도 없다. 우리가 자랑스러워하고 즐겁게 생활했던 일터를 폭력배들에게 뺏길 수는 없었다. 폭력에 노조를 빼앗기고 폭력배들에게 끌려나온 현장을 되찾고 다시 돌아가야 했다.

출근투쟁

10월 7일, 추석 연휴가 끝나고 첫 출근 날, 약속된 시간에 회사 정문 앞으로 모였다. 정문과 경비실 주변을 폭력배들과 남자 사원들이 겹겹이 에워싸고, 전투경찰도 도로변까지 늘어서 있어 위압적이었다. 그들을 뚫고 출근을 시도했으나 실패하자 모두 정문 앞에 앉아 농성을 했다. 누군가 미리 준비해온 노동조합 탄압에 대한 성명서를 읽었다. 폭력배를 처벌하고 노조를 원상 복귀하라는 구호를 외치자 경찰 간부가 마이크를 들고 해산을 종용했다. 정문 앞엔 9·27농성과 관련해 38명을 해고한다는 명단이 붙어 있었다. 회사 측은 명단에 없는 사람은 앞으로 노조활동을 하지 않겠다는 각서를 쓰고 출근하란다.

적반하장이었다. 노동조합을 침탈하고 조합장을 감금해 사직서를 강요하다 기절하니 화곡동 쓰레기장에 버려놓고, 폭력배를 동원해 조합원들을 무자비하게 때려 다치게 하고, 언론을 동원해 우리를 빨갱이 집단이라고 매도한 자들이, 우리는 노조를 지키려 폭력에 비폭력 단식농성으로 맞섰을 뿐인데, 저들은 회사를 도산시키려 데모한다고 거짓 뉴스를 내보냈다. 그런 엄청난 거짓을 세상에 떠들어 대던 파렴치한 폭력배들에 대한 처벌도 없이 노조활동을 하지 않겠다는 각서를 쓰라고하니 기가 막혔다. 우리는 먼저 공개사과하고 법을 지키라며 구호를 외쳤다.

"폭력배는 물러가라", "노조를 원상복구시키고 폭력배를 처벌하라", "노동조합 탄압을 중지하라", "인간답게 살고 싶다, 노동삼권 보장하라." 우리의 구호가 계속되자 폭력배 대신 경찰이 나섰다. 그들은 열을 맞춰 오더니 우리를 회사 앞에서 도로 반대편까지 밀어내고 끌어냈다. 그들과 몸싸움을 하며 농성을 하다 자진해산을 해야 했다. 영등포산선에서 원풍사태 규탄집회가 예정되어 있었기 때문이다. 우리는 흩어지지 않고 신길동을 지나 영등포산선으로 행진했다. 영등포시장과 영등포역 방향에는 이미 많은 대학생들이 모여 시위를 하고 있어 우리도 합류했다. 그날 우리 조합원들과 대학생들이 많이 연행되었는데, 다음날 조합원 여러 명이 구류를 받고 대학생 4명이 구속되었다.

10월 13일, 또다시 출근 투쟁을 시도했는데 구호를 외치자 전투경찰이 달려들었다. 200여 명의 조합원은 군홧발과 몽둥이를 맞으며 경찰버스로 끌려갔다. 기동대 버스 2대에 콩나물시루처럼 실려 가는 동료들을 보며 발만 동동 굴렀다. 흩어져 있던 동료들과 산선으로 와서 소식을 기다려야 했다. 다음날 모두 돌아 왔는데, 2명이 구속되고 여러 명이 구류에 넘겨졌다고 했다.

왜곡보도 하는 언론에 대응할 방법은 사람들에게 직접 호소문을 돌리는 방법밖에 없었다. 산선에서 아침을 먹고 나면 삼삼오오 호소문을 가지고 나가 전철에서도 돌리고 성당이나 교회를 찾아 갔다. 국회의원 사무실도 찾아갔지만, 해결방법은 없었다. 노조 간부 8명이 구속된 상황이었다. 우리가 할 수 있는 일은 흩어지지 않고 각계각층에 열심히 호소하는 것 외에 달리 방법이 없었다.

어느 날 연락을 받고 집에 갔더니, 영등포경찰서와 고창경찰서에서 언니와 오빠들을 찾아다녀 힘들다고 했다. 내가 힘든 건 참을 수 있지만 형제들을 들볶으니 버티기가 힘들었다. 사표를 내지 않는 한 그들은 계속 형제들을 찾아와 강요하고 협박할 거라고 했다. 공권력은 개인을 압박할 때 어떤 방법이 가장 잘 먹히는지 알고 있었던 것이다. 결국 그들의 집요함에 나는 회사에 사표를 낼 수밖에 없었고, 비로소 기숙사 짐도 찾을 수 있었다.

정사과에서 일하는 게 좋았다

내 고향은 전라북도 고창이다. 100여 가구가 살던 우리 동네는, 정 중앙의 우리 집을 기준으로 행정구역이 나뉘었다. 우리 집 방부터 동네 절반은 고창이고, 부엌부터 동네 절반이 정읍에 속한다. 나는 이곳에서 1960년 4남3녀 중 여섯째로 태어나 17살이 되던 1978년 서울로 올라왔다. 큰오빠와 대림동에서 생활하며 영등포에 있는 삼성새마을학교에 다녔다. 일반학교와 달리 직장 다니는 사람들이 다니는 학교이다 보니 내 또래도 많았지만 언니들도 많았다. 나는 같은 반 친구와 언니들을 통해 원풍모방을 알게 되었다.

다음해인 1979년 3월, 직업훈련생으로 원풍모방에 입사했다. 원풍모방은 다른 회사보다 인기가 높아 소개자가 없으면 취업이 어렵다고 했다. 노동조합 덕분에 근무조건이나 복지가 잘 되어 있다고 소문이 나서 그렇단다. 나를 소개한 친구 언니는 정사과에 근무하던 조간난이었는데, 계영우 계장의 이름을 쓰라고 했다. 직업훈련장은 정사과 2층에 있었는데 3개월 교육을 받고 부서에 배치된다고 했다. 교육을 받는 동안은 아침 9시에 출근해 저녁 6시 퇴근이라 여유가 많았다. 노조지부장이나 부지부장이 와서 노동조합에 대한 교육도 했다. 회사 내 각 부서와 시설물을 둘러보며 구경하고, 하는 일을 설명 들었다.

그렇게 부서를 둘러보니 다른 부서보다 기계가 크지 않고 소음도 심하지 않은 정사과가 마음에 들었다. 그러나 교육을 수료하고 처음 배치 받은 곳은 소모과였다. 그곳은 양털을 들여와 작업하는 첫 공정이다. 당연히 소독하고 탈취하는 과정에서 눈과 코, 입, 귀 등 얼굴에 있는 구멍이란 구멍으로 먼지와 냄새가 들어가니 머리가 아팠다. 피부도 가렵고 연신 재채기를 해댔다. 처음엔 버티려고 노력했으나 도저히 안 되겠기에 부서를 바꿔 달라고 요청했다.

다행히 요청이 받아 들여져 정사 C반에 배치되었다. 정사과에서 하는 일은, 정방에서 들어온 실패에 감긴 굵은 실을 가늘게 꼬는 작업이었다. 내가 정사과에 근무하고 얼마 안 되어 자동화기계로 교체했는데, 기계를 교체하면서 노동강도가 높아졌다.

다른 부서는 기계가 집채만큼 크거나 높아서 보기만 해도 위협적이고, 고막을 찢을 것처럼 소리도 컸는데 정사과는 달랐다. 기계는 보통사람 허리 정도 오는 높이였지만 굉장히 길었다. 연사기계는 아래 롤러가 있어 실을 계속 꼬아 주는데 실이 끊어지면 롤러에 감긴다. 우리가 하는 일은 롤러에 감긴 실을 떼어 내고 끊어진 실을 다시 이어주는 것이다.

한번은 김영자라는 동료가 작업 중에 롤러에 감긴 실을 떼어내다 손이 딸려 들어가는 사고가 발생했다. 살점이 떨어져나가 병원에서 엉덩이 살을 떼어 이식수술을 받았다고 했다. 그러나 손가락은 정상으로 돌아오지 못해 회사를 그만두었다. 현장에서 작업하다 동료들의 사고 소식을 들으면 겁이 났다.

당시 「선데이 서울」이라는 유명한 주간지가 있었는데, 누가 가지고 와서 내 사진이 났다고 보여줬다. 산업현장에 대한 이야기와 함께 사진이 실렸는데, 정사과에서 작업하는 내 얼굴이 있었다. 나도 모르는 사이 기자가 들어와 찍었나보다. 유명 잡지에 난 내 사진을 보니 좋은 것도 싫은 것도 아닌 게 기분이 묘했다. 70년대까지만 해도 우리나라의 봉제산업과 섬유산업은 호황이었다. 그런데 80년대 들어 전자 쪽으로 중심이 옮겨 가면서 하향 길로 접어들었다. 경제상황과 관련해 그런 내용을 다룬 기사였던 걸로 기억한다.

기숙사 생일파티와 선물

원풍에 입사하면서 기숙사에 들어갔다. 내가 있던 방은 301호였는데 우리 과 상집간부였던 양분옥 언니와 같은 방에서 생활하게 되었다. 분옥 언니는 체격도 좋았고 하얗고 동그란 얼굴이 예뻤다. 작업복 상의에 여학생 교복처럼 하얀 칼라를 항상 붙여서 입고 다녔다. 회사에서 지급하는 작업복은 남자와 여자가 똑같은 회색인데 하얀 칼라를 달고 있으니 전혀 다른 느낌을 주었다. 또한 모두가 고무재질로 된 하얀 작업화를 신었는데 언니만 하얀 남자 고무신을 신고 다녔다. 깔끔한 성격과 멋쟁이다운 자신만의 작업복 스타일을 갖추고 다녔던 분옥 언니가 생각난다.

또한 기숙사에선 그 달에 생일이 있는 사람들을 모아 1층 강당에서 파티를 열어 주었다. 기숙사자치회에서 주관했는데, 생일 파티를 하는 날은 노조에서 간부들도 참석했다. 기숙사에 입소하고 처음으로 맞이한 생일에 파티를 해준다고 하니 정말 좋았다. 케이크에 촛불을 켜고 노래도 부르고 박수를 치며 장기자랑도 했다. 방 지부장님이 노래를 불렀는데 정말 잘 불러서 흥이 오른 사람들이 나와 춤도 추었다. 선물로 목욕 수건을 받았는데 방에 와서 펼쳐보니 몸을 감쌀 정도로 큰 것이었다. 지금도 낡았지만 버리지 못하고 그 수건을 가지고 있다.

연말에는 자치회 주관으로 바자회를 열었다. 손재주가 좋은 사람들이 많아 옷이며 생활소품 등 수를 놓거나 실을 떠서 못 만드는 게 없었다. 그날은 금남의 집 기숙사 1층을 개방해 외부 사람들도 와서 구경을 했다. 작품을 출품할 때는 다들 걱정을 하지만 행사가 끝나고 나면 모두 팔려서 남지 않았다. 자치회에선 출품한 사람들에게 재료값을 줬고, 수익금은 모두 어디 어디에 기부했다고 보고를 했다.

현장과 기숙사에서 친구들을 사귀면서 소모임에 가입했는데 7명이었다. 원풍에 있는 어느 소모임이나 그렇듯, 우리도 산선 프로그램을 이용하며 취미생활을 했다. 요리도 배우고 꽃꽂이도 배웠다. 멤버들과 또래들이 그렇듯 산이나 바다로 놀러가기도 하고, 생일 때마다 생활에 필요한 물건을 선물하기도 했다. 노조에서 하는 교육에 참석하면서 소모임이 얼마나 중요하고 우리의 역할이 무엇인지도 알게 되었다.

결 혼 과   양 곡 사 업

26살에 사촌언니가 남자를 소개해 청량리에 있는 맘모스 다방에서 만났다. 남편의 첫인상도 괜찮았고 얘기를 나누다 보니 성격도 괜찮아 1985년 12월에 결혼했다. 시아버지는 고향인 정읍에서 정미소를 운영하셨는데, 자식들이 가업으로 이어가길 원했다. 그러나 위로 두 아들이 도통 관심이 없자 셋째인 남편을 설득하셨다. 결국 남편은 직장을 그만두고, 우리는 정읍으로 내려와 터를 잡았다. 시아버지에게 정미소 운영과 기계 다루고 고치는 기술을 남편은 착실히 배웠다. 그러나 시아버지는 정미소를 물려주면서 빚도 함께 물려주셨다. 가을 곡식 가마 쌓아 놓은 것 같은 그득한 빚을.

정미소 일은 먼지와 곡식 껍질을 뒤집어쓰며 하는 일이다. 눈과 코와 입으로 곡식이 일으키는 먼지가 들어와 종일 목구멍이 칼칼하고 따가웠다. 일을 마치고 나오면 횟가루를 뒤집어 쓴 것 같았는데, 남편과 나는 부지런히 일해 빚을 모두

청산하고 남편 친구와 공동으로 곡식을 소포장해 농협에 납품하는 일을 했다. 나중에 따로 독립을 했는데, 해마다 신용을 얻으며 확장해 나갔다.

농촌일은 출근과 퇴근이 따로 없다. 해뜨기 전 꼭두새벽부터 어둠이 짙게 내려앉을 때까지 일을 한다. 처음 수작업으로 시작한 일은 자동화 시스템을 구축해 수월해졌다. 사업이 확장되면 사람이나 기계로 인한 사건 사고가 생기게 마련이고 그럴 때마다 어려움을 겪었다. 대부분 농촌이 그렇듯 우리도 동남아 사람을 고용해 함께 일하고 있다. 1년 단위 계약이라 그동안 우리 집을 거쳐 간 사람도 꽤 많다. 태국에서 온 친구는 해마다 계약을 갱신하면서 동생까지 데려와 3형제가 함께 있다. 5년을 함께 하다 보니 좋은 일, 궂은 일을 함께 나누며 가족처럼 지낸다. 나의 두 아들 중 큰아들이 함께 일을 하며 배워 3대째 가업을 이으려 한다. 작은아들 부부는 웨딩 관계 일을 하며 사업을 잘 키워 가고 있다. 모든 부모가 그렇듯 자식들이 꽃길만 걷길 기도하는 마음으로 지켜보고 있다.

원풍에서 '민주화운동 관련자 명예회복 및 보상법'에 따라 신청을 한다는 연락을 받았다. 한창 양곡 일로 바쁠 때였다. 농촌에서 양곡 수매 시기는 눈코 뜰 새 없이 바쁘기도 하고 예민할 때다. 원풍동지회에서 많은 노력을 기울이며 힘들게 준비하는 일인 줄 알면서도 나는 신청 시기를 놓쳤다. 사는 게 정신없어서, 라는 변명으로 스스로를 다독였지만 많이 미안했다. 그런데 뒤늦게 국가폭력으로 인한 배상소송을 제기해 다시 기회가 주어졌다.

원풍에서 불법적이고 폭력적인 것에 맞섰던 일들은 누가 시켜서 할 수 있는 일이 아니었다. 노조를 통해 옳은 것은 옳다고 배웠고, 그렇게 믿었기 때문에 할 수 있는 일이었다. 그런데 회사는 국가권력을 등에 업고 폭력으로 우리를 끌어내고 해고했다. 오랜 세월이 흘렀지만 이제라고 국가폭력을 인정하니 가슴속 한이 풀리는 것 같다.

1982년 9·27사건으로 우리는 원풍이란 일터를 잃었지만, 그 후 36년이란 오랜 세월 함께 가는 원풍 식구들을 얻었다. 나에게 바람이 있다면, 늘 그리운 원풍 식구들과 오랫동안 함께하는 것이다.

사람 사는 냄새가 좋았다

노금순

_____1958년, 충남 공주에서 맏딸로 태어났다. 1978년 2월, 원풍모방에 입사하여 가톨릭노동청
년회 활동을 했다. 1979~81년까지 전방 B반 대의원 활동을 하였고, 1981년에는 노조 상무집행위원으
로 활동하였다. 1982년 9·27사건으로 수배되었다가 그해 11월 경찰에 연행되어 구류 20일을 살았다.
2007년, 민주화운동 관련자로 명예회복이 되었다. 현재 원풍동지회 총무로 활동하고 있다.

나는 1958년, 충남 공주에서 농사를 짓는 부모님의 5남매 중 큰딸로 태어났다.
시골부자는 일부자란 말이 빈말이 아니었다. 나는 초등학교에 입학하기 전부터
눈만 뜨면 농사일을 거들었다. 부모님은 논농사와 담배농사를 많이 지었고, 거
기다가 누에까지 쳤다. 부모님은 농번기가 되면 맏딸이었던 나를 불러 모자라는
일손을 충당했다. 농사일을 거들다보면 그야말로 공부할 시간조차 없었다.

고등학교에 입학하였지만 농사일이 지긋지긋해 중퇴를 하고 서울로 올라왔다.
고등학교 2학년 추석 명절이었는데, 서울 구로동에 있는 한일합섬에 취직한 친
구가 세련된 옷차림으로 나타났다. 나는 그 친구가 부러웠다. 마침 한일합섬에서
공원을 모집한다는 말을 듣고, 어머니의 만류도 뿌리치고 서울로 와 한일합섬에
입사했다.

그런데 현장에만 출근하면 무슨 냄새가 지독하게 나서 더 다닐 수가 없었다.
지금 생각해보면 염색과에서 나는 냄새였던 모양이다. 결국 그곳을 그만두고, 다

른 공장에 들어가려고 여기저기 기웃거리며 돌아다녔다.

하루는 버스를 타고 구로공단으로 가고 있었다. 버스가 대림동 정거장에 정차했는데, 길 건너편 큰 공장 건물 담벼락에 붙어 있는 공원모집 공고문이 눈에 들어왔다. 원풍모방에서 공원을 모집하고 있었다. 다짜고짜 입사서류를 제출하고 면접시험을 보았다. 운이 좋게 합격했다.

노 동 조 합 활 동

그때가 1978년 2월, 내 나이 열여덟 살 때였다. 넓은 운동장이 있고, 기숙사가 높은 곳에 있어서 회사가 마음에 들었다. 배치된 부서는 방적과 전방 B반이었다. 작업현장을 모두 파악도 못하고 허둥대고 있던 즈음, 대의원이었던 김금자 언니가 노동절 행사가 식당에서 있으니 꼭 참석해야 한다고 했다.

나는 노동절 행사에서 무엇을 하는지도 모른 채 별 생각 없이 기숙사 방 식구들을 따라 행사장으로 갔다. 식당이 행사장이었는데, 노조 지부장이 나오자 그 넓은 공간에 모인 사람들이 모두 식당이 떠나갈 듯 박수를 쳤다.

그때 무슨 말을 들었는지 기억은 가물가물하지만, 노동자도 사람답게 살아갈 수 있는 세상을 만들기 위해서는 현재의 근로조건을 개선해야 하고, 그러기 위해서는 우리가 단결하여 힘을 키워야 한다는 내용이었다. 처음 듣는 말이었지만 왠지 가슴에 와 닿았다. 원풍에 잘 들어왔구나, 하는 생각이 들었다. 사람 사는 냄새를 맛본 느낌이었다. 행사를 미치고 기숙사로 올라가면서 한 방 식구였던 이혜영에게 물었다.

"아까 연설한 사람이 누구야?"

"응, 우리 지부장님, 노동조합에 근무하시는 우리들의 대표 방용석 지부장님이셔, 노조 사무실이 식당 옆에 있어. 시간 내서 가봐."

나는 다음날 혜영이가 일러준 대로 노동조합 사무실을 찾아갔다. 사무실 문을 열었더니 무엇보다도 책장이 먼저 눈에 들어왔다. 출입문 맞은편 벽면 가득 세워져 있는 6단짜리 책장에는 책들이 빼곡하게 꽂혀 있었다. 마치 도서관에 들어온 것 같았다. 그리고 가운데에는 15명 정도가 둘러 앉을만한 나무탁자와 접의자가 있었다. 노조 사무실은 3칸이었는데 지부장실과 소회의실이 있었다.

사무실에는 사람들이 몇몇 있었는데 처음 보는 나를 친절하게 맞아주었다. 나는 쭈뼛거리며 인사를 하면서 어제 단상에서 연설을 하던 그 분이 계신가 싶어 힐끔거렸지만 보이지 않았다. 그렇게 노동조합 사무실에 첫발을 디딘 나는 그 후로는 수시로 들락날락거리면서 책을 빌려 읽기도 하며, 이곳에 오래도록 다녀야겠다고 속으로 다짐했다.

노동절 행사가 계기가 되어, 그 다음부터는 기도회와 집회가 있으면 빠지지 않고 따라다녔다. 어느 날 친구가 종로5가 기독교회관에서 기도회가 있다며 함께 가자고 했다. 동일방직노동조합 똥물사건(동일방직복직투쟁위원회, 『동일방직 노동조합운동사』, 돌베개, 1985)을 규탄하는 기도회였다. 아무리 힘없는 노동자라고 해도 사람에게 어떻게 똥을 먹일 수 있단 말인가. 믿어지지가 않았다. 미개한 나라에서도 있을 수 없는 야만적인 일들이 우리나라에서 실제로 일어난 사건이라니 분노를 넘어 슬픔이 온몸에 스며들었다.

1979년 봄, 원풍모방에 입사한 지 1년이 지났다. 나는 노동조합 대의원선거에서 전방 B반을 대표하는 대의원으로 선출되었다. 우쭐하는 기분도 있었지만, 책임감을 갖고 심혈을 기울여 노조활동을 했다. 돌이켜보면 대의원으로 노조활동을 한 것이 내 인생을 한층 성숙시켜주었고 자존감을 높여 주었다. 현장 노동은 힘들었지만, 노조활동은 힘든지 모르고 했다. 하루하루의 삶 자체가 즐거웠다. 나는 1981년까지 3선 대의원으로 활동을 하고, 82년에는 노조 조직부장으로 상무집행위원회의 간부가 되어 해고될 때까지 활동했다.

원풍노조는 조합원들의 단결된 힘으로 유신의 칼날 아래서도 상대적으로 자유로이 활동했다. 그 시절에 원풍모방에 입사한 나는 노조활동이 재미있었다. 1979년 10월에는 악법도 법이라면서 유신헌법으로 노동자를 억압하던 박정희 대통령이 중앙정보부부장 김재규가 쏜 총에 맞아 유명을 달리했다. 정치권 안팎이 민주주의를 실현할 때가 왔다며 떠들썩했다. 원풍노동조합 집행부도 바쁘게 움직였다.

1980년 민주화의 봄

1979년 11월 24일, 서울 YWCA 강당에서 위장결혼식 사건(10.26사건 이후 통일주체국민회의가 간접선거로 대통령을 선출하겠다고 발표하자, 이에 반발하여 윤보선, 함석헌 등이 주도하여 YWCA 회관에서 결혼식을 가장하여 대통령직선제를 요구했던 사건)이 있었다. 유신헌법에 따른 대통령 간접선거에 반대하는 민주세력이 계엄령으로 집회가 불가능해지자 결혼식으로 위장하여 개최한 정치집회였다.

원풍노조 집행부는 그 집회에 참석할 것을 결정하고 소모임을 중심으로 연락을 했다. 나는 전방 B반 동료들 대여섯 명에게 함께 참석하자고 권유했다. 명동성당 주변에는 수많은 경찰이 삼엄하게 배치되어 있었다. 슬금슬금 경찰들의 동태를 살피면서 YWCA 강당에 들어섰다. 강당은 사람들이 빼곡하게 차 있었는데, '신랑 입장!'이란 소리가 들리는 듯싶더니 갑자기 아수라장이 되었다. 경찰들이 우르르 들이닥쳐 곤봉을 마구잡이로 휘두르며 연행해갔다. 다행히 나는 동료들과 무사히 빠져나와 기숙사로 돌아왔다. 그러나 원풍조합원 10여 명이 연행되어 조사를 받고 구류를 살았다.

이듬해인 1980년에도 나는 대의원으로 선출되어 크리스찬아카데미 하우스로 1박2일 교육을 갔다. 원풍노조에서는 해마다 대의원 선거가 끝나면, 선출된 전체 대의원을 대상으로 1박2일 수련회를 가졌다. 연수에서 만난 A, B, C 3개 반 대의원들은 여느 때보다 활기가 차 있었다. 연수원 주변은 진달래꽃과 개나리꽃이 만발하여 그 아름다운 봄날 풍경에 기분이 한층 더 고조되었다.

당시 대학에서는 학생들이 계엄령 해제와 유신잔당 퇴진을 요구하는 집회시위가 끊이지 않았고, 노동현장에서 억압되어 있었던 노동자들도 신규 노조결성이 늘어나고 있었다. 사회 각계각층에서도 국민기본권 보장을 위한 개헌을 소리 높이 요구하여 바야흐로 민주화의 꽃이 활짝 피어나고 있었다.

수련회가 끝나고 난 뒤 나는 하루하루를 바쁘게 보냈다. 소그룹 활동에, 가톨릭노동청년 모임에, 노동조합 교육에, 각종 집회 참석에 눈코 뜰 새가 없었지만 신이 났다. 어디에 가든 원풍모방노조에 속해 있다는 것이 자랑스러웠고, 거기에다 노조 대의원이었으니 우월감마저 느꼈다. 자존감이 충만했던 시기였다. 나만 그랬던 것이 아니라, 조합원 모두가 스스로 자랑스러웠고 희망에 차 있었다.

피로 물든 5월

1980년 5월 13일, 한국노동조합총연맹에서 '노동기본권확보 전국궐기대회'를 열었다. 당시 국회에서는 '헌법개정특별위원회'가 가동 중이었다. 한국노총은 박정희의 유신헌법을 지지하며 노동자들을 억압하던 상부조직이었으나, 민주화의 봄을 맞이하면서 노동자들의 불만이 터져 나오자 어쩔 수 없이 대회를 열었던 것이다.

경인지역 노동자 1천여 명, 동일방직 해고노동자, 원풍노조, 반도상사 등 민주노조 조합원들이 대거 참석했다. 주최 측이 행사를 진행한 지 10여 분만에 원풍노조 방용석 지부장이 마이크를 빼앗았다. 방 지부장은 이 대회가 형식적으로 끝나지 않고 진정으로 우리들의 요구가 관철되도록 할 것을 제안했다. 이에 참석자들이 동의하면서 대회장은 농성장으로 변해버렸다.

이 대회에서 원풍노조 조합원들은 에너지 넘치는 열정을 보여주었다. 철야농성으로 이어진 궐기대회에서, 어용노조 퇴진!, 노동기본권 보장! 등을 요구하였다. 원풍노조 조합원들은 대회장을 거의 주도하였으며, 기숙사가 텅텅 비어 있을 정도로 대부분이 참여했다.

하지만 전두환 신군부가 군을 동원할 우려가 벌어지는 긴급 상황이 예상되면서 '노동기본권확보 전국궐기대회'는 아무런 성과 없이 해산할 수밖에 없었다. 그리고 그 이틀 뒤인 1980년 5월 17일, 계엄령이 전국으로 확대되었고, 세상이 거꾸로 되돌아가는 사태가 벌어졌다. 전남 광주에서 계엄군이 발포하여 수많은 시민들을 학살한 것이다. 우리들은 이 사실을, 언론이 통제되어 티브이 뉴스에서는 방송되지 않아 노조 사무실을 통해 들었다.

비상계엄령이 확대되고 광주학살 소식이 퍼지면서 모두가 숨을 죽이고 있던 1980년 5월 25일경, 노조 상무위원회에서는 광주피해 노동자를 위한 모금운동을 벌이기로 결정하였다. 그 결정에 따라 한 치 앞이 보이지 않았던 암흑과 같은 시절에 그나마 모금운동에 참여할 수 있는 것만으로도 다행이라고 생각하며 스스로를 위로할 수밖에 없었다.

광주시민들을 무참하게 학살한 전두환 정권은 민주노동운동가들을 사회정화라는 명분으로 해고시키고, 수배령을 내리고, 구속하며 탄압을 가하기 시작했다. 방용석 지부장과 박순희 부지부장이 수배되면서 원풍노조도 위기에 직면했다. 계엄령이 언제쯤 해제될 것인지 감도 잡을 수 없는 살벌한 시대였다.

수배령이 내려져 공석이 된 노조 대표직을 이문희 씨가 지부장직무대리로 맡았지만, 단체협약 체결을 위한 노사교섭이 지지부진해지면서 노조의 앞날은 바람 앞의 등불과 같았다. 우리는 계엄령이 해제될 때까지만이라도 노조를 지켜야 한다는 마음으로 살얼음을 밟듯이 조심조심 지냈다.

한해가 막바지를 향해 가고 있는 12월 8일이었다. 이문희 지부장직무대리가 계엄사로 연행되면서 노조간부들이 줄줄이 소환되어 총 48명이 연행되었다. 그해 마지막 날에 48명 중 남성간부 네 명은 삼청교육대로 끌려갔고, 여성 상집위원은 부녀부, 쟁의부, 총무부, 조사통계부, 교육선전부 5명의 부장과 감사 2명, 대의원 3명 등 14명이 해고를 당했다. 이무술 교육선전부장이 해고를 당하지 않아 다행이었다.

새 로 운 시 작 과 좌 절

1981년 1월, 원풍노조는 상처투성이가 된 채 새해를 맞이했다. 1월 6일, 이무술을 지부장직무대리로 세우고 임시집행부를 구성했으며, 정기 대의원대회를 서둘러 개최하여 조직 체제를 정비하였다.

탄압의 고삐를 조여오던 노동부는 1980년 12월 31일에 개악된 노동관계법에 의하여 부산에 있는 원풍타이어공장의 화학노조와 원풍모방의 섬유노조를 통합하라는 지시를 내렸다. 노동부의 지시였기에 거부할 수 없는 노릇이었지만, 웃음도 안 나오는 세기적 희극이었다.

노동부는 원풍노조를 부산의 원풍타이어노조와 통합시켜 대표권을 타이어노조에 넘겨, 우리 노조의 단체교섭권을 박탈하려는 것이었다. 그러나 전체 조합원과 대의원 모두가 합심하여 지혜롭게 통합대회를 치르면서 원풍모방노조를 무력화시키려던 정부의 노조탄압을 통쾌하게 무산시켰다.

그런 크고 작은 탄압을 이겨내던 즈음, 이무술 조합장이 1982년 노동절을 앞두고 갑자기 사퇴를 하고 본래 작업장이었던 전방 B반으로 복귀하였다. 작업현장으로 복귀한 이무술 전 조합장을 두고 조합원들끼리 찬반론으로 간간이 의견이 갈리기도 했다. 개인적으로 이무술 씨는 나의 가톨릭노동청년회 선배였고, 부서에서는 물론 노조에서도 가까운 선배였다.

그러한 이무술 전 조합장이 갖가지 구설수에 오르는 것이 달갑지 않았다. 하지만 현직 상집간부로서 그저 조심스럽게 지켜볼 수밖에 없었다. 노동조합은 1982년 3월, 이무술의 조합장직 사퇴를 받아들이고 정선순 부조합장을 조합장으로 선출하여 집행부를 재정비하였다.

그러나 정부의 노조탄압은 갈수록 더욱 심해졌다. 구로공단의 콘트롤데이터 노조가 파괴되었다. 콘트롤데이터는 미국에 본사를 두고 있는 다국적기업이었는데, 노동조합의 임금인상과 단체교섭 협상 요구를 거부하였다. 이에 태업을 하였다는 이유로 노조 간부를 해고하고 기업주는 7월에 한국 공장 철수를 하여 노동조합이 자연적으로 소멸되었던 것이다. 콘트롤데이터 노조가 파괴됨으로써 70년대 민주노조는 이제 원풍모방노동조합만이 외롭게 버티고 있는 상황이 되었다.

마지막 저항

1982년 9월 27일, 남자들 100여 명의 넘는 구사대가 갑자기 노동조합 사무실로 쳐들어와 여성 조합원들을 밖으로 내몰고 조합장을 감금한 채 조합장직 사퇴를 강요하였다. 그들은 식당에서 식탁을 끌고 와 노조 사무실을 막았고, 그 앞에 남자 사원들이 서로 팔짱을 끼고 출입을 막았다. 구사대에 의해 노조가 점거되고 얼마 안 있어 어떻게 알고 왔는지 티브이 기자들이 우르르 몰려들었다. 그들은 "이렇게 쉽게 노조를 깰 수 있는 것을 왜 그토록 오랜 시일이 걸린 거지?"라고 쑥덕거리며 비웃었다.

정선순 조합장은 폭력배들에게 감금당했고, 박순애 부조합장은 노조 사무실 창문을 맨손으로 깨다가 손목을 다쳤다. 이옥순 총무는 구사대들이 밀어 넘어뜨려 머리가 깨져서 병원에 갔다. 노조 지도부가 텅 비게 되자 양승화 부조합장이 책임자가 되어 사태를 지휘했다.

그는 급박하게 상집회의를 소집하여 농성장을 이끌어나갔다. 합법적이고 비폭력으로 투쟁하자는 결의를 하였고, 조합원들에게 행동강령을 알렸다. 주요 행동강령은 단식으로 투쟁할 것, 출근시간에는 현장을 지킬 것, 전원 퇴근을 중지할 것, 노동조합을 되찾을 때까지 추석명절 귀향을 포기할 것 등이었다. 600여 명의 전체 조합원들은 노조 상집회의에서 결정한 행동강령을 따라 주었다.

단식을 하며 작업장에서 일을 하고 농성장에서 농성을 하던 조합원들은 단식 이틀째부터 지쳐가기 시작했다. 작업 현장인 정사과(실을 제조하는 방적과 공정에서 실을 완성하는 마지막 부서)의 기계 사이에 지쳐 누워있는 조합원들에게 이무술 전 조합장은 밥을 먹으면서 싸울 것을 강요하여 집행부를 어렵게 하였다.

다행히 조합원들이 집행부의 단식투쟁 결정을 지지하면서 갈등이 무마되었다.

단식 마지막 날 새벽이었다. 구사대들은 농성장에 스팀을 강하게 틀어 공기를 탁하게 만들어 조합원들을 지쳐 쓰러지게 하였다. 실신하여 업혀 나가는 사람, 가족들을 모아 농성장으로 들여 보내 끌려가는 조합원들, 그 틈에 구사대 2~3명이 달려들어 조합원들의 두 팔과 다리를 들고 밖으로 끌어냈다.

마지막 날 새벽에 얼마 남아 있지 않았던 우리들은 숨이 막혀 운동장으로 뛰쳐나와 서로를 꼭 끌어안고 회사 밖으로 끌려 나가지 않으려고 사력을 다해 버텼다. 잠깐의 정적이 흐르는 순간 누군가가 경비실 대형 유리창에 돌을 던졌는지 와장창 유리 깨지는 소리가 요란하게 났다. 그러자 구사대가 우르르 달려들어 우리들을 떼어내 끌어내려고 닥치는 대로 발로 차고 머리채를 잡는 등 폭력을 휘둘렀다. 안간힘을 쓰고 이를 악물어도 남자들의 완력을 당해낼 수는 없었다.

지 명 수 배

정신을 차리고 보니 대림동 길바닥이었다. 사방이 조용했다. 옆에 정영례가 쓰러져 있었다. 서로 토닥거리며 정신을 차리고 사람들이 모두 어디로 갔는지 찾아보자고 하면서 서로를 부축하여 일어섰다. 다리가 휘청거려서 걷기가 힘들었다. 엉금엉금 기어가다시피 하여 한독병원으로 갔더니 실신한 조합원들이 응급실, 병실, 복도에 즐비하게 누워있었다. 병원을 한 바퀴 돌고 양문교회가 생각나 그곳으로 갔다. 그곳에서 누군가가 쑤어온 죽이 있다면서 목을 축이라고 하여 먹었다.

죽을 조금씩 먹고 정신을 차린 조합원들은 교회 측에서 나가달라고 독촉하여 아무런 약속도 없이 뿔뿔이 흩어졌다. 나는 영례와 함께 방용석 지부장님 집으로 가서 정신없이 쓰러지고 말았다. 나중에 알게 된 사실이었지만, 영문교회에 죽을 들고 오신 분은 방 지부장님의 어머니였는데, 밤새 명인숙 선배와 어머니가 죽을 쑤어 우리들에게 먹인 것이었다.

그토록 단식으로 저항하면서 불법폭력에 점거당한 노동조합을 지키려 했으나 거대한 정부 권력의 비호를 받고 있는 구사대를 우리가 당해낼 수는 없었다. 어떻게 된 세상인지 불법폭력을 자행한 그들은 서울 바닥과 전국을 활보하고, 우리는 도망자 신세가 되었다. 흉악한 살인범만 수배 전단지에 얼굴이 찍혀 신문에 나고, 경찰서며 거리에 붙어있는 줄 알았는데, 내가 그 비슷한 꼴이 되었다.

　방용석 지부장님이 지인을 소개해주어 그 집에서 3,4일을 지냈지만, 수배자를 숨겨 주다가 발각되면 그 지인이 범인은닉죄로 위험해지기 때문에 오래 머물러 있을 수가 없었다. 하루살이같이 이 집 저 집으로 쫓겨 다니며 부서원들을 수소문하여 비밀리에 만나 조직을 챙겨야 했다. 그러나 경찰의 감시가 워낙 심했던 때라 그마저도 쉽지 않았다. 나중에 들은 이야기인데 부서 조합원들이 나 때문에 많은 고초를 당했다고 한다.

　경찰이 한밤중에 느닷없이 들이닥쳐 살림살이를 뒤지고, 경찰서에 연행하여 노금순이가 숨어 있는 곳을 대라며 거짓말을 하면 총으로 쏴서 죽이겠다며 바닥에 무릎을 꿇린 채 협박했다고 한다. 그 중 한 조합원은 그 후 현재까지 소식을 알 수 없어 안타깝다. 2007년, 민주화운동 관련자로 명예회복 신청을 할 때 연고지를 찾으려고 했으나 아직까지 소식을 모르고 있다.

뒷 수 습

　1982년 11월 12일, 서교동교회에서의 '원풍모방노동조합 탄압규탄대회'를 준비하던 중에 은신처가 발각되어 남부경찰서로 연행되었다. 당시 수배령이 내려진 상집간부들이 한 둘이 아니라서 그 모두가 남의 집에 숨어있기가 어려웠다. 고민 끝에 셋방을 하나 얻어 함께 지내고 있었는데, 어머니를 만나러 갔던 동료가 경찰에 발각되면서 은신처가 들통이 나 모두 잡혀 들어간 것이다.

　조합장과 부조합장 2명, 총무, 그리고 전 집행부였던 방용석 지부장님과 박순희 부지장님은 구속되었고, 그 외 간부들은 즉결에 넘겨져 29일 구류를 선고받았다. 나도 정식재판을 청구하여 구류 20일을 선고받고 남부경찰서 유치장에서 지내다가 석방되었는데, 그날 아버지가 와 대기하고 계셨다. 어쩔 수 없이 아버지의 손에 이끌려 고향집으로 갔다.

　아버지는 완고하신 성품이었다. 아버지는 "네가 해볼 만큼 다 해보았으니 이제 그만하고 시집이나 가거라"라고 말씀하셨다. 그 동안 긴장하고 쫓겨 다니는데 지쳐있어 마음 한편으로는 쉬고 싶다는 유혹이 있기도 했지만, 아버지 말씀이 귀에 들어오지 않았다. 그래도 내가 원풍노조의 조직부장이 아닌가, 하는 생각이 지칠 대로 지친 나를 일으켜 세웠던 것 같다.

여덟 명의 간부가 교도소에 갇혀 있는데, 고향에 그대로 눌러 있을 수가 없었다. 빼앗긴 노조를 되찾을 수는 없겠지만, 교도소에 있는 간부들이 석방될 때까지만이라도 조합원들과 함께 행동해야 한다고 생각했다. 영등포산업선교회에서 단체로 숙식하면서 일정표를 작성하여 프로그램을 운영하였다. 강의도 듣고, 요가 운동도 하고, 자체 기도회도 매일 진행하였다.

또한 두세 명씩 팀을 이루어 사회 각계각층을 방문하여 원풍노조에 대한 불법 폭력을 알리는 호소문을 돌리고, 억울하게 당한 우리의 상황을 호소하며 도움을 청했다. 그뿐 아니라 10여 명씩 조를 짜 현안에 대한 토론을 하면서 투쟁가를 짓고, 대중가요에 가사를 바꾼 노래를 부르기도 했다.

> 잊지는 말아야지 82년 9 · 27
> 폭력배를 동원하여 민주노조 파괴하고
> 우리 동지 매 맞고 쓰러지고 끌려갔네.
> 해고를 당했네.
> 너무도 억울해 역사는 그날을 증명하리.
>
> 우리는 외쳤네, 생존권 보장하라.
> 우리 노조 수호하다 구속당한 우리 동지.
> 금력과 권력과 언론이 합세하여
> 우리를 짓밟았네.
> 노동악법 철폐하라, 구속된 동지 석방하라.

구속자들의 재판이 시작되었다. 방용석 지부장님은 재판정에서 "재판장님, 가해자는 다 어디가고 피해자만 잡아다 놓고 재판을 하는 것입니까?"라고 따졌다. 지부장님의 변호를 담당했던 홍성우 변호사는 원풍 구속자들을 '일제 치하나 나치 독일에서나 있음직한 노동정책'의 희생자라고 항변했다.

증인석에 선 나는 김승년 검사의 거짓과 부당함을 지적하여 방청석에 있었던 조합원들이 폭소를 자아내기도 했다. 유명한 인권 변호사들이 최선을 다해 변론을 했지만 결과는 예상한대로 모두 실형이 선고되었다. 구속자들은 그해 광복절 특사로 모두 석방되었다.

행복한 삶

아버지의 성화에 못 이겨 1984년에 결혼을 하여 두 딸을 낳았다. 2001년, 국가로부터 민주화운동 관련자로 명예회복이 된 후 노동운동에 대해 이해를 해주던 남편이 2003년에 갑자기 심장마비로 사망하여 절망에 빠졌다. 당시 딸아이들이 학생이었기에 앞날이 캄캄했다. 아이들을 바라보며 수많은 밤을 지새우고 많이도 울었다.

당장 생활비를 벌어야하는 나는 김밥집에서 일을 해보고, 심지어는 다단계 장사도 했다. 작은 돈으로 가게를 내어 운영해 보았는데 영 신통치가 않았다. 그 뒤 학교 급식소에 들어갔고, 2016년까지 거기에서 일하였다. 최근에는 산모 도우미로 일하고 있다. 요즘 나는 결혼한 두 딸 사이에서 태어난 손주 세 명이 부리는 재롱과 커가는 모습에서 행복을 느끼며 살아가고 있다.

2008년에 민주화운동 관련자로 인정을 받고, 국가로부터 생활지원금도 받았다. 그 돈은 당시 생활에 곤란을 겪고 있을 때라서 큰 도움이 되었다. 나는 스스로에게 물어보고 답을 해본다. "나는 행복한가?"라는 질문에 쉽게 "예!"라고 답할 수는 없다. 하지만 "불행한가?"라는 질문에는 선뜻 "아니오!"라고 대답한다. 현재 나는 고단한 삶을 살아가고 있지만 나름 즐겁다. 결혼하여 행복하게 살아가는 두 딸의 가정을 옆에서 지켜보면서 일상의 고단함을 잊어버린다.

원풍 동료들도 어느새 나이 60을 넘어서고 있다. 세월이 정말 빠르기도 하다는 생각에 잠겨 그 옛날 원풍모방노동조합 활동을 하던 시절을 떠올리면서 흐뭇한 미소를 지어본다. 그때 그 시절이 참 좋았다.

신앙과도 같이 믿고 의지했던 노동조합을 빼앗긴 지 35년이란 세월이 흘렀다. 지금도 동지들을 만나면 그때를 회상하며 밤새워 이야기를 나눈다. 그런 오랜 인연이 내게 있어서 참 좋다. 추운 겨울 내내 광화문에서 만나 희망의 촛불을 함께 밝히고 웃을 수 있는 원풍 동지들이 있어서 행복하다.

사는 게 힘들다고
말한다고 해서

내가 행복하지 않다는 뜻은 아닙니다.

내가 지금 행복하다고
말한다고 해서
나에게
고통이 없다는 뜻은 정말 아닙니다.

이해인 수녀의 〈행복의 얼굴〉이라는 시에서 마음에 위로를 받는다. 그리고 그 시처럼 오늘도 나는 행복과 숨바꼭질을 하는 설레는 마음으로 기쁘게 살아가려고 한다.

056

내 인생의 축복

박상옥

──────1962년, 충북 청주에서 5남매 중 셋째로 태어났다. 1978년 9월, 공부를 하려고 원풍모방에 입사하여 이듬해 봄 중고등학교에 입학하여 소원을 이루었다. 노조에서는 탈춤반 회원으로 활동하였다. 1982년 9·27폭력사건 때 해고당했다. 2007년, 민주화운동 관련자로 명예회복이 되었고, 현재는 아들과 딸의 전폭적인 지지를 받으며 원풍동지회 운영위원으로 활동하고 있다.

나는 1978년 9월, 원풍모방에 입사했다. 원풍모방에 다니던 언니가 소개해주었다. 훈련기간을 마치고 바로 가공과 수정부에서 근무했다. 언니는 원풍에 들어와 원하던 공부를 하라고 했다. 가정형편으로 상급학교에 진학하지 못하여 애를 끓이던 내 마음을 진즉에 알고 있었다.

당시 나는 미성년자로 근로기준법에 저촉되는 나이였기에 이종사촌 언니의 이름인 '기순'으로 입사했다. 처음 한 동안은 누가 "기순아!"라고 불러도 다른 사람을 부르는 것으로 알고 얼른 대답을 하지 못하여 당황하던 때가 종종 있었다. 동료들에게 이름이 가명이란 사실을 밝힐 수가 없었고, 나이도 솔직하게 털어놓을 수가 없었다. 본의 아니게 거짓말을 하며 생활해야 해 양심에 찔렸지만 어쩔 수가 없었다.

입사하고 1년쯤 지난 뒤였을 것이다. 노조에서 남의 명의로 입사한 사람들에게 본인 이름으로 바꿀 수 있는 기회를 주어 그때부터 내 이름으로 살아갈 수 있었다. 그래도 나이는 솔직하게 이야기하지 못했다. 이미 두세 살 위의 동료들과 친밀하게 친구로 지내고 있었기에 털어놓을 수가 없어 전전긍긍하며 지냈다.

'원풍노조 9·27사건'으로 해고를 당하고, 긴 세월이 흐른 뒤에야 나는 내 나이를 속이게 된 사연을 털어놓았다. 동료들에게 솔직하게 고백을 하고 나니 속이 후련해졌다. 마치 몇 십 년 묵은 체증이 내려간 듯이 홀가분해졌다.

나를 성장시킨 탈춤 활동

원풍모방에 입사하고 이듬해 봄, 나는 삼성중고등학교에 입학했다. 직장에 다니면서 학교를 다니는 일은 쉬운 일이 아니었다. 그래도 교복 입고 책가방을 들고 학교로 향하는 발걸음은 하늘을 나는 듯 가벼웠다. 간절하게 바라던 공부를 하고 있다는 성취감 때문이었는지 일이 고단하다고 느껴본 적이 없었다. 일하면서 배우며, 노력의 결실이며 소원이었던 졸업식 날은 더할 나위 없이 기뻤다.

노동조합 사무실은 수정부에서 함께 근무했던 장형숙을 따라 처음 갔다. 형숙이와 함께 소모임 활동을 하게 되었고, 탈춤반에도 들어가 노동자 문화 활동에 참여하게 되었다. 탈춤반에서 활동했던 기억을 되돌아볼 때마다 나는 기분이 뿌듯해진다. 탈춤의 역사를 공부하고, 노동조합에 닥친 위기를 함께 고민하면서 대본을 쓰며 탈춤을 연습했던 시간은 참으로 알차고 보람이 있었다.

탈춤반에서 활동하며 나는 세상 돌아가는 이치를 바르게 볼 줄 아는 눈을 갖게 되었다. 노동자가 법적으로 누려야 할 권리가 무엇인지를 배웠고, 손과 발을 써서 일하는 육체노동이 부끄럽지 않다는 사실을 깨달았다. '공순이'라고 업신여기던 사회의 잘못된 시선에 당당하게 맞설 수 있는 자신감이 생기면서 원풍노동조합의 조합원으로 활동하는 것이 자랑스러웠다.

1981년 뒤늦게 참여한 탈춤반이었지만, 그렇게 그곳에서 나 자신을 당당하게 성장시킬 수 있었다. 특히 탈춤반은 노조에서 특혜를 받으며 활동하는 느낌이 있어, 남다른 자긍심과 책임감을 갖고 활동했다.

탈춤 공연을 할 때는 출연자의 한 사람으로 잘 해야 한다는 책임감도 있었지만, 조합원들에게 희망의 메시지를 전하는 역할이 중요하다고 느꼈다. 내가 탈춤반에 가입할 당시는 원풍노조가 전두환 정권에게 탄압을 받아 위기의식이 고조되던 때였다. 그래서 더욱 탈춤 공연을 통해 조합원들의 사기를 높이고 단결을 강화해야 한다는 소명의식이 있었다.

원풍노조에 대한 탄압

1980년 5월, 전두환 신군부가 권력을 장악하면서 원풍노조는 위기를 맞았다. 원풍모방의 작업장, 노조 사무실, 식사시간, 출퇴근 때 오가며 만났던 상집간부들이 전두환 정권에 의해 해고당했다. 노조간부의 뒤만 열심히 따라다니면 일터와 노조가 지켜질 것이라던 믿음이 크게 흔들린 것은 80년 12월이었다.

1981년 새해를 걱정과 한숨으로 맞았다. 하지만 노조간부들은 걱정했던 것보다 빠르게 집행부를 다시 수습하여 대의원대회를 치르고, 노동절 행사를 열어 조직을 추슬려갔다. 1982년 3월, 우리 부서의 대표 상집간부였던 정선순 언니가 조합장이 되었다. 노조 활동이 어려운 시절에 노조 대표가 되어서 걱정이 되기도 했지만, 한편으로는 뿌듯했다. 동료들은 한마음으로 조합장 선배를 잘 도와주어야 한다는 책임감을 갖고 있었던 것 같다.

9월 27일, 그날은 월요일이었다. "노조 사무실에 폭력배들이 몰려갔다!" "조합장이 감금되었다!"라고 누군가가 소리를 쳤다. 가슴이 덜컥 내려앉았다. 부당한 국가권력을 등에 업은 회사 측의 폭력에 우리는 맞서 싸울 수밖에 없었다. 노조 집행부에서는 정상적으로 근무를 하며, 합법적인 방법으로 단식투쟁을 하기로 선언하였다. 사흘만 일을 하면 추석명절이었다. 고향의 부모님과 형제, 친구들을 만날 생각에 들떠 있던 시기였다.

갑자기 벌어진 폭력사태로 회사는 전쟁터를 방불케 하였다. 600여 명의 조합원들이 4박5일간 단식과 비폭력으로 거대 국가폭력에 저항했던 농성장은 말로 표현할 수 없을 만큼 비참했다. 특히 생리대가 모자라 전전긍긍하던 상집간부와 동료들의 모습이 아릿한 기억으로 남아있다. 화장실을 갈 수 없어 임시 화장실로 사용하던 드럼통에 쓰고 버린 생리대와 오물들이 넘쳤던 농성장 풍경이 지금도 생생하다.

회사와 구사대는 수돗물조차 잠가 목마름을 견디어야 했고, 손도 씻을 수 없었다. 농성장 한 곳에 옹기종기 둘러앉아 있던 몇몇 친구들은, 농성장에서 나가면 가장 먼저 공장 맞은편에 있는 대림동 '삼우통닭'으로 달려가자고 했다. 먹음직스러운 전기구이 통닭과 시원한 맥주를 시켜 맛있게 먹자며 서로를 다독이며 배고픔을 달랬다.

9월 30일, 단식농성 나흘째 한밤중으로 기억된다. 한 차례 가족들이 들어올 때 구사대들이 동시에 진입하여 조합원들이 많이 끌려 나갔다. 여기저기 동료들이 끌려가면서 벗겨진 작업복과 신발들이 어지럽게 널려있던 빈자리를 바라보는 마음이 슬펐던 기억이 난다.

그 새벽 운동장에서

나는 10월 1일, 농성 닷새째인 마지막 날 새벽에 운동장에서 끌려 나왔다. 구사대들이 단수조치를 취하고, 이어 스팀까지 강하게 틀어 농성장은 덥고 습해졌다. 단식으로 비위가 약해져서 구토가 나고, 숨이 막혀 버릴 것만 같았다. 누군가가 운동장으로 나자고 했다. 동료들 다수가 끌려 나간 이후라서 운동장에 남은 사람은 그리 많지 않았다.

나는 옆 동료의 팔을 으스러지도록 꽉 낀 채 떨어지지 않으려고 발버둥을 치면서 버티었다. 어둠이 짙게 내린 추석명절의 새벽 공기는 싸늘했고, 언제 끌려 나갈지 모를 두려움이 몰려왔다. 나와 같은 생각을 하고 있던 사람일까, 투쟁가를 부르기 시작했다.

"자 흔들리지 않게 우리 단결해, 자 흔들리지 않게 우리 단결해…"

목이 터져라 악을 쓰듯 노래를 불렀다. 혹시라도 시민들이 알아주기를 간절히 바라서였다. 서러움에 복받쳐 불렀던 투쟁가는 회사 울타리를 넘어가지 못하는 것 같았다. 노래는 추석날 싸늘한 새벽 공기와 함께 오히려 우리 가슴을 파고드는 듯했다.

나는 〈흔들리지 않게〉를 부르며 폭력배의 우악스러운 손아귀에 잡혀 질질 정문 밖으로 끌려 나갔다. 정신을 차릴 겨를도 없는데 누군가가 "양문교회로 어서 뛰어가!" 하는 고함소리가 들렸다. 농성장에서 서로 끌어안고 있을 때는 무섭지 않았는데, 밖으로 끌려 나간 그 새벽의 어둠은 등골이 오싹해질 만큼 두려웠다.

거기다가 '어서 뛰어가!'라는 다급한 소리에 놀라 잠바와 신발이 벗겨져 맨발이었다는 것도 모른 채 미친 듯이 뛰었다. 누구엔가 잡히면 맞아죽을 것 같은 공포가 밀려왔다. 숨을 헐떡거리며 양문교회에 들어선 것까지만 기억이 난다. 아마도 바로 의식을 잃어버렸던 것 같다.

당시 나는 원풍모방 뒤편 의용촌에서 희순이와 자취를 했다. 10월 말경으로 기억하는데, 청주에서 어머니가 나를 찾아 서울로 오셨다. 엄마는 당장 집으로 가자고 했다. 사정을 이야기했지만 막무가내였다. 시골집으로 면장과 이장이 찾아와 '당신 딸이 빨갱이 물이 들어 데모를 하고 다닌다'면서 '경찰서에 잡혀가기 전에 집으로 데리고 오라'고 했다는 것이다.

그 시절 부모님으로서는 면장으로부터 '서울에서 공장 다니는 어린 딸이 빨갱이 물이 들었다'는 이야기를 듣는 것만으로도 기절초풍할 노릇이었다. 할 수 없이 어머니를 따라 집으로 갈 수밖에 없었다. 며칠 집에서 농성으로 지친 몸을 추스르며 쉬어가리라 생각했다. 그러나 날이 갈수록 화가 났다. 아무리 생각해도 억울하여 집에 그대로 주저앉아 있을 수가 없었다. 어머니께 서울에 다시 가야겠다고 설득하여 서울 동료 집으로 갔다.

내가 서울로 간 것을 안 면장은 부모님께 딸의 사표를 대신 내라고 협박을 했다. 딸이 하는 대로 내버려두면 경찰서에 끌려가 감옥살이를 할 수 있으니, 어머니가 서울 원풍모방에 가 사표를 제출해야 한다고 을렀던 것이다.

면장의 말을 곧이곧대로 믿었던 부모님은 겁에 질려 원풍모방에 가 사직서를 내고 퇴직금을 정리해버렸다. 그 사실을 뒤에 들은 나는 엄마가 왜 맘대로 내 사표를 냈냐고 울고불고 난리를 쳤다. 엄마는 '다 널 위해서 어쩔 수 없었다'는 말씀만 되풀이했다.

으쓱하게 해준 명예회복 인증서

나는 1987년에 결혼하였지만, 가공과 수정부에서 함께 근무하며 노조활동을 했던 동료들과는 친목계를 만들어 지속적으로 만났다. 나와 친구들은 해마다 '원풍노조 9·27정기모임'에는 거의 빠지지 않고 참여하고 있다.

2007년에는 민주화운동 관련자로 인정되어 명예회복 인증서를 받았다. 퇴근하여 집으로 들어서는데, 등기로 배달된 인증서가 기다리고 있었다. 가슴이 쿵쾅거리며 뛰었다. 며칠간은 말로 표현할 수 없는 기쁨으로 가슴이 두근거렸다. 평소 원풍동지회 모임에 참석하는 것을 달갑지 않게 여기던 남편에게도 인증서를 보여주며 자랑했다. 어깨가 으쓱 올라갔던 것은 두말할 필요가 없다.

아들과 딸은, 당시는 어렸지만 현재는 자녀들의 모임인 '꿈을 이어가는 사람들'에 참여하고 있다. 아들과 딸은, 2012년 자녀들의 1박2일 모임에 다녀와서는 엄마의 삶을 이해할 수 있어서 좋았다고 했다. 또한 함께 모인 자녀들이 서로 처음 만난 사람들인데도 친밀감을 느낄 수 있어 좋았다며 자녀모임에서 만난 또래들과 좋은 인연을 맺게 되었다고 했다.

아들은 '원풍노조 9·27정기모임'에는 매년 빠지지 않고 참석한다. 행사장에 미리 가 현수막을 걸어주고, 마이크, 탁자 등 행사에 필요한 도구를 설치하는 등 도움을 준다. 그런 아들을 지켜보는 엄마로서 참 뿌듯하고 자랑스럽다. 아들 동규는 "엄마! 원풍동지회 이모들은 참 특별한 사람들 같아요, 뭐랄까, 정신세계가 일반 사람들과 다른 것 같아요. 이모들이 엄청 똑똑하셔요!"라고 하여 나를 기쁘게 한다.

형숙이와 동료들에게 이끌려가 접하게 된 원풍노동조합은 내 인생길에 많은 선물을 주었다. 남보다 앞장서기보다는 뒤를 따라다니며 활동했던 수준이었지만, 원풍노조에서 배운 가치관은 50대 후반을 사는 오늘날까지 나에게 좋은 길잡이가 되고 있다.

아들은 나에게 '원풍동지회는 엄마의 인생살이의 소중한 끈으로 생각된다'고 말한다. 그래, 우리 아들 말이 맞다. 원풍노조 활동으로 내가 받은 가장 큰 선물은, 좋은 사람들과의 인연을 맺게 해 평생을 함께 할 수 있는 동지들을 얻은 것이다. 내 인생에 있어 이보다 더 큰 축복이 있겠는가.

아들 김동규가 엄마에게 –

엄마는 영화를 좋아하십니다. 그렇게 평소 집에서 영화를 많이 보시던 어머니가, 오랜만에 영화관에 가서 영화를 보고 싶다고 하면서 말씀하신 영화가 〈1987〉이었습니다. 엄마와 나는 바로 영화관으로 출발하였습니다. 영화를 보는 내내 원풍노조 이모들 생각이 났습니다. 어머니도 같은 생각이 나셨는지, 영화가 끝나고도 눈시울이 붉어져 바로 일어날 수가 없었습니다.

저에게는 단지 영화였지만, 어머니는 영화 속에서 민주주의를 위해 투쟁하는 학생, 노동자, 시민들 중에 한 분이었던 것입니다. 그런 생각을 하니 가슴이 먹먹해지고 화도 났습니다.

지금은 누구나 아무렇지도 않게 사용하는 단어 '민주주의'를 지키기 위해 원풍노조의 어머니들은 너무나 고통스러운 역사를 버티셨습니다. 조금 더 나은 세상을 만들기 위해 노력했던 고통이었습니다.

이 분들에게 국가는 단체교섭과 단체행동을 박탈하고, 부당해고와 부서이동의 보복조치를 취했습니다. 원풍동지회 모임에 갈 때마다 어머니들이 끈끈해 보였던 것은 이런 혹독한 상황을 함께 이겨냈기 때문이라고 생각합니다.

저희들이 어머니들께 많은 도움을 드릴 수는 없지만, 항상 잊지 않고 생각하는 게 있습니다. 어머니들 덕분에 저희들이 지금의 민주주의 시대를 살아가고 있어 진심으로 감사하다는 그 말씀입니다.

057

나 자신을 사랑하는 법을 가르쳐 준 곳

신현옥

_____1960년 충남 공주에서 태어나, 1979년 원풍모방에 입사하였다. 1982년 9·27국가폭력사건으로 해고당하였다. 2007년, '민주화운동 관련자 명예회복 및 보상에 관한 법률'에 의해 명예회복이 되었다. 2015년 2월, 대법원 국가배상소송에서 승소하여 해고 33년 만에 피해배상을 받았다.

뒷산의 그림자가 조금씩 걷히면서 회사 내에 서서히 햇살이 퍼지기 시작한다. 아침식사 시간이다. 직포과 쪽에서 회색빛 작업복을 입은 조합원들이 우르르 몰려 내려온다. 조합원들의 검은 머리 위에 햇살이 부서지고 얼굴에는 웃음이 가득하다. 박순희 부지부장님이 가운데에 서서 걸어오고, 그 언니를 중심으로 조합원들이 두런두런 얘기를 나누면서 앞서거니 뒤서거니 식당으로 들어간다.

뭔가 골똘히 생각하는 얼굴이며, 까르르 웃는 얼굴이며, 표정들이 다채롭다. 수다를 떨며 자유롭게 걸어가는데 소란스럽지가 않고 질서가 있다. 그 행렬이 방적과를 지나갈 즈음에 나도 슬며시 끼어들어 식당으로 간다. 내 머리 위에도 맑은 햇살이 빛나고 나도 모르게 어깨가 으쓱 올라간다. 아, 원풍모방노동조합 시절을 생각하면 늘 이 풍경이 떠오르고 가슴이 벅차오른다.

언제까지 공순이로 살아야 하나

나는 충남 공주에서 태어났다. 중학교 다닐 때 꿈은 외교관이었다. 정장을 멋지게 차려입고 비행기 트랩을 오르는 내 모습을 상상만 해도 기분이 좋았다. 하지만 나는 1960년대 베이비붐 세대의 가난한 농부의 딸이었다. 그저 중학교를 졸업하는 것만으로도 감지덕지할 처지였으니, 이루어지지 않을 꿈에 불과했다. 결국 고등학교에 진학하지 못하게 되자 크게 낙담을 하고 서울로 가서 돈이나 벌어야겠다고 생각했다.

1978년, 열일곱 살 때 서울에 올라갔다. 서울에서 돈을 잘 번다고 소문이 난 고향 언니를 따라 면목동 가발공장의 시다로 취직했다. 가발공장에서는 재봉틀로 박음질을 하는 기술을 익혀야 했는데, 나는 재봉틀이 무섭고 겁이 나 시다만 했다. 워낙 솜씨가 없어서 일을 못하기도 했지만, 생산직 노동자가 된 내 처지가 너무 싫었다. 사회적으로 업신여기는 '공순이'라는 사실이 견딜 수 없을 만큼 창피하고 자존심이 상했다.

작업장에서 시다 일을 하면서도 '내가 왜 여기에서 공순이로 살아야 하나?' 하는 생각뿐이었다. 부모를 원망하고, 세상을 원망하고, 못난 나 자신을 탓하면서 한숨만 내쉬며 아무 희망 없이 지루한 나날을 보냈다. 시시때때로 재봉사에게 시다 일도 제대로 못한다고 야단을 맞았는데, 어찌 보면 당연한 일이었다.

그러던 어느 날 저녁에 퇴근하고 기숙사에서 잠을 자려고 하는데, 현장 책임자가 들이닥치더니 다짜고짜 내 옷과 이불 보따리를 싸서 나가라고 했다. 나를 소개해준 언니가 다른 가발공장으로 갔는데, 그 언니에게 무슨 정보를 새나가게 했다는 것이 이유였다. 지금도 무엇을 내가 잘못했는지 모른다. 한밤중에 홍두깨라더니 영문도 모른 채 가발공장에서 쫓겨났다.

1979년 3월, 열여덟 살 때 원풍모방에 입사했다. 고종사촌 언니가 직포과에 오랫동안 근무했는데, 돈을 많이 벌어 시골에 땅을 샀다는 소문이 자자했다. 나도 그 언니처럼 돈이나 많이 벌어보고 싶었다. 다행히 수십 명의 합격자 명단 속에 내 이름도 들어있었다. 운동장도 커다랗고, 건물도 큰 회사에 합격했으니 기분이 좋았다.

그런데 막상 방적과 전방 작업장에 배치되자 실망이 컸다. 기계소리는 요란했고 솜먼지가 코와 입으로 막 들어가는 것 같았다. 그 무엇보다도 막일을 하는 노동자라는 사실이 싫었다. 기름이 덕지덕지 묻어있는 기계를 청소하고, 무거운 원료 톱을 들었다 놓았다 하는 공순이로 살아가는 내 신세가 처량했다. 사람들이 나를 천한 사람이라고 손가락질을 하는 것 같아 괜히 자존심이 상했다.

고향친구들과도 연락을 끊고 그야말로 머리카락이 보일까봐 꼭꼭 나를 숨기며 살았다. 나는 전방 동료들이 소모임을 함께 하자는 제안도 거절했다. 그들과 어울리기가 싫었다. 아니 공순이 티가 나게 몰려다니고 싶지가 않았다. 그래서 기숙사에도 들어가지 않고 방을 구해 자취를 했다.

'언제까지 공순이로 살아야 하나?' 하는 자괴감이 끊임없이 나 자신을 괴롭혔다. 어느 날, 여기저기 돌아다니다보니 고등학교가 눈에 들어왔다. 그 교문 앞에 멈추어 서서 교실에서 왔다 갔다 하며 웃고 떠드는 학생들을 보니 나도 모르게 눈물이 펑펑 쏟아졌다.

원풍노동조합에 끌리다

입사하고서도 방황하느라 옆 사람 얼굴도 제대로 익히지 못한 어느 날이었다. 나에게 기계 다루는 법을 가르쳐주던 언니가 3월 10일은 노동절이니 공장이 쉰다고 말해 주었다. 그리고 식당에서 노동절 행사를 하는데 참석하라고 알려주었다. 전체 조합원이 천칠백 명쯤 된다고 하더니, 모두 모이니 발 디딜 틈이 없을 정도로 식당이 꽉 찼다. 무대가 전면에 설치되어 있었고, 앞뒤 좌우로 자리가 없어 서 있는 사람들이 절반을 넘는 것 같았다.

처음 보는 풍경이라서 호기심을 갖고 구경은 했지만, 딱히 기억이 나는 부분은 없었다. 다만 노래자랑 시간이 생각난다. 어떤 사람이 무대에 올라가 〈단장의 미아리고개〉를 불렀는데, 얼마나 노래를 구슬프게 부르던지 가슴이 찡했다. 희한하게도 그 노래를 들으며 내 가슴에 맺힌 못 배운 한이 조금은 위로가 되는 듯한 기분이었다.

원풍모방은 전에 다니던 가발공장이나 전자부품을 조립하는 현장과는 아주 달랐다. 무엇보다 근무시간이 8시간이어서 좋았다. 전에 다녔던 곳은 12시간 노동은 당연했고, 퇴근시간조차 불분명했다. 한 두 시간 잔업은 예사로운 일이었고, 때로는 24시간 철야작업도 일방적으로 시켰다. 숙련공들은 미숙련공 부리기를 종 부리듯이 했고, 작업장 관리자들은 일하는 사람들을 발가락에 낀 때만큼도 여기지 않는 듯했다.

원풍모방은 똑같은 노동현장이었지만 차원이 달라보였다. 무엇보다 출퇴근시간이 정확한 것이 달랐다. 또한 노동현장의 동료들이 나같이 주눅 들어 있지 않았다. 먼지와 기계 소음이 가득 찬 현장이었지만, 사람들은 서로를 챙겨주고 무엇이 즐거운지 기계 소리가 요란한 그곳에서도 까르르 웃으며 활기차게 일했다. 현장 관리자들도 일이 서투른 나를 윽박지르지 않고 친절하게 잘 가르쳐주었다.

이제야 솔직히 고백하지만, 나는 늘 자신을 비하하고 엉뚱한 생각만 하느라고 일을 잘 하지를 못했다. 그런 나를 동료들이 감싸주고 토닥여 주었다. 전에 근무했던 노동현장과는 하늘과 땅 차이만큼 달랐다.

입사하던 해 가을이었을 것이다. 운동장에서 체육대회가 열렸다. 부서별로 청군과 백군으로 편을 갈라 축구, 배구 등의 시합을 했다. 우리 전방은 청군이었던 모양이다. 사람들은 노동조합에서 준 파란색 운동복을 입었다. 각 팀의 선수들은 열심히 경기를 하였고, 조합원들은 치어리더의 율동과 선창에 따라 열띠게 응원을 펼쳤다.

뒤풀이로 탈춤 회원들이 신명나게 사물놀이를 펼쳤다. 징소리와 북소리, 꽹과리와 장구 장단을 따라 강강술래같이 둥근 원을 그리며 운동장을 뛰었다. 학교 운동장보다 더 넓은 운동장에 모인 노동자 모두가 당당하고 활기가 넘쳤다. 나도 그 무리 속에 한 사람으로서 참여하고 있다는 사실이 참 뿌듯했다. 그때서야 어렴풋이 노동현장에서 육체노동을 하는 게 결코 비천한 것이 아니구나, 하는 생각이 들었다.

잔뜩 움츠렸던 가슴을 펴기 시작했다. 그 일이 있는 후 노동조합이 궁금해졌다. 책이 많다는 이야기는 오래 전에 들었던 터라 책을 빌려 보려고 노조 사무실에 들어갔다. 낯선 환경에 적응을 잘 못하는 성격이라 조심스럽게 출입문을 열고 주춤거렸다. 그런데 노조 사무실에 앉아있던 사람들이 오래 된 친구를 만난 듯 환히 반겨주었다.

나는 그렇게 노조 사무실을 들락거리게 되면서 노동하는 내가 창피한 것이 아니라는 사실을 조금씩 깨우쳐갔다. 어느 때부터인가, 공장에 다니는 것이 부끄럽지 않았다. 원풍모방노동조합의 조합원이라는 사실이 자랑스러웠다. 그저 선배들을 따라다니는 수준에 그치는 미약한 노조활동이었지만, 중학교 동창생들을 만나면 노동조합을 자랑하며 은근히 나를 드러냈다.

지금 그 시절을 되돌아보면 참 아쉬운 것이 많다. 무엇보나 나약하고 엉뚱한 생각으로 허송세월을 보내고 뒤늦게 노동조합의 중요성을 깨닫게 된 것이 못내 안타깝다.

1980년 5월

그해 5월 13일, 한국노동조합총연맹 강당에서 '노동기본권확보 전국궐기대회' 가 열렸다. 퇴근을 하면 동료들과 그곳으로 농성을 하러 갔다. 철야농성을 하였으니, 교대로 참석을 했다. 행사 내용은 잘 몰랐지만 내심 걱정이 되었다. 왜냐하면 당시 한국노총은 우리 노동자들을 대변하기보다는 독재정권의 앞잡이라고 알고 있었는데, 우리가 거기에 참석해서 궐기대회를 하면 어용노총의 위신만 세워주는 것이 아닌가 하는 생각 때문이었다.

그런데 그 생각은 기우에 불과했다. 대회장에서 노총 지도부는 힘을 쓰지 못했다. 원풍노조 방용석 지부장님과 민주노조 활동가들이 중심이 되어 대회를 이끌어갔다. 굉장히 통쾌했다. 당시는 무슨 영문인지 잘 몰랐는데, 여하튼 예정보다 대회가 일찍 끝나 아쉬웠다.

'노동기본권확보 전국궐기대회'가 해산한 지 며칠 지나지 않았는데, 전두환 신군부가 계엄령을 확대했다는 소식이 들렸다. 이어서 광주민주항쟁이 터졌고, 그 여파인지 노조 사무실에서 방용석 지부장님과 박순희 부지부장님을 만날 수가 없게 되었다.

그래도 계엄령이 해제되면 모든 것이 정상으로 돌아갈 것이라고 믿었다. 그러나 그해 12월, 노조 상근자인 이문희 지부장직무대리와 부지부장, 임재수 총무가 계엄사 합동수사본부로 연행되었다. 이어서 상집간부 전원과 대의원 등 48명이 연행되어 감금되었다. 군인들은 그해가 저무는 12월 31일, 14명을 강제 사직하게 하고 남자들 네 명은 삼청교육대로 보냈다. 여자들에게는 강제귀향 조치를 내렸다.

1981년 새해가 되었다. 전방의 반장이면서 상집간부였던 이무술 씨가 노동조합의 대표가 되었다. 14명의 노조 간부들이 해고를 당한 상황이었으니, 어려운 시기에 노조 대표를 맡는 것이 안타까웠다. 그러면서도 그 선배가 위기에 처한 노조를 잘 이끌어 갈 것이라는 믿음과 기대가 있었다.

하지만 1982년 3월, 이무술 조합장이 작업장으로 돌아왔다. 기대를 저버리고 일방적으로 조합장직을 사직하고 작업장으로 복귀한 것이다. 노조 집행부가 어떻게 돌아가고 무슨 문제가 있었는지 잘 몰랐지만, 불길한 생각이 들었다. 조직이 분열될 것 같았다. 현장에 돌아온 그는 묵묵히 작업만 하고 있지 않았다. 몇몇 조합원들과 뭔가 이야기를 나누는 듯 했는데, 분위기가 좋아 보이지 않았다.

결국 걱정했던 대로 그 사람들 중 몇몇은 '원풍노조 9·27사건' 당시 노동조합 집행부의 행동강령을 따르지 않았고, 폭력배들에게 굴복하여 각서를 쓰고 현장에 출근하였다. 그중 한 사람인 김××는 9·27사태를 왜곡 보도한 TV의 '원풍모방 극렬 노사분규'라는 기획보도에 나와 거짓 인터뷰를 하여 우리들 가슴을 멍들게 했다.

1982년 9월 27일

그날을 생각하면 〈고향의 봄〉 노래가 지금도 처량하게 들려오는 듯하다. 고향을 떠나 객지 생활을 하는 사람들로 하여금 향수에 젖게 하는 그 동요가 농성장에 울려 퍼질 때는 끔찍하게 듣기가 싫었다.

농성장에는 가공과에 근무하는 동생 신선옥도 같이 있었다. 고향집에는 경찰이 찾아와 딸 두 명이 불순한 사람들에게 잡혀 농성장을 못 나오고 있으니, 가서 데리고 와야 한다고 을렀다. 아버지가 걱정하자 큰오빠가 농성장에 찾아왔다. 오빠는 동생과 내 이름을 번갈아 부르며 찾았다. 동생과 나는 오빠에게 들켜 끌려갈까봐 허리에 둘렀던 마대를 머리까지 뒤집어쓰고 누워 숨죽이고 있었다.

나중에 오빠는 그 당시를 떠올리면서 "현옥이, 저 애는 나를 보더니 마대를 뒤집어쓰고 숨더라"라고 말했다. 오빠는 동생들을 확인했지만, 우리의 선택을 존중하여 주었던 것이다. 오빠는 경찰이 시골집으로 부모님을 찾아와 다그치기도 하고, 무엇보다 부모님이 두 딸을 걱정하고 있어 걱정이 되어 농성장에 들어온 것이었다.

마지막 순간은 정확하게 기억은 나지 않는데, 숨이 막혀 죽을 것 같아 운동장으로 나와 서로를 끌어안고 있었다. 구사대들은 얼마동안 비아냥거리며 약을 올리더니, 두세 명이 달려 들어 한 사람씩 정문 밖으로 끌어냈다. 나는 사지가 들린 채 발버둥을 쳤는데, 정문 밖에 이르러 사정없이 내던지니 속절없이 땅바닥에 고꾸라지듯 넘어졌다.

혼자 떨어져서 그랬는지 무척 춥고 허기가 몰려왔다. 농성장에서는 배가 고픈지, 몸이 아픈지 전혀 느끼지를 못했는데, 갑자기 배가 너무 고파 숨쉬기조차 힘들 지경이었다. 오직 빨리 밥을 먹어야겠구나, 하는 생각 외에는 아무 의식도 없었다. 경찰을 피해 골목을 돌고 돌아 자취방에 들어가자마자 쌀을 씻어 냄비에 담아 밥을 지어 허겁지겁 퍼먹고 그 자리에 쓰러져 잠이 들었다.

10월 중순 쯤 출근투쟁을 하던 때였다. 어느 날 경찰 두 명이 갑자기 자취방을 쳐들어왔다. 다짜고짜 방을 뒤지며 노금순 상집간부가 어디 숨어있는지 대라는 것이었다. 그들은 책꽂이를 훑어보더니 『자유냐 죽음이냐』, 『투쟁과 증언』 두 권을 압수해 갔다.

11월 15일이었다. 시골에서 아버지가 올라와 사표를 내고 집으로 내려가자고 하셨다. 고향에서 공무원들에게 시달리다가 못 견디고 오신 것이다. 사표를 낼 수 없다고 아버지를 설득했지만 소용이 없었다. 아버지의 손에 끌려 원풍모방 노무과로 갔다. 사표 사유에 '노사분규로 인하여 사직서를 제출함'이라고 썼다. 노무과장 김용회는 다시 쓰라고 했다. '노사분규로…'를 두고 몇 번이나 실랑이를 했다. 김용회는 '결혼으로 인하여'라고 써야 처리한다고 했다.

33년 만의 명예회복

나는 1984년 4월에 결혼을 했다. 이웃 동네에 살고 계시던 시아버지와 친정아버지가 사돈을 맺자고 약속을 했다. 아버지의 채근에 선을 본 후 바로 약혼을 하고 결혼을 서둘렀다. 그런데 고향 친구가 시아버지를 찾아가 "아저씨, 현옥이가 빨갱이 짓을 한 아이인데, 아들 결혼을 잘 생각해 보세요"라고 말했다.

시아버지는 혼자 고민을 하다가 읍내 지서를 찾아가 소장을 만나 "우리 집 며느리가 될 아이가 빨갱이 짓을 했다는데, 혼인을 시켜야 하는지 걱정이 된다"며 상담을 했다. 경찰은 무엇을 하던 사람이냐고 물었고, 원풍모방에 다녔다고 했더니 '빨갱이는 무슨 빨갱이냐? 사람만 괜찮으면 혼인을 시키라'는 말에 마음이 놓였다고 했다.

또한 충북대 학생이었던 막내 시동생이 부모님이 근심을 하고 있다는 말을 듣고는 정부에서 거짓말을 한 것이라고 말씀드려 안심을 하셨다고 한다. 남편은 정치성향이 보수적이었지만 별 다툼 없이 잘 살고 있다.

2007년, 원풍동지회 선배로부터 전화가 왔다. '민주화운동 관련자 명예회복 및 보상심의법'이 제정되었으니, 명예회복 신청을 하라는 내용이었다. 반가운 소식이었지만, 접수를 해야 하나 말아야 하나 망설였다. 왜냐하면 국가기관에 원풍모방 노조활동과 관련된 서류를 접수하면 자식들에게 피해가 갈까봐 걱정이 되었기 때문이다. 이제 나의 과거가 묻힌 것 같은데, 그 묻힌 과거가 다시 드러나면 자식들의 앞날에 해가 될 것 같았던 것이다.

자식들이 엄마의 오래된 과거 때문에 원하는 직업을 선택하지 못하는 것보다 내가 명예회복을 포기하는 편이 더 나을 것 같았다. 과거의 트라우마 때문인지 국가기관을 도무지 신뢰할 수가 없어서 겪었던 갈등이었다. 좀처럼 결정을 내리지 못하고 있는데, 동생 선옥이가 다그쳤다. 반드시 명예회복 신청을 해야 한다고, 뭘 걱정하느냐고 설득을 해서 결국 신청을 했다.

2008년, 마침내 '민주화운동 관련자 인증서'가 집에 배달되었다. 가슴이 두근거렸다. 인증서에는 "귀하는 대한민국의 민주헌정 질서 확립에 기여하고…"라는 구절이 적혀 있었다. 보상금은 받지 못했다. 부당한 국가의 처사에 화가 났다. 원풍동지회에서 그 결정에 부당성을 제기하였고, 내 명의로 소송도 제기했다. 결국 대법원까지 가며 법정 투쟁을 했지만 패소를 당했다. 분하기 이를 데 없었다.

피고 대한민국은…

하지만 원풍동지회는 그대로 물러서지 않았다. 2010년 10월, 국가가 저지른 폭력을 고발하여 법정에 세우자고 결의를 하고 국가배상소송을 제기했다. 그리고 국가배상소송을 제기한 지 5년 뒤인 2015년 2월, 대법원에서 승소판결을 이끌어 내었다. 해고를 당한 지 33년 만에 이룬 쾌거였다.

나는 솔직히 승소할 것이라는 기대를 하지 않았다. 다만 집행부에서 하는 일은 원풍노조활동 당시부터 신뢰를 해왔던 터라, 승소 여부와 관계없이 그만한 가치가 있을 것이라는 믿음이 있었을 뿐이었다.

남편은 대법원의 승소 소식을 듣더니, 도저히 현실에서는 불가능한 일을 해낸 대단한 사람들이라며 혀를 내둘렀다. 노동자가 국가를 법정에 세우고, 33년 전 까마득한 옛날의 사건을 두고 재판을 한다는 것은 계란으로 바위를 치는 격인데, 어떻게 살아온 사람들이기에 그런 일을 가능하게 만들어 갈 수 있는지 감탄스럽다고 했다. 내 어깨가 으쓱 올라간 것은 두말할 필요도 없다.

원풍노동조합에서 조합원으로 활동했던 과거가 현재의 내 삶에서도 보석이 되어 빛을 낸다. 나는 현재도 주위 사람들과 지역사회에서 모임을 갖고 있다. 그 사람들은, 내가 과거 원풍모방노동조합에서 활동을 했던 노동자라고 소개하면 감탄을 하며 나를 추켜 세워준다. 내가 잘 나서 그런 것이 아닐 것이다. 원풍노조가 1970~80년대의 군사독재에도 굴복하지 않고 민주노동운동을 앞장서서 했던 역사를 인정하기 때문이라고 믿는다.

나는 원풍노동조합과의 인연으로 세상의 정의를 분별하는 지혜를 배웠고, 나 자신을 사랑할 줄도 알게 되었다. 고난을 통해 내 인생의 자존감을 회복시켜 준 원풍동지회를 영원히 사랑하며 살 것이다.

058

정의로운 사람들과 함께

양미자

—————1960년, 광주광역시에서 1남4녀 중 셋째로 태어났다. 1978년 봄, 원풍모방에 입사했다. 결혼을 위해 1982년 7월에 사직하여 '9·27폭력사건' 해고자는 아니었지만, 정의로운 사회를 추구하며 정이 넘치는 동지들이 있는 원풍동지회 행사에는 빠짐없이 참여하는 회원이다. 현재 통인이삿짐센터를 운영하고 있다.

1978년 봄, 열아홉 살 때 나는 원풍모방에 입사했다. 그리고 4년간 근무하다가 1982년 7월에 결혼을 하기 위해 사직했다. 그러니까 나는 '원풍노조 9·27사건' 바로 직전에 퇴직한 것이다.

서울에는 1977년에 올라왔다. 실만 생산하는 섬유공장에서 1년간 근무하다가 원풍모방 직포과에 다녔던 언니의 소개로 원풍에 입사했다. 실 제조공장은 12시간씩 맞교대하는 시스템이었다. 야간근무 12시간을 꼬박 서서 작업을 하다 보면 다리가 통통 부어 걷기도 힘이 들었다. 야간작업이 고달프고 서러워 고향집으로 돌아가고 싶은 생각이 굴뚝같던 적도 있었다.

노동조건이 좋았던 원풍

원풍모방 작업장은 언니에게 들었던 대로 노동조건이 무척 좋았다. 아니 천국과 같다는 생각이 들 정도로 전에 다녔던 섬유공장에 비할 바가 아니었다. 하루

8시간 근무만 하니 기분이 날아갈 듯이 좋았다. 무엇보다 내가 근무했던 가공과 수정부는 야간근무가 없어서 정말 좋았다.

원풍에 들어와 크고 작은 꿈들이 많아졌다. 첫 월급을 타서 고향에 계신 어머니께 빨간 내복을 사 드렸고, 틀니를 해드리려고 돈을 모아 집으로 보내기도 했다. 송아지를 사드리려고 돈을 모으기도 했다.

8시간 근무로 시간적으로 여유로워지면서 배우고 싶은 욕구가 생겼다. 그러나 열아홉, 스무 살 나이답게 친구들과 어울려 기차를 타고 산으로 강으로 자주 놀러 다녔다. 지금은 사라진 풍경이 되었지만, 경춘선 열차를 타고 놀러 갈 때는 늘 가슴이 두근거렸다.

북한강이 흐르는 청평이나 대성리 유원지를 가려면 청량리에서 기차를 타야 했다. 그 열차는 우리와 같은 노동자나 대학생들, 그야말로 청춘들로 빼곡했다. 정해진 좌석은 아예 없었다. 열차 바닥에 둥그렇게 주저앉아 노래 부르며 게임 하며 깔깔거리며 오갔던 추억들이 새록새록 떠오른다.

원풍모방에서 가까운 관악산은 또 얼마나 많이 다녔던가. 어느 날, 3발이 고체 버너로 밥을 짓다가 불이 나 소나무 가지를 꺾어 허겁지겁 불을 껐던 아찔했던 기억도 재미있었던 추억으로 남아있다.

노동조합에 대한 기억

입사하던 해인 1978년 가을, 단체협약을 위한 노사교섭을 할 때 나는 노조가 왜 있어야 하는지 알게 되었다. 당시 노사교섭이 원만하게 진행되지 않았던지, 노조 사무실에 조합원들이 가득 모여 있었고, 방용석 지부장님이 무언가 말씀을 하셨다.

신입생이었던 나는 무슨 뜻인지 잘 알아듣지 못하였다. 회사와 맞서 투쟁하는 것 같은 분위기여서 나에게는 좀 낯설었다. 하지만 노동조합이 조합원들의 권익을 대변하는 곳이라는 것을 어렴풋이 알게 되었던 사건이었다.

가공과 수정부는 다른 부서와 달리 소모임 활동이 활발하지 않았던 것 같다. 더군다나 선배들이 노조 활동에 무관심하여 후배들과 종종 다툼이 있기도 했다. 양태숙을 비롯해 나이가 비슷한 또래들이 입사하면서 나는 그들과 함께 '개미'라는 소모임 활동을 하게 되었고, 차츰 노조의 중요성을 깨우쳐갔다.

내가 조합원으로서 책임감을 느끼게 된 계기는 1980년 노조가 탄압을 받았던 때가 아닐까싶다. 1980년 12월, 합동수사본부에서 군인들이 간부들을 연행해가자 노조가 위태로워지겠다는 생각이 들었다. 나는 그저 선배들만 믿고 따르기만 하면 선배들이 바람막이가 되어 조합원들의 권익을 지켜줄 것이라고 믿고 있었다.

그런데 노조가 바람 앞의 등불처럼 위태로워지자 그 누가 아닌 내가 노조를 지켜야 한다는 생각이 들었다. 그 즈음부터는 노조 사무실을 매일 갔다. 종로5가 기독교회관 목요기도회 역시 출근시간과 겹치지 않으면 자주 가서 여러 사람들의 소식과 정치와 사회 돌아가는 이야기를 들었다.

지금 생각해 보면 무엇을 얻어들으려고 열심히 참석했다기보다는 군부독재가 사라지고 민주화가 오기를 바라는 사람들과 연대하는 마음으로 그곳으로 달려간 것이 아닌가 싶다. 나는 노조활동에 대한 의식이 높은 것도 아니었고, 앞장서서 활동하지도 않았다.

그러나 '가랑비에 옷 젖는 줄 모른다'는 속담처럼 소모임 활동을 하면서 동료들과 함께 책을 읽고, 세상 돌아가는 이야기를 나누고, 노조 사무실에 자주 드나들다 보니 조합원으로서의 책임감이 알게 모르게 몸에 배게 되었던 것 같다. 더구나 노조 덕분에 천국과 같은 직장생활을 하고 있으니, 노조를 더욱 소중하게 지켜야 한다는 생각이 강했다.

결혼으로 인한 퇴사

1982년 7월, 그러니까 '원풍노조 9·27사건' 두 달 전에 나는 결혼을 하려고 사표를 냈다. 그리고 광주에 내려와 살다 보니 친구들과 연락이 끊겨 소식도 모른 채 3~4년을 지낸 것 같다. 집 전화도 없었던 시절이었으니 더욱 연락하기가 쉽지 않았을 것이다.

큰딸이 세 살 때 우리 집이 서울로 이사를 온 후에야 수정부 친구들을 만났다. 그때서야 비로소 원풍노조 탄압 파괴 소식을 들을 수 있었다. 노조가 파괴되었다는 소식은 충격이었다. 원풍에서의 소중한 추억과 흔적들이 몽땅 빼앗기고 사라진 느낌이었다.

동료들의 이야기를 듣고는 기가 막혔다. 4박5일간의 단식농성 이야기, 경찰과 공무원들이 동원되어 강제해고를 당한 이야기, 그 이후 블랙리스트로 취업을 못해 고생을 많이 했다는 이야기를 들었을 때는 너무 화가 나고 동료들이 안쓰럽던 기억이 난다.

나는 그때부터 '원풍노조 9·27사건' 정기모임에 거의 빠짐없이 참석하고 있다. 원풍노조가 파괴되는 그 현장에 없었고, 그래서 직접적인 피해자는 아니지만, 원풍노조는 나에게 소중한 사람들을 만나게 해 준 곳이고, 내가 세상을 당당하게 살아갈 수 있도록 자존감을 키워준 곳이다.

원풍노조는 나에게 노동자도 다른 사람들과 똑같이 대접받아야 할 권리가 있다는 것을 가르쳐 주었고, 무엇이든 노력하면 잘할 수 있다는 희망과 꿈을 꾸게 해준 곳이었다. 무엇보다 노조활동으로 인연을 맺은 좋은 사람들을 만나는 곳이므로 빠질 수가 없었다.

좋은 사람들과 함께

동료들은 2007년에 국가로부터 민주화운동가로 명예회복이 되었고, 보상금도 받았다. 국가폭력으로 노조가 파괴되고 해고를 당해 거리에서 방황하던 동료들이 억울함에서 해방되고 보상받아 얼마나 다행인가 싶어 덩달아 기쁘고 좋았다. "역시 우리 원풍노동조합이야!" 내가 몸담았던 노조가 더욱 자랑스럽고 뿌듯했다.

해고된 동료들은 '82년 9·27사건'을 국가폭력으로 규정하고, 대한민국을 피고로 법정에 세워 국가배상소송을 제기하였다. 계란으로 바위치기 같은 소송일 것 같았지만, 동료들은 기어코 사법부로부터 국가의 부당한 폭력을 인정하게 하는 쾌거를 이루었다. 수십 년 동안 불의에 맞서 투쟁하며 묻혀진 진실을 밝혀내어 원풍노조의 역사를 더욱 빛나게 만든 동지들의 대열에 나도 함께 할 수 있어 참 좋다.

가공과 친목모임은 언제나 즐겁다. 대부분 자녀들이 결혼하여 손자손녀를 본 할머니가 되었지만, 지금도 만나면 여전히 원풍노조에서 보냈던 20대 그 청춘 시절로 돌아간 듯 깔깔거리며 행복한 시간을 보낸다.

원풍동지회는 사람이 살기 좋은 세상을 꿈꾸며 정의롭게 행동하는 좋은 동료들과 정을 나누는 모임이라서 참 좋다. 나는 지금도 지난날 내가 원풍노조의 조합원이었다는 것이 내 인생의 행운이었고, 내 삶의 행복이었다고 생각한다.

059

고마운 인연들

양태숙

_____1960년, 경기도 양평에서 5남매 중 넷째로 태어났다. 1978년 7월, 원풍모방에 입사하여 노조 활동을 하였다. 1982년, 노조 마지막 대의원으로 선출되어 활동하다가 그해 9·27폭력사건으로 해고당하였다. 2007년, 민주화운동 관련자로 명예회복이 되었고, 2015년 2월, 국가배상소송이 대법원에서 승소하여 33년 만에 피해배상금을 받았다.

　청량리역 시계탑은 첫사랑을 만나던 곳이다. 열일곱 살이 되던 해 설날, 고향 집에 가려고 중앙선 기차를 탔는데 옆자리에 한 군인이 앉았다. 이런저런 얘기를 나누다가 연락처를 주고받았고, 얼마 후 그는 제대를 했다. 그러던 어느 날, 그 사람이 연탄가스에 중독되어 사경을 헤맨다는 연락을 받았다. 한달음에 가 보니 다행히 의식을 되찾았다. 그런데 아픈 그를 두고 기숙사로 돌아갈 수가 없었다. 그때부터 그 남자와　함께 살았다.

　그 즈음에 '원풍노조 9·27사건'이 터졌다. 10월 13일, 2차 출근투쟁을 하다가 남부경찰서에 197명이 연행되었을 때 나 역시 잡혀가 조사를 받고 이튿날 풀려났다. 그때 동료들은 대부분 기숙사생이었다. 딱히 갈 곳이 없어서 어쩔 수 없이 그들을 집으로 데리고 오게 되어 나의 동거생활이 들통났다.

　친구들에게 너무 미안했다. 미리 얘기를 하지 못한 것은 부끄러워서가 아니었다. 노동조합이 풍전등화 같은 때 내 생활만 먼저 생각하는 것 같아 고백할 용기

가 없었다. 1982년 12월 29일, 나는 스물 한 살에 결혼했다. '원풍노조 9·27사건'
이 일어 난 뒤 경찰과 공무원이 부모님과 형제들을 뻔질나게 찾아오며 나를 감시
했다. 부모님은 결혼식을 올리면 모든 일이 매듭지어질 것이라며 서둘러 결혼을
시켰다.

당시 쫓기듯이 결혼식을 올린 사람은 비단 나뿐만이 아니었다. 기관원들의 감
시와 압박에 부모형제들이 시달리고, 점점 더 불안이 커지면서 현실적 어려움을
피하는 방법으로 결혼을 선택했던 동료들이 여럿 있었다. 더군다나 블랙리스트에
걸려 취업을 할 수 없었기에 더욱 결혼을 선택할 수밖에 없었다.

내 결혼식장에 온 동료들은 한결같이 청바지에 잠바 차림이었다. 친정오빠는
어디서 깡패들이 온 모양이라고 농담을 했다. 그 때를 되돌아보면 당시 결혼은
어쩔 수 없는 선택이었다. 그럼에도 나를 묵묵히 응원해주고 따뜻하게 헤아려주
는 친구들의 사랑이 있었기에 오늘의 '양태숙'이 존재한다고 생각한다. 친구들
아, 그 때 정말 미안했어! 그리고 고맙다.

원풍과의 인연

나는 1960년 경기도 양평에서 5남매 중 넷째 딸로 태어났다. 고등학교 진학을
못하고 서울로 올라온 나는 여고생을 보면 부러워서 눈물을 훔칠 때가 많았다.
제약회사에 다닐 때였다. 출근할 때마다 길에서 우연히 만나는 중년의 아저씨가
있었다. 그냥 지나치기가 어색하여 의례적으로 꾸벅 인사를 하며 지냈다.

서로 정식으로 인사를 나눈 적은 없는데, 아저씨도 나에게 친근감을 느꼈던
것 같다. 어느 날 지나쳐가다 불현듯 원풍모방이라는 곳이 있는데, 그곳에 입사
하면 좋을 것 같다며 이력서를 내보라고 알려주었다. 나중에 알고 보니, 그 아저
씨는 대림동 어느 병원의 사무장이었다.

1978년 7월, 우연히 마주친 그 아저씨의 소개로 원풍모방에 입사하였다. 작업
장은 가공과 수정부였다. 수정부는 여느 작업장과 다르게 하루 8시간 2교대 주
간근무만 해서 좋았다. 원풍은 규모가 큰 회사였고, 사람들도 서로 존중해주며
일을 하는 분위기라서 마음에 들었다.

제약회사는 사원들이 공원을 대하는 태도와 언어가 폭력적이었다. 공원이 힘없
이 당하는 현장 분위기가 못마땅했지만, 나이 어린 때라서 원래 직장생활이란 그

런 것인가보다 했었다. 원풍모방에 입사한 다음에야 그들이 지나치게 횡포를 부리며 작업지시를 했다는 사실을 깨달았다.

원풍모방에는 힘센 노동조합이 있었다. 전에 다녔던 작업장과 다르게 노동자를 인격적으로 대하는 이유가 노조가 힘이 있기 때문이라는 사실을 금방 알게 되었다. 원풍노조에서 활동하는 상집간부나 대의원은 물론 대다수 조합원들은 소모임에 가입해 활동을 하고 있었는데, 이것이 노조가 강력한 조직력을 갖추게 하는 원동력이었다.

나는 공장에 들어가 돈을 벌게 되면 못다 한 공부를 해야겠다고 생각했다. 월급은 얼마 되지 않았지만, 용돈을 제외하고 나머지는 결혼한 언니에게 맡겼다. 언니는 그 돈을 모아 내가 결혼할 때 혼수를 장만하라며 돌려주었고, 일부는 시골 부모님께 소 한 마리를 사드려 살림에 보탬이 되게 했다.

소 모 임 활 동

입사한 지 몇 개월이 지난 어느 날, 수정부에서 함께 근무하던 또래 여섯 명이 모여 소모임을 조직하였다. 이름은 '개미'였는데, 마음이 통하는 친구들이라서 재미가 있었다. 일주일에 한 번 정기적으로 만나 노동법을 배우고, 여러 집회에도 참석했다.

노동조합은 소모임 임원 모임, 부서별 모임 등을 통하여 원풍노조의 역사와 노동조합의 역할 등에 관한 다양한 강의를 준비해 주었다. 새로운 지식을 배우는 시간이 좋았다. 소모임 활동을 하면서 학교 공부를 더 해야겠다던 생각이 사라졌다. 학교 공부만이 공부가 아니라는 사실을 깨달았기 때문이다. 학교 공부가 곧 행복의 조건이 아니라는 것을 느끼면서 노조활동에 깊은 관심을 갖게 되었다.

원풍노조에서의 추억 중에 특히 기억에 남는 것은 매년 3월 10일에 열리던 노동절 행사와 가을에 개최하던 체육대회이다. 체육대회 때에는 전체 조합원들이 부서별로 청군과 백군으로 나누어 축구, 배구 등의 경기를 펼쳤다. 운동장 어귀에는 막걸리가 드럼통에 가득 들어 있었고, 통돼지고기 안주가 푸짐했다.

체육대회는 승부를 가리는 경기라기보다는 즐겁게 뛰어 놀며 조합원 간의 친목을 다지고, 먹고 마시며 즐기는 자리였다. 곧 체육대회는 조합의 단결을 굳세게 다지는 데 의의가 있었다. 체육대회에서 가장 인상 깊었던 기억은 회사를 퇴사하고 결혼한 선배들이 함께 어울렸던 모습이다. 나도 다음에 퇴사하면 그 선배들처럼 체육대회에 꼭 참석하리라 생각했었는데, 그 꿈은 나중에 무자비한 공권력에 의해 산산조각이 나고 말았다.

원풍노조에서 받았던 교육 프로그램도 잊을 수 없는 기억의 하나이다. 그 중에서도 1박2일 수련회가 생각난다. 자신의 내면을 고요히 들려다볼 수 있는 명상 시간이 좋았고, 동료들과의 연대의식을 느끼게 해주던 촛불의식이 좋았다. 강의와 토론, 인간관계 훈련 등의 프로그램을 통해 다양한 지식을 배우고 공동체 의식을 자각했다. 이것이 밑거름이 되어 유감없이 노조활동을 해나갈 수 있었던 것 같다.

임금인상, 단체협약 체결 시기가 되면 개인적인 일정은 뒤로 미루고 단체교섭에 관심을 가졌다. 협상이 결렬되었다 싶으면 준법투쟁으로 생산량 줄이기 운동에 적극적으로 참여하였고, 현장 근무시간 외에는 노조 사무실에 상주하다시피하며 교섭위원들을 응원했다.

1979년 3월, 크리스찬아카데미 사건이 터졌을 때다. 박정희 정권이 크리스찬아카데미 간사들을 용공으로 몰아 연행했다. 중앙정보부에서는 그 일과 관련하여 박순희 부지부장님을 연행하려고 했다. 사건의 내막은 상세히 기억나지 않지만, 박 부지부장님의 연행은 노조를 탄압하려는 의도라고 규정하고, 조합원들이 밤낮으로 노조 사무실을 지키면서 막았다.

대통령의 죽음과 민주화

1980년 봄, 박정희 독재정권이 종말을 고하자, 열악한 노동환경에 짓눌려 있던 노동자들이 봇물 터지듯 노동문제를 제기하고 일어났다. 우리들도 괜히 들떠 있었다. 노동자들의 목소리가 커질 수 있는 날이 오고 있다는 희망이 보였기 때문이다.

1980년 5월, 한국노동조합총연맹에서 '노동기본권궐기대회'가 열렸다. 두말할 것 없이 동료들과 함께 참석하여 열띠게 투쟁가를 부르며 힘을 보탰다. 그런데 갑자기 강당을 뜨겁게 달구던 열기가 냉각되는듯 했다. 원풍노조 조합원들은 지부장님과 함께 공장으로 돌아와야 했다. 당시 정국상황이 긴박하게 돌아가고 있어 유혈사태가 발생할 수 있었기 때문이다.

봄비마저 내리는 날이었는데, 투쟁가를 부르며 착잡한 심정으로 대방지하차도를 시위하듯 걷던 우리들의 모습이 지금도 또렷하게 생각난다. 나는 원풍노조에서 활동하면서 공권력에 맞서 싸우며, 단체교섭 투쟁을 하며 의식이 깨어나, 내가 선 자리에서 해야 할 역할이 무엇인지를 알 수 있게 되었다. 여하튼 행동하는 데 주저하지 않았던 시절이었다.

전두환 신군부는 자기들의 권력에 도전할 만한 세력은 모두 정화 조치 대상자로 몰아세웠다. 그들은 민주노조운동을 했던 노동자들을 사회정화 대상으로 몰아 해고하였다. 원풍노조 방 지부장님과 박 부지부장님이 정화 해고를 당한 것은 예고된 수순이었다. 게다가 광주민주항쟁 희생자 돕기 모금운동을 했다는 이유로 '김대중 내란음모 사건' 관련자로 몰아 수배까지 하였다.

그해 12월, 계엄 합수부는 우리 조합의 상집간부 전원을 연행하더니 남자간부 4명은 삼청교육대로 순화교육을 보냈다. 여성간부 10명은 해고시키고 강제로 귀향시켰다. 우리는 노조의 대들보 같은 선배들을 소리 한번 질러보지 못하고 떠나보내야 했다. 남은 자들은 복받치는 설움에 가슴이 미어지는 듯했다.

1981년, 이무술 집행부가 꾸려졌다. 나는 가공과 수정부를 대표하는 대의원으로 선출되었다. 어린 나이에 노조 대의원으로 뽑혀 기분이 좋았지만, 한편 책임과 의무감에 가슴이 무거워졌다. 노동조합이 사면초가와 같은 위기에 처해있던 때였으니 대의원으로서 무엇을 해야 할지 암담했다.

당시 가장 고민했던 문제는 부산의 타이어공장 노조와 통합대회를 치르는 일이었다. 조합원들의 성원을 가득 받고 상집간부와 대의원들은 전력을 다하여 전략과 전술을 짰다. 그 결과 타이어공장 노조와의 통합문제는 원풍노조의 뜻대로 이루어졌다. 암울한 시대였지만 잠시나마 짜릿한 승리감에 취했던 사건이었다.

마 지 막   십 자 가

1982년, 나는 대의원 선거에서 재선되었다. 그해 정기대의원대회를 준비하는 대의원들은 결연한 자세가 필요했다. 누가 먼저라고 할 것 없이 원풍노조와 조합원들을 옭아매는 억압으로부터 해방시키기 위해 마지막 십자가를 지고 가야 한다고 이심전심으로 다짐했다.

5월 어느 날, 노동조합에서 홍보물을 대량으로 인쇄했다며 대의원들이 앞장서서 시민들에게 알리자고 했다. 나도, 동료 대의원들도 주저하지 않았다. 퇴근을 하면 그 유인물을 가방에 넣고 둘씩 짝지어 밖으로 나갔다. 지하철을 타고 다니며 시민들에게 돌렸고, 길거리에 서서 지나가는 사람들에게 간절하게 유인물을 주기도 했다. 나는 다행히 경찰에 연행되지 않았지만, 가공과 대의원 김예희는 지하철에서 경찰에 잡혀, 벌금 낼 돈이 없어 손목시계를 풀어주고 석방되었다.

1982년 9월 27일, 오후 2시 퇴근반이었던 나는 작업장에서 폭력배들이 노조 사무실을 강제로 점거했다는 소식을 들었다. 내심 마지막 십자가를 진다는 각오를 하며 농성에 참여했다. 강산이 세 번 바뀌고도 남을 세월이 지난 지금도 그때 그 현장을 떠올려보면 울컥 가슴에 무언가가 치밀어 올라온다.

단식으로 지친 동료들 중에는 팔이 뒤틀려 돌아가 고통을 호소하는 사람이 있는가 하면, 다리가 저리고 꼬여 쩔쩔매는 동료도 있었다. 의식을 끝내 잃어버린 동료의 얼굴을 쓰다듬으며 목 놓아 울 수밖에 없었던 우리들, 자꾸 지쳐 스러지려는 의식을 일깨우며 작업장을 사수하려고 발버둥 치며 불러대던 〈마지막 십자가〉는 노래가 아니라 통곡이었다.

10월 1일, 원풍모방에서 마지막으로 보낸 그 날은 한가위 새벽이었다. 몸에 기력이 다 빠져나간 상태에서 정신력으로 버티며 끝까지 싸웠지만, 결국 농성장에서 끌려 나오고 말았다. 온몸과 마음이 상처투성이가 된 채였다.

출 근 투 쟁

10월 7일, 폭력배들에게 끌려 나간 지 일주일이 지났다. 회사 측은 정문 앞에서 38명의 해고자는 공장에 들어갈 수 없으며, 그 외 다른 사람들은 각서를 쓰면 정문을 통과시켜주겠다고 마이크로 떠들어댔다. 구사대들이 정문을 에워싸 막고 있었고, 경찰은 출근투쟁을 하는 우리들을 불법 시위니 연행이니 뭐니 하며 차도로 밀어냈다. 저녁에 영등포산업선교회관에서 '원풍노조폭력사태규탄대회'가 있는 날이었다. 그러나 그곳 역시 경찰이 깔려 우리들을 막아섰다. 기도회는 무산되었고, 영등포시장 일대에서 시위를 하던 학생들과 동료들이 연행되었다.

10월 13일, 2차 출근투쟁을 하다가 197명이 경찰서에 끌려갔다. 경찰은 강당에 우리들을 몰아넣고 조사를 시작했다. 억울함이 복받쳤던 우리는 악을 쓰며 투쟁가를 불렀다. 경찰은 그냥 내버려두지 않았다. 모두 구속을 시키겠다고 으름장을 놓았다.

 "동해물과 백두산이 마르고 닳도록……" 우리들은 애국가를 불렀다. 누가 먼저 선창하고 말 것도 없었다. 목이 터져라 부르고 또 불렀다. 가슴에 맺힌 억울함을 다 토해내듯 울면서 애국가를 4절까지 악을 쓰듯 불러댔다. 그 사건으로 동료 대의원 두 명이 구속되었고, 12명은 구류 20일을 받았다. 그 외 조합원들은 석방되었다.

 2차 출근투쟁 이후 폭력사태를 배후조종했던 국가기관이 노골적으로 정체를 드러내기 시작했다. 양평 집으로부터 아버지가 연락해 왔다. 당시 당숙부가 부면장인데, 아버지를 날마다 찾아와 자신의 입장이 난처하다며 호소한다는 것이다. 아버지는 나에게 원풍모방에 사표를 내고 시집이나 얼른 가라고 하셨다.

 내가 말을 듣지 않자 어느 날 당숙부와 아버지가 나를 찾아 서울로 와 사표를 강요했다. 결국 아버지의 성화에 못 이겨 사표를 내고 퇴직금을 정리한 후 12월 29일 결혼식을 올렸다. 원풍노조에 일이 터지면 내가 십자가를 지고 앞장서리라 다짐했었지만, 결혼생활에 묶인 나는 아무 것도 할 수가 없었다.

 감옥살이를 하는 간부들에게 미안했고, 특히 차언년에게 더 미안했다. 어린 나이에 감옥살이가 힘들었을덴데 잘 견디고 있는지 걱정이 되었다. 그러나 마음뿐이었다. 면회 한번 가보지 못했고, 영치금도 전해주지 못한 처지가 속상해 많이 울었다. 오랜 세월이 흘러간 지금도 그때 구속되었던 간부들에게 미안한 마음이 남아있다.

명 예 회 복

 2002년, 명예회복 관련 법률에 의하여 신청서를 접수했다. '원풍노조 9·27사건' 이후 해고자로 살아온 것이 억울했다. 그러나 우리들에게 명예를 회복할 수 있는 기회가 오리라고는 생각하지 못했다. 신청서를 접수한 지 몇 개월이 지난 어느 날, 명예회복 인증서가 날아왔다. 기분이 너무 좋았다. 우리의 권익을 보장해주던 노조를 국가폭력으로부터 지켜내려고 만신창이가 되도록 싸웠던 기억이 스쳐갔다.

 공권력이 우리의 삶을 송두리째 짓밟아 기본권을 박탈하였으니, 이를 되돌려받는 것은 어쩌면 당연한 일이었다. 그러나 언제 국가가 노동자 편에 섰던 적이 있었는가. 우리가 그토록 소원하던 국민을 위한 민주정치가 실감이 나서 감회가 새로웠다. 미흡하나마 나도 그 민주정치가 성장케 하는 데 기여한 사람으로 인정받은 것이 뿌듯했다.

2007년, '민주화운동 관련자 명예회복 및 보상법'에 의해 생활지원금이 지급되었다. 그런데 나와 27명은 남편의 소득이 많다는 이유로 제외되었다. 그 모호한 기준에 화가 났고, 원풍동지회 집행부가 그 상황을 받아들인 것 같아 서운했다.

2010년 10월, 원풍동지회는 국가배상소송을 제기하였다. 2015년 2월, 대법원에서 생활지원금에서 제외되었던 27명중 26명이 승소하여 국가배상금을 받았다. 원풍노조 9·27사건으로부터 33년이 지나서였다. 국가가 부당한 폭력을 저질렀다는 것을 판결받았고, 원풍노조와 노동자들이 정의롭다고 사법부에서 판결한 것이 통쾌했다.

우리가 국가를 법정에 세워 승소를 하다니, 눈시울이 뜨거워졌다. 배상금의 문제가 아니었다. 우리 젊은 날의 삶이 정당했음을 증명한 것이 가슴을 울렸다. 그동안의 억울함과 서러움이 다 사그라지던 날, 가슴 한 구석이 씁쓸해지는 감정이 스치는 것은 무엇이었을까.

올가을에도 '원풍노조 9·27모임'을 할 것이다. 우리의 모임이 긴 세월 변치 않았던 이유를 나는 생사고락을 함께 나눈 뜨거운 동지애라고 말하고 싶다. 원풍노조는 노동운동의 가장 우선순위에 동료를 존중해야 한다는, 사람 중심의 가치를 가르쳐준 곳이다.

좋은 경치를 구경할 때나 맛있는 음식을 먹을 때, 혹은 즐거운 일이 있을 때 함께 나누고 싶고, 소식이 없으면 찾아가고 싶은 사람과의 관계를 '사랑'이라고 할 수 있다. 나에게 있어 원풍동지들은 그런 사람들이다. 그래서 고맙고 또 고맙다.

060

미완의 꿈

이강숙

————1960년 11월, 전라북도 임실군 군납면에서 2남3녀중 둘째딸로 태어나 1978년 5월 원풍모방에 입사했다. 노조 조합원으로 활동하다가 1982년 9월 27일 노조파괴 폭력사건으로 강제 해고되었다. 1984년 12월에 결혼하여 1남1녀를 두었으며, 현재 전주에서 중학교 급식 조리사로 일하고 있다.

"아야 강숙아, 니가 참말로 오래비 전정 글칠라고 그냐? 지발 덕분에 맴 좋게 묵자."

"엄마는 오빠만 사람이고 나는 암 것도 아녀?"

"누가 니 보고 암 것도 아니라고 허냐?"

"그럼 뭐여? 내가 잘못헌 것도 없는데 왜 자꾸 나보고 회사 사표 내라고 혀?"

"누가 니 보고 잘못했으니 사표 내라냐? 니가 사푠지 뭣인지 안 쓰면 오래비가 사표 써야 된다고 안 혀?"

나는 방구석에서 무릎에 얼굴을 파묻고 20일째 같은 소리를 듣고 있었다. 차라리 귀가 먹어 아무 소리도 안 들렸으면 좋겠다. 가족들 모르는 어딘가로 도망을 치고도 싶었다.

"시째야, 소심줄맨치 고집만 부리덜 말고 생각 좀 혀 봐라. 오래비는 우리 집 기둥 아니냐? 그냐 안 그냐?"

"나 잘못한 것 없다고 아부지한테 얘기했잖아요? 노동조합도 잘못한 것 없다고."

"워찌 됐던 간에 경찰서에서 저리 날마둥 닦달허는디, 느 오래비 보타 죽겄다!"

"그니까, 나랑 오빠랑 뭔 상관이라고 그런데요?"

"그거사 니가 알것냐, 누가 알것냐?"

"……."

"오래비가 잘 되야 니들 앞날도 좋을 것 아니냐? 글고 오래비가 어렵사리 공부혀서 인자 경찰공무원 된지 몇 달 되지도 않았잖여. 근디 구만리 겉은 느 오래비 앞길을 니가 막아서 쓰겄냐?"

"내가 은제 오빠 앞길 막는다고 했어요?"

"오늘날꺼정 속 한번 안 썩이고 순하디 순한 것이 이번엔 뭔 일인가 모르것네, 참말로!"

나는 무슨 대단한 일을 한 것도 아니고 지극히 평범하게 직장에서 하루 8시간 성실히 일했던 사람이다. 그런데 원풍모방에 다닌다는 이유로 사표를 내라니, 내가 사표를 내지 않으면 경찰인 오빠보고 대신 사표를 내라니, 도대체 이게 무슨 개 풀 뜯어 먹는 황당한 얘긴가. 농사를 지으시던 아버지에게 장남인 오빠는 집안의 기둥이며, 우리에겐 하늘같은 존재였다. 오빠는 아버지의 기대를 저버리지 않고 공부를 열심히 했다. 대학을 졸업하고 1년 정도 노량진 학원에서 공무원 시험을 준비해 이듬해 합격했다. 그리고 1982년 4월경 전라북도 부안으로 발령을 받았다.

눈물로 쓴 사표

그해 9월 27일, 내가 근무하던 원풍모방노동조합 사무실에 몽둥이를 든 폭력배들이 쳐들어 왔다. 4박5일 동안 650여 명이 단식농성을 하며 폭력배 처벌과 노동조합 사수를 외쳤으나 끝내 끌려 나오고 말았다. 그런데 오빠가 근무하는 부안경찰서에서 내 사표를 받기 위해 오빠를 압박하고 있었다. 오빠와 나는 서로 사표를 낼 수 없다고 팽팽히 맞섰고, 가족들은 나를 달래며 설득하였다. 오빠도 힘들고, 나도 힘들었다. 나에게 양보하라는 가족들 입장은 어쩌면 당연한 건지도 모른다. 그러나 폭력으로 노조를 뺏기고 끌려나와 사표를 쓸 수 없다는 나도 억울한 만큼 절실했다.

도대체 죽어라고 공부해서 공무원 시험 보고 자기들이 발령 내 근무하는 오빠가 나와 무슨 상관이란 말인가. 경찰 일 하는 것과 노조활동 하는 것이 무슨 관계가 있단 말인가. 원풍에서 열심히 일하며 노동자가 노조를 통해 자기 권리 지키겠다는데 지방 경찰서가 무엇 땜에 오빠를 들볶는단 말인가? 날마다 머리를 쥐어뜯으며 생각해 봐도 답답하기만 했다.

결국 부모님의 눈물 바람과 오빠의 간곡한 부탁에 나는 허물어지고 말았다. 오빠 손에 이끌려 오수역에서 기차를 탔다. 창 밖으로 친구들과 언니들, 노조간부들 얼굴이 나타났다 사라지고 또 다시 떠오르길 반복했다. 원풍에서 보낸 시간만큼 많은 추억들이 차창으로 비껴갔다. 하염없이 눈물만 흘렸다. 옆자리에 앉은 오빠도 말 한마디 없이 반대편 창만 바라봤다.

영등포역에 내려서도 계속 울고 있는 내 손을 오빠가 꼭 잡았다. 회사에 도착해 발길을 떼지 못하고 망부석처럼 서 있자 한참을 바라보던 오빠가 내 등을 토닥였다. 사무실에 가니 이미 퇴직금은 정산되어 있었고, 사표도 준비되어 있었다. 오빠가 인수인계를 받는 동안 사원들 앞에서 '절대 울지 말아야지' 독하게 마음 먹어도 자꾸 눈물이 나왔다. 내 작은 몸속 어딘가에 마르지 않는 샘이 있어 눈물이 끝없이 솟아나는 것 같았다.

동 일 방 직　사 건

나는 전북 임실군 군납면 봉천리 봉산에서 1960년 11월에 태어났다. 위로 언니와 오빠, 아래로 여동생과 남동생이 있는 2남3녀 중 셋째였다. 1978년, 18살이던 나는 원풍에 근무하던 형부의 소개로 원풍모방 직포 C반 양성공으로 입사했다. 눈부신 5월의 햇살을 받으며 기숙사에 짐을 들고 가는데 양옆 울타리 가득 피어난 봄꽃의 향기가 진동했다.

시골에서 생활했던 나에게 기숙사 시설은 정말 좋았다. 첫 출근 날 직포과 문을 열고 들어갔을 때는 고막이 터질 것처럼 시끄럽고 무서웠다. 그런데 들실과 날실 사이를 엇갈려 빠르게 오고 가는 북실은 정말 신기했다. 입사해서 1년 정도 베틀기계 청소를 했는데 먼지가 엄청났고 옷에 기름도 묻었다. 매일 4대에서 8대의 기계를 청소했는데, 더운 여름이 제일 힘들었다.

하루는 직포 준비에 있는 언니가 같은 부서의 장남수가 감옥에 갔다는 얘기를 했다. 깜짝 놀라 '왜 감옥에 갔느냐?'고 물었더니 인천의 동일방직에 대한 얘기를 해줬다. 그곳도 우리와 같은 방직회사인데, 노동조합이 유령처럼 아무 일도 하지 않는 곳이란다. 그런데 1972년 우리나라 최초로 여성이 지부장이 선임되면서 민주노조로 성장했다. 회사는 지켜보고만 있지 않고 끊임없이 노동조합을 어용화하려고 했다. 이에 조합원들이 농성을 했는데, 회사가 경찰을 동원해 진압하려 하자 조합원들은 작업복 상의를 벗어 던지며 저항했다. 여자들이 상의를 벗어 던지면 남자들이 농성장 밖으로 나갈 줄 알았는데 현실은 달랐다는 것이다.

그게 2년 전 일인데, 1978년 2월 대의원 선출 투표장에 회사에 매수된 남자들이 똥을 퍼다 뿌렸단다. 갑자기 당한 일이라 사람들이 놀라 당황하고 있는 상황에 조합원들의 입을 벌려 똥을 쑤셔 넣기도 했다니, 참으로 끔찍한 만행이고 사람이 사람에게 할 짓이 아니었다. 게다가 지부장과 124명을 해고시켰는데, 언론보도가 없으니 일반 시민들은 잘 알지 못한다고 했다. 그러자 다른 사업장에 근무하던 노동자들이 그런 만행을 세상에 알려야 된다며 6명이 뭉쳤단다.

그들은 여의도에서 열린 기독교 부활절 예배에 참석하여 '노동자는 똥을 먹고 살 수 없다'며 구호를 외치다 구속되었다고 했다. 그렇게라도 동일방직 똥물 사건을 알리려 했던 6명의 노동자중 한 명이 장남수라고 했다. 노동조합을 지키겠다는 사람들에게 똥을 뿌리다니, 어떻게 사람으로 그런 행동을 할 수 있는지 도저히 이해할 수가 없었다.

촛 불 의 식

현장생활에 익숙해지고 기숙사에서도 친구들이 생기자 8명이 소모임 활동을 시작했다. 원풍 입사 전에 노조와 산선에 대해 형부가 해주는 얘기를 들으며 호기심을 가졌었다. 그래서 기회만 되면 프로그램에 적극적으로 참여했다. 처음엔 남들 앞에서 내 생각이나 감정을 어떻게 표현해야 되는지 몰랐다. 그때까지 나 아닌 다른 사람에게 표현해 본 적이 없었기 때문이다. 그런데 노조에서 하는 교육을 받다 보니 내 성향이 조금씩 바뀌었다. 돌아가면서 한마디라도 자신의 이야기를 하게 만들었고, 사람들은 시간이 걸려도 기다려 주었다.

한번은 부서 전체가 노조교육을 갔다. 낮에는 노조에 대한 교육을 했고, 저녁을 먹고 나서는 다과 파티를 하며 춤도 추고 노래도 불렀다. 그리고 마지막으로 촛불을 하나씩 들고 개인적인 바람이나 소망을 돌아가면서 얘기하는 촛불의식을 했다. 방금까지 신나게 놀던 사람들이 180도 변해 진지해졌다. 자신의 어려웠던 시절 얘기를 하며 우는 사람도 있고, 앞으로의 노조활동에 의지를 다지는 사람도 있었다. 원풍 시절 내가 참여했던 교육 프로그램은 다시는 경험할 수 없을 것이다. 가끔 촛불의식 때 엄숙했던 분위기와 진지했던 사람들이 기억난다.

원풍에 근무하는 동안 임금인상 협상을 할 때나 단체협약 체결할 때는 주로 식당에서 농성을 했다. 조합원들이 모여 구호도 외치고 노래도 부르며 밤새도록 지킬 때도 있었다. 그럴 땐 중간 중간에 사람들이 앞에 나와 노래도 부르고, 장기자랑도 해서 지루하지 않았다. 탈춤반 사람들의 공연을 보면 어쩜 그리 능청스럽고 신명나게 노는지 신기했다. 대사마다 우리의 입장을 대변하고 있어 속이 시원했다. 많은 사람들 앞에서 노래 부르고 춤추며 공연하는 사람들을 보면 재주꾼들이 참 많구나 싶었다. 저렇게 용기 있는 사람들처럼 나도 앞에 나가 해보고 싶었고 부러웠다. 그래서 다 같이 부르는 투쟁가는 목청껏 불렀다.

그런데 '사노라면 언젠가는 좋은 날도 오겠지~'로 시작하는 노래를 부르면 슬펐다. 노동의 정당한 대가를 받고 인간답게 살려고 싸우면서 부르는 그 노래를 열심히 따라 부르고 신나게 부를수록 설움이 복받치며 자꾸 눈물이 났다. 오랜 세월 얼마나 많은 사람들이 노래 가사처럼 희망을 가지고 불렀을까. 절망적인 순간에도 포기하지 않고 그 노래를 부르던 사람들을 생각하면 지금의 우리 모습이 겹쳐졌다. 그래서 그 노래는 신나게 부를수록 눈물이 나던 노래였다.

다 가 오 는 국 가 폭 력

1980년 봄이었다. 5월 18일, 광주에서 계엄군이 '계엄철폐!'를 외치는 학생과 시민들을 총칼로 무자비하게 살육했다는 얘기를 들었다. 언론에선 광주시민이 폭동을 일으켰고, 빨갱이 불순세력이 배후에서 선동했다고 떠들어댔다. 전두환 신군부가 모든 것을 장악하고 있던 상황에 사람들은 통제된 언론을 믿을 수도 안 믿을 수도 없었다. 노동조합은 외신을 통해 들은 광주 5·18의 진상을 조합원들에게 알려주었다. 조합원들은 계엄군의 포악성에 경악했다. 노조에서 광주시민을 위한 모금운동을 벌이자 적극 동참했다. 당시 모금했던 470만원은 박순희 부지부장이 윤공희 대주교에게 전달했다.

현장에서 일을 하고 있으면 늘 방 지부장님이 한 바퀴씩 돌며 우리에게 말을 걸으셨다. 그런데 며칠째 보이지 않아 언니들에게 물어 봤더니, 한국노총과 섬유 본조에서 방용석 지부장과 박순희 부지부장을 정화 조치했단다. 다행히 합수부에 연행되기 전 도피했는데, 전국에 수배가 내려졌다고 했다.

조합원들은 대림동에 있는 방 지부장님 집을 수시로 찾아가 밥을 먹고 왔다. 할머니는 수배중인 아들 대신 조합원들을 반겨 주셨고, 언니는 밥상을 차려냈다. 그렇게 할머니와 어린 두 아들, 그리고 언니를 조합원들이 위로하고싶어 했다.

그해 12월 노조간부 48명이 합수부에 끌려가 14명이 강제해직 당했다. 남자간부 4명은 삼청교육대로 순화교육을 시킨다며 끌고 갔다. 겨울 한파보다 더 세찬 권력의 칼바람이 당시의 민주노조 사업장에 내리쳐졌다. 그러나 노조는 굴하지 않고 새로운 집행부를 꾸렸다. 그 무렵 현장에는 소속을 알 수 없는 남자들이 돌아다니며 감시했고, 기숙사 사감도 여군 출신으로 교체되었다.

폭 력 에 빼 앗 긴 내 청 춘

정보기관을 뒤에 업은 회사는 기존 노조 집행부를 해고했기 때문에 힘이 약해졌다고 생각했는지, 노골적으로 노조를 무시하는 행태를 보였다. 노조에선 조합원과 간부들 교육을 통해 만약의 사태에 대한 대비를 해야 된다고 했다.

그런데 1982년 9월 27일, 갑자기 폭력으로 도발할 줄은 누구도 예상 못했다. 몽둥이를 든 그들의 폭력 앞에 맨몸으로 달려들던 우리는 상대가 되지 않는 싸움에 발만 동동 굴렀다. 작업을 끝내고 농성장인 정사과에 가서 기계 사이사이에 끼어 앉았다. 작업 중이라 먼지가 많아 공기도 탁했지만, 각부서 사람들이 모두 몰리니 정말 비좁았다.

회사는 처음부터 식당을 폐쇄했고, 우리는 물 한 모금 마실 수 없는 상태에서 농성을 했다. 추석 연휴가 시작되는 29일부터는 회사에서 동원했는지 지방에 있는 가족들이 올라왔다. 농성장에 들어온 부모형제들은 '누구야!' '누구야!'를 애타게 부르며 찾아 다녔다. 기계와 물건들이 쌓인 현장에서 650명이 똑같은 작업복을 입고 농성하는 모습을 처음 본 가족들은 기어이 딸을 찾으려 했고, 함께 들어온 남자들은 가족이 딸을 찾으면 달려들어 끌고 나갔다. 하루 종일 자식 이름 부르는 소리, 끌려가지 않으려고 발버둥 치며 악쓰는 소리가 고막을 때렸다. 어른들이 '6·25 때 난리는 난리도 아니다'라는 말은 이럴 때 쓰는 말인가 보다.

전쟁터 같은 하루를 보내며 우리는 실 담던 자루를 찢어 길게 끈을 만들어 서로를 묶었다. 그렇게라도 해야 폭력배들에게 끌려가지 않을 거라고 생각했다. 그런데 저녁이 되자 농성장에 열기가 후끈후끈 달아올랐다. 회사에서 견디기 힘들 정도로 강하게 스팀을 튼 것이다. 여기저기 팔 다리가 뒤틀리는 사람이 생겨 동료들이 주물러 주었지만 소용이 없었다. 스팀 열기는, 못 참겠으면 농성을 풀고 그만 항복하라는 최후의 협박 같았다.

절망의 귀향

10월 1일 아직 동트지 않은 새벽, 동료들은 지쳐 늘어진 건지 잠을 자는 건지 대부분 누워있는데 갑자기 비명소리가 들렸다. 폭력배들이 손에 무언가를 들고 휘두르며 사람들을 끌어내고 있었다. 순식간에 벌어진 상황이라 농성장은 아수라장으로 변했다. 상황을 파악할 시간도 없이 남자들이 나를 잡아채 끌고 갔다. 화장실 방향 문 쪽으로 질질 끌려가며 정신을 잃었나보다. 추웠다. 덜덜덜 이빨이 부딪힐 정도로. 눈을 뜨니 드문드문 가로등이 보이는 도로 위였다. 이곳이 어디일까? 어두운 주변을 둘러보니 회사 후문 쪽이었다.

그 많은 동료들은 어디로 끌려갔을까. 걱정이 되면서 지나가는 사람 하나 없는 고요한 도로에 혼자라는 게 쓸쓸했다. 불빛을 비추며 오는 택시를 세워 무조건 올라탔다. 언니 집에 도착해보니 작업복에 돈도 없어 잠깐 기다리라고 한 뒤 택시에서 내리다 그대로 쓰러졌다. 깨어나 보니 병원인데 팔에는 링거 바늘이 꽂혀 있었다. 내가 쓰러지자 택시기사가 대문을 두드려 사촌언니가 나왔단다.

병원을 나와 사촌언니와 집에 오니 부안에서 오빠가 올라와 있었다. '이 꼴이 뭐냐'며 오빠는 속이 상한지 화를 냈다. 오빠는 부모님들 걱정하시니 당장 시골로 내려가자고 했다. 나는 우리가 왜 농성을 하게 됐는지 오빠에게 설명했다. 앞으로 어떻게 될지 모르니 갈 수 없다고 버텼다. 처음엔 막무가내이던 오빠는 부모님이 걱정하니 일단 내려갔다 다시 올라오라고 했다.

한번 내려간 고향에서 서울 오는 건 쉽지 않았다. 그해 겨울을 보내고 이듬해 3월에 다시 올라와 친구들과 구로동을 헤매며 일할 곳을 찾았다. 이력서를 보고는 원풍모방 다닌 사람은 취업하기 힘들다며 돌려준다. 어느 곳을 가도 취직이 안 돼 아는 사람에게 부탁했다. 스타킹 공장에서 일한지 며칠 만에 해고되었다. 이유는 원풍 출신인 걸 속였다는 건데, 우릴 소개했던 사람도 원망을 들었다고 한다. 원풍이란 이름을 쓰든 안 쓰든 취업하기 힘들겠다는 생각에 한숨이 나왔다. 말로만 듣던 블랙리스트가 이런 거구나.

서울에선 도저히 취업할 수 없어 고향으로 내려오며 참담했다. 9월 27일 노조 사무실을 빼앗은 폭력배들은 내 청춘, 내 인생도 빼앗은 것이다.

블랙리스트로 인한 상처

고향에서 농사일을 도우며 지냈는데, 아버지가 위암 말기 판정을 받으셨다. 가족들은 선을 보라며 내 결혼을 서두르는 사이 그해 8월 아버지는 돌아가셨다. 이듬해인 1984년 12월, 결혼해 전주에서 생활하는데 길에서 우연히 박순애 언니를 만났다. 순애 언니는 같은 직포과에 근무했고 노조 부조합장으로 활동했다.

사람들이 많이 다니는 길이라는 것도 잊고 반가워서 소리를 질렀다. 원풍 9·27 사건으로 구속되었다가 석방된 순애 언니도 결혼해 전주에서 생활하고 있다고 했다. 순애 언니와의 만남은 원풍 식구들과 다시 연결되는 끈이 되었다.

원풍을 생각하면 언제나 가슴앓이 하다 이루지 못한 첫사랑처럼 아쉽고 그립다. 나는 원풍을 오래 다니며 활발하게 노조활동을 하고 싶었다. 20대의 젊은 청춘답게 꿈도 많았었는데 제대로 펼치지 못한 아쉬움이 있다. 세월이 흘러도 내가 피우지 못한 꿈의 크기만큼 안타까움을 지울 수 없다.

1982년 9월 27일 이후 우리는 해마다 그날이면 전국에 흩어져 살고 있는 사람들이 만난다. 36년이란 세월이 흘렀어도 그날 우리가 느꼈던 분노와 상처는 지울 수가 없다. 그들은 일터에서 우리만 끌어 낸 것이 아니라 가족에게도 깊은 상처를 안겨주었기 때문이다.

원풍모임에선 공권력에 의해 부당해고를 당한 조합원들의 명예회복을 신청받았다. 그 결과 많은 사람들이 명예회복이 되었고, 당시의 피해를 물질적으로 보상도 받았다. 그런데 나는 그때 다른 사람들과 함께 하지 못했다. 아무리 시간이 흘러도 아물지 않는 상처는 나로 인해 가족이 힘들 수도 있다는 피해의식을 갖게 했다. 시댁이나 공무원인 남편에게 영향을 줄까 걱정되었다.

그 이후 남편과 아이들에게 원풍모방이 어떤 곳이고, 노조가 얼마나 민주적으

로 활동했는지 얘기했다. 그리고 9·27이 어떻게 발생했고, 우리가 왜 농성을 했
는지도 얘기했다. 가족들은 엄마가 그런 곳에서 그런 일을 했냐고 놀라며 대단
하다고 했다. 그 말들은 늦었지만 내가 명예회복 신청을 할 수 있도록 용기를
주었다.

싸 움 은   끝 나 지   않 았 다

2017년, 촛불시민혁명으로 박근혜가 대통령직에서 탄핵 당했다. 그때 문체부
블랙리스트로 전국이 시끌시끌했다. 문화예술, 방송뿐 아니라 판사, 정치인 등
소위 화이트칼라 블랙리스트라는 단어는 온 국민을 충격으로 몰아넣었다. 블랙
리스트란 무엇인가? 정부 정책에 반해 활동하는 인물에 대해 감시가 필요하다는
명단 아닌가. 우리도 원풍모방노동조합을 지키기 위해 싸웠다는 이유만으로 '원
풍 블랙리스트'가 있었다.

오빠와 내가 사표를 강요당했고, 다시 취업도 할 수 없었던 상황. 리스트에 이
름이 오르면 연좌제가 되어 가족과 개인을 꽁꽁 묶었던 올가미. 취업을 거부당하
는 것은 생존을 말살시키는 것과 같다고 생각한다. 아무 것도 할 수 없어 사람
을 무기력하게 만든다. 꿈 많고 할 일 많았던 내 청춘을 옭아맨 블랙리스트. 그
단어만 들어도 가슴이 답답하고 욱신거리며 아파온다.

우리는 그날 이후 해마다 모임을 하고 있고 서로를 보듬어 주고 있다. 아직도
우리의 싸움이 끝났다고 생각하지 않는다. '민주화운동 관련자 명예회복'이 일
부는 되었지만 남은 사람들이 있기 때문이다. 우리 모두가 명예회복이 되는 그날
까지 우리의 싸움은 계속될 것이라 생각한다.

061

마음속의 훈장

이나경

_____1959년 경남 사천에서 태어나 1978년 3월에 원풍에 입사했다. 1979년, 동료들과 마포 신민당사에서 농성중인 YH노동자투쟁을 지원하러 갔다. 1982년 9·27농성투쟁이 강제해산되고 해고되었다. 노무현 정권 때 민주화운동 관련자로 명예회복이 되었다.

내가 태어나던 시대는 집집마다 자식을 많이들 낳았다. 나도 장장 8남매 중 셋째 딸로 태어났다. 자식이 여덟이나 되다보니 학교 다니는 형제가 줄을 이어 책가방이 항상 여섯 개는 뒹굴었다. 한 배속에서 나온 자식들도 다 성격이 달라 나는 어릴 때부터 좀 한량이었다. 일도 하는 놈만 시키는 법이라 부지런한 동생이 일을 많이 했다. 엄마는 "물제비 나무제비는 집에 안 들여 놓는단다"는 말을 자주 하셨다.

동네에는 내 또래가 남자 여섯, 여자 여섯, 딱 열 두 명이 있었다. 그러니 얼마나 놀기 좋았겠는가. 학교에서 돌아오면 가방을 내 던지기 바쁘게 저수지로 달려가 첨벙거리고 놀았다. 저수지에서 놀다가 팬티를 벗어 물에 대충 흔들어 걸어두면 햇볕 때문인지, 물때가 묻어서인지 팬티가 노래졌다. 엄마는 "여자는, 여자는…"을 입에 달았다. 늘 여자가 하면 안 되는 일을 열거하였지만, 나는 아랑곳 없었다. 그래도 놀다가 엄마가 보이면 눈치껏 내빼야 했다.

내가 얼마나 많이 고랑나무(고염나무)를 타고 올라가서 놀았는지, 엄마가 다 보았으면 다리몽둥이가 부러졌을지도 모른다. 서리를 해 먹다가 걸리기도 했는데, 야단만 좀 맞았지 별 뒤탈은 없던 시대였다. 우리 집에는 없는 단감나무가 외 갓집에 있어서 달고 상큼한 그 맛에 외갓집에 가는 걸 좋아했다.

동네에서는 아침마다 새마을노래가 스피커를 통해 울려 퍼졌다. 공지할 게 뭐 그리 많았는지 매일 울려댔다. 지붕개량 독려 방송도 많았다. 한번은 외양간을 고치는데, 원래 그런 것을 아무 때나 하면 안 되는 풍습이 있던 터라 아버지는 대문에다 '대통령 명령'이라고 써 붙이고 지붕을 고쳤다. 대통령이 지붕개량 하라고 해서 하는 거라고.

그러던 어느 날 큰 일이 일어났다. 큰오빠가 28살 나이로 교통사고를 당해 목숨을 잃은 것이다. 엄마는 우는 것도 웃는 것도 아닌 표정이었다. 그때 엄마 표정이 너무 이상해서 가슴이 철렁했던 순간이 평생 지워지지 않는다.

자 유 분 방 했 던   원 풍 생 활

78년 3월경에 원풍모방에 입사했다. 형부가 대림동에 살고 있었는데, 원풍모방 누군가와 인연이 있어 입사가 된 것으로 알고 있다. 직포과 A반으로 배치되었다. 원풍모방의 첫 인상은 공장이 크고 깨끗하고 지대도 약간 높은 곳이라 어쩐지 느낌이 좋았다. 운동장 입구에 긴 줄기를 드리우던 등나무 길을 매일 지나다닐 때는 조금은 낭만적 분위기를 느끼게 해서 좋았다.

형부 집에 기거하며 출퇴근을 하다가 잠시 자취도 했는데, 새벽 출근 때도 한 번도 지각을 한 적이 없었다. 동생도 나를 따라 원풍모방에 입사했다. 그러나 한량이었던 나는 잘 적응해서 일했는데 동생은 얼마 되지 않아 사직서를 내고 떠났다. 처음에는 일을 배우기가 좀 힘들어서 실수도 많이 했다. 다행히 차츰차츰 실수가 줄어들고 적응이 되고 보니 그리 힘든 일도 아니었다.

워낙 노는 걸 좋아해 같이 입사한 장복순, 최옥희 등과 배짱이 맞아 꽤 어울려 놀았다. 공장 맞은편 삼우통닭에서 치킨과 맥주를 마시다가 돈을 확인하자며 모두 다 털어 내놓고 달랑 500원이 남을 때까지 놀았다. 8시간 근무 후 여가시간에 여자들끼리 그렇게 어울려 다니면서 노는 게 마냥 즐거웠다.

공장 맞은편에 있던 영화다방도 쥐 풀방구리 드나들듯 들락거렸다. 한여름에 영화다방 문을 열면 에어컨 바람에 발목이 시원해지던 느낌이 아직 생생하다. 다른 것보다 발목이 그렇게 시원하더라. 대림시장도 빼놓을 수 없다. 달구어진 커다란 팬에서 노릇노릇 익어가던 고소한 부추전, 파전을 아줌마가 집개로 쭉쭉 밀어 찢어주면 부지런히 움직이던 젓가락들…. 영등포에는 매운 오징어볶음으로 유명했던 '여로'집이 인기였다. 살얼음 떠 있는 동치미가 곁들여 나오던 그 매운 오징어볶음은 술안주로 최고였다.

물론 대림동 주변에서만 논 것은 아니었다. 동네를 벗어나 영등포 본전다방으로 진출하기도 했다. 다방 탁자 위에 놓여있는 재떨이 같은 것에 동전구멍이 있었고, 거기에 10원짜리 하나를 넣으면 또르르 말린 성냥개비만한 종이가 튀어나왔다. '오늘의 운세'였다. 디제이는 신청곡을 틀어주었고, 카운터에서는 종종 "○○씨 전화 왔습니다"라는 안내가 흘러나왔다.

전화기가 없던 시절이라 약속이 늦거나 전화를 받아야 할 경우 다방을 이용하던 때였다. 나는 김상진이 불렀던 〈타향은 싫어 고향이 좋아〉라는 노래를 좋아해서 자주 신청했다. 송창식의 〈피리부는 사나이〉도 많이 들었다. 팝송이나 클래식은 몰랐지만, 대중가수들은 우리의 절친이었다.

야유회를 가면 누군가는 꼭 기타를 메고 왔고, 또 누군가는 커다란 카세트를 들고 왔다. 친구 장복순은 양품점에서 옷을 잘 맞춰 입었다. 이름도 잘 생각나지 않는 신길동 그 양품점은 원풍 노동자들의 단골집이었다. 매일 양복지를 짜는 일을 하면서도 그 양복지는 우리의 것이 아니었고, 우리는 월급 받아 다른 공장 노동자들이 만든 천으로 옷을 맞춰 입었던 것이다. 그러다 대림시장에 '나들이집'이라는 기성복 가게가 유명해지면서 기성복을 사 입는 바람이 불었다. '나들이집'에서 옷 사 입고 나들이도 제법 다녔다. 개미허리 수영복을 챙겨 장복순의 고향인 동해로 놀러갔는데, 군인 초소를 지나며 "쏘아 봐, 쏘아 봐"하고 군인들을 놀려먹기도 했으니, 간이 부은 건지, 철이 없었던 건지 마냥 그러고 다녔다.

노란봉투에 담겨 나오던 월급이 10여 만 원 되었나 싶은데 그렇게 쓰고 다녔다. 물론 노동조합에서 조합원 복지를 위해 만든 신용협동조합에 저축도 조금 하기는 했다. 공장 안에 신협이 없었으면 그렇게 저축도 안했을지 모르겠다. 내가 돈을 보내야할 만큼 집이 그렇게 못 살지는 않았기에 그랬을 것이다.

노 조 활 동 , 그 리 고 8 2 년 9 월

나는 노동조합 활동을 열심히 한 것은 아니었다. 그래도 노조에서 하는 행사나 교육 같은 것은 모두 즐겁게 참여하는 것이 원풍모방 전체의 분위기였고, 그 분위기에 나도 젖어들어 참여했다. 노조에서 주최한 가을 체육대회에 여자 축구선수로 뛰기도 했다. 그런데 축구를 해 본적이 없어 공을 차기만 하면 되는 줄 알고 뛰어 다니니, 임충호 씨가 막 소리를 질러가며 가르쳤다.

그냥 노조도 좋았고, 친구들도 좋아서 공장일도 재미있게 했던 것 같다. 영등포산업선교회도 자주 들락거렸다. 그것도 즐거운 놀이처럼 했던 거 같다. 이런 일도 있었다. 79년 여름 YH 노동자들이 농성하고 있었던 신민당사로 원풍노조 사람들이 지지방문을 하러 갔다. 그런데 그곳에서 어릴 때 고향에서 면서기로 일했던 사람을 보았다. 키가 자그마한 남자였는데, 아마 신민당 관계자로 일하고 있었던 모양이다. 깜짝 놀랐지만 모르는 척 했다. 물론 그도 나를 모르니까.

경상도 사천이 고향인 나랑 전라도가 고향인 최옥희가 한번 싸운 적이 있다. 아마 서로 자기지역 자랑을 하다 그랬던 것 같다. 그런데 전라도에 가보니 도로가 달라서 좀 놀라긴 했다. 솔직히 속으로 역시 경상도 출신 대통령 덕이구나 싶어 으쓱하기도 했으니, 얼마나 철이 없었는지….

그날, 남자들이 노조 사무실을 막고 서 있었다. 경찰차가 서 있었고, 검사과 재열이 등 아는 얼굴이 보였다. 아, 노동자끼리 패가 갈리는구나, 라는 생각이 휙 스쳤다. 농성장에 합류하는 것은 당연했다. 장복순, 최옥희 등과 모여앉아 있는데, 이틀째인가 어디서 초코파이를 몇 개 구해왔다. 배가 많이 고파 정말 먹고 싶었다. 그런데 최옥희가 말했다. "모두 함께 굶고 있는데 우리가 이러면 안 되지 않겠어?" 양심이 찔려서 눈물을 머금고 초코파이를 포기했다.

뒤에서 한 두 명씩 쓰러지고 병원으로 업혀가는 사태가 줄을 이었다. 나도 누군가의 등에 업혀 한독병원으로 옮겨졌는데, 고백하지만 실신할 정도는 아니었다. 너무 힘들어서 그냥 쭉 뻗어버렸다. 아버지 생각이 많이 났다. 농성하는 동안 찾아오는 가족들이 많았지만, 우리 가족이 나를 찾아와 힘들게 하지는 않았다. 다만 대림동에 사는 형부가 많이 나무랐다. 나는 어릴 때부터 말썽을 많이 부리고 다녔던 터라 엄마의 잔소리에는 익숙했다.

농성하고 있을 때 형부가 아버지를 오시라고 해서 한번 올라오기는 했던 모양이다. 나중에 아버지 말씀이, 사위가 오라고 해서 왔더니 술 한 잔 안 사주더라고 했다. 형부는 원래 술을 안 하는 사람이라 술 좋아하는 아버지 마음을 몰랐던 것이다. 그 말을 나중에 들은 형부는 그 후 아버지의 술을 챙겼다.

　그 당시 누군가 경찰서에 있다고 해서 남부경찰서로 찾아가기도 했는데, 누구였는지 기억이 안 난다. 그때는 구류 산 사람들이 참 많았다. 원풍 일이 아니더라도 주변에서 누가 며칠 구류 살았느니 하는 이야기도 많이 들었다. 많이들 잡혀 들어가던 시절이었던 것 같다.

블 랙 리 스 트

　9·27사건 이후 원풍모방에는 돌아가지 못했다. 고향집에는 형사가 매일 찾아 온다고 했다. 어떤 날은 술 한 병을 놓고 가고, 어떤 날은 담배 한 보루를 놓고 간다고 했다. 아버지는 차라리 뭐라도 물어 보는 게 낫지 아무 것도 물어보지 않고 왔다 갔다 하니 더 힘들다고 하셨다. 동네사람들도 수군대는 것 같아 불편한 상황이었다.

　나도 영등포산업선교회에 모여 좀 지내다가 언니네로 옮겼다. 누군가의 소개로 마포의 어느 약국에서 잠깐 일도 했다. 그러다가 대한모방에 이력서를 냈는데 안 되더라. 그때는 블랙리스트라는 게 돌아다니는지 꿈에도 생각 못했다.

　85년에 결혼했다. 재선이 결혼식에 갔다가 알게 된 사람이었다. 결혼 후 한동안 원풍모임에 참석도 못했고 그저 소시민으로 살았다. 그러다 원풍노조가 독재 권력의 탄압에 저항하다 고통을 받은 사실이 인정되어 민주화운동 명예회복 서류제출을 한다는 연락을 받아 다시 만났다. 민주화운동가로 명예회복이 되었을 때 '불순세력'이 아니고 '민주화운동'을 한 사람이라고 인정되니 기분 좋았다. 나, 민주화운동 한 사람이야, 라고 말할 수 있게 된 것이다.

　원풍모방에서 일했던 시절, 즐겁고 행복했던 순간들이 많다. 그리고 마지막 순간까지 의리를 지켜 함께 한 행동은 스스로에게도 자랑스러운 훈장이 되었다. 수십 년간 이렇게 끈끈한 인연을 이어가는 모임을 다른 곳에서는 본 적이 없다. 그동안 이끌어 온 집행부 사람들이 참으로 대단하고 존경스럽다.

　마음이 아픈 것은 나이가 들면서 친구들이 하나 둘 아픈 사람이 늘어나는 것이다. 가능한 한 건강한 모습으로 좀 더 오래 만나며 웃고 살았으면 하는 것, 그것이 가장 큰 바람이다.

062

내 인생의 우상

이순옥 정사

—————1960년 강원도 정선에서 태어나, 1978년 원풍모방에 입사했다. '엄지' 소그룹, '먹자' 소그룹 활동을 하다가 1982년 9·27사건 이후 그해 10월의 출근투쟁에도 참여하였다가 강제 해고되었다. 2007년, 정부에 의해 민주화운동 관련자로 인정되어 명예회복이 되었다. 현재 대학의 구내식당에 근무하고 있다.

내 고향은 강원도 정선이다. 아버지는 옷가게를 하여 돈을 많이 벌었지만, 친구에게 사기를 당하고 생활이 어려워지자 탄광촌으로 들어와서 나와 내 동생을 낳았다. 내가 태어나면서부터 집안 사정이 안정적으로 되어 할머니는 나를 복덩이라면서 좋아하셨다. 당시 함백 탄광촌에서 아버지가 계장으로 일을 하셔서 매월 쌀도 나오고 월급도 잘 나왔기 때문에 생계는 크게 걱정할 일이 없었다.

70년대 우리 동네 함백 탄광촌은 개도 돈을 물고 다닌다고 할 정도로 경기가 좋았다. 탄광촌 주변의 음식점이라든지 옷가게는 하루 종일 사람들로 북적거렸고, 미용실에서 머리를 하려고 해도 한나절은 기다려야 할 정도로 손님이 많았다. 60·70년대까지 가정에서는 연탄으로 난방과 식사를 해결했고, 국가적으로도 석탄을 쓰는 화력발전소 덕택에 경공업이 발전해나가고 있었다. 당시 공장에서 뿜어내는 시커먼 연기는 근대화의 상징이었다.

동네가 광산촌이다 보니 농사는 소일거리로 조금 짓는 정도이고, 친구들은 취업하러 부산으로 많이 갔다. 중학교를 졸업하고 나서 친구들이 모두 객지로 나가 같이 놀 친구도 없어 심심하던 차에 원풍에 다니는 언니가 여름휴가 때 집에 왔기에 나도 서울 가고 싶다고 부탁을 했다. 언니는 직포과 C반 이순남이다.

언니 따라 원풍으로

나는 언니의 소개로 78년 3월, 18살의 나이에 원풍에 입사해 바로 기숙사 217호에 들어갔다. 기숙사에 들어오면서 그 규모가 큰 것에 우선 놀랐고, 그 다음에는 방 식구가 14명으로 너무 많아서 놀랐다. 방 식구들은 친절하게 잘해 주었고 기숙사 생활은 재미가 있었다.

나는 원풍에 입사하면서 집에서 독립하여 직장생활도 해보고, 객지생활이 어떤 것인지 체험해보는 것으로도 만족했다. 직장 다니다가 좋은 남자 만나 결혼 잘하는 것을 꿈꾸는, 당시로서는 매우 소박한 목표를 가지고 있었다. 그래서 시간이 주어지면 많이 놀러 다녔는데 주일날에는 산업선교회에도 가고 월급 타면 춘천으로 놀러 가기도 했다. 생일 등 특별한 날에는 삼우통닭집에서 맥주랑 통닭을 시켜먹는 것이 최대의 호사였다.

또 태자와 희순이랑 시내에 있는 국도극장이나 명보극장으로 영화를 보러 가기도 하는 등 10대 시절의 청춘을 즐겼다. 특히 기숙사에서 좋았던 기억은 저녁 10시에 퇴근하면 가보시키(추렴)해서 주전부리를 방 식구들이랑 나누어 먹었던 것, 친구들하고 강당이나 옥상에 올라가 노래도 하고 재미있게 놀았던 것 등이다. 정사과 현장에서 일할 때 야근을 하다가 졸면 반장이 박카스도 갖다 주기도 하고, 화장실 가서 좀 쉬면서 잠을 깨고 오라고 배려하는 인간적인 면도 있었다.

입사하고 1년쯤 되어 정사과 반원인 나와 경희를 포함한 6명이 '엄지' 그룹을 결성해서 소그룹 활동을 했는데, 가장 기억에 남는 것은 1박2일 동안 산업선교회원들인 대일화학, 해태제과, 롯데제과 노동조합원들과 함께 교육받았던 일이다. 나중에 소그룹을 하나 더 결성했는데, 이 소그룹은 노동조합 간부인 이옥순 언니를 포함한 6명 정도의 인원으로 '먹자 그룹'이었다. 멤버들끼리 돌아가며 음식을 사고, 산부인과 검진 등 남의 눈이 의식되어 혼자 처리하기 어려운 것들을 같이 해결하면서 허물없이 지내는 모임이었다.

노 동 자 로 살 아 가 기

78년에는 똥물사건으로 동일방직의 민주노조 조합원들이 해고되고, 79년에는 YH노동조합도 문을 닫게 되었다. 민주적인 노동조합들이 하나둘 무너지고 나니 "원풍은 노동조합의 조직력이 강해 쉽게 쳐들어오지 못하지만, 노동조합을 지키기 위해서는 우리 모두 노력해야 한다"는 간부 언니의 말에 공감이 갔다. 여기서 무너지면 민주적인 노동조합이 모두 사라지게 된다는 이야기에 다시 한 번 열심히 해야겠다는 각오를 다졌다.

원풍의 양대 행사로는 봄의 노동절 기념식, 가을 체육대회가 있다. 체육대회 날에는 전 공장의 부서들이 다 참여한다. 청군은 청색모자와 머리띠, 백군은 백색 모자와 머리띠를 두르고 청군/백군으로 나뉘어서 신나게 응원도 한다. 응원을 잘하면 상을 주기 때문에 서로 이기려고 정말 열심히 참여할 수밖에 없었다. 둘이 짝이 되어 발에 풍선을 달고 달리기를 했던 생각도 난다.

79년에는 청군이었는데 우리가 이겼다. 그날 사진도 많이 찍었다. 체육대회가 끝날 무렵 '농자천하지대본'이라고 쓴 만장을 든 탈춤반의 행렬이 시작되면 거지행세, 곱사등이 행세를 하는 무리들을 따라 꽹과리, 북, 장구 등을 치면서 전 조합원이 하나가 되어 춤을 추고 노래를 부르면서 마무리했다. 그때 얼마나 소리가 컸던지 대림동에서 놀러 오신 할아버지들이 조합원들의 함성소리에 큰일이 난 줄 알고 놀라 회사 밖으로 뛰어나가기도 했다.

79년, YH 무역이 문을 닫자 후원기금을 마련하기 위하여 YH 노조원들이 손수건을 만들어 판매했다. 우리 조합원들은 독재정권에 의해 민주노동조합이 깨져 나가는 것에 안타까운 관심을 가지고 있던 터라 원풍노동조합에서도 적극 돕기 운동을 했던 것이다. 우리 그룹에서도 손수건을 샀고, 나도 손수건을 많이 구입하여 주위 사람들에게도 나누어 주었다.

신민당사에서 농성하는 YH 무역노조 조합원들에게 명애와 경희 등 같이 소그룹 하는 동지들과 빵과 음료수를 사서 전해주며 힘내라고 응원을 하고 오기도 했었다. 그러다가 79년 8월 11일, 신민당사에서 농성하던 김경숙 동지가 사망하는 일이 발생했다.

격변에 휘말린 원풍노조

노동자의 인권을 짓밟고 민주노동조합을 탄압하며, 영구집권을 위해 무고한 민주인사들을 구속하는 등 독재 권력을 휘두르던 박정희는 1979년 10월 26일 자기 부하인 김재규의 총탄에 맞아 사망했다. 박정희의 사망 소식은 권력이 얼마나 무상한가를 보여주는 중요한 교훈이다.

독재자 박정희가 사망하자 계엄령이 내려졌다. 80년 5월, 민주화의 봄을 찾아 전국 각지에서 학생들과 노동자들이 시위를 하는 등 각자의 방식으로 의사 표현을 했다. 우리는 한국노총회관에서 궐기대회를 열었다. 우리 지부장님이 연사로 나가서 말씀하시는 것을 들으며 참 대단하고 멋있다는 생각을 했다. 열기가 고조되고 있었는데, 갑자기 이상한 기운이 돌더니 대회를 중단하고 해산했다.

5월 18일, 계엄이 확대되고 광주에서 무슨 문제가 생긴 것은 확실한데 당시 언론에서는 '폭도들이 소란을 일으켰다, 빨갱이들이 침투하여 소요사태가 일어났다'는 식으로 거짓 보도를 하고 있었다. 그러나 우리는 광주항쟁의 실제 이야기를 유인물을 통해 알 수 있었다. 군인들에게 개머리판으로 학생과 시민이 맞아죽었다. 부상자들이 너무 많아 병실이 없어서 병원 복도까지 꽉 찼고, 부상자는 많은데 피가 부족한 상황이라고 했다. 광주를 외곽에서부터 모두 차단해 들어가지도 나가지도 못하게 고립시켜 놓아 사람들이 죽어나가는 상황이라는 것을 그곳에서 보내온 유인물을 통하여 알게 되었다.

당장 우리가 할 수 있는 일은 성금 모금이란 생각으로 참여를 했지만, 정말 가슴이 아프고 참담했다. 광주 희생자 모금을 했다는 것을 이유로 방용석 지부장님과 박순희 부지부장님에게 정부는 정화 조치를 내리고, 이어서 지명수배령이 떨어졌다. 노동조합 분위기는 뭔가 썰렁했고 한쪽이 떨어져나간 것 같이 허전했다. 빨리 탄압이 끝나 민주노동조합으로 복귀하게 되기를 간절히 빌었다.

폭력으로 무너진 민주노조

그러나 정부와 회사는 사사건건 노조의 발목을 잡고 탄압의 강도를 높이더니 결국 82년 9월 27일, 노동조합 앞에 바리게이트를 치고 조합장을 감금했다. 나는 오후 2시 경 노동조합으로 갔다. 노동조합 앞에는 폭력배들만 있었다. 구사대 중에는 사무실에서 일하는 사원들이나 과장, 계장, 그리고 담임들같이 낯익은 얼굴들도 있었다.

식당에서는 배식을 중지해 점심도 못 먹고 현장으로 출근했다. 이대로 무너지면 안 된다는 생각으로 농성에 임했고, 이틀 동안은 일하면서 농성을 계속했는데 뭘 먹지 못해서 배가 고팠다. 그러나 농성이 길어지면서 긴장과 걱정, 불안감으로 배고픈 것도 사라졌다. 농성 4일째, 죽을 조금씩 먹을 때도 나는 속이 너무 메스꺼워 오히려 힘들 것 같아 먹지 않았다. 내가 끌려나올 때는 쓰러지기 직전까지 간 상태였다.

'원풍이 쓰러지면 민주적인 노동조합이 모두 깨지는 건데…'라는 생각으로 버티고 있었지만, 농성이 길어져 점점 지쳐가면서 분위기는 초상집 같았다. 지금 처해 있는 이 벽을 어떻게 넘을 수 있을까. 현장에서 같이 농성했던 경희, 옥희, 정순이와 함께 계속 걱정을 하였다. 단식이 길어지면 탈수가 심해진다고 해서 소금물을 챙겨 먹었는데, 속이 너무 메스꺼웠다.

농성 마지막 날, 화장실에 가려고 통로를 나가면 구사대들이 끌어내 화장실도 못가고 농성장 안에 드럼통을 갖다놓고 사용했다. 그 날 구사대가 미친 듯이 한 사람에 4명씩 달려들어 팔다리를 잡고서 돼지 끌고 가듯이 끌어냈다. 우리들은 끌려 나가지 않으려고 현장에 있는 관사도 던지고, 신발도 벗어 던졌지만 역부족이라, 이대로 가다간 모두 다 강제로 끌려나가겠다는 생각에 운동장으로 뛰어나갔다.

운동장에 나와 앉아있는 우리들은 밖을 향해 '사람 살리라!'고 간절히 외쳤지만, 우리를 위해 함께 해준 사람은 아무도 없었다. 그렇게 운동장에서 농성을 하다가 새벽에 폭력배에 의하여 강제로 회사 밖으로 끌려나왔다. 나는 한독병원 있는 쪽으로 '사람 살리라'고 소리를 지르면서 내려가고 있었는데, 구사대 둘이 발로 차면서 빨리 가라고 했다. 그때 얼마나 세게 차였는지 한동안 고생을 했다.

슬픈 새벽길

몸은 지쳐서 쓰러질 것 같은데, 회사 앞에 계속 있으면 폭력배들에게 얻어 맞을 것 같은 공포가 몰려왔다. 기숙사에도 갈 수가 없고, 돈도 없고, 갈 곳도 없었다. 전경들이 쫓아와 또 폭력을 휘두를까봐 겁이 나서 일단 대림동을 벗어나야겠다는 생각으로 무조건 아무거나 오는 버스를 탔는데, 103번 안양 가는 버스였다.

버스를 타고 기사에게 죄송하다며 차비가 없어 나중에라도 꼭 갚겠으니 좀 태워 달라고 했더니, 괜찮다고 타라고 했다.

농성이 끝난 그 날은 추석 명절 새벽이었다. 옷은 더럽고, 머리는 냄새가 나고, 신발은 한 짝이 없고, 양말도 벗겨진 몰골이 완전 미친년 같았다. 버스를 타고 가다가 안양에서 내리는데, 전경한테 차였던 발이 너무 아파 버스에서 내리다가 쓰러져 죽을 뻔 했다. 다행히 기사님이 괜찮으냐면서 천천히 내리라고 걱정을 해 주었다.

안양에 도착하니 동이 터오고 있었다. 나는 아버지가 걱정할까봐 한 짝만 신고 다니던 신발을 벗어 버렸다. 그리고 새벽에 불이 켜져 있는 집이 있어서 들어가 전화 좀 한 통 쓰게 해달라고 부탁해 내가 있는 곳을 알렸더니 아버지가 택시를 타고 안양까지 오셨다. 아버지는 나를 보더니, '세상에 이게 무슨 일이냐, 너 잘 있는지 알았더니…' 하면서 엉엉 우셨다. 아버지는 내가 강도를 만났는지 알았다고 하셨다.

아버지랑 택시를 타고 안산의 집으로 왔는데, 동사무소의 사무장이 도착한 날부터 우리 집을 찾아 왔다. 아버지가 하도 기가 막혀 '당신네들은 추석 명절도 안 쉬냐'고 소리를 지르셨다. '우리 딸이 뭘 그렇게 잘못을 했기에 이렇게 명절에 오냐? 우리 집에도 오늘 명절이라 손님도 오고 그래야 되는데, 오더라도 추석 지나고 와서 이야기하자'고 하며 동사무소 직원을 돌려보냈다.

아버지는 나에게 어떻게 된 거냐고 물어보셨다. 아버지께 정부에서 우리 회사에 있는 민주노조를 탄압하느라고 다 개 끌려가듯이 끌려나왔다고 하면서 그동안 농성한 것을 말씀드렸더니, 아버지는 다 죽게 생겼다면서 병원에 가자고 했다. 나는 시간이 가면 좋아질 거라며 사양했다. 다행히 옆집에 간호사가 살고 있어 링거라도 맞자고 해서, 집에서 링거를 맞고 나니 좀 기운이 났다.

해고 노동자의 삶

추석이 지나고 나자 동사무소 사무장이 집으로 또 찾아왔다. 내가 무슨 죄를 지었다고 자꾸 찾아 오냐고, 내가 지은 죄가 있으면 그 목록을 가지고 오라고 따지면서 원풍에서 끌려난 이야기를 했다. 그는 자기도 위에서 지시해서 어쩔 수 없는 거라면서 좀 이해해달라고 했다. 나도 그때의 상황을 기억하기도 싫은데, 내 이야기 다 들었으면서 왜 이러냐고 다시는 오지 말라고 했다. 그는 위에서 지시가 내려와 나를 감시하라고 했다면서 자기도 어쩔 수 없이 오는 거라며 오기 싫다고 했다.

그러더니 며칠 만에 또 와서는 유치원에 취직을 시켜주겠다고 했다. 아버지는 '당신에게 내 딸 취직시켜달라고 했냐?'면서 우리 딸 얼마나 좋은 직장에 있다가 왔는데 이제는 직장 안 보낸다고 펄쩍 뛰었다. 그 이후에도 꽤 오랫동안 동사무소 사무장이 찾아왔다. 나중에는 별일 없냐고 안부를 묻기도 하면서 오더니, 내가 결혼을 한 후에는 더 이상 찾아오지 않았다.

10월 7일, 출근투쟁을 하기 위하여 회사 정문 앞으로 갔다. 우리들은 정문 앞에 앉아서 구호를 외쳤다. 노동조합 탄압 중지하라! 기숙사를 개방하라! 양정모는 물러가라! 등의 구호를 외치고 농성을 하다가 5명이 연행되어 구류를 살고, 우리들은 2차 출근투쟁을 하기로 하고 해산했다.

82년 말쯤 짐을 정리하러 남동생과 같이 기숙사에 갔는데, 사감도 안보이고 그래서 2층의 내가 있던 방으로 올라갔다. 복도를 지나면서 다른 방들도 볼 수 있었는데 문이 열린 방도 간간이 있었다. 우리 방도 문이 열려 있어 들어갔는데 원주에 사는 김명희 언니의 짐만 남아 있었다. 내가 쓰던 캐비닛은 열려 있었고 방 안에는 먼지만 수북이 쌓여 있었다. 짐이라야 화장품 쓰던 것과 옷 몇 별 정도였다. 짐을 들고 기숙사를 내려오는데, 기분이 착잡하고 뭐라고 말할 수 없이 답답했다.

민주화운동 인증서로 찾은 자신감

나는 83년 3월에 결혼을 했다. 남편에게는 원풍 다녔던 것을 이야기하지 않고 지내다가 3년 정도 후에 이야기했다. 남편은 별말 없이 '좋은데 다녔다'면서, 그때 노동운동하는 것이 쉽지 않았을 텐데 대단하다고 했다. 나는 남매를 두었는데, 원풍에 다닌 것을 아이들에게도 이야기했더니 '우리 엄마 훌륭하다'고 칭찬을 했다. 그러나 나는 한 일은 별로 없어서 부끄러웠다. 다행히도 남편이나 아이들 모두 정치, 사회를 보는 눈이 나와 다르지 않았다.

2007년, 민주화운동 인증서를 받았을 때는 '아, 해냈구나. 참 대단하다'는 생각이 들었다. 민주화운동 인증서는 너무 소중해서 지금도 잘 간직하고 있다. 생활지원금을 받았을 때 남편은 '당신이 가끔 원풍 이야기를 하더니 정말로 대단한 곳'이라며 복권 맞은 거 같다고 했다. 결혼하고 몇 십 년이 흐른 뒤에 인증서와 생활지원금을 받는 것이 쉽지 않은데, 정말 잘했다며 남편이 더 좋아하고 감사해 했다. 생활지원금 받은 것으로 벼 베는 기계인 콤바인을 샀다. 그 콤바인으로 벼 수확하는데 전보다 힘도 덜 들어 정말 많은 도움이 되었다.

원풍에서 9·27사건을 겪은 기억 때문인지 국가로부터 민주화운동 인증서를 받은 것은 하늘의 별을 따온 것과 같다고 생각한다. 나는 결혼 전에 다녔던 원풍에서의 4년이 가장 좋았던 시절로 기억한다. 결혼하고 다른 곳에 취업을 해봤지만 원풍만한 곳이 없었다. 원풍노동운동이 차지하고 있는 비중이 내 인생에서 가장 크다고 감히 말할 수 있다.

내 주변의 지인들은 내가 결혼하기 전에 다녔던 회사 모임에 간다고 이야기하면 다들 깜짝 놀라고 부러워한다. 35년 동안이나 퇴직한 직장인들이 만나고 사는 경우는 거의 없기 때문이다. 민주화운동 인증서 받은 것 외에도 35년간 원풍노조가 지속된 것도 기적 같은 일이다. 원풍은 나의 자부심이며, 내 인생의 우상이다.

063

내 안의 쉼터

이순옥 _{전방}

_____1956년 경기도 화성에서 8남매 중 여섯째로 태어나 1978년 원풍모방에 입사하였다. 1981년, 82년 전방 A반 대의원으로 선출되어 활동하다가 9·27폭력사건으로 해고당하였다. 그해 12월, 예식장 주변을 경찰과 경찰버스가 진을 치고 있는 가운데 결혼식을 올린 사연이 있다. 2007년, 민주화운동 관련자로 인정되어 명예회복이 되었다.

내가 원풍모방에 들어간 것은 1978년 초여름이었다. 나는 경기도 화성에서 태어나 중학교를 졸업하고 집안일을 거들다가 1976년 열아홉 살에 서울로 돈 벌러 집을 떠났다. 처음에는 재봉기술을 배우려고 양장점의 시다로 취직했다. 그런데 사장은 양장 기술을 배울 기회는 주지 않고 자신의 아기를 돌보라고 했다. 처음 약속과는 달라 그곳을 나와 티셔츠를 만드는 구로공단의 효성물산에 입사하여 2년간 근무했다.

당시 사촌언니가 원풍모방 정문 앞에서 분식가게를 하고 있었다. 그 언니가 원풍모방 노무과 직원에게 소개비 2만 원을 쥐어주고, 언니의 동생과 나를 원풍모방에 들여보냈다. 소위 '빽'을 써서 입사를 한 것이다. 당시 원풍모방은 노동조건이 좋다는 소문이 나 있었기에 입사를 하려면 소개자가 필요했다.

방직공장의 노동

내가 근무했던 부서는 방적과 전방 A반이었다. 전방은 실을 제조하는 방적공정의 첫 번째 작업을 하는 곳으로, 솜 덩어리와 같은 원료에서 최초의 가느다란 실 형태가 되기까지의 공정이다. 전방에는 티를 제거하면서 원료를 평평하게 펴주며 곱게 다듬어 주는 서로 다른 종류의 기계들이 설치되어 있었다.

중간공정에 코머(Comber, 양모나 솜 등을 잔빗으로 빗어 곱게 펴는 방적기계) 21대가 있었다. 다른 공정에서는 한 사람이 기계 한 대를 돌리지만, 코머는 한 사람이 다섯 대에서 예닐곱 대까지 돌렸다. 코머는 다른 기계에 비해 규모가 작고 개당 생산량도 적어 한 사람이 담당하는 기계가 여러 대였다. 그리고 코머에서 나오는 원료는 허리높이의 둥그런 통에 담겨지는데, 가득히 담긴 통은 손으로 끌어 그 다음 단계에 넘겨주어야 한다. 그런 만큼 많은 노동력을 필요로 하는 작업이었다.

나는 무엇보다 기계 청소가 힘들었다. 색깔이 다른 제품이 들어올 때마다 기계를 분해해서 청소를 해야 하는데, 작업복이 온통 기름투성이가 되었다. 가끔은 군수용 제품을 생산했는데, 그럴 때는 수량이 많고 원료 자체가 괜찮아 별 고장 없이 잘 돌아가서 좋았다.

품질이 떨어지는 원료로 작업을 할 때나 겨울철 작업장 온도가 낮을 때는 롤러에 실이 엉켜 붙어 기계가 번갈아 가며 고장이 나 진땀이 날 정도로 힘이 들었다. 작업 현장에서 가장 힘들었던 기억은 뭐니 뭐니 해도 야간근무이다. 될 수 있으면 졸지 않으려고 애를 쓰지만, 어쩌다 졸음이 쏟아지면 눈을 아무리 비벼대도 소용이 없었다.

기계와 기계 사이를 왔다 갔다 하면서 가공되는 상태를 점검해야 하는데, 졸릴 때는 다리부터 힘이 풀려 무릎이 꺾이며 흐느적거리게 된다. 꾸벅꾸벅 졸고 있으면 동료가 살금살금 등 뒤로 와 무릎으로 오금을 툭 쳐주었다. 그러면 갑자기 무릎이 툭 꺾이면서 정신이 화들짝 들었다.

나도 그랬지만 한 동료는 입사하여 퇴사할 때까지 코머에서만 근무했는데, 야근이 지긋지긋해서 시집을 갔다고 할 정도였다. 그녀는 야근을 할 때, 가끔 졸다가 자신이 돌리는 코머에서 나온 검정색 원료가 담긴 통을 그 다음 단계로 백색 원료 작업을 하고 있는 곳에 끌어다가 섞어 놓기도 했다. 뚜렷하게 다른 두 색깔이 섞여 있는 모습을 보고 동료들은 배를 잡고 웃었다.

지금도 그 시절 함께 노동을 했던 동료들과 만나면 그 이야기를 하면서 깔깔거리며 웃는다. 비록 일은 힘들었지만, 작업장에서 서로를 도와주고 배려해주는 마음이 있어서 현장 분위기는 따뜻했다.

지혜의 샘터가 되어준 노동조합

노동조합은 신입생 교육을 할 때 처음 갔었다. 그 때는 노동조합이 무엇을 하는 곳인지 소개를 하는 것으로 이해를 했을 뿐이다. 우리 전방 A반에는 키 크고 얼굴도 예쁘고 말도 잘하는 장석숙이라는 동료가 있었다. 입사한 지 오래된 선배였고, 말솜씨까지 뛰어나 매력이 넘치는 동료였다. 그 선배가 자신이 조직한 소모임에 들어오라고 권했다. 소모임 이름은 '하얀'이었는데, 부서의 비슷한 또래들과 친교를 다지기에 좋겠다는 생각으로 가입했다.

소모임 활동은 새로운 세계를 만난 듯이 흥미롭고 재미있었다. 자연스럽게 노동조합 사무실을 찾아가게 되었고, 나중에는 하루라도 들르지 않으면 궁금했다. 노동조합에서는 부서별 교육과 소모임 회장, 총무 등 직책별로 모임과 교육을 했던 생각이 난다. 원풍노동조합의 발자취와 여타 노동문제에 대한 강의도 있었다.

소모임은 매주 1회, 영등포산업선교회관에서 가졌다. 일주일에 한 번씩 만나는 소모임에서는 여러 가지 주제를 정해 공부도 하고 강의도 듣고 토론을 했다. 새로운 지식과 정보를 알아가면서 조금씩 의식이 깨어나고 삶이 풍요로워졌다.

이전에는 나 자신을 위하여 열심히 일해 돈을 벌어 시집을 가야겠다는 것이 인생의 목표였다. 그러나 노동조합 활동을 한 후부터는 동료들과 더불어 잘 살아갈 수 있는 사회를 만들도록 역할을 해야겠다는 공동체의식을 갖게 되었다. 나만의 미래가 아니라 함께 살아가는 노동자들과 더불어 조금 더 나은 세상을 만들어가야 한다는 연대의식이 생기면서 기분이 들뜨기까지 했다.

원풍모방노동조합을 떠올리면 무엇보다 3월 10일의 노동절 행사가 생각난다. 방용석 지부장님이 노동절 대회사를 하면 희망찬 한 해의 시작을 알리는 듯해서 그냥 신바람이 났다. 이어 조합원들의 노래자랑 무대가 펼쳐졌는데, 가수들의 노래를 듣는 것보다 더 재미있었다. 고향이 같은 이혜영은 한복을 곱게 차려입고 무대에 올라가 간드러진 목소리로 노래를 참 잘 불렀다.

행사는 탈춤 공연으로 끝을 맺는다. 무대에 고사상을 차려놓고 제사를 시작으로 시작하는 탈춤 공연은, 구경하는 관객이었지만 공연하는 출연자가 된 것처럼 신이 났다. 탈춤 공연을 보며 흥에 겨워 넣었던 추임새와 운동장에서 뒤풀이를 할 때 불렀던 투쟁가의 함성이 지금도 귓전에 들리는 듯하다.

대 의 원 활 동

1981년 2월, 전방 A반 조합원들은 나를 대의원으로 뽑아주었다. 그해는 강철처럼 단단했던 노동조합이 바람 앞의 등불과 같이 위태로웠던 시기였다. 힘은 아주 작지만 나름대로 소신을 갖고 노조활동을 해야겠다고 다짐을 했다.

1980년 전두환 신군부가 권력을 잡으면서 방용석 지부장님과 박순희 부지부장님이 정화 조치로 해고되고 수배령이 내려졌다. 또 바로 선배 간부들이 계엄사 합동수사본부에 끌려가 해고를 당했다. 그 빈자리는 이제 우리가 감당해야 했다. 한치 앞이 보이지 않는 상황 속에서 대의원이 된 것이 부담스러웠지만, 한편으로는 전방 A반 조합원들이 나를 믿고 뽑아 준 것이 뿌듯하기도 했다.

원풍노조의 역사를 공부하면서 선배들이 자주적 노동조합을 쟁취하기 위해 얼마나 많은 희생을 치렀는지 깨달았다. 그런 희생의 대가로 70년대 중반 이후에 입사한 우리가 많은 혜택을 누리고 있다는 사실도 알게 되었다. 지금까지 노동조합 활동을 소극적으로 했지만, 이제부터는 용기 있는 그분들을 거울삼아 열심히 활동하자고 스스로 다졌다.

2월 18일, 어렵사리 대의원대회를 마친 노동조합은 노조의 힘을 약화시키려는 여러 형태의 음모에 대처해야 했다. 가장 기억에 남는 것은 부산 원풍타이어공장 노동조합과 서울 원풍모방노동조합을 통합하라는 노동부의 명령이었다. 회사 측은 두 노조가 통합한 이후부터 노사 단체교섭에 임하겠다고 했다. 노조 집행부는 노동부와 서울시에 통합의 근거를 확인하였지만, 무조건 행정명령을 따라야 한다는 답변만 듣고 돌아왔다. 이를 따르지 않으면 노동조합 해산명령을 내리겠다며 으름장을 놓았다.

관계기관과 사업주가 합세하여 노동조합을 무력화시키려는 의도가 적나라하게 드러난 것이다. 이것은 1980년 12월 31일, 전두환 신군부가 노동관계법을 개정, 70년대 산업별 노조체제를 기업별 노조체제로 개악한 것에 근거하고 있었다. 산업별 노조체제에서는 원풍노동조합이 독자적으로 운영되어왔는데, 우리 노조를 원풍타이어노동조합과 통합시켜 단체교섭권을 타이어노동조합으로 넘기려는 음모였다.

우여곡절 끝에 그해 11월 20일, 원풍모방 식당에서 원풍모방노동조합과 원풍타이어노동조합의 통합대회가 열렸다. 통합대회에 참여했던 사람으로서 당시를 되돌아보면 참으로 가슴이 조였던 사건이었다. 대회장에서 내가 발언을 해야 하는 순서가 있었는데, 혹시 실수를 하여 대회를 망치면 어쩌나 하는 책임감과 압박감으로 무척 긴장을 했다.

우리의 주요 전략은 회사 측이 세운 타이어노조의 정대원을 탈락시키고 부조합장인 박장길을 공동대표로 선출하는 것이었다. 대회 직후 원풍타이어노조는 내분이 일어나 박장길이 공동위원장직을 사퇴했다. 이로서 타이어노조와의 통합대회는 실질적으로 무산된 것이다. 타이어노동조합과의 통합대회가 우리의 전략대로 마무리되어 다행이었다.

이무술 조합장이 폐회를 선언하는 순간 환호성이 저절로 터져 나왔다. 어려운 순간을 잘 대처했다는 안도감과 뿌듯함에 가슴이 벅차올랐다.

폭 풍 전 야

나는 1982년에도 다시 대의원으로 선출되었다. 그해 가을 9·27국가폭력사건으로 노동조합이 파괴되었으니, 원풍모방노동조합의 마지막 대의원으로 선출되었던 것이다. 처음 대의원으로 뽑혔을 때의 부담감과는 달리 활동을 더 잘 해야겠다는 의무감과 각오로 새롭게 출발하였다. 대의원대회를 앞두고 1박2일 수련회를 돈보스코회관에서 열었다. 긴장감이 팽배했던 시기였던 만큼 수련회 프로그램의 주제도 무거웠다. 무엇보다 노조가 대처해야 할 현안들이 많았다.

대의원들은 현안문제를 해결하기 위해 토론과 발표를 하고 정보를 공유하면서 대안을 찾는 시간을 가졌다. 참여자 모두가 비장한 각오와 결의를 갖고 진행되었던 수련회였다. 그 즈음 가장 많이 불렀던 투쟁가는 〈마지막 십자가〉라는 노래였다. 그 투쟁가 가사는 그 날의 수련회에서 대의원들이 지은 것이다. 투쟁가 제목처럼 동료 대의원들은 스스로를 희생시켜서라도 노조를 지켜나가자고 결의를 다졌다.

권력기관의 비호를 받는 회사 측은 날이 갈수록 작업장에 감시체제를 강화시켰다. 온갖 트집을 잡아 문제거리를 만들어 확대시켰다. 특히 전방 A 반에서는 회사 측 생산부 과장과 계장 등 사원들과의 갈등이 고조되었다. 전과 달리 회사 측이 억압적인 태도를 보이자 조합원들이 반발하여 이런저런 충돌이 생겼다

본래 작업장 생산관리체제는 총책임자인 담임과 반장이 있었고, 각 공정별로 부반장과 지도공이 배치되어 생산 및 품질관리를 하는 작업체제였다. 그들도 노조조직에 속한 조합원들이었다. 그런데 81년부터 회사 측 생산부 관리자와 사원들이 작업장에 나와 지나친 작업 지시와 간섭을 했다. 그런 한상엽 과장과 계영우 계장과의 충돌이 여러 번 생겼다.

또한 회사 측에서는 새마을교육과 품질관리교육을 강제하며 조합원들의 정신까지 개조하려 들었다. 나 같은 경우는 품질관리교육을 거부했다는 것을 징계 사유로 하여 인사위원회에 회부되었고, 김순애 동료는 작업지시에 문제를 제기했다는 것이 징계 사유가 되어 인사위원회에 회부되었다. 우리는 인사위원회의 출석요구를 거부했다. 왜냐하면 인사문제는 노사 합의 하에 인사위원회를 소집해야 한다는 단체협약을 위반하였기 때문이었다.

회사 측은 노조를 무력화시키려는 계략으로 갖가지 방법으로 싸움을 걸어왔다. 작업장에서 조합원이면서 생산관리 책임자였던 담임과 부딪치는 사례도 늘어났다. 생산부 과장, 계장에게 지적을 받은 담임은 자신의 처지가 위축되면서 조합원들을 단속하려고 했다.

9월 27일, 노동조합 폭력사태

그날, 퇴근을 준비하다가 폭력배들이 노동조합에 쳐들어왔다는 소식을 듣고 나는 허둥댔다. 침착해야 했다. 부서 조합원들에게 급박한 상황을 알리고, 퇴근하면 곧바로 노조 사무실 앞으로 집결해 달라고 요청했다. 노동조합 사무실로 달려가 보니 상상했던 것보다 훨씬 기막힌 상황이 벌어져 있었다. 조합장은 사무실에 갇혀 있었고, 그 문 앞에는 식당의 식탁을 천장에 닿을 정도로 겹겹이 쌓아놓았고, 폭력배들이 서로 팔을 걸고 몇 겹으로 빙 둘러 진을 치고 있었다.

나는 동료들과 함께 악을 쓰면서 폭력배들에게 달려들어 그들을 뜯어내고 노조 사무실로 들어가려고 했으나, 남자들의 완력을 당해낼 수가 없었다. 노조 집행부에서는 노동조합 사무실과 가까운 정사과 작업장 한구석을 농성장으로 정

했다. 그곳에 퇴근반과 야근반 기숙사생들이 모였다.

양승화 부조합장은 구사대의 폭력행위를 간략하게 보고한 뒤 행동지침을 전달했다. 조합원 전체는 노동조합에서 폭력배들이 물러갈 때까지 퇴근을 중지하며, 추석명절에 고향 가는 것도 중지하고 철야농성을 한다는 결의였다. 조합장은 감금당했고, 상근자였던 박순애 부조합장과 이옥순 총무는 폭력배들과 싸우다가 다쳐 병원으로 실려 가 농성장에 없다고 했다. 참으로 암담한 상황이었다.

그렇게 해서 4박5일간 단식농성을 벌였지만, 결국은 하나둘 지쳐 쓰러지고, 10월 1일, 추석날 새벽에 구사대들에게 사지가 들려 모두 끌려나왔다. 나는 농성 나흘째 되던 날 저녁 무렵, 쓰러진 동료를 병원으로 데려가도록 농성장 입구를 지키고 있던 남성 조합원에게 부탁을 하다가 그만 구사대들에게 잡혔다. 밖으로 끌려 나가지 않으려고 발버둥을 치는 나를 남자 3명이 달려들어 머리와 팔과 다리를 각각 잡아서 정문 밖으로 내동댕이쳤다.

그 때 정문에는 나처럼 구사대들에게 잡혀 끌려 나온 조합원들이 대여섯 명 있었다. 나는 그들을 데리고 광화문 새문안교회를 찾아갔다. 집행부에서는 대의원과 주요 활동가들에게 미리 농성장에서 끌려 나가게 되면 각자 흩어지지 말고 대림동성당, 새문안교회, 명동성당으로 가서 농성을 계속하자고 했다.

나는 새문안교회로 가는 팀으로 정해져, 사람들을 인솔하여 그곳으로 갔다. 대림동에서 광화문까지 버스를 타고 갔는데, 차비도 없었을 덴데 어떻게 버스를 탔는지 기억이 전혀 없다. 농성장에서 며칠째 뒹군 작업복 차림에 세수도 하지 못해 몰골이 횅한 사람들이 들이닥치자 교회 책임자가 당황해하며 놀라는 표정을 지었다. 원풍모방의 노동자들이라고 이야기를 하고, 억울하게 쫓겨났는데 갈 곳이 없어서 교회를 찾아왔다고 말했다.

교회 사람은 티브이 뉴스를 보아서 알고 있다면서 난처한 표정을 했다. 그는 얼마 후에 죽을 갖고 들어와 먹으라고 했다. 얼마나 그곳에 있었는지는 모른다. 조합원들이 농성장에서 끌려 나오면 우리 뒤를 이어 새문안교회로 와야 하는데, 한 사람도 더 오지 않았다. 혹시 행동지침이 변경된 것인가, 하는 생각이 들어 동료들과 상의를 했다. 동료들은 우리 몇 사람이 농성장에서 멀리 떨어진 이곳에 있는 것보다는 회사 정문 앞에 가서 싸우자고 했다.

우리는 교회를 나와 회사 정문으로 가려고 했으나 경찰이 접근을 막았다. 그 이후 다른 기억은 없다. 다만 지금 생각해 보면 36년 전 그날 밤은 한가위 전날이라서 달빛이 환했을 것이다. 그런데 왜 나에게는 캄캄한 어둠 속에서 추위와 무서움에 떨었던 기억만 남아있는지 모르겠다.

웨딩마치 하던 그날

고향집에서는 아버지와 어머니, 그리고 형제들이 야단법석이었다. 경찰이 아버지를 찾아와 농성장에 가서 딸을 데리고 오라고 협박을 하자 아버지는 그만 몸져 누우셨다. 화가 난 오빠가 회사에 가서 퇴직금을 수령해갔다. 나는 이미 38명과 함께 1차로 10월 7일자로 해고되었기 때문에 사직서는 필요하지 않았다.

아버지의 성화에 못 이겨 9·27노조폭력사태가 일어나기 직전에 지금의 남편과 한번 만났다. 대의원으로서 나는 당시 결혼을 할 처지가 되지 않았는데, 경찰이 빨갱이니 뭐니 하면서 흉흉한 말로 협박과 회유를 해대니 아버지가 그만 병이 나고 말았던 것이다. 결국 양가 어른들이 결혼을 서두르면서 그해 12월 8일 결혼식을 올려야 했다.

집행부와 동료 대의원들이 구속된 상황에서 결혼식을 올리자니 마음이 무척 무거웠다. 신부 화장을 받고 있는데, 밖에서 "이순옥 신부가 누구십니까?" 하고 물었다. 신부 화장을 하던 사람이 두 세 사람 더 있었다. 나는 예식장에서 찾는 줄 알고 "네, 전데요"라고 대답했다. 그런데 잠시 후에 또 "이순옥 신부가 누구십니까?" 하며 세 번인지 네 번인지 나를 불렀다.

이상하다 싶어 누군데 왜 자꾸 나를 찾느냐고 물었더니, 수원경찰서에서 나온 형사라고 했다. 나중에 안 사실이었지만, 경찰서에서 내가 결혼식을 정말 하는 것인지 확인하기 위해 예식장 사장에게 물어보고, 신부 화장을 하던 미용실까지 쫓아와 여러 번 사실 확인을 했던 것이다.

예식장은 수원역에서 버스로 몇 정거장 이동해야 하는 거리에 있었는데, 수원역에서부터 결혼식장까지 경찰버스와 전경들이 진을 치고 있었다. 그런데 결혼식을 시작하는 그 시간에 갑자기 전기가 나가 촛불을 켜놓고 예식을 치렀다. 우연이라고 하기에는 너무나 미심쩍은 사태였다. 아마 경찰이 결혼식을 빙자한 항의 집회가 열리지 않을까 지레짐작하여 삼엄한 경계태세를 갖추고 있었던 것이 아니었을까싶다.

신혼여행을 다녀오고 시댁에 갔더니, 경찰이 찾아와 신부가 불순한 짓을 한 사람이라 감시를 하고 있다며 남편까지 세밀하게 신원조회를 해갔다고 한다. 경찰은 이후에도 시댁과 친정집을 오가면서 나의 근황을 감시하였다. 고맙고 다행이었던 것은 남편이 그 상황을 모두 이해해 준 것이다. 그렇게 우여곡절을 겪으면서 결혼을 했지만, 동료들에게는 늘 빚진 마음으로 살았다.

스스로에게 칭찬을 하던 날

해고당한 지 25년 만의 일이었다. 정부는 나에게 들씌웠던 불순분자라는 딱지를 떼어주고 대한민국을 위해 민주화운동을 한 사람으로 명예회복을 시켜주었다. 하늘을 둥둥 날아다니는 듯 기분이 좋았다. 아니 말로는 표현하지 못할 정도로 감격스러웠다. 그 증서를 받자마자 남편에게 보여주었다. 남편은 겉으로는 덤덤하게 받아들이면서도 무척 기뻐했다. 나 때문에 기쁘게 치러야 할 결혼식이 엉망이 되어버려 미안했던 마음이 깔끔히 사라지던 날이었다. 이순옥, 너 잘 살아왔구나, 하며 나 스스로에게 칭찬을 듬뿍 해주었다.

원풍동지회는 내 삶에 있어 정말 소중한 모임이다. 동지들은 언제 어디서 만나도 기분이 좋다. 무엇을 따지고 감추고 그럴 필요가 없는 사람들의 만남이다. 있는 그대로의 내 모습을 다 드러내 보여도 부끄럽지 않은, 마음이 편한 만남이다.

나는 신혼 때부터 지금까지 충청남도 논산시에서 살고 있다. 매년 가을 9·27 행사가 다가오면 어린 시절 소풍가는 마음처럼 설렌다. 논산과 대전에 살고 있는 동료들과 연락을 하여 함께 서울행 기차표를 예약하며 들뜬다.

원풍노조는 나에게 정의롭게 사는 것이 무엇인지 가르쳐 주었고, 자존감을 높여주었다. 가치 있게 살아가는 삶이 무엇인지 방향을 제시해 주었다. 원풍노조는 내 인생살이에 지혜를 솟게 해준 샘물과 같은 존재이다.

064

내가 살아온 이야기

이영숙

─────전라남도 완도군 신지도에서 1959년에 태어나 1978년 1월 양성공으로 원풍모방에 입사했다. 1981년, 82년 부서 대의원에 선임되어 활동하다가 1982년 9월 27일의 사건으로 강제해고 되었다. 1987년 12월에 결혼하여 남편의 고향인 전라북도 고창군 대산면으로 귀향하여 생활하며 각종 봉사활동을 하고 있다.

남해 푸른 바다에 둘러싸인 내 고향은 육지에서 배를 타고 2시간 가야 하는 섬이다. 해안선을 따라 끝이 보이지 않을 정도로 길게 늘여진 모래 해변. '명사십리'라는 이름처럼 고운 모래 해변은 끝없이 길어 여름이면 피서객이 몰려온다. 푸른 바다가 너울거리며 몰려오는 해변의 모래밭은 어머니에게 보물창고였다. 폴더처럼 기역자로 꺾었다 폈다를 반복하며 조개껍데기를 모았다. 한 번씩 허리를 펴고 주먹으로 '툭 툭 툭' 등허리를 두드리면 우수수 모래가 떨어졌다.

어머니는 주워온 조개껍데기를 커다란 함지박에 넣고 물로 깨끗이 씻어낸 다음 햇볕에 바싹 말렸다. 그것을 크기와 모양, 색깔을 구분해 접착제를 발라 접시에 하나하나 붙이면 작품이 되었다. 어머니의 손끝에서 피어난 붉은 동백꽃과 함박꽃은 집안을 장식하거나 명사십리를 찾는 관광객들에게 판매되었다.

신지도는 섬이긴 해도 농사일과 뱃일을 함께 했는데, 아버지는 어부였다. 어느해, 우리 배가 남의 손에 넘어가면서 가족들은 힘겨운 날들을 보냈다. 아버지의 등판에 허연 소금꽃이 핀 걸 볼 때마다 어린 마음에도 안쓰러웠다. 몇 해를 고생한 아버지는 작은 통통배를 장만하셨다.

섬 을 떠 나 다

서울에서 제약회사에 다니는 언니의 연락을 받고 섬을 떠났다. 그때까지 섬을 떠나 가본 곳은 완도읍이 전부였던 내게 서울은 멀고도 멀었다. 1978년 1월, 스무살에 원풍모방 양성공으로 입사할 때 고향 친구 심미단이 소개자와 재정보증인이 되었다. '킹텍스'라는 유명 상표를 갖고 있는 회사에 취업한 것이 자랑스러웠다. 언니와 친구가 함께하던 자취방에서 한 달 동안 생활하던 나는 기숙사 317호에 입소했다.

내가 일하던 부서는 정방 C반이었다. 전방과 정사의 중간 작업을 하는 곳이라 부서도 양쪽 중간에 있었다. 기계는 거의 집 한 채라고 볼 수 있을 정도로 높고 길었다. 그래서 키가 큰 사람을 뽑았는데 그 덕에 멋쟁이와 미인이 많다는 소리를 들었다. 정방 기계는 위에 걸은 실이 아래 지관(실을 감는 핀)으로 감기는 게 눈으로 확인할 수 없을 정도로 빨랐다.

실이 끊어지면 그게 뭉치기 전에 확인해 이어줘야 했다. 거대한 기계를 꼬리잡기 하듯 돌면서 손을 펼쳐 감각으로 확인해야 했다. 작업복 위에 주머니가 달린 작고 하얀 앞치마를 둘렀는데, 작은 갈고리로 롤러에 감긴 실을 뜯어 담기 위해서였다. 실이 끊어져 감기면 지관을 무릎으로 받쳐 살짝 올려서 뜯어낸다. 그래서 우리 부서 사람들 한쪽 무릎은 기름이 묻어 반들거렸다.

같은 방에서 생활하던 김현숙, 박영숙, 양성미, 김숙자와 소모임을 했다. 친구들과 영등포산선에서 요리시간에 감자 고로케를 만들었는데 태어나 처음 먹어본 것이었다. 찌거나 볶아서 반찬이나 간식으로 먹는 줄만 알았던 감자, 그런데 쪄서 으깬 감자를 다진 야채를 섞어 동그랗게 빚어 빵가루에 묻혔다. 기름에 튀기니 겉은 바삭하면서 속은 부드러웠다. 친구들과 함께 만들어 먹던 음식들 때문에 산선의 요리수업은 즐거웠다.

그곳에서 만난 롯데제과 김순근. 콘트롤데이터 한명희씨 남동생, 나중에 숙자와 결혼한 길수, 회사는 달랐지만 우리 6명은 신문 사설이나 정치면을 보며 각자의 의견을 나누었고 한자도 공부했다. 사람들을 만나 관계의 폭을 넓히고, 공부하고, 토론하는 것이 너무 좋았다.

노조 대의원 활동

통통거리는 작은 배를 몰고 다니는 아버지가 늘 마음에 걸렸다. 월급을 받으면 꼬박꼬박 저금해 40만원을 부모님에게 송금했는데, 당시로선 큰 금액이었다. 아버지는 그 돈으로 완도읍에 가서 통통배에 모터를 설치하셨다고 했다. 그곳에서부터 쌩~쌩 달리는 모터 배를 타고 온 동네를 돌며 딸 자랑을 하셨단다. 사람들은 효녀라며 칭찬하고 부러워했다고 한다.

1982년, 나는 정방 C반 대의원이 되었다. 그 동안은 나의 성장과 발전을 위해 노력했지만 이제는 부서 전체를 신경 써야 했다. 일반 조합원은 소모임을 통해 영등포산선 프로그램을 이용하며 교육을 받는다. 그리고 노동조합에서 주관하는 기본교육은 주로 돈보스코회관에서 했다. 하지만 대의원 교육은 과천에 있는 영보수녀원에서 1박2일 집중적으로 했다.

노동조합이 처해있는 상황이나 회사의 상태, 정치 상황 등에 대하여 간부들이나 외부강사를 초빙해 들었다. 강의가 끝나면 대응방안 등에 대해 고민하고 토론했다. 전기불을 끄고 빙 둘러 서서 촛불을 들고 한 사람씩 이야기를 하던 촛불의식. 사람들이 들고 있는 촛불의 숫자만큼 사연도 다양했고 각오도 달랐다. 촛불은 사람의 마음을 경건해지게 만드는 묘한 힘이 있었던 것 같다. 오래도록 긴 여운이 남는 걸 보면.

7월 말쯤 여름휴가 때 회사에선 일방적으로 휴가비를 지급하지 않고 원단으로 대체하겠다고 했다. 1980년 계엄 합수부가 노동운동을 탄압하면서부터 노조에 대한 회사의 태도가 변했다. 단체협약을 어기며 노동조합을 무시하고 억압하기 시작했던 것이다. 휴가비를 원단으로 대체하겠다면서 사전 양해도 없었다. 회사가 노골적으로 단체협약을 어기는 것인데, 노조로서는 대응방법을 찾기가 쉽지 않았다.

우리는 작업이 없는 시간에 3~4명씩 짝을 지어 전철역으로 갔다. 전철을 타고 원풍노동조합 탄압에 대한 사례를 담은 유인물을 배포하고 다녔다. 전철 문이 열리면 양쪽 끝에서 시작해 유인물을 돌렸다. 노동조합에 대한 탄압을 점점 노골화하고 있는 회사 때문에 여름휴가를 즐길 여유 따위 없었다. 길고 더웠던 여름에 우리는 회사에 더해 노동부와 중앙노동위원회 등 무소불위의 관계기관을 상대해야 했다.

어디로 가야 하나

82년 9월 27일, 회사의 사주를 받은 폭력배들이 '구사대'라는 이름으로 도발해왔다. 우리는 파업을 하지 않고 작업을 하지 않는 반은 정사과에 모여 농성을 시작했다. 양승화 부조합장을 중심으로 각자의 역할을 찾았는데, 나는 몇 사람과 기자들을 상대하는 문지기를 했다. 처음 이틀 동안은 신문기자들과 카메라를 멘 TV 기자들이 몰려 왔다. 그들은 우리에게 몇 명이 농성을 하는지, 요구사항이 무엇인지를 물었다. 운동장으로 향하는 문을 지키고 있던 우리는 사실대로 이야기를 했다. 그들은 수첩에 적으며 많은 질문을 했다.

농성 이틀째 되던 날, 박순애 부조합장과 이옥순 총무가 조합원 몇 명과 함께 잠입해 들어왔다. 두 사람은 27일 노조 사무실에서 끌려 나오다 다쳤었다. 농성장 밖의 소식이 궁금했던 차에 두 사람의 등장은 조합원들의 사기를 올렸다. 그런데 기자들이 취재해간 것과는 다른 보도가 나온다고 했다. TV에선 도시산업선교회 소속 빨갱이들이 회사를 도산시키려 사람들을 감금하고 밥을 굶기고 있다고 보도했단다. 우리에게 취재했던 내용은 어디가고 거짓을 보도하다니.

농성하는 동안 〈우리 승리 하리라〉, 〈마지막 십자가〉를 목이 터져라 불렀다. 29일 새벽 6시, C반을 끝으로 모든 작업이 끝났다. 그런데 정사과로 가려는 우리를 부서 담임인 김덕수가 문을 닫고 막아섰다. 농성장에 가지 말고 추석휴가를 가라며 설득하려 해 부서원들이 분노했다. "당신이 뭔데 문을 닫고 못 가게 하느냐!"고 항의했다. 정사과에 모인 우리는 요구가 관철될 때까지 무기한 농성을 하기로 결의했다.

그동안은 작업을 하느라 어쩔 수 없었지만, 전체가 모여 넓은 공간을 확보해야 했다. 정사과에 쌓여 있던 실을 담은 커다란 바구니를 모두 정방 쪽 문 앞에 쌓았다. 폭력배들로부터 안전하기도 하고 공간도 확보할 수 있었다. 현장에 있는 양동이를 있는 대로 가져다 기계 뒤쪽 구석에 놓고 화장실을 대신했다. 그러나 며칠씩 아무 것도 먹지 못한 사람들은 배설할 것도 별로 없었다.

농성 마지막 밤, 자정을 넘겨 대부분 기진해 잠을 자는데, 남자들의 고함소리와 함께 운동장 방향의 문이 활짝 열렸다. 폭력배들 중에는 각목과 갈고리를 든 사람도 있었다. 비명소리와 울부짖는 소리가 귀를 때리며 아득히 멀어져 갔다. 두런거리는 소리가 점점 가깝고 크게 들려 눈을 떴다. 측은한 시선으로 내려다보는 2명의 남자를 확인하고 벌떡 일어났는데, 운동장 등나무 밑 벤치였다. 아직 컴컴한 새벽 한기가 얇은 작업복을 파고들어 부들부들 떨렸다. "참 못할 짓을 하고 있다"며 그들도 긴 한숨을 쉬었다.

캄캄한 주변과 달리 환한 정문 쪽에 동료들이 뭉쳐 앉아 있는 게 보였다. 정문을 향해 비틀거리며 걸음을 옮기자 남자들이 부축하려 해 손길을 뿌리쳤다. 정문 수위실 옆에는 농성장에서 필요한 생필품 박스가 쌓여 있었다. 농성장에서 밖에 있던 동료에게 구입해 보내달라고 했던 생수와 의약품, 생리대 등이었다. 쌓여 있는 물건들을 보니 4박5일 동안 물 한 모금 못 먹게 한 것에 치가 떨렸다.

대략 50여 명 남은 우리를 정체를 알 수 없는 남자들이 둘러싸고 있었다. '폭력배는 물러가라!' '노조 탄압 중지하라!' 우리의 목소리는 처절했다. 둘러싸고 있던 남자들 중 고개를 돌려 외면하거나, 고개를 숙이고 운동화로 땅만 파는 사람도 있었다. 대부분은 비웃으며 조소를 보내거나 입에 담을 수 없는 욕을 했다. 갑자기 정문을 양쪽으로 활짝 열더니 겨울에 쌓인 눈을 치우듯 우리를 밖으로 밀어냈다. 밀려나지 않으려 발버둥치자 몽둥이와 발길질이 난무했다.

철커덕! 뒤에서 쇠문 거는 소리에 울컥 눈물이 쏟아지더니 그칠 줄을 몰랐다. 문에 매달려 울부짖는 우리에게 전경들이 몰려오는 게 보였다. 눈을 뜨니 링거를 맞고 있었는데, 병실 밖 복도에도 동료들이 즐비하니 누워 있었다. 병원을 나오니 아침 햇살에 눈이 부셨다. 큰길 건너 회사로 갔지만 기숙사에 들어 갈 수는 없었다. 꼬질꼬질한 작업복에 신발도 없는 맨발인데 어디로 가야 할지 막막했다.

애국가를 무기 삼아

10월 7일 오후 2시, 우리는 회사 정문 앞과 도로 건너편에 모여 있었다. 폭력배들과 쇠로 만든 문은 철옹성처럼 견고한데, 우리는 그 앞에서 연좌농성을 시작했다. 회사의 부당 폭력을 규탄하는 성명서를 읽었고, 구호를 외쳤다. 전투경찰 간부가 해산하지 않으면 전부 연행하겠다며 협박을 했다. 조합원들은 "니들이 민중의 지팡이냐!"며 소리를 질렀다. 구호를 외치며 연좌 농성하던 우리는 영등포산선에서의 원풍모방 폭력사태를 규탄하는 집회에 참석하러 갔다.

10월 13일, 2차 출근투쟁을 시도한 그 날도 구호를 외치며 농성하자 전투경찰이 달려들었다. 곤봉이 깨 타작하듯 난타했고 군홧발로 짓밟았다. 회사 앞 큰 도로는 봉쇄되었고, 주변 시민들이 새까맣게 몰려 지켜보고 있었다. 팔다리를 잡거나 머리채를 잡고 개 끌 듯 끌고 가 경찰버스에 짐짝처럼 빼곡히 실었다. 고함소리, 비명소리로 아비규환이었다. 남부경찰서까지 가는 동안 부르던 투쟁가는 그곳 강당에 몰아넣을 때까지 그치지 않았다.

9·27농성 이후 상집간부 전원에게 수배령이 내려진 상황이라 형사들은 출근투쟁의 주동자를 색출하는데 혈안이 되었다. 우리는 차례로 불려나가 조사를 받고 와서는 책상을 두들기며 투쟁가를 부르고 구호를 외쳤다. 형사들이 쫓아오고 전경들이 곤봉으로 책상을 두들기며 으름장을 놓으며 협박했다. 그들과 서로의 얼굴을 쳐다보거나 눈을 마주치며 어색한 침묵이 흘렀다.

탈춤반 지명환에게 뭐라도 해야 되는 거 아니냐고 상의했다. 누가 먼저 시작했는지 기억나지 않지만, 강당은 다시 투쟁가와 구호 소리로 들썩였다. 형사들이 쫓아오고 전경이 곤봉을 들고 들어오면 애국가를 불렀다. 그러면 그들은 소리치며 윽박지르는 대신 가슴에 손을 얹고 노래가 끝나기를 기다렸다. 그 시절만 해도 애국가가 나오면 가던 길도, 하던 행동도 멈추고 국기 방향을 향해 예의를 갖춰야 했다.

작전은 대성공이었다. 애국가를 밤새도록 부르다 보니 처음엔 1절만 하던 것을 나중에는 4절까지 부르게 되었다. 1박2일 동안 투쟁가와 애국가는 남부경찰서를 뒤흔들었다. 1박2일 조사 받으며 전혀 주눅 들지 않은 우리였지만, 다음날 2명이 구속되고, 여러 명이 구류처분을 받았다.

돈을 빌려 산 랜드로버 한쪽은 이번에 연행되면서 없어졌다. 9·27농성으로 쫓겨 날 때도 맨발이었는데, 내가 신데렐라도 아닌데 왜 자꾸 신발을 잃어버리는 건지, 맨발로 경찰서를 나와 동료들과 함께 걸으며 또 신발을 사야 하는 게 씁쓸했다. 수배를 당한 집행부 전원이 11월에 체포되었다. 원풍사건에 대한 호소문을 돌리고 집회를 쫓아다니던 우리는 맥이 풀렸다. 8명이 구속되고, 나머지 사람들은 구류를 살고 나왔다.

블랙리스트

11월 말경 아버지를 만났다. 완도경찰서에서, 딸이 빨갱이 집단에 있으니 데려오라며 난리도 아니라고 했다. 당시만 해도 빨갱이는 대한민국에서 살 수 없는, 집안 대대로 망해 먹을 소리였다. 아버지는 심장이 벌떡거릴 정도로 놀라 죽는 줄 아셨단다. 큰 사단이 났다고 생각해 당시 완도우체국장이었던 친구와 같이 올라 오셨다고 했다. 친구 분은 3일 만에 내려가고 아버지는 한 달째 나를 찾았다고 하셨다.

나를 찾아 회사에 갔을 때 조합원을 A, B, C 등급으로 나눈 서류를 보여줬다고 했다. C급은 노조활동을 하지 않겠다는 각서를 쓰면 들어가고, 나머지는 각서를 써도 소용이 없다고 했다. 아버지는 딸이 좋은 직장을 더 이상 못 다니게 됐다는 서운함과 아쉬움을 에둘러 표현하셨다. 나는 노동조합이 없는, 아니 노동조합 활동을 할 수 없는 원풍은 다닐 의미가 없다고 했다.

원풍에 다니는 것이 자랑스러웠고 즐거웠던 건 노동조합이 조합원 입장에서 활동했기 때문이었다. 회사는 우리에게 알아서 해주지 않았다. 노동조합을 통해 조합원들이 하나씩 만들어낸 것이었다. 이미 완도경찰서에서 시달림을 당할 대로 당한 아버지는 완고하셨다. 아버지의 손에 이끌려 회사에 가니 퇴직금을 정산해 놓고 기다리고 있었다. 5년 넘게 근무해 누진제가 적용되어 목돈이었다. 아버지에게 드리니 받지 않으셨다. 그 돈은 나중에 결혼자금으로 사용했다.

기숙사에 짐을 빼러 가니 사감은 어디로 가고 여경들이 방까지 따라왔다. 5년 동안 고향집처럼 정들었던 317호. 사람의 온기가 없는 방은 썰렁했고, 한쪽에는 주인을 기다리며 쌓여 있는 짐들이 처량해 보였다. 여경들의 재촉을 받으며 짐을 챙겨 나오는데, 고향을 떠나올 때처럼 고개가 뒤로 꺾이며 발이 떨어지지 않았다.

간부들이 구속된 후 꾸려진 임시 집행부는 영등포산선과 결별하고 공동생활 해산을 결정했다. 1983년 1월, 영등포산선 강당에서 해산식을 거행했다. 복직투쟁은 장기전이 될 수밖에 없는데, 조합원들은 있을 곳도 없고 생활고에 시달려 각자 생계 유지를 위해 취업이 절실했다. 앞으로 어떻게 살아야 하나, 모두가 난감하고 막막한 가운데 취업할 곳을 알아보러 다녔다.

그러나 영등포나 구로동 일대에서 원풍 출신은 취업할 수가 없었다. 나뿐만 아니라 동료들도 마찬가지였다. 대 여섯 명이 일하는 소규모 사업장엔 취업이 가능했다. 그런데 거기서도 얼마 못가 쫓겨났고, 다른 사람 이름으로 취업해도 어떻게 알았는지 나중에 해고당했다. 말로만 듣던 블랙리스트를 매번 실감했다.

박영숙과 함께 다른 사람의 이름을 빌려 구로동에 있는 태양전자에 취업했다. 그런데 3개월 정도 지나 회사를 이전한다며 폐업했다. 구로동에 있는 신영섬유에 고종사촌 언니의 아는 사람이 있어 찾아갔다. 그런데 이력서를 보고는 원풍에 다닌 사람은 취업하기 어렵다고 한다. 서울에서 우리가 발붙일 곳은 정말 없는 건가, 번번이 취업되었다가 쫓겨나거나 아예 취업이 안 되니 답답했다. 불안정한 생활을 이어가며 기약할 수 없는 미래가 막막하기만 했다.

부녀회장이 되어

주민등록증을 재발급 받으러 완도 집에 내려갔는데, 동네사람들이 나를 보며 수군거렸다. 완도읍에서도 내가 지나가면 수군거렸는데, 면사무소에서도 그러니 기분이 나빴다. 가족들은 빨갱이로 소문난 걸 어쩌겠냐며 한숨을 쉬었다. 효녀에서 하루아침에 집안 말아먹고 가족들 앞날 그르칠 상종 못할 빨갱이 딸. 1년이, 2년이 지나도 한번 붙은 꼬리표는 서울에서나 고향에서나 따라 다녔다.

박영숙의 소개로 남편을 만나 1987년 12월에 결혼해서 아들 둘을 낳았다. 남편은 서울에서 직장을 다니다가 고향으로 귀농하고 싶어 했다. 전원생활에 대한 꿈을 꾸어 본 적은 없지만 나쁘지 않다고 생각했다. 남편의 고향인 전북 고창으로 내려와 대산면 농협에서 일을 시작한 것은 1997년부터다. 부녀회장을 맡아 다양한 봉사활동을 하는데, 회원 중 내가 제일 어렸다.

해마다 열리는 고창군민체육대회는 각 면과 읍 단위에서 몇 백 명이 참여한다. 그날 먹을 음식을 군 전체 부녀회가 준비하니 큰 행사이다. 겨울이 다가오면 김장봉사를 하는데, 독거노인들과 소년소녀가정에 나누어줬다. 그들에게는 평소에도 수시로 반찬을 만들어 나누어 주었다. 동네 노인정에 나오는 어른들을 위해 정기적으로 음식을 만들어 대접도 했다.

남에게 퍼주기 좋아하고 사람 좋아하는 남편은 투자했던 것마다 실패해 경제적으로 어려웠던 적도 있었다. 그럴 때마다 두 아들과 전라도로 시집와 살고 있는 원풍 친구들의 격려와 위로가 큰 힘이 되었다.

'민주화운동 관련자 명예회복 및 보상법'에 따라 원풍동지회에서 명예회복을 추진할 때 신청했다. 설마 했던 민주화운동 관련자 명예회복 증서를 받았을 땐 정말 기뻤다. 그러나 생활지원금을 소득 때문에 받지 못했을 땐 억울한 생각이 들었다. 1982년 우리를 부당하게 해고당한 것을 인정했으면, 경제적 기준도 그때로 삼아야 맞는 것 같은데 신청 당시를 기준으로 삼는다고 했다. 그러나 원풍동지회에서는 포기하지 않고 민사소송을 통해 물질적 피해에 대한 배상을 받아냈다. 오랫동안 이 모든 과정을 준비하고 이끌어온 집행부가 아니었으면 생각도 못할 일이었다. 진심으로 고마웠다.

원풍에서의 삶은 지금껏 나를 이기적인 인간으로 살지 않게 만들어주었다. 눈 앞의 광경보다 더 넓은 세상을 알려주었고, 인간의 존엄에 대해 배웠다. 원풍 시절은 단순한 노동의 시간이 아니라 언제나 새로움을 열어갔던 삶의 역사였다.

065

나를 깨닫게 한 스승

이 오 남

_____1959년 전남 나주에서 태어나 1977년 원풍모방에 입사했다. '깡다구'라는 소그룹 활동을 했다. 1982년 9·27사건으로 해고를 당하고, 10월 13일 출근투쟁을 하다가 남부경찰서에 연행되어 조사받았다. 2007년도에 정부에 의해 민주화운동 관련자로 인정되었다. 현재 요식업에 종사하고 있다.

나는 전남 나주가 고향이다. 8남매 중 다섯째인 나는 나주에서 부모님을 도와 농사일을 하면서 지냈다. 시골에 살면서, 대체로 남자들이 하는 모를 심는 것부터 밭일이나 집안 일 등 안 해본 일이 없다. 우리 집은 딸을 다섯을 낳고 아들을 낳았는데, 형제가 너무 많아서 그런지 농사일을 열심히 해도 먹고 살기가 힘들었다. 초등학교를 졸업하고 마산에 있는 우산 만드는 공장에 취업했지만, 생활공간이 마땅치 않아 한 달을 못 채웠다. 그 후 원풍에 다니고 있었던 언니가 서울로 오라고 해서 검사계장님의 소개로 77년 8월에 원풍에 입사했다.

원풍과의 인연

원풍에서는 3교대에 8시간 근무였다. 정해진 시간 동안 일을 하고 일요일마다 휴식이 주어지니 현장 일이 하나도 힘들지 않고 정말 좋았다. 내가 원풍에 온 목적은 돈을 많이 벌어서 잘 사는 것이었다. 엄마가 나를 챙길 형편도 아니고, 동생들도 셋이나 있었으니, 내가 사는 것, 내 생활은 내 몫이 되었다. 월급 타면 언니가 관리를 해주었다. 언니는 이재에 밝아 알뜰하게 내 돈을 잘 불려주었다.

나는 돈을 더 벌고 싶어 12시간 2교대 근무해야 하는 잔업을 많이 했다. 저녁 6시에 들어갔다가 아침 6시에 퇴근하는 생활을 하면서 특근수당, 야근수당까지 포함해 당시 한 달 월급을 4만 3천 원 정도 받았던 것 같다. 처음 현장 일은 물레를 돌려 지관에 실을 감는 해사 일을 했다. 그러다가 연사기계를 보았고, 내가 덩치가 크고 힘이 좀 있으니 나중에는 관사에 감긴 실을 찌는 데에서 일하게 되었다. 현장 일은 다 잘할 수 있었는데, 야간은 정말 힘들어서 커피를 많이 마시며 몰려오는 졸음을 이겨냈다.

78년, 기숙사자치회에서 산재 노동자 후원금을 마련하기 위한 바자회를 했다. 나도 바자회에 작품을 내기 위하여 솜씨를 발휘하려고 맘먹고 며칠을 밤잠도 아껴 가며 물건을 만들었다. 그때 코바늘로 무지개 색깔을 내서 이불을 짰는데, 시간은 많이 걸렸지만 예쁘기는 했다. 털 스웨터는 V자로 목을 파 대바늘로 짠 것으로 그건 팔렸지만, 이불은 워낙 커서 팔리지 않았다. 그러나 내가 만든 작품이라서 소중하게 간직했었다.

공동구매를 통해 물건을 싸게 살 수 있었기 때문에 명절에 설탕이나 전기밥통을 사서 시골에 가지고 가면 엄마가 너무 좋아하셨다. 명절에는 차표를 끊으려고 고생하지 않아도 되었다. 회사에서 관광버스를 대절해줬기 때문에 언니하고 같이 그 버스를 타고 고향에 갔다. 버스가 고창을 지나 광주에 내려주면, 다시 광주에서 나주 가는 시외버스를 타고 집으로 갔다.

어느 해인가는 명절에 집에 못 내려갈 때도 있었는데, 그러면 회사에서 기숙사에 남은 사람들을 위해 강당에 음식을 차려놓고 파티를 해주었다. 남은 사람들은 노래도 부르면서 외로움을 달래며 흥겹게 놀았다. 또 매달 빼놓지 않고 생일인 사람을 위한 파티도 해주어서 집에서 받아보지 못한 생일축하를 원풍에서 받았다.

소 그 룹

입사하고 몇 개월 지나 정사과 사람 7명이 모여 '깡다구'라는 그룹을 결성했다. 그룹 모임에서 산업선교회에 다니면서 꽃꽂이도 배우고, 냉면 만드는 것도 배워 맛있게 먹기도 했다. 근로기준법과 상식에 대해서도 공부하는 등 그렇게 모르는 것을 알아가는 재미가 있어서 좋았다. 그때 같이 찍은 소그룹 멤버들의 사진을 지금도 소중하게 간직하고 있다.

내가 입사한 후 78년, 79년에는 노동조합이 가장 잘 되던 때인 것 같다. 79년 10·26사건으로 대통령 박정희가 총 맞아 죽었을 때 이제 독재도 끝나고 좋은 세상이 올 것으로 생각했다. 80년 5월, 한국노총에서 궐기대회를 하고 여의도를 지나 대방역으로 부슬부슬 오는 비를 맞으면서 아주 많은 사람이 걸어서 회사까지 왔던 생각도 난다.

5월 17일, 확대계엄령이 내려지고 전국은 얼어붙었다. 곧 광주가 피로 물들었다는 흉흉한 소문도 들리고, 노동조합에서는 광주 피해자 돕기 모금운동을 했는데 너무 마음이 아팠다.

6월에 연차 휴가를 내고 고향에 내려갔는데, 너무나 무서웠다. 나주까지 가려면 광주에서 버스를 갈아타고 가야 해서 광주터미널에 내렸는데, 광주 시내가 너무 조용하고, 길에는 나다니는 사람 하나 찾아볼 수 없었다. 어쩌다 사람을 마주쳐도 표정이 없는 모습이었다. 나는 그때 죽어있는 도시를 보았다.

80년 12월, 노조 간부들이 합동수사본부로 끌려갔을 때, 현장 분위기가 너무나 살벌해서 무서웠던 기억이 난다. 나중에 구사대가 된 강정순은 당시 우리 반 반장이었는데, 분위기를 정말 살벌하게 만들었다. 옆 사람하고 이야기도 할 수가 없었다. 간부들이 모두 연행되었지만, 어디에 알아볼 데도 없고 하루하루 눈치만 보면서 일을 했다. 그때는 이러다가 노동조합이 끝나는 것이 아닌가, 하는 생각도 들었다.

노조간부 14명이 해고를 당한 후, 노동조합은 새로운 집행부를 구성했지만 힘은 약화되기 시작했다. 그런 와중에 81년 12월, 회사에서 신필섭, 양분옥 언니를 해고했다. 회사에서는 어떠한 이유에서인지는 몰라도 궐원의 충원을 하지 않았다. 노동조합을 약화시키려는 술수였다. 단체협약 체결도 계속 미루며 노동조합을 갈등으로 끌어 들였다. 이런 회사의 태도에도 노동조합에서 싸우자는 이야기가 없어 답답하기만 했다.

〈 사 막 의 라 이 온 〉

82년 2월, 이무술이 조합장을 사퇴하고 현장으로 복귀하면서 갈등이 생기기 시작했다. 회사는 계속해서 탄압을 시도했다. 싸움의 준비를 위해 노동조합에서는 교육적인 차원으로 국제극장으로 〈사막의 라이온〉이라는 영화를 단체관람했다. 이 영화는 리비아의 독립운동을 그린 것으로, 독립을 위하여 사막에서 전투를 벌이던 장면이 굉장히 인상적이었다. 총알이 빗발치듯 날아오는데도 무릎에 밧줄을 동여매 도망을 치고 싶어도 혼자서는 일어날 수 없도록 해 자신을 기꺼이 총알받이 삼는 이름 모를 독립투사들을 보면서 조합원의 정신무장을 강화하려 했던 것이다. 원풍 조합원들이 영화를 보러 많이 가니, 국제극장 주변에 경찰이 배치되어 동향 파악을 하느라 비상이 걸렸다고 한다. 어려움이 닥쳐오는 상황에서, 난관을 극복하기 위한 관람이었다고 생각한다.

82년에 9·27사건이 일어났을 때, 나는 추석에 고향에 가기 위해 집에 가지고 갈 물건을 준비하느라 시장을 보고 기숙사에 들어 와보니 야간반인데 다들 잠도 안자고 노동조합으로 내려가고 난리가 났다. 나도 덩달아 노동조합 앞으로 갔다. 조합 사무실 앞에는 구사대들이 진을 치고 있었고, 조합원들은 울면서 구사대들에게 대들고 있어서 정신이 하나도 없었다.

이렇게 4박5일의 농성이 시작되었다. 단식을 하면서 기운은 점점 없어져도 끝까지 함께해야 우리가 이길 수 있다는 생각으로 정사과에서 농성을 하다가 마지막 날 운동장에서 쓰러졌다. 정신을 차려 보니 강남성심병원에서 링거를 맞고 있었다. 신발도 없는 맨발로 누가 데리고 왔는지도 모르고 멍하게 있는데, 형부가 데리러 와서 마장동에 사는 언니네 집으로 갔다.

출근투쟁

10월 13일, 출근투쟁을 하려고 회사 건너편에 있는 강남성심병원 앞으로 갔다가 남부서로 끌려갔다. 그리고 남부경찰서에서 1박하며 진술서를 쓰고 석방되었다. 경찰서에서 나온 후 정사 B반 담임 조남진이 사표를 쓰든지 퇴직금을 받든지 하라고 해서 형부랑 언니랑 같이 회사 총무과에 들러 퇴직금을 받았다. 그리고는 기숙사 짐을 정리하여 택시에 싣고 언니네 집으로 갔다. 짐이라고 해봐야 옷을 넣는 트렁크에 이불 보따리 하나가 전부였다.

엄마가 시골에서 연락을 했다. 엄마는 언니에게 "그놈의 가시나, 시집이나 보내게 시골로 당장 내려 보내라! 거기서 뭐 하고 자빠졌냐!"고 엄청 역정을 내셨다.

엄마에게 이장이 찾아와, '서울에 내버려 두면 안 된다'며 '딸이 빨갱이들에게 빠져 있어서 지금 무슨 짓을 할지 모르니 빨리 데리고 와야 한다'고 매일 와서 들들 볶는다며 언니에게 전화로 난리를 쳤다.

언니네 집은 단칸방이라 너무 좁았고, 형부랑 같이 지내는 것도 불편하여 더는 있을 수가 없어 하는 수 없이 고향집으로 내려갔다. 고향집은 여전히 면사무소에서 감시하고 있었다. 엄마는 동네 사람들에게 "저놈의 가시내, 빨리 시집보내게 우리 딸 중매 좀 하시오!" 하면서 광고를 하고 다녔다.

그런 중에 동네 아줌마가 나물을 팔러 버스 타고 광주로 가면서 옆에 앉은 아저씨에게 "좋은 사람 있으면 중매 좀 하시오. 우리 동네 좋은 아가씨가 있응께!" 하니까 그 아저씨가 "그럼 우리 아들하고 할까?" 해서 지금의 시아버님이 우리 동네로 나를 보러 오셨다. 그렇게 인연이 되어 나는 함평 사람을 만나 결혼을 했다.

결혼 후에도 함평의 시댁으로 경찰에서 연락이 와 내가 확실히 결혼했는지 확인을 했다고 한다. 당시 나주경찰서에서 함평경찰서로 연락을 해 신랑한테 원풍 사건을 이야기하면서 결혼했는지 확인했다고 한다. 신랑이 함평 사람이라 경찰도 형 동생 하는 사이였기에 경찰에게 "형님, 지금 나랑 결혼해서 직장생활도 안 하니까 걱정을 마세요"라고 이야기한 후부터는 감시를 하지 않았다.

원풍에 대해서는 82년 9·27사건 이후 한참 동안 소식을 모르다가 2007년에 은숙이가 연락해서 다시 오게 되었다. 민주화운동 명예회복을 신청하기 위하여 30년 만에 방문한 사무실은 낯설기도 했지만 반가웠다. 선배 언니가 명예회복을 할 수 있도록 챙겨준 서류가 한 보따리였다. 그렇게 해서 받은 명예회복 인증서는 남편이 장롱에 잘 넣어서 지금도 소중하게 간직하고 있다. 우리 애들도 엄마가 너무 자랑스럽다고 좋아한다.

남 편 의 격 려

남편은 아이들에게 '너희 엄마는 민주화를 위해 일한 사람이고, 다니던 회사도 대단한 회사'라고 이야기를 했다. 남편은 원풍모임에 꼭 한번 참석을 해보고 싶다고 한다. 남편은 원풍노조가 민주화를 이루어낸 노조라는 걸 잘 알고 있고, 내가 이렇게 대단한 원풍에 다닌 것을 영광인 줄 알고 위대한 사람이라고 추켜세운다. 민주화운동 인증서를 받으려고 할 때도 필요한 서류를 남편이 옆에서 같이 준비해 주었다.

　구술 작업을 한다고 이야기를 듣고 원풍에 대해 다시 한 번 찬찬히 생각을 해 봤다. 그러자 원풍이 내 삶에 정말 큰 의미를 주었다는 것을 새삼 깨달을 수 있었다. 아무 것도 모르고 살았던 나에게 세상을 바로 볼 수 있는 눈을 뜨게 해주었고, 불의에 저항하는 정신을 알려주었기 때문이다.

　내가 원풍에 다니지 않았고 원풍노동조합을 몰랐다면, 그렇게 독재정권에 맞서 노동운동을 하지도 못했고, 당연히 민주화운동 인증서도 받지 못했을 것이다. 원풍은, 힘들게 일만 하고 사느라 다른 것은 생각할 여유가 없었던 나를 더 나은 나로 발전할 수 있도록 도와준 스승과 같은 존재라고 할 수 있다.

　여기서 끝나지 않고 우리들의 이야기를 역사에 남길 수 있도록 '증언록'을 만든다는 이야기를 들었을 때도 감사한 마음이 컸다. 우리 같은 노동자의 이야기는 사람들이 잘 모르기도 하고, 그래서 기록으로 남는 일이 거의 없다고 할 수 있다. 이렇게 기록으로 우리의 이야기를 남긴다면, 나중에 노동운동에 대해 알고 싶어 하는 사람들이 볼 수도 있고, 가까이는 자식들에게 우리가 사회를 바로잡기 위해 얼마나 열심히 살았는지를 알릴 기회가 되는 것이다.

　불가능하다고 생각했던 이 모든 것들을 가능하게 해준 원풍노동조합에 감사하는 마음이 가득하다. 앞으로도 원풍모임이 유지될 수 있도록 최선을 다해 참여하려고 마음먹고 있다.

066

내 인생의 보물

이종순

_____1960년 충남 논산에서 5남매 중 맏딸로 태어났다. 1978년 1월 원풍모방에 입사하여 꿈이었던 고등학교를 회사 장학금으로 졸업할 수 있어 노조의 힘을 실감했다. 1982년 9·27사건으로 해고당하였다. 2007년, 민주화운동 관련자로 인정되어 명예회복이 되었다. 원풍동지들과 함께 살아가는 것을 인생의 즐거움이고 낙으로 여기며 살고 있다.

원풍노동조합은 나에게 꿈을 이루게 해주었다. 왜냐하면, 꿈에도 소원이었던 고등학교를 학자금으로 공부할 수 있었으니 말이다. 그 덕분에 동생까지 공부를 가르칠 수 있었다. 내 꿈을 이루고, 동생의 꿈도 좌절하지 않을 수 있게 해 준 곳이 원풍노동조합이다.

나는 1978년 1월에 원풍모방에 입사했다. 5남매의 맏딸이었던 나는, 아버지가 일찍 돌아가셨으나 어머니의 열의 덕분에 중학교는 졸업할 수 있었다. 더 이상의 상급학교는 포기해야 했지만 꿈마저 포기할 수는 없었다. 고등학교에 가고 싶은 마음에 돈을 벌어서 공부하리라는 다짐을 하고 집을 떠났다.

몇 군데 공장을 다녔지만, 돈을 벌면서 공부할 수 있는 곳은 없었다. 그러나 간절한 꿈은 이루어진다더니 원풍모방에 입사한 것이다. 입사한 지 1년쯤 지나서 수도여자고등학교 부설 방송통신고등학교에 입학했다. 간절히 원했던 꿈이었기에 행복한 마음으로 열심히 공부했다.

내가 꿈을 찾아 공부할 즈음, 시골에서 중학교를 졸업한 여동생에게서 편지가 왔다. 고등학교에 합격했는데 학비가 없어서 입학할 수 없다는 내용이었다. 그 편지를 받고 얼마나 울었는지 모른다. 당연히 동생에게 학비를 보내주겠다고 약속했고, 3개월마다 상여금을 탄 동생의 등록금을 보냈다.

노조 덕택에 이룬 내 꿈

내가 공부하면서 동생까지 가르칠 수 있었던 것은 원풍노동조합의 단체협약 덕분이었다. 우리 단체협약에는 학교에 다니는 조합원과 조합원 자녀에게 학자금 전액이 지급되었던 것이다. 그 덕분에 내 꿈도 이루면서 동생의 소원도 들어준 것이다.

그러던 중에도 나는 고향의 낡은 집을 헐고 새집을 지을 때 2백만 원을 어머니께 보냈다. 아버지가 일찍 돌아가셔서 어머니를 도와 집안 살림도 틈틈이 챙겨야 했던 내게 무슨 목돈이 있었겠는가? 신용협동조합에서 퇴직금을 담보로 대출을 받아서 보낸 것이다. 남들보다 월급이 많았던 것도 아니었고, 경제적으로 여유가 있어서도 아니었다. 조합원들의 권익을 보장해 주었던 원풍노동조합의 힘이 그 모든 일을 가능하게 해준 것이다.

우리들은 기업주와 노조가 단체교섭으로 맺은 협약으로 학자금은 물론, 신용협동조합과 공동구판장, 그리고 미용실, 목욕시설 등의 복지 혜택을 받았던 것이다. 복지제도는 조합원들의 임금이 시중 은행이나 일반 시장으로 빠져나가는 것을 최소화시켜 소득을 확장해 주었다고 할 수 있다. 그 시설도 노동조합에서 관장하여 운영했던 만큼 기업주의 시혜라는 인식은 전혀 없었다. 조합원들의 힘으로 누릴 수 있는 당연한 권리였기에 우리는 당당했다.

나는 입사와 동시에 기숙사에 입주했다. 1층 복도 중간쯤에 있는 115호실이었는데, 13명이 한 방에서 지냈다. 방 식구들은 부서가 각각 달랐는데, 직포 4명, 가공 1명, 정사 3명, 전방 4명, 소모 1명이었다. 고향도 작업현장도 다르고, 나이도 성격도 다 다른 식구들이었지만 다툼이 없었다.

우리 방 식구들은 1년에 한 번은 꼭 야외로 놀러 갔다. 가장 기억에 남는 것은 가평 남이섬에 갔을 때였다. 식구들은 남이섬의 그 너른 풀밭에서 게임을 하고, 어깨를 걸고 빙글빙글 돌아가며 춤과 노래를 부르며 신나게 놀았다. 천진스럽게 뛰어노는 모습이 흥겹게 보였던지, 사방에서 구경꾼들이 모여들어 더욱 신이 났던 추억이다.

어느 해 여름에는 한탄강 유원지로 놀러 갔는데, 동료에게 비키니 수영복을 빌려 처음 입어보았다. 비키니 수영복을 입고 한탄강 물살을 따라 물장구를 치고, 자갈밭에서 게임과 고고 춤을 추며 놀았던 그 시절이 몹시 그립다.

한 방에서 13명이 생활한다는 것은 그리 쉬운 일이 아니었을 것이다. 그런데도 방 식구들과 조화롭게 잘 지낼 수 있었던 것은 노동조합의 교육과 활동에서 서로를 배려하며 존중해야 한다는 열린 마음이었기에 가능했을 것이다.

지금도 아련히 떠오르는 기숙사 풍경은, 하루 근무를 마치고 홀가분한 기분으로 퇴근 길목을 반겨주던 개나리꽃 무더기이다. 작업장에서 해방된 퇴근시간, 샛노란 개나리 꽃길 속에서 기숙사로 들어가던 좁다란 오솔길, 그 길을 꽉 메우고 올라가던 동지들의 환한 모습이 눈에 선하다.

추억 속의 기숙사 풍경에는, 모두가 잠든 고요한 새벽녘 복도에 엎드려 공부하던 나의 모습도 어린다. 당시 방송통신고등학교 수업은 새벽 4시 라디오 방송으로 들어야 했다. 취침시간에는 방안 전등이 모두 꺼지기 때문에 복도에서 공부해야 했지만, 힘들다고 생각한 적은 없었다.

'하얀' 소그룹 활동

소그룹 이름은 '하얀'이었는데, 회원은 우리 부서와 가공과 동료들이었다. 매주 한 번씩 요일을 정하여 만났는데, 모일 때마다 주제가 달랐다. 인권운동, 농민운동, 노동운동 등 민중들의 역사, 또는 유럽노동운동, 프랑스혁명 등의 세계 역사를 강의와 책을 읽고 토론했었다. 시사강의도 인기가 있었는데, 정치, 사회 사건들을 비판적으로 보는데 도움이 되었다.

해마다 5월 즈음에는 전체 소그룹 회원들의 1박2일 수련회가 있었다. 기숙사를 떠나 청계산 한적한 곳에 있는 영보수녀원 강당에서 100여 명이 함께 강의를 들은 후 당면한 노동문제를 토론했었다. 인간관계 훈련과 같은 친교 공동체 놀이는 특별한 체험의 시간이었다.

지금도 기억에 남는 교육의 한 장면은 노조 사무실에서 실시했던 조합원 교육이다. 강사는 크리스찬아카데미 김세균 간사와 또 한 분이었는데, 그분들의 강의에 푹 빠졌던 기억이 난다. 그 강의를 더욱 기억하는 것은 1979년 3월, 크리스찬 아카데미를 용공단체로 몰아 세상을 떠들썩하게 했던 사건 때문이기도 하다. TV 뉴스는 간사들을 간첩인 것처럼 보도했다. 언론매체가 권력의 하수인이 되어 진실을 은폐하고 조작하는 것을 처음으로 실감한 사건이었다.

그 사건은 우리 노동조합에도 깊은 관련이 있어 더욱 그랬을 것이다. 정보부에서는 크리스찬아카데미 교육을 받았던 박순희 부지부장을 연행하려 했다. 노조 집행부에서는 불법연행을 노동조합의 탄압으로 간주한다면서, 조합원들로 하여금 농성을 하게 했다. 박 부지장님은 조사를 무사히 마치고 노조 사무실로 돌아오셨다.

언론매체가 정치권력의 하수인이라는 것을 다시 발견하게 된 것은 그해 8월에 YH 노동자들의 신민당사 농성 관련 보도였다. 나도 부서 동료들과 함께 신민당사에 갔다. 사람들이 구름떼같이 많았다는 기억이 있다. 그 때 경찰의 과잉진압으로 여성 노동자가 사망했다. 정부는 그 사건을 불순 '도산'세력의 선동으로 규정, 대대적으로 홍보했다. '도산(도시산업선교회)이 가면 도산된다'며 노동조합을 파괴하려는 음모를 꾀하였다.

그러나 민주노동운동을 싹 쓸어버릴 듯이 기세등등했던 독재정권은 그해 10월 26일, 박정희가 부하의 총에 맞으면서 막을 내렸다. 우리를 '도산'세력으로 몰아가던 독재자가 사라졌으니 세상이 달라질 거라고 생각했다. 적어도 노동악법은 사라지고 노동3권이 보장되는 사회가 오리라 기대했었다.

그러나 그 기대는 1980년 5월 17일, 전두환 신군부가 계엄령을 확대하면서 물거품이 되고 말았다. 노동조합 사무실에서는 방용석 지부장님과 박순희 부지부장님을 만날 수가 없었다. 그리고 그해 12월, 합동수사본부에서 나온 군인들이 지부장직무대리와 노조 상근자 전원, 상집간부와 대의원 등 48명을 연행하더니 그중 14명을 해고했다. 그들은 참으로 악랄했다. 남성 간부들은 삼청교육대로, 여성 간부들은 강제로 고향 집까지 귀향 조치했다.

82년 9·27사건

나에게 있어 원풍노동조합은 수십 년이 흐른 지금에도 여전히 정감이 넘치던 곳으로 남아있다. 좋았던 시절만 마음속에 간직하고 싶어서였을까, 1982년 9월

27일 노동조합을 파괴했던 폭력사태의 기억들은 많이 잊어버렸다. 생생한 장면은 농성장의 공기가 탁해 숨이 막혀 버릴 것 같았던 기억이다. 단식으로 하나 둘 쓰러져가는 동료들의 모습이 안타까웠다. 시간이 갈수록 쓰러지는 조합원들이 늘어나자, 간부들이 소금물을 주었다. 그런데 허기진 뱃속이라서 그랬는지, 그 물 한 모금을 마시고 오히려 위장이 다 뒤집힌 듯이 괴로웠던 생각이 난다.

구사대들은 연신 방송으로 누가 면회를 왔다며 떠들어댔다. 면회를 나간 조합원들이 가족들에게 끌려가는 사례가 늘어났다. 조합원들끼리만 나눈 의견이었는지 잘 모르겠는데, 당시 가족들의 면회는 구사대들이 농성을 해산시키려는 술책이니만큼 가족이 면회를 와도 나가지 말아야 한다는 의견이 있었고, 그 반대 의견으로 우왕좌왕했던 장면도 떠오른다.

물론 암울한 기억만 있는 것은 아니다. 희망으로 들떠 있던 순간들도 있었다. 양승화 부조합장은 밖에서 들어온 소식을 전해 줄 때가 있었다. 마대에 싸여 끌려나간 조합장이 정문에 와 있다는 소식, 우리들의 농성을 밖에서 누군가가 사회에 알리면서 지지운동이 일어나고 있다는 소식, 구사대들 중에 후회하며 고민을 하고 있다는 소식 등이었다.

농성 다섯째 날 새벽, 나는 구사대 둘에게 팔과 다리가 들린 채 정문 밖 비탈진 언덕배기 아래로 내던져졌다. 나의 꿈을 실현해준 노동조합을 지키려고 배고픔과 추위를 참아내며 저항했지만, 결국 신발도 신지 못한 채 쫓겨났다.

새벽길은 어둠이 짙게 깔려 있었다. 지칠 대로 지친 초라한 몸으로 어디로 가야 하나? 어둠과 두려움에 떨고 있는 우리에게 반짝이는 빛이 하나 있었다. 망설인 끝에 빛을 따라갔던 양문교회, 그 예배당 계단을 허기진 배를 움켜쥐고 힘겹게 오르내렸던 차디찬 기억이 남아있다.

출근투쟁과 합숙

10월 13일, 출근투쟁을 하다가 경찰서로 연행되었다. 악에 받친 우리는 눈물을 흘리면서 투쟁가를 불렀다. 한 사람씩 조사를 마치고 이튿날 아침에 경찰서를 나오는 마음은 천근만근 무거웠다. 기숙사 방 식구인 어린 차언년이 구속된 것이다. 당차고 똑똑하고 용기가 있는 언년이지만, 가슴이 너무 쓰렸다.

나는 석방되어 경찰서를 나왔다. 그러나 구속된 언년이, 구류를 사는 동료들,

이빨이 부러지고 광대뼈가 부서진 동료들, 또 수배된 간부들은 어디서 어떻게 지내는지? 돌이켜 보면 그때 내 심정은 무척이나 착잡했던 것 같다. 나는 그날 경찰서에서 나와 대림동 길바닥에 정신을 잃고 쓰러졌다고 한다. 지나가는 사람이 신고하여 강남성심병원 응급실로 실려 간 모양이다. 하룻밤을 응급실에서 치료받고 나왔던 기억이 난다.

우리 조합원들은 영등포산업선교회 지하 소강당에서 합숙했다. 우리는 언론의 거짓 보도에 대항하려고 호소문을 돌리러 다녔다. 국회의원, 종교지도자, 민주인사 등 사회 각계각층 사람들을 찾아다니면서 우리들의 억울함을 고발해야 했다. 간부들이 구속된 이후는 저녁마다 조합원들끼리 기도 모임도 열었다. 어떤 날은 강의를 듣고, 어떤 날은 구치소로 면회를 가는 것이 일과였다.

나는 그때 처음으로 구치소를 가보았다. 면회는 가족 외에는 할 수가 없었다. 그저 면회실 밖 창문에 매달려 있다가 가족이 면회실에 들어가면서 문을 일부러 열어놓으면 교도관이 문을 닫는 10~20초 그 순간에 얼핏 손을 흔들어 주는 것으로 응원을 했을 뿐이다.

자 랑 스 러 운   민 주 화 운 동 가

나는 2007년에 민주화운동 관련자로 명예회복 인증서를 받았다. 집행부에서 접수하라고 했을 때만 해도 솔직히 큰 기대는 하지 않았다. '달걀로 바위치기'라고 생각했다. 왜냐하면, 그동안 언제 국가가 우리 노동자 편을 들어 준 적이 있었는가? 나라에 대해 불신하는 마음이 컸다.

그런데 국가폭력으로 해고된 지 25년이 지나 명예회복 인증서를 받았을 때는 역시 원풍노동조합의 힘이, 우리들의 힘이 살아있었구나, 하는 생각이 들어 감격했다. 정의와 자유, 평등한 세상을 희망하고 민주주의를 열망했던 우리의 그 민주노동운동이 이 사회에도 영향을 미쳤다는 것을 증명한 것이었다. 더구나 그 대열 속에 나도 끼어 있으니 얼마나 자랑스러운가.

원풍노동조합은 나에게 새로운 세계를 열어 주었다. 원풍노동조합은 참된 삶의 진리를 가르쳐준 내 인생의 보물이다. 무엇보다 원풍동지회 선배 동료들과 한 평생을 살아간다는 것이 내 인생 최고의 즐거움이고 행복이다.

067

세상 이치가 거기 다 있더라

정승희

_____1959년 전남 완도에서 태어나, 1979년 3월에 원풍에 입사했다. 돈보스코센터, 산업선교회, 원풍노조 등에서 교육을 받고 세상을 올바르게 보는 눈을 떴다. 1982년 9,27폭력사건 때 농성에 참여했고, 뒤를 이은 출근투쟁을 하다가 남부경찰서로 연행된 후 5일의 구류처분을 받고 해고되었다.

　나는 전남 완도에서 4남2녀 중 막내로 태어났다. 엄마가 마흔다섯에 나를 낳아서 내가 기억하는 엄마는 항상 흰머리였다. 그 나이에 배가 부르니 창피해서 떼어 보려고 간장도 퍼마시고 했다는데도 기어코 세상에 나왔으니, 내가 독한 건지 귀한 건지 모르겠다.

　배를 타지 않으면 육지로 나갈 수 없는 곳에 살다보니 육지는 환상의 세계 같았다. 서울 가보는 게 소원이었는데, 중학교 때 3천원이 없어서 서울로 수학여행을 못가 얼마나 안타까웠는지 모른다. 그 당시 완도 사람들 대부분은 그저 집안일을 거들다가 나이 차면 이웃에서 선이 들어오게 되고, 이웃과 결혼하여 그곳에 파묻혀 사는 것이었다.

　나는 그렇게 살고 싶지 않았다. 어떻게든 완도를 벗어나야겠다는 생각을 하던 차에 서울에서 일하던 친구가 설에 내려 왔기에 내 일자리 좀 알아봐달라고 부탁했다. 내 생각을 눈치 챈 오빠는, 서울 가면 버스차장이나 식모로 일하는 경우가 태반이고, 식모로 일하다가 주인한테 몸 버리는 일도 많다는 둥 걱정을 앞질러 하며 극구 반대했다. 하지만 나는 그러지 않을 자신이 있었다. 서울에 가기만 하면.

원풍모방 취업

결국 나는 완도를 벗어나는 배를 타게 되었고, 곧 서울에 도착했다. 원풍모방에 들어간 해는 78년 봄이다. 직포 준비 C반에 배치되었고, 먼곳에서 와서 그랬는지 바로 기숙사에도 들어갈 수 있었다. 307호였다. 신입생은 양쪽 끝에서부터 순서대로 자리가 정해지는 게 규칙이어서 내 잠자리는 창가 끝이었다. 옷장 대신 캐비닛이 죽 늘어 서 있었는데, 고참은 하나를 혼자 쓰고 신참은 둘이서 써야 했다. 하지만 나는 마냥 좋았다. 그뿐이 아니었다. 공장은 12시간 일하는 줄 알았는데, 이곳은 8시간 3교대 근무라 하니 그것도 너무 좋았다.

부서 사람들의 우애도 좋았다. 준비 C반에서 지분이, 은혜랑 친하게 지냈는데, 특히 지분이가 수더분하고 친절했다. 은혜는 그때 수도여고 부설 방송통신학교에서 공부하고 있었다. 당시는 여가시간을 활용해 공부하는 사람들이 제법 있었다. 나는 친구들과 어울리고 노조 활동하는 게 좋아서 서울 가서 공부하려 했던 생각은 사라져버렸다. 그때 우리끼리 '원풍대학, 원풍대학' 하는 말들을 많이 했는데, 마치 그곳이 일하며 공부하는 대학 같다고 생각했던 것 같다.

노조 사무실에 가면 방 지부장의 인상도 너무 좋고 말도 얼마나 잘 하시는지 이야기를 듣고 있으면 시간가는 줄 몰랐다. '폴란드는 바웬사, 한국은 방용석!' 우리끼리 그런 말도 하며 자랑스럽게 생각했다. 노조가 뭔지도 몰랐던 내가 민주노조와 어용노조가 어떻게 다른지도 알게 되었다.

월급은 노란봉투에 5만 원 권 수표로 받았던 것 같다. 신협이 있어서 적금을 넣었지만, 오빠들도 있고 내가 막내여서인지 집에 돈을 보내야 할 정도는 아니었다. 그래도 명절에 조카 선물을 사갔던 모양인지 조카가 나중에 말했다. "고모가 그때 사준 나이키 신발 신고 하늘을 날았어."

엄마가 늘 "올케한테 잘 해라, 그게 엄마한테 잘 하는 거다"라는 말을 했기에 엄마 선물은 못 사도 조카 선물은 챙겼던 것 같다. 당신을 늘 뒤로 두는 엄마 말만 따르느라 매운탕을 그렇게 좋아하셨던 엄마한테 매운탕 한번 제대로 못 사드렸다. 엄마 돌아가셨을 때 마음이 참으로 힘들었다. 워낙 집이 멀고, 둘째오빠

가 서울 용산에 살고 있기도 해서 명절에도 가끔씩 내려가고 오빠 집에서 보내곤
했으니까.

노조를 알아가던 길

원풍노조는 참 편하고 따뜻한 공간이었다. 돈보스코 회관에서 교육 받았던 생
각도 많이 난다. 산업선교회에서 꽃꽂이도 하고 기타도 쳤다. 탁구도 자주 치고
놀았다. 내가 속한 직포과 준비계의 담임은 키가 멀대 같이 길쭉했던 이기선 씨였
고 반장은 곱슬한 머리를 뒤로 묶고 다니던 신규하 씨였다. 담임과 반장은 노조
에 무관심했지만 활동을 간섭하지는 않았다. 한번은 반장 집에서 집들이인가 초
대받아 부서원 전체가 몰려가 만둣국을 먹으며 놀다 오기도 했다.

기숙사 바자회도 즐거웠다. 출품하느라고 모두 뜨개바늘을 들고 강당이나 방
에 모여앉아 수다 떨며 작품을 만들었다. 특히 좋았던 목욕탕! 사시사철 아무 때
나 김이 오르는 더운 욕조에 몸을 담글 수 있으니 그런 호사가 없었다.

퇴근하고 기숙사에서 시간을 보낼 때면 가보시키를 해 먹었다. 특히 전방의 김
영순네 식구들이 통닭집을 하고 있어서 나갔다가 들어올 때마다 미리 부탁한 통
닭을 튀겨서 들고 와 두 사람에 한 마리씩 뜯었다. 외출하는 사람은 들어올 때
누가바, 새우깡, 고구마과자, 빵 등 방 식구들에게서 주문받은 주전부리를 한 보
따리씩 사서 들고 왔다. 기숙사는 언덕 위에 있었고, 가게는 공장 문 밖을 나가
야 하니 주로 외출하는 사람이 그런 일은 맡아했다.

어떤 때는 식당에 내려가기가 귀찮아서 누가 대표로 식권 들고 가서 밥을 큰
그릇에 담아오면 둘러앉아 고춧가루와 간장만 넣고 비벼 먹었다. 일주일에 두 번
은 고깃국이 나왔다. 나중에 국제그룹으로 넘어간 후 식당 급식은 더 좋았던 것
같다.

대개 밥 먹으러 식당 갈 때도 그렇고, 출근도 그렇고, 방 식구들과 어울려 다니
는 게 일반적이었다. 출퇴근 시간이 같은데다 한 방에서 생활을 하니 당연했을
것이다. 자고 깨는 시간을 같이 하며 생활했던 기숙사 307호 방 식구들, 그리고
부서에서 친하게 지냈던 차순임 등과는 지금도 인연을 계속하고 있다.

방 식구들과 사과밭에도 가고 영화도 보러 다녔다. 단성사에 〈닥터 지바고〉를
보러 갔는데, 이미 시작하고 있어서 어두운 곳을 살짝 들어갔던 기억도 난다. 정

윤희, 유지인 등이 인기를 누리던 때인데 그들이 나오는 영화도 많이 봤던 것 같다. 다방에 가면 조용필의 〈허공〉을 자주 신청했다.

78년 겨울쯤인가, 박정희 대통령이 해외순방 후 돌아온다며 회사에서 20여 명씩 차출해 대통령이 지나가는 길목에 동원된 적이 있었다. 엄청 추운 날이었는데 신촌 로터리 육교 밑에서 태극기를 들고 대통령이 지나가는 시간에 흔들었다. 그러던 박정희는 그 후 1년이 지나 죽었다. 18년이나 권세를 누리더니 그도 죽는구나, 싶어 마음이 묘했다.

박정희가 죽고 나서 새판을 짤 새도 없이 세상이 또 뒤집혔다. 광주에서 많은 사람이 죽었다는 소문이 들리며 흉흉해지더니 노동조합 지부장과 부지부장이 수배당해 도피에 들어갔다. 간부들이 계엄사에 끌려가서 해고되고, 우리 부서 대의원 장남수도 해고되었다. 완도 집에 가서 김 한 톳을 가져와 남수가 자취하던 방에 디밀어주고 오는 것으로 마음을 대신할 뿐 아무 것도 할 수 없었다. 집행부가 바뀌고 다시 정비했지만 노동조합 분위기가 많이 침체되었고, 노조 사무실에 가면 반겨주던 얼굴들이 많이 사라져버려 휑하고 우울했다.

불 안 한 분 위 기

그 뿐이 아니었다. 그 모든 것은 전초전이었다. 불안한 분위기는 더 커졌고, 최후의 날은 다가오고 말았다. 82년 9월 27일, 원풍노조 조합원 누구도 그 상황을 피하지 않았고 나도 그 속에 있었다. 농성장에 앉아 배를 굶으며 노래를 불렀다. 두려움과 분노가 뒤섞인 감정이었다. 이러다가 끝나는 것 아닐까, 다들 말은 안 했지만 나처럼 불안했을 것이다.

다행히 집으로 전보가 가지는 않았는지 집에서 누가 찾아오지는 않았다. 4박 5일 농성하는 동안 옆 사람, 뒷사람이 한 명씩 뜯어져 끌려 나갔다. 그래도 나는 어떻게 버텨 최후까지 그 자리에 있었다. 추석 날 새벽 대림동 길바닥으로 끌려나와 사자에 쫓기는 양떼처럼 맨발로 달려 양문교회 마룻바닥에 쓰러졌다. 도대체 우리가 왜 이런 일을 당해야 하는지 하늘이 원망스러웠다.

마음 몇 숟가락을 떠 넣은 후 기숙사생은 일단 친구들 자취방 등 갈 곳을 확인한 후 해산했다. 거지도 상거지 꼴로 오빠 집으로 갈 수가 없어 자취하던 친구 박인숙네로 가게 되었다. 인숙이네서 기거하며 출근 투쟁하느라 공장 앞에 모였다가 흩어지는 것을 반복했다. 그러다 결국 유치장에까지 끌려갔다. 영등포에서 항의집회를 하다가 남부경찰서로 끌려간 것이다. 현숙이, 미숙이, 순례 등과 함께 였다.

경찰은 시시콜콜한 것까지 물어대며 조사를 했다. 친한 친구가 누구냐, 산업선 교회는 일주일에 몇 번이나 갔느냐, 별 시답지 않은 것도 다 조사라고 하는데, 나는 어수룩한 연기를 했다. 잘 모르겠다, 친구도 별로 없다, … 그들은 개 같은 년, 씨발 년, 하고 욕을 해대더니 완도 촌년으로 치부했는지, 다른 친구들은 구류 7일을 때렸는데 나는 이틀 줄여 5일을 때렸다. 서럽고 분했지만 원풍모방은 다시 갈 수 없었다.

어찌되었든 먹고 살아야 했다. 순임이의 형부가 오산에 있는 금호전기로 가보라고 소개를 해서 순임이랑 둘이 갔다. 그곳은 원풍에서 일하던 것과는 분위기부터 달랐다. 사람들이 말을 거의 하지 않는 것이었다. 화장실도 급히 다녀와서 일해야 했고, 옆 사람에게 뭐라고 말 붙이기도 어려웠다. 원풍에서 일하던 동료들의 웃음소리, 와자하던 식당, 기숙사 강당의 탁구대가 자꾸 생각났다. 그러나 그것도 감지덕지였다.

출근을 시작한지 20일쯤 되었는데, 관리실에서 갑자기 우리 둘을 불렀다. 콩닥 콩닥 가슴이 뛰었다. 아니나 다를까, 관리자는 우리에게 원풍에 다녔느냐고 물었다. 철렁했지만 그렇다고 대답했다. 그는 더 이상 말이 필요 없다는 표정이었다. 월급봉투를 주면서 나가라고 했다. 원풍모방 다닌 게 죄가 되다니, 그것도 아무 잘못 없이 부당하게 해고된 우리가 억울한데, 세상은 우리를 죄인 취급했고 전염병자라도 되는 양 격리했다. 또 어디였던가, 세월이 흘러 지금은 기억나지 않는 공장에서도 이름만 보고 안 된다고 했다.

블랙리스트 무시하고 반겨준 태성모직

공단을 돌아다니다가 부천 신천리에 있는 태성모직에 가게 되었다. 모두 여기 저기서 쫓겨나던 때라 순임이, 현숙이, 미숙이, 순례 다섯 명이 뭉쳐 다니게 되어 같이 갔다. 당시는 친구들끼리 몰려서 공장을 옮겨 다니기도 하던 때였다. 그런데 이게 웬일인가, 원풍 사람들은 일을 잘 한다며 오히려 반기는 것이었다. 가는 곳마다 쫓겨나던 때라 아마 우리와 같은 경험을 가진 친구들은 아무도 없었을 것이다. 소사 삼거리에서 자취하면서 우리는 그래도 친구들이 있고 받아주는 곳이 있어서 힘든 날을 견딜 수 있었다. 그 공장이 처녀 시절의 마지막 직장이 되었다. 한 명 두 명 결혼으로 그만둘 때까지 일했던 곳이다.

원풍모방 안의 미용사였던 미스 홍과 친하게 지냈는데, 그 인연으로 부산 남자를 만나게 되었다. 부산에 살고 있던 미스 홍의 동생이 어찌어찌 연결해서 이루어진 만남이었다. 그렇게 결혼을 하여 한동안 부산에서 살았다. 그래도 가끔 김현숙과 연락은 주고받았는데 어찌 된 건지 민주화운동 명예회복 신청이 진행되던 때는 연락이 닿지 않아 때를 놓쳤다. 나중에 전주에 사는 순례를 통해 상황을 알게 되어 뒤늦게 배상소송절차를 밟았지만 법원에서 '시효'가 지났다는 판정을 받아 많이 섭섭했다.

그래도 다행인 것은 그를 계기로 원풍 모임에 다시 참여하게 된 것이다. 그동안 원풍이 모임을 계속해 오고 있는 것도 모른 채 한동안 떨어져 살았던 게 애석하다. 원풍 식구들이 고향 동창들보다 훨씬 편하고 좋다. 원풍에 들어갈 수 있었던 것은 내 인생에 큰 축복이었다. 완도에서 올라 와 원풍모방에 들어가지 않았다면 이런 친구들과의 인연은 없었을 것 아닌가. 젊은 시절에 일만 한 게 아니라 야구장도 가고 영화도 보고 노동조합 공부도 하며 보낼 수 있었던, 옳지 않은 것에 저항할 수 있었던 기억이 큰 자산이 되었다.

지금도 나는 일을 하고 있다. 그래서 시간을 내기가 쉽지 않지만 어떻게든 원풍 모임은 참석하려고 한다. 요양보호사 일을 할 때 중졸이라 해서 떨어진 적이 있었다. 그래서 뒤늦게 검정고시로 고졸 학력을 취득했다. 대학공부도 하고 싶지만 지금은 여력이 없다. 하지만 70이 되어도 꼭 공부할 생각이다. 남은 인생에 최선을 다하면서 좋은 사람들과의 인연을 가꾸는 것에 마음을 다할 것이다.

068

원풍에서 본 넓은 세상

정 혜 경

_____1959년 3월 16일 전라남도 나주에서 1남6녀 중 다섯째 딸로 태어나 1978년 9월 원풍모방에 입사했다. 조합원으로 활동하다가 1982년 9월 27일의 폭력사건 때 해고되었다. 1984년 9월 결혼해서 나주에서 생활하며 1남1녀를 두었다. 2007년, 정부로부터 민주화운동 관련자로 인정을 받아 명예회복이 되었다.

기숙사의 진실게임

초등학교 1학년 때 공무원이었던 아버지는 민의원에 출마했는데 낙선하셨다. 후폭풍은 집안을 흔들어 우리 가족은 나주에서 광주로 이사했다. 1남6녀 중 다섯째였던 나는 중학교를 졸업하고 친구를 따라 서울에 왔다. 구로공단에 있는 모피공장에 친구와 함께 취업했다. 근무조건과 기숙사 시설은 열악했지만, 친구들 몇 명이 함께 있어 견딜 수 있었다.

저녁 6시 퇴근이지만 매번 잔업과 야근으로 10시, 11시까지 근무하는 날이 많았다. 1년 반 정도 근무했는데, 어느 날 친구가 대림동에 있는 원풍모방으로 직장을 옮겼다. 그곳은 노동조합으로 인해 근무조건이나 모든 것이 좋다는 소문이 돌았다. 친구가 입사해 보니 소문이 사실이라고 해서 나와 다른 친구들도 옮기기로 했다.

1978년 9월, 직포과에 근무하는 친구 차순임의 소개로 원풍모방에 입사했다.

전방 C반에 배치되었고 기숙사는 316호를 배정받았는데, 모피회사와 많은 것이 비교되었다. 야산 언덕에 있었던 기숙사는 아파트 같은 3층 건물이었고, 나무숲에 둘러싸여 있어 환경이 좋았다. 목욕탕을 비롯한 편의시설도 훌륭해서 모든 것이 맘에 들었다. 모피회사 기숙사는 나무침대라 불편한 건 둘째 치고 겨울에 난방이 안 돼 추웠다. 그런데 온돌방인 이곳은 바닥이 뜨끈했다. 난방이 잘돼서 겨울에 복도를 돌아 다녀도 춥지 않아 좋았다.

일주일 정도 지나 방 식구들과 적응하던 시기에 도난사건이 발생했다. 방 식구들은 당연히 입소한지 며칠 되지 않은 나를 의심의 눈초리로 쳐다봤다. 억울했지만 주눅이 들 수밖에 없었던 상황인데, 방의 실장이 해결을 위해 나섰다. 밤 10시 소등이 되자 취침하지 말고 방 가운데로 모이라고 했다. 진실게임을 한다며 둥글게 무릎을 꿇고 앉으라고 했다. 복도의 불빛이 창을 통해 희미하게 방안을 비추고 있었다.

다 같이 옆 사람의 어깨에 손을 올리고 어깨동무를 했다. 범인을 찾기 위한 진실게임을 시작했는데 모두가 나를 지목했다. 새로운 사람이 들어와 도난사건이 생겼으니 당연했는지도 모른다. 이런 일은 처음이라는 사람들의 말에 나는 꿀 먹은 벙어리가 될 수밖에 없었다. 그때 최민석 언니가 조목조목 도난사건에 대한 내용을 파헤쳐 진범을 찾았다.

입소한지 며칠밖에 안됐다는 이유로 무조건 나를 의심하고 몰아쳤던 방 식구들은 사과했다. 이 사건으로 방 식구들과 내가 빨리 친숙해지는 계기가 되었다. 문제가 생기면 방치하거나 확대하지 않고 방의 책임자가 나선다. 방 식구들과 서로의 생각을 듣고 합리적인 해결방법을 찾는다. 그래도 문제를 해결 못하면 기숙사자치회를 통해 해결하는 시스템. 원풍 기숙사를 떠올리면 편리한 시설과 함께 생각나는 일이다. 그리고 키도 크고 체격이 좋은데다 늘 호탕하게 웃으며 활달했던 민석 언니가 생각난다.

노 동 조 합 을 알 게 되 면 서

1959년생으로 원풍에 입사할 때 19살이었던 나는 부서에서 동향의 친구들과 친하게 지냈다. 원풍은 3교대 근무인데다, 생리휴가나 월차휴가가 있어 쉬는 날이 많았다. 친구들과 등산을 가거나 여행을 가기도 했지만, 광주에 있는 집에 거의 한 달에 한번은 내려갔다. 고속버스로 광주까지 5시간이 걸렸는데 화순이 집인 허말례와 수다 떨다 보면 지루한 줄 몰랐다. 어느 해 명절엔 관광버스를 빌려 전남이 고향인 사람들을 모았다. 고속버스보다 싼 가격에 회사 앞에서 출발하니 45인승 좌석을 금방 채울 수 있었다. 고향 가는 긴 시간, 노래와 투쟁가를 부르며 신나게 귀향했다.

친구의 권유로 '송죽회'라는 소모임에 가입했는데 7명이었다. 소모임에선 산업선교 프로그램을 이용하며 기본교육을 받았다. 그곳에선 실생활에 필요한 프로그램을 운영해 취미와 특기를 살릴만한 걸 가르쳤다. 그때 배운 꽃꽂이는 지금도 집을 꾸미거나 종교 활동을 하면서 십분 활용하고 있다. 당시 함께 소모임을 했던 친구들은 중간에 연락이 끊긴 적은 있지만 지금까지 만나고 있다.

노동조합 사무실에 처음 가게 된 것은 직포과에 근무하던 차순임을 따라서였다. 순임이는 같은 부서 상집간부였던 박순애 언니를 따라 다니며 활발히 활동하고 있었다. 식당 입구 옆 작은 방 3개가 연결된 사무실엔 사람들이 북적여 '노동조합이란 이런 곳이구나' 하는 생각이 들게 했다. 그러나 노동조합이 조합원들을 위해 일한다고 들었지만, 어떤 일을 어떻게 하는지는 정확히 몰랐다.

부서 대의원이었던 최금숙과 노영자는 집회가 있거나 유인물을 배포하는 일에 우리를 데리고 다녔다. 열심히 하는 친구들을 따라 다니다 보니 조합원으로 해야 하는 일이 무엇인지 조금씩 알게 되었다. 일을 끝내고 집회나 강연장, 재판하는 곳을 따라 다니는 게 힘들긴 했다. 하지만 방에만 있는 것보다 사람들과 어울려 다니는 게 활발한 내 성격에 잘 맞았다.

최금숙과 허말례는 같은 부서에서 소모임을 함께 했는데 탈춤반이었다. 팔이 아프네, 다리가 아프네 하면서도 재미있다고 해서 호기심에 연습할 때 따라가 봤다. 이재근도 있었는데, 쇠와 장고 같은 악기를 다루는 게 재미있게 보였다. 탈춤을 연습하는 걸 보니 모두 도토리 같은 체격이라 웃음이 나왔다. 저런 체구에서 공연할 때 쩌렁쩌렁 울리는 목소리가 어떻게 나오는지 놀랍기도 했다. 함께 춤을 추고 싶은 부러움도 있었지만, 적극적이고 활발한 성격에 비해 나는 몸이 약했다. 툭하면 병원에 입원을 했다. 그래서 몸으로 하는 활동은 해보기도 전에 위축이 되고 지레 겁을 먹었다. 그 무렵에도 큰 수술을 했던 터라 보는 걸로 만족했다.

단체협약이나 임금인상 등 노동조합과 회사가 협상을 할 때면 조합원들이 모여 농성을 했다. 대대적으로 할 때는 식당에 모였고, 반별이나 부서별로 할 때는 노동조합 사무실에 모였다. 구호를 외치고 투쟁가를 불렀는데, 재주 많은 사람들이 나와 장기자랑도 했다. 부서별로 돌아가며 대표가 나와 노래와 춤을 추었다. 우리 부서는 김은숙이 노래를 잘 불렀는데, 나도 노래는 제법 하는데 하는 생각에 부러웠다. 하지만 당시의 나는 남들 앞에 나서는 데 부끄러움이 많아 용기를 내지 못했었다.

강연장을 쫓아다니던 날들

새벽 6시 퇴근 후 동일방직 구속 노동자 재판을 방청하러 갔다. 시청 근처 법원인데 재판정에는 동일방직 조합원들과 다른 사업장 노동자들로 가득 찼다. 재판 중간 검사가 질문하면 사람들이 야유를 보내고 구호를 외쳤다. 재판관은 계속 소란스럽게 하면 모두 내보내겠다며 방망이를 두들겨댔다. 그 뒤로 지루하게 진행되는 재판은 전문용어로만 얘기하니 이해도 안 되고 졸음만 몰려왔다. 야간근무를 끝내고 바로 왔으니 눈꺼풀이 천근만근 내려앉았던 것이다.

재판이 끝나고 동일방직 조합원들과 함께 밖으로 나왔다. 동일방직 구속자를 태운 호송버스를 기다리며 구호를 외치고 투쟁가를 불렀다. 인천의 동일방직은 어용노조였는데 주길자가 지부장에 당선되면서 70년대 민주노조의 대열에 들어섰다. 그것은 민주노조를 갈망하던 조합원들의 힘이었다. 회사는 몇 년 동안 노조를 와해시키기 위해 남자들을 조직화했다. 1978년, 반조직 남자들이 똥물을 퍼와 대의원 선거장에 난입했다. 여성 노동자들은 똥물을 뒤집어썼고, 저항하는 사람의 입에 똥을 쑤셔 넣었다. 이에 분노한 조합원들이 농성을 했지만, 노동조합은 와해되고 124명이 해고되었다. 이것이 천인공노할 '동일방직 똥물사건'인데, 정부도 언론도 침묵했다.

청계피복노동조합의 이소선 어머니 강연회에 갔을 때 그분을 처음 뵈었다. 작은 체구에 이웃집 엄마처럼 수더분하게 생기신 전태일 열사의 어머니. '노동자는 기계가 아니다!' 노동법을 손에 들고 외치며 분신한 아들의 어머니. 그분은 아들의 뜻을 얘기하며 노동조합과 노동삼권에 대해 강연했다. 저 분처럼 아들이 간 길을 뒤따라가는 엄마들이 얼마나 될까, 하는 생각에 강연을 들으며 숙연해졌다.

이런 곳을 찾아다닐 수 있는 원풍 조합원이라는 게 좋았다.

1980년 12월, 노동조합 상집간부들이 계엄사 합동수사본부에 연행되자 현장과 기숙사에선 걱정과 긴장 속에 하루하루를 보냈다. 그해 말, 끌려갔던 상집간부 중 부장급 14명이 해고되었다. 우리 부서 담임인 쟁의부장 이규현씨는 남자간부 3명과 함께 삼청교육대로 끌려갔다. 처음 현장에서 일할 때 어려움은 없냐며 살펴주고 부서원들을 따뜻하게 대했던 분이었다. 뭘 잘못했다고 깡패들이나 잡아간다던 삼청교육대를 보낸단 말인가. 노동조합 간부를 그런 곳에 보내는 건 뭔가 크게 잘못되었다는 생각이 들었다.

실 패 로 끝 난 회 사 교 육

노동조합 집행부가 바뀌자 회사의 태도가 눈에 띄게 달라졌다. 전 조합원들을 돌아가며 새마을교육에 보냈다. 조합원들은 우리가 왜 그런 교육을 받아야 하느냐고 항의했지만 방법이 없었다. 관광버스를 타고 경기도 양평에 있는 수련원에 도착하니 다른 회사에서 온 사람들도 많았다. 대여섯 명을 한 조로 묶어 매일 반복되는 시간표대로 강연을 듣고 조별로 토론하고 발표하는 거였다.

교육 받고 돌아오던 날, 버스에서 내린 우리는 해산하지 않고 회사 운동장에 모였다. 교육받은 내용을 노동조합 지키는데 십분 활용하자는 다짐을 하며 구호를 외치고 투쟁가를 불렀다. 교육생을 실은 버스가 도착하자 나와 있던 회사 직원들은 놀라서 어쩔 줄 몰라 했다. 우리의 행동은 순식간에 현장과 기숙사로 퍼졌고, 사람들은 통쾌하게 잘했다고 했다. 몇 차례 진행했던 교육은 비용에 비해 별 효과가 없다고 회사에서도 생각했는지 중단했다.

현장에서 생산성 향상을 위한 T.Q.C 활동을 하라는 지시를 받고 담임과 반장이 앞장섰다. 동그란 완장을 팔에 달라고 나눠줬는데, 조합원들은 T.Q.C가 보이지 않게 뒤집어 달아 불만을 표시했다. 안달이 난 담임은 책상 앞으로 부서원들을 불러 T.Q.C 활동은 현장과 일상생활에서 절약하자는 것이니 좋은 것 아니냐, 원가절감, 물자절약에 대한 제안서 좀 내보라며 닦달했지만 호응하는 사람은 없었다.

폭 력 배 들 의 광 란

병원에서 수술을 받고 입원했다가 퇴원한지 3일째 되던 날이었다. 노동조합 사무실에 폭력배들이 쳐들어와 정 조합장을 감금했다는 얘기를 들었다. 그 날은 1982년 9월 27일 점심 무렵이었다. 노조 사무실엔 B반 대의원들이 회의를 하고 있다가 졸지에 끌려나왔다고 한다. 상황을 파악한 사람들은 항의하다 그자들이 휘두르는 각목에 맞아 다쳤단다.

'폭력배는 물러가고 감금한 조합장을 석방하라!'는 농성이 그때부터 시작되었다. 작업을 교대하면서 농성장인 정사과로 갔다. 나는 몸이 온전히 회복된 상태가 아니었지만 농성에 빠져서는 안 된다는 생각이 들었다. 밤새 작업하는 정사과 기계들 사이에 동료들과 쭈그려 앉아 있자니 참으로 힘들었다. 하지만 이런 상황에 몸이 좋지 않다고 눕거나 동료들에게 내색할 수는 없었다.

농성 초기에 동료들이 물을 떠오려고 주전자를 들고 식당으로 가기만 하면 폭력배들이 끌고 갔다. 동료들은 극도의 불안감에 물을 뜨러 가지도 못했다. 그러더니 회사에선 식당 문을 잠갔다. 어쩔 수 없이 물도 못 먹고 단식농성을 할 수밖에 없었다. 3일째부터 추석휴무였지만, 우리는 휴무를 반납하고 규탄농성을 하기로 했다.

이틀 동안 일하면서 교대로 농성하던 A, B, C반이 모두 모였다. 폭력배는 물러가고 노동조합을 원상 복구시켜 놓으라고 외쳤다. 구호를 외치고 투쟁가를 불렀는데, 어떤 친구들은 목관으로 기계를 두들겨 대기도 했다. 사내 스피커에선 하루 종일 〈고향의 봄〉 노래를 틀어 댔다. 추석이 낼 모레니 농성장을 나와 부모형제 기다리는 고향으로 내려가라는 방송도 나왔다.

마지막 날엔 어떻게 동원했는지 고향에 있는 부모형제들이 농성장에 들어 왔다. 여기저기서 누구야, 누구야를 애타게 불러댔고, 당사자는 눈에 띄지 않으려 꼭꼭 숨었다. 가족들이 찾아내면 함께 들어온 남자 서넛이 달려들어 끌고 나갔다. 아무리 발버둥 쳐도 억센 남자들을 뿌리칠 순 없었다. 어떤 동료의 부모형제는 딸이 농성하는 모습을 보고 '힘내라!'며 응원하고 돌아가기도 했다. 하루 종일 가족들과 함께 들어온 폭력배들로 인해 농성장은 난리가 아니었다.

저녁 무렵부터 농성장에 스팀이 들어오며 후끈후끈해졌다. 시간이 갈수록 스팀의 강도가 높아져 숨이 막힐 것 같았다. 동료들 중 손발이 뒤틀리거나 기절해 축 늘어지는 사람이 생겼다. 주변 동료들이 놀라서 손발을 주무르기도 하고, 농성장에서 업혀 나가기도 했다. 내가 기절하지 않고 끝까지 버티고 있다는 게 스스로 신기했다.

그날 새벽 나는 운동장으로 향하는 문 바로 앞에 누워 있었다. 그런데 갑자기 문이 확 열려 깜짝 놀라 반사적으로 일어났다. 남자들이 떼거지로 밀려드는 걸 보고 정신을 잃었다. 내가 본 마지막 장면은 끔찍했는데, 눈을 뜨니 병원이었다. 팔에는 링거를 꽂고 있었는데, 문 앞에 있던 경찰이 반색을 하며 다가왔다. 깨어 났으면 조사 받으러 가자며 팔을 잡았다. 내가 왜 경찰서에 조사를 받으러 가느 냐고 물었지만, 대꾸도 없이 재촉했다.

남부경찰서에서 조사를 받는데 직책이 뭐냐, 데모 하는 이유가 뭐냐고 물었 다. 조합원이라고 하자 누가 조합원을 데려오라 했냐며 경찰에게 벌컥 화를 냈 다. 조사를 끝내고 조서를 꾸미는데 어이가 없다. 폭력이 시작되던 날부터 지 금까지 회사에 있었으면서 우리에게 농성한 이유를 묻다니.

38명 해고명단에 내 이름이

남부경찰서를 나오며 4박5일 농성장에서 뒹굴었던 내 몰골을 보니 말이 아니 었다. 회사 근처에 있는 친구 차순임의 자취방을 찾아가 옷을 빌려 입고 수원에 있는 큰언니 집에 함께 갔다. 그길로 광주로 내려와 부모님과 추석을 보내고 올 라오니 상집간부 전원이 수배중이란다. 추석휴무가 끝나는 10월 7일에 첫 출근 투쟁을 한다고 해서 친구들과 준비했다.

우리는 2시 약속된 시간에 회사 정문 앞으로 갔는데, 수백 명의 조합원들이 모 여 있었다. 미처 합류하지 못한 동료들은 건너편 강남성심병원 앞에 진을 쳤다. 회사 사원복을 입은 낯선 남자들이 정문을 두 겹 세 겹 에워싸고 있었다. 전투경 찰은 도로까지 새까맣게 깔려 있었다. 출근하려는 우리와 막아서는 그들과 몸싸 움을 하다 모두 정문 앞에 주저앉아 연좌농성을 했다.

그런데 정문 앞에 9·27농성을 주도한 사람이라며 38명 해고자 명단이 붙어 있 었다. 내 이름 석자를 보며 황당했다. 내가 무슨 잘못을 했다고 해고해! 폭력으로 노동조합 사무실을 점거하고 불법을 저지른 건 자기들이면서. 감금한 조합장이 기절하니 새벽에 화곡동 쓰레기장에 버린 날강도들이.

연좌농성을 하는 우리에게 회사에선 출근할 사람은 각서를 쓰라고 했다. 앞으 로 노조활동이나 농성은 일체 하지 않겠다는 각서. 기가 차서 말도 안 나오는 소리에 '부당각서 웬 말이냐!'는 구호를 외치고 야유를 보냈다. 그때 눈으로 보면서도 믿기지 않는 일이 또 벌어졌다. 출근하려고 나타난 사람들 중에 김은숙이 있었는데, 각서에 서명을 했다. 그들은 우리 쪽은 외면한 채 폭력배들이 터주는 길로 출근 했다. 그러면 안 돼, 은숙아! 우릴 배신하고 각서 쓰고 출근이라니?

광주에 사는 오빠는 경찰들이 찾아온다며 성화였다. 기숙사에 있던 우리들은 갈 곳이 없었고, 현실적으로 생활이 어려웠다. 원풍에서 해고되니 블랙리스트로 인해 다른 곳에 취업할 수도 없었다. 친구들 몇명과 5년 동안 생활했던 기숙사 짐을 빼러 갔다. 그곳엔 같은 방에서 뒹굴며 생활했던 식구들 중 각서를 쓰고 현장에 들어간 사람들이 있었다. 나를 보는 그들의 눈빛은 냉랭하기 짝이 없었다. 나도 굴욕적인 각서를 쓰고 노동조합을 부정하며 노예처럼 일하는 그들이 곱지 않았다. 서로의 다른 선택의 결과는 엄청난 간극을 만들었고, 물과 기름처럼 합쳐질 수 없는 관계가 되었다.

힘이 되어준 딸의 응원

형부는 광주에 내려와 있는 나에게 나주군청에 근무하는 후배를 소개했다. 가족들의 성화와 취업을 할 수 없는 상황으로 자포자기 심정이 되었다. 1984년 9월, 나는 결혼해 남편의 직장이 있는 나주에 내려와 생활했다. 친구도 없어 외로웠고, 서울서 생활했던 경험 때문에 집안에만 있는 게 답답했다. 그런데 공무원인 남편을 경찰이 찾아와 진짜 결혼했냐면서 나에 대해 꼬치꼬치 묻더란다. 남편은 내가 서울에서 간첩활동을 하다 온 줄 알았다며 웃었다.

원풍모임에서 '민주화운동 관련자' 명예회복 신청을 할 때 나는 2차로 접수했다. 최금숙이 당시 우리의 상황과 나의 활동을 증언해 주었다. 나주시청 직원과 경찰 등 4명이 장성까지 왔고, 나는 울며불며 진술서를 작성했다. 나에겐 딸과 아들이 한 명씩 있는데 친구처럼 지내는 딸이 적극적으로 응원해 주었다.

딸은 원풍노동조합에 대해 궁금해 했다. 엄마의 과거에 대해서도 자세한 내용을 알고 싶어 했다. 딸과 함께 금숙이네 집에 가서 내가 기억 못하는 많은 이야기를 듣게 해주었다. 야속한 세월을 보내며 많은 기억들을 놓치거나 가슴에 묻고 살아왔다. 그런데 딸이 "엄마는 그 시절 원풍에서 청춘의 한 획을 긋고 살았다"며 응원했다. "원풍노동조합도, 이모들도 대단한 사람들"이라고 했다.

민주화운동 관련자 증서를 받던 날 그 '종이'를 가슴에 끌어안고 한참을 앉아 있었다. 9·27사태로 해고되어 꺾여 버렸던 청춘. 우리에게 원풍은 세상에서 가장 좋은 곳이었다. 오래오래 그곳에서 친구들과 노동조합 활동을 하고 싶다. 그런데 9·27은 우리의 꿈과 청춘을 짓밟고 앗아갔다. 그런 억울한 심정과 아쉬운 마음들이 원풍동지회란 이름으로 지금까지 지속하게 하고 있다.

전국에 흩어져 살고 있는 우리를 지금까지 하나로 응집한 집행부의 노력에 감사한다. 우리의 명예가 회복되고 그에 따라 응분의 배상금을 받을 수 있었던 것도 집행부가 있었기에 가능했다고 생각한다. 남도 끝자락에 살고 있다는 이유로 함께 하지 못했기에 더욱 미안하고 고마운 마음이 크다. 원풍이 없었다면 나는 우물 안 개구리로 살았을 것이다. 원풍노조를 통해 보고 배운 것으로 나는 세상을 넓게 보며 살아왔다.

딸 한송이가 엄마에게

민주화운동 관련자 증서를 보고서도 믿기지 않아 다시 보고 또 다시 보았다. 나에게 언제나 엄마는 오롯이 엄마였다. 그저 나의 따뜻하고 포근한 엄마였을 뿐이었다. 하지만 그날 처음 마주한 이야기 속에 나의 엄마는 없었다. 지금의 나보다도 어렸지만, 지금의 나보다도 더 뜨거운 꿈을 가슴 속에 꽃 피웠던 열정 가득한 어린 소녀가 있었다. 대부분의 젊은 사람들이 그렇듯, 나에게도 이 땅의 민주화와 자유는 태어나자마자부터 누릴 수 있었던 너무나도 당연한 권리였다.

이 당연한 것을 쟁취하기 위해 피땀 흘리며 싸워야 했던 수많은 희생들을 쉬이 망각하며 살아가고 있었다. 민주화운동과 노동운동이라는 건 그저 사회교과서에 나오는 작은 부분일 뿐이었고, 역사책에 나열된 외워야 할 크고 작은 사건의 하나였을 뿐이었다. 그런데 이렇게 눈앞에 직접 당사자를 마주하고 보니 가슴이 뛰었다. 지금껏 상상도 못했었다. 여리고 약해 보이기만 했던 엄마의 두 어깨가 갑자기 크고 단단해 보였다.

학창시절 학교에서 작성해 오라던 가정통신문의 부모님 직업란에 망설이다가 '주부'라고 써 넣으며 지으시던 씁쓸한 표정. 이제야 엄마가 늘 망설이던 게 이해가 되었다. 사실 나는 주부인 엄마가 너무 좋았다. 하지만 엄마는 아니었던 것이다. 스스로의 모습에 만족하지 못하고 끝없이 무언가를 도전하고 싶어 하던 이유. 그때마다 그냥 집에 계시지, 몸도 약하면서 왜 자꾸 일을 하려고 하냐며 다그쳤던 나.

내가 그랬듯 엄마의 꿈도 멋진 커리어 우먼이었을 거라는 생각을 왜 하질 못했을까? 그 어린 소녀가 공장에서 고된 일을 하며 버틸 수 있었던 건 꿈꾸고 있는 미래에 한 발짝씩 나아가고 있다는 희망이 있었기 때문일 것이다. 그러나 결국 그 꿈은 경찰서 유치장의 차가운 철창 안에 갇혀버리고 말았다.

내가 길을 잃고 방황하며 어쩔할 바를 모르고 있을 때, 무기력한 나를 독려하며 마음을 다잡게 이끌어주시던 든든한 나의 엄마. 어쩌면 딸인 나를 통해 젊은 날의 자신을 투영하며 꿈을 꺾지 말라고 다독였던 것 같고, 젊은 날의 당신을 응원했는지도 모른다는 생각이 들었다.

엄마에게 원풍 이야기 좀 해달라고 하자, 오래된 앨범을 꺼내와 들떠서 얘기하는 모습에 괜스레 눈물이 났다. 왜, 전에는 엄마의 지나온 삶에 대해서 묻고 들을 생각을 하지 못했을까. 미안해서 또 눈물이 났다. 빛바랜 사진 속의 나의 엄마는, 엄마가 아닌 어린 소녀 정혜경이었다. 왼쪽 가슴에 '원풍모방'이라는 회사 로고가 새겨진 회색 작업복을 입고 동료들과 걸터 앉아 환하게 웃고 있는 모습. 그녀들이 고된 노동을 끝마친 하루 끝에 이렇게 웃음 지을 수 있었던 가슴 속의 뜨거운 그 꿈은 무엇이었을까.

엄마의 가슴 속에서 꽃 피어난 꿈은 수없이 꺾였고 짓밟혔을지도 모른다. 그러나 다시 뿌리내리고 견뎌내어 싹을 피웠고 생명을 피워냈다. 엄마는 대한민국 정부로부터 '민주화운동 관련자'로 인정을 받았다. 원풍모방의 그 숱한 엄마들은 이 땅의 민주화의 길을 비춰준 숱한 촛불 중 하나였다.

나는 원풍모방과 엄마를 보며 이 땅의 민주화와 자유를 위해 살아온 수많은 노동자들을 기억하며 살아 갈 것이다. 엄마는 지금 내가 나아가고 있는 길을 비춰주는 커다랗고 따뜻한 등불이다. 엄마가 작은 촛불로 열심히 살아 온 것처럼, 나를 자신의 꿈으로 생각하는 엄마에게 부끄럽지 않게 살아갈 것이다.

069

살맛나는 인생

조시단

——————1960년 전남 진도에서 6남매의 막내딸로 태어났다. 1978년 가을, 원풍모방에 입사하여 노조 간부들의 포근한 느낌이 좋아 노조에 자주 드나들게 되면서 노조의 중요성을 알게 되었다. 1982년 9·27폭력사건으로 해고당하였다. 2007년, 민주화운동 관련자로 인정되어 불순분자라는 불명예를 씻었다.

1978년 가을, 내 나이 열여덟 살 때 원풍모방에 들어갔다. 부서는 전방 보전실이었는데, 기계 부품을 보수하고 기름을 닦는 작업을 하는 곳이라서 실을 생산하는 현장과는 달리 조용했다. 기계 부품을 보관하는 곳이기 때문에 일정한 온도가 유지되어야 해서 겨울에는 따뜻하고 여름에는 시원하여 비교적 작업하기가 편안했다.

당시 나보다 네 살 위였던 작은언니가 원풍모방 정사과에 근무하고 있었다. 언니에게 회사에 대한 이런저런 이야기를 많이 들었던 터라, 자연스럽게 노동조합에 대해서도 알게 되었고, 그래서 친숙하게 노조 사무실을 드나들었다. 특히 보전실에는 여성 조합원이 네 명뿐이어서 서로 마음이 잘 맞아 식사시간이나 퇴근 후에 함께 노조 사무실을 찾아가 차를 마시기도 하고 수다를 떨기도 했다.

입사한 지 얼마 지나지 않아 펄펄 끓는 물에 기계 부속품을 담갔다가 꺼내는 작업을 하다가 그만 한쪽 손과 팔에 화상을 입었다. 그때 그 사실을 알고 노동조합에서 위로를 많이 해주었다. 특히 박순희 부지부장님이 자상하게 상처를 살펴주셨는데, 마치 고향에 계신 엄마가 보살펴 주는 것 같은 느낌이어서 마음이 편안했다.

즐거웠던 노조의 추억

나는 원풍노동조합이 한창 전성기 때 입사하여 많은 혜택을 누렸다. 노조의 힘은 단결된 조합원들에게 달려있다는 것을 알았기에 조합원으로서 해야 할 몫은 반드시 해내려고 했다. 원풍노조에서는 여러 가지 활동을 했는데, 지금도 생각하면 웃음이 나오는 통쾌했던 일들이 많았다.

어느 해인가 회사 쇼룸에서 단체교섭을 할 때였다. 임금인상 때였는지, 단체협약 때였는지 잘 모르겠다. 수백 명의 조합원이 총무과 사무실에 쳐들어가 쇼룸으로 올라가는 계단에 무리지어 앉아 투쟁가를 부르며 농성을 했다. 자세한 농성 이유는 기억이 나지 않지만, 당연히 노동조합의 승리였다. 그 시절에는 노사협상만 마치면 노동환경이 한 가지씩 더 좋아졌다.

퇴직금누진제가 적용되고, 언제부터인지 생리휴가, 월차휴가도 자유롭게 사용할 수 있었다. 뿐만 아니라 신용협동조합이 설립되어 매월 저축하여 목돈 마련을 쉽게 하였고, 공동구매조합에서는 좋은 물건을 값싸게 구입하는 소비자 운동도 배웠다. 70년대에 미용실과 목욕탕이 사내에 있는 공장이 그 어디에 있었을까싶다. 더군다나 노동자들에게 주어진 그 모든 복지가 순전히 우리 노동자들의 힘, 곧 노동조합의 힘으로 쟁취한 것이었기에 더 큰 의의가 있었다. 노동조합은 우리의 자랑이었다.

당시는 정치적 상황이 살벌하기 그지없던 시절이었다. 박정희 군부독재가 유신헌법으로 노동3권을 묶어놓고 노동자들을 억압하고 탄압을 밥 먹듯이 하던 때였다. 엄혹하기 이를 데 없는 정치상황에서도 자주적이고 민주적으로 운영되던 원풍노조에 힘입어 우리는 상대적으로 자유를 누리며 권익을 신장시켰다.

우리 원풍노조 조합원들은 그야말로 기가 살아 있었다. 작업장에서 노동을 해도 신나게 했고, 여가생활도 적극적으로 즐겁게 보냈다. 야간열차를 타고 대둔산을 가다가 이른 새벽 서대전역에 내려 역전 한 모퉁이에서 코펠에 불을 붙여 라면을 끓여 먹기도 했다. 울릉도 구경을 가려고 포항에서 배를 타려다 보니 주민등록증이 없어 발길을 돌려 부산 구경을 하고 오기도 했다. 철따라 딸기밭, 복숭아 밭에도 놀러 다녔다. 부서 동료들과, 또는 기숙사 방 식구들과 함께 했던 추억거리는 그야말로 무진장 많다.

1980년 봄 이야기

1980년 봄은 유난히 따스하게 찾아왔다. 노동자들에게 희생을 강요했던 박정희 개발독재가 무너지고 처음 맞이하는 봄날이었다. 원풍노조를 '도산'세력으로 몰아 잔뜩 위기감을 주었던 독재자가 사라졌으니, 노동자들의 세상도 좋아질 것이라는 기대에 부풀었다. 그러나 따뜻했던 봄날은 아주 짧게 끝났다.

그해 5월, 광주가 온통 핏빛으로 물들었다는 이야기가 들려왔다. 전두환 신군부는 권력을 잡기 위해 계엄령을 확대하였고, 그 거센 폭력의 바람은 우리 노동조합까지 몰아쳤다. 정의사회를 구현하겠다던 전두환은 사회의 부조리를 싹 쓸어버린다더니 엉뚱하게도 민주노동조합 간부들의 씨를 말리려고 달려들었다.

전두환 정권은 광주시민 희생자 돕기 모금을 했다는 이유로 원풍노조를 탄압하기 시작했다. 7월에는 방 지부장님과 박 부지부장님을 정화 해고시키더니, 12월에는 지부장직무대리와 상근자, 상집간부, 대의원 등 48명을 연행한 후 그 중 14명을 해고시키고는 남성간부 4명은 삼청교육대로 압송하였고, 여성간부들은 강제 귀향조치했다.

노조간부들만 믿고 따라다녔던 나 같은 평범한 조합원은 한숨이 나왔다. 그러나 계엄사에서 해고를 면하고 현장으로 돌아온 간부들은, 해고로 빈 자리들을 다시 채우고 상무집행위원회를 정비하였다. 이무술 상집위원이 조합장이 되어 집행부를 다시 추슬러서 참 다행이라고 생각했다. 이무술 씨는 우리 부서 반장이었고 상집간부였기에 더욱 관심을 갖고 조합원으로서 잘 따라 주어야겠다고 다짐했다.

그런데 1982년 2월, 이무술 조합장이 노조 대표직을 사임하고 전방 현장으로 돌아왔다. 다 같이 힘을 합쳐도 어려운 시기라고 생각하고 있었는데, 예기치 못한 그의 행동이 너무 황당했다. 노조를 깨려고 호시탐탐 노리고 있는 회사 측에 빌미를 주는 것 같았다.

곧 우려했던 일들이 벌어졌다. 이무술 조합장의 대표직 사임을 두고 조합원들끼리 설왕설래하며 의견 충돌이 일어나기 시작한 것이다. 그와 가까이 지냈던 간부들도 따라서 사직을 하는 사태가 벌어졌다. 그 중 김××는 나중 '원풍노조 9·27사태' 때 TV에 나와 원풍 노동자들을 '도산' 세력으로 왜곡하는 거짓말로 동료들을 배신한 사람이다.

1981년 초여름 경, 보전실에 함께 근무하던 여성 조합원 세 명과 전방에서 근무하던 동료 네 명, 이렇게 일곱 명이 모여 소모임을 만들고 '불로초'라고 이름을 붙였다. 소모임은 일주일에 한 번 만났지만 늘 이야깃거리가 많았다. 주로 책을 읽고 돌아가면서 소감을 발표하였고, 시사강의도 많이 들었던 기억이 난다.

또 덕수궁 옆 법원의 재판정에 방청을 갔었고, 서대문구치소에서 감옥살이를 하고 있는 누군가를 위해 영치금을 넣어주기도 했다. 개인적으로 친분이 있는 사람은 아니었지만, 민주주의를 위해 싸우다가 교도소에 간 사람들이었기에 소모임 회비를 모아 동료들과 함께 가서 영치금을 넣어주곤 했다. 그것이 그 시절 민주주의가 실현되기를 소망하던 우리들이 할 수 있는 작은 일이었고, 미력하나마 그들에 대한 애틋한 마음의 표현이었으며, 그들의 투쟁에 동참하는 방법이라고 생각했다.

9·27 폭력 이야기

1982년 9월 27일, 나는 노조 사무실에 있다가 폭력배들에게 쫓겨났다. 오후 2시 출근반이었던 나는 오전 9시경 일찌감치 작업복을 입고 노조 사무실에 가 있었다. 일요일이었던 전날, 노조간부 2명, 가공과 조합원 2명의 해고공고를 보고 걱정이 되었던 것이다. 노조 사무실에서 동료들과 회사 측의 어이없는 해고사건에 대해 이야기를 나누고 있었다.

4명의 해고 소식은 일요일에 기숙사 방 식구에게서 들었다. 방 식구들과 함께 회사 측 간부들을 욕하며 어두운 그림자가 드리워진 노조의 앞날을 걱정했다. 오후에 대림동성당으로 미사를 보려고 기숙사를 나왔다. 경비실을 통과하려고 하는데, 회사 사무실 앞 염색과 쪽에서 못질하는 소리가 들렸다. 모두가 쉬는 일요일에 누가 왜 못질을 하는 것이지, 하며 소리 나는 방향으로 발걸음을 옮겼다.

그곳에 갔더니 조합원 몇 명이 시선을 한 곳에 집중하고 있었다. 자연스럽게 시선을 따라 고개를 돌려보니, 사원이 공고판에 철망을 덧씌우고 그 철망 위에 못질을 하고 있었다. 공고문은 '사칙 위반으로 면직. 박순애 부조합장, 이옥순 총무, 김영희, 박혜숙'이라고 적혀 있었다. 회사 측이 가공과 김성구 폭행사건을 확대시켜 해고한 것이다.

속으로 회사 측이 바라던 사건이 터졌으니, 사건을 확대시켜 문제를 만들 것이라고 짐작은 했었지만, 노조 상근간부 2명과 조합원까지 해고할 줄은 몰랐다. 나는 그날 저녁 늦게까지 노조 사무실에서 이런저런 걱정을 하다가 기숙사에 늦게 귀가하였다가 아침 일찍 와 있었던 것이다.

1982년 9월 27일 오후 1시경, 노조 사무실 문이 벌컥 열리더니 남자 담임 박영수가 들어오고, 그 뒤로 전방의 문명숙, 직포 문계순, 정사 강정순이 따라 들어섰다. 기세등등하게 들어서는 그들을 바라보며 "어머머!" 하는 순간 정체불명의 남자들이 밀려들어오더니 우리들을 바깥으로 끌어내어 던졌다. 순식간에 벌어진 폭력사태에 소리를 지르며 달려들어 노조 사무실로 다시 들어가려고 하였지만 남자들의 힘을 당해낼 수가 없었다.

밖에서는 더 많은 폭력배들이 식당에서 식탁을 끌어다가 노조 사무실 앞을 2중 3중으로 막았고, 직포과 킹콩이라는 몸집이 큰 위동련, 양춘순이 옥상으로 올라가 노조 사무실 창문에 합판을 대고 못질을 해댔다. 그들을 향하여 조합원으로서 그게 무슨 짓이냐고 항의했지만, 그들은 오히려 우리를 향해 비웃음을 짓고 있었다. 비상계획과 정환춘은 "우리가 이렇게 하는 것은 다 너희들을 위한 것이다"라며 비아냥거렸고, 부공장장 박찬배는 썩은 미소를 입가에 흘리면서 폭력배들을 진두지휘하였다.

"조합장이 감금되었다!" 누군가의 외침소리에 조합원들의 분노가 폭발되었다. 노조 사무실 창문을 맨손으로 쳤던 박순애 부조합장의 손목에서는 피가 뚝뚝 떨어지고 있었고, 이옥순 총무는 폭력배들과 몸싸움을 하다가 뒤로 넘어져 실신하여 병원으로 업혀갔다.

오후 2시 출근시간이 되었다. 노조 집행부에서는 행동지침을 내렸다. 절대 작업현장을 떠나지 말 것, 퇴근을 중단할 것 등이었다. 어쩔 수 없이 작업장으로 돌아왔지만 다리가 후들거렸다. 그해 가을은 왜 그리 추웠는지, 밤 10시 퇴근하여 동료들과 수런수런 이야기를 하면서 정사과 농성장으로 갔다. 날씨는 춥고 추석명절은 며칠 남지 않았다. 막내딸을 손꼽아 기다리실 고향집 엄마가 보고 싶었다.

정의로운 패배

36년 전 그때, 지금도 생생하게 기억되는 농성장의 모습들이 있다. 구사대가 고향의 부모형제들에게 거짓 전보를 보내 놀라서 농성장으로 뛰어온 가족들, 자신의 딸과 형제를 찾겠다고 농성장을 헤집고 다니는 가족들, 가족들에게 들키지 않으려고 작업복을 머리까지 뒤집어쓰고 얼굴을 무릎 사이에 처박고 있는 동료들, '이년아, 빨리 가자!' 하며 질질 끌고 가던 어느 가족, 술에 취해 쇠뭉치를 들고 죽이겠다고 위협하는 어느 동료의 외삼촌, 작업신발을 휘두르며 농성장을 지키려고 발버둥 치던 우리들, 의식을 잃고 누군가의 등에 업혀 가는 동료들, 단식으로 뱃가죽이 등에 달라붙어 있을 즈음 농성장에 들어온 죽 한 숟가락에 의연할 수 없었던 그 씁쓸하고 서글펐던 우리들….

아마도 민주화운동 관련자로 명예회복이 되지 않았더라면, 평생 내 가슴에 깊은 슬픔으로 남아있었을 기억들이다. 시간이 지났지만, 다행히 원풍모방노동조합의 정의로운 패배가 민주화운동으로 인정을 받게 되었고, 조직과 더불어 개인들도 명예회복이 되어 뒤늦게나마 승리의 기쁨을 누릴 수 있게 되어 다행이다.

당시 큰언니와 큰오빠가 농성장에 찾아왔다. 농성 4일째의 오후 6시쯤이었다. 지친 몸을 가눌 수 없어서 누워있는데, "조시단! 조장가!" 하고 내 이름과 언니 이름을 부르는 낯익은 목소리가 들렸다. 못 들은 척 하고 죽은 듯이 있다가 계속 부르는 소리에 고개를 쳐들었다. 나를 발견한 오빠는 진도 고향집 어머니가 쓰러졌다며 집으로 빨리 가야 한다고 거짓말을 했다.

나중에 오빠에게 들은 이야기는, 면사무소 부면장에게서 연락이 왔고, 구사대 서순교가 오빠에게 연락하여 농성장에서 데리고 나가라고 했다는 것이다. 오빠는 여동생이 두 명이나 농성장에 있으니 걱정이 많이 되어 겸사겸사 왔던 것이다. 우리 이야기를 들은 언니와 오빠는 몸을 잘 돌보라고 당부하며 돌아갔다.

언니와 오빠가 농성장에서 나간 지 2,30분 지났을까, '조시단! 시단아!' 하며 나를 부르는 소리가 아득하게 들렸고, 누군가가 내 팔과 다리를 주무르는 것 같았다. 몸은 내 의지대로 움직이지 않는데, 억센 남자손이 내 머리채를 휘어잡으면서 욕을 했다. 희미한 의식에서도 겁이 나 둘러보니 승용차 뒷좌석이었다. 아, 우리 편이 아니구나, 하는 순간부터 무서움이 몰려와 덜덜 떨렸다.

정신을 차려보니 한독병원 침대였고, 옆에 누워있는 동료는 산소 호흡기를 낀 채 있었다. 의식 없이 헛웃음을 짓는 동료, 우는 사람 등 초라한 동료들의 모습이 눈에 들어왔다. 나중에 들은 이야기였지만, 내가 병원에서도 깨어나지 않자 직포과 임충호 선배가 안타까워서 끌어안고 엉엉 울었다고 했다.

명예회복 이야기

2007년, 나는 민주화운동가로 명예회복이 되었다. 원풍동지회 집행부가 권하는 일이라서 무조건 믿고 따른 것이었지만, 접수를 할 때부터 기분이 들떴다. 결과가 어떻게 되더라도 국가기관에 명예회복을 요구할 수 있는 기회가 나에게 주어지고, 내가 그 대상자로 되어 있다는 것만으로도 가슴이 뿌듯해지는 일이었다.

2008년에 명예회복 인증서를 받았다. 막상 그 인증서를 손에 받아 들었을 때는 기쁘기보다는 눈물이 쏟아질 것 같았다. 우와! 그 기분은 말로 표현할 수 없는 승리감이었다. 남편은 보수적인 지역 출신이라서 그런지 정치의식이 나와는 달랐다. 평소 원풍노조 활동을 냉소적으로 보았던 남편은 무안한지 헛기침만 했고, 두 딸과 아들은 "우리 엄마 최고야! 정말 대단한 일을 하셨네!" 하며 기뻐했다.

'원풍노조 9·27사태'가 일어난 지 35년, 살맛나는 인생이라는 것이 이런 것이 아닐까싶다. 모두가 원풍동지회 임원들과 동료들 덕분이다. 이 지면을 통해 진심으로 감사의 인사를 드린다.

070

광주의 딸, 자랑스러운 원풍노조원으로

차순임

―――――1959년 전라도 광주에서 태어나 1977년에 원풍에 입사했다. 1982년 노조 대의원으로 활동하던 중 추석 전에 고향에 갔다가 TV 방송으로 원풍에서 폭력사건이 벌어진 것을 알고 서울로 올라와 출근투쟁에 합류했다가 해고되었다.

나는 광주에서 5남1녀의 다섯째로 태어났다. 나름 귀한 딸일 수도 있지만 그 시대에 그런 것은 해당되지 않았다. 자라는 동안 형제가 다 사내들이라 도무지 재미가 없었다. 부모님은 미나리꽝 농사를 하셨다. 내가 초등학교 다닐 때 아버지는 중풍으로 돌아가시자 엄마는 양동시장에서 배추장사를 하며 자식들을 키웠다.

오빠들은 중고등학교는 다 졸업했고 동생은 조선대를 졸업했다. 내 바로 위의 오빠는 한량이라 학교를 안다니겠다고 해도 기어코 보냈다. 숭문고생이던 그 오빠는 매일 놀기만 하고 건들거리며 공부를 안했다. 그런데 나는 초등학교를 졸업시키고는 진학은커녕 딸이라고 신경도 안 썼다. 떼를 쓰기도 했지만 징그럽게 돈을 안줘서 결국 못 갔다. 섭섭했지만 사실 공부를 좋아하는 체질은 아니라 곧 포기했다.

일을 해야 하는 것은 당연수순이었다. 전남제사에 들어가 일하는데, 같이 다니던 친구가 서울을 가더니 원풍모방에 취직했다는 것이다. 그 친구가 심현숙이다. 77년 여름휴가 때 다니러 온 현숙의 말을 듣고 작정을 했다. 정혜경과 또 다른 친구 하나랑 셋이서 퇴직금과 월급 다 해서 2만 7천원을 받아들고 무작정 상경한 것이다. 나는 남자들 속에서 살다 보니 여성스러운 게 없다. 생각하면 그냥 확 질러버리는 성격이다. 엄마에게는 서울에 이미 취직되었다고 말해두었다. 집에서는 잘했다고 하지, 돈 벌러 간다는데 이유를 달 일이 없었다.

무작정 상경

밤새 완행열차를 타고 새벽 6시경 영등포역에 내렸다. 새벽인데도 번쩍거리는 불빛이 많아 아, 여기가 서울이구나, 싶어 두근거렸다. 광주하고는 또 다르더라. 상가가 빽빽하게 있고…. 역시 서울은 서울이었다. 우리 셋은 곧바로 구로공단으로 갔다. 어쨌든 취직을 해야 하니 공단으로 가자는 생각이었다. 나이는 어렸어도 자기 살 궁리는 다 했다. 공단의 여기저기 게시판에 모집공고가 붙어있고, 전봇대에도 모집공고가 겁나게 다닥다닥했다.

공고를 보고 그럴듯한 곳을 하나 고른 게 피혁 공장이었다. 취업은 쉬웠지만 일은 만만치 않았다. 그 공장은 외출도 통제했다. 피혁공장에서 참고 일하며 기다리고 있는데 때가 왔다. 원풍모방에서 사람을 모집하니 오라는 심현숙의 연락을 받은 것이다. 그때는 연락도 편지로만 가능했다. 원풍모방에서 간단한 시험을 거쳐 나는 합격을 했는데, 혜경이는 나이가 미달되어 서류에서 떨어지고 말았다. 그 후 한 해가 지나 모집공고를 본 나는 얼른 혜경이한테 연락을 했고, 한 살 더 먹고 온 혜경이도 원풍모방 입사에 성공했다.

내가 합격되었던 해는 기숙사에 들어가려면 며칠이고 기다려야 했다. 그 때문에 고생을 많이 했다. 당시 서울에 형제도 없었고, 의지할 곳이 아무데도 없었다. 난감해서 피혁공장 반장 언니한테 사정했더니, 피혁공장 기숙사에서 살짝 며칠 지내게 해주었다. 고마운 사람이었다. 내가 시키는 대로 일을 잘하니까 그 언니가 나를 좋아해서 다른 공장에 가는 것을 말렸는데, 내 원래 목적이 심현숙이가 말한 원풍모방에 들어가는 것이었던지라 포기할 수 없었다. 그런데도 그 언니가 떠난 사람인 나를 배려해주어 다람쥐처럼 살짝살짝 드나들며 그곳에서 며칠 출퇴근했다.

드디어 원풍의 기숙사에서 들어오라고 해서 택시에 짐을 싣고 갔다. 315호였다.

기숙사 현관을 들어서면서부터 깜짝 놀랐다. 공장이 바라보이는 언덕 위에 별장처럼 자리 잡은 기숙사는 시설이 깨끗하고 너무 좋았다. 뿐만 아니라 외출도 귀사시간만 잘 지키면 되니 비교적 자유로웠다. 피혁에서는 사유를 말한 후에 조장이 사인을 해 주지 않으면 외출할 수 없었다.

결혼 후에도 다니고 싶었던 원풍모방

원풍모방 기숙사 현관 옆에는 사감실이 있었고, 가지런히 번호표가 붙은 신발장이 보였다. 깨끗한 복도가 길게 이어져 있고, 3층이나 되는 건물에 수 십 개의 방이 나란히 있었다. 이상하게 낯선 느낌도 들지 않았던 것은 사람들이 다정했기 때문이다. 왕따도 없고, 텃세도 부리지 않았다. 토요일, 일요일은 외박도 가능했다. 전남제사도 나름 괜찮았는데 비교가 되지 않았다. 나는 이게 꿈인가 싶었다.

친절했던 언니들은 상담 역할도 해주었다. 월급을 받아서 적금을 넣고 있었는데, 어느 날 집에서 돈 좀 보내달라는 연락이 왔다. 기숙사 언니들에게 이야기했더니 '네 집이 정말 못 살아서 보내달라면 몰라도 그렇지 않으면 보내지 말고 네 미래를 준비하라'고 했다. 우리 집은 집이 두 채나 있고, 10개월치 세를 한꺼번에 받아 살만 했으므로 눈을 질끈 감고 언니들 말을 들었다. 나중에 생각해도 참 현명한 조언이었다.

직포과 현장은 처음 들어섰을 때 엄청 넓고 기계소리가 커서 놀랐다. 처음 맡은 직포 준비 일은 와인다에서 감아진 실을 직포로 운반해주는 것이었다. 그런데 내내 서서 하는 작업이라 다리가 너무 아파 반장에게 하소연했더니 앉아서 일하는 통경으로 옮겨주었다. 승희는 정경이고 나는 통경이라 바로 옆에서 일했다. 우리 둘은 일하는 위치가 옆이어서 더 친해진 것 같다. 반장, 담임들하고는 별로 안 친했다. 잘 보이려고 애쓸 필요도 없었고, 아부도 떨 이유도 없었다. 원래 내 성격이 그렇지만, 원풍은 그럴 필요가 없어 순서대로 조장 하고 반장 하고 다 했다. 그래서인지 지금도 직장생활하면서 융통성이 없는 건지, 체질적으로 고지식한 건지 잘 안 된다.

공장생활은 나름 재미있었다. 3교대 중 야근 때는 졸려서 힘들었지만, 아침 6시에 출근해서 오후 2시에 퇴근할 때는 오후시간이 많아 아주 좋았다. 대낮에 퇴근하니 세상이 온통 나를 부르는 기분이었다. 퇴근하자 말자 외출복으로 갈아입고 방 식구들과 수원 이목리의 포도밭에 자주 갔다. 얼마인가 돈을 내면 포도를 마음껏 먹을 수 있었던 터라 혀가 새카매지도록 포도를 먹고, 또 한 보따리씩 사 오기도 했다. 가끔은 12시간 맞교대 특근을 할 때가 있었는데, 작업조건상 빠지 기 어려웠고 좀 힘들었다. 힘들다는 것은 너무 졸렸기 때문이다.

퇴근하면 공부하러 다니는 사람들도 많았지만, 나는 공부에는 별로 미련이 없 었다. 8시간 일하고 어울려 놀고 주전부리도 하며 그렇게 생활하는 게 나쁘지 않 았다. 다방에도 자주 갔다. 디제이한테 노래를 신청해 놓고 동전 넣어 오늘의 운 세 뽑아서 수다를 떨었다. 내가 신청하는 노래는 주로 정훈희의 〈꽃밭에서〉와 이 헌의 〈잘 있어요〉 등이었다.

사내 체육대회 때는 직포과 여자 축구선수로 뛰었다. 죽어라고 공만 잡으러 다 니느라 허덕거렸지만 그래도 재미있었다. 응원단에도 들어가 회사 옥상에서 엄청 연습했다. 즐거웠다. 나중에 결혼해도 원풍에 계속 다녀야겠다고 생각했다. 그런 데, 그런데….

내 고향 광주의 오월

어둠은 80년 봄 내 고향 광주에서 시작되었다. 광주에 관한 소문이 퍼지면서 노동조합에서는 모금을 했고, 나는 더구나 고향 일이니 기꺼이 참여했다. 그리고 식구들이 너무 걱정이 되어 휴가를 내고 광주로 향했다. 그런데 차편이 다 막혀 송정리까지만 간다는 것이었다. 일단 그곳으로 가서 버스를 타고 광주로 들어갔 는데, 피비린내가 훅 끼쳐왔다. 식구들은 혼비백산해 있었다.

올케도 밥을 해서 도청으로 나르는 일을 하다가 눈 앞에서 어떤 이가 총에 맞 아죽는 장면도 보았고, 한 아주머니가 발에 총을 맞아 병원으로 실려 가는 것을 보고는 겁이 나서 더 못나갔다고 했다. 가족들이 다치지 않아 다행이긴 했지만 도대체 광주 사람들이 왜 이렇게 당해야 하는지 이해할 수 없었다. 다른 나라와 벌어진 전쟁도 아니고 내 나라 내 땅에서 이게 무슨 난리인지, 사람들은 억장이 무너져 혼이 빠져 있었다.

나는 폐허가 된 고향을 뒤로하고 비탄을 삼키며 공장으로 돌아왔다. 그런데 광주의 여파는 노동조합에도 밀려왔다. 간부들이 수배되고 해고되고, 거센 바람 이 불어 닥쳐 온 것이다. 그렇게 시련을 넘고 넘어 82년 9월이 되었다. 일어나서는 안 될 일이 일어났고, 반드시 함께 했어야 할 자리에 나는 같이 하지 못했다. 예상치 못한 일이었고, 피할 생각은 추호도 없었는데 그렇게 되었다.

그해 추석은 10월 1일이었다. 추석 사흘 전이 엄마 생신이라 추석 때면 나는 항상 미리 휴가를 내어 앞당겨 광주로 내려갔다. 그 해도 예외 없이 9월 26일, 일요일 아침 6시에 퇴근하고 목욕탕에서 샤워를 한 후 바로 가방을 챙겨 광주로 내려갔다. 불과 하루 지나 벌어질 일은 상상도 못한 채였다.

광주 집에 도착해 엄마가 해준 밥을 먹고 느긋하게 9시 뉴스를 보다 기겁을 했다. 엄기영 앵커가 진행하는 MBC 뉴스였다. "원풍모방에 농성이 벌어지고 있다"는 것이다. 아이고, 무슨 일이 터졌구나! 이걸 어쩌면 좋지, 나는 발만 굴렀다. 당시는 휴대폰은 커녕 자취하는 친구도 전화가 없던 때라 알아볼 곳도 없었다. 서울을 가야하는데, 마음을 동동거리며 어떻게 추석을 보냈다.

광주를 경험한 식구들은 출근 안 해도 된다며 감시가 시작되었다. 그러나 가야 했다. 추석을 쇠고 올케한테 3천원을 빌린 후 통빡을 굴렸다. 광주 신역으로 가면 분명히 기차를 타기도 전에 잡힐 게 분명했다. 송정역으로 가서 밤 10시 차표를 일찌감치 끊어놓고 숨었다.

아니나 다를까, 내가 없어진 것을 안 엄마가 그곳에 나타났다. 다리가 아파 절뚝거리며 역 안을 한 바퀴 돌며 이리저리 둘러보고 있는 엄마를 숨어서 바라보았다. 엄마는 이 역이 아니라고 생각했는지 서둘러 또 어딘가로 걸어갔다. 절뚝거리는 엄마를 보니 마음이 무지 아프지만 나는 가야했다.

그렇게 서울행 기차를 탔고 원풍으로 달려가니 내가 없는 동안 엄청난 일이 벌어져 있었다. 내 친구들, 동지들이 모두 함께 한 그 5일의 농성에 함께 하지 못한 것이 평생 죄처럼 남았다. 물론 나는 출근하기 위해 각서를 쓰지 않았고, 그 이후의 시간들은 같은 시간이 되었다. 산업선교회에서 같이 먹고 자며 보내고, 새문안교회 등 집회도 다니며, 원풍노조의 억울한 일을 알리는 활동에 몸을 보탰다.

새문안교회였던가, 집회에 참석하고 서너 명과 함께 걸어 나오는데, 오빠가 동장과 함께 나타났다. 나는 얼른 오빠에게 다가가 설득했다. "오빠, 창피하니까 여기서 큰 소리 내지 말고 그냥 따라 와." 오빠는 할 수 없었는지 따라왔다. 나는 짐을 가지고 나와야 한다며 오빠와 함께 영등포산업선교회 앞까지 동행했다.

"오빠, 잠시 기다려, 짐 가지고 나올게." 오빠를 회관 문 밖에 기다리게 해놓고 나는 안으로 들어가서 뒷문으로 튀어버렸다. 그때 오빠는 내가 끝내 안 나타나자 교회가 보이는 곳에 여관방을 잡아놓고 내려다보며 내가 나타나기를 기다리다가 교회에 들어가 '차순임, 내놓으라!'고 한바탕 난리를 친 모양이었다.

나는 밖에서 산업선교회로 전화를 걸어 친구들에게 "우리 오빠 아직 있는 거같으냐?"고 물어보니 "절대 오지마라, 오빠가 난리 났다"고 해서 한동안 들어가지 못했다. 그때 전남제사에 다닐 때 인연을 맺었던 ××언니가 마포에 살고 있어서, 그 언니 방으로 도망가 있어야 했다. 결국 오빠는 나를 고향으로 데리고 가지 못했다.

간부들은 구속되고 앞날은 기약이 없었다. 당장 돈을 벌지 않으면 안 되는 절박한 친구들도 많았고, 그곳에 머무르며 계속 싸우는 것도 한계가 있었다. 취직할 곳을 찾아 다녔다. 승희랑 오산 금호전기에 들어갔다가 해고되는 등 떠돌다가, 원풍 해고자라는 것을 알면서도 일하게 해 준 부천 태성모직에서 결혼하기전까지 일했다.

결 혼

남편은 사귈 때는 몰랐는데, 나중에 얘기하다보니 원풍모방 안의 조합원 복지시설로 만들어진 이용실의 이발사로 일한 적이 있다고 해서 깜짝 놀랐다. 그러나 남편은 술을 너무 좋아하고 놀기 좋아해서 집에 양식이 떨어지는지도 모르는 사람이었고, 밖에 가서 노래나 부르며 노는 그런 사람이었다. 아이 낳을 때도 나 혼자 낳았고, 내가 처녀 때 번 돈까지 끌어 모아 이발소를 차려줬는데 홀딱 망했다. 그나마도 아이들이 고1, 중2가 되었을 때 간경화로 세상을 떠나버렸으니, 나는 남편 복이 없는 모양이다.

그러니 손에서 일을 놓은 적이 없다. 임신해서도 부른 배를 하고 앉아 실밥 떼는 일을 했다. 서울역 안에 있는 식당에서 서빙도 8년쯤 했고, 큰올케랑 식당을 했다가 권리금만 2천 이상 날리고 접은 일도 겪었다. 그 과정에서 서울역에서 우연히 두옥 언니를 만났다. 두옥 언니에게서 원풍모임이나 민주화운동 명예회복 관련 소식을 들었으면 좋았을 텐데, 시간이 없어 길게 이야기를 못 나누고 헤어진 게 참 아쉽다. 그래서 기회를 놓쳤다.

그 후 명예회복 신청의 기회를 놓쳤거나 생활지원금 대상에서 제외되었던 조합원들이 국가를 상대로 소송을 제기했고, 이에 항의하여 법원 앞에서 피켓을 들고 시위도 했다. 포기하지 않은 투쟁이 가져온 승리였다.

여성전용 목욕탕에서 청소 일을 하며 한 달에 120만원을 받았는데, 가만히 보니 때 미는 일을 하는 사람들의 수입이 훨씬 많았다. 저걸 해야겠다 싶어 부탁을 했더니 왕십리에 가서 배우라고 했다. 일러주는 대로 왕십리 가서 50만원을 주고 열흘을 배웠는데, 원장이 경락을 배워보라고 자꾸 꼬드겼다. 경락 배우는 비용이 3백만 원인데 50만원을 빼주겠다는 것이다. 그러나 그건 응하지 않고 목욕탕 일을 시작하여 벌써 16년째다.

살아보니 인생은 정말 공짜가 없고, 얼렁뚱땅 사는 것은 아닌 거 같다. 순간을 모면하는 상태로는 길게 가지 않으니 최선을 다해야 한다는 걸 절실히 느낀다. 목욕탕에서 일하면서 많은 사람을 만난다. 90 먹은 할머니도 간혹 등을 민다. 그런 노인은 그냥 숨만 깔딱깔딱할 것 같은데 아니다, 다 알고 있다. 절대로 소홀히 하면 안 된다. 싫은 손님도 있지만 마음을 그렇게 지니고 일하면 안 된다. 이 사람 덕에 내가 돈을 버는 것이니 고맙게 생각한다. 원래 성격도 있지만, 옳지 않으면 못 넘기고 말하게 되는 건 원풍에서 배운 것 같다. 그것 때문에 때때로 손해도 본다.

촛불집회 때 매번 한번 가야지, 가야지 하고 못가서 마음이 무거웠다. 그 추운 날, 국민들을 그렇게 고생시키는 대통령이 정말 한심하고 미웠다. 그때 "나도 내일은 촛불집회 갈 거예요!"라고 다짐하듯 말하기도 했는데, 사람들의 반응이 좋았다. 딸과 사위는 매번 촛불집회에 나갔다고 했다. 덤덤하긴 해도 사위의 그런 모습이 믿음직스럽고 고맙다.

촛불을 들지 못한 내 마음이나 촛불을 들었던 마음들이 이어져 있었을 것이다. 원풍식구들이 깃발까지 만들어서 몇 차례 참여했던 광장의 사진을 공유하며 우리가 살아 온 삶이 결코 헛되지 않았다는 생각을 하게 된다. 좋은 사람들과 만나 서로 나누며 예전의 마음을 잃지 않고 살 결심이다.

071

노동조합이 맺어준 귀한 인연

최명숙

_____1959년 전북 이리에서 태어났다. 1982년 9·27폭력사건 때 농성에 참여하고 출근투쟁을 벌이다가 해고당하였다. 2007년 정부로부터 민주화운동관련자로 명예회복이 되었다. 원풍동지회의 자녀 모임에서 큰아들이 원풍 동료의 딸을 만나 결혼해 그 인연이 2세까지 이어지게 되었다.

나는 1978년도 3월, 스무 살 때 원풍모방에 들어갔다. 부서는 방적과 전방 보전실이었는데, 생산 기계의 부속품을 수리하거나 제작을 하는 곳이었다. 실을 제조하는 전방은 기계소리가 요란하고 하루 8시간 내내 서서 노동을 하지만, 보전실은 앉아서 부품을 수리하는 곳이라 상대적으로 편안하고 조용한 작업장이었다.

노동조합 활동

보전실의 여성 조합원은 4명이었고 남성 조합원은 5~6명 정도가 함께 근무했다. 현장 총 책임자는 박영수라는 담임이었는데, 우리는 그를 '김일성'이라고 별명을 지어 불렀다. 그는 '원풍노조 9·27사태' 당시 회사 측 구사대의 앞잡이가 된 사람이다.

원풍모방노동조합에서 활동하던 당시를 되돌아보면 좀 더 잘 하지 못한 후회가 남는다. 한편 노조간부들에게 미안한 생각이 드는 것도 사실이다. 당시에는 뭐가 뭔지 잘 몰랐고, 현장에서 묵묵히 일만 할 줄 알았던 것 같다. 그래도 노동조합 덕분에 자유롭게 일을 할 수 있었다. 타 사업장에 비해 월등한 대우를 받고 있다는 것도 잘 알고 있어 노조간부들에게 고마운 마음을 갖고 있었다.

소모임 활동은 1980년부터 한 것 같다. 같은 부서에서 근무했던 임태송 언니가 자신의 소모임에서 함께 활동하자고 권유하여 가입하게 되었다. 소모임 활동을 한 덕분에 노동조합의 중요성과 의미를 새롭게 깨달았다.

산업선교회 프로그램 중에서 기타를 배우는 반에 들어갔던 것이 가장 기억에 남는다. 회원들과 철따라 딸기밭, 포도밭으로 놀러 다녔는데, 개인적으로 그 시절이 가장 즐거웠던 때였다는 생각이 든다.

1982년 9월 27일

나는 그날 새벽 출근반이었다. 갑자기 대의원 임태송 언니가 노동조합에 폭력배들이 쳐들어와 조합장이 감금되었으니 퇴근을 중지하고 노조 사무실 앞으로 집결하라고 하였다. 덧붙여 작업장을 절대 이탈하지 말라고 했다. 그 소리를 듣고 보전실 문 밖으로 나와 노조 사무실 쪽을 바라보았다. 방적과 공장 건물 끝에 있는 식당 출입구가 보이고, 그 옆에 노조 사무실이 있는데, 희미하게 눈에 들어오는 것은 사람들이 웅성거리는 모습이었다.

오후 2시 출근반과의 교대를 마치고 노조 사무실 앞으로 갔다. 상상했던 것보다 훨씬 험악한 분위기였다. 노조 사무실 안에 조합장 혼자 감금되어 있다는데, 식탁으로 2중 3중으로 막아놓았고, 그 앞에는 남자 사원들과 간부, 낯선 남자들이 서로 팔짱을 끼고 문을 막아서고 있었다.

정사과에서 단식농성을 하는데, 어느 날은 머리가 깨질 듯이 아프고 현기증이 나 견디기가 힘이 들었다. 농성 사흘째였던 것 같다. 너무 아프고 쓰러질 것 같아서 약을 사먹으려고 밖으로 나왔다가 다시는 들어가지 못했다.

할 수 없이 대림동 이모 집으로 가 몸을 추스리고 있었는데, 형사가 그곳으로 나를 찾아왔다. 그들은 이모에게 '조카딸이 불순분자에게 물이 들었으니 농성장에 다시 들어가지 못하게 하라'며 돌아갔다.

10월 말경 시골집에서 연락이 왔다. 동생(전방 ⓒ)과 함께 집으로 내려오라는 아버지의 호출이었다. 부모님에게는 이미 함라면사무소 면장과 경찰서 형사들이 수없이 찾아오고 있다는 것이었다.

시골에 내려가 이틀쯤 지났는데, 정보계장과 형사, 그리고 면장이 우리 집을 찾아왔다. 아버지와 그들은 서로 알고 지내는 듯, 방으로 들어가 한참 동안 이야기를 나누었다. 정보계장이 나를 방으로 들어오라고 했다. 그는 "원풍모방노동조합에 '도산'이 침투되어 정부가 개입하고 있으니 잘 생각해라"며 사표를 내라고 했다. 나는 어이없는 거짓말에 기가 막혀 피식 웃었다. 그들은 잘 생각해보라는 말을 남기고 돌아갔다.

온 동네가 쑥덕쑥덕

그 이튿날은 이리경찰서 과장, 계장, 그리고 형사가 승용차를 타고 우리 집으로 와 익숙한 듯 마루에 줄줄이 걸터앉았다. "불순세력이 끼어들어와 외국 기업주가 한국에 회사를 안 세우려고 한다. 콘트롤데이타가 왜 망했는지 아느냐?" 하며 사표를 내고 얼른 시집이나 가라고 했다. 그들은 '최명숙 씨는 불순세력의 주동자는 아니지만, 이대로 가다가는 큰일을 당할 것'이라고 협박했다.

그 말을 들은 아버지가 형사들에게 노발대발하셨다. 아버지는 '우리 딸들은 절대 그런 아이들이 아니니 당장 우리 집에서 나가라'고 호통을 치셨다. 선비같이 점잖았던 아버지가 그토록 역정을 내는 모습을 처음 본 것 같다.

그 다음날은 면장이 찾아왔다. 서울에는 절대 가지 말아야 하며, 자기가 날마다 찾아올 것이니 집에서 꼼짝하지 말고 있으라는 협박인지, 부탁인지 모를 말을 남기고 돌아갔다. 온 동네가 쑥덕쑥덕 난리가 났다. 시골동네에 매일 같이 검은 승용차가 들락거리니 어쩌면 당연한 일이었을 것이다.

형사들은 동네 이장 집에까지 가서 조사를 했던 모양이다. '저 집 딸들은 A급 불순분자들이라네' 하는 소리도 들렸다. 아버지는 '우리 딸들은 착해 회사에서 일만 열심히 했을 뿐이다. 당신들 말은 믿지 않는다'며 나와 동생을 두둔하셨다. 그러나 아버지는 딸들을 믿고 억울함을 알고 계셨지만 힘없는 농부였다.

아버지는 딸들이 경찰서장과 면장에게 사표를 강요당하며 억울하게 닦달을 당하는 것을 보고 분노하며 착잡해 하셨다. 아버지는 "너희들이 저들을 어떻게 당해 내겠느냐?"며 사표를 내고 끝내야 할 것 같다고 하셨다.

얼마간은 억울해서 사표를 낼 수 없다고 버티다가, 아버지가 매일 곤욕을 치르시는 것을 모른 척하기가 힘들었다. 결국 아버지 뜻대로 하시라고 했고, 아버지가 그들에게 사표 수리를 허락하신 것 같다. 나는 그렇게 원풍모방에서 강제 사직을 당했다.

대박이 별것인가

"귀하는 대한민국의 민주헌정질서 확립에 기여하고 국민의 자유와 권리를 회복 신장시켰으므로…." 2007년, 나는 민주화운동 관련자로 명예회복이 되었다. 전두환 정권이 휘두른 국가폭력에 의해 강제 사직을 당한 지 25년 만에 정부가 명예회복을 시킨 것이다.

그 인증서를 받아 든 순간, 돌아가신 아버지가 몹시 그리웠다. 아버지가 살아 계셨더라면 무척 좋아하셨을 것이다. 떠오르는 피붙이가 있다. 원풍노조 활동을 나보다 더 열심히 했던 동생은 '원풍노조 9·27사건' 때 회사가 요구했던 각서를 쓰고 현장에 돌아갔다. 우리 자매는 그와 관련하여 지금까지 어떤 이야기도 나누어보지 않았다. 지금도 궁금한 것은 노조 활동을 앞장서서 했던 동생이 왜 그랬는지 모르겠다.

인증서를 읽어보고 내 아들들은 "우리 엄마, 정말 훌륭하시다!"며 나보다 더 기뻐했다. 국가로부터 명예회복을 하고 자식들에게까지 인정을 받으니 세상 부러울 것이 없을 정도로 기분이 좋았다.

아들들은 원풍동지회의 자녀모임인 '꿈을 이어가는 사람들'의 회원으로 활동하고 있다. 작은아들은 현재 그 모임의 회장이란다. 큰아들은 자녀모임에서 만난 동료의 딸과 결혼하여, 나와 동료는 사돈지간이 되었다. 그리고 아이들 사이에서 태어난 우리들의 손주 사진을 사돈과 함께 스마트 폰 프로필에 공유하며 나이를 들어가고 있다.

원풍노조와의 소중한 인연으로 예쁜 며느리를 만났고, 사랑스러운 손주의 재롱을 보고 있으니, 이래저래 원풍노조는 나의 인생살이에 대박을 안겨준 것이다. 이렇게 원풍동지회의 좋은 사람들과 함께 여생을 보낼 수 있으니 내 인생은 참 행복하다.

072

내 인생의 나침반 원풍노조

최 문 순

───────1960년 경기도 안성에서 태어났다. 1978년 봄, 동생들의 학비를 대려고 원풍모방에 입사하였고, 소모임 활동으로 노조의 중요성을 깨우쳤다. 1982년 9·27사건 당시 출근투쟁을 하는 동료들을 경찰이 연행하려는 버스를 정지시키려고 차 밑으로 들어가 농성을 하다가 구타를 당하고 연행되었다. 2008년 민주화운동 관련자로 명예회복이 되었고, 2015년 2월 국가배상소송에서 승소하였다.

나는 1978년 봄, 열여덟 살 때 원풍모방에 입사했다. 그 시절에는 으레 그랬듯이 맏딸로서 어려운 집안 살림을 도와야 했던 나는 상급학교에 진학하지 않고 서울로 올라왔다. 고향은 경기도 안성이었으며 육남매의 맏이였다. 공부하고 싶은 꿈을 포기해야 했던 나는 동생들만큼은 학비 걱정하지 않고 공부를 할 수 있게 하고 싶었다.

원풍모방은 노동조건이 좋았다. 어린 마음에 집을 떠날 때 다짐했던 꿈을 실현할 수 있게 해준 곳이다. 당시 시행된 저임금정책으로 월급이 많은 것은 아니었지만, 3개월마다 상여금이 100%씩 나와 동생들의 학자금을 보태 줄 수 있었고, 틈틈이 모아둔 목돈으로 부모님께 돼지새끼와 송아지를 사 드렸다. 명절이나 휴가 때 고향집에 가면 돼지가 새끼를 낳아 우글거리고, 송아지가 어미 소가 된 모습을 보면 뿌듯했다.

나는 가공과에서 근무했다. 가공과는 양복감 생산 공정의 마지막 단계이며, 약품 처리된 물로 양복감을 빨고 스팀으로 다려 불순물을 제거했다. 노동은 거칠었고, 내 체구보다 몇 배 큰 기계 돌아가는 소음 때문에 손짓과 발짓으로 소통할 수밖에 없었지만 서로를 배려하며 일을 했다. 이전에 다녔던 공장과는 분위기가 달랐다. 뭐랄까, 동료들 간에 인정이 있었다.

소모임 '에델바이스'

입사한 지 몇 개월이 지났던 것 같다. 가공과에 근무하던 선배가 함께 소모임 활동을 하자고 권유했다. 그 모임에는 가공과 동료 네 명이 활동하고 있어 아무 망설임 없이 가입했다. 기숙사 한 방의 식구였던 또래의 임금순이 있어서 더욱 낯설지 않았다. 소모임의 이름은 '에델바이스'였다. 이름도 마음에 들었지만, 순한 성품을 가진 사람들과 함께하는 모임이라서 좋았다.

노조 사무실에는 가공과 김예희 덕분에 가게 되었는데, 소모임 활동을 하면서 더욱 자주 드나들게 되었다. 노조 사무실에는 책이 많아 책을 빌려 읽는 재미로 자주 드나들었다. 지금도 잊히지 않는 책은 『왕비열전』 시리즈이다. 어려서부터 역사에 흥미가 있었고, 지금도 역사책 읽기를 좋아한다.

내 사진첩에는 1979년에 찍은 사진 한 장이 있다. 이른 봄날에 찍은 사진이다. 나무들은 여린 새잎을 뾰족이 내밀 듯 말 듯 하고, 땅에는 연둣빛 생명이 움트고 있다. 둥근 돌탑 안에 가지런히 두 손을 모은 하얀 성모상 앞에서 박순희 부지부장님과 임금순, 임태송, 황선금 언니 등과 함께 찍었다. 영보수녀원에서 1박2일 수련회를 할 때 잠깐 틈을 내서 찍은 사진이다.

수련회는 교육과 친교 프로그램으로 구성되어 있었다. 소모임 활동을 하는 사람들 100여 명이 모여 강의를 듣고, 5~6명이 한 조가 되어 토론에 참여했던 생각이 난다. 프로그램 중에는 두 사람이 짝이 되어 눈 가리고 사물을 체험하는 시간이 있었다. 한 사람은 수건으로 눈을 가리고 짝꿍의 안내에 따라 나란히 걸으면서 이야기를 나누는 것이었다. 처음에는 수건으로 가린 눈 때문에 세상이 암흑과 같이 캄캄했다. 어둠 속에서 한 걸음을 내딛는 것조차 두려워 더듬거렸다.

하지만 차츰 짝꿍에 대한 믿음이 생기면서 어두움에 대한 두려움이 사라지는 경험을 했다. 눈 가리고 짝꿍과 함께 걷는 체험은, 세상은 결코 혼자 살아가는 것이 아니라 동료와 함께 신뢰와 협동을 하며 더불어 살아가야 한다는 공동체의 중요성을 깨닫게 해주었다.

숲속 수녀원에 어둠이 내리면서 교육을 마무리하는 촛불의식이 있었다. 내 손에서 밝혀진 촛불은 처음에는 내 얼굴만 환하게 밝히는 것 같았다. 하지만 곧 옆 동료 손에 든 초에 불이 밝혀지고, 그렇게 100여 개의 촛불이 차례로 점화되었다. 어두웠던 강당을 대낮같이 환하게 밝혀가던 촛불의식은 지금도 인상 깊게 남아 있다. 노동자 개인의 힘은 가느다란 실바람에도 꺼질 것 같은 촛불과 같이 미약하지만, 한마음이 되어 단결하면 노동자의 권리와 자유를 지켜낼 수 있다는 희망의 불길을 보는 것 같아서 가슴이 벅찼던 기억이 난다.

삶의 양식이 되어

원풍노동조합은 나에게 돈만 버는 직장이 아니었다. 인생살이를 어떻게 살아가야 하는지를 가르쳐준 배움터였다. 노동자가 사회적으로 받는 차별을 당연하다고 여겼는데, 사람은 누구나 존엄하고 평등하다는 것을 노조활동에서 배웠다. 노조는 당당한 노동자로 살도록 의식을 깨우쳐주었고, 그래서 나도 자존감을 가질 수 있었다.

또한 원풍노동조합은 다른 세상과 소통할 기회를 만들어 준 곳이다. 영등포산업선교회에서 모임을 진행하며 여러 분야의 강좌를 들었다. 기독교회관의 목요기도회에도 참여했다. 명동성당 등의 집회에서 유명한 사회 원로들의 연설을 들었다. 이런 활동을 통해 민주주의가 무엇이며 왜 중요한지를 배웠다. 그 시절에 배운 지식과 경험은 내 삶의 양식이 되어 '원풍노조 9·27사태' 이후에도 한 사람의 시민으로서 권리와 의무를 지키며 살아갈 수 있었다.

원풍노조 시절, 즐거운 추억은 역시 체육대회이다. 나는 가공과를 대표하는 배구선수였다. 체육대회를 앞두고 다른 부서 동료들과 함께 연습하면서 친교를 나눌 수 있었다. 게임을 잘하지 못해도 주눅이 들지 않았다. 최선을 다하는 모습이 높이 평가받아 힘이 났다. 등에 땀이 흘러 옷이 흠뻑 젖도록 연습하며 경기에 참여했던 기억이 난다. 체육대회는 운동장 한가운데 등장하는 사물놀이의 뒤풀이 마당을 끝으로 마쳤는데, 신명이 났던 추억의 한 장면이다.

1980년, '서울의 봄'이라고 불리는 그때, 입사한 지 2년이 되었지만 나는 여전히 선배들 뒤만 따라다니며 보고 듣고 배우고 있었다. 내가 누리는 권리와 자유가 단합된 조합원들의 힘을 모아낸 노조 덕분이라는 것을 교육과 경험으로 알아가고 있었다.

그러나 '서울의 봄'은 아주 짧게 끝났고, 전두환 신군부 세력은 계엄령을 확대하면서 공포정치를 폈다. 정의사회를 구현한다는 구실로 국민들에게 서슴없이 폭력을 자행했고, 노동계를 정화한다는 명분을 내세워 민주노조를 탄압했다. 믿고 따랐던 상집간부들이 정화 해고되거나, 계엄사에 연행되어 강제사직을 당하여 노조 사무실로 다시 돌아오지 못했다.

조합원으로서 내가 할 수 있는 일은 노조 사무실을 때때로 방문하여 이런저런 소식을 들으며 이야기를 나누는 것뿐이었다. 그러나 당시 노조 간부들은 조합원들이 믿고 신뢰하는 만큼 열심히 조직을 추슬러서 잘 꾸려갔다.

농 성 , 강 제 해 산 , 출 근 투 쟁

1982년 9월 27일, 나는 그날 아침도 출근하여 일하고 있었다. 부서 대의원이었던 김예희로부터 노조 폭력사태를 들었다. 노조 집행부는 비폭력투쟁으로 폭력배들에게 탈취당한 노조를 되찾자고 주장했다. 나는 집행부의 전략을 믿었다. 조합원들이 모두 뭉쳐 싸우면 노조를 지켜낼 것이라고 믿고 최선을 다하여 투쟁에 참여하자고 다짐했다.

4박5일간 단식으로 저항하는 힘겨운 투쟁이었다. 사흘째 되자 실신하는 동료들이 늘어났다. 혹시라도 저러다가 죽거나 다치는 사람들이 있을까봐 은근히 걱정되어 불안했다. 잔인하기 이를 데 없던 구사대들은 스팀까지 뜨겁게 틀어 농성장 공기를 혼탁하게 했다.

단식으로 기진맥진해진 동료들은 몸을 추스르지 못하고 쓰러졌다. 반드시 이길 수 있을 것 같았던 희망이 조금씩 무너졌다. 구사대의 폭력은 여럿이 함께 있어서 그런지 겁이 나거나 두렵지 않았지만, 노조를 지켜내지 못하고 끌려나갈까봐 걱정이 되었다.

나는 농성 마지막 날인 추석날 새벽에 운동장에서 쫓겨났다. 출퇴근 때 오가며 쉬어가던 등나무 근처에서 우리는 서로를 부둥켜안고 노조를 지키려고 발버둥쳤지만, 끝내 경찰 같기도 한 낯모르는 남자 두 명의 억센 손아귀에 잡혀 정문 밖으로 마른 장작개비처럼 힘없이 끌려 나오고 말았다.

10월 13일은 2차 출근투쟁을 한 날이다. 출근반이었던 B반은 회사 정문으로 집결하기로 했고, A반과 C반은 정문 맞은편 대림파출소와 강남성심병원 앞에 집결하기로 했다. 나는 파출소 앞으로 갔다. 조합원들이 상당히 많이 모였다. 우리보다 몇 배 더 많은 경찰이 대림동 도로 양편에서 삼엄하게 경비를 서고 있었다. 경찰버스도 여러 대 세워져 있었다.

도로 건너편 원풍 정문 앞에서 동료들의 구호 소리가 들려왔다. 누군가가 "우리 출근합시다!"라고 외쳤고, 그것을 신호로 도로를 건너가려고 뛰었다. 순간 경찰들이 우르르 새까맣게 달려들어 막아섰다. 우리들의 구호 소리와 아우성, 경찰의 호각소리가 뒤엉켜 대림동 8차선 도로는 아수라장이 되었다.

경찰은 닥치는 대로 동료들을 연행하여 경찰버스에 태웠다. 나는 동료들을 연행하지 못하게 하려고 경찰 버스 밑으로 기어들어 갔다. 언제 들어갔는지 정사과 대의원 차언년도 차 밑에 있었다. 위험하니 어서 나오라는 동료의 고함이 들렸고, 경찰이 방망이를 휘두르며 차 밑으로 따라 기어들어 왔다. 경찰의 억센 팔에 잡혀 언년이와 나는 경찰차에 실렸다.

그날 나는 200여 명의 동료와 함께 연행되어 남부경찰서 강당에 갇혔다. 경찰은 분노에 가득 찬 우리에게 반성문을 쓰라고 했다. 우리가 무엇을 잘못하였기에 반성문을 써야 하는지 억울했고, 기분이 참담했다.

블 랙 리 스 트

출근투쟁을 하던 무렵, 고향 부모님으로부터 연락이 왔다. 집 앞에 경찰 두 명이 날마다 지키고 있으니 당분간 집에 오지 말라는 것이었다. 경찰은 동네 이장에게도 최씨네 딸이 집에 오거든 빨갱이 짓을 한 사람이니 신고하라고 했다고 한다. 어머니는 집에 오면 바로 경찰에 잡혀갈 것 같으니 아예 집에는 발걸음도 하지 말라고 신신당부했다.

상집간부들에게 수배령이 내려졌다. 구사대와 형사들은, 조합원이 눈에 띄면 바로 연행하여 대림동 거리는 무법천지를 방불케 하였다. 그즈음 가공과 상집간부였던 양××이 각서를 쓰고 현장에 들어가 버렸다. 졸지에 우리 부서는 노조간부가 부재한 상태가 되었다. 김예희 대의원이 부서 조합원들을 다독였다. 감시가 심한 대림동을 피해 예희와 함께 노량진의 사육신 묘지와 같은 외딴 곳에서 부서 동료들을 만나 투쟁계획을 공유했다. 참으로 암울했던 시절이었다.

11월, 도피 중이던 간부들이 모두 체포되어 구속되었다. 노조를 도로 찾아야겠다는 의지가 약해지고 허탈감이 밀려왔다. 이런 기분은 나만 느낀 것이 아니었을 것이다. 구속된 간부들에게는 미안했지만, 당장 생계를 스스로 해결해야 했던 나는 취업을 서둘러야 했다.

대림동의 조그마한 봉제공장에 이력서를 냈다. 다음날부터 출근하라고 하여 이튿날 아침에 갔더니 관리자가 심각한 표정을 지으며 물었다. "최문순 씨, 원풍모방에서 해고된 사람입니까?" 바로 앞에서 거짓말을 할 수가 없었다. 아니 소용없는 짓이라는 것을 나는 알았다.

남편과 딸들의 축하를 받은 명예회복

나는 1984년에 결혼했다. 그리고는 '원풍노조 9·27사태'와 원풍노조에서 했던 활동을 잊지는 않았지만, 지나간 과거이려니 하면서 결혼생활을 했다.

2007년, 원풍 동지들과 함께 나도 '민주화운동 관련자 명예회복 및 보상법'에 의거하여 민주화운동 관련자로 명예회복이 되었다. 빨갱이라며 고향집 대문을 지키며 나를 감시했던 경찰과 기타 관계자들에게 큰소리치고 싶었다. 억울하게 노조와 일터를 빼앗겼던 한이 풀리는 듯했다. 명예회복 인증서를 사진으로 찍어 기숙사 한 방에서 생활했던 정진옥에게 보내며 꿈만 같은 현실을 실감하면서 기쁨을 나누었다.

2015년 2월, '원풍노조 9·27사태' 관련 국가배상소송이 대법원 재판에서 승소하였다. 국가폭력으로 원풍모방에서 해고당한 지 33년 만에 이룬 통쾌한 일이었다. 온몸이 떨리고 가슴이 마구 뛰었다. 원풍동지회 집행부 선배들이 고마웠다. 나 혼자였다면 언감생심 꿈도 꾸어보지 못할 일이었다.

2010년 10월 9일, 『원풍모방노동운동사』 출판기념식장에서 대한민국을 법정에 세워 심판하자고 주장했을 때, 내가 신뢰했던 사람들은 국가도 사법부도 아니었다. 예나 지금이나 믿고 의지했던 원풍동지회 선배와 동료였다.

국가배상소송에 참여했던 대다수 동료가 함께 승소하지 못해 아쉽고 미안했지만, 대법원 승소는 내 인생을 살맛나게 해주었다. 평소 묵묵히 지켜보던 남편과 딸들이 함께 축하해 주었다. 원풍노조에서 활동했던 한 사람의 생애가 사회로부터 인정을 받았다는 성취감으로 들뜨기까지 했다.

2019년 현재, 나는 60세이다. 40년간 이어진 원풍 사람들과의 인연을 글로 남기는 데 기꺼이 동참했다. 지극히 평범한 사람으로 살아온 내 삶이 세상에 드러낼 만한 이야기가 아닐 수도 있다. 하지만 기록으로 남기고 싶은 마음은 원풍노조에서 했던 활동이 과거에 갇혀 끝이 난 것이 아니기 때문이다. 나는 그 활동이 오늘의 나의 인생살이에도, 그리고 우리 사회에도 나침반의 역할을 하고 있다고 믿는다.

073

열정이 세상을 바꾼다

최애순

──────1960년 전남 곡성에서 태어나, 1979년 원풍모방에 입사했다. 1982년 대의원으로 활동했으며, 82년 9·27사건 때 10월 7일 출근투쟁으로 해고를 당했다. 2007년 정부로부터 민주화운동 관련자로 명예회복이 되었다. 현재는 남편으로부터도 민주화운동가로 지지를 받으며 전기 관련 사업을 하고 있다.

나는 전남 곡성이 고향이다. 부모님을 도와 농사일을 하다가 78년에 사돈이 알고 지내는 지동진 씨의 소개로 원풍모방에 취업하려고 왔는데 면접에서 떨어져 삼양동의 봉제공장에서 5개월 정도 근무했다. 그런데 봉제공장은 일이 너무 힘들었고, 출퇴근 시간도 정확하지 않았다. 무엇보다 밤늦게까지 일해도 야근수당도 없었다. 나는 시다로 실밥도 따고 허드렛일을 했는데, 미싱사들은 생리대 심부름까지 시키면서도 기술이 없다고 업신여겼다. 이에 모멸감을 느껴 몇 달 만에 공장을 나와 시골로 내려갔다가 다음해인 79년 봄에 재시험으로 원풍에 입사할 수 있게 되었다.

처음 정사과로 배정을 받아 연사에서 일했다. 일도 재미있었고 규모가 큰 단체 생활을 하는 것에 '노동자'로서의 자부심이 들었다. 야간은 적응이 안 돼서 힘들었지만, 봉제공장과 비교해 보면 원풍에서는 사람으로 대접을 받고 있다는 생각이 들었다. 반장이면서 노동조합 간부였던 장기선 언니는 야간에 졸고 있는 나를 보면 "피곤하니? 힘들구나" 하면서 등을 두드려 주었다.

기숙사에 처음 들어갈 때 우리 방은 13명 정도였는데, 인원이 너무 많아 늦게 들어온 순서대로 문 앞에 자리를 배정받았다. 잠잘 때면 머리도 밟고 가고, 정해진 잠자리를 벗어나 옆으로 넘어오면 티격태격했던 기억도 있다. 그렇지만 강당에 있었던 텔레비전이나 목욕탕, 아이롱실 등은 시골에서 누려보지 못한 호사였다. 넓은 운동장과 등나무가 있던 외관을 보며 기대했던 것에 비해서는 너무 많은 인원을 수용했기 때문에 기숙사 방이 좀 아쉬움이 있었다.

그래도 좋은 면과 나쁜 면 중에 좋은 면이 더 많았던 것이 원풍에서의 생활이었다. 그때 내 친구들은 가발공장과 봉제공장을 많이 다녔는데, 그 친구들에게 우리 회사의 시설이나 환경에 대해 이야기를 해주면 원풍모방에 다니는 나를 엄청나게 부러워했다.

당시 우리 집은 아버지가 노름으로 재산을 탕진해 잘 살던 집이 하루아침에 몰락하였다. 살고 있던 집도 내주고 급하게 이사를 했을 정도로 어려웠다. 나는 월급을 받으면 남동생을 대학 보내는데 보태라고 매월 2만원을 보냈다. 또 월급 일부는 신협에 저축을 하면서 나름 다부지게 돈 관리를 했다.

현모양처의 꿈

원풍에 입사하면서 나에게는 꿈이 있었다. 열심히 공부해서 사회에 나가 청소년 심리 상담을 하고 싶었다. 그런데 큰 의지력이 있지 않고서는 교복 입고 학교에 다니기가 쉽지 않았다. 차라리 한림학원에서 공부하여 검정고시를 보는 것이 더 빠를 수 있다고 선배 언니들이 조언해 주었다. 학원을 1년 정도 다니고 검정고시를 봤는데 떨어졌다. 검정고시를 낙방하고 나니 좌절감도 오고 체력적으로 힘들어서 공부를 접었다. 그리고 꿈을 현모양처로 바꿨다.

또 노동조합을 통해 우리들의 권리를 스스로 찾아가는 삶을 살다 보니 구태여 공부를 꼭 해야 되나 하는, 그렇게 당장 필요성이 절실하지 않은 것도 공부를 접은 이유였다. 남들은 노동자를 비하하는 뜻으로 '공순이'라 부르지만, 우리들의 자존감은 '공순이'라는 정체성에서 나왔다.

원풍에 입사하면 대체로 소그룹 활동을 한다. 나도 우리 부서 이옥순 언니와 김정순을 포함해 8명 정도의 인원으로 소그룹을 결성해 활동했다. 소그룹 하는 회원들끼리 관악산에도 가고, 산업선교회의 연극반에도 들어갔다. 롯데제과, 해태제과, 가구를 만드는 남자 회원들과 하얀 광목천으로 만든 옷을 입고 추수감사절에 연극을 하기도 했다.

때로는 산업선교회에 가기 싫어 기숙사 방 캐비닛 뒤에 숨어 있다가 옥순 언니에게 들키기도 했다. 언니는 "야, 너 빨리 안 나와?" 하면서 끊임없이 우리들을 산업선교회에 데리고 다녀 농땡이를 피우고 싶어도 못 피웠다. 그때 산선 실무자들은 우리에게 정말 잘 해주었다. 그렇기 때문에 산선과 원풍조직이 그렇게 결별하게 될 줄은 몰랐다. 그것이 나에게는 큰 충격이었고, 아픔이었다.

주말에는 친구들과 이목리 딸기밭, 송내 포도밭에 놀러 다녔고, 하기휴가 때는 동해나 부산 등을 다녔다. 80년에 혜은이의 〈감수광〉이 유행을 해서 좋아했다. 노동조합에는 다양한 종류의 책이 많았다. 책을 빌리러 노동조합에 들리기도 했는데, 그때 읽었던 감명 깊은 책은 심훈의 소설 『상록수』였다. 이 소설은 참혹한 식민지 현실을 인식하면서, 그 현실에 머무르지 않고 일제의 식민지배에 저항한 계몽운동가의 실천적인 의식을 보여주었다. 그 책은 어린 내 마음을 뜨겁게 달구었다. 청소년 심리 상담을 하고 싶었던 나의 마음을 설레게 했던 작품이었지만, 그 설렘은 아쉽게도 결과 없이 끝이 났다.

가을에 체육대회를 할 때는 부서끼리 응원도 하고 시합도 했는데, 체육대회의 대미를 장식하는 경기는 역시 달리기였다. 나도 우리 부서 대표로 계주에 참여했는데 아쉽게도 등수에는 들지 못했다. 체육대회가 끝나면 모두 운동장을 돌면서 장구, 꽹과리, 징, 북 등 사물놀이에 맞추어 신나게 한바탕 놀았다. 그리하면 그동안의 힘들었던 것들이 씻긴 듯이 사라지고, 쾌감 같은 것을 느끼면서 조합원들의 단결이 다시 공고해졌다.

위장결혼식 사건

79년 10월 26일, 박정희 대통령이 사망하고 난 후 계엄령이 내려졌다. 재야 민주화운동단체에서는 전두환 군부의 등장으로 또 다른 독재로 이어지는 것을 저지하기 위한 집회를 개최했다. 그 'YWCA 위장결혼식'에 옥순 언니와 같이 갔다. 그런데 대회가 시작되자마자 군인과 경찰들이 들이닥쳐 사람들을 마구잡이로 연행하기 시작했다.

나는 옥순 언니와 비상구 쪽으로 탈출을 해 뒷문으로 빠져나와 다행스럽게도 연행되지는 않았지만, 그때 많은 사람이 다치고 연행되어 구류를 살았다. 나는 그 뒤로는 집회가 무서워 참여하는 것을 꺼리기도 했다.

1980년 5월 18일, 전두환은 광주항쟁을 빨갱이들의 폭동이라고 규정하고 무차별하게 시민들을 사살하여 금남로를 피로 물들게 했다. 언론은 연일 '5·18은 유언비어다, 빨갱이가 와서 광주사태가 일어났다', 이렇게 왜곡 보도를 하며 광주항쟁을 불순분자들의 폭력사태로 몰고 갔다.

그런데 곡성의 엄마와 전화통화를 했는데, 광주에서 곡성까지 도망 온 학생들이 있어 마을에서 숨겨주기도 했다고 한다. 당시 이모가 광주 금남로에 살고 있었는데, 광주항쟁 때 무서워 곡성의 우리 집으로 피난을 와 광주 상황을 알려주었다. 그래서 나는 광주에서 일어난 일들에 대해 매스컴이 거짓으로 보도하는 것을 잘 알게 되었다. 나는 그때부터 언론을 믿지 않게 되었다.

광주항쟁 사상자들을 위한 모금을 했다는 이유로 7월에 지부장님과 부지부장님이 정화대상이 되어 수배령이 내려졌다. 계엄령으로 2~3명이 모여 이야기를 하려도 집회신고를 해야 되는 때였다. 12월 8일부터 노동조합 간부들이 합동수사본부로 연행되어 조사를 받고, 14명이 해고되고 4명은 순화교육을 갔다. 합수부에서 노동조합을 폐쇄하고 현장을 돌며 감시를 하여 분위기가 엄청 살벌했다.

12월 24일, 회사는 강당에 음식을 차려놓고 크리스마스 파티를 한다며 모이라고 했다. 간부들이 모두 합수사본부에 연행되어 돌아오지 않고 있는데, 우리에게 맛있는 음식을 먹으면서 크리스마스를 즐기라고 하는 것에 어이가 없었다. 강요에 못 이겨 억지로 강당에 모인 우리들은 음식에 손도 안 대고 울면서 파티를 거부했다. 회사 간부들과 합수부에서 온 사람은 '잘해주려고 하는데 받을 줄을 모른다'고 화를 냈다. 파티는 흐지부지 끝이 났다.

대 의 원 에   선 출 되 다

나는 1982년에 노조 대의원이 되었다. 회사로부터 탄압을 받는 상황에서 노조 대표는 투쟁보다는 타협하려는 쪽으로 방향이 바뀌는 거 같았다. 그러자 현장에서는 이왕이면 대의원을 강성으로 선출하려는 움직임이 강했다. 그 영향으로 우리 부서에서도 나와 혜영이가 대의원으로 선출되었다. 회사의 탄압은 점점 심해지고, 사회적 분위기도 어수선하던 때였다.

우리는 2시 출근반이면 오전에 관악산으로 모임을 하러 갔다. 대림동에서 버스를 타고 관악산에 갔는데, 이옥순 언니가 주도하여 노동조합의 어려움을 이야기했다. 이무술 집행부의 간부였던 김진자, 양순애, 최숙자, 정해자 등이 현 집행부에 반발하는 것 등을 설명하고, 이무술의 술수에 현혹되지 말고 하나로 뭉쳐 현 집행부를 믿고 힘을 실어줘야 한다는 것, 그리고 노동조합의 활동계획 등을 설명했다. 회사에서는 더욱더 우리들을 감시했다.

82년, 돈보스코 센터에서 대의원 교육을 여러 차례 받았다. 마지막 싸움을 준비하면서 한 촛불의식 시간에는 울면서 서로 다짐을 했다. 어떻게든 정부와 회사의 탄압을 헤쳐 나가고, 노동조합을 지켜야 한다는 것을 다짐하는 시간이었다.

소금물 식사

82년 9월 27일, 기숙사에서 출근 준비를 하고 있는데 노동조합 앞으로 빨리 내려오라는 연락이 왔다. 뭔 일인가 싶어서 작업복을 입고 노동조합 앞으로 가 보니 폭력배들이 노동조합 앞에 바리게이트를 치고 실실 웃으면서 사무실 출입을 막고 있었다. 노조 상근간부 옥순 언니와 순애 언니는 다쳐서 병원으로 실려 갔다고 한다. 조합원들은 폭력배들에게 조합장 내놓으라며 싸우고 울고불고 난리가 났다. 이런 상황에서 출근해야 하나, 어떻게 할지 모르겠다는 생각이 들었는데, 간부 언니가 출근을 해야 한다며 다른 조합원들에게도 알리라고 했다.

식당에서 배식을 안 해 그때부터 억지로 단식을 하게 되었다. 저녁 7시 30분, 식사시간에 다른 부서 사람들도 모두 검사과 현장에 모였다. 이때 승화 언니가 "우리는 끝까지 싸운다. 오늘부터 퇴근을 중지한다. 힘들더라도 단식하면서도 현장에서 이탈하지 말고 꿋꿋하게 작업하라"고 지시했다. 그간 정부와 회사가 노동조합을 탄압했다가 터진 일이라서 나도 악에 받쳤고, 단식하면서 끝까지 죽어도 굴복하지 않겠다는 생각으로 농성에 참여했다. 이때 소금물을 원 없이 먹었던 것 같다.

농성 마지막 날, 우리는 마대자루로 굴비 엮듯이 서로를 연결해서 끌려 나가지 않으려고 했다. 물이고 전기고 다 끊어진 상태였다. 화장실에 가려고 농성장 문을 나서면 구사대들이 끌어내 회사 정문 밖에다 던졌다. 계속 끌려 나가느니 우리의 억울함을 밖에 알리기라도 하자며 운동장으로 뛰어 나갔다. 한밤중에 사람 살리라고 소리를 질렀지만, 우리를 도와주는 사람은 아무도 없었다. 끝까지 남은 100여 명을 폭력배들은 경비실 밖으로 마구잡이로 끌어냈다. 나도 이때 끌려 나와 양문교회로 갔다. 양문교회 측이 예배시간이 아니라며 나가라고 해 모두 쫓겨났다.

며칠 동안 못 먹고, 제대로 씻지도 못해 냄새도 나고 더럽고 한 그런 상태였다. 정말 몰골이 말이 아니었다. 신발도 한 짝이 벗겨져 한쪽만 신고 있었다. 기숙사에도 갈 수가 없어 당장 갈 데라곤 삼양동에 있는 언니네 집밖에 없는데, 이 상태로 어떻게 가야 하나 걱정은 되었지만 일단 삼양동 가는 버스를 탔다. 신발은 한 짝만 신고, 얼굴은 더럽고, 몸에서 냄새도 나니 운전기사분이 나를 계속 쳐다보고, 승객들도 나를 요리조리 살피며 미친년 취급하 듯 쳐다봤다.

언니는 도대체 뭐하는데 농성장에 있다가 이 모양을 해서 왔냐며 나에게 뭐라 했다. 언니가 죽을 쑤어주어서 먹은 후, 신발을 사 신고 다시 회사로 와서 기숙사에 들어가려고 하니 못 들어가게 했다. 그래서 할 수 없이 산업선교회로 갔다. 거기에는 간부 언니들이 있었고, 그때부터 산업선교회와 언니네 집을 오가며 활동했다.

군 수 의 성 화

82년 10월 7일, 출근투쟁을 하러 회사 앞에 조합원들이 모였다. 나도 회사 경비실 앞으로 출근투쟁을 하러 갔는데, 거기에 엄마와 면서기가 기다리고 있었다. 군수가 엄마에게 "당신 딸 큰일 났소. 지금 서울에서 빨갱이한테 포섭되어 큰일 나게 생겼소. 그러니 빨리 가서 데려오소" 하면서 기차표를 끊어주어 엄마와 면서기가 나를 데리러 온 것이다. 나는 바로 거기에서 엄마에게 붙잡혀 고향으로 내려가게 되었다.

고향에서는 매일 형사가 집 주위를 돌며 내가 있는지를 확인했고, 동네에 저 집 딸이 빨갱이에게 포섭되어서 지켜봐야 한다는 소문을 냈다. 감시가 심해 3개월 동안은 꼼짝도 못하고 지냈다. 동네 사람들이 나를 보면 수군거려, 엄마는 창피스럽다며 얼굴을 못 들고 다녔다. 엄마는 '어떻게 서울 가서 빨갱이한테 물들어서 왔냐'며 '호랑이가 물어갈 년'이라고 쏘아붙였다.

1년쯤 지나 감시가 조금 약해진 틈을 타 다시 서울로 올라왔다. 산업선교회에 갔더니 원풍 식구들은 이미 없었고, 다른 연락처도 남아 있지 않아 원풍과의 연락이 끊기었다. 당장 먹고는 살아야 해서 친구와 같이 삼립 빵 공장에 이력서를 넣었는데, 친구는 취업이 되었지만 나는 안 되었다. '왜 그러지?' 하는 의문은 들었지만 별다른 생각은 안 했다. 지인의 소개로 다시 아모레 퍼시픽 회사에 입사하려고 갔는데 거기서도 취업이 되지 않았다.

나중에는 독산동에 있는 50여 명 규모의 영세한 전자회사 공장에 갔는데 거기에서도 나를 받아주지 않았다. 하는 수 없이 고모네 딸이 운영하는, 10여 명 정도가 일하는 지하 봉제공장에 다니다가 거기에서 전기기술자인 지금의 남편을 만나 1985년, 내 나이 25세에 결혼을 했다.

남 편 과 의 갈 등

결혼할 때 나는 남편에게 원풍에 다닌 이야기를 하지 않았다. 남편과 정치적인 성향이 달라 일상생활에서도 조심하며 살았다. 내가 다소 의식 있는 책을 보면 '너는 책을 봐도 이런 책을 보냐?'면서 뭐라 하기도 했다. 그러다가 아이 하나 낳고 친정엄마 생신에 갔는데, 큰집 언니가 술김에 '너는 어떻게 이렇게 괜찮은 사람을 만났냐?'면서 '얘가 한때는 간첩에 포섭되어 밖에 나가지도 못하고 살았다'고, 그래서 '작은엄마가 고생을 많이 했다'고 털어놓았다.

그때 남편이 내가 원풍에 다닌 것을 알게 되었다. 남편은 언니의 말을 듣고 나서, 내가 그동안 보던 책이나 나의 진보적인 성향을 이야기하면서, 왜 불순하고 옳지 못한 말들을 했는지 이제야 알겠다면서 툭 하면 나를 윽박지르곤 했다. 내가 말을 한마디만 해도 귀에 거슬리면 "너 노동운동 했다며?" "네 머릿속에 든 것이 그것밖에 없냐?"며 매사 나를 부정적으로 보기 시작했고, 그때부터 나를 은근히 핍박했다.

나는 고향이 전라도이고 남편은 경상도라서, 대한민국의 악폐인 지역주의가 우리 집안에도 스며들어 뿌리박기 시작했다. 남편은 워낙에 성격부터 정치성향까지 모두가 보수적인 사람이다. 아주 사소한 것에서도 나를 불순하게 보고 꼬투리를 잡았다. 내가 신앙을 가지지 않았다면 우리는 부부로서 현재까지 유지하기 힘들었을 것이다.

2007년, 민주화운동가로의 명예회복을 신청한 후 조사를 받으러 동사무소에 갔다. 두 사람이 조사를 했는데, 그분들은 자기들이 그 시대에 태어났더라면 어머니처럼 그렇게 못했을 거라며 나에게 존경스럽고 대단하시다고 했다. 사실 나는 민주화운동 인증서가 나오리라고 믿지 않았다. 그래서 인증서를 받은 날 너무 깜짝 놀랐다. 우리들을 나쁜 사람들, 빨갱이로 만들어 놓고 이제 와 명예회복을 시켜주는 것을 보면 그때에도 우리에게 전혀 문제가 없는 것을 알고 있으면서 탄압을 한 거라는 생각이 들었다.

지금이라도 명예회복이 된 것이 다행이지만, 그 동안의 일들을 생각하면 속에서 분노 같은 것이 솟아오른다. 빨갱이라고 낙인이 찍혀 직장도 못 가져보고 본의 아니게 부모님에게도 마음고생을 시킨 것을 생각하면 잘 참다가도 속에서 열이 뻗쳐오른다. 그 동안 겪은 것이 모두 보상될 수 있는가, 하는 마음이 들어 속이 복잡했다.

빨갱이에서 민주화운동가로

내가 민주화운동 인증서를 받고 보상금을 받았을 때는 남편도 너무 좋아했다. 남편은 『원풍노동운동사』를 읽고는 그럴 수밖에 없었겠다고 인정도 했다. 남편은 부부동반 고등학교 동창 모임에 가면 가끔 내 자랑을 한다. 남편의 주변 사람들은 거의 모두 경상도가 고향이다. 그래서 다들 전라도와 경상도 사람이 만나 잘 살고 있는지 관심이 많았는데, 이제는 장가를 가려면 전라도 여자를 만나야 한다며 남편 친구들도 나를 인정한다.

어느 날은 친구들 모임에서 남편이 "야, 우리 부인 열사야!" 하면서 한턱을 내기도 했다. 그 후로 허물없는 남편의 친구들은 나를 보면 "열사님 오셨어요!" 하면서 농담도 한다. 어느 날은 "민주화운동 인증서를 액자에 넣어서 걸어놓을까?" 하면서 남편이 나보다도 더 좋아하기도 한다.

현재 우리는 함께 작은 회사를 운영하고 있는데, 남편과 나는 역시 생각이 다르다. 남편은 직원들이 일을 못해 돈을 못 번다고 생각하기도 하는 등 약간 고용주적 마인드로 운영하려고 한다. 그러나 나는 사람이 돈을 벌어준다고 생각하고, 이익금이 남으면 직원들에게 조금씩이라도 더 나누어 주려고 하고, 생일에는 케이크라도 사주는 식으로 챙겨주려 한다. 이렇게 직원들과 조금이라도 같이 나누려고 하다 보니 우리 회사에 들어온 사람들은 그만두는 일이 거의 없다.

이런 것도 내가 원풍노동조합에서 배웠기 때문에 가능한 것이라고 생각한다. 그렇지 않았다면 나도 직원들 신경 안 쓰고 그저 돈 버는데 급급한 고용주가 됐을지도 모른다. 이렇게 따뜻한 마음으로 세상을 살아가는 방법을 알게 해준 사람들과 지금까지 34년이 넘는 기간 동안 만남을 유지하고 있다는 것이 새삼 감사하게 느껴진다. 주위에서는 많은 사람들 간에 그렇게 오랜 동안 만남이 유지되는 것이 부럽다고 한다.

그러나 이런 오랜 인연은 그냥 이어지는 것이 아니라고 생각한다. 열정적으로 세상을 바꾸려고 노력했던 순수한 마음으로 이어진 귀한 인연들이었기에 지금까지 올 수 있었다고 생각한다. 내 젊은 시절을 불태웠고, 그로 인해 내 중년시절까지 아름답게 만들어준 원풍에 항상 감사하는 마음을 가지고 살아가고 있다. 살다 보면 보수적인 남편의 마음도 조금은 누그러져 나의 마음을 이해해 줄 것이라 믿는다.

074

평범한 진리를 깨우쳐 준 원풍노조

최연순

—————1957년 충남 청양에서 아홉 남매 중 여섯째로 태어났다. 1978년 3월, 원풍모방에 입사했다. 노조에서 소모임 활동을 하다가 1982년 9·27폭력사건으로 해고당하였다. 2018년 12월, 국가배상 소송 재판에서 해고당한 지 36년 만에 승소했다.

나는 충남 청양에서 아홉 남매 중에 여섯째로 태어났다. 집안은 먹고 살만한 편이었지만, 아들 위주로 공부를 시키던 시절이었다. 공부를 하고 싶었지만 말 조차 꺼내지 못한 채 집안일을 거들던 어느 날이었다. 서울에서 직장생활을 하던 친구가 서울에 가면 돈을 벌면서 공부할 수 있다는 이야기를 했다. 솔깃해진 나는 무작정 서울로 올라갔다. 언니가 서울에서 자취를 하고 있어서 그렇게 쉽게 결정할 수 있었을 것이다.

1978년 3월, 스물한 살 때 원풍모방에 입사했다. 방적과 전방 작업장에 처음 들어갔는데, 기계들이 크고 높아서 키가 작았던 나는 기계를 다루는 데 어려움이 많았다. 작은 키에 콤플렉스를 갖고 있었던 나는 기계를 다루는 것을 빨리 익히려고 부지런히 일을 했다. 다행히 전방에서 함께 근무하던 기능공들이 친절하게 잘 가르쳐주어서 별 어려움 없이 낯선 공장생활을 적응해갔다.

노 동 조 합

세상 물정에 어두운 시골처녀였던 나는 소모임을 의무적으로 해야 하는 줄 알았다. 입사한지 얼마 지나지 않았을 때 키가 크고 예쁘장한, 그러나 목소리가 걸걸한 장석숙 언니가 자신이 활동하고 있는 소모임에 들어오라고 했다. 으레 가입해야 하는 줄 알았던 나는 흔쾌히 고개를 끄덕였다. 소모임 명칭은 '하얀'이었는데 회원들은 대다수 전방 동료들이었다.

입사하자마자 얼떨결에 소모임에 가입하였지만, 그 덕분에 부서 사람들과 금방 친해졌고 마음 맞는 친구도 사귀게 되어서 좋았다. 우리 '하얀' 소모임에는 시사문제에 해박한 장석숙 언니가 있어서 사회문제와 노동문제 등과 관련된 정보를 많이 들었다. 책을 읽고 토론을 할 때도 있었지만, 시사강의를 듣기 위해 이곳저곳을 찾아갔다.

기도회나 집회장에도 거의 빠지지 않고 쫓아다녔다. 특히 종로5가 기독교회관의 목요기도회가 생각난다. 강당이 그리 크지는 않았는데 갈 때마다 사람들이 가득히 모였다. 그곳에 가면 늘 만나는 사람들이 있었다. 박정희 정권 타도를 외치다 구속된 학생이나 재야인사들의 가족들이었다.

동일방직노동조합의 똥물사건으로 해고된 노동자들도 있었다. 당시 원풍노동조합은 별 문제없이 노동조건이 향상되던 시기였다. 목요기도회에서 여러 사람들이 당한 억울한 호소를 들으면서 어서 빨리 민주주의 국가가 되기를 간절하게 바라며 기도를 했던 생각이 난다.

1978년 당시 원풍노동조합은 그야말로 전성기였다. 임금인상이든 단체협약이든 노사 협상에서 우리들의 요구가 좌절된 적이 없었다. 단체협약은 해마다 향상되어, 내가 입사하던 해에는 신용협동조합이 설립되었고, 이듬해에는 공동구매조합도 설립되었다.

공동구매조합은 속옷, 설탕, 그릇 등 생활용품을 도매가격으로 판매하여 조합원들에게 혜택을 주었다. 남동생과 자취생활을 했던 나는 시장보다 싼 가격에 품질이 보장되는 생필품을 구입할 수 있어서 좋았고, 시장 가는 시간을 줄일 수 있어서 좋았다. 당시 시집가면 쓸 그릇 세트를 장만했던 생각도 난다. 그 무렵에 구입하여 사용하던 스탠드 전등을 지금도 사용하고 있다.

태 업

원풍노동조합의 활동 중에 가장 기억에 남는 것은 단체행동으로 태업을 할 때였다. 가끔은 노사교섭에 들어간 노조 간부들이 시간이 꽤 지나도 나오지 않을 때가 있었다. 그것은 협상이 결렬되고 있다는 증거였다. 어느 해였는지는 기억하지 못하지만, '생산량 줄이기' 단체행동을 했던 생각이 난다. 특별히 어떻게 해야 한다고 지시받지 않아도 잘들 알아서 눈치껏 태업을 했다.

생산량을 줄이려면 기계를 세워야 하는데, 그럴 때는 일부러 화장실에 가서 오래 머물다 오거나 기계 청소하는데 평소보다 두세 배 시간을 끌었다. 고장 난 기계는 천천히 고치게 했다. 그야말로 느릿느릿 거북이처럼 작업을 했다.

배짱이 없었던 나는 관리자들의 눈치를 볼 때도 있었지만, 조합원 모두가 함께 단체행동을 하는 태업이니 겁이 날 것이 없었다. 그러나 작업장에 들어가면 기계를 신나게 돌리는 것이 훨씬 편한 법이다. 어쨌든 그렇게 단체행동을 하여 우리가 바라던 성과를 쟁취했으니 신났던 기억이다. 되돌아보면, 나는 단체행동을 하면서 노동조합의 의의와 힘을 알았던 것 같다. 그리고 그럴 때마다 동료들과의 강한 결속력과 우정이 느껴지며 공동체의식이 강해졌다.

원풍노동조합 활동은 나를 똑똑한 사람으로 만들어주었다. 공부하려고 서울에 와 취직을 했고, 배움의 꿈을 해결하려고 영등포 한림학원을 다녔다. 하지만 어디에 비할 바 없이 많은 것을 가르쳐 준 곳은 노동조합이었다. 노동문제와 정치는 어떤 관계를 갖고 있는지, 사회문제와 노동문제가 무엇인지 분별하여 받아들이거나 비판할 줄 알게 되었다.

아주 당연한 진리였지만, 인간은 누구나 평등하며 노동자도 존엄한 인간이라는 깨우침은 주눅 들어있던 나 자신을 소중하게 돌아보는 계기가 되었다. 나 자신이 중요한 가치를 지닌 인격체라는 자부심을 갖게 되었다.

탄 압

1980년 5월, 광주민주항쟁이 발발하기 직전이었다. 어용의 대명사였던 한국노동조합총연맹에서 '노동기본권쟁취총궐기대회'를 연다고 했다. 그때 아마 노동조합에서 버스 토큰을 나눠주었던 것으로 기억한다. 아무튼 우리 부서 동료들은 거의 모두 참석을 했지 않았을까싶다. 농성을 하다가 출근시간이 되면 출근을 하고, 출근을 했다가 퇴근을 하면 다시 여의도 노총회관 농성장으로 갔다.

나는 그 집회에 연 이틀간 빠지지 않고 참여했다. 조합원으로서 당연히 해야 할 의무였지만, 개인적으로도 노동법이 개정되어야 한다는 간절한 바람으로 참여를 했던 기억이 난다.

그런데 여의도 대회가 생각보다 일찍 해산되었다. 그래서 침울한 분위기가 며칠 동안 이어졌다. 그 이후 광주시민들에 대한 학살 소식이 들려왔다. 온몸에 소름이 돋을 정도로 놀랐다. 노동조합 집행부에서는 광주항쟁으로 희생된 시민 돕기 모금운동을 벌였으며, 나도 당연한 의무로 생각하며 참여했다.

그런데 그 일이 빌미가 되어 노조 대표들이 탄압을 받기 시작했다. 방용석 지부장님과 박순희 부지부장님이 해고를 당하고, 이어 그해 12월에는 상집간부들이 몽땅 계엄사 합동수사본부 군인들에게 연행되었다. 나는 그때 우리 노조가 무너지는 것 같아서 몹시 불안했다.

1982년 9월 27일, 1980년 이후 어렵게 노조를 지키려고 했지만, 결국은 국가폭력을 등에 업은 사업주에게 삶의 터전이었던 노동조합을 빼앗긴 날이다. 그날, 나는 이것이 우리의 마지막 싸움이 되겠다는 생각을 하면서 조합원으로서 최선을 다해야겠다고 다짐했다. 그런 생각은 비단 나만이 아니었을 것이다.

농성 사흘째쯤으로 기억나는데, 누가 면회를 왔다는 연락이 왔다. 농성장 출입구 쪽으로 갔더니 같은 부서 전방에 근무하는 허만관 씨와 남성 조합원 몇 명이 지키고 있었다. 그리고 그 옆에는 고향마을에서 연인으로 사귀고 있는 남자친구가 서 있었다. 나는 반가움에 피식 웃으며 그 사람 앞으로 다가서는데, 그는 나를 보자마자 뺨을 철썩철썩 세차게 후려쳤다.

얼떨결에 따귀를 얻어맞으니 정신이 아찔했지만, 나는 농성을 왜 하고 있는지 자초지종을 이야기했다. 구사대들이 말하는 것은 거짓이고, 억지로 굶고 있는 것도 아니고, 잠도 잘 자고 있으니 걱정하지 말라고 했다. 그때 옆에서 나와 남자친구가 하는 모습을 지켜보던 허만관 씨가 놀라 그를 설득하는 데 도움을 주었다.

구사대는 자신들이 불법 폭력으로 노동조합을 점령해놓고도 조합원의 가족들에게는 오히려 "당신 딸이 빨갱이에게 물들어서 농성을 하고 있다"고 거짓 전보를 쳤던 것이다. 충남 청양의 고향집 아버지께도 예외 없이 전보가 날아갔다. 거기다가 청양 대치면 지서 순경까지 아버지를 찾아와 거짓말을 더 보태어 딸을 데리고 와야 한다고 윽박질렀다.

당시 공무원이었던 오빠에게도 경찰이 수시로 찾아와 동생이 빨갱이 짓을 그만하게 하라며 야단이었다고 했다. 완고하신 아버지는 노발대발하며 동네사람과 친척들에게 부끄럽다며 당장 서울로 가서 나를 데려 와야 한다고 야단을 친 모양이었다.

아버지의 말씀을 듣고 농성장에 찾아온 사람이 지금의 내 남편이다. 구사대는 정문에서 가족들을 농성장으로 들여보낼 때 꼭 데리고 나와야 한다고 다짐을 받았다고 한다. 못 데리고 나올 바에는 아예 들어가지 말라고 했다면서, 다치지 않게 잘 지내라면서 그 사람은 돌아갔다.

그때 가족이 찾아 온 것은 나만이 아니었다. 남자친구와 이야기를 나누는 잠시 동안에도 다른 동료의 가족들이 와 농성장에 들어가려고 했다. 농성장 문을 지키고 있던 허만관 씨를 비롯한 남성 조합원들이 가족들을 설득하여 돌려보내려고 진땀을 빼던 장면이 떠오른다.

국 가 배 상 소 송

1984년 5월, 나는 농성장에 찾아왔던 그 사람과 결혼을 했다. 남편과 살면서 '원풍노조 9·27사건' 이야기를 자주 했다.

나는 민주화운동 관련자로의 명예회복 신청을 받을 때에는 그 소식을 듣지 못했다. 결혼한 후에도 10여 년간은 원풍동지회가 해마다 정기적으로 모이고 있다는 소식을 알고 있었다. 솔직히 마음 한구석의 두려움 때문에 일부러 외면하고 살았던 세월도 있었다. 원풍노조 9·27사건으로 사회적인 낙인이 찍히는 것이 두려웠다.

사는 게 뭔지 차일피일 미루며 잠시 잊고 산 듯한데, 30여년의 세월이 훌쩍 가버린 것이다. 핑계 같지만 마음으로는 그 시절이 그립고 동지들이 문득문득 보고 싶을 때가 있었다. 그러나 오랜 세월이 흘러간 뒤라서 아예 끊겨진 연락처를 찾는 것이 쉽지가 않았다.

2013년 2월, 국가배상소송에 참여했다. 민주화운동 관련자로서의 명예회복 기회는 놓쳤지만, 국가의 배상을 요구하는 민사소송에는 참여했다. 그해 12월 19일, 1심 판결은 승소였다. 서울중앙지방법원 재판부는 1982년 9월 27일 원풍노조 사태는 국가가 위법한 공권력으로 노동자들을 해고했다는 사실을 인정하였다.

또한 블랙리스트를 작성하여 배포하고, 직업선택의 자유 및 사생활의 자유를 침해하였으며, 헌법이 보장하는 기본권을 침해받은 원풍노조 조합원들의 정신적 고통이 명백하므로 대한민국은 위법행위로 인한 손해를 배상할 책임이 있다고 판결하였다.

승소 소식을 듣는 순간 가슴이 벅찼다. 원풍동지회 동료들에게 고맙고 미안했다. 나만의 일상적 생활에 치우쳐 살아간 30여 년, 그 긴 세월을 원풍 동지들은 원풍노동조합의 정의로운 역사를 굳세게 지켜왔던 것이다. 감사하고 자랑스러웠다. 뒤늦게나마 국가배상소송에 참여할 수 있어서 다행이었다.

국가의 폭력을 재판정에 세우고는 나 자신을 돌아보면서 스스로 칭찬을 했다. 군사정권이 동원한 경찰과 행정력의 거짓과 협박, 그 협박이 두려워 당신의 딸에게 엄혹하셨던 아버지…. 그 암울한 시대에도 굴복하지 않았던 나 자신이 새삼 자랑스러웠다.

그러나 국가배상소송은 고등법원에서 공소시효가 완성되었다는 이유로 패소하였다. 비록 피해배상은 받지 못하였지만, 33여 년 전의 '원풍노조 9·27사건'이 불순한 노동자들의 불법시위가 아니라 전두환 정권이 노동자들을 탄압한 사건이라는 역사적 진실이 밝혀진 것만으로도 승소한 것이라고 생각한다.

고등법원의 판결에 불복하여 대법원에 상고하였지만, 2015년 양승태 사법농단으로 대법원에서 기각 당했다. 그러나 원풍동지들은 이에 굴복하지 않았다. 법원과 국회 앞에서 릴레이 1인 시위를 벌이고, 사법적폐청산국민대회 등에 참여하여 사법폭력을 사회에 고발하며 피해자의 원상회복을 요구하였다. 그 결과 헌법재판소가 대법원 판결에 대해 일부 위헌결정을 내려 재심을 하게 된 것이다.

2019년 1월, 서울고등법원의 재심 재판에서 승소판결을 받았다. 해고당한 지 37년 만에 국가폭력을 법정에 세워 승리한 것이다. 국가로부터 2천만원의 배상금을 받았다. 국가폭력에 대한 피해대가로 받은 배상금인 만큼 감회가 남달랐다. 정의는 끝내 승리할 것이라는 믿음을 이루어낸 원풍동지들에게 감사한다.

075

내 삶을 견디게 한 버팀목

최옥희

_____1960년 전라남도 장성에서 태어나 1978년에 원풍모방에 양성공으로 입사했다. 1982년 부서 대의원으로 활동하다 그해 9월 27일 사건으로 강제 해고되었다. 1983년에 결혼해 장성에서 생활하며 아들 하나를 두었다. 2007년, 민주화운동 관련자로 명예회복이 되었다.

2007년 봄, 나는 자동차에 '학사농장'에 납품할 빵을 싣고 운전하고 있었다. 그런데 라디오에서 원풍 이야기가 흘러나오는 게 아닌가.

"제1회 '오월어머니상'에 원풍모방노동조합을 선정했습니다. 원풍노조는 1980년 전두환 계엄군의 만행을 전 국민이 침묵으로 지켜보던 시절, 광주시민을 위해 성금을 모았고, 진실을 알려주었기 때문입니다."

그랬다. 그때 노동조합에서 광주시민을 위해 모금한 470만원을 광주의 윤공희 대주교에게 전달했었다. 그 시절의 우리 얘기를 들으니 심장이 벌떡거리며 방망이질을 해댔다. 결혼하고 고향에 내려와 폭폭허니 살다보니 자연스레 원풍 식구들과 연이 끊어졌다. 건축현장에서 추락 사고를 당한 남편의 긴 투병생활과 재활에 죽기 살기로 매달리며 생활을 꾸려가느라 제정신이 아니었다.

라디오에서 원풍 얘기를 듣고 수상소감을 말하는 박순희 언니의 목소리를 듣는 순간 무릎을 쳤다. 옳거니, 인자 원풍 식구들 찾았다! 덜덜 떨리는 손으로 방송국에 전화를 걸었다.

"나가 원풍 사람인디, 시상식에 왔던 박순희 언니 연락처 쪼까 알려주쇼."

40년 전 그 원풍이 방송에 …

전라남도 장성에서 올라와 원풍모방 직포과 A반 양성공으로 입사한 것은 1978년이다. 키가 크고 체격이 좋은 나는 운동을 좋아했고, 성격도 거침없이 활달했다. 운동도 좋아했지만 일도 욕심을 부려 다른 사람보다 빨리 조장으로 승진되었다. 부서에선 운동 좋아하는 임충호씨와 '쿵짝'이 잘 맞았다.

"이따 끝나고 한 게임 어때?"

충호씨가 눈을 찡긋하며 사인을 보내면 내가 엄지손가락을 치켜 올린다. 그럼 충호씨는 어느새 전방 팀과의 시합을 주선하고 왔다. 축구나 족구, 배구 시합을 주로 여자끼리 하지만 남자들과 혼성도 했다. 공을 쫓아 뛰다보면 밤새 기계소리로 시달렸던 머릿속과 긴장이 '뻥' 뚫렸다.

철커덕 철커덕! 요란한 베틀기계는 옆 사람과 소리소리 질러야 겨우 알아들을 정도로 소음이 컸다. 그래서 우리 부서 여자들은 목소리 크고 드세다는 소리를 많이 들었다. 조장이 하는 일은 준비에서 옮겨다 주는 실패를 북실에 넣어주고 작업을 돕는 것이다. 북실이 자동으로 왔다 갔다 하며 베를 짠다고 한눈을 팔면 대형사고가 날 수 있다. 실에 눈꼽 만한 올이 튀거나 뭉치면 북이 날아가기 때문에 정신줄 꽉 잡고 기계를 봐야 된다. 실제로 양성공이 실패 쌓인 곳에서 쉬고 있다 북이 날아와 어깨를 다친 적도 있다. 작업자의 문제 이전에 환경의 문제인데, 위험수당이나 특별수당은 없었다. 귀마개를 지급했지만 답답해서인지 사용하는 사람은 별로 없었다.

처음 내가 입사했을 때는 베틀기계가 A, B, C, D 알파벳순으로 한 열에 10대씩 모두 111대가 있었는데, 그 많은 기계를 24시간 풀가동했었다. 베를 짜면 쉴 틈 없이 잘라서 올리고 널고, 잘라서 올리고 널고 했었다. 그런데 1980년 봄을 넘기면서 사람은 뽑지 않고, 결혼이나 개인사유로 퇴직자는 늘어났다. 갈수록 돌지 않는 기계도 늘어나 절반이 넘게 먼지만 쌓였다.

짧았던 봄과 긴 겨울

1979년 10월 26일, 박정희 대통령이 궁정동 안가에서 중앙정보부장인 김재규의 총에 맞아 죽었다. 세상이 발칵 뒤집어졌다. 18년 동안 전 국민을 짓누르던 독재 정권이 막을 내린 것이다. 사람들은 세상이 좋아지고 제대로 민주주의가 실현될 거라 희망했다. 다음해인 1980년 5월 초 '노동기본권확보 전국궐기대회'가 여의도 노총회관에서 열렸다. 당시 민주노조라고 불리던 사업장은 전부 모였다. '노동3권'이라고 씌어 진 머리띠를 이마에 두르고 북을 치며 투쟁가를 불렀다.

노총위원장인 김영태는 어용 노동귀족이므로 위원장에서 물러나라고 외쳤다. 동일방직 노동자들에게 똥물을 뿌리고 해고시킨 것을 해결하라는 구호도 외쳤다. 왼쪽 가슴에 '원풍모방' 마크를 단 작업복을 사람들이 쳐다보면 어깨가 으쓱했다. 전국 산천에 봄을 알리는 노란 개나리가 피었고, 붉은 진달래도 피었다. 하얀 벚꽃이며 목련이 조금 빠르고 조금 늦게 앞 다투어 피었지만, 한가하게 꽃을 구경할 틈이 없었다. 세상이 바뀌었으니 노동3권이 제대로 펼쳐질 봄이 올 거라 생각했다. 당시 우리들의 봄은 회색 작업복을 입고 자랑스럽게 거리를 활보하는 것이었다.

오랜 세월 독재 권력에 진저리를 치던 사람들은 민주주의라는 꽃을 피우고 싶어 했다. 그런데 공권력은 비웃기라도 하듯, 5월의 봄에 한겨울 삭풍이 몰아쳤다. 전국적으로 무자비한 폭력과 연행, 구속과 수배가 이어지면서 방용석 지부장과 박순희 부지부장에게도 수배가 내려졌다. 12월엔 노조간부 48명이 끌려가 14명은 해고되고, 남자간부 4명은 삼청교육대에 끌려갔다. 현장에는 정체를 알 수 없는 남자들이 돌아다니고 기숙사 사감도 군인 출신으로 바뀌었다.

하루는 밤 12시가 넘었는데, 사감이 카세트 녹음기를 찾아내라며 자치회장인 김숙자 언니와 나를 강당으로 불렀다. 당시 10대들 사이에 유행하던 '마이마이'라는 녹음기인데 강당에서 공부하던 사람이 놓고 간 게 없어졌단다. 전에는 이런 일이 생기면 차분히 상황을 파악하여 책임자를 통해 해결하도록 했었다. 그런데 새벽 6시 출근을 앞두고 곤히 잠든 사람들을 깨워 당장 찾아내란다. 방으로 돌아와 생각하니 사감의 처사에 문제가 있다고 판단해 숙자 언니와 사감실로 따지러 갔다. 그런데 없어졌다는 '마이마이'가 장식장에 떡하니 놓여 있었다. "저건 뭐다요?" 내가 묻자 사감은 "어머, 저게 왜 저기 있지?" 하며 구렁이 담 넘어가듯 얼렁뚱땅 우릴 내보냈다. 사람들은 사감이 우릴 기숙사에서 내보내려고 빌미를 만들었던 거 아니냐는 의문을 제기했다.

그 무렵 회사에서 외부강사를 초청해 교양강의를 들으라고 했다. 우리를 머릿속이 텅 빈 사람들로 알고 있는 건지, 수준 이하의 강의를 듣고 있자니 유치하기도 하고 한심했다. 여기저기서 볼펜을 똑똑 거리고 껌을 딱딱 씹으니 강사가 산만한 분위기에 난감해 했다. 우리는 그런 행동으로 강의를 거부한 것이다. 가수를 초청한 적도 있는데 속없이 박수치고 춤추며 좋아할 줄 알았나보다. 굳은 얼굴로 팔짱을 끼고 앉아 있으니 가수가 땀을 흘렸다. 싸늘한 반응이 의외였는지, 회사 사원들도 당황해했다. 가수에겐 미안했지만 이 또한 무언의 항의였다.

경기도 양평으로 4박5일 새마을교육을 보내서 다녀왔다. 여러 회사에서 온 사람들과 어울려 생활하며 교육내용도 괜찮았던 것 같다. 교육을 다녀온 조합원들은 그곳에서 했던 프로그램의 장점을 두고두고 노동조합 활성화를 위해 응용했다. 회사에선 뒤늦게 자기들이 돈을 들여 노동조합 교육을 도왔다고 생각했는지 중단했다. 모든 것을 노동조합 중심으로 생각하는 원풍 조합원들이라 가능했던 것 같다.

켄터키 치킨이 있는 세상

심란하고 혹독했던 한 해를 보내고 1981년 봄을 맞았다. 겨울 추위에 잔뜩 웅크렸던 봉오리들이 활짝 열리며 봐달라고 아우성치고 있었다. 앙상한 가지에 수액을 끌어 올린 나무들이 마디마다 작고 연한 잎을 풍성하게 피워낸 봄, 기숙사 담장에도, 회사 뒤편 야산에도 온갖 꽃들이 피어났다. 날카롭게 살을 파고들던 바람은 부드러운 미풍으로 바뀌었다.

20대 청춘에게 봄은 아지랑이처럼 살랑거리며 마음을 어지럽혔다. 친구들과 모임을 핑계로 작업복을 벗어 던지고 산으로 들로 돌아다녔다. 관악산, 북한산, 도봉산에는 화사한 봄꽃과 함께 알록달록 옷을 입은 청춘의 봄들이 등산을 했다. 인천의 작약도, 월미도, 딸기밭, 포도밭에도 청춘이 알알이 익어 갔다. 진도 앞바다, 강원도 속초까지 전국을 돌아다니다 보니 청춘이 영글어 그 인연으로 훗날 결혼한 친구들도 있다.

소공동 롯데호텔 라운지가 근사하단 얘길 듣고 호기심이 생겼다. 롯데호텔 커피숍이 비싼들 얼마나 비싸랴, 우리가 사는 세상이 아닌 딴 세상도 구경 한번 해보자. 얼굴에 분칠도 하고 립스틱도 바르고 하늘거리는 예쁜 옷을 입었다. 기숙사를 나서기 전 거울 앞에서 만족할 때까지 서로들 머리며 옷을 매만져 주었다. 호텔 로비의 웅장하고 화려한 광경을 둘러보며 "옴마, 겁나게 멋지네! 천장 높은 것 좀 보소?" 두리번거리며 연신 감탄하는데, 엘리베이터 앞에 있던 남자가 처음 왔냐고 물었다.

우덜 딴엔 짝~ 빼입고 갔어도 얼마나 촌스러웠겠는가? 처음 보는 그 남자는 우리를 뷔페식당에 데려갔다. 생전 처음 보는 음식들은 먹기도 아까울 정도로 예쁜 모양을 하고, 종류도 셀 수 없이 많았다. 접시에 욕심껏 담아 갖고 왔는데, 입에서 살살 녹았다. 특히 켄터키 치킨은 세상에 요런 맛난 음식도 있구나 싶었다. 그때까지 내가 먹었던 모든 닭요리하고는 차원이 달랐다.

식사를 하고 처음 계획대로 커피숍에서 차를 마시며 많은 얘기를 하고 많이 웃었다. 당시 우리는 원풍 노조원이란 자부심으로 누구 앞에서든 당당했다. 노동조합 활동을 통해 세상을 보는 나름의 가치기준이 있어 일반적인 여자들과는 다르다고 생각했다. 그 남자는 우리의 노동조합 활동에 관한 얘기와 현장 얘기를 흥미롭게 들었다. 어떤 의도에서 처음 본 우리에게 그런 친절을 베풀었는지 모르지만, 두고두고 고마웠다. 우리 월급으론 가당치도 않았던 경험, 그곳은 분명 다른 세상이었다.

동료로부터 받은 상처

사람들은 내 성격이 급하고 하고 싶은 말을 바로 내뱉는, 단순하고 속편한 사람인 줄 안다. 무슨 일을 당하거나 어떤 말을 들어도 툭툭 털어내 상처 같은 건 받지 않을 거라고 생각한다. 사실 나는 작은 일에 연연해하는 성격은 아니다. 힘든 일이 있어도 내색하기 싫어하고, 함부로 말을 옮기지 않으려고 한다. 그런데 원풍 시절 현장 동료에게 받은 상처로 인해 오랜 세월 가슴앓이를 했었다.

1981년 9월쯤, 당시 노동조합에서 조합비를 잘 관리해 돈이 많았다. 그걸 앞잡이들에게 빼앗기지 않기 위해서 대책회의를 했다. 회의 결과, 관계기관에 걸리지 않는 선에서 조합비 일부를 조합원들에게 나누어 준 다음, 조합원들의 자발적 동참을 권유해 모금하여 특별기금을 만들기로 했다. 노동조합의 설명을 듣고 많은 조합원들이 동참했다.

그런데 남자들이나 일부 조합원들은 모금에 불참하기도 했다. 그때 나는 직포과 A반 대의원이면서 조장이었다. 조장은 모두 5명이었는데 나를 제외한 4명이 그 돈을 내지 않았다. 그들은 늘 친하게 지내며 어울려 다녔던 사람들이라 내용을 잘 몰라 그런가 하고 열심히 설명하고 설득했다. 그러자 내 말을 듣기 싫어했고 나를 피했다. 나중엔 현장에서 조장이 함께 해야 하는 일에도 나를 제외시켜 업무에도 지장을 가져왔다. 친한 동료들이 하루아침에 등을 돌리고 왕따시키니 현장에서 할 수 있는 일이 없어 출근이 고통이었다. 차라리 조장을 그만두고 싶다는 생각도 들었다. 섭섭했다. 노조에 대한 의지가 없었다면 버티지 못했을 시간이었다.

그런데 1982년 9월 27일의 농성으로 우리가 쫓겨나면서 조합비 일부를 뺏겼는데, 그때 모금한 특별기금은 뺏기지 않았다. 천주교 원주교구의 지학순 주교님에게 맡겨서 지킬 수 있었다고 들었다. 그 돈으로 신길동 삼호빌라 한 채를 구입해 '원풍의 집'으로 각종 모임 장소로 사용하니 얼마나 좋은지 모른다.

1982년 9월 27일은 원풍에 다녔던 사람은 절대로 잊을 수 없는 날이다. 각 부서 담임을 비롯한 회사에 회유된 남자들을 중심으로 구사대가 만들어졌다. 그중에 부서 반장인 여자도 몇 명 있었는데, 그들은 몽둥이를 들고 갑자기 몰려와 노동조합을 점거하고 에워쌌다. 그리고 바리게이트를 치고 정 조합장을 감금했다. 우리는 작업 조는 빼고 정사과에 모여 '조합장 풀어 주고 구사대 물러가라'고 농성을 시작했다. 농성을 하고 있을 때 정문 밖에는 이우정 교수님(당시 원풍모방 대책위원회 위원장)을 비롯한 사람들이 왔었다. 그분들이 우리를 만나려고 했지만, 회사 측이나 기관에서 나온 사람들에겐 택도 없는 소리였다.

신문사나 방송국에서도 많은 기자들이 와 취재하고 사진을 찍었다. 처음에는 그들에게 우리가 농성하게 된 과정을 얘기하면서 부당함과 억울함을 호소했다. 그런데 우리를 빨갱이라느니, 도산세력이 회사를 도산 시키려고 농성한다고 보도했다. 그 다음부터는 언론을 믿지 않고 그들이 찾아 와도 인터뷰에 응하지 않았다. 광주처럼 우리도 철저히 고립되었다는 생각이 들었다. 우리 힘으로 끝까지 싸워서 노동조합을 지키는 수밖에 없다는 생각을 했다.

앞잡이가 된 남자 조합원들

추석 휴무를 모두 반납하고 농성을 계속했다. 회사에선 추석이 다가왔으니 부모형제가 기다리는 고향으로 가라며 사내방송을 앵무새처럼 종일 반복해댔다. 어떻게 연락했는지, 시골에 있는 부모형제가 농성장에 왔다. 폭력배들은 가족들을 앞세워 농성장에 들어와 가족이 딸이나 동생을 찾으면 끌고 나갔다. 하루 종일 가족이 이름을 부르며 찾는 소리와 끌려가지 않으려 악쓰는 소리로 아수라장이 되었다.

농성을 처음 시작할 땐 남자 조합원들도 꽤 많이 참여 했었는데, 마지막엔 이제호 신협 이사장님 혼자 남아 있었다. 우리는 여자들 속에 한 명 남은 남자를 보호해야 된다는 생각에 작업복을 머리에 씌웠다. 그리고는 둥글게 원을 만들어 실 담는 마대자루를 잘라 몸을 묶은 우리들 가운데 앉혀 놓았다. 저들이 때리고 끌고 나갈 때 저항할 수 있는 것은 아무 것도 없다고 판단해 몸을 묶은 것이다.

추석날 새벽, 정사과 문이 열리며 몽둥이를 든 남자들이 쏟아져 들어 왔다. 폭력배들은 둥글게 원을 만든 가장자리부터 떼어 내기 시작했다. 떨어지지 않으려고 주머니에 있던 쪽가위를 꺼내, 보지도 않고 무조건 찔러댔더니 죽는다고 난리였다. 무자비한 폭력 앞에 버티고 살아야 한다는 본능이었다. 관사를 던지며 저항하는 동료들도 있었다.

언어맞으며 끌려가는 조합원들이 비명을 지르며 발버둥쳤다. 앞이든, 옆이든 손에 잡히는 사람의 옷을 틀어잡으며 소리를 질렀다. 울고불고 악을 쓰다 얻어맞고 기절한 동료를 그들은 인정사정없이 질질 끌고 갔다. 폭력배들은 우리를 농성장에서 끌어내고, 운동장까지 질질 끌고 가 회사 정문 밖으로 밀쳐냈다. 4박 5일을 물 한 모금 못 먹고 굶으며 한증막 같은 공간에 있던 우리였다. 갑자기 찬 공기를 마신 동료들이 혼절해 축 늘어졌다. 몸서리 처지던 그 새벽, 생지옥이 따로 없었다.

그 난장판 속에 폭력배들은 이제호 이사장님을 향해 '가운데 거 떼다 버려라! 니가 사내새끼냐!'며 별별 입에 담을 수 없는 말로 조롱하고 비웃었다. 그러더니 어딘가로 데려갔다. 비쩍 마른 몸으로 폭력배를 따라 휘청거리며 걷던 이사장님을 보고 있는데, 폭력배들이 정문을 열더니 우리를 밖으로 밀쳐냈다. 순식간의 일이었다. 억울하고 분해 소리소리 질렀고, 눈물은 멈추지 않았다.

대림동 대로를 미친 듯이 뛰어 다녔는데 우리는 농성장에서 쫓겨난 그대로 맨발이었다. 기숙사로 들어가는 문은 굳게 잠겼고 경비들도 열어주지 않았다. 얇은 작업복은 새벽 한기를 막지 못해 자취하는 친구 집까지 개 떨 듯 하며 갔다. 그날 이후 상집간부 전원에게 수배령이 떨어졌다.

휴무가 끝나고 첫 출근날인 10월 7일 오후 2시, 출근투쟁을 시도했다. 회사 앞은 물론이고 대림동 일대에 전투경찰이 쫙 깔려 있었다. 우리는 골목에서 대기하고 있다가 순식간에 정문 앞으로 몰려갔다. "폭력배는 물러가라!" "노동조합을 원상 복귀시켜라!" 구호를 외치며 농성을 시작했다. 굳게 닫힌 정문 안팎으로 폭력배들이 인의 장벽을 치고 있었다.

미처 합류하지 못한 조합원들은 길 건너 강남성심병원 앞에서 전투경찰과 대치하고 있었다. 우리가 구호를 외치면 그쪽에 있는 조합원들이 뒤따라 외쳤다. 오후 5시쯤 조합에서 결의한 선언문을 낭독하고 해산했다.

10월 13일, 또다시 출근을 시도했는데 지난번보다 더 많은 전투경찰이 우리를 에워쌌다. 우리가 구호를 외치기 시작하자 정문 앞에서 차도로 밀어냈다. 밀리지 않으려고 버텼지만, 전투경찰과의 몸싸움은 상대가 될 수 없었다. 도로까지 밀리자 전경들은 몽둥이로 두들겨 패고 군홧발로 밟아대기 시작했다. 두들겨 패는 소리와 비명소리가 섞여 난리도 아니었다.

한바탕 난리굿의 끝은 질질 끌려 전경버스에 실려 가는 거였다. 콩나물시루처럼 우리를 실은 전경버스는 남부경찰서에 토해 놓았다. 전경버스에서도 투쟁가를 부르며 왔는데, 거의 발악에 가까웠다. 커다란 강당에 몰아넣어도 투쟁가를 멈추지 않자, 몽둥이로 책상을 두드리며 협박을 했다. 그러면 잠시 조용했다가 다시 투쟁가를 불렀고, 나중엔 침묵 대신 애국가를 불렀다.

1박2일 동안 조사를 받으면서 우리들은 그렇게 밤을 새웠다. 분노는 경찰도 두렵지 않아 남부경찰서를 밤새 흔들었다. 그날의 출근투쟁으로 김숙자 언니와 차언년이 구속되었고, 여러 사람이 구류를 살았다.

내 삶의 원동력

회사 앞에 갔다가 나를 찾는 엄마와 올케를 만났다. 장성군청에서 빨갱이와 어울려 다니는 딸을 데려오라고 해서 올라왔단다. 집에선 '이게 뭔 일이냐!'며 난리가 났다고 했다. 2년 전의 광주 5·18로 인해 전라도는 민심이 어수선할 때였다. 아버지는 나를 보자마자 집안 망칠 년이라며 빨갱이가 웬 말이냐고 노발대발하셨다. 군청 직원이 전남방직에 취직시켜주겠다고도 했는데, 부모님은 원치 않으셨다.

집에 내려온 이듬해인 1983년, 28살인 나는 건축업을 하는 남자를 만나 결혼했고 아들을 낳았다. 그런데 건축현장에 감독을 나갔던 남편이 추락 사고를 당했다. 겨우 목숨은 건졌지만, 식물인간처럼 몸을 움직일 수 없을 정도의 큰 부상이었다. 건축에 대해 아무 것도 몰라 공사 중이던 건물은 다른 사람에게 넘어갔다.

누워서 숨만 쉬던 남편에겐 참으로 긴 투병생활이었다. 힘든 재활의 날들을 삶의 의지로 견뎌준 것이 고마웠다. 남편의 간병과 재활을 도우면서 제빵사 자격증을 취득해 친구와 공동으로 관공서에 빵을 납품하는 일을 했다. 남편과 집안 살림을 꾸려가기 위한 일이었지만, 아들은 늘 혼자일 수밖에 없었다. 민주화운동 관련자 증서를 받았을 땐 힘들었던 지난 삶을 보상받는 기분이었다. 살다보니 이런 좋은 일도 생기는구나, 싶었다.

한편으론 오랜 기간 원풍 조합원을 위해 힘겨운 노력을 해 왔을 집행부에게 고맙고 감사했다. 내가 살아온 힘겨웠던 그 세월, 원풍이 없었다면 버티지 못했을지도 모른다. 어려울 때마다 원풍 식구들을 생각하며 무너지려는 마음을 다잡았다. 원풍은 힘들 때마다 위안이 되었고, 9·27을 떠올리면 못할 것이 없었다. 그게 내 삶의 원동력이었고, 앞으로도 살아가는 동안 늘 그럴 것이다.

076

젊은 날의 나를 만나러 간다

한혜숙

——————전라북도 임실군에서 1960년 9월 7남매중 맏딸로 태어나 1979년 9월 원풍모방에 양성공으로 입사했다. 1982년 부서 대의원에 당선되어 활동하다 그해 9월 27일 사건으로 강제 해고 되었다. 1986년에 결혼하여 전주에 살면서 1남 2녀를 두었다. 현재 초등학교 급식 조리사로 일하고 있다.

친 구 따 라 서 울 로

아버지는 자식이 없는 큰집으로 양자를 오셔서 결혼을 일찍 하셨단다. 자손이 귀한 집안이라 부모님은 7남매를 두셨는데, 나는 1960년 맏딸로 태어났다. 엄마는 가을걷이로 한창 바쁜 음력 9월에 나를 낳아 산후 조리도 못했다고 푸념을 하셨다. 첫 손녀에 대한 할머니의 유별난 사랑은 내가 엄마의 눈치를 보게 만들었다. 초등학교 다닐 때 사촌오빠네 부부가 서울에서 고향으로 이사를 왔다. 하얀 피부에 예쁘게 생긴 사촌올케는 글씨도 잘 쓰고, 노래도 잘 부르고 못하는 것이 없었다. 먹을 것만 생기면 올케를 찾아갈 정도로 잘 따르니 올케도 나를 예뻐했다. 아마도 엄마에 대한 정을 올케한테서 찾았던 것 같다.

전라북도 임실군 오수읍 봉천에서 초등학교를 마치고 오수읍에 있는 중학교를 다녔다. 친구들과 웃고 떠들며 4Km 되는 거리를 매일 왔다 갔다 했지만 힘든 줄 몰랐다. 중학교 졸업을 앞두고 부모님은 고등학교 진학을 원했지만, 우리 반에 진학하는 애는 아무도 없었다. 어린 맘에 혼자 진학하는 게 내키지 않았다. 졸업 후 친구들이 공장에 간다고 해서 따라나섰다. 초등학교 옆에 있는 공장인데, 사람들은 그곳을 '홀치기 공장'이라고 불렀다. 커다란 천막천에 구멍을 뚫어 굵은 실로 꿰매는 곳이라 그리 불렀던 것 같다. 친구들과 어울리는 재미로 갔었는데, 다들 흥미를 잃어 바로 그만두었다.

서울에 올라가 먼저 취업한 친구들은 시골에 있는 우리에게 함께 직장을 다니자고 했다. 19살 되던 1978년, 부모님을 설득해 친구들과 함께 서울로 올라왔다. 친구 따라 처음 입사한 곳은 구로동에 있는 BYC 공장이었다. 그곳은 속옷 브랜드로 유명한 봉제공장인데, 아침 9시에 출근하면 저녁 6시에 퇴근했다. 봉제공장이라도 규모가 커서 라인별 단순작업이라 일하는 건 힘들지 않았다. 더구나 어릴 때부터 함께 자라며 학교를 다닌 친구들이 여럿이라 좋았다.

우리는 모두 기숙사에서 생활해 하루 종일 붙어 다녔다. 그곳 기숙사는 작은 방에 대여섯 명이 생활했다. 군대 내무반처럼 벽에는 작은 장이 달려 있고, 밑에는 일인용 침대가 죽 놓여 있었다. 좁은 침대였지만 처음 사용해 보는 침대가 나는 좋았다. 저녁에 퇴근하면 친구들과 수다를 떨고, 휴일이면 몰려다니며 서울 구경을 했다. 시골에서 도시로 처음 나온 우리는 친구들과 함께 있는 직장이 마냥 좋았다.

하루는 이강숙이 원풍모방으로 옮긴다고 했다. 강숙이는 형부가 원풍에 다니고 있어서 서울에 올라올 때부터 그곳이 목표였다. 섭섭했지만, 구로동과 대림동은 가까우니 자주 만나면 된다고 위안을 삼았다. 강숙이는 원풍에 입사한 뒤 쉬는 날이면 기숙사로 우리를 찾아오거나 밖에서 만났다. 강숙이는 만날 때마다 노동조합과 복지시설을 자랑했다. 우리는 현재 있는 곳도 괜찮다는 생각에 망설이긴 했지만, 강숙이 말을 들으면 부럽기도 했다. 친구들과 의논 끝에 1979년 9월 다같이 양성공으로 입사했다.

기 숙 사 의   추 억

가공과 C반에 배치되었는데, 기숙사는 318호를 배정받았다. 친구들과 부서도 다르고 기숙사 호실도 다르게 배정받았지만, 그래도 늘 붙어 다녔다. 회사 규모는 말로 듣던 것보다 커서 BYC와는 비교가 안 되었다. 기숙사도 BYC가 개인집이면 원풍은 3층 건물에 엄청 커서 놀랐다. 각층마다 긴 복도를 따라 방이 있었는데, 그 끝이 아득했다. 내가 있을 318호는 복도 끝쪽에 있었는데, 방 끝에는 세면장이 있었고 다림질 방도 있었다. 방에 들어서니 방장이라는 고참 언니가 반갑게 맞으며, 사람들에게 나를 소개했다. 그리고 내가 생활할 공간에 대한 규칙을 알려주었다. 얘기를 들으며 BYC에선 침대가 있어 문제될 것도 없고 편했는데 ,여기선 어찌해야 될지 이해가 안 되었다.

강당처럼 넓은 공간을 10여 명이 사용하는데, 방바닥에 줄이 그어진 것도 아니었다. 어떻게 내 자리를 알고 이불을 깔아야 하느냐고 묻자, 웃으면서 캐비닛이 기준이 된다고 했다. 가로로 긴 방 한쪽 벽에 죽 놓여있는 일인용 캐비닛 가운데가 방장이고 들어온 순서에 따라 양 옆으로 나뉜다고 했다. 그러면 가장 늦게 입소한 사람이 방문 앞이나 창가 밑이 된다. 내 자리는 창가 밑이었고, 머리맡에 있는 캐비닛이 내 소지품과 옷을 넣는 장이라고 했다. 내 것으로 정해진 캐비닛 문에는 이름표를 붙였다.

10여 개의 캐비닛이 늘어선 옆에는 은색의 커다란 꽃무늬가 있는 트렁크가 쌓여 있었다. 캐비닛 공간이 부족해 개인이 사다 놓은 것이라고 했다. 서랍장 2~3개 정도 높이와 공간이 되는 크기였는데, 당시엔 시장에 가면 그런 트렁크가 많았다. 자취생이나 기숙사생들이 실용적으로 물건을 많이 넣을 수 있어 유행처럼 너도 나도 가지고 있었다. 그 옆에 10여 명의 알록달록한 이불이 켜켜이 쌓여 있었다.

기숙사는 규율이 엄격해 밤 10시까지 들어 와야 했다. 1번 늦으면 경고, 3번 늦거나 무단외박을 하면 퇴사 조치를 당한다. 밤10시엔 소등을 하는데, 학교 다니는 사람이나 공부하는 사람을 위한 독서실이 따로 있었다. 늦은 시간까지 일을 보거나 떠들고 싶은 사람은 1층 강당을 이용했다. 처음 들을 땐 복잡하고 엄격한 것 같아 걱정되었는데, 생활하면서는 불편을 느끼지 못했다.

일 이 즐 거 웠 다

현장근무를 시작하면서 3교대로 일주일 씩 돌아가니 적응하기 쉽지 않았다. 생활의 리듬을 갖기가 힘이 들었고, 쉬는 날도 쉬는 것 같지가 않았다. 일주일이 어떻게 돌아가는 지도 모를 정도로 정신이 없었다. 야근근무 때는 낮에 억지로 잠을 자고 출근해도 졸리거나 정신이 멍했다. 그런데 한 달 정도 지나니 적응이 되어 괜찮아졌다. 오히려 야간근무가 끝나는 주말이나 시작하는 주초는 이틀이나 여유가 있었다. 그럴 때는 친구들과 외출을 하거나 1박2일로 여행을 가기도 했다.

그렇게 현장 일과 기숙사 생활에 적응하며 친구도 사귀고 언니들 하고 친하게 되었다. 하루는 소모과에 근무하는 언니가 찾아와 함께 모임하지 않겠냐고 제안을 했다. 원풍 사람은 어떤 형태로든 거의 다 소모임 활동을 하고 있었다. 소모임에 가입해서 멤버들과 함께 하는 내용은 고향 친구들과 함께 하는 것과 또 다른 재미를 주었다. 원풍에서 생활하는 나날이 즐겁고 보람찼다.

내가 일하던 가공과는 원풍모방에서 거의 마지막 공정에 해당하는 곳이다. 염색을 거쳐 오는 원단도 있고, 본래의 색을 가지고 오는 원단도 있다. 몇 미터나 되는 크고 긴 원단을 두 세 사람이 들어갈 만한 큰 통에 집어넣는다. 기계를 작동시키면 큰 통이 돌면서 세척을 해서 염료를 빼낸다. 가정에서 쓰는 세탁기 같은 기능을 하는 것이다. 세척이 끝나면 젖은 원단을 끌어 올려 공장에 있는 커다란 봉에 걸어 올린다. 가공과는 건식과 습식으로 나뉘는데, 내가 있던 곳은 습식이다. 그래서 바닥엔 항상 물이 흥건했고 작업장이 습했다.

기계에서 원단을 삶고 세척하다 보니 여름엔 더웠고 겨울엔 추웠다. 물비린내와 염료냄새가 스팀 열기와 합쳐지면 역한 냄새가 나기도 했다. 세척기계를 지켜보는 단순하고 쉬운 작업 같아도 진행 공정으로 하여 작업환경은 좋지 않았다. 이런 작업조건 때문에 우리 부서는 여자들보다 남자들이 많았다. 낯선 작업장에 아는 사람이 있다는 것은 마음으로 큰 힘이 되고 위안이 된다. 친구 이강숙의 형부가 우리 부서여서 얼굴을 보는 것만으로도 적응하는데 도움이 되었다.

계 엄 사 의 만 행

부서 일에 적응하여 재미를 붙여 가던 그해 겨울이었다. 우리 부서 상집간부였던 김두옥 언니가 출근을 하자마자 낯선 사람들에게 잡혀갔다. 현장 분위기는 어수선하였고 여기저기서 수군거렸다. 두옥 언니는 하얀 피부에 동그란 얼굴로 항상 눈웃음을 치는 쾌활한 분이었다. 늘 밝고 활기차게 일하며 우리에게 말을 걸었던 언니, 매사에 딱 부러지게 말하던 언니가 낯선 남자들에게 잡혀가니 겁도 나고 걱정도 되었다. 무슨 일인지 누구에게 물어 볼 수도 없고, 그럴 분위기도 아니었다. 그날 두옥 언니뿐 아니라 노동조합 상집간부 전원이 잡혀갔다는 건 나중에 기숙사 언니들을 통해 알게 되었다.

79년 10월 26일, 박정희가 김재규 정보부장에 의해 격살당하자 전두환이 군인들을 데리고 쿠데타를 일으켰다. 그리고 사회를 정화시킨다는 명목으로 계엄사 합동본부에서 정치인을 비롯해 민주인사들을 무작위로 잡아들였다. 노동계도 정화 조치한다며 우리 노동조합 상집간부와 탈춤반 회장, 총무를 포함 48명을 연행한 것이다. 방용석 지부장과 박순희 부지부장은 피신을 했는데 전국에 수배가 내려졌다. 현장이나 기숙사 분위기는 전과 다르게 살벌하였고 사람들은 축 처져 있었다. 나도 친구들도 예전처럼 웃고 떠들 수 없는 심란하고 불안한 나날을 보냈다.

그런 상황에 회사에서는 크리스마스와 연말 파티를 해준다며 기숙사생들을 전부 강당으로 모이라고 했다. 언니들은 전에 없던 일을 느닷없이 한다며 잡아간 간부들이나 데려오라 했고, 이 판국에 무슨 파티냐며 화를 냈다. 아무도 강당에 가는 사람이 없자 회사는 당황해 연행되었던 간부 한 명을 데려왔다. 강당에는 음료와 과자 등을 늘어놓았고, 기관에서 나온 남자들이 지켜보고 있었다. 조합원들은 그 자리에 온 간부를 붙들고 눈물을 쏟아냈다.

해를 넘겨 1981년 새해가 시작되고 며칠이 지나 연행됐던 간부 중 14명은 해고되었고 사람들은 돌아왔다. 남자간부 4명은 해고된 뒤 삼청교육대로 끌려갔다고 해서 안타까웠다. 조합원들은 침통하다 못해 초상집 분위기였지만, 노동조합에선 뒷수습을 하고 새로운 집행부를 꾸렸다. 생글거리는 눈웃음이 예쁜 두옥 언니는 해고되어 다시는 현장에서 볼 수 없게 되었다. 현장과 기숙사에 있던 우리 모두에게 힘겨웠던 날들이었다.

햇병아리 대의원

공권력의 거대한 힘이 눌러도 노동조합은 위기를 극복하며 새로운 집행부를 구성해 잘 버티고 있었다. 조합원들은 작업을 시작하기 전이나 퇴근할 때면 노동조합에 들리는 게 일과가 되었다. 우리는 지금까지처럼 노조를 믿고 현장에서 열심히 일하고, 소모임을 더욱 활발히 하면 된다고 생각했다. 회사의 태도가 예전 같지 않게 노조에 대해 비협조적으로 나왔다. 그러나 우리가 흔들리지 않으니 대놓고 어쩌지는 못해 겉으로는 평온해 보이는 일상이 흘렀다.

다음해인 1982년, 나는 가공과의 대의원이 되었다. 여자보다 아저씨들이 많은 우리 부서를 생각하니 어깨도 무거웠고 걱정도 되었다. 대의원대회를 하던 날, 넓은 식당에 꽉 들어찬 대의원들은 정해진 식순에 따라 엄숙하게 회의를 진행했다. 사람들은 회의 안건에 따라 여기저기서 손을 들고 발언을 했다. 참 아는 것들도 많고 말도 잘한다는 생각이 들었다. 3년 동안 소모임을 하며 앞에서 이끄는 대로 따라만 했던 내가 앞장서는 역할을 해야 하니 책임감이 무겁게 밀려 왔다.

부서에서 어떻게 해야 대의원으로 역할을 잘할 수 있을지 걱정이 되었다. 그런데 내가 잘못 고민하고 있다는 걸 알게 되었다. 현장 사람들은 언제나 똑 같은 사람이었고, 하는 일도 똑 같았다. 대의원이 되었다고 하루아침에 달라지는 건 없었던 것이다. 내가 소모임을 통해 했던 내용들과 교육받은 것들을 현장에서 사람들과 하던 대로 하면 되는 것이었다. 조금 더 관심을 갖고 적극적으로 행동하기로 마음먹었다. 어미닭만 쫓아 다니던 병아리가 하루아침에 변할 수 있는 방법은 없었다. 관심과 행동이 조금씩 성장해 가는 것이라 생각했다.

현장 분위기가 술렁였다. 백주 대낮에 각 부서 담임을 중심으로 한 남자들이 몽둥이 든 폭력배로 돌변했기 때문이다. 그들은 정체를 알 수 없는 많은 남자들과 함께 노동조합 사무실을 쳐들어 왔다. 몽둥이를 휘두르며 사무실 안에 있던 사람들을 끌어내고 불법으로 점거했다. 조합장을 감금해 놓고 사표를 강요하고 있는 상황. 그럼에도 노동조합 집행부는 파업은 안 된다며 비번만 항의농성을 한다는 원칙을 각 부서에 전달했다. 야간근무를 끝내고 동료들과 함께 운동장을 지나 농성장인 정사과로 가는데, 경비 아저씨가 붙잡았다. 평소 나를 예뻐해 친하게 지내던 아저씨였다. 데모하지 말고 그냥 기숙사로 가라며 가로 막는 아저씨를 뿌리쳤다.

추석 휴무로 들어가는 29일 새벽부터는 전 조합원이 합류했다. 회사에선 농성을 못하게 하려고 식당을 폐쇄해 단식을 할 수밖에 없었다. 물 한 모금도 먹을 수 없었던 4박5일 단식농성. 사내 스피커를 통해 징글징글하게 틀어 대던 '나의 살던 고향은 꽃피는 산골' 노래. 그리고 수년 전에 돌아가신 부모님이 돌아가셨으니 어서 고향으로 귀향하라던 거짓 방송. 회사에서 하루 종일 스피커를 통해 내보내는 소리가 정말 지겨웠다. 누군가 가위로 전선을 잘랐다고 해서 속이 다 시원했었다. 우리는 목마름과 배고픔뿐 아니라 거짓 방송을 견디며 버텨야 했다.

10월 1일 추석날 새벽, 폭력배들에 의해 끌려 나올 때까지.

4박5일 단식농성이 이렇게 허무하고 비참하게 폭력배들에 의해 끌려나다니, 새벽에 쳐들어와 미쳐 날뛰던 폭력배들을 생각하면 악몽 같았다. 그들에게 맞아 죽을 줄 알았는데 이렇게 만신창이가 되어 끌려나오다니, 차라리 이 모든 것들이 꿈이라면 얼마나 좋을까. 굳게 닫힌 기숙사로 향하는 경비실 문 앞에서 다들 망연자실 할말을 잃었다. 힘을 다해 흔들어도 꿈쩍도 하지 않는 철문은 새벽 한기보다 더 차가워 현실을 실감하게 했다.

당장 갈아입을 옷도 없고 갈 곳도 없는데 어찌해야 하나? 오돌오돌 떨며 서로의 얼굴을 바라보다 누군가 각자 고향집에 내려가 추석을 보내는 게 좋겠다는 의견을 냈다. 그래 추석을 보내고 오면 노동조합에서 대책을 세워 놓겠지. 작업복도 갈아입지 못 한 채 흩어지는 우리들의 머리 위로 아침이 밝아 오고 있었다.

강 제 사 표

고향 집에 내려오니 어떻게 알았는지 오수읍장이 매일 찾아 와 사표를 내라며 닦달을 했다. 참으로 어처구니없는 일이었다. 국가의 녹을 먹는 공무원이 일개 회사인 원풍에 다니는 나에게 사표를 강요하는 게 말이 되는가. 이유는 모르지만, 내가 사표를 내지 않으면 읍장이 곤란하다고 하니 서로 아는 처지에 부모님도 난감해 했다. 게다가 동네사람들도 TV에서 보도하는 내용만 믿고 읍장 편에서 부모님을 난처하게 했다.

TV에서는 우리가 농성을 시작한 9월 27일부터 '원풍노동조합은 빨갱이 집단'이라는 거짓보도를 하고 있었다. 우리가 불법 폭력으로 노동조합을 점거한 것에 항의 농성한 것을 회사를 도산시키기 위해 했다며 거짓보도를 했던 것이다. 사람들은 사실을 알 수 없으니 TV에서 하는 말을 그대로 믿고 나를 손가락질했다. 억울했지만 언론이 국민을 속이고, 그 거짓을 덮기 위해 읍장 같은 공무원을 동원하는 세상이었다.

결국 오수읍장의 손에 이끌려 기차를 타고 올라와 회사에 갔다. 기숙사 짐을 챙겨 밤기차를 타고 내려오는데 창 밖의 어둠보다 현실이 더 어둡고 답답했다. 새벽에 오수역에 도착해 기숙사에서 가지고 나온 짐을 보니 누구에게 하소연할 수도 없는 처량함에 눈물이 나왔다. 회사선 폭력배들에게 끌려나오고, 사표는 읍장에 의해 강제로 내야 하는 이런 법이 어디 있나? 오수읍장이나 지방 노동청 직원이 원풍과 무슨 관계가 있기에 부모님과 나를 들볶는가?

단풍으로 화려하게 물든 앞산 뒷산도, 알알이 황금빛으로 넘실대는 들판도 다 보기 싫었다. 방안에 틀어 박혀 억울하고 분한 마음을 혼자 풀어내자니 나 자신이 처량하고 또 처량했다.

원풍 사람들은 블랙리스트에 올라 서울에선 취업할 수가 없다고 했다. 몇 달 동안 공동생활을 했던 산업선교회에서 해산식을 갖고 다들 생업을 위해 흩어졌다고도 했다. 산선마저 원풍과 결별하고, 세상은, 서울은 우리를 버렸다는 생각이 들었다. 서울로 올라가는 걸 포기하고 전주에서 직장을 구했다. 이곳저곳 직장을 다녔지만 근무시간이나 임금, 복지문제가 원풍과 너무 비교가 되었다. 내가 다녔던 원풍의 노동조합이 조합원들을 위해 얼마나 열심히 활동했는지 새삼 느껴지며 그리웠다.

학 교 급 식 소

1986년, 전북대학교 소비조합에 근무하는 남편을 고모의 소개로 만났다. 그와 결혼해 1남2녀를 낳고 전주에서 지금까지 살고 있다. 시댁은 넉넉한 집안이라 사는 데는 큰 어려움이 없었다. 무던한 성격에 사람을 좋아하는 남편은 누가 부탁하면 거절을 못했다. 그래서 빚 보증을 많이 서줬는데, 그들이 갚지 못해 우리가 고스란히 갚아야 했다. 그로 인해 마음고생도 했고, 아이 셋을 키우면서 교육시키느라 고생도 했다. 그러나 심성 좋은 남편을 원망할 수는 없었다. 다행히 딸 둘은 대학을 졸업해 자기 몫의 일을 하고, 아들은 아직 대학을 다니고 있다. 주위에서 자식들 잘 키웠다고 하는 말을 들으면 고생한 보람을 느낀다.

나는 초등학교 급식소에서 일하고 있는데, 급식소와 인연을 맺게 된 건 친구 이강숙 덕분이다. 예전에 시부모님이 전주 덕진공원 근처에서 복숭아과수원을 했었다. 그때 강숙이가 동료들과 함께 놀러 와 복숭아를 따주고 사가기도 했다. 당시 강숙이는 중학교 급식소에서 일하고 있었는데, 전업주부였던 나는 그녀가 부러웠다. 하루는 알바로 불러줘서 몇 시간 파만 다듬고 왔는데도 2만 5천원을 줬다. 주부였던 내가 처음 번 그 돈이 너무 뿌듯하고 좋았다.

그래서 일을 시작한 것이 벌써 16년이 되었다. 학교 급식에 종사하는 사람들에 대한 대우와 조건도 예전과 지금은 많이 다르다. 모든 것이 그렇듯 갈수록 좋아질 거라고 생각하지만, 나는 지금의 현실에도 만족하고 있다.

내가 근무하는 초등학교는 학생 수가 적어 3명의 동료와 함께 일하고 있다. 급식소도 영양사와 조리원의 갈등뿐 아니라 조리원간에도 성향이 달라 갈등이 있다. 그러나 나와 오랫동안 함께 해온 3명의 동료는 모두 동갑이라 친구로 잘 지내고 있다. 오후 3시쯤이면 일을 끝내고 퇴근하니, 시간도 여유 있고 휴일이나 방학도 있다. 학교급식 일을 하는 우리는 비정규직으로 대부분 노동조합에 가입을 한다.

민주노총과 여성노조가 있는데, 우리는 민주노총에 가입했다. 여성노조는 여성문제를 강조하여 특수직 여성을 중심으로 탄생된 곳이라 활동에 한계가 있지 않나 하는 생각이 들었다. 우리 입장에선 오래 되고 조합원이 많은 민노총이 더 신뢰가 가기도 했다. 내년이면 정년이라 아쉽긴 하지만 있는 동안은 즐겁게 열심히 일하려 한다. 내 아이들에게 그랬던 것처럼 병아리 같은 아이들이 맛있게 먹는 걸 보면 흐뭇하다.

뒤 늦 은 신 청 서

원풍에서 2007년에 '민주화운동 관련자 명예회복 및 보상법'에 따라 신청서를 제출한다고 했다. 1982년 9월 27일, 민주노조를 지키려던 우리를 정권은 폭력으로 짓밟았었다. 강권에 의해 가족들이 시달리는걸 보다 못해 읍장에게 이끌려 사표를 냈었다. 생각하면 부끄럽고 미안했지만 한편으론 정말 억울하고 화가 났었다. 신청서를 들고 며칠 동안 들여다보고 고민하다 가족들과 상의했다. '그게 될 것 같으냐?' '국가를 상대로 법적 다툼을 한다고 경찰서 드나들다 주변에 피해가 오면 어쩔 거냐?' 예상대로 공무원인 큰집 식구들은 부정적이었다.

원풍에서 끌려 나온 이후 사표를 강요받으며 힘들었고, 가족이나 주변 사람이 당하는 걸 보는 건 고역이었다. 그런데 그곳을 '콕' 하고 찌르니 할 말이 없었다. 지난 과거로 인해 가족들이 피해를 입을 수도 있다는 말에 기가 죽었다. 쉽지는 않았지만 가족을 위해 마음을 정리하고, 슬그머니 신청서를 한쪽으로 밀어 놓았다. 오랜 세월 노력했던 원풍 선배들에게 미안해 마음이 무거웠다.

이후 원풍의 많은 사람들은 민주화운동 관련자 증서를 받아 억울했던 마음을 위로 받을 수 있었다. 그리고 생활지원금이란 명목으로 물질적 피해 보상도 받았다. 원풍에선 『원풍모방노동운동사』도 출판하였고 '개인생애사' 두 권도 출간했다. 나는 그 책들을 읽으며 가슴이 아팠다. 동료들이 대단하다는 생각을 했다. 참으로 어려운 성장과정을 보냈고, 원풍에서 활기차게 열심히 일한 사람들이라 생각된다. 가족들에게 읽어 보라고 권했더니 '다들 대단하네. 누구도 믿기 힘든 일들을 해냈어!' '엄마도 이 속에서 생활하고, 여기 있었으니 대단한 거야!'

그런가? 내가 앞장서서 아무 것도 한 기억이 없는데, 원풍에서 함께 한 것만으로도 대단한 거구나. 가족들의 격려와 위로는 많은 힘이 되었고 용기가 되었다. 그래서 2차로 추진하는 '국가배상소송'에 참여하게 되었다. 1심과 2심 재판은 승소했는데, 대법원에서 패소를 했다. 어떻게 대법원에서 판결을 뒤집을 수 있는지 납득할 수 없었다. 그러나 실망하지 않는다. 동료들은 지방법원과 고등법원에서 국가폭력을 인정받았으니 우리가 이긴 것과 같다고 했다.

그때는 몰랐는데 2018년 양승태 대법원장이 박근혜 정부에서 사법농단을 한 사실이 밝혀졌다. 방송을 보면서 너무 놀랐다. 저러니 우리 재판도 그 모양이었지, 하는 생각이 들었다.

가을이면 전국에 흩어져 생활하는 원풍 식구들을 만난다. 1982년 이후 한 해도 거르지 않고 하는 모임은 올해로 36년이 된다. 매년 열일 제치고 참여하는 전국의 원풍 식구들이 대단하다. 나도 전주에 살고 있는 원풍 친구들과 함께 참석한다. 그곳에 가면 그 시절 그리운 얼굴들이 있고, 내 젊은 날의 모습을 볼 수 있다. 그날은 지금의 나를 잊고 과거의 나로 돌아간다.

077

독립운동가 손주며느리

홍옥선

_____1960년 충남 서산에서 태어나 78년 원풍모방에 입사했다. '백마' 소그룹 활동을 시작으로 1982년 대의원이 되었다. 그해 9·27폭력사건으로 해고를 당하였고, 뒤를 이은 10월 13일 출근투쟁을 벌이다가 남부경찰서로 연행되어 조사를 받았다. 정부에 의해 민주화운동 관련자로 명예회복이 되었다.

나는 충남 서산에서 4남매 중 셋째로 태어났다. 어느 날 우리 집에 서울에 사는 당숙모가 다니러 오셨다가 내가 집에서 놀고 있으니까 답답해 보였는지 서울로 가자고 했다. 그래서 나는 아버지가 주신 쌀 한 말을 머리에 이고 당숙모를 따라 무작정 서울로 올라왔다.

당숙모님은 털실 옷을 짜는 요꼬 공장에 취직을 시켜주었다. 그 공장에서 일당 5백원을 받았다. 당숙모님은 한 달에 쌀 세 말 값만 내고 있으라고 했다. 월급은 만 오천 원인데, 쌀 한 말은 3천 원쯤 해서 한 달에 쌀 세 말 값 9천 원을 내고 나면 남는 게 별로 없었다. 그래서 다시 시골로 내려가려고 하니, 나를 서울로 데리고 온 책임이 있어서 그런지 당숙모께서 내려가면 안 된다고 잡았다. 그러던 중 원풍 총무과에 근무하던 육촌언니가 소개를 하여 78년 3월에 입사했다.

기숙사 오솔길

기숙사에 들어가던 날, 당숙모 집에서 해방되어 살아갈 숙소가 있다는 것이 너무 좋았다. 사람이 많아 신입은 문 앞에서 자야 하는 것이 신경이 쓰이기는 했지만, 방 식구들이 잘해주고 가족처럼 즐겁게 지내는 것들이 너무 좋았다.

시골에 있을 때는 계절 감각도 없이 살았는데, 입사하고 맞이하는 그해 봄은 특별했다. 기숙사 출퇴근 오솔길을 따라 갓 물이 오른 연두색 능수버들 아래 노랗게 피어나던 개나리를 보면서 그때 처음 봄을 느꼈다. 가슴이 설레던 그 봄과, 그 봄을 맞이하던 기분이 아직도 내 마음속 한편에 살아있는 것 같다. 운동장 등나무에 핀 보라색 꽃향기에 취해 벤치에 앉아 놀던 일, 옥상에 올라가 빨래를 널고 하던 것, 강당에 삼삼오오 모여 소라과자, 고구마과자 나누어 먹던 추억이 생각난다.

내가 정사과로 첫 배정을 받고 난 후에는 다음 양성공들이 늦게 들어와 청소를 오래했다. 청소는 제일 후배들이 하는 일이기 때문이다. 현장에서는 내가 왼손잡이라서 그런지, 합사는 안 시키고 실을 찌는 일을 했다. 정방 공정에서 끝난 실이 담긴 바구니를 실어다가 기계에서 실을 쪄 합사로 넘기는 일은 힘을 필요로 했다. 실이 쪄지면 물기가 있어 그 부피 나가는 물량을 한 바구니씩 날라주는 일을 했다. 여자들이 하기에는 힘든 일이어서 나중에는 남자들로 바뀌고, 나는 권사에서 일했다.

내가 권사에서 일할 때, 새로운 기계가 들어와 손으로 매듭을 지어 끊어진 실을 이어주던 것을 이제는 기계가 해주었다. 새 기계로 하는 작업은, 농땡이를 피우면 지관에 감기는 실의 부피가 옆 사람과 차이가 지면서 금방 표시가 나 일하는 강도가 높아졌다. 야간에 현장작업을 하면 졸리니까 함께 일하는 연숙이와 노래를 부르면서 작업을 했다. 당시 유행하던 〈조개껍질 묶어〉, 〈토요일 밤에〉, 〈길가에 앉아서〉 등을 주로 불렀다. 얼마나 크게 노래를 불렀는지, 작업시간에 노래 부른다고 사무실에서 반장이 쫓아올 정도였다.

사 장 님 네   강 아 지

나는 월급을 타면 동생의 등록금을 하라고 조금 보태주고, 신협에 저축을 많이 했다. 입사하고 6개월이 조금 안 되는데, 추석 명절을 앞두고 상여금을 조금 주었다. 원래는 6개월이 넘어야 상여금을 주는데, 노동조합의 힘으로 상여금을 받게 되니 너무 좋아 그 돈으로 옷을 사서 고향으로 내려갔다. 그때 노동조합의 중요성을 알게 되었다.

그 후로 노동조합이 식당에서 농성하거나 교육이 있을 때는 빠지지 않고 참석했지만, 노동조합 사무실에는 수줍어서 들어가지 못했다. 노동절 행사 때 탈춤 공연 중에 양반들이 곰방대 물고 나와 거들먹거리면서 노동자들을 무시하는 장면이라든가, 노동자 역할을 하는 배우가 개새끼만큼도 대우를 못 받는 노동자들의 상황을 묘사한 노래를 부를 때면 너무 서글펐다.

> 서방님의 손가락은 여섯 개래요 / 시퍼런 절단기에 뚝뚝 잘려서
> 한 개에 오만 원씩 이십만 원을 / 술 퍼먹고 돌아오니 빈털터리네
> 야- 야- 야- 야- 야- 야- 야- 야-
>
> 사장님 네 강아지는 감기 걸려서 / 포니 타고 병원까지 가신다는데
> 우리들은 타이밍 약 사먹고요 / 시다 신세 면할 날만 기다린대요
> 야- 야- 야- 야- 야- 야- 야- 야-

언년이, 향자, 호자, 숙자, 점숙이, 연숙이, 광분이와 함께 '백마' 소그룹 활동을 했다. 정사과 친구들로 이루어진 소그룹 활동으로 모두 마음이 잘 맞았다. 겨울에는 한복을 곱게 차려입고 경복궁이나 창경궁으로 사진도 찍으러 다니고, 주말에는 관악산, 도봉산, 북한산 등으로 코펠과 버너를 갖고 다니면서 된장찌개에다 밥만 해서 상추쌈만 먹어도 꿀맛이었다.

79년 10월, 박정희 대통령이 사망하자 계엄령이 내려졌다. 독재자가 사망했으니 이제 민주화의 봄이 오려나 하는 기대로 학생들은 거리로 나섰고, 노동자들도 한국노총에서 궐기대회를 2박3일간 했다. 나도 이때 참가를 했는데 다른 사업장의 노동자들도 많아 우리들의 힘으로 민주화를 이루어 낼 것 같은 열기가 고조되고 있었다.

광주 소식

80년 5월, 현장에서 일하는데 광주에 피바람이 분다는 이야기를 들었다. 전화도 끊기고, 교통도 끊기고, 광주와의 연락 자체가 끊겼다. 언론에서는 광주에서

폭도들이 난동을 일으키고 있다는 내용으로 보도했다. 수많은 광주시민이 목숨을 잃은 것이 너무 안타깝고 미안한 마음이었지만, 당장 우리가 할 수 있는 일은 모금을 해서 광주로 보내는 정도밖에 없었다.

광주 모금 이후 방 지부장님과 박 부지부장님이 정화대상이 되어 수배를 당했다. 두 분은 노동조합 출입도 못했다. 그해 12월, 계엄사 합동수사본부에 노조간부 48명이 연행되어 조사를 받고, 그중 14명은 해고, 해고자 중 4명은 강제로 순화교육을 보냈다. 우리 부서에서도 차언년, 손성숙, 양승화 언니 등이 연행되었다. 회사에서는 낯선 사람이 현장을 순시하고, 사감으로 공수부대 출신이 오면서 기숙사도 더 엄해지고 살벌해졌다.

회사는 노동조합에서 요구하는 단체협약의 체결도 미루고 탄압을 일삼았다. 82년 5월 12일, 노조에서 채용한 김인숙 사무원의 출입을 막았다. 이에 조합장과 노조간부들이 회사 간부에게 항의를 하다가 내가 넘어졌다. 노무과 직원 이덕희와 비상계획과 한성민이 내 허리와 등짝을 발로 밟고 머리채를 쥐고 흔들어서 내동댕이치는 바람에 전치 2주의 진단을 받고 치료를 받았다.

같이 항의하던 김미숙과 영순 언니도 밟혀서 다치고, 옷이 찢어지는 수모와 온갖 욕설을 들었다. 그렇게 폭력을 당하고 난 후 나는 계속 등이 결리고 아파 그 후로도 침을 맞고 한방 치료를 받으면서 몇 년을 고생했다. 회사로부터 당한 것은 억울하지만, 노동조합을 지키려고 나섰던 행동은 후회하지 않았다.

82년, 노동조합에서는 우리가 처해있는 상황을 알리는 유인물 10만 장을 만들어 각 기관이나 시민들에게 배포했다. 그때 나는 박순자와 같이 영등포역에서 지하철을 타고 한 정거장 가서 내리고 또 다시 갈아타는 방식으로 유인물을 돌리면서 성북역(현 광운대역)까지 갔다. 공안원들에게 잡힐까봐 무서웠지만, 잘해야 된다는 사명감으로 끝까지 잘 돌리고 돌아왔다. 그러나 언년이는 유인물을 돌리다가 연행되어 조사를 받고 풀려났다.

농성 합류

82년 9·27사건이 났을 때 나는 향자 등 4명과 함께 3일간 휴가를 내 제주도 여행 중이었다. 여행을 마치고 추석 명절을 지내려고 고향으로 갈 배를 기다리며 제주도에서 사는 애란이를 만나려고 약속을 했는데, 어찌된 일인지 오지를 않았다. 이상한 생각이 들어 향자가 회사 앞에 있는 가게로 전화를 해보더니, '큰일 났다. 회사에 폭력사태가 일어나 지금 원풍의 상황이 난리'라는 것이다. 우리는 고향 가는 것을 포기하고 바로 회사로 왔다.

마지막 날, 농성 조합원들이 모두 운동장으로 뛰어나왔다. 운동장에 먼지가 뿌옇게 일었고, 많은 사람이 한꺼번에 뛰면서 가운데에 있었던 사람들이 넘어지고 쓰러지고 난리가 났다. 나도 같이 농성을 해야 한다는 생각으로 회사 안으로 들어가려는데, 경비실에서 못 들어가게 막았다. 유리창을 손으로 치니 안 깨졌다. 마침 바로 앞에 의자가 있어 의자로 경비실 유리창을 치니 박살이 났다.

앞에서 지키고 있던 회사 직원과 경비가 경비실로 뛰어가는 등 난리가 난 틈을 이용해 쪽문을 열고 운동장에서 농성하는 사람들에게 합류했다. 그때 유리창을 깬 것은 농성 조합원들과 함께 해야 한다는 생각밖에 들지 않아서였다. 당시 나는 눈에는 보이는 것이 없었다. 그래서 나도 모르는 사이에 그런 행동이 나온 것이다. 나중에는 유리 값을 물어주어야 한다는 생각이 들며 살짝 무섭기도 했다.

운동장에서 농성할 때는 남자들이 옆에 많이 있었다. 그들은 우리들을 해산시키러 온 구사대들이었다. 우리들은, '사람 살리라'고 소리도 지르고, 구사대들에게 '이렇게 폭력을 쓰는 것을 네 마누라도 아느냐? 이렇게 나쁜 짓을 해서 돈 벌어다 주면 마누라가 좋아할 줄 아냐?'면서 조롱했다. 너무나 억울했고, 버텨야한다는 생각에 악에 받쳐 하게 된 것이다.

나는 끝까지 끌려나오지 않으려고 스크럼을 짜고 운동장 바닥에 누워 농성하다가 맨 마지막으로 새벽에 끌려 나왔다. 폭력배 중에는 처음 보는 얼굴도 있었고, 깡패 같은 놈들도 있었다. 나는 새벽에 끌려 나와 양문교회로 갔다가, 거기서도 나가라고 해서 몇몇과 같이 지부장님 집으로 갔다. 지부장님 집에서는 죽을쒀 조합원들에게 먹였는데, 나는 굶지는 않았지만 같이 죽을 먹었다.

원풍과의 이별

농성을 할 때 아버지가 시골에서 올라오셨다. 당시 육촌오빠가 경찰이었는데, 그 오빠를 통해 오신 것 같다. 그래서 아버지와 그 오빠네 집으로 갔다가 시골로 내려가게 되었다. 시골에서는 형사들이 수시로 찾아와 작은아버지와 오빠들, 동창들에게 나에 관해 물어보는 등 난리를 쳤다고 한다.

그러다가 내가 또 시골에 내려갔는데, 형사가 왔다 갔다고 했다. 오빠는 '너 때문에 형사들이 와서 매일 어디 있는지 찾고, 네가 빨갱이라고 해서 아버지가 기절했었다'고 이야기했다. 뿐만 아니라 형사들을 초등학교 동창생들까지 찾아다니며 나를 감시했다. 동창들은 당시에는 모른 척했는데 내가 민주화운동 관련자로 명예회복이 되고 난 후인 몇 년 전에 만났을 때 '너, 82년에 형사들이 굉장했었다'면서 우리들 일이 잘 되었냐고 물었다.

10월 13일, 회사 정문 앞에 모여 머리띠를 두르고 구호를 외쳤다. 이때 갑자기 경찰들이 들이닥치더니 우리들을 남부서로 연행했다. 남부경찰서에 연행된 197명은 노동가도 부르고 '폭력배를 처벌하라'는 구호도 외치면서 항의했다. 경찰은 시끄럽게 하는 사람을 선별해 처벌하겠다고 엄포를 놓았다. 우리는 너무나 억울해서 울면서 애국가를 4절까지 불렀다. 남부서에서 하루 동안 조사를 받고 다음 날 풀려났다.

83년 초, 기숙사 짐을 정리하러 갔다. 혼자서 기숙사로 갔는데, 우리 방에는 모두 낯선 사람들만 있었다. 사람들은 앉아 있었고, 캐비닛도 쓰던 그대로 있었다. 짐을 정리하면서 슬프고 마음이 아팠다. '회사를 좀 더 다닐 수 있었는데…'라는 생각에 속이 상했다. 기숙사 짐을 갖고 내려오는데 하필이면 그날 비까지 추적거리고 내려 쓸쓸하기도 하고 마음이 착잡했다.

퇴직금을 정리하고, 신협 통장도 정리한 후 시골에 내려가 농사일을 돕다가 84년에 결혼을 했다. 결혼할 때 남편에게는 원풍에 다닌 것을 말하지 않았다. 결혼하고는 가게를 하면서 바빠 원풍모임에는 적극적으로 참여를 못하고 향자를 통해 소식을 듣고 있었다. 남편은 아이 낳고 나서 내가 원풍 모임에 나갈 때 비로소 원풍에 다닌 것을 알게 되었는데 별말은 없었다.

민 주 화 운 동 인 증 서

민주화운동 인증서를 받고나서는 나는 어디 가서도 큰소리칠 수 있다는 자신감이 생겼다. 그 동안 남들이 나를 빨갱이로 볼까 봐 숨기려고 했던 삶이었다면, 이제는 나라로부터 명예로운 인증서도 받고, 그때 내가 했던 행동이 틀리지 않았다는 인정을 받았으니 한층 떳떳해졌다고 할 수 있다. 사실 나는 그동안 주눅이 들어 다른 사람 앞에서는 원풍 이야기를 안 하고 살았다.

우리 시댁은 홍성에서 1919년 3.1운동 때 독립운동을 한 집안이다. 이때의 독립운동에 대하여 2005년 정부가 확인해 주었다. 시댁의 오대근 할아버지는 홍성장터에서 만세시위를 주도하다가 고초를 겪었다고 한다. 남편에게 '시할아버지는 독립운동을 하셨고, 내가 대를 이어 민주화운동을 한 것'이라고 하자, 빙그레 웃었다.

원풍은 나의 인생에 있어 희망이었다. 원풍을 다녔기 때문에 복잡한 사회현상을 바르게 보는 법을 조금이나마 알 수 있게 되었고, 세상을 바르게 사는 법도 배우게 되었다. 많이 부족하지만, 제대로 인생을 사는 법과 원칙을 배운 곳은 원풍밖에 없었다. 20대 때 원풍노동조합에서 공부했던 것들이 지금의 나를 있게 해주었고, 삶을 활발하게 살아가는 원동력이 되었다.

민주화운동 인증서는 그 동안 원풍에서 내가 가졌던 생각과 행동이 옳았다는 자부심을 갖게 해, 더 자신 있는 삶을 살 수 있도록 해주고 있다. 원풍에 다녔던 그 몇 년은 내 인생에서 이렇게 큰 비중을 차지하고 있다. 그렇게 소중하고 귀한 인연들이 모인 원풍동지회가 앞으로도 계속 영원하기를 바란다.

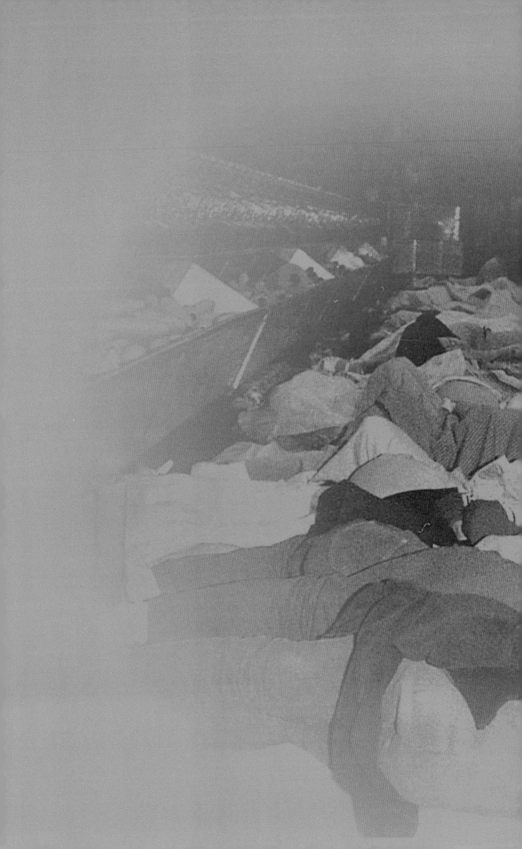

밀려오는
먹구름

078

노동조합의 귀중함, 해고된 후 깨달아

권점옥

_____1961년 경북 예천에서 태어났다. 1979년에 원풍모방에 입사하여 1982년 노조 대의원에 선출되어 활동했다. 1982년의 원풍노조 9·27투쟁 때 해고되었다. 정부로부터 민주화운동 관련자로 명예회복이 되었다. 현재는 주간보호센터에서 요양보호사로 일하고 있다.

쌀 한 말 머리에 이고 이불 보따리 들고 공장에 다니는 친구네 집으로 끼어 든 것은 중학교 졸업 후 바로였다. 미싱 바늘 만드는 공장에 다니는 친구를 따라 간 것이다. 그곳은 기계에 미싱 바늘을 정교하게 갈아야 하는 일이었는데, 다른 사람은 잘도 하는데 내가 손을 대면 다 태워먹는 바람에 애를 먹었다. 매번 야단을 맞으니 주눅이 들어 위축되었다. 더구나 모두 자기 밥숟가락을 옆구리춤에 차고 다니다가 식사시간에 식당에서 꺼내는데 그게 이상하게 싫었다. 여하튼 나하고 잘 안 맞았는지 오래 다니지 못하고 그만두어 버렸다.

다른 공장에 가야겠다고 작정하고 당시 시흥의 고모네 판잣집 다락방으로 들어갔다. 고모네 집이 공단 주변이어서 신세를 진 것이다. 그런데 만져본 게 미싱 바늘이었던 터라 봉제공장 시다 일을 찾으러 다녔는데, 나이가 많다고 퇴짜를 놓는 것이 아닌가. 그때 내 나이가 열일곱인가 여덟이었는데 나이가 많다니 도대체 몇 살이어야 미싱 시다가 가능하다는 건지 어이가 없었다. 알고 보니 시다는 초등학교 졸업도 겨우 하거나 말거나 열 두어 살에서 열다섯 아래 정도를 쓰는 것이었다. 결국 미싱 배우는 것은 포기하고 재단반에 가서 단추 구멍 뚫는 일을 하게 되었다. 그런데 새벽 2시까지도 일을 시키니 눈이 빠질 지경이 되어 그곳도 못 견디고 그만두었다.

원풍모방에서의 생활

그 후 전자공장에도 좀 다니다가 원풍모방에 입사하게 되었다. 1979년 3월 2일이었다. 3개월 훈련생 과정을 거쳐 직포과 준비계로 배치되었다. 직포과에 처음 들어서면서 '뭔 공장이 이렇게 커!' 속으로 외쳤다. 공장의 규모뿐 아니라 기계소리도 엄청 크고, 기계에 가려 사람은 보이지도 않아 더 놀랐다. 키가 휘청하니 멀대같은 남자가 부서의 담임이라 하고, 팔에 완장을 두른 여자가 반장이라며 뭔가 지시를 했다.

직포 준비부서는 와인다, 정경, 통경 세 개로 업무가 나뉘어져 있었다. 처음에는 지관에 실을 감는 일(와인다라고 했음)을 하다가 통경으로 배치되었다. 이 일은 실 넘버를 정확하게 찾아서 거는 게 무척 중요했다. 그게 잘못되면 직포과에서 잘못 짜져 불량이 발생하게 되어 난리가 난다고 했다. 그러나 손으로 하는 일은 신경을 잘 쓰면 되었지만 야간 일이 너무 힘들었다. 졸음 때문이었다. 한참 잠이 많을 나이이기도 했다. 기계 앞에서 나도 모르게 머리를 끄덕거리다가 언니들한테 혼나기도 했다.

한동안은 기숙사에 자리가 나지 않아 시흥의 작은집에서 3~4개월 출퇴근을 했는데, 버스가 미어터지게 복잡해서 그랬는지 멀미 때문에 고생을 했다. 기숙사에 들어가니 멀미를 면하게 되어 그게 일단 좋았다. 내가 들어간 방은 108호였다. 기숙사 안에 목욕탕이 있는 것이 너무 좋았다. 물을 길어다 쓰던 내가 아무 때나 더운 물이 펑펑 나오는 목욕탕이 기숙사 안에 있는 것을 보았으니 신기할 만도 했다. 맘껏 몸을 푹 담그고 씻고, 더운 물에 빨래하고, 겨울에도 얇은 이불 하나 덮어도 될 정도로 방도 따뜻했다. 처음에는 창가에 배치되어 창틈으로 바람이 많이 들어오긴 했지만 그래도 감지덕지였다. 신참이 들어가면 방문 입구나 창문 끝쪽에서 순서대로 자리가 배치되어 제일 고참이 한 가운데 자리를 쓰게 되는데, 내 순서는 창문 쪽이었던 것이다.

현장에서 일할 때는 가끔 하드를 사다 먹었다. 2시 퇴근반이 나가면서 사 들여보내주면 나중에 돈을 모아 계산했는데 딱딱 맞아 떨어지는 것도 신기해서 와하며 감탄했던 기억도 난다. 식당에서 티슈에 고춧가루를 조금 싸가지고 산에 갈 때 가지고 가 음식 양념으로 쓰거나, 간장에 섞어 밥 비벼 먹은 적도 있다. 재미있던 기억이 많지만 기숙사 생활 중 나로서는 좀 놀라운 광경을 보기도 했다. 여자들끼리 연애하는 것 같은 광경… 왜 저래? 속으로 중얼거렸다. 요즘은 언론에서도 많이 이야기가 되고, 다름을 인정해야 한다고 하지만 그때는 너무 낯설었다.

원풍모방은 여태 다니던 공장과는 분위기부터 달랐다. 일단 근무시간이 정확했고 8시간 일하는데 월급도 더 많았다. 공장 안에 신협이 있어 공동구매가 가능해 시중보다 훨씬 싸게 생필품을 살 수 있는 것도 너무 좋았다. 그러니 공장 안에 있는 안전한 신협에 저금하면 될 것을, 그때는 계가 유행해서 계모임에 들었다가 아뿔싸, 믿었던 계주 언니가 돈을 다 써버려서 돌려받느라고 애를 먹었다.

내가 입사한 그 해 10월에 박정희 대통령이 죽었다고 기숙사가 술렁술렁 했다. 그날 아침 6시에 출근하는데 뭐 임시대통령 어쩌고 하는 소리를 들은 것 같다. 아니 이게 무슨 이야기지, 했는데 나중에 보니 대통령이 죽었다는 것이다. 그때는 '박정희 대통령 덕에 우리가 밥 먹고 사는데 우리 대통령이 가시나보다' 싶어 마음이 안 좋았다.

얼 치 기 노 조 원

입사 후 일주일인가 되었을 때 식당에서 뭔가 행사를 한 것 같은데, 분위기가 밝고 힘찼다. 나중에서야 그게 노동조합에서 주최한 '근로자의 날' 행사였다는 걸 알았다. 입사 후 3개월 동안 직업훈련을 받는 중에 노조교육도 들어 있었다. 당시엔 뭔 소린지 알아듣지도 못했지만 교육 하는 박순희 부지부장(노조부지부장이었다는 것도 나중에야 알았다)을 보며, 어쩌면 여자가 저렇게 당당할 수 있을까 놀라웠다. 공장에서 여자가 노동자들을 교육하는 모습을 본 적이 없었기 때문에 강의내용보다는 키도 자그마한 사람이 어쩌나 우렁차고 강단 있어 보였던지 그것만 남는다. 그때는 그게 노조교육인지 회사교육인지도 몰랐지만, 그 전에 내가 보았던 여자들의 이미지와는 다른 신선하고도 강렬한 충격이었다.

노조에서 어디 참여하라고 하면 그냥 멋모르고 참석했고, 노조가 우리를 위해 일하는 것 같으니 지침을 잘 따르면 임금인상이 되나보다, 그런 정도였을 때다. 또한 동료들이 다들 참여하니 나도 참여했다. 언젠가는 노총위원장인가 하는 사람에게 〈노총가〉 한번 부르라고 하니 〈산토끼〉를 불러 노총위원장이 〈노총가〉도 모르냐며 와글와글하던 기억도 한 조각 떠오르는데, 그 장소가 노동부였는지 노총이었는지 가물가물하다.(나중에 알고 보니 80년 광주항쟁이 일어나기 직전 민주노조들이 노총회관을 점거하고 농성하던 장면이었다)

노동조합의 소그룹 활동도 영금이랑 같이 하긴 했는데 잘 기억이 안 나고, 영등포산업선교회도 다녔는데 그것도 크게 의식이 있어서 활동한 것 같지는 않다. 솔직한 고백인데, 원풍모방에 다니는 동안 나는 노동조합을 제대로 몰랐고, 그저 좋아서 흘러 다녔다. 집회를 하거나 사건이 일어나도 내용이나 의미도 잘 몰랐다. 다른 곳보다 좋은 환경에 만족하며 일하고, 어울려 즐겁게 노는 평범한 생활을 했을 뿐이다.

그런데 9·27투쟁에 나도 참여하게 된 것이다. 나로서는 정말 느닷없는 사건이었다. 나는 앞에서도 말했듯이 그런 정도의 의식수준이었는데, 우리 부서에 워낙 사람이 없었던 것인지, 내가 사람들과 잘 어울리니 키우려고 그랬던 것인지 82년에 부서 대의원으로 뽑혔다.

사건이 벌어지던 날, 나는 6시에 출근해서 일하고 있었다. 그런데 9시에 주간출근반이 들어오면서 웅성웅성 하는 분위기가 확 퍼졌다. 아마 휴일 동안에 박순애 부조합장과 이옥순 총무에 대한 해고 공고문이 붙은 때문이었을 것이다. 뭔 일이 터질 것 같은 불안함이 있었는데 퇴근시간쯤 되니 "식당이 폐쇄됐다!"라는 고함소리가 들리고, '퇴근반은 모두 정사과로 모이라'는 전달을 받았다. 이어 상집간부 심현숙이 쫓아와 조합장이 감금됐다고 말해 주어 대의원인 나는 조합원들에게 비상상황임을 알렸다. 콩닥거리는 가슴으로 퇴근하자마자 노조로 달려갔지만, 사무실은 이미 폭력배들이 장악하고 있었다.

농 성

그렇게 농성이 시작되었다. 출근반과 퇴근반이 번갈아가며 농성을 하는 동안 처음엔 주전자를 들고 식당으로 보리차물을 가지러 가기도 했다. 식당의 대형 물통에 보리차를 가득 끓여 놓으면 각 부서마다 양성공들이 큰 주전자를 들고 와 부서원들이 먹을 물을 받아가곤 했다. 나는 일부러 나가 식당 옆 노조 사무실에 남자들이 진을 치고 있는 상황을 살펴보았지만, 어찌지도 못하고 주전자만 들고 왔다 갔다 했다. 그것도 곧 못하게 되었지만…. 한번은 회사 측에서 뭔가 먹을 것을 가지고 왔는데 집행부가 거부했다. 단식 4일째가 아니었나 싶지만 기억이 정확하지 않다.

농성현장은 난리북새통이었다. 회사가 보낸 "당신 딸이 남자들과 혼숙하고 있으니 빨리 데려가라"는 등의 거짓 전보를 받고 아버지나 형부, 오빠가 찾아오기도 했다. 심지어는 "당신 딸이 임신했다"고도 했다니 도대체 농성 닷새 만에 임신하고, 또 그걸 어찌 안다는 것인지 소가 웃을 노릇인데도 놀란 가족들은 달려왔다.

나는 다행히 농성 중일 때 찾아온 사람이 없었다. 그리고 이상하게 별로 두렵지 않았고, 사흘 지나니 배속에서도 포기가 되는지 배고픈 것도 견딜만 했는데, 영금이는 옆에서 계속 먹는 이야기를 했던 기억이 난다. 농성 중에 생리가 터져 버렸는데 팬티를 못 갈아입으니 죽을 노릇이었다. 그 사건으로 몸도 충격을 받았는지 그 후 6개월 간 생리가 나오지 않았다.

최후의 날, 600여 명의 동료들이 온갖 강압적인 수법으로 끌려 나갔고, 마지막까지 버티던 동료들도 한밤중에 공장 운동장으로 나와 한 덩어리가 되었다. 폭력배들이 야수처럼 달려들어 끌어내는 통에 떨어지지 않으려고 서로를 꽉 끌어안고 있었다. 그러나 닷새나 굶은 여성 노동자들이 힘 센 남자들의 폭력을 당해낼 수는 없었다. 한 순간 나의 사지가 번쩍 들렸다. 그 와중에 발로 어떤 놈의 가랑이를 걷어찼더니 "이년이!"라며 성질을 부렸다.

팽개쳐진 곳은 식당 뒷문 밖이었다. '에잇, 모르겠다'하고 한길에 뻗고 누웠다가 정신을 차려 다시 공장 앞으로 뛰어가긴 했는데, 기억이 오락가락한다. 정신을 차리고 보니 한독병원에 누워 있었다. 필름이 끊어진 것처럼 어떻게 된 건지 모르겠고, 바로 영등포산업선교회에 합류했다.

해 고

영등포산업선교회에 있는 동안 결국 우리 가족도 나를 찾아 올라왔다. 어느 날 계단을 내려가다 보니 배가 부른 큰언니와 고모가 얼핏 보이는 것이다. 얼른 옆에 있던 누군가에게 나 찾으면 없다고 해달라고 말해놓은 후 숨어버렸다. 그러나 그날만으로 피해진 게 아니었다. 당시 여기저기 교회나 집회장에 원풍사태를 알리는 유인물을 들고 다니며 활동하던 중 어느 날 새문안교회에서 열리는 기도회에 갔는데 아버지와 작은언니가 와 있었다.

면사무소의 호적계장이 같이 가겠다는 것을 아버지가 '내가 데리고 갈 테니 기다리고 있으라'고 설득해서 청량리 어딘가에 떼놓고 왔다고 했다. 일단 아버지를 따라 작은집으로 가서 실랑이를 하다가 결국 고향행 버스를 타야 했다. 청량리에서 대기중이던 면서기는 저 혼자 따로 내려갔다. 고향집에 도착하니 5분도 안되어 경찰이 왔다. '왜 왔냐'는 나의 항의에 형사는 '거기(산업선교회)가 뭐 하는 곳이냐'며 되레 물었다. 그것도 모르면서 나를 왜 찾아다니느냐고, 도대체 내가 뭘 잘못한 건데 이렇게 괴롭히느냐고 악을 써댔지만 소용이 없었다. 동네사람들이 수군대어 공연히 무슨 죄라도 지은 사람이 된 것 같아 억울하고 분했다.

도망치듯 다시 영등포로 올라왔고, 먹고 살아야 하니 공장을 전전하기도 했는데 원풍모방과는 달라도 너무 달랐다. 노동조합이란 말은 입 밖에도 꺼낼 수 없으면서 주로 남자 얘기만 하는 게 안타깝게 느껴졌다. 관리자들이 부당하게 대해도 항의 한번 할 줄 모르고, 주는 대로 받고 시키는 대로 일하는 것이었다. 퇴직금이 있느냐고 물어보면 고개를 흔들었고, 달라고 해봤느냐고 물어도 고개를 저었다.

비로소 원풍모방이 노동조합을 통해 조합원의 권익을 어떻게 보호하고 있었는지, 어떤 위치에 있었던 것인지, 노동조합이 무엇이었는지 제대로 보였다. 원풍모방 이전에 내가 일했던 공장들과, 원풍모방 이후의 공장들이 노동자들을 대하는 행위가 착취라는 것을 선명히 깨달았다. 옳고 그른 것을 분별하는 눈이 뜨인 것이다. 원풍모방 안에 있을 때는 노동조합이라는 온실 안에 곱게 자라는 화초처럼 집행부를 믿고 따르기만 했다. 노조가 무엇을 위해 존재하는지, 노조를 지키려면 어떻게 해야 하는지, 왜 다른 공장은 그렇게 열악한데도 노조가 없는지 애써 알려고 하지도 않았고, 그냥 그렇게 사는 게 당연했을 뿐이었다.

그런데 어떤 이유로도 설명될 수 없는 폭력을 직접 겪고 보니 많은 것이 선명해졌다. 한 귀로 들었던 노조교육에서의 강의가 다시 되새김되기까지 했다. 어디에 대고 뭐라 말해야 될지 모를 울분이 차올랐다. 아무도 들어주지 않고 아무도 해결해주지 않은 채 백주대로에 강도당한 사람처럼 어안이 벙벙해지고 보니 뭔가 보였다. 우리를 지키려면 우리가 뭉쳐야 하는 그 이유.

위로가 되는 것은 해고된 원풍 친구들과 가끔 등산도 가고, 어쩌다 나이트도 한번 가는 거였다. 그때 나이트에 가면 손님들을 한 차례 물갈이하려고 경찰이 온다고 거짓으로 소리를 질러 모두 내보내기도 했다. 그래서 따졌다. 왜 몇 시까지 한다 해놓고 나가라 하느냐, 경찰이 오면 어떻다는 것이냐, 우리가 뭐 잘못했느냐? 악에 받쳐 있던 때라 겁이 없었다.

깊은 인연

결혼 후 남편이나 시댁 식구들에게 원풍 이야기는 할 수 없었다. 원풍 모임에도 몰래 다녔다. 어느 날 외출했다가 돌아오니 장롱 아래 숨겨놓고 보던 원풍회보를 남편이 발견하고 다 펼쳐놓아서 한바탕 다투기도 했다. 그러다가 원풍노조 활동을 민주화운동으로 인정받아 국가로부터 민주화운동 명예회복 인증서를 받았다. 그 증서를 받았을 때 '아, 이제 나한테 뭐라 할 사람은 없겠구나'라는 생각이 제일 먼저 들었다. 대한민국정부가 우리를 빨갱이가 아니라 민주화운동을 한 공로자로 인정한 것이니까.

원풍에 있을 때 노동조합 활동을 열심히 한 것도 아니고, 대의원이 되긴 했지만 열성적으로 일도 못했는데 왜 수십 년이 지나도록 나는 그들과 함께 하고 있는 것일까? 아기를 데리고 모임에 참석했다가 애가 감기가 들어 고생한 적도 있고, 남편 눈치를 보며 모임에 참석하고, 원풍회보를 감추어놓고 보면서도 왜 그들과 함께 했을까? 9·27사건 때 왜 그렇게 고생을 하고, 아버지와 언니들이 집으로 가자고 했는데도 왜 안가겠다고 버텼을까?

돌이켜보면 그때는 무조건 동료들과 같이 있어야겠다고 생각했던 것 같다. 그 일을 함께 겪고 함께 싸운 우리가 헤어질 수는 없다는 생각, 당시 핸드폰도 없던 시절이라 연락할 곳도 마땅치 않은데 혼자가 되면 안 되겠다는 생각이 컸다.

그 인연은 깊게 이어졌다. 그때의 우리들보다 더 나이가 많은 내 아들과 정방에서 일했던 김두숙의 딸이 원풍 자녀모임에서 만나 혼인으로까지 이어진 것이다. 원풍 자녀모임에서 탄생한 두 번째 커플이다. 부모의 35년 인연이 자녀의 인연으로까지 이어졌으니 이보다 더 좋을 수가 없다. 내 어깨를 내가 토닥인다. '점옥아, 그래 너 잘 살아왔어!'

079

엄마의 품 같았던 그곳

김 광 분

_____1959년 충남 당진에서 여섯 남매 중 둘째로 태어나 1979년에 원풍모방에 입사하였다. '멧 돼지,' '백마' 소그룹 활동을 하며 사회의식을 키웠다. 1982년 9·27폭력사건으로 해고를 당한 후, 블랙리스트로 인하여 취업을 하지 못했다. 2007년에 민주화운동 관련자로 명예회복이 되었다.

2007년 봄 어느 날 향자에게서 편지가 왔다. 나를 애타게 찾느라고 힘들었다는 내용과 민주화운동 명예회복에 관한 이야기가 씌어 있었다. 향자의 편지를 받고 나는 잃어버렸던 이산가족을 찾은 그런 기분이 들면서 너무 좋고 행복해서 가슴이 설렜다. 원풍이 모임을 계속하고 있다는 생각은 전혀 못했다. 남편이 다니던 회사가 지방으로 이전하면서 나도 남편을 따라 아산 바닷가 사택으로 이사를 하게 되어 원풍에 연결되었던 끈을 놓쳐버린 것이다.

다 시 찾 은 인 연

2007년 명예회복 신청을 하라는 연락을 받고 여러 가지 생각으로 머리가 복잡했다. 원풍을 나오고 나서 그동안 활동도 제대로 못 했고, 그래서 미안한 생각에 고민하다가 용기를 내어 민주화운동 명예회복에 필요한 서류를 받으러 신길동에 있는 원풍 사무실을 찾아갔다. 실무를 맡고 있는 언니가 명예회복에 필요한 서류를 한 보따리 챙겨주면서 그동안 어떻게 살았는지 안부를 물었고, 나는 너무 반가위서 눈물이 핑 돌았다. 몇 십 년 만에 만나는 간부 언니들이 어제 만났듯이 낯설지 않아 고향에 온 것 같은 안도감이 들었다.

명예회복에 필요한 서류를 떼려고 관공서에 갔는데 실무자가 안 된다고 한다. 양승화 언니에게 전화하여 언니가 그 직원에게 설명을 하고 나서야 서류를 준비해서 명예회복 신청서를 접수할 수 있었다.

명예회복을 신청하고 그해 가을에 민주화운동 명예회복 인증서를 받았다. 생활지원금은 남편의 수입이 최저생계비 기준을 넘었기 때문에 받지 못했지만, 명예회복 인증서를 받은 것만으로도 하늘을 날 것 같은 기분이었다. 명예회복이 된다는 것은 생각도 못했는데 겨우 종이 한 장에 불과한 그 증서가 뭐라고 그렇게 좋을 수가 없었다. 지난 시간 탄압받고 주눅 들어 살아온 서러운 울분이 그 종이 한 장에 다 풀리는 느낌이었다.

그러나 명예회복 인증서를 받을 수 있도록 도와주신 원풍 집행부를 생각하면 그저 미안하고 죄송스럽기만 했다. 나 혼자라면 명예회복을 해보려고 꿈이나 꿀 수 있었겠는가? 그것이 원풍에서 다시 친구도 만날 수 있게 해주고, 언니들도 볼 수 있게 연결해준 좋은 인연의 끈이라고 생각했다.

남편은 결혼할 때 내가 원풍모방에 다닌 것을 알고 있었다. 남편이 다니던 회사도 민주노총 소속이라서 노동조합의 중요성을 잘 알고 있었고, 원풍이 전설적인 노동조합이라는 것도 가끔 이야기했다. 남편은 우편으로 배달된 민주화운동인증서를 보고 '정부에서 이런 것도 주냐'며 역시 원풍이라고 흐뭇해 했다. 나는 "당신 회사 노동조합하고는 비교할 수가 없지. 급수가 다르거든!"하면서 남편에게 으스대기도 했다. 아들은 대학 다닐 때는 민주화운동 인증서를 잘 모르는지 별말이 없다가 취업하면서 생각이 달라져 "엄마가 열심히 살았네요"하면서 뒤늦게 축하했다.

2010년, 국가배상 민사소송을 할 때도 승소할 거라고는 생각을 못했다. 국가를 상대로 소송을 한다는 자체가 버겁게 느껴졌고, 그동안 정부에서 보여준 행태는 늘 우리에게 불리하게 작용되었기 때문에 크게 기대를 안 하고 있었다. 그런데 승소해서 배상금을 받게 되자 말로 표현할 수 없는 벅찬 감동이 밀려왔다. 그러면서 지금도 원풍에서 앞장서서 고생하는 언니들을 봐서라도 열심히 살아야겠다는 생각을 했다.

공장 노동자가 되다

나는 충남 당진에서 6남매 중 둘째로 태어났다. 아버지가 자기 부모로부터 물려받은 유산이라곤 손바닥만 한 밭떼기가 전부였다. 언니는 일찍이 객지로 나갔고, 내가 부모님을 도와서 담배농사를 지었다. 담배는 정부로부터 전량 수매를 확실하게 보장받는 작물이어서, 손이 많이 가고 힘들어도 가진 것 없는 사람들은 담배농사를 많이 할 수밖에 없었다. 우리 집의 담배 일이 끝나면 근처 담배농사 하는 집에 동네 언니들이랑 5명이 조를 짜서 돌아가며 일을 다녔고, 그렇게 받은 품삯은 집안 살림에 보탬이 되었다.

그렇게 농사일을 하면서 지내다가 79년에 원풍에 입사하게 되었다. 작은 회사인 줄 알았는데, 규모도 매우 크고 여직원들이 너무 많아서 놀랐다. 정사과에 배정을 받아 수습기간이 끝나고는 고참들이나 하는 연사공정을 바로 맡아서 일했으니, 내가 좀 일은 잘 하지 않았나 생각된다. 다른 사람들은 야근하는 것이 힘들다고 하는데 나는 야근이건 뭐건 회사일 자체가 힘들지 않고 너무 좋았다. 시골에서 힘들게 농사지었던 경험에 비하면 회사일은 8시간씩 정해진 일이라서 덜 힘들게 느껴졌기 때문이라고 생각된다.

쉬는 날은 친구들이랑 딸기밭, 포도밭, 배 과수원으로 놀러 다니기도 했고, 가끔은 언니네 자취집에 가서 빈대떡을 잔뜩 해 왔다. 그리고 달걀을 두 판씩 사다가 양동이에 담아 스팀으로 익혀서 기숙사 방 식구들이나 친구들과 맛있게 나눠 먹던 기억도 난다. 기숙사 강당에서 친구들이랑 맘 놓고 수다도 떨고 텔레비전을 보기도 했다. 시간이 나면 친구들과 음악다방이나 나이트클럽도 다니곤 했는데, 나는 숫기가 없어서 춤추고 놀기보다는 노래를 듣고 즐기는 축이었다. 나는 노고지리의 〈찻잔〉이라는 노래를 좋아했다. 이 노래를 들으려고 음악다방을 드나들다가 길에서 머리를 길게 늘어뜨린 배철수를 보기도 했다.

입사 다음해에 기숙사에서 바자회를 열어 이웃돕기 성금을 마련하기로 했으니 물품을 준비하라고 실장 언니가 이야기했다. 나는 자수 작품과, 뜨개질을 해서 이불을 만들어 냈는데, 내가 만든 것이 너무 예쁘고 맘에 들어서 안 팔렸으면 하는 마음도 들었다. 그런데 두 작품이 모두 팔려서 아쉽기는 했지만, 내 솜씨를 인정받은 것 같아서 기분이 좋았다.

이렇게 세상물정 모르고 청춘을 즐기고 있는데, 향자가 나를 노동조합으로 데리고 갔다. 약간 어색하여 문을 반쯤 열고 사무실 안을 들여다보자 지부장님이 왜 안 들어오냐고 채근했다. 처음 가본 노동조합 사무실이었지만 지부장님도 노동조합도 정말 좋았다. 그렇게 노동조합을 알게 되었다. 나는 향자를 포함해서 정사과 부서원들과 '멧돼지' 소그룹을 만들어 활동했다. 소그룹은 산업선교회에도 가고 노동조합 교육도 받으면서 노동자로서 어떻게 살아가야 하는지를 알게 되었다. 노동조합에서 임금인상 투쟁을 할 때 우리가 요구했던 만큼 인상이 안 되면 마음이 아프고 속도 상하면서 생각이 복잡해지기도 했다.

탄 압 받 는   노 동 조 합

1980년 5월 18일, 광주에서의 민주항쟁으로 수많은 사상자가 발생하자 우리 노조에서는 광주를 위하여 모금했다. 언론에서는 폭도들이 시위를 선동했다며 이들을 '빨갱이'로 모는 뉴스를 내보내고 있었다. 기숙사의 같은 방 언니가 친척한 분이 광주항쟁으로 목숨을 잃었다고 했다. 그 언니는 광주 이야기를 하면 말을 제대로 잇지 못할 정도로 흐느끼는데, 몸과 머리가 분리된 시체들도 많았고, 금남로에는 피비린내가 가득해서 다닐 수가 없었다고 했다. 텔레비전 뉴스를 보면서 반신반의했었는데, 이때부터는 언론은 믿을 것이 못 된다는 것을 확신하게 되었다.

광주민주항쟁이 끝나고 얼마 안 있어 우리 노조의 방용석 지부장님과 박순희 부지부장님이 노동계 정화 조치로 다시는 노동조합에서 볼 수가 없었다. 들리는 이야기로는 지명수배가 내려졌다고도 했다. 누구보다도 우리에게 믿음을 주었던 지부장님이 구속되면 안 되는데…, 이런 걱정으로 잠도 제대로 못 자고 속을 앓았다.

82년 9월 27일, 2시에 퇴근을 준비하고 있는데 노동조합 사무실을 폭력배들이 점거했다며 조합원들이 울고불고 난리가 났다. 우리 반 대의원인 차언년이 지금부터 퇴근하면 안 된다며 대기하라고 했다. 나는 노동조합 사무실 출입을 막고 있는 구사대를 보면서 이제 여기서 끝인가보다는 생각이 들었다. 상당 기간 결혼도 안 하고 정년퇴직까지 원풍을 다닐 생각을 했던 곳인데 이제 어떻게 하나, 하는 생각이 들었다.

첫날 정사과 농성장에서 부조합장인 승화 언니는 "여러분, 모두 밥을 못 먹어서 기운이 없고 힘들겠지만, 끝까지 농성에 참여해 달라. 회사와 정부는 노동조합을 파괴하려고 폭력배들을 동원하여 노동자들끼리의 싸움처럼 만들어서 우리를 탄압하고 있다. 이제 마지막 싸움이라고 생각하고 끝까지 싸우자"고 열변을 토했다.

나는 단식을 계속하면서 너무 배가 고팠지만 소금물을 먹으며 버티다가 구사대에 의해 개돼지처럼 끌려 나갔다. 마대로 서로를 의지해 끌려가지 않으려고 안간힘을 썼지만, 밥도 굶고 긴장하다 보니 한편으로는 겁도 많이 났던 생각이 난다. 4일째 되던 날, 정사과 현장에 전체가 모여 농성을 하던 중에 스팀을 강하게 틀어서 쓰러져 정신을 잃었는데 눈을 떠보니 누가의원이었다.

작업복 차림에 신발도 없이 팔에는 링거가 꽂혀 있었다. 병실에는 아무도 없었다. 나는 링거를 빼고 제기동의 언니네 집으로 갔다. 언니네 집에 가서 실신하듯 쓰러져 하루를 자고나니, 언니가 '너는 왜 그 몰골을 해서 거지꼴을 하고 왔냐'고 물었다. 내가 원풍의 상황을 설명하자, 언니가 다친 사람은 없냐고 물었지만 나는 농성현장이 생각나 막 울기만 했다. 지난 며칠 악몽을 꾼 것만 같았다.

원 풍 이 후 의 삶

원풍노조 9·27사건이 끝나고도 나는 시골집으로 안 가고 언니네 집에서 지냈다. 그런데 당진의 파출소에서 순경 2명이 시골집으로 찾아와 딸이 어디 갔냐며 엄마에게 물었다고 한다. 엄마는 순경에게 '내가 하고 싶은 말이다. 우리 딸이 어디에 있는지 알려달라'고 했다고 한다. '내 딸은 잘못한 것이 없다고 알고 있는데, 어디에 있는지 찾아내라'고 막 화를 냈더니 순경은 '딸이 잘못해서 그런 것이 아니라 확인 목적으로 왔다'고 하면서 '딸이 집에 오면 파출소로 알려달라'고 했단다. 내가 놀랄까봐 엄마는 그 이야기도 한참 지나서야 했다.

나는 9·27 이후 돌아가는 상황을 향자에게서 연락을 받고, 산업선교회에 가서 소식을 듣기도 하면서 지냈다. 그러다가 10월 13일 출근투쟁을 하려고 회사 건너편 강남성심병원 앞에서 만났는데, 느닷없이 닭장차가 와서 마구잡이로 차 안으로 집어 던져 연행했다. 남부경찰서에 잡혀가 애국가도 수없이 부르고 진술서도 쓰고, 그렇게 1박을 하고 풀려났다.

이후 간부들이 모두 구속되고, 승화 언니와 언년이도 고척동에 구속되었는데 직계가족 이외는 면회가 안 되었다. 하는 수 없이 승화 언니 부모님들이 면회 갈 때 같이 가서 면회실 문이 열리면 그 사이로 건강히 지내라고 소리치며 잠깐 얼굴 보고 오는 것이 당시의 일과였다.

9·27이 지나고 2개월쯤 돼서 나도 모르게 회사로 가는 버스를 타고 대림동에서 내렸다. 한참 만에 와보는 대림동인데, 우리가 끌려 나간 흔적은 어디에도 없고 세상은 아무 일도 없다는 듯이 돌아가고 있었다. 건너편에서 회사를 바라보는데, 정문 근처에 경찰차가 있었다. 사람 하나 없는 쓸쓸하고 적막하고 썰렁한 회사 풍경이 너무 슬펐다. 농성하던 일들이 떠오르고, 우리를 개돼지처럼 끌어냈던 상황들이 생각나면서 몸서리가 쳐졌다. 한참을 회사를 바라보다가 쓸쓸한 마음으로 발길을 돌렸다.

12월에 기숙사 짐을 정리하러 갔다. 우리 방의 다른 사람들은 짐을 다 가져가고 내 것만 남은 것 같았다. 짐을 다 싸서 방을 한번 둘러보고 기숙사 계단을 내려올 때 서러운 생각에 눈물이 핑 돌았다. 그 동안 나의 보금자리라고 생각했던 이곳을 다시 올 수도 없고, 앞으로 어디로 가야하나 하는 생각에 만감이 스쳐 지나갔다.

원풍에서 나온 후 생활이 어려워 빨리 취업을 해야 했다. 두 군데에 이력서를 넣었는데 안 되었고, 향자와 함께 면목동의 카오디오 만드는 회사에 들어갔다. 그러나 다른 사람들과는 어울리지 못해 원풍에서 같이 들어간 나와 현숙, 향자 셋이서만 어울려 다녔다. 점심시간에는 도시락을 싸가 아카시아 동산에서 셋이 만나 먹었다. 이렇게 원풍에서 해고되고 난 후 외로움을 달래며 지내고 있었는데, 느닷없이 인원 감축을 한다고 해서 3개월 만에 그 곳을 정리해야만 했다. 취업도 맘대로 안 되고, 교통비조차 없어 동지들이 보고 싶어도 갈 수가 없었던 그 시절이 가장 슬펐다.

힘들고 지쳤을 때마다

결국 취업을 포기하고 집으로 내려갔다. 어느 날 부모님이 무언가 푸념하고 계시기에 무슨 이야기를 하는지 엿듣게 되었다. '우리 집 딸들은 뭐가 부족해서 결혼을 안 하냐? 창피해서 동네를 못 다닌다'고 아버지가 엄마랑 이야기하다가 울고 계셨다. 부모에게는 자식이 결혼하는 게 효도라고 생각하고 84년 25세가 되던 해에 결혼했다. 신혼 시절 안양에 살 때는 결혼생활이 적응이 안 돼 대림동에 사는 향자네 집으로 갓난아이를 업고 자주 찾아갔다. 결혼생활의 애로를 하소연하는 등 향자에게 많이 의지하고 살다가 이사를 하면서 어찌하다가 향자와도 연락이 끊겼다.

몇 해 전 남편이 빚을 많이 져서 집안 경제가 엉망이 되어 생을 놓고 싶을 정도로 힘들었을 때 원풍을 다시 만났다. 지금은 원풍과 다시 만난 그 힘을 받아 살아간다. 원풍이 없었더라면 지금까지 살아 있기나 할까 생각을 해본다. 원풍은 언제든지 나를 안아주는 엄마의 품 같은 곳이다. 원풍을 떠올릴 때마다 늘 행복한 마음이다. 고향 친구들을 만나도 이렇게 달뜨는 기분은 아니다. 내 인생을 통틀어 가장 힘들었던 기억은 9·27사건으로 원풍 동지들 모두가 뿔뿔이 흩어졌을 때였고, 가장 기뻤던 것은 원풍을 다시 만난 때이다. 원풍이 지금까지 지속되는 것이 마냥 좋고 감사하다.

나는 지금 요양보호사로 도립병원에서 8시간 근무에 3일 일하고 하루 쉰다. 야간수당까지 포함해 월급이 130만 원으로 최저임금을 겨우 받는 셈이다. 식사도 제공을 안 해 도시락을 싸서 다닌다. 오늘의 요양보호사 근무환경이 35년 전 원풍에 비교할 수 없을 정도로 낙후되었다. 그러나 이 나이에 일할 수 있는 곳이 있다는 것만으로도 다행이다. 힘들고 지쳐 고단할 때마다 마음의 고향인 원풍 동지들을 만나 힘을 얻고, 그 힘으로 또다시 새로운 하루를 시작한다.

080

남편도 울고 나도 울었다

김 명 화 정사

_____1961년 충북 제천에서 태어나 1979년에 원풍모방에 입사했다. 원풍의 장학금으로 학교를 다니면서 소그룹 활동을 열심히 했다. 1982년 9·27폭력사건으로 해고를 당했다. 블랙리스트로 인하여 취업이 어려워지자 1984년에 결혼했다. 2007년에 민주화운동 관련자로 명예회복이 되었다.

　나는 민주화운동 인정증서를 받고 몇 십 년 동안 말 못 했던 과정들을 남편에게 이야기했다. 그리고 남편과 같이 울었다. 남편은 미안해서 울고, 나는 서러워서 울었다. 원풍에서 끌려 나왔던 그 시절이 너무 힘들었고, 형제들에게도 배신감이 들었다. 항상 막내라고 신경을 쓰더니 원풍에서 끌려 나온 후 자기들이 조금 힘들다고 동생 대우를 이렇게 할 수 있나, 라는 생각과, 결혼해서 시집에서 눈감고 귀 막고 견딘 세월이 생각나면서 감정이 북받쳐 올랐다. 시어머니의 시집살이와 오빠들에 대한 서운함 등 원풍에 다닌 것 때문에 참고 살았던 지난 날들이 머릿속에 스쳐 지나가면서 가슴에 묻어두었던 눈물이 터진 것이다.

　남편은 내가 원풍에 다녔던 것조차 몰랐기 때문에 나의 형제들과 시어머니가 심하게 하는 데도 그렇게 참고 사는 것이 희한하다고 생각했다고 한다. 맏동서는, 9남매의 막내로 있다가 시집을 왔는데, 시집에서 대우도 못 받고 시집살이를 해도 아무 말 없이 견뎌내는 나를 보면서 결혼 전 친정에서 얼마나 고생을 했느냐며 물어본 적도 있다. 쌀쌀맞고, 그렇게 유순하지 않은 것 같은데, 그 모든 걸 참고 견디며 사는 것을 보고 참 대단하다고 생각했단다.

공부를 위한 원풍 입사

나는 중학교를 졸업하고 서울 사는 오빠의 소개로 왕십리에 있는 거북벽지 공장에 입사했다. 그 공장에는 기숙사가 있었는데 비가 오면 방에 물이 새서 난리를 겪어야 했다. 그러자 먼저 원풍에 다니던 언니가 '거기서 고생하지 말고, 네가학교도 가고 싶어 하니 원풍에 입사하면 공부할 수 있을 거'라면서 권유했다. 나는 20살 되던 79년 7월에 원풍에 입사, 동기생들과 함께 훈련생으로 3개월간 교육을 받았다. 운동장 등나무 아래에서 만나 각 부서를 다니며 훈련생으로 교육을 받고 정사과 B반에 배치를 받았다. 먼저 입사한 바로 위의 언니는 정사과 A반에 있었고, 그 위 언니가 염색과 C반에 있었다. 세 자매가 한 직장에 같이 있으니외롭거나 힘들다는 생각은 안 들었다.

나는 원풍에 입사하자마자 꿈꾸어오던 한강실업고등학교에 입학했다. 월급을받으면 교복도 사고 책도 사는 등 주로 학교에 필요한 물품을 사는 데 썼다. 그때의 나의 목표는 공부를 더 해서 나중에 더 좋은 회사에 취업하겠다는 것이므로직장생활, 학교생활 모두 즐겁게 보냈다. 회사에서는 학생들에게 분기별로 100%장학금을 주어서 다행이었다. 당시 월급도 적었기 때문에 장학금이 아니었으면공부하기 힘들었을 거다. 당시는 삼성실업학교, 한강실업고등학교 등 야간 중고등학교가 많았는데, 회사는 기숙사에 공부방을 따로 만들어 주어 밤에 기숙사불이 꺼져도 언제든 공부할 수 있도록 편리를 봐주기도 했다.

옥순 언니는 공부방에 가끔 들려, 학생들이 장학금을 받게 되기까지 노동조합이 어떻게 노력했는지, 그리고 학교를 졸업하면 노동조합에 더 열심히 활동해야한다는 것을 강한 어조로 이야기했다. 또한 학생들이 받았던 혜택의 하나는, 수업 때문에 식사를 못하더라도 언제든지 눈치 보지 않고 식사를 할 수 있도록 배려했다. 학교가 끝나고 식당에 가면, 큰 그릇에 밥을 담아 놓고 누른밥도 먹고싶으면 먹을 수 있게끔 했다. 반찬도 몇 가지씩 챙겨 놓아주었다. 원풍에 다니면서 가장 감격했던 순간은 내가 고등학교를 졸업하게 된 것이다. 지금도 꿈꿨던고등학교를 졸업하게 해준 노동조합을 부모보다 더 감사하게 생각한다.

나는 입사하고 바로 기숙사에 들어갔는데, 원풍의 기숙사는 호텔이었다. 샤워장도 있고 공부방도 따로 있고, 사감이 공동체 생활을 잘 할 수 있도록 기숙사를 관리해서 만족스러웠다. 일하면서 공부하고, 주말에는 산업선교회에도 가 자연스럽게 부서 동기들이랑 '창공'이라는 소그룹을 만들어 활동하는 등 항상 바쁘게 생활했던 기억이 가득하다. 이옥순 언니가 방의 실장을 했는데, 방 식구들끼리 단합이 잘돼야 한다면서 매월 한두 번은 딸기밭, 포도밭 등으로 13명이 같이 어울려 다녔다. 노동조합의 행사나 일이 있을 때 방 식구 중 누구라도 참석하지 않으면 그날은 열정이 많은 옥순 언니로부터 혼나는 날이기도 했다.

정사과로 배정을 받고 바로 후배 양성공들이 들어오게 되어 청소는 오래 하지 않고 바로 실매듭을 잇는 것을 배워 권사에서 일했다. 기숙사에서 출퇴근할 때의 회사 풍경은 아름다웠다. 봄 소식을 가장 먼저 알리는 개나리, 이어서 피어나는 등나무 꽃, 울타리를 타고 피어있던 덩굴장미 등등. 복지도 좋아 경비실 옆에 있었던 미용실에서는 파마 500원, 커트 200원을 받은 것 같다. 또 신협은 공동구매할 때 많이 이용했고, 주말이나 명절 때는 친구들이랑 고향인 청풍에 자주 갔다. 일요일에는 산업선교회에서 그룹 활동을 하거나 예배를 드리기도 했다.

내 삶을 바꾼 원풍노조

1982년의 '9·27사건'은 나를 공포에 떨게 했다. 구사대들이 바리게이트를 치고 노동조합의 출입을 막기 시작했다. 현장에서 이틀 동안 일하면서도 일이 손에 잡히지 않았다. 그러다가 시간이 흐르니까 독한 마음이 생기면서 오히려 마음이 편안해졌다. 밖으로 끌려 나간다든지 밖에서 농성장에 못 들어온다는 것이 더 두려웠다. 농성장에서 가장자리에 있으면 끌려나갈까봐 중간에 들어가 있었다.

농성하면서 제일 힘들었던 것은 생리통이었다. 단식하고 그런 것이 힘든 것이 아니라 생리적인 현상이 힘들었다. 처음에는 생리대를 원활히 주었는데 2.3일이 지나자 생리대와 화장지가 떨어져 지급되지 않았다. 소변을 보러 화장실에도 못 가고, 화장실에 가면 구사대가 밖으로 끌어내니 그것이 힘들었지만, 함께 농성하는 것은 서로에게 힘이 되어 마음은 편했다.

농성 마지막 날, 폭력배들은 우리 한 명 한 명에게 4명씩 붙어 팔과 다리를 번쩍 들고 돼지 끌고 가듯이 나가 경비실 앞에 내던졌다. 그때 허리를 다쳤는데, 당시는 무서워서 아프다는 생각도 못 했다. 새벽 1~2시쯤에 그렇게 끌려 나와 무섭기도 하고 당장 갈 데도 없었는데, 당시 이선순 언니가 회사 앞에서 구멍가게를 하고 있어서 가서 문을 두드리니 열어주어 몇 명이 가게에 들어가 숨어 있었다. 그때 선순 언니가 배고플 텐데 먹으라며 준 빵과 우유로 배탈이 나 엄청나게 고생했다. 4박5일간 아무 것도 먹지 못했는데, 갑자기 빵과 우유를 먹게 돼서 그런 거 같았다.

그날 끌려 나오고 바로 추석이었는데, 집에는 갈 수가 없었다. 안순희의 집은 지하 방 한 칸에 오빠도 있어 불편하기는 했지만, 갈 데가 없어서 계속 거기에 갔다. 순희네 집에서 숙식 등 많은 도움을 받으면서 노동조합의 지시를 기다리고 있었다. 안순희는 같은 부서에서 근무하던 친구로, 매년 노동절 기념식을 할 때마다 탈춤을 잘 췄던 기억이 난다. 그때 탈춤을 통해 우리가 하고 싶었던 이야기를 했던 것은 지금 생각해도 아주 통쾌하고 시원했다. 지금은 연락이 끊겨 뭘 하는지 알 수 없지만, 늘 마음 한편에 그 친구로부터 도움 받았던 기억이 고마운 마음으로 남아있다.

며칠 후, 회사가 가동을 하고 있고, 사람들도 많이 들어갔다고 해서 사실인지 확인하려고 퇴근시간에 맞춰 회사 정문 앞에 가봤다. 내가 아는 애들도 여러 명 보였는데, 전혀 현장에 복귀할 거로 생각하지 않았던 전은희가 있어서 놀랐다. 경비실의 경비들이 삼엄하게 지키고 있어 퇴근하는 애들은 우리에게 눈길 한번 안 주고 기숙사로 올라가고 있었다. 경비실에서 복귀한 사람과 복귀 안한 사람을 철저하게 분리하며 막고 있고, 서로 얼굴은 볼 수 있어도 대화는 할 수 없는 분위기였다.

아 버 지 의   격 려

10월 13일, 출근투쟁을 하려고 대림성모병원 앞에서 만나 길을 건너다가 남부경찰서로 연행되었다. 거기서 풀려난 후 셋째오빠네로 갔는데, 오빠는 '너 때문에 회사에 압력이 온다'면서 원풍에 다시 들어가라고 했다. 나는 '우리 원풍 식구들이 다 들어가면 들어가지, 나 혼자 출근하는 일은 없다'고 대답했다. 며칠 후 나는 고향 청풍으로 도망치듯이 내려갔다.

고향에는 둘째 작은아버지가 우체국장으로, 넷째 작은아버지가 호적계장으로 계셨는데, '너는 빨갱이한테 물들어서 왔으니 김 서방네 호적에서 빼야 한다'면서, 넷째 작은아버지는 조카도 아니라며 매우 호되게 대하였다. 그러자 우리 아버지는 "내 딸이 왜 빨갱이냐? 그 애는 회사에 다니다가 피해를 본 당사자다"라며 걱정하지 말라면서 나를 믿어주셨다. 내가 원풍에서 해고를 당하면서 아버지가 풍으로 쓰러지셨는데, 나 때문에 신경을 많이 써서 그런 것 같아 죄책감이 들기도 하여 힘들었다. 지금 생각해도 죄송하다.

그렇지만 감시가 심해져 고향에 계속 있을 수가 없었다. 다시 성남에 있는 셋째언니네 집으로 와서 숨어 지내고 있는데, 사복경찰이 몇 번 왔다. 여러 번 형사가 찾아오자 언니는 "당신들이 계속 감시하는 것은 빨갱이를 만들려는 것 아니냐?"며 "나도 원풍에 다녔지만 원풍 사람들 빨갱이 아니다. 한번만 더 오기만 하면 그냥 안 있겠다"고 말을 독하게 했다.

언니 집에 있으면서 취업을 하려고 알아봤지만 쉽지가 않았다. 그러던 중에 동부버스터미널에서 고속버스 안내양을 모집한다고 오빠의 지인이 알려줘서 이력서를 냈다. 시험도 합격하고 마지막 면접만 남았는데, 나를 제일 먼저 부르더니 면접관이 나에게 여기 오기 전에 어디에서 일했냐고 질문을 했다. 아무 말도 못 하고 있었더니, 혹시 원풍에 다니지 않았냐고 묻더니 면접에서 탈락시켰다.

그 후 사진액자 만드는 곳에 취업했는데, 그곳에서도 6개월 정도 되니까 반장이 내가 원풍 다닌 것을 알게 되었고, 나중에는 아예 일감을 주지 않아 할 수 없이 사표를 냈다. 그리고 몇 개월 쉬다가 전자회사에 입사했다. 그 회사에서도 6개월밖에 못 다녔다. 그 다음에 제약회사에 입사하려고 갔는데 면접에서 떨어졌다. 그게 다 블랙리스트 때문이라는 것을 당시에는 몰랐다. 가는 곳마다 해고를 당하고 면접에서 떨어뜨리고 하니, 이제는 안 되겠다는 생각이 들어 지쳐 버렸다.

결 혼

성남의 언니네 집에 있으면서 조그마한 계를 들었는데, 곗돈을 내가 탈 때쯤에 계가 깨지면서 돈도 다 날렸다. 그런 상황이 되다 보니 살고 싶은 의욕도 없을 정도로 힘들었다. 모든 것을 잊고 싶기만 했다. 그때 큰오빠가 결혼하면 정부의 감시가 덜하다니 결혼을 하라고 했다. 그래서 언니 지인의 중매로 84년 11월, 24살에 결혼을 했다. 결혼해서 내 살림을 하면 눈치 안 보고 마음 놓고 살 수 있겠다는 현실도피적인 생각으로 결혼을 하게 된 것이다.

남편은 교도관으로 일하는 공무원이었다. 남편의 형제는 5남매인데, 시골 사는 시동생들이 서울에 올라와 취업하기 전까지 우리 집에서 지내며 내가 잘 챙겨야 한다는 것이 결혼조건에 있었다. 시동생들과 몇 년씩 같이 지내도 힘이 안 들었던 것은 여기저기 눈치 안 보아도 되어 몸은 힘들어도 정신적으로 편했기 때문이라고 생각한다. 나는 결혼 후 취업하는 것이 두려워 남편이 벌어다 주는 돈으로 살림만 하면서 다시 사회로 치고 들어가려는 것을 포기했다.

그 동안 남편에게는 원풍 다닌 것을 말하지 않았다. 나는 경찰이나 교도관은 다 같은 부류라는 생각이 들어서 일부러 고백해 불행을 자초할 필요가 없다고 생각해서 말하지 않았다. 남편이 내가 원풍에 다닌 것을 알았을 때는 2007년 민주화운동 명예회복을 위한 서류를 준비하면서였다. 남편은 왜 이제까지 이야기 하지 않았느냐고 물었다. 그래서 남편에게 '나는 떳떳하지만, 알아서 좋을 것이 없을 것 같아 말하지 않았다'고 했다.

남편은 지난날을 돌아보면서 '이제 와서 생각해보니 결혼해서 얼마 안 되어 퇴근할 때 항상 같은 사람이 집까지 따라온 적이 여러 번 있었다'고 했다. 그 사람은 남편이 집에 들어가는 것을 확인하고 돌아가는 일이 한 동안 있었는데, 민주화운동 인증서를 보고 나서야 그때 그래서 나를 감시했던 거라고 남편은 추론했다.

결혼 후 원풍과의 관계는 거의 끊어졌다. 경기도 부천에서 셋방을 살았는데, 전화를 신청하면 1~2년을 기다려야 전화를 놓을 수 있었다. 친구들과도 거의 연락이 닿지 않았다. 그러다가 사돈인 최애순에게서 연락을 받고 25년만인 2007년에 다시 원풍 사람들을 만나게 되었다. 그때부터라도 다시 모임에 참여하게 된 것을 정말 잘했다고 생각한다.

촛불을 들다

내가 원풍에서 활동했던 것을 알게 된 아들은 '우리 엄마가 민주화운동을 했던 사람'이라며 친구들에게도 자랑도 하고, 회사에 가서도 이야기한다. 아들이 다니는 직장의 대표가 민주화운동에 관심이 많은 사람이라서 아들은 나의 민주화운동 인증서를 스마트폰으로 찍어 보여주었다고도 한다. 아들과 남편, 그리고 그 회사대표까지 2016년 겨울 촛불집회에 빠지지 않고 다녔다. 남편은 가장 적극적으로 다녀 웬만한 모임은 촛불집회 있는 날이면 광화문에서 잡았다.

남편은 최종 판결이 나기 전까지는 시댁 식구들에게 나의 민주화운동에 관련하여 이야기하지 않고 있다가, 승소하여 배상금을 받고 난 뒤 가족들에게 "내 아내가 이렇게 고생하면서 살았다. 나도 몰랐었는데 이제야 알게 되었다. 저 사람도 다 속이 있어서 그랬지"라며 내가 고생한 이야기를 자랑스럽고 떳떳하게 했다. 시댁 식구들이랑 친정 식구들이랑 여름 휴가철에 만나는 모임이 있는데, 거기에서 조카들을 만나면 '너희 고모가 얼마나 훌륭한지 아느냐'며 남편은 아내 자랑하기에 바쁜 팔불출이 되었다. 시댁 식구들도 이제는 나를 다른 눈으로 보게되었다. 지금은 나보다 남편이 더 민주화운동 인증서를 아주 귀중하게 여기고있다.

원풍에서 근무했던 기간은 내 인생에서 가장 행복했고 뿌듯했던 때였다. 2007년 원풍 모임에 와 민주화운동 관련자 신청에 필요한 서류를 한 보따리 받아서읽어보고는 '선배들이 긴 시간 너무 고생을 많이 했다, 얼마나 힘들었을까?' 이런 생각이 들면서 나 자신이 너무 부끄럽게 생각됐다. 선배님들이 이끌어 준 덕분에 원풍을 통해 떳떳한 삶을 살 수 있었다고 생각한다. 나도 원풍의 정신을 살려작은 힘이라도 필요로 하는 곳에 열심히 참여할 것이다. 오늘도 내가 사는 지역에 봉사활동을 하는 날이라 아침부터 분주한 마음이다.

081

왜곡된 역사로부터 명예회복

김 명 화 전방

_____1960년 제주 애월읍에서 맏딸로 태어났다. 공부를 하고 싶어 서울 구로공단 공장을 거쳐 1979년 가을에 원풍모방에 입사했다. 공부를 하며 소모임 활동을 하던 중 1982년 9·27폭력사건 때 해고당했다. 2007년 정부로부터 민주화운동 관련자로 인정되어 명예회복이 되었고, 2018년 국가배상 소송에서 승소하여 피해배상을 받았다 .

나는 제주도에서 5남매 중 맏딸로 태어났다. 열 살 때 아버지가 돌아가시고, 어머니는 재혼하여 우리 5남매는 할머니 슬하에서 자랐다. 그런 환경에서 어쩌면 중학교를 졸업한 것만도 다행이었지만, 고등학교에 가서 공부하고 싶었던 꿈을 좀처럼 포기할 수가 없었다.

1977년, 나는 열일곱 살 때 집을 떠나 서울로 돈 벌러 갔다. 구로공단에 있는, 제주도 사람이 운영하는 공장에 들어가면 돈을 벌며 야간고등학교에 다닐 수 있다는 소리를 들었다. 공부를 할 수 있다는 말에 귀가 쫑긋하여 고향 언니에게 부탁하여 옷 보따리를 챙겨 들고 무조건 따라나선 것이다. 구로공단 YKK 지퍼 제조공장이었는데 기대했던 것보다 임금이 적었고, 야근 연장근무 때문에 시간도 여의치 않아 고등학교 공부는 시작조차 못한 채 2년을 보냈다.

배 움 의 터 전 을 찾 아

당시 원풍모방에 다니는 제주도 사람이 있었는데, 그에게 원풍모방에서 공원을 모집하면 연락해 달라고 부탁했다. 원풍모방이 월급과 상여금이 많고, 근로조건이 좋다고 소문이 나 있었기 때문이다. 무엇보다 공부하는 사람에게 장학금을 준다는 것이다. 이제나 저제나 기다렸는데, 1979년 가을에 연락이 왔다. 3개월 동안 직업훈련생 자격으로 근무를 하고, 방적과 전방으로 배치되었다.

배움에 대한 열망이 강했던 나는 입사하자마자 학교에 갈 수 있는 방법을 알아보았다. 수소문 끝에 전방에서 같이 근무하며 기숙사의 한 방에서 지내던 이종순과 나란히 수도여자고등학교 부설 방송통신고등학교에 입학했다. 기분이 굉장히 좋았다. 당시 방송통신고등학교 수업 방송은 새벽에만 들을 수 있었다. 방 식구들이 잠을 자는 시간이어서 카세트 라디오를 들고 복도에 나가 방송을 들으면서 녹음하며 공부를 했다.

겨울에는 복도가 추워서 이불을 뒤집어쓰고 방송을 들어야 했다. 공동생활 공간에서 생활하다 보니 조용하게 방송을 들으며 공부할 수는 없었지만, 소원이던 고등학생이 되어 공부할 수 있다는 것만으로도 즐거웠다. 더군다나 회사로부터 받는 장학금으로 등록금을 낼 수가 있어 경제적 부담이 없어 더욱 마음 편히 공부할 수가 있었다.

1980년 초에 소모임에 가입했다. 전방 작업장은 물론 기숙사 우리 방 식구들은 거의 소모임 활동을 하고 있어 자연스럽게 가입하게 된 것이다. 소모임 이름은 '하얀'이었는데, 나름 열정적으로 활동을 했다. 꿈을 이루어가는 과정이었으니 방송통신고등학교는 학교대로 뿌듯한 심정으로 공부를 했고, 소모임은 소모임대로 사회와 정치, 노동인권, 시사 등을 재미있게 배웠으니 둘 다 놓치고 싶지 않았다. 원풍노조에서 활동했던 때는 어느 것 하나 버릴 것이 없었던 시절이었다.

국 가 폭 력 에   빼 앗 긴   배 움 의   터 전

1980년 5월, 초여름의 빛깔처럼 연두색 꿈을 키워가던 시절이었다. 전두환 신군부는 자신의 권력에 도전할 법한 사회세력을 깡그리 없애버리려 했는지 노동조합을 탄압하기 시작했다. 노동계 정화라는 미명으로 방용석 지부장님과 박순희 부지부장님이 해고를 당하였다. 거기다가 수배령까지 내렸다. 광주항쟁 희생자 모금운동을 벌인 것이 빌미가 되어 '김대중 내란음모사건'에 연루되었다는 혐의를 들씌운 것이다.

갑작스런 정치적 변화에 따라 원풍노조도 칼바람을 맞게 되었다. 그해 12월에는 노조 사무실 상근자와 상집간부, 대의원 등 주요 활동가 48명을 연행하여 조사하더니 14명을 강제 해고시켰다. 일련의 사태를 겪으면서 노조가 무너지면 어떻게 하나 걱정이 앞섰다. 어렵사리 해고를 면하고 돌아온 상집간부들은 해고된 선배들의 빈자리를 채우며 노조를 이끌어갔다. 전보다 조직력이 약해졌지만 그래도 노조가 있어서 든든했다.

1980년 5월 이후, 노조는 우여곡절을 겪으면서도 굳건하게 버티며 견디어냈지만, 결국 1982년 9월 27일, 국가권력을 등에 업은 회사 측 구사대 폭력배들에게 노조를 빼앗겼다. 우리는 단식농성에 들어갔다. 조합원들의 권익을 보장해주던 노동조합을 원상회복시킬 것을 요구하며 철야농성을 했다. 그러나 우리들의 요구는 위법한 국가권력에 의해 처절히 무너졌고, 우리는 만신창이가 되어 공장에서 쫓겨나고 말았다.

상집간부들에게는 수배령이 내려졌고, 기숙사와 현장 출입은 차단되었다. 갈 곳이 없었던 우리는 할 수 없이 영등포산업선교회관에서 합숙하며 지내야 했다. 11월 초순쯤으로 기억되는데, 제주도 한경면 면장과 어머니가 살고 있는 동네 이장, 그리고 정사과에 근무했던 고애란의 아버지가 함께 산선회관으로 찾아왔다. 고향이 제주도 한경면이었던 조합원들이 몇 명 있었다. 면장은 나와 고애란, 그리고 가공과에 근무했던 동료에게 사표를 내면 제주도에서 취직을 시켜주겠다고 했다. 사표를 내지 않으면 동생들의 앞날에도 나쁜 일이 생길 수 있다는 협박을 받았다.

결국 끌려가다시피 하여 사표를 내고 제주도 고향으로 돌아왔다. 고향에 도착하자마자 경찰이 찾아왔다. 조사할 것이 있다며 두 번이나 경찰서에 불려가 조사를 받았다. 그들은 취직을 시켜주겠다고 유도했지만 나는 거부했다. 방송통신고등학교 공부를 더 해야 했던 때라서 얼마 후에 다시 서울로 올라왔다.

당시 나의 주민등록은 제주도의 육촌오빠네 집으로 되어 있었다. 그 오빠 집으로 경찰과 공무원들이 수시로 찾아와 괴롭히고 있다며, 본인이 직접 와서 해결하라는 연락을 받았다. 그뿐만 아니었다. 제주경찰서 형사가 어머니에게 찾아와 '당신 딸이 빨갱이 집단에 있으니 어서 데려다가 시집을 보내지 않으면 큰일난다'고 했다고 한다. 어머니는 동네사람들에게 소문이 날까봐 노심초사했다는 이야기를 나중에 해주었다.

그해 겨울 크리스마스였다. 영등포산업선교회 노동교회 성탄 전야예배에 참석했다. 시내가 온통 성탄 트리와 캐럴송으로 축제 분위였지만 우리 해고자들은 감옥에 갇혀있는 간부들을 생각하니 우울했다. 추운 날 감옥살이를 하는 간부들에게 미안하여 죄지은 사람처럼 마음이 불편했다. 특히 기숙사 같은 방에서 지냈던 차언년을 생각하면 마음이 아팠다.

그날 밤 새벽, 우리 해고자 백여 명은 초롱불을 들고 당산동에서 고척동의 구치소를 향해 걸어갔다. 1시간 훨씬 넘게 걸어갔던 것 같다. 한겨울 새벽 바람이 찼을 텐데 추위도 느끼지 못한 채 걸었던 것 같다. 고척동 구치소 정문 앞에 도착한 우리는 노래를 부르기 시작했다. 〈고요한 밤 거룩한 밤〉, 〈금관의 예수〉, 〈오 자유〉, 〈마지막 십자가〉 등을 부르며 구치소 담장을 끼고 돌았다.

노래를 부르다가 중간에 구속된 간부 여덟 명의 이름을 목이 터져라 부르고 또 불렀다. 높은 담장 안 어디엔가 갇혀 있을 우리 간부들이 들을 수 있었으면 좋겠다는 간절한 마음을 담아 크게 외치고 또 외치며 밤을 새웠다. 2018년 3월 1일, 서대문구치소가 있었던 곳에서 삼일절 행사가 열렸는데, TV 생중계를 보다가 문득 36년 전 성탄절 고척동 구치소의 그날 밤이 생각나 마음이 아릿했다.

왜곡된 역사의 굴레를 벗다

나는 1984년 11월에 결혼했다. 결혼 이후에는 제주도에 파묻혀서 서울과는 거리가 멀다는 이유로 원풍노조를 잊은 듯이 살았다. 가끔 방송통신고등학교에서 함께 공부했던 이종순으로부터 소식을 들으며 아쉬움을 달랬다.

2007년에 종순이에게서 연락이 왔다. '민주화운동 관련자 명예회복 및 보상심의에 관한 법률'에 의해 명예회복을 신청하면 좋겠다고 했다. 국가기관을 믿을 수 없었던 나는 망설였다. 나에게는 아들 두 명이 있는데, 당시 그 아이들은 교육공무원이 되려고 공부를 하고 있었다. 내 명예를 찾으려다가 괜히 과거 불순했다는 이야기가 다시 살아나면 아이들에게 피해가 갈 것 같아 걱정이었다.

남편이 더욱 반대했다. 남편은 나와는 다른 사건이었지만, 국가기관에 대한 피해의식이 강한 집안의 사람이었다. 남편의 집안은 '제주 4·3사건' 당시 피해를 보았다. 당시 시집의 큰시아버지가 빨치산으로 몰려 억울하게 죽임을 당하였다.

이후 박정희, 전두환 정권까지 시집 사람들이 공무원으로 취업을 하려고 하면 연좌제에 걸려 시험조차 볼 수 없었다.

남편은 정치적으로 강한 보수성을 갖고 있었다. 시집의 보수성은 군사독재정권 하에서 일가친척이 겪은 심한 피해의식을 이겨내는 방법이 아니었을까 싶기도 하다. 그런 집안 환경에서 살아온 우리 부부는 자녀들의 장래가 걱정되어 깊은 고민에 빠질 수밖에 없었다.

2006년, 노무현 대통령이 '제주 4·3사건'에 대해 공식적으로 사과를 한 이후 연좌제에 대한 불안은 조금 사라지기는 했다. 망설이는 나에게 원풍동지회 황선금 선배가 전화를 해주었다. 국가로부터 명예회복을 하는 것이야말로 진정으로 연좌제에서 벗어날 수 있는 것이라고 말해 주었다. 그 말에 믿음이 갔다. 지난 수십 년간 원풍노동조합의 명예를 굳세게 지켜온 동지들에게 한없이 미안했다.

2007년, 나는 민주화운동 관련자로 명예회복이 되었다. 그 인증서의 첫 구절 "귀하는 대한민국의 민주 헌정질서 확립에 이바지하고, 국민의 자유와 권리를 회복·신장시켰으므로…"는 감격 그 자체였다.

2018년, '제주 4·3사건' 70주년 추념식이 성대하게 치러졌다. 큰시아버님도 명예회복이 되었다. 내 아이들은 둘 모두 교사가 되어 자신들의 꿈을 이루었다. 제주도의 아픈 역사가 치유되어 진정한 화해가 이루어지는 평화의 땅이 되기를 간절히 기원하는 봄날이었다.

원풍모방노동조합은 나의 인생의 길목마다 꿈을 이루어주었다. 원풍노조는 참다운 삶의 길이 무엇인가를 가르쳐준 곳이다. '원풍노조 9·27사건'으로부터 36년, 우리들의 자랑스러운 역사를 꿋꿋하게 지켜온 원풍동지회에 진심으로 감사한다.

082

나의 울타리 원풍동지회

김 명 희

_____1961년, 서울에서 태어났다. 1979년, 공부를 더 하고 싶어서 원풍모방에 입사하였다. 1982년 원풍노조의 9 · 27폭력사건으로 해고를 당하였다. 2007년, '민주화운동 관련자 명예회복 및 보상 등에 관한 법률'에 의하여 민주화운동 관련자로 인정되어 명예회복이 되었다.

 "귀하는 대한민국 민주헌정질서 확립에 기여하고 국민의 자유와 권리를 회복·신장시켰으므로 '민주화운동 관련자 명예회복 및 보상 등에 관한 법률' 규정에 의하여 이 증서를 드립니다." 2008년 12월, 나는 대한민국 정부로부터 민주화운동 관련자로 인정한다는 위와 같은 내용의 증서를 받았다.

 가슴이 벅찼다. 그 인증서의 사유 난에는 '1982년도 원풍모방노동조합 탄압반대 시위 및 단식농성 참여 해직'이라고 적혀 있었다. 눈물이 왈칵 쏟아졌다. 원풍동지회 선배들과 동료들의 얼굴이 떠올랐다. 지난 수십 년간 원풍모방노동조합의 조합원이란 사실을 잊지 않고 원풍노조와의 인연을 이어가며 살아온 것이 내심 다행이란 생각이 들었다. 그날은 나 스스로가 대견해 나에게 아낌없이 칭찬을 해주었다.

학 업 의   길 을   찾 아

 1979년 여름, 나는 열여덟 살 때 원풍모방에 들어갔다. 작업부서는 방적과 전방 보전실 B반이었다. 서울에서 출생한 나는 여러서부터 대림동에서 살았다. 원풍모방은 참 좋은 공장이라고 소문이 나 있었고, 그래서 취직하고 싶어 하는 사람들이 수두룩했다. 당시 세를 살던 우리 집에는 여러 가구가 살고 있었는데, 그 중 원풍모방에 다니는 사람도 있었다.

그 시절에는 왜 그리 가난했던지 나는 4남매 중 막내딸이었는데 중학교에 진학할 수가 없었다. 취직할 나이가 되면 원풍모방에 들어가 돈을 벌며 공부를 하고 싶었다. 다행히 엄마가 아는 분이 소개를 해주어서 바라던 원풍모방에 들어갈 수 있었다.

솔직히 털어놓자면, 나는 노동조합 활동을 열심히 하지는 못했다. 취직하자마자 학교를 알아보았고, 이듬해인 1980년 봄 영등포에 있는 중앙실업여자고등학교에 입학하여 공부를 시작했다. 학교에 다니면서 노동조합 활동을 열심히 하기는 어려웠다. 그래도 조합원으로서 꼭 해야 할 일이 생기면 빠지지 않고 참여했다. 노조에서 행사를 열면 수업을 빠지더라도 얼굴을 내놓았고, 부서별 조합원 교육은 당연히 받아야 하는 것으로 알고 있었다.

돈을 벌면서 공부도 할 수 있는 노동조건은 그냥 주어진 것이 아니라는 것을 잘 알고 있었다. 거기다가 학비까지 받으면서 말이다. 나는 노조 사무실을 내 집 같이 생각하고 자주 드나들었다. 학교를 다니느라고 늘 시간에 쫓겨 살았지만, 근무시간이든 식사시간이든 잠깐 짬을 내서라도 노동조합 사무실을 찾아갔다.

공부를 하다 보니 야간 근무 때는 졸음을 참기가 힘들었지만, 교복을 입고 책가방을 들고 학교를 다닐 수 있다는 것이 너무나 행복했다. 학교 책상에 앉아 공부를 하는 것 자체가 마냥 즐거웠다. 학교에 가면 원풍모방 외에도 다른 공장에 다니는 동급생들이 많았다. 그들은 원풍에 다니는 우리를 많이 부러워했고, 나는 절로 어깨가 으쓱해졌다.

노동활동에 눈을 뜨다

1981년 6월쯤에 소모임을 만들었다. 창립회원은 전방 B반 동료 7명이었고, '불로초'라고 이름을 지었다. 소모임을 조직한 선배가 지어준 이름인데, 1980년 5월 계엄령 확대 이후 노동조합이 풍전등화와 같은 처지여서 어떤 어려움이 닥치더라도 결코 쓰러지지 말고 오래도록 살아남아야 한다는 뜻을 담았다고 했다.

소모임에서 활동한 기간은 짧았지만 기억은 많이 남았다. 『노동조합이란 무엇인가』, 『근로기준법』, 『녹두장군 전봉준』 등의 책을 읽으면서 공부를 했다. 일을 하면서 무언가 배우며 산다는 것이 재미있었다. 퇴근길에 노조 사무실에 들러 회원들과 차를 마시며 이야기를 나누는 시간도 즐거웠다. 원풍노조 조합원이란 자부심이 있었다.

노동자들이 주인의식을 갖고 노동을 즐겁게 받아들이고, 노동자로서 자긍심을 갖고 서로를 격려하고 지지하며 살아갈 수 있는 토양을 만들어가는 우리 노동조합이 정부 권력자들에게는 왜 문제가 되는 것인지 모를 일이었다.

1982년 9월 27일, 회사 정문에 들어서서 출근카드를 찍는데 분위기가 어수선했다. 고개를 갸우뚱거리며 작업 현장으로 갔더니 구사대들이 노조 사무실로 쳐들어와 조합장을 감금했다고 했다. 손발이 떨리고 긴장이 되어 도무지 작업을 할 수가 없었다. 작업장을 생쥐처럼 드나들며 감시하던 방적과 한상엽 과장은 물론 계장이나 사원들은 머리카락조차 보이지 않았다. 노동조합 사무실 앞을 막고 있느라 정작 해야 할 생산관리는 하지 않고 있었다.

우리는 불법 폭력을 규탄하는 농성에 들어갔다. 나는 밤 10시에 퇴근하여 정사과 농성장으로 가서 밤을 새웠다. 새벽에 조합장이 마대자루에 싸인 채 어디론가 끌려갔다는 소식이 들려와 농성장이 술렁거렸다. 얼마 있다가 불행 중 다행으로 조합장이 무사하다는 소식이 들려왔고, 그나마 다치지 않아서 다행이라고 내심 안심을 했다.

농성 며칠 째였는지 모르겠는데, 옆에 앉아 있는 동료가 울고 있었다. 왠지 그 모습이 보기 싫었다. 우리의 허약한 모습이 혹시라도 구사대들에게 들키기라도 할까봐 속이 상했다. 그 동료의 등을 툭 쳤다. "울기는 왜 우는 거냐? 지금 우리가 울고 있을 때야!"라고 윽박질렀다.

구사대들이 농성장에 물이 나오지 않도록 수도관을 폐쇄하고 스팀을 강하게 틀었다. 공기가 탁해져서 숨 쉬기가 어려웠다. 단식으로 기운이 떨어진데다가 공기까지 탁해지자 쓰러지는 동료들이 많아졌다. 나는 선배들을 도와 쓰러진 사람들을 상대적으로 공기가 선선한 정사과 기계 가운데로 옮겨 눕혔다.

농성 닷새째 되는 날이었다. 새벽에 질식사 할 것 같아서였는지 누군가가 운동장으로 나가자고 했던 것 같다. 등나무 아래에 주저앉은 우리는 서로서로의 허리와 팔을 있는 힘을 다해 꽉 끌어안고, 회사 밖으로 끌려 나가지 않으려고 발버둥쳤다. 죽을힘을 다해 저항해 보았지만 우악스러운 폭력배들의 손아귀에 양쪽 겨드랑이가 잡히고 두 다리가 번쩍 들린 채 발만 버둥거리다가 정문 밖으로 꼬꾸라지고 말았다.

정든 현장에서 해고되다

어두침침한 새벽, 찬바람에 몸은 떨리고 경찰들의 군홧발 소리에 소름이 끼쳐 너무 무서웠다. 경찰들을 피해 골목으로 숨었다가 아무도 보이지 않자 걸음아 날 살려라 하며 집으로 뛰었다. 다행히 우리집 부엌에는 불이 켜져 있었다. 우당탕탕 부엌으로 뛰어드는 나를 명절 음식을 준비하던 어머니가 놀라며 반겨주었다. 어머니는 며칠째 굶은 몰골에 맨발로 뛰어 들어온 나를 끌어안고 우셨다.

어머니의 따뜻한 가슴으로 참았던 억울함이 터져 나와 나는 엉엉 목 놓아 얼마나 오래 울었는지 모른다. 그날부터 집 밖에는 낯모르는 남자들이 서성이면서 감시를 했다. 어머니는 형사들이라고 하면서 집 밖으로 나가지 말라고 신신당부를 했다. 며칠이 지났는데 외사촌오빠가 찾아왔다.

오빠는 사업을 하고 있었는데, 경찰이 찾아와 김명희를 찾아가 각서를 쓰고 출근을 하게 하든지 사표를 내게 하든지 정리를 시키라는 협박을 받았다고 했다. 내가 버티면 자기 사업에 지장을 초래할 수 있다는 투였다. 나는 전후사정을 설명하고 저들이 폭력으로 불법행위를 저질렀는데 이대로 굴복할 수는 없다며 사표는 낼 수 없다고 고개를 저었다.

다음에는 신대방동 동장이 어머니를 찾아오더니, 그 다음부터는 수시로 동사무소 직원들이 들이닥쳐 사표를 내라고 어르고 달랬다. 어머니는 동장이 '당신 딸이 불순한 단체에 가입되어 있다'고 했다며 걱정을 많이 했다. 그들은 '가족들이 연좌제에 걸리지 않으려면 그곳에서 빨리 빼내야 한다. 원풍모방에 사표를 내는 길밖에 없다'고 하며 으름장을 놓았다.

어머니는 나로 인해 가족들이 불이익을 당할까봐 식사도 제대로 못하고 전전긍긍했다. 나이 드신 어머니를 더 이상 애간장 태우게 할 수는 없었다. 결국 어머니와 오빠에게 이끌려 회사로 가 10월 말경 사표를 내고 말았다. 사실상 강제해고였다.

자랑스러운 원풍노조의 추억

나는 지금도 우리 원풍동지회 모임이 자랑스럽다. 원풍노조는 스스로 보잘것 없다고 여기던 20대 시절, 내가 마땅히 존중 받아야 할 한 인간이라고 알려주고 자긍심을 세워 주었다. 배움에 대한 갈망을 해결해주었고, 생산현장에서 노동자로 살아가는 것이 절대 부끄러운 삶이 아니라는 것을 깨우쳐 주었다. 사회가 나를 주눅들게 했어도 원풍노조는 당당하게 살아갈 수 있도록 지지대가 되어 주었다.

솔직히 나는 동지들에 비해 제대로 활동한 것이 없다. 2007년 '민주화운동 관련자 명예회복 및 보상 등에 관한 법률'에 의한 명예회복 신청 대상자라는 연락이 왔을 때도 망설였다. 원풍노동조합의 조합원으로서 한 일이 별로 없는데 민주화운동에 기여했다는 자격증을 받아도 되는 걸까, 자문도 했다. 1982년 9월 27일, 국가권력으로부터 폭력을 당하던 악몽이 떠올라 잠재되어 있던 피해의식이 되살아나기도 했다. 한마디로 심정이 복잡했다. 그러나 한편으로 국가폭력에 의해 억울하게 노동조합을 빼앗기고 해고를 당했던 피해의 보상을 당연히 받아야 하는 게 아닌가, 하는 생각도 들었다. 결론은 당연히 신청해야 하는 일이었다.

2019년, 올해 내 나이 59세이다. 민주화운동 관련자로서 명예를 회복하는 일은 나 혼자였다면 엄두조차 낼 수 없는 일이었다. 지난 수십 년간 원풍노조 민주노동운동의 뿌리를 지켜내고 역사를 올곧게 세우는 데 힘쓴 원풍동지회 집행부와 동료들에게 진심으로 감사한다. 이 나이까지 살아오면서 자랑거리가 있다면 역시 원풍동지회라는 울타리에 나도 들어가 있다는 점이다.

어려운 이웃들에게 조금이나마 후원을 하고 봉사활동을 하며 살아가는 사회를 꿈꾸는 사람들과 함께 나이를 들어가는 것이 참 좋다. 무엇보다도 한 시절 동고동락했던 사람들과 나이를 먹어서도 계속 편하게 만나고 있는 것이 행복하다.

노동조합 사무실을 폭력에 의해 빼앗기고 현장에서 쫓겨났지만 부끄럽지 않았다. 무엇보다 원풍노동조합이 나의 삶 속에서 늘 반짝이고 있었기 때문이다. 원풍노동조합은 내 삶이 통째로 바뀌는 계기를 마련해 주었다. 1980년대에도 그랬고, 35년이 지나 50대 후반의 나이를 살아가는 지금도 여전히 내 삶의 자존감을 키워주고 있다.

083

새벽을 기다리는 마음

김미숙

_____1961년 전북 무주에서 태어났다. 1979년에 원풍모방에 입사했다. 1982년 '9·27원풍노조 폭력탈취사건' 때 투쟁하다가 해고를 당한 후 블랙리스트로 인하여 취업이 어려워지자 1984년에 결혼했다. 지금도 원풍노조의 따뜻한 분위기를 떠올리며 살아가고 있다.

　나는 전북 무주군 안성면에서 3남1녀 중 둘째로 태어났다. 집안이 가난하여 밥 먹고 살기도 힘든 형편이라 중학교에 다니면서 품앗이를 하러 다녔다. 봄이 되면 밭에 거름을 줘야 했는데, 힘이 부족해 비틀거리면서 똥지게를 지고 밭에다 거름을 줬다. 남자들만 하는 쟁기질도 하고, 지게를 지고 산으로 나무하러 다니기도 했다. 이렇게 밤낮으로 일을 해도 찢어지게 가난한 현실에서 벗어날 기미가 보이지 않았다.

　이때 원풍 근처에 살고 있던 당숙모가 원풍모방에 모집공고가 붙었다며 시험을 보러오라는 연락이 왔다. 나는 돈을 많이 벌겠다는 부푼 꿈을 안고 서울로 가는 버스를 탔다. 엄마는 하나뿐인 딸에게 먹을 것도 제대로 못 먹이고 객지로 보낸다며 가슴 아파하면서 터미널까지 배웅을 나오셨다. 내가 탄 버스가 길모퉁이를 돌아서 보이지 않을 때까지 손을 흔들며 눈물을 훔치고 계신 엄마와 헤어지는 것이 너무 섭섭해서 나도 같이 울었다. 그렇게 기대와 슬픔이 교차하는 가운데 나는 79년 3월, 18살의 나이로 원풍모방에 입사했다.

원풍의 등나무 꽃향기

입사 후, 기숙사에 자리가 나지 않아 신청을 해놓고서 2개월 만에야 들어갈 수 있었다. 기숙사는 한 방에 13명 정도가 같이 생활했다. 규칙이 엄하고, 무엇보다 사감이 엄해서 두려운 마음에 귀사시간에 늦지 않으려고 뛰어다녔던 생각이 난다. 다행히도 한 반에 근무하는 점순이가 같은 방이고, 내 옆에서 나란히 잠을 자는 친구라 적응하기가 쉬웠다.

이후 205호 김영희, 점순, 나 셋이 단짝으로 뭉쳐 다녔다. 기숙사로 가는 오솔길이 끝날 때까지 양쪽으로 늘어선 노란 개나리가 가장 먼저 봄의 기운을 알렸다. 회사 운동장에 핀 등나무 꽃이 예쁘고, 그 향기가 코끝을 간지를 때면, 시원한 바람이 부는 벤치에 앉아 시간 가는 줄 모르고 놀던 생각이 난다.

첫 월급을 타자마자 부모님에게 보낼 내의부터 샀다. 매월 월급을 타면 알뜰하게 적금도 들고, 돈이 모이면 한 푼도 안 쓰고 집으로 보냈다. 엄마는 그 돈으로 우선 빚을 갚고, 빚이 웬만큼 해결되자 소를 사 키우셨다. 그러면서 조금씩 살림이 나아지기 시작했다. 엄마는 '우리 미숙이가 서울 가 돈 벌어줘서 집안을 일으켰다'고 동네방네에 자랑하셨고, 동네에서는 나에 대한 칭찬이 자자했다. 원풍에 입사하면서 돈 많이 벌어 집안을 가난에서 벗어나게 하려는 것이 나의 꿈이었다. 고등학교도 가고 싶었지만, 내가 희생하더라도 집안을 살리는 것이 우선이었다.

나는 가공과 습식으로 배정을 받았다. 습식에서 하는 일은 직포과에서 짠 천이 넘어오면 기계로 천을 빨아서 건식으로 넘기는 것이었다. 천을 이어 세탁을 하므로 나는 천을 잇는 미싱을 많이 했다. 물이 묻은 천은 무거웠는데 남자들이 도와주지 않아서 힘들 때도 있었다. 세탁기계 돌아가는 소리가 커서 시끄러웠고, 기계에 빨려 들어갈 수 있어서 아주 조심해야 했다. 건식에서 말린 천은 수정부로 넘겨지고, 거기에서 완성을 하게 된다. 가공과는 인원도 많지 않았고, 현장 분위기도 좋았다. 가장 힘든 것은 야간근무를 하는 새벽녘이었다. 그래도 고향에서 일할 때보다는 덜 힘들고 돈을 벌 수 있어서 만족했다.

식사시간 후에 같은 부서의 영희와 노동조합을 드나들기 시작했다. 그리고 우리 부서의 대의원이었던 이향숙 언니가 '너희도 노동조합에도 가고, 소그룹 활동도 하라'고 권해서 영희, 점순이, 선옥이 등 9명과 '꿀벌'이라는 소그룹을 만들어 활동했다. 소그룹 활동을 하면서 산선에서 취미생활도 하고, 마리아상이 인상적이었던 영보수녀원에서 노동조합 교육을 받고 친교시간에 느낌을 나누면서 서로를 알아가는 과정이 아주 좋았다고 생각한다. 나는 고적대 활동도 했다. 가을 체육대회 때 머리에는 갓을 쓰고 하얀 반바지에 스타킹을 신고, 북도 치고 소고도 치면서 무언가 멋을 내서 하는 것이 즐거웠다. 고적대 참여는 또 다른 나로 발전할 수 있는 계기가 되어 자신감이 들면서 내성적인 성격에 변화가 생겼다.

입사하고 몇 달 안 되어 대통령 박정희가 중앙정보부장의 총에 맞아 사망했다. 나는 노동운동 의식이 높았던 것은 아니었지만, 대통령이 너무 오랫동안 독재를 하다가 죽음을 자초했다는 생각에 잘된 일이라고 생각하고 만세를 불렀다. 곧 민주주의가 온다는 생각에 신이 났다.

80년 5월, 광주민주항쟁이 일어났다. 빨갱이들이 광주 시내에 침투하여 폭동이 일어났다는 뉴스를 보고 저건 거짓말이라고 바로 알았고, 독재세력이 뉴스를 통해 여론을 조작하는 모습에 치가 떨렸다. 광주로 오가는 길이 막혀 고립된 싸움을 했으니 얼마나 힘들까 싶어, 조금이나마 돕고 싶은 심정으로 노동조합이 주관하는 모금에 참여했다. 광주항쟁 이후인 80년 7월, 방 지부장님이 정화를 당하고 지명수배를 받아 출근을 못 했을 때, 이러다가 노동조합이 잘못되는 건 아닌지 걱정이 되었다. 그때 심정으로는 간부들을 중심으로 노동조합을 지켜야 한다는 생각밖에 없었다.

김성구 사건

80년 12월, 합동수사본부에 노조 간부들이 모두 연행되어 남아있는 우리들은 어떻게 해야 할지 너무 막막했다. 어디 알아보고 물어볼 곳도 없다는 게 정말 답답했다. 합동수사본부에서 현장을 시찰했지만, 우리들은 무서워서 제대로 눈도 마주치지 못하고, 옆 자리 동료들과 이야기도 못하는 등 현장 분위기는 점점 더 살벌해졌다. 기숙사 사감이나 경비실 직원도 군인 출신으로 바뀌어 기숙사와 현장이 얼어붙은 한겨울이었다.

81년, 합동수사본부에서 해고된 간부들을 제외하고 노동조합을 새로 구성하여 시작했지만, 사사건건 회사와 마찰이 일어났다. 회사에서는 공장새마을운동을 한다며 양평으로 1주일씩 교육을 보냈고, 현장은 품질관리를 위해 QC운동을 한다는 명분으로 반장들이나 담임을 통하여 점수를 매겨 조합원들을 관리하기 시작했다. 우리들은 QC 마크를 뒤집어 '단결, 투쟁, 교섭'이라 쓰고 노동3권 보장을 요구하면서 저항했다.

그러나 노동조합의 힘이 약화되자 남자 직원들과의 갈등이 시작됐다. 이때 우리 부서의 김성구 언니가 김성우 담임과 싸웠다. 싸운 이유는, 담임이 성구 언니를 통해 일을 해야 하는데 번번이 배제하니 언니가 담임에게 따지는 과정에서 일어났다. 작업지시의 문제점을 이야기하다가 성구 언니가 담임의 뺨을 때려서 시작된 싸움이지만, 나중에는 담임도 성구 언니를 발로 차고 머리채를 잡고 옆에 있는 구루마에 쥐어 박는 등 2주의 치료를 요하는 구타를 당했다. 반원들이 무슨 일이 났나 싶어 넘어진 성구 언니를 부축해 일으키면서 웅성거리자 담임은 현장 밖으로 나가버렸다. 이런 일이 일어나자, 남자들은 기다렸다는 듯이 어떻게 여자가 남자 담임의 뺨을 때릴 수 있냐고 하면서 부딪치기 시작했다.

82년 9월 27일, 추석 휴무를 앞두고 폭력배들이 조합장을 감금하고 식당의 식탁으로 노동조합 앞에 바리게이트를 치며 출입을 막았다. 나는 오후 출근 반이라 기숙사에 있는데, 빨리 내려오라는 연락을 받고 노동조합 앞에 가보니 폭력배들이 바리게이트 위에 올라앉아 비웃고 있었다. 조합원들은 울고불고 그야말로 아비규환이었다. 이제 어떻게 해야 하나 걱정을 하고 있는데, 간부들이 현장으로 돌아가라고 했다.

점심을 먹으려고 식당에 들어갔는데, 식당에는 식탁도 없고 의자는 한쪽으로 치워져 있었다. 막상 출근은 했지만 일이 손에 잡히지 않고 마음만 급해졌다. 저녁 7시 30분 식사시간이 되자 농성장으로 모였다. 부조합장인 양승화 언니가 '오늘부터 퇴근을 중지하고 마지막 싸움이라고 생각하고 끝까지 싸워서 이기자'는 말을 했다. 나도 그 말이 옳다고 생각되어 끝까지 같이하려고 맘먹고 있었다. 뭉치면 살고 흩어지면 죽는다는 생각으로 농성에 참여했다. 간부들이 하라는 대로 따르는 것이 지금 상황에서 내가 할 일이라고 생각했다.

그날부터 농성장과 현장을 오가면서 일을 했다. 현장에서 단식하면서 배가 고파 힘들었지만, 당장 밥을 먹지 않는다고 죽는 것은 아니라는 생각이 들었다. 같이 농성하는 영희와 방 식구들하고 고픈 배를 움켜쥐고 서로를 위로하였지만, 나중에는 기운이 없어 바닥에 누워서 농성을 했다.

농성 마지막 날, 밤중에 회사 운동장으로 뛰어나갔다. 경찰차가 회사를 에워싸고 있었다. 운동장에서 회사 정문 밖으로 끌려 나가지 않으려고 옆에 있는 동료들과 팔짱을 끼고 발버둥을 쳤지만, 결국 새벽녘에 끌려 나와 동생들이 자취하는 집으로 갔다.

해 고

4박5일 농성을 하면서, 이런 사태에 대비하여 노동조합 교육 때 미리 편지를 써놓았던 것을 보냈다. 고향에서는 부모님이 편지를 받아 추석에 집에 가지 않아도 기다리지 않았다. 그러나 당시 남동생 둘이 자취를 했는데, 그 집에도 경찰이 찾아오고 고향집에도 찾아갔다고 한다. 남동생이 '누나가 무슨 짓을 하고 다니기에 고향에 경찰이 찾아와서 난리를 치냐'며 물어봐 원풍 상황을 설명했다. 동생에게 시골에 내려가지 못하니, 그렇게 알고 있으라고 했다. 형사가 동생 집에 같이 살고 있는지, 원풍에 다니는지 확인했다고 한다.

10월 7일 출근을 하려고 정문 앞으로 갔다. 폭력배들이 회사 정문 앞을 지키면서 출근을 막고 있었다. 나는 동료들과 같이 회사 언덕배기에 앉아 구호를 외쳤고, 폭력배들이 달려들어 밀어냈다. 우리는 밀려나지 않으려고 드러누워서 우리를 죽이라고 소리를 질렀다. 그렇게 몇 시간을 버티다가 저녁에 산업선교회 집회가 있어서 해산했다.

각서를 쓰면서까지 출근할 수는 없다고 생각되어 원풍을 정리하고 취업을 하려는데 잘 안되었다. 조그마한 가내수공업을 하는 곳에서도 받아주지 않아 5번째로 간 것이 보라정밀이라는 시계부속품 만드는 곳이었다. 15명 정도 일하는 곳이지만, 이곳에서도 해고를 당해 다시 박스공장에 취업했다. 어느 정도 안심하고 있었는데, 일주일쯤 되어 관리자가 불러서 갔더니 혹시 원풍모방에 다니지 않았느냐고 물어봐서 당황했다. 얼굴이 빨개져서 왜 그러냐고 하니, 원풍에 다닌 사람은 안 된다고 하면서 나가 달라고 했다. 일 잘하면 되지 뭐가 문제냐고 했더니자기를 봐서 그냥 나가 달라고 사정을 해서 정리했다.

아쉬운 명예회복

84년에 결혼을 했다. 남편에게 원풍에 다닌 것을 말하지 않고 있다가 아이를 낳고 나서 원풍에 다닌 것을 이야기했다. 나는 원풍 사람들이 지속해서 모임을 갖고 있는지 모르고 살았다. 그러다가 정읍에 사는 김영희와 사돈관계라서 2007년에 영희로부터 명예회복 신청을 받는다는 소식을 들었다. 그때 연봉 3400만 원이 넘으면 생활지원금을 받을 수 없다고 하여 명예회복 신청도 안 했는데, 2010년 민사소송을 할 때는 소장을 넣었다. 그래서 나는 아직 민주화운동 인증서도 받지 못했다. 그때 좀 더 적극적으로 참여하여 민주화운동 인증서를 받지 못한 것이 후회되고 아쉽다. 나는 지금도 가끔 흥얼거리는 노래가 있다.

> 나 태어나 원풍모방 노동자 되어 / 민주노조 세운 지 어언 십여 년
> 내 젊은 다 바쳐서 땀 흘려 일했건만 / 9월에 마지막 밤에 매 맞고 끌려났네!
> 아~ 억울하다 짓밟힌 생존권 / 민주노조 어디 갔나, 감옥 속에 갇혀있나

> 나 끌려 나 거리에서 방황했지만 / 한 맺힌 이 울분 참고는 살 수 없다
> 무엇을 배웠는가, 무엇을 느꼈는가 / 어둠이 길어지면 새벽이 밝아온다
> 아~ 노동자여 잠 깨어 일어나자 / 단결과 투쟁으로 민주사회 이룩하자

이 노래는 김민기의 〈늙은 군인의 노래〉라는 곡의 가사를 바꾼 투쟁가이다. 이 노래를 흥얼거리면서 원풍에 대한 아쉬움과 그리움, 그리고 원풍을 파괴한 자들에 대한 원망을 속으로 삭여왔다.

내가 원풍에 근무한 것은 2년 정도의 짧은 기간이지만, 그 짧은 기간에 원풍을 통해 세상을 바르게 보는 눈을 키웠고, 불의에 저항할 힘을 받았다. 나는 원풍노조를 통하여 정치와 사회를 보는 기준이 생겼고, 내 개인적 삶에도 많은 영향을 받았다. 그래서 원풍 이후 다른 곳에서 직장생활을 하더라도 내가 판단하여 올바르지 않을 때는 흔들리지 않고 상대방에게 옳은 주장을 이야기해 줄 수 있는 힘이 생겼다.

원풍동지회를 위해 앞장서서 많은 일을 하지는 못하지만, 앞에서 이끌어주는 선배들을 돕는 역할은 열심히 하려고 한다. 앞으로 자녀들 모임까지 활성화되어 더 튼튼하고 끈끈한 조직으로 거듭나기를 바란다. 언제나 원풍을 생각하면 마음속 한구석이 따뜻해지고, 밥 안 먹어도 배부른 것처럼 속이 든든해진다. 이렇게 나에게 큰 존재인 원풍동지회가 더 오래 지속하기를 간절히 바란다.

084

내 삶의 주춧돌

김보애

_____1959년 충남 보령에서 태어나 1979년에 원풍모방에 입사했다. 소그룹 활동을 하다가 1982년 9·27폭력사건으로 해고를 당하고 10월 7일, 13일 2차에 걸쳐 출근투쟁을 하다가 남부경찰서로 연행되어 조사를 받았다. 블랙리스트로 인하여 취업은 포기하고 27살에 결혼했다. 2007년, 민주화운동 관련자로 인정되어 명예회복이 되었다.

즐 거 웠 던   시 절

나는 충남 대천 보령에서 5남매의 맏이로 태어났다. 초등학교를 졸업하고 서울 신림동 외갓집에서 중학교를 다녔다. 어머니는 외할머니 집 근처 난곡동 달동네에서 구멍가게를 하고 계셨고, 아버지는 보령에서 농사를 짓고 있다가 댐이 생기면서 농토가 수몰되는 바람에 가족이 모두 안산으로 이사를 해서 함께 살았다.

나는 중학교를 졸업하고 구로공단에 있는 전자회사와 동국실업에 몇 달 다녔는데, 오래 일하진 못했다. 집에서 엄마가 하는 가게 일을 도와 연탄 배달과 '함바집' 일을 했다. 그러던 중 같은 동네에 살고 있던 원풍노동조합 총무 임재수 씨의 소개로 1979년 3월, 원풍에 입사하여 정사과로 반 배정을 받았다.

누구나 처음 출근하면 실 잇는 방법부터 배우는데, 나는 전에 다니던 동국실업이 원풍과 비슷하게 실을 생산하던 곳이라 정사과에서 입사 초기에 배우는 것들이 낯설지 않아 재미가 있었다. 기계에 투입될 때는 정방에서 지관에 감겨 넘어온

실이 약해서 끊어지면 다시 이어주는 권사에서 일을 했다.

입사하고 몇 달 지나 희숙이, 미숙이, 영희, 도희, 순기 등과 같이 소모임을 했던 기억이 난다. 특히 순기는 키가 큰데다가 긴 생머리를 가진 멋쟁이였고, 미숙이는 조합 활동에서 이론적인 설명을 잘 했다. 소그룹 모임 때 조합 사무실을 이용하면서 우리들은 노동조합을 자연스럽게 드나들었다.

소그룹 팀원들과 관악산, 북한산 등반을 하면서 낙엽 위에서 뒹굴며 사진도 찍고 놀았던 기억이 난다. 영애, 영자와도 친목모임을 했다. 남이섬, 부산, 지리산, 치악산 등 엄청나게 싸돌아다녔다. 나는 월급 타서 집에 보태주지 않아도 되어 돈에 구애받고 살지는 않았다.

3월 10일 노동절 행사 때는 부서별 노래자랑에 이혜영이 나와서 노래를 시원하게 잘 불렀던 것이 생각난다. 영애와 언년이는 탈춤반 활동을 하면서 풍자극을 통하여 우리 노동자들이 하고 싶은 얘기를 속 시원하게 대신 했다. 탈춤이 끝나면 뒤풀이로 전 조합원들이 어우러져 하나가 되는 것들이 멋있었다. 나는 그때 탈춤반을 하고 싶다는 생각은 했지만 용기가 없어서 포기했다.

눈 이 뜨 이 다

나는 정치에 무관심해서 박정희가 죽었을 때나, 전두환이 들어왔을 때도 아무 생각이 없었다. 그러나 80년에 광주민주항쟁이 일어났을 때는 좀 달랐다. 당시 방송에서는 광주에 빨갱이가 침투하여 폭도들이 거리로 나서서 폭력을 일삼고 있다는 내용을 연일 보도했다. 그러나 나는 간첩이나 빨갱이들이 그 남쪽 지방으로 침입했다는 게 말이 되나 싶은 생각이 들었다.

그해 여름, 노동계 정화 조치로 지부장님과 부지부장님이 지명수배 되었다. 80년 12월에 노동조합 간부 48명이 합동수사본부에 연행되어 14명이 해고당하고 그중 4명은 삼청교육대까지 끌려갔다. 삼청교육대에 끌려갔던 간부 중 임재수 총무는 갈비뼈가 부러졌다며 그 부인이 우리 집에 와서 하소연을 했다. 잘 아는 분이 죄도 없이 당한 걸 알고 더 마음이 아팠다. 그렇게 노동조합의 탄압이 본격화되었다.

1982년 9월 27일, 폭력배들이 노동조합을 깨려고 쳐들어왔을 때 나는 그렇게 오래 농성할 것이라고는 생각하지 못했다. 현장도 어수선하였고, 4박5일 동안 농성하면서 단식할 때는 머릿속에 통닭 등 먹을 것이 어른거리고, 현장에서 일을 할 때는 기운은 없는데 일을 안 할 수도 없고 정말 힘들었다.

9·27 농성 당시 나는 집에서 출퇴근 하고 있었는데, 농성중이라서 집에 들어가지 못하여 걱정이 되어 집에 전화를 했더니 부모님은 몸만 건강하면 된다고 하셨다. 그전에도 내가 부모님에게 노동조합에 관련한 이야기를 가끔씩 했고, 그래서 부모님들은 나를 믿었다. 나는 농성을 하면서 막연한 느낌이지만 끝까지 함께 힘을 합하면 우리가 승리하여 별일 없이 출근을 하게 될 거라고 믿었다. 농성할 때는 동지들과 살아도 같이 살고 죽어도 같이 죽는다는 생각이 들어서 그랬는지 그렇게 겁나지는 않았다.

회사는 추석휴무가 시작되자 전기와 수도를 끊고, 갑자기 스팀을 강하게 틀면서 농성장의 공기가 탁해졌다. 그러자 동료 중에서 손발이 뒤틀리면서 쓰러지는 사람들이 나왔다. 아무리 주물러도 뒤틀려진 팔다리가 돌아오지 않아 울면서 농성장 밖에 내다 놓으면 폭력배들이 병원으로 옮겨 주었다. 나는 조합원들이 쓰러져 나갈 때가 가장 무서웠다.

농성 마지막 날, 회사 운동장 등나무 밑에 있다가 폭력배들에 의해 끌려 나왔다. 끌려 나온 후 새벽녘에 양문교회로 갔는데, 예배가 끝났다며 목사가 나가라고 했다. 양문교회에서 같이 있었던 희숙이를 데리고 우리 집으로 가려고 난곡동행 버스를 탔는데, 승객들이 냄새가 나는데다가 더러운 몰골을 한 우리들을 이상한 눈초리로 바라봤다. 집에 들어가자 엄마는 나를 붙잡고 우셨고, 나도 엄마를 보니 4박5일 동안 농성했던 일들이 떠올라 갑자기 서러워져 엉엉 울었다.

내 딸은 빨갱이 아냐!

회사에서 끌려나온 후 우리 집에는 남부경찰서 형사가 와서 엄마에게 '딸이 빨갱이들하고 만나고 있는데 저래가지고 되겠냐'며 빨리 시집보내야 된다고 했다. 그러자 아버지가 형사에게 큰 소리로 '내 딸은 빨갱이가 아니다. 내 딸 시집을 보내든지 말든지 신경 쓰지 말라. 가게 손님 떨어지니까 빨리 가라'고 하면서 쫓아보냈다. 아버지의 생각이 분명하자 형사는 몇 번 오더니 어느 순간 안보였다.

그런데 내가 버스를 타려고 정류장에 가면 얼굴에 점 있는 남자가 자주 보였다. 처음에는 아무 생각 없이 그냥 지나쳤는데, 대림동에 갔을 때도 그 사람이 또 보였다. 그제서야 그 사람이 나를 감시하려고 따라다니고 있다는 것을 알았다. 앞장서서 활동하는 사람도 아닌데 설마 나를 감시할 거라고는 생각도 못했다. 간부가 아닌 나도 이렇게 감시를 하는데, 간부들은 얼마나 심하게 감시할까, 생각했다.

우리 외할머니와 외할아버지는 고향이 북한이다. 엄마의 고향도 황해도 해주다. 그렇지만 내 고향은 충남 보령인데, 보령에 있는 면사무소로 나에 대한 신원조회가 갔다고 한다. 동네 사람들과 사촌들이 '우리 형수 고향이 북한이라더니 딸이 빨갱인가 보다', 이렇게 입방아를 찧었고, 나중에 집안 행사에서 엄마에게 "아주머니, 보애가 빨갱이라면서요?"라고 물어 보았다고 했다. 엄마는 '왜 보애가 빨갱이냐'고 하면서 친척들이 뭐라 말을 해도 전혀 개의치 않으셨다.

82년 10월 7일, 1차 출근투쟁을 하려고 회사 앞으로 갔는데 주변은 전투경찰로 삼엄한 분위기였다. 회사는 정문을 걸어 잠그고 폭력배들이 출근을 막고 있었다. 우리들은 회사 정문 앞에서 구호를 외치고 농성을 하다가 저녁에 산선에서 '원풍을 위한 기도회'가 있어서 해산했다.

다시 10월 13일, 2차 출근투쟁을 하려고 강남성심병원 앞에 모여 머리띠를 두르고 '노동조합을 점거한 폭력배는 물러가라!' 구호도 외치면서 회사로 가려는데 느닷없이 경찰이 들이닥쳐 우리들을 연행하기 시작했다. 끌려가지 않으려고 발버둥을 치다가 경찰의 워커 발에 등짝이 밟혀 하얀 잠바에 워커 자국이 선명하게 나고 등짝이 아팠다.

그렇게 연행되어 조사받으면서 진술서도 쓰고 영화에 나오는 범죄자들처럼 이름표를 들고 사진도 찍었는데, 그 기분이 정말 더러웠다. 죄도 없이 연행된 것도 억울한데 이게 도대체 뭐 하는 짓인가 싶은 생각이 들었다. 1박2일 조사를 받고 나는 남부경찰서에서 석방되었다. 그런데 같은 반 언년이가 구속이 되어, 저 어린 것이 구속되어서 어떡하나, 그런 생각이 들면서 너무 가슴이 아팠다.

나는 원풍 모임 참석을 위해 산업선교회에 가려고 매일 집에서 나가다시피 했는데도 부모님은 뭐라고 안하셨다. 그때 나도, 부모님도 원풍 사건을 겪으면서 언론이 거짓말을 한다는 것을 확실하게 깨우쳤다. 11월 말쯤 퇴직금을 받고 취직을 하려 하자, 아버지는 '빨갱이라고 소문이 났는데 어디 취직할 생각을 하냐'고 하셨다. 당시 나는 바로 결혼할 생각이 없었는데, 아버지는 왜 시집 안가냐고 술을 드시곤 울고 하셨다. 엄마의 가게 일을 도와드리다가 아버지의 성화에 못이겨 27세에 결혼을 했다.

여자 가장의 고단함

결혼할 때 남편에게 원풍에 다닌 이야기는 안했지만, 사실 알아도 내가 떳떳해서 괜찮다고 생각했다. 남편은 결혼하고 나서 아들이 4살 때 세상을 떠났다. 이때부터 내가 자식을 키우고, 시어머니도 모시면서 생활도 책임을 져야 하는 가장이 된 것이다. 원풍 모임이 있는 것도 알았지만, 당시 다니던 직장이 휴일도 없이 일을 하는 곳이라서 원풍의 행사에도 참여하지 못해 출판기념회 등 각종 원풍의 행사 사진 속에 내가 없어서 참 속상했다.

나는 단무지 공장을 오랫동안 다녔다. 그곳은 직원 4명이 일하는 곳인데, 내가 빠지면 공장이 안 돌아가는 상황이었다. 특히 모두 수작업으로 하는 거라서 휴일도 없이 일을 했다. 그렇게 단무지 만드는 공장에 오랫동안 다녔더니 팔목터널증후군으로 손목이 너무 아파서 일을 계속하면 아예 손을 못 쓸것만 같았다. 단무지 공장을 정리하고 지금은 위탁급식을 하는 회사에서 밥 배달, 배식 이런 일들을 하는데, 손을 많이 안써 좀 일하기가 수월한 편이다. 휴일에는 쉬므로 원풍 모임이나 봉사활동에 참여할 수 있어서 너무 좋다.

민주화운동 명예회복 인증서를 받았을 때, 나는 원풍의 정신을 인정받은 거 같아서 너무 좋아 그저 뿌듯하고 감개무량할 따름이었다. 지금은 아들도 내가 명예회복 인증서를 받은 것을 안다. 아들은 민주화운동 명예회복 인증서를 보고 '우리 엄마 예전에 민주화운동 했나?'면서 엄마가 대단하다고 칭송했다. 아들이 ROTC에 지원할 때, 신원조회도 하고 그래서 나 때문에 아들이 피해보는 일이 있을까봐 걱정도 많이 했다. 그런데 인증서도 나와서 그런지 아들은 아무 문제없이 군 생활도 잘 했다. 아들은 현재 대기업에 취업하여 직장생활을 하고 있다. 아들은 회사일이 바빠 자녀모임에 참여는 못해도 원풍을 이해하고 응원한다.

원풍이 민사소송을 제기해 고등법원까지 승소했을 때, 국가를 상대로 싸우는 우리가 정말 대단한 사람들이라고 자부했다. 아들에게도 우리는 국가를 상대로 소송을 한다고 자랑을 많이 했다. 아들이 '엄마, 진짜 그러냐?'며 신나 했는데, 나중에 대법원에서 패소를 해서 속상했다. 정권이 바뀌니 나라도 거꾸로 돌아가고 있다는 생각이 들어 착잡했다. 그래도 촛불혁명을 통해 세상이 다시 좋은 쪽으로 변화하면서 요즘은 그저 마음이 편하고 행복하다.

나의 삶이 역사에 남다니

처음 구술 작업을 하자는 말을 들었을 때는 우리가 살아온 발자취가 역사가 된다는 생각을 하지 못했다. 그래서 구술 작업을 하면 좋긴 한데, 거기서 내가 무슨 이야기를 할 수 있을지 걱정을 했다. 그렇게 고민을 하다가 그냥 내가 살아왔던 이야기를 하면 나머지는 편집진에서 알아서 다해준다는데, 이런 기회가 아니면 어디서 나의 이야기를 기록으로 남기는 작업을 해볼 수 있겠냐, 하는 생각이 들었다.

결국 구술 작업에 참여하면서 지나간 일도 되짚어보고, 앞으로 어떻게 살 것인가 생각도 해보게 되어서 정말 보람찬 기회가 된 것 같았다. 원풍은 내 삶의 중심이고 내 정신의 뿌리였다. 내가 근무했던 원풍에서의 3년이 내 삶의 기준이 되었고, 청년 시기에 노동조합 생활을 하면서 나의 가치관을 바르게 가질 수 있게 해준 주춧돌이라고 할 수 있다. 그래서 지금도 원풍 이야기를 하면 자긍심이 생긴다.

지금까지도 원풍노조 조합원들이 계속하여 모이는 이유는 뭘까, 곰곰이 생각해보면 그건 집행부의 힘이라고 생각한다. 조직이라는 것은 누가 구심점이 되어 이끌어주지 않으면 그렇게 많은 사람들이 오랫동안 만날 수가 없고, 조직을 유지할 수도 없다. 원풍동지회에 바람이 있다면, 영원히 우리 모두의 신뢰와 사랑이 변치 않고 지속되는 조직이 되는 것이다.

085

아들에게 들려준 이야기

김수연

_____ 전라남도 보성에서 1960년 3남3녀 중 셋째로 태어났다. 1979년 4월에 원풍모방에 양성 공으로 입사하여 1981, 82년 부서 대의원에 선출되었다. 1982년 9월 27일의 농성에 참여해 해고를 당했고, 뒤를 이은 출근투쟁과 복직투쟁 과정에서 전투경찰에게 맞아 광대뼈가 무너지는 사고를 당했다. 2007년에 민주화운동 관련자로 명예회복 증서를 받았다.

"엄마 울지 마." 방구석에 쪼그리고 앉아 울고 있는 나를 보며 9살 큰아들이 말했다. 꿈에도 생각해 본 적이 없는 일이었다. 절망과 슬픔이란 늪에서 매일매일 눈물을 흘리며 빠져나오지 못했다. 내 삶의 기둥이었던 남편이 없다는 현실을 나는 받아들일 수 없었다. 나도 남편이 있는 그곳으로 따라가고 싶을 뿐이었다.

그때가 1993년 11월, 아침저녁으로 쌀쌀한 기운에 옷깃을 여미던 날이었다. 환하게 웃으며 출근하는 남편을 배웅했는데 교통사고로 사망이라니. 장례식을 어떻게 치렀는지 정신이 없었다. 정말 남편이 떠나가긴 한 건지 믿을 수 없었다. 두 아들과 덩그러니 남은 집에서 날이 갈수록 남편의 빈자리를 확인하는 건 고통이었다. 집안 곳곳에 남편의 흔적과 함께했던 추억이 새로웠다. 해가 지면 눈이 저절로 대문에 고정되었고, 문밖 작은 발자국 소리에도 귀가 예민해졌다.

매일 고장 난 수도꼭지처럼 눈물만 흘리며 보냈다. 그런데 지금 9살 아들이 '엄마 그만 울어'라고 한다. 그 말은 아빠보다 매일 우는 엄마 땜에 슬프단 말로 들렸다. 가슴이 아팠고 부끄러운 생각이 들었다. 나에겐 남편과 이별하는 시간이 필요했지만 아이들 생각을 못했다. 죽음이 뭔지 실감 못하는 아이들 앞에서 매일 울고 있었으니.

원 풍 과 의 재 희

가족들과 상의하여 부천에서 친정과 시댁이 있는 전라도 광주로 이사를 했다. 아빠 없는 빈자리를 친척들로 채워 주고 싶었다. 두 아들을 돌보며 일하기엔 괜찮다고 해서 미용학원에 등록했다. 미용사 자격증을 취득하자 시누이의 도움으로 일을 시작했다. 의외로 미용 일을 하다 보니 재미도 있었고, 사람들이 손재주가 있다고 할 정도로 적성에도 맞았다.

무심한 세월은 흘렀는데, 어느 날 정읍에서 김영희라며 전화가 왔다. 원풍에서 '민주화운동 관련자 명예회복 신청'을 준비하고 있어 연락했단다. 황선금 언니가 전국에 흩어져 살고 있는 원풍 식구들에게 나를 수소문하라고 했다는 것이다. 소식도 끊고 사는 내가 뭐라고 그 오랜 세월 잊지 않고 기억했단 말인가. 오랜 만에 들어 보는 원풍식구들의 정겨운 이름이 반가웠고, 연락도 못하고 살았던 게 미안했다. 나를 찾아준 게 고마워 '민주화운동 관련자 명예회복 신청'에 무조건 동참했다. 법적인 조사와 절차를 거친 뒤 '증서'를 받았다. 원풍모방에서 부당하게 해고된 것을 인정받은 것이다. 뒤이어 생각지도 않았던 물질적 보상도 받았다.

아이들을 위해 앞만 보며 열심히 달려온 지난 세월 만감이 교차했다. 아빠 없이도 듬직하게 잘 자라준 두 아들을 앞에 앉혀 놓고 '증서'를 보여 줬다. "이게 뭐예요. 엄마가 민주화운동 관련자라니요?" 자식들에게 구구절절 살아온 얘기를 언제 또 할까 싶어 옛날얘기 하듯 지난 세월을 풀어 놓았다.

두 아 들 에 게 들 려 주 는 이 야 기

엄마가 1960년에 태어났고, 6남매 중 셋째딸인 건 아는 얘기고. 니들이 알고 있는 엄마는 잘 웃고 씩씩하지. 그런데 어려서 자랄 때는 말이 없고 조용한데다 내성적이었어. 집안에서든 학교에서든 엄마가 있는 지도 잘 모를 정도로. 보통 형제 많은 집에서 중간에 태어나면 위에서 치이고 아래에서 치여 악바리가 된다고 하거든. 그런데 엄마는 반대로 존재감 없이 살았지. 엄마가 고향인 보성에서 중학교를 졸업하고 서울로 올라갔을 때 큰언니는 결혼했고, 작은언니도 결혼준비를 하고 있을 때야.

엄마의 첫 직장은 원풍모방이란 곳인데, 취업했을 때가 1979년 4월이었어. 작은언니가 부서에 반장으로 있던 정해자란 사람에게 취업을 부탁했데. 당시 그곳은 추천하는 사람이 없으면 취업하기 쉽지 않았거든. 직포 준비반에 양성공으로 들어갔지. 양성이 뭐냐고? 입사함과 동시에 부서에서 일을 하는데 3개월 수습을 거쳐 정식 직원이 되는 거. 니들 말로 인턴. 난생 처음 부모님을 떠나 서울생활 몇 달 하니 가족들이 보고 싶더라. 생리휴가와 월차휴가를 모아 휴가를 냈어.

지금은 교통이 좋아 보성까지 몇 시간이면 내려가지만, 예전엔 서울에서 광주까지 가서 다시 차를 갈아타야 했지. 고향 한번 가려면 하루 종일 버스를 타는 거지. 집에 가니 안 그래도 걱정 많이 했다며 부모님이 엄청 반가워 하셨어. 몇 달 만에 내려가니 낯익은 모든 것들이 편하고 좋더라. 동생들이 있는 데도 내가 좋아 하는 걸 먹이겠다며 이것저것 음식을 만들어 주는 것도 좋고. 그런데 떡을 해준다고 엄마가 시루에 찹쌀을 쪄서 마당에 있는 절구로 가져갔어. 아버지가 절구공이로 떡을 치는데 '쿵 쩍 쿵' 소리가 집안에 울렸어.

그 소리를 듣고 있자니 내가 몇 달 사이 어른이 된 것 같고, 특별한 존재가 된 것 같더라. 왜냐면 집에서 부모님이 떡을 만드는 건 명절 때나 귀한 손님을 대접할 때였거든. 그런데 갑자기 아버지가 절구공이를 떨구며 쓰러지셨어. 평소에 혈압이 높았는데 그날 피를 엄청 쏟으셨고, 그렇게 돌아가셨어. 그 모습은 영화나 드라마의 슬로모션처럼 오랫동안 뇌리에서 잊히지 않았어. 눈 앞에서 갑자기 돌아가신 아버지 모습은 충격이 커서 계속 떠올라 정말 힘들었지.

서울에 올라왔지만, 고향에 있는 엄마와 동생들이 늘 마음에 걸리더라. 언니들도 같은 생각이라 의논 끝에 고향의 논밭을 정리해 광주로 오게 된 거야. 너희 외할머니는 작은 가게를 얻어 장사했지만 아들이 셋이나 학교를 다니니 힘드셨지. 언니들은 결혼했고. 그래서 누가 시킨 것도 아닌데 엄마는 월급 받으면 돈을 보내드렸어. 언니들이 결혼하고 없는 상황에 책임감을 느꼈던 것 같아.

소 모 임 활 동

엄마의 조용한 성격은 원풍에서 소모임 활동을 하면서 활발하고 적극적으로 바뀌었단다. 엄마가 소모임과 노조활동을 하게 된 건 김성구라는 언니를 통해서야. 그 언니는 가공과 B반 대의원으로 노동조합 활동을 열심히 했어. 부서는 달랐지만 출·퇴근 할 때 집이 같은 방향이라 친해졌지. 성격이 쾌활하고 자상해서 주변 사람들을 잘 챙겼어. 아버지가 돌아가셔서 힘들었을 때도, 부서에서 힘든 일이 생겼을 때도 성구 언니는 나를 위로하고 다독여줬지. 노동조합과 산업선교회에 대해 알려줬고, 소모임을 같이 하자고 했어.

원풍 조합원은 거의 소모임을 하나씩 하는데, 기본은 친목이지만 중요 목적은 노동조합을 뒷받침하는 거야. 노조 사무실에서 간부들과 간담회를 하며 자연스럽게 교육을 받기도 하고. 예를 들면 당시 원풍이 탄압받고 있던 상황이라 노조에서 만든 탄압사례 유인물을 버스나 지하철을 타고 다니며 배포하는 일, 교회나 성당처럼 사람들이 많이 모이는 곳에 매주 가서 나눠주는 일. 그때 종로 기독교회관은 빼놓지 않고 갔지. 지금처럼 컴퓨터나 핸드폰이 없었으니까 사람들에게 알리는 방법은 유인물뿐이었거든.

기독교회관에선 매주 양심수를 위한 기도회를 했거든. 당시 민주화운동을 하던 사람들은 거의 모였어. 전태일 열사가 누군지는 알지? 그분 어머니 이소선 여사가 강연을 할 때도 있었는데, 엄마도 그때 처음 봤어. 한번은 김재규에 대한 기도회를 했는데, 그게 누구냐고? 1979년 10월 26일 궁정동 안가에서 박정희 대통령을 총으로 쏴서 죽인 사람, 당시 중앙정보부장이었어. 그 일로 그 사람은 전두환 군사정권에서 사형을 받고 죽었거든.

그런데 당시의 엄마 상식으로는 대통령을 죽인 사람을 위해 인권단체나 성직자들이 기도회를 여는 게 이해가 안됐어. 그런데 유인물과 기도 내용을 들으며 김재규가 왜 그래야만 했는지 알겠더라. 박정희는 18년 동안 독재정치를 하면서 자신의 정권유지를 위해 법도 맘대로 뜯어 고치고, 많은 민주 인사들을 탄압했거든. 그러니 독재타도를 외치는 함성이 전국에서 끊이지 않고 일어났지. 김재규가 왜 그런 행동을 했는지 우리는 정확한 내용을 알 순 없었지.

아무튼 기독교회관에서 매주 열리는 기도회가 이런 내용이다 보니 기관원들이 늘 감시를 했어. 그들에게 끌려가면 쥐도 새도 모르게 죽거나 반병신이 된다는 얘기가 무성했지. 그러니 유인물을 돌리면서 얼마나 겁이 났겠니. 그래도 해야 하는 일이었단다.

노조 통합대회

엄마는 원풍에 근무하면서 공부가 하고 싶어 방송통신고등학교에 등록해 다녔어. 기숙사에서 공부를 어떻게 했냐고? 아! 원풍은 복지시설이 잘 되어 있었단 얘길 안했구나. 회사에서 우릴 위해 자발적으로 해줄 리가 있나, 노조에서 교섭을 통해 하나씩 만들어 낸 거지. 그중 하나가 공부하는 사람들을 위한 독서실이었어. 엄마는 소모임 활동이 없는 시간에는 늘 독서실에서 보냈어. 광주에도 자주 내려가 가게 일도 돕고 집안 일도 하고. 니들에게 옛날 얘기하다 보니 엄마가 참 열심히 살았네.

노동조합 대의원이 뭔지는 알지? 엄마는 원풍 다닐 때 대의원을 두 번 했어. 각 부서에서 뽑는데 인원 대비라 보통 부서마다 2명 정도 돼. 그 위 상집위원은 부장과 차장 각 한 명씩 뽑아. 엄마가 처음으로 대의원이 된 건 1981년인데 뿌듯하고 자랑스러웠지. 대의원들은 A, B, C 반별로 교육을 받고 전체가 모여 교육을 받기도 해. 과천에 있는 영보수녀원에서 1박2일로 주로 하는데, 상집간부들까지 모이니 규모가 엄청나지. 강의는 외부에서 강사가 올 때도 있고, 지부장이나 부지부장이 할 때도 있어. 주로 노조와 회사의 당면한 사안에 대해서 구체적 토론을 하지. 소모임을 통해 조합원 교육을 받는 것과는 차원이 다르다고 해야지.

대의원 활동하며 기억에 남는 것 중 하나는 원풍모방과 원풍타이어와의 통합대회야. 그게 뭐냐면 원풍은 모방공장이라 섬유노련에 속하고, 원풍타이어는 화학노련에 속하거든. 게다가 원풍은 서울에 있고 원풍타이어는 부산에 있어. 그런데 지역도 다르고 분야도 다른 두 회사의 노조를 하나로 단일화하란 거야. 당연히 일개 회사에서 어떻게 그런 일을 벌이겠어. 노동부 등 정부기관에서 압력을 넣었다고 봐야지. 게다가 노골적으로 두 회사의 노조를 통합하면서 위원장을 원풍타이어로 하라는 거야. 그것은 누가 봐도 원풍모방노조를 없애겠다는 거지.

1981년 엄마가 막 대의원이 되었을 때 시작된 그 일은 장장 10개월이나 걸렸단다. 노조 집행부선 상집회의와 대의원 교육을 통해 방법을 찾느라 고심했고, 여러 기관이나 단체에 법률적 자문도 구하며 노조탄압에 맞설 방법을 모색했지. 결국 그해 11월 중순경 우리 회사 식당에서 통합 대의원대회가 열렸어. 양쪽 노조 대의원들이 식당을 꽉 채웠지. 조합원들도 대회장에 와서 통합대회를 지켜봤고, 결론은 원풍에서 공동위원장을 맡게 되었지. 우리가 호락호락하지 않거든.

통합대회를 준비하며 대의원들이 노조 사수를 결의했었는데 우리가 이긴 거지.

노래

원풍 조합원들이 예전에 많이 부르던 노래 중에 〈마지막 십자가〉라는 노래가 있어. 1982년 1박2일 대의원 수련회에서 원풍노조와 조합원들의 단결을 상징하는 노래를 만든 거야. 당시에 부르던 투쟁가는 많았지. 근데 우리 실정에 맞는 원풍만의 노래를 만든 거지. 따라 부르기 쉬운 유행가에 가사만 바꿔 부르는 '노가바'라고 들어 봤니? 그거야. 그런데 그때 만든 노래들을 1982년 9월 27일 농성하면서 부르게 될 줄은 몰랐었어. 〈마지막 십자가〉가 어떤 가사인지 들어 볼래.

> 단결 없이는 승리 못 하네 원풍모방 노동조합
> 조합원들이 단결해야지 그 누가 해결하나요.
> 돈과 권력 야합하여 탄압하는데
> 우리문제 힘을 합쳐 해결해야지 마지막 십자가 내가 져야지
> 정상가동을 속히 하여라, 단체협약 준수 하여라.
>
> 많이 참았네 오래 참았네 노동조합 탄압을
> 중지하여라 노동자들의 생계비를 보장하여라
> 살고 싶다 법치국가 법을 지켜라 누굴 위해 일하느냐
> 말 좀 해봐라 뜨거운 피가~ 용솟음치네
> 정상가동을 속히 하여라, 단체협약 준수하여라.

이 노래를 4박5일 농성하다 새벽에 끌려 나올 때까지 우리는 목이 터져라 불렀어. 9월 27일 점심 무렵, 회사는 담임들로 구성된 '구사대'라는 폭력배들을 동원했거든. 몽둥이를 들고 휘두르는 폭력배들 앞에 우린 속수무책이었어. 조합장을 감금한 뒤 사표 내라고 밤새 협박하다 새벽에 기절하니 화곡동 쓰레기장에 버렸대. 말도 안 되는 일이 일어난 거지. 그래서 우리는 회사에 항의하고 폭력배 처벌을 요구했지. 그리고 노조를 지키기 위해 일을 하면서 교대로 농성을 하게 된 거야.

엄마는 원풍에 입사하고 해마다 농성을 해봤어. 회사와 노조가 단체교섭을 하

거나 임금인상 협상을 할 때. 그럴 땐 장기자랑도 하고 춤도 추며 밤새도록 신나고 즐겁게 하거든. 그런데 9·27농성은 노조사수 투쟁이니 우리가 얼마나 비장하고 처절한 심정으로 했겠니? 회사는 처음부터 식당을 폐쇄해 물도 못 먹고 4박5일 동안 단식농성을 했어. 화장실에 가려고 문을 열면 폭력배들이 기다리고 있다 끌고 가고.

방송이나 신문기자들이 농성장 문 앞까지 몰려와 취재를 했거든. 그런데 취재한 내용은 어디가고 '도산이 들어와 기업을 도산시킨다'는 내용으로 나왔어. 우리가 회사를 망하게 하려는 불순세력이고 빨갱이라고 매도했지. 그때 전두환 정권은 모든 민주세력을 빨갱이라고 했거든. 당시의 언론도 그렇게 보도지침을 받고 있었다고 봐야지.

마 지 막 저 항

1982년 9월 27일, 오후부터 양승화 부조합장을 중심으로 농성을 시작했지. 노조 사무실에서 가까운 정사과였는데, 파업을 하지 않고 일을 하면서 했단다. 양 부조합장이 정사과 대의원이었던 이혜영과 나를 불렀어. 농성장의 상황을 밖에 알려야 하니 산업선교회에 다녀오라고. 우리는 아무도 모르게 농성장을 나와 식당 뒤로 가서 펜스로 된 담을 잡아당겨 그 틈으로 빠져 나갔단다. 영등포 산선에 가니 해고당한 선배와 방 지부장이 있어서 편지를 전달하고 왔지.

29일부터는 원래 추석휴무였는데, 우리가 농성을 계속하자 회사에선 스피커로 귀향을 독촉했어. 그러면서 '나의 살던 고향은 꽃피는 산골~'이란 〈고향의 봄〉 노래를 계속 트는 거야. 나중에는 시골에 있는 가족들을 동원했는데, 부모도 오고 형제도 오고 난리도 아니었지. 가족을 앞세워 농성장에 들어온 남자들은 딸을 찾으면 강제로 끌고 갔어.

마지막 날엔 밀폐된 농성장에 스팀을 마구 틀어댔단다. 며칠 동안 굶고 잠도 못잔 사람들이 있는 공간이 한증막처럼 됐으니 어떤 일이 벌어졌겠니? 손발이 뒤틀리고 실신하고 끔찍한 상황이 됐지. 그렇게 처절하게 버텼는데 5일째 되던 날, 그날은 추석이었는데 새벽에 폭력배들이 밀고 들어와 모두 끌려 나왔단다. 관사든 신발이든 손에 잡히는 걸 집어 던지며 저항했지만 소용없었지. 남자들 3~4명이 달려들어 팔 다리를 잡고 문 밖으로 짐짝처럼 집어 던지고, 개 끌고 가듯 끌고 갔으니, 엄마는 몸이 붕 뜨면서 머릿속이 빙빙 도는 순간 까무러쳤던 것 같아. 깨어 보니 병원이었고, 아침이 환하게 밝았더라.

광대뼈가 무너지고

우리는 추석 휴무기간에 출근투쟁을 준비했는데, 10월 7일 첫 출근 날에 맞춰 회사 앞에 모였어. 그런데 회사에선 38명 해고자 명단을 공고했고, 앞으로는 노조활동을 하지 않겠다는 각서를 쓰고 출근하라는 거야. 그런 부당한 각서를 쓸 수는 없잖니? 그래서 정문 앞에서 연좌농성을 하며 구호를 외쳤지. '회사는 9·27사태 책임자를 처벌하라', '노조 사무실을 원상 복귀하라', '부당각서 철회하고 폭력배를 처벌하라.' 회사 앞에서 계속 농성할 수는 없었어. 오후에 영등포산선에서 '원풍모방 폭력사태에 대한 집회'가 예정돼 있었거든. 모두 그리로 옮겨갔지. 그날 영등포산선 집회에 참석했던 조합원들이 많이 연행되어 구류를 살았고, 대학생들 중에서도 4명이 구속되었지.

10월 13일, 2차 출근투쟁을 했는데 전경들이 우리를 군홧발로 걷어차고 몽둥이로 때리는 난리통에 엄마가 얼굴을 얻어맞았어. 그때 기절을 했었는지, 뭔가 묵직하고 불안한 느낌이 들어 눈을 떴는데 병원이더구나. 옆에 있던 사람이 반색을 하며 회사 근처에 있는 대림성모병원이래. 전방에 근무하던 황선금 언니가 병원에 데려왔는데 광대뼈가 무너져 수술을 했다고 하네. 전방의 박혜숙 언니도 앞니 4개가 부러져 같이 입원 중이라고 했어.

그때 우리는 산선에서 공동생활을 했는데, 농성했다고 회사에서 기숙사를 못 들어가게 했어. 그러니 일부 자취하는 사람 빼고는 모두들 갈 곳이 없었지. 산선은 노동자를 위해 만든 공간이기도 하지만, 그동안 원풍과 한 몸처럼 관계했으니까. 그렇게 산선은 원풍과 일심동체였어. 원풍이 아니었으면 외국에서 지원도 못 받고 그 만큼 성장도 못했다고 말하곤 했었는데…, 그런데 변했어. 결국 산선과 결별하고 강당에 모여 해산식을 했는데 그때가 1983년 1월이었지. 8명의 간부가 구속된 상황에서 복직투쟁은 장기화 될 수밖에 없다는 판단도 했고.

이 집 저 집 신세를 지는 것도 한두 달도 아니고 형편이 비슷한 처지에 힘든 일이라 고민 끝에 광주로 내려왔단다. 그런데 동장과 통장이 계속 찾아와 형편을 알고 있다며 전기회사를 소개하더라. 몇 달 다녔는데, 엄마를 광주에 잡아두려고 그런 것 같고 해서 그만 두었지. 이후 아빠와 결혼해 니들이 태어났고 지금까지 살아왔지. 엄마 얘길 들으니, 9·27 폭력사태와 그 이후 과정을 보면 정부가 개입한 거고, 니들 말대로 당시의 정권은 민주세력을 적으로 생각하고 탄압한 거지.

자랑스러운 인연들

두 아들에게 얘기를 하면서 그 동안 내가 잊고 살았던 지난 시간의 많은 기억들이 되살아났다. 파편처럼 흩어졌던 기억의 조각들이 맞춰지며 내 삶의 커다란 그림을 만들어 줬다. 부모님과 함께 했던 어린 시절과 열심히 활기차게 살았던 원풍 시절. 참으로 풋풋했던 20대는 세상을 향한 열정으로 가득 찼던 시절이었다. 진지하게 들어주던 자식들 앞에서 원풍이 있었기에 나의 과거가 자랑스러웠다.

장성한 두 아들이 엄마도 자유로워졌으면 좋겠다고 권해 몇 년 전 오랫동안 해온 미용실을 정리했다. 간간이 일하며 여행도 가고, 산악회 활동을 하며 건강하게 살고 있다. 지난 촛불시위(2017년 10월부터) 때는 아들들도 나와 함께 충장로에 나가 촛불을 들었다. 원풍에 다녔던 엄마가 대단하고 자랑스럽다고 생각하는 아들들.

주변 사람들이 촛불시위에 왜 그리 열심이냐고 물었다. 그들에게 박근혜와 최순실로 인한 국정농단사태가 어떤 것인지 얘기한다. 촛불시위를 왜 해야 하는가에 대해서도 말한다. 그리고 원풍노조에 대해 얘기하면 그런 회사가 있었냐고 놀란다. 1982년 이후 해마다 정기적인 모임을 하는 것도 대단하고 부럽다고 한다. 아들들 말대로 36년을 함께하는 대단한 이모님들, 긴 세월의 끈을 이어가는 원풍 식구들이 자랑스럽다.

맏아들 민정홍이 엄마에게 −

엄마는 서른넷에 남편을 잃고 아홉 살, 다섯 살 두 아들과 세상에 남겨졌다. 두 아들과 생계를 꾸려가기 위해 엄마는 미용사의 길을 걸었다. 우리 집은 많은 것을 버리고 최소한으로 살았다. 그것은 가정을 지켜가기 위해 당시 엄마가 할 수 있는 최선의 선택이었을 것이다. 아파트에서 가게 옆 단칸방으로 갑작스레 바뀐 가정환경. 사춘기 때는 친구들과 비교해 우리 집이 무척이나 보잘것없어 그 현실을 받아들이기 힘들었다. 엄마와 말다툼을 한 어느 날, 미용실 소파에 누워 울고 있는 엄마를 봤다. 아버지가 돌아가신 이후 처음으로 서럽게 울고 있는 엄마의 모습. 팽팽하게 당겨진 엄마의 삶을 아들이라는 이름의 비수로 끊은 느낌. 그날의 죄책감은 늘 좀 더 나은 아들이 되어보려 노력했고, 엄마가 선택한 현실을 이해하려 했다. 살아오는 동안 그것이 엄마의 마음에 닿았는지 알 수는 없다.

고등학교 다닐 때 엄마가 못내 자랑스러운 얼굴로 국가 상대 소송에서 이길 것 같다는 얘기를 했다. 젊은 시절의 엄마가 무슨 일을 했으며, 어떤 사람이었는지 알지 못했고 궁금하지도 않았던 때였다. 한 귀로 듣고 한 귀로 흘려버렸지만, 엄마의 밝은 얼굴만은 또렷이 남아 있다. 몇 년이 흘러서야 그날 엄마의 기쁨을 이해하게 되었다. 군사독재정권이 아닌 민주정부 시대에 자란 우리 세대는 누구나 마찬가지일 것이다.
당연하다고 생각했던 가치가 부정당하는 세상을 바로 보게 된 것은 내가 좀 더 성장해서다. 2010년 정치시사 관련 팟 캐스트(인터넷 방송)를 들었다. 동일방직, 원풍모방 등 민주노조를 군부정권이 공권력을 이용해 탄압했다는 걸 알게 되었다. 문득 꽃다운 나이에 그곳에 자리했던 엄마의 삶에 대해 궁금증이 생겼다.

하루는 엄마가 출근하고 없는 방에 '진술서'라고 쓰인 봉투가 있었다. 눈에 익은 엄마의 글씨로 씌어 진 종이 위에는 국가에 의해 자행된 폭력이 적나라하게 적혀 있었다. 군홧발에 차여 광대뼈가 부러져 수술을 받은 일, 원풍모방에서 해고당하고 새로운 직장에서 이유도 없이 권고사직 당했던 일, 엄마의 삶 속에는 개인이 손 쓸 수 없는 권력의 부당한 횡포가 자리 잡고 있었다. 그래서 엄마는 원풍이라는 이름을 지우고 살아왔던 건가 생각하니 가슴이 아팠다. 엄마가 예전에 국가를 상대로 소송한다고 한 얘기가 생각났고, 그날의 자랑스러워하던 얼굴이 떠올랐다.

민주화운동 관련자 증서로 엄마는 국가폭력의 피해자로 인정받았다. 엄마의 삶이 비로소 인정받았다는 생각이 들었다. 2012년 가을, 엄마와 함께 해마다 열리는 원풍 동지회 모임에 참석했다. 9·27 30주년을 맞아 자녀들과 함께 했는데, 그곳엔 또 다른 많은 엄마들이 있었다. 당시의 자료와 인터뷰로 구성된 영상을 보던 중 익숙한 얼굴이 나왔다. 퉁퉁 부은 얼굴에 붕대를 감고 있던 여성. "아들아, 저 사람이 나야!" 엄마가 자랑스럽게 말했다.

집으로 돌아오는 고속버스 안에서 옆자리에 잠든 엄마 몰래 한참이나 눈물을 훔쳤다. '김수연'이라는 한 인간으로서의 삶을 생각해 봤다. 민경인의 아내로서의 삶과 정흥, 지흥 엄마로서의 삶에 기쁨과 환희의 순간보다는 고통과 인내의 세월이 더 많았을 엄마. 아직 이렇다 할 기쁨이 되어준 적 없는 아들로서 부끄러움을 느꼈던 날이다.

1982년 9월 27일, 나는 그날의 투쟁이 지금의 대한민국에 공헌한 것이 크다고 생각한다. 내가 살아가는 지금을 만들어준 우리들의 엄마, 그리고 나의 엄마의 지난날이 자랑스럽고 감사하다.

바위처럼 살아온 세월

김숙자 전방A

_____1959년 전남 강진에서 8남매 중 넷째로 태어났다. 1979년 봄 스물한 살 때 원풍모방에 들어갔다. 1982년 원풍민주노조의 마지막 대의원으로 선출되어 활동하였다. 1982년 9·27폭력사건 당시 출근투쟁 과정에서 영등포경찰서에 연행되어 20일 구류를 살았고 해고당했다. 2007년에 민주화운동 관련자로 명예회복이 되었다.

나는 1979년 봄, 스물한 살 때 원풍모방에 들어갔다. 직장생활은 이불집에서 일했던 경험이 있어 어느 정도 자신이 있었다. 그런데 방직공장은 처음이었고, 게다가 기계도 컸다. 새롭게 기계의 기능을 익히랴, 일머리를 파악하랴 긴장이 되고 정신이 없었다. 어느 날 부터인가 한 선배가 작업시간에 수시로 찾아와 기계를 다루는 기능을 가르쳐 주면서 노동조합이 어떻고, 국제그룹의 양정모가 어쩌고저쩌고 하며 뜻 모르는 말을 자꾸 들려주곤 했다. 종잡을 수 없는 말을 귀가 따갑게 해대니 귀찮기도 했다. 그 선배의 이름은 황선금이었다. 어깨에 줄 하나가 그려진 완장을 찬 조장이었으니 싫은 내색도 할 수 없었다.

전방 A반은 야유회를 많이 다녔다. 작업장에서는 동료들끼리 사이가 돈독했는데, 그렇게 밖에서도 함께 어울려 다녔기 때문이 아니었을까싶다. 특히 입사 초기 시절에 부여 낙화암으로 야유회를 갔던 기억이 생생하다. 아마도 난생 처음 관광버스를 타고 놀러 갔기 때문에 유달리 기억에 남아 있는 것이리라. 2시에 퇴근하면 봄에는 일산 딸기밭으로, 여름에는 소사 복숭아밭으로, 송내 포도밭으로 나들이를 다녔다.

작업장을 나와 밖에서 만나면 우리는 자연스럽게 노동조합이 어떻게 돌아가는지에 대해 이야기를 하고, 작업장에서 발생한 갈등이나 문제에 대해 서로 의견을 주고받으면서 해결의 실마리를 찾았다. 공장에 처음 들어왔을 때 선배로부터 귀따갑게 들었던 긴가민가했던 말들이 이제는 무슨 소리인지 이해가 되었다. 이처럼 야유회는 배움의 장이며 소통의 장이기도 했다.

소 모 임 ‘바 위’

1980년 7월, 부서의 한 선배가 80년에 입사한 신입생들을 중심으로 소모임을 만들자고 제안했다. 나는 흔쾌히 승낙했다. 소모임 이름은 ‘바위’라고 정했고, 회원은 11명이었다. 직업훈련을 마치고 작업장에 갓 배치된 이들이 대부분이었다. 부서는 각각 달랐지만 열아홉, 스무 살 또래들이라서 죽이 맞았고, 나와 두세 명을 제외하면 대다수가 입사동기생이었기에 금방 스스럼없는 사이가 되었다.

소모임에서 활동하면서 나는 의식이 깨었다. 매주 한 번씩 만나 강의를 들으면 무언가 새로운 것을 배우게 되어 충만감을 느꼈다. 소모임은 매번 주제가 달랐다. 책을 읽고 토론도 하고, 시사강의를 들으며 정치와 사회에서 일어나는 사건들을 바르게 볼 줄 아는 시각도 배웠다. 근로기준법도 공부했으며, 자주적으로 활동할 수 있는 노동조합을 만들기 위해 노력하고 고생한 선배들에 대한 이야기도 들었다.

원풍노동조합과 영등포도시산업선교회에서는 재야인사를 초빙하여 다양한 교육프로그램을 진행했다. 강의 내용이 무엇이었는지 대부분 잊어버렸지만, 원주 이창복 선생님의 강의와, 책 『꼬방동네 사람들』에 대한 이야기를 들려주던 이동철 선생의 강의가 생각난다.

나는 당시 강의에 맛이 들려 있었다. 강의를 들으면 마치 내 삶이 한 단계씩 성장하는 느낌이 들었고, 의식수준이 높아지는 것 같았다. 아마도 1982년 9·27 노동조합 폭력사건으로 해고를 당하지 않았더라면, 지금도 원풍모방에서 바위처럼 움직이지 않고 근무하지 않았을까.

1980년, 그 시기는 전두환 신군부가 원풍노동조합을 본격적으로 탄압하기 시작하던 때였다. 광주를 핏빛으로 물들이면서 권력을 잡은 전두환 신군부는 사회정화라는 명분으로 걸림돌이 될 만한 조직을 깡그리 없애려고 작정한 것 같았다. "도산이 가면 도산된다"(홍지영, 『산업선교는 무엇을 노리나』, 금란출판사, 1977)며 '도산의 못자리'라고 낙인 찍혔던 원풍노동조합은 박정희 정권에 이어 전두환 신군부 정권에게도 탄압의 칼바람을 맞았다.

방용석 지부장님과 박순희 부지부장님이 광주민주항쟁 희생자 돕기 모금을 했다는 이유로 '김대중 내란음모사건' 관련자로 몰려 수배가 되었다. 그 분들의 빈자리가 엄청 컸다. 그래도 계엄령이 해제되면 옛날의 노동조합으로 다시 돌아올 것이라고 굳게 믿었다. 조합원들은 두 분이 없는 노조를 더 자주 들락거리면서 빨리 정상화되기를 간절히 바랐다.

우리들의 바람은 그해가 다 저물어가던 12월에 산산조각이 났다. 합동수사본부는 노동조합의 상근간부들과 상무집행위원회 전원을 연행하여 감금했다. 상집간부와 대의원 14명을 해고시키고 남성 간부들은 삼청교육대로 순화교육을 보내고, 여성간부들은 강제 귀향조치를 당했다. 당시 전방 A반에서는 김금자 상집간부와 장석숙 선배가 해고당해 다시는 작업장으로 돌아오지 못했다.

상근자와 주요 간부들이 강압적으로 해고되고 떠난 노조는 초상집 같이 우울했다. 이를 틈타 회사 간부들은 작업장 감시체제를 강화하였고, 군인까지 작업장을 확보하며 우리들을 위협하였다. 공장 전체가 으스스한 분위기에서 한 해를 보내고 새해를 맞이했다.

약해지는 노동조합

1981년 1월, 노동조합은 이무술 조합장을 중심으로 집행부를 다시 구성하였다. 힘의 균형이 무너진 상태에서 새로 구성된 노조는 바람이 불면 날아갈 듯 위태롭게 보였지만, 그럴수록 조합원들이 더욱 단결하여 힘을 보태야 한다고 생각했다. 회사 측은 노조에게 무슨 한이라도 맺힌 듯 노조를 파괴하기 위해 갖가지 수단을 동원했다. 공장새마을교육이니, 품질관리교육이니, 무슨 교양교육이니 하면서 우리들의 정신까지 규율하려고 달려들었다.

힘이 약해진 노조 집행부에서는 어려운 시기이니만큼 가능한 한 회사 측에서 요구하는 교육에 참여하면서 난국을 헤쳐 나가자고 우리를 설득했다. 조합원들은 노조의 어려움을 잘 알고 있는 터라, 회사 측과 갈등을 만들지 않으려고 노력했다. 하지만 회사 측은 노사가 충돌할 수 있는 빌미를 만들기 위해 별의별 술수를 다 썼다.

81년 12월, 정사 C반 양분옥 상집간부와 신필섭 대의원이 품질관리교육을 방해했다는 이유로 해고되었다. 이 해고 사건은 1980년의 방용석 지부장님 외 14명의 해고와는 내용이 다른 사건이었다. 80년 간부 해고 건은 계엄사에서 불법으로 자행한 일이었고, 이번 해고는 "조합원 징계는 노사 협의에 따른다"는 단체협약을 위반한 사건이었다. 회사가 노조 대표를 무시하고 노골적으로 탄압의 발톱을 드러낸 것이다.

1982년 1월 5일, 조합원들은 양분옥, 신필섭의 부당해고 철회를 요구하면서 식당에서 농성을 시작했다. 그 농성장을 흥겨운 분위기로 만들어가던 동료들이 있었는데, 바로 소모임 '바위'의 회원들이었다. 농성장은 언제나처럼 식당이었다. 300여 명 되는 조합원들이 식탁을 가운데 두고 긴 나무의자에 마주 앉아 손바닥으로 탁자를 두드리면서 투쟁가를 불렀다. 투쟁가를 부르면 저절로 힘이 솟았다.

투쟁가를 부르다가 틈틈이 장기자랑을 했다. '바위' 소모임 회원이었던 박영희가 식탁 위에 올라가서 〈망부석〉을 굵직한 목소리로 흥겹게 부르면 김정숙, 박순이 등이 그 옆 식탁 위에 올라가서 고고 춤을 추며 농성장 분위기를 흥겹게 만들었던 일이 생각난다. 조합원들은 1년 전 전두환 신군부에게 해고를 당한 노조 간부들을 침묵으로 떠나보내야 했던 분노를 가슴속에서 잊지 않고 있었다.

남부경찰서는 이무술 조합장에게 출두하라는 요청을 했다. 상집간부들과 조합원들은 경찰의 출두를 거부하고 투쟁하기를 바랐다. 하지만 이무술 조합장이 경찰서에 출두하여 농성은 중단되었고, 양분옥, 신필섭 해고자들은 공장을 떠나갈 수밖에 없었다.

마 지 막   대 의 원

1982년 2월 11일, 나는 대의원 선거에서 전방 A반의 조합원을 대표하는 대의원이 되었다. 입사한 지 3년만의 일이었다. 조합원으로서 역할을 나름대로 잘 했다는 것을 동료들로부터 인정받은 셈이라서 기분이 좋았지만, 한편으로는 노조가 위태로운 시기라서 부담스러웠다.

기왕에 대의원으로 선출되었으니 부서 동료들을 대표하여 맡은바 임무를 제대로 수행하여 욕먹는 일이 없도록 해야겠다고 다짐도 하고 각오도 다졌다. 작년에 이어 재선 대의원으로 선출된 이순옥 선배가 있었고, 그 선배를 잘 따라만 가면 되겠지, 하는 안일한 생각도 있었다.

그해 노동절을 며칠 앞둔 어느 날, 이무술 조합장이 갑자기 조합장직을 사퇴했다. 그는 며칠 전인 2월 26일 대의원대회에서 "우리 모두 함께 정의의 깃발을 들고 전진합시다"라고 대회사를 했던 사람이었다. 그런 사람이 느닷없이 노조대표직을 사퇴하고 작업장으로 복귀했으니 충격이었다.

조합원들은 왜 그런 일이 벌어졌는지 궁금해 하며 불안해했다. 그런 조합원들에게 뭐라고 설명을 해야 할지 대의원으로서 난처했다. 더군다나 당시 노조를 지키려면 모든 힘을 다 집결하여도 부족한 상황이란 사실을 조합원들도 다 알고 있던 때였다. 누구보다 더 그런 상황을 잘 알고 있을 노조 대표가 조합장직을 내던진 것은 무책임한 행동이었다. 상집위원들은 정선순 부조합장을 조합장직무대리로 선출하여 노동절 행사를 치르고 난 후, 임시대의원대회에서 집행부를 구성해야 했다.

이무술 조합장이 사퇴하자 이무술을 지지하는 일부 조합원들이 간간이 불만의 소리를 내놓았다. 호심탐탐 싸움을 걸어오는 회사 측을 상대하기도 버거운 판국에 내부에 균열이 생기고 조합원들 간에 갈등이 생겼다.

이 틈을 회사는 그냥 바라보고만 있지 않았다. 당직자를 몇 배로 늘리고 활동적인 조합원들의 감시를 강화하였다. 회사 측 생산부 과장, 계장은 수년간 이어져온 작업현장의 작업지시 체계였던 '담임 → 반장 → 부반장 → 조장'을 무시하고 노골적으로 간섭을 하였다. 사원과 공원과의 반목이 불거지고, 조합원들 간의 갈등도 시작되었다. 조합원이었던 담임과 반장은 과장과 계장 등의 간섭을 문제시하기보다는 회사 측 관리자 편에서 부서원들에 대한 감독을 강화하면서 조합원들끼리 대립하는 현상이 벌어졌다. 남자 조합원이었던 담임들은 82년 9·27사태 당시 노조를 이탈하여 회사의 앞잡이 노릇을 했다.

나는 그 무렵 마음이 맞는 대의원 몇 명을 만났다. 직포과 대의원 임선호와 심현숙이었다. 우리는 노동조합의 조직을 강화하는 데 필요한 일을 하자고 의견을 모았다. 우리 노동자들의 단결된 조직만이 스스로의 권익을 지킬 수 있다는 사실을 뼈저리게 경험하던 때였으니 무엇이든지 해야 한다고 생각했다.

우선 노동조합 활동보다 개인의 취미활동에 치우쳐 있는 조합원들을 대상으로 소모임을 조직하기로 했다. 각 부서별로 한 사람 이상을 찾아 모임을 만들고 친목을 다지면서 차츰 노조에 관심을 갖도록 하자는 계획을 세웠다. 이렇게 해서 소모임 활동을 하지 않는 조합원들 7,8명을 모아 모임을 만들었다. 이들과 함께 한복을 입고 덕수궁에 가서 사진도 찍는 등 야외 활동을 하면서 노조에 관심을 갖도록 노력했다.

그들은 폭력배일 뿐

그날 나는 오전 근무였다. 갑자기 누군가가 "기계 꺼! 노동조합에 폭력배들이 쳐들어왔대!"라고 외쳤다. 무의식적으로 노조 사무실로 달려갔다. 노조 사무실은 들어갈 수가 없었다. 식당의 식탁을 산더미처럼 쌓아 노조 사무실을 봉쇄하고, 그 앞을 100여명이 넘는 남자들이 서로의 팔을 꽉 끼고 이중삼중으로 막고 있었다. 나처럼 현장 작업복 차림으로 뛰어간 조합원들과 기숙사에서 뛰어나온 듯한 조합원들이 울며불며 항의했다. 폭력배들은 꿈쩍도 하지 않았고, 히죽히죽 웃고 느물거리기까지 했다.

노동조합 사무실에서는 조합장이 폭력배들에게 감금당해 조합장직 사퇴를 강요받고 있었다. 상집위원들이 노조 사무실 바로 옆 건물인 정사과로 신속하게 집결하라고 외쳤다. 양승화 부조합장은 "조합원 여러분, 우리에게 죽음을 주든지, 아니면 노동조합을 주든지 둘 중에 하나를 달라고 해야 합니다!"라며 우리의 요구조건이 관철될 때까지 농성장을 떠나지 말자고 부르짖었다. 양승화 부조합장을 보며 모두 힘을 얻었다. 그러나 4박5일간의 단식농성은 결국 폭력에 짓밟혔다. 무참하게 강압적으로 회사 밖으로 내동댕이쳐졌다.

1982년 추석휴무는 9월 29일(수요일)부터 10월 3일(일요일)까지였다. 단식농성을 강제 해산시킨 회사는 추석휴무를 6일까지 연장하여 10월 7일에 출근하라고 공고했다. 집행부는 10월 7일 회사와 구사대, 그리고 경찰이 출근을 저지할 것으로 예상하고 수백 명의 조합원들이 오후 2시 회사 정문에서 만나 출근투쟁을 하기로 결정했다.

예상했던 대로 구사대와 경찰이 정문 앞 출입을 막고 있었다. 담벼락에 뭔가가 붙여 있어 가보니 해고자 명단이었다. 총 38명이었는데 내 이름도 포함되어 있었다. 우리 조합원 300여 명이 정문과 대림동에 모인 듯한데, 경찰은 그보다 몇 배 더 많은 병력을 배치했다.

구사대와 경찰은 정문 10여 미터 앞에서 접근을 차단하고, 확성기로 해고자들은 집으로 돌아가고 그 밖의 사람들은 회사가 제시하는 각서를 쓰면 출근을 허락한다고 떠들었다. 우리가 "폭력배는 물러가라!" "경찰은 물러가라!"라고 외치며 정문으로 밀고 들어가려 하자, 구사대와 경찰이 가로 막아섰다. 우리는 〈우리 승리하리라〉등 투쟁가를 부르며 그 자리에 주저앉아 농성을 했다.

그날 오후 6시, 영등포산업선교회관에서 원풍노동조합 폭력사태를 규탄하는 기도회가 열릴 예정이었다. 우리는 그 기도회에 참석하기 위해 구호와 투쟁가를 부른 후 10월 13일 다시 집결할 것을 결의하고 해산했다. 나는 동료 몇 명과 함께 기도회에 참석하기 위해 서둘러 버스를 탔다. 차창 밖을 내다보니 영등포시장부터 당산동까지 경찰차가 진을 치고 기도회를 봉쇄하고 있었다.

어렵사리 경찰의 눈을 피해 영등포산업선교회관의 정문을 들어서려는 순간 어떤 형사가 "야, 저년 잡아라! 저년이 골수분자야, 어서 잡아!"하며 손가락질을 했다. 형사 두 명이 후다닥 뛰어와 우악스럽게 양쪽에서 팔 하나씩 잡더니 경찰차에 태웠다. 영등포경찰서에는 시위를 하다가 잡혀온 학생들로 꽉 들어차 있었다. 그날 진술서를 열 번도 더 쓴 것 같다. 나중에 알고 보니 내 이름과 똑같은 수배자가 있었던 모양이다. 경찰은 필적을 대조하며 수군거리더니, 내 필적이 그 사람과 다르다는 결론을 짓고 즉결재판소로 넘겼다.

나와 염색과 박칠성 아저씨를 포함하여 여섯 명이 구류처분을 받아 유치장에서 20일 동안 갇혀 있었다. 원풍노조탄압 규탄기도회 사건으로 구류를 살던 대학생들도 많았는데, 그 중 여현호(서울대), 조성호(서울시립대), 김재열(장신대), 오진우(성균관대) 4명은 구속되었다. 유치장에서 학생들과 눈이 마주치면 우리 때문에 고생하는 그들에게 미안하다는 생각이 들었다.

영 등 포 산 업 선 교 회 는 왜 그 랬 을 까

10월 27일, 나는 영등포경찰서에서 석방되었다. 황선금 언니가 마중을 나와 같이 영등포산업선교회로 갔다. 산선회관에 들어가서 동료들과 인사를 나누었다.

동료들이 위로를 해주면서 지난 20일 사이에 일어났던 여러 가지 소식을 전해주었다. 동료 대의원 차언년과 전방 C반 대의원 김숙자 언니가 2차 출근투쟁을 하다가 구속되었다고 한다.

언론매체는 날이 갈수록 우리 사건을 왜곡 보도하여 여론을 나쁘게 형성하고 있었다. 경찰과 구사대는 행정력을 동원하여 가족을 찾아내 조합원을 사직시키려고 압력을 넣었다. 상집간부들에게는 수배령이 내려져 자유롭게 만날 수 없었다. 대의원들은 조합원들과 할 수 있는 일들을 찾으면서 때를 기다려야 했다.

10월 말경으로 기억된다. 우리는 산선에서 아침식사를 마치면 삼삼오오 짝을 지어 사회 인사들을 찾아다니며 국가폭력으로 노동조합이 파괴된 사실을 호소하고 진실을 알렸다. 한번은 새문안교회 담임목사를 찾아갔다. 그 목사는 '지금은 정치상황이 어려운 때이니 제자리로 돌아가라'고 했다. 허탈한 표정으로 앉아 있는 우리에게 부목사가 '여러분들의 어려움을 잘 알아들었다'면서 열심히 하라며 위로를 해주었다.

이우정 교수님 댁도 방문했다. 이우정 선생님은 "원풍노조 사태를 극복하고 정상화하기에는 권력의 벽이 너무 높아. 이 어려움을 슬기롭게 잘 넘어야 할 거야"라고 힘을 내라며 토닥여 주셨다. '원풍노동조합 탄압 수습대책위원회' 위원장으로 활동하셨던 이우정 선생님은 당시 우리들에게 많은 격려와 위로를 해주셨다.

그해 11월 12일, 수배령으로 도피 중이었던 상집간부 8명이 체포되어 구속되었다. 날씨는 점점 추워지는데, 그 겨울을 차디찬 감방에서 보낼 구속자들을 생각하면 가슴이 아프고 미안했다.

1983년 1월 19일, 우리는 영등포산업선교회 강당에 모여 해산식을 했다. 82년 9·27 노동조합 폭력사태로 회사에서 쫓겨난 조합원들은 3개월 동안 영등포산업선교회에서 합숙을 하며 투쟁했다. 거기에 있으면서 출근투쟁을 하고, 사회 각층에 부당한 국가폭력을 알리고, 전국을 다니며 호소문을 뿌렸다. 하지만 이제 더는 함께 있을 수가 없었다. 산선 목사와 실무자들이 합숙생활 중지를 요구했던 것이다.

모두가 침울했다. 최영숙 상집간부는 사뭇 침착하게 해산식을 진행했지만, 그 얼굴에는 서러움이 가득했다. 원풍노조탄압 수습대책위원장이신 이우정 선생님도 착잡한 표정이었다. 이우정 선생님이 격려사를 해주었는데, 힘내서 열심히 살아가라며 당부하고 위로해 주었지만 분위기는 더욱 우울해졌다.

탈춤반 회원들이 마지막 공연을 하였고, 뒤풀이가 이어졌다. 조합원들은 의자를 한쪽으로 치우고는 앞 동료의 양 어깨를 힘껏 잡고 둥근 원을 그리며 뛰었다. 〈마지막 십자가〉, 〈우리승리하리라〉, 〈투사의 노래〉 등 투쟁가를 부르면서 서로서로 서러움을 위로했다. 그때 가슴 절절하게, 서럽게 불렀던 김민기의 〈늙은 군인의 노래〉를 개사한 〈투사의 노래〉가 생각난다.

나 태어나 원풍모방 노동자 되어 / 민주노조 세운 지 어언 십여 년
내 젊음 다 바쳐서 땀 흘려 일했건만 / 9월의 마지막 밤에 매 맞고 끌려났네
아~ 억울하다 짓밟힌 생존권~~
민주노조 어디 갔나, 감옥 속에 갇혀 있나

나 끌려 나 거리에서 방황했지만 / 한 맺힌 이 울분 참고는 살 수 없다
무엇을 배웠는가, 무엇을 느꼈는가 / 어둠이 깊어지면 새벽이 밝아온다
아~ 노동자여 잠 깨워 일어나서
단결과 투쟁으로 민주사회 이룩하자

민 주 화 운 동 가 로 명 예 회 복 이 되 다

나는 당장 갈 곳이 없었다. 박혜숙 언니에게 설날까지는 산업선교회에 머물다가 고향집으로 가려 한다고 털어놓았다. 혜숙 언니는 수심이 가득한 표정으로 '이곳에는 더 이상 머물 수가 없다'며 안타까워했다.

나중에 안 사실이었지만, 82년 9·27노동조합 폭력사건 당시도 영등포산업선교회에서는 오지 말라고 했다. 그래서 농성장에서 끌려 나가면 대림성당, 명동성당, 새문안교회로 가기로 했다는 사실을 알았다. 산업선교회는 집단숙식을 하는 기간에도, 간부들이 구속된 11월 이후는 지하실 소강당과 화장실 한 칸만 사용하라며 2층 모임방과 화장실을 잠그기도 했다가 선배들이 항의하자 열어주었던 일도 있었다.

1983년 8월, 구속된 간부들이 석방되었다. 이제 자유의 몸이 되었고, 얼굴을 마

주할 수 있다고 생각하니 기분이 좋았다. 간부들은 석방되자마자 9·27폭력사건 1주년을 조합원들과 어떻게 준비할까 의논하는 회의를 했다. 그런데 산업선교회에서는 원풍노동자는 모두 회관을 나가라고 다그쳤다. 산업선교회 회원이자 노동교회 교인이었던 나는 석방된 간부들과 조합원들이 모두 산선에 모여 9·27폭력사태 1년을 되새기는 행사를 열 것이라고 믿고 있었다.

9월 29일, 노조 간부들과 선업선교회 실무자들이 지하 소강당에 모여 연석회의를 열었다. 당시 산선 측에서는 '한 기관에 두 조직이 있을 수 없다.'며 결별을 선언했다. 국가폭력으로 원풍노동조합은 파괴되었지만, 노동조합을 포기하고 산업선교회 회원으로만 남을 수는 없었다. 9·27폭력사태 1년을 기억하는 조합원들은 방용석 지부장님 아파트에 모여 다시 시작하자는 결의를 했다.

1984년 4월, 산선에서 함께 활동했던 회원과 결혼했다. 우리 부부는 오랜 기간 원풍노조 조합원들과 영등포산업선교회 실무자들과의 결별 사건으로 불화를 겪었다. 같은 시대 같이 활동했던 다른 사업장의 회원들은 우리가 산업선교회와 왜 결별했는지 그 이유를 모르고 있었다. 남편은 진실이 무엇인지 강산이 몇 번 바뀌는 세월이 흐른 뒤에야 이해를 했다. 나는 지금도 왜 하필 그 시기에 산선의 목회자와 실무자들이 그런 결정을 내렸는지 이해가 되지 않는다.

나는 2007년에 민주화운동 관련자로 인정되어 명예회복이 되었다. 명예회복 인증서를 받고는 국가훈장을 받은 것 같이 너무 기뻤다. 아들과 딸도 그 기쁨을 함께 나누어 주었다. "우리 엄마가 정말로 우리나라를 위해 민주화운동을 하신 분이었네!"하며 두 팔을 활짝 벌려 안으면서 축하해주었다. 남편도 축하한다는 말과 함께 고맙다고 말해 주었다. 나의 기쁨을 함께 공유하면서 축하해주는 가족들이 고맙고, 그래서 더욱 행복하다.

2017년, 올해 내 나이 예순이다. 내가 원풍노동조합에서 활동한 것은 다른 그 누구를 위한 것이 아니었다. 원풍노동조합을 통해 나 자신을 발전시키면서 성장시킬 수 있었다. 원풍 시절은 내 인생에서 무척 소중한 시간들이었다. 지난 세월 크고 작은 역경 속에서도 바위처럼 흔들리지 않고 살아온 것은 긍정의 힘을 주는 원풍동지회가 있었기 때문이라고 할 수 있다. 나에게 있어 원풍동지회는 과거에도, 현재에도, 미래에도 무엇보다도 소중한 자산이다.

087

반짝이던 황금 시절의 추억

김 연 옥

——————1962년 충남 당진에서 태어났다. 원풍모방에는 1979년에 입사했다. '창공'이라는 소그룹 활동을 했으며, 1982년 9·27폭력사건으로 해고를 당하였고, 10월 13일 출근투쟁을 벌이다가 남부경찰서로 연행되어 조사를 받았다. 현재는 식품회사에 근무하고 있다.

　　나는 충남 당진에서 5남매 중 둘째로 태어났다. 우리 집은 아버지가 이장 일만 30여 년을 하셨으니 동네에서는 나름 유지라고 할 수 있다. 아버지는 집안일은 등한시하셨지만, 동네일이라면 발 벗고 나서서 도우셨고, 그래서 밖에서는 법 없이도 산다고 할 정도로 좋은 평가를 받고 사시는 분이었다.

　　나는 중학교를 졸업하자마자 성수동에 있는 전자회사에 입사하면서 서울생활을 시작했다. 막상 서울에 올라오기는 했는데 일도 힘들고, 내가 꿈꾸던 서울하고는 거리가 멀어서 실망하고 있던 차에 원풍모방에 다니고 있는 언니가, 원풍은 근로조건도 좋고 기숙사도 있으니까 들어오라고 권해서 몇 개월 다니던 전자회사를 정리하고 79년 7월에 원풍에 입사했다.

기숙사의 추억

　　원풍에 입사하고 바로 기숙사에 들어갔는데 기숙사의 전경이 너무 맘에 들었다. 서울은 건물만 있는 삭막한 곳이라고 생각했는데, 원풍 기숙사 뒤는 산으로 둘러싸여 있고, 주변에는 봄이면 개나리, 여름에는 장미, 가을에는 코스모스 등 철마다 꽃이 피고, 특히 출근할 때 회사 운동장 등나무 밑에서 맡아보는 보라색 꽃향기와 시원한 바람은 아주 마음에 들었다.

기숙사 시설도 너무 좋았다. 시골에서 접하지 못했던 뜨거운 물을 언제든지 쓸 수 있는 목욕탕이라든가, 넓은 강당과 탁구대 등의 문화시설과 체육시설 등이 갖추어져 있어서 늘 신나게 보냈었다. 그리고 하루 세끼 밥을 걱정 없이 먹을 수 있는 게 너무 좋았다. 친구들과 어울려 놀러 다니기도 하면서 그 시절 내 청춘을 맘껏 누리고 살았다.

기숙사에서의 단체생활은 재미있었다. 주말에는 대둔산도 가고 종성이, 하수, 명화, 안순희와 관악산 등 여러 곳을 놀러 다녔다. 그리고 대림시장에서 팔던 잡 채랑 김치부침개가 너무 맛있었다. 생일날이나 다른 특별한 날에는 삼우통닭집의 전기구이 통닭으로 기분을 내기도 했다. 특히 식당 밥이 맛있어서 살이 너무 찐 나머지 시골에 갔더니 아버지가 네가 누구냐고 하면서 알아보지 못할 정도였다.

내 인생에서 가장 통통하게 살이 오르고 걱정 없이 살았던 시절이었다. 친구들 은 다른 회사에 비하면 원풍 기숙사는 호텔이었다고 회상하며 지금도 그리워한 다. 나도 원풍에서의 추억은 정말 좋은 기억으로 간직하고 있다.

정사과로 배정받아 권사에서 일할 때는 규칙적으로 정해진 시간에 책임을 다해 야 하는 것 말고는 현장에서 일하는 것이나 야간에 일하는 것 자체는 크게 힘든 지 몰랐다. 입사하고 몇 달 안 되어 같이 입사한 명화를 포함한 동기들끼리 '창 공'이라고 소그룹 이름을 짓고 활동을 했다. 산업선교회에 가서 명상 시간 같은 것도 가졌다. 친구들이랑 어울리면서 당시 신나고 경쾌한 리듬 때문에 좋아했던 산울림의 〈나 어떡해〉라는 노래를 흥얼거리고 다녔던 기억이 난다.

악몽의 9·27

79년 10월 26일, 대통령 박정희가 총에 맞아 사망했다는 뉴스로 온 나라가 떠 들썩했다. 나는 대통령이 얼마나 잘못을 했으면 총을 맞았느냐는 생각이 들었 다. 대통령 사망 후 계엄령이 선포되고 80년에는 전두환이 권력을 쥐면서 사회정 화라는 이름으로 마구 사람들을 잡아들였고, 순화교육이라는 명목으로 사람이 죽어 나가도 누구도 말하지 못할 만큼 정국이 얼어붙었다. 우리 회사의 방 지부장님과 박 부지부장님도 정화조치로 해고당하고 수배령이 내려졌다. 그리고 80년 12월, 노동조합 간부들이 계엄사 합동수사본부에 연행되어 14명이 해고되고 4명은 순화교육을 갔다. 이때부터 노동조합의 힘이 약화되기 시작했다.

노조 탄압에 대비하기 위하여 오후 출근반인 우리 B반의 기숙사생들은 삼삼오오 짝을 지어 관악산을 가기도 하였다. 당시 우리 방 실장이며 노조 총무였던 이옥순 언니가 주도하였다. 관악산에서 체조도 하고 약수도 마시고 노동조합 돌아가는 이야기도 나누면서 우리들의 힘을 모아보고자 했다. 그즈음 회사 주위를 남부경찰서의 전경 버스가 에워싸고 우리들을 압박하고 있었다.

82년 9·27사태는 악몽이었다. 나는 무섭고 두려웠다. 공권력과 구사대가 조합원들을 끌어내는 과정에서 나도 경비실 앞으로 끌려 나왔다. 밖에는 전경 버스가 회사를 에워싸고 있고, 구사대는 무슨 짓을 할지 몰라서 무서웠다. 같이 끌려 나간 명화랑 신발도 챙겨 신지 못하고 그냥 뛰어서 양문교회로 갔다. 양문교회에는 이미 농성하던 동료들이 여러 명 와 있었다.

교회에서는 예배시간이 아니라며 나가라고 했다. 하는 수 없이 나는 명화랑 회사 바로 앞에서 슈퍼마켓을 하던 이선순 언니네 가게로 가서 문을 두들겼다. 언니는 새벽에 웬일이냐며 걱정스러운 얼굴로 문을 열어 주었다. 그렇게 언니네 가게에 있다가 아침이 밝아오자 자취를 하는 안순희네 집으로 가서 노동조합의 소식을 듣고 출근 준비를 했다.

회사에서는 기숙사 출입을 막고 각서를 쓰는 사람만 선별해서 들여보내고 있었다. 나는 10월 13일 출근투쟁을 하려고 강남성심병원 앞에 모여 조합원들과 구호를 외치며 길을 건너던 중에 남부경찰서로 연행되었다. 우리들이 남부경찰서 안에서도 구호와 노동가를 부르자 경찰은 엄하게 다스리겠다고 협박했다. 누군가의 선창으로 애국가도 불렀다. 나는 남부경찰서에서 1박2일 조사 받은 후 진술서를 쓰고 풀려났다.

비정규직의 현실

회사에 다시 들어갈 수도 없었고, 그렇다고 시골로 가기는 더욱더 싫어서 중국집을 운영하는 이모네 집에서 지내다가, 이모네 집에서 일하는 사람을 만나 결혼을 했다. 남편은 내가 원풍에 다닌 것을 잘 알고 있었으므로 그 이유로는 마찰

없이 잘 지낼 수 있었다. 결혼 후에는 중국집을 개업하여 운영했다.

나는 안산에 있는 이름만 대면 다 알만한 식품공장에 취업하여 올해로 17년째 다니고 있다. 지금 다니는 회사에도 노동조합이 있지만, 직원들은 노동조합이 무엇을 하는 곳인지 알지도 못하는, 있으나 마나 한 노동조합이다. 반면 대의원들이나 간부들에게는 별도로 휴가도 주고 특별대우를 해주지만, 일반 조합원들을 대상으로 노동조합에서 하는 일은 없다.

현재 우리나라 노동자들의 노동시간은 주 40시간으로, 연장근로를 하더라도 주 52시간에 맞춰서 하도록 근로기준법 53조에 명시되어 있다. 근로시간이 주 52시간으로 되고 나서 우리 회사의 근무시간도 직원들이 예측할 수 없게 변경되었다. 하루 12시간 동안 해야 했던 일들을 주 52시간에 맞춰 줄여서 하려니, 회사에서는 판매량이 조금이라도 줄어들거나 하면 퇴근할 때 느닷없이 '내일은 휴무'라고 통보하기도 했다.

12시간씩 2교대로 일하면서 일이 조금 일찍 끝나면 청소라도 하다가 7시 30분에 퇴근을 했는데, 요즘은 주 52시간에 맞추느라 7시 정시 퇴근 이런 방식이 아니라 4시, 심지어 3시에도 퇴근을 하라고 한다. 잔업수당을 없애기 위한 방편이었다. 그렇게 미리 휴무가 정해지지 않아 모처럼의 휴무를 유용하게 쓸 수도 없는 상황이 되었다.

식품회사는 일이 힘들어 20대들은 입사를 하더라도 금방 나간다. 그러다 보니 근로자의 연령대는 50대가 가장 많다. 회사는 임금피크제를 시행, 54세에 10%, 57세에 20%를 감액하기 때문에 나 같은 경우 8시간 기준으로 기본급을 계산해 보면 시급 7천 원 정도 받는 셈이다. 환산하면, 월평균 최저임금도 되지 않는 130만 원이다. 여기에 잔업수당까지 다해야 월평균 180만 원 정도 된다.

근로시간이 조절되면서 임금이 많이 줄어들었고, 인원도 줄어서 한 사람이 기존에 2명이 하던 일을 해야 하므로 일이 두 배로 늘어났다. 자동화로 물건은 쏟아져 나오는데, 처리를 못해 물건이 쌓일 때는 굉장한 스트레스를 받지만, 동료들은 회사나 노동조합에서 행해지는 일들을 바로 잡을 생각을 못한다.

우리 회사는 2003년부터 용역으로 사람을 모집하기 때문에 비정규직이 많은데, 용역은 정규직과 월급은 비슷하지만 상여금이 없다. 정규직은 3~4년 정도 일을 해도 되기가 쉽지 않아 현재 직원의 반은 비정규직이다. 그리고 기간제로 채용하기도 한다. 회사는 퇴직금을 안 주려고 6개월마다 계약서를 다시 작성한다. 쓸 수 있는 편법은 다 동원하는 것 같다.

세상이 변했다고는 하지만 중소기업 노동자들은 달라진 것이 별로 없다. 또 노동조합의 교육은 없고 회사의 교육은 있다. 영화도 단체로 보여주는데 노동조합의 요구라기보다는 회사의 직원 배려차원이라고 한다. 당장 먹고사는 문제는 조금 나아졌을지 몰라도 35년 전 원풍의 근로조건보다 나아지기는 커녕 더 열악한 것이 현실이다.

다시 원풍과 함께

아들과 딸은 원풍모방의 노동운동에 대하여 잘 알고 이해를 한다. 내가 원풍 노조의 노동운동에 대하여 구체적인 이야기는 하지 않았지만, 아들은 사회를 보는 눈이 나와 다르지 않았고, 남편도 그렇게 크게 다르진 않다. 2017년 최순실 국정농단 사건을 보면서 아들이 촛불집회에 가자고도 했는데, 내가 시간을 내지 못해 참여를 못했다.

돌이켜 생각해보면, 원풍에 다닌 2년의 시간은 내 삶에서 가장 즐겁고 반짝였던 황금 시절이었다. 지금도 원풍 친구들을 만나면 부모형제를 만난 것처럼 반갑다. 그들을 보면 서로 배려하며 같이 놀러 다녔던 그 시절의 추억이 생각나 그저 좋기만 하다. 원풍이 지속해서 모임을 유지하고 있다는 사실은 2007년에 명화에게서 연락을 받고 알게 되었다. 오랜 세월이 흘렀는데도 계속해서 원풍이라는 이름으로 매년 만남을 지속하고 있다는 이야기를 듣고 놀랐다.

2007년, 원풍에서 민주화운동 관련자로 명예회복을 신청할 수 있도록 서류까지 챙겨주었는데, 회사일 때문에 시간을 내어 나갈 수가 없어서 결국 못하게 되어 아쉬웠다. 생각해보면 내가 너무 융통성이 없기도 했다. 다음에 기회가 주어진다면 명예회복을 꼭 하고 싶다. 나는 몇 년 후면 정년퇴직을 한다. 그동안 휴일도 없이 일하느라 봉사활동도 못했다. 원풍 모임에 참여하지 못했던 아쉬움도 퇴직 후에는 같이할 수 있게 되기를 바라는 것이 나의 꿈이며 희망이다.

088

내 삶이 자랑스럽다

김 영 희

_____1961년 6월 전라북도 정읍 북면에서 2남3녀 중 장녀로 태어났다. 1979년 2월에 원풍모방의 양성공으로 입사해 조합원으로 활동했다. 가공과 대의원 김성구를 담임이 폭행한 사건에 항의했다는 이유로 1982년 9월 26일 해고당한 뒤 다음날인 9월 27일 농성에 참여했다. 2007년에 정부로부터 민주화운동 관련자 인증서를 받아 명예회복이 되었다.

엄마 닮은 딸

전북 정읍시 북면 복흥리 탑성마을. 옛날 절터에 하나 둘 집이 들어서면서 마을이 생겨 얻은 지명이다. 그 동네 남의 집 셋방을 살 정도로 가난한 집안 장남에게 엄마는 시집을 오셨다. 7남매의 맏며느리로 삼시세끼를 걱정해야 하는 살림살이. 막내딸로 집안일을 해 본 적이 없던 엄마는 시집살이를 호되게 당했단다. 대가족이 북적거리며 손가락을 빨 수 없어 엄마는 밖으로 돈벌이를 찾아 다녔다고 했다. 오빠를 낳고 3년 뒤인 1961년 6월에 나를 낳으셨는데, 나중에 여동생 둘과 남동생 한 명이 더 태어났다.

할머니에게 오빠는 귀한 장손이고 나는 미운 오리새끼였다. 할머니는 내가 터를 잘못 팔아 여동생 둘이 태어났다며 미워하고 구박하셨다. 시집살이를 하며 묵묵히 억척스럽게 일하는 엄마를 보며 나도 참을 수 있었다. 엄마는 아버지와 칠보산 자락 아래 비탈진 곳을 일궈 다랑이 논과 밭을 개간했다. 어린 나는 동생을 업고 다니며 엄마 대신 밥도 하고 산에 가서 땔감을 해왔다. 소처럼 일 년 열두 달 일하던 엄마 덕에 우리는 집을 장만했고 땅도 장만했다. 그래도 대가족이 먹고 살기는 팍팍했다.

15살인 1975년, 옆집에 살던 아주머니를 따라 서울로 올라왔다. 구로공단에 있는 봉제공장에 취업했다. 나이가 어려 동네 언니 이름을 빌려야 했다. 그곳에서 하던 일은 만들어진 옷의 실밥을 쪽가위로 따내는 일이었다. 먼지가 많이 나서 종일 잔기침을 하며 하루 12시간 일을 했다. 주문량을 맞춰야 할 때는 철야도 했다. 그런 날은 졸다가 쪽가위로 손가락을 찝었다. 피가 나고 아파도 졸았다고 혼날까봐 내색도 못했다. 좁은 기숙사는 더러웠고 제대로 씻지도 못했다.

그 열악한 환경 속에서 1년 정도 다니면서 심한 피부병을 얻어 집에 내려와야 했다. 쥐꼬리만큼 받던 월급은 우체국을 통해 집에 보내 고등학교 다니던 오빠에게 들어갔다. 그런데 피부병으로 집에 내려와 치료를 받고 있으니 오빠 학비가 문제였다. 피부병에 좋다는 민간약은 다 찾았는데, 나환자들이 쓰던 약을 바르고서야 차도가 있었다.

다시 서울로 올라가 구로 2공단에 있는 협진양행에 취업을 했다. 1977년 17살이었는데 이번에는 미싱사로 취업했다. 그곳은 와이셔츠를 만들던 곳인데, 500명 정도 근무했다. 하루 10시간 근무를 했는데, 미싱을 다루는 건 서툴고 손은 느려 처리해야 될 일감이 자꾸 밀렸다. 반장이나 다른 동료들 눈치를 보느라 등에 땀이 났다. 월급을 받아 보니 다른 미싱사들보다 훨씬 적었지만 어쩔 수 없는 일이었다. 그곳 기숙사에 처음 들어갔을 때 수도꼭지를 틀면 뜨거운 물이 나오는 게 신기했다. 그러나 1시간밖에 나오지 않아 아침저녁 씻을 때는 수많은 사람들이 전쟁터가 따로 없었다.

기 계 가   무 서 웠 던   가 공 과

고향 언니 소개로 1979년 2월 원풍모방에 양성공으로 입사했다. 자취방을 정리하고 친구와 동생, 그리고 나는 각자의 기숙사로 입소했다. 원풍모방 기숙사 생활을 하며 가장 좋았던 것이 목욕탕이었다. 시골에서나 구로동에 있던 회사, 그리고 자취할 때 물 때문에 애를 많이 먹었다. 물이 귀해 아껴 써야 했고, 겨울엔 따뜻한 물을 얻기 위해 데워야 했다. 나름 씻고 다닌다고는 했어도 얼마나 꾀죄죄했었을까. 그런데 여기선 시간제한도 없이 사시사철 뜨거운 물을 사용하니 좋았다. 봉제공장 다닐 때 피부병으로 고생했던 경험이 있어 매일 샤워할 수 있는 목욕탕은 천국이었다.

그리고 같은 방에서 생활했던 화숙이는 정말 고마웠던 친구다. 나는 몸이 약해서 그랬는지 잠을 자면 어른들 말로 가위에 자주 눌렸다. '가위 눌림'이란 경험해 보지 않은 사람은 모르는 현상이다. 잔다고 누워 있지만 꿈을 꾸는 것도 아니면서 머리는 깨어 있고 몸은 꼼짝달싹할 수가 없다. 온몸을 누가 조이는 것처럼 손가락도 까딱할 수 없는 상태. 그럴 때마다 몸이 땀으로 젖었다. 한밤중이든 새벽이든 깨어나면 화숙이에게 자리를 바꾸자고 했다. 화숙이는 짜증 한번 내지 않고 흔쾌히 이부자리를 걷어 바꿔줬다.

나는 가공과 B반 습식에서 일을 했다. 집채만 한 기계와 천장에 매달린 거대한 롤러. 남자들은 기계에 원단을 걸거나 옮기는 일을 했고, 우리는 세탁 검사를 했다. 원단을 세탁하는 곳이라 바닥에 물이 흥건해 물비린내도 나고 습했다. 우리는 장화를 신고 고무장갑을 끼고 일했다. 체구가 작은 나는 첫 출근 날 기계를 보고 겁을 먹었는데, 동료들이 챙겨주고 배려해줘서 익숙해질 수 있었다.

한번은 C반에서 야간작업 때 대형사고가 발생했다. 돌고 있는 세수기에 원단이 말리자 작업자가 원단을 빼려고 한쪽 팔을 통에 집어넣어 생긴 사고였다. 긴 머리카락이 통 안 롤러에 말려 모두 뽑혀 끔찍했다고 들었다. 대림동에 있는 한 독병원에 입원해 치료를 받았는데 결국 퇴사했다. 그 사건으로 기계가 더 무서웠고 절대로 머리를 기르지 않기로 맘을 먹었다.

김성구 언니 폭행과 해고

내가 입사해 가공과 습식부에 처음 왔을 때는 부서에 쉬는 기계가 없었다. 그런데 회사에선 차츰차츰 일감도 줄이고 자연퇴사로 부족한 인원도 뽑지 않았다. 결국 기계의 절반이 정지되고 작업인원도 줄게 되었다. 대낮처럼 환했던 작업장도 정지된 기계가 있는 곳은 형광등을 꺼 반쪽은 어둠이었다. 어둠속에 있는 거대한 기계는 흉물스럽기도 하고 두렵기도 했다. 이러한 과정을 우리는 소모임과 노동조합 교육을 통해 회사에서 노조를 무력화시키려는 술책이라고 들었다.

대의원으로 활동했던 김성구 언니는 부서 일에 세밀히 신경 쓰며 모두를 동생처럼 챙겼다. 언제나 생글거리며 부드러운 말씨로 사람들을 대해 모두가 좋아했다. 나는 그런 언니가 좋아서 회원이 7명인데도 언니가 이끄는 '꿀벌' 모임에 들어갔다. 1982년 8월 20일, 퇴근을 1시간 남긴 밤 9시였다. "이런 개 같은 년! 밟아 죽이겠어!" 담임인 김성우가 욕을 하며 성구 언니를 시멘트 바닥에 내 팽개치고 마구 발길질을 해대고 있었다. 몇 달 전부터 노골적으로 언니를 괴롭히던 담임이었다.

원래 작업지시는 담임이 부서의 선임인 언니에게 해왔던 일이다. 그런데 갑자기 돌변해 언니가 아닌 후임에게 작업지시를 했다. 이유는 몰랐지만 언니는 따지지 않고 참아 왔다. 부서원들도 그런 언니를 묵묵히 지켜보고 있었다. 담임의 행동 뒤엔 회사의 숨은 의도가 있다고 생각했기 때문이다.

그런데 이 날은 후임인 박혜숙이 담임의 지시를 거부하면서 발생했다. 박혜숙은 담임에게 관례대로 자신이 아닌 성구 언니에게 작업을 지시하라고 요구했다. 그 동안 선임을 따돌리며 자신에게 지시한 담임의 행동이 부당하다고 생각했지만 참아왔다는 것이다. 그러자 담임은 박혜숙을 부서 내에서 뺑뺑이 돌리며 근무시간 내내 괴롭혔다. 성구 언니는 보다 못해 원칙대로 작업지시를 하라며 담임에게 따졌다. 담임은 비웃으며 막말을 했고, 참다못한 언니가 뺨을 한 대 때렸다. 그 결과 눈이 뒤집힌 담임이 언니에게 폭행을 한 것이다.

회사 인사위원회는 9월 13일 성구 언니를 해고시켰다. 가해자인 담임은 부당한 작업지시와 막말과 폭행의 대가로 뺨 한 대 맞았는데, 피해자인 언니는 전치 2주 진단을 받았다. 그것도 주변 동료들이 말리지 않았으면 더 다쳤을 것이다. 그런데 인사위원회는 사건 당사자를 부르지도 않고 일방적으로 해고한 것이다. 다음 날 가공과에서는 김성우 담임의 사과와 언니의 부당해고 철회를 요구했다. 주우춘 과장은 단체협약은 무효이고 해고는 적법하다며 일축했다. 우리는 항의의 뜻으로 새벽 2시부터 6시 퇴근 때까지 작업을 중단했다. 그런데 불똥이 엉뚱한 곳으로 튀었다.

노조에 상근하는 박순애 부조합장과 이옥순 총무가 그 일을 배후조종했다는 것이다. 9월 22일, 회사 인사위원회는 두 상근 간부를 출두하라고 요구했다. 노조에서도, 현장에서도 심란하고 복잡한 며칠을 보냈다. 기숙사에 있는데, 누군가 나를 포함한 4명의 해고자 명단이 게시판에 붙었다고 했다. 내가 왜 해고를 당해? 되물으며 기숙사 언덕을 뛰어 내려갔다. 게시판은 손을 댈 수 없게 철망을 씌워 놓았고, 경비원이 지키고 있었다. 1982년 9월 26일 일요일 오후 3시였다.

폭력배와 경찰에 맞서고

다음날인 9월 27일, 가공과로 출근하지 말고 노조 사무실로 오라는 연락을 받았다. 낮 12시쯤 되었는데 노조 사무실 옆 식당에 남자들이 잔뜩 몰려와 있었다. 왠지 불길한 생각에 마음이 편치 않았다. 갑자기 몰려온 수많은 남자들이 사무실 안에 있던 조합원들을 끌어냈다. 노조 사무실 안과 밖은 비명소리 고함소리에 뒤엉켜 아수라장이었다. 식당에 있던 남자들이 긴 식탁을 밀고와 노조 사무실 앞에 바리게이트를 쳤다. 모든 일이 순식간에 일어나 정신을 차릴 수가 없었다. 사무실엔 조합장과 경리가 감금되었다.

그때 TV방송국 기자들이 카메라를 들고 몰려왔다. 그들은 폭력배들을 찍는 것이 아니라 항의하고 있는 우리만 찍었다. 그때부터 우리는 추석날 새벽 끌려 나올 때까지 4박5일 동안 단식농성을 했다. 농성하는 동안 회사는 추석이 다가왔으니 어서 부모형제 기다리는 고향으로 내려가라며 방송을 통해 설득했다. 효과가 없다고 생각했는지 '나의 살던 고향은 꽃피는 산골'로 시작하는 〈고향의 봄〉을 확성기로 틀었다. 종일 그 노래를 들으며 얼마나 지겨웠는지 세월이 흐른 지금도 나는 〈고향의 봄〉 노래가 듣기 싫고 진저리가 난다.

농성장에서 끌려나온 우리는 영등포산선에서 세 달 동안 공동생활을 했다. 상집간부 전원에게는 수배령이 내려졌다. 10월 7일 1차 출근투쟁을 시도했는데 회사는 38명 해고자 명단을 공고했다. 추석 휴무도 연장했다. 그날 회사 앞에서 폭력사태에 대한 노조의 성명서를 읽고 구호를 외쳤다. 오후에는 영등포 사거리에서 '원풍노조 폭력사태를 규탄하는 집회'가 열렸다. 우리는 모두 그곳으로 갔는데, 수많은 인파가 몰렸다. 서울시내 각 대학에서 학생들도 많이 참여했다. 그날 우리 조합원과 대학생 130여 명이 연행되었다. 그들 중 우리 조합원 5명이 구류를 받았고, 대학생 4명이 구속되었다.

10월 13일, 2차 출근투쟁은 새벽 6시 첫 출근해야 하는 B반이 선두였다. 우리는 작업복을 입고 회사 근처 강림약국 옆 골목에 집결했다. 누군가의 신호에 따라 '출근하자'는 고함이 여기저기서 터져 나왔다. 정문을 향해 행진해 가는데 주변은 온통 전투경찰이 인의 장막을 치고 있었다. 폭력배들은 여전히 회사 정문을 겹겹이 에워싸고 있었다. 그 속에 있던 회사 간부가 확성기를 들고 '10월 8일 해고자는 들어갈 수 없다. 나머지는 한 사람씩 각서를 쓰고 들어가라'고 했다.

조합원들 속에서 야유와 고함이 터져 나왔다. '폭력배들과 경찰은 물러가라'는 구호가 나오자 모두가 따라 외쳤다. 회사 정문 앞에 있는 우리가 구호를 선창하면 뒤에서 따라했다. 도로 건너편 강남성심병원 앞에는 A반과 C반 조합원들이 모여 있었다. 구호를 외침과 동시에 주머니에 넣어 가지고 왔던 머리띠를 모두 꺼내이마에 둘렀다. 불법폭력사태에 대한 우리의 주장을 쓴 구호였다.

"노동조합을 원상복귀시키고 폭력배를 처벌하라!" 구호가 계속되자 경찰간부 한 명이 확성기를 들고 해산하지 않으면 모두 연행하겠다며 경고했다. 그러거나 말거나 우리의 농성이 계속되자 기동대 버스가 줄지어 정문 쪽으로 왔다. 동시에 전경들은 몽둥이를 들고 무자비하게 내려치기 시작했다. 우리는 매를 맞으며 전경 버스로 질질 끌려갔다. 끌려가지 않으려고 발버둥치자 발길질과 몽둥이가 날아 왔다. 비명소리와 고함소리, 끌려가면서 구호를 외치는 소리로 아비규환이었다.

경찰버스에 실려 가는 동안 우리는 악을 쓰며 투쟁가를 불렀다. 남부경찰서에 도착해 강당으로 끌려가면서도 투쟁가는 멈추지 않았다. 경찰들과 형사들이 들어와 몽둥이로 책상을 치며 협박을 했다. 한순간 조용해졌다. 그러나 그들이 나가면 또 투쟁가를 부르고 구호를 외쳤다. 나중에는 그들이 들어오면 애국가를 불렀다. 그랬더니 어쩌지 못하고 자기들도 정면의 태극기를 향해 가슴에 손을 얹었다. 그다음부터는 투쟁가를 부르다 그들이 오면 애국가를 부르길 반복했다. 밤새도록 남부경찰서 강당에서는 투쟁가와 애국가가 흘러나왔다. 다음날 대부분 훈방되었는데, 2명은 구속되고 12명이 구류처분을 받았다.

법 정 증 언

산선에서 공동생활을 하며 식사를 담당하는 동료들이 준비해준 아침을 먹으면 밖으로 나갔다. 국회의원 사무실도 찾아 가고, 교회나 성당에도 갔다. 원풍노조 파괴는 회사와의 문제만이 아니라 국가권력의 노동정책에 대한 문제다. 호소를 하러 갔지만 들어 주는 국회의원은 단 한 사람도 만나지 못했다. 그나마 보좌관이 만나주면 다행이었다. 성직자들도 우리의 억울한 얘기를 듣고는 난감해

했다. 언론의 왜곡보도로 인해 우리를 오해하고 있는 것 같았다. 그래도 달리 방법이 없었던 우리는 꾸준히 그 일을 해나갔다.

11월 14일, 서교동교회에서 '원풍모방노조 불법폭력을 규탄하는 집회'가 열린다고 했다. 그날을 기다리고 있는데 간부들이 모두 연행되었다는 소식이 들렸다. 모두들 망연자실 어찌할 바를 몰랐다. 8명이 구속되고 나머지는 구류를 살고 나왔다. 성탄절이 돌아오자 영등포산선에서 고척동까지 걸어갔다. 길은 어둡고 날은 추웠지만 고척동 구치소 담을 몇 백 명이 줄을 지어 돌았다. 구속된 간부들 이름을 한 명씩 불렀다. 같은 구치소에 구속돼 있는 콘트롤데이터 노조 간부 2명의 이름도 불렀다.

해를 넘겨 1983년 1월에 산업선교회에서 공동생활 해산식을 했다. 8명의 간부들이 구속된 상황이라 복직투쟁이 장기화될 수밖에 없다고 생각한 것 같다. 공동생활을 정리하고 흩어져야 하니 다들 마음이 착잡한 것 같다. 취업은 블랙리스트로 인해 쉽지 않았고 서울에 있을 곳도 없었다. 어느 직장이든 취업을 해서 생계를 꾸려 나가고 생활 터전을 마련해야 했지만 뜻대로 되지 않았다.

일단 고향에 내려왔는데 최영숙 언니가 편지를 보내왔다. 노동쟁의조정법 중 '제3자개입금지 위반'으로 구속된 박순애 부조합장과 이옥순 총무에 대한 재판 때문이었다. 두 사람의 진실 규명을 위해 가공과 폭행사건에 관련된 증인을 찾고 있다고 했다. 조은숙을 찾아봐 달라는 내용이었다.

조치원이 고향인 은숙이는 부모님과 살고 있었는데, 생활형편이 참 어려워 보였다. 오랜만에 만나서 너무 반가웠는데 친구는 나를 부담스러워했다. 최영숙 언니의 편지내용을 전하며 증언을 부탁하자 완강하게 거절했다. 전에는 그토록 활발하고 당당하게 노조활동을 하던 친구여서 깜짝 놀랐다. 이미 마음의 문을 닫고 있는 친구는 어떤 말로도 설득할 수가 없었다. 당시 사건으로 가족들에게까지 시달림을 당했던 친구는 깊은 상처와 피해의식을 갖고 있었다는 걸 세월이 지나 알게 되었다.

4월, 남부지법에서 열린 재판에 증언하기 위해 올라간다고 하자 작은아버지가 노발대발하셨다. 김금자 언니가 정읍까지 데리러 와서 가족들 몰래 올라갈 수 있었다. 법정에 처음 서는 나는 다리가 후들거렸는데, 구속된 간부들을 보는 순간 눈물이 주체할 수 없게 흘렀다. 재판이 끝나고 정영례 언니를 따라 안양에 가서 함께 생활하며 봉제공장에 취업했다. 대일화학 해고자 송효순 언니도 같이 있었는데, 언니들과 함께하니 예전 기숙사로 돌아 간 듯 좋았다.

9·27 폭력사태 1주년 모임을 방 지부장님 집에서 한다는 연락을 받았다. 모임 날 오랜만에 만나는 반가운 얼굴들이 거실과 안방, 주방까지 꽉 들어찼다. 구속되었다 석방된 간부들과 함께여서 정말 좋았다. 그날 나는 산업선교회의 입장이 변하여 원풍조직과 결별한 사실에 대해 들었다. 나는 원풍이 해산식을 할 때도 간부들이 구속된 상태라 우리의 복직 싸움이 장기화될 수밖에 없어 해산하는 줄 알았다. 원풍을 다닐 때 산선에서 운영하던 노동교회의 착실한 신자였던 나는 충격을 받았다. 산업선교회에 대한 실망과 배신감은 말로 표현하기 힘들었다. 나는 산업선교회에서 관리하는 안양 집에서 더 이상 있고 싶지 않아 그곳을 나왔다.

은하철도 999

안양에서 서울로 올라와 식당에서 1년 정도 일을 하다 고향집으로 내려왔다. 작은엄마의 소개로 정읍에서 세탁소를 운영하는 남자를 만났다. 서울에서 다니던 회사가 부도나자 고향으로 내려왔다고 했다. 나는 할아버지와 아버지에게 질려 잡기 좋아하고 노름 좋아하는 사람은 질색이었다. 그런데 그 사람은 내 마음을 알기라도 하듯 잡기를 싫어하고 술도 안 마셨다. 25살인 1985년 결혼을 했는데 사람들은 키도 크고 인물도 훤하다며 칭찬 일색이었다.

정읍은 시라고는 해도 작다 보니 세탁소 운영이 잘 되지 않아 2살 된 딸을 데리고 시댁으로 들어갔다. 남편은 세심하고 꼼꼼한 성격으로 집안일이나 애들은 잘 돌봐주었지만 육체적인 노동은 하려고 하지 않았다. 내가 시부모님을 도와 농사일을 해야 했다. 남편은 보수적이고 가부장적인 데가 있어 정치나 노동 관련 방송을 보면 의견이 달랐다. 그럴 때 원풍노조에서 활동했던 얘기를 하면 언쟁이 끝났다.

1996년 주위의 도움으로 집을 지었는데, 시청에서 음식점 허가를 받기까지 3년이 걸렸다. 청둥오리 요리집인데 남편이 '은하철도 999'라는 상호로 간판을 올렸다. 내 수중에는 원풍에서 모았던 돈 100만원밖에 없어 대출도 받고 주위에서 빚을 얻었다. 전에 1년 정도 식당에서 일해 본 경험으로 용감하게 덤빈 것이다. 1988년 아버지가 암으로 돌아가시자 식당일을 했던 엄마가 도와주겠다고 하셨다. 엄마와 함께하니 힘든 줄도 몰랐고, 손님도 많아 금방 부자가 될 것만 같았다. 그런데 다음해 IMF 경제위기가 오자 손님이 끊기기 시작했다. 조류독감 파동이 와도 영향을 받았다. 세상은 나에게 언제나 쉽지 않았다.

내 삶이 어려워지자 오빠와 올케는 우리 형제들과 담을 쌓았다. 세월이 지나 대기업 중역 자리까지 올라간 오빠는 남들이 보면 성공한 인생이다. 남들이 오빠 얘길 하면 나는 가슴이 아파 눈물만 나온다. 14살부터 오빠를 위해 공장생활을 하며 나를 위해선 돈을 써 본 적이 없었다. 월급을 받으면 무조건 우체국에 가서 집으로 보내야 했으니까. 오빠가 잘되면 나도 잘되고 온 가족이 잘되는 거라 믿었다.

그러나 성공한 사람은 뒤를 돌아보거나 주변을 둘러보지 않는다는 걸 알았다. 그들은 자신들의 노력에 의해 성공했다고 믿지, 그 뒤에 가족의 희생이 있었다고 생각하지 않았다. 오히려 자신을 바라보는 가족과 거리를 두고 자신들만의 울타리를 쌓아 올렸다. 우리들의 시선이 보이지 않게 높고 넓게. 부모님도, 나도 무언가를 바라고 오빠에게 희생한 건 아니지만 가족을 외면하는걸 보면 가슴이 아프다.

'민주화운동 관련자 명예회복 및 보상법'에 따라 신청서를 내겠다고 했을 때 남편도 친구들도 부정적이었다. 그러나 나는 '민주화운동 관련자 증서'를 받았다. 원풍동지회에서는 부끄럽지만 나의 생애사도 책으로 출판해 주었다. 아직도 지난 삶을 얘기하려면 눈물부터 쏟아지는 아픈 기억들. 원풍이 없었다면 슬프고 비참했을 내 청춘. 가족들이 증서를 보며 원풍이 대단하다고 하니, 나를 인정해 주는 것 같아 가슴속 응어리가 풀렸다.

원풍 식구들이 놀러오면 밤을 새며 웃고 떠들고, 관광 가이드와 운전기사를 자청하는 남편도 함께 즐거워한다. 세상 사람들 기준으로 보면 그저 평범하고 내세울 것 없는 삶이지만, 지금까지 열심히 살아온 스스로가 자랑스럽다.

089

삶의 길목마다

김옥녀

_____1961년 경북 울진에서 태어났다. 1979년 2월, 열여덟 살 때 원풍모방에 입사하였다. 1981~82년 전방 B반 대의원에 선출되어 활동하다가 1982년 9·27폭력사건으로 해고당하였다. 1985년, 남편이 근무하던 '대우자동차 파업투쟁' 당시 가족들을 규합하여 파업을 지원했다.

1984년 9월, 결혼하고 두서너 달이 지난 어느 가을날이었다. 당시 남편은 대우자동차 부평공장에 근무하고 있었다. 신혼 집들이였을 것이다. 남편의 회사 동료들이 몇 명 우리 집에 왔는데, 대뜸 한 사람이 나에게 물었다.

"혹시 원풍모방노동조합의 대의원으로 활동하신 분 아닌가요?"

"네? 아, 저를 어떻게 아세요?"

그 사람은 내 물음에 답도 하지 않고, 남편에게 "야, 너 장가 잘 갔다!"라고 추어올리고는 나를 돌아보며 만나서 반갑다고 인사를 했다. 그 소리를 들으니 어깨가 으쓱해지면서 내가 원풍노동조합에서 대의원으로 활동했던 시절이 꿈결처럼 머리에 스치고 지나갔다.

울진 소녀 서울로

나는 1979년 2월에 원풍모방에 입사했다. 경북 울진에서 서울로 갓 올라온 열여덟 소녀 때였다. 1978년 추석 때 고향 친구가 뽀얀 얼굴에 양장 옷을 쭉 빼입고 왔다. 그 모습이 무척 부러웠다. 마침 그 친구가 다니는 봉제공장에서 사람을 구한다고 해서 나도 그 친구처럼 멋쟁이가 되고 싶은 꿈을 꾸며 무조건 서울로 올라갔다. 친구는 미싱사였다. 나는 시다로 들어갔는데 좀처럼 적응을 하지 못해 결국 그만두었다.

딱히 갈 곳이 없었던 나는 작은언니가 일하는 집에서 지내다가 원풍모방에 지원하여 입사했다. 처음 현장에 들어섰을 때는 여기저기 우뚝 늘어선 기계를 보고 소스라치게 놀랐다. 소리는 왜 그리 요란한지 귀청이 떨어질 것 같았다. 톱날로 된 작업용 갈고리는 자칫하면 손이 다칠 것 같았다.

원료 색상이 바뀔 때마다 기름 범벅이 되어 기계에 덕지덕지 묻어있는 솜먼지를 뜯어내며 청소를 해야 했다. 동경하던 서울의 공장이 이토록 거친 일을 해야 하는 곳인 줄 상상도 못했다. 제대로 회사를 다닐 수 있을까 걱정이 되었다.

1979년 3월 10일, 노동절 행사가 식당에서 열렸다. 그날 처음으로 탈춤 공연을 보았는데 그런 춤을 노동자들이 춘다는 것이 참 신기했다. 노동자들은 공장에서 일만 하는 줄 알았다. 신나게 춤도 추고 공연을 하는 모습은 상상조차 못했다. 나는 그날 탈춤에 푹 빠졌다. 무엇보다 같은 동료들이 자유롭게 춤을 추며 사회의식을 담아 재담을 하는 모습에 가슴이 뛰었다.

그날은 울진 산골소녀가 도시문화에 깊은 충격을 받고 새롭게 사회를 보는 눈이 떠진 날이었다. 그날 본 탈출 공연은 두고두고 여운을 남겼다. 활력이 넘치는 노동절 행사에 참여하고 난 뒤 새삼 원풍모방이 다녀볼만한 곳이라는 생각이 들었다.

어느 날 퇴근 시간이었다. 전방 B반 상집간부였던 이무술 씨가 노동조합 사무실에 가면 책이 많다며 함께 가자고 이끌었다. 그날 처음 노동조합 사무실에 들어갔다. 정말 책이 그득했다. 한쪽 벽면을 꽉 채운 책장 안에는 책들이 빼곡하게 꽂혀 있었다. 누가 권해 주었는지, 처음 손에 쥔 것은 전태일 열사에 대해 쓴 책이었다. 그 책을 빌려 기숙사에서 사흘 동안 읽었는데, 전태일이라는 사람이 궁금해졌다. 다른 사람을 위하여 죽음까지 불사하는 사람이 있다는 사실이 충격이었다. 인생은 그냥 사는 것이 아니라 잘 살아야 한다는 것이라는 점을 깨닫게 해준 책이었다.

소 모 임

입사한 지 10개월쯤 되었을 때, 부서의 같은 또래들과 소모임을 조직하였다. 김오순, 홍춘자, 최영희 등 여섯 명이었다. 매주 1회 영등포산업선교회관에 정기적으로 모였다. 책을 읽고 난 느낌을 돌아가며 발표하고, 우리의 노동현실에 대해서도 토론했다. 『프랑스노동운동사』, 『한 아이와 두 어른이 만든 세상이야기』, 『바웬사』 등이 지금도 기억나는 책이다. 소모임에서 선정한 책은 기숙사 방 식구들에게도 소개하여 차례차례 읽으며 소감을 나누기도 했다.

소모임 활동은 재미가 있었다. 노동조합에 점점 더 관심을 갖게 되면서 마음을 열게 되니 갈 곳이 많았다. 시국강연회나 집회는 사회문제나 민주주의를 피부로 느끼고 배우게 하는 기회였다. 매주 소모임 활동을 하면서 내가 발을 딛고 서 있는 노동현장을 올바르게 인식할 수 있게 되었다.

소모임 회원 중 김오순은 동생과 자취를 하고 있었다. 기숙생이었던 우리는 오순이네 집을 뻔질나게 찾아가 밥을 맛있게 얻어먹었다. 부침개, 떡볶이 등을 만들어 비좁은 방에서 함께 먹는 맛은 그야말로 꿀맛이었다. 부엌은 한 사람이 겨우 들어설 수 있는 연탄아궁이다.

1979년 11월 24일, 나는 오후 2시에 퇴근하는 반이었다. 전방 대의원 노금순이 명동 YWCA 강당에서 결혼식이 있는데, 거기서 만나자고 했다. 금순이는 운동화를 신어라, 만약에 무슨 일이 생기면 경찰에 잡혀선 안 된다, 여하튼 무조건 도망을 치라고 신신당부했다. 결혼식 후에 무슨 집회가 있나보다 짐작하며 명동으로 갔다. 같은 부서에 근무하는 김오순, 홍춘자, 최영자 세 명과 두런두런 이야기를 나누며 집회장소로 갔다.

명동성당과 YWCA회관 주변은 경찰들이 삼엄하게 감시하고 있었다. 경찰의 눈을 피하기 위해 명동을 구경하러 나온 사람들처럼 희희낙락거리며 슬금슬금 YWCA강당으로 들어섰다. 우리가 강당에 들어섰을 때에는 이미 사람들이 빼곡해서 발을 디딜 틈조차 없었다. 함석헌 선생님이 뭐라고 이야기를 한 듯싶었는데, 이어서 "신랑 입장!" 하는 소리가 들리더니 느닷없이 성명서를 읽는 소리가 들렸다.

순간 경찰들이 우르르 들이닥쳤다. 여기저기서 비명소리가 나고, 강당을 빠져나가 몸을 피하려는 사람들이 뒤엉켜 난리가 났다. 나도 정신없이 강당을 빠져나와 골목으로 뛰어 들어갔는데, 하얀 헬멧을 쓴 백골단이 뒤를 쫓아왔다. 걸음아 날 살려라, 하며 뛰어가다 보니 버스가 하나 서 있었다. 함께 뛰던 사람과 재빠르게 버스 밑으로 들어가 배를 쭉 깔고 숨었다. 다행히 경찰은 그냥 지나쳐갔다. 사방이 조용해진 뒤에야 명동을 빠져나왔다.

그날의 집회는 결혼식을 가장하여 대통령 직선제를 요구한 시국집회였다. 그 사건으로 원풍노조 조합원 10여 명이 경찰서에 연행되어 조사를 받고 구류를 살았다. 훗날 'YWCA 위장결혼식'이라 불리는 그 사건을 경험하면서 나는 노동자가 살기 좋은 세상으로 바뀌려면 정치가 바뀌어야 한다는 것을 절실하게 깨달았다.

노 조 탄 압 의 칼 날

1980년 5월, 전두환 신군부는 계엄령을 확대했다. 신군부는 권력의 정통성을 확보하기 위해 '사회정화'라는 이름 아래 폭력적인 수단을 동원하여 각계각층을 탄압했다. 노동자들의 자주적인 조직이었던 원풍노동조합도 그 탄압의 칼날을 피해가지 못했다. 원풍노동조합은 5·18 광주민주항쟁 당시 희생자 돕기 모금을 하여 신군부에 미운털이 박혔다. 방용석 지부장님과 박순희 부지부장님을 '김대중 내란음모' 동조자로 몰아서 정화 해고하고 수배령을 내렸다.

12월 초, 이문희 지부장직무대리와 한상분 부지부장, 임재수 총무가 계엄사 합동수사본부로 끌려갔고, 이어 상집간부 전원과 대의원 등 총 48명이 합수부에 연행되어 조사를 받았다. 12월 31일, 남성간부 4명은 순화교육이라는 미명으로 삼청교육대에 끌려갔고, 노조간부 10명을 강제 사직시키고, 귀향 조치했다.

1981년 2월 12일, 나는 전방 B반의 조합원을 대표하는 대의원으로 선출되었다. 입사한 지 2년만이었다. 우리 노동조합이 바람 앞의 등불처럼 위태롭던 시기였다. 다행히 해고를 당하지 않은 상집간부들은 이무술 씨를 조합장으로 선출하고, 노조 집행부를 재정비하기 위해 움직였다.

그러다보니 81년 대의원대회는 예년보다 2개월 정도 빨리 치르게 되었다. 2월 18일, 대의원대회를 임하는 대의원들의 심정은 착잡했다. 그렇다고 우울한 표정만 짓고 있을 수는 없었다. 1년간 집행해야 할 사업과 예산을 심의하여 의결하였고, 계엄사에 의해 해고된 선배들의 빈자리를 보강, 집행부를 다시 구성하였다.

조합원들의 분위기는 어두웠고, 삼사오오 모이면 노동조합의 앞날을 걱정했다. 국가권력을 등에 업은 회사 측은 노조 탄압의 끈을 바싹 조여 왔다. 회사는 전에 없던 공장새마을교육과 품질관리교육을 강요했다. 조합원들은 노조의 힘이 약해진 현상으로 받아들이며 회사 측의 요구를 '울며 겨자 먹기'로 따라야 했다. 회사 측은 그해 12월, 정사과 C반 상집간부와 대의원을 품질관리교육을 방해했다는 이유로 해고했다.

1982년 3월 6일, 이무술 조합장이 갑자기 조합장직을 사퇴하고 우리 부서인 전방 B반으로 돌아왔다. 대의원이었던 나는 답답하고 불안했다. 그가 1년 전 노조 대표가 되어 부서를 떠날 때, 어려움에 처한 노동조합을 잘 이끌어 달라고 간곡하게 바랐고, 그 언니가 정말 잘해낼 것이라고 믿었다. 그런데 노조가 바람 앞의 등불과 같이 위태로운 시기에 대표직을 내던지고 돌아왔으니, 그 선배를 반갑게 맞이하는 조합원은 없었다.

작업장을 돌아다니는 전 조합장을 바라보는 조합원들의 마음은 불편했다. 게다가 이무술 씨로 하여금 사표를 내게 압박한 현 집행부가 문제라는 일부 조합원들과, 이무술 씨가 노조대표로서 무책임한 행동을 했다고 판단하는 조합원들 사이에 갈등이 생겼다.

9월 27일, 올 것이 왔다!

오후 2시에 출근하는 날이었다. 기숙사에서 일찌감치 작업복으로 갈아입고 노조 사무실에 가 있었다. 전날인 9월 26일, 노조 상근자 박순애 부조합장과 이옥순 총무, 그리고 가공과 B반 조합원 김영희와 박혜숙 4명의 해고 공고가 게시되었던 터라 걱정이 많았다. 노조 사무실은 빈 의자가 없을 정도로 조합원들이 많이 모여 있었다. 노조의 공간은 20~30여 명이 모일 수 있는 회의실과 총무와 사무원이 업무를 보는 사무실, 그리고 조합장실 세 개였다.

오후 한 시쯤이었을 것이다. 노동조합 사무실 문이 왈칵 열리더니 남자들이 우당탕탕 들어왔다. 무슨 일인지 알아차릴 새도 없었다. 그들은 현장 담임들로 낯이 익은 남자 조합원들이었다. 그들은 마구잡이로 우리를 밖으로 밀어냈다. 밖에는 남자 사원들과 낯모르는 자들이 일사불란하게 옆 식당에서 식탁을 끌고 와 노조 사무실 앞에 쌓아놓고 서로 팔과 팔을 걸고 그 앞에 버티어 섰다.

그 모든 것이 순식간에 벌어졌다. 조합장을 감금한 폭력배들 중에는 여자 조합원 3명이 합세해 있었다. 직포 B반 문계순, 전방 B반 문명숙, 정사 B반 강정순이었다. 그들은 조합장실의 출입문을 바로 밀고 들어갔기 때문에 대다수 조합원들과 마주치지 않았던 것 같다.

당황한 우리들은 폭력배들을 잡아 뜯으며 노조 사무실로 다시 들어가려고 악을 쓰며 달려들었지만, 그들의 발길질에 여기저기 나가 떨어졌다. 발을 동동 구르며 사무실 안으로 들어가려고 발버둥을 쳤지만, 그들은 철옹성처럼 꿈쩍도 하지 않았다. 도저히 힘으로는 어찌할 수가 없었다.

그 순간 걱정했던 일이 터졌구나싶었다. 노금순 상집위원이 집행부의 행동지침을 조합원들에게 전달하자고 말했다. 폭력배들이 물러날 때까지 퇴근을 중지할 것, 출근반을 제외한 조합원들은 농성장으로 집결할 것 등이 우리의 행동지침이었다. 나는 집행부의 결의에 따라 근무를 교대했다. 당연히 일이 손에 잡히지 않았다. 곳곳에서 웅성웅성 얘기를 주고받으며 안절부절 못했다. 우리가 뭉쳐야 이 어려움을 극복할 수 있을 거라며 함께 힘을 내자고 마음을 다잡았다.

단식농성이 나흘째로 접어들면서 허기로 지쳐가는 동료들이 늘어나자 마음이 착잡해졌다. 수돗물도 끊기고 전기도 끊겨 회장실조차 갈 수가 없게 되었다. 우리는 서로서로 팔을 끼고 농성장을 지키자는 결의를 다졌다. 그러나 불현듯 우리 노동조합이 이대로 무너지고 마는 것인가, 하는 생각이 들어 서러움이 복받쳤다.

나만 그런 생각이 든 게 아니었나보다. 어두컴컴한 농성장에는 침울한 분위기가 감돌았다. 그 때였다. 누군가가 손전등을 양 손에 하나씩 들고 휘휘 돌렸다. "자, 동지 여러분! 디스코 장 조명이 돌아갑니다. 다 함께 춤을 춥시다!"라고 외쳤다. 우리는 주린 배를 움켜잡고 한바탕 웃음을 터트리며 기분을 전환했다.

운동장 집결

농성장에서 더 버틸 수 없게 된 우리는 추석날 새벽 운동장으로 나갔다. 구사대들이 개떼같이 달려들었다. 나는 마지막까지 동료들과 한 몸이 되어 버티고 있다가 결국 세 명의 남자들에게 팔과 다리가 들려 정문 밖으로 내동댕이쳐졌다. 작업복은 겨드랑이가 다 찢어져 너덜거렸고, 신발도 언제 벗겨졌는지 맨발이었다.

기숙사생이었던 나는 갈 곳이 없었다. 홍춘자와 같이 무작정 영등포산업선교회로 갔다. 그곳에는 조합원들이 3,40명 와있었다. 농성장에서 끌려 나간 동료들의 안부가 궁금했는데, 마치 죽었다 살아온 사람을 만난 듯이 반가웠다. 원풍노조 조합원들은 대다수가 기숙생들이었다. 당장 갈 곳이 없었다.

노조를 강탈한 폭력배들과 싸우려면 모여 있어야 했다. 고민 끝에 친정집 같았던 영등포산업선교회에서 합숙하기로 결정했다. 그곳에는 소모임을 하던 사랑방이 서너 개 있었는데, 우리는 지하 소강당을 사용하게 되었다. 아침식사를 마친 우리는 부서별로 삼삼오오 짝을 지어 호소문을 들고 회관을 나섰다.

언론매체는 단 한 줄도 진실을 보도하지 않았다. 그들은 기업주를 대변하였다. 폭력으로 쫓겨난 우리를 폭도로 둔갑시키려고 했다. 회사를 무너뜨리려는 도산 세력으로 보도하는 등 온갖 악선전을 해댔다. 그뿐만이 아니었다. 경찰, 동사무소 직원들을 동원하여 거짓말로 가족을 협박하고, 연좌제를 들먹이며 친척들까지 위협했다.

우리는 무슨 수를 쓰든 노조 파괴의 불법 폭력을 사회에 알려야 했다. 가족관계까지 파괴시키는 국가폭력을 사회에 고발해야 했다. 국회의원 명단을 펼쳐놓고 찾아갈 사람들을 배정했고, 종교지도자, 민주인사 등을 찾아 다니다가 해가 저물면 지친 발걸음으로 영등포산업선교회로 돌아왔다. 저녁을 먹고 나면 그날 만난 사람들의 반응과 여론에 대해 이야기를 나누었다. 한편으로는 흩어진 조합원들을 찾아야했다. 그리고 동료들을 추슬러 출근투쟁을 할 힘을 모아야 했다. 이것이 무엇보다 중요한 대의원들의 의무였다.

현 장 을   되 찾 으 려 고

10월 7일 오후 2시, 조합원 200여 명이 원풍모방 정문 앞에 모였다. 회사는 추석휴무를 10월 12일까지 연장한다고 공고하였다. 우리보다 몇 배 더 많은 경찰이 우리를 포위했다. 경찰 간부가 확성기를 들고 불법시위를 하면 연행할 것이라며 해산하라고 떠들었다. 회사 간부는, 해고자는 들어갈 수 없으며, 각서를 쓴 사람만 들어갈 수 있다고 지껄였다. 해고자 명단에는 내 이름도 들어 있었다.

MBC 기자는, '폭력배와 경찰은 물러가라'는 구호를 외치며 투쟁가를 부르는 우리의 모습을 찍어댔고, 경찰은 우리를 회사 정문 밖으로 밀어냈다. "나쁜 놈들!" 기자들은 폭력에 저항하는 우리를 '도산' 세력으로 날조하여 기사를 썼다. 거짓이 진실인양 전국적으로 펴져 나갔다.

10월 13일, 2차 출근투쟁 날이었다. 수배를 당해 피신해 다니던 노금순 상집간부를 만나 2차 출근투쟁에 대해 의견을 나누었다. 13일 새벽 6시 30분 출근반이었던 B반은 정문으로 집결하기로 하고, A반과 C반은 공장 맞은편 강남성심병원 앞에 집결하기로 했다. 나는 동료들의 자취방과 흑석동 국립묘지 등에서 전방 B반 조합원들을 만나 출근투쟁 계획을 전달했다.

10월 13일 오전 6시, 새벽 공기가 싸늘했다. 그날따라 안개가 자욱했다. 강림약국 옆 골목에는 B반 조합원이 백여 명 넘게 모여 있었다. 약속한 6시 30분이 되자 정문 앞으로 대열을 지어 갔다. 정문은 굳게 닫혀 있었고, 구사대들이 앞을 가로 막았다. 정문과 대림동 전역에 경찰들이 진을 치고 매서운 눈초리로 공격할 준비를 하고 있었다.

"구사대는 비켜라!", "경찰은 물러서라!"라고 외치며 정문 앞으로 바짝 몰려갔다. 회사 간부가 확성기로 뭐라고 떠들었지만 윙윙 확성기 잡음소리만 들렸다. 조합원들이 정문으로 달려들어 구사대와 몸싸움을 벌이고 있는데, 회사 정문 한쪽이 열렸다. 그때를 놓칠세라 우리는 정문 안으로 뛰어 들어가 노조 사무실 방향으로 달려가다가 구사대들이 막아서자 그 자리에 주저앉았다.

그 때 길 건너편에서 구호소리가 들렸다. 우리는 그 구호를 신호로 주머니에 감추어 갖고 온 헝겊 띠를 머리에 동여맸다. 구사대들은 그 순간 "이 쌍년들이 죽으려고 환장을 했나!"하며 욕을 하며 주먹질과 발길질을 해댔다. 그들은 미친 듯이 날뛰며 우리를 정문 밖으로 끌어내기 시작했다. 곧 정문 앞에 서있던 경찰들까지 합세하여 우리를 연행해갔다.

남부경찰서로 연행된 조합원은 197명이었다. 경찰은 한 사람씩 따로 불러 조사했다. 나에게는 다짜고짜 노금순이 어디에 있는지 대라고 닦아세웠다. 숨겨준 것이 나중에 밝혀지면 범인은닉죄니 뭐니 떠들었지만 한마디 말도 귀에 들어오지 않았다. 경찰서에서 하룻밤 동안 꼬박 조사를 받고 이튿날 아침에 석방이 되었으나, 동료 대의원 차언년과 김숙자는 구속되었다.

산 선 합 숙 해 산 과 귀 향

2차 출근투쟁 이후 경찰과 공무원들의 탄압이 한층 더 거세졌다. 대림동 일대는 물론 조합원들의 자취방까지 찾아다니며 연행하였다. 울진 고향에서 오빠와 형부가 영등포산업선교회관으로 나를 찾아왔다. 면장이 오빠에게 차비를 주며 서울에 가서 동생을 데리고 오라고 시킨 것이다.

오빠를 만나면 붙잡혀 갈까봐 고향 친구 홍춘자에게 오빠를 만나게 했다. 춘자가 자초지종을 말했더니 오빠는 몸조심하라고 당부하며 집으로 돌아갔다. 오빠는 이 일을 두고두고 사골 우려먹듯 우려먹었다. 내가 결혼하여 아들들을 데리고 친정에 가면, 오빠는 "야, 너희 엄마가 울진 산골에서 면장이 찾아다닐 만큼 유명한 사람이야!" 하며 자랑스럽게 떠들었다.

11월 12일, 상집간부들이 11월 14일의 기도회를 준비하던 중 경찰에 체포되었다. 눈앞이 캄캄했다. 대의원 몇 명이 한 귀퉁이에 모여 앞으로 무엇을 어떻게 할 것인가 난상토론을 하였지만 뾰족한 수가 없었다. 그때만큼 대의원이라는 무게감과 압박감에 눌려 본 적이 없었던 것 같다. 그토록 절박한 상황인데도 대의원으로서 할 수 있는 일이 하나도 떠오르지 않으니 속이 상했다. 답답한 마음에 눈물만 자꾸 나왔다. 지금도 그 시절을 생각하면 가슴이 답답해지며 나도 모르게 코끝이 찡해진다.

1983년 1월, 영등포산업선교회에서 숙식을 하던 우리는 산선의 요구에 따라 거기를 나오는 해산식을 거행해야 했다. 자취방을 얻을 돈도 없고, 얹혀 살만한 곳도 마땅히 없던 나는 고향으로 내려갔다.

대우자동차 파업농성장 김밥 지원

1985년 4월 16일, 남편이 근무하는 대우자동차노동조합이 임금인상을 요구하면서 파업농성에 들어갔다. 농성장에는 물도 식사도 다 끊겼다고 했다. 3년 전의 9·27원풍노조 폭력사태가 떠올랐다. 당시 철저히 외부로부터 차단되어 외롭게 투쟁했던 기억이 되살아나 가슴이 아렸다. 무엇보다 남편이 걱정되었다. 아기를 업고 대우자동차 정문으로 갔다. 짐작했던 대로 노동자들은 농성장에 고립되어 있었다. 많은 사람들이 남편이며 가족이 걱정되어 서성이고 있었다.

막연하게나마 무언가 저들을 도와주고 싶다는 생각이 들었다. 순간적으로 농성자들에게 밥은 먹게 해주어야겠다는 생각이 들었다. 그곳에 있는 부인들에게 내 생각을 털어놓았다. 일단 돈은 내가 댈 터이니 주먹밥을 만들어 농성장으로 들여보내자고 했다. 많은 사람들이 호응을 해주어 우리는 주먹밥을 만들어 농성장으로 던졌다.

　대우자동차 파업농성은 4월 20일 대우그룹 김우중 회장과 노동자 대표가 만나 임금인상 협약을 맺으면서 해산하였다. 대우자동차 노동자들이 승리하는 모습을 보니 가슴이 벅찼다. 가족의 한 사람으로서 농성자 가족들과 함께 힘을 모아 주먹밥을 만들어 지원한 일을 생각하면 두고두고 가슴이 뿌듯해진다.

　남편의 동료들로부터 고맙다는 이야기를 수도 없이 들었다. 아기 엄마가 수고를 많이 했다는 인사도 많이 받았다. 무엇보다 원풍노동조합에서 대의원을 한 사람으로서 다르다는 말을 들었을 때는 기분이 좋았다.

　주먹밥을 만들어 농성 노동자들을 지원했던 일은 대우자동차 내에서도 오랫동안 회자되었던 것 같다. 1985년 당시 등에 업혀 있던 큰아들이 대학을 졸업하고 대우연구실 입사시험을 볼 때였다. 면접관이 "너의 어머니가 원풍노동조합 출신이시지? 참 대단한 분이다!"라며 85년 파업농성 때를 이야기했다면서 아들은 '엄마가 자랑스럽다'고 했다. 원풍에서 노동조합 대의원 활동을 했다는 자부심에 기분이 좋았다.

국 가 폭 력 을　법 정 에　세 우 고

　나는 아직 민주화운동 관련자로 명예회복을 신청하지 못했다. 2000년부터 2007년까지가 신청기간이었는데, 나는 2010년에야 그 소식을 들었다. 아이들이 어릴 때는 업고 '원풍노조 9·27모임'에 참석을 했다. 그 후 학교 급식소 일을 하며 치매 시아버지까지 모시면서 집안일에 지쳐 살다보니 원풍동지회 일은 뒷전이었다. 시아버지가 돌아가고 나서는 시간적 여유가 있었지만 동지들에게 미안해서 모임에 갈 엄두가 나지 않았다.

　그러던 중 고향 친구 홍춘자에게서 연락이 왔다. 원풍노조 9·27 해고자들이 국가로부터 명예회복 인증서를 받았다는 소식을 들었다며 함께 모임에 가보자고 했다. 나는 20여년 만에 신길동의 '원풍의 집'에 갔다. 선배들은 여전히 그곳에 계셨고, 나를 반갑게 맞아주었다. 민주화운동 명예회복 신청기간이 2007년 이후 중단되었다며 당시 내가 연락이 되지 않아 애타게 찾았다는 것이다.

　2011년 6월, 원풍동지회에서는 국가배상 민사소송 참여자를 신청받았다. 나는 선뜻 접수를 했다. 오랫동안 '원풍노조 9·27모임'에 참여하지 못하여 염치가 없

없지만 용기를 냈다. 1982년 원풍노조 9·27사태로 해고를 당한 지 29년이 지나 국가폭력을 법정에 세울 것이라고는 상상조차 할 수 없었던 일이었다.

원풍동지회는 2006년 4월 10일, 1970~80년대 민주노동운동을 했던 10개 노동조합(청계피복, 동일방직, 반도상사, YH무역, 무궁화메리야스, 태창메리야스, 한일도루코, 서통, 서광, 콘트롤데이타)과 함께 박정희, 전두환 정권의 노동자 탄압 실태를 밝히고자 공동으로 '진실·화해를 위한 과거사정리위원회'에 진상조사와 진실규명 신청을 했다.

그 결과 2010년 6월, 과거사위원회는 원풍노조 파괴 및 해고에 관하여 국가의 직접적인 개입으로 개개인의 인권을 침해했다는 심의 결정을 내렸다. 그 결정 내용은, 1980년대 신군부의 정화해고 건, 1982년 9월 27일 노조파괴 폭력사태 건, 해고 이후 블랙리스트를 전국에 배포하여 취업을 차단한 건이었다.

그 결정서에 가해자가 국가라는 것이 밝혀졌고, 그 시기로부터 소멸시효 3년을 인정받게 되었던 것이다. 서울지방법원과 고등법원 재판부는 우리들의 주장을 받아들여 승소 판결을 내렸다. 재판장이 대한민국을 '피고'로 호칭을 할 때마다 우리 원풍동지들이 대단하다는 생각이 들었다. 덩달아 나 자신도 대견해졌다.

당시는 1960년대부터 70, 80년대까지 박정희 정권과 전두환 정권에 의해 행해진 부당한 처사들이 낱낱이 밝혀지면서 속속 무죄 판결이 나오고 있었다. 그러나 2014년, 정부가 판결에 불복하여 대법원에 상고를 했을 때는 박근혜 정권의 기세가 등등하던 때였다.

이를 의식했는지, 대법원은 배상청구권 소멸시효를 6개월로 줄이고, 손해배상 청구권이 소멸되었다며 원심을 파기하여 고법으로 돌려보냈다. 2015년, 고법은 대법원의 결정에 따라 우리의 요구를 기각했다. 우리는 이에 불복하여 대법원에 다시 상고를 하였다. 그러나 정의의 잣대보다 권력의 눈치를 의식했던 대법원은 기각판결을 했다.

나는 국가배상금을 받지 못했지만, 사법부가 33년 전 국가가 불법폭력으로 우리 노동조합을 파괴하였고, 노동자들을 부당 해고하여 국민의 기본권과 인권을 침해했다는 진실이 밝혀졌기에 사실상 승소했다고 믿는다.

오늘의 나를 있게 한 원풍노동조합

나는 원풍노동조합 조합원으로 활동을 한 덕분에 살면서 참 많은 기쁨과 보람을 느꼈다. 학교급식소에서 일을 할 때였다. 방용석 지부장님이 장관으로 임명되었다는 뉴스를 보았다. 그 순간 "어머머, 우리 지부장님이시네, 와! 우리 지부장님이야!" 하며 일손을 놓고 박수를 치며 이리저리 깡충깡충 뛰었다.

그런 나를 보고 급식소에서 일하던 동료들은 미쳤냐고 했다. 교장 선생님도 농담도 잘한다며 웃어넘기려고 했다. 그때는 정말 하늘이라도 날아 갈 듯 기뻤다. 남편과 아들들도 "우아, 우리 엄마 또 어깨에 힘들어간다!" 하며 함께 축하해 주었다.

나는 원풍모방노동조합에서 대의원 활동을 한 경력이 너무 자랑스럽다. 그 경험은 내 삶의 갈피마다 지혜를 주었다. 원풍노조는 진실이 무엇인가를 알게 한 배움의 터전이었고, 내가 지금까지 올바른 가치관과 긍정적인 삶의 태도를 가질 수 있게 만들어준 원동력이다.

090

이제는 말할 수 있다

김옥희

_____1960년 인천 영종도에서 태어나 1979년 원풍모방에 입사했다. 노조에서는 소그룹 활동을 했고, 1982년 9·27폭력사건 때 해고를 당했다. 그 후 블랙리스트로 취업이 불가능했다. 2007년에 민주화운동 관련자로 인정받아 명예가 회복되었다.

나의 고향은 인천에 있는 영종도이다. 현재는 신공항이 생겨서 도시화 되었지만, 내가 어릴 때만 해도 완전 농촌이었다. 나는 7남매의 넷째로, 아버지가 편찮으시기도 했고 집안에 여유가 없어 돈을 벌려고 구로공단 열림산업의 봉제공장 재단실에 취업했다. 그러나 거기는 근로조건이 별로 안 좋은 상황이라 오랫동안 일할 곳은 못 된다고 생각했다.

그러던 중에 언니가 원풍모방의 기숙사 사감이 같은 동네에 살고 있어 잘 안다며 원풍모방에 입사할 수 있도록 도와주었다. 원풍모방에 입사할 때는 79년 2월로 내 나이 19살이었다. 원풍모방은 당시 근로조건이 최고라고 구로공단에서도 소문이 나 있었다. 그래서 원풍에 들어가기 위해 노력하는 사람들이 많았다.

입사해 보니 정말로 전에 다녔던 공장과 원풍모방의 근로조건은 많은 차이가 있었다. 우선 노동조합이 있다는 것이 다르고, 기숙사도 전의 공장과 비교할 수 없을 정도로 좋았다. 세면장에선 늘 따뜻한 물로 목욕을 할 수 있었다. 강당에는 텔레비전이 있어 명화극장 등의 프로그램을 볼 수 있었던 문화생활도 누릴 수 있어서 좋았다.

그리고 원풍모방은 복지가 잘 되어 있어서 신협을 통한 공동구매로 생필품들도 저렴하게 구매할 수 있어 많이 이용했던 기억이 있다. 월급을 받으면 시골의 부모님께 부쳐드리고, 나머지 내 몫을 조금씩 모아 저축을 했다. 당시 내 삶의 목표는 돈 많이 벌어 시집을 잘 가는 것이었다. 가난하게 사는 것이 너무 싫었기 때문이다.

원 풍 에 서 의   추 억

원풍에서의 삶에 많은 추억이 있다. 10시 퇴근 때는 기숙사의 같은 방 식구들과, 때로는 친구들과 함께 가보시키(추렴)로 군것질을 자주 했다. 회사 앞 슈퍼의 주인아저씨가 노을빵, 크림빵, 라면땅 이런 것들을 철조망 너머로 넘겨주면 받아서 나누어 먹고, 월급을 타면 돈을 걷어서 갚았다.

또 한 달에 한 번 정도는 달걀을 잔뜩 사다가 양동이에 담아 빨래 삶는 스팀에 익혀 영양 보충을 하기도 했다. 산악회에 가입하여 주말에는 대둔산, 지리산, 속리산 등 우리나라에서 유명하다는 산은 거의 다 다녀 본 거 같다.

시간이 나면 노래도 들었다. 그때 좋아했던 노래는 조용필의 〈돌아와요 부산항에〉였는데 '꽃피는 동백섬에 봄이 왔건만 / 형제 떠난 부산항에 갈매기만 슬피 우네'로 시작하는 이 노래를 들으면, 왠지 서글픈 생각이 들어 울먹거리기도 하며 흥얼거리면서 다녔다.

노조 사무실에 비치된 책도 빌려 읽었다. 그때 읽은 책 중에서 깊이 감명을 받았던 것은 폴란드의 노동운동가 바웬사에 대한 책이었다. 바웬사는 수백만 명의 폴란드 노동자들을 이끌어 온 노동운동가로, 노동자·농민 등 사회적 약자를 위하여 일하면서 지도력을 크게 발휘했다. 이 책을 읽으면서 강력하면서도 온화한 지도력을 가진 우리 지부장님이 떠올랐다.

80년 3월 10일, 식당에서 노동절 행사를 했는데 나랑 친하게 지내던 화자가 탈춤을 췄다. 노동자 1의 역할이었다. '여보 양반님, 이 내 말 좀 들어 보소. 목구멍이 중앙청인지 포도청인지 살아보겠다고 젖 먹은 힘, 죽 먹은 힘 온갖 힘을 다 들여서 죽기 살기 기를 쓰고 열심히 일해도 고기반찬 호의호식은 어디 메에 있단 말인가. 얼쑤!' 탈춤 공연을 볼 때마다 내가 하고 싶은 이야기를 대신해 주는 것 같아 속이 후련하고 시원했다.

9·27사건과 해고

79년 10월 26일, 박정희 대통령의 죽음으로 나라에 혼란이 오면 어떻게 하나 하는 그런 걱정이 들기도 했는데, 그 후로 전두환이 권력을 잡으면서 광주민주항쟁이 일어났다. 그러나 언론이 광주시민들의 항쟁을 빨갱이들이 일으킨 폭력사태라고 보도하는 것을 보면서 우리나라 언론을 믿기 어렵다는 것을 그때부터 강하게 갖게 되었다.

그해 12월, 우리 노동조합의 간부들이 합동수사본부에 연행되어가고, 경찰과 군인들이 우리가 일하는 현장을 감시했다. 나는 이러다가 노동조합이 없어지는 것은 아닌가 하는 걱정이 들었다. 불길한 일들이 벌어지면서 82년 9월 27일, '구사대'라는 게 노동조합에 쳐들어와 조합장을 감금했다고 했다. 이옥순 노조 총무가 이에 항의하다가 폭력배들이 언니를 집어던져 머리가 깨져 병원으로 실려 갔다는 이야기를 듣고 왜 우리가 이렇게 당해야 하는 지 분통이 터졌다.

농성투쟁으로 굶으면서 일을 하여 배는 고팠지만, 나는 끝까지 농성장에 함께 했다. 농성 마지막 날, 구사대들이 사람들을 끌어내리려고 잡아당기자, 우리는 안 끌려가려고 아우성을 치고, 안간힘을 써도 안 되자 회사 운동장으로 뛰쳐나갔다. 그러다가 새벽에 폭력배들에 의해 강제로 회사 밖으로 끌려 나왔다.

회사 밖으로 끌려 나온 사람들이 우왕좌왕하면서 갈피를 못 잡고 있을 때, 누군가가 양문교회로 가자고 소리를 쳤다. 나도 애순이와 함께 양문교회로 갔다. 양문교회에서는 우리를 반겨주기는커녕 밖으로 나가라고 냉대했다. 할 수 없이 애순이와 같이 정순이가 자취하는 집으로 갔다.

며칠 동안 씻지도 못해 몸을 씻고 나서 좀 쉬니 정신이 들기 시작했다. 끌려나온 날이 추석인데, 작업복은 꼬질꼬질하고, 기숙사에는 들어갈 수가 없어 그 몰골로 인천 집으로 갈 수도 없었다. 더구나 수중에 한 푼도 없어 움직이기도 쉽지 않았다. 할 수 없이 연남동에서 사는 언니네로 가서 추석 명절을 보냈다.

면장이 요구한 사표

그렇게 언니네 집에서 며칠을 지내고 있는데, 아버지에게서 빨리 집으로 오라는 연락이 와 하는 수 없이 시골집으로 갔다. 시골집에는 거의 매일 면장이 찾아와 아버지에게 딸이 사표를 내게 하라고 종용하고 있었다. 그때 형부가 동네 이장을 보고 있었는데, 면장은 형부에게도 '당신 처제가 지금 붉은 이적단체에 물들어 있다, 빨리 가서 회사에서 퇴직시키고 관리 좀 잘하라'고 닦달을 했다는 것이다.

형부는 '우리 처제는 그럴 사람이 아니다'라고 항변했다고 한다. 나는 형부와 면장을 만나 '폭력배가 쳐들어와 농성을 했는데, 왜 우리가 빨갱이냐? 텔레비전에 나오는 이야기는 완전히 틀린 거고, 언론이 보도를 잘못한 거다'라고 설명했다. 면장은 회사에서도 연락이 오고, 위에서도 자꾸 사직서를 쓰게 하라고 해서 그랬다며 변명했다. 형부는 내가 면장에게 야무지게 잘 따졌다며 칭찬을 했다.

그렇게 집에서 지내다가 원풍에 다시 출근할 수도 없고, 놀고먹을 형편도 안 되고 해서 농심라면에 취직했다. 일주일 정도 일을 하고 있었는데 관리자가 느닷없이 회사를 나가라고 통보해 왔다. 이유를 물어보니, 내게 빨간 줄이 있다면서 빨리 나가라고 난리를 쳤다. 그렇게 해고를 당하고 나니 큰 회사에는 취업할 엄두가 나지 않았다. 그 후 가내수공업 정도의 전자회사를 다녔고, 한복 바느질을 배우러 다니기도 했다.

87년에 결혼을 했다. 결혼할 때 남편에게는 원풍모방 다닌 것은 말하지 않았다. 당시는 그 말을 하면 안 될 것 같은 사회적인 분위기도 있었고, 나 자신도 주눅이 들어 그걸 당당하게 말하지 못했다. 결혼을 하고 한참 후에 남편은 내가 원풍모방에 다닌 것을 알게 되었는데, 남편이 나를 '데모꾼'이라고 하면서 안 좋아했지만 꾹 참고 살았다.

명 예 회 복

그러던 중에 2007년, 애순이로부터 원풍모방이 지속해서 모임도 하고 있고, 지금 민주화운동 관련자 신청서류를 받는다고 해서 그때부터 사무실에 나가게 되었다. 그런 후 민주화운동 관련자 인증서를 받고 나서야 그동안 참고 살았던 것을 말할 수 있다는 자신감이 생겼다. 겁 많은 자의 뒤늦음 후회이기도 하다.

나를 '데모꾼'이라고 하던 남편에게 인증서를 보여주었더니, 그제서야 그 옛날 원풍모방노동조합에서 한 일들을 인정했다. 정부로부터 생활지원금 5천만 원을 받았을 때는, 남편은 내가 해고 후 30년이 훨씬 넘었는데도 보상금을 받은 것에 무척 놀라워했다.

딸도 '우리 엄마가 정말 훌륭한 일을 했다'고 남자친구에게도 이야기하고 자랑스러워한다. 그러나 나 같은 경우는 회사에 거의 막내로 들어갔기 때문에 노조활동도 별로 못 했다. 과분한 영광이다. 우리 원풍노조 간부들에게 미안하고 고맙다는 생각이 든다.

돌이켜 보면, 원풍은 나에게 꿈과 희망이었다. 인생의 전반부에서 원풍을 만난 것은 큰 기쁨이었지만, 그것이 슬픔으로 끝나 아쉬웠다. 지금도 원풍 동지들을 만나면 어제 만난 사람처럼 반갑다. 무엇보다 서로의 마음을 알아줄 수 있는 사람들이 있다는 것이 가장 좋다. 지난 35년 동안 만남을 지속했듯이, 앞으로도 원풍 모임에 열심히 참여하면서 소중하고 귀중한 인연을 지속해 나가야겠다는 결심을 한다.

091

겁 많은 자의 다짐

김정순

_____1960년 강원도 홍천에서 태어나 1979년에 원풍모방에 입사했다. 노조에서는 소그룹 활동을 했다. 1982년 9·27폭력사건으로 해고를 당했다. 2007년, 정부에 의해 민주화운동 관련자로 인정되어 명예회복이 되었다.

　나는 강원도 홍천이 고향이다. 내가 초등학교 다닐 때 아버지가 돌아가시고 어머니도 재가해 딸만 넷인 집안의 맏이였으니 자연스럽게 내가 동생들을 돌보면서 살아야 했다. 부모님이 안 계셨기 때문에 나에게는 시골에서 정을 붙이고 살아갈 수 있는 터전이 없었다. 그래서 초등학교를 졸업하고 바로 경기도 군포에 있는 전자회사에 1년 7개월 정도 다니다가 19살 되던 해에 지인을 통해 노무과장에게 담배 한 보루를 주고 원풍 입사시험에 합격했다. 나는 너무 기쁘고 좋아서 펄쩍펄쩍 뛰면서 감사했다.

　1979년 3월에 입사한 나는 몇 달 안 되어 소그룹 활동을 시작했다. 이옥순 언니, 옥희, 애순이, 그리고 직포과 사람들 8명이 같이 하게 되었다. 그룹 활동을 하면서 가장 기억에 남는 것은, 그룹 사람들끼리 글을 써서 돌아가며 읽었는데, 그중 두 명은 평상시에는 말이 없는 편인데도 글을 너무 잘 써 감동을 받았던 생각이 난다. 글보다는 말재주가 많은 나는 사람은 겉모양으로 평가하면 안 된다는 사실을 새삼 깨달았다. 기숙사자치회에서 이웃돕기 바자회를 연다며, 기숙사생들에게 작품을 출품하도록 권유했는데, 내가 출품한 작품은 모자였다.

나는 주말이 되면 산업선교회에 가서 예배를 보고 성가대 활동도 했다. 소그룹 멤버들과 요리를 배우는 시간에 깻잎을 양념하여 찜통에 쪄서 반찬을 만들어 맛있게 먹었던 것들도 좋았다. 바둑을 배웠는데, 조지송 목사님의 아들이 우리들을 지도했다. 그런데 우리들이 바둑을 너무 이해 못해 흰 돌과 까만 돌을 번갈아 놓는 오목을 배우는 수준으로 끝을 냈다.

80년 노동절 행사 때의 일이 생각난다. 나는 평소 조용필의 〈허공〉을 좋아하여 즐겨 불렀는데, 현장 조회시간 때 반장이 '노동절 노래자랑 나갈 사람 손들어보라'고 해서 내가 "저요!"라고 제일 먼저 손을 들었다. 그랬더니 반장 언니가 노래를 한번 불러보라며 으슥한 창고로 데려갔다. '꿈이었다고 생각하기에 너무나도 아쉬움 남아 / 가슴 태우면 기다리기에 너무나도 멀어진 그대…' 처음에는 잘 시작했는데, '사랑했던 마음도 미워했던 마음도 / 허공 속에 묻어야만 될 슬픈 옛이야기…' 대목에서 고음이 안 올라갔다. 반장 언니가 '안 되겠네' 하는데 정말 실망이 컸다. 그놈의 고음이 문제였다. 그렇게 노래자랑 선수선발에서 탈락되고 나니 속상해서 그해 노동절 행사에는 참석하지 않았다.

사 회 현 실 에   눈 을   뜨 다

원풍에 입사하면서 나의 희망은, 우선 돈을 좀 모아 시골 큰아버지 집에 얹혀 살고 있는 동생들을 데리고 와 같이 살 수 있는 방을 얻는 것이었고, 다른 하나는 좋은 사람 만나 결혼하는 것이었다.

동생이 중학교를 졸업하고 고등학교에 가려고 서울에 오게 되어 기숙사를 나와 동생과 같이 자취를 하게 되었다. 자취방은 책상 하나 놓고 3명이 누우면 꼭 차는 코딱지만 한 방이었다. 부엌도 작은 찬장 하나 겨우 놓고 연탄 넣는 화덕에서 밥해 먹고 물도 데워 썼다. 수돗물은 공동으로 사용했다. 마당에 나와서 빨래도 하고 물도 거기서 받아먹었다. 3만 원 월세 내고, 동생 학비 내고 나면 내 월급으로 한 달 사는 것이 너무 빠듯했다.

79년 10월 26일, 박정희 대통령이 죽었다는 소식에 슬프면서 '왜 진작 독재를 끝내지 못하고 총에 맞아 죽었을까?'라는 생각에 안타까웠다. 80년 5월 18일, 광주에서 민주항쟁이 일어났을 때, 텔레비전이나 신문에서 광주에 빨갱이 폭도들이 침투하여 생긴 일로 왜곡보도를 하는 것을 보면서 그때부터 언론을 믿지 않게 되었다.

80년 12월, 간부들이 합동수사본부에 끌려가서 조사받은 후 많은 사람이 해고되어 돌아오지 못했다. 당시 현장에서는 두 사람이 모여 이야기해도 큰일이 난다고 하면서 분위기가 살벌하기 짝이 없었다. 그 무렵 나는 자취생활을 할 때인데, 집회신고 없이 사람을 만나면 무조건 끌고 간다는 말을 들어 친구들도 만나지 못했다. 그래서 그런지 길거리에도 나다니는 사람이 별로 없는 것 같았다.

그 무렵 산업선교회에 갔는데, 내가 들어가는 순간 KBS에서 미리 와 있다가 나를 따라오기에 얼른 문을 닫았다. 그러나 기자는 아랑곳하지 않고 문을 밀고 들어와 나를 붙들고 "이곳에서 뭐를 하십니까?" 하고 질문을 했다. 나는 기타·꽃꽂이·바둑 주로 이런 것들을 배운다고 했다. 기자가 계속 마이크를 대고 물어보았지만 나는 답을 하지 않고 그냥 뛰어서 2층으로 올라갔다. 그가 포기하지 않고 거기까지 따라왔지만, 문을 닫아버리고 안 열어주었다. 그랬는데 내가 말한 것이 그날 저녁 KBS 뉴스에, 도산에 관련한 내용으로 나왔다. 아주 뚱뚱한 모습으로 이야기를 하면서 2층으로 올라가는 것까지 방영이 되어 창피했다.

배곯음의 고통

추석을 며칠 앞두었던 82년 9월 27일, 2시에 출근을 하는데, 노동조합 앞에 폭력배들이 진을 치고 있었다. 우리는 이에 개의치 않고 일을 하려고 현장으로 들어갔다. '조합장이 사표 내라고 강요하는 구사대들에게 도장을 찍어주면 안되는데…'라는 걱정이 작업 내내 떠나지 않았다. 구사대들은 분명 어제까지도 같이 일했던 사람들인데, 어떻게 저렇게 반대로 갈 수 있을까, 담임이었던 조남진을 보면서 충격을 받았다.

저녁시간부터 식당에서 배식을 하지 않아 단식을 하면서 일을 했고, 식사시간에 정사과 현장에서 농성을 하게 되었다. 오늘부터 퇴근을 중지한다는 승화 언니의 말에 따라 집에도 못 가고, 그날부터 회사에서 끌려 나올 때까지 농성을 했다. 농성장에 기자들이 취재를 하러 와 카메라를 들이대자 '보도도 제대로 안 하면서 사진 찍지 말라'고 기자를 내쫓았다.

단식하면서 배가 너무 고팠다. 지금까지 살면서 밥을 굶어본 것이 처음이라서 더욱 그랬다. 농성이 끝나고 집에 가면 밥을 한 솥단지 해서 숟가락으로도 안 먹고 주걱으로 퍼서 실컷 먹을 거라는 상상도 하면서 배고파 죽을 것 같은 시간을 견디어냈다. 그러면서도 내가 여기서 단식을 하다가 죽으면 동생 공부도 가르쳐야 하고, 방세도 내야 하는데 딱히 누가 도와주는 사람이 없다는 것이 제일 걱정이 되었다.

그러나 나는 조합원들이 쓰러져 병원에 실려 가는 상황에서도 끄떡없이 끝까지 잘 이겨냈다. 농성 기간이 길어질수록 기진맥진해지고 힘이 빠지면서 함께 농성하던 사람 중에는 중간에 포기하고 나가는 사람도 있었다. 나는 죽지 않고 살아서 나가야 한다는 생각으로 버티었다.

농성 마지막 날, 운동장으로 뛰쳐나가 '사람 살리라!'고 소리를 지르자 폭력배들이 달려들어 한 사람씩 떼어다 회사 경비실 앞 경사진 곳에다가 던져놓고 굴렸다. 그런데 옥희가 등 뒤에서 내 허리를 끌어안고 "정순아, 어떻게 해! 다음은 내 차례야!"라고 했다. 옥희가 끌려 나가고 다음으로 내 팔다리를 들어서 정문 앞에 던져놓고 굴렸다.

정신을 차려 보니 신발을 한 짝만 신고 있었다. 그 와중에도 구사대에게 붙잡히지 않으려는 생각으로 양문교회로 달려갔다. 그때 양문교회는 새벽기도를 끝내고 막 문을 닫으려는 중이었다. 교회 안에 들어가 보니 교인들은 없고 원풍 사람들만 몇 명 앉아 있었다. 그런데 교회에서 이제 문을 닫아야 한다며 나가라고 해서 어쩔 수 없이 옥희, 혜영이와 함께 폭력배들에게 잡히지 않으려고 죽어라 뛰어 우리 집으로 갔다.

폭력의 두려움

폭력배에게 잡히지 않으려는 공포감과, 그 상황을 벗어났다는 안도감에 며칠 동안 지쳐 있던 우리들은 일단 방에 들어가자마자 쓰러져 갔다. 그리고 오후쯤 일어났지만 배는 고픈데 당장 먹을 것이 아무 것도 없어서 라면을 끓여 먹고, 옥희랑 혜영이는 갔다. 그 후로도 혜영이와 옥희는 기숙사에 들어 갈 수가 없어서 수시로 우리 집을 드나들곤 했다.

원풍에서 끌려 나온 후에는 산업선교회도 무서워서 못 가고 집에만 있는데, 이틀 후에 누군가가 문을 똑똑 두드렸다. "누구세요?" 하고 물어보니 "경찰입니다"라고 대답했다. 나는 문을 안 열어주고 "왜요?"라고 물었다. 경찰은 회사에 출근을 하라고 했다. 다음날도 경찰이 와서 출근하라고 했다. 그리고 셋째 날은 박진수라는 경찰이 와서 빨리 출근하라고 했다. 나는 다른 조합원들도 다 쫓겨 나고, 간부들은 도망 다니고 하는데, 무슨 일할 맛이 나서 출근을 하겠냐며 빨리 가라고 했더니 그 후로는 찾아 오지 않았다.

주소를 어떻게 알았는지, 자취집으로 홍천에서 큰아버지와 면사무소 직원이 찾아 와 '빨갱이한테 속은 거'라며 얼른 집으로 가자고 했다. 나는 큰아버지께 그거 다 거짓말이라고, 무슨 빨갱이가 침투를 했냐고, 언론이 다 거짓말을 하는 거니까 믿지 말고, 앞으로 뉴스도 보지 말라고 했다. 나는 절대 큰아버지 따라 안 가니까 그냥 가시라고 했더니, 걱정만 하고 바로 내려가셨다.

원풍에서 끌려 나온 후 다시 잡혀갈까 봐 두려워서 출근투쟁도 안하고 집에만 있는데, 원풍 간부 언니들이 내가 어렵다는 것을 알고 방세를 내라며 혜영이를 통해 두 번이나 3만 원을 전해 받았다. 나는 동료들의 뜨거운 정에 눈물만 쏟았다. 혜영이가 원풍의 돌아가는 상황이나, 퇴직금은 타야 하는 것 등을 알려주는 연락망이었고 소식통이었다.

간부들이 구속되고 몇 달이 지났을 때였다. 산업선교회에 나오는 사람 중에 가구업체에서 일하는 사람이 있는데, 원풍에서 가장 어려운 사람을 한 명 선정해 보내 달라고 했단다. 간부 언니들이 나를 추천했는데, 문제는 미싱을 하는 일이었다. 나는 미싱을 한 번도 해본 적이 없어서 걱정이 앞섰다.

처음에는 띠를 접어 미싱으로 박는데, 일자로 나가지 않고 지렁이처럼 삐뚤어졌다. 그런데도 그 사람이 괜찮다고 해서 내가 작업한 물건이 하자 없이 나가기도 했다. 그 분 덕에 지금은 미싱 전문가가 되어 밥을 먹고 산다. 그렇게 그 회사를 84년까지 다니다가 거기에서 남편을 만나 4월에 결혼했다. 남편 될 사람은 내가 노동조합에 관심을 두는 것을 싫어했지만, 처음 볼 때부터 마음이 끌려 인연이라고 생각했다.

결혼, 명예회복

결혼을 결정하고 준비를 해야 되는데, 부모님도 안 계시고 혼수를 할 만큼 벌어 놓은 돈도 없어서 혼수로는 농 하나, 밥통, 이불, 세수대야가 모두였다. 그랬더니 시아버님이 "야, 네가 해온 혼수가 이게 다냐?"고 몇 번을 물어보셨다. 나는 속으로 '아버님, 너무 걱정하지 마세요. 내가 결혼하고 이 집을 일으켜 놓을 테니까요'라고 하면서 앞으로 열심히 일하겠다는 다짐으로 살았다.

결혼 초, 시아버님이 '너 전에 다니던 회사에 빨갱이가 침투되었다는데, 진짜냐'고 물으셨다. 그게 다 거짓말이라고 했더니, 거짓말로 방송을 할 리가 있느냐며 처음에는 나를 안 좋게 보셨다. 그러나 살면서 내가 잘하니까, 이제는 아버님도 남편도 별 말 없이 나를 믿어주어 잘 살고 있다.

나는 원풍이 지속해서 모임을 유지하고 있다는 것을 전혀 몰랐다. 어느 날 순옥이가 원풍모임에서 해고자들을 민주화운동 관련자로 명예회복 신청을 한다는 연락을 했는데 처음에는 믿지 않았다. 그러다가 2007년 원풍 사무실에 가서 명예회복에 필요한 서류를 받아 신청을 했다. 그렇게 민주화운동 인증서를 받고 생활지원금을 받았을 때는 원풍 집행부에 감사하고 너무 흐뭇했다.

원풍노조를 빨갱이라고 생각하던 남편도 인증서와 생활지원금을 받는 것을 보고 지금은 원풍모임을 인정한다. 특히 민주화운동 인증서를 보고 그때 매스컴에서 편파적으로 거짓말을 했다고 생각을 바꾸고는 원풍 언니들이 정말 훌륭한 사람들이라고 한다. 애들도 민주화운동 인증서를 보고는 엄마가 중요한 일을 했다고 좋아했다. 나는, 내가 훌륭한 것이 아니라 앞에서 선배들이 만들어 놓은 것에 나는 발만 담근 거라 부끄럽다고 했다.

나는 아들만 둘인데, 아들들은 내가 원풍모임에 참여하는 것을 적극적으로 찬성한다. 원풍은 내 인생에서 가장 추억이 많았던 곳이다. 고등교육을 받지는 못했지만, 나는 원풍노동조합에서 세상을 제대로 보고 판단할 수 있는 시각을 배웠다. 이렇게 내 인생에 많은 것을 가져다준 원풍 이야기를 이제 가족들과 자연스럽게 이야기할 수 있게 되어 정말 감사하다. 앞으로도 나는 하느님 앞에 감사하는 마음으로 열심히 기도하며 살아갈 것이다.

092

너무 빨리 끝나버린 행복

김종성

_____1962년 경북 김천에서 태어나 1979년에 원풍모방에 입사했다. 노조에서는 탈춤반 활동을 열심히 했다. 1982년 9·27폭력사건으로 해고를 당했고, 1983년 취업한 구로공단 전자회사에서도 일주일 만에 블랙리스트로 인하여 해고를 당했다. 정부에 의해 민주화운동 관련자로 인정되어 명예회복이 되었다.

18세의 여공

　나는 경북 김천에서 2남2녀 중 둘째로 태어났다. 학교를 졸업하고 좀 더 넓은 도시로 나가고 싶은 욕구로 79년 초에 서울 대림동에 있는 사촌오빠네 집에 갔다가 사돈에 팔촌 벌 되는 하수와 만났다. 그리고 하수의 언니 하자 언니네 집에서 몇 개월간 자취를 하면서 가방공장을 다니다가 당시 원풍에 다니던 하자 언니의 소개로 79년 9월 18살의 나이에 원풍모방에 입사했다.

　처음 입사할 때는 양성공으로 훈련기간 3주 동안 소모과로 배정받았는데, 소모과는 양털이 너무 날려 지저분해서 왜 하필이면 이런 부서에 배정이 되었나 싶은 마음에 지지리 복도 없다고 생각하면서 불만이 많았다.

　양성공 기간이 끝나고는 정방으로 배치를 받았다. 정방은 기계 자체가 높고 길어서 현장 일이 힘들었다. 롤러가 돌아가다 실이 감겨서 떡이 지면 갈고리로 뜯어내야 하는데, 하필이면 나를 정방에서 제일 낡은 기계가 있는 곳으로 배치했다. 기계는 툭하면 고장이 나서 멈추고, 반장 언니는 무섭고, 그래서 매일 출근을 할 때마다 오늘은 또 얼마나 떡이 진 실을 뜯어야 하는 건가 싶어서 걱정이 이만저만이 아니었다.

반면에 기숙사는 시설도 흡족했고, 그냥 한 집 식구들처럼 친절하게 대해줘서 생활 자체가 좋았다. 서로 다른 환경에서 살다가 만난 사람들인데도 이렇게도 잘해 주는구나! 라는 생각이 들 정도로 방 식구들 하고는 정말 즐겁게 지냈다.

나는 원풍에 입사하면서 돈을 잘 관리해서 결혼자금을 모으려고 했는데, 경제에 대한 개념이 없다보니 월급 타면 쓰기에 바빴다. 보다 못한 사촌올케 언니가 우리 아가씨는 내가 잡아야 하겠다며 월급을 타면 10원도 빼지 말고 봉투째 가져오라고 했다. 당시 7만 5천 원 정도 월급을 탔는데, 그중에서 3천 원으로 15일을 살아보면서 가계부를 적어 무엇에 썼는지 목록을 가져왔을 때 타당성이 있으면 용돈을 더 올려 주겠다고 했다. 그 돈으로 계를 부어 500만 원을 만들어 결혼자금을 만들어 준다고 했는데, 계주가 도망을 쳐서 결국 한 푼도 못 타고 다 날렸다.

입사한 79년, 체육대회가 끝날 무렵 학교 다닐 때부터 관심이 많았던 가장행렬하는 것이 재미있어 보여 나도 해보고 싶다는 충동을 느꼈다. 특히 우리의 삶을 극으로 만들어서 탈을 쓰고 '얼쑤!' 하며 탈춤으로 표현했던 것들이 인상적이었다. 끝나고 나서 사물놀이 가락에 맞추어 뒤풀이하고, 조합원들이 하나가 되어 단결된 힘을 보여주는 것들이 너무 좋았다.

휴일이면 등산도 가고 여행을 다니면서 정말 사는 것이 행복하고 즐거웠다. 대성리, 한탄강, 제주도 등등 산으로, 바다로, 들로 친구들과 많이 놀러 다녔다. 어느 해인가 여름휴가 때는 12시간 배를 타고, 당시는 제주도에서도 텐트를 칠 수가 있어서, 그 무거운 쇠파이프로 된 텐트와 배낭을 메고 제주도를 가기도 했다.

탈 춤 반

내가 노동조합을 알게 된 것은 같은 부서와 기숙사에서도 같은 방 식구였던 두숙 언니를 통해서였다. 입사하고 얼마 안 되어 두숙 언니가 나에게 탈춤반에 들어오라고 권했다. '내가 할 수 있을까?' 걱정을 했더니 일단 한번 들어와서 해 보라고 해서 81년 말에 탈춤반에 참여하게 되었다. 그런데 연습하는 장소가 따로 없어서 두숙 언니와 같이 기숙사 옥상 뙤약볕에서 연습을 하다 보면, 나는 덩치도 있고 하여 땀이 많이 나고 힘들었다. 공연이 가까워지면 매일 늦은 시간까지 대사를 만들고 각본을 짜서 외워야 하니까 다들 신경이 날카로워졌다.

나는 탈춤을 배우면서 동시에 자연스럽게 역사 공부도 하게 되었다. 조선방직 쟁의에 관한 탈춤극 〈조방쟁의〉는 서울에 있는 한신대학에서도 공연했고, 전주 성당에서도 공연했다. 1950년대 조선방직노동조합의 쟁의와 관련한 노동조합 탄압, 노동자들에게 폭언과 폭력으로 일삼는 사용자와 노동자의 대립관계를 그린 극이었는데, 화자랑 같이 목소리가 가늘어서 울림이 없다고 몸으로 표현하는 깡패 역할을 했다.

특히 한신대학에서 야간에 공연할 때 많은 호응을 받았다. 나는 대학교에 다니는 학생들이 즐기는 축제 분위기에서 우리가 공연했을 때 그 내용을 이해하고 받아들일 수 있겠냐는 생각을 했었다. 그런데 의외로 집중해서 관람하는 모습을 볼 수 있었고, 공연이 끝나고 신학생들과 아우러져 어깨동무하고 하나가 되어 뒤풀이도 했다.

나는 조선방직 노동자들이 살아온 노동운동을 공연으로 할 때, 노동자의 실상을 알렸다는 생각으로 뿌듯했고, 엄청난 자부심을 가졌다. 그리고 조합원들도 탈춤 공연을 보면서 자기네들이 하고 싶은 이야기를 대신 해주어서 속이 시원했다며, 우리에게 격려와 힘을 주어 보람이 컸다.

대통령의 죽음

내가 입사하고 얼마 안 된 79년 10월 26일, 대통령 박정희가 정보부장의 총에 맞아 죽었다. 우리 고향에서는 해마다 새해가 되면 박정희 사진을 넣은 달력이 배달되어 1년 내내 보고 살았고, 내가 태어나고나서 대통령은 바뀐 적이 없었다. 그래서 우리나라 대통령을 다른 사람이 할 수도 있다는 생각을 못 했다. 그런데 대통령이 돌아가셨으니 큰일 났다는 생각과 함께 나라가 망할 것 같은 느낌이 들었다. 박정희의 장례식 장면을 텔레비전으로 보면서 마음이 찡해서 많이 울었다. 나중에야 오랜 기간 독재를 하다가 결국 총을 맞아 생을 마감했다는 것을 알게 되었다.

5·18 광주항쟁이 일어나 확대계엄령이 내려졌을 때, 빨갱이가 침투해 광주에서 폭도들이 일으킨 사건이라고 보도하는 텔레비전 뉴스를 보면서 '설마 빨갱이들이 들어와서 나라를 이렇게 만드는 게 가능할까?'라는 의구심이 들었다. 그리고

노동조합을 통하여 실상을 알게 되면서 언론에서 보도하는 것이 모두 거짓말이라는 것도 알았다. 당시 원풍 조합원들 전체가 다 광주 돕기 모금에 참여했던 기억이 아직도 생생하다.

1980년 7월, 방용석 지부장과 박순희 부지부장이 노동계 정화라는 명목으로 수배당하고, 80년 12월에 간부들, 탈춤반의 회장과 총무, 그리고 핵심 조합원들이 서소문에 있는 합동수사본부 '범진사'에 연행되어 조사를 받게 되었다. 당시 현장 분위기는 옆 사람과 눈빛을 주고받는 것도 할 수가 없었고, 담임이었던 김준호가 수시로 감시하면서 분위기를 살벌하게 만들었다. 합동수사본부에서 14명이 강제해고를 당하였고, 그중 4명이 순화교육을 갔다. 이때 우리 반은 이영자 간부와 김두숙 언니가 해고를 당하면서 핵심활동가 부재로 노동조합 활동이나 전달사항이 항상 느렸다.

단식농성 4박 5일

1982년, 9·27사건이 났을 때 나는 2시 출근반이었는데 노동조합에 문제가 생겼다는 연락을 받고 조합 사무실에 가보니 폭력배들이 바리게이트를 치고는 노조 출입을 막고 있었다. 구사대의 앞잡이인 담임 김준호와 맞닥뜨렸을 때는 살벌한 분위기가 느껴졌고, 전혀 본 적이 없는 낯선 사람들이 구사대 무리 속에 들어있었다. 조합원들은 폭력배와 싸우고 아비규환인데, 노동조합 간부들은 출근반 모두를 현장으로 들여보냈다.

농성장에서 이틀간, 출근반은 농성하다가 일하러 가고, 출근반이 아닌 나머지 두 개 반은 농성을 했다. 첫날 저녁 7시 30분 식사시간에 전체 조합원들이 모두 모이자, 양승화 부조합장은 '오늘부터 퇴근을 중지하고, 이제는 흩어지지 말고 개인적으로 바깥 출입을 금하고, 마지막 싸움이라고 생각하고 끝까지 농성에 함께 하자'고 당부했다. 이번 싸움이 우리들의 마지막 싸움이 될 거라는 짐작은 하고 있었다.

단식을 시작하고 하루쯤 지날 때가 제일 배고파 눈이 돌아갈 지경인데, 먹을 게 없어서 소금물을 많이 먹은 기억이 난다. 농성 3일째 되던 날, 작업이 완전히 멈추고 추석휴무로 전 조합원들이 모였을 저녁 무렵부터 가족들이 찾아오고, 거짓 전보가 왔다는 소식이 들리면서 농성장이 혼란스러워지기 시작했다.

농성 4일째 되는 날, 회사는 현장에 단전 단수를 했고, 스팀을 강하게 틀었다. 조합원들의 손발이 뒤틀리고 화장실도 못 가서 농성장 안에서 드럼통을 갖다놓고 볼일을 봤다. 그 상황에서 내 옆 사람이 쓰러졌는데, 나는 그 사람이 죽으면 안 되기 때문에 손발을 주무르면서 말을 시켰다. 그리고 농성장을 돌아다니면서 사람들에게 이상이 있나 없나 살펴보고 상황도 체크했다. 나름 탈춤반도 했기 때문에 사람들을 지켜야 한다는 사명감이 있었던 것 같다.

마지막 날, 농성장에서 끌려 나가지 않으려고 마대로 서로를 엮어 스크럼을 짜고 있었다. 그런데 뒷문으로 폭력배들이 4명씩 달려들어 한 명씩 끌고 나가 집어 던졌다. 나도 그날 오후에 폭력배에게 끌려가면서 "야, 이 개같은 놈들아! 나를 왜 끄집어 내냐!"고 욕을 하며 저항했지만, 폭력배들은 맨발로 끌려 나온 나를 승용차 가운데에 밀어 넣고 양쪽에는 폭력배들이 타서 꼼짝 못하게 하고는 한독병원으로 데리고 갔다.

한독병원은 쓰러진 조합원들이 많아 소란스러운 분위기였다. 폭력배들은 병원 입구에서 나를 가리키며 정신병자가 난동을 부려서 끌고 왔으니 주사 좀 놔달라고 하면서 나를 강제로 병실로 데려가 침대에 눕혀놓고 두 명은 먼저 갔다. 병실에서 나를 지키는 폭력배들이 딴 짓을 하는 틈을 타 나는 다시 정문으로 갔다. 경비실 정문은 굳게 닫혀 있었다.

하나둘씩 조합원들이 모여들더니, 정문 앞에서 누군가가 수녀원으로 가자고 해서 몇 명과 함께 수녀원으로 갔다. 수녀원에서는 우리가 단식을 했다고 하니 수프를 끓여 주었다. 그런데 계속 누군가가 찾아와 원풍 사람들 왔는지 확인을 하자, 자기네들도 곤란하다며 나가라고 했다.

하는 수 없이 수녀원에서 나오기는 했는데, 갈 데가 없어서 대림동의 오빠네 집으로 갔다. 내가 농성하는 동안 오빠네 집으로 형사가 찾아와 '지금 종성이가 빨갱이들이랑 뭉쳐 있으면서 농성을 하고 있으니 집으로 데려가라'고 했다고 한다. 깜짝 놀란 올케언니가 나를 찾으려고 농성장에 왔었다는 데, 만나지는 못했다.

오빠네 집에 있으면서 여러 번 회사 정문으로 갔다. 경비실에서는 각서를 쓰고 출근하면 그 동안에 있었던 일들은 묻지 않겠다면서 잘 생각해 보라고 했다. 그러나 나는 그렇게까지 하며 출근할 생각이 없었다. 일하러 가는데 무슨 각서까지 쓰냐며 거부했다. 오빠네 집과 산업선교회를 오가면서 조합 소식도 듣고 그렇게 지내다가 나중에는 산업선교회에서도 못 오게 해서 부서원들과 대방역 근처에서 만나기도 했다. 그러면 누군가 따라와 신문으로 얼굴을 가리고 감시했다.

'빨갱이'의 귀향

시간이 지나자 눈치가 보여 더는 오빠네 집에 있을 수가 없어 시골로 내려갔다. 아버지는 나를 보더니 공장에서 일한다고 하더니 네가 지금 무슨 빨갱이 노릇을 하고 다니냐면서, 동네에서는 네가 빨갱이라고 소문이 났다고, 이웃집에서도 주시하고 있다고 하셨다. 시골집에 도착하자마자 어떻게 알았는지 바로 이장과 경찰이 같이 오토바이를 타고 우리 집으로 왔다. 경찰이 딸이 집에 오지 않았냐고 물어보자, 아버지가 겁이 나 오지 않았다고 했다.

나는 방에서 그걸 듣고 있다가 마루로 나가 나 여기 있다고 말하고는 내가 무슨 빨갱이 노릇을 했다고 그러냐? 민중의 지팡이인 경찰이란 사람들이 일 열심히 하는 선량한 국민을 이 지경으로 만들었냐고 소리질렀다. 그러면서, 참 소식도 빠르다고, 내가 여기 온 것을 어떻게 알고 집에 온 첫날부터 찾아왔냐고 했더니, 형사와 이장은 그냥 잘 있는지 확인하러 왔다고 둘러댔다. 그러면서 서울 가거나 하면 차비랑 다 해줄 테니 자기들에게 꼭 이야기하라고 했다. 나는 걱정하지 말라고, 쫓겨나 집에 온 사람이 어디 갈 데가 있겠냐고 했다. 그래도 이장은 아버지에게 당신 딸 어디 못 가게 하고, 어디 가면 간다고 자기에게 꼭 이야기해 달라고 신신당부를 하고 갔다.

나는 며칠 집에 있다가 틈을 봐서 다시 서울로 올라와 사촌오빠네 집으로 갔다. 내가 시골로 내려간 후에도 오빠네 집으로 계속 형사가 찾아와 집에 왔냐고 여러 번 확인을 했다고 한다. 아버지는, 계속 면사무소에서 종성이가 빨갱이 노릇을 한다며 데리고 오라고 한다면서 오빠네 집으로 전화를 했다.

10월 7일, 출근투쟁을 하러 회사 정문 앞으로 갔다. 구호를 외치면서 연좌농성을 하고 있으니, 형사들이 여기에서 계속 농성을 하면 연행한다고 위협을 해서 도망가기도 하고, 그냥 대로변에 드러누워 농성도 하다가 결국에는 끌려갔다.

두 달쯤 지나 회사에서 짐을 정리하지 않으면 다 버리겠다는 연락을 받고, 12월쯤 올케언니와 하수와 같이 짐을 정리하러 갔다. 경비가 우리를 데리고 기숙사로 올라가는데, 너무나 억울하고 화가 나서 경비실 옆에 있는 깡통을 찼다. 그랬더니 경비실에서 쫓아와 막 화를 내면서 소란을 피우면 그냥 안 두겠다고 위협을 했다.

기숙사 2층은 전체가 텅 비어 있었다. 우리 방의 다른 사람들 짐은 거의 없었고, 내 캐비닛은 열려 있었다. 방은 몇 달 넘게 생활을 하지 않아 난장판이었다. 얼마 되지 않은 짐을 정리하고, 너무 속상해 울면서 짐을 들고 기숙사를 나가다가 사감을 만났다. 사감은 남들은 현장에서 일 잘하고 있는데, 그냥 회사 다니지 왜 짐을 싸서 나가냐고 했다. 나는 그 말에 대꾸할 기분이 아니라서 인사도 없이 기숙사 계단을 내려갔다.

취 업 의   길 을   찾 아

원풍에서의 생활을 정리한 후 취업을 하려고 83년에 하수와 같이 구로공단의 PDK라는 곳에 입사원서를 냈는데, 나만 2차 면접까지 통과되어 취업이 되었다. 출근 첫날 작업을 2시간쯤 하고 있는데, 사무실에서 오라고 해서 갔더니 느낌이 싸늘했다. 나를 보더니 관리자가 그만두시면 안 되겠냐고 하기에, 2차 면접까지 통과했는데 무슨 문제가 있냐고 물었다. 그는 자기도 위에서 지시받고 하는 상황이라 어쩔 수 없다, 자기를 곤란하게 하지 말고 하루 일당 줄 테니 그냥 조용히 나가시면 안 되겠냐고 했다. 이유 없이 내가 왜 관두냐고, 나는 두 시간밖에 일한 것이 없는데 무슨 문제냐고 물어봤다. 그랬더니 일주일치 임금을 주겠다면서 그냥 나가 달라고 해 30분간 옥신각신했다. 나는 그렇게 두 시간 일하고는 일주일치 임금을 받고 해고를 당했다.

어디를 가든 이런 식으로 쫓겨날 것이란 생각이 들면서 힘들었지만, 사흘 있다가 '유니전'이라는 마이마이, 카세트를 조립하는 공장에 취업했다. 회사는 규모가 컸고, 현장에서 일하는 사람들이 다 보이게끔 통유리로 디자인된 사무실이 있었다. 그런데 며칠 있다가 담임이 나를 사무실로 불렀다. 담임 외에도 과장, 부장 등 회사간부들이 쫙 앉아 있다가 사무실에 들어가니 나를 주목했다.

그들은 나에게, 이 회사에 왜 들어왔으며, 뭐 하려고 왔냐고 물었다. 나는 먹고 살기 어려운 절박한 상황이라 돈을 벌기 위해 왔다, 입사를 시켜주었으니 열심히 일하겠다고 했다. 누구랑 같이 온 사람이 있냐고 해서 나 혼자 왔다고 했더니 담임이 여기서 아무 것도 안 하고 일만 하겠다는 각서를 써달라고 했다. 여기 들어

올 때 누구나 이런 것을 쓰냐고 물으니 절차라고 해서 써주었다. 그런 뒤에도 담당은 일을 도와주는 척하면서 요즘 일하는 게 어떠냐고 물어보는 등 그렇게 몇 달을 감시하더니 좀 지나자 괜찮아졌다. 그때를 생각하면 지금도 소름이 끼친다.

그렇게 회사를 1년 정도 다니고 있는데 아버지가 돌아가셨다는 연락을 받고 장례를 치르러 고향으로 내려갔다. 그런데 듣도 보도 못한 노동조합 조합장이 조문을 왔다. 멀끔하게 생긴 조합장이 와 하루를 있다가 가니, 동네 분들은 종성이가 서울에서 아주 큰일을 뭔가 하고 있다고 생각했다. 아마도 조합장은 내가 어떤 사람들이랑 관계를 하는지 감시하려고 하루를 있다가 갔는지도 모르겠다.

아버지는 원풍 9·27사건 이후, 저 집은 빨갱이이니 친하게 지내지 말라는 식으로 동네에서 왕래하지 못하도록 분위기가 잡혀 매일 술만 드시다가 간경화로 돌아가셨다. 아버지에게 죄인이라는 생각에 가슴이 아팠고 죄송했다.

'대단한 일'을 한 선생님

나는 유니전 회사를 5년 다니다가 88년 5월, 26세에 결혼했다. 남편은 대림동에서 살았던 사람이라 원풍 사건을 잘 알고 있었다. 결혼하고 나서는 직장생활을 하지 않고 시흥에서 신접살림을 차렸다. 원풍모임에도 참여를 하다가 남편의 사업이 어려워지는 상황이 되어 연락을 끊고 살았다. 그러다가 2007년, 민주화운동 명예회복을 위한 서류를 접수한 후 동사무소에서 간단한 조사를 받았는데, 조사관은 내 호칭을 '선생님'으로 불렀다. "선생님, 대단한 일을 하셨네요. 차라도 한 잔 드릴까요?"하며 너무 깍듯하게 대우를 해 '이거 뭐지?'하는 생각이 들면서 격세지감을 느꼈다.

민주화운동 인증서를 받고 나니 벅차고, 뿌듯하고, 감격스럽고, 가슴이 찡하기도 하는 등 복합적인 생각이 스쳐 지나갔다. 남편에게 인증서를 보여주었더니 대단한 일을 했다고 좋아했다. 애들은 처음 인증서를 받았을 때는 어려서 잘 모르더니, 영화 〈택시운전사〉를 보고는 그 당시 실제로 저런 상황이 있었냐며, 엄마 때도 저렇게 했냐고 물어보며 엄마 이야기가 영화의 한 장면 같다면서 소름이 돋는다고 했다.

인증서와 함께 생활지원금도 받았는데, 우리가 고생한 것에 비례하는 보상은 아니라는 생각이 들었다. 계속 원풍에 다녔다면 더 행복하였고 생활에 더 많은 도움이 되었을 거라는 생각을 하면서 그래도 여기에 오기까지 집행부가 많이 고생했을 것을 생각하면 미안하기도 했고, 여러 가지로 생각이 복잡했다.

너무 빨리 끝나버린 나의 행복을 생각하면 늘 가슴 한구석이 시리고 아프지만, 한편으로는 즐거운 추억이 너무 많기 때문에 내 삶에서 원풍을 빼면 이야기할 게 별로 없다. 무엇보다 노동조합을 통해 세상을 바르게 보는 법을 배웠고, 그로 인해 독재에 저항하기도 하고, 내 생각으로 옳은 것을 결정하고 관철해 나가는 삶을 살 수 있었다고 생각한다.

원풍은 나에게 세상을 잘 살아갈 수 있는 자산을 물려 준 또 다른 부모님과 같은 곳이다. 그래서 지금도 원풍을 통해 알게 된 사람들과의 인연이 무척이나 소중하고, 그 인연들을 생각하면 언제나 입가에 미소가 번진다. '낙양동천 이화정! 얼쑤!' 오늘은 참 좋은 날이다.

093

원풍이 나를 살렸다

박복현

———————1961년 전남 장성에서 태어나 1979년에 원풍모방에 입사했다. 1982년 9·27폭력사건으로 해고를 당하고, 다시 10월 13일 출근투쟁을 하다가 남부경찰서에 연행되어 조사를 받았다. 2007년, '대한민국'이라는 도장이 찍힌 민주화운동 인증서를 받았다. 현재는 유통분야에서 일하고 있다.

    나는 전남 장성 출신으로 17살에 서울로 올라와 삼익악기의 피아노 만드는 공장에 다니다가, 원풍 총무과에 근무하던 이기성 씨의 소개로 원풍모방에 1979년 3월 2일 입사하게 되었다. 1차 시험에서는 키가 작다는 이유로 떨어지고 재시험을 봐서 입사하게 되었을 때, 새로운 희망을 발견한 것처럼 신이 나서 펄쩍펄쩍 뛰면서 좋아했던 기억이 난다.

    나는 공부를 더 하는 것이 꿈이었고 목표였다. 그래서 원풍에 입사하고 바로 삼성중고등학교에 입학했다. 공부로 나의 삶을 바꿔보고 싶다는 욕망이 있었고, 세상에 눈을 뜨고 싶었다. 기숙사는 학생들을 위하여 2층 213호를 공부방으로 지정하여 배려했다. 공부하는 학생들만 있는 방이라서 서로가 공유할 수 있는 동질감이 있어서 좋았다. 그리고 학비 전액을 장학금으로 지급받았다. 학교에 갔다 오면 저녁 10시가 넘었어도 학생들을 위하여 밥과 반찬이 따로 준비되어 있어서 마음대로 챙겨 먹을 수 있었다. 이러한 혜택을 받으면서 나는 1982년에 고등학교 졸업이라는 꿈을 이룰 수 있었다.

내가 배치받은 검사과는 9시 출근해서 6시에 퇴근을 하므로 야간학교 다니기에도 시간대가 맞아 크게 힘들다는 생각은 없었다. 검사과는 품질관리를 하는 곳으로 시력만 좋으면 되었고, 같이 일하는 동료도 4~5명밖에 안 되어 인간관계도 좋았다.

원풍에 입사했을 때는 복지제도가 잘 되어 있었다. 노동조합에서 운영하는 소비조합의 물건이 저렴해 생활하는 데 큰 도움이 되었다. 이렇게 복지제도가 잘 되어 있어 근로자들에게는 실질적으로 임금이 인상되는 것과 비슷한 효과를 냈다. 사실 나는 노동조합의 혜택은 많이 받았지만, 노동조합 활동은 많이 못 했다. 소그룹 활동도 제대로 못 했지만, 정사과의 명화랑 혜영이랑 친하게 지내면서 명화네 집에도 가보고 산업선교회에도 다니면서 성가대 활동을 했다.

79년 입사한 그해 10월 26일, 박정희 대통령이 김재규 정보부장의 총에 맞아 사망했을 때, 나는 마음이 매우 아팠고 나라가 망할까 봐 걱정되었다. 그런데 먼저 입사한 선배 언니들은 만세를 부르면서 새로운 희망이 생겼다고, 민주화의 봄이 올 것이라고 좋아하는 것을 보고 의아해 했었다.

나는 사회적인 문제에는 관심이 적었고, 노동조합 활동에도 미온적이다 보니 의식이 부족해 당시에는 무엇이 옳은 것인지 판단이 잘 서지 않았다. 80년 5월, 광주항쟁으로 계엄령이 확대되고 전국이 싸늘하게 얼어붙었다. 신문이나 텔레비전에서는 광주에 빨갱이가 침투해서 폭동을 일으킨 것이라고 연일 보도하고 있었다. 전라도가 고향인 나는 좀 더 관심을 가지고 이 문제를 지켜보고 있었다.

노동조합에서는 계엄군에 의하여 희생된 광주시민들에게 조금이라도 도움을 주고자 식당에 모금운동 대자보를 붙여 놓았다. 대자보에는 광주항쟁의 실상을 알리는 내용도 들어 있어, 나는 그때부터 언론이 진실만 말하는 것이 아니라는 것을 깨달았다. 광주모금 후 방 지부장님과 박 부지부장님이 지명수배를 받았고, 12월에는 노동조합 핵심간부 48명이 계엄사로 연행되어, 그중 14명이 해고되고 4명이 삼청교육대에 끌려갔다.

9 · 2 7 농 성

내가 보아도 노동조합이 점점 어려워지고 있다는 것이 느껴졌다. 82년 9월 27일, 폭력배들의 노동조합 파괴가 시작된 날이다. 그들은 몽둥이를 들고 현장까지 들어와 농성 조합원들을 끌고 가려 했다. 정사과에 모여 있던 사람들은 기계 밑으로 숨거나 도망쳤다. 나는 현장 분위기가 너무 살벌해 이러다가 죽는 것은 아닌가 생각했다. 회사 밖에는 닭장차가 주변을 에워싸고 있었다. 경찰이 일방적으로 구사대를 비호하는 느낌을 받아, 민중의 지팡이가 아니라 권력의 몽둥이라는 생각이 들었다.

600여 명이 모여 단식농성을 하니, 서로가 의지가 되어 죽어도 같이 죽게 되겠지, 라는 생각이 들면서 마음이 든든했다. 농성할 때 너무 힘들었던 것은, 단식으로 배가 너무 고픈 것, 추석 휴무가 시작되면서 회사에서 전기와 수도를 끊어 수세식 화장실에 물 공급이 안 되어 변이 너무 많이 쌓여서 화장실 가기가 힘들었던 점이었다.

농성장에서는 언년이와 향자가 열심히 활동했다. 그러나 B반의 곽동숙, 곽혜숙 둘은 농성에 미온적이더니 나중에 다시 회사로 복귀했다. 그래도 나는 노동조합 활동을 조금이라도 한 탓에 회사에 들어가지 않고 노조와 계속 같이하게 되었다. 지금 와서 생각하면 당시의 내 선택이 얼마나 다행인지 모르겠다.

농성 마지막 날, 폭력배들이 마구잡이로 조합원들을 끌어내자 우리들은 지관과 신발을 집어 던지면서 저항을 했지만 역부족이었다. 그래서 같이 농성하던 동지들과 손을 잡고 쓰러진 사람들을 일으켜 운동장으로 뛰어나갔다. 운동장에는 회사 사원들과 폭력배들이 있었고, 그들은 우리들을 조롱했다. 사람 살리라고 크게 외쳐도 우리를 도와주는 사람은 하나도 없었다. 모두가 폭력배들이랑 한통속으로 보였다.

나는 마지막으로 끌려 나왔는데, 다행히 병원에 갈 정도는 아니었다. 우리들을 끌어낸 폭력배들이 회사 주변에서 설치고 다녀 겁도 났다. 기숙사에는 들어 갈 수가 없어 어디로 가야 하나 생각을 하다가 일단 독산동에 있는 친구네 집에 가 지내면서 원풍의 상황을 지켜봤다.

장성 고향집에도 경찰이 여러 번 왔다고 한다. 그 때 바로 밑 남동생은 조선대학교 2학년에 재학 중이었는데, 경찰에서 동생을 찾아가 누나가 원풍에서 빨갱이에 물들어 있는데 얌전하게 회사에 들어가 일하게 하라고 압력을 넣었다고 한다. ROTC를 지망하려 한 동생은 '누나 때문에 내 앞길이 막히면 가만히 있지 않겠다'며 난리를 쳤다. 동생은 지금 육군 대령이 되어 있다.

원풍을 정리하기 전까지 서울에서 엄마가 운영하는 식료품가게 일을 도와주고 있었는데, 경찰에서 나를 찾으려고 가게로 왔다. 나와 엄마가 같이 있는데도 경찰은 나를 몰라보고 엄마에게 '박복현 씨 어디 있냐?'고 물어봤다. 엄마는 나를 내 친구인 척 둘러대면서 '야, 우리 복현이가 집에 안 온 지 오래되었는데, 혹시 만나면 꼭 좀 전해 달라'고 말했다. 경찰은 나한테서 연락이 오거나 하면 집에 꼭 붙들고 있으라는 당부를 하고 갔다.

출 근 투 쟁

10월 13일, 출근투쟁을 하려고 회사 건너편에 있는 강남성심병원 앞에 집결했는데 갑자기 경찰들이 마구잡이로 끌어다가 닭장차에 태웠다. 우리들은 머리띠도 하고 '폭력배는 물러가라!'는 구호를 외치면서 저항했지만, 역부족이었다. 우리들 한 명에게 몇 명씩 달려들어 짐승 끌고 가듯이 연행해서 남부서로 갔다.

우리가 무슨 잘못을 했단 말인가? 폭력배들에게 노동조합을 빼앗겼고, 노동조합 핵심간부들은 지명수배를 당했다. 회사에 출근하려는데 왜 연행하는가? 그 현실이 억울하기 짝이 없었다. 우리들은 노동가도 부르고, 애국가도 부르면서 계속 경찰에 항의했다. 경찰은 소란을 피우면 선별 조치하겠다고 겁을 주었다. 결국 진술서를 쓰게 한 후, 범죄자들처럼 각자 이름을 쓴 판대기를 들고 사진을 찍게 하고는 1박2일만에 풀려났다.

남부경찰서에서 풀려난 후 회사 경비실로 친구들이랑 함께 갔는데, 회사에서는 각서를 쓰고 출근을 하든지, 아니면 회사를 정리하고 퇴직금을 타가라고 했다. 나는 굴욕적인 각서를 쓰고 출근하는 것은 용납할 수가 없어 10월 중순경 퇴직금을 받고 회사를 정리했다.

그리고 다시 취직을 하려고 하는데, 취업했지만 원풍을 다녔다는 이유로 다시 해고를 당했다는 소식을 듣게 되었다. 그래서 내 주민등록증으로는 취직을 할 수 없다고 판단, 여동생의 이름으로 취업을 했다. 지금 같으면 어림도 없는 이야기이지만, 당시는 전산기능이 허술했던 때라서 가능했다. 그렇게 취업한 회사의 동료들은 가끔 나에게 '박양은 얼굴과 나이가 다르게 보인다'고 했다. 그러면 나는 호적이 잘못 되었다고 얼버무렸다. 86년, 결혼을 하자 그때부터는 경찰의 감시에서 벗어 날 수 있었다.

꿈만 같은 명예회복

2007년, 민주화운동 관련자로 명예회복을 하기 위한 신청을 하라는 연락을 받았지만, 그동안 정부에 대한 피해의식이 강했기 때문에 가능이나 한 일인가, 그런 회의감이 들었다. 그런데 나의 걱정은 기우였다. '대한민국'이라는 도장이 찍힌 인증서를 우편으로 받고 너무 좋아 이게 꿈인가 생시인가 싶은 황홀한 느낌을 받았다.

엄마에게 민주화운동 인증서와 생활지원금을 받았다고 자랑했더니, 그렇게 고생을 하더니 잘되었다고 기뻐하며 '원풍이 너를 살렸다'며 좋아했다. 그 무렵 남편이 하던 일이 잘 안되어서 경제적으로 힘들었는데, 그 생활지원금이 큰 도움이 되었다. 원풍은 이렇게 마지막까지 도움을 주는구나 싶어 너무 행복했다.

국가를 상대로 민사소송을 제기할 때도 쉽지는 않을 거라고 생각했다. 그런데 지방법원과 고등법원까지 승소하자 국가 상대 소송도 이길 수 있다는 것이 신기했다. 박근혜 정부가 들어서고 난 후 대법원에서 패소하여 아쉬움이 있었지만, 그래도 크게 속상하지는 않았다. 이러한 과정도 우리가 살아가는 역사라고 생각했기 때문이다.

나는 지금 유통업 분야에서 일한다. 풀무원이나 오뚜기 같은 큰 기업의 행사 아르바이트로만 일하다가 사조 대림에 10년을 다녔다. 이제는 좀 안정이 되나 싶었는데, 작년에 회사 사정이 어려워졌다며 사표를 내게 해 다시 알바로 일을 한다.

직장 동료들은 내가 지금도 장애인 목욕, 가을 김장 담그기 등 원풍에서 실시했던 봉사활동을 하러 다니는 것을 보고 정말 대단하다고 한다. 유통 분야는 토요일과 일요일이 가장 바쁘기 때문에 그날 봉사활동을 하려면 대타에게 5~6만원을 지급하여 세워놓고 가야 한다. 알바를 구하는 게 평일보다 휴일에는 더 어렵고, 비용도 더 많이 나간다.

그래도 나는 앞으로 원풍에서 진행되는 행사나 모임에는 꼭 참여하려고 한다. 그렇게 우리 공동체에 기여하는 활동이 원풍의 정신이고, 나의 존재도 확인하는 일이기 때문이다. 그리고 그것은 나로 하여금 가치 있는 삶을 살 수 있도록 해준 원풍노동조합에 대한 보답이기도 하다.

094

푸르고 푸르렀던 날에

박연님

_____1961년 전남 곡성에서 막내딸로 태어났다. 1979년 6월 원풍모방에 입사하여 일하던 중 1982년 9·27폭력사건 때 강제 해고되었다. 2007년 정부로부터 민주화운동가로 인정되어 명예회복이 되었다. 2019년 현재 대형마트에 입점한 매장에서 비정규직 노동자로 일하고 있다.

나는 1983년 1월에 결혼을 했다. 그 때 내 나이 스물 두 살이었다. 남편은 맞선을 보는 날 처음 만났고, 결혼식장에서 두 번째 만났다. 그렇게 우리는 딱 두 번보고 부부가 되었다. 사람들은 이 무슨 호랑이 담배피던 시절 같은 이야기냐고 말하겠지만, 나는 그 시절에 호랑이보다 더 무서운 국가폭력에 쫓겨서 결혼을 선택할 수밖에 없었다. 일종의 도피처였던 셈이다.

1982년 9월 27일, 우리는 그날을 '원풍노조 9·27사건'이라고 말하고, 매년 9월 27일을 회고한다. 그날 국가권력은 불법폭력을 동원하여 나와 우리 동지들의 자랑이고 희망의 보금자리였던 노동조합을 파괴하였고, 그 부당한 폭력에 맞서서 우리는 단식농성으로 저항했다. 그렇게 우리의 권익과 인권, 그리고 자유를 보장해 주던 노동조합을 지키려고 발버둥을 쳐야 했다.

그런데 대체 뭘 잘못했던 걸까? 국가와 경찰, 그리고 공무원들은 나를 큰 죄를 저지른 사람처럼 취급했다. 10월 하순 경으로 기억된다. 서울 신정동 작은언니 집으로 면사무소 공무원이 나의 어머니와 고향 친구인 최애순의 어머니를 모시고 왔다. 면사무소 직원은 농성을 한 죗값으로 호적에 빨간 줄이 올라간다며 사표를 내라고 강요했다.

그는 "만약 계속 출근투쟁을 하거나 사표를 내지 않으면 부모님이 괴롭힘을 당하고, 심지어 형제들과 조카들까지 빨간 줄이 그어져 인생을 모두 망치게 될 것"이라고 위협하면서 "빨간 줄을 지우는 특효약이 있다. 원풍모방에 사표를 내고 시집이나 가는 것"이라고 닦아세웠다. 지금이야 귓등으로 흘리고 콧방귀를 뀔 일이지만, 그때는 군인들이 광주시민들을 총칼로 무참히 죽이고 폭도로 내몰아 중형을 내리던 전두환 군부독재 시절이었다.

12월 초, 아버지 생신이어서 고향집에 갔다. 경찰과 면사무소 직원이 집을 들락거리며 성가시게 구는 것을 걱정하던 큰언니는 내가 시집을 가는 것이 좋겠다며 맞선을 보게 하여 결혼을 했다. 신혼살림은 서울에서 먼 전북 남원에 차렸다. 경찰은 그 먼 곳까지 찾아왔다. 진짜 결혼을 한 것인지 확인하러 왔다면서, 원풍모방에서 어떤 활동을 했느냐고 심문하듯 캐들었다. "간첩과 손잡고 농성을 한 것이 사실이냐"는 등의 어이없는 질문도 하며, 원풍노조에서 활동을 한 사람 중에 결혼한 사람을 찾아다니며 사실 여부를 조사하는 것이라고 했다.

다시는 찾아오지 말라고 사정하며 항의하였지만, 그들은 시부모님 댁까지 찾아갔다. 시골 마을이 발칵 뒤집혔다. 동네 사람들은, 저 새댁이 아무래도 큰 죄를 지은 모양이라며 수군거렸다. 시부모는 아들이 속아서 결혼을 했다고 야단이셨고, 남편은 결혼 전에 도대체 무슨 짓을 하고 다녔기에 형사가 집까지 찾아와 동네 망신, 집안 망신을 당하게 하느냐고 길길이 화를 냈다.

남편에게 원풍모방노동조합과 82년의 9·27사건을 설명했지만, 이해를 하려고 하지 않았다. 분을 다 풀지 못한 남편은 친정집까지 쫓아와 따졌다. 다행히 원풍노조 폭력사태를 목격했던 오빠가 전후사정을 설명하여 오해가 좀 풀리는 듯했다. 그러나 이미 불신의 싹이 트고 말았다. 시부모는 물론 남편과도 불화를 겪으며 살 수밖에 없었다. 서로에 대한 믿음의 싹이 자라기도 전에 경찰에게 짓이겨진 결혼생활은 내내 원만할 수가 없었다.

원풍모방 입사

나는 전남 곡성에서 6남매 중 막내딸로 태어났다. 가난한 집안 형편이었지만 막내딸이었던 나는 다행히 중학교는 졸업할 수 있었다. 시집갈 밑천은 스스로 벌겠다며 열일곱 살 때 사촌언니를 따라 경기도 성남에 있던 봉제공장에 취직했다. 처음으로 부모 곁을 떠나 타향살이를 하자니 서러운 일이 많았다.

그래도 돈을 많이 벌려면 하루라도 빨리 미싱사가 되어야 했다. 작업장에서 천 조각들을 여기저기 휙휙 내던지며 위세를 떠는 미싱사들 밑에서 나름 잘 견디면서 휘갑치기(오버로크)를 배웠다. 1년간 기술을 배운 끝에 기능공이 되어 신설동의 바지 만드는 봉제공장으로 직장을 옮겼다.

그 무렵이었다. 고향 친구 최애순이 원풍모방에 공원모집공고가 붙었으니 이력서를 내라고 권했다. 애순이는 원풍모방에 다녔는데 만날 때마다 좋은 곳이라고 자랑을 했다. 이력서를 내고 나서 얼마 뒤에 시험을 보러 갔는데, 굉장히 넓은 운동장이 눈에 들어왔다. 시골학교 운동장보다 더 넓고 컸다. 시험을 잘 치러 이 공장에 꼭 입사하고 싶었다. 시험 장소는 식당이었는데 30~40명쯤 모여 있었다. 시험 내용은 영어 알파벳을 쓰는 것과 상식문제 몇 가지였다.

1979년 6월, 입사시험에 합격한 나는 부모님과 언니 오빠들에게 엄청 크고 좋은 회사에 다니게 되었다고 자랑했다. 처음 배정받은 작업장은 방적과 방모였다. 방모는 낙모(양모와 폴리에스텔 원료를 가공할 때 떨어진 부산물로 재활용할 수 있다)를 재생하는 공정인데, 일하는 사람이 10여 명이어서 한 집안 식구 같은 분위기였다.

그곳에서 1년 정도 근무하다가 방모에서 작업할 물량이 없어지면서 부서가 폐쇄되어 그 옆 전방으로 옮기게 되었다. 전방 기계는 방모 기계와 비슷하여 별 어려움 없이 적응할 수 있었다. 전방에서는 50~60명이 일했다. 방모보다 규모가 크고 일하는 사람들이 많았지만, 동료들은 오래전부터 함께 일한 사람들처럼 스스럼없이 대해주었다.

자랑스러운 노동조합

고향 친구 애순이는 정사과 대의원이었다. 내가 입사하기 전부터 입에 침이 마르도록 노동조합을 자랑했다. 처음에는 무슨 소린지 잘 알아듣지 못했지만, 나와 같은 노동자들을 위해 뭔가 좋은 일을 하는 곳이라고만 이해를 했다. 애순이는 내가 입사하자마자 "너도 이제 조합원이 되었으니 노조 활동을 잘 해야 한다"면서 인사를 시켜주겠다며 노조 사무실로 데리고 갔다. 그러더니 자신과 함께 소모임 활동을 하자며 권했다. 그 소모임은 정사과 사람들이 대부분 회원이었는데, 이옥순 총무도 있었다.

1982년 마지막 집행부에서 총무를 맡았던 이옥순 언니는 열정적으로 노조활동을 하던 선배였다. 지금은 고인이 되어 만날 수 없지만, 소모임에 가입한 나를 환한 웃음으로 반겨주고 얼싸안아주며 환영해 주었다. 매사에 지나칠 정도로 앞서 나가고 적극적으로 활동하던 그 언니는 자신만큼 하라며 채근하곤 했는데, 그런 언니가 때로는 부담스럽고 버겁게 느껴질 때도 있었다. 지칠 줄 모르고 활기가 넘쳤던 옥순 언니가 그립다.

소모임 활동은 재미있었다. 초기에는 정기적으로 정해진 요일에 시간을 내야 하는 부담감이 있었지만, 다양한 프로그램을 접할 수 있어 흥미로웠다. 이미 봉제공장을 두 군데 근무했던 나는 노동환경이 무엇이 어떻게 다른지 이론적으로 말할 줄은 몰랐지만 피부로 느낄 수는 있었다. 노동조합이 왜 중요한지, 왜 필요한 것인지 알 수가 있었고, 애순이가 왜 그토록 노동조합을 자랑했는지 알게 되었다.

소모임 활동을 하던 그 시절은 참 푸르던 날들이었다. 당시 유행하던 이수만의 노래 〈푸른 시절〉을 즐겨 불렀는데, 그 가사 중의 '하늘과 땅 사이에 꽃비가 내리더니'처럼 동료들과 함께 있을 때는 무슨 일을 해도 즐거웠다. 소모임 회원들과 강촌으로 기차를 타고 놀러갔던 일, 배낭을 메고 관악산으로 등산을 갔던 일 등 추억이 참 많다.

대림시장 노점에서 쭈그리고 앉아 깻잎이 듬뿍 얹어진 부침개를 나누어 먹으며 괜스레 하하, 호호 웃으며 우정을 나누기도 했다. 수위실 아래에는 구멍가게가 나란히 세 집 있었다. 기숙사에서 외출했다가 돌아오는 길에 어김없이 들렀던 곳이다. 보름달 빵과 크림빵을 외상으로 사먹던 일조차 그리운 추억거리이다.

소모임에서 활동하면서 다양한 프로그램에 참여할 수 있었으며, 여러 가지를 배웠다. 기타를 배우고, 탁구도 치고, 시사강좌를 들으며 노동문제와 사회문제를 바로 보고 분별할 줄도 알게 되었다. 노동자로서의 의식은 투철하지 못하였지만, 원풍노종조합의 조합원이란 사실이 자랑스러웠다.

원풍노동조합의 조합원으로 살던 그 시절은 시시콜콜한 것까지도 아름답고 의미 있게 느껴진다. 무조건 신뢰할 수 있는 원풍노동조합이 있었고, 거기에서 긍정적인 에너지를 받으며 자부심을 갖고 살 수 있었기 때문이 아닐까.

시련의 시대

원풍노동조합이 어려운 상황에 놓여있다는 사실을 실감한 것은 1980년 12월의 어느 추운 날이었다. 여느 날과 같이 점심시간에 후다닥 밥을 먹고 작업장 가는 길에 동료와 둘이 노조 사무실로 향했다. 그런데 항상 불이 켜져 있던 노조 사무실 불이 꺼졌고 문도 잠겨 있었다. 게다가 출입문에는 각목이 X자로 박혀 있었다. 가슴이 쿵 내려앉았고 절망감이 몰려왔다.

당시 노조간부들이 연일 연행되고 있었다. 마침내 계엄사 군인들은 노조 사무실을 폐쇄하기 위해 못질을 한 것이다. 결국 12월 31일, 계엄사에 연행되었던 48명 중에 14명이 강제 해고당했다. 그중 남성간부 4명은 삼청교육대로 끌려갔고, 나머지 10명은 강제 귀향조치를 당했다.

1982년 9월 27일, 그날은 오후 2시에 출근하는 날이었다. '노동조합 폭력사건'은 현장에 출근하여 A반과 근무교대를 하면서 알게 되었다. 작업 인수를 받았지만 마음이 떨려서 손에 일이 잡히지 않았다. 상집간부와 대의원들은 기계마다 돌아다니며 침착하게 작업에 지장이 없도록 근무할 것과, 무엇보다 사고가 나지 않도록 조심하라고 이야기했다.

노조를 점거한 폭력배들을 떠올리면 가슴이 떨리고 불안하였지만, 집행부의 행동강령을 잘 따라야 한다고 생각하며 기계를 돌렸다. 이윽고 7시 30분, 저녁식사 시간이 되었다. 노동조합 사무실로 뛰어가 보니 듣고 상상했던 것보다 더욱 기막힌 풍경이 벌어져 있었다. 식당에 있던 식탁을 모조리 끌어다 노조 사무실을 막았고, 어디서 몰려왔는지 안면도 없는 남자들이 그 앞을 가로막고 있었다. 우리는 노조 사무실 안에 조합장이 혼자 감금되어 있다는 소리를 듣고 힘내서 폭력배들에게 굴복하지 말라고 크게 소리를 쳤다.

"조합장님 힘내세요!"

그날 저녁부터 우리는 농성에 들어갔다. 농성 나흘째로 기억된다. 농성장에 가족들이 찾아와 일대 소란이 일어났다. 가족들은 조합원들의 이름을 부르며 찾아다니기도 하고, 찾으면 우리 이야기는 들을 것도 없다며 무조건 끌고 가려고만 했다. 동료들은 끌려가지 않으려고 발버둥을 쳤다. 작업복을 뒤집어쓰고 얼굴을 숨으려고 했다.

그런 모습을 보면서 나는 노조간부도 아니었고, 고향도 전남 곡성으로 서울에서 먼 곳이니 나의 집에는 연락이 가지 않았을 것이라고 생각했다. 그런데 느닷없이 "박연님! 연님아!" 오빠가 부르는 소리가 들렸다. 다른 사람들처럼 끌려 나가면 안 된다는 생각이 들어 얼른 친구 등 뒤로 얼굴을 묻었다.

그 후에 오빠에게 들어 알았지만, 고향집에 "딸이 불순세력에게 붙잡혀 있으니어서 와서 데려가라"는 전보가 날아왔다고 한다. 그뿐 아니라 면사무소 공무원이 부모님을 찾아와 '원풍모방 농성장에 가서 딸을 데리고 오지 않으며 큰일 난다'고 으름장을 놓았다고 한다. 아버지는 막내딸이 추석명절에 집에 올 것이라며 기다리고 있었는데, 아닌 밤중에 홍두깨 같은 소식에 놀라 오빠에게 서울에 가서 나를 데리고 오라고 했던 것이다.

정 문 밖 으 로 쫓 겨 나 다

나는 다행히 오빠에게 들키지 않았지만, 이튿날 새벽 구사대들에게 팔과 다리, 온몸이 덜렁 들린 채 맥없이 밖으로 끌려 나오고 말았다. 그때 누군가가 양문교회로 가자고 했다. 양문교회 방향으로 걸어가는데 경찰이 호루라기를 삑삑 불며 쫓아왔다. 순간 머리카락이 꼿꼿하게 서고 무서움이 몰려왔다. 강림약국 옆 골목으로 죽어라 하고 뛰었다. 누구인지 모르는 조합원도 내 뒤를 따라서 뛰었다.

우리 둘은 이 골목 저 골목으로 도망치다가 누가 먼저라고 할 것 없이 하수구로 숨어 들어갔다. 곧이어 호루라기 소리와 군홧발 소리가 가까워지더니 어둠속으로 사라져갔다. 그 뒤에도 얼마간 얼굴을 무릎에 파묻고 숨죽이고 있었다. 사방이 고요해져 고개를 들어 주위를 살펴보니 맨발바닥 밑으로 질척하고 미끈미끈한 시궁창 물이 흘렀다. 고약한 냄새가 코끝을 자극했고, 황급히 도망치는 쥐들도 보였다.

정신이 번쩍 들은 우리는 하수구를 빠져나와 어둠이 아직 걷히지 않은 주변을 살폈다. 그 조합원은 근처에 자취방이 있다면서 사라졌고, 나는 신정동 언니 집으로 가려고 시내버스를 탔다. 버스 기사가 추레한 내 꼴을 아래위로 훑어봤다. 아무래도 나를 정신분열증 환자쯤으로 여기는 듯한 눈치였다.

그도 그럴 만했다. 신발도 신지 않은 맨발에 며칠간 세수도 하지 않은 꾀죄죄한 얼굴, 땟국이 절은 작업복 차림, 거기다가 시궁창 냄새까지 났을 터이니 누구 봐도 정상인이라고 보기 힘들지 않았을까. 나는 원풍모방에서 농성을 하다가 쫓겨나 한 푼도 없으니 도와 달라고 간청했다. 기사는 난처한 눈빛을 하더니, 이내 아무 말 없이 고개를 끄덕여 주었다.

언니 집에서 2, 3일이 지나도록 잠만 잤던 것 같다. 정신을 차리고 영등포산업선교회관으로 갔다. 그곳에는 많은 동료들이 숙식을 하고 있어 나도 거기에서 지내다가 10월 하순경 고향집으로 내려갔다. 당연히 마음이 심란해 있었던 때였는데, 선을 보게 되었다. 다른 곳에 취직하기도 어려운 듯 했고, 결혼하는 것도 괜찮겠다는 생각이 들어 결혼을 하게 된 것이다.

명예회복으로 되살아난 자존감

나는 2007년 민주화운동 관련자로 인정을 받고 명예회복 인증서를 받았다. 명예회복 인증서를 받아들고는 보고 또 들여다보기를 수십 번도 더 했다. 불순분자로 낙인이 찍혀 서럽게 살아왔던 지난 세월이 밀물처럼 한꺼번에 밀려왔다. 내 인생에 올가미처럼 씌워졌던 굴레가 벗겨져 한없이 기뻤다. 뭐라고 형언할 수 없는 희열에 몸과 마음이 덜덜 떨리기까지 했다.

나는 명예회복이 되기 몇 년 전에 남편과 이혼을 했다. 신혼 초부터 '원풍노조 9·27사건'과 관련하여 불협화음을 겪었던 가정생활을 정리하고, 비정규직 노동자가 되어 월세 방에서 근근이 혼자 살아가고 있다. 명예회복은 정신적으로 물질적으로 지쳐 있는 내 삶을 곧추세워주었다. 남편과 헤어지고 각박한 삶에 지쳐 원풍노동조합에 대한 추억까지도 까맣게 잊고 살아가던 때였다. 아무런 희망도 없이 살아갈 때 원풍동지회가 명예회복을 할 수 있는 기회를 찾아주었다.

명예회복은 1979년 입사하여 원풍모방 노조원으로서 당당하게 살았던 그때의 높은 자존감을 되살려 주었다. 우리 원풍노동조합이 옳았고, 내 삶도 틀리지 않았던 것이다. 그것을 인정받으니 하늘을 날아갈 것 같이 기쁘고 홀가분해졌다. 이 모든 것이 우리 원풍동지회의 선배와 동료들 덕분이다. 평생 잊지 못할 것이다.

나는 올해 59세이다. 동료 대다수의 삶이 그러하듯이, 나도 대형마트에 입점한 매장에서 근무하고 있는 비정규직 노동자이다. 나와 함께 근무하는 사람들은 입점한 매장의 계약기간이 만료되거나 퇴출되면 일자리도 끝나는 경우가 허다하다.

우리나라는 1970~80년대와 비교할 수 없을 만큼 엄청나게 성장 발전하였지만, 내가 서 있는 노동현장은 그때보다 별반 좋아진 것이 없다. 그나마 최저임금제도가 있어 보호를 받고 있지만, 일자리가 언제 어떻게 변할지 불안하다. 웬만한 불이익은 감수하고 있지만, 시시때때로 심하게 당할 때는 불현듯 그 옛날 원풍노동조합과 같은 뒷배가 있었으면 얼마나 좋을까 하는 생각을 하게 된다.

나에게는 지금도 기억 속에 선연히 떠오르는 풍경 하나가 있다. 원풍모방노동조합의 노동절 행사 뒤풀이 광경이다. 넓고 넓은 운동장에서 징, 북, 그리고 꽹과리, 장구 장단에 동지들과 손에 손을 잡고 노래 부르고 춤을 추며 빙글빙글 돌던 우리들의 그 힘찬 모습 말이다.

참 푸르고 푸르렀던 날이었다.

095

세상을 바로 보는 기쁨

박영옥

_____1962년 충북 보은에서 태어나 1979년에 원풍모방에 입사했다. 1982년 9·27원풍모방노조 폭력 사건 때 투쟁에 참여하여 강제 해고를 당했다. 현재 경북 상주에서 살고 있다.

나의 고향은 충북 보은이다. 부모님이 농사를 지어 겨우 밥은 먹고 살았지만, 자식을 가르칠 만큼 농토가 있었던 것은 아니다. 우리 동네에는 초등학교를 졸업하면 바로 공장에 보내는 집이 많았다. 그런데 다행히도 나는 엄마 덕분에 중학교를 졸업할 수 있었다.

엄마는 결혼하기 전에 외할아버지가 한의원을 하실 정도로 집안도 좋고 공부도 잘 하신 분인데, 갑자기 외할아버지가 돌아가시면서 생활력이 약한 남편을 만나 결혼을 하게 되었다고 한다. 6남매에 둘째로 태어난 나는 부모님을 도와서 우리 집을 잘 살게 하고자 서울 가서 돈을 벌고 싶다는 욕구가 강했다.

엄마의 손길

장학생으로 학교를 다녔던 동생이 대학교 4학년 때 교통사고로 세상을 떠난 충격으로 아버지가 돌아가시고, 어머니는 많이 힘겨워 하시면서 혼자서 우리들을 보살폈다. 어머니는 농촌일이 아무리 바빠도 농사일만 배우면 농사꾼과 결혼을 한다며 자식들이 아예 농사일은 물론 밥 하는 것도 못하게 했다. 친구들이 나무하러 가면 나도 따라가고 싶은데 엄마는 허락하지 않았다.

나는 중학교를 졸업하고 사촌언니가 다니는 서울 수색의 가죽장갑 공장에 취업하였다. 그곳은 근로조건도 열악했고, 물량을 맞춰야 될 때는 밤을 새면서 일했다. 기숙사가 있었지만, 그냥 큰방에서 합숙을 하는 정도였지 제대로 시설이 갖추어진 곳이 아니라서 생활환경이 매우 열악했다. 그곳에서 일하다가 외가 친척인 기공과 이경님의 소개로 1979년에 원풍에 입사했다.

나는 원풍에 입사하면서 두 가지 꿈이 있었다. 하나는 그토록 가고 싶었던 고등학교에 진학하는 것이었다. 나는 1980년에 한강실업학교에 입학했다. 이 학교는 2년제로, 3년간의 공부를 2년에 몰아서 하는 곳이라 쉽지는 않았지만, 회사에서 장학금도 지원해 주고해서 따로 돈 들어갈 일이 없어 좋았다. 어쨌든 간에 나는 원하는 고등학교에 다닐 수 있다는 것에 행복했다.

원풍은 학생들을 위하여 공부방을 따로 두었다. 기숙사 방의 불이 꺼져도 공부방만은 24시간 불을 밝혀 공부하도록 했고, 식당도 학교 끝나는 늦은 시간에도 밥을 먹을 수 있도록 배려하는 특별 혜택을 주었다. 그 덕분에 1981년에 고등학교를 무사히 졸업했다.

그리고 또 하나의 꿈은 돈을 벌어 엄마에게 도움이 되도록 하고 싶었다. 나는 월급을 타면 매월 우체국으로 가 돈을 부쳐주었고, 엄마가 서울에 올라오면 월급을 모았다가 드렸다. 그래서 나는 따로 돈을 모으지는 못했지만, 동생들을 교육하는데 내가 조금이라도 보탬이 되고자 하는 마음이 강했기 때문에 당연하다고 생각했다.

원 풍 적 응 하 기

처음 부서 배정을 염색과로 받고 출근을 했는데, 염료 냄새로 인하여 머리가 정말 아팠다. 그렇지만 시간이 지나면서 적응이 되자 견딜만했다. 남자들은 대체로 염료 만지는 일을 했고, 여자들은 소모과 공정에서 넘어온 실을 염색하여 탈수과정을 거쳐 어느 정도 건조가 되면 정방으로 넘기는 공정을 맡았다. 야간근무가 힘들었지만, 시골에서 어렵게 살았던 경험이나, 같이 일하는 부서원들하고도 마음이 맞아 즐거운 분위기에서 재미있게 일했던 기억이 난다.

나는 원풍에 입사해서 바로 학교에 다니느라 노동조합 활동을 거의 못 했다. 다만 회사에서 하는 큰 행사에는 구경도 하고 참가도 했다. 3월 10일 노동절 행사 때는 부서별 노래자랑을 했는데, 이때 직포과의 쌍둥이가 듀엣으로 나와 노래를 부르다가 둘이 화음이 안 맞아 당황해서 웃겼던 생각이 난다. 탈춤반 행사나 체육대회도 생각난다. 청군과 백군으로 나눠서 했는데 나는 구경만 했다.

주말에 시간이 나면 친구들이나 방 식구들이랑 같이 놀러 다니기도 했다. 특히 등산을 좋아해서 순임이와 관악산에 코펠과 버너를 가지고 다니면서 찌개 하나에 밥만 해 먹어도 맛있고 즐거웠던 생각이 난다.

1981년, 회사에서 경기도 양평으로 새마을교육을 갔다. 4박5일간의 새마을교육에는 원풍만 아니라 다른 회사 사람들도 있었다. 그들과 함께 조를 짜서 분반토의도 하고 극기 훈련으로 공동묘지에 가기도 했다. 그리고 아침에 일어나면 달리기도 하면서 나라를 위하여 직장에서 어떤 자세로 일을 해야 하는지에 대한 다짐을 하는 시간도 있었다. 회사에서 새마을교육이라는 명분으로 정신교육을 하려고 한 것이다.

권력과 회사는 지속해서 노동조합을 탄압하더니, 급기야 1982년 9월 27일, 폭력배들이 조합장을 감금하여 조합원들은 정사과 현장에서 농성을 하게 되었다. 나는 4박5일간 농성을 하다가 마지막 날 폭력배들에 의해 끌려나왔다. 농성하던 어떤 동료의 남편이라는 분이 찾아와 '우리 마누라는 임신을 했다. 이런데 있으면 큰일 난다'고 하면서 잡아 끌고가니 그 사람이 순순히 따라가기도 했다.

폭력배들이 무자비하게 우리들을 끌어내자, 이렇게 끝낼 수는 없다는 생각에서 모두 운동장으로 뛰어나갔다. 나는 등나무 밑에서 사람 살리라고 소리를 지르며 앞으로 어떻게 될지 걱정을 하면서 하늘을 바라보았다. 그런데 그날 밤, 하늘에는 둥근달이 떠 있었다. 나는, 저 달은 우리가 억울하게 폭력배들에게 끌려 나가고 있다는 것을 알고나 있을까 싶은 생각에 밝은 달도 원망스러웠다.

나는 새벽에 회사 경비실 밖으로 끌려 나왔다. 며칠째 먹지도 못한 우리를 양쪽 팔을 움켜잡고 남자 둘이 끌어냈다. 한 사람은 사무실 직원이고, 다른 하나는 처음 보는 사람이었다. 끌려 나오면서도 억울하고 분한 마음에 이래도 되는 거냐고 하며 당신 얼굴 똑똑히 기억해둔다고 했다. 그러나 그 사람은 개의치 않고 나를 내팽개치듯이 밀어냈다.

나는 같이 끌려 나온 염색과 언니와 서로 힘든 몸을 의지하면서 신림동 언니 집에 가려고 버스를 탔는데, 사람들이 우리를 이상한 눈으로 쳐다보았다. 그때야 정신을 차리고 보니 둘 모두 작업복 차림에 머리는 산발이라 몰골이 말이 아니었다. 정말 비참한 생각이 들었다. 마침 언니는 추석 명절이라서 시댁으로 내려 가 집이 비어 있었다.

잠시 언니네 집에서 쉬다가 작업복을 입은 채로 다시 대림동으로 갔는데, 회사에서는 기숙사 출입을 막았다. 하는 수 없이 자취하는 친구들에게 신세를 지면서 하루하루를 보내던 중, 하루는 반장 언니 집에 가서 자려고 하는데, 밤에 보전 아저씨가 찾아와 각서를 쓰고 같이 일을 하자며 권유했다. 하지만 타협하고 싶지 않아 거절했고, 반장 언니 집에 더는 있을 수가 없어서 나왔다. 그 언니는 다시 원풍에 출근했다. 그런 일이 있고나서 그 아저씨를 대림동에서 우연히 만나 인사를 했는데, 인사도 받아주지 않고 싸늘하게 대했다.

원 풍 과 의 이 별

고향에서는 보은경찰서 경찰이 매일 찾아와 '딸이 빨갱이한테 물들어 있어 큰일 났다'며 빨리 서울 가서 데리고 오라고 엄마를 들들 볶았다고 한다. 경찰은 엄마가 터미널에서 서울행 버스를 타는 것까지 확인하고 돌아갔다. 나는 대림동 같은 반 친구네 집에 있다가 엄마에게 끌려 시골로 내려갔는데, 경찰은 내가 집에 있는지 계속 감시를 했다.

결국 11월쯤 짐을 정리하려고 상경하여 기숙사 방에 가 보니 먼지가 쌓여 있는 짐들이 나를 기다리고 있었다. 짐을 챙겨 기숙사 계단을 내려오는 데 여러 가지 생각으로 머리가 복잡했다. 돈 벌어서 엄마를 도와드리려고 했는데, 사회가 참 어렵다는 생각이 들었고 마냥 슬펐다.

보은으로 내려와 엄마를 도와 농사일을 하다가 1987년에 결혼했다. 결혼 후에는 감시가 없었다. 나는 결혼 후에도 계속 엄마가 챙겨주는 밑반찬으로 생활했다. 그런데 그렇게 사랑을 주던 엄마가 작년에 돌아가셨다. 내 삶 곳곳에 엄마의 빈자리가 너무 크게 느껴져 힘든 나날을 보내고 있다.

남편은 내가 원풍 다닌 것을 이야기하지 않아서 몰랐다. 그러다가 2011년 소송을 하려고 경위서를 쓸 때에서야 남편은 내가 원풍에 다닌 것 알게 되었다. 나는 남매를 두었는데, 그중 아들이 원풍사건 경위서를 컴퓨터로 작성해 주면서 엄마에게 그런 일이 있었냐며 관심을 보였다.

지부장님이 국회의원이 되고, 장관이 되셨을 때 텔레비전에 나오는 것을 봤다. 저 분이 우리 지부장님이라고 남편에게 자랑했더니, 남편은 좀 놀라면서도 덤덤하게 반응했다. 나는 지부장님이 너무 어려워 연락을 해 볼 생각은 못하고, 그저 지부장님의 좋은 소식을 보고 혼자 뿌듯해 했다.

다시 만난 원풍 동지들

원풍 소식은 외가 친척이 되는 경남이와 엄마가 집안 행사에서 만나서 듣게 되었다. 경남이가 원풍의 민주화운동 관련자 명예회복에 대하여 이야기를 하면서 영옥이도 억울하게 해고당했는데 참여하라고 이야기해 준 것을 엄마가 전해 주어 알게 된 것이다. 그래서 민사소송을 제기하려고 원풍 사무실에 나왔다가 깜짝 놀랐다. 그렇게 많은 사람들이 모임을 계속하고 있을 줄은 몰랐다. 그렇게 모임이 지속되는 이유는, 생각이 같은 사람들이 힘을 합쳐 잘못된 것들을 바로 잡자는 뜻 때문이 아닌가 생각했다.

내가 원풍에 다닌 것은 3년 정도의 짧은 기간이지만, 그 3년은 내 인생에 많은 도움이 되었다. 동생들이 공부하는데 물질적인 도움을 주기도 했고, 세상을 바로 볼 수 있게 해주는 기준도 배웠다. 원풍에 입사하기 전에는 TV 뉴스는 당연히 사실만 내보내는 줄 알고 모두 믿었는데, 노동조합을 통해 정치도 자기네 이해득실에 따라 하는 것이고, 방송도 거짓말을 많이 한다는 것을 알게 되었다.

나는 명예회복을 위한 민주화운동 인증서를 받지 못했지만, 계속 원풍모임에는 참석을 하고 있다. 내가 사는 곳은 경북 상주인데, 동네 분들은 아직도 박근혜가 불쌍하고, 박정희 신화를 떠올리며 촛불집회를 좋지 않게 이야기한다. 원풍이 아니었다면 나도 농촌에서 세상 돌아가는 것이 무엇인지도 모르고 살아가는 시골 아낙네가 되었을 것이다.

세상을 바로 볼 수 있는 눈을 가질 수 있게 해주었고, 지난날의 의미 있는 기억을 간직하도록 해준 원풍이 고맙다. 멀어서 자주는 참석을 못 해도 1년에 한 번 하는 총회에는 꼭 참석할 것이다. 어렵게 다시 이어진 인연 아닌가? 이제는 절대 그 끈을 놓지 않을 생각이다.

096

내 생의 가장 큰 자부심

박점순

_____1959년 전남 영광에서 태어나 1979년 원풍모방에 입사했다. 1982년 원풍노조 9·27폭력사건의 때 해고를 당하였고, 다시 10월 13일 출근투쟁을 하다가 남부경찰서로 연행되어 조사받았다. 2007년 정부에 의해 민주화운동 관련자로 인정되어 명예회복이 되었다.

　나는 전남 영광에서 1남4녀 중 셋째로 태어났다. 가정이 너무 어려워 한 번에 둘씩 중학교에 다닐 학비 부담이 커 내가 중학교를 졸업하고 나서야 동생은 1년을 늦춰 중학교에 갈 수 있었다. 나는 고향에서 중학교를 졸업하고는 상경하여 원풍 뒤쪽의 의용촌에 있는 언니의 사돈집에서 생활하며 구로공단의 협신전자, 신신파스 공장 등을 3년 정도 다녔다. 그러다가 사돈어른이 원풍모방의 모집공고를 보고 시험을 보라고 권해 79년 3월에 입사했다.

70년대 노동 환경과 원풍

　원풍모방에 입사하기 전, 입소문으로 원풍이 좋다는 이야기를 듣긴 했지만, 내가 입사했을 즈음에는 원풍의 근로조건이 궤도에 올라 있었다. 공단에서 일할 때는 8시간 근무는 꿈도 못 꾸었는데, 원풍에서는 일단 8시간 근무가 보장되어 있었고, 휴일에 제대로 쉴 수 있는 것이 너무 좋았다. 사돈집에서 살다가 기숙사에 입주했는데, 사시사철 따뜻한 물이 나오는 목욕탕에서 마음대로 샤워도 할 수 있었고, 넓은 강당과 규칙적인 생활도 정말 좋았다. 일주일에 3번, 그것도 외출증을 끊어야 외출할 수 있었지만, 적당한 규제가 오히려 나에게는 도움이 되었다고 생각한다.

회사의 규모가 커서, 이제야 뭔가 제대로 된 회사에 다녀보는 것 같은 생각이 들면서 자부심이 생겼다. 내가 배정받은 곳은 가공과 습식이었는데, 습식에는 세탁 기계가 많았다. 직포과에서 짠 천이 넘어오면 기계에 넣고 세탁을 하여 건식으로 넘겨서 말리게 한다. 세탁은 기계가 하지만 천을 기계에 넣고 세탁이 다 되면 꺼내는 일을 하다가 사람이 다치는 경우가 있었다.

일하는 것은 별로 힘들지 않았는데 같이 일하던 영실이 언니의 긴 머리가 기계에 딸려 들어가면서 대형사고가 났었다. 나는 너무 놀랐고, 그때부터 기계가 무서워지면서 일하는 것에 조심하게 되었다. 현장에서 가장 힘들 때는 야간작업을 하다가 새벽녘에 졸릴 때인데, 야식시간에 너무 졸리면 먼지 구덩이인 천 더미 안에 들어가 가끔 쪽잠을 자기도 했다.

노동조합 사무실에는 책 빌리러 다니면서 자주 가게 되었다. 사무실에는 한쪽 벽면이 모두 책으로 채워져 있을 정도로 다양한 책들이 많았다. 아직도 기억에 남는 것은 『난장이가 쏘아올린 작은 공』이다. 70년대의 어려웠던 노동자들의 힘든 삶을 생생하게 그린 소설인데, 거기의 노동환경이 나의 삶과 다르지 않아 때로는 분노하고 때로는 눈물지으면서 읽었던 기억이 난다.

건식과 습식은 합해 노조 대의원을 선출했는데, 습식에서 일하는 예희가 대의원이었다. 야간에 지부장님이 현장에 들어오면 동료들이 반갑게 인사를 하고 좋아해서 처음에는 '뭐 하는 분이지?' 이런 생각으로 보기만 했었다. 우리 습식 분야에서는 소그룹 활동을 하는 사람들이 많지 않았다. 소그룹을 권해주는 사람도 딱히 없었고, 내가 적극적으로 나서지 못해서이기도 하다. 그렇지만 방 식구들이나 동료들하고 산업선교회에서 행사할 때 가보기도 했다. 그때 봉사활동을 온 치과대 학생들에게 치료받던 이가 아직도 건재한 것을 보면 실력 있는 자원봉사자들이었던 것 같다.

그 때 가 좋 았 다

나는 원풍에 입사하면서 돈을 많이 모으고 싶었다. 그래서 월급을 타면 은행보다 이율이 높은 신협에 예금하는 등 신협을 통해서 돈을 모으고 관리를 했다. 복지시설이 잘 되어 있어 공동구판장을 통하여 공산품을 저렴하게 구입할 수 있었다. 이는 또 다른 임금인상 효과를 가져왔다.

단체 생활을 동료들과 함께하며 취미생활이나 자기계발을 할 수 있었던 것도 좋았다. 언덕 위 기숙사로 가는 오솔길을 걸으며 철마다 바뀌는 풍경이 아름다웠다. 특히 겨울에는 갈색 부츠를 신고 눈길을 걸으며 멋을 내 찍었던 사진을 좋은 추억으로 간직하고 있다. 그 외에도 일산 딸기밭이나 관악산을 동네 뒷산 다니듯 자주 갔다.

제일 기억에 남는 건 가을 체육대회였다. 그때 빨간 베레모를 쓰고 짧은 치마를 입고 앞에서 응원했던 기억이 지금도 생생하다. 행사가 끝나고 뒤풀이할 때 꽹과리 치고 운동장을 돌면서 하나가 되는 모습이 인상적이었다. 기숙사 바자회 때 천에 레이스를 달아 예쁘게 만들었던 책상보와 코바늘로 뜨개질한 꽃병 받침 등 출품했던 작품들을 지금도 간직하고 있다. 하기휴가 때는 완행열차 타고 고향집에 다녀왔다. 엄마가 힘들게 농사일을 하니까 조금이라도 도움이 되고자 엄마도 볼 겸 일도 도우려 한 마음에서다.

79년에 대통령 박정희가 죽었을 때는 솔직히 아무런 생각이 없었다. 정국이 어수선하던 80년 5월 13일, 한국노총에서 있었던 궐기대회에도 참석했다. 여러 사업장이 모여서 노동3권을 요구하며 한국노총의 어용화를 규탄했다. 우리 지부장님이 연설을 하면서 열기가 고조되고 있었고, 이제는 민주화가 되는구나, 하는 생각이 들었는데, 갑자기 해산했다. 동료들과 여의도에서부터 비가 부슬부슬 내리는데 〈아침이슬〉, 〈상록수〉, 〈농민가〉 등을 부르며 회사까지 걸어왔다.

광주의 슬픔

다음날인 5월 18일 광주항쟁이 일어났다. 그제야 어제 노총 궐기대회를 왜 갑자기 중지했는지 알게 되었다. 뉴스에서는 빨갱이 폭도들이 광주시민들을 선동하여 폭력이 일어나고 있다는 내용을 연일 보도하고 있었다. 광주항쟁이 일어날 때 영광에 사는 엄마는 언니가 아기를 낳아 산후조리를 도와주러 갔다가 광주가 고립되어 집에도 못가고 갇혀 있었다. 전남은 모든 대중교통이 광주를 거쳐 가게 되어 있었는데, 광주에서 막혀 대중교통이 다니지 않은 것이다. 엄마는 계속 그렇게 있을 수가 없어서 걸어서 산을 넘어 돌고 돌아서 며칠이 걸려 집에 도착했다고 한다.

노조에서는 광주 희생자를 위하여 모금을 한다며 식당에 대자보를 붙였다. 다들 할 말을 잃은 채 광주를 위하여 할 수 있는 일이 모금밖에 없음에 안타까운 심정으로 참여했다. 나는 지금도 그때 광주 희생자를 위한 모금에 참여했던 것을 정말 잘했다고 생각한다. 지금도 직장 동료들에게 우리는 광주항쟁 때 모금하여 주교님에게 전달하여 광주를 도왔다고 이야기한다.

7월, 광주를 위해 모금했다고 합동수사본부에서 방 지부장님을 빨갱이로 몰아 정화 조치를 내리고 나중에는 해고했다. 그때부터 지부장님을 노동조합에서 뵌 적이 없는 것 같다. 의지하고 믿었던 핵심지도자가 보이지 않자 마음이 불안해지기 시작했다. 12월에 노동조합 간부들이 합동수사본부에 연행되면서 현장 분위기가 많이 살벌해졌다. 두 사람만 모여도 집회신고를 해야 되는 계엄령으로, 현장에서조차 친구들과 이야기도 못 하고 눈치만 봤다. 노동조합이 폐쇄되고, 어디에 물어볼 곳도 없어서 답답하기만 했다.

그렇게 시간이 지나고 크리스마스가 되자 회사와 합동수사본부에서는 텔레비전도 새것으로 사주고, 파티를 해준다며 강당으로 모이라고 했다. 강당에 가긴 했지만, 간부들이 모두 연행되었는데 이 상황에서 무슨 파티를 하냐며 음식도 안 먹고 울었던 기억이 난다. 81년, 노동조합이 더 어려워지기 시작하면서 노조교육을 영보수녀원에서 받았던 기억이 있다.

그렇게 노동조합을 탄압하더니 82년 9월 27일, 폭력배들이 노동조합을 점거하는 사건이 일어났다. 나는 엄마의 환갑이라 추석 명절 전에 휴가를 내고 고향에 갔기 때문에 그 사건이 일어나 모두 다 끌려 나온 것도 모르고 있었다. 추석 휴무가 끝나고 10월 4일에 출근하려고 왔는데, 회사 정문에서 기숙사에도 가지 못하게 막았다. 입을 옷이라도 가지고 오겠다고 했더니, 경비가 출입증을 끊어주어 겨우 옷 몇 벌만 꺼내올 수 있었다. 당장 갈 곳이 없었던 나는 의용촌 친척집에서 지내며 노동조합의 지시를 기다리고 있었다.

애국가 부르며 각서 거부

다시 출근하려고 경비실에 갔더니 각서를 쓰면 출근할 수 있다며 각서를 쓰라고 했다. 나는 각서까지 쓰면서 출근할 마음은 없다고 했다. 10월 13일, 출근투쟁을 하다가 남부경찰서로 연행되었다. 연행된 200여 명이 경찰서에서 〈노동가〉를 부르면 경찰이 '이 년들이 아직도 정신 못 차렸네! 한번 맛 좀 볼래?' 하면서 협박을 했다.

그러면 우리들은 애국가를 불렀다. 출근도 못 하고 연행된 것이 서러워 애국가를 4절까지 부르며 항의했다. 점심 때가 되자 빵과 우유를 주며 먹으라고 했으나, 우리들은 음식을 거부하고 석방을 요구했다. 나는 1박2일 조사를 받은 후 진술서를 쓰고 풀려났지만, 구속자와 구류자를 남겨두고 경찰서를 나서는 마음은 편치 않았다.

고향에서는 엄마에게 형사가 '당신 딸 빨갱이인데 빨리 데리고 오지, 왜 서울에다 놔 두냐'며 매일 집으로 와 괴롭혔다고 한다. 그러더니 결국 서울에 가는 경비는 면에서 대고, 오빠와 면사무소 직원이 나를 만나려고 왔다. 면 직원은 회사를 정리하라고 강요했다. 다시 고향으로 내려간 오빠도 '당신 동생이 빨갱이 집단에 들어가 있으니, 빨리 데리고 오라'고 계속 들들 볶으니, 회사를 정리하라고 권유했다. 하는 수 없이 퇴직금을 받고 기숙사 짐을 정리한 후, 갈 곳이 없었던 나는 다시 의용촌 친척집으로 들어갔다.

당장 취업은 안 되고, 퇴직금은 다 써서 생활이 막막해지자, 나도 친구들 따라 못 이기는 척 각서 쓰고 다시 출근할 걸 그랬나 하는 생각도 잠시 들긴 했다. 구로동에 있는 전자회사에 들어가려고 했는데, 두 군데나 이력서를 냈지만 금방 눈치를 채서 취업이 안 되어 하는 수 없이 고향으로 내려갔다. 고향에서도 엄마에게 '당신 딸 서울 안가고 집에 잘 있느냐'며 계속 감시를 하고 있었다.

취업 길 막혀 결혼

나는 고향에 있다가 1984년, 24살에 결혼을 했다. 결혼은 같은 영광 사람과 했지만, 당시 남편의 직장이 부산에 있어서 부산에 신혼살림을 차렸다. 남편에게는 원풍 다닌 것을 말하지 않았다. 그리고 지역이 부산이다 보니 원풍모임을 하는지도 몰랐고, 그렇게 14년을 부산에서 살았다. 남편이 사업을 하다가 잘 안 돼서 서울로 다시 이사하고서야 원풍 소식도 가끔 듣게 되었다.

그러다가 동생 순이로부터 원풍에서 모임도 하고 있고, 명예회복 신청을 한다는 이야기를 듣고 2007년에 사무실에 가게 되었다. 그때 원풍모임의 도움으로 민주화운동 관련자로 명예회복을 하고, 2010년에는 생활지원금도 받았다. 민주화운동 인증서를 받고 나는 너무나 뿌듯했다. 지금도 직장에서 '나 이래봬도 민주화운동 한 사람이야!'라고 자랑삼아 이야기한다.

원풍 사람들이 모여 조직한 녹색환경운동 활동도 했다. 쓰레기, 비닐 등 생활 속에서 환경을 지키려고 생각하여 동료들에게 분리수거를 잘하라고 잔소리를 하게 된다. 후대들을 병들지 않은 지구에서 살게 하려면 우리가 작은 실천부터 해야 한다고 강조한다. 동료들은 나 한 사람이 환경운동 한다고 뭐가 달라지냐고 반문하지만, 그 한 사람이 시작하면 주변이 바뀌기 시작하고, 그렇게 너와 내가 연대하듯이 하면 당장 표시는 안 나지만 당연히 달라진다는 것을 강조한다. 나는 녹색환경운동을 통해서라도 환경에 관심을 두게 되었으니 다행이라고 생각한다.

생활지원금을 받으면서 선배들에게 미안했다. 선배들이 노력한 덕분에 힘들이지 않고 혜택을 받았다는 생각이 들었기 때문이다. 인증서를 받고 원풍 다녔던 이야기를 마음 놓고 할 수 있게 되었다.

오늘, 9·27사건 후 다시 원풍에 들어갔던 친구 전명숙에게서 전화가 왔다. 나보고 어디 가는 중이냐고 물어 원풍 부서모임으로 1박2일 놀러 간다고 했다. 다시, 지금도 모임 하느냐고 물어 '죽을 때까지 해야지!'라고 했다. 명숙이는 정말 대단하다고 놀라워했다. 그리고 민사소송을 진행하고 있다고 했더니, 어떤 조건에 어떤 대상이 가능하냐고 되물었다. 조심스레 다시 일하러 들어간 사람은 안 된다고 말했더니 씁쓸해했다.

남편의 격려

회사에 다시 들어간 친구들은 노조를 잊어버리고 살고 있다고 느껴졌다. 의식적으로 잊으려고 하지는 않았을까, 라는 생각도 해본다. 그 날 운동장으로 끌려 나왔을 때 나는 패배자가 된 것 같은 마음이어서 처참했다. 그러나 지금 생각해 보면, 떳떳한 삶을 살았다고 생각한다.

생활지원금은 집을 사는 데 보탰다. 남편은 나의 민주화운동 인증서를 보고 '당신이 그런 대단한 일을 한 사람이냐'며 놀라면서 칭찬을 했다. 남편은 자기 친구들을 만나면 '우리 집사람이 민주화운동을 했고, 그 덕분에 생활지원금을 받아서 집을 사는데 도움을 주었다'고 자랑을 늘어놓는 팔불출이 되었다.

원풍 노조원 증언록을 만드는 구술 작업을 한다는 연락을 받고 정말 좋았다. 머나 먼 기억에서 사라진 것도 많지만, 나의 삶에 대한 이야기가 담겨있는 책이 나오면 정말 뿌듯할 것 같다. 역사성도 있고, 자자손손 내리 볼 수 있어서 좋다고 생각한다. 또 하나의 자랑거리가 될 것이다.

내가 일하는 곳은 식당이다. 오전 9시 30분에 시작해서 오후 10시에 끝난다. 집에 돌아오면 녹초가 되어 아무 생각이 안날 때도 있다. 장시간 근무를 하다 보니 원풍모임에도 자주 참석하지 못해서 미안하다. 그래도 원풍에 대한 바람이 있다. 모임이 영원히 지속되었으면 좋겠다. 이제는 나도 모임에 열심히 참여하여 돕고 싶다. 이렇게 오랜 세월 원풍 동지들이 만나고 사는 이유는, 당시 함께 독재 권력에 핍박받았던 것, 어쩔 수 없이 쫓겨 나왔지만 사회를 변화시키려는 굳은 의지와 바라보는 목표가 같았기 때문에 가능한 것이라 생각한다.

개인적으로도, 원풍 시절은 인간이 인간답게 살아야 하는 도리를 배운 내 인생의 황금기이었고, 내 자부심의 원천이었다. 지난날의 어려움을 토로하며 추억을 공유하는데 그치지 않고, 앞으로의 세상도 변화시키는데 함께 가는 원풍동지회는 나의 현재이자 미래다.

097

찬란하고 아름다운 날들

오지민

_____1962년 전남 영암에서 태어나 1979년에 원풍모방에 입사했다. '장미' 소그룹에서 활동하다가 1982년 9·27원풍노조 폭력탄압사건 때 해고를 당했다. 10월 13일의 출근투쟁에도 참여했다. 그 후 양말공장, 직포공장 등에 취업을 했다가 블랙리스트로 해고를 당하여, 1984년에 결혼을 했다. 현재 간호조무사로 일하고 있다.

새로운 희망

내 고향은 전남 영암이다. 부모님은 농사로 생계를 꾸리셨는데, 그런대로 밥은 먹고살만 했다. 나는 중학교를 졸업하고 79년 7월 20일 20살에 원풍모방에 입사했다. 입사 후 첫 월급은 47,000원을 받았다. 회사 운동장 주변 등나무에 핀 보라색 꽃과 코끝을 스치는 향기는 새로운 희망처럼 내 마음을 설레게 했다. 여름에는 시원한 바람을 맞으며 시간 가는 줄도 모르고 벤치에 앉아서 놀았던 생각이 난다. 서울생활을 처음 해보는 나로서는 회사의 규모가 큰 것에 놀랐고, 식당에서 배식을 받으려고 줄을 서서 기다리는 광경이 신기했다.

정사과로 부서를 배정받고 첫 출근을 하던 날, 현장은 너무 덥고 먼지가 많았다. 무엇보다도 시끄러워서 큰 소리로 이야기를 해야 알아들을 수 있었다. 8시간을 꼬박 서서 일하는 게 다리가 너무 아팠고, 야간에 청소하다가 너무 졸리면 화장실에 가서 벽에 기대어 잠을 깨려고 눈도 비비고 세수를 하기도 했다. 화장실은 수세식이라서 깨끗한 편이었다. 화장실에서 쉬다가 현장에 늦게 들어가면 반장이 혼내서 정말 무서웠다. 내가 꿈꾸었던 공장이 현실에서는 너무 다르게 다가왔다.

기숙사는 306호실에서 생활했다. 기숙사 방 식구들과 언니들하고 주말에 산에 다니고 따로 소그룹 활동도 했다. 우리 소그룹 이름은 '장미'였는데 6명이 멤버였다. 그 소그룹 친구들이랑 노동조합 교육도 다니고, 돈보스코 센터나 과천 영보수녀원으로 1박2일 교육을 다니기도 했다. 그때 찍었던 사진을 꺼내 보면 옛날 생각이 나면서 그 시절이 그립다. 퇴근하면 기숙사에서 뜨개질도 하고, 대림시장에 빈대떡이나 떡볶이를 먹으러 다니기도 했다. 영화제과에서 300원 하는 옥수수 식빵을 사다 먹기도 했다. 월급 타면 달걀을 잔뜩 사다가 스팀에 삶아 먹기도 하는 등 그때는 한창때라서 정말 많이도 먹었다.

명절에는 회사에서 제공하는 버스를 타고 가 광주에서 내려주면, 거기서부터 영암까지 다시 시외버스를 타고 고향으로 갔다. 우리 언니는 원풍 직원이 아니었는데도 회사의 배려로 같은 버스를 타게 해줘서 명절에는 항상 언니와 같이 집에 갔다. 집에 갈 때는 소비조합에서 저렴하게 살 수 있는 전기밥통과 선풍기를 사가지고 갔다. 부모님은 다른 집에는 없는 전자제품들이라며 동네에 자랑도 하시고 너무 좋아하셨다.

부서에서 속리산으로 야유회를 갔던 일, 비구니 스님만 계시는 수덕사에 갔던 것도 기억이 난다. 당시 흑인 가수가 불러 유행했던 팝송 〈원 나잇 티켓〉을 가수 방미가 한국어로 번역하여 불러 크게 히트시킨 〈날 보러 와요〉를 부르면서 춤도 추고 놀았던 생각도 난다.

소그룹 활동을 하면서 노동조합에 자주 드나들게 되었다. 조합 사무실에는 우선 책이 많아서 좋았다. 이때 읽었던 책 중에 지금도 기억에 남아있는 작품은 『제인 에어』였다. 세계문학전집에 실리기도 하고 영화로도 만들어진 작품으로, 당시 20대 초반의 내 심금을 울렸던 소설이었다.

노조에 불어오는 바람

80년 5월, 한국노총으로 궐기대회를 하러 갔는데, 강당에는 사람들로 꽉 차 있었고, 지부장님이 앞에 나가서 연설하셨다. 그러다 무슨 일인지 모르겠는데 갑자기 해산을 한다고 해서 원풍 사람들하고 〈흔들리지 않게〉 등 노동가도 부르고 구호도 외치면서 회사까지 걸어왔던 기억이 있다.

노동조합에 대한 탄압이 심해지면서 조합원들에게 정신교육을 많이 했다. 소모임 활동을 하면서 산업선교회에서 강의도 듣고, 돈보스코 센터에서 하는 교육에도 참여했다. 그러다가 80년 5월 계엄령이 확대되면서 활동에 제한을 받았고, 우리는 마음 놓고 모일 수 있는 장소조차 없었다. 그래서 관악산에 등산가는 형식을 빌려 노동조합의 어려움이나 정세 이야기 등을 들으면서 각오를 다지곤 했다.

82년에는 노동조합에서 컬러로 된 유인물을 제작하여 2명이 한 조가 되어 요소요소에 배포했다. 나는 분순이와 같이 배낭에 유인물을 넣고 대방역에서 서울역 방향으로 가는 지하철을 타고 다니며 돌렸다. 분순이는 키가 작아 지하철 안에서 사람들을 비집고 잘 다니는데, 나는 너무 무섭고 떨려서 바지에다 오줌을 쌀 뻔도 했다. 그때만 해도 순진해서 사람들이 모두 이상하게 나를 쳐다본다고 생각해서 너무 두려웠다. 잡혀갈까 봐 한 정거장 가면 내려서 다음 지하철 타고 또 돌리고, 그렇게 떨리는 마음으로 유인물을 돌렸는데, 다행히도 잡혀가지는 않았다.

정사 C반 반장이 강정순인데, 9·27사건 때는 구사대에 가담해 노동조합을 깨는 데 앞장서기도 했다. 신필섭, 양분옥 언니가 해고를 당하여 부서에서 태업을 한 적이 있었는데, 강정순이 우리를 모아 놓고 '누가 시켰냐'고 막 소리를 지르고 윽박지르면서 현장 분위기를 살벌하게 만들기도 했다.

회사에서는 전 조합원을 대상으로 정신교육을 했다. '회사가 잘 돼야 여러분들도 잘 되는 거니까 회사에 협조하고 말을 잘 들으라'는 내용이었다. 곧, 노동조합을 약화시키려는 정신교육이었는데, 교육에 참여는 했지만 하품을 하거나 졸거나 껌을 씹거나 해서 강사에게 불만을 표시하기도 했다.

언 니 의 고 통

82년 9·27 때는 야간작업이라서 오전에 대충 자고 추석에 집에 가려고 잠바도 사고 큰맘 먹고 유명 메이커인 나이키 신발도 샀다. 서울역에 들려 기차표도 끊고 그렇게 추석 준비를 단단히 하고 기숙사에 돌아왔는데, 바로 폭력배들에 의해 조합장이 감금된 사건이 발생하여 농성하게 된 것이다.

단식농성 3일째 되는 날, 언니와 형부가 농성장에 나타나 나를 찾으려고 동료들의 얼굴을 확인하면서 다니고 있는 걸 보고 깜짝 놀랐다. 아는 척을 하면 끌려갈 것 같아서 기계 밑으로 숨었더니, 언니는 나를 못 찾고 돌아갔다. 언니와 형부는, 형사가 집으로 찾아와 '빨갱이들과 합숙하고 있는 동생을 데리고 오라'고 괴롭혀서 농성장에 왔다고 한다. 형부는 쓰러진 조합원들이 병원으로 갈 수 있도록 뛰어다니면서 업어 날랐다고 한다.

언니는 농성 조합원들의 다리가 뒤틀리고, 퍽퍽 쓰러지면서 눈도 돌아가고 하는 것을 목격하고는 '어쩜 사람을 저렇게 개돼지 취급을 하나?' 하는 생각이 들어 집에 가서 엄청나게 울었다고 했다. 언니는 너무 놀라 농성장에 다녀간 그 날 저녁에 7개월 된 아이를 유산했다. 언니와 형부는 딸만 둘 두었는데, 그때 유산된 아이가 아들이었다며 그 아쉬움을 지금도 토로한다.

폭력배들은 회사 운동장에서 4명씩 달라붙어 우리를 짐짝 끌듯이 끌어냈다. 나는 마지막에 회사에서 끌려 나오면서 큰소리로 울부짖었다. "사람 살려!! 언론은 99% 거짓말만 하고 있다!" 그러다가 쓰러지니, 어떤 전경이 일으켜 세워주면서 V 자로 승리 표시를 해주었다.

정문 앞에서 경찰들이 겁을 주며 밀어내자 양문교회로 갔다. 신발도 한 짝밖에 없고 맨발이었다. 누가 죽을 주어서 먹고 정신을 차렸는데, 교회에서는 예배시간이 아니라며 나가라고 했다. 그러나 나는 신발이 없어서 어디도 못 가고 울고 있었다. 어떤 아줌마가 왜 울고 있냐면서 '저기서 데모 하다 나왔냐'고 물어 그렇다고 대답했다. 신발이 없다고 하니, 그분이 돈을 주어 대림시장에서 신발을 사 신고 언니 집으로 갔다. 언니네 집에서 귀신같은 몰골을 씻고 한잠 자고 나니 정신이 좀 들었다. 그리고 산선으로 가서 출근 준비를 했다.

친 구 의 응 원

10월 13일, 출근투쟁을 하려고 강남성심병원 앞에 조합원들이랑 모였는데, 전경들이 우리들을 마구잡이로 잡아 경찰차에 실었다. 그렇게 남부경찰서로 197명이 연행되었다. 나는 그때 경찰을 피해 상이군인들이 거주하는 의용촌으로 도망을 쳐 연행되지는 않았다.

고향에서는 지서의 경찰이 부모님에게 매일같이 찾아와 '당신 딸이 빨갱이랑 손잡고 일을 하니까 서울 가서 데리고 오라'면서 들들 볶고 괴롭혔다. 엄마는 시골노인이라서 놀라 서울 언니네 집으로 쫓아 오셨다. 엄마는 회사를 정리하고 집으로 내려가자고 채근했다. 나는 보름을 버티다가 엄마랑 같이 퇴직금을 받고, 기숙사 짐 정리를 했다.

수배 중인 간부들이 나와 뭔가 해결해주지 않을까 싶었는데 간부들도 모두 구속되었다. 숙식할 데가 없어서 산업선교회에서 생활하던 나는 산선에서 눈치를 주고 나가라고 해서 고향으로 내려갔다. 고향에 가자 부면장이 직원 한 명이랑 매일 아침 우리 집으로 출근해서 저녁 퇴근시간까지 있다가 갔다. 부면장은 내가 동네에서 벗어날까 봐 감시하는 것이었다. 나는 너무 기가 막히고 화가 나서 부면장에게 '부면장님은 면민을 보호할 의무가 있는 사람 아니냐?'고, '왜 서울 가서 취직도 못 하게 하냐?'고 따지며 싸웠다.

그러던 어느 날 완도에 사는 직포과 정승희가 우리 집에 놀러 왔다. 승희에게 부면장에게 감시를 받고 있다고 했더니, 승희가 자기와 같이 면사무소로 가자고 해서 부면장을 만나 소리도 지르고 따지기도 했다. 그때 승희가 함께 해서 힘이 배가되었고, 속이 다 후련했다.

꼬 리 를 문 해 고

83년 겨울, 나는 광주에 있는 무등양말공장에 취직했다. 취직을 하고 두 달쯤 되었는데, 부장이 좋은 데 가서 술을 한 잔 사주겠다며 가자고 했다. 그래서 친구랑 같이 나갔는데, 나보고 회사를 그만둬 달라는 것이었다. 내가 왜 그만 두어야 하냐고 했더니, 전에 다니던 회사 때문에 여기만이 아니라 다른 데에도 취직을 못 할 거라고 했다. 그때는 블랙리스트가 뭔지도 몰랐고, 원풍에 다닌 것을 알고 얘기를 해서 아무 말도 못 하고 사표를 냈다.

그러다가 경기도 남양주에 있는, 직포기계 몇 대 놓고 양복감을 짜는 조그마한 섬유회사에 취업했다. 아주 작은 곳이어서 '설마 여기까지 와서 해고당할 일은 없겠지'라는 생각으로 안심을 했다. 그런데 원풍에 다닌 친구랑 둘이 입사해서 몇 달이 지나자 또다시 해고를 당했다. 지금 와서 생각해보면 형사들이 내가 가는 곳을 계속 추적을 해서 따라다닌 것 같다.

나는 이제 도저히 취업은 어렵겠고, 결혼이나 해야겠다고 생각해서 목포가 고향인 지금의 남편을 만나 84년에 결혼했다. 그런데 혼인신고를 하려고 시아버지가 등본을 떼러 가니, 면사무소 직원이 '어디서 빨갱이 같은 며느리를 보려고 한다'고 하여 놀라서 전화하셨다. 나는 시아버지에게 원풍사건에 관해 설명을 하고 빨갱이 아니니까 속지 말라고 했다. 시아버지께서도 금방 이해를 하셔서 별일 없이 살 수 있었다.

결혼하고는 취업할 생각을 못 했다. 또다시 해고를 당할까 봐 겁도 나고 그래서 남편이 벌어다 주는 돈으로 아이들 키우며 생활하고 살았다. 그리고는 아이들이 성장하고 나서 간호조무사 자격증을 취득해 2007년 경 병원에 취업했다. 그때도 혹시 해고당할까 봐 약간은 걱정을 했다. 그러나 민주화가 이루어져 취업해도 해고당하지 않는 것을 보고 세상의 변화를 실감했다.

원풍에서 처음으로 나온 책인 『민주노조 10년』은 서점에 없어 2000년 경 인터넷으로 사서 봤다. 책이 출판된 것도 모르고 있었는데, 지인이 '너 원풍 다니지 않았냐'고 물어봐서 그렇다고 했더니 '거기 사람들이 텔레비전에 나와 인터뷰도 하고 그러더라'는 말을 듣고 인터넷으로 찾아봤지만, 인터뷰한 것은 못 찾고 책이 있어 사서 봤는데, 정말 많은 생각이 머릿속을 스쳐 지나갔다.

내가 몸담았던 회사에서 겪었던 일들이 글로 정리되어 나온 것을 보면서 가슴이 찡하였고 울컥하는 마음이 있었지만 연락해볼 생각은 못 했다. 방 지부장님이 국회의원, 노동부장관 하실 때 텔레비전에 나오는 것을 봤다. '그때 우리 지부장님이신데 어떻게 저렇게 잘 되었나?' 하면서도, 지부장님이 높은 분이 된 것은 우리하고는 달라서라 생각했다. 당시는 내가 너무 소극적이었다.

아쉬운 명예회복

나는 그 동안 원풍이 모임을 계속하고 있다는 것을 모르다가 직포과의 정승희를 통해 알게 되었다. 내가 원풍모임을 알게 되었을 때는 이미 민주화운동 명예회복 신청이 끝났다. 그래서 나는 아직 민주화운동 인증서를 받지 못했다. 지금이라도 민주화운동 명예회복 인증서를 받고 싶다. 그 인증서로 명예회복도 하고, 당당하게 살고 싶다. 나같이 조금 늦은 사람들에게도 명예회복을 할 수 있는 기회가 한 번 더 주어지기를 간절히 바란다.

취업을 못 할 때는 '왜 하필이면 원풍을 다녀가지고…' 라며 푸념을 했지만, 원풍에 다닌 것을 후회한 적은 없었다. 지금 내 이야기를 책에 싣기 위해 인터뷰하는 것도 원풍을 안 다녔으면 어떻게 할 수 있었겠냐는 생각이다. 나는 어디 가서도 부끄럽지 않고, 아이들에게도 떳떳하게 말한다. 오늘도 밤에 어디 가느냐고 해서 '엄마가 다녔던 곳 원풍에 구술 작업하러 간다'고 했더니, 애들도 이해하고 잘 다녀오시라며 적극적으로 응원해준다.

내 인생의 전환점은 원풍에 다닌 거라고 생각한다. 원풍은 내 인생에서 나를 알 수 있게 해주고, 부족한 나를 깨우쳐 준 선생님이었다. 지금 다시 생각해봐도 원풍 다닐 때가 가장 재미있었던 내 인생에서 가장 찬란하고 아름다운 날들이었다. 원풍에서 만난 동료들과의 인연을 소중하게 생각한다. 37년이 지난 지금도 고생하며 이끌어 준 집행부에 대해 감사한다.

원풍노동조합을 통해 염원하고 꿈꾸었던 것들, 힘들게 일하는 노동자들이 잘 사는 세상이 되었으면 좋겠다는 그 꿈이 방방곡곡에서 이루어지기를 바란다.

098

살아온 삶의 흔적들

이경님

—————1962년 전남 장성에서 태어나 1979년 원풍에 입사하여 소그룹 활동을 했다. 1982년 원풍 노조 9·27폭력사건으로 해고를 당했다. 2007년. 정부로부터 민주화운동 관련자로 인정받아 명예회복이 되었다.

　나는 전남 장성에서 7남매 중 여섯째로 태어났다. 중학교를 졸업하고 광주여상에 합격했는데 집안 형편이 어려워 입학을 못 했다. 친구들은 모두 고등학교 진학을 했는데 나만 못가니 학교에 가고 싶은 열망이 꺾이면서 절망감에 울었다. 고등학교를 포기하고 매일 울면서 지내는 나에게 오빠가 원풍모방에 가면 학교에 다닐 수 있다면서 입사를 권유했다. 나는 학교 다니고 싶은 마음에 1979년 봄 17살의 나이에 원풍모방에 입사했다.

　가공과에 근무하고 있었던 오빠는 내가 공부하기에 좋은, 주간만 일하는 수정부로 배정을 받을 수 있게 도와주었다. 기대 반 호기심 반으로 수정부로 첫 출근을 했다. 수정부는 현장이 너무 조용해서 하루 종일 라디오를 틀어놓고 일을 했다. 일하다가 출출하면 회사 바로 밑에 있는 구멍가게에서 보름달 빵, 라면땅, 아이스크림 등을 잔뜩 사다가 먹었다. 현장의 동료들끼리 서로 소통이 잘되고, 누구에게 어떤 일이 있는지 잘 알게 되어 가족 같은 분위기였다.

　기숙사에는 대기자가 많아 두 달 정도 기다려서 320호에 들어갈 수 있었다. 기숙사는 집처럼 편안하고 좋았다. 복지시설도 잘 되어 있었다. 목욕탕도 좋았고 미용실도 있었다. 규칙을 통해 적당히 규제를 해주는 것도 괜찮았다. 방 식구들은 매듭을 해서 바자회에 팔 물건을 만들어냈다. 무엇보다 같이 생활하는 언니들이 좋았고, 공부할 수 있는 환경도 좋았다.

고 등 학 생 이   되 다

입사할 때의 꿈이 고등학교에 진학하는 것이었으니, 나는 바로 삼성고등학교에 입학했다. 회사에서 장학금을 주었기 때문에 학비 걱정도 없었고, 열심히 공부만 하면 되는 환경이 좋았다. 학교 갔다 오면 저녁 10시가 넘어 식사시간이 한참 지났는데도 따로 밥과 반찬을 챙겨줘서 같이 학교에 다니는 구길모 언니랑 늦게라도 굶지 않을 수 있어서 좋았다.

기숙사에는 공부방이 있어 학생들끼리 따로 모여서 공부하니 동질감도 있는 그런 분위기가 좋았다. 무엇이든 배우고자 했던 나는 공부방에서 꾸준히 공부를 했던 기억이 있다. 학교를 졸업할 때는 노동조합 간부들이 와서 축하를 해주었다. 장학금을 받게 된 것도 노동조합에서 교섭을 통하여 이루어 낸 것이라는 것을 나중에 알게 되었다.

학교에 다니면서 '감초'라는 소그룹을 만들어 정자 언니, 만복 언니, 순영이와 같이 활동을 했다. 산업선교회에서 신문기사로 한자를 배우고 시사 공부도 했다. 사회 생활에 필요한 상식을 배울 때나 반찬 조리법을 실습하고 돈가스를 만들어서 같이 나누어 먹을 때 정말 즐거웠다.

주말에는 교회를 다녔다. 장형숙과 같이 가끔 산선(영등포도시산업선교회)의 주일 예배에도 참석했다. 형숙이, 임인자와 함께 부침개나 소라에 막걸리를 마시면서 세상 고민을 다 하고, 서로 마음을 터놓아 어떤 이야기든 들어주고 받아주고 했다. 휴가 때는 해운대에도 가고, 갑반의 선옥이, 형숙이, 상옥이와 대성리나 한탄강 등에 같이 가서 즐겁게 놀았던 기억도 난다.

노동조합에는 식사시간 후에 드나들었다. 처음 노동조합에 갈 때는 쑥스러웠지만, 지부장님이 어깨를 두드려 주며 기숙사 생활에 관심을 보이기도 하고, 조합의 중요한 문제들을 설명해 주기도 했다. 노동조합 사무실에는 한쪽 벽면을 다 장식할 정도로 책이 많았다. 거기서 김형석 수필집, 전집 등을 빌려서 봤다. 지부장님은 현장순회도 자주 해서 현장에서 만날 때는 또 다른 느낌이 있었다. 당시 우리 부서는 만복 언니가 대의원이었는데, 노동조합 소식을 자세하게 알려주었기 때문에 조합이 돌아가는 상황도 일일이 알 수 있었다.

3월의 노동절 행사에서 가장 인기 있는 것은 탈춤이었다. 당시 탈춤반에 형숙이와 상옥이가 있어 나도 탈춤반에 들어가고 싶었는데 용기가 없어서 못 했다. 탈춤반이 공연할 때, 노동자들이 사용자에게 멸시받고 힘들었던 것들을 우리 이야기로 풀어 놓는 장면에서는 울컥하면서 가슴이 뻥 뚫린 느낌이 들어 시원했다.

광 주 모 금

1979년, 박정희가 총에 맞아 죽었을 때 나는 매우 슬퍼서 울었다. 나라의 대통령이 죽었다는 것과, 방송 뉴스에 나오는 광경 자체를 보면서 가슴이 아팠다. 그때는 의식이 부족했던 시절이어서 대통령의 죽음으로 나라가 어려워지는 것은 아닌가 하는 생각이 들었다. 그 후 박정희의 죽음이 독재자의 말로임을 깨닫는 데에는 많은 시간이 필요하지 않았다.

1980년 5·18광주항쟁이 일어났고, 노동조합에서는 식당에 광주 희생자들을 위해 모금한다는 대자보를 붙였다. 그때 내 친구들은 광주에서 고등학교 3학년에 재학 중이었다. 한 친구는 학생 지도부였는데, 담임선생님이 묵인을 해주어서 시위에 참여했다고 한다. 친구들의 이야기에 의하면, 금남로에는 피비린내가 진동하여 뭐라 표현을 할 수 없었다고 한다.

나는 처음에는 텔레비전에 나오는 뉴스가 사실이라고 믿었다. 그러다가 친구들에게 소식을 듣고 너무 억울했다. 시민들의 목숨이 파리 목숨 같았다. 분하다고 생각했으나 광주를 위하여 모금에 참여하는 것 외엔 아무 것도 할 수 없는 내 처지가 답답하기만 했다.

1980년 7월, 방 지부장님이 노동계 정화 조치로 해고당해 노동조합에 출근하지 못하게 되었다. 나는 노동조합이 망하는 것은 아닌지 걱정이 되었다. 그러다가 12월에 노동조합 핵심 간부와 대의원 등 48명이 연행되어 그중 14명이 해고를 당하고 4명이 순화교육을 갔다. 기숙사 사감이 군인 출신으로 바뀌면서, 몸 검사를 심하게 하고, 노동조합 사무실도 폐쇄하는 등 갖은 압박을 가해서 막막하고 억울했다.

그즈음 영보수녀원에서 부서별로 교육을 받았다. 1박2일 동안 촛불의식을 하면서 노동조합을 지키기 위하여 비장한 마음으로 다짐했던 것이 기억에 남는다. 회사에서는 일주일간 양평으로 새마을교육을 보냈다. 여러 회사가 참여했고, 조별 과제를 주고 토론하고 발표하는 과정도 있었다. 노동자들의 정신을 바꾸어 놓는 것이 목적인 교육이었지만, 우리들은 이왕 이렇게 된 이상 다른 회사 노동자들의 의식을 깨우겠다는 목적으로 임했다.

외로운 투쟁

1982년 9월 27일, 2시에 퇴근을 하고 노동조합 앞으로 갔다. 식당에서는 밥을 주지 않고, 노동조합 사무실에는 조합장이 감금되어 있었다. 노동조합 앞은 바리게이트가 쳐 있었고, 폭력배들은 의기양양한 자세로 노동조합으로 들어가려는 조합원들을 밀어냈다.

나는 수정부 동료들과 노동조합 근처에 있다가 저녁 식사시간을 기해 검사과 현장에서 농성에 참여하게 되었다. 농성을 이끌고 있는 양승화 언니가, 오늘부터 퇴근을 중지하고 노동조합을 되찾을 때까지 끝까지 싸운다고 선언했다. 기어이 올 것이 왔다는 생각이 들었다. '노동조합을 지키기 위해 하나로 뭉쳐야 된다'는 생각이 들었다. 같은 반의 정자 언니, 길모 언니 등과 같이 배고픔을 참고 농성을 했다. 농성 중에도 이틀 동안 출근을 했는데 일이 손에 잡히지 않아 일을 하는 둥 마는 둥 했다.

농성 둘째 날, 회사 주변을 경찰차가 에워쌌고, 폭력배들은 '도산(도시산업선교회)이 침투하여 회사가 도산된다'면서 궐기대회를 열었다. 조합원들은 노동조합을 지켜야 된다는 일념으로 대의원들이 나누어주는 소금물을 조금씩 마셨다. 그러나 농성 마지막 날에는 물도 끊기고 전기도 끊겨 그마저도 마실 수가 없었다. 너무 억울해 배고픔에 신경을 쓸 겨를이 없었다.

수도가 끊겨 화장실에는 변이 수북이 쌓여 있었다. 폭력배들은 동료들을 개돼지처럼 끌고 나갔다. 화장실을 가려다가 끌려 나가지 않으려고 현장에 드럼통을 갖다놓고 간이화장실을 만들었다. 그렇게 해도 계속 끌려 나가는 동료들이 늘어나자 마지막에는 운동장으로 뛰쳐나갔다. 운동장에서 사람 살리라고 소리를 질렀지만, 우물 안에 갇힌 자의 외로운 외침이었다.

날씨도 춥고 물도 못 마시는 상태에서 끝까지 버티다가 새벽이 되자 폭력배 4명이 달려들어 경비실 밖으로 끌고 나갔다. 그때 오빠가 기다리고 있다가 택시에 태워 나를 집으로 데려갔다. 몸은 더럽고 냄새는 나는데 씻을 생각도 못 한 채 엉엉 소리 내어 몇 시간을 울었다. 죽는 한이 있어도 노동조합을 지켜야 하는데 못 지킨 것이 못내 억울하고 분해서 거기서 죽었어야 한다는 생각뿐이었다.

오빠네 집에 며칠 있었는데, 집에서 나가지 못하게 하여 답답해진 나는 고향 장성으로 내려갔다. 시골집에는 경찰이 오가며 내가 집에 와 있는지 물어보고, 서울에 보내지 말라고 하면서 계속 감시했다. 나는 계속 시골에 있을 수가 없어서 다시 서울로 와 양태숙의 집에서 회사의 상황을 주시했다. 회사에서는 각서를 쓰고 출근을 하라고 했지만, 그럴 수는 없다고 생각해서 한 달쯤 있다가 퇴직금을 정리했다.

그 후 대림동에 있는 봉제공장에 취업했지만, 근로여건이 너무 힘들어 한 달 만에 그만두었다. 그리고 산업선교회에서 만난 김순근 언니와 임인자와 같이 농심에 입사했다. 출근하고 한 달쯤 되자 회사는 월급을 계산해주면서 나오지 말라고 했다. 왜 해고를 하느냐고 따지니 이력서를 허위로 기재했기 때문이라고, 이력서에 원풍모방 다닌 것을 쓰지 않기 때문이라고 했다. 블랙리스트에 내 이름이 있다고 했다. 같이 입사한 인자나 순근 언니는 해고 당하지 않고 나만 해고를 당했다.

결 혼

나는 조희순과 같이 다시 오산의 일화모직에 갔다. 원풍에 있다가 시골에 있는 회사에 입사하니 죽을 맛이었다. 교통편도 너무 안 좋아서 시골에 버려진 기분이었다. 원풍모방이 그리워 매일 울면서 지내다가, 1983년 22살 겨울에 어린 나이로 현실에서 도피하듯 결혼을 했다. 남편은 가구공장에 다니는 사람인데, 결혼할 때 원풍모방 다닌 것을 이야기했다. 그러나 남편은 사회문제나 정치문제에 관심이 없어 원풍이 무엇을 했던 곳인지도 잘 몰랐다.

결혼하고 나서는 애들도 어리고 사는 것도 팍팍해 원풍모임을 잠시 쉬었다가 애들 키워놓고 나서부터 원풍모임에 나가게 되었다. 2007년, 민주화운동 명예회복 인증서를 받고 마음이 뿌듯했다. 원풍모방이라는 좋은 직장과 좋은 선배들을 만났기 때문에 이렇게 오랜 시간이 지났는 데도 국가로부터 보상을 받을 수 있게 되었다고 생각했다. 원풍노조에 대한 소속감을 계속 느낄 수 있어서 정말 감사했다.

생활지원금은 당연히 받아야 한다고 생각했지만, 그와 같은 결과가 있기까지는 선배들의 노력 덕분이라고 생각한다. 생활지원금은 큰아들 장가갈 때 유용하게 쓰였다. 둘째아들은 민사소송 소장 쓸 때 도움을 주어 원풍 9·27사건을 잘 알고 있다. 그래서 그런지 엄마가 대단하고 자랑스럽다고 생각한다. 작은아들과 며느리는 원풍 총회 때 참석도 했다.

내가 원풍에 다닌 기간은 4년 7개월이다. 4박5일 단식농성에 끝까지 참여한 것은 노동조합을 지켜야 한다는 생각밖에 없었기 때문이다. 당시 우리는 원풍노조가 민주노조의 마지막 보루라고 생각했다. 우리가 노력해 가꿔온 노동조합이 파괴되면 부당한 어용노조가 판을 치는 세상이 될 거라 생각해서다.

4박5일 농성을 같이했던 친구들하고 지금까지 오랜 기간 만나고 사는 것이 나에게는 큰 재산이다. 형숙이, 순주, 상옥이와는 가끔 남편들도 같이 만난다. 쓰지 않는 물건이 있으면 모임 때 가지고 와서 필요한 사람이 가져가는 등 서로 물물교환을 하기도 한다. 나누고 돕는 것이 원풍 정신이다. 원풍노조는 나에게 세상을 바로 보는 법을 알려줬고, 그렇기 때문에 9월 27일 폭력배에 의해 끌려 나왔을 때, 나는 엄마를 빼앗긴 것 같은 마음이 들어 상실감과 억울함이 컸었다.

증언록 작업을 한다고 했을 때, 기억이 없어 답답한 마음에 포기할까 생각하기도 했다. 그러나 앞으로도 원풍 사람들을 계속 만나야 하는데 내 이름이 빠지면 안 될 것 같아 참여하게 되었다. 지금도 기억이 가물가물한데 이렇게라도 참여를 해서 그때의 일들을 남겨놓고 싶었다. 후대에 내가 살아온 삶의 흔적을 남길 수 있어서 다행스럽고 감사한 마음이다.

원풍을 위해 내가 앞장서는 것은 잘 못해도, 모두가 함께라면 열심히 참여하고 노력하며 살아갈 수 있을 것이라는 다짐을 해본다.

099

희망을 이야기하는 모임

이계순

_____1961년 전남 장흥에서 1남4녀 중 둘째로 태어났다. 1982년 9·27 폭력사건 당시 경찰, 공무원, 친척들로부터 빨갱이라고 몰려 강제로 사표를 낸 것이 평생의 상처로 남아 살았다. 유일하게 본인을 이해하고 편들어주다가 괴롭힘을 당했던 아버지에 대한 기억이 아직도 아픔으로 남아있다.

　나는 1979년 3월, 열여덟 살 때 원풍모방에 입사했다. 방적과 정사에 근무하던 언니가 소개해주었다. 3개월에 걸친 훈련생 기간을 마치고 방적과 전방으로 배치되었다. 입사한 지 몇 개월 지난 어느 주말이었다. 훈련생 동기 두 명과 동기의 남자친구와 함께 승용차를 타고 남한산성으로 놀러갔다. 그런데 불행하게도 오는 길에 교통사고가 났다. 동기생 두 명과 운전을 하던 남자친구는 사망했고, 나는 큰 부상을 당해 병원에 입원했다. 몇 개월간 치료를 받고 작업장으로 다시 복귀하였지만, 열여덟 어린 나이에 겪었던 사고는 가슴에 깊은 상처가 되었다.

　나는 그 상처의 아픔을 달래려고 이듬해인 1980년 초, 한강실업고등학교에 입학했다. 뒤늦게 고등학교를 다니려고 하니 부끄러운 마음도 있었지만, 그보다는 공부를 더 할 수 있는 것이 좋았다. 게다가 원풍모방에서는 장학금까지 주었다. 다른 공장에 다니는 동급생들은 우리를 무척 부러워했고, 좋은 직장에 다닌다는 자부심에 어깨가 으쓱해졌다.

　원풍모방 기숙사자치회는 해마다 12월에 사생 작품 바자회를 열었다. 수익금은 산재 환자 또는 해직된 노동자를 돕는 후원금으로 쓰였다. 바자회에 학교 선생 몇 분을 초대했다. 기숙사를 둘러본 선생님들은 "너희들은 호텔 같은 기숙사에서 살고 있구나!" 하며 부러워했다. 나는 그때 매듭3단을 만들어 출품했다. 선생님은 내 작품을 당신 시집갈 때 혼수로 하겠다면서 사갔다. 뿌듯하고 자랑스러웠다. 이토록 원풍모방노동조합은 나에게 희망과 자부심을 안겨주었다.

노동을 하면서 공부를 하는 것은 쉬운 일이 아니었다. 특히 야간근무 때는 잠이 모자라 꾸벅꾸벅 졸 때가 많았다. 어느 날은 야식시간이었는데 너무 졸려 식사시간 30분 동안 잠을 자기로 했다. 카드기계 뒤에 집채처럼 쌓여 있던 폴리에스텔 하얀 원료 속으로 쑥 들어가 잠을 청했다. 참 포근하고 꿀맛 같은 단잠에 빠졌다.

"야, 이계순! 일어나! 얼른 일어나지 못해!" 박혜숙 언니가 큰소리로 깨우는 소리가 들렸다. 깜짝 놀라 눈을 떠보니 기계소리가 윙윙 들렸다. 이미 야식시간이 끝나고 기계를 가동한 지 몇 십 분이 지났는데도, 내가 보이지 않자 혜숙 언니가 찾아 다녔던 것이다. 이렇게 몸은 고단하였지만 그래도 교복 입고 책가방을 들고 학교를 다닐 수가 있어 행복했다.

노 동 조 합 의   의 미

노동조합이 무엇인가에 대해서는 훈련생 시절 강의를 들어 알고 있었다. 원풍모방노동조합은 다른 노동조합에 비해 월등한 조직이었다. 그것은 학교를 다니면서 실감했다. 다른 직장에 다니는 학생들의 노동조건과 우리는 크게 차이가 났던 것이다. 그 모든 혜택을 거저 받을 수만은 없었다. 그래서 더 많은 것을 배우고 싶어 학교를 다니면서도 소모임 활동을 했다.

주로 영등포산업선교회에서 모임을 가졌다. 산업선교회에서는 다양한 프로그램을 운영했는데, 특히 뜨개질과 꽃꽂이를 배웠던 교양 프로그램이 생각난다. 또한 노동문제와 정치 등 사회현상을 올바르게 분별하는 방법을 배우기 위하여 정기적으로 신문읽기 모임을 가지며 의식을 깨우쳤다.

1980년 5월, 광주민주항쟁이 일어났을 때 오빠가 광주에 살고 있었다. 수소문한 끝에 오빠 소식을 들었다. 총알이 아슬아슬하게 비켜갔다는 경험담을 들으며 광주민주항쟁이 얼마나 심각한 사건인지를 실감했다. 오빠가 무사하여 일단 안

심했는데, 그 여파가 원풍노동조합에까지 미쳤다. 광주희생자 돕기 모금운동이 있었고, 그 모금운동을 한 것이 빌미가 되어 지부장님과 부지부장님이 정화해고를 당하고 수배까지 되었다. 두 분이 졸지에 해고되어 노조 사무실에서 뵐 수 없게 되자, 노조가 곧 무너질 것 같아 두렵기까지 했다.

그해 12월에는 노조 상근자인 지부장직무대리와 부지부장, 그리고 총무가 계엄사 합동수사본부에 연행되어 조사를 받았다. 뒤를 이어 상집간부 전원과 대의원 등 48명이 연행되어 조사를 받을 때는 이제 노조도 끝장이다 싶었다. 결국 군인들은 48명 중 14명을 해고시켰고, 그것으로 일단락을 짓는 듯했다.

어수선하게 한 해를 보내고 1981년을 맞이했다. 2월 어느 날 임재수 총무가 삼청교육대에서 폭행을 당해 갈비뼈가 부러져 집으로 돌아왔다는 소식을 들었다. 부서 선배들을 따라 임 총무님 댁으로 문병을 갔는데, 미안한 마음이 들어 위로의 말도 제대로 하지 못했다.

9 · 2 7 폭 력 사 건

노동조합의 힘이 약해지자 회사 측은 고삐 풀린 망아지처럼 날뛰었다. 전방 A반 조합원들은 생산과장 한상엽과 계장 계영우 등 회사 측 관리자들과 점점 갈등이 심해졌다. 그들은 전과 다르게 까탈스럽게 현장을 감독하고, 작업장의 관리체계를 무시하고 일일이 간섭하며 트집을 잡았다. 그뿐만이 아니었다. 공장새마을교육이니, 품질관리교육이니 하며 노조를 억압하기 위한 프로그램을 강압적으로 진행했다.

무슨 사건이었는지는 모르겠는데, 어떤 때는 보라색 머리띠를 매고 작업을 하고, 또 어떤 날은 작업복 바짓가랑이 한쪽을 무릎 위까지 걷어붙이고 작업을 하며 무언의 저항을 했던 기억이 난다. 그때마다 관리자들은 뭐라 말은 못하고 얼굴빛을 붉으락푸르락하면서 현장을 돌아다녔다. 그런 꼬락서니를 보며 무척 고소해했던 기억이 난다.

나는 '원풍노조 9·27사건' 당시 우리가 이길 수 있을 것으로 믿었다. 조합원 전체가 한 마음 한 뜻으로 뭉쳐 농성을 했고, 노동조합 간부들이 결연한 태도로 이끌어나갔기에 나름대로 희망을 가졌다. 4박5일간 단식농성을 하다가 추석날 새벽에 끌려 나올 때 구사대 놈들의 발길질에 채여 정문 밖 언덕 아래로 데굴데굴 굴러 떨어져 몸이 아파 쩔쩔맸지만, 그래도 우리가 노동조합을 다시 찾을 수 있다고 믿었다.

나중에 고향집에 가서야, 아, 그 모든 것이 부질없는 꿈이고, 내가 너무 어리석었구나, 하는 생각이 들었다. 면장과 경찰이 전남 장흥의 고향집으로 아버지를 찾아와, 당신 딸이 서울에서 빨갱이 짓, 간첩질을 하고 있다며 어서 데리고 오라며 야단법석을 떨었던 것이다.

다른 동료들이 경찰과 공무원들에게 시달림을 당하고 있다는 소리를 들었을 때도 나야 간부도 아니고 눈에 띄게 활동을 한 사람이 아니니까 별일이 없을 거라고 생각했다. 그런데 국가권력은 사돈의 팔촌 정도의 먼 친척들까지 모두 헤집어서 협박을 한 모양이었다. 한 아주머니가 아버지를 찾아온 것이다.

그분은 아버지를 보자마자 대뜸 "당신 딸이, 그것도 계집애가 할 짓이 없어서 빨갱이 짓을 하여 집안 망신을 시켜? 아들이 불이익을 당하면 가만두지 않을 것이다"며 삿대질과 막말을 했다. 그 아주머니는 아버지보다 항렬도 낮고, 나이도 어린 사람이었다. 사돈이었던 면장도 "딸을 원풍모방에서 사표를 내게 하면 면사무소에 책상 하나 놓아 줄 터이니, 그곳에서 일하게 하라"며 구슬렸다.

아버지는 당시 지병으로 몸이 많이 아프셨다. 그런 아버지께 경찰이며 공무원 친척들까지 찾아와 괴롭혔다. 아버지는 "모든 사람들이 너를 간첩이라고 해도 나는 너를 믿는다. 우리 딸이 고생을 많이 했는데 살다보면 좋은 날이 있을 것이다" 하며 나를 위로해주셨다.

지금이야 교통이 발달하여 한나절 거리이지만, 그 때는 장흥에서 서울은 몇 백리 밖 먼 거리였다. 게다가 그 사건은 불법 폭력으로 노동조합을 강탈하고, 노동자들을 강제로 끌어낸 부당한 사건이었다. 그런 천인공노할 사건을 일으키고도 모자라 시골구석까지 권력을 동원하여 편찮으신 아버지를 협박하고 괴롭히다니, 도저히 납득할 수가 없었다.

가 슴 속 에 남 은 한

1982년 11월, 오빠로부터 아버지가 위독하다는 연락이 왔다. 부랴부랴 시골집으로 내려갔다. 큰집 사촌오빠는 나를 보더니 "아픈 아버지를 위하여 시집을 가라, 그것이 불효를 하지 않는 거야" 하며 결혼할 것을 권했다. 그 말이 어쩌면 맞는 것 같았다. 아버지는 1남4녀 중 둘째로 태어난 나를 유난히 사랑해주었다. 어릴 때부터 친구 분이나 집안 어른이 오면 나를 불러 인사를 시키며 내 자랑으로 말씀을 이어갔다.

그런 아버지께 나는 '원풍노조 9·27사건'으로 불효를 드린 것 같았다. 결국 나는 맞선을 보았고, 1983년 5월로 결혼 날짜를 정했다. 아버지의 손을 잡고 결혼식장에서 행진하는 꿈을 꾸었지만, 아버지는 그해 2월에 세상을 떠나셨다. 상제가 된 나는 그 이듬해 아버지의 1주기 탈상을 마치고야 결혼식을 올렸다. 사랑하는 아버지를 하늘나라로 떠나보내며 가슴에 응어리가 맺혔다.

원풍모방노동조합 시절, 생사고락을 함께 나누었던 동료들을 마음으로부터 잊은 적은 없었다. 그러나 '원풍노조 9·27사건'으로 인해 병석에 누워계신 아버지가 괴롭힘을 당하고, 그런 모습을 지켜보며 내 가슴에는 한이 생겼고 후유증이 남았다.

아버지가 돌아가신 것이 원풍노조사건과는 무관하다 하더라도, 아버지의 장례를 치르고나서 나는 아무 것도 생각하고 싶지 않았다. 그리고 결혼으로 달라진 일상에 파묻혀 살다보니 원풍동지들과의 연락도 끊겼다. 왜 원풍동지들이 생각나지 않았겠는가. 문득 그 시절이 그립고, 동료들이 보고 싶을 때가 있었지만, 모두가 지난 과거려니 하고 살았다.

희망을 만들어가는 사람들

2011년, 우연히 원풍동지들이 정기적으로 모이고 있다는 소식을 들었다. '원풍노조 9·27사건'은 국가의 부당한 폭력임이 밝혀졌고, 원풍노조 조합원들이 민주화운동 관련자로 국가로부터 명예회복이 되었다는 소식도 들었다. 처음에는 나와 무관한 일들이거니 하며 별로 실감이 나지 않았다.

2011년 6월, 원풍동지회에서 연락이 왔다. 국가배상소송을 할 사람은 접수하라는 내용이었다. 경위서를 쓰는데 설움이 복받쳤다. 돌아가신 아버지가 그립고, 억울하게 당했던 일들이 새록새록 떠오르며 가슴속에 묻었던 서러움이 터져 나와 한참을 울다가 경위서를 썼다.

2011년 12월 27일, 서울지방법원 민사재판 1심에서 승소하였고, 2012년 9월 20일 고등법원에서도 승소하였다. 승소 소식을 듣자 가슴에 맺혔던 한이 풀리는 듯한 기분이었다. 대한민국을 피고로 재판정에 세운 것 자체만으로도 통쾌했는데, 80년 노동조합 정화 조치에 따른 불법구금, 강제해고, 그리고 82년 사건을 빌미로 해고하고 블랙리스트를 전국에 뿌려 생존권을 박탈한 행위를 국가가 배상해야 한다는 판결이 내려진 것이다.

그러나 2014년 4월 30일, 대법원은 나를 포함하여 명예회복을 신청하지 않았던 20명에게 원심을 파기하여 고등법원으로 환송시키는 판결을 내렸다. 파기환송된 고등법원에서 패소한 것은 당연했다. 다시 대법원에 재상고했지만 2015년 1월 29일 공소시효 만료라는 이유로 패소하였다. 공소시효는 진실화해를 위한 과거사정리위원회에서 결정한 2010년 6월이었다.

2006년 과거사정리위원회에 "민주노동조합 탄압과 해고, 그리고 블랙리스트 등의 부당한 공권력 탄압의 실체를 밝혀 달라"고 민원을 접수하였다. 접수한 지 4년이 지난 2010년 6월, 원풍노조 파괴 및 해고는 국가의 직접적인 개입으로 개개인의 노동기본권과 신체의 자유 등 중대한 인권을 침해했다는 심의결정서를 받았다.

가해자가 국가라는 것이 밝혀졌고, 그 시기로부터 소멸시효 3년을 인정받게 되었다. 즉 2013년 6월까지 공소시효가 연장된 것이다. 그렇다면 나는 2011년 6월에 국가배상소송을 접수했으니 법률상 아무 하자가 없었다. 그런데 2013년 박근혜 정권이 들어서면서 사법부 판결에 영향을 끼치기 시작했다. 대법원에서 배상청구권 소멸시효를 6개월 이내로 줄인 것이다. 즉 2011년 12월로 공소시효가 바뀌었고, 그에 따라 나는 패소할 수밖에 없게 된 것이다.

정치권력에 의하여 패소를 당했지만, 나는 내용적으로는 승소를 한 것이라고 생각한다. 왜냐하면 국가가 권력을 남용하여 1980~82년 9·27사건으로 노동조합을 파괴하고, 노동자들을 해고시켜 노동기본권과 신체의 자유 등의 인권을 침해했다는 진실이 밝혀졌기 때문이다.

나는 민주화운동 관련자로 명예회복이 되지는 못했다. 뒤늦게 그 소식을 알았기 때문이다. 그래도 늦게나마 원풍노동조합의 연장선 위에 서 있다는 생각이 드니 기쁘다. 37년이라는 긴 세월이 흘러갔지만, 동지들에 대한 신뢰감은 그때나 지금이나 한결같다. 또 과거에 정체되어 있지 않고 내일의 희망을 이야기하는 모임이라서 좋다. 거기에 나도 한 사람으로 동참할 수 있으니 얼마나 자랑스러운가.

100

"내가 찾던 그 난희 맞니?"

이난희

_____1961년 전남 함평에서 태어나 1979년에 원풍에 입사하였다. 1982년 9·27폭력사건 때 회사 측의 강압적인 각서를 거부하여 해고되었다. 현재 충청도에서 떡집을 운영하고 있다.

　나는 전라남도 함평 나산에서 4남2녀 중 넷째로 태어났다.(오빠 둘, 언니, 남동생 둘) 내가 초등학교에 입학할 즈음 아버지는 전주지방검찰청의 검사서기로 일하셨다. 아버지의 직장을 따라 식구들이 한동안 전주에서 살았다. 그러나 내가 전주동초등학교 2학년 때 아버지가 법원에서 잘리고 말았다. 아버지가 바람을 피워 문제가 되었다고 들었다. 그 때문에 다시 함평으로 돌아가야 했다.

　잘 사는 집이었지만, 아버지가 술, 화투, 외도 등 안 좋은 것만 다하시는 바람에 내가 5학년쯤 되었을 무렵에는 살림이 거덜났다. 아버지의 방탕으로 무남독녀인 엄마가 친정(장성)에서 받아 온 재산까지 다 날렸다고 한다. 더구나 아버지는 작은집 여자랑 살고 있었다. 엄마는 머리에 꿀을 이고 다니며 장사를 하다가 화를 참지 못해 아들 넷만 데리고 외갓집으로 가버렸다. 초등학교 2학년이었던 나와 언니만 할머니한테 떼어 놓았다.

　초등학교를 졸업하고서야 나도 엄마가 있는 외가로 갈 수 있었다. 외할머니 댁은 그래도 잘 살았는지 엄마와 여섯 남매가 그럭저럭 생활했던 것 같다. 그런데 큰 사고가 났다. 중학교 2학년이었던 오빠가 어찌하다가 감전 사고를 당한 것이다. 화상이었으나 상황이 말이 아니었다. 팔을 하나 잘라야 했고, 다들 살기 어렵겠다고 말했다. 그때 하늘이 도운건지 기독병원 원장이 미국 분이었는데, 오빠를 한번 치료해보겠다고 했다. 병원비를 다 무료로 하고 그 병원에 5년이나 입원해서 치료를 받았다. 그 정성이었을까, 오빠는 목숨을 건졌다. 하지만 온전한 상태는 아니었다.

탈출, 서울로

오빠는 기분이 좋지 않으면 동생들을 때렸다. 오빠에게 맞는 게 겁나 명절에도 나는 할머니 집에 있겠다고 버티기도 했다. 그래서인지 서울에서 가발공장에 다니던 언니도 명절에 잘 내려오지 않았다. 집을 떠나고 싶었다. 중학교를 졸업하자마자 언니한테 나 좀 데려가 달라고 부탁했다. 언니가 답을 주지 않았지만, 나는 기어코 서울로 입성했다. 거의 도망치는 정도였다. 언니는 '다시 내려가라, 학교 보내달라고 떼를 써라, 나처럼 이렇게 살지 말라'고 난리를 쳤다. 하지만 나는 싫었다. 오빠한테 맞는 것도 싫고, 나도 일할 거라고 고집을 부렸다.

마침 외가 쪽 이모뻘 되는 분이 봉제공장에 다니고 있었다. 언니가 취업지원을 해주지 않으니 그쪽에 부탁해서 봉제공장에 들어갔다. 이쯤 되니 언니도 결국 나를 돌려보내는 것을 포기했는지, 내 거취에 신경 쓰기 시작했다. 언니가 속해 있던 산악회 회장이 원풍모방과 인연이 있는 사람이었는지 원풍모방에서 사람을 모집하니 가보라며 지인에게 부탁해 놓겠다고 했다. 그렇게 원풍모방 노동자가 되었다. 1979년이었다.

원풍모방은 봉제공장과는 비교가 되지 않을 정도로 큰 공장이었다. 3개월간의 훈련을 거치는데, 그 기간에 시험을 봐서 1등을 하면 가고 싶은 부서로 보내준다고 했다. 물론 1등은 못했다. 직포과로 부서를 배치 받고 처음에 B반이 되어 기숙사 203호로 들어가게 되었다. 그런데 얼마 되지 않아 A반으로 재배치되어 105호로 옮겼다. 79년 이후로 신규 훈련생을 거의 뽑지 않아 인원조정을 다시 했던 것 같다. 그때의 입사동기가 화수, 종성, 칠순, 명희, 연옥 등이다. 입사 동기는 특별해서 지금도 그 친구들과 모임도 하며 지낸다. 그 외에 옥희 언니, 복순 등과도 친하게 지냈다.

기숙사 생활에 약간의 애환이 있었다. 잠버릇 때문이었다. 방을 휘저으며 빙글빙글 돌아가면서 잔다고 언니들에게 매일 혼이 났다. 그 곤란한 상황을 해결해준 사람이 장복순 언니였다. 복순 언니는 기능공으로 입사했지만, 어쨌든 기숙사에서는 신입이라 예외 없이 들어 온 순서대로 자리가 배치되었다. 나보다 늦게 기숙사에 들어 온 복순 언니는 내 옆의 창가 끝자리인데, 내가 매일 잠버릇 때문에 혼나는 것을 보더니 제안을 했다.

"난희야, 네가 창 쪽으로 붙어서 자는 게 낫겠다, 내가 너의 안쪽에서 너 돌아다니는 것을 막아줄게."

그렇게 복순 언니가 벽이 되어 주었다. 얼마나 고마운지 지금도 잊지 않고 있다. 그때 나의 안전벽이 되어 준 복순 언니가 옥희 언니랑 친했던 터라 자연히 나도 어울리다 보니 친해지게 된 것이다.

기름과의 씨름, 직포과

직포과는 기름 닦는 일이 장난이 아니었다. 검고 끈적거리는 기름을 닦아 내느라 고역이어서 참 싫었다. 빨리 기계를 맡아보고 싶은데, 그 때가 언제일지 너무 멀게 느껴졌다. 가끔 언니들이 "기계 좀 봐!"하고 화장실을 가는데 한참을 오지 않았다. 한 사람의 직수가 네 대의 기계를 맡고 있었는데, 훈련생으로서는 언니들 화장실 갈 때 잠깐씩 그 영광을 누려볼 수 있었다. 언니들이 화장실에 가서 한참 동안 안 오는 이유는, 야근 때 너무 졸리니 수세식 변기에 쭈그리고 앉아 조는 것이었다.

때로는 철컥철컥 움직이던 북이 갑자기 툭 튀어 나와서 다치는 경우도 보았다. 기계를 다루는 언니들이 부럽지만 잘 못 다루면 위험한 것이었다. 직포기술은 성질 좋은 선배를 만나야 잘 배울 수 있는데, 그것도 복불복이었다. 기술자 언니가 기분이 좋아야 "기계 한번 해봐!"라는 말이 떨어졌다. 그러니 눈치도 좀 살피며 요령껏 배워야 했다. 그러나 아쉽게도 직포기술자의 꿈은 깨지고 나는 준비 A반으로 보내졌다. 갑자기 준비로 가라니, 왜 나를 보내느냐고 기분 나빠서 따지기도 했지만, 그 실상은 직업훈련생을 뽑지 않았던 탓이었다. 한동안 기능공 기술자만 뽑고 신입생을 뽑지 않았던 것이다.

잠버릇을 빼고는 기숙사 생활이 재미있었다. 어찌 보면 영화에서 보는 감방구조와 비슷한 규율이 있는 공동생활인데, 그게 그렇게 좋았다. 일주일 일하고 쉬는 날이면 작업복을 깨끗이 빨아서 다림질 방으로 달려갔다. 다림질할 때가 참 좋았다. 빳빳하게 다려서 월요일에 입으면 얼마나 기분이 좋은지….

강당에서 탁구 치고 노는 것도 재미있었고, "야, 목욕가자!" 하면 몇 명이 몰려가서 철철 흐르는 욕조에 몸을 담그고 앉아 서로 때를 밀어주며 깔깔거렸다. 기숙사 언덕에 앉아 사진 찍던 기억, 캐비닛에 화장품이나 세면도구를 가지런히 넣어 사용하고, 기숙사 문 안쪽에 각자의 세숫대야를 차곡차곡 쌓아두고….

휴가 때는 친구들이랑 기차를 타고 바닷가로 달렸다. 그해 여름, 아마 입사한 첫해쯤이었지 싶다. 점옥이, 영금이, 점례랑 속초 해수욕장에 놀러갔다. 하, 그때 영금이가 밥을 하도 많이 먹어서…. 젊은 처녀들끼리 놀고 있으니 한 무리의 남자들이 다가왔다. 관동대학교 학생들이라고 했다. 걔들은 자꾸 우리랑 놀려고 접근했다. 나는 그게 거북해서 시큰둥한데, 영금이는 흥흥 하면서 잘도 맞장구를 쳤다.

결국 텐트 앞에서 같이 밥을 먹는데, 영금이 옆에 붙어있던 남자가 영금이가 밥 먹는 거를 보더니 "나는요, 저 아가씨 못 먹여 살릴 거 같아요" 하는 바람에 폭소가 터졌다. 그래도 영금이는 개의치 않고 양은냄비 바닥을 긁어댔다. 핫팬츠에 끈 나시 입고 파도 타며 깔깔거렸던 청춘의 여름이었다. 주말이면 언니한테도 가고, 오빠네도 가서 집밥을 얻어먹고 오기도 했다.

영등포 본전다방에도 꽤 몰려다녔다. 듣고 싶은 노래를 적어 박스 안의 디제이에게 보내면 차례로 들려주기도 했다. 이미자의 〈섬마을 선생님〉을 자주 신청했던 것 같다. 혀가 떨어지는 것 같은 매운 오징어볶음으로 유명했던 '여로집'도 많이 들락거렸다. 산업선교회에서 기타 모임도 했다. 아마도 원풍조합원들은 비슷한 패턴으로 놀았던 것 같다. 노동조합 교육받는 것도 재미있고 좋았다. 늘 친구들이 함께 있어서 더욱.

모두 '그만두라'고 압박했다

그렇게 언제까지라도 갈 것 같았는데, 예상치 못한 일들이 길목을 막았다.

광주항쟁사건이 발생한 후 노조에서 광주 희생자들을 돕는 모금을 한다고 했다. 나도 성의껏 참여했다. 그런데 그 사건으로 노조 수뇌부가 해고되어 노조 집행부가 바뀌는 등 분위기가 좋지 않았다. 그저 속없이 즐거웠던 신입생이지만 세상이 좀 이상하게 돌아간다는 것을 느낄 수 있었다. 간부들이 해고되고 집행부가 바뀌었는데, 왜 그런 상황이 벌어졌는지 당시엔 잘 몰랐다. 그러나 이무술 집행부 시절 이런저런 말들이 많더니, 정선순 집행부로 또 바뀌었다. 세세한 내막은 잘 모르면서 막연히 불안했다.

82년 9월 27일, 퇴근하면서 기숙사에 들어가지도 못하고 바로 농성이 시작되었다. 그렇게 밤이 가고 날이 새고 하다가 어느 순간 실신했다. 눈을 뜨니 한독병원에서 링거 줄을 꽂고 있었다. 공장에 가야 한다는 생각에 링거 줄을 빼고 맨발로 공장 앞으로 달려갔는데, 사람이 별로 없었다. 병원에서 옆에 누워있던 사람들도 눈만 뜨면 공장 앞으로 달려갔다. 그러나 그 날 이후로 공장에 돌아가지 못했다.

바로 추석이라 고향으로 내려갔다. 외가 쪽으로 오촌당숙 되는 분이 경찰서에 근무하고 있었고, 아버지도 지역에서 모르는 사람이 없는 터라 '이××딸이구먼' 하는 소리들이 들렸다. 뒤숭숭한 가운데 추석이 지나갔다. 식구들이 막아 몰래 서울로 달렸지만 공장에 들어 갈 수는 없었다. 공장 문을 보니 더욱 저 안으로 들어가야 된다는 생각밖에 없었다. 분하고 억울한 심정이 삭여지지 않았기 때문이다. 사표를 쓰든지, 각서를 쓰고 출근하든지 하라는 압박을 받아들일 수는 없었다.

그런데 큰오빠가 가서 내 사직서를 내버렸다. 군대의 소령인 작은아버지는 군인답지 않게 얌전한 분인데 "그거 하지 말라!"고 나를 설득하려 했다. 삼촌도 "그만두라" 하고. 철도청에 근무하던 오빠도 "그만두고 내려오라"고 했다. 도대체 내가 뭘 잘못했다고 식구들이 모두 그만두라 하는지?

10월 13일, 출근투쟁을 하다가 남부경찰서로 끌려갔는데, 경찰서 안에 있던 전경 얼굴이 어디서 본 듯했다. 의자에 앉아 있는데 "혹시, 혹시, 저기, 나 몰라?" 하며 그가 말을 걸어왔다. "모르는데요" 했더니 "난희 아니냐?"고 이름을 불렀다. 동창이었다. 좀 창피했다. 아무 죄도 없지만 어쨌든 끌려와 있으니 무슨 죄를 지은 것으로 알까봐 뒤가 당겼다. 더구나 거지꼴이었으니. 그러나 사정을 털어놓고 나니 하나도 창피하지 않았다. 지금도 그 친구를 만나면 그 얘기를 나눈다. 젊은 애가 뭔 죄를 지어서 왔나 싶어 동창도 깜짝 놀랐다고 했다. 남부경찰서에서는 조사만 받고 풀려났다.

그 후 자취하던 김점례네 방에 가서 지내기도 하고, 나영금네서 지내기도 하며 출근투쟁을 했다. 영등포산업선교회도 가긴 했지만, 거기 있는 게 좀 눈치 보이고 괜히 주눅이 들었다. 도저히 오갈 데가 없는 사람들만 산업선교회에 머물렀는데, 나는 이 집 저 집 떠돌았다. 대화물산 다니는 언니의 기숙사에 경비 몰래 들어가서 자고 나오기도 했다.

결 혼

잠잘 곳도 없고, 공장은 쫓아내고, 경찰서에 끌려 다니고 하면서도 매일 모였다. 그러나 노조간부들이 대거 구속되자 먹고 살아야 하니 하나 둘 취업할 공장을 찾아 다녔다. 나도 언니 친구의 소개로 남영동에 있는 가발공장에 들어갔는데, 하루 열서너 시간 일을 시키는데 너무 힘들었다. 파마가 잘 나오도록 약품처리 된 세팅을 말아대는 손가락이 다 닳아버릴 지경이었다. 살이 쏙쏙 빠졌다. 원풍 생각이 얼마나 나던지….

가발공장에 이력서를 낼 때는 원풍모방 다녔다는 이야기는 하지 않고 소개를 받아 간 탓인지 별 일이 없었다. 하지만 일이 너무 고되어 오래 다니지 못했다. 부평 전자공장에 들어갔는데 얼마 다니지 않아 분위기가 이상해서 지레 질려 나와버렸다. 여기저기서 원풍 다닌 게 드러나면 다시 해고된다고들 하던 때였다. 그러던 중 알고 지내던 언니가 집에서 가발 박는 일을 하는데 좀 배워보라고 해서 시작했다. 일한 만큼 돈을 받는 것이었다.

가발공장 앞에서 오빠네가 슈퍼마켓을 운영했다. 올케가 새벽에 물건 하러 가면 내가 조카를 돌보면서 가발일 하는 곳에 데리고 다녔다. 그걸 본 지인이 젊은 아가씨가 애 똥도 치우면서 일을 잘 한다며 남자를 소개했다. 그때 언니도 결혼하지 않았고 나도 나이가 찬 것도 아니라 결혼할 생각이 없었는데 밀어붙여 얼결에 결혼하게 되었다.

남편은 미남형이었지만 몸무게가 47킬로밖에 안 되어 너무 약해 보였다. 맏아들이라는 것도 마땅치 않았는데, 인연이 어느 결에 닿아 있었나 보다. 내가 돈복은 있는지, 경제적으로 여유가 있는 집안이라 셋방살이는 해보지 않았고, 슈퍼도 하고 떡방앗간도 하면서 살아왔다. 광명시에 있는 한 상가에서 떡방앗간을 운영할 때 우연히 원풍 식구 화수를 만나기도 했다. 나 때문에 언니 혼사도 급해져 부랴부랴 언니도 한 달 차이로 결혼했다.

이제 돈도 벌만큼 벌었는지 몸이 너무 힘드니 배부른 소리를 하게 된다. 다리가 아파서 명절, 초파일, 이런 날이 대목인데 겁이 나는 것이다. '김영란 법' 생기고 나서 떡 선물도 줄면서 일이 많이 줄긴 했지만, 사실은 덜 하고 싶은 게 요즘 바람이라고 하면 욕을 먹겠다. 다들 살기 힘든 때인데.

대전으로 내려가면서 오랫동안 원풍 모임에 참석하지 못했다. 가끔 연락을 나누는 친구들이 있었지만, 모임에 못 나가다 보니 원풍노조가 국가로부터 민주화운동으로 인정받았고 명예회복과정이 진행되었는지도 몰랐다. 친구들이 나에게 전화를 하려고 했는데, 번호를 잊어버려 못했다고 했다. 나중에 우연히 화수와 연락이 닿아 원풍 카페에 들어가 보라고 해서 메모를 남겼더니 옥희 언니로부터 연락이 왔다.

"내가 찾던 그 난희 맞느냐?"

옥희 언니의 목소리가 얼마나 반가웠는지 모른다. 나도 옥희 언니를 찾아보려고 시골집을 기억하여 찾아가 보기도 했는데 헛걸음을 했다. 원풍노조가 사무실을 두고 한 해도 빠짐없이 모임을 해왔다는데 그렇게 멍청하게 있었던 것이다. 다행히 이제 원풍 모임에 나오게 되어 보고 싶었던 얼굴들을 만나게 되었다.

원풍모방에서 일하던 때를 생각하면 지금도 저절로 미소가 번진다. 노동절 날 코미디언 이상해가 사회를 보며 왁자지껄하던 풍경도 사진처럼 마음속에 박혀 있다. 월급 받아 아픈 오빠를 돕기도 했고, 친구들이 좋아 휴일마다 산으로 들로 다니며 재잘거리던 청춘이었다. 내 인생에서 가장 즐거웠던 한때, 좋은 친구들과 아련한 추억을 지니게 한 그 시절에 새삼 감사하는 마음이다.

101

아! 우리들이 승리했다

이미숙

_____1961년 전북 임실에서 4남매 중 막내로 태어났다. 1979년 7월에 원풍모방에 입사하여 주경야독으로 학교를 졸업했다. 1982년 9·27폭력사건으로 해고당했다. 2008년, 정부에 의해 민주화운동 관련자로 명예회복이 되었고, 2015년 2월 국가배상소송 재판에서 승소하여 피해배상금을 받았다.

2015년 2월 26일은 내 인생에 있어 잊을 수 없는 날이다. 원풍모방노동조합이 파괴되고 그로 인해 해고를 당한 지 33년 만에 국가배상소송 재판에서 승소 판결을 받은 날이기 때문이다. 원풍동지회는 2010년 10월, 서울지방법원에 1982년 9월 27일의 국가폭력 사태에 대한 손해배상소송을 제기했다. 해고를 당한 지 28년 만에 대한민국 정부를 법정에 피고로 세운 것이다.

1심과 2심에서 승소를 하고, 마침내 33년이 지나 대법원에서 승소 판결을 받았다. 판결주문을 요약하면 다음과 같다. "국가폭력으로 인해 1982년 9월 27일 원풍모방노동조합이 파괴되고, 부당해고 되고, 블랙리스트를 배포하여 취업을 방해하는 불법행위에 중앙정부의 국가기관이 관여한 사실을 인정한다."

아! 우리들이 승리했다. 원풍모방노동조합의 민주노동운동이 승리했다. 우리들의 정의로운 삶이 드디어 승리를 이루어 낸 것이다. 승소 소식을 듣고는 지난 33년간 내 가슴속에 맺혔던 응어리가 봄볕에 눈 녹듯이 녹아내렸다. 내 삶이 자랑스럽고 원풍동지들이 고마웠다. 원풍노동조합의 잃어버린 수십 년의 세월이 재조명받고, 왜곡된 역사가 바로잡히면서 나의 존재감을 한층 높여주었다.

솔직히 나는 원풍모방노동조합을 위해 한 일이 별로 없다. 그러나 조합원으로서, 노동조합 교육과 활동에 참여하면서 얻은 것이 참 많았다. 무엇보다 스스로가 보잘것없는 존재라며 자책을 하고 살았는데, 원풍노동조합은 민주노동운동에 참여할 수 있는 역할을 주었다. 나 또한 여느 사람들처럼 귀한 존재라는 사실을 깨닫게 해 주었고, 내 속에 잠든 소중한 가치를 발견하게 해주었다.

소문난 원풍모방 입사

내가 원풍모방노동조합과 인연을 맺은 것은 1979년 7월이다. 사내 복지가 좋다고 소문이 난 원풍모방에서 직원을 모집한다는 소식을 들었다. 직포과에 근무했던 먼 사돈이 자랑하던 그 공장이었다. 돈을 벌면서 공부할 수 있고, 장학금까지 준다는 말에 귀가 솔깃해졌다. 당시 나는 한강실업중학교 야간부에서 공부하고 있었다.

입사시험은 생각보다 쉬운 내용들이었다. 영어 알파벳 대문자와 소문자 쓰기가 있었고, 우리나라 국보 1호가 어디인가를 묻는 등의 몇 가지 질문에 답을 골라 표시하는 거였다. 그리고 학교 운동장보다 더 넓은 운동장에 데리고 나가 달리기를 시켰다. 작업장에서 노동이 가능한지 장애 여부를 보았던 것 같다.

시험을 무사히 통과하여 직업훈련생으로 입사했다. 3개월간의 직업훈련 교육을 받고 방적과 전방 A반에 배치되었다. 실을 생산하는 방적공정에는 크게 전방, 정방, 정사가 있는데, 그중에서 첫 번째로 실 원료를 다듬고 평평하게 펴는 작업을 하는 곳이 전방이다. 작업현장은 열악했다. 공기는 탁하고, 기계소리가 요란하여 옆 사람의 말조차 알아들을 수 없을 정도였지만, 선배들이 친절하게 작업방식과 기계의 기능 등을 가르쳐 주었다.

노동조합에 대한 교육은 훈련생일 때 처음 받았다. 어떤 내용이었는지 이제는 거의 기억이 나질 않고, 다만 인상이 참 좋아 보이는 아저씨가 노조 지부장이라며 자신을 소개하던 모습만 생각난다. 그분이 원풍모방노동조합의 토대를 구축한 방용석 지부장님이었다. 물론 그 후에 노조 사무실과 현장, 그리고 식당에서 자주 뵈면서 얼굴을 익혔다.

나는 입사한 지 이듬해, 그러니까 1980년 2월, 열아홉 살에 중학교를 졸업했다.

졸업생 중에는 원풍노동조합의 조합원이 몇 사람 더 있었다. 직장을 다니면서 공부를 하였기에 남다른 감회가 있었지만, 축하를 해주러 올 가족이 한 사람도 없었다. 함께 살고 있던 어머니도 직장을 나가셔서 못 온다고 했다. 그런데 뜻밖에 노동조합 간부 언니 몇 사람이 꽃다발을 들고 와서 축하를 해주었다.

다른 간부들은 기억이 나지 않고, 전방에서 함께 일하던 김금자 상집간부 언니만 생각난다. 어찌나 고맙던지 눈물이 핑 돌았다. 입사한 지 얼마 되지도 않고, 노동조합이 뭔지 잘 알지도 못하는 조합원에게 찾아와 축하를 해주고, 맛있는 식사대접을 받고 꽃다발까지 건네주는 따뜻한 정이 흐르는 직장이 어디에 또 있을까 싶다. 수십 년이 지난 지금도 금자 언니가 건네주던 그 꽃다발의 향기가 마음속에서 사라지지 않고 있다.

나는 학교를 졸업하자마자 노조 활동에 관심을 갖고 소그룹에 가입했다. 부서에서 소그룹 활동을 하고 있던 임태송 언니가 함께 하자며 손을 내밀어주었다. 그 모임에는 동갑내기이면서 비슷한 시기에 입사한 정진옥이 있어서 주저 없이 들어갔다. 소그룹 명칭은 꽃 이름도 신비스러운 '에델바이스'였다.

소그룹 모임은 처음부터 재미있었다. 선배도 있고 또래도 있어 나이 차이가 있었지만, 마음이 잘 통했다. 노동법도 공부하고 조선시대 민중들에 관한 역사책도 읽고…, 새로운 지식을 알아가는 것이 뿌듯했다. 아무리 배움에 대한 갈망이 있다고 하더라도 그것이 현재의 삶과 연관성이 없다면 그토록 흥미를 느끼며 활동하지 않았을 것이다. 소그룹 모임을 통해 나는 노동자로서의 삶에 대해 다시 생각하게 되었다.

행복한 추억들

노동조합에서 여러 교육을 받았는데, 지금도 1박2일의 수련회가 인상에 깊게 남아있다. 어느 해였는지 초록이 싱그럽던 봄날에 수련회가 열렸다. 영등포산업선교회에서 소모임 활동을 하던 원풍노조 A반 조합원 100여 명이 참여했던 것 같다. 장소는 영보수녀원이었을 것이다.

넓은 강당에 빙 둘러 앉아 모임별로 주제를 갖고 토론하고 발표하던 기억이 난다. 또 즉석에서 대본을 짜 촌극도 했다. 나는 정사과 기계 앞에서 실을 감는 노동자 역할을 했는데, 나름 연기를 잘 해서 기분이 좋았다. 동료들과 공장과 집을 떠나 함께 먹고 자고, 강의를 듣고 토론을 하며 친교를 나누는 1박2일의 프로그램은 한편으로 자신을 드러내는 시간이기도 했다.

촛불의식이 진행될 때는 참석자 모두가 숙연해졌다. 나는 가느다랗게 흔들리는 촛불에서 강한 생명력을 느꼈고, 비록 나의 힘은 작지만 주어진 삶을 열심히 살아 주위에 본보기가 되도록 하겠다고 다짐을 했다. 아는 것이 힘이라고 하지만, 교육 중심으로만 모임을 꾸려갔다면 그렇게까지 돈독한 관계가 되지 못했을 것이다. 더군다나 20대 혈기왕성한 청춘들이 만나는 모임이었다.

당시 우리들은 노는 것도 적극적이었다. 계절 따라 가까운 산으로 강으로 과일밭으로, 기차와 전철을 타고 웃고 떠들고 노래하며 어울려 다녔다. 회원의 생일이 돌아오면 푼푼이 모아둔 회비로 18K 금 한 푼짜리 실낱같은 반지를 사서 선물하고, 대림시장 충남떡라면 집에 모여 떡라면을 나누어 먹으면서 축하해주었다. 당시 떡라면은 짜장면보다 더 쌌다. 예쁘장한 주인아주머니가 떡라면을 맛있게 끓여 주었다.

물질이 풍부해진 지금, 우리들의 청춘 시절을 되돌아보면 안쓰러운 생각이 들 정도로 보잘것없어 보이겠지만, 나는 그 시절이 참 행복한 추억으로 남아있다. 돌이켜보면 원풍노동조합이 든든한 뒷배가 되어주었기에 언제 어디서나 자신만만하게 살아갔던 것 같다.

때로는 낮에 활동을 하다가 제대로 쉬지 못하고 야근을 할 때도 있었다. 잠이 부족한 상태에서 작업장에 들어가면 일이 너무 고달팠다. 선배들도 종종 야근이 힘들어 시집이나 가야겠다고 하소연을 했을 정도로 잠을 안자고 노동을 하는 것은 이만저만 괴로운 일이 아니었다. 그럼에도 하루 8시간 3교대 근무는 여가시간이 많아 이런저런 모임에 참여할 수 있어 부족했던 나를 계발하고 성장시키는 계기가 되었다.

날뛰던 국가폭력

1982년 9월 27일. 그날 우리 노동조합의 깃발이 국가폭력에 꺾였다. 개인적으로는 내 성장의 날개가 부러진 날이다. 나의 든든한 뒷배였던 노동조합은 1980년 5월 18일 광주민주항쟁이 일어난 후 2년 동안 온갖 노조 파괴공작에 혼신의 힘을 다해 버티어 왔다. 그러나 조합은 끝내 막강한 국가권력을 등에 업은 기업가와 자본의 앞잡이가 된 구사대들에 의해 짓밟히고 말았다.

우리들의 삶의 터전을 빼앗기지 않으려고 4박5일 동안 단식을 하며 항의를 하였지만, 그해 추석날 새벽 동이 터오기 전에 폭력배들 두 명에게 양쪽 팔이 꽉 잡힌 채 질질 끌려 회사 밖으로 내동댕이쳐지고 말았다. 억울하고 분해서 두 다리를 아무렇게나 뻗은 채 엉엉 소리 내어 울고 있는데, 귀에 익은 목소리가 들렸다.

"미숙아!" "처제!" 오빠와 형부가 언제부터 와 있었는지 끌려 나온 나를 발견하고 다급히 부르는 소리였다. 오빠에게 부축을 받고 집으로 들어선 나를 보고 어머니는 얼싸 안으면서 고생 많았다며 등을 두드려 주셨다.

10월 13일, 2차 출근투쟁을 하고 며칠이 지났을 때였다. 당시 나는 어머니와 둘이 원풍모방 옆 골목에서 살고 있었는데, 어느 날 외출을 하려고 나오는데 형사가 대문 앞에서 기다리고 있었다. 불쑥 내 팔을 잡더니 같이 갈 곳이 있다며 윽박질렀다. 갑자기 닥친 상황이라 도망을 칠 수도 없었다.

형사는 대림파출소 쪽으로 건널목을 건너더니 대림시장 방향으로 가다가 도로 옆 3층짜리 상가 건물의, 지금도 그 자리를 지키고 있는 삼우통닭 옆 영화제과로 끌고 들어가더니 다짜고짜 케이크를 하나 샀다. 그 시절 우리 같은 노동자에게 제과점은 문턱이 높은 곳이었고, 케이크는 언감생심 생각도 못했다. 도대체 무슨 영문인지 갈피를 잡지 못하고 대림시장 뒷골목으로 끌려갔다.

형사는 어느 집 대문 앞에 서더니, 그곳이 양승화 부조합장 집이라고 주워섬겼다. 나는 정신이 번쩍 들었다. 나를 앞세워 무슨 짓을 하려는지 깨달았다. 당시 양승화 부조합장은 수배령이 내려진 상태였는데, 그 언니를 체포하려는 술수였다. 순간 머리카락이 꼿꼿하게 서는 것 같았고, 온몸이 덜덜 떨렸다. 만약 저 안에 원풍 조합원이 있다면 나는 꼼짝없이 배신자가 될 수밖에 없었고, 동료를 팔고 양승화 부조합장을 잡으러 간 꼴이 되고 마는 것이었다.

형사가 잠긴 대문을 쾅쾅 두드렸다. 순간 잡은 손이 느슨해져 확 뿌리치고 옆 골목으로 뛰었다. 형사가 고함을 치며 쫓아왔다. 숨을 곳을 찾아 두리번거리는데, 길옆에 바람에 삐걱거리며 흔들리는 조그만 문이 보였다. 그곳으로 뛰어 들어가 몸을 숨겼다. 재래식 화장실이었다. 널판 조각으로 만든 화장실 문이 허름하여 안이 훤히 들여다보이는 곳이었지만, 다행히 들키지는 않았다. 왜 그때 내가 형사의 표적이 되었는지, 지금 생각을 해도 모르겠다.

그 며칠 뒤 새벽 한두 시경 엄마와 정진옥이와 셋이 잠을 자고 있었다. 갑자기 방문이 벌컥 열리더니 형사 몇이 구두를 신은 채 우당탕탕 소란을 피우며 방으로 들이닥쳤다. 그들은 이불을 질근질근 밟으면서 장롱 문을 열어 제치고 옷이며 이불을 방바닥에 모두 팽개치며 양승화 부조합장을 어디에 숨겼는지 대라고 윽박질렀다. 엄마는 놀라 그 자리에 주저앉은 채 꼼짝달싹도 못하고 바지에 똥을 싸기까지 했다.

어머니는 그 일이 있고 난 후부터는 조그만 일에도 놀라 가슴이 벌렁벌렁 거린다고 평생을 호소하며 살아가신다. 엄마는 원풍노조 9·27사건을 겪은 후 언론매체와 경찰을 믿지 않으셨다. 엄마는 10여 년 전 뇌경색으로 쓰러져 현재 요양병원에 누워계신다. 조만간 어머니를 찾아뵙고 "엄마! 나 국가에서 명예회복 시켜주고 배상금도 받았어요."라고 귀에 대고 소곤소곤 말씀드려야겠다.

사 노 라 면

나는 1985년 11월에 결혼을 했다. 지금도 가끔 결혼식을 마치고 피로연에서 있었던 일을 회상하며 피식 웃는다. 지금이야 결혼식을 마치면 바로 신혼여행을 떠나지만, 내가 결혼할 당시만 해도 식을 마친 신랑 신부는 친구들과 피로연을 했다. 신랑 친구들은 신랑의 발목을 끈으로 묶더니 어깨에 메고 신부의 노래를 들어야겠다며 으름장을 놓았다. 결국 노래는 불러야겠는데, 황당하게도 적절히 부를 대중가요가 생각나지 않았다.

신랑 친구들이 신랑의 발바닥을 찰싹찰싹 매질을 하고 있는데, 내 입가에는 투쟁가만 맴돌았다. 그러나 노동조합 이야기라면 손사래를 치는 남편과 그의 친구들 앞에서 '우리들은 노동자다 좋다 좋아'라는 노래를 부를 수는 없는 노릇이고, 찰싸닥 찰싸닥 발바닥을 때리는 소리는 높아져가고 그야말로 손에 땀이 날 지경이었다. 고르고 고르다 그나마 순화된 가사인 듯싶어 〈사노라면〉을 불렀다. "사노라면 언젠가는 좋은날도 오겠지 / 흐린 날도 날이 새면 해가 뜨지 않더냐"

지금도 가끔 새색시 시집가던 그날 그 광경을 떠올리면서 나 자신에게 건넨다. '야, 이미숙! 네가 원풍모방노동조합에서 얼마나 열심히 투쟁을 했다고 아는 노래가 그 투쟁가뿐이었니?' 하고 말이다. 그렇게 나도 모르게 원풍모방노동조합은 내 인생에 깊게, 그리고 소중하게 들어와 평생을 함께 가고 있었던 것이다.

남편은 시위를 진압하는 곳에서 군복무를 했다. 그런 탓인지 시위라면 질색을 했고, 거부감을 갖고 있었다. 원풍노조 활동도 달가워하지 않았기에 나는 거의 노조에 관한 이야기는 하지 않고 살았다.

명예회복, 그리고 국가배상소송 승소

2007년, '원풍노조 9·27사건'이 일어난 지 25년이 지나 원풍동지회에서 민주화운동 관련자로 명예회복을 신청하라는 연락이 왔다. 그때 나는 어리석게도 수없이 망설였다. 만에 하나 1982년 원풍노조가 파괴되었던 당시처럼 국가폭력이 되살아나 내 아이들과 남편에게 피해를 끼치면 어쩌나 하는 걱정 때문이었다.

정진옥은 그런 어리석은 나를 책망하기보다 조곤조곤 설명을 해주었고, 원풍동지회 선배들은 명예회복의 중요성을 일깨워주었다. 결국 민주화운동 관련자로 명예회복을 신청하였고, 군사독재 시절에 민주헌정 질서를 바로 세운 시민으로서 인정받아 마침내 2008년에 명예회복이 되었다.

남편과 딸에게 명예회복 인증서를 보여 주었다. 남편은 그 세월 동안 나의 삶의 일부였던 원풍노조활동을 인정하지 않으려고 했었는데, 그 인증서를 보고는 '당신과 원풍사람들이 대단한 일을 해냈다'며 칭찬을 해주었다. 딸은 '우리 엄마가 이렇게 위대한 일을 한 사람인 줄 몰랐다'면서 축하해 주었다.

한편으로는 속이 많이 상하기도 했었다. 다른 동료들은 명예회복과 동시에 생활지원금이라는 명분으로 보상금이 지급되었는데, 나는 남편의 소득 때문에 제외되었던 것이다. 민주화운동가로 인정받은 것은 더할 나위 없이 기쁜 일이었지만, 본인이 희생한 대가를 남편의 소득으로 대체하는 국가의 억지가 억울했다.

원풍동지회 집행부에서는 나를 대신하여 민주화운동보상법 시행령을 문제 삼아 행정소송을 제기하였다. 원심, 항소심, 그리고 대법원까지 상고를 하였지만 모조리 패소했다. 참을 수 없는 분노가 치밀어 올랐다. 모두가 그 나물에 그 밥이란 생각이 들었다.

2010년 10월의 국가배상소송을 제기할 때는 딸이 사건의 경위서를 컴퓨터로 쳐주면서 관심을 가졌다. 이제 나는 가족들과 원풍노조 활동을 자유롭게 나눌 수 있고 맘껏 자랑도 할 수 있다.

2015년 2월, 마침내 대법원에서 승소 판결이 났다. 내 신분이 상승이나 된 듯이 무척 기뻤다. 남편은 '당신이 그토록 자랑하는 원풍동지회 사람들은 정말 대단한 사람들인 것이 맞다'며 혀를 내둘렀다. 수십 년 전, 원풍노동조합이 어떻게 운영되었고 어떻게 살아왔기에 국가를 법정에 세우고 불가능할 것 같은 그런 일들을 성취해 낼 수 있는지 감탄했다.

원풍동지들과의 만남이 올해로 36년째이다. 원풍동지회는 가족들에게 나의 존재감을 높여 주었고, 국가폭력의 트라우마에서 해방시켜 주었다. 원풍동지회를 수십 년간 헌신적으로 이끌어 온 선배와 동료들이 정말 고맙다. 내 인생을 자랑스럽게 만들어 준 우리 원풍동지회 모임이 영원할 수 있도록 내게 주어진 몫을 다하려고 한다.

102

내가 본 새로운 세상

이숙자

_____1961년 충남 공주에서 태어나 1979년에 원풍모방에 입사했다. '백마,' '멧돼지' 소그룹 활동을 하다가 1982년 9·27폭력사건으로 해고를 당했다. 그해 10월 13일 출근투쟁을 하다가 남부경찰서로 연행되어 조사를 받았다. 2007년 정부에 의해 민주화운동 관련자로 인정되어 명예회복이 되었다.

나는 충남 공주의 금강을 중심에 두고 형성된 사송정이라는 마을에서 7남매의 막내로 태어났다. 농사짓는 부모님 밑에서, 풍족하지는 않았지만 먹고 사는 걱정 없이 유년시절을 보냈다. 학교 다니면서도 가끔 밀가루에 강낭콩을 넣고 술을 넣어 부풀려 술빵을 만들기도 하고, 팥 앙금을 내어 팥빵을 만들어 콩밭 매는 일꾼들에게 새참을 내가면 너무도 맛있게 드시고 좋아했다. 지금도 친정 동네에 가면 그때 새참 먹었던 이야기를 하시는 분들이 있다.

우리 마을에는 같은 또래 동창이 10명 있었는데 여자로는 나만 중학교에 진학했다. 친구들은 초등학교를 졸업하고 대전이나 청주로 돈을 벌기 위해 나갔기 때문에 나는 중학교를 졸업하고 나서는 동네에서 같이 놀 친구가 없었다. 그러던 차에 원풍에 다니고 있는 친척 이현숙의 소개로 1979년 3월에 원풍에 입사했다.

원풍은 규모가 크기도 했지만, 운동장도 넓어 학교 같다는 느낌을 받았다. 현장의 육중한 기계 등 모든 것이 생소하고 신기했다. 입사하자마자 기숙사에 들어갔는데 기숙사는 조그마한 시골에서 온 나에게는 호텔 같았다. 기숙사로 올라가는 오솔길은 공장의 느낌이 아니라 그냥 공원의 산책로 같았다. 특히 봄이면 보이는 노란 개나리와 아지랑이는 나의 마음을 설레게 했다.

부모님을 떠나왔지만, 이현숙이 옆방에 있었고, 같은 고향인 차언년이가 잘 챙겨주고, 방 식구들 하고도 금방 친해져서 크게 외로움을 느끼지 않고 적응을 잘했다. 쉬는 날에는 친구들을 만나기도 하고, 친척집을 찾아가기도 했다. 대림시장에 있는 충남떡볶이집에서 칼국수, 빈대떡 등 여러 음식을 사먹었는데 그때는 그런 음식이 정말 맛있었다. 퇴근하면 강당에서 텔레비전도 보고, 방 식구들끼리 이목리 딸기밭, 부천 포도밭, 태릉 배밭, 남이섬 등을 놀러 다녔다.

내가 입사할 때의 원풍모방은 근로조건이 좋았던 시절이었다. 처음 정사과에 배정을 받아 신입이라 청소를 하면서도 느낀 점은 회사의 규모나 조직이 잘 정돈된 느낌이었다. 후임 양성공들이 들어오고서야 청소하는 일이 끝났고, 이후 권사기계에서 일하는 것이 즐거웠다.

식사시간이 끝나고 언년이와 같이 처음 노동조합 사무실에 들렀다. 노조 사무실은 조합원들로 북적였는데, 지부장님은 지금과 다르게 잘생긴 얼굴이었고, 처음 보는 사람들도 어색하지 않게 부드럽게 잘 대해주었던 기억이 눈에 선하다. 언년이는 유난히 나를 잘 챙기며 노동조합에서 하는 활동에 같이 가자고 했다. 나는 성격이 내성적이라서 앞장서서 하지는 못했어도 열심히 따라다니면서 목소리를 보탰다.

'멧 돼 지' 소 그 룹

나는 정사과 부서원 중에 돼지띠만 모인 '멧돼지' 소그룹을 옥선이, 향자, 광분이, 호자, 연숙이, 명희와 같이했다. 소그룹에서는 영등포산업선교회에 가 조지송 목사님도 만났고, 명 선생은 우리에게 음식 만드는 것 등 취미생활을 할 수 있도록 지도해 주기도 했다. 인명진 목사님도 우리에게 친근감 있게 잘해주셔서 성직자로서 노동자들의 권리를 찾는데 도움을 주는 좋은 분이라고 생각을 했었다. 그런데 수년 전 새누리당 비대위원장을 맡아 보수정권을 옹호하는 듯 하는 것을 보니, 그 변한 모습이 낯설게 느껴졌다.

1980년 5월 13일, 한국노총 궐기대회에도 원풍모방노동조합에서는 출근반만 빼놓고 몇 백 명 이상 많은 인원이 함께 했다. 당시 다른 회사 노동자들도 같이 해서 노총강당은 민주화의 열기가 고조되고 있었다. 우리 지부장님이 단상에서 연설도 하고, 마치 세상의 변화가 곧 올 것 같은 축제의 현장 같은 느낌에 나는 들뜬 마음으로 거기에 있었다. 그런데 무슨 일인지 그렇게 고조되었던 열기를 뒤로하고 갑자기 해산한다고 하여 원풍 사람들은 여의도에서부터 회사까지 비를 맞으며 노동가를 부르면서 걸어왔다.

그 며칠 후 광주에서 학살이 일어나 시위에 참여한 사람들이 거의 다 죽어간다는 소문이 들리는데, 정작 뉴스에서는 빨갱이 폭도들이 시민들을 선동하여 군인들과 대치하고 있다고 했다. 뉴스와 소문이 정반대로 들려오고, 우리는 광주에서 일어나는 일을 숨죽이며 주시하고 있었다. 같은 방에 전라도 사는 친구가 있어서 나중에 광주항쟁 이야기를 들었다. 도저히 인간으로는 생각도 못할 일들을 전두환이 정권 탈취의 목적으로 광주를 피로 물들였다는 이야기를 듣고 충격을 받았고, 마음이 무척 아팠다.

나는 그때까지 텔레비전 뉴스가 거짓 보도를 한다는 것은 생각지도 못했고, 방송에 나오면 다 믿는 편이었는데, 광주항쟁을 통해 언론이 왜곡해서 보도할 수도 있고, 당시는 그 정도가 심각하다는 것을 알게 되었다. 요즘 문제가 되는 가짜뉴스가 그때부터 이어져 오던 것들이 아닌가, 그런 생각도 든다. 이때 노동조합에서 모금을 한다고 해서 모금에 참여하면서도 목숨을 잃은 광주시민들에게 죄지은 마음으로 그저 마음이 무거웠다.

위 기 의 시 작

광주 모금 사건으로 80년 7월, 지부장님과 부지부장님이 노동계 정화라는 명목으로 수배를 당하여 이때부터 두 분은 노동조합에서 다시 볼 수 없었다. 그걸 시작으로 노동조합의 탄압이 점점 심해지더니 같은 해 12월, 48명이 합동수사본부에 연행되어 그중 14명이 해고를 당하고 4명은 삼청교육을 갔다. 당시 우리 부서에서는 대의원이었던 차언년, 손성숙이 조사를 받았고, 양승화 언니도 합동수사본부에 연행되어 10여 일간 볼 수가 없었다.

현장에는 낯선 남자들이 나타나 순시를 하고, 기숙사도 군인 출신 사감이 들어왔다. 현장과 기숙사 모두 분위기가 살벌하고 무섭다는 생각만 들었다. 나는 이때 심하게 마음이 우울했다. 노동조합이 끝나는 것은 아닌지 걱정도 많이 되었다. 노동조합 사무실은 문이 잠기고, 간부들은 모두 연행되어 누구에게 이런 상황을 물어봐야 되는지 답답하기만 했다.

1982년 9월 27일, 폭력배들이 노동조합을 점거하고 바리게이트로 막았다. 조합원들이 뭐 하나 잘못한 것이 없는데 왜 저렇게 하나 싶었고, 그저 두려웠다. 식당이 돌아가지 않아 굶으면서 일했고, 정부나 회사나 있는 놈들이 너무 한다는 생각을 했다. 나는 농성을 하면서 끝까지 단결하면 이길 거라고 생각했다. 그러나 농성이 점점 길어지며 긴장하는 분위기 속에서 구사대들이 언제 쳐들어올지 몰라 불안하기만 했다.

현장을 돌면서 돌아가는 상황을 자세하게 알려주던 언년이가 아파서 밖으로 나갔다. 농성 마지막 날, 조합원의 가족들이 찾아오고, 회사는 코스모스가 하늘거리는, 가족들이 기다리고 있는 고향으로 명절을 지내러 가라는 방송을 계속했다. 폭력배들은 똥물을 뿌린다면서 농성장인 정사과 지붕 위에 호수를 들고 올라가서 겁을 주기도 했다. 그러다가 전기도 끊고 물도 끊어서 물조차 마실 수 없게 되었다. 쓰러지는 조합원들이 늘어났다.

나는 무섭고 두려웠지만 쓰러질 것 같은 몸을 겨우 참고 견디고 있다가 구사대들이 무더기로 덮쳐서 마구 끌어내기 시작하는 것을 보고 다른 사람들과 함께 운동장으로 뛰어나와 초죽음이 되어 정신을 잃었다. 눈을 떠 정신을 차려보니 누가의원이었다. 나중에 향자의 말에 의하면, 먼저 폭력배에 의하여 끌려 나온 향자가 정문에서 있다가 내가 쓰러져서 업혀 나오는 것을 보고 그 사람이랑 같이 병원까지 데려다가 링거를 꽂는 것을 봤다고 한다.

언년이의 구속

병원에서는 나왔으나 기숙사로 들어갈 수가 없어서 작업복을 입은 채 산업선교회로 갔다. 거기에서 하룻밤을 자고 다음 날 시골로 내려갔다. 그런데 내가 집에 온 것을 어떻게 알고 장기면지서에서 경찰이 왔다. 당시 시골에서 오빠가 전화국에 다니고 있었는데, '당신 동생은 빨갱이'라고 하면서 면장과 파출소 경찰이 오빠에게 와 나를 서울로 못 가게 하라고 채근했다. 그후 오빠는 나에게 회사를 정리하라고 했다.

그래도 나는 농성하다가 끌려 나간 사람들이 궁금하여 서울로 올라왔다. 그러나 당장 갈 데가 없어서 자취하는 향자네 집과 산업선교회에 가서 지내기도 하면서 출근투쟁을 준비했다. 10월 13일, 출근투쟁을 하기 위하여 강남성심병원 앞에 조합원들이 집결했다. 나도 함께 병원 앞에서 노동조합 탄압을 중지하라는 구호를 외치며 도로를 건너려고 하는데, 경찰차가 도로를 막고 우리에게 몇 명씩 경찰이 달려들어 짐짝 던지듯 경찰버스 안으로 마구 밀어 넣었다.

주위에서 구경하는 사람들도 많았지만, 우리들은 아수라장이 된 대림동 땅바닥에서도, 강제로 버스에 실려 가면서도 폭력경찰 물러가라는 구호를 외쳤다. 남부경찰서에 연행된 197명은 우리가 무슨 죄가 있어서 잡아 왔냐고 소리를 지르고, 구호도 외치고, 노동가도 부르면서 항의를 했다. 경찰은 계속해서 소란을 피우거나 구호를 외치면 색출해서 엄벌한다고 으름장을 놓았다. 우리들은 서럽고 분해 울면서 그때부터 애국가를 부르고 또 불렀다.

경찰이 진술서를 쓰라고 해도 못쓴다고 버티니까 자기가 부르는 대로 쓰라고 하면서 진술서를 강요하고, 이름표를 가슴 앞에 들고 사진도 찍고 지문도 찍으라고 했다. 범죄자가 아닌데 너무 억울했다. 다음날 나는 조사를 받고 풀려났는데, 우리 부서에서는 영순 언니가 구류를 살았고, 또 어린 언년이가 구속이 되어 마음이 무겁고 가슴이 찢어지듯이 아팠다.

회사는 10월 13일 출근투쟁 이후 각서를 쓰는 사람들을 선별해 출근을 시키고 있었다. 나는 출근할 생각이 없었다. 회사의 동향도 살펴보고 부서원들을 만나려고 회사 근처에 갔는데, 누가 나를 덥석 잡아 놀라서 보니 경찰이라고 밝혔다. 당시 수배를 당해 도피하고 있는 승화 언니가 어디에 있는지 알고 있냐고 물어봤다. 나는 속으로는 겁이 났지만, 아무렇지도 않은 척하면서 전혀 모른다고 했더니 연행은 안 했다.

그때 얼마나 놀랬던지 추우면 입으려고 들고 다니던 잠바를 잃어버렸다. 당시 대림동 일대에는 회사 직원과 형사가 한 조가 되어 원풍노조 조합원인 것을 알려주면 형사가 마구잡이로 폭행하고 연행해서 분위기가 살벌하기 그지없었다.

회사에 출근하기도 어렵고, 더 머물 곳도 없어서 일단 시골집으로 내려갔다. 그런데 시골집으로도 경찰서 형사가 찾아오고, 면에 있는 지서에서도 순경이 찾아왔다. 그들은 연세가 많아 앓아누워 계신 아버지에게는 차마 말을 못 하고 오빠의 직장으로 찾아가 나를 빨리 사표 쓰게 하라고 힘들게 했다. 오빠는 자기에게 피해가 갈까 봐 빨리 사표를 내라고 채근했다. 내가 안 된다고 머뭇거리고 있으니 오빠는 '네가 우리 집안 다 책임질 수 있냐!'며 화를 버럭 내면서 회사를 정리하라고 몰아붙였다. 나는 오빠에게 더는 대들지 못하고, 아버지 병간호를 하다가 회사를 정리했다.

시골에 있으면서도 언년이가 걱정이 되어 언년이네 가족이 사는 시골집에도 가보았다. 당시는 직계가족만 면회가 되어 언년이 어머니가 서울 고척동 구치소로 면회 가는 날 함께 가서 면회실 문이 열리면 언년이에게 밥 잘 먹고 건강히 지내라는 안부를 전하며 아픈 마음을 달랬다. 그 후 구속된 간부들의 뒷바라지를 하던 언니들을 만나 원풍 소식도 들으면서 시골에서 생활하다가 간부들이 모두 석방되고 난 후인 1984년에 결혼을 했다.

명예회복 인증서

2007년, 민주화운동 인증서를 받았을 때는 그동안 빨갱이라고 낙인찍혔던 것들이 모두 씻어내려 간 느낌이 들면서 가슴이 뿌듯하고 벅찼다. 가슴속을 짓누르고 있던 무거운 돌덩이가 빠져나간 듯한 기분이었다. 인증서를 받기까지 애쓴 집행부 언니들이 너무 자랑스럽고 고맙다. 민주화운동 인증서를 받고 난 뒤, 나는 그것을 장롱 속에 잘 간직하고 하루에도 몇 번씩 열어봤다.

내 주위의 친인척 또는 지인들은 충청도가 고향인 사람들이 많아 보수적 성향이 강하다. 청주에 사는 형부는 지금도 나를 빨갱이라고 한다. 그리고 선거 때만 되면 보수당을 지지하는 형부랑 부딪쳤는데, 형부한테도 그렇게 빨갱이 취급하더니 그 빨갱이를 정부가 민주화운동 했다고 증서도 주고, 보상금도 줬다면서 큰소리를 치기도 한다.

지금껏 내 인생에서 원풍노동조합이 미친 영향은 매우 컸다. 나는 원풍노동조합을 통해 새로운 사회를 알게 되었다고 해도 과언이 아니다. 사실 원풍에 다닐 때 노동조합이 뭔지도 잘 모르고 지내다가 얼결에 해고를 당했다. 그러나 지나온 세월을 되돌아보면 노동조합을 통해 배운 것이 참 많았다는 것, 그리고 사회에서 필요한 것을 그 짧은 기간에 습득해서 그걸로 평생을 살아왔다는 것을 느낀다. 노동조합에서 받았던 교육이 내 삶의 지표가 되었고 내 신념이 되었다.

2016년 겨울의 촛불집회 때 나는 매주 참석을 하진 못했지만 마음으로는 늘 응원했다. 고향 친구들에게 촛불집회에 가자고 하면, 돈 얼마 받고 가냐고 물어봐서 촛불집회는 돈을 받는 곳이 아니라 모금함에 돈을 내고 와야 된다고 이야기를 했다. 원풍모방노동조합을 몰랐더라면 나도 그 친구들처럼 그런 말을 하면서 살지 않았겠냐는 생각을 한다.

이런 경험들을 겪으면서 나는 다시금 내 인생에서 가장 잘한 일은 원풍모방에 입사한 것이라고 자부한다. 그런 내가 대견하다. 친구들 앞에서 당당해진 내 모습에 슬그머니 웃음이 난다. 그래, 앞으로도 더 잘 살아 가자!

딸 이성미가 엄마에게 ─

나는 어머니로부터 직접적으로 원풍 이야기를 들은 적은 거의 없었다. 6년 전인가, 자녀모임을 겸한 1박2일 백담사 수련회에서 영상물을 보고 이모들의 이야기를 자세히 알게 되었다.

어머니가 2007년에 민주화운동 명예회복에 관한 인증서를 받은 것을 보고 처음에는 잘 이해가 안가 약간 얼떨떨했다. '어? 이게 엄마한테?' 이런 느낌이 들었지만, 곧 어머니가 자랑스러웠다. 억압받았던 지난 시대에 어머니가 대단한 역할을 하셨다는 느낌을 받았다. 보상금에 대한 이야기를 듣고 나서는, 정부가 보상금을 줄 때는 타당한 근거가 있어야 하는데, 1982년 이후 블랙리스트로 인해 취업도 못하고, 2007년에 인증서를 받을 때까지 빨갱이라고 낙인을 찍혀 고생했던 것들을 정부가 인정했으니 받게 된 보상이라고 생각했다.

어머니는 인증서를 받고 나서부터 자신감이 생겼다. 전에는 자기의 지난 삶의 이야기를 거의 하지 않았는데, 본인의 삶이 헛된 것이 아니었고 의미 있는 역할을 했다는, 그런 자부심이 표정이나 어투 같은 것들과 뭔가 든든한 구석이 있어 보이는 그런 모습에서 나타난다.

내가 보는 어머니는 말 주변이 많거나 사교성이 좋아 사람을 잘 사귀거나 하는 편은 아니지만, 구성원 안에서 자기 역할을 잘하고 조화를 이루면서 조직을 해치지 않고 잘 지내는 분이다. 그리고 합리적이면서도 묵묵히 자기 몫을 해나가는 어머니는 얼핏 여린듯하지만 속은 매우 단단하다.

엄마는, 대다수 여성들이 그러하듯이 여자로서나 아내로서의 삶이 그렇게 즐거운 편은 아니었던 것 같다. 나도 결혼해서 살아보니, 그저 생각만으로 어림짐작했던 상황이나 내가 생각했던 생활 패턴과 잘 맞지 않는 부분도 있다는 걸 알게 되었다.

그러면서 어머니가 한 남자의 아내로서, 아이들의 엄마로서 큰 희생을 하면서 자기를 누르고 살았다는 것을 새삼 깨닫게 되었다. 그렇지만 어머니는 자기 삶을 살아가는 모습에서 스스로 그런 것을 잘 조절하는 것 같다. 힘든 상황 속에서도 자기만의 시간과 여유를 만들어가기도 하고, 유약하게 의지하지 않고 독립적인 부분도 많이 있다.

어머니로부터 원풍 분들의 구술 작업을 한다는 이야기를 듣고 처음에는 가능할까 생각했다. 그리고 페이퍼를 써서 하는 줄 알았는데 인터뷰도 한다는 이야기를 듣고 정말 깜짝 놀랐다. 나는 이 작업이 자녀들에게도 의미가 많겠다는 생각이 들었다. 어머니께서 한 역할이나 이런 것들이 자식들에게도 자부심이 되고, 어머니에 대해 더 잘 알게 되면서 어머니를 보다 더 멋있게 생각하게 될 것 같다.

원풍 이모들이 오랫동안 인연을 유지하는 것을 보면서 내가 느낀 점은 너무 멋있다는 것이다. 각자의 목소리를 내기 때문에 조직을 이끌어 나간다는 것이 결코 쉽지 않을 텐데, 그런 것을 맞추어 긴 시간 묵묵히 해나가는 것을 보면 정말 대단한 것 같다. 누구 하나 생색을 내서 알아 달라 하지도 않고 각자 희생을 감내하는 것을 보면서 '역시 큰 어른들이구나' 이런 생각을 한다.

나이가 들어도 에너지가 떨어지지 않고, 언제나 무언가를 새롭게 만들어서 해나가는 것을 보면 용기가 있다는 생각도 들었다. 그러면서도 강압적으로 무언가를 정하지 않고 모임에서 합리적으로 일을 추진해나간다는 것이 정말 멋있고 대단하다고 생각한다.

사실 내가 어릴 때부터 봐왔던 이모들이 나이를 든다는 것에 대한 실감은 잘 나지 않는다. 그러나 그분들도 우리 엄마처럼 나이를 먹는다. 원풍 이모들을 보면 저렇게 멋있게 늙고 싶다는 생각이 든다. 그렇게 멋있는 어른들을 알게 해준 어머니에게 다시 한 번 감사한다. 이모님 모두들! 파이팅입니다.

103

세 자매가 지키려했던 원풍노조

장형숙

_____1961년 경남 밀양에서 태어나 1979년 1월에 원풍모방에 들어갔다. 노조의 탈춤반 회원으로 활동하다가 1982년 9·27폭력사건 때 해고당하였다. 이후 블랙리스트로 인하여 직장에서 연거푸 해고되기도 했다. 2019년 현재 원풍동지회 운영위원으로 활동하고 있다.

어릴 때 아버지가 서울에서 직장생활을 했던 터라 나는 양남동의 당중초등학교를 졸업했다. 그 후 부모님은 밀양으로 귀향하셨고, 나는 언니들과 서울에 남아 야학을 다니고 있었다. 당시 원풍모방에 다니고 있었던 큰언니(장희수)를 따라 둘째언니(장남수)도 원풍에 입사하면서, 나는 부산으로 내려갔다. 공부를 못한 게 늘 한이었던 언니들은 어떻게든 나는 공부를 했으면 했고, 부산의 어느 재건고등학교가 낮에 공장에서 일하고 저녁에 공부하는 것이 가능하다는 정보를 얻은 때문이었다.

그러나 혼자 내려간 부산에서의 주경야독은 녹록지 않았다. 취업한 곳은 타일공장이었는데, 일이 거칠어 손이 나무껍질 같아졌다. 오후 5시가 되면 이미 피곤한 몸이 되어 산꼭대기에 위치한 학교로 올라가는 언덕이 아득했다.

1년쯤 지났을까, 큰언니가 찾아왔다가 먹을 것도 없고 연탄불도 꺼져있는 꼴을 보더니 한숨을 쉬었다. 그러나 그 상황보다 더 기가 막힌 것은 큰언니가 전한 소식이었다. 남수 언니가 노동운동을 하다가 구치소에 갔다는 것이다. 너무 놀라고 무서워 몸이 떨렸다. 언니는 이렇게 생활해서는 안 되겠다며 보따리를 싸게 했고, 결국 큰언니를 따라 서울로 다시 올라왔다.

원 풍 의 세 자 매

그때 고척동 구치소에 면회 갔다가 본, 죄수번호를 달고 나왔던 남수 언니의 모습을 생각하면 지금도 울컥거린다. 그리고는 79년 1월, 원풍모방 다니는 것에 자부심이 대단했던 언니들을 따라 나도 원풍 노동자가 되었다. 내가 입사한 얼마 후 큰언니는 결혼하느라 사직했다. 세 자매에서 두 자매가 남은 것이다. 우리 말고도 자매들이 같이 다니는 경우가 꽤 있었던 것 같다.

다행히 나는 야간근무가 없는 수정부 갑반으로 배치되었는데, 나중에 알고 보니 큰언니가 노무과 과장에게 뇌물인가 뭔가를 안긴 덕분이었다. 야근이 힘들었던 언니는 어떻게든 나를 야근 없는 부서로 보내고 싶었던 것이다. 수정부에서의 생활은 정말 편하고 좋았다. 음악을 틀어놓은 채 큰 화판에 천을 걸어놓고 제품을 살필 때면 내가 마치 화가가 된 느낌이었다. 작업장 다른 부서에 비해 조용하고 먼지가 적어 좋았다. 기숙사 역시 시골집과는 달리 더운 물이 콸콸 나와 마음껏 목욕도 할 수 있었다.

무엇보다 여유시간이 많아 입사 동료들과 자주 즐거운 시간을 보냈다. 처음으로 탁구라는 것도 쳐보고, 친구들과 어울려 떡볶이와 부침개를 해 먹기도 했다. 같은 방을 쓰는 친구들끼리 십시일반으로 돈을 모아 사먹던 과자, 아이스크림은 또 어찌나 맛있던지. 잠자기 전 쪼르르 엎드려 일기를 쓰던 밤도 생생하다. 그 모든 시간이 우리를 친구로 만들었고, 평생 잊을 수 없는 추억으로 남았다.

나는 두 언니의 자부심이 노동조합 때문이라는 것을 곧 알게 되었다. 큰언니도 노조 대의원을 했었고, 둘째언니도 노동조합 활동에 열정적이라 나도 자연스럽게 노조 사무실을 드나들게 되었다. 뭔 역할을 한 것은 아니지만 친절한 간부 언니들이 좋았고, 조합원들 한 명 한 명의 어깨를 두드리며 자상히 인사를 건네는 지부장님을 뵙는 것도 좋았다. 노조가 하는 일이면 모두 옳다고 생각했고, 무조건 따를 수밖에 없는 신뢰가 생겼다.

부서 소모임도 재미있었다. 강촌, 대성리 이곳저곳으로 참 많이도 놀러 다녔다. 1박2일로 떠난 소모임에서는 각자의 성장과정을 이야기하며 너나 할 것 없이 눈물을 펑펑 쏟았던 기억도 난다. 포도밭에서 포도 알갱이를 누가 가장 빨리 먹는지, 계란 노른자를 몇 개나 먹을 수 있는지 별의별 게임도 다 했다.

시 련 의 시 작

1980년이었다. 지부장님과 부지부장님이 수배되어 도망 다니는 상황이 되었다. 현장 분위기도 어수선했다. 그러더니 그해 말에 계엄사에서 나온 사람들이 회사 안을 들락거렸다. 공장장이 연행되고 어쩌고 하더니, 노조간부들이 집단으로 계엄사에 연행되어갔다고 했다. 남수 언니도 연행한다고 계엄사에서 나왔다. 다시 언니가 감방에 가는 것은 아닌지 너무 걱정이 되었지만 아무 것도 할 수 없었다.

나는 어쩔 줄을 몰라 부리나케 노조 사무실 옆에 있는 공동구매로 달려가 내복을 한 벌 사가지고 와서 "언니, 이거 입고 가!"하고 내밀었다. 언니는 괜찮다며 걱정하지 말라고 웃었다. 사람들은 둘러 서 있고, 나는 가슴만 쿵쾅거리는데, 언니는 다른 선배들과 함께 검은 차를 타고 끌려갔다. 언니와 함께 연행된 많은 상집간부들이 해고되었고, 일부는 순화교육에 보내졌다. 방 지부장님과 부지부장님은 이미 '정화 조치'되었다고 했다.

노조는 휘청했고, 나도 진통을 겪었다. 이제 원풍에는 세 자매 중 나 혼자 남았다. 나는 두 언니들만큼 열심히 활동하진 않았지만, 내가 할 수 있는 역할은 다 하고자 했다. 머지않아 언니가 회장으로 활동했던 탈춤반에도 들어가게 되었고, 노동절 행사에서 동료들과 함께 공연도 하였다.

공부하고자 했던 소망은 뒤로했지만 노조와 산업선교회 등을 통해 사회를 조금씩 배우면서 나도 깨우쳐갔다. 동료들과 탈춤도 함께 공연하고 이야기도 많이 나누면서 내 의식은 새로운 성장의 길로 접어들었던 것이다. 그렇게 일하고 배우면서 사는 소박한 일상이 우리에겐 사치였던가, 잔인한 날이 덮쳐왔다.

마 지 막 깃 발

82년 9월 27일, 며칠 후면 추석이라 고향에 갈 터였다. 그런데 이게 무슨 날벼락인가, 노조 사무실에 조합장이 갇혀 있다고 했다. 소식을 듣고 달려가니 눈앞에 놀라운 광경이 벌어지고 있었다. 낯선 남자들이 사무실 앞을 봉쇄하고 조합장 한 사람만을 그 안에 가둔 것이다. 분노와 불안이 뒤엉킨 상태로 농성에 들어

갔다. 다른 생각은 아무 것도 하지 않았다. '무조건 조합장을 구해야 한다. 저 폭력배 남자들에게 노조를 빼앗기면 안 된다. 늘 극복해왔듯이 이길 것이다' 그 생각만 했다.

하루, 이틀, 계속 농성이 이어졌다. 다행히 조합장은 무사하다고 했다. 농성장은 양승화 부조합장과 간부들이 진두지휘하고 있었고, 우리는 일사분란하게 따랐다. 배고픈 것도 3일이 지나니 차라리 견뎌졌다. 문제는 수 백 명이 좁은 공간에 모여 씻지도 못하고 있으니 그렇지 않아도 호흡이 답답한데, 회사가 뜨거운 스팀을 틀어 댄 것이다.

별로 강한 체질이 아닌 나는 그래도 이를 악물고 버텼는데, 더 약한 친구 순주가 손발이 뒤틀려 업혀 나갔다. 순주뿐 아니라 여러 명이 이때 탈진해서 병원으로 실려 갔다. 배가 등가죽에 붙은 채로 사투를 벌이며 뒤엉켜 쓰러져 있었지만, 그래도 다시 견뎠다. 농성 숫자는 계속 줄어들고 불안함은 커져갔다.

단식농성 5일째, 한밤중에 마지막까지 버티던 우리에게 그들이 달려들었고, 우리는 농성장 밖으로 쫓겨 나왔다. 하지만 있는 힘을 다해 운동장 맨 바닥을 부여잡고 앉았다. 호시탐탐 틈만 벌어지면 야수처럼 달려들어 떼어내는 폭력배들 때문에 서로 깍지를 낀 채로 버렸지만 무서웠다. 그날은 10월 1일, 추석 날 새벽이었다. 최후의 지시를 받았는지, 그들은 몽둥이를 치켜 들었고 끼고 있던 우리의 깍지가 하나 둘 풀어졌다.

내 뒤의 동료들이 거의 남아있지 않을 때 쯤 '양문교회로 가라'는 누군가의 외침이 들렸다. 달이 휘영청 했던가, 그 새벽, 맨발로 정신없이 양문교회를 향해 달렸다. 맞아죽지 않으려고 대림동 도로를 맨발로 달리던 당시 우리의 모습은 지금 생각해도 하염없이 눈물이 흐른다. 새벽기도 중이던 양문교회로 미친 듯이 뛰어 들어간 후 우리 모두는 바닥에 픽픽 쓰러져버렸다.

예배 중이던 사람들은 이게 도대체 무슨 날벼락인가 했을 것이다. 아닌 밤에 홍두깨라고, 느닷없이 거지꼴을 한 여자들 수십 명이 미친 듯이 뛰어 들어왔으니 얼마나 놀랐을까. 그러나 체면 같은 거 차릴 상황이 아니었다. 양문교회로 가라고 한 지도부의 결정은 그 상황에서 최선이었다.

공장 밖에서 밤새 지켜보고 있었던 남수 언니가 사람들 사이를 훑어 내리며 "숙아!"라고 부르는데 눈물이 펑펑 쏟아졌다. 서럽고 억울했다. 도대체 우리가 무엇을 잘못했는가. 정신을 좀 차리는데, 어디서 그새 날라져왔는지 미음이 들어와 조그만 종지 하나만큼씩 나누어 주었다. 그 따뜻한 죽 한 종지에 눈물을 쏟았던 그날, 나의 원풍 노동자 생활은 끝나고 말았다.

블 랙 리 스 트

원풍모방노조의 해고자가 된 후 몇몇 공장에 입사했지만, 2~3일 만에 해고되기 일쑤였다. 블랙리스트가 미치지 않은 곳이었는지, 그나마 조그만 봉제공장에서 일하게 되었는데, 근로조건이 형편없었다. 일주일 내내 계속되는 야근에 때로는 철야로 일했다. 월급도 형편없었고, 퇴근하면 밥을 직접 해 먹어야 하는 기숙사이니 원풍과는 비교가 불가능했다.

원풍에서는 당연히 휴일이었던 노동절에도 쉬지 않았다. 내 기준에 최소한 노동절은 당연히 쉬어야 하는 날이었기에 친해진 몇몇 친구들과 이야기한 후 출근하지 않았다. 그래서 조회를 한 것인지, 알고도 인력이 모자라 그동안 모른 척 했던 것인지, 다음 날 아침 사장이 나를 불렀다. '원풍에 다닌 걸 알고 있으니, 두 달 분 월급을 받고 조용히 나가달라'고 했다. '나가지 않으면 경찰을 부르겠다'고 했다.

퇴근 후 기숙사에 있으면 회사 직원이 강제로 나를 끌어내려 했다. 빨갱이라며 누구와도 어울리지 못하게도 했지만, 고맙게도 친구들은 나와 함께 싸워주었다. '형숙아, 그만두더라도 같이 그만두자!' 하며. 싸움의 끝은 결국 해고였지만, 원풍 언니들의 도움을 받아 노동부에 '부당해고진정서'를 낼 수 있었다.

나의 진정이 수용되어 노동부로부터 통보를 받고 다시 출근을 하게 되었지만, 이미 내 작업의자는 멀리 치워져 있었고, 회사는 나에게 일도 주지 않았다. 나랑 대화를 나누는 친구들을 야단치기도 했다. 더 싸울 기력이 없고, 죄 없는 친구들을 괴롭게 만드는 게 힘들어 결국 사표를 내고 말았다. 그 후 순주와 함께 입사한 공장은 우연하게도 동네 친구가 주임으로 있던 덕분에 다행히 문제없이 다닐 수 있었다.

4 년 의 추 억 , 40 년 의 인 연

그 동안 원풍 친구들을 주기적으로 만났고, 꾸준히 원풍 모임에도 참석했다.

다른 부서원들도 모임에 참석하게 하려고 애를 쓰기도 했다. 그렇게 끈을 놓은 적 없이 참여해왔던 터라, 원풍노조원들이 민주화운동 공로자가 된 후 정부에서 지급한 생활지원금을 나를 비롯해 몇몇 사람들만 받지 못하게 되었을 때는 몹시 서운했다. 같이 해고된 사람인데, 왜 가족의 재산 정도가 지급기준이 되는지 받아들이기 힘들었다.

그것으로 속이 뒤틀려 있자, 생활지원금을 수령한 친구들이 맛있는 음식이며, 옷이며 구두며, 이것저것 선물을 하여 서운한 마음을 위로하려 애썼다. 그 후 법원의 재판을 통해 생활지원금 대신 보상금을 받게 되었을 때는 같은 입장이 된 태숙이. 인경이 등과 합해 경비를 부담해 부서 동료들과 여수여행을 다녀왔다. 내일은 알 수 없는 것이고, 끝날 때까지 끝난 것이 아니라는데, 그 일로 한때 옹졸하게 굴었다.

79년 1월에서 82년 9월까지, 4년이 채 못 되는 원풍에서의 생활은 나에게 정말 소중한 시간이었다. 노조는 배움도 짧고, 세상물정도 몰랐던 나에게 세상을 보여주었고, 눈과 귀를 열어 주었다. 너무나 소중한 사람들을 만나게 해주었고, 노동의 가치가 어떤 것인지 느끼게 해주었고, 노동조합의 중요성도 알게 해주었다.

그 인연은 대를 잇게 되어, 몇 년 전 원풍의 자녀모임이 시작되자 두 딸도 첫모임부터 참여했다. 엄마들의 인연이 각별한 만큼 자녀들도 정서적 교감이 컸다. 엄마들의 모임 날 안내를 하거나 공연을 해주기도 하며 정답게 지내는 아이들을 보는 게 흐뭇했다. 더구나 내 딸은 자녀모임에서 평생지기 짝을 만났다. 아이들의 결혼식 날, 원풍의 엄마들은 한 마음으로 축복해주었다. 원풍노조의 동료가 사돈이 된 것이다.

그 애들이 낳은 아이가 또 원풍모임에 와서 많은 할머니들의 손주가 되어 재롱을 떤다. 나의 세 자매가 인연을 맺었던 원풍노조, 이제는 자식 대에까지 이어졌으니 참으로 억겁의 연이 아닐 수 없다. 해마다 9·27모임이 다가오면 나는 여지없이 가슴이 두근거린다. 여전히 반갑고, 여전히 마음이 설렌다. 고맙고 소중한 그 인연을 이어가며, 그 인연을 바탕으로 앞으로도 내 인생의 동지들과 더욱 값진 시간들을 만들어 나갈 것이다.

딸 황은진이 엄마에게 −

친구들과의 일상적인 대화부터 자기소개서, 입사면접 같은 부분까지 나는 엄마를 참으로 잘 써먹었다. 누군가는 '또 자랑질이냐?'며 핀잔을 놓겠지만, 내 입장에서는 정말로 잘 써먹었고 또 잘 먹혔다. 정확히 말하면 '노동운동을 한' 엄마에 대한 이야기이다.

나는 어렸을 때부터 '노동'과 관련된 주제가 대화에 등장하면 '이때다!' 하고 엄마 이야기를 꺼냈다. '전경들을 피해 맨발로 달리고…,' '구치소에 감금되었다 풀려나…' 대충 아는 엄마의 이야기를 거창하고 흥미롭게 풀어내면, 의도했던 대로 '멋지다,' '대단하다'는 반응이 따라왔다. 그러면 난 속으로 엄마에게 고마움을 표하는, 딱 그 정도의 딸이었다.

『원풍모방노동운동사』에 대해, 그리고 엄마에 대해 조금 더 깊이 알아가기 시작한 것은, 20대 초반, 원풍모방 노조원들의 자녀들이 중심이 된 '꿈을 이어가는 사람들'이 결성되면서부터이다. 각자 엄마의 꿈을 이어가야 하는 '막중한 임무'를 지니고 만났건만 첫 만남에서 우리는 다소 어리둥절했다.

엄마가 노동운동을 했다는 말 뒤에 달리 붙일 구절이 없었을, 나와 비슷한 딸이고 아들이었을 테니 어찌 보면 당연한 일이었다. 자기소개 시간에도 '그냥…,' '엄마가 가라고 해서…' 따위의 말들이 이어졌다.

그렇게 시작된 활동에서, 우리가 알지 못했고, 또 굳이 알려고도 하지 않았던 엄마의 과거에 대해 들었다. 오랜 침묵이 이어졌고, 훌쩍이는 소리도 들렸다. 곰곰이 생각에 잠기는 이도 있었다. 모두가 각기 다른 감정으로 당시의 자기 엄마와 마주하는 듯 했다. 나의 경우엔 부끄러움이 가장 크게 자리했다. 딸로서도, 2000년대를 살아가는 20대 청년으로서도 몰라서는 안 되는 이야기이자 역사였다. 동시에, 더 많은 사람들에게 용감한 나의 엄마를 알리고 싶었다.

그렇게 조를 나누어 토론을 하는 시간에 나는 영상 제작에 관한 의견을 냈고, 그 자리에서 내가 영상 제작의 책임자가 되었다. 이후 '제안 정도만 할 걸…' 하고 후회하긴 했지만.

『원풍모방노동운동사』와 빈약한 인터넷 정보들을 참고하며 영상을 구성했다. 영상을 제작하며 놀랐던 점은 모두가 너무나 평범한 소녀들이었다는 점이다. 노동운동가가 꿈인 소녀는 없었다. 엄마 역시 그랬다. 그저 가족의 생계를 책임지기 위해, 혹은 오빠나 남동생의 학비를 벌기 위해 서울행을 택했고, 구하게 된 그 일자리가 원풍모방이었을 뿐. 노조에 가입하게 된 이유 역시 대단한 의미를 둔 게 아니었던 것 같다. 자녀들의 첫 만남처럼 '재미있는 활동이 많아서…,' '노조에 먼저 가입한 친구를 따라…,' '다양한 책을 읽을 수 있어서…' 정도였다.

하지만, 각자 다른 이유로 모인 소녀들은 노조 활동을 통해 노동자의 권리에 대해, 민주주의에 대해 배웠고, 그렇게 세상을 알아가며 함께 자랐던 것 같다. 나름의 청춘을 즐기며, 작은 꿈들을 만들고 이뤄가면서 말이다.

소녀들의 세상은 1982년 '노동계 정화조치'를 빌미로 원풍모방을 비롯한 모든 민주노조들이 강압적으로 해체되면서 사라졌다. 탈춤 공연을 하고, 기숙사 방에 모여 앉아 깔깔 거리며 담소를 나누던 일상은 항의시위, 여론투쟁, 지원투쟁 등으로 바뀌었다. 순박하고 여렸던 소녀들은 이제 시위 도중 쓰러진 동료를 업고 뛰었고, 폭력 경찰에게 두들겨 맞으면서도 입을 굳게 다물었다. 또, 감옥에 있는 동료의 이름을 크게 크게 외쳤다. 부디 동료가 있는 곳에 소리가 닿길 바라며.

방용석 지부장님, 승화 이모, 선금 이모 등 몇몇 분들의 인터뷰가 있었는데, 특히 이 부분에서 오랜 정적이 감돌았다. 그 날의 기억이 떠오르는 듯 두근거리는 가슴을 진정시키기도, 터져 나오는 눈물을 연신 닦아 내기도 했다.

나는 영상의 도입부를 김지하 시인의 시 〈타는 목마름으로〉를 읊는 방용석 지부장님의 목소리로만 채워 넣었다. 잘못을 바로잡고자 하는 열망은 가득했지만, 할 수 있는 일이 많지 않아 그저 함께 버티기만 했을 소녀들에게 이보다 더 적절한 말을 찾지 못했기 때문이다. 영상의 마지막은 자녀들의 목소리로 채웠다. '고생 많았어요. 이제 우리와 함께해요.' 그렇게 영상 제작을 마쳤다.

원풍모방노조 투쟁이 있은 지 30년이 훌쩍 지나간 지금도 이해할 수 없는 비정상적인 일들은 일어나고 또 일어난다. 지하철 스크린 도어를 고치던 비정규직 노동자가 사고로 사망했다. 꽃봉오리조차 피우지 못했을 열아홉이었다. 거의 똑 같은 사고로 지하철 용역업체 직원이 사망한 지 9개월 만의 일이기도 했다.

반도체 공장에 근무하다가 백혈병 진단을 받고 투병 중에 숨진 딸을 위한 아버지의 투쟁은, 11년 8개월 만에 회사의 사과를 받는 것으로 끝이 났다. 진정으로 끝이 난 지 모르지만.

쌍용자동차 해고 노동자들은 해고된 지 9년 만에 복직 합의를 이뤄냈다. 합의서를 든 채 부둥켜안고 눈물을 흘리는 그들의 모습이 낯설지 않았다. 잘 된 일인지, 그렇다면 축하를 전해야 하는지 도저히 알 수 없어 오랜만에 〈타는 목마름으로〉를 여러 번 반복해 읽었다.

오늘, 나는 구인구직 사이트에서 세 번째로 다니게 될지도 모를 회사에 입사 지원을 했다. 한 달 전쯤, 두 번째 회사를 박차고 나와 세 번째 회사를 찾고 있는 참이다. 엄마는 1인 시위를 위해 아침 일찍 집을 나섰다. 양승태 전 대법원장의 사법농단 사건에 대한 헌재의 바른 판단을 요구하는 연대 시위를 위해서였다.

매주 수요일이 원풍모방동지회 담당이라는 것은 이 글을 쓰기 위해 엄마에게 물어보고 나서야 알았다. 나는 잠을 자느라 엄마를 배웅하지 못했다. 저녁부터 기온이 떨어질 것이라는 기상예보에 조금 안심했다.

묘한 기분이 들었다. 팻말을 들고 선 엄마 뒤에 숨어 찬바람을 피하고 있는 내 모습을 상상했다. 그러다가 깨달았다. 엄마의 외침이 결국엔 또 나를 위한 것이라는 걸. 엄마들이 외치고 또 외쳤던 '자유, 평등, 정의'는 나의 딸, 나의 친구, 또 이 시대를 살아가는 모든 청년들을 위한 것이다.

원풍모방 민주노조에 대한 '한국노동운동사의 한 축,' '최초의 공개적 노동운동단체'와 같은 평가는 결국 평범한 소녀들의 작은 행동에서 비롯된 것이었다. 할 수 있는 일이 많지 않아 눈물 흘리면서 할 수 있는 일을 찾던 위대한 소녀들이었다. 그래서 난 오늘 엄마의 1인 시위가 세상을 바꿀 수 있으리라 믿는다. 옳고 그름을 사람들에게 전하기 위해 할 수 있는 일을 찾고, 이를 행동으로 옮기는 엄마에게 무한한 존경과 사랑을 전한다.

지금쯤 엄마는 대법원 앞에서 팻말을 들고 서 있을 것이다. 추위를 조금이라도 덜어보고자 겹겹이 옷을 입었겠고, 주머니엔 핫 팩 두 세 개 정도를 넣었겠고, 또 주위 사람들과 스리슬쩍 수다를 떨 것이 분명하지만, 그래도 엄마는 자기가 맡은 시간까지 거기에 굳건히 서 있을 것이다. 엄마가 돌아오면 다시 말을 건네고 싶다.

'엄마, 고생 많았어요. 이제 나와 함께해요.'

104

나를 이끌어 온 인연에 감사하며

정정자

_____1961년 경기도 연천에서 태어났다. 1979년 1월 원풍모방에 입사하여 노조에서 소모임 활동을 했다. 1982년 9·27원풍노조 폭력탈취사건 때 해고를 당하였다. 2007년, 정부로부터 민주화운동 관련자로 인정을 받아 명예회복이 되었다.

나는 1961년 경기도 연천군에서 태어나, 초등학교 1학년 때 서울 노원구 중계동으로 이사했다. 어린 나이에 고향을 떠나서 그런지 향수를 느낄만한 추억은 별로 없다. 다만 군사지역이라서 군인들이 많았고, 흙먼지를 자욱하게 날리며 신작로를 달려가는 군용 트럭을 쫓아다녔던 기억이 어렴풋이 날 뿐이다.

초등학생 시절을 보냈던 중계동은 달동네였다. 1960~70년대, 시골의 빈농들이 잘 살 수 있을 것이라는 환상을 품고 서울로 밀려들었다. 그들은 가난에서 벗어나기 위해 서울로 올라왔지만, 대다수가 도시 빈민이 되어 살아갔다. 그런 사람들이 모여든 곳이 중계동 달동네였다.

똑같이 가난에 허덕였지만, 그나마 서울에서는 농촌과는 달리 하루 벌어 하루 끼니를 이어갈 수 있었다. 보리밥에 수제비가 거의 주식이었지만, 그나마 끼니를 건너뛰지 않는 것을 다행으로 여겼다.

어렵사리 중학교는 입학했지만, 1년을 채 다니지 못하고 학업을 중단해야 했다. 큰오빠가 몸이 아파 돈을 벌 수 없었기 때문이다. 오빠는 자신의 건강이 좋아지면 검정고시 공부를 할 수 있게 해주겠다고 했다. 어쩔 수 없이 학교를 그만 두었지만 배우지 못한 한은 가슴에 남아있다.

나이가 어렸지만 돈을 벌어야 했다. 중랑천 주변에는 벽돌공장이 많았다. 중랑천에서 모래를 파서 벽돌을 찍어 파는 공장들이었다. 그곳에서 벽돌을 삼륜차에 1천 장을 실어주는 일을 했다. 그 일을 '상차' 한다고 했는데, 상차를 마치고 돈을 얼마 받으면 한 팀으로 일했던 친구들과 나누어 가졌다. 하모니카를 만드는 공장과 가죽공장에서도 일을 했지만 쥐꼬리만큼도 못 벌었다.

소모임 '모닥불'

1979년 1월, 열여덟 살 때 원풍모방에 입사했다. 원풍산업 본사에 근무하던 오빠 친구의 소개로 들어갔다. 근무 부서는 가공과 수정부였는데, 다른 부서와는 달리 8시간 2교대 주간근무만 하여 좋았다.

원풍모방에 들어와 보니 교복을 입고 학교에 다니는 사람들이 눈에 띄었다. 나도 가슴속에 맺힌 한풀이 공부를 해볼까 생각했었지만, 나이 들어 중학교 공부를 한다는 것이 창피했다. 쓸데없는 자존심이 발목을 잡아당겨 끝내 공부를 포기했다. 되돌아보면, 소심한 성격 때문에 용기를 못 내서 공부를 못 한 것이 후회된다.

입사한 지 3~4개월 지나 수정부에 근무하던 사람들끼리 소모임을 조직하였다. 이름은 '모닥불'이었다. '모닥불' 회원들은 7~8명이었는데, 같은 부서 근무자들이라서 그런지 정서가 비슷했던 것 같다. 소모임은 나에게 새로운 사회생활을 경험하는 계기가 되었다. 노동조합이 소모임 활동을 지지해주고 후원해주어 재미있게 지냈다. 노동조합에서 여러 가지 강의도 듣고, 영등포산업선교회에서도 모임을 갖고, 기독교회관 목요기도회 집회에도 참석하면서 새로운 세상을 깨우치기 시작했다.

노조의 교육 내용은 대체로 잊어버렸지만, 방용석 지부장님의 강의가 인상적이었다. 강의가 끝나고도 무언가 가득히 채워지는 것 같아 가슴이 벅차올랐다. 그때는 무엇이든 할 수 있다는 의욕이 넘쳤다. 방용석 지부장님의 강의는 강력한 메시지를 들려주면서도 부드럽게 우리를 감싸주며 용기와 자신감을 북돋아주었다. 어느 순간부터 내가 먼저 동료들에게 노조 사무실에 들려보자는 말을 자연스럽게 했다.

갈등과 탄압

1980년 12월, 전두환의 신군부가 원풍노조에 탄압을 가하면서 가공과에서는 김두옥과 이문희 상집위원이 강제로 해고당했다. 거기다가 선배들도 결혼하느라 사표를 내고 공장을 떠나면서 가공과에는 활동가도 별로 없었다.

1982년 8월, '원풍노조 9·27사건'이 일어나기 한 달 전, 가공과의 작업장 책임자인 김성우 담임이 노조 대의원 김성구를 폭행했다. 그러자 회사 인사위원회는 김성구 대의원을 해고시켰다. 가공과 여성 조합원들은 대의원 해고가 부당하다며 항의를 하는 과정에서 작업거부 사건이 발생하였다. 회사는 그 사건을 문제 삼아 9월 26일 박순애 부조합장과 이옥순 총무, 조합원 김영희, 박혜숙 4명을 해고하였다.

가공과에는 여성 조합원들보다 남성 조합원이 많았다. 원풍노동조합의 역사를 보면, 1972년 8월 9일 노조 정상화를 요구하는 파업 당시에도 가공과 남자 조합원들은 회사의 앞잡이 노릇을 했다고 한다. 남성 조합원들은 처자식을 먹여 살리려고 한 불가피한 행동이었다고 말하지만, 어느 집 처자식들이 비굴하게 벌어온 돈으로 살기를 원하겠는가싶다.

'원풍노조 9·27사건' 당시도 이문희와 친했던 양병욱이 회사 측 앞잡이인 구사대가 되어 노조를 배신했다. 그는 적극적으로 나서서 가공과 출신 정선순 조합장을 감금하고 사표를 종용했다. 이 모든 것이 가공과 내의 노조 활동이 부재했기 때문이었을 것이다. 만약 노조 핵심간부나 활동가가 부서 내에 있었더라면 미리 중재를 하여 폭력사태로까지 확대되지 않았을 수도 있었다고 생각한다.

마지막 외침

1982년 9월 27일, 폭력배들에게 노조 사무실을 점거당하고 조합원들은 출입이 통제되었다. 단식농성을 하며 저항했지만, 국가권력의 비호를 받은 폭력배들은 물러설 기미가 보이지 않았다. 추석날 새벽이었다. 닷새째 단식을 하며 만신창이가 된 우리들은 운동장에 모여 마지막 힘을 다해 소리치며 싸웠다.

"폭력배는 물러가라!"

"양정모를 처벌하라!"

추석 명절 새벽, 우리들의 절규는 메아리 없는 외침이 되었고, 대림동에는 폭력이 난무했다. 우리들은 굶주린 이리떼처럼 달려드는 구사대에게 팔과 다리가 들리고 멱살이 잡혀 정문 밖으로 내동댕이쳐져 시멘트 바닥에 뒹굴었다.

차가운 새벽 공기를 가르며 굉음처럼 들려오던 전경들의 군홧발 소리는 지금도 상상하면 몸서리쳐진다. 척척 박자를 맞추며 다가오는 발소리에 숨이 멎을 것 같았다. 나는 옆의 동료와 뛰기 시작했다. 잡히면 군홧발에 밟혀 죽을 것만 같았다. 있는 힘을 다해 뛰어 양문교회로 들어가 몸을 숨겼다. 새벽예배 시간이었던 것 같다. 교인들이 우리들을 바라보는 눈초리가 차가웠다.

그도 그럴만 했다. 맨발에 엉클어진 머리카락, 때가 꼬질꼬질한 작업복…, 누군가가 죽 한 숟가락을 떠주며 먹으라고 권했다. 허기진 배를 죽 한 숟가락으로 달래려 하니 눈물이 왈칵 쏟아져 입안에 넣은 죽물이 넘어가지 않았다. 억울했다. 이대로 도저히 물러설 수가 없다는 생각에 이를 악물었던 기억이 난다.

죽 몇 숟가락을 먹고 정신을 차려 집으로 갔다. 오빠가 걱정스러운 표정으로 쳐다보았다. 오빠는 "너 때문에 널 소개한 내 친구가 회사에서 목이 잘릴지도 몰라!"하며 투덜거렸다. 오빠는 빨리 사표를 내고 노조 활동을 정리하라고 했다. 속이 상했다. 그 길로 집을 나와 친구의 자취방에서 살며 출근투쟁을 했다.

10월 13일, 출근투쟁을 하다가 200여 명의 조합원과 함께 남부경찰서로 연행되었다. 경찰은 한 사람씩 따로 불러 조사했고, 열 손가락 지문을 찍고, 사진도 찍고, 협박도 했다. 불법폭력을 당한 우리가 오히려 범죄자 취급을 받았다. 그날 경찰서에 감금당하면서 애국가를 4절까지 외우게 되었다. 투쟁가 대신 애국가를 부를 수밖에 없었던 것이다. 우리는 목이 터지도록 악을 썼다. 눈물을 흘리며 애국가를 부르며 부정한 권력에 저항했다.

출근투쟁으로 대의원 두 명이 구속되었고, 열네 명의 동료들이 구류처분을 받았다. 11월 초에는 수배 당했던 상집간부들이 구속되어 이제 출근투쟁도 어려워졌다. 1983년 8월, 구속되었던 간부들이 모두 석방되자 원풍노조 동지들도 다시 모이기 시작했다.

딸의 격려

나는 1984년 아버지의 성화에 못 이겨 결혼했다. '원풍노조 9·27 정기모임'에는 가끔 아이를 업고 참석하였지만, 나는 대체로 가정생활에 묻혀 살았다. 2007

년 민주화운동 관련자로 명예회복 신청을 할 때, 내 등에 업혀 모임에 참석했던 딸이 어느새 다 커서 경위서를 써 주었다. 명예회복 인증서를 본 딸은 "우와! 우리 엄마 최고!"라며 격려해 주었다. 기분이 참 좋았다.

2017년 9월 27일, '원풍노조 9·27사건' 35주년 모임을 가졌다. 어느덧 35년이 지난 것이다. 나는 원풍동지회와의 만남이 참 좋다. 한때 몸서리쳐지는 아픔과 고통이 있었지만, 그 모든 것을 승화, 발전시켜왔다. 원풍 동지들과의 인연에 감사한다.

105

소중한 인연에 감사

정진옥

―――――1960년 충남 논산에서 태어나 1979년 가을, 원풍모방에 입사하여 노조 활동을 했다. 1982년 9·27사건 때는 경찰, 면장, 이장 등 고향의 관계자들이 총동원되어 그 압력으로 강제사직을 당하였다. 2007년, 정부로부터 민주화운동 관련자로 인정되어 명예회복이 되었다.

나는 1979년 가을, 열아홉 살 때 원풍모방에 들어갔다. 입사한 지 두서너 달이 지난 어느 날이었다. 전방 보전실에 근무하는 임태송 언니가 함께 소모임 활동을 하자고 제안했다. 소모임 활동은 어떻게 하느냐고 물었더니, 언니는 매주 정기적으로 모여 강의를 듣고 취미활동도 한다고 설명해 주었다. 모임 장소는 영등포 산업선교회관이었다.

며칠을 망설였다. 원풍모방에 입사하기 전에 형광등 부품을 생산하는 공장에서 일을 했었는데, 그곳에서 산업선교에 대한 이야기를 들었던 기억이 났기 때문이다. '도산'이 가면 도산된다. 또 '도산'은 간첩과 같은 불순한 사람들이 모이는 곳이라는 이야기를 TV 뉴스에서 들은 적도 있었다. 한편 정말 간첩같이 이상한 사람들이 모이는 곳일까, 하는 호기심도 있었다.

태송 언니는 식사시간에 함께 밥을 먹으며 노조 이야기를 해주었고, 식사 후 노동조합 사무실로 데리고 갔다. 노조 사무실은 낯설었다. 태송 언니는 노조 상근간부들과 인사를 시켜주며 마음의 벽을 허물 수 있게 도와주었다.

그렇게 1980년 초 소모임 '에델바이스'에 가입하면서 노조에 대해 조금 더 알게 되었다. 정부나 언론이 '도산세력' 운운했던 것이 거짓말이란 사실도 알게 되었고, 전에 다녔던 공장에서 부당한 대우를 받았다는 사실도 깨닫게 되었다.

노조 사무실에는 책이 많았다. 책읽기를 좋아했던 나는 책을 빌려 읽으려고 노조 사무실을 자주 갔다. 노동조합 상근간부들과 상집간부, 대의원 활동을 하는 선배들은 한결같이 꾸밈없는 환한 얼굴이었기에 나도 저 선배들처럼 살고 싶다고 생각한 적이 많았다.

봄 날 은   가 고

1980년 5월, 여의도 한국노동조합총연맹 강당에서 '노동기본권확보 전국궐기대회'가 열렸다. 전국에서 노동자 1천여 명이 모였다. 그날 대회장을 압도했던 방용석 지부장님의 모습을 잊을 수가 없다. 대회를 이끌어가던 방 지부장님이 너무 멋져보였고 자랑스러웠다. 자신감 넘치는 그 용기와 당당함을 닮고 싶은 간부였다.

노동조합이 무엇인지 어렴풋이 알아갈 때였지만, 원풍모방은 내가 전에 몇 개월간 겪었던 노동환경과는 전혀 다른 곳이라는 사실 하나는 확실하게 느낄 수 있었다. 원풍노동조합처럼 노동자들이 단결하는 노동조합들이 많아지면 노동자의 삶이 훨씬 더 좋아질 수 있을 것이라는 생각도 들었다. 무엇보다 내가 인격적으로 존중받고 있는 것이 좋았다.

'노동기본권확보 궐기대회'를 해산하고 돌아온 다음날부터 세상이 뒤숭숭해졌다. 계엄령이 확대되었고, 광주시민들이 계엄군이 쏜 총에 맞아 죽어가고 있다는 말도 들렸다. 국민을 지켜야 하는 군인들이 오히려 국민에게 총을 들이대고 있다는 소식은 도저히 믿을 수가 없었다. 노동조합에서는 광주항쟁 희생자 돕기 모금함을 식당에 놓았고, 참담한 심정으로 얼마 되지 않는 액수였지만 모금에 참여했다.

뒤숭숭한 5월이 다 지나가고 두어 달부터 노조 사무실에 방 지부장님과 박 부지부장님이 계시지 않았다. 그때만 해도 나도 다른 조합원들처럼 계엄령이 해제되면 두 분이 다시 노조 사무실로 돌아오리라 믿고 있었기에 크게 걱정하지는 않았지만, 한편으로는 불안하기도 했다.

방 지부장님을 다시 뵌 것은 1981년 봄, 영등포산업선교회관에서였다. 나는 방 지부장님을 노조가 아닌 영등포산업선교회에서 뵙는 것이 안타깝지만, 그나마 다행이라고 생각하며 기뻤다. 방 지부장님을 만나는 것이 좋아 산업선교회에 자주 갈 수 있는 활동거리들을 더욱 열심히 찾았다. 소모임은 물론 성경공부, 역사 공부, 독서반에 들어가 공부하기 시작했다.

1982년, 그 어둡고 긴 밤

회사 측 관리자들이 작업현장을 한층 더 심하게 감시하기 시작했다. 현장의 작업지시 체계를 무시하고 방적과 과장, 계장이 직접 기능공들에게 지시를 하며 감독을 했다. 이것은 노동조합 활동을 탄압하는 수법이었기 때문에 거의 매일이다시피 과장과 계장, 사원들과 크고 작은 시비가 끊이지 않았다.

하루는 몇몇 동료들과 짜고 한상엽 과장을 골려주기로 작정했다. 그는 보통사람보다 머리 하나가 더 있을 정도로 키가 컸다. 전방에는 섬유원료, 곧 굵직한 실을 담는 보통사람 가슴 정도 오는 드럼통이 있었다. 장난을 하듯 다가가 한 과장을 그 통 안에 밀어 넣고 작업장 바닥에 굴리며 골탕을 먹였다. 붉으락푸르락하며 작업장을 빠져나가는 그를 보며 얼마나 통쾌해했는지 모른다. 그는 '원풍 노조 9·27사건' 때 구사대의 지휘자 노릇을 했다.

9월 27일, 퇴근하기 위해 기계를 청소하고 있는데, 언제 왔는지 임태송 대의원이 이 기계 저 기계를 뛰어다니며 노동조합에 폭력배들이 몰려왔다고 다급하게 외쳤다. 더구나 폭력배들에 의해 조합장 혼자 노조 사무실에 감금되어 있다고 했다. 깜짝 놀라 허둥거리며 옆 동료와 이야기를 나누고 있는데, 태송 언니가 이곳저곳을 다니며 퇴근 후 모두 노동조합 앞으로 모이라고 호소했다.

나는 출근반과 작업교대를 하자마자 노동조합 사무실 앞으로 뛰어갔다. 듣던 대로 식탁을 두세 개 겹겹이 쌓아 노조 사무실을 막아놓고, 그 앞에 남자들이 서로서로 팔짱을 끼고 지키고 있었다. 한상엽 과장 등 회사 간부들이 왔다 갔다 하며 폭력배들을 지휘하는 모습도 보였다. '나쁜 놈들!' 그들을 보자 화가 치밀어 올랐다.

그 인간들보다 더 구역질나는 놈들은, 조합원이면서도 회사의 앞잡이가 된 전방 담임 장재천과 유천종, 그리고 전방 보전 담임 박영수 등 노조 사무실에 조합장을 감금하고 있는 남자 조합원들이었다. 감금되어 있는 조합장의 이름을 부르며 폭력배들을 밀치고 들어가 보려고 발버둥을 쳐보았지만 헛수고였다.

단 식 농 성 , 그 리 고 강 제 해 산

시간이 지나 어두워지자 집행부는 농성장으로 집결하라는 지시를 내렸다. 노조 사무실 옆에 있는 정사과를 농성장으로 정해 놓았다. 추석 휴무가 시작되자 회사 측은 농성 조합원들을 회유하기 시작했다. 언제부터 매달려 있었는지 스피커에서는 나훈아의 노래 '코스모스 피어있는 정든 고향~~역'이 흘러나왔다. '원풍노조 9·27사건'을 겪은 지 수십 년이 지난 지금도 그 노래를 들으면 당시 단식투쟁하던 초췌한 우리들의 모습이 떠올라 서글퍼진다.

밥을 굶고 잠도 못자며 농성하는 우리는 날이 갈수록 지쳐갔다. 거기다가 회사 측은 스팀을 강하게 틀어놓았다. 600여 명이 모여 있는 농성장은 갈수록 공기가 탁해졌고, 여기저기서 동료들이 픽픽 쓰러져갔다. 쓰러진 동료들은 병원으로 가도록 내보냈다.

그런데 그 틈을 타 구사대들이 농성장으로 들어와 동료들을 밖으로 끌어내기 시작했다. 우리는 몸싸움을 벌여 대항하고, 실을 감은 목관을 집어던지며 그들이 들어오지 못하게 막았다. 또 구사대 남자들에게 한 사람씩 떼어져 끌려 나가지 않으려고 수백 미터 길이의 마대를 허리에 두르고 그 끈을 잡고 버티었다.

추석날 새벽, 동료 대부분은 끌려 나갔고, 운동장 등나무 아래에는 몇 십 명만 남아있었다. 우리는 서로를 부둥켜안고 끌려 나가지 않으려고 안간힘을 쓰고 있었다. 악이 머리 끝까지 차 있었는데도, 경찰들의 군화 소리가 소름이 끼치도록 무서웠다. 땅을 쿵쿵 울리며 우리들을 향해 조여 오는 군홧발 소리에 심장이 조여 드는 것 같아 극도의 불안과 두려움에 온몸이 떨렸다. 그날 새벽, 추석 보름달이 우리 머리 위에도 휘영청 밝게 빛을 내며 떠 있었을 것이다. 그런데 내 기억속의 그 밤은 칠흑 같은 어둠이었다. 사방이 분간되지 않을 정도의.

회사에서 쫓겨나자 기숙사생이었던 나는 당장 갈 곳이 없었다. 다행히 영등포 산업선교회에서 동료들과 함께 합숙생활을 할 수 있었다. 가끔은 전방 친구였던 이미숙의 집으로 가서 밥도 얻어먹고 잠도 잘 때가 있었다. 미숙이는 원풍모방공장 부근에서 어머니와 둘이 살고 있었다.

10월 13일의 2차 출근투쟁을 하고 난 뒤의 어느 날이었다. 그날도 미숙이네 집에서 미숙이와 어머니, 그리고 나 그렇게 셋이서 이런저런 이야기를 나누다가 잠이 들었다. 새벽 한 두시 경이었는데, 갑자기 저벅저벅 소리가 들리더니 방문이 확 열렸다. 깜짝 놀라 벌떡 일어났다. 형사들이었다. 그들은 구두를 신은 채 방으로 들어서, 이불과 옷을 질근질근 밟으며 장롱을 열어젖히고 옷가지 등을 방바닥에 팽개치며 샅샅이 뒤졌다.

그들은 어떤 것도 발견하지 못하자 상집간부가 어디에 숨어있는지 대라며 윽박질렀다. 한밤중에 갑자기 당한 일이라 겁이 많이 났지만, 어찌나 억울했던지 미숙이와 나는 악을 쓰며 형사들에게 달려들었다. 나이가 많은 어머니는 놀라서 그만 옷에 똥을 싸며 벌벌 떨고 계셨다. 안하무인으로 날뛰는 그들에게 속수무책으로 당한 것이 분하고 무서웠지만, 이대로 물러서면 절대 안 된다고 다짐했다.

우리는 거짓말만 일삼는 언론매체에 맞서 회사 측의 부당한 폭력과 국가폭력을 세상에 알려야 했다. 동료들과 삼삼오오 짝을 지어 유인물을 들고 거리로 나갔다. 명동성당 앞에서 미사를 마치고 나오는 신자들에게 호소문을 나누어주었고, 어느 날은 새문안교회, 정동교회 등을 찾아다니면서 신도들에게 우리가 당한 억울한 일들을 알렸다.

권력의 하수인들

11월 11일이었다. 신용협동조합에 볼일이 있어 원풍모방 정문에 갔다가 큰오빠와 맞닥뜨렸다. 큰오빠는 논산 양촌면의 고향집에 살고 있었는데, 경찰서 형사와 양촌면 면서기와 함께 나를 기다리고 있었던 것이다. 그들은 한독병원 옆에 있던 한독다방으로 나를 데리고 가더니 회사에 사표를 제출하라고 강요했다. 나는 사표를 내야할 이유가 없으며, 형사와 공무원이 뭔데 개인사에 관여하느냐고 따졌다.

내가 강력하게 거부하자, 그들은 그렇게 뻗대면 남부경찰서에 인계하겠다고 협박했다. 순간 겁이 덜컥 났다. 꼼짝없이 남부경찰서로 끌려가게 될 것 같았다. 꾀를 냈다. 오빠에게 3일만 생각할 시간을 달라고 사정했다. 오빠는 대신 내가 어디에 기거하고 있는지 알려달라고 했다. 할 수 없이 오빠와 그 두 사람을 영등포시장 부근까지 데리고 왔다가 따돌리고는 도망치듯 영등포산업선교회관으로 들어갔다.

11월 14일이었다. 상집간부들이 체포되지 않았더라면, 그날 서교동교회에서 우리 문제를 대대적으로 알리고 호소하는 기도회를 열 계획이었다. 하지만 이틀 전에 상집간부 전원이 체포되면서 기도회를 열지 못하였고 예배만 드리고 나왔다. 그런데 어떻게 알았는지 오빠와 면서기, 형사가 그곳으로 찾아와 잡히고 말았다. 그 중 J라는 형사가 "정진옥! 내 체면 좀 세워줘라! 논산군수를 한번만 만나줘라!"하며 논산으로 가자고 설득했다.

끌려가지 않으려고 애를 써보았지만 남자 세 명을 당할 수가 없었다. 결국 논산으로 끌려갔는데 강경경찰서 근처 다방에 앉히더니 또 사표를 강요하였다. 사표를 강하게 거부하자 경찰서로 데리고 갔다. 그때 밤 12시가 넘었는데, 경찰서장, 면장과 면서기, 양촌리 동네 이장, 양촌리 담당 순경이 기다리고 있었다. 그 사람들을 보니 기가 막혔다. 나는 중죄인도 아니고, 노조간부도 아니지 않는가, 개인 회사의 공원일 뿐인데 나 하나 사표 받기 위해 행정력이 총동원되어 있으니 도무지 이해할 수가 없었다.

J라는 형사는 계속 사표를 쓰라고 구슬렸다. 만약 사표를 쓰지 않으면 구속시키겠다고 협박도 했다. 갈수록 가관이라는 생각이 들었다. 형사와의 실랑이를 지켜보던 오빠가 나에게 잠시 밖으로 나가자고 했다. 오빠는 밖으로 나오자마자 내 뺨을 세게 몇 차례 때렸다. 눈에서 불이 번쩍 나는 것 같았다. 오빠는 '형사 말대로 사표를 쓸 것이지, 네가 뭐 잘났다고 거부하느냐'며 큰소리로 야단을 쳤다.

오빠가 무서워 엉겁결에 경찰서 안으로 뛰어 들어갔다. 그리고는 안에 있던 사람들에게 '당신들 때문에 내가 매를 맞았다'며 소리를 막 지르고 항의를 했다. 약이 오르고 억울해서 숨이 막혀버릴 것만 같았다. 사표를 강요하던 형사는 흥분한 내가 걱정이 되었는지, 구속은 시키지 않을 것이니 일단 집으로 돌아가라고 했다. 이튿날 아침이었다. 형사가 약봉지를 들고 와 내게 내밀었다. 나는 병 주고 약은 왜 주는 것이냐며 화를 벌컥 내고 약봉지를 팽개쳤다. 그 후 형사는 집에는 오지 않았지만, 동네 어귀에서 나를 감시했다. 아마도 서울로 다시 갈까봐 지키는 것 같았다.

그 후 논산군청에서 공무원이 찾아오기도 했다. 그는 원풍모방에 사표를 내면 논산군청 직원으로 취직을 시켜주겠다며 얼렀다. 나는 죽었다 깨어나도 당신들에게 사표를 내지 않을 것이며, 아무리 좋은 곳에 취직을 시켜준다 해도 가지 않을 것이니 다시는 귀찮게 하지 말고 돌아가라고 했다. 고향집에 갇혀 있으면서 별별 생각이 다 들었다. 국가가 왜 개인사에 참견을 하는 것인지 모를 일이었다.

우울한 세월을 보내며

당시 피를 나눈 형제에게까지 이해받지 못하는 상황이 분했다. 나는 중학교를 졸업하자마자 열일곱 나이로 집안의 빚을 갚으려고 서울행 기차를 탔다. 한창 멋을 부릴 나이였지만, 좋은 옷 한 벌 사 입지 못하고, 먹고 싶은 것 하나도 마음껏 사먹지 않으면서 돈을 아끼고 아꼈다. 월급은 거의 몽땅 집안 살림에 보탰다. 그렇게 마음을 다하여 가족을 도와주었는데, 내 말을 무시하고 나를 내쫓는데 혈안이 된 사람들 말만 진실인양 듣는 오빠가 원망스러웠다. 거기다가 형사들 앞에서 뺨까지 때리고 윽박지르는 오빠가 미웠다.

차라리 부모형제가 없는 고아였다면 좋았을 걸, 하는 생각도 들었다. 가족이 원수같이 생각되던 참 서러웠던 시절이었다. 다만 원풍모방노동조합을 깨부수어 내 삶의 터전을 짓밟는 실체가 전두환 정권이라는 확신이 강해졌다. 어머니는 말한마디 하지 않고 침울해 있는 나를 안쓰럽게 바라만 보셨다. 형사와 공무원, 오빠, 심지어 동네 이장과 마을사람들에게까지 손가락질을 받으며 시달리는 내가 혹시 자살이라도 할까봐 걱정하였던 것 같다. 엄마는 잠시도 내 곁을 떠나지 않고 말없이 지켜만 보셨다.

고향집에서 감옥살이와 다를 바 없는 생활을 하며 우울증에 빠져 있던 어느 날, 집으로 편지 한 통이 배달되었다. 서울에서 최영숙 상집간부 언니가 구속자들의 재판 일정을 적어 보내준 편지였다. 자포자기하며 지냈던 나는 정신이 번쩍 들었다. 구속된 간부들이 보고 싶었고, 미안했다. 서울 문래동 남부지방법원으로 달려갔다.

구속자들에게 먼발치에서 손을 흔들며 웃음을 나누는 것이 고작이었지만, 그 또한 조합원으로서 해야 할 당연한 역할이라고 여겼다. 김승년 검사가 사건을 조작하여 없는 죄를 뒤집어씌우는 논고를 할 때는 화가 치밀어 올라 씩씩거렸고, 재판 중에 졸고 있는 검사를 조롱하기도 했다. 기왕에 서울에 간 김에 구속자들의 얼굴을 보고 싶어 고척동 구치소까지 찾아갔지만, 직계가족 아닌 사람은 면회를 할 수가 없었다.

그나마 고척동 구치소에 가면 구속자들과 가까이에서 함께 호흡하고 있다는 것만으로도 위안이 되었다. 면회실 밖에서 서성이다가 가족들이 면회실에 들어가면서 잠시 열어놓은 문틈으로 스치듯 얼굴을 보고 손 한번 흔들어 인사를 나누는 것으로 안타까움을 대신했다.

다시 고향집으로 내려가 몇 개월간 지내다가, 감시가 잠잠해졌을 즈음에 서울로 다시 왔다. 큰오빠가 화곡동에서 인삼장사를 하고 있었는데, 그곳에서 잠시 가게 일을 도와주었다. 거기까지 형사들이 들락거리면서 나를 감시했다.

아 이 들 로 부 터 격 려 를 받 다

1983년 8월, 구속된 간부들이 석방되었다. 나는 그해 가을, 다시 고향집으로 내려왔다. 어머니가 많이 편찮으셔서 살림과 농사일을 거들어야 했다.

1986년, 중매로 결혼을 했다. 남편은 큰딸아이가 중학교 1학년 때 사고로 저세상으로 떠났다. 둘째인 딸과 셋째인 아들이 아직 초등학생 때였다. 아이들은 일찍 아빠를 여의어서 그런지 속이 깊었다. 아이들도 경제적 어려움은 물론 여러 가지 힘든 일들을 겪었지만 잘 자라주었다. 원풍모방노동조합 이야기는 아이들이 중고등학생일 때 들려주었다.

막내는 지금 대학교를 졸업하고 직장인이다. 그 아이는 나의 '민주화운동 관련자 명예회복 인증서'를 사진으로 찍어 갖고 다니며 친구들에게 "우리 엄마 이런 분이야!"라며 자랑한다고 한다. 아들은 대학생일 때도 사회문제나 노동문제가 있는 곳은 다 찾아가 지지활동을 하는 등 적극적으로 사회참여를 했다.

제주도 강정마을에도 가서 지지시위를 며칠씩 하고, 평택 쌍용자동차 해고노동자들이 복직투쟁 할 때도 지지방문을 했다. 그런 아들의 모습을 바라보는 엄마로서 위태롭게 생각되기도 하지만, 그보다는 사회의식이 깨어있는 아들이 곁에 있어서 든든하다.

나는 2007년에 민주화운동 관련자로 명예회복이 되었다. 남편을 일찍 하늘나라로 보내고 어렵사리 어린 삼남매와 살아가면서 크고 작은 집안일에 부대껴 의기소침했던 시기였는데, 꿈만 같은 현실이 벌어져 하늘을 붕붕 날아다니는 기분이었다.

원풍노동조합에서 활동한 덕분에 얻은 그 명예회복은, 나로 하여금 다시 자신감을 갖고 살아갈 수 있는 원동력이 되어주었다. 다만 내가 좀 더 열심히 노동운동을 했었더라면 명예회복 인증서를 받는 마음이 더욱 떳떳했을 덴데, 하는 아쉬움도 있다. 앞으로도 원풍동지들과의 소중한 인연에 감사하며 살아갈 것이다.

딸 박지영이 엄마에게 ─

저는 정진옥 엄마의 큰딸 박지영입니다. 아무 것도 몰랐던 어린 시절부터 엄마를 따라 1년에 한 번씩 서울을 가곤 했습니다. 영등포 부근의 어느 빌라였지요. 다른 여러 곳에도 엄마를 따라갔던 기억이 조금씩 납니다. 그때만 해도 단순히 엄마랑 서울 나들이를 가는 줄 알았습니다. 근데 커서 알고 보니 그 나들이가 엄마가 예전에 다니던 직장 분들과의 모임이었습니다.

그 모임은 단순한 직장 사람들의 모임이 아니었습니다. 엄마는 저와 제 동생들이 어렸을 때부터 엄마가 다녔던 직장에 대해, 그 직장에서 겪은 여러 가지 일들에 대해서 말씀해주셨습니다. 그 중 제일 많이 들었던 것은 노동조합 이야기였습니다.

엄마는, 노동조합을 통해 당시 다른 회사에는 없었던, 요즘으로 말하면 동아리들도 만들고, 미용실도 만들고, 신용협동조합, 목욕탕, 독서실을 만들어 많은 회사 사람들이 이용하였다고 말씀했습니다. 엄마는, 다른 회사 사람들도 이를 많이 부러워하여 자부심을 가졌다고 여러 번 저희들에게 자랑하셨습니다.

또 노동조합이 있어 불합리한 근무시간이나 임금 등 근로조건을 회사 측과 노조 간부들이 교섭하여 개선해 나갈 수 있었으며, 각종 소모임을 만들어 다양한 사람들과 교류하게 하여 세상 물정 모르고 그저 가족들의 뒷바라지를 위해 희생했던 조합원들이 지식과 정보를 얻고, 자기들과 비슷한 처지의 어려운 사람들을 돕기도 했다는 이야기를 들었습니다.

엄마는 한마디로, 노동조합은 사람이 저마다 더 좋은 환경에서 사람답게 살고자, 다른 곳에서 얻을 수 없었던 지혜를 얻고자, 그리고 노동자로서 당연히 받을 대우를 받으며 일하기 위해 만들어진 조직이었다고 하셨습니다.

그런데 어느 날 갑자기 회사로부터 부당한 대우와 탄압을 받았고, 이도 모자라 국가 기관까지 가세해 노동조합을 무력화시키는 말도 안 되는 일이 벌어졌다고 합니다. 엄마와 그 동료 분들은 모진 고난을 겪어야 했고, 이에 굴하지 않고 저항하자 강제로 해고시키고는 그도 모자라 블랙리스트를 만들어 다른 곳에 취직도 못하게 했다고 들었습니다. 요즘 같으면 정말 상상할 수도 없고 말도 안 되는, 어처구니없는 일이지요. 엄마와 동료 분들은 그 억울함을 해결하고자 수십 년 동안 모였습니다. 근데 그 억울함은 단순한 직장 내 문제가 아니라, 정치사회, 블랙리스트, 민주화운동과 맞물려 있었던 일이었습니다. 제가 고등학교 한국근현대사 수업시간에 동일방직사건, YH사건 등에 대해 배운 적이 있었는데, 교과서에 나온 그 유명한 일들이 바로 우리 엄마와 그 동료 분들이 겪으셨던 일이었습니다.

그 분들은 본인들이 당한 억울함과 부당한 처사를 해결하기 위한 출구가 보이지 않는 터널을 지나며 갖은 설움과 고통을 겪으셨습니다. 시간이 흘러 꽃다운 아가씨들은 시집을 가 아이들을 낳아 아줌마가 되었고, 이제는 할머니 할아버지가 되었습니다. 긴 세월이 흘러 포기할 법도 했지만, 엄마와 동료 분들은 끝까지 버티셨습니다.

드디어 정권이 바뀌면서 이 분들의 피와 땀과 눈물이 헛되지 않았음을 인정받게 되었습니다. 부당하게 해고를 당하고도 블랙리스트에 올라 아무 곳에도 취업할 수 없어 막막한 삶을 사셔야 했던 그 분들의 활동이 민주화운동을 한 것으로 인정받았습니다. 그 분들이 겪었던 아픔과 고통의 시간에 비해서는 부족하지만 '명예회복'이 되셨습니다. 끝까지 참고 견디며 애쓰신 엄마와 동료 분들이 정말 대단하시고 존경스럽습니다.

엄마와 동료 분들의 모임은 그 분들의 자녀대로도 이어지고 있습니다. 황선금 이모가 저를 그 모임에 초대하셨는데, 그때는 일이 있어서 참석하지 못했습니다. 지금 생각해 보면 너무 죄송했습니다. 언젠가 그 모임이 다시 열린다면 꼭 참석하겠습니다.

어렸을 때는 잘 몰랐지만, 엄마가 민주노동조합의 일원이었다는 사실은 지금의 저에게 큰 의미가 있고 자랑스럽게 느껴집니다. 엄마와 같은 분들이 계셨기에 민주화 운동, 노동운동을 통해 지금의 자유로운 세상이 만들어졌고, 저희가 그 세상에서 편하게 일할 수 있는 것 같습니다.

그분들의 노력이 없었더라면 여전히 이 세상은 거칠고 암울하였을 것이고, 많은 사람들이 억울함과 부당함에서 헤어나지 못했을 것입니다. 물론 아직도 곳곳에서 힘들게 살아가고 있는 사람들이 많이 있지만, 지난 시절에 비하면 지금은 정말 많이 달라졌고, 앞으로 더욱 더 달라지리라 믿습니다.

엄마가 원풍이라는 곳에서 일하지 않고, 그저 평범한 시골처녀로 있다가 시집을 가 저를 낳고 살았더라면, 아마 저는 세상일에 관심 없이 그냥 평범하게 현실에 안주하며 살았을 것 같습니다. 저와 동생들은 엄마를 통해 역사를 배웠고, 엄마와 대화하면서 정치와 세상에 대해 관심을 가지게 되었고, 엄마의 활동을 보면서 다른 사람의 아픔과 어려움을 도울 수 있었습니다. 제가 사회복지학을 전공한 것도 엄마의 영향이 없지 않았다고 할 수 있습니다.

저는 쌍둥이 딸을 둔 엄마가 되었습니다. 지금 특별하게 하고 있는 일은 없습니다. 그러나 엄마와 함께 하셨던 많은 분들처럼은 못하지만, 나 혼자 잘 살기에 급급하지 않고, 세상일과 다른 이의 아픔에 관심을 갖고 함께 나누며 할 수 있는 최소한의 도움이라도 보탤 수 있는 그런 삶을 살고 싶습니다.

저희들이 좀 더 나아진 사회에서 편안히 살아갈 수 있도록 엄마와 이모님들께서 베풀어주신 은혜 다시 한 번 진심으로 감사드립니다. 사랑하는 엄마! 비록 우리들 크게 이룩하지는 못했지만, 어려움 속에서도 저희 삼남매를 잘 키워주신 것 감사드립니다. 엄마는 올바른 가르침으로 우리가 세상을 똑바로 바라보며 생각하고 실천할 수 있는 눈을 뜨게 해주셨습니다. 남은 삶 끝까지 평안하고 행복하게 사셨으면 좋겠습니다.

106

내 생애 최고의 순간들

추덕귀

_____전라북도 장수에서 1960년 4남1녀 중 맏딸로 태어나 1979년 9월 양성공으로 원풍모방에 입사했다. 조합원으로 활동하다가 1982년 9월 27일의 원풍노조 폭력파괴사건 때 강제 해고되었다. 2007년, 정부에 의해 민주화운동 관련자로 인정받아 명예회복이 되었다.

집보다 좋았던 기숙사

무주는 덕유산과 구천동 계곡으로 유명하고 진안은 마이산이 유명하다. 장수는 충절과 절개의 대명사 논개의 고장인데 육십령 고개가 버티고 있는 오지 중에 오지였다. 사람들은 세 곳을 합쳐 '무진장'이라고 불렀다. 전라북도 장수읍에서 40분 정도 들어가는 첩첩산중 내 고향은 30여 가구가 사는 작은 동네였다. 위로 오빠 한 명과 아래로 남동생이 넷이나 되는 아들부자 집. 산골 궁핍한 생활에서 부모님은 '우리 외동딸'이라며 귀해 하셨지만 딸은 대접받을 수 없는 노동력이었다.

1979년 9월, 양성공으로 원풍모방에 입사해 정사 A반에서 근무하게 되었다. 1960년에 태어났으니 내 나이 열아홉, 집을 떠나 세상에 처음 나온 나에게 모든 것은 신기했다. 짐을 들고 기숙사 현관에 들어서 배정받은 102호를 찾으니, 강당 맞은편이었다. 학교 교실처럼 커다란 방에 있었던 언니들이 반갑게 맞아줬고, 앞으로의 생활에 가슴이 설레었다.

기숙사에서 생활하다보면 하루 세끼와 야식을 먹는 식당 밥에 물린다고들 했다. 동료들은 외식을 자주 하고 간식을 사다 먹었다. 하지만 나는 하루 세끼, 매일 먹어도 맛있고 좋았다. 지금도 가끔씩 생각나는 건 손바닥만 한 갈치 토막을 밀가루 옷을 입혀 튀긴 것이다. 겉은 바삭하고 안의 갈치 속살은 부드러운 것이 살살 녹았다. 내가 자란 산골은 생선이 귀해 자반고등어 정도 먹었던 나에겐 별미였다. 결혼하고 그 시절 식당에서 먹던 갈치 튀김이 생각나 해봤는데, 그 맛이 안 났다. 식당에서 밥을 먹고 나올 때면 주방 아주머니들이 누룽지 튀긴 것을 늘 챙겨 줬다. 기숙사 방에 가지고 와 출출할 때 먹으면 그만한 간식이 없었다.

필요한 생필품은 신협에서 공동구매해 사다 썼다. 신협은 노동조합에서 조합원들이 저금도 하고 저렴한 가격으로 물품도 구매할 수 있도록 만든 것이라고 했다. 가입만 하면 저금도 하고 대출도 쉽게 받을 수 있었다. 월급을 받으면 번거롭게 은행에 갈 필요가 없었다. 나는 회사에서 만든 건 줄 알고, 우리 회사는 정말 좋은 회사라고 생각했는데, 나중에 알고 보니 노동조합이 회사와 단체협약을 통해 만든 것이었다. 그래서 회사 다니며 누리는 많은 것들이 노동조합 때문이란 걸 알고, 노동조합 활동을 열심히 해야겠다고 생각했다.

원풍에 근무하면서 함께 일하는 정사과 동료들도 좋았지만, 102호 우리 방 식구들이 정말 좋았다. 남자형제들과 생활했던 나에게 여자들만 생활하는 기숙사는 천국 같았다. 언니들이 친동생처럼 챙겨주며 정감 있게 불러주던 '막둥아!' 어디서도, 누구도 나를 그렇게 부른 적이 없었다. 친척들이나 부모님도 귀한 딸이라는 소리를 하셨지만, 언니들처럼 챙겨주고 예뻐해 주진 않았다. 전방 김순애 언니, 정사 박순자는 지금까지도 혈육처럼 지낸다.

정사 김순기 언니는 경찰과 결혼한 뒤로 연락이 끊겼다. 언니는 결혼할 때 원풍에 근무했던 것이 남편에게 피해가 갈까 걱정을 했었다. 사실 9·27농성으로 우리 모두의 가족들이 많이 힘들었고 피해를 봤다. 세월이 흘러도 사람들은 그때의 피해의식에서 벗어나기 힘들어 하는 것 같아 안타깝다.

현 장 과 소 모 임

정방에서 넘어오는 실을 두 겹으로 가늘게 꼬는 작업을 하는 기계는 굉장히 길었다. 그러나 다른 부서에 비해 소음은 적었다. 우리가 하는 일은 실이 끊어지거나 뭉치지 않도록 하는 작업이다. 연사에서는 볼링 핀처럼 생긴 목관에 실이 정해진 만큼 감기면 빼고 다시 목관을 꽂아 준다. 기계 하단엔 다 감긴 실을 빼놓는 홈통이 길게 연결되어 있다. 밤 10시부터 새벽 6시까지 하는 야간근무는 힘들었다. 낮에 잠을 실컷 자는 데도 야식을 먹고 새벽이 되면 졸렸다. 가끔씩 졸다보면 실이 끊어져 '로라'에 감긴 뭉친 실을 떼어 내느라 애를 먹었다.

졸음을 참을 수 없을 때는 슬그머니 화장실에 간다. 부서 옆에 있는 화장실은 반 수세식이라 밑에는 시냇물처럼 물이 흘렀다. 양쪽으로 수십 개의 칸이 나뉘어져 있는데 한곳에 들어가 벽에 기대고 서서 잠깐씩 졸았다. 5분도 안 되는 짧은 토막잠이라도 무겁게 내려오던 눈꺼풀이 가벼워진다. 한번은 어떤 사람이 졸며 발을 뻗치다가 물에 빠진 적도 있었다.

전방에 근무하는 황선금 언니가 나와 함께 입사한 양성공 9명을 묶어 소모임을 조직했다. '날개'라고 이름을 정하고 정방 A반에 근무하던 한명옥이 회장을 맡았다. 작은 키에 마른 선금 언니는 톡 건드리기만 해도 쓰러질 것처럼 약해 보이는 외모와 달리 일할 때는 꼼꼼하고 원칙적이었다. 언니는 우리 스스로 모임을 이끌어 가라고 했다. 산선에서 요리나 꽃꽂이, 신문을 활용하는 실생활 프로그램보다 개인의 의식을 높이는 걸 권했다. 산선에서 6개월로 진행하던 강좌를 수강했던 기억도 난다. 그때 동학농민전쟁, 전봉준 등에 대해 배웠다.

우리 모임을 지원해주던 선금 언니가 전방 A반에서 B반 반장으로 가게 되었다. 언니가 아니었으면 우리는 모임 멤버로 만날 수 없었을 것이다. 2년 동안 함께 했던 서운한 마음을 커피세트에 담아 선물했다. 35년 세월이 흘렀는데도 언니가 그때 선물한 커피세트를 쓰고 있다고 해서 깜짝 놀랐다. 진심으로 고마웠다.

노 조 교 육 과 회 사 교 육 의 차 이

노동조합이 회사와 임금인상이나 단체협약을 체결할 때는 조합원들이 모여 농성을 했다. 농성은 회사에게 우리가 노동조합을 얼마나 지지하는가를 보여 주는 압력이라 생각한다. A반, B반, C반별로 작업시간이 끝나면 돌아가면서 농성을 했다. 투쟁가에 맞춰 식탁을 두드리며 노래를 부르는데, 나는 그걸 못했다. 투쟁가도 목청껏 부르지 못하고 웅얼거리고, 소심한 건지 부끄럼이 많은 건지는 몰라도 활기찬 사람들을 보면 부럽기만 했다. 그래도 동료들과 함께 하는 것만으로도 신이 났다. 중간에 노조간부들이 와서 협상의 진전 상황을 전할 때 우리에게 유리하면 환호와 박수가 터졌다. 그럴 때는 밤을 새워 농성하고 다시 현장으로 출근해도 피곤하지 않았다. 대개 협상은 노동조합이 원하는 방향으로 타결되었다.

노동조합에서는 부서별로 조합원 교육과 소모임 멤버 교육을 했다. 노조 사무실에서 할 때도 있고, 외부에서 할 때도 있었다. 외부에서 할 때는 회사에서 버스로 한 정거장 떨어진 곳에 있는 돈보스코 회관에서 했다. 교육에 참석하기 위해 친구들과 그곳에 가면 노조간부들이 반겨줬다.

간부들이 교육 준비를 하는 동안, 우리는 소풍이라도 온 것처럼 넓은 잔디밭에서 사진을 찍으며 놀았다. 준비된 식사를 하고 강당에서 원풍노동조합의 역사를 들었다. 우리가 노동조합에 관심을 갖고 참여해야 되는 이유를 토론했다. 자기 권리를 지키기 위해 힘을 합해야 하고, 그 힘은 노동조합을 통해 나온다는 얘기들. 저녁에는 서로 다른 부서, 다른 반에서 온 동료들과 친교의 시간도 가졌다. 간식을 먹으며 서로를 소개하고, 원풍이란 이름으로 더 가까워질 수 있는 시간이었다.

엉뚱맞은 극기훈련

1981년 봄으로 기억한다. 회사에서 느닷없이 부서별로 돌아가며 '공장새마을교육'을 가라고 했다. 반강제 의무라 황당했지만 담임과 반장이 시키는 대로 따를 수밖에 없었다. 경기도 양평에 있는 수련원에 도착하니 다른 회사에서도 많은 사람들이 왔다. 4박5일 동안 함께 숙식하며 교육을 받는데 곤색 츄리닝을 한 벌씩 줬다. 매일 강사들이 와서 강의를 했는데, '저것이 우리 하고 무슨 상관이지?' 하는 생각이 들었다. 팀을 나눠주고 주제에 맞춰 분반토의를 하라고 했다. 토의 내용을 팀의 대표가 발표하고 사람들은 질문을 했다.

4박5일 일정에서 최악이었던 것은 극기훈련이었다. 산골에서 자랐지만 겁이 많았던 나는 밤에 나갈 일도 없었고 나가지도 않았다. 그런데 날이 흐렸는지, 별빛도 보이지 않는 캄캄한 밤에 팀별로 손전등 2개를 주었다. 야간 극기훈련을 통해 담력을 키운다는 것이다. 우리가 교육받았던 동네의 뒷산인지, 앞산인지는 모르겠지만 산 위의 표시된 곳까지 갔다 오라고 했다. 누구도 이런 걸 왜 하느냐고 항의하거나 따지는 사람이 없었다.

앞뒤 사람이 손전등을 가지고 있어 산을 오르다보면 가운데 사람은 한 발을 내딛기도 힘들었다. 표시된 곳에 올라가니 묘지가 있어 공포스러웠던 기억만 남아 있다. 그런 정신교육과 극기훈련이 작업을 하는데 무슨 도움이 된다는 건 지금 알 수가 없었다. 회사에서 쓸데없는데 돈을 낭비한다는 생각만 들었다.

누나, 힘내세요

1982년 9월 27일, 4박5일 동안 농성한 곳은 내가 일하던 정사과였다. 폭력이 시작되던 날부터 회사는 식당을 폐쇄하여 우리는 원치 않았지만 단식농성을 할 수밖에 없었다. 정사과 상집간부 겸 부조합장인 양승화 언니가 농성을 지휘했다. 4박5일 동안 양승화 부조합장을 중심으로 '폭력배는 물러가라'는 구호를 외치며 노동조합을 지키자고 똘똘 뭉쳤다. 농성 중간에 회사에서 연락을 했는지, 기관에서 연락을 했는지 시골에 있는 가족들이 올라왔다. 사내방송으로 딸의 이름을 부르고, 사원들과 함께 농성장에 들어와 찾고 난리가 아니었다.

첫째 남동생이 나를 찾아 농성장에 왔다. 똑같은 작업복을 입고 누워 있던 6백 명이 넘는 사람들. 가족들이 이름을 부르면 들켜서 끌려가지 않으려고 모두 고개를 숙이고 있었다. 그 속에서 동생은 나를 찾을 수 없었다. 누나를 끌고 가려던 게 아니라 걱정돼서 왔다던 동생. 나와의 만남을 포기하고 돌아서는 동생에게 동료들이 누구 찾아 왔냐고 물었단다. '추덕귀의 동생'이라며 '누님들 힘내세요!' 하고 응원을 했단다. 뒤늦게 동료가 전하는 얘길 듣고 우리를 이해하고 응원과 격려를 해준 동생이 자랑스럽고 고마웠다.

여명도 밝지 않은 캄캄한 새벽에 갑자기 폭력배들이 들이닥쳐 우리를 끌어냈다. 순식간에 비명소리, 끌려가며 악을 쓰는 소리로 아수라장이 되었다. 폭력배들이 휘두르는 몽둥이를 맞고 혼절해서 끌려가던 동료도 있었다. 아수라장 속에 옆에 있던 동료의 허리를 둘러 손깍지를 꼈다. 이 아수라 공포를 이기려면 차라리 아무 것도 보지 말자. 두 눈을 꼭 감았다.

목이 터져라 불렀던 투쟁가를 떠올리면서 눈을 떠보니 병원이었다. 어떤 동료는 링거 바늘을 꽂은 채 정신이 나간 듯 멍하니 앉아 있었다. 다른 침대에는 그때까지도 정신을 못 차리고 누워있는 동료도 있었다. 링거를 맞고 병원을 나와 집으로 가는데 도로는 한산했다. 간간이 손에 선물을 들고 바삐 가는 사람을 보며, 오늘이 추석 아침이란 생각이 들었다.

출 근 투 쟁

출근투쟁을 한다는 연락을 받고 친구들과 약속된 시간에 회사 앞으로 갔다. 이미 많은 조합원들이 모여 있었고, 우리도 합류하였다. 그러나 우리보다 더 많은 전경들과 회사에서 동원한 폭력배들이 있었다. 겹겹이 둘러서 있는 그들을 보며 굳게 닫힌 정문 앞으로 행진했다. 경찰 쪽에서는 농성을 풀고 해산하지 않으면 모두 연행하겠다며 협박을 했다. 차언년이 미리 준비해 온 결의문을 읽었고, 그의 선창에 따라 구호를 외쳤다. 경찰의 협박에도 우리가 겁먹지 않고 계속 구호를 외치자 전투경찰들이 밀려 왔다. 밀어 내리는 경찰과 밀리지 않으려는 우리의 몸싸움은 시간이 가면서 정문에서 도로로 밀릴 수밖에 없었다.

두 번째 출근투쟁 때도 똑같은 상황이 반복되었는데, 경찰은 지난번보다 더 많이 와 있었다. 이번에는 우리도 밀리지 않겠다는 각오로 죽기 살기로 버텼다. 그러자 경찰은 몽둥이로 때리고 군홧발로 차는 등 무자비한 폭력을 휘둘렀다. 회사 앞 큰 도로는 경찰이 봉쇄해 시민도 자동차도 없었다. 두세 명씩 달려들어 몽둥이로 두들겨 패는 경찰의 바짓가랑이를 붙잡고 놓지 않는 우리의 몸싸움. 도로 건너편 양쪽 인도에는 수많은 인파가 모여 그저 지켜보고 있을 뿐이었다. 안타까웠겠지만 그들이 우릴 도울 방법은 없었던 것이다.

결국 전투경찰 버스 두 대에 빼곡히 실려 남부경찰서로 연행되었다. 남부경찰서까지 가는 동안 악을 쓰며 투쟁가를 불렀다. 억울함과 설움에 악이 받쳐 투쟁가를 부르게 했다. 경찰서에 도착해 돼지떼 몰아넣듯 강당에 우리를 몰아넣는데도 투쟁가는 끊이지 않았다. 형사와 전경들이 몰려와 몽둥이로 책상을 치고 난리를 쳐서야 잠잠해졌다.

형사가 명단을 들고 와 몇 사람씩 조사한다고 데리고 나갔다. 그들이 가고 나면 또 다시 투쟁가를 불렀다. 나중에는 투쟁가를 못 부르게 해서 애국가를 불렀다. 조사는 밤 새워 진행됐고, 다음날 대부분 훈방조치되었는데, 우리 과 차언년과 전방의 김숙자 언니가 구속되었다. 몇 사람은 구류를 받았는데, 경찰서를 나오며 나이 어린 차언년을 생각하니 마음이 아팠다.

아 버 지 의 진 노

독산동 사는 육촌올케한테서 연락이 왔다. 별생각 없이 오빠 집에 갔더니 아버지가 올라와 계셨다. 아버지는 나를 보자마자 친척들이 있는 것도 잊으셨는지 갑자기 머리채를 잡고는 때리셨다. 아버지가 그토록 무서운 얼굴을 하고 화를 내는 건 처음이었다. 태어나서 처음으로 아버지에게 매를 맞았다. 형편이 어려워 나를 떠받들며 키우진 않으셨지만 야단 한번 맞은 적이 없었다.

아버지는 나 때문에 주위 사람들이 얼마나 피해를 보고 있는지 아느냐고 하셨다. 빨갱이 집단에서 데모가 웬 말이냐고도 하셨다. 억울했다. 내가 원풍 다니며 열심히 일하고, 노동자가 노동조합 지키는 게 왜 주위 사람에게 피해를 주는 건지, 노동조합 활동하면 왜 빨갱이가 되는 건지 답답했다. 아버지는 다 필요 없으니 주위 사람 피해주지 말고 당장 따라나서라고 하셨다.

서슬 푸른 아버지의 손에 이끌려 그 길로 고향에 내려왔다. 아버지는 자신을 경찰이 들볶는 것은 참을 수 있지만, 원풍에 나를 소개시켜준 사람과 육촌오빠 가족 때문이라고 했다. 나로 인해 그들이 위협받고 시달리는 게 미안하고 참을 수 없다는 것이다. 내가 살던 자취방은 육촌오빠와 올케가 정리하고 짐도 꾸려 시골로 내려 보냈다.

시골에 내려온 다음날부터 장수경찰서의 경찰이 매일 나를 보러왔다. 시골집을 벗어나면 어디를 가는지 보고해야 했다. 경찰서에서 매일 와서 감시를 하니 작은 동네에 이상한 소문도 돌았다. 동네사람 보는 것이 부담스러워 잘못한 것도 없으면서 문 밖을 나갈 수가 없었다.

당시만 해도 우리 동네는 산골이라 가스나 연탄을 때지 않았다. 불을 피우려면 산에 가서 나무를 하거나, 부러진 나뭇가지나 나뭇잎을 모아 땔감으로 썼다. 그런데 당시 정부에선 산림보호정책으로 산에서 나무하는 것을 금지하고 있었다. 하지만 시골 사람들에겐 땔감이 필요했고, 달리 방법이 없었다. 그래서 산골 사람들은 몰래 산에 가 나무를 해왔는데 관할 기관에선 대충 눈을 감아줬다. 그러나 한 번씩 단속을 나와 걸리면 벌금을 물어야 했다.

집에 있는 동안 집일을 도우는 건 산에 가서 땔감을 구해오는 것인데, 형사들이 매일 찾아 와 감시하니 난감했다. 나뭇잎을 긁어오거나 나뭇가지를 주워 오는 것도 신경이 쓰였다. 생각다 못해 담당 형사에게, 당신들이 서울이든 어디든 아무 데도 못 가게 하니 집안일은 도와야 하지 않겠냐, 크게 문제되지 않는 선에서 산에 있는 땔감을 가져 오는 걸 봐달라고 했다. 형사는 입맛을 쩝쩝 다시더니 고개를 끄덕였다. 덕분에 그해 겨울 땔감 걱정 없이 따뜻하게 보낼 수 있었다.

자부심으로 살아온 날들

1983년, 친척의 소개로 장수전화국에 다니던 지금의 남편을 만났다. 결혼자금은 원풍에서 받은 퇴직금과 자취방 전세보증금, 거기다 신협에 넣었던 출자금과 저금이 있어 내 힘으로 마련했다. 장수에서 8년을 살며 1남1녀를 낳았다. 그러다 남편이 삼례전화국으로 발령이 나서 이사를 했다. 그때부터 지금까지 삼례에 살면서 큰 어려움 없이 안정되게 생활해 왔다.

남편이나 주위 사람들이 회사생활에서 힘들거나 불만스러운 이야기를 할 때가 있다. 그들의 이야기를 묵묵히 듣다가 내가 다녔던 직장은 즐겁고 행복한 곳이었고, 그곳에서 매일 신이 나서 바쁘게 돌아다닌 이야기들을 해줬다. 그러면 사람들은 19살에 객지 나가 공장생활하면서 무엇이 그리 즐거웠냐고 묻는다. 사람들의 말처럼 일반적인 직장이었다면 그럴지도 모른다.

그러나 원풍은 힘들게 죽어라고 일하는 공장이 아니었다. 현장에서 나이나 숙련도로 차별받던 곳이 아니었다. 동료들은 서로를 존중하고 챙겨줘 8시간을 근무하면서도 즐거웠다. 기숙사 시설은 호텔 부럽지 않아 생활비 들이지 않고 살수 있었다. 신용협동조합과 공동구매조합, 미용실도 있었다. 이 모든 것을 회사에서 그냥 해준 것이 아니라 우리가 노동조합을 통해 만들어 낸 것이다.

'그런 노동조합이 있는 회사를 다녀본 적이 있느냐?'고 내가 사람들에게 다시 묻는다. 그럴 때마다 남편이나 사람들은 옛날에 그런 회사가 있었느냐며 놀란다. 정말 좋은 회사를 다녔었네, 하며 내 자랑을 인정한다. 내 생애 처음이자 마지막이었던 원풍은 과거에도 지금도 나에겐 자랑스러운 직장이다. 언니들과 친구들을 원풍 식구라는 이름으로 지금까지 함께 하고 있다.

민주화운동가로 인정을 받다

원풍 집행부에서 '민주화운동 관련자 명예회복 및 보상법'에 의거, 신청을 받아 제출했다. 그리하여 나도 민주화운동 관련자 증서를 받을 수 있었다. 내가 그토록 자랑스러워 했고 즐겁게 생활했던 원풍에서 강제로 끌려나가 해고된 것에 대한 위로가 되었다.

남편은 내가 내민 '증서'를 오랫동안 말없이 들여다봤다. 남편은 나를 통해 원풍노조가 얼마나 민주적으로 운영되었는지, 그리고 폭 넓게 활동했었는지를 알고 있다. 폭력으로 노동조합을 빼앗기고 해고되었으며, 공무원을 동원해서 가족들을 협박해 강제 사표를 받아 낸 일, 그런 일들은 회사 혼자 할 수 있는 일이 아니었다. 국가권력이 민주노조를 억압하고 말살하려는 시도의 일환이었던 것이다.

오랜 세월 많은 애를 썼을 원풍 집행부의 선배들에게 미안하고 고마웠다. 혼자 하려면 힘도 들고 쉽지 않다. 원풍이라는 조직이 있었기에 아무리 힘든 일이 있어도 감당할 수 있는 것 같다. 36년 동안 묵묵히 선배들이 버팀목으로 있었기에 우리는 한걸음씩 나갈 수 있었던 것이다. 태어나 처음으로 만난 세상 원풍. 언제나 함께여서 즐거웠고 자랑스러웠던 언니들과 친구들이 있던 그곳. 지금까지 긴 세월 함께 하고 있는 원풍은 내 생애 최고의 선택이었다.

107

그리운 시절

허 말 례

전라남도 화순군 동복면에서 1960년 6월 2남4녀 중 막내딸로 태어나 1979년 3월 원풍모 방의 직업훈련생으로 입사했다. 노조에서는 탈춤반으로 활동하다가 1982년 9월 27일의 폭력 노조파괴 사건으로 강제 해고되었다. 2007년, 정부에 의해 민주화운동 관련자로 인정을 받아 명예가 회복되었다.

소 모 임 과　탈 춤 반

전라남도 화순군 동복면이 고향이라면 사람들은 탄광을 먼저 떠올리는데, 내가 태어난 곳은 읍내다. 화순읍내와 광주를 무등산 줄기가 경계를 만들었는데, 1970년대에 터널을 뚫었다. 그 너릿재 터널로 인해 교통은 좋아졌지만, 겨울철 눈이 많이 오면 통제되던 곳이다. 너릿재를 넘어 들어가는 읍내에서 1960년 6월, 나는 2남4녀 중 막내딸로 태어났다.

중학교를 졸업하고 1979년 3월, 서울에 올라와 셋째언니가 다녔던 원풍에 직업훈련생으로 입사했다. 대림동 언니 집에서 한 달 정도 출퇴근하다 기숙사에 입소했다. 직업훈련생은 아침 9시에 출근해 저녁 6시 퇴근으로 3개월간 교육을 받았다. 정사과 2층에 있던 교육장에서 각 부서에 대한 실무 교육을 받았는데, 노조간부가 들어와 교육도 했다. 각부서 현장을 둘러보며 어떤 일을 하는지 교육을 받은 뒤 나는 전방 C반에 배치되었다.

사람들은 대부분 소모임을 하고 있었는데, 이는 단순 친목모임이 아니라 노동조합을 뒷받침하는 역할을 했다. 소모임의 조직체계는 그랬지만, 운영방식은 일반 모임과 똑같았다. 친구들과 어울려 서울 시내 곳곳을 돌아다녔고, 등산도 자주 갔다. 서울 인근엔 크고 작은 산이 많아 주말이면 등산객으로 넘쳐났다. 단풍이 곱게 물든 가을이면 친구들과 관악산을 시작으로 멀리 강원도 소금강까지 놀러갔다.

소모임에선 노조 사무실이나 산업선교회관에 가서 노동조합에 대한 기초교육이나 세상 돌아가는 소식을 들었다. 산선은 원풍뿐 아니라 주변의 다른 사업장 노동자들도 이용하던 곳이었다. 만나면 서로가 근무하는 사업장의 환경이나 노동조합에 대한 얘기를 나눌 수 있어 좋았다.

나는 노동조합 행사가 있을 때마다 앞장서는 탈춤반에 들어가고 싶었다. 탈춤반은 식당에 모여 농성할 때나 노동절 행사, 체육대회 때 공연을 했다. 사람들 앞에서 나도 신명나게 놀아주고 싶었다. 1982년 탈춤반 6기를 모집한다고 해서 주저 없이 손을 들었다. 탈춤반은 전 조합원을 대상으로 했기 때문에 다 함께 모이는 건 쉽지 않았다.

춤이나 악기 연습은 A반, B반, C반별로 모여 했고, 한 번씩 전체가 모였다. 정사과 2층 옥상에 모여 춤을 연습하고 장고, 꽹가리, 북, 징 등 사물을 배웠다. 노동조합에서는 '진영'이라 불리는 대학생 문화 팀을 섭외해 춤과 악기를 배웠다. 탈춤반 선배들은 고성오광대나 봉산탈춤, 양주산대놀이 등을 연습했다. 하지만 신입인 우리는 몸동작을 위한 기본을 배우니 종아리가 너무 아팠다.

내가 봤던 탈춤반 공연 중 〈조선방직쟁의〉는 여러 곳에서 공연 요청을 받을 정도로 좋은 작품이었다. 그런데 그 작품을 영등포산선에서 재공연하는데 내가 출연하게 되니 꿈만 같았다. 2층으로 된 대강당에 꽉 찬 사람들은 공연이 끝나도 박수가 끊이지 않았다. 우리는 전부 어깨동무를 하고 강당을 돌며 투쟁가를 불렀다.

가을 체육대회를 앞두고 농악연습을 하던 것도 기억에 남는다. 연습을 많이 하지 않았던 나는 소무를 들고 춤을 추었다. 청백으로 나뉘었던 체육대회가 끝나고 탈춤반의 농악대가 나섰다. 회사의 넓은 운동장을 오방진을 그리며 뛰어 다녔다. 농악 공연이 끝나면 전 조합원이 장단에 맞춰 운동장을 신명나게 뛰며 놀았다.

승리의 믿음을 갖고

1982년 9월 27일, 현장에 들어오니 분위기가 어수선했다. 낮에 노동조합 사무실로 폭력배들이 쳐들어와 정선순 조합장이 감금된 상태란다. 노동조합 사무실 앞에 바리게이트를 치고 폭력배들이 둘러싸고 있다니, 청천벽력 같은 믿을 수 없는 일들이었다. 폭력배들에게 둘러싸여 있는 조합장이 걱정되었다.

작업이 끝나자 모두 농성장인 정사과로 몰려갔고, 그렇게 4박5일 단식농성이 시작됐다. 불시에 쳐들어온 '구사대'란 이름의 폭력배도 황당했지만, 조합장을 바닥에 무릎 꿇려 놓고 사표를 강요하다니. 내 눈으로 목격하지 못한 낮에 벌어진 상황을 도저히 이해할 수 없었고, 의문은 꼬리에 꼬리를 물었다. 새벽에 기절한 조합장을 화곡동 쓰레기장에 버렸다는 얘기가 농성장에 전해졌다. 조합원들은 명백한 노동조합 파괴행위이고 도발이라며 파업해야 하는 것 아니냐며 격분했다.

양승화 부조합장을 중심으로 한 노조간부들은 '파업은 회사를 등에 업고 폭력을 저지르고 있는 저들과 똑같은 행동이다. 우리는 일을 하면서 저들의 폭력을 비판하고 저항할 것'이라고 했다. 흥분했던 조합원들은 진정할 수밖에 없었다. 구호를 외치고 투쟁가를 부르는데 배고픈 것보다 목이 말랐다. 마른침을 삼키며 물은 떠올 수 있는 것 아니냐고 했다. 동료들은 손사래를 치며 폭력배들이 주전자 들고 물 뜨러 나갔던 사람을 막무가내 끌고 갔다고 했다. 예전에 금식을 한 적이 있는데, 이틀째 되니 머리가 핑 돌며 어지러워 포기했었다. 그런데 노동조합을 지키려는 절박한 상황에선 아무 생각도 안 나고 팔팔하기만 했다.

물이나 음식보다는 회사에서 종일 스피커로 틀어대는 〈고향의 봄〉 노래가 듣기 싫어 두 손으로 귀를 틀어막았다. 어느 순간 갑자기 조용해서 웬일인가 했더니, 정사과 대의원 차언년이 가위로 전선을 잘랐다고 했다. 사람들은 박수를 치며 좋아했다.

어떻게 동원했는지, 고향에 있는 부모 형제가 농성장에 찾아 왔다. 부모형제를 앞세우고 들어온 구사대들은 가족이 딸을 찾으면 끌고 나갔다. 하루 종일 농성장은 벌집 쑤셔 놓은 듯 이름을 부르는 소리와 끌려가지 않으려 악쓰는 소리, 폭력배는 물러가라는 구호 소리로 난리도 아니었다. 그럼에도 우리는 농성을 하는 것만이 이번 폭력사태를 해결하고, 노동조합을 지키는 길이라고 믿었다.

추석을 며칠 앞두고 폭력배들이 노조를 침탈하는 만행은 아무도 예상 못했다. 마찬가지로 그들이 새벽 농성장에 쳐들어 올 거란 꿈도 꾸지 못했다. 농성 5일째 되던 날 새벽, 농성장은 아수라장이 되었다. 회사 사원복을 입은 남자들은 평소에 보던 얼굴들이 아니었다. 누워있던 우리를 걷어차고 짓밟고 몽둥이를 휘둘렀다.

단말마 같은 비명소리와 놓으라고 악쓰는 소리가 뒤엉켰다. 한 사람에 서너 명씩 달라붙어 팔과 다리를 잡고 오뉴월 개 끌고 가듯 끌고 갔다. 끌려나오며 기절한 사람들로 대림동 일대 병원은 병실이 모자라 복도까지 즐비했다. 전쟁터의 야전병원 같은 모습이었다.

눈을 뜨니 한독병원이라고 했는데, 팔에 링거를 맞고 있었다. 동료들과 병원을 나오며 기숙사의 따뜻한 물이 나오는 목욕탕을 떠올렸다. 몸도 씻고 작업복도 갈아입으려 했는데, 기숙사로 들어가는 문은 굳게 잠겨 있었다. 경비는 쳐다보지도 않고 열어줄 수 없다는 말만 했다. 이 꼴로 어디를 가야하나?

동료들과 대림동 방 지부장님 집에 가니 먼저 온 동료들로 집안이 가득했다. 방 지부장님 어머니와 부인인 명인숙 언니는 얼마나 고생했냐며 밥상을 차려줬다. 인숙 언니는 한국모방노조가 민주노조로 바뀌던 70년대 초반 노조의 상집간부로 일했던 선배다. 조합원들은 방 지부장님이 있을 때나 없을 때나 찾아갔다. 그만큼 어머니와 인숙 언니는 편하게 잘해줬다. 밥을 먹고 있자니 많은 사람들을 거두고 있는 언니에게 고마우면서도 미안했다.

출 근 투 쟁

대부분 기숙사에 있던 사람들은 산선과 자취하는 친구 집을 오가며 생활했다. 나도 친구 집에서 신세를 지면서 산선을 오가며 추석 연휴기간을 보냈다. 회사는 휴무기간을 6일까지 연장한다는 공고를 했다. 상집간부들 전원은 수배가 내려 우리와 함께 있을 수 없었다. 우리는 각부서 상집간부들을 조심스럽게 만나러 다니며 출근투쟁을 준비했다.

첫 출근날인 10월 7일, 삼삼오오 회사 주변에 모여 있던 동료들이 약속된 오후 2시가 되자 정문으로 몰려갔다. 정체를 알 수 없는 많은 남자들이 정문 안과 밖을 둘러싸고 있었다. 전투경찰은 울타리를 만들어 도로까지 늘어섰다. 굳게 닫힌 정문과 폭력배들, 진투경찰을 뚫을 수 없는 우리는 모두 주저앉았다. 정문 앞엔

9·27사건 관련 38명 해고자 명단이 붙어 있었다. 우리는 '폭력배 처벌'과 '노조 원상복귀'를 외쳤다.

회사에선 출근하려면 앞으로 노조활동을 하지 않겠다는 각서를 쓰라고 요구했다. 적반하장이 따로 없었다. 폭력으로 노조 사무실을 점거하고 조합장을 감금해 사표를 강요한 사람들이 할 말인가? 파업도 하지 않으면서 농성한 우리를 폭력으로 끌어 낸 자들을 향해 '부당각서 웬 말이냐! 철회하라!'는 구호가 터져 나왔다.

연좌농성을 시작하며 누군가 이번 폭력사태에 대한 성명서를 읽었고, 우리는 뒤따라 구호를 외쳤다. 경찰간부가 핸드 마이크를 들고 해산하지 않으면 전원 연행하겠다며 협박했다. 농성하던 우리는 오후 4시 영등포산선에서 예정된 원풍 노조 탄압에 대한 집회 참석을 위해 자리를 옮겼다. 서울시내 대학생들로 영등포 일대는 인산인해였다. 그날 집회로 대학생 4명이 구속되었고, 우리 조합원들도 다수 구류를 살았다.

10월 13일에 2차 출근투쟁을 시도했는데 지난번보다 더 많은 전투경찰이 회사 주변을 둘러싸고 있었다. 우리가 출근을 시도하며 구호를 외치자 전투경찰이 달려들었다. 인정사정없는 군홧발과 곤봉이 멍석에 깨 타작 하듯 쏟아졌다. 그들은 우리를 오뉴월 개 끌 듯 팔다리를 떠메고 갔다. 회사 앞 도로는 차량이 통제된 채 경찰과 저항하는 동료들로 전쟁터가 되었다.

도로 건너편에서 시민들은 발을 동동 구르며 지켜보고 있었다. 200여 명이 전투경찰 버스에 짐짝처럼 실려 가면서 투쟁가를 부르고 구호를 외쳤다. 남부경찰서 강당에서도 우리의 투쟁가는 그칠 줄 몰랐다. 1박2일 조사를 받았는데 정사과 차언년과 우리 부서 김숙자 언니가 스스로 출근투쟁을 주도했다고 말했단다. 누군가는 책임을 져야 되는 상황이라 그랬다고 해서 안타까웠다. 두 사람은 구속되고, 많은 동료가 구류를 살았다. 남부경찰서 정문을 나오는 발걸음이 무척 무거웠다.

친 구 의 잘 못 된 선 택

직업훈련생 때 만난 송순복은 제일 친한 친구였다. 정사 C반이지만 기숙사는 같은 방이라 늘 붙어 다녔다. 책을 좋아해 본인이 읽고 나면 꼭 읽으라고 권했고,

나에게 학교를 같이 다니자며 졸랐다. 나는 공부보다 친구들과 노는 걸 더 좋아했지만 당할 재간이 없었다. 결국 학교에 등록하고 책을 사고 교복도 맞췄다. 하지만 모임 멤버들과 돌아다니며 학교 가는 걸 자꾸 미루니 결국 혼자 학교를 다녔다. 그는 늘 엄마나 언니처럼 옷 정리부터 나의 모든 걸 챙겨줬다.

친구는 4박5일 농성할 때 함께 했는데 나중에 회사가 요구한 각서를 쓰고 현장에 들어갔다. 굴욕적이고 잘못된 선택인 줄 알면서도 가족의 생활과 동생들 학비를 책임져야 했기 때문이라고 했다. 우리가 출근 투쟁하는 걸 보며 심한 죄책감을 느꼈고 자신이 비참했다고 토로했다. 고개 들고 우리를 쳐다볼 수 없어 멀리 돌아 다녔다고도 했다. 가장 친했던 친구와도 서로 다른 선택을 해야 했던 그때 우리들.

오랜 세월이 지나 시골집으로 그 친구가 연락을 해왔다. 원풍이 우성모방으로 바뀌어 청주로 이전할 때까지 근무하다 결혼했단다. 그리고 몇 해가 지나 딸이라며 전화를 해왔다. 시흥에서 식당을 했는데, 일하다 쓰러져 병원 이송 중 사망했다는 얘기에 가슴이 아팠다. 어려서부터 집안의 생계를 책임지며 고생하다 젊은 나이에 세상을 등진 친구, 어쩜 평생을 우리에게 미안함과 죄책감을 느끼며 살았는지도 모를 친구였다.

출근은 못하고 있었지만 우리 모두는 하루를 바쁘게 보냈다. 언론에선 뉴스 시간마다 우리를 빨갱이 집단으로 몰아 불안해 할 가족들이 걱정되었다. 하지만 동료 중 집에 연락했다가 잡혀간 사례가 있어 연락할 엄두가 나지 않았다. 어느 날 길을 가다 조카를 만났는데 집안이 발칵 뒤집혔다고 전했다. 지서에서 찾아와 빨갱이 딸 어디 있냐며 온 집을 뒤져서 엄마가 쓰러졌다는 것이다. 당사자가 아닌 가족을 건드리는 경찰의 행동에 화가 치밀었다.

엄마 걱정에 광주로 내려와 화순으로 가면서도 분을 삭일 수 없었다. 화순에 도착해 바로 지서로 찾아가 무슨 근거로 빨갱이라 하느냐, 아무 상관없는 우리 집을 뒤집어 쑥대밭을 만든 게 누구냐며 악을 쓰고 따졌다. 엄마를 쓰러지게 한 분풀이였는지, 회사나 세상에 대한 억울함이었는지 모르겠다.

경찰은 펄펄 뛰는 나를 감당 못하겠는지 집으로 연락을 했나보다. 사색이 된 가족들이 쫓아 와 집으로 끌고갔다. 집에 오자마자 아버지에게 무섭게 두들겨 맞았다. 가족들은 누구 하나 나서서 말릴 엄두를 못 냈다. 서울에서 뭔 짓을 하고 다니기에 이런 사단을 만들고, 뭘 잘했다고 지서에서 행패냐는 아버지. 매를 맞아서가 아니라 내 말을 믿어 주지 않아 억울하고 가슴 아팠다.

화순군 부면장은 직원을 대동해서 나를 데리고 서울로 올라왔다. 회사에 가서 사표를 강요했지만 거절하고 기숙사로 갔다. 방마다 주인을 기다리는 짐들이 쌓여 있었다. 이불과 서랍장을 대신하던 커다란 은색 트렁크에 짐을 모두 넣었다. 정문 경비실 옆에 있던 신용협동조합에 들렀다. 노동조합에서 높은 은행 문턱 대신 조합원들을 위해 운영하던 곳이다. 월급 받으면 꼬박꼬박 그곳에 저금해 제법 모아진 돈이 있어 찾겠다고 했더니 나중에 오란다. 당시 나는 순진하게 그 말을 믿고 나왔는데, 내가 저금했던 돈을 끝내 찾지 못했다.

새 마 을 운 동   지 도 자 로

화순 집에 내려와 발이 묶였다. 지금은 공익이지만 당시엔 방위라고 불렸는데, 그런 청년이 나를 감시하러 왔다. 그 방위는 너무나 성실하게 그림자처럼 나를 따라다녔다. 광주 가려고 정거장에 나가면 버스를 못 타게 막았다. 서울에선 어떻게들 하고 있는지 궁금하고 답답한 나날이었다. 다음해 전남대학교 행정실에 취업이 되었는데, 전화 받고 심부름하는 단순한 일이었다. 큰언니가 전남대학교 교수로 있는 사촌 시동생에게 부탁했단다.

1983년, 광주에선 전남대와 조선대 학생들이 5·18사태에 대한 전두환 살인정권 규탄 시위를 끊임없이 했었다. 매일 최루탄 가스를 맡으며 눈물 콧물 흘리며 출퇴근하면서도 나는 학생들을 응원했다. 당시 월급을 60만원 받았으니 꽤 많은 금액인데, 몇 개월 뒤 그만두라고 했다. 행정실장 말로는 위에서 지시가 내려왔는데 원풍에 다녔다는 것이 이유였다. 그가 건네준 봉투에는 근무 날짜를 계산해 넣은 43만원이 들어 있었다.

그 시절만 해도 새마을운동과 4H청년회가 농촌에선 활발했는데, 집에 있으니 같이 하자는 제안이 들어왔다. 4H운동은 각 학교에서 의무적이고 형식적으로 학생들에게 진행했다. 19세기 초 미국에서 공업화, 도시화가 진행되자 농촌인구 감소로 농촌 청소년 교육의 필요성을 느껴 시작된 운동이다. 우리나라 농촌의 현실도 비슷하다고 생각한 박정희 정권이 도입했다. 이 운동은 50년대 중반에 시작해 70년대에 정점을 이뤘다. 80년대 초반까지도 동네에서는 이장을 중심으로 부녀회와 4H청년회 조직이 있었다. 아침마다 눈을 뜨면 '새벽종이 울렸네, 새아침이 밝았네'로 시작하는 〈새마을 노래〉가 온 동네에 울려 퍼지던 시절이다.

정부에서 반강제로 주도한 새마을운동으로 초가집은 슬레이트나 함석지붕으로 바뀌었고, 운치 있던 토담은 블록담으로 바뀌었다. 마을길을 넓히는 과정에선 생명과 같은 논과 밭을 내놔야하는 땅임자와 싸움이 벌어졌다. 새마을지도자와 동네사람들 간에 갈등이 생기고 감정싸움도 벌어졌다. 4H청년회는 젊은 사람들이었기는 했지만 내가 제일 젊었다. 새마을지도자 교육과 회의는 면 단위를 넘어 전라남도를 돌아 다녀야 했다. 농사정보와 기술, 농촌을 새롭게 재건하는 것에 대한 토론이 많았다. 어딜 가나 20대 아가씨는 환영받았고 귀한 대접을 받았다. 그만큼 농촌의 젊은 사람들이 도시로 빠져 나갔다는 얘기다.

가 족 들 의 응 원

면사무소와 경찰이 나설 만큼 서울에서 이상한 짓을 하다 왔다며 가족들이 걱정했다. 엄마의 걱정은 더 컸다. 게다가 새마을지도자라며 집에 붙어있지 않고 밖으로만 도는 것도 불안했다. 부지런히 주위 사람을 동원해 사위감을 알아 보셨고, 엄마의 성화에 맞선도 많이 봤다.

1986년 8월, 지인의 소개로 만난 체격 좋고 인상 좋은 남자가 마음에 들어 그 해 11월에 결혼했다. 대전에서 직장을 다니고 있어 6년을 그곳에서 살다가 1992년 남편의 고향인 광주로 이사를 와 음식점을 시작했다. 1남1녀 중 딸은 결혼해 옆 아파트에 살고, 아들은 서울에서 직장생활을 한다.

살아오는 동안 누구에게도 원풍 이야기를 한 적이 없다. 그런데 최금숙이 원풍에서 '민주화운동 관련자 명예회복' 신청을 추진하니 함께 하자고 했다. 경찰서에서 조사 받을 땐 우리보다 먼저 명예회복이 된 지명환이 와서 진술을 해줬다. 생각지도 못했는데 민주화운동 관련자 증서를 받았고 물질적 피해 보상도 받았다. 오랜 세월 자료를 모으고 조합원들의 명예회복을 위해 노력한 집행부에게 감사했다. 원풍노조 집행부가 아니었다면 우리는 억울했던 과거를 계속 가슴에 묻고 살아가야 했을 것이다.

아파트를 옮겨 이사할 때, 가족들에게 '증서'를 보여주고 보상금 받은 통장을 내놓았다. 그리고 원풍모방에서 생활했던 이야기와 9·27사건 때 노조를 지키려다 끌려난 이야기를 해줬다. 그러자 남편은 화순 친정집에 있었던 노동운동 관련 서적에 대한 의문이 풀렸다고 말했다.

1982년 9월 27일 이후 해마다 가을의 정기모임 때면 전국에 흩어져 살고 있는 동료들과 만난다. 36년을 이어오며 우리는 단순한 동료가 아닌 식구가 되었다. 2010년 9·27 정기모임은 『원풍노동조합사』와 『개인생애사』 출간기념을 겸했다. 그날은 원풍 식구 외에 초청되어 참석한 사람들도 많았고, 우리의 2세들도 많이 왔었다. 나도 서울에 있는 아들과 함께 참석했다.

행사가 끝나고 원풍 2세들은 따로 저녁식사를 했는데, 아들은 그날 원풍노동 조합과 엄마들에 대해 많은 얘기들을 들었다고 했다. 그날 가져온 책을 열심히 읽더니 누나도 읽어 보라고 권하는 걸 보며 뿌듯했다. 이후 아들과 딸은 원풍노 조와 엄마들이 대단하다며 응원을 한다. 국가배상소송 재판을 시작할 때는 아들 과 딸이 상고비용 50만원을 내놓으며 응원했다. 봉투 겉에는 '우리는 자랑스런 엄마를 응원해요'라고 씌어 있었다.

가족들의 응원을 받으니 오랫동안 눌려왔던 억울함이 봄 햇살에 겨울 눈 녹아 내리듯 풀리는 기분이었다. 원풍에서의 내 청춘은 즐겁고 행복했다. 가끔 그 시절 로 다시 돌아가고 싶다는 생각도 한다. 너무 어려 아쉬웠던 것도 많았고, 노동조 합에서 해보지 못한 것에 미련도 많다. 그 시절 원풍으로 다시 되돌아 갈 수 있 다면, 원풍 식구들이 그리울 때면, 그런 생각을 한 번씩 해본다.

마지막
민주노조
산화하다

108

내 삶의 뿌리

권현순

_____1962년 전북 임실에서 네 자매 중 셋째로 태어났다. 1980년에 원풍모방의 마지막 훈련생으로 입사하였다. 1982년 9·27노조파괴사건 때 해고당했다. 2007년, 정부에 의해 민주화운동 관련자로 명예회복이 되었다.

나는 전북 임실에서 네 자매 중 셋째딸로 태어났다. 집안 형편은 그리 어려운 편이 아니었다. 다만 딸은 공부를 가르치는 것보다 시집만 잘 보내면 된다고 생각하던 시절이었고, 나 또한 으레 그러려니 했다. 학교를 졸업하고 나니 시골을 떠나 도시에 살고 싶었다.

당시 큰언니가 결혼해 대림동에 살고 있었다. 언니는 아이가 둘 있었는데 그 중 한 아이가 몸이 허약했다. 아픈 아이를 돌보아줄 겸해서 서울 언니 집으로 올라갔다. 언니네 집에서 몇 개월 지내는데, 어느 날 언니가 원풍모방에 공원모집 공고가 붙어있다고 일러 주었다. 바로 지원서를 내고 훈련생으로 입사했다. 그때가 1980년 3월, 열아홉 살 때였다.

첫 직장인 원풍모방은 이전부터 알고 있었다. 학교 다닐 때 서울 구경을 하러 언니 집에 놀러갔는데, 언니가 원풍모방에 대한 이야기를 해주었던 것이다. 당시 언니는 원풍모방 건너편에 있는 대림교회를 다녔는데, 그곳에 원풍모방 아가씨들이 많이 다닌다고 했다. 그때 원풍모방이란 이름이 내 머리에 새겨졌지만, 내가 바로 그곳에서 일을 하게 될 줄은 몰랐다.

낯 선 첫 직 장

처음 시작한 사회생활이다 보니 모든 환경이 낯설기만 했다. 전국 곳곳에서 모인 사람들과 속내를 모르는 채 한 곳에서 교육받고 잠을 자고 일을 하려니 여간 불편한 것이 아니었다. 모든 것이 서먹서먹한데, 훈련동기생들이 따뜻하게 대해 주었다. 동기생들 중에는 호남 출신이 많았고, 나이도 비슷했다. 더구나 익숙한 사투리를 써서 고향친구들 같은 생각이 들었다.

방적과, 직포과 현장 등을 돌면서 일을 배울 때는 기능공 언니들이 친절하게 일머리를 가르쳐 주었다. 시일이 지나면서 사람들과도 낯이 익어 친근해졌는데, 요란한 기계 소리에는 여전히 적응되지 않았고 기능을 익히는 것 또한 만만치가 않았다. 특히 직포과 같은 경우는 베틀 돌아가는 소리가 마치 폭탄 터지는 소리처럼 들려 전쟁터가 연상될 정도였다.

3개월의 훈련 기간 동안 이론과 실습을 통해 부서별 작업을 배웠다. 훈련기간 3개월을 마치고는 방적과 전방에 배치되었다. 전쟁터가 연상되는 직포과가 아니라서 내심 다행이다 싶었다. 동기 훈련생들은 소모, 전방, 직포, 가공 등 여러 작업장으로 배치되어 흩어졌다.

노동조합에 대한 설명회도 있었는데, 방용석 지부장님이 노동조합이 어떤 곳인지를 이야기해 주었다. 그때는 무슨 말인지 전혀 알아듣지 못했다. 그래도 우리 동기생들은 점심시간만 되면 노조 사무실로 놀러갔다. 노동조합 간부들과 선배들이 따뜻하게 대해 주어 틈만 나면 들락날락했다. 집처럼 편안해서 철없는 막둥이처럼 요란스럽게 웃고 떠들며 낯선 공장생활을 익혀갔다.

기숙사는 입사하자마자 들어갔다. 1층 2호실, 곧 102호가 내 방이었는데 사감실 바로 옆이었다. 기숙사 사감은 두 사람이었고, 교대로 사감실에서 숙식을 하며 근무했다. 그런 관계로 우리 방 식구들은 늘 조심스럽게 행동해야 했고, 그런 점이 좀 불편했다. 물론 원풍모방 기숙사는 노동조합 간부들이 자치회 임원이었기 때문에 사감이 마음대로 규율하거나 통제할 수는 없었다. 그러나 단체생활이니만큼 규칙은 철저하게 지켜야 했다.

우리 방은 현관 입구와 가깝다 보니, 출퇴근하고 외출하는 사람들의 발자국

소리가 크게 들려 잠을 설치곤 했다. 특히 야간근무로 낮에 잠을 자려고 할 때 고충이 심했다. 그러나 편리한 점도 있었다. 목욕탕과 화장실이 가깝고, 맞은편에 강당이 있어 TV 보고 탁구를 치며 친구들과 수다를 떨기 좋았다. 어려서부터 낯가림이 심해 단체생활에 잘 적응할 수 있을까 걱정했는데, 실장 언니가 전방 선배라서 의지가 되었고, 그럭저럭 무난하게 기숙사 생활도 익숙해졌다.

새 로 운 사 회

처음 경험하는 사회생활이었기 때문일까, 회사에 들어가 보니 새로운 세상을 접하는 것 같았다. 모든 것이 새롭고 신기하고 때로는 이상하기도 했다. 사내 신용협동조합이 있는 것을 보고 회사 내에 무슨 은행이 다 있을까 의아했다. 미용실이며 의무실을 보고 눈이 휘둥그레지기도 했다. 가볍게 다치거나 생리통이 있을 때는 의무실에 가서 치료를 받았다.

물건을 시중보다 30% 정도 싸게 구입할 수 있는 공동구매조합도 있었는데, 신용협동조합에서 운영했다. 정찰제가 없던 시대라서 바가지 쓸 걱정을 하지 않아도 되었고, 시장보다 싼 가격에 살 수 있어서 좋았다. 원풍은 사내 복지가 다양하게 갖추어져 있어서 회사 내에서 생활하는 데 필요한 일들을 모두 해결할 수 있었고, 나와 같은 사회초년생에게는 큰 도움이 되었다. 이 복지혜택이 자주적인 노동조합의 단체협약 덕분이라는 사실을 이해하기까지는 그리 많은 시간이 걸리지 않았다.

현장에 배치되자마자 바로 소모임 활동을 시작했다. A반 근무자 열 명으로 구성된 소모임 이름은 '바위'였다. 근무하는 부서가 다 달랐는데, 전방의 나와 김숙자, 장순자, 소모의 김정숙, 정방의 박영희, 박순이, 김명숙, 정사의 정민경, 직포의 정선임, 가공의 이향숙이 멤버였다. 훈련생 때부터 우리 동기생들을 유심히 지켜보던 한 선배가 각 부서에 배치된 우리를 모아 '바위'처럼 흔들리지 말고 노동조합 활동을 잘해 나가자는 뜻으로 지은 이름이었다.

훈련생 시절부터 노동조합을 내 집처럼 드나들던 우리는 선배들의 귀여움을 독차지하면서 즐겁게 노동조합에 대해 알아갔다. 열여덟, 열아홉 호기심 많은 사회초년생들은 서로 만나기만 해도 재미있었다 나이가 비슷한 입사동기생이고, 세다가 호남 사투리까지 쓰는 우리 '바위' 회원들은 특별한 일이 없어도 깔깔거리며 지냈다.

노동조합에서도 다양한 교육을 받았다. 우리는 영등포산업선교회에서 매주 한 번씩 모임을 가졌다. 근로기준법과 노동조합법을 공부하고, 원풍노동조합의 역사를 공부했다. 민주노조를 발전시켜가는 선배들의 무용담 같은 이야기를 들었다. 새로운 지식을 알아가는 것이 무척 재미있었다.

주말이면 관악산, 북한산, 소요산으로 등산을 다녔다. 당시 유행하던 앞뒤가 막힌 바람막이 등산복을 입고 각종 배지를 두세 개 붙인 모자를 쓰고 놀러 다녔는데, 지금도 그때 생각을 하면 웃음이 절로 나온다. 지금이야 언감생심 꿈도 못 꾸는 일이지만, 관악산이나 북한산 정상 또는 계곡에서 고체 버너에 불을 붙여 밥과 된장찌개를 보글보글 끓여먹는 맛은 꿀맛이었다.

못 박힌 노조

나는 처음부터 노동조합 활동에 푹 빠졌던 것은 아니다. 노동조합과 현장에서 자주 쓰는 용어를 들으면 왠지 거부감도 들었다. 동지, 투쟁 등과 같은 말들은 다른 세상 사람들의 말 같아서 미묘하게 이질감이 느껴졌다. 그러나 소모임 활동을 하면서 차츰 그 뜻을 알게 되었고, 노동조합이 노동자들에게 없어서는 안 되는 꼭 필요한 조직이라는 사실을 알게 되면서 마음에 와 닿게 되었다.

그때는 훈련생 시절에 자주 만났던 방용석 지부장님과 박순희 부지부장님이 노동조합에 계시지 않았다. 간부들의 설명에 의하면 정부에 의해 노동계 정화조치로 해고를 당했다고 한다. 나는 이해가 되지 않았다. 국가가 나서서 노동자를 해고시킨다니? 게다가 그분들이 왜 정화 대상자지, 하는 생각이 들었다. 솔직히 사회구조를 잘 몰라 그런저런 의문이 들었고, 노조가 위기에 처해 있다는 사실도 잘 모르고 지내던 때였다.

1980년 12월, 계엄사 군인들이 노동조합 사무실에 들이닥쳤다. 다짜고짜 출입문에 각목을 엑스자로 대고 못질을 했다. 출입이 금지된 노조 사무실을 볼 때마다 내 가슴에 못이 박혀있는 듯이 아팠던 기억이 있다. 그해 겨울은 왜 그리 눈도 많이 내리고 추웠는지 모른다. 합동수사본부로 끌려간 노조 상근자들과 상임집행위원, 대의원 언니들이 걱정되었다.

합동수사본부에는 총 48명이 연행되어 조사를 받았다. 결국 12월 말에 48명중 남성 간부 4명은 해고되어 삼청교육대로 끌려갔고, 여성 간부 10명 역시 해고되었다. 국가가 왜 산업역군이라는 노동자를 보호하지 않고 이토록 무섭게 해고를 시키고 감시를 하는 건지, 더군다나 우리 공장은 개인회사인데 왜 국가가 참견을 하는 건지, 도무지 어떻게 이해를 하면 좋을지 알 수 없는 일만 터졌다.

나는 그해 12월에 노동조합 사무실이 폐쇄되고 선배 간부들이 강압적으로 해고되는 상황을 겪으면서 부조리한 사회에 저항하는 의식이 또렷해지기 시작했던 것 같다. 당시 우리 소모임 회원들은 대림동의 방용석 지부장님 댁을 여러 번 찾아갔다. 어린 아들이 둘 있었는데, 철없이 안방이며 건넌방으로 뛰어다니면서 놀고 있었다. 집안 형편이 넉넉해 보이지가 않아 안타깝고 마음이 아렸다.

점령당한 노동조합

1982년 9월 27일, 노조 사무실에 폭력배들이 들이닥쳤다는 소식을 오후 1시경 작업 현장에서 들었다. 나는 2시에 퇴근을 하자마자 부서 동료들과 함께 노동조합 사무실로 달려갔다. 무엇보다도 여성의 몸으로 폭력배들에게 홀로 감금당해 있는 조합장이 걱정되고 잘못 될까봐 불안했다. 부디 몸 다치지 말고 무사하기만을 기도했다. 다행히도 새벽에 조합장이 끌려 나갔다가 낮에 다시 경비실에 돌아왔다는 소식을 들었다. 그제야 긴장이 풀어지고 안심이 되었다.

수백 명의 조합원들이 폭력행위를 규탄하고 노동조합의 정상화를 요구하며 정사과 현장에서 4박5일간 농성을 시작했다. 참 힘들었던 기억이다. 수돗물을 잠그고, 식당을 폐쇄하고, 스팀을 강하게 틀어 질식하게 하고, 온갖 거짓말로 가족들에게 협박하는 등 상식을 벗어난 그들의 잔인한 행위에 치가 떨렸다. 실체를 알 수 없는 거대 폭력에 맞서 저항하는 것은 참 고달픈 일이었다. 그러나 노동조합 집행부가 힘차게 대처하고 있고, 수백 명의 뜻을 같이하는 동료들이 있어 두려움은 없었다.

9월 30일, 나는 농성 나흘째 되던 날 농성장에서 끌려 나갔다. 구사대 남자 세 명이 각각 머리와 다리를 잡고 들어서 정문 입구 시멘트 바닥에 내던졌다. 다시 농성장으로 들어가려고 몸부림치는 나를 이번에는 전투경찰 세 명이 달라붙어 정문 밖 도로가로 들고 나갔다.

발버둥을 치는 나를 언제부터 지켜보고 있었는지, 사촌형부가 나타나 전경들에게 내려놓으라고 소리쳤다. 경찰들이 나를 내려놓자마자 사촌형부는 나의 뺨을 세게 때렸다. 정신이 번쩍 들었다. 형부는 "시골에서 올라와 직장 잘 다니고 있는 줄 알았더니, 이렇게 못된 짓만 하고 있었어?"하며 야단을 치더니 자기의 독산동 집으로 끌고 갔다.

며칠간 그 집에서 훈계를 듣고 있다가 대림동 언니 집으로 간다고 거짓말을 하고 영등포산업선교회관으로 갔다. 그곳에서 동료들과 숙식을 하면서 출근투쟁을 했다. 우리는 자고 일어나면 동료들과 여기저기 다니며 부당한 폭력사태를 호소했다. 나는 전방 A반 대의원이었던 이순옥 언니와 같이 다녔는데, 그 언니가 따뜻하게 잘 대해 주어서 그 살벌한 시기를 당당하게 보낼 수 있었다.

많은 곳을 찾아 다녔는데, 새문안교회로 호소문을 갖고 갔을 때가 특히 생각난다. 사모님이 소고기 무국을 끓여주어서 맛있게 먹었다. 가는 곳마다 문전박대를 당하기 일쑤여서 서러움이 많았는데, 흰 쌀밥에 소고기국으로 따뜻하게 밥상을 차려주어 참 고마웠다.

경찰은 시골집에 있는 아버지를 찾아가, 원풍노조 노동자들을 불순세력이라고 거짓말을 했다. 엄격하기 이를 데 없었던 아버지는 노발대발하여 원풍모방으로 가 직접 내 사표를 제출하고 기숙사에서 내 짐까지 모두 끌어내 고향집으로 갖고 갔다. '바위' 소모임 친구들도 경찰과 가족들에게 끌려 각각 고향집으로 갔다. 여수의 섬이 고향이었던 김정숙은 여수경찰서에 끌려가 사직서를 강요당했고, 구례가 고향인 박영희도 시골집에서 감시를 받고 살아 서울에 오지 못했다.

소중한 인연들

우리는 이듬해인 1983년 1월, 서울에서 다시 만났다. 어린 나이들이니만큼 새로운 직장을 구하기로 했다. 대림동과 가까운 구로공단에서는 원풍모방 해고자들을 받아주지 않는다는 것을 알고 있었다. 그래서 성수동 지역에서 취직을 하자고 의견을 모았다. 1983년 봄, 성수동 오리엔트에서 공원을 모집한다는 소식을 듣고 네 명이 이력서를 냈지만 모두 거부당했다. 이유는 알려주지 않았지만, 한 사람도 취업이 되지 않은 것으로 보아 원풍모방에 다녔던 이력이 들통 난 것 같았다.

규모가 큰 공장에는 들어갈 수 없다는 것을 안 우리는 하청공장을 찾았다. 오리엔트 벽시계를 생산하는 하청공장에 이력서를 제출했다. 거기에서 우리 넷 중 박영희만 거부당하고 세 명은 들어갈 수 있었다. 하청공장에는 100여 명 정도가 일했다. 노동조합을 아는 사람도 없을 뿐더러, 야간 연장근무도 사전예고 없이 그날그날 회사가 시키는 대로 해야 했다.

원풍노조 시절이 못 견디게 그리웠다. 그야말로 원풍은 천국과 같은 곳이었다. 그래도 말이 통하고 억울한 일들을 함께 공유할 수 있는 '바위' 친구들이 있어서 위로가 되었고 견딜 수가 있었다. 친구들은 한창 일할 수 있는 나이에 취직도 마음 대로 할 수 없게 되자 크게 좌절감을 느꼈다. 어렵사리 취직을 해도 원풍모방의 노동환경과는 전혀 다른 억압된 분위기에서 일을 하자니 고달프기만 했다.

그런 생활을 벗어나는 길은 유일하게 결혼뿐이었다. 친구들은 누가 먼저랄 것 없이 하나 둘 시집을 갔고, 나 역시 1985년 스물네 살에 결혼을 했다. '바위' 소모임 친구들은 결혼한 뒤 몇 해는 만나지 못했다. 그렇게 현실에 치여 살다가 오랜만에 아이들을 데리고 만났는데, 기분이 무척 좋았다. 친정 자매들을 만난 듯 반가웠고, 서로가 겪은 어려움을 토로하면서 수다를 떨다보니 마음이 편안해지고 시간 가는 줄 몰랐다.

그렇게 해서 소모임 멤버 중 입사동기생 여덟 명이 친목계를 시작했다. 아이들이 어릴 때는 돌아가며 각자의 집에서 모였다. 음식을 각자 한 가지씩 준비해 뷔페식으로 차려놓고 함께 먹었다. 나중에는 남편들도 참여하여 가족과 가족이 만나는 모임이 되었다. 남편들끼리도 서로 허물없이 지냈고, 아이들은 아이들끼리 친구가 되었다. 다른 모임보다 순수하고 감출 것이 없어 편안했다.

가끔씩은 아이들을 데리고 하룻밤을 자면서 원풍노조에서 활동하던 시절의 이야기를 나누며 밤을 새웠다. 지금은 아이들도 모두 결혼을 했고, 부부동반 모임으로 이어가고 있다. 원풍노동조합 활동으로 만난 우리는 소중한 그 인연을 이렇게 아이들과 남편, 온가족 모임으로 친교를 나누며 나이를 먹어가고 있다. 참 고마운 인연들이다.

기분 좋은 놀림, '민주투사'

2007년, 나는 여러 동료들과 함께 민주화운동 관련자로 인정받고, 명예회복이 되었다. 결혼 후 인천에 살고 있었기에 명예회복 신청서를 인천시청에 접수했다.

얼마 후 시청으로 조사를 받으러 오라는 연락을 받았다. 공무원은 나를 보더니 허리를 숙여 깍듯하게 인사를 하고 질문도 공손하게 했다. '원풍노조 9·27사건' 당시 우리들을 불순분자로 취급하던 기억 때문에 공무원에 대한 불신이 있었는데 달라진 대우를 받으니 기분이 좋았다.

시청에서 조사를 마치고 나오는데, 발걸음은 하늘을 날듯이 가벼웠고 어깨가 으쓱해지기까지 했다. 내가 원풍모방노동조합에서 사회생활을 잘 배웠구나, 그래서 잘 살아왔구나, 하는 생각에 가슴이 뿌듯했다. 지금도 직장생활을 하고 있지만, 원풍모방노동조합과 같이 자유롭고 민주적이고 사람을 존중해주는 곳은 이 세상에 없는 것 같다.

남편에게 명예회복 인증서를 보여주었다. 남편은 노동운동에 대하여 별로 좋은 감정을 갖고 있지 않았다. 내 친구 가족들과의 만남은 그저 좋은 사람들이라서 참여를 하는 수준이었다. 그런데 그 인증서를 본 후에는 원풍노동조합을 높이 평가해주었다. 남편은 나를 보고 '민주투사'라고 놀린다. 대림동에 살던 큰언니는 '원풍노조 9·27사건'을 가족 누구보다 잘 알고 있었던 터라 국가로부터 명예회복이 되었다고 말했더니 "너에게도 좋은 날이 오는구나, 그 동안 참 많이 힘들었을 텐데, 이제야 그 한을 푸는구나" 하며 축하해 주었다.

우리 친구들은 올해도 어김없이 원풍동지회 9·27행사에 참여했다. '원풍노조 9·27사건'이 일어난 지 35년이 되었다. 그 세월을 따라 막둥이 '바위' 소모임 멤버인 우리들도 50대 중반을 넘어섰다. 사위와 며느리를 맞이했고, 손주들 재롱 보며 행복해하는 나이가 되었다. '바위' 친구들은 아무리 바쁘더라도 원풍동지회 모임은 빠지지 않고 참석하려고 한다.

원풍노동조합이 내 삶에 차지하는 의미와 가치는 너무 크고 넓다. 내 인생을 나무에 비유한다면 원풍노조는 뿌리와 같다. 원풍동지회라는 든든한 뿌리가 내 인생의 동반자가 되어 주니 참 좋다.

109

두려움을 넘은 작은 용기

김경숙

————1962년 충청남도 광천에서 태어나 1980년 초 원풍모방에 양성공으로 입사했다. 노조 조합원으로 활동하다가 1982년 9월 27일 노조 폭력 파괴 사건으로 강제해고 되었다. 2007년, 정부에 의해 민주화운동 관련자로 인정되어 명예회복이 되었다. 현재 대형마트에서 일하며 동료들과 함께 근로조건 개선운동을 벌이고 있다.

1962년 충남 광천에서 태어나 18살에 처음 접한 사회는 천안에 있는 충남방직이었다. 사촌언니를 따라 견습공으로 입사했는데, 정사과에서 매일 바닥청소와 잡일을 했다. 커다란 기계들이 쉼 없이 돌아가며 바닥에 실먼지를 뿌려댔고, 빗자루로 쓸면 눈 내리듯 먼지가 날렸다. 콧속과 입속은 물론 눈꺼풀에도 수북이 매달린 먼지들로 연신 터져 나오던 재채기와 기침. 일을 하면서 이게 아닌데, 라는 생각이 들었다. 취업할 때는 직포기술을 배우겠다는 꿈과 회사에 대한 동경이 있었다. 그런데 날이 갈수록 공장의 현실에 정이 떨어졌고 힘이 들었다.

죽어라 일만 하고 기계소리만 가득한 곳은 내가 꿈꾸던 직장이 아니었다. 활기차게 움직이며 즐겁게 일하는 사람들을 상상했었다. 출근하는 게 고역이었고, 그만 두고 싶다는 생각만 들었다. 할머니를 비롯해 대가족이 생활하는 큰집에서 출퇴근하는 것도 힘들긴 마찬가지였다. 야간근무를 하고 와서 아침에 잠자는 게 힘들었고, 반대로 야간근무를 위해 낮잠을 잘 수가 없었다. 두 달도 못 다니고 그만두었다.

노조가 두려웠다

다음 해, 외사촌언니가 결혼했는데 형부가 원풍모방에 근무한다고 했다. 형부에게 취업을 부탁해 1980년 5월 양성공으로 입사했다. 양성공은 바로 현장에 배치되는데 내가 일할 곳이 가공과 B반이었다. 기숙사는 퇴소자가 나올 때까지 기다리라고 해서 외사촌언니 네서 출퇴근을 했다. 회사에 다니면서 형부 이름이 임재수이고 노동조합 총무로 활동하고 있다는 걸 알았다.

그해 12월 노조 상집간부 전원이 합수사에 연행되어 갔다. 미리 피신한 방용석 지부장과 박순희 부지부장은 전국에 수배령이 내려졌다. 연행된 상집간부는 해고되고 형부를 포함한 남자 간부 4명은 삼청교육대에 끌려갔다. 전두환 계엄군이 '사회정화' 차원에서 조직폭력배나 범죄자만 끌고 간다는 그곳. 뉴스시간마다 팔과 다리, 몸에 작은 문신 하나만 있어도 길거리 검문에서 끌고 가는 모습을 보여주었다. 그런 사람들은 사회의 악이라며 떠들어댔다. 그들은 삼청교육대에서 정신개조를 위해 지옥보다 더한 고통을 느끼도록 훈련시킨다고 선전했다.

그런데 형부 같은 노조간부들을 왜 끌고 갔을까? 합수부에 이유 없이 끌려간 것도 걱정인데 삼청교육대라니. 언니와 나는 걱정과 불안 속에 하루하루를 보냈다. 어느 날 형부가 연행될 때 입었던 옷을 언니가 경찰에서 받아 왔다. 피가 범벅이 되어 덕지덕지 딱지가 묻은 옷을 받고 언니는 울지도 못할 정도로 충격을 받았다. 보지 않고도 듣지 않아도 모든 것을 옷이 말해주고 있었다. 형부의 피 묻은 옷을 끌어안고 언니는 몸부림쳤다. 두려움이 해일처럼 밀려왔다.

유난히 바람이 불어 덜커덩거리며 문을 흔들던 늦은 밤, 쉽게 잠들지 못하고 뒤척이던 언니가 갑자기 이불을 제치고 현관으로 나갔다. 문을 흔든 건 바람이 아니라 검은 모자를 푹 눌러쓴 남자였다. 언니의 부축을 받으며 들어선 그는 펼쳐놓은 이불 위에 널브러졌다. 모자가 벗겨지며 드러난 빡빡 밀은 파르스름한 민머리. 움푹 들어간 양 볼에 앙상하게 뼈만 남은 몸. 초점 잃은 두 눈이 공허했다. 살아 있는 사람의 모습이 아닌 유령 같은 형부의 몰골에 너무 놀라 말문이 막혔다.

끌려간 지 두 달 만에 돌아온 형부는 예전의 건강하고 밝은 모습이 아니었다. 갈비뼈가 4대나 부러져 몸도 제대로 가누지 못했다. 하루 종일 천장만 보고 누워 있었고, 굳게 다문 입은 열리지 않았다. 형부의 피폐해진 모습처럼 집안의 분위기도 암울했다. 깨소금 냄새가 폴폴 나고 정겨운 대화와 웃음이 넘쳐나야 할 신혼집인데, 우리 세 사람의 웃음과 대화가 사라져버린 집은 어둡고 습한 동굴 같았다. 서로를 어떻게 위로하고 치유해야 할지 모르는 날들을 보내고 있었다.

형부가 돌아오자 노조에서 상집간부를 함께 하다 해고된 사람들이 자주 찾아왔다. 그들은 형부의 건강과 치료에 대해 걱정하고 노조에 대한 얘기들을 했다. 노조 간부를 합수부로 끌고 가 해고시키고 삼청교육대 보낸 정권. 민주인사를 탄압하고 민주적인 노조 활동을 말살하려는 통치. 정권이니 민주니 하는 어려운 얘기를 귀동냥하면서 그런 생각이 들었다. 노조 활동을 민주적으로 잘하면 회사가 아닌 정부에서 탄압하고 해고하는구나! 찾아오는 동료들을 통해 점점 밝게 회복되어 가는 형부와 달리 19살의 나는 원풍노조가 두려웠다.

원풍이 자랑스러웠다

현장에서 처음 마주한 것은 작은 체구의 나를 압도하는 거대한 기계였다. 그 앞에 있으면 빨려들 것 같아 두려웠다. 천을 자르던 칼날은 가히 위협적이었다. 높은 천장까지 펄럭거리며 오르락내리락 하는 천이 말려 들어가 '푹' 찢어질 때가 있다. 우리의 잘못도 아니면서 경위서를 써야 했다. 그런 현장에서 내가 곧바로 적응할 수 있었던 건 동료들이었다. 오며 가며 따뜻하게 말을 건네고 세심히 챙겨주었다. 손에 익지 않은 서툰 일을 도와줘서 기계에 대한 두려움을 극복하고 현장에 적응할 수 있었다. 무엇보다 일이 끝나면 경비실 뒤 목욕탕에 들려 매일 샤워하는 게 좋았다.

그렇게 한 달을 보내고 첫 월급 받던 날을 지금도 또렷이 기억한다. 부서의 반장과 기장이 사무실에서 돈을 받아와 개인별 이름이 적힌 봉투에 한 달 임금을 넣었다. 퇴근시간에 담임 책상 앞에 빙 둘러섰는데, 한 명씩 이름을 부르며 봉투를 건네줬다. 내 이름이 호명되길 기다리던 설렘. 두툼한 봉투 안에는 500원짜리 지폐가 잔뜩 들어 있었다. 첫 월급은 액수에 비해 써야 할 곳이 너무 많았다.

야유회라는 것도 처음으로 가봤다. 부서마다 야유회 준비로 시끌벅적했는데 B반에서 불만이 터졌다. 다른 반은 설악산인데 왜 우리만 수락산 가느냐고. 동료들은 불만이었지만 나는 장소가 어딘들 중요하지 않았다. 동료들과 함께 관광버스 타고 놀러가는 게 그저 설레고 신났다. 태어나 처음 직장동료와의 야유회 아닌가.

태어나 처음으로 동료들과 소모임을 구성했고 노조교육도 받게 되었다. 그것은 김성구 언니와 이향숙 언니 덕분이었다. 내가 일하던 습식부는 노조 활동을 활발하게 하는 사람이 별로 없었던 것 같다. 그런데 건식부에 있는 언니들은 우리 부서까지 와서 사람들을 챙길 정도로 활발하고 열심이었다.

언니들을 따라 소모임에 가입하고 산선과 노조 사무실을 드나들었다. 그러면서 형부로 인해 노조 활동에 대한 두려움을 갖고 있던 마음을 털어냈다. 소모임 활동을 하면서 노조가 우리에게 필요하다는 걸 알았기 때문이다. 사실 언니 집에서 1년 정도 있다 기숙사 입소해서 알게 된 동료보다 노조교육 가서 알게 된 사람이 더 많았다. 교육 프로그램 내용도 중요하지만 어찌 보면 사람관계의 폭을 넓힐 수 있어 더 좋았던 것 같다.

노조에서 소모임 멤버를 대상으로 했던 프로그램 중 가장 좋았고 기억에 남는 게 있다. 과천에 있는 수녀원에서 1박2일로 진행했었는데 '자신에게 쓰는 편지' 시간이 있었다. 편지는 가족이나 친구처럼 누군가에게 보내거나 누군가로부터 받는 줄만 알았다. 그런데 자신에게 쓰라고 하니 쑥스럽기도 하고 난감했다. 그때서야 나 자신에 대해 한번도 생각해 본 적이 없다는 걸 알았다. 살아오는 동안 아무도 나에게 자신을 돌아보고 앞으로의 삶에 대해 생각해보라는 얘기를 해준 사람이 없었기 때문이다. 편지를 쓰면서 처음으로 나에 대해 생각했던 귀하고 소중한 경험이었다. 그리고는 잊어버렸는데 한참 뒤 회사에서 '나에게 쓴 편지'를 받았다. 신기하기도 했고 설레기도 하던 묘한 기분이었다.

노동절 행사 때 식당에서 탈춤 공연을 본 것이 내가 처음 접한 문화였다. 탈을 쓰고 나와 익살맞은 대사를 하고 춤을 추던 마당극. 사물놀이 장단에 맞춰 여기저기서 얼쑤, 얼씨구 하는 추임새가 나왔다. 우리는 출연자의 대사 한마디에 손뼉을 쳤고 몸 동작 하나에 웃고 신이 났다. 기억에 남는 공연은 회사 간부와 국회의원이 등장하고, 어용으로 비난받던 노총위원장도 나오던 〈조선방직 쟁의〉다.

조선방직 여공들이 차별철폐와 권리를 위해 투쟁한 내용을 담은 극으로 배경은 이승만 정권 때였지만, 권력층이 노동자와 농민, 국민을 기만하는 상황은 어느 시대나 똑 같은 것 같다. 권력층이 등장하면 사람들은 야유를 보냈고, 우리를 대변하는 말뚝이가 나오면 환호했다. 공연을 보면서 사람들은 그들의 대사와 행동에 모두 동화되었다. 마당극이 끝나면 탈춤반이 이끄는 대로 넓은 운동장으로 나가 뒤풀이를 했다. 꽹과리와 장구 소리에 맞춰 어깨춤을 추고 노동가를 부르며 운동장을 뛰었다.

가을엔 체육대회를 했는데, 전 부서가 청군과 백군으로 나뉘어 응원단장을 따라 열띤 응원을 했다. 남자 축구팀에 이어 여자 축구팀의 경기도 있었다. 시골에서 하던 초등학교 운동회하고는 많이 달랐지만 회사 전체가 들썩였다. 내가 선수로 나가지 않아도 동료들과 응원을 하며 신이 났다. 다른 회사에선 이런 것들을 경험할 수 없을 텐데, 내가 원풍조합원인 게 자랑스러웠다.

갈 곳 을 잃 다

폭력배들이 노조 사무실을 쳐들어 왔던 그때, 회사는 노조를 와해시키기 위해 지속적으로 탄압을 가하고 있던 상황이었다. 폭력배들 앞에 '구사대'라는 이름으로 앞장섰던 인물들을 보면 평소 노조에 부정적인 자들이었다. 그리고 뒤이어 각 언론이 한꺼번에 몰려온 걸 보면 준비된 각본이란 걸 짐작케 했다. 모든 정황이 그들과 똑같이 폭력으로 맞서고 파업하길 유도했다. 노조간부들은 흥분하는 조합원들을 진정시키고 일하면서 교대로 폭력규탄 농성을 한다는 계획을 알렸다.

1982년 9월 27일부터 시작된 4박5일 단식농성은 그렇게 시작되었다. 농성투쟁에 참기 힘들었던 건 굶주림이었다. 옆에서 실신한 동료들이 실려 나가는 두렵고 참혹했던 농성장. 악에 받쳐 투쟁가를 부르고 구호를 외치던 상황에 뱃속에서는 꾸르륵거리며 먹을 것을 달라고 아우성쳤다. '주책아, 이 와중에 먹고 싶은 게 생각나니?' 온갖 음식들이 머릿속에 떠오르는 것만으로도 동료들에게 죄책감이 들었다.

추석날 새벽, 농성장에서 나와 운동장에 남은 사람은 50여 명 정도. 휘영청 밝아야할 보름달도 구름 속에 숨었는지 어두운 새벽이었다. 서로를 부둥켜안은 채 마지막 발악 같은 구호를 외치며 버텼다. 그러나 양쪽으로 정문이 열려지고, 수많은 남자들이 우리를 밖으로 밀어내고 끌어냈다. 정문 앞 비탈길을 데굴거리며 굴러가던 동료도 보이고, 쓰러져 움직이지 않는 동료도 보였다. 닫혀 진 철문을 흔들며 입에서 나오는 대로 악을 썼다. 폭력배들은 바제된 인간처럼 부표정으로 우리를 쳐나보았다.

기숙사로 향하는 문도 굳게 잠겼는데, 경비들은 열어 주지 않았다. 얇고 더러운 작업복처럼 우리의 몰골도 형편없었다. 모두가 잠든 새벽, 길은 많아도 우리가 갈 곳은 없었다. 다들 주변에서 자취하는 친구와 산선으로 흩어졌다.

어느 날, 언니 집에 큰오빠가 올라왔다는 연락을 받았다. 추수로 한 참 바쁜데 면장이 매일 논으로 찾아와 못살겠어서 올라왔단다. 9·27 농성이 시작되던 날부터 동생이 빨갱이와 어울려 농성하고 있으니 농사일 걷어치고 빨리 서울 가 데려오라고. 시골 면장이 나하고 무슨 관계가 있다고 차비까지 대주며 닦달을 했는지 어이가 없었다. 동네 사람들은 사단 났다고 난리란다. 오빠에게 9·27 노조 폭력사태로 인해 농성하게 된 상황을 설명하고 이해를 구했다. 오빠는 내가 다칠까봐 걱정을 하면서 혼자 내려갔다.

동료들과 함께 산선에서 공동생활을 하며 정부와 회사의 노조탄압을 규탄하는 유인물을 돌리며 다니고 출근투쟁도 했다. 기숙사 생활을 했던 우리는 누구라고 할 것 없이 갈아입을 옷도 없는 단벌이었고, 돈 한 푼 없었다.

노조간부들은 감옥으로 가고

수배 중이던 간부들이 모두 잡혔다는 소식을 들었을 땐 앞이 캄캄했다. 2년 전 노조간부였던 형부가 끌려가 혹독하게 당했던 일이 떠올랐다. 그런 악몽 같은 일이 뒤풀이되지 않기를 간절한 마음으로 빌었다. 간부들이 모두 구속되거나 구류를 살고 나왔을 때도 우리의 싸움이 끝났다는 생각은 들지 않았다.

고척동 구치소에 있는 간부들을 면회하러 수십 명씩 몰려갔지만 가족 외에는 볼 수가 없었다. 그래도 우리는 돌아가면서 매일 그곳을 찾았다. 크리스마스이브에는 촛불을 들고 영등포에 있는 산선에서 고척동 구치소까지 행진을 했다. 밤 12시가 넘은 새벽이었지만 추운 줄도 몰랐다. 구치소 담을 돌면서 8명의 구속 간부들의 이름을 하나씩 불렀다. 콘트롤테이타에서 노조활동을 하다 구속된 간부도 있어서 그의 이름도 불렀다. 수십 명이 하나가 되어 부르는 이름이 높은 담장을 넘어 구치소 구석구석까지 울려 퍼지길 바랬다. 구속자들의 이름을 부르며 추운 겨울 갈 곳도 없고 직장도 없는 우리 신세가 더 처량하게 느껴졌다.

1983년 1월, 산선에서 해산식을 하던 날, 서러움에 복받쳐 눈물만 흘렸다. 생사고락을 같이 한 동료들과 헤어져 나는 어찌해야 하나, 당장 작은 몸뚱이 하나

의탁할 곳을 찾아야 하는 신세가 서러웠다. 장형숙이 대림동 돈보스코 회관 근처에 있는 박순희 부지부장과 김금자 언니가 함께 생활하는 곳에 가보자고 했다. 아파트 입구에서 불 켜진 창을 바라보니 울컥 눈물이 쏟아졌다. 하룻밤 잠자리가 막막했던 상황에 그 불빛은 너무도 따뜻하고 아늑하게 느껴졌기 때문이다. 세월이 흐른 지금도 가끔 그날이 생각난다. 살아오는 동안 가장 힘들고 막막했던 그때.

하루는 친구들을 만나고 오는데 갑자기 남자들이 다가오더니 양쪽 팔을 잡았다. 소리 지르고 몸부림치며 저항했지만, 어둠이 내려앉은 도로엔 아무도 없었다. 낯선 남자들에게 질질 끌려 간 곳은 회사 노무과인데 도장을 찍으라며 사직서를 내밀었다. 나는 그들이 누군지 모르는데 그들은 어떻게 나를 알아 봤을까? 그동안 동료들과 함께 할 때는 몰랐는데 사원들만 있는 회사에 혼자 있으니 두려웠다. 폭력보다 더 무섭고 공포스러웠던 사무실, 그리고 사직서.

마음의 빚을 내려놓다

기숙사가 있는 직장을 구하면 모든 것이 해결될 텐데, 블랙리스트로 인해 취업이 쉽지 않았다. 결국 1983년 봄, 견디지 못하고 고향으로 내려갔는데 가족, 친척뿐 아니라 동네 사람들의 곱지 않은 시선에 참 힘들었다. 또래들은 착실히 직장생활을 하는데 '못된 송아지 엉덩이에서 뿔난다고 빨갱이 물이 들었다'며 수군거렸고 손가락질을 했다.

밥을 먹지 않아도 배부를 만큼 욕도 얻어먹고 구박도 받았다. 더운 여름 날씨에 사람들의 시선과 냉대에 상처받고 주눅 들어 진땀을 흘렸다. 다시 서울로 올라가기 위해 애를 쓰다 보니 가을이 되었다. 그즈음 오빠 밥해 주며 직장 다니겠다고 올라와 대림동에 살면서 회사 앞쪽을 피해 멀리 돌아 다녔다.

9·27 이후 1년이 되었어도 블랙리스트로 인해 취업은 쉽지 않았다. 집에서 가까운 영등포와 구로동을 피해 서울 외곽에 있는 공장에 동생 이름을 빌려 취업했다. 아침 8시에 통근버스를 타고 가서 오후 6시에 퇴근했다. 잔업이나 야근이 있는 날은 물량을 맞춰야 일이 끝났다. 수지에 있는 양복을 만드는 공장도 다녔고, 일반 옷을 만드는 봉제공장도 다녔다. 미싱을 할 줄 몰라 시다로 취업했는데, 종일 서서 다림질을 하거나 실밥을 따야 했다.

하루 종일 주어진 할당량을 맞추느라 말 한마디 없이 일만 했다. 똑같은 동작을 반복하며 얼굴에 표정 하나 없는 사람들이 기계처럼 느껴졌다. 사람들과 일을 하는 게 아니라 기계 속에서 하나의 부품처럼 내가 돌아가고 있는 것 같아 숨이 막혔다. 원풍이 그리웠고 함께했던 사람들이 보고 싶었다. 서로를 챙겨주며 동료들과 소통하던 가공과. 좋은 친구들과 오래 오래 생활하고 싶었던 곳. 원풍 이후 어떤 직장도 정착하지 못하고 옮겨 다녀야 했지만, 블랙리스트로 인해 안정적인 곳은 없었다.

민 주 화 운 동 관 련 자 가 되 어

1986년에 결혼해서 1남1녀를 두었다. 원풍에서 '민주화운동 관련자 명예회복 및 보상'을 추진할 때 성장한 아이들에게 피해가 갈까봐 고민이 되었다. 9·27사태 이후 막막하던 시절이 떠올랐고, 가족들이 나로 인해 시달렸던 일들도 잊을 수 없었다. 그리고 이미 상처받아 만신창이가 되었던 우리의 지난 세월들. 가슴에 묻은 상처와 기억을 다시 꺼내서 괜찮을까, 하는 생각. 하지만 달라지는 게 없어도 동참해야 된다고 생각했다.

그런데 기대하지도 않은 민주화운동 관련자 증서를 받았다. 남편과 아이들에 대해 마음이 홀가분하고 편안해졌다. 오랜 세월 가족들이 나로 인해 부당한 일을 겪게 될까봐 마음 졸이며 살아왔다. 불안했던 시간만큼 마음에 쌓였던 빚을 청산하는 기분이었다. 그래서 처음 보았을 때보다 시간이 갈수록 증서가 더 소중하게 느껴진다.

생활지원금은 동료들 대부분이 받았는데, 나는 소득 때문에 받지 못했다. 그 시절 우리의 잘못이 아니라 정권에 의해 노조가 탄압받고 폭력에 의해 쫓겨난 건데, 하루아침에 해고자가 된 것도 기막힌데, 블랙리스트로 인해 취업도 힘들었다. 너무도 억울했고 하룻밤 잠자리와 끼니를 걱정하며 얼마나 힘들고 막막했는데. 생활지원금은 당시 상황에 근거하여 판단해야 될 내용이었다. 그런데 현재의 경제력 기준으로 판단하는 건 옳지 않다는 생각이 들었다. 뒤이어 국가 배상소송을 제기했고, 5년이 걸려 승소하니 너무 뿌듯했다. 가족들은 원풍동지회 집행부와 원풍 사람들이 대단하다고 했다.

아이들이 성장하면서 취업할 곳을 찾았지만 쉽지 않았다. 경력이 단절된 여성이 사회에서 할 수 있는 일은 단순작업밖에 없었다. 대형마트에서 일을 시작해 현재까지 하고 있다. 그런데 2018년 최저시급이 오르면서 근무시간이 6시간 맞교대로 줄었다. 노동시간이 줄어들면 좋은 일이긴 하지만, 대신 식사시간이나 휴식시간이 없어졌다. 밥 먹을 시간도 없으니 일하는 사람 입장에선 근무조건이 더 안 좋아진 것이다. 게다가 시급이 오르면서 인건비를 줄이기 위해 인원도 감축했다.

처음엔 감축대상이 될까봐 관리자 눈치만 보던 사람들이 도저히 안 되겠다는 생각에 모였다. 예전과 달라진 근무조건을 비교하며 불만과 개선점을 얘기하기로 했다. 어떤 사람은 그런 요구를 하면 해고시키지 않겠냐고 걱정했다. 하지만 원풍의 경험을 통해 잘못된 것은 참는 게 아니라 개선하고 고쳐야 된다는 걸 배웠다. 혼자가 아니라 동료들과 함께 의견을 모아 해결해 나가야 된다는 것도 배웠다. 내용이 정리되자 관리자와의 면담을 통해 최소한 식사시간 30분을 요구했다.

현재 내가 몸담고 있는 곳에서 작은 것이라도 필요하면 동료들과 함께 해결해 나가려 한다. 원풍에서 보낸 시간이 늘 그립고 즐거웠던 것처럼, 그렇게 살고자 한다. 그곳에 있었던 우리는 노동조합을 통해 사람 사는 세상을 만들었고, 그렇게 살고자 했다. 원풍 시절은, 우리의 청춘이 그리웠던 것보다 서로를 배려하며 더불어 함께했던 사람들이 있었기에 늘 그리운 곳이라고 생각한다.

110

역사의 한 페이지

김명숙

_____1962년 전남 순천에서 태어나 1980년에 원풍모방에 입사했다. 노조에서는 탈춤반 활동을 했으며, 1982년 9·27폭력사건 때 해고를 당했다. 2007년에 민주화운동 관련자로 인정되어 명예회복이 되었고, 2015년에는 국가배상소송에서 승소했다. 현재는 목사로 재직하고 있다.

추억의 일기장

김명숙, 두 아들의 엄마요, 한 남자의 아내이며, 현재 목사로 사역하고 있으며, 웨스트스민스터 신학대학원대학교에서 공부 중인 학생이다. 수많은 사건과 일속에서 지금까지 살아온 모든 것이 하나님의 은혜임을 고백하지 않을 수 없으며, 38년 전의 삶을 회고해 본다.

초등학교 6학년 졸업 무렵 내가 사는 마을에 전기가 들어오면서, 산업문화가 우리 마을에도 전파되기 시작했다. 그리고 서울에 먼저 상경한 동네 언니들을 통해 원풍모방이란 이야기를 듣게 되었고, 가정 형편이 어려워 상급학교에 진학하지 못한 사람은, 너도나도 원풍에 들어가기를 꿈꾸며 서울로 갔다. 그중 나도 한 사람이다. 그러나 원풍에 들어가기 위해, 머무를 곳이 없는 나는 기숙사가 있는 작은 회사에 입사해서 일했다.

그리고 1980년 원풍모방 모집 공고를 보고, 같이 상경했던 마을 친구들과 원서를 넣었으나, 합격자 명단에는 나 혼자였다. 3개월의 훈련 기간 동안 새롭게 만난 얼굴들과 점점 친해지게 되었고, 저녁 먹고, 자기 전에 배고프면 식당 가서 몰래 밥을 가져와 기숙사에서 바가지에 고춧가루, 간장, 참기름을 넣고 비벼 먹었다. 이때의 50명 중에서 8명의 친구가 되어 지금까지 만나면서 50대 중반을 살아가고 있다. 현재 8명의 친구가 결혼하여 자녀를 낳아 31명이 되었고, 며느리, 사위, 손주까지 합하면 39명이 되었다.

3개월의 직업훈련을 마치고 정방에서 정식으로 3교대 근무를 하게 되었다. 월급은 결혼을 위해 적금을 부었고, 당시 구로동 소재 연희새마을고등학교에 다녔는데 회사에서 나오는 장학금으로 공부할 수 있었다. 남은 돈으로는 소그룹(바위 탈춤) 활동과 친교생활을 하는데 사용했고, 월급날이 가까워지면 돈이 얼마 남지 않아 기숙사에만 있어야 했다. 명절에 부모님과 동생들 선물을 사 가지고 내려갈 때는 두 달 정도 빠듯한 생활을 해야 했지만, 그래도 인간이 갖추어야 하는 가치관을 형성할 수 있는 원풍에 다닌다는 자부심과, 또 통장에 적금이 모아지고 있다는 기쁨으로 살았던 것 같다.

누구나 힘들지 않는 일이 어디 있겠는가? 오전 근무는 오후에 퇴근하면 시간이 많다는 희망을 품고, 오후 근무는 아침에 늦게 일어나도 된다는 희망을 가지고 일했다. 그러나 야근은 밤을 새워야 한다는 것에 늘 부담이 되었다. 그때는 왜 그리 자도 자도 잠이 오는지…. 기계가 잘 돌아갈 때는 한쪽에 쪼그리고 앉아 졸기도 수없이 했던 것 같고, 잠을 이기려고 수없이 세수를 하고. 기계 사이를 돌다 퇴근 벨소리가 왜 이리 좋고 반가웠던지, 그리고 퇴근할 때는 어디서 힘이 생기는지 모른다. 빨리 목욕탕에 자리를 차지하려고 뛰었던 그때를 생각하면 웃음이 절로 난다.

기숙사 생활에서는 많게는 다섯 살, 적게는 한두 살 차이가 나는 언니들 속에 막내라는 이유로 많은 사랑을 받았다. 그리고 모두 소그룹 활동을 했다. 나는 탈춤반까지 하게 되었다. 주로 소그룹 구성원들과 활동을 했고, 산업선교회와 돈보스코회관을 주된 모임 장소를 삼았다. 오전 근무를 마치고 시간이 나는 날이면, 친구들과 관악산이나 도봉산에 올라 코펠에 어묵으로 국을 끓이고 밥을 지어 먹는 그 맛이 정말 꿀맛이었다.

탈춤반 활동은 매우 생동감 있었고, 외부의 대학생들과 같이 활동하였기에 나름의 자부심도 있었다. 수련회 때는 '탈춤반은 어떠한 역할을 해야 되는가', '탈춤을 왜 추는가'라는 주제로 열렬히 분반토론을 했다. 노동절 행사 때는 '노동은 힘이다'라는 현수막을 들고 사물놀이로 온힘을 다했고, 노래자랑 때는 무대에 올라 춤으로 인기를 얻었다. 원풍의 탈춤반이란 자부심을 가지고 노동자들에게 힘과 위로를 주기도 했다. 한신대학교에서, 전주에서, 연천 군부대에서 탈춤을 통해 시대상과 노동현실을 표현하기도 했다.

사내 체육대회에서 나는 방적과의 배구선수로 뽑혀 여러 사람들의 사랑을 받았다. 그리고 대회에서 방적과가 1등을 하여 사람들의 많은 시선을 받았다. 그즈음 정방 언니가 자취하는 집으로 초대해 식사를 대접받았던 게 기억난다. 너무 맛이 있어 잊을 수가 없었던 것이다.

외부의 탄압과 내부의 긴장감 속에서도 원풍노조 조합원들은 위축되지 않았다. 오히려 더 활발하게 활동하며 결속을 다짐했다. 이러한 활동은 나에게 큰 자부심과 함께 노동조합이 왜 노동자들에게 필요한지를 깨닫게 해 주었다. 매년 노사협상 때(임금인상과 단체협약 등)는 긴장되었고, 협상이 잘 되었을 때는 기뻤다. 협상이 난항을 겪을 때는 늘 긴장감을 가졌지만 노조를 믿었기에 희망을 잃지는 않았던 것 같다. 지금 생각하더라도 노동조합 간부들이 열정적으로 뛰었던 것 같다. 그러기에 원풍모방은 사라졌지만, 원풍노동조합의 동지들은 지금까지도 그 조직을 지탱하여 올 수 있었을 것이다.

가슴 아픈 세월

80년 상반기 끝 무렵, 정치적 암흑기가 현실로 나타났다. 5·18 광주민주운동의 참상이 그 결과이다. 이 참상에 공감하고 위로하고자 우리 원풍 노조원은 모금운동을 벌이게 되었다. 그러나 그 일로 노동조합은 더욱 탄압을 받게 되었고, 당시 방용석 지부장님과 박순희 부지부장님이 수배되고, 조합 간부들이 합동수사본부에 연행되어 조사를 받고 해고당하기도 했다. 그뿐만 아니라 노조 간부 중에는 그 악명 높은 삼청교육대에 끌려가기도 했다. 두려움과 슬픔, 억울함의 시대였으나, 누구 하나 나서서 우리를 대변해 줄 수 있었던가?

노동조합 사무실이 폐쇄되고, 형사들이 수시로 현장을 누비는 긴장의 나날들이었다. 정화 조치라는 미명 하에 노조원들뿐 아니라, 중립적으로 일했던 현장 간부들(나의 고향 옆집 친척)까지 해고되어 생계의 위험을 받게 되었다. 이러한 탄압의 혼돈 속에 이무술을 조합장으로 하여 새로운 노조 집행부가 구성되었다.

정부의 노동조합에 대한 억압도 심해졌다. 회사는 새마을교육과 Q.C 활동을 강요했다. 노조활동과 모임을 막기 위한 방편이었다. 이러한 조치들은 점점 현장과 회사 간부들 사이의 갈등을 심하게 만들었다.

1982년 9월 27일, 국가폭력이 원풍노동조합에 들이닥쳤다. 급기야 생존을 위해 현장에서 단식투쟁을 해야 했고, 회사에서는 현장의 식수를 끊고 전기를 차단하였다. 캄캄한 투쟁 현장 속에서 하루 이틀이 지나자, 주위의 많은 동료들이 먹지 못하고 물조차 마시지 못해 하나둘 몸이 뒤틀리고 쓰러지기 시작하여 병원으로 이송되었다. 동원된 부모 형제들은 메가폰으로 딸들을 나오라고 호소하며 울었다.

동료들은 굶어 쓰러져 하나둘 병원으로 실려 갔다. 남아있는 동료들은 서로 몸을 주무르며 버티었다. 그러한 상황을 틈타 공권력이 투입되어 농성자들을 끌어내기 시작했다. 우린 서로 흩어지지 않기 위해 어깨동무를 하며 운동장에 모여 있었다. 언론에서는 경찰이 우리를 발로 차고 방망이로 때릴 때는 찍지 않고, 우리가 경찰들에게 대항한 행동만 찍었다. 당시 TV에는 그렇게 나왔다. 그러니 사람들은 이것을 사실로 믿었을 것이다. 그런 가운데 나는 정문 앞에서 정신을 잃고 쓰러졌다, 눈을 떠보니 병원이었다. 병원에는 다른 동료들도 많이 있었다.

나는 10월 13일 출근투쟁 때 남부경찰서로 끌려가 조사를 받았다. 나는 태어나서 지금까지도 그때 들었던 욕설이 처음이다. 그 이후 나는 경찰을 보면 정말 사람 같지 않았으나 지금은 좋은 경찰도 있음을 인정한다. 조사를 끝내고는 팻말에 이름을 쓰고 턱밑에 대라고 하더니 사진을 찍고 내 보냈다.

그러나 경찰서에서는 막상 나왔지만 갈 데가 없었다. 회사는 문이 닫혀 있어 기숙사도 들어갈 수가 없게 되었고, 서울에 친척이 있는 것도 아니라서 정말 눈물이 하염없이 나왔다. 하는 수 없이 고향으로 내려갔다. 부모님께는 휴가를 얻어 잠시 왔다고 둘러댔다. 그런데 나중에 면사무소 공무원이 우리 마을에 와 수시로 나의 행적을 확인했다고 한다.

부모님이 걱정할까 봐 다시 상경하여 산업선교회에서 단체 숙식을 하게 되었다. 이때 〈마음 약해서 잡지 못했네〉라는 노래를 아래와 같은 가사로 바꾸어 공권력에 끌려갔던 모습을 표현했다.

많이 참았네! 오래 참았네!

노동조합 탄압을 중지하여라

노동자들의 생계비를 보장하여라

살고 싶다. 법치국가 법을 지켜라

누굴 위해 일하느냐 말 좀 해봐라

뜨거운 피가 용솟음치네!

정상가동을 속히 하여라

단체협약 준수하여라

생 존 의   길 을   찾 아

결국 회사에서 해고를 당했다. 해고를 당하고 나자 살길이 망막했다. 입사한 지 3년도 안 되었고, 또 공부하느라 모아놓은 돈도 많지 않기 때문에 마냥 놀 수만은 없었다. 기댈 친척이나 형제가 서울에 있는 것도 아니었다. 짐을 싸 고향 으로 내려가자니 부모님의 걱정거리가 될 것 같아 취직을 해야 했다.

면목동에서 방을 얻어 사는 친구에 합세하여 세 명이 생활하게 되었다. 우리는 두부 한 모로 한 끼 반찬을, 어묵 한 봉지로 국을 끓이고 볶아서 한 끼를 먹고, 콩나물로 국을 끓여 한 끼를 먹고, 친구 오빠 집에서 가져온 김치로 한 끼를 먹 으며 각자 직장을 얻기 위해 나날을 보냈다.

연탄가스가 새어나와 셋이 방에서 쓰러져 죽음 직전까지 간 적도 있었다. 주인 집 할머니가 동치미 국물을 먹여 의식을 찾게 하였다. 힘든 날들이었지만, 친구들 이 있어 행복했다. 시간이 흐르자 친구들은 하나씩 일자리를 얻게 되었지만, 나 는 일자리를 찾기 위해 노력했으나 번번이 떨어졌다. 지금에 와서 생각해보니 블 랙리스트 때문이었다. 서류를 속여 경기도의 일화모직이란 곳에 해고당한 친구 3 명과 함께 원서를 넣고 입사하였다. 근무여건은 12시간씩 맞교대였고, 기숙사 등 환경은 정말로 열악했지만 참고 견디며 일을 했다.

그리고 짝을 만나 결혼하여 이제 50대 중반이 되었다. 지금 생각하면 정말 현 실이 비참했고, 나 자신이 초라했다. 당시는 바보 같은 선택이었을지 모르지만, 그래도 끝까지 동지애를 지킬 수 있었고, 또 자식들에게도 내 삶에 떳떳할 수 있 는 오늘이 있어 정말 잘했다고 생각한다. 세상이 침묵하고 있지 않음을 깨닫게도 되었다. 민주화운동 관련자 명예회복 신청할 날이 있을 줄 누가 알았겠는가? 명예회복 인증서를 받으면서 우리의 그때의 삶을 역사 속의 한 페이지로 남기게 되어 가슴이 벅차올랐다.

생활지원금은 가족 소득이 법적으로 최저생계비 기준을 넘기 때문에 받지 못했지만, 국가를 상대로 소송을 하여 대법원까지 승소한 것은 기적과도 같은 일이다. 이렇게 받은 배상금은 무엇보다 소중하고 또 다른 의미가 있다. 내가 믿는 하나님은 절대 나를 손해보지 않게 하신다는 것을 믿었고, 언제가 될지는 모르지만 국가배상을 받을 날이 올 것이라고 생각했다. 하나님은 잊지 않고 사람을 세우시고, 일하게 하시고, 진실을 밝히시며, 회복하심을 믿고, 그에 상응하는 상을 주심을 믿기 때문이다.

3년도 채 되지 않은 짧은 원풍의 삶, 꿈을 가지고 들어갔던 직장, 어떻게 보면 꽃도 피어보기도 전에 국가폭력에 의해 무너지고, 하루아침에 해고자가 되어 블랙리스트에 올랐지만, 그래도 자기계발 속에서 삶의 발전을 위해 열심히 활동하며 살았던 것 같다. 그 시절을 회고하면, 어려움을 선택하여 동지들과 함께하기로 했던 내 결심을 참으로 자랑스럽게 생각한다. 원풍동지회는 1982년 9월 27일 이후부터 오늘에까지 변함없이 모이며, 앞으로도 그 모임은 지속될 것이다. 원풍 노조원들은 우리 역사의 한 페이지를 장식하는 노동운동의 주인공 아닌가.

나는 죽음에 문턱에서 심장수술을 받고 인생의 방향을 다시 세웠다. 신학을 공부하여 2011년 6월 목사 안수를 받고 '깨끗한 믿음과 선한 양심'을 목회철학으로 삼아 교회를 섬기며 살아간다. 이제 나의 남은 인생은 주님을 바라보며 달려가려고 한다. 나에게 바람이 있다면, 열심히 일하는 자가 상응하는 대우를 받는 대한민국, 그리고 원풍동지회가 초심을 잃지 않기를 바라는 마음뿐이다.

111

37년 만에 완성된 퍼즐

김 순임

———————1962년 전남 해남에서 태어나 1980년 원풍모방에 입사했다. 1982년 9·27 노조파괴 폭력사건 때 해고를 당하고, 10월 13일 출근투쟁을 하다가 연행되어 남부경찰서에서 조사를 받았다. 해고 이후 연락이 끊겼다가 2010년에 국가배상소송에 참여하였다. 현재는 보험회사 지사를 운영하고 있다.

나의 고향은 전남 해남군으로 우리나라에서 완전 남쪽, 바다가 인접한 땅 끝에 있는 마을이다. 부모님은 농사일을 하셨다. 생활수준은 보통은 되어서 그 시절에 먹고 사는 걱정은 없었다. 우리 집은 오빠와 나, 남매 둘 뿐이어서 부모님이 웬만한 것은 다 챙겨주시는 등 귀하게 자랐다.

1970년대 경공업을 중심으로 산업화가 시작되면서 경북 구미공단과 서울 구로공단을 중심으로 노동집약적 공장들이 많이 생겼다. 내가 사는 동네에서는 당시 초등학교만 졸업하면 구미공단으로 많이 취업했다. 나도 친구들이 많이 있는 구미공단의 한 전자회사에 입사하여 2년 정도 다녔다. 전자회사에는 여공들이 많았다. 회사는 지방에서 온 여공들을 위하여 사내 아파트를 지어 같은 동네에서 올라온 동네 언니들끼리 한 공간에서 생활할 수 있게 시스템을 만들었다.

원풍과 인연을 맺다

그렇게 구미공단에서 2년 정도 일하다가 원풍 총무과에 근무하는 고향 오빠의 소개로 1980년 3월 원풍에 막내로 입사했다. 회사에 취직은 되었지만 기숙사의 정원이 채워져서 대기상태로 있으면서 지인의 집에서 며칠 출퇴근을 하다가 나중에 들어 갈 수 있었다. 원풍 기숙사는 규모도 컸지만 정해진 규칙이 있었고, 그 규칙에 의하여 단체생활을 하는 것에 만족했다. 방 식구들하고는 잘 어울려 시간이 나면 단합대회를 하러 관악산 계곡에서 김치찌개만 해먹어도 꿀맛 같았다. 그냥 기숙사를 벗어나는 것만 해도 좋았던 시절이었다.

나는 염색과로 배정을 받았는데 일하는 것이 힘든지도 몰랐다. 다만 야간에 출근하려고 캄캄해진 기숙사를 나서다가 초롱초롱 빛나는 하늘의 별을 보면서 '남들은 다 잠을 자는데 나는 뭔가' 하는 생각도 들었다. 야간작업은 졸려서 힘들긴 해도 염색 냄새가 역겹거나 하지는 않았다. 내가 하는 일은 남자들이 염색해서 넘긴 실을 물기가 빠지면 돌돌 말아서 정방으로 갖다 놓는 일이었다.

염색과 총원 6명 중에 여자는 3명이었다. 노동조합에 관심을 가졌던 분은 박칠성 아저씨뿐이었고, 소그룹 모임을 하거나 노동조합에 대해 열성적으로 권해주는 사람도 없었다. 그런데다가 나는 성격도 내성적이어서 사교성이 있는 편도 아니기 때문에 쉽게 사람들이랑 어울리지 못했다. 가끔 행사가 있을 때 산업선교회에 가보기는 했지만, 다른 친구들처럼 적극적으로 다니지는 않았다. 노동조합 이야기도 부서에서 듣기보다는 같은 방 식구들을 통해 알게 되는 경우가 많았다.

월급을 타면 우체국에 가 엄마에게 돈을 부쳐주고 남은 돈으로 생활에 필요한 물품을 샀다. 우리 회사는 신협이 있어서 여러모로 편리했는데, 시장보다 저렴한 공동구매로 물건도 사고, 예금도 은행을 이용하지 않고 신협과 거래했다. 이자도 은행보다 높았고, 회사 안에서 모든 일이 이루어지기 때문에 이용하기가 편리했다.

광주민주항쟁 소식

입사하고 몇 달 안 된 1980년 5월, 광주민주항쟁이 일어나자 오빠가 광주에서 방위를 받고 있을 때라서 부모님도 나도 오빠에게 무슨 일이 생길까 봐 걱정을 많이 했다. 하나밖에 없는 외아들이 잘못될까 봐 아버지는 노심초사하면서 광주항쟁을 지켜보았다. 나도 오빠 때문에 집에 수시로 전화를 헤 인부를 확인하면서 언론에 보노되는 '폭도들 이야기'가 얼마나 허황된 거짓이라는 것을 알고 있었다. 노조에서 모금운동을 했을 때 광주 희생자들에게 조금이라도 도움이 되기를 바라는 마음에서 다행이라고 생각하고 참여했다.

입사한 가을에 체육대회가 있었다. 우리는 청군이었는데, 나는 오재미 던지기에도 나가고, 달리기도 나갔는데 등수에는 못 들었다. 체육대회가 끝나면 탈춤반이 앞장서고 흥이 많은 사람들이 같이 어울리면서 꽹과리, 장구 소리에 전 조합원이 하나가 되는 모습으로 뒤풀이를 하던 기억이 떠오른다.

80년 12월, 간부들이 합동수사본부에 연행되었다. 그때는 계엄령이 내려져 있어서 두 명만 모여도 집회신고를 해야 하는 상황이었다. 이러한 살벌한 분위기로 사감이 공수부대 출신으로 바뀌고 현장 분위기도 싸늘했다. 우리 부서에서는 연행된 사람도 없었고, 누구 하나 제대로 이야기를 해주는 사람도 없어서 노동조합이 어떻게 돌아가는지 그저 눈치만 보고 있었다.

81년, 새마을교육을 받으러 일주일간 양평으로 갔던 기억이 난다. 그때는 새마을교육이 뭔지 잘 모르고 일주일간 일 안 하고 쉴 수 있다는 것이 좋았다. 교육에는 다른 회사 사람들도 많았는데, 특히 남자들이 많이 참석했다. 조를 짜서 강의를 듣고 토론을 하면서 우리나라 경제를 위하여 우리가 어떤 자세로 임해야 하는지에 대한 것이 주된 내용이었다. 원풍에서 참가한 숫자는 다른 사업장보다 많았지만, 특별히 열심히 해야 한다는 분위기는 아닌 것 같아서 눈치껏 교육에 임했던 생각이 난다. 이 교육이 노조 와해 목적으로 시행하는 것이란 사실은 나중에 알았다.

단식농성의 고통

82년 9월 27일, 2시 퇴근을 하면서 식사를 하려고 식당으로 향했는데, 식당에서는 배식을 하지 않았고 노동조합 앞에는 많은 사람들이 웅성거렸다. 폭력배들은 욕을 하면서 노동조합으로 들어가려는 조합원들을 마구 밀쳐내었다. 그때부터 4박5일간 정사과 현장에서 굶으면서 농성도 하고 작업까지 했으니, 배가 너무 고파 죽을 지경이었다. 오후 7시 30분 식사시간을 기해 3개 반 전체가 모두 모였을 때 '오늘부터 퇴근을 중지하고 출근반은 출근하되 퇴근을 하면 농성장으로 합류를 해야 한다'고 양승화 언니가 말했다.

나는 배가 너무 고파 기계 사이로 들어가 같이 농성하는 사람이 가져온 생라면을 먹으면서 허기를 달랬다. 처음에는 출근하면서 앉아서 농성했지만, 완전 휴무인 농성 3일째 되는 날부터는 단식투쟁을 하게 되어 기운이 없어 누워서 농성을 했다.

회사는 가족들에게서 전보가 왔다고 거짓 방송도 하고, 부모님이 면회 왔다고도 했다. 가족들이 농성장으로 자기 자녀들을 찾으러 오면서 점점 아수라장이 되어 가는데, 나도 아버지가 면회를 왔다고 방송을 해서 '정말 우리 아버지가 오셨을까? 그 먼데서?' 이런 생각을 하며 일어나 살짝 고개를 들어보니 총무과에 근무하는 고향 오빠의 아버지가 지팡이를 짚고 나를 찾고 계셨다. '그럼 그렇지, 우리 아버지가 올라오실 일은 없다'고 생각했지만, 오빠네 아버지가 오실 줄은 정말 몰랐다. 당시 오빠네 아버지는 양평동에 살고 계셔서 회사와 가까웠다. 내가 걱정되어서 오신 것 같았다. 모르는 척하고 드러누워 있으니, 그분은 두리번거리고 찾다가 그냥 가셨다.

농성 마지막 날에는 폭력배들에게 끌려 나가지 않으려고 마대로 서로 연결하여 일어났다 누웠다가 연습하면서 서로를 의지하여 견디었다. 4박5일 동안 농성했을 때 배고픈 것이 가장 힘들었지만, 씻지를 못해 너무 꾀죄죄했다. 몸에서도 냄새가 나고, 화장실도 마음대로 갈 수가 없어서 힘들었던 것도 생각난다. 나는 같이 농성하는 사람들이 있어서 두려움은 별로 없었다. 죽어도 같이 죽고 살아도 같이 사는 거라는 생각과, 앞으로 어떻게 될지 모르니 같이 움직이는 것이 중요하다고 생각했다.

나는 운동장에서 새벽녘에 신발도 벗겨진 채로 폭력배들에게 끌려갔는데, 그들은 겁을 주고 닥치는 대로 폭력을 휘둘렀다. 겁도 나고 해서 끌려 나온 다른 사람들을 따라 양문교회로 갔다. 맨발로 교회에 갔다가 교회에서 나가라고 해서 나오기는 했는데 당장 갈 데가 없었다. 추석날 아침인데도 불구하고 헤매다가 같은 반에서 일하고 있는 언니네 집을 알고 있어 그 자취집으로 갔다.

출 근 투 쟁

추석 휴무가 끝나고 출근을 하려고 회사에 가니 회사에서는 휴무를 연장하고 각서를 써야 출근할 수 있다고 했다. 각서의 내용은 한마디로 회사에서 시키는 대로 해야 한다는 것 같았다. 그런 굴욕적인 각서를 쓰고 출근할 수는 없다는 생각을 하고 있는데, 총무과의 고향 오빠가 현장에 들어가 일을 하라고 연락을 해왔다. 그러나 나는 출근을 거부했다.

10월 13일, 출근투쟁을 하기 위하여 강남성심병원 앞으로 갔다. 조합원들도 많이 있었는데 갑자기 경찰이 들이닥치더니 닭장차에 무조건 집어넣어 연행을 하였다. 나도 이때 남부경찰서로 잡혀갔다. 이때 잡혀간 조합원들은 노동가를 부르고 구호를 외치다가 경찰이 난리를 치면 애국가를 불렀다. 경찰들은 진술서를 받기 위해 한 명씩 불러내어 조사도 하고, 나중에는 죄인처럼 이름표를 붙여 사진을 찍었다.

폭력배를 동원하여 강제로 끌어내고 출근도 못 하게 하더니 이제는 경찰서에 연행하여 죄인처럼 대하는 경찰을 보면서 이 나라가 민주국가가 맞기는 한가라는 생각이 들어 억울하고 분했다. 이렇게 1박2일 동안 조사를 받고 풀려나왔지만, 이때 구속되거나 구류를 산 동료들에게는 미안했다.

나는 기숙사 생활을 하다가 끌려난지라 당장 갈 데가 없어 회사 뒤편에서 자취하는 언니가 있어 잠시 그 집에 있으면서 기숙사 짐을 정리했다. 짐이라고 해봤자 트렁크 하나에 다 들어갈 정도로 간단했는데, 짐을 언니네 집에 잠시 맡기고는 새로운 일자리를 찾아 나섰다. 그러다가 우연히 신문광고에서 한국일보 대림동지국에서 사람을 모집한다는 기사를 보고 그곳에 취직했다. 그런데 유 형사라는 분이 가끔 내가 일하는 곳을 왔다 갔다 했다. 나를 보고 인사도 하고 이야기도 걸어왔다. 덩치도 좀 있는 사람인데 나를 감시하고 있다는 생각이 들었다. 그렇게 일을 하는 중에 다니던 지국에서 급여가 잘 안 나와 동아일보 명동지국에서 일하다가 25세에 결혼했다.

다시 만남의 기쁨

나는 원풍이 계속 모임을 하고 있다는 것을 전혀 몰랐다. 가끔 연락하며 지내던 염색과 친구 영옥이로부터 민주화운동 명예회복에 관련한 소식을 듣게 되었다. 그렇게 원풍 모임을 알게 되면서 염색과와 정사과가 합쳐 같이 모임을 하던 날 처음으로 원풍 사무실을 찾아갔다. 오랜만에 만나는 사람들이라 어색하기는 했지만, 지금까지 만나고 있었다는 것에 놀랐다. 아는 얼굴들을 보니 옛날 생각이 나기도 하고, 한참 좋았던 시절에 만나던 사람들이라 더 반가웠다.

2010년, 민사소송이 고등법원까지는 승소했다가 나중에 대법원에서 패소해서 아쉬웠지만, 실망하지는 않았다. 내가 뭘 바라고 원풍 모임에 오는 것은 아니기 때문이다. 얼마 전에는 대림시장에도 가보았다. 옛 추억이 담긴 대림시장은 헐리고 다른 건물이 들어서느라 공사가 한창 진행 중이었다. 고소한 빈대떡을 사먹던 곳, 그리고 내가 자취를 하던 집을 둘러보면서 지난날을 회상했다. 기숙사 올라갈 때 회사 굴뚝에서 나던 연기, 간식을 사다가 먹던 가겟집과 경비실 옆 목욕탕 등 숱한 추억이 아련하게 떠올랐다.

원풍은 내가 자부심을 갖고 직장생활을 했던 곳이다. 당시 내 고향에서는 서울의 원풍에 다닌다고 하면 최고라고 생각했다. 원풍의 노동조합은 정말 좋은 곳이라고 생각한다. 나는 노동조합 활동에 열심히 참여했거나 의식이 뚜렷한 사람은 아니었다. 그러나 내가 어떻게 살아야 하는지, 사회의 변화는 어떻게 이루어지는지를 공부한 곳이 원풍노조이다.

나는 아직 민주화운동 명예회복 인증서를 못 받았다. 내가 적극적이지 못하고 정보도 잘 몰라서 일어난 일이라고 생각한다. 그렇지만 나는 원풍동지들을 다시 만난 것만도 큰 행운이라고 생각한다. 원풍노조를 다시 만나기 전에는 항상 무언가 마음 한 귀퉁이가 허전하였고 가슴에 무언가 억울함이 남아있었는데, 같은 경험을 가진 원풍 조합원들과 만나 이제 잃어버렸던 한 조각을 찾아 드디어 퍼즐이 완성된 느낌이다. 치열한 시대정신 아래 참 가치를 찾아갔던 그 시절 우리들의 이야기가 계속해서 이어지기를 바라면서, 나는 오늘도 기분 좋게 하루를 시작한다.

112

마침내 주홍글씨가 지워지다

김정숙

_____1961년 전남 여수 송도 섬에서 8남매 중 일곱 번째로 태어났다. 1980년 3월 원풍모방에 직업훈련생으로 입사하여 탈춤반 회원으로 활동하며 전성기를 보냈다. 1982년 9·27폭력사건 때 경찰을 피해 전남 구례의 친구 집으로 피신했다가 그곳에서 여수경찰서로 끌려가 강제 해고당했다. 2007년에 명예회복이 되었고, 2015년 해고 33년 만에 대법원의 국가배상소송에서 승소하였다.

나는 1961년 전남 여수 앞바다의 외딴섬 송도에서 태어났다. 고깃배를 갖고 낙지잡이를 하는 아버지 덕분에 생활은 넉넉한 편이었다. 나는 어릴 적에는 공부가 별로 취미가 없었던지 중학교를 졸업하면 섬을 떠나 대도시로 나가는 것이 꿈이었다. 1979년 열여덟 살 때 처음으로 집을 떠나 부산 양산에 위치한 직물공장에 취업했다.

화려한 서울

직물공장에서 1년 정도 베 짜는 기술을 배우던 중에 어머니가 전화를 했다. 서울 원풍모방에 고종사촌 언니가 다니고 있는데, 공원을 모집한다며 가보라고 했다. 서울은 꿈에서도 가보고 싶었던 도시였기에 어머니 말을 듣는 순간 마음이 싱숭생숭하며 설레었다. 한달음에 달려간 서울거리는 화려하고 활기가 넘쳐보였다. 섬을 떠나 부산에 처음 갔을 때도 화려한 불빛을 보고 감탄하였는데, 서울의 밤거리는 부산에 비할 것이 아니었다.

1980년 삼월 삼짇날, 직업훈련생으로 첫 출근을 했다. 입사동기생은 30여 명이 있는데, 비슷한 또래들이어서 금방 친해졌다. 훈련 기간은 3개월이었다. 생산현장에 배치되기 전에 제품 생산과정을 이론과 현장실습으로 배웠다. 교육 중에는 노동조합에 대한 교육도 들어 있었다. 노조가 무엇을 하는 곳이며, 조합원으로서 지켜야 할 의무와 책임, 권리에 대해 가르쳐주었다. 당시는 무슨 소리인지 이해할수 없었지만, 무조건 우리 편이라고 생각하였다.

훈련기간 3개월을 마치고 소모과에 배치되었다. 나는 입사동기생들과 함께 '바위'라는 소모임 활동을 했다. 일하는 부서는 각각 달랐지만 근무시간은 같은 A반이었다. 열아홉, 스무 살 사회초년생들의 모임은 늘 왁자지껄 재미가 있었다. 우리는 매주 수요일 정기모임을 가졌고, 다른 신입생들과 함께 교육을 받았다. 원풍 민주노조의 역사 이야기를 들으며 나도 열심히 배워 선배들처럼 노동운동을 해보겠노라 희망을 걸었다.

1980년 늦가을이었다. 어느 날 기숙사 방에 누워있는데 북소리와 징소리가 들려왔다. 소리를 따라갔더니 강당에서 탈춤을 연습하고 있었다. 탈춤반 회원들이 정기적으로 연습하는 모습을 유리창 너머로 지켜보다가 탈춤반에 가입했다. 탈춤반에 들어가고부터는 바빠졌다. 춤사위를 배워야 했고, 대본도 짜야 했다. 선배와 외부강사들에게서 탈춤의 역사를 공부했다. 사실 그때는 무슨 이야기인 줄잘 몰랐다. 그저 좋은 선배들과 함께 춤을 배우고 이야기를 나눌 수 있다는 사실이 행복했을 뿐이다.

탈춤 회원으로 활동한 지 얼마 되지 않았던 1980년 12월, 노조 간부들이 계엄사 합동수사본부로 연행되었다. 탈춤반 회장과 총무도 연행되어 강제해고를 당했다. 신입생이었던 나는 그 사건이 얼마나 정치적으로 큰 문제인가를 잘 몰랐고, 솔직히 절박하게 느껴지지도 않았다.

꿈이 산산이 부서지던 날

1981년 3월 10일, 노동절 행사에서 처음으로 탈춤 공연 무대에 섰다. 난생 처음 무대에 올라갔기에 떨리고 설레었지만, 그날 공연은 솔직히 신명을 끌어올리기 이려운 분위기였다. 무자비한 국가권력이 노조간부들을 해고시켜 노조를 탄압하던 때라서 우울하고 음산하였다.

그해 11월, 영등포산업선교회관에서 탈춤 공연을 했다. 1950년에 있었던 조선 방직노조 쟁의를 대본으로 한 공연이었다. 이 공연에서 나는 이승만 대통령 역을 맡았다. 흉칙한 얼굴에 심술이 덕지덕지 붙은 탈을 쓰고, 하얀 양반 두루마기를 입고 손에는 커다란 부채를 들고 최대한 거만을 떠는 역이었다. 관중석에서 야유와 욕설이 마구 쏟아져 나오고 신발짝마저 날아와 얻어맞았다. 실감나게 연기를 한 모양이었다.

이후부터 내게 붙은 별명은 '대통령 김정숙'이었다. 사회의식은 별로 없었지만 맡겨진 극중 역할에 몰입하여 노력한 결과라고 생각되었다. 탈춤 연습을 하는 기간에는 잠도 설치고 친구들과 놀러 다니지도 못하는 불편한 일들이 있지만, 공연을 마치고 나면 말로 표현하기 어려운 성취감으로 가슴이 벅차올랐다.

앞에서 말했듯이, 나는 노조운동을 열심히 배워 선배들처럼 노동운동가로 활동하고 싶었다. 그러나 그 꿈은 추석을 며칠 앞둔 1982년 9월 27일, 경찰의 군홧발에 짓밟혀 산산이 부서지고 말았다. 그날 나는 새벽 6시에 출근했다. 오후 1시경 기계 청소를 하며 오후 출근반에게 인계해줄 작업을 준비하고 있었다. 그런데 갑자기 상집간부 노순용 언니가 현장을 이리저리 다급하게 뛰어다녔다. 기계가 한 대 두 대 섰다.

순용 언니의 다급한 목소리가 들렸다. "노조 사무실에 폭력배들이 몰려갔어! 조합장이 감금당했어!" 교대자에게 인계를 하자마자 노조 사무실로 뛰어갔다. 노조 사무실은 듣던 대로 우악스럽게 생긴 남자들이 둘러싸고 있었다. 노조 사무실로 들어가려고 애를 썼지만, 그들에게 가로막혀 들어갈 수가 없었다.

우리는 단식농성에 들어갔다. 참으로 힘든 투쟁이었다. 아무리 정신력과 깡으로 맞선다지만, 며칠을 굶고 버티는 것은 결코 쉬운 일이 아니었다. 날이 거듭될수록 탈진하여 쓰러지는 동료들이 늘어났다. 그래도 나는 다른 사람들보다 체력이 튼튼해서 잘 버텨냈다. 농성장 한쪽에서 입사 동기생들과 모여 이런저런 이야기를 나누면서 시시각각 조여드는 두려움을 떨쳐버리려고 했다.

그러나 끝내 추석날 새벽, 폭력배들에게 팔은 팔대로 다리는 다리대로 들린 채 회사 정문 밖으로 끌려 나오고 말았다. 있는 힘을 다해 발버둥을 치면서 저항해 보았지만 소용없는 몸부림이었다. 누군가가 어둠속에서 양문교회로 가자고 속삭였다. 헝클어진 머리와 꼬질꼬질한 작업복 차림으로 우르르 몰려 들어간 우리들은 교회 바닥에 널브러진 채 통곡했다.

양문교회에서 정신을 가다듬은 노순용 간부는, 명동성당에 집결하기로 했으니 그리로 가자고 했다. 하지만 명동성당 앞에서 아무리 기다려도 조합원들이 오지 않았다. 순용 언니는 마포에서 식당을 운영하던 고모네 집으로 나를 데리고 갔다. 고모는 우리를 보자 손사레를 치며 코부터 막았다. 우리 몸에서 썩은 냄새가 난다고 했다.

기숙사생들은 당분간 영등포산업선교회에서 합숙을 했다. 기숙사 생활과는 또 다른 단체생활이 불편했지만 어쩔 수가 없었다. 우리는 부당한 폭력을 사회단체에 호소하기 위해 삼삼오오 짝을 지어 호소문을 들고 쫓아다녔다. 집회가 열리면 교회든 어디든 유인물을 들고 달려가 뿌렸다.

경찰서에서 사표를 쓰라고?

10월 하순쯤으로 기억한다. 그날도 광화문 새문안교회에서 예배를 마치고 나오는 교인들에게 호소문을 돌리고 나오는데, 교회 마당에 돌산 송도에 계셔야 할 어머니가 서 있었다. 어머니 옆에는 낯모르는 신사 두 분이 서 있었는데, 여천 군수와 돌산면장이라고 했다. 그들이 어머니를 앞세우고 나를 찾아온 것이다. 경찰서, 군청, 면사무소에서 번갈아 고향 집으로 부모님을 찾아와 딸이 서울에서 '간첩질'을 하고 있다며, 그대로 두면 교도소에 갈 수 있으니 데려와야 한다는 압박에 어머니가 마지못해 오신 것이다.

어머니는, 온 식구들이 경찰과 면사무소 공무원들에게 시달리고 있고, 동네사람들 보기에도 창피해서 못살겠다며 함께 내려가자고 했다. 군수와 면장도 사표를 내고 고향으로 가자고 했다. 당시까지 나는 그렇게 높은 지위에 있는 양반들을 만난 것도 처음이었지만, 그 사람들이 그렇게 시시껄렁하다는 사실을 안 것도 처음이었다.

꾀를 내었다. 어머니께 당시 수유리 고종사촌언니 집에 가 있으면 짐을 챙겨들고 따라가겠다고 거짓말을 했다. 어머니는 내 말을 믿고 수유리 언니네 집으로 갔다. 다급해진 나는 정방 박영희에게 사정 이야기를 하고, 구례의 그 친구 집으로 도망가자고 했다. 영희도 흔쾌히 동의했다.

그날 밤 용산에서 완행열차를 타고 전남 구례역에 새벽쯤 도착한 것 같다. 이 왕에 구례까지 왔으니 단풍이 곱게 물든 지리산 구경을 해보고 싶었다. 그날따라 가을비가 촉촉하게 내렸지만, 스무 살 갓 넘은 청춘들에게 화엄사 경내의 가을 풍경은 낭만적으로 다가왔다. 비를 종일 맞고 돌아다니다가 저녁 무렵 영희네 집에 들어갔다. 영희 어머니는 갑자기 들이닥친 막내딸과 나를 보고 화들짝 놀라면서도 무척 반가워했다.

영희 어머니는 젖은 옷을 갈아입으라며 당신의 치마와 블라우스를 내주었다. 어머니가 서둘러서 차려주는 밥이 어찌나 맛있었던지 뚝딱 먹어치우고나니 졸음이 쏟아졌다. 금세 깊은 잠에 빠져들었다. 그런데 갑자기 영희가 다급한 목소리로 내 어깨를 흔들어 깨웠다.

"정숙아, 어서 일어나봐라, 너희 오빠가 우리 집에 찾아왔다."

잠에 잔뜩 취해 무거운 눈꺼풀을 들어 올리고 보니 덩치가 커다란 남자들이 문 앞에 서 있었다. "우리 오빠가 아니다. 울 오빠는 저렇게 덩치가 떡대 같지 않다"라고 중얼거리듯 하며 그대로 잠에 빠졌다. 그런데 내 두 다리와 어깨가 들리며 온몸이 붕 뜨는 느낌이 들었다. 소스라치게 놀라 눈을 떠보니, 그 덩치 큰 남자들이 나를 번쩍 들어 경찰차 뒷좌석에 짐짝 던지듯 하였다.

무슨 일이 일어나고 있는지 정신을 차릴 수가 없었다. 차는 앵앵 사이렌을 울리며 내달렸다. 영희와 영희 어머니가 나를 부르며 따라오던 모습이 금세 시야에서 사라졌다. 겁이 덜컹 나며 무섭고 떨렸지만, 아무런 저항도 할 수 없었다. 경찰차는 사이렌을 울리며 달리다가 파출소를 지날 때마다 "김정숙을 연행해 갑니다!"라고 보고했다.

경찰차는 흉악범이라도 잡아서 연행해 가는 듯이 의기양양 달리더니, 나를 여수경찰서에 내려놓았다. 경찰은 다짜고짜 사직서에 지장을 찍으라고 강요했다. 경찰서에서 나에게 월급을 준 적도 없고, 경찰서장이 원풍모방에 취직을 시켜 준 것도 아닌데 왜 경찰에게 사표를 쓰냐며 완강히 거부했다.

경찰은 밤새도록 갖은 협박을 하면서 사표를 강요하다가 그래도 말을 안 듣자 어머니께 연락하여 딸을 데려가라고 했다. 서울에서 기다리는 딸이 여수에 있다니 어머니는 얼마나 황당했을까. 결국 어머니가 부랴부랴 여수경찰서로 내려오셨다. 경찰은 딸이 서울에 다시는 못 가게 하라는 당부를 수없이 하고는, 배에 강제로 태우다시피 밀어 넣었다.

동네 사람들은 아무개네 딸내미가 서울 가서 수돗물을 먹더니만 간첩이 되어 잡혀왔다고 수군거렸다. 아버지는 동네사람들 창피해서 못살겠다며 꼼짝 말고 집안에 틀어박혀 있으라고 야단쳤다. 여수경찰서에서는 전투경찰 3명을 섬에 들여보내 교대로 감시했다.

한 열흘이 지난 어느 날, 점심 때 전경들에게 말을 건넸다. 섬에서는 도망가려고 해도 갈 수가 없으니 점심이나 편안하게 먹고 오라고 얼른 것이다. 전경들은 내 말이 그럴듯하게 들렸던지 밥을 먹고 오겠다며 자리를 비웠다. 나는 바로 마을 앞 포구를 피해 달아나 산을 넘어가서 배를 타고 여수로 갔다.

배에서 내리자마자 여수고속버스터미널로 갔다. 매표구에 가 서울행 버스표 한 장을 달라고 했다. 그런데 매표소 아가씨가 창구로 힐끗 나를 보더니 "김정숙 씨, 맞지요?"라고 묻고는 경찰서에서 김정숙 씨에게는 차표를 팔지 말라는 지시가 내려왔다며 내 사진을 내밀어 보여주었다.

거기서 따지고 머뭇거리다가는 경찰에 또 잡혀갈 것만 같았다. 마침 부산으로 가는 배편이 있어서 얼른 타 버렸다. 서울 가는 차비를 뱃삯으로 다 써버려서 어떻게 하나 고민하다가 부산시내의 어느 식당에서 일하는 친구가 생각났다. 친구에게 사정 이야기를 하고, 며칠간 일해 주고는 서울 가는 차비를 얻었다.

힘겨운 결혼 생활

하지만 나는 결국 서울에는 올라가지 못했다. 부산에 있던 중 문득 마산이 집이라던, 전에 펜팔을 하던 군인이 생각났다. 그가 제대하고 몇 번 원풍모방에 찾아왔지만 만나지는 못했다. 겸사겸사 그에게 연락을 했다. 그리고 어찌어찌하다 보니 1983년 4월, 그와 결혼을 하게 되었다. 당시 간암을 앓고 계시던 아버지와 시부모 되실 분들이 급하게 재촉해 갑자기 결혼을 하게 된 것이다.

그렇게 번갯불에 콩 볶아 먹듯 결혼을 하고 신혼의 단꿈에 젖어 몇 개월을 보냈다. 그러던 어느 날, 친정어머니가 전화를 했다. "정숙아, 네가 살고 있는 시집에 순사가 찾아오지 않았더냐?" 엄마의 목소리에는 근심이 가득했다. 여수경찰서에서 매일 친정에 찾아와 당신 딸 김정숙이 어디에 있느냐며 그곳을 대라고 추궁한다는 것이었다. 심지어 시집간 언니들의 집까지 찾아와 내가 있는 곳을 대라고 윽박질러 할 수 없이 시댁 주소를 알려주었다고 했다.

나는 어머니께 결혼하여 잘 살고 있으니 별일 없을 것이라고 안심을 시켰다. 노조 간부도 아닐뿐더러 근무경력 고작 2년 남짓의 조합원이었던 나였기에 어머니의 지나친 걱정이라고 생각했다. 하지만 친정어머니의 직감은 현실이 되어 내 삶을 깊이 뒤흔들기 시작했다.

결혼한 지 반 년 정도 지나 남편이 마산수출공단에 있는 회사에 취직이 되었다. 마산 시내에 전세방을 계약하고 짐을 옮기려 하는데, 집주인이 빨갱이에게 세를 놓을 수 없다고 험한 욕설을 하며 계약을 취소했다. 그 사건을 시작으로 시집에서는 빨갱이 짓을 한 인간이 집안에 잘못 들어왔다며 발칵 뒤집어졌다. 남편은 물론 맏동서를 비롯하여 시집식구들이 사사건건 트집을 잡기 시작했다.

때마침 MBC 9시 뉴스에서 '원풍모방 극렬노사분규'라는 기획보도를 했는데, 그 뉴스를 본 남편이 길길이 뛰며 화를 냈다. 창피하고 힘든 고백이지만, 나는 참 오랜 세월 남편과 시댁식구들, 이웃들에게 손가락질을 받으면서 살았다. 원풍노조 활동을 통해 마음 깊이 새긴 '사람을 존중하며 더불어 살아야 한다'는 신념이 없었다면 나는 참고 살아가기 어려웠을지 모른다.

아들딸이 유치원에 다닐 때였다. 남편이 직장을 그만두고 사업을 시작했다가 부도가 났다. 경제적으로 어려워져 마산수출자유지역의 한 전자부품 제조공장에 이력서를 제출했다. 그러나 원풍모방 해고자는 받아줄 수 없다고 하였다. 공장에 재취업할 수 없다는 현실을 깨달은 나는 가정집 파출부, 식당 설거지 등을 하다가 포장마차 장사를 했다.

몸이 힘든 것은 견딜 만했다. 남편과 시집식구들은 사람이 잘못 들어와 되는 노릇이 없다고 몰아붙였다. 식구들에게 시달리며 사는 내 모습이 안타까웠던지, 어린 딸과 아들은 "엄마는 와 그 몹쓸 원풍노조 활동을 해서 그리 욕을 먹고 사노?" 했다. 그랬던 딸과 아들이 결혼을 했고, 이제는 나의 든든한 지지자가 되어 말한다. "우리 엄마 참 훌륭하네, 그리고 원풍노조 이모들도 고맙고 훌륭하신 분들이네."

눈 물 의   명 예 회 복

2008년 어느 날, '민주화운동 관련자 명예회복 및 보상심의위원회'에서 발송한 명예회복 인증서가 등기로 배달되어 왔다. 그 증서를 받은 나는 거실에서 두 다리를 뻗고 엉엉 소리 내어 울었다. 원풍모방에서 폭력배들에게 들려 끌려나온 일, 전남 구례 영희네 집에서 형사들에게 잡혀가던 일, 경찰서에 감금당한 상태에서 사직을 협박당했던 일, 내 돈 주고도 고속버스표조차 살 수 없었던 일들이 앞 다투어 떠올랐다.

2015년 2월 26일, 국가배상소송을 제기한 지 5년 만에 대법원에서 승소 판결을 받았다. 나는 카페에 공지된 승소 소식을 보고 또 보며 컴퓨터를 부둥켜안고 목 놓아 울었다. 7년 전 명예회복 인증서를 받아들고 울었던 것과는 다른 희열어린 울음이었다.

남편도 이제는 원풍노조 활동이 단순 노사분규를 넘어 민주화를 위한 운동이었다는 사실을 인정하였다. 남편은 "그동안 원풍노조 활동을 잘못 이해했던 것을 사과한다"며 무뚝뚝한 경상도 사나이답게 한마디 했다. 아들은 흐뭇한 표정을 지었고, 딸은 엄마가 바르게 살아온 세월을 사법부가 인정한 것이라며, 억울하게 살아왔던 나의 지난날을 되돌아보며 울음을 터뜨렸다.

'원풍노조 9·27사건' 때 새겨진 주홍글씨가 33년 만에 국가배상소송에서 승소함으로써 지울 수 있었다. 누가 나에게 다시 태어나면 무슨 일을 하고 싶냐고 묻는다면, 탈춤을 신나게 추며 살고 싶다고 말하겠다. 원풍동지들과 함께 입 장단으로 얼쑤! 추임새를 넣으면서, 하얀 한삼을 감은 두 팔을 하늘 높이 뿌리고 버선발로 솟구쳐 오르고 싶다.

113

나에게 찾아온 기적

박순이

──────── 1962년 전남 영광에서 태어나 1980년 원풍모방에 입사했다. '바위' 소그룹 활동을 하다가 1982년 9·27 원풍노조 파괴 폭력사건 때 해고를 당했다. 정부로부터 민주화운동 관련자로 인정되어 명예회복이 되었다.

나는 전남 영광에서 중학교를 졸업하고 농사짓는 부모님의 일을 돕다가 가공과 박점순 언니의 소개로 80년 3월, 19살에 원풍모방에 입사하였다. 내가 원풍모방에 입사했을 때는 직업훈련생 제도가 있어 3개월 훈련과정을 거쳐 6월경에 부서 배치를 받았다. 훈련생 3개월 동안은 원풍모방의 전 현장을 돌아가면서 이론과 실습 훈련을 받았다. 내가 가장 맘에 든 부서는 전방 보전이었고, 정방은 너무 더워서, 그리고 직포과는 너무 시끄러워서 정말 안 가고 싶은 부서였다. 그런데 하필이면 정방으로 배정을 받아, 그 날 방 식구들에게 나는 찜통 지옥으로 떨어졌다고 하소연을 했다.

원풍에서의 생활

당시 원풍모방은 아주 좋은 회사라는 소문이 나, 원풍에 들어가는 것을 꿈꾸는 사람들이 많았다. 그런데 입사해서 보니 정말 소문대로 근로환경이 좋았다. 나는 막내라 가족에 부담을 느끼지 않아도 되는 상황이어서 내 힘으로 결혼자금을 마련하는 것을 목표로 정하고 월급을 타면 모두 적금을 들었다.

그리고 그토록 원하던 한강실업고등학교에 진학하여 교복을 입고 학교도 다녔다. 회사에서는 학교에 다닐 수 있도록 장학금부터 시작해 기숙사도 밤새 소등이 안 되는 2층 공부방을 제공했다. 나는 시험공부를 하면서 학생으로서의 기분을 만끽했다. 꼭 공부를 잘하는 것이 중요한 것은 아니었고, 수학여행이나 소풍도 가보고 하는 것들이 학교 다니는 묘미이자 즐거움이었다.

나는 가숙사 113호에 들어갔는데 처음 입주할 때 우리 방은 13명이었다. 비좁기는 했지만, 언니들이 잘해주고 분위기도 좋아서 금방 내 집같이 편안했다. 입사하자마자 얼마 안 되어 언니들이 소그룹을 하라고 해서 '바위' 그룹에 들어갔다. 공부 때문에 다른 사람들이 놀 때는 학교에 갔으니, 대체로 주말에 시간을 내서 그룹 활동도 하고 놀러 다녔다.

5번 버스를 타고 안양 이목리 딸기밭, 인천 포도밭 등을 실컷 쏘다니고 사진도 찍고 재미있게 지냈다. '바위' 그룹은 전방 문선자 언니, 정숙, 영자, 영희, 복순이 등이 멤버였다. 우리들은 '그룹 반지'도 만들어서 끼고 다녔고, 산업선교회에서 교육도 받고 취미생활도 하면서 지냈다.

정방의 작업은, 전방에서 넘어온 실이 솜처럼 부드럽고 약하여 기계의 롤러에 실이 감겨서 떡 지면 뜯는 게 너무 힘들었다. 특히 엄청 질긴 나일론실이 많이 감기면 잘 뜯어지지도 않았다. 야근할 때는 새벽 4~5시쯤 너무 졸리면 화장실을 들락거리면서 반장들이 잘 안 보는 구석에서 잠깐 졸거나 하면서 견디어냈다.

나는 그 당시 유행했던 최현의 〈앵두〉라는 노래를 좋아했다. 그런데 이 노래는 나중에 원풍노조에서 가사를 바꾸어 만든 것이 더 머릿속에 더 남아있다.

오르고 또 오르면 자꾸만 오르는 물가 / 붙잡아 매어둘 수 없는 건가요
올랐다 얘기하는 노동자 임금은 / 물가인상 비교하면 너무나 작아
임금인상 그 말 너무 반가워 / 기대를 가졌었지만
임금은 올랐으나 물가는 더 올라 / 노동자의 생활은 더욱 어려워…

이 노래는 월급보다 물가가 더 올라 형편이 나아지지 않는 우리들의 생활을 잘 표현한 '노가바'였나.

입사동기생인 영희, 신숙이와 훈련기간에 친해져 외로움을 느낄 틈이 없었다. 우리 동기생들은 유난히 서로에 대한 정이 많았다. 그래서 9명의 동기생이 친목 모임을 했다. 생일이 되면 9명이 돈을 갹출하여 당시 인기가 있었던 스텐 김치통을 선물하고, 부모님들의 회갑에는 교자상을 사드리기도 했다. 그렇게 시작된 모임은 결혼 후 시골로 간 김정숙만 참여를 못하고 37년째 지속하고 있다. 지금은 따라다니지 않지만, 5년 전까지만 해도 아이들도 모임에 참여했는데, 애들까지 다 하면 총인원이 31명이나 된다.

노 동 조 합   활 동

입사하고 바로 며칠 안 되어서 80년 3월 10일의 노동절 행사가 있었다. 행사 중에 참석 내빈을 소개하는데 조합원들이 박수를 치며 환호를 하고 난리가 났다. 그런데 회사 총무부장을 소개할 때는 별 반응이 없었다. 나는, 저 사람이 누군데 저렇게 환영을 받지, 라고 생각했는데, 나중에 알고 보니 방용석 지부장님이었다. 그때의 지부장님 인기는 지금의 아이돌 못지 않았다.

노동조합과 회사와의 단체교섭 중에는 조합원들이 식당에 모였는데, 영희는 식탁 위에 올라가 사회도 보고, 명숙이랑 정숙이하고 같이 춤추고 노래했던 기억도 있다. 동기생 중에 명숙이와 정숙이는 탈춤반에서 활동을 했다. 나는 학교를 다녔기 때문에 노동조합 활동에 참여할 시간은 적었지만 흥만큼은 누구보다 넘쳐 났다.

80년 5월, 광주항쟁이 일어나자 원풍노조는 광주항쟁의 부상자들을 돕기 위해 모금운동을 벌였다. 당국은 이것을 문제 삼아 지부장님과 부지부장님을 사회정화 대상으로 지명 수배했다. 그해 12월에는 노동조합 간부들을 합동수사본부로 연행하여 조사한 후 14명을 해고하고 그중 4명을 삼청교육까지 보냈다. 이렇게 노동조합을 노골적으로 탄압하던 정부와 회사는 82년 9월 27일 폭력배를 동원, 노동조합 파괴를 시도하였다.

나는 82년 9·27사건 때는 엄마가 회갑이라서 추석 일주일 전에 휴가를 내어 추석 휴무까지 출근을 하지 않는 상황이었다. 그런데 시골에서 우연히 텔레비전을 보는데, 원풍모방에 사건이 일어났다는 뉴스가 나와 깜짝 놀랐다. 그때는 전화도 없었고, 어디에 알아 볼 곳도 없어서 걱정만 하고 있었다.

당시 회사가 국제그룹으로 넘어가 경영의 문제가 있어서 그러나 하는 생각으로 지내다가 추석 휴무가 끝나고 서울로 올라왔다. 그런데 경비실에서 출근도 못하게 하고, 기숙사에도 들어 갈 수 없었다. 일단 갈 곳이 없어졌다는 생각과, 학교를 다녀야 되는데 하는 생각으로 마음이 심란했다. 친구들과 마지막 싸움을 함께하지 못한 것이 너무 미안하고 부끄러웠다.

나는 언니랑 친척집에 머물면서 계속 학교에 다니고 있었는데, 시골에서 오빠가 서울에 결혼식이 있어 온다고 해서 언니랑 같이 만나러갔다. 그런데 면사무소 직원이 오빠와 동행하여 왔다. 면사무소 직원은 언니와 나를 따라 다니면서 시골로 내려가자고 하면서, 언니더러는 빨리 시집을 가라고 하였다. 나중에 알고 보니 언니와 나를 빨갱이라며 가족들에게 엄포를 놓았고, 그 말에 부모님과 가족들이 큰 충격을 받았다. 면사무소 직원은 우리를 서울에 두었다간 큰일난다고 하면서 계속 감시를 하며 오빠와 가족들을 괴롭혔다고 한다.

새 로 운 시 작

11월쯤에 퇴직금을 받고 기숙사 짐을 정리했다. 그리고 시골로 내려갔다가 83년 봄에 다시 서울로 왔다. 취업을 해야 되겠는데, 원풍모방을 다녔다고 하면 받아주지 않을 것 같아 대성모방에 다녔다고 하고 기능공으로 명숙이랑 같이 일화모직에 갔다. 기능공 시험을 보는데 실 잇는 방법이 면방과 모방은 달라 경력을 반 정도밖에 인정받지 못했다. 시골에 있는 새마을공장이라서 그런지 다행히도 입사를 했다.

나는 일화모직에 근무하면서 남편을 만나 사내결혼을 했다. 남편은 내가 원풍에 다닌 것을 알고 있었고, 1990년 일화모직에서 남편이 노동조합을 결성할 때 내가 도움을 주었다. 노동조합위원장은 전에 가공과에 있었던 원풍 출신 강신석 씨가 맡았고 남편은 간부를 했다.

노동조합을 만들고 나니 근로조건도 좋아지고, 힘을 모을 수 있는 동력이 생겨 많은 변화가 일어나기 시작했다. 노동절 행사 개최, 회사 창립기념일 휴무 등 근로조건이 개선되고, 식당 부식도 좋아지고, 부서 야유회, 기숙사 목욕탕 등 복지시설이 개선되었다. 산업체 학생들이 입사하면서 2교대가 3교대로 바뀌기도 하는 변화를 노동조합이 만들어낸 일들이다. 이렇게 변화할 수 있었던 것들은, 원풍에서는 믹내로 활동도 제대로 못했지만, 알게 모르게 나에게 원풍 정신이 체화되어 있어 가능했다고 생각한다.

나는 원풍모방에 2년 8개월 정도 다니다가 노동조합이 뭔지도 잘 모르는 상태에서 해고를 당했다. 그러나 근무기간은 짧았지만, 원풍 때문에 근로기준법을 알았고, 근로조건이 뭔지도 깨우쳤다. 그래서 까막눈을 면하고 일화모직에서 노동조합을 결성하는데 힘을 보탤 수 있었던 것이다.

복지시설과 근로조건은 요즘의 노동현장에서도 35년 전 원풍만한 곳을 찾아보기 쉽지 않다. 그래서 지금도 어디서든 떳떳하게 원풍 이야기를 할 수 있다. 멀리 있어도, 1년에 한번만 만나도 동지들과는 그냥 마음이 열리는 친근감이 있다. 각자 나고 자란 곳이 다른 상황에서 원풍에 입사하여 알게 된 사람들인데, 몇 십 년 동안 이렇게 지속적으로 만나는 게 쉽지 않은 일이라고 주위 사람들도 부러워한다.

무 거 운 짐 을 벗 다

민주화운동 명예회복을 신청할 때는 이게 될까, 하는 마음도 있었다. 그러나 지도부가 앞장서 잘 알아서 하니까, 하는 언니들에 대한 믿음이 있었다. 명예회복 인증서를 받고는 원풍에 다녔다는 피해의식에서 벗어나 이제는 떳떳하게 '나 원풍에 다녔어!'라고 말할 수 있게 되었다. 무거운 짐을 내려놓은 느낌이었다. 지도부가 끈을 놓지 않고 지속적으로 활동을 하여 우리들이 떳떳하게 살아갈 수 있게 해준 것을 항상 고맙게 생각한다.

소송에서 이겨 배상금을 받은 것은, 대한민국 법을 불신하던 나에게는 기적이 일어났다고 표현하고 싶다. 워낙 정부에 대한 불신이 깊었다. 특히 대법원에 상고했을 때에는 박근혜 정부라서 승소할 수 있을까 반신반의했다. 그런데 좋은 결과가 나와서 그 동안에 마음고생을 했던 것에 위로가 되었다.

남편은 민주화운동 인증서를 보고는 씩 웃어주었다. 아이들에게 엄마가 전에 노동조합을 했다는 이유로 정부로부터 빨갱이라고 몰렸는데, 이제는 민주화운동을 했다는 인증서를 받았다고 이야기했더니, 딸은 엄마 잘했다고 좋아했다.

내 인생에서 원풍을 빼놓고는 생각할 수 없다. 어떤 삶을 살아야 되는지를 알게 해준 원풍노동조합은 내 인생을 지배했다고 생각한다. 구술 작업을 하자는 이야기를 듣고 사무실로 오면서 원풍의 역사가 만들어지는데 나도 한 페이지를 기록할 수 있어서 너무 좋다는 생각에 가슴이 벅찼다.

114

나를 꿈꾸게 했던 원풍노조

박신숙

_____1962년, 전남 구례에서 태어났다. 1980년 3월에 원풍에 입사했다. 9·27 원풍노조 사건이 일어났을 때 관공서가 총동원되어 퇴사를 압박하여 해고당했다. 정부에 의해 민주화운동 관련자로 인정되어 명예회복이 되었다.

　나는 전남 구례에서 2남2녀의 장녀로 태어났다. 부모님은 농사를 지었고, 형편은 넉넉하지 않았다. 동생들이 있으니 내가 중학교에 다닐 때부터 부모님은 고등학교 보낼 형편이 안 된다는 것을 못 박았고, 그 대신 중학교 때 수학여행은 보내주었다. 나는 언니 오빠 있는 사람들이 명절에 집에 오면서 동생들의 옷을 사주는 게 그렇게 부러웠다. 친구들이 원피스 같은 거 빼입고 오는 것도 부러웠다. 무엇보다 돈 벌어서 명절에 동생들 옷을 사가고 싶었다.

초보 공장생활

　내가 중학교를 졸업할 무렵 고종사촌 언니가 원풍에 다니고 있었는데, 나는 서울에 올라와 가발공장에 다니면서 원풍에 들어갈 수 있는 나이가 찰 때까지 기다렸다. 가발공장은 원풍모방 길 건너편에 있었다. 기숙사라고 있었지만 겨울에 스팀만 틀어주는 다다미방이라 엄청 추웠다. 거기다가 일은 보통 열 두 세 시간이었다. 사촌언니의 연락만 기다리며 견뎠다.

　드디어 원풍모방에서 사람을 모집한다는 연락이 왔다. 고종사촌언니가 미리 섭외해 둔 사람을 소개자로 쓰고 입사했다. 80년 3월이었다. 훈련생 기간을 거쳐 직포과로 배치되었다. 직포과는 일이 세고 시끄러워 보여 속으로 정사과를 원했는데 안 됐다. 기분이 별로 좋지 않았다. 직포기계도 무섭고, 실 하나 잘못되면 기계가 서버리니 겁이 났다. 직기 짜는 언니들이 무지 대단해보였다. 언니들이 기계에 손을 대보라고 해도 겁이 나서 손도 못 댔다.

　다행히 언니들이 친절해서 그 격려가 큰 힘이 되었다. 3개월 후면 기계로 올라간다고 했지만, 우리 이후로 훈련생이 들어오지 않아 계속 막내 처지가 되어 청소만 했다. 언니들은 그런 우리를 보며 안타까워하며 더 따뜻하게 대해줬다. 야근 때는 기름걸레나 비를 들고 청소를 하다가 졸리면 화장실에 가서 쪼그리고 앉아 있었다. 화장실에 쪼그리고 앉아서도 잠이 왔다. 여지없이 옥희 언니가 찾으러 와 "이년들, 또 자고 있지?" 하면서도 잘 해줬다.

　월급을 받으면 엄마 아버지 속옷을 사보내고, 동생들 옷도 사줄 수 있어 좋았다. 대림시장에서 한 보따리 사들고 가면 동생들 얼굴에 함박꽃이 피었다. 지금도 동생들은 누나가 잘 해준 기억을 갖고 있다며 내 말이라면 거부하지 않는다. 그게 보람이었다. 명절에는 가능한 한 선물 보따리 챙겨 집에 내려갔지만, 가끔은 종암동의 고모 집에서 보내기도 했다. 그래도 가끔 식구들이 보고 싶어 머릿속이 백지가 돼버리는 순간이 있었지만, 명절과 휴가 때까지 기다릴 수밖에 없었다.

　내 기숙사 방은 109호였다. 훈련생 친구들끼리 아이롱실에서 생일이면 같은 선물을 돌리면서 놀고 축하해주고 했다. 그때 생일선물로는 5개 세트로 된 스테인리스 김치통을 주었다. 살림 장만의 의미였다. 원풍은 전에 다니던 가발공장과 비교해 너무 달랐다. 더운 물 나오지, 8시간 일하지, 공휴일은 쉬지, 천국이었다. 친구들 만나면 원풍 다닌다고 자랑했다.

　작업복을 줄 세워 입으면 뭐하냐고 떠들면서도 빳빳하게 다림질해서 입고 다녔다. 훈련생들끼리 친목회를 만들어 카세트 들고 관악산에 가 틀어놓고 놀면서 버너에 어묵국을 끓여 먹을 때의 그 맛은 그만이었다. 지금도 생각하면 저절로 침이 고이고 입가에 미소가 번지는 추억이다.

여기 봐라, 어디에 빨갱이가 있어?

노동조합은 고종사촌 언니로부터 들었다. 노동조합이 있어 상여금도 400%씩 받을 수 있었고 8시간 근무도 정착되었다고 했다. 당연히 노조는 좋은 것으로 인식될 수밖에 없었다. 다들 그러했듯이 나도 산업선교회 소모임 활동에 참여했는데, 그룹 이름은 '엄지'였다. 그룹 이름도 참 다양했는데, 우리 소모임은 아마 '엄지 척'이라는 의미였을 것이다. 나는 열성적인 노조활동가는 아니었지만 주어진 상황은 피하지 않고 성실히 대처했다. 그러다보니 대의원도 되었다. 그러나 내가 대의원이 된 그해, 불행의 전조가 다가오고 있었다.

80년 광주민주항쟁 이후 분위기가 흉흉한 가운데 노조에서는 성금 모금을 했고, 나도 빠지지 않았다. 그 후 점점 분위기가 더 흉흉해졌다. 지부장과 부지부장이 수배되고, 간부들이 계엄사에 끌려갔다. 노조 사무실 문은 엑스자로 가로막혔고, 경찰들이 들락거렸다. 무섭기도 했지만, 궁금하여 물이 들어있는 주전자를 비워버리고 물 가지러 간다며 주전자를 들고 나섰다. 노조 사무실 옆 식당으로 가면서 흘깃흘깃 노조 상황을 보고 와서 언니들에게 전해주기도 했다. 그 상황이 어떻게 진행될지 짐작도 할 수 없었다.

82년, 나는 노조의 대의원으로 선출되었다. 대의원대회에도 참여하고 교육도 받는 등 대의원 역할을 해보려 하는 순간 9·27사태가 터졌다. 정사과에서 농성을 하고 있는데 아는 얼굴이 얼핏 보이면서 눈이 딱 마주쳤다. 육촌형부였다. 당시 육촌언니네 식구가 하안동에 살고 있었다. 형부는 원풍모방 앞을 지나다니며 출퇴근을 하는데, 공장 앞에 나부끼는 현수막을 보고 놀라서 찾아왔다고 했다.

정문 앞에서 처제를 만나러 왔다고 하니, 경비실에 있던 자들이 처제를 데리고 나올 확신이 있으면 들여보내주겠다고 하여 들어왔다는 것이다. 형부는 '처제, 왜 이러고 있냐?'며 나가자고 설득했다. 나는 나갈 수 없었다. 형부는, 처제를 데리고 나가겠다는 조건으로 들어왔는데 안 가면 어떡하느냐, 나가자고 거듭 설득했다. 나는 '여기 봐라, 여기 어디에 빨갱이가 있냐?'며 오히려 형부를 설득해서 내보냈다.

그러나 스팀을 세게 틀어대던 날, 나는 쓰러졌다. 정신이 들고 보니 한독병원이었다. 링거를 꽂고 있었다. 작업복 차림에 꼴이 말이 아니어서 일단 하안동의 육촌언니네로 갔다. 우선 언니에게 돈을 빌려 옷을 사 입고, 그해 추석은 고향에 가지 못한 채 연휴를 보냈다.

연휴 지나 집에 갔더니 아버지는 애가 타서 얼굴이 사색이었다. 고향 친구들도 걱정이 되어 찾아왔다. "죽어 삔 줄 알았다"느니 "빨갱이한테 끌려간 줄 알았다"느니 난리북새통이었다. 자초지종을 다 설명하니 텔레비전만 보고 오해했다며 친구들은 내 말을 신뢰했다.

짓밟힌 꿈

그 후 다시 서울로 올라와 산업선교회에 모여 있는 원풍 동료들에게 가서 며칠 있다가 종암동 고모네를 들렀다. 고모는 '네 아버지가 빨리 내려오라고 연락이 왔다'며 얼굴이 상기되어 말했다. 그때가 가을이라 바빠 죽겠는데 구례군수가 집으로 찾아와 '당신 딸이 빨갱이 물이 들었다. 귀향 조치하라. 안 그러면 내가 군수 직을 내려놓아야 한다'고 했다는 것이다. 그러니 아버지가 '동네 창피해서 못 살겠다. 당장 안 오면 발모가지를 분지른다'며 고모에게 호통을 쳤다는 것이다.

아버지는 화가 나면 엄청 무서운 분이라 겁이 나서 내려갔다. 우리 윗집에 면직원이 살고 있었는데, 다른 면직원이 아예 그 집에서 숙식하며 나를 감시했다. 빨래터에 가면 옆에 와서 앉아있고, 한 발짝만 나가도 따라 붙는 등 밤낮으로 지키고 있었다. 그 면직원은 내가 회사에 사표를 내지 않으면 자기가 사표를 써야 한다며 애가 셋이나 되는데 어떡하느냐고 매일 '나 좀 살려달라'고 하소연했다.

하루는 면에서 아버지를 불러 갔더니 칠판에 '박신숙 귀향조치'라고 크게 써놨더라는 것이다. 그걸 본 아버지는 너무 놀라서 완전 뒤집어져버렸다. 그 후에는 내가 무슨 말을 해도 믿지 않았고, 강하게 나의 서울 상경을 막았다. 면직원, 아버지까지 그러니 한 발짝도 못나가고 배겨낼 수가 없는 지경이었다.

할 수 없이 사표를 쓰겠다고 했다. 면직원을 대동해서 서울로 가는데, 기차 안에서도 내 옆에 딱 붙어 앉아 있었고, 화장실에 가면 화장실 앞에 버티고 서 있었다. 영등포역에 내리니 나를 택시에 태워 원풍모방 사무실로 데리고 갔다. 각서냐, 사표냐? 선택은 두 가지 뿐이었다. 각서는 못쓴다. 사표를 내고 그날로 짐을 싸 고향으로 내려왔다.

서울 가기만 하면 발모가지를 잘라버린다는 아버지의 위협과 면직원의 감시 하에 꼼짝없이 한 달을 갇혀 지냈다. 닫혀버린 공장 문이 각서를 거부한 우리에게 다시는 열리지 않도록 상황이 종료된 후에야 나는 서울에 올라갈 수 있었다. 돈을 벌어야 했기 때문이다. 성수동 어디를 가서 이력서를 냈더니 바로 퇴짜를 당했다. 작은 가내공장 몇 군데를 전전했다. 12시간, 13시간 근무는 보통이고 휴일도 없었다. 아! 소리 한번 내지를 수 없이 하라는 대로 해야 하는 공장들이었다. 원풍이 그리웠다. 서럽고 간절한 그리움이었다.

자 랑 스 러 운   민 주 화 운 동   증 서

그러던 중 어느 공장에서 지금의 시어머니와 육촌간이라 시이모가 된 분이 조카를 소개해서 결혼하게 되었다. 그러나 시어머니가 일찍 돌아가고 우리 집이 큰집인데 시댁 제사가 1년에 열 두 번이었다. 가부장적인 유교문화가 강한 집이었다. 그러니 원풍 모임에 참석하는 것이 어려웠다. 구속된 간부들의 소식을 간간이 들으며 심정이 갈라졌다. 전두환을 욕해댔지만 속만 앓을 뿐이었다.

시대가 바뀌면서 국민이 직접 대통령을 뽑게 된 후, 전두환의 온갖 죄악을 파헤쳤던 5공청문회가 열리던 날, 그리고 전두환이 쇠고랑차고 감옥 가던 날, 나는 분노와 통쾌함에 전율했다. 저 사람 때문에 우리가 어떤 일을 겪었던가. 그럼에도 지금도 살아있는 그 얼굴을 보면 분이 치밀어 오른다. 우리의 20대를 망친 그를 용서할 수 없다.

민주화운동 명예회복 증서를 받던 날, 감격에 겨워서 가족들에게 그 내용을 알렸다. 언니들도 자랑스러워했다. 내 인생에서 원풍은 꿈의 직장이었다. 원풍에서 꿈을 꾸었지만, 그 꿈이 짓밟혀 서러웠다. 그러나 함께 꿈꾸었던 그 사람들과 오늘도 여전히 함께 할 수 있어 고맙고 행복하다.

115

참과 거짓을 아는 삶

박영희

_____1962년 전남 구례에서 태어나 1980년 원풍모방에 입사했다. 노조의 '바위' 소그룹에서 활동을 하던 중 1982년 9·27 원풍노조 폭력파괴사건 때 해고당했다. 해고 후 블랙리스트로 취업이 되지 않았다. 2007년 정부에 의해 민주화운동 관련자로 명예회복되었다.

나는 전남 구례에서 6남매 중 다섯째로 태어났다. 아버지는 일본에서 스님으로 계시다가 30세가 넘어 결혼을 했지만, 자식들을 낳아놓고도 절에 들어가 생활을 하면서 식구들을 책임지지 않으셨다. 그러다가 중풍에 걸려 오랫동안 병석에 누워 계시다가 내가 초등학교 때 돌아가셨다.

아버지가 돌아가신 후 큰오빠가 집안 살림을 책임졌다. 큰오빠는 면사무소에 다니면서 남의 땅을 빌려 소작을 하기도 하고, 산에서 수박농사를 짓기도 했지만, 우리 집은 면사무소에서 배급으로 나오는 밀가루나 고구마로 점심 정도를 때웠고, 보통은 밥 굶기를 밥 먹듯 했다. 그래서 일찌감치 언니 오빠들이 객지로 돈 벌러 가면서 집안 형편이 조금씩 나아지기 시작했다.

언니 따라 원풍에

나도 시골에서 생활하는 것이 답답해 오빠가 다니고 있었던 부산에 있는 대우실업에 취직했다. 이 회사는 기성복을 만드는 곳인데, 나는 미싱을 배워 기능공으로 돈을 많이 벌고 싶은 꿈을 가지고 입사했다. 오빠는 사무직에 있었고, 나는 현장에서 일을 했다. 한 1년 쯤 되었을 때 원풍모방에 다니다가 이란에 갔다 온 언니가 원풍모방에서 직원을 모집한다고 해 방 지부장님을 소개자로 하여 1980년 3월에 입사했다.

원풍은 규모도 크고, 대우도 좋은 회사라는 소문을 들어 이제 제대로 된 직장에 들어간다는 생각이 들었다. 나는 공부를 하고 싶은 욕구가 강했다. 공부를 좀 더 해서 사회에 꼭 필요한 사람이 되어 살고 싶었고, 가난에서 벗어나고자 하는 생각도 많았다. 직업훈련생으로 3개월간 제품생산과 이론을 배우고 방적과 실험실로 배치되었다.

나는 신협에 가입하여 월급 관리를 했다. 그리고 공동구매나 사내 미용실 이용으로 절약해 월급을 조금씩 모았다. 일요일에는 관악산으로 등산을 가기도 하고, 딸기밭, 포도밭, 소사에 있는 복숭아밭에도 갔다. 산에 갈 때는 카세트를 들고 가 당시 유행하던 〈원 나잇 티켓〉 같은 팝송을 틀어놓고 춤도 추고 기타를 배운다고 폼도 쟀다. 맑은 물이 흐르는 계곡에서 밥도 해먹고 닭도 삶아먹었다.

입사 동기생들과는 소그룹 '바위'를 만들어 산업선교회를 자주 다녔다. 산업선교회에서 탁구도 치고, 노동교육도 받았고, 일요일에는 예배도 보러 다녔다. 정숙이와 명숙이는 탈춤반 활동을 했는데, 산업선교회에 가서 연습할 때 함께 가서 구경도 했다.

노동조합 교육을 영보수녀원에서 1박2일간 받았던 적도 있었다. 그 교육 중에는 자기소개 5분 발언이 있었다. 각자 서울에 올라오게 된 과정 등을 이야기하면서 울며 웃으며 서로를 깊게 알게 된 계기가 되었다. 저녁에 촛불의식을 하면서, 어려움을 겪으면서도 흔들리지 않는 방 지부장님을 존경하는 인물로 적었던 것도 생각난다.

노 조 교 육

나는 81년에 그토록 꿈꾸던 삼성중고등학교에 입학했다. 공부를 하게 되자 활동량이 많아지고 낮에도 제대로 잠을 자지 않아 야근 때는 타이밍을 먹으며 버티기도 했다. 어느 날은 작업을 다 끝내고 솜 쌓아놓은 곳에 들어가서 잠깐 잔다는 게, 다음 교대반이 들어와 일하는 것도 모르고 자고 있다가 교대반이 깨워 기겁을 하고 퇴근한 적도 있다.

학교 갔다 온 날 배가 고파 식당에 가면 겨울에는 밥이 얼어 돌덩이가 되어 있을 때도 있었다. 그러면 간장에 고춧가루를 타가지고 언 밥을 비벼 먹었다. 학교에 다니기는 했지만 공부에 대한 열정은 점점 식어가고, 노동자가 아닌 다른 무엇인가를 꿈꾸었던 것은 시간이 지날수록 멀어졌다. 노동조합 교육을 들으면서 공부의 필요성을 못 느끼게 되었는데, 아무리 노력을 해봐야 '뛰어봤자 개구리'라는 생각을 하게 되면서 주제파악을 한 것이다.

언니도 노동조합 간부를 했었다. 그래서 그런지 노동조합 사무실이 마냥 가깝게 느껴졌다. 지부장님이나 간부들이 친언니 친오빠처럼 친근감이 생겼다. 식사시간에 밥을 먹고 나서는 선임이나 명숙이 등과 노동조합으로 가면 우리들의 이야기를 들어주는 방 지부장님이 계셔서 신나고 좋았다. 어느 날부터인가 지부장님이 지명수배를 당해 노동조합에서 다시는 볼 수가 없게 되었다. 나는 지부장님 댁에 친구들이랑 여러 번 찾아갔다. 집에서 해주시는 밥도 먹고, 국수도 먹고, 할머니가 우리 엄마처럼 너무 반갑게 맞이해 주셔서 좋았다.

80년 5월 13일, 노총 궐기대회에 갔다. 강당에 모인 수많은 노동자들이 뜨거운 열기로 민주화를 외쳤다. 곧 민주화의 봄이 올 것 같았다. 그러다가 갑자기 궐기대회를 중지하고 해산을 하여 비 내리는 여의도에서 걸어서 회사까지 왔다.

그해 5월, 광주에 빨갱이들이 침투하여 학생들과 시민들을 선동하여 폭동이 일어났다는 뉴스가 연일 텔레비전을 뒤덮었다. 사촌오빠들이 광주에서 대학도 다니고 해서 걱정이 많이 되었다. 광주로 가는 길을 계엄군이 막고 있어서 들어가지도, 나가지도 못한다고 했다. 다행히 오빠들은 별일이 없었지만, 지금 생각하면 광주를 위하여 모금이라도 한 것이 얼마나 다행인지 모르겠다.

노동조합의 위기가 점점 다가오는 느낌을 받았다. 1980년 12월, 노조간부 48명이 합동수사본부로 연행되자 우리들은 부모 잃은 고아들처럼 힘들었다. 노동조합 사무실은 폐쇄되어 들어갈 수도 없었다. 연행된 간부들의 소식을 들으려고 산업선교회에 가서 목사님들을 만나곤 했다.

나는 81년, 임금인상 교섭을 응원하기 위하여 식당에서 농성할 때는 식탁 위에 올라가 춤도 추고 사회도 보고 당당해졌다. 노동절 행사 때 부서별 노래자랑에 나가 나의 18번인 〈망부석〉을 불러 주방용 주전자를 받았던 기억이 있다. 그리고 여자축구 선수로 방적과와 직포과 간의 시합도 많이 했다. 방적과가 이겨 우산을 상품으로 받기도 했다.

위기에 처한 노동조합

전두환이 집권하면서 회사는 새마을교육과 정신교육을 실시했다. 그즈음 노조 간부인 양분옥과 대의원 신필섭이 해고당했으나 제대로 싸움도 못했다. 노동조합은 희망이 없어보였다. 82년 3월 10일, 노동절 행사를 기점으로 이무술이 조합장을 그만두고 현장으로 복귀해서 놀랐다. 이무술이 현장에 출근하면서 최숙자, 김진자, 양순애, 김덕수 등이 남자 조합원들과 몰려다니며 현 노동조합을 비난한다는 소문이 자자했다.

82년, 노동조합은 정부와 회사의 태도가 심상치 않음을 감지하고 각 부서마다 조합원 교육을 강화하며 만약의 사태에 대비했다. 반면 회사는 노동조합과의 대화를 하지 않으려고 했다. 부공장장 박찬배는 노동조합 사무실에 드나들면서 슬슬 농담 따먹기나 하며 안하무인으로 행동을 했다.

1982년 9월 27일, 드디어 폭력사태가 일어났다. 노동조합 사무실 앞에 바리게이트를 친 폭력배들은 거의 얼굴도 모르는, 완전 깡패들 같았다. 조합장이 감금당하고, 이옥순 총무와 박순애 부조합장이 다쳐 병원으로 치료받으러 갔다. 퇴근반과 기숙사생들이 노동조합 앞으로 모여 폭력배들에게 소리도 지르고 악도 쓰고 해봐도 끄덕도 하지 않았다.

노동조합 간부들은 감정적으로 대하지 말고 정신 차려 싸움 준비를 하라는 지시를 내렸다. 농성에 대비해 기숙사에서 두꺼운 파카잠바도 챙겨오고, 조합장이 굴복하지 않도록 조를 짜 조합 사무실 앞에서 구호도 외치고 노래도 불렀다. 사무실 안에서 무슨 일이 일어나고 있는지 알 수 없는 상황이지만 조합장에게 힘을 실어주고자 했다. 저녁 7시 30분, 식사시간을 기해 검사과로 한꺼번에 들어갔다. 그리고 농성이 시작되었다.

4박5일 동안 농성하면서 가장 힘들었던 것은, 단식 때문에 배가 고프고 어지러워 싸우다 죽을 수도 있겠다는 불안감이었다. 나는 농성을 하면서 죽어도 간부 언니들 하고 같이 죽는다는 생각이 들어 두렵지 않았다. 죽든 살든 그게 대수인가 싶어 생각이 담대해졌다. 그리고 인간적 대접을 못 받을 바엔 죽는 것이 나을 수도 있겠다는 생각을 했다. 노조집행부에 대한 절대적 신뢰가 끝까지 농성에 참여하게 만든 것이다.

사 촌 오 빠 의 고 민

농성 3일째 되던 날, 면회를 왔다고 방송을 해서 나가 보니 외사촌오빠였다. 오빠는 구례의 면사무소에서 근무하는 공무원이었는데, 나를 데리러 온 것이다. 사촌오빠는 농성 현장에 들어와 '너는 왜 빨갱이한테 들어가서 그러느냐'며 꾸짖었다. 나는 빨갱이가 아니라고, 그런 소리 하지 말라고 했다. 오빠는 엄마가 나를 꼭 데리고 오라고 했다고 했다.

나는 오히려 엄마에게 걱정하지 말라고 전해 달라고 하면서, 더 자세히 알고 싶으면 원풍노조 간부를 지냈던 언니에게 물어보면 내가 빨갱이인지 아닌지 알 수 있을 거라고 했다. 내가 끝까지 안 간다고 완강하게 버티자 오빠는 그냥 돌아갔다. 나중에 폭력배들에게 끌려 나오고 난 후 산업선교회에 있을 때, 오빠가 또 왔다. 오빠는 '네가 내려와 주어야지, 안 그러면 나 잘린다'고 사정사정하였다.

나는 농성 마지막 날 운동장에서 쓰러졌다. 링거를 맞고 정신을 차려 보니 대림성모병원이었다. 10월 1일은 추석인데, 며칠 동안 씻지도 못해 몸이 너무 더럽고 냄새도 나고, 몰골이 말이 아니라서 시골 가는 것을 포기하고 언니집으로 갔다. 며칠 언니집에 있다가 추석이 지나 산업선교회에 가서 노동조합 소식도 듣고 출근투쟁을 준비했다.

그때 정숙이가 자기 가족들이 여수로 가자고 데리러 왔다면서, 우리 집인 구례로 잠깐 피신도 할 겸 내려가자고 해서 같이 시골집으로 갔다. 늦가을이라 감나무에 노란 감이 주렁주렁 달려있을 때인데, 엄마는 같은 동네에 있는 외갓집에 다녀오겠다면서 가셨다. 그런데 조금 있다가 동네로 지프차가 한 대 들어오더니, 갑자기 우리 집 앞에 섰다. 뭔 일인가 해서 보고 있는데, 덩치가 큰 남자들이 집 안으로 들이닥치더니 정숙이를 질질 끌고 차에다 집어넣었다.

엄마가 집으로 오다가 그 광경을 보았다. 엄마는 정숙이를 잡고 왜 이러냐며 끌고 가려는 놈들에게 달려드니, 그들은 나와 정숙이 둘이 같이 있으면 안 된다고 하면서 엄마를 뿌리치고 마을을 빠져나갔다. 정숙이가 끌려갔지만 연락할 길이 없었다. 얼마 후에야 정숙이가 여수 섬에서 경찰들이 지키고 있어 꼼짝도 못하고 있다는 소식을 들었다.

우리는 '서울로 가자. 시골에 있으면 뭐하겠느냐'면서 기회를 엿보고 있던 어느 날, 구례군청에서 나를 만나자는 연락이 왔다. 나와 큰오빠, 외사촌오빠 셋이 군수실로 갔다. 군수실은 양탄자가 쫙 깔려 있고 으리으리했다. 군수가 나를 보더니 인사를 꾸벅 했다. 속으로 '참 높은 양반이 뭔 일이래?' 하면서 왜 그러시냐고 했더니, 원풍에 사표를 내면 취직시켜 주겠다며, 서울에 올라가지 말고 동네 농협에서 일하면 안 되겠냐고 묻는 것이다.

나는 취직은 안한다고 거절을 하고 집으로 돌아왔다. 그러자 집 주위를 돌면서 지속적으로 감시하는 사람을 붙여놓았다. 나는 감시가 소홀한 틈을 타 다시 서울로 올라왔는데, 언니네 집으로 형사들이 찾으러 다니느라 난리가 났다. 취직도 안 되고 하여 어떻게 살아야 하나 걱정하다가, 외사촌오빠가 면목동에 독서실을 차리자 그곳에서 일하면서 선임이랑 자취 생활을 했다.

아이들의 응원가

83년 12월 25일, 나는 22살에 친구의 오빠와 결혼을 하게 되었다. 결혼하고 나서는 더 이상 감시를 당하지 않았다. 원풍모임은 매년 지속되었고, 나도 열심히 참여였다. 그렇게 세월이 지나가다 2007년에 민주화운동 명예회복을 신청했다. 정말 명예회복이 되어 그동안 빨갱이라고 낙인 찍혔던 것에서 벗어나고 싶었다. 아이들에게 엄마의 과거를 확실하게 알게 하고 싶은 욕심도 있었다. 생활지원금은 바라지도 않았고, 명예회복만을 간절히 바랐다. 그런데 명예회복 인증서는 물론 생활지원금도 나왔다.

민주화운동 명예회복 인증서를 받았을 때 너무 좋아 애들에게 전화로 정부에서 나를 민주화운동가로 인정하는 증서를 받았다고 이야기했다. 그때 전두환이 정권을 유지하려고 민주노동조합을 파괴시켜 몇 십 년 동안 빨갱이로 몰려 취직도 못했다는, 속으로만 앓고 있던 이야기를 할 수 있었다. 애들은 내 이야기를 듣고는 '엄마, 그 동안 너무 힘들었겠다'고 하면서 엄마가 자랑스럽고 훌륭하다고 좋아했다. 아이들은 엄마가 올바르게 산다며 항상 나를 믿고 응원한다.

내가 회사에서 끌려 나올 때 모든 일을 다 겪으셨던 어머니에게도 국가로부터 명예회복이 되었다는 소식을 말씀드렸더니 너무 좋아하셨다. 언니도 너무 고마운 일이라고, 다행이라고 했다. 엄마가 병원에 계실 때 명예회복이 되었고, 생활지원금도 받아 엄마에게 그 중 오백만원을 갖다드렸다. 엄마는 '이제 살날이 얼마 안 남았는데, 그 귀한 돈을 왜 날 주냐'며 끝내 받지 않으셨다. 엄마가 건강하셨다면 같이 여행이라도 다녀볼 것인데, 안타깝고 아쉬웠다.

원풍이 나에게 남긴 것

원풍은 내 인생의 절반이라고 할 수 있다. 원풍을 통해 많은 사람들과 알고 지냈고, 결혼도 하는 등, 원풍이 없는 내 삶은 생각할 수가 없다. 노동조합 활동으로 인해 세상을 보는 눈을 뜨고, 참과 거짓을 구분할 줄 알았고, 정의의 편에 설 수 있었다. 나는 어떠한 일이 있어도, 내가 불이익을 입어도 약삭빠르게 살고 싶은 생각이 없다. 아무리 세상이 바뀌어도 올바르고 반듯하게 살아야 한다는 가치관을 원풍에서 배웠고, 이게 내 안에 확고하게 자리 잡았다.

이번에 우리 모두의 구술 증언록을 남기는 것도 우리 자식들, 그리고 그 다음 세대들에게도 좋을 것 같다. 우리 엄마가, 우리 할머니가 그렇게 살아왔다는 것을 알릴 수 있는 것, 그래서 후대들에게 조금이라도 교훈이 되는 것이 중요하겠다는 생각에서이다.

요즘 나는 평범하면서도 소박한 꿈을 꾼다. 나는 지난 5년 몸이 아파 너무 힘들었다. 한번 건강이 무너지니 종합병원처럼 아프기 시작했다. 다행히 지금은 폭풍 후 맑은 날이 온 것처럼 건강도 좋아지고 있다. 그래서 원풍동지회 언니들과 같이 동지회가 지속적으로 발전할 수 있도록 그동안 못했던 활동도 열심히 해보려고 한다. 그것이 내 청춘을 풍부하게 해주었던 원풍에 대한 예의이고, 나름 열심히 투쟁했던 지난날의 나에 대한 최고의 경의라고 생각하기 때문이다.

116

동지들의 온기로 오늘을 산다

박춘예

_____1962년 전북 남원에서 태어났다. 1980년 3월에 원풍모방에 입사했는데 어릴 때 다친 한쪽 귀 때문에 기계소음이 힘들었지만 현장 분위기가 따뜻해서 이겨낼 수 있었다. 9·27폭력사건 때 끌려나온 후 출근투쟁을 벌이다가 남부경찰서로 연행되고 강제 해고 당했다.

　나는 다섯 살 때 절반쯤 귀가 먹었다. 전라도 남원의 고향동네 냇가에서 물에 빠져 빙글빙글 도는 것을 동네 언니가 발견해서 구사일생으로 살아난 후유증이다. 엄마가 병원으로 데리고 갔었지만, 병원에서 어떤 아이가 주사 맞고 엄청 우는 것을 보고 무서워서 도망 나와 치료를 제대로 못해버렸다. 그 후 입모양을 보고 말을 알아듣는 것이 익숙해진 상태로 살았다. 귀가 먹먹한 상태에서도 공부는 곧잘 했으니 병원 가는 게 겁나서 꽤 적응을 잘한 모양이다.

　초등학교 졸업 후 열다섯 살 때 엄마가 돌아가시고 아버지는 외삼촌이 살고 있던 신대방동으로 이사했다. 지금의 신대방동 전철역 주변에 방 두 개짜리 세를 얻어 아버지와 아홉 형제가 살았다.

　그리고 사촌언니랑 한일도루코의 자회사로 컴퍼스, 호치키스 조립하는 곳에 들어갔는데, 밥을 어찌나 조금 주는지 늘 배가 고팠다. 공장 몇 군데를 더 거쳐서 열아홉 살에 원풍모방 식당에서 일하던 이모 덕에 원풍에 입사하게 되었다. 중졸은 되어야 한다고 해서 중졸이라고 속이고 알파벳 쓰는 정도의 시험을 거쳤다.

그때가 80년 3월이었다.

원풍 입사

무엇보다도 원풍에 입사하니 일하는 시간이 달랐다. 8시간 3교대인데 정확히 8
시간 일하면 퇴근했다. 문제는 직포과로 배치되고 보니 기계소리가 어찌나 큰지
귀가 걱정되었다. 하지만 이것도 감지덕지, 찬밥 더운밥 따질 수는 없는 노릇이
었다. 7~8만원 정도 받았던 월급은 봉투째 아버지께 드렸다.

위로 딸 셋은 다 초등학교만 졸업한 후 나처럼 일했다. 하지만 남동생 넷은 대
학을 졸업했다. 내 월급은 아마도 그렇게 쓰였을 것이다. 아버지는 재산도 모두
아들 넷에게만 주었다. 아버지가 무서워서 감히 의견을 말하기도 어려웠다. 아버
지한테서 벗어나고 싶어 기숙사에 들어갔지만, 한 달도 안 되어 다시 집으로 붙
잡혀 갔다. 집도 좁은데 아버지는 나를 그렇게 집안에 가두었다.

그게 보호였을까? 내 월급봉투를 받을 때마다 시집갈 때 다 해주겠다고 하셨
지만 그게 모여 있을 리가 없으니 어쩌겠는가. 자식이 아홉이니 고단하셨을 아버
지를 원망할 새도 없이 일찍 돌아가셨다.

직포과에서 야근하던 때가 기억에 많이 남는다. 신참들은 대개 주전자 들고 식
당에 가서 물을 떠 오는 일을 맡았다. 커다란 주전자를 들고 직포과 철문을 열면
차갑지만 상쾌하던 밤바람이 시원했고, 캄캄한 세상에 하늘의 별이 영롱했다. 가
끔은 휙 날아가는 혼불도 보았다. 식당에는 이모가 있어서 누룽지 얻기가 수월했
다. 누룽지를 한 그릇 얻어 와 야근하는 동료들에게 한 줌씩 나눠주면 그것을 씹
어 먹으며 졸음을 쫓았다.

직포는 기술을 익힐 때까지 시간이 걸리는 곳이라, 나는 입사 후 내내 직기 청
소만 하다 나온 느낌이다. 헝겊으로 직기 구석구석 손을 집어넣어 기름을 닦아내
다 보면 아무리 비누로 닦아도 매일 손이 시커멓게 되었다.

원풍모방노조는 식당 바로 옆에 있어 드나들기 좋았다. 사무실 문을 열면 책
장이 눈에 들어왔다. 책을 빌리러 자주 노조 사무실을 방문했다. 『눈물 젖은 빵
을 먹어 보았는가』 뭐 그런 책도 읽었다. 200여 명인가 단체로 국제극장에 가서
〈사막의 라이온〉이란 영화를 보기도 했다.

직포과 황영애 언니가 대의원이 되어 노조에 회의하러 간다고 가는 게 참 좋아

보였고 부러웠다. 노조회의가 있을 때는 누구의 눈치도 보지 않고 당당히 갈 수 있는 게 원풍모방이었다. 특히 부러웠던 게 탈춤반이었다. 언년이, 영애 언니, 명환 언니 등이 탈춤반 활동을 하면서 춤도 추고 노래도 하는 것이 너무 부러웠지만 부실한 귀가 걱정되어 엄두도 못 냈다. 영등포산업선교회에서 기타를 배우는 것으로 그 아쉬움을 달랬다.

근무시간이 정확하니 시간 활용하기가 좋았다. 팔당이나 관악산, 딸기밭 등으로 어울려 다니면서 노는 맛에 일하기가 한결 수월했던 것 같다. 가끔 노조나 산업선교회에서 실시하는 교육도 참 좋았다. 한번은 영보수녀원에서 교육을 받는데 길룡이 언니가 '울~려~고 내가 왔던가'를 구성지게 불러 모두 젖어들게 했던 기억이 난다. 박순애 언니는 〈떨거지 술판〉이라는 노래를 익살스럽게 불러 배꼽을 잡게 했고, '갈숲 지나서 산길로 접어들었네'를 합창했다. 새록새록 마음도 키우고 눈도 성큼 열리던 날들이었다.

81년쯤인가, 원풍모방공장 정문 밖 골목에 '희망나눔'인가 하는 가게가 생겼다. 대일화학에서 해고된 송효순(『서울로 가는 길』의 지은이) 등이 생계를 해결하기 위해 시작한 가게였다. 아마 영등포산업선교회에서 가장 많은 회원을 가진 원풍노조원들을 염두에 두고 장소를 거기로 택했는지 모르겠다. 그곳은 당연히 우리의 단골가게가 되었다. 박경숙, 박영희, 정선임 등과 어울려 소위 가보시키(외상장부를 두고 월급 때 일괄 갚는)를 많이 해 먹었다. 한창 식욕이 왕성하던 청춘이니 식당의 푸슬푸슬한 스팀 밥으로는 성이 차지 않아 그랬는지, 과자나 빵 따위의 군것질을 많이 했다.

문 신 처 럼 새 겨 진 그 날

그러나 그렇게 일하고 노래하고 웃는 정도의 행복도 우리에게는 사치인가, 세상은 잔인했다. 80년 12월, 노조간부들이 계엄사에 끌려가 해고되었다. 그 후 이무술 집행부에서 정선순 집행부로 바뀌는 등 우여곡절이 이어졌다. 분위기가 좋지 않았고 일부 남자들의 동태가 이상하다는 소문도 있었지만, 앞으로 무엇이 다가올지 잘 모르는 우리는 그래도 설마 설마하며 불안을 떨치고 일했다. 그러나 그 불안한 예감은 회오리처럼 한순간에 덮쳐왔다.

1982년 9월 27일, 이 날은 내 심장에 새겨진 문신이 되었다. 그날 나는 직포과에서 변함없이 일하고 있었다. 그런데 뭔가 분위기가 술렁거렸고, 쭈뼛 두려움이 밀려왔다. 노조 사무실을 남자들이 막고 조합장을 감금하고 있다는 소리가 들렸다. 퇴근하고 모두 식당으로 모이라고 누군가 외쳤다. 노조 사무실과 식당은 붙어 있는지라 전방을 지나고 염색과를 지나고 정사과를 지나 한달음에 달려갔다.

노조 사무실 앞을 막아선 남자들이 보였다. 노조를 배신하고 폭력집단의 앞잡이가 된 자들이었다. 그렇게 나도 농성장에 합류했다. 4박5일 동안 스팀 열기와 냄새와 두려움이 혼재된 좁은 작업장에서 버텼다. 기운이 없어져서 나란히 누워서 노래를 불렀다.

우리 부모 병들어 누우신지 삼년에 / 뒷산에 약초뿌리

모두 캐어 드렸지 / 나 떠나면 누가 할까, 늙으신 부모 모실까

서울로 가는 길이 왜 이리도 멀으냐

노동자가 얼마나 노동을 더해야 / 아, 살 수 있나

우리 모두 지금까지 피땀 흘려 왔는데 / 아, 슬픈 세상

10월 1일, 달도 휘영청하던 추석날 새벽, 운동장까지 밀려 나와 다시 부둥켜안고 밤을 지키던 우리는 결국 한 명 한 명 떼어져 사지를 들려 공장 밖으로 내동댕이쳐졌다. 폭력배들에게 쫓겨 달리는데 누군가 "양문교회로 들어가!"라는 비명을 질렀고, 새벽 예배를 보던 대림동 양문교회의 불빛을 보고 뛰어 들어갔다. 그 시간에 문이 열린 공간이 마침 그곳이어서였을 것이다.

교회 마룻바닥에 픽픽 쓰러져 방 지부장 댁에서 날라 온 죽 몇 숟가락씩 떠먹고 나와야했다. 꼴은 완전 상거지였다. 아버지가 안 계실 때 들어가려고 집 앞을 빙빙 돌다 들어갔다. 이후 아버지와 마주치는 시간을 피해 다니면서 공장 앞으로 출근투쟁하러 가곤 했다. 그러다가 강남성심병원 앞에서 출근하려고 모인 우리들은 닭장차에 실려 남부경찰서에 끌려가 하룻밤을 새우며 조사받고 범죄자처럼 사진도 찍었다. 그게 블랙리스트용 사진이었을까?

흩어지지 않아야 된다는 생각 하나밖에 없었다. 억울했기 때문이다. 도대체 우리가 뭘 잘못했단 말인가. 납득되지 않는 폭력을 당한 억울함이 흩어지지 않게

했다. 그러던 어느 날 아버지는 출근하게 해주겠다며 원풍모방으로 나를 데리고
갔다. 출근의 조건은 '각서'였다. 인간인 내가 그걸 쓸 수는 없었다. 결국 '각서
가 아니면 사직서'가 강요되었다. 다행히 아버지가 내 의지를 이해해 각서를 거부
할 수 있었다. 아버지도 서울에 와서는 딸들을 공부시키지 못한 것에 미안함 같
은 감정을 얼핏얼핏 드러내 보이셨다. 결국 사직서에 지장을 찍고 퇴직금을 수령
한 후 마지막으로 원풍모방 등나무 길을 걸어 내려왔다.

블랙리스트

　공장에서 해고되고 나니 교회에서도 찬밥이 되어버린 건지, 눈칫밥 먹던 영등
포산업선교회에서도 우리는 거부되었다. 그건 정말 좀 이상했다. 산업선교회가
사적 소유물은 아니지 않는가? 그 건물을 쓸고 닦고 했던 게 우리였는데….

　노동운동한 사람들의 취업을 원천적으로 막는 블랙리스트에 내 이름도 들어
있을 줄은 정말 생각지 못했다. 노조활동도 제대로 못했고, 간부도 아니었기 때
문이다. 삼척동자가 봐도 부당한 9·27사건에 동료들과 함께 싸웠고, 그로 인해
강제사직서를 내야했을 뿐이다. 그런데 공단에 취업하려면 쉽지 않았다. 일화모
직이란 곳에서도 일을 잘 했는데, 어느 날 원풍 다닌 사람하고는 어울리지 못하
게 동료들을 떼어놓더니 나를 잘랐다.

　그것이 블랙리스트 때문이라는 것은 나중에 알았고, 세상이 우리에게 어떻게
그렇게까지 할 수 있는지 어이가 없었다. 많은 시간이 흐른 후에야 그 블랙리스
트가 '민주화운동 인증'이라는 국가의 공인증서로 바뀌었지만, 나와 내 친구들
의 처절했던 세월을 어찌 보상할 수 있을까.

　해고된 후 여기저기 떠돌던 나를 걱정해서인지 아버지는 내 의사와 상관없이
어린 나를 결혼시켰다. 중매를 통해 부잣집이고 괜찮은 사람이라고 소개받았다
고 했지만, 그는 술주정이 심했고 손찌검까지 했다. 참을 수가 없었다. 3개월 만
에 나는 도망을 쳤다. 그가 찾아와 주정을 부려댔지만 더 끌려 다닐 수는 없었
다. 그나마 혼인신고가 되어 있지 않아 다행이었다고 할까.

　그 후 2~3년 지나 결혼하게 된 사람은 어릴 적 앞뒤집에서 태어나 잘 아는 사
람이었다. 원풍 이야기를 나누면 이해하고 공감해 주었다. 그러나 내 인생에 남
편복은 없는지, 어느 날 남편은 대동맥파열이라는 급작스런 사고로 내 곁을 떠났

다. 열아홉 살 아들의 고3 수능을 코 앞에 둔 9월의 마지막 날이었다.

50대 후반, 나는 아직도 공장에서 일한다. S디스플레이라는 모기업의 협력업체다. 청정업체라고 말하는 곳인데, 여기서 6년째 일하고 있다. 그전 파트가 다른 안전관리 쪽에서도 4년 일했으니 10년쯤 되었다. 티브이 액정화면을 만드는 공장인데 워낙 미세하고 예민한 곳이라 노동자들이 모두 방진복을 입고 일한다. 정직원은 흰색 방진복, 협력업체는 파란색 방진복이다.

내 업무는 이 방진복들을 채우고 비우고 하는 일이다. 더러워진 방진복과 방진화, 장갑 등을 수거하여 세탁업체로 넘기고 깨끗한 것을 다시 채워두는 일이다. 쉬울 것 같지만 이게 간단치가 않다. 갈수록 노동 강도는 더 세져서 잡담하다 걸리면 찍소리도 못하고 잘리는 곳이고, 있었던 휴식시간도 슬며시 없어졌다.

근무시간은 3교대로 돌아가는데, 주말은 12시간 맞교대를 한다. 하루 근무시간 중에 타임별로 몇 분에서 몇 분까지 어디만큼 되어야 하고, 화장실 가는 시간도 거의 없다. 바닥 닦는 거에도 몇 분, 딱 맞춰서 그 시간에 이 사람이 거기 없으면 왜 없느냐고 바로 문제가 된다. 시시티브이 감시에, 인간감시에, 환경안전 감시라고 동료 간에 서로 감시하고 없으면 서로 보고한다. 한 층이 1만 여 평인데 예전에 7~8명 하던 일을 3~4명으로 감축했다. 사람이 안 보이면 즉시 "자리에 여사님이 없습니다" 보고가 들어가는 것이다.

대기업의 협력업체들이 포진되어 있는 곳이니 생존경쟁은 잔인할 만큼 치열하다. 현장에서 누가 다쳐도 피 한 방울 보이면 안 된다. 신속히 알아서 처리하고 없던 일이 되는 게 일반적이다. 사고가 발생하면 사고발생 협력업체가 퇴출되기 때문이다. 그러니 사람은 사람이어서는 안 된다. 작업장 곳곳에는 빨간 안전모를 쓴 사람 신호대가 서 있다. 자체 안전원을 세워야 협력업체가 공사를 할 수 있다. 대개 안전관리자가 여자인 것은 저임금으로 쓰기 위해서이다.

10년이 되어도 비정규직이고, 10년이 되어도 최저임금에 딱 맞춘다. 해마다 정부발표 최저임금 시급이 조금 오르게 되면 일하는 양은 같은데 시간은 줄이는 식으로 조인다. 명절이면 특근을 서로 하려고 난리다. 관리자가 수첩에 적어두고 '너는 지난번에 했으니까 이번에는 하지마라' 이렇게 한다. 나도 명절에는 일을 안하고 싶은데 같은 일을 하고도 임금이 좀 많으니 안할 수가 없다.

노랫가락 속에 낯익은 얼굴이 하나 둘…

　40여 년 전 원풍모방은 억압이 없는 공장이었다. 회사가 일방적으로 결정하지 않고 노사교섭을 통해 합의된 규칙으로 운영되었다. 노사합의가 되지 않는 한 노동자를 해고할 수도 없었다. 노동은 힘들어도 마음은 편했다. 임금은 부족했지만 희망이 있었다. 그게 다 노동조합의 힘이었다. 그런데 40년이 지난 지금 도대체 어느 시대로 거꾸로 와서 사는 것인가 싶다. 강산이 몇 번이나 바뀌었고, 세상은 첨단으로 발전해왔는데 왜 나는 이렇게 일하고 있을까. 숨이 막히지 않기 위해 노래를 부른다.

> 서산에 붉은 해 걸리고 / 강변에 앉아서 쉬노라면
> 낯익은 얼굴이 하나 둘 / 집으로 돌아온다.

　동료들과 잡담도 할 수 없고 쉴 틈도 없으니, 나는 노래로 마음을 달래고 휴식을 한다. 옛날 원풍노조에서 동료들과 부르던 노래를 하나하나 온종일 부르면서 일한다. 수십 년 된 그 노래를 이렇게 간절한 마음으로 부르게 될 줄, 그 노래들이 이렇게 나를 위로하고 다독일 줄 내 어찌 알았으랴. 가만가만 부르는 내 노래들과 나는 대화를 나눈다. 옆의 동료들은 언니는 뭔 노래를 그렇게 하루 종일 부르냐고 한다. 그것은 그리움이다. 내게 원풍노조의 의미는 내가 인간이었던 시간에 대한 그리움이리라. 인간으로 존중받았던 오래된 기억의 그리움.

　어린 시절, 교사가 되고 싶다는 꿈을 꾼 적이 있다. 공부하고 싶어 아버지 몰래 가리봉동의 연희실업전문학교에 다니기도 했다. 일요일에 공부하는 곳이었는데, 아버지 몰래 다니느라 교복도 입지 못했다. 그때만 해도 귀가 잘 안 들리던 때라 어렵게 공부했다.(현재는 수술로 인공고막을 해서 훨씬 좋아졌다. 서울대병원에서 신경이 죽지 않고 살아 있다는 진단을 받았던 것이다) 이루지 못한 그 꿈이 때로는 애달프지만, 젊은 날, 원풍노조를 만난 것은 행운이었다.

　원풍 모임이 있는 날이면 만사를 뒤로하고 달려간다. 뭘 하러 가는 것도 아닌데 중요한 과제라도 있는 듯 약속 날을 챙긴다. 그곳이 내 삶의 에너지원이기 때문이다. 포옹으로 백 마디 말을 대신하고, 표정만 봐도 슬픈지 기쁜지 서로를 헤아리게 되는 곳, 만남 자체가 힘이 되는 사람들, 나는 그 온기로 오늘을 산다.

117

오래 만나고 싶은 사람들

신 선 옥

_____1961년 충청남도 공주에서 태어나 1980년 2월 원풍모방에 입사하여 노조 조합원으로 활동했다. 1982년 9월 27일 원풍노조 파괴사건 때 강제 해고되었다. 2007년에 정부로부터 민주화운동 관련자 인증서를 받아 명예회복이 되었다.

일 화 모 직 에 서   원 풍 으 로

서울에 올라와 대림동 일화모직에 직포기술을 배우려고 취업했다. 그러나 대한모방과 삼양, 대성에서 기능공을 데려와 기술을 배울 수가 없었다. 결국 1년 동안 기계와 현장 바닥청소만 했는데, 회사가 수원 봉담으로 이전했다. 그곳은 새 건물이라 깨끗하고 시설은 좋았지만, 허허벌판 외진 곳이었다. 언니와 친척들이 있는 대림동 생각에 향수병에 걸려 퇴직했다. 얼마 뒤 언니와 기숙사 짐을 찾고 급여를 정산하러 가니 당황하며 다른 사람 봉투에서 돈을 빼서 줬다. 그들은 내가 안 올 줄 알았단다.

언니는 원풍모방에 다니고 있었는데 함께 생활하며 입사시험을 권고했다. 1980년 직업훈련생으로 취업이 되어 3월 2일 첫 출근 날, 정사과 2층에 있는 교육장에 가니 30명 정도의 직업훈련생이 있었다. 총무과 사원이 직훈생을 담당했는데, 관악산을 자주 데리고 갔고, 단체사진도 많이 찍었다. 직훈생과 자주 어울리며 친근하게 지냈던 그 사원은 나중에 우성모직 사장이 되었다고 들었다. 노동조합 부지부장이 노조의 필요성과 역할에 대해 강의했던 게 기억난다. 덕분에 우리는 거부감 없이 식당을 오고 가는 길에 노조 사무실에 들렀었다.

직훈생 동기 중 김영희. 이향숙. 이선임. 김명숙 등과 친하게 지냈다. 특히 일화모직 염색과에서 함께 근무했던 이화숙을 만난 게 반가웠다. 그때 급성맹장염으로 회사 앞 대림성모병원에서 수술을 받고 입원했는데 친구들이 매일 찾아왔다. 그런 친구들 때문에 원풍은 입사하면서부터 정이 갔고 즐거웠던 것 같다. 3개월 직업훈련교육을 마치고 6월부터 현장에 배치되어 친구들은 각부서로 흩어졌다.

나는 가공과 B반 건식부에서 일을 하게 되었는데, 이제호 신협 이사장님이 담임이면서 노조 부지부장도 겸임하고 있었다. 몹시 말랐던 분인데 필요한 말 이외에는 하지 않는 과묵한 성격이었다. 그 분은 함부로 할 수 없는 조용한 카리스마가 있어 부서원들이 신뢰하고 잘 따랐다. 2년 뒤 9·27사건으로 전 조합원이 4박5일 단식농성할 때 끝까지 함께 했던 유일한 남성 조합원이었다.

노조 탄압

현장에 출근하니 노조에서 광주 5·18항쟁 희생자를 돕기 위한 모금운동을 한다고 했다. 언론에서 떠드는 것과 노조에서 알려주는 광주사태에 대한 진실이 달랐다. 조합원들은 모금운동에 적극적으로 참여했다. 그런데 우리가 모금한 돈을 광주에 전달한 것과, 그해 봄 여의도 노총회관에서 노동자 궐기대회를 주도한 것이 문제가 되어 방용석 지부장과 박순희 부지부장에게 수배령이 내려졌다. 그리고 12월 초, 노조 상집간부 전원과 탈춤반 회장과 총무가 합수부에 연행되었다.

우리는 불안하고 걱정스런 날들을 보내며 기숙사에서 잠을 잘 때도 겉옷을 입고 잤다. 혹시라도 일이 생기면 바로 노조 사무실로 달려갈 수 있도록. 하루는 신사복에 기생오라비처럼 머리에 기름을 반지르르 바른 남자 둘이 나타났다. 합수부에서 나왔다며 금남의 집인 기숙사에, 그것도 구두를 신고 복도로 올라왔다. 이 방 저 방에서 조합원들이 몰려나와 그들을 현관에서 밀어냈다. 그때 향숙언니는 급한 김에 신고 있던 슬리퍼로 그들을 마구 때렸다.

회사는 기숙사생들을 달래려고 했는지 연말 파티를 해준다며 기숙사 1층 강당으로 모이라고 했다. 그러나 아무도 가지 않자 합수부로 연행했던 간부 중 2명을 데리와 이어이 파티를 하게 했다. 반 강제로 강당에 모인 우리는 흥겨운 웃음

대신 간부를 붙들고 눈물 잔치를 했다. 그해 말, 끌려갔던 간부 중 14명이 해고되었다.

가공과 습식부에서 내가 하는 일은 옷감과 옷감을 연결해 뒤집어 주고 이어주는 작업이었다. 그것을 '미싱'이라고 하는데, 옷감에 털이 일어나면 핀셋으로 뽑아 주거나 깎아 주는 작업도 한다. 일이 힘들진 않았지만, 나는 창문 넘어 보이는 깔끔하고 조용한 작업실에 나란히 앉아 천을 검사하는 수정부가 부러웠다.

가공과 습식, 수정부는 소모임이 활성화되었지만 건식은 그렇지 못했다. 그래서인지 습식의 대의원이나 언니들은 건식에 신입이 들어오면 늘 챙겼다. 가장 기억에 남는 사람이 김성구 언니와 향숙 언니, 조은숙이었다. 세 사람은 건식부의 소모임 활성화에 심혈을 기울였다. 언니들의 적극적인 노력으로 건식부 6명이 소모임을 결성했다. 첫모임은 청량리에서 경춘선 열차를 타고 강촌 강가에 둘러앉아 쫄면을 만들어 먹는 걸로 시작했다.

하루는 가공과 A반에서 옷감 세척통에 머리카락이 말려들어가 두피가 뽑히는 대형사고가 발생했다. 그러고 얼마 후 나도 작업 중 사고를 당했다. 건조기는 다림질과 같은 공정인데, 옷감을 양쪽에서 잡아 줘야 주름이 생기지 않는다. 그런데 옷감을 잡고 있던 내 손이 딸려 들어갔다. 병원에선 다행히 치료받으면 괜찮다고 했다. 관리자들이 얼마나 놀랐는지 주우춘 과장이 나를 불러 위로하며 수정부로 옮겨주겠다고 했다. 손을 다쳐 놀라긴 했지만 내가 부러워하던 곳으로 가니 너무 좋았다.

동료들과 부츠 사러 명동에 갔다가 쇼핑은 안하고 시위에 참여해 몽둥이 든 남자들에게 쫓기고, 광화문에 있는 새문안교회부터 인천 주안까지 시국강연이나 집회를 찾아 다녔다. 그럴 때마다 10시 30분 기숙사 귀가시간에 맞추느라 동료들과 숨이 턱에 차게 뛰었다. 노조 교육과 산선 프로그램 참여도 좋았지만, 집회에 참석하는 것도 정말 좋았다.

가공과 김성구 언니는 습식 B반 대의원이면서 왕고참이었다. 작은 키에 하얗고 동그란 얼굴에 성격이 쾌활하고 싹싹해 사람들을 잘 챙겨 모두가 좋아했다. 그런데 갑자기 담임인 김성우가 언니를 자꾸 다른 파트로 뺑뺑이 돌렸다. 언니에게 했던 작업지시도 이유 없이 어느 날부터 다른 사람에게 시켰다. 성구 언니도 그랬고 부서원들도 담임의 행동이 부당했지만 부서에서 갈등을 일으키지 말자며 참고 지켜봤다. 그런데 성구 언니 후임이 참다못해 담임에게 못하겠다고 하자, 담임은 후임까지 괴롭혔다.

성구 언니는 현장의 작업체계 원칙을 얘기하며 담임에게 항의했다. 담임은 빈정거리며 무시하고 모욕을 줬다. 참다못한 성구 언니가 담임의 뺨을 한 대 때렸다. 순간 성구 언니는 바닥에 패대기쳐졌고 담임은 눈이 뒤집혀 발로 차며 밟아 죽일 듯이 펄펄 뛰었다. 주변 사람들이 뜯어 말렸지만 큰 부상을 입었다. 회사 인사위원회는 가해자인 담임은 놔두고 성구 언니만 해고했다. 가공과 조합원들은 주우춘 과장에게 부당함을 항의해도 안 되자 2시간 정도 파업을 했다. 그 일로 회사에선 김영희, 박혜숙, 김미숙을 해고했다. 우리는 노조탄압에 대한 유인물을 몇 명씩 조를 짜서 배포하고 다녔다.

마 지막   저 항

1982년 9월 27일, 2시 작업을 끝내고 교대한 뒤 우리는 정사과로 가서 농성에 합류했다. "폭력배는 물러가라," "원풍노조 사수하자"는 구호도 외치고 우리가 만든 투쟁가 〈마지막 십자가〉도 불렀다. 농성장인 정사과에서 가공과를 가려면 운동장을 가로 질러야 했다. 이틀 동안 오고 가는데, 신문을 펼쳐 얼굴을 가린 남자가 계속 벤치에 앉아 있었다. 얼굴은 알 수 없지만 신문지에 난 2개의 구멍 속 눈동자가 분주히 움직였다.

폭력이 시작되던 날부터 식당이 폐쇄되어 우리는 물 한 모금 먹지 못한 채 이틀 동안 일하면서 농성을 했다. 3일째부터는 추석 휴무로 들어가 전 조합원이 모여 본격 농성이 되었다. 정사과에 있었던 지관 담는 마대를 잘라 폭력배들에게 끌려가지 않도록 서로의 허리를 묶었다.

어떻게 동원했는지 고향에 있는 부모형제가 농성장을 찾아 왔다. 가족의 찾는 소리와 끌려가지 않으려고 발버둥치는 동료들로 한나절 동안 난리굿을 치렀다. 스피커를 통해 가족이 찾아 왔으니 농성장을 나오라며 이름을 계속 불러댔다. 오래 전에 돌아가신 정영례 언니의 아버지가 위독하다는 방송도 나와 모두가 실소했다. 종일 〈고향의 봄〉 노래를 틀어대니 사람들은 듣기 싫어 몸서리를 쳤다. 참다못한 차언녀이 가위로 스피커 선을 잘랐다. 조용하니 살 것 같다며 모두 박수를 치며 좋아했다.

농성을 하는 동안 배고픔보다는 생리가 가장 걱정이었다. 공동구매조합에 있던 생리대를 모두 옮겨왔다고 했지만 부족했다. 몸이 약한 순주는 많이 힘들어 했는데 결국 쓰러져 실려 나갔다. 잘 버티고 있었는데 마지막 날 회사에서 강한 스팀을 틀어 대니 실신한 것이다. 그날 새벽 다들 지쳐 설핏 잠이 들었다가 폭력배들이 밀려오는 것 같아 우리는 운동장으로 나왔다. 운동장에 있다가 억센 사내들에게 끌려나와 내동댕이쳐졌다. 동료들은 어디로 갔는지 정문에는 50여 명밖에 없었다.

낭떠러지에 매달려 있는 절박한 심정이었지만, 기죽지 않고 구호를 외쳤다. 우리의 외침은 말 그대로 절규였는지 모른다. 그때 경비실에서 남자들이 커다란 양푼 같은 걸 들고 나와 우리에게 뿌렸다. 순간 1978년 인천의 동일방직 노동자들에게 남자들이 똥물을 뿌렸다는 사건이 떠올랐다. 동료들이 비명을 지르자 상집 간부인 최영숙 언니가 벌떡 일어났다. "이렇게 끌려 갈 바엔 여기서 죽어버리겠다!" 영숙 언니가 소리치자 남자들이 달려들어 바지춤을 움켜쥐었다. 동시에 양쪽으로 정문이 활짝 열렸다. 바지춤을 움켜쥐니 꼼짝할 수가 없었다. 질질 끌려 나오며 뒷발로 무조건 찼다.

정문에 모여 있던 남자들 속에 검사과의 이재근, 강기숙, 양병욱 등 낯익은 얼굴이 보였다. 노조를 버리고, 우리를 배신한 얼굴들. 그런데 정문 앞에선 군복에 워커를 신고 몽둥이를 든 남자들이 기다리고 있었다. 그때 누군가 "양문교회로 뛰어!" 하며 소리를 질렀다. 며칠을 굶으며 농성했는데도 몽둥이와 군홧발에 당하지 않으려고 다들 잘 뛰었다. 양문교회엔 박윤자 언니가 먼저 와 있었는데 반갑고 서러운 마음에 모두들 꺼이꺼이 울었다. 새벽 예배 보러 온 사람들이 우리를 이상하게 쳐다봤다. 날이 밝자 교회 관계자는 물 한모금 커녕 위로 한마디 없이 나가라고 했다. 양문교회에 얼마나 많은 원풍 사람들이 다녔는데, 이렇게 외면한단 말인가.

나는 언니 집에서 산선을 오가며 출근투쟁에 대비했다. 추석휴무가 끝난 10월 7일은 첫 출근투쟁 날이다. 약속된 시간에 회사 정문 앞에 모여 우리는 출근을 시도했다. 회사에서 동원된 폭력배들이 정문을 막았고, 전투경찰은 도로까지 늘어서 있었다. 그때 전 조합장이었던 이무술이 경비실 문을 통해 들어가는 게 보였다. 내가 지금 뭘 본 거지? 너무 황당하고 놀라서 멍 때리고 있는데 "왜 출근

안하고 그러고 있어?" 이무술이 환하게 웃으며 우리에게 물었다. 그래도 한때 조합장이었는데 어떻게 저럴 수가!

13일 두 번째 출근은 전투경찰과 심한 몸싸움을 하며 회사 앞 대로변까지 난장판이 되었다. 그때 우리는 강림약국과 5번, 6번 버스정류장 사이로 밀려났었다. "얼굴이 이상해!" 직포 준비 대의원인 김삼순이 얼굴을 감싸며 주저앉았다. 살펴보니 광대뼈가 들어갔다. 그녀를 돌볼 사이도 없이 나는 전투경찰에게 잡혀 경찰버스에 실려 갔다. 경찰서에서도 내내 걱정이 되었다. 나중에 들으니 광대뼈 수술을 받았다고 했다.

남부경찰서 강당에서 1박2일 동안 경찰서가 떠나가라 투쟁가와 애국가를 불렀다. 조사하던 형사는 얼마나 악을 쓰고 노래했으면 눈이 퀭하니 들어갔냐며 비아냥거렸다. 우리는 대부분 석방되었지만 2명이 구속되고 여러 명이 구류를 받았다.

동료의 거짓 증언

아버지는 날마다 경찰이 오토바이 타고 논으로 찾아와 동네 창피하고 힘들다며 난리를 치셨다. 결국 공주에서 올라온 아버지의 손에 이끌려 회사로 가서 퇴직금을 수령하고 기숙사 짐을 챙겨 나왔다. 몇 년 뒤 만난 경찰은 윗선의 명령을 따라야 하는 처지를 얘기하며 그땐 미안했다고 사과하더란다. 고향에 내려갔을 때 동네 할머니가 지나가며 내 등짝을 후려쳤다. "이놈의 기집애! 어디서 그런 못된 행동을 하고 다녀!" 아픈 것보다 그 무지에 너무 놀랐다.

원풍에 다닐 때 월급을 신협에 저금해 언니와 함께 모은 돈 4백만 원으로 아버지에게 땅을 사드렸다. 130만원 주고 송아지를 사드렸을 때는 동네 사람들의 칭찬이 자자했다. 그런데 9·27사건으로 관공서가 동원되고, 언론이 우릴 불순세력이라고 떠들어 대니 동네 인심이 변한 것이다.

원풍에서 함께 했던 동료중 지금도 소름끼치는 사람은 김진자다. 1980년 5월 초 여의도 노총회관에서 열린 노동자 궐기대회에 원풍 사람들이 많이 참여했다. 당시 김진자는 집회도 잘 참여했고, 기숙사도 같은 방이었다. 그랬던 사람이 2년 뒤 9·27사태 때는 180도 돌변했다. 그녀는 회사의 사주를 받고 '회사를 도산시키는 도시산업선교회'라는 다큐 프로에 나와 거짓증언을 했다.

노조에서 대의원이나 조합원들 1박2일 교육할 때는 촛불의식이 있었다. 세상을 위해 자신의 몸을 태워 촛불처럼 밝게 비추겠다는 일종의 다짐의식이었다. 그런데 김진자는 그것을 아주 불순한 의도를 가지고 하는 최면의식처럼 얘기했다. 게다가 원풍의 산선 소속 노조원들은 손가락에 칼 반지를 끼고 다닌다고 했다. TV에 나와 거짓 증언하는 김진자를 보며 너무 놀랐다. 나와 한 방에서 잠을 자고 어울렸던 사람이 맞나 의문이 들었다. 거짓증언뿐 아니라 있지도 않은 사실을 만들어 진짜인 것처럼 떠들었다. 세월이 흘러 우연히 마주쳤는데, 박찬배 부공장장의 중매로 결혼했다고 해서 또 한 번 놀랐다.

떠돌던 나날

원풍 이후 블랙리스트로 인해 큰 규모의 직장은 꿈도 못 꾸었다. 20여 명 규모의 공장에 들어갔을 때도 사장이 친구와 나를 불러 해고시켰기 때문이다. 친구 경숙이와 함께 들어간 인후전자는 일을 해도 월급을 주지 않았다. 영성전자라는 곳도 마찬가지였다. 순주와 강아지 인형에 건전지 넣는 완구공장을 다녔었다. 어느 곳을 가도 영세업체는 월급을 미루고 미뤘다. 한 달, 두 달 일한 돈을 받아내느라 애를 먹었다.

농심이라는 낚시대 공장에서 일을 했는데, 월급을 안주니 사람들이 물건을 대신 집어갔다. 이놈이 집어 가고, 저놈이 집어 가고 해서 나도 하나 집어왔다. 생각 끝에 동생 이름으로 남영역 근처에 있는 오리온제과에 취업했다. 나보다 두살 어린 애들이 동생 이름을 부르는데, 처음엔 적응이 안 되어 힘들었다. 내 신분이 들통날까봐 늘 불안했었다.

그곳에도 노조가 있다고 해서 가봤더니 지부장 혼자 사무실을 지키고 있는데 오가는 사람 하나 없었다. 사람들이 노조는 회사편이라며, 지부장이 되면 회사에서 자가용 한 대가 나온다고 했다. 그곳 식당은 잘 되어 있었다. 밥이나 반찬도 잘 나왔다. 사람들이 과자봉투를 뜯어 먹지 않게 하려면 식사가 잘 나와야 했을 것이다. 그곳에서 사람들과 친하게 지내며 잘 다니던 중 세금문제로 탈이 생겼다. 연말결산 세금이 2년 연속 많이 나오자 동생 회사에서 조사를 한 것이다. 동생은 외국인 회사에 근무했는데, 총무과에서 동생에게 오리온제과와 겹친다고 하더란다. 결국 내가 퇴직할 수밖에 없었다.

9·27사건으로 인한 상처는 민주화운동 관련자 증서를 받아 명예회복이 되었

다. 생활지원금도 받아 내 지난 삶을 아는 가족들에게 뿌듯했다. 그러나 오랜 세월 함께했던 원풍 식구 모두에게 똑같은 기쁨이 주어지지 않아 미안했다. 다행히 국가배상소송을 통해 뒤늦게라도 받게 되어 다행이란 생각이 든다.

원풍 현장과 기숙사 생활, 소모임 활동도 좋았지만, 9·27 농성 투쟁했던 날들을 잊지 못한다. 원풍에서 노조는 울타리였고, 우리는 가족이란 개념을 가지고 생활했었다. 그러나 원풍에서 끌려나온 이후 지금까지 어떤 직장에서도 그런 경험을 찾을 수 없었다. 공동체의식보다는 개인주의와 치열한 경쟁뿐이었다. 우리는 원풍을 얘기할 때 '원풍 식구'라고 부른다. 36년 동안 계속 만남을 이어오면서 좋은 일도 궂은 일도 함께 하였다. 살아 있는 동안 지금처럼 열심히, 그리고 즐겁게 모두들 오래 만났으면 좋겠다.

9월 27일은 나에게 특별한 숫자다. 내가 태어난 날이 음력으로 1961년 9월 27일이다. 원풍 민주노조를 폭력으로 침탈당한 날도 1982년 9월 27일, 그리고 내가 결혼한 날도 1987년 9월 27일이다. 우연치고는 참으로 신기하지 않은가. 내 인생의 중요한 포인트마다 9·27이라는 숫자와 연결되니 말이다. 원풍의 9·27이 우리에게는 아픔이면서 특별한 인연들을 만들어 준 것처럼, 살아가는 동안 내 인생의 모든 9·27을 잊지 않을 것이다.

118

나는 행운아였다

윤종순

_____전라북도 남원시 대산면에서 1961년 2남3녀 중 막내로 태어나 1980년 4월 직포 기능공 시험을 보고 원풍모방에 입사했다. 조합원으로 활동하다가 1982년 9월 27일의 노조파괴 사건 때 강제 해고되었다. 2007년, 정부로부터 민주화운동 관련자 인증서를 받아 명예회복이 되었다.

나는 기능공

양평동에 있는 대한모방 직포과에서 기능공으로 일하고 있을 때였다. 사람들이 대림동의 원풍모방은 노동조합이 잘 되어 있어 일하기가 좋다고 했다. 기능공에 대한 대우가 좋아 월급도 많이 주며, 상여금도 많다고 했다. 대부분 공장에 다니며 기술을 배우고 나면 좀 더 대우받는 곳으로 옮기고 싶어 한다. 그렇게 하는 것이 자신의 가치를 높이는 것이라고 생각하기 때문이다. 나도 기능을 인정받자 다른 사람들처럼 원풍모방으로 옮겨야겠다고 생각했다. 원풍모방에서 기능공을 뽑는다는 소문을 듣고 시험을 보러 갔다.

직포과 기능시험을 보러온 사람들은 시험관이 정해주는 기계 앞에 선다. 시험관들이 베 짜는 밀도를 보고 기능공을 뽑기 때문이다. 시작과 함께 베를 짜기 시작하면 지켜보고 있던 시험관이 중간에 실을 끊는다. 사실 베틀기계에 실을 걸어놓으면 기계가 자동으로 움직이기 때문에 기계만 볼 줄 알면 누구나 베는 짠다. 기능공을 결정하는 건 베 짜는 것보다 실이 끊어졌을 때 어떻게 잇느냐는 거다.

시험관이 끊은 실을 다시 이어서 천의 밀도를 맞추는 것으로 합격, 불합격을 결정짓게 된다. 끊어진 실을 재빨리 풀어 잘라내고 롤러에 템버를 맞춰 들실과 날실이 오간 밀도를 맞춰야 한다. 나는 밀도 맞추는 것에 자신이 있었고, 합격 판정을 받았다.

1980년 4월, 드디어 원풍모방 직포 B반에 기능공으로 입사했다. 들어 와서 보니 들었던 것보다 더 좋아서 대한모방과 비교되었다. 짐을 들고 경비실을 지나 기숙사까지 가는 긴 오솔길에 꽃이 많이 피어 있었다. 봄에 피는 각양각색의 꽃들이 향기를 뿜어내며 나를 반기는 것 같았다. 나무숲에 둘러싸인 커다란 3층 기숙사 건물은 별장 같았다.

내가 생활할 곳은 201호였는데, 반별로 층을 나누어 생활하는 것이 좋았다. 작업시간에 맞춰 2층 전체가 똑같이 기상하고 똑같이 잠을 자는 것. 대한모방에 있을 때는 원풍처럼 3교대였는데 반이나 부서의 분리 없이 한 방에서 생활했다. 서로 교대시간이 달라 일 나가는 사람은 미안했고, 쉬는 사람은 불편했다. 그런데 이곳은 반별로 각층이 분리되어 다른 사람에게 피해를 주거나 피해를 입지 않아 좋았다.

넓은 운동장엔 축구, 족구, 배구를 할 수 있는 골대와 네트가 있었다. 운동장을 가로 질러 직포과로 출근하다 보면 사람들이 언제나 공을 가지고 놀고 있었다. 그런 사람들을 보며 여기가 공장이 맞나, 하는 생각도 들었다. 직포과에서 일하며 나와 비슷한 시기에 입사한 이화숙, 김화자 등과 친해졌다. 그런데 친구들은 직업훈련생이나 양성공으로 들어와 나와 월급 차이가 났다. 그들에게 내색은 하지 않았지만, 대우를 받는다는 생각에 자부심이 컸다.

현장에서는 보통 한 사람이 4대의 베틀기계를 봤다. 처음 현장에 배치되었을 때 기능공으로 입사했다는 부담이 컸다. 다른 사람보다 속도가 떨어지면 안 되는데, 하는 생각에 전전긍긍했다. 그런데 담임이나 선배들이 손이 빠르고 일을 잘한다며 칭찬을 해줬다. 어린 마음에 이렇게만 하면 되는구나, 내가 기능공임을 인정해 주는 것 같아 뿌듯했다. 나를 인정해 주는 이곳에서 오래오래 일해야겠다는 마음을 먹었다. 그런데 내가 입사한 뒤 회사는 1982년 9월 27일 사건으로 우리가 강제로 끌려 나올 때까지 더 이상 기능공을 뽑지 않았다. 결국 원풍에서 기능공으론 내가 마지막 입사자가 된 셈이다.

기술자가 되고 싶어 서울로

사실 나는 어린 나이에 공장생활을 할 필요가 없었다. 가족들의 반대에도 서울에 올라와 취직을 한 것은 순전히 내 의지였다. 우리 집은 전라북도 남원시 대산면 대곡리라는 곳이다. 남원은 절개와 미모를 겸비한 춘향의 고을로 유명한데, 나는 춘향의 미모를 닮지는 않았다. 1961년생으로 2남3녀 중 막내인데, 바로 위 언니와는 10살이나 차이 나는 늦둥이였다. 집안 형편도 괜찮은 편이라 내가 공부만 잘 했으면 대학까지 갈 수 있었다. 그러나 나는 공부에는 뜻이 없었고, 손재주는 좋았다. 그래서 중학교를 졸업하고 기술을 배우고 싶었는데, 가족들이 반대해 억지로 남원여고 시험을 봤으나 떨어졌다. 가족들은 또 다른 학교 시험을 보길 권했지만 나는 취업하겠다고 고집을 피웠다.

1977년, 17살에 서울에 올라와 취업한 첫 직장은 사촌이 다니는 공장이었다. 영등포에 있는 대한유리에서 소주병을 분리하는 일을 했다. 그곳에선 기계가 만들어 내는 소주병을 사람이 수작업으로 분리해야 했다. 여러 파트 중에 손이 빠른 나는 병을 분리하는 일을 했다. 하루 종일 컨베이어벨트 앞에 앉아 불량품을 골라내는 일이다. 다른 사람들 두 세 몫을 했지만, 월급은 쥐꼬리만큼 주었다. 기숙사가 없어 사촌과 함께 자취했는데, 적은 월급으론 생활비도 빠듯했다. 1년 정도 근무하면서 단순노동보다 기술을 배워야겠다는 생각을 했다.

근처에 있던 대한모방에 들어가 방적기술을 배워야겠다고 생각해 1978년 직포과에 입사했다. 그곳은 3교대 근무여서 사촌과 헤어져 기숙사에 들어갔다. 2년 정도 근무하며 베 짜는 기술을 배워 기능공으로 인정받았다. 대한모방은 당시 '네피아'라고 하는 기계 18대를 일본에서 직수입하였다. 북실 없이 베를 짜는 기계였다. 대한모방이나 원풍모방이나 그 당시엔 보통 한 사람이 기계 4대를 봤다. 그런데 이 기계는 한 사람이 6대를 볼 수 있었다. 부서에선 나를 포함해 세 사람에게 맡겼다. 오래 근무한 고참들도 많은데 직수입한 새 기계를 나에게 맡기니, 동료들은 부러워했고, 나는 기술을 인정받고 있다는 생각에 뿌듯했다.

대한모방에서 기술을 배운 사람들은 기회만 되면 원풍으로 옮겼다. 똑같은 기능공으로 일하면서 좀 더 대우를 받고 좋은 조건에서 일하고 싶기 때문이다. 나도 원풍모방에 관심을 갖고 기능공 뽑는다는 소식을 기다렸다. 다른 사람들처럼 나에게도 기회가 온 것이다. 사람들이 기술만 익히면 원풍으로 옮겨가니 대한모방이 '원풍 양성소'라는 얘기도 나왔다.

즐거웠던 농성

손으로 하는 일은 어떤 일이든 자신이 있었지만, 낯선 현장과 사람들 속에서 불안했다. 다른 숙련공들보다 일의 속도나 제품의 밀도가 떨어져 망신을 당하는 건 아닐까 하는 생각에서다. 하지만 현장에서 고참이든 숙련공이든 서로 견제하지 않고 허물없이 대해 긴장했던 마음이 풀렸다. 언니들은 일을 열심히 한다며 칭찬을 아끼지 않았고, 또래 친구들과도 금방 친해졌다. 기숙사의 편의시설들은 생활에 불편이 없었고, 방 식구들은 서로를 배려해줬다. 대한모방에 근무할 때보다 월급도 많아 매달 신협에 저금해 목돈을 만들어 가는 재미도 좋았다.

현장이나 기숙사에서 친구들과 어울리면서 소모임에 가입했다. 정사과 B반에 근무하던 상집간부 이옥순 언니가 이끄는 모임이다. 10명이나 되는 회원을 옥순 언니는 열성적으로 잘 이끌었다. 휴일이면 전철이나 버스를 타고 부천이나 송내에 있는 포도밭이나 딸기밭에 갔다. 과일을 먹으며 수다도 떨고, 노동조합에 대한 이야기도 들었다. 노동자로서 어떤 의무와 권리를 가져야 하는지, 우리의 권리를 지키려면 조합원으로서 어떻게 관심을 갖고 참여해야 되는지 등등이다. 여름이면 인천 송도와 월미도에도 가고, 계곡으로 물놀이도 갔다. 영등포산선에 가서는 멤버들과 요리를 배운 뒤 함께 음식을 만들어 나누어 먹었다. 그 동안 내가 다녔던 대한유리나 대한모방에서는 해보지 못한 일들을, 꿈도 꿀 수 없던 일들을 하며 나는 매순간이 즐거웠다.

노동조합과 회사가 임금인상이나 단체협약 협상을 할 때면 A, B, C 반별로 농성을 했다. 식당에서 할 때도 있었고, 노조 사무실에서 할 때도 있었다. 조합간부들이 프로그램을 준비해 지루하지 않게 했다. 그래서 농성은 신이 나고 즐거웠다. 우리가 밤새 모여 있으면 협상하는 노조간부들에게 힘이 된다고 믿었다. 회사도 모여 있는 우리를 보며 함부로 할 수 없을 것이라 생각했다.

조합간부들은 중간 중간 협상 진행과정을 농성장에 와서 전달했다. 결과에 따라 환호와 박수를 치기도 하고, 회사에 야유를 보내기도 했다. 농성을 하다 보면 용기 있고 재주 많은 사람들은 누가 시키지 않아도 앞에 나와 장기자랑을 했다. 춤을 추기도 하고, 노래를 불러서 농성장을 더욱 신나게 하였다. 기억에 남는 사람은 정사과 B반 대의원이었던 이혜영이다. 민요를 정말 구성지고 간드러지게 불렀다. 한 곡 부르고 나면 앵~콜이 터져 몇 곡이나 메들리로 불렀다. 소모과에 근무하던 김정숙은 허스키하고 시원시원한 목소리로 잘 불렀다. 당시의 인기가수 김태곤의 〈망부석〉을 불렀던 게 지금도 생각난다. 국악풍의 그 노래를 듣고 있으면 저절로 어깨가 들썩였다.

광주시민을 위한 모금운동

1980년 광주에서 일어난 5·18시민항쟁 때 희생된 광주시민을 위해 모금운동을 한 것은 지금 생각해도 잘한 일이었다. 전두환 계엄군에 맞서 민주주의를 요구하다 계엄군의 총칼에 희생된 사람들의 얘기를 들으며 몸서리가 쳐졌다. 나라를 지켜야 하는 군인들이 어떻게 국민을 상대로 그런 일을 벌일 수 있을까. 전두환 살인정권을 향해 언론도 눈을 감고 입을 닫았던 시절이었다.

노조는 조합원들에게 광주 5·18의 진실이 무엇인지 알려주었다. 그리고 희생자들을 위해 모금운동을 시작했다. 조합원들은 너도 나도 적극적으로 참여해 470만원이 모아졌다. 살벌했던 시기라 광주시민에게 그 돈을 전달하는 것도 큰 문제였을 것이다. 정부의 통제를 받고 있던 언론은 광주시민을, 아니 광주라는 도시를 빨갱이들의 본거지라고 했다. 6·25 동족상잔을 겪은 우리 사회에서 빨갱이로 몰리면 절대 살아남지 못하던 시절이었다.

우리는 그런 광주시민들을 위해 모금운동을 했고, 박순희 부지부장이 광주에 내려갔다. 광주항쟁 때 희생된 노동자들을 위해 써달라고 가톨릭의 윤공희 대주교에게 전달했다고 들었다. 그때가 6월이었으니, 노조에서는 희생을 각오하고 했던 모금운동이었다. 결국 그 일이 빌미가 되어 그해 여름 방용석 지부장과 박순희 부지부장이 노동계 정화 대상자로 지목되었다. 그날 이후 두 분은 도피생활에 들어갔고, 전국에 수배령이 내려졌다. 노조에서는 이문희 부지부장이 직무대리를 맡아 비상상황을 이끌어 갔다.

12월 8일, 노조간부들이 계엄사에 연행되어 남자간부 4명은 삼청교육대에 끌려갔다. 다른 간부들이 해고되자 이무술을 조합장으로 하는 집행부가 꾸려졌다. 전두환 정권이 얼마나 살벌하고 무서운지는 광주시민이나 우리 노동조합 간부들에게 한 짓만 봐도 짐작이 간다. 이무술은 1년 뒤 조합장을 사퇴하고 현장으로 복귀했다. 이해하기 어려웠고 혼란스러웠다. 다시 정선순을 조합장으로 추대해 새로운 집행부가 꾸려졌다. 우리는 소모임을 통해 노동조합이 어떤 어려움에 처해도 단결된 힘으로 지켜내야 한다고 다짐했다. 소모임 친구들과 함께하면 어떤 일이든 두렵지 않았다.

1982년 9월 27일, 폭력배들이 노동조합 사무실에 쳐들어와 정 조합장을 감금했다. '구사대'라는 이름으로 각 부서 담임들을 앞세우고 정체를 알 수 없는 남자들이 떼로 몰려왔다. 몽둥이를 들고 불시에 쳐들어온 그들에게 맨 주먹인 우리는 속수무책이었다. 폭력을 규탄하고 노동조합을 지켜야 한다고 해서 우리는 정사과로 몰려갔다. 이틀 동안 근무를 하면서 농성을 병행했는데, 회사는 식당을 폐쇄했다. 음식은 그렇다고 해도 물도 못 마시게 하다니 회사가 너무한 거 아닌가, 우리를 굶어 죽이려는 게 아니면 왜 이럴까, 하는 생각이 들었다.

4박5일 동안 단식농성을 하며 동료들과 기계 사이에 끼어 앉아 투쟁가를 불렀다. 회색 작업복을 입은 채 농성장 마룻바닥에 누워서도 노동조합을 우리 힘으로 지켜 낼 거라 믿었다. 배고프다는 생각은 들지 않았는데, 회사 스피커에서 틀어대는 〈고향의 봄〉 노래는 시끄러웠고 지겨웠다. 나중에는 부모님이 기다리는 고향에 내려가 따뜻한 추석명절을 보내라는 설득 방송도 나왔다. 그런 방송이 우리의 마음을 흔들 수 있다고 생각한 모양이다.

추석을 하루 앞둔 날은 농성장에 가족들을 앞세우고 남자들이 들어 왔다. 가족에게 발견되면 안가겠다고 버텨도 따라온 남자들이 끌고 나갔다. 끌려 나가는 동료를 보며 안타까웠지만 어쩔 수 없었다. 그날 밤을 넘기고, 새벽에 우리는 폭력배들에 의해 끌려나왔다.

고향집에선 가족들이 영문을 몰라 난리가 났다. 느닷없이 면사무소 직원이 매일 찾아와 오빠를 들볶으며 동생의 사표를 내라고 했단다. 우리가 회사를 도산시키려 농성했다고 하니 아무 것도 모르는 가족들은 많이 놀랐다. 내가 그게 아니라고 설명해도 이해하지 못했다. TV 뉴스나, 공무원들이 할 일 없어 너를 사표내라 하겠냐며 내 말을 믿지 않았다. 결국 가족들의 성화를 견디지 못하고 사표를 내고는 기숙사 짐을 챙겨 나왔다. 너무 속이 상해 남원 고향집이 아닌 전주 언니 집으로 갔다.

전주에서 직장을 구하러 여기저기 기웃거렸지만 쉽지 않았다. 그러다 취업된 곳이 여자들이 쓰는 화장품 솔의 은깍지를 끼우는 일이었다. 어느 곳에서 일을 해도 작업환경이나 근무조건을 떠나 원풍과 비교되었다. 무엇보다 현장 동료들과의 관계가 그리웠다. 원풍을 몰랐을 때는 직장에서의 일들이 그런 거려니 했었다. 그러나 원풍에서는 노동조합을 통해 근로기준법이나 노동자의 권리에 대해 배웠다. 소모임 활동을 하며 동료들과 어떻게 지내야 하는지를 체험했다. 작업환경이나 사람관계 등 모든 것이 자꾸 비교되었다. 원풍 같은 곳은 없다고 스스로를 타이르며 비교하지 말자고 해도 뜻대로 되지 않았다.

일 용 직 노 조 원

1983년 12월, 남편을 만나 결혼할 때 원풍에 다니며 저금한 돈과 퇴직금으로 결혼준비를 했다. 부모형제의 도움을 받지 않고 내 힘으로 해서 나름 뿌듯했다. 원풍이란 직장을 다니지 않았다면 쉽지 않았을 거라 생각한다. 가족들도 대견해 했다. 전주에 내려온 뒤는 원풍 소식을 듣지 못했다. 늘 궁금하고 안타까웠었다. 함께하지 못해 미안해 했던 많은 시간이 흘렀다. 그런데 어느 날 마트에서 우연히 원풍 동료였던 김오순을 만났다. 오순이에게 그동안 원풍에서 있었던 이야기를 들었다. 오랜만에 오순이와 원풍 얘기를 하니 옛날로 돌아간 것 같아 시간 가는 줄 몰랐다.

오순이도 전북대병원에 근무하고 있다고 했다. 같은 직장에 다니고 있으면서도 일하는 부서가 달라 몰랐던 것이다. 내가 전북대병원 주차비정산원으로 취업한 것은 2004년이었다. 1년마다 재계약하는 일용직인데, 일주일마다 교대로 근무를 한다. 처음엔 8명이 3교대 근무를 했는데, 지금은 4명씩 3교대 근무를 하고 있다. 오순이는 청소 용역이라 병원 안에서 근무하고, 근무시간도 달라 마주칠 일이 없었던 것이다.

어느 날 오순이가 찾아 왔다. '일용직 노조지부'를 만들었다고 해서 대단하다고 생각했다. 주차비정산원은 용역회사는 달랐지만 일용직이라 가입을 했다. 일용직 노조는 일반노조에 속했고, 오순이는 지부의 지부장이 되었다. 노조가 생기니 원풍이 떠올랐고, 그 시절로 다시 돌아간 것 같아 신이 났다. 전북에 있는 일반노조는 가을에 한 번씩 가족 체육대회를 열어 활발하고 재미있게 운영한다. 운수조합 운동장이 커서 주로 그곳에서 행사를 많이 했다. 행사가 있는 날이면 전북에 있는 각 도시의 조합원들이 모였다. 가족들도 함께하니 사람들로 북적이고 모든 것이 풍성했다.

원풍에서 '민주화운동 관련자 명예회복' 신청을 추진할 때, 9·27사건으로 인해 강제로 끌려난 사람들은 모두 신청을 하라고 했다. 오순이가 원풍 조직에서 하는 일이니 함께 하자고 했다. 나는 결혼해서 지금까지 전주에 살았고 2남1녀를 두었다. 남편과 세 아이들에게 얘기하니 부정적이고 시큰둥했다. 다 지난 일인데 이제 와서 무슨 의미가 있겠냐고 했다. 정부에서 인정할리 없다며 옛날 일로 경찰서 드나들며 번거롭게 할 필요가 없다고도 했다. 가족들이 반대하니 서운한 생각도 들었다.

내가 원풍에 있을 때도 아는 것이 없고 용기가 없어 앞장서서 무언가를 하지 못했었다. 그저 소모임 회원들과 함께 따라다니며 시키는 일이나 하는 것에 의미를 두었다. 원풍을 못 다니게 되니 좀 더 적극적으로 해볼 걸, 많은 것들을 배우고 경험할 수 있는 기회를 놓친 것 같아 아쉬움이 있었다. 그래서 가족들이 반대해도 내 의지대로 결정하고 조직에서 하는 일을 따르기로 했다.

신청서를 내긴 했지만, 명예회복이 될 거라곤 기대하지 않았다. 그런데 '민주화운동 관련자 증서'가 나왔다. 게다가 그에 따른 물질적 피해보상도 받았다. 남편과 아이들에게 명예회복 증서를 보여주며 원풍이 이런 곳이라고 자랑했다. 증서를 본 아이들은 '우리 엄마가 대단한 곳에 있었네. 엄마 대단하네!'라고 했다. 증서를 보고 또 보는 가족들을 보며 참으로 뿌듯했다.

과거 내가 기능공으로 자신감을 가지고 살아왔던 시간과 원풍노조에 대해 얘기하는 게 자랑스러웠다. 내가 조합원이었다는 게 뿌듯했다. 남들에게는 그저 공장이고 여공일지 모른다. 그러나 나에겐 세상에 없는 직장이었다. 나는 원풍에 다녔던 것을 행운이라고 생각한다. 할 수만 있다면 지금도 가고 싶은 아쉬움이 남는 직장이다.

119

내 인생 최고의 선택, 탈춤반

이화숙

———————1962년, 충남 당진에서 태어났다. 1980년에 원풍모방에 입사해 노조에서 탈춤반 활동을 한 것을 '인생 최고의 선택'이라고 생각한다. 1982년 9·27노조파괴 사건 때 해고되었다. 정부에 의해 민주화운동 관련자로 인정되어 명예회복되었다.

나는 80년 3월에 훈련생으로 원풍모방에 입사했다. 이것이 원풍모방의 마지막 훈련생이 될 줄이야 그때는 누구도 몰랐다. 60명 모집에 180명이 지원했으니 내가 3대 1의 경쟁률을 뚫고 입사가 가능했던 것은, 당시 원풍모방에 다니고 있었던 언니들이 노동조합의 임재수 총무에게 부탁하여 소개자로 기재한 덕분인지도 모르겠다. 언니들은 직포과 일이 거칠다며 다른 부서로 배치되기를 바랐지만, 훈련생 때 내가 배구를 잘하는 걸 눈여겨 본 신 과장이 나를 직포과로 데려간 것으로 알고 있다.

탈춤반에 꽂히다

입사하고 며칠 되지 않아 3월 10일 노동절 행사가 식당에서 열렸고, 여기에 훈련생들도 참석했다. 그날 다른 것은 잘 생각나지 않는데 탈춤 공연을 보고 그만 홀딱 빠져 버렸다. 특히 키가 자그만 여자가 살랑살랑 몸을 흔들며 춤추는 게 인상적이었다. 그 춤을 춘 친구가 이진순이고 미얄할미춤이라는 것은 나중에 알았다. 그 후 탈춤반을 기웃거려보니 상쇠라며 앞에서 꽹쇠를 치는 것도 되게 멋져 보였다. 춤은 애초에 자신이 없었지만 풍물은 하고 싶었다. 탈춤반 문을 두드렸다. '내 인생 최고의 선택'이 되는 순간이었다. 원풍노조 탈춤반 5기였다.

탈춤반은 한마디로 시끄러웠다. 우선 장구니 징이니 쇠를 들고 한 무더기씩으로 다니니 그 자체만으로도 떠들썩한데, 행사 때마다 공연 연습하느라 몰려다니고, 무대에 올라 탈을 쓰고 외치다 보니 자연히 좀 당당해지고 으쓱해졌다. 원풍노조에는 많은 소그룹이 있었지만, 특히 노동조합이 탈춤반을 많이 아낀다는 느낌도 들면서 더 어깨에 힘이 들어갔던 것 같다.

알게 모르게 스펀지에 물 스미듯 노동조합이 내 마음속으로 흡수되었다. 따뜻하고 풍성해지는 느낌, 행복한 기분이었다. 탈춤반을 지도했던 대학생들과의 친밀한 교감도 더욱 행복감을 키웠을 것이다. 대학생이었던 그들을 우리는 '형'이라 불렀다. 상훈이 형, 종관이 형… 그 형들이 얼마나 탈춤을 멋지게 잘 추고 노래도 잘 부르던지 같이 있으면 신이 났다.

연습이 끝나면 대림시장 뒤편 포장마차에서 막걸리도 마셨고, 탈춤반 회장이었던 남수 언니는 술도 마실 줄 알아야 한다고 잔을 홀딱 비우는 시범을 보였다. 돌아가며 잔을 비우고 빈 잔을 머리에 엎는 시늉으로 우리는 깔깔거렸다. 대본이라는 걸 만드느라 머리를 짜내기도 하고, 일하기도 바쁜 노동자인 우리가 왜 탈춤을 하려고 하는지 토론하고 공부하는 수련회도 가졌다. 대방동의 돈보스코 회관에서 수련회를 하면서 팀을 나누어 촌극을 만들어 공연하는데, 거기 있던 빗자루를 소도구로 휘두르며 공연했던 생각이 난다.

79년까지만 해도 언니들은 회사 안의 옥상이나 기숙사 강당에서 연습하곤 했다는데 80년 겨울 이후 사회 분위기가 험악해지면서 연습할 곳이 마땅치 않았다. 80년 12월, 계엄사에 끌려간 간부들과 함께 탈춤반 회장이었던 남수 언니와 총무였던 두숙 언니도 해고되었다. 그 후부터 산 밑에서 연습을 많이 했다.

81년이었을 것이다. 원풍노조 탈춤반이 소문이 났는지 한신대학교의 무슨 행사에서 초청공연을 하게 되었다. 그날 비는 부슬부슬 내리고, 수유리 북한산 아래의 한신대 뜰은 참 운치가 있고 좋았다. 나는 민주노조를 깨부수는 깡패 역할을 했는데, 그날 분위기에 한껏 고무되어 열연을 했는지 세상에! 공연을 보던 학생들이 슬리퍼 짝을 집어던지지 않는가. 물론 위해가 가해질 정도는 아니었지만, 내가 너무 연기를 잘했던 탓이라 여길 수밖에.

어느 날은 전주지역 노동자 단체에서 공연하기 위해 기차를 타고 내려가는데, 기차 안에서 얼마나 떠들었는지 모른다. 그런 활동을 하면서 내가 좀 대단해진 것 같고 자부심도 느껴졌다. 전주 공연에서는 기생 역할도 했으니, 나름 인생 산전수전 다 겪었다 할까.

탈춤반에서 노조로

사실 나는 노동조합이 뭔지도 잘 몰랐다. 다만 탈춤반 활동을 열심히 하는 것으로 조합원 역할을 다한다고 생각했다. 훈련생으로 일할 때 자그마한 키에 곱상하게 생긴 사람이 들어와서 노조교육을 했는데, 나중에 들으니 노조 지부장이라 했다. 노조를 잘 몰랐던 때에도 공장생활은 재미있었다. 특히 식당 가는 길 옆에 있던 등나무 벤치가 참 예뻤고, 공장 안이나 기숙사에서 언니들이 너무 친절했다.

나는 워낙 노는 걸 좋아해서 망나니처럼 뛰어놀았다. 그때 임선호 언니가 기숙사 205호 우리 방 실장이었는데, 우리가 무슨 짓을 하고 노는지 몰랐을 것이다. 3개월 훈련생 기간은 9시에 출근해서 6시에 퇴근하는데, 선배들은 모두 3교대인지라 방 식구들이 2시 타임 출근하고 나서 우리가 6시에 퇴근하면 기숙사가 텅 빈다. 젊은 우리, 이 황금 같은 공간을 비워 둘 수가 없다. 김종성, 김화수 등 훈련생끼리 모여 카세트 틀어놓고 디스코 추고 난리법석을 떨었다.

조용필 노래를 무지 좋아했는데 〈창밖의 여자〉에 취해 시간이 물살같이 흐르는데, 소음 신고가 들어갔는지 사감이 쫓아와서 야단치고, 사감 가고 나면 키득거리고. 지금 고백하는 거지만 기숙사에서 금지된 소주도 품에 넣고 와서 마시고, 완전 발랑 까져서 놀았다. 그러다 수박껍질 밟고 엎어져서 난장판을 만들고, 언니들 퇴근하기 전에 부랴부랴 방 치우고, 남은 여흥은 옥상으로 올라가 별보며 도란거렸다. 배포가 있었던 건지, 젊어서 겁을 상실한 건지.

매주 한 차례씩 방마다 돌아가며 청소하는 날이면 긴 마루를 걸레로 쭉 밀고 달리기도 하고, 창문마다 매달려 윤이 나도록 반짝반짝 닦기도 했다. 월급이 많지도 않았지만 노느라고 돈도 잘 모을 줄 몰랐던 내가 그나마 월급 받아 조금 저축도 했는데, 친구에게 빌려줬다가 1년 만에 간신히 받은 적도 있었다. 다른 친구들에 비해 먹고 사는 문제가 그렇게 절박하지 않았던 탓일 게다.

어 머 니 가 돌 아 가 시 자 …

당진의 내 고향에서 아버지는 동네에서 두 번째쯤 되는 부농이었다. 밭이 적고 논이 많아서 남들은 보리밥, 감자, 고구마 같은 걸로 끼니를 때우는 경우가 많았지만, 우리 집은 쌀로 고구마, 감자들과 바꿨다. 쌀을 조금만 줘도 감자, 고구마가 한 보따리였으니 잘 살았던 것이다. 나는 2남5녀의 막내다. 자식이 일곱이나 되었지만 먹고 사는 문제에 그다지 어려울 게 없었는데, 엄마만 아프지 않으셨다면 내 삶은 좀 다른 방향으로 갔을지 모르겠다.

엄마는 심하게 하혈을 했다. 공주시의 병원에서 또 다른 병원으로 옮겼다가 하룻만에 다시 공주병원으로 주검이 되어 돌아왔다. 그때 병원에 입원하러 가는 엄마에게 고모나 친척들이, 오래 입원해 있을 거 같으니 막내는 데리고 가는 게 좋겠다고 했는데 엄마가 절대로 안 데리고 가더니, 그렇게 금방 죽을 줄 알았나보다고들 했다. 내가 열두 살 때였다.

엄마 병 구완하면서 논을 하나씩 팔았지만 그래도 망할 정도는 아니었는데, 아버지는 허둥지둥하다가 새 장가를 들었다. 새엄마는 자기 배로 낳지도 않은 일곱 자식을 건사하기 힘이 들었는지 돈을 많이 챙겨서 도망쳐 버렸다. 그때부터 아버지는 폐인처럼 변했다. 재산은 모두 오빠들에게 상속했다. 수업료를 주면 다 까먹고 공부도 안하던 오빠들은 계속 공부시키려 하고, 재주 있는 딸들은 "여자는 가르칠 필요가 없다"며 공부 시키지 않으려고 했다.

혜순 언니는 그림을 잘 그렸고, 혜연 언니는 핸드볼 장학생으로 중학교에 다녔는데도 학교 사정으로 핸드볼 팀이 없어지면서 장학금이 끊어지니 학비를 안줘서 결국 졸업도 못했다. 중학교 졸업도 못한 언니들은 공장으로 갔다. 공부 잘했던 나도 고등학교를 갈 수 없었다. 담임선생님이 공부도 잘 하는데 고등학교 보내라고 집에까지 찾아왔지만 아버지는 매몰찼다. 아버지가 미웠다. 빨리 집을 탈출해야겠다는 생각으로 머리가 꽉 찼다. 공장에 다니던 두 언니들에게 나 좀 데려가 달라고 편지를 써댔다.

중학교를 졸업하자마자 충남방직에도 들어가고, 일화모직도 다니고, 그러다 드디어 원풍모방에 다니던 언니들에게서 원풍에서 사람을 모집한다는 연락이 왔던 것이다. 어린 시절 밥은 먹고 살았던 터라 집에 돈을 보내지는 않아도 되었기에 원풍모방에서의 2년은 나에게 있어 자유롭고 행복한 해방구였던 것 같다. 나는 노동조합의 덕으로 가장 많은 복지혜택이 있었던 시기에 입사하여 많은 것을 누렸다. 그런 중에도 멋으로 시작한 탈춤반 활동을 하면서 나도 모르게 스며들고 배어든 노동자 의식, 그렇게 내 청춘의 날들은 성장했다. 그러나 행복은 늘 그렇게 짧고 긴 추억만 남기는 것인지, 빛을 덮는 어둠이 서서히 다가오고 있었다.

노 조 파 괴 저 지 단 식 농 성

광주에서 엄청난 사람들이 죽었다고 기숙사에서도, 작업장 안에서도 모이면 수군거렸다. 전쟁이라도 나는 건가 싶은 두려움이 언뜻언뜻 몸을 움츠리게 했다. 시골도 내려가면 안 될 것 같았다. 관리자들의 분위기도 이상해졌다.

방용석 지부장과 박순희 부지부장은 계엄사의 수배로 피해 다닌다고 했다. 한 차례 태풍이 불었고, 어수선하긴 했지만, 원풍모방 초년생인 나는 선배들만 따라다니며 어찌 돌아가는지도 잘 모른 채 그렇게 흘러왔다.

회사 관리자들과도 이상한 적대감 같은 게 흘렀고, 현장 분위기도 경직된 느낌이었다. 기숙사 사감도 공수부대 출신으로 바뀌었고 무서웠다. 요란하게 다니면 얼마나 야단을 치는지 까치발로 살금살금 다니게 되었다. 잘 웃어주던 현장 언니들의 얼굴에도 근심과 불안 같은 게 보였다. 그리고 그런 것들이 내 인생과 결코 무관하지 않은 사태였음을 깨닫는 데에는 많은 시간이 걸리지 않았다.

82년 9월 27일, "식당으로 모이래!" 누군가 외쳐대었고, 영문도 모른 채 달려갔다. 뭔가 큰일이 났구나, 가슴은 콩닥거렸다. 직포과 문을 열고 나와 식당을 향해 달리는데 다른 부서에서도 무더기로 달리고 있는 모습이 보였다. 직포과와 가공과가 식당에서 가장 먼 곳이라 이미 앞선 타부서 사람들의 뒤꽁무니만 보며 식당까지 갔던가, 어쨌던가 정신이 없었는데 실 뭉치가 머리 위에 있었다. 정사과였다. 그렇게 시작된 4박5일간의 단식농성….

수 백 명이 한 공간에 모여 있으니 낮이면 더운 기운이 내려오는 9월 말의 닫힌 공기만으로도 숨이 턱턱 막히는데, 회사는 보일러를 틀어댔다. 배는 고팠지만 머리 위에도 실 뭉치, 옆에 보이는 작업장 서랍에도 실 뭉치만 가득가득 차 있었다.

이틀째인가, 사흘째인가, 누군가 식당에서 누룽지 물을 바께스 같은 거에 가지고 와서 조금씩 돌렸다. 많이 먹으면 탈나니 조금만 먹으라고 누군가가 당부를 했지만, 나는 뒤로 슬쩍 가서 줄을 한 번 더 서서 그 멀건 누룽지 물을 또 받아먹었다.(이 기억은 농성 마지막 날 모두 밖으로 쫓겨나와 양문교회에서 미음을 먹었던 기억과 혼동되는지도 모르겠다. 동료들은 농성 중에 줄서서 미음 먹은 적은 없다고 말한다.)

농성은 이틀 사흘 그대로 이어졌다. 아, 이거 어떻게 되는 거지? 며칠 후 추석에 친구네도 가기로 했는데…. 불안했다. 평소 식당에 가면 남자들도 많다싶을 정도로 식판을 두 개씩이나 받아서 먹는 영금이 얼굴이 노랗게 떠가고, 그 정도가 아닌 나도 까무잡잡한 영금이 얼굴이 흰쌀밥으로 보이거나 치킨으로 어른거렸다.

조합장이 끌려 나갔다더라, 어디 쓰레기더미에서 발견됐다더라, 밖에 경찰이 새카맣게 진을 치고 있다더라, 라는 말들이 들려왔고, 우리는 작업용으로 늘 들고 다니는 쪽가위로 동맥이라도 끊자는 말도 나왔다. 상집간부들이 수시로 모였다 흩어졌다 하는 게 보였다. 망나니처럼 덜렁거리고 뛰놀던 내가 그래도 버티고 버틴 의지는 어디에서 나왔던 걸까, 아마 혼자였다면 하루도 못했을 것이다.

10월 1일 추석날 새벽, 결국 모두 끌려 나왔다. 남자들에게 사지가 들려 공장 문 밖으로 팽개쳐진 것 같은데 눈을 뜨니 한독병원이었다. 그후 출근투쟁도 하고, 간부들은 감방으로 끌려가고, 다른 공장에서도 해고되고 하며 그 시절을 넘어왔다.

세 월 이 바 뀌 어 도 우 린 그 자 리

수 십 년이 흘렀다. 그 동안 대통령이 몇 번 바뀌고도 우리는 여전히 그 자리에 그 마음으로 만났다. 김대중 대통령이 당선되고 세상이 좀 바뀌었구나, 라고 실감한 것은 원풍모방노동조합의 투쟁이 민주화운동으로 인정되었고, 그 투쟁으로 해고자가 되어 블랙리스트에 이름이 올랐던 나도 국가로부터 '민주화운동관련자 증서'라는 걸 받은 것이다.

그 종이 한 장이 도대체 무슨 의미가 있는 건지 실감이 나지 않았다. 그런데 형제들과 야유회를 가서 놀고 있는데 점옥이한테서 전화가 왔다. "통장 확인했나?" 두근거리는 마음으로 통장을 확인했다. 통장에 찍힌 입금인의 명이가 '대한민국'이있나. 헉! 숨을 들이켰다. 대한민국이 나에게 이런 보상도 하는구나, 내가 대단해진 것 같고 가슴이 뛰었다. 보상 차원에서 경제적 조건을 심사하여 '생활지원금'이라는 것이 지급된 것이다.

흥분되어 형제들에게 막 떠들어버렸다. 조용히 꿍쳐두고 썼어야 되는데…. 내가 속물인 탓이겠지만, 나는 증서 한 장보다 통장에 찍힌 '대한민국'이 훨씬 좋았다. 비로소 보상을 받는 느낌, 영문도 모른 채 공장 밖으로 끌려나오고 떠돌아야 했던 내 젊은 날의 억울함을 세상이 이제 알아주는구나 싶었다. 그리고 무엇보다 이제 누구에게라도 나는 대한민국이 인정하는 '민주화운동가'라는 자부심이 생겼다.

이렇게 떳떳하게 받은 보상, 자랑스러운 나와 내 친구들이 좋다. 만약 내가 그때 원풍모방에 들어가지 않았다면, 그리고 탈춤반 활동을 하지 않았더라면 내 청춘의 추억은 훨씬 협소할 것이다. 어떻게 이렇게 빛나는 기억, 자랑스러운 벗들과 함께 할 수 있었겠는가, 그 후 수십 년이 흘러 자녀를 혼인시켜 사위 며느리까지 본 나이가 되도록 밤새워 수다 떨 수 있는 친구들을 어디서 만나겠는가, 사람들과의 어울림에 당당한 내 자신감은 또 어디서 만들어졌겠는가, 인생에서 무엇이 귀하고 가치 있는 것인지를 또 어찌 깨달을 수 있었겠는가.

덩덕기 덩덕, 얼쑤! 오늘 밤 꿈에서는 그 시절 그 친구들과 추었던 춤이라도 한바탕 추고 싶다.

120

친정같이 포근한 사람들

장순자

_____1959년 충남 아산에서 8남매 중 둘째로 태어났다. 홀어머니와 어린 동생들의 생계를 위해 1976년 돈 벌려고 서울로 갔고, 1980년 3월 원풍모방에 훈련생으로 입사하였다. 1982년 9·27 국가 폭력사건 때 강제 해고되었다. 2007년 정부에 의해 민주화운동 관련자로 인정되어 명예회복이 되었다.

나는 1959년, 충남 아산에서 8남매의 둘째딸로 태어났다. 아버지는 일찍 돌아가시고 홀로 계신 어머니 슬하에서 자란 나는, 1976년 열일곱 살 때 돈을 벌기 위해 서울로 갔다. 어린 나이에도 돈을 많이 벌려면 봉제공장에서 재봉기술을 배워 미싱사가 되어야 한다는 것을 알았다. 경기도 안양에 있는 태영무역에 취업하여 시다를 하며 눈치껏 재봉기술을 배웠다. 1년쯤 지나 구로공단 동국실업으로 직장을 옮겨 미싱사로 일했다.

원풍모방 노동자가 되다

1980년 3월, 신길동에 살던 이모부가 굉장히 좋은 회사가 공원 모집을 하는데 가보라고 권했다. 원풍모방이었다. 호기심에 이력서를 넣고 시험을 보았는데 합격하여 훈련생이 되었다. 그때 내 나이 스물 한 살이었다. 훈련동기생들 중에는 가장 나이가 많았던 것 같다. 훈련기간 3개월은 주로 실을 생산하는 방적과와 양복천을 짜는 직포과에서 실습을 했다.

봉제공장에서는 고참 미싱사였는데, 원풍모방에서 또 다시 일을 배우는 시다와 같은 처지가 된 것이다. 기계 밑에 엎드려 기름이 엉겨 붙어 있는 솜먼지를 청소할 때는 괜히 입사를 했나싶었다. 방적과는 기계가 무시무시했고, 직포과는 베틀 돌아가는 소리에 귀청이 떨어져 나갈 것만 같았다. 봉제공장에도 재봉틀 밟는 소리가 드르륵드르륵 울리지만, 방적기나 베틀 돌아가는 소리에 비하면 자장가였다. 이모부는 이런 공장이 뭐가 좋다고 잘 다니는 회사를 그만두고 여기를 들어가라고 했나, 하며 투덜거리기도 했다.

그런데 작업장에서 일하는 사람들의 분위기가 전혀 달랐다. 지난 4~5년 일했던 봉제공장은 살벌했다. 허구한 날 목표 생산량을 달성하기 위해 허리 한 번 쭉 펴보지 못하였고, 12시간 장시간 노동은 당연했다. 불시에 철야작업과 연장근무도 해야 했다. 장시간 노동과 동료들과의 경쟁으로 지쳐 동료들은 감정마저 찌들어 있는 듯했다.

원풍모방 작업장은 그와는 정반대였다. 커다란 기계소리가 요란하고 노동은 거친듯한데, 사람들이 인정이 있고 표정이 밝았다. 누구의 눈치를 보거나 경쟁하지 않았고, 자유로운 분위기였다. 무엇보다도 8시간 근무였으며, 출퇴근 시간은 정확하게 지켜졌다.

3개월 훈련기간을 마치고 방적과 전방 A반에 배치되었다. 훈련 기간에 얼굴을 익혔던 기능공 언니들이 기계를 작동하는 법을 가르쳐 주었다. 안전하게 기계를 다루는 기술과 제품을 다루는 요령 등을 친절하게 일러주었다. 서로 다른 공정의 기계를 맡아서 일을 하면서도 미숙한 나를 각자 나름대로 살펴주고 도와주었다.

처음에는 상집간부 김금자 언니 옆에 배치되었다. 기계에 원료가 떡같이 엉켜 붙어 혼자 끙끙거리고 있으면 갈고리를 들고 와서 같이 뜯어주던 기억이 난다. 방모 부서가 폐쇄되어 전방으로 부서 이동을 한 박혜숙 언니는 1972년에 입사한 고참이었다. 그 언니의 장난기 넘치는 말투와 넉넉한 웃음으로 시간 가는 줄 모르고 작업을 했다.

작업장에서 선배들과 한결 친숙하게 지낼 수 있었던 것은 2시에 퇴근한 후 종종 야유회를 갔기 때문이다. 우리 부서는 봄에는 기차를 타고 일산 딸기밭에 가서 딸기를 사먹으며 즐겼고, 여름이면 전철을 타고 경기도 소사 복숭아밭으로,

포도가 주렁주렁 익어갈 무렵에는 부천 중동 포도밭으로 야외놀이를 다니며 친목활동을 했다.

새 로 운   세 상 을   만 나 다

노동조합이라는 말은 훈련생일 때 방용석 지부장님에게 처음 들었다. 당시는 모두를 알아듣고 이해할 수 있는 수준은 아니었지만, 몇 년간 봉제공장에서 일한 경험이 있었던 나는 지부장님이 해주는 이야기를 관심 있게 들었다.

전방에 배치되자 생산량과 재고량을 기록하는 기장이었던 문선자 언니가 소모임 활동을 제안했다. 입사동기생들끼리 '바위'라는 명칭으로 소모임을 조직하는데, 함께 하자고 했다. 소모임 활동을 통해 새로운 세상과 만날 수 있었다. 우리 스스로 주제를 정하여 강의를 듣고, 또는 책을 읽고 느낌을 나누고 배우는 시간이 재미있었다. 뿐만 아니라 또래들과 매주 1회 정기적으로 만나 수다를 떠는 것도 즐거웠고, 현장에서 있었던 일이나 노동조합 소식을 공유할 수 있어서 좋았다.

전체 소모임은 A, B, C 근무반별로 각각 자치회가 구성되어 있었다. 소모임 활동을 하는 회원 중에서 회장, 총무, 서기의 자치회 임원을 선출하였다. 자치회는 매월 1회 각 소모임 회장, 총무, 서기들이 만나 한 달간 진행할 프로그램, 시사강좌. 집회 등 공유할 내용들을 알려주고, 활동하는 데 제기되는 애로상황 등을 함께 해결하는 회의이다. 이 모임에서 수련회 일정 및 프로그램을 상의하여 결정한다.

1981년 5월에는 1박2일 수련회가 과천 영보수녀원에서 있었다. 공장을 떠나 제3의 장소에서 100여 명이 넘는 사람들과 한 강당에서 강의를 듣고, 토론하고, 노래를 부르며 웃고, 잠을 자며 수련활동을 했다. 나로서는 생소한 경험이었는데, 가장 인상 깊었던 프로그램은 촛불의식이었다. 촛불을 들고 커다란 강당에 빙 둘러섰다. 어둠 속에 잔잔한 음악이 흐르고 고요한 침묵이 흘렀다. 어느 순간 한 사람에게서 점화된 촛불이 옆 동료의 초를 밝히며 어둠이 차차 사라지는 장면이 가슴을 뭉클하게 했다.

나는 훈련생일 때부터 노동조합 사무실을 들락거렸다. 노조 사무실에 가면 훈련생일 때부터 반겨주던 선배들을 만날 수 있어서 좋았다. 돌이켜보면 당시의 원풍노동조합은 정부와 회사로부터 탄압을 받아 위기를 겪고 있던 상황이었다. 어떤 상황이었는지는 잘 몰랐지만, 노동조합을 지켜야 하는 의무가 내게도 있다는 것을 알고 있었던 터라 나름대로 열심히 참여하려고 했다.

신입 시절에 노동조합이 무엇인가를 깨닫게 해준 교육이 있었다. 방용석 지부 장님의 강의 한 대목이 잊혀지지 않는다. 노동조합을 포도송으로 비유하고, 조합원 개인을 포도 알맹이로 비유한 내용이었다. 노동조합은 노동자들이 하나로 뭉쳐야 큰 힘을 가질 수 있고, 그 힘이 노동자 개인의 이익을 증대시켜준다는 내용이었다. 그 강의를 들으면서, '아, 내가 가진 힘이라는 것이 포도 한 알처럼 미약하지만, 노조 활동에 힘을 보태면 큰 힘이 될 수 있겠구나' 깨달았다.

노 동 절 의 추 억

원풍노동조합 활동은 내 안에 잠재되어 있던 자존감을 찾게 해주었다. 별 볼일 없는 나를 인격적으로 대우해 주었고, 천한 노동이라고 여겼던 나의 육체노동을 소중하다고 깨닫게 해주었다. 나 하나는 힘이 없지만, 여럿이 모여 있는 노동조합은 큰 힘을 발휘하여 노동자들의 권리를 당당하게 지킬 수 있게 한다는 것을 깨우쳐주었다.

봉제공장에서 일할 때는 오로지 돈을 벌 생각뿐이었고, 다른 생각은 해볼 여유가 없었다. 아니 다른 것은 보이지도 않았다. 가난한 집안에 홀어머니와 여섯 명의 동생들이 올망졸망 있었기에 가장과 같은 역할을 해야 했던 나는 삶의 무게에 짓눌려 있었을 뿐이다. 나 자신이 얼마나 소중한 가치를 지니고 있는지 알 리가 없었다.

원풍노조 시절에는 뭐니뭐니 해도 역시 노동절 행사가 가장 신이 났다. 훈련생 초기 처음 노동절 행사를 보았을 때는 어리벙벙했다. 그러나 탈춤 공연은 재미있었다. 특히 양반놀이가 생각난다. 권력자에게 좀비처럼 빌빌대며 노동자를 멸시하며 천대하는 춤사위나 대사가 현실감이 있어 흥미로웠다. 노동자들이 단결된 힘으로 거들먹거리던 양반들을 몰아내는 장면에서는 통쾌한 승리감을 누렸다. '원풍노조 9·27사태'가 없었더라면 나도 탈춤반에 들어가 춤을 멋지게 추었을 것이다.

또 하나, 체육대회도 잊을 수가 없다. 어느 해였는지 여자축구부가 결성되었다. 나는 축구부에 들어가 널따란 운동장을 맘껏 뛰어다니며 연습을 하고 경기를 했다. 등나무넝쿨을 얹어놓은 퍼걸러 그늘에 모인 조합원들이 목청껏 외치며 응원을 해주었다. 함성과 같은 응원소리에 지칠 줄 모르고 신이 나서 운동장을 누볐던 기억이 난다. 뇌는 힘들었던 순간은 무의식 속으로 깊이 눌러버린다고 했던가. 그래서 신났던 기억들이 먼저 생각나는 모양이다.

1980년 5월, 광주에서 무차별적으로 시민들을 죽였다는 소식을 들었을 때는 온몸에 소름이 끼쳤다. 선뜻 믿어지지가 않았다. 원풍노조는 희생자 돕기 모금운동을 벌였다. 그 이후 안타까운 일들이 계속 이어졌다. 얼굴도 익히기 전에 방용석 지부장님과 박순희 부지부장님에게 수배령이 내려져 더 이상 만날 수가 없었다.

소모임에서는 가끔 방 지부장님 댁을 찾아갔다. 집에는 언제나 방 지부장님의 노모가 계셨는데 우리는 그분을 할머니라고 불렀다. 그리고 대여섯 살 된 아들 둘이 있었는데 연년생이었다. 그 아이들은 우리를 누나라고 부르며 따랐다. 지부장님이 어디 계신 줄도 모르는 가족들을 가끔 방문하는 것이 그나마 위로라고 생각했다.

그러나 돌이켜 보면 오히려 우리가 위로를 받고 돌아왔다. 원풍노조의 대선배였던 방 지부장님의 아내 명인숙 언니는 국수를 삶거나 밥을 지어 우리를 먹이느라 고생을 많이 하셨다. 할머니는 밥상머리에서 원풍노조의 딸들이 영육 간에 건강과 용기를 잃지 않게 도와 달라는 기도를 간절하게 하셨다. 우리는 그 좋은 기운을 듬뿍 받아 투쟁현장으로 돌아왔던 것이다. 참 고마우신 분이었다. 2017년 1월에 세상을 떠나 하늘나라로 가신 방 지부장 어머님의 기도소리가 지금도 눈감으면 들려오는 듯하다.

폭력이 날뛰던 시절

1982년 9월 27일, 그날은 새벽 출근반이었다. 2시에 출근하는 교대자에게 작업을 인계할 준비를 하고 있는데, 노동조합에 큰일이 벌어졌다는 것이다. 폭력배들이 쳐들어와 조합장을 감금했다는 소리가 들렸다. '이게 무슨 소리여!' 당장 노동조합 사무실로 뛰어가고 싶었지만, 작업장을 절대 이탈하지 말라는 노조 집행부의 지시를 따라야 했다. 퇴근시간까지는 20~30분 남아 있었는데, 그 시간이 엄청 길게 느껴졌다.

B반 교대반 동료들이 분노가 가득 찬 얼굴로 들어왔다. 어떤 조합원은 울면서 작업을 인수받기도 했다. 업무 교대를 하자마자 노조 사무실로 뛰어갔다. 노조 사무실 앞에는 상상했던 것보다 더 기가 막힌 광경이 펼쳐져 있었다. 어디에서 모아왔는지 낯선 남자들이 노조 사무실에 얼씬 못하도록 서로 팔을 걸고 출입문 앞에 버티고 서 있었다. 생산부 과장 한상엽, 계장 계영우, 부공장장 박찬배가 왔다 갔다 하며 구사대들을 지휘하는 것 같았다.

그들이야 회사 측이니 그렇다고 쳤다. 노조 사무실 안에서 조합장을 감금하고 있는 자들이 조합원이라는 말에 더욱 화가 났다. 우리 부서 담임 장재천, 전방 보전 담임 박영수가 회사 측의 앞잡이가 되어 구사대 노릇을 하고 있었다. 무엇보다 홀로 감금당해 있는 조합장이 걱정되었다. 꿈쩍도 하지 않는 구사대들을 향해 막말을 퍼붓고 노조 사무실 안으로 들어가 보려고 하였지만, 우악스러운 남자들을 당해낼 수는 없었다.

우리는 4박5일간 정사과에서 농성을 벌였는데, 당시 화장실의 풍경이 가장 처참했다. 화장실이 차단되어 커다란 드럼통에 용변을 보아야 했는데, 그 옆에 놓아 둔 생리대통이 넘쳐흘러 바닥에 산처럼 쌓여 있었다. 또한 구사대들에게 끌려 나가지 않으려고 마대자루를 길게 잘라 이어 허리에 서로 감고 옆 사람과 어깨를 걸고 안간힘을 썼던 모습을 생각하면 지금도 눈물이 난다.

그럼에도 농성장에서는 절망하지 않았다. 농성장을 이끌어가는 양승화 부조합장이 당당해 보였고, 상집간부들이 잘할 것이라는 신뢰가 있었기 때문이다. 하지만 단식 시간이 늘어가고 농성장 공기가 탁해지면서 탈진하여 쓰러져가는 동료들이 하나둘 생겨날 때는 걱정이 되었다. 박혜숙, 황선금 언니 등이 그들을 보살펴주는 모습이 든든해 보였다.

결국 모두 끌려 나가고 말 신세였지만, 악착같이 농성장에서 버티려고 발버둥을 쳤다. 추석날 새벽, 전날 밤새 끌려 나가 운동장에 있었던 농성자는 얼마 남지 않았다. 갑자기 구사대들이 몰려오더니 우리들을 토끼몰이 하듯 정문 밖으로 밀어냈다. 동시에 정문 밖에서 대기하고 있던 전경 두 명이 달려들어 내 팔과 다리를 든 다음 정문에서 떨어진 곳에 내팽개쳤다.

너무 억울했다. 땅바닥에 주저앉아 엉엉 소리 내어 울었다. 어둠속에서 누군가가 양문교회로 가자고 했다. 그 동료를 따라 양문교회로 갔더니 조합원들이 앉아 있었다. 새벽예배 시간이었던 것 같은데, 교회 측이 우리에게 나가달라고 했다. 그때 누군가가 새문안교회로 가자고 하여 몇 명이 그곳으로 갔다. 새문안교회가 광화문에 있으니 버스를 타고 갔을 덴데, 어떻게 갔는지 전혀 기억이 안 난다. 다만 새문안교회에서 죽인지 밥인지 얻어먹었던 생각만 난다.

엄마의 품에 안겨

기숙생이었던 나는 영등포도시산업선교회 지하 소강당에서 합숙을 했다. 처음 며칠간은 방 지부장님이 계셨는데, 상집간부들에게 수배령이 내려지면서 만날 수가 없었다. 우리 부서 임태송 언니가 매일 밥을 해주었던 기억이 난다. 아침밥을 먹은 우리들은 삼삼오오 짝을 지어 호소문을 들고 산업선교회관을 나왔다. 명동성당에 가 미사를 마치고 돌아가는 신자들에게 호소문을 나눠주었고, 다른 날은 원풍모방공장 주변 신길동 주택가를 돌면서 호소문을 뿌리며 우리들의 억울한 사건을 알렸다.

11월 12일, 수배를 당했던 간부들이 몽땅 잡혀가 지도부가 모두 구속되었다. 날씨는 추워지고 마음도 심란했던 11월 말경, 집에 다녀오기 위해 시골로 내려갔다. 나는 추석명절에도 집에 가지 못했다. 그 무렵 어머니는 집을 새로 지었다. 살던 집이 다 허물어져 방 두 칸짜리 시멘트 벽돌 집을 지었던 것이다.

내가 농성하고 있을 때, 동네 이장, 면사무소 공무원, 경찰서 형사 등이 어머니를 찾아와 "원풍모방에 다니는 당신 딸이 빨갱이 집단에 물들었다고 한다. 빨리 사직서를 내게 하고 데려 오라"고 했다. 어머니는 빨갱이 소리를 듣고 놀라 한달음에 원풍모방 경비실에 달려가 딸의 면회신청을 했더니 그곳에 없다고 해서 수소문 끝에 영등포산업선교회관으로 나를 찾아왔다.

어머니는 나를 만나지 못하고 돌아갔다. 경찰과 공무원들은 동네 사람들에게, 내가 빨갱이 짓을 하여 북한에서 공작금을 받아 집을 짓는 거라는 거짓말을 퍼뜨렸다. 동네 사람들은 어머니와 어린 동생들에게 손가락질을 하며 수군거렸다. 중학생이었던 여동생은 형사가 학교까지 따라다니며 감시하는 것이 무섭고 화가 나 형사에게 대놓고 나쁜 놈이라고 욕을 했다고 한다.

내가 고향집에 내려간 것은 무엇보다 어린 동생들과 어머니가 경찰에게 얼마나 시달리셨기에 서울까지 나를 찾아왔을까 걱정도 되었고, 산업선교회로 찾아오신 엄마를 만나지 않으려고 숨어있었던 죄송한 마음도 들어서였다. 집에 가니 동생들만 있었다. 어머니는 들에 나가 계시지 않았다.

저녁 무렵이었던 것 같다. 엄마를 마중하려고 논둑길을 따라 걸어갔다. 얼마쯤 걸어갔는데, 저만치에서 걸어오던 어머니가 나를 알아보더니 빠르게 걷는 것처럼 보였다. 엄마는 나를 보자마자 아무 말도 하지 않고 끌어안은 채 소리 죽여 우셨다. 야단을 맞을 것이라고 생각했는데, 어머니는 내 등을 쓰다듬며 울기만 하셨다. 나도 설움이 복받쳤다. 엄마 품에서 목 놓아 울어버렸다. 지난 몇 달간 겪었던 억울했던 감정들이 다 폭발하는 것 같았다.

이튿날이었다. 경찰이 찾아왔다. 마을의 어떤 사람이 내가 집에 왔다고 신고했다는 것이다. 나는 경찰에게 큰소리로 따졌다. '내가 도대체 무슨 잘못을 한 것이냐' 말해보라고 했다. '나만 감시를 하는 것도 아니고, 왜 우리 어머니와 어린 동생들 학교까지 따라다니며 감시를 하는 것이냐'고 대들었다. 경찰은 '우리도 힘들다. 솔직히 상부에서 시키는 명령이니 따르는 것'이라며 괴롭다고 하소연을 했다.

우리 가족에게 억울하게 씌운 불명예는 쉽게 사라지지 않았다. 1983년 가을이었던 것 같다. 주민등록증 갱신을 하라는 연락이 와서 고향집으로 내려갔다. 그때에도 동네 이장은 나를 보더니 '빨갱이 사상을 가진 년이 무슨 짓을 하려고 왔느냐'며 사람들이 많이 있는 데서 모욕을 주었다. '9·27국가폭력'은 원풍노동조합만 파괴하고 나만 해고한 것이 아니었다. 우리 가족에게까지 감시와 비방으로 폭력을 가했다.

기 숙 사 를   나 오 던   날

1983년 1월, 영등포산업선교회에서 합숙을 하던 우리는 해산을 해야 했다. 기숙사생이었던 나는 당장 갈 곳이 없었다. 그런 상황이야 나만이 아니었지만, 매월 월급을 어머니께 보내드렸기 때문에 월세 방 하나 얻을만한 돈조차 없었다. 퇴직금을 타면 월세 방 보증금은 되겠지만, 해고를 인정하기 싫었다. 교도소에 간 사람들이 나올 때까지는 퇴직금이라도 받지 않고 버텨야 한다고 생각했다.

집행부에서는 사정이 딱한 처지이니 퇴직금을 받으라고 하였다. 누구랑 몇 명이 갔었는지 모르겠는데, 여러 명이 원풍모방 노무과에 가서 퇴직금을 정리했다. 퇴직금을 정리해야 기숙사 짐을 꺼내 갈 수 있었다. 작업복 차림으로 쫓겨나고 3

개월이 지나서야 기숙사 짐을 가지러 들어갔다. 내가 살던 113호 방은 텅 비어 있었지만 이불과 세면도구, 옷가지 등은 그대로 보관되어 있었다.

짐을 주섬주섬 싸서 양손에 들고 기숙사 계단을 내려오는데, 발걸음이 무척 무거웠다. 한숨이 저절로 나왔다. 수없이 오갔던 이 길을 마지막으로 원풍모방을 영영 떠나가는구나, 하는 생각이 들자 울컥해졌다. 1월의 찬바람마저 내 등을 떠밀어내는 것 같았던 그 겨울, 나는 참 춥고 시리고 쓸쓸했다. 영등포산업선교회에서 단체 합숙을 끝낸 날은 차디찬 겨울 벌판에 홀로 버려진 기분이었다.

산업선교회에서 나온 나는 박혜숙 언니의 자취방에서 지내기로 했다. 방 얻을 돈도 없는 내 처지를 알았던 언니가 당분간 같이 지내다가 방을 구하라고 했다. 방도 문제지만 당장 생계비가 걱정되었다. 어머니께 몇 개월 동안 한 푼도 보내드리지 못한 것도 걱정이 되었다. 취업을 서둘렀다.

하 루 살 이   취 업 생

박현순과 구로공단으로 가 전봇대에 붙어 있는 모집공고를 보고 여러 군데에 문의를 하다가 봉제공장에 취직했다. 나는 미싱사 기능직으로 들어갔고, 박현순과 이영자는 완성부로 들어갔다. 한 달 정도 근무를 하던 어느 날, 현장 책임자가 예고 없이 철야작업을 시키면서 출입문을 잠궜다. 노동자들의 의사를 무시하고, 강제작업을 시키는 것은 불법이라고 따졌더니 해고를 당했다.

또 다른 일자리를 찾기 위해 전봇대를 이리저리 살펴보다가 염창동의 영세 봉제공장에 취업을 했다. 기숙할 수 있는 방을 하나 따로 얻어준다는 조건이었다. 나와 황선금 언니는 미싱사로, 박현순은 삼봉 기술자로 취업을 했다. 선금 언니도 가죽잠바를 만들던 공장에서 시다로 일하다가 해고를 당하여 취업을 알아보던 때였다. 그곳에서 6개월쯤 일을 했던 것 같다. 어느 날부터 임금이 체불되더니 재봉틀이 빚으로 넘어가고 공장은 문을 닫게 되었다.

영세한 공장은 임금이 체불되었고, 임금이 안정적으로 나올 것 같은 공장은 아예 취직이 되지 않았다. 한번은 와이셔츠를 생산하는 50~60명 규모의 공장에 셋이 함께 취업했다. 우리는 봉제공장의 열악한 노동조건을 개선해보자는 계획을 갖고 소모임을 조직하기로 했다.

몇 사람의 미싱사들을 따로 만나며 공장 내의 비인간적인 처우 문제 등을 깨

닿게 했다. 그러는 과정에서 사장이 재단사를 몽둥이로 마구 때리는 무자비한 폭력을 보고 가만히 있을 수가 없었다. 이에 항의하다가 결국 신원조회에 걸려 또 해고를 당했다. 원풍모방에서 해고당한 후 1년 동안은 이렇게 취업과 해고를 반복하는 하루살이 같이 살았다. 그러다 보니 수입은 없었고 생활은 말이 아니었다.

선금 언니, 현순이 우리 셋은 그날도 전봇대에 붙어있는 공원모집 공고를 찾아 다녔다. 한 전봇대에 모집공고가 붙어 있는 것을 보고 누가 먼저랄 것도 없이 그곳으로 일하러 가보자고 했다. 도시락을 싸는 공장이었다. 해가 질 무렵에 들어갔는데, 얼마나 바쁘게 일을 했던지 날이 새 이튿날 아침이 된 것도 모를 지경이었다. 야식이었는지 퉁퉁 불은 라면을 한 그릇 먹고 밤새 뛰어다니다시피 일을 했던 것이다.

일당을 받아들고 밖으로 나왔는데, 해가 중천에 떠 있었다. 우리는 서로의 누렇게 뜬 얼굴을 우는 듯 웃는 듯 바라보았다. 그 전날이 내 생일이었는데, 그 조차도 까맣게 잊은 채 말이다.

명예회복과 친정 엄마, 그리고…

나는 1990년 4월에 결혼했다. 이모부의 중매로 남편을 만났다. 결혼하여 충청도에 살면서 아이 셋을 낳고 기르는 동안 원풍모임은 잊고 살았다. 아니, 너무 힘들었던 기억이 되살아나 잊고 싶었다. 결혼 전까지는 '원풍노조 9·27사건' 모임에 빠지지 않았었다. 아이 셋을 기르며 슈퍼마켓을 운영하면서 바쁘기도 했다. 그렇게 잊은 듯이 몇 년을 살던 어느 날, 우연히 논산에서 이순옥 언니를 만났다. 까맣게 잊은 것 같았던 원풍노조의 기억이 새록새록 되살아났고, 선배와 친구들도 보고 싶었다.

2007년, 원풍동지회에서 명예회복 신청을 하라는 연락이 왔다. 반가운 소식이었는데 나는 망설였다. '원풍노조 9·27사건' 당시 어머니와 동생들이 괴롭힘을 당했던 기억이 되살아났다. 내 아이들만은 그런 어이없는 일을 당하게 하면 안된다는 생각만 들었다. 서류만 연신 들여다보며 망설이는 나를 지켜보던 남편이, 우리 아이들의 미래가 걱정된다면 명예회복을 신청하는 것이 옳다고 말해주었다.

'민주화운동 관련자 명예회복 및 보상심의위원회'에서 인증서가 등기로 배달되었다. 그리고 생활지원금도 받았다. 그 인증서와 통장을 남편과 아이들에게 보여주었다. 설마하며 기대하지 않았던 남편도 무척 놀라며 기뻐하였다. 아이들은 '우리 엄마가 참 훌륭한 사람'이라며 좋아했다. 친정어머니에게도 명예회복 소식을 말씀드렸다. 어머니 생신날에는 잔치상을 정성껏 차려드렸다. 어머니는 생각조차 하기싫고 끔찍했던 시절이었다며, 이제라도 진실이 밝혀졌으니 다행이라고 좋아하셨다.

어머니는 그 직후 치매로 정신을 놓아버렸다. 남편 없이 혼자 8남매를 키우며 살기가 참 힘드셨을 것이다. 치매로 딸까지 몰라보시는 어머니가 참 가엾고 마음이 아팠다. 엄마는 아마도 고단했던 기억을 다 잊고 싶으셨던 것 같다. 2017년 11월 19일, 어머니는 한 많은 세상을 떠나 하늘나라로 가셨다. 어머니의 장례를 치르던 날, 하늘에서 하얀 꽃가루를 뿌리듯 첫눈이 포근하게 내렸다.

2012년 2월, 큰딸과 작은딸이 원풍동지회 1박2일 자녀모임에 다녀왔다. 그 모임에 다녀온 딸들은 엄마와 이모들이 어떻게 살아오셨는지 알 수 있었다며 '우리 엄마도 고생 많이 했겠네' 하며 위로해 주었다. 애들은 그 모임에서 원풍노조 활동을 하던 엄마 세대들의 이야기를 많이 들었다며, 그 험한 세상을 잘들 살아오셨다고 했다.

딸들은 "엄마, 우리가 자녀모임에 간 것은 진짜 잘했어!" 했다. 엄마를 더 많이 알게 되어서 좋았다는 것이었다. 진정으로 자식들에게까지 인정을 받으니 세상을 다 얻은 듯이 기분이 좋았다. 오랜만에 내 마음도 뿌듯했다.

지금도 원풍동지회에 가면 친정과 같이 푸근하고 편안하다. 원풍노조와는 2년 6개월의 짧은 만남이었지만, 그 짧은 인연이 나의 긴 인생살이 굽이굽이마다 값진 자산이 되었고, 지금도 내 삶을 풍요롭게 해준다.

121

스쳐 지날 수 없는 시간

정선임

_____1962년 전북 순창에서 태어나 1980년에 원풍에 입사했다. '원풍에서 첫 월급을 받았을 때 어머니에게 밍크이불을 사드렸더니 온 동네 사람들이 와서 만져보고 갔다'는 '전설'이 있을 정도로 원풍에 대한 자부심이 컸는데, 1982년 9·27폭력사건 때 해고되었다. 정부로부터 민주화운동 관련자로 인정되어 명예회복이 되었다.

나는 전북 순창에서 태어나 중학교를 졸업할 때까지 살았다. 오빠와 나이 차가 많아 올케가 어린 시누이인 나를 보살펴주었던 기억이 많이 남아 있다. 사춘기에 접어들어 첫 생리를 할 때도 엄마가 아니라 올케가 살펴주었다. 좀 거시기한 얘기지만, 요강에 오줌을 쌌는데 올케가 요강을 보고 생리대를 가져다주었고, 생리대 사용법도 가르쳐주었다. 심지어 아기 때는 올케 젖도 먹었다고 한다. 한번은 생리대가 없었던지 나름 머리를 쓴다는 게 목화솜을 펴서 붙여 썼다가 불어서 난리가 났던 적도 있다. 어설프고 철없었던 어린 시절이었다.

1979년에 나름 부푼 꿈을 품고 상경했다. 상집간부였던 정해자가 6촌언니라 그 영향이 컸다. 시골에서 '해자는 좋은 회사 다닌다냐' 하는 얘기들을 했고, 명절이면 선물 사들고 오는 게 부러웠다. 특히 서울 간 친구들은 얼굴이 하얀 게 부러웠다. 처음 서울에 와서 구로공단에 가 보니 엄청 크게 느껴졌다. 공단 어딘가의 골목에서 사먹었던 핫도그가 무지 맛있었던 기억도 혀끝에 남아있다.

꿈을 품은 서울행

원풍모방에 입사하여 훈련생 3개월을 거친 후 직포과에 배치되었다. 직포과는 너무 시끄러워 고막이 터질 것 같았다. 정사과가 얌전하니 어쩐지 좋아보였고, 정포도 가면 좋겠다 싶었는데 직포로 보내지니 좀 실망했지만 어쩔 수 없었다. 교육 받을 때는 좋았다. 동기생들과 어울려 장난도 치고 수다도 떨었다. 박순희 부지부장과 방용석 지부장이 들어와 교육도 했는데 그를 처음 본 기억이 생생하다. 어찌나 핸섬하고 깔끔한지 배용준을 만난 느낌이었다.

해자 언니는 늘 노조 사무실에 있었다. 노조 사무실이 식당 옆이라 드나들 때마다 기웃거리며 노조를 들여다보았다. 해자 언니를 핑계로 했지만, 사실은 그 핸섬한 방 지부장이 있었으니까. 특히 원풍모방 운동장 한쪽에 있던 등나무 아래 벤치는 얼마나 좋았는지 모른다. 마치 대학 캠퍼스 같은 느낌이었다. 기숙사 언덕에 개나리가 피면 또 얼마나 예뻤던지. 그 언덕에서 사진도 많이 찍었다. 지금 생각하면 그렇게 대단한 것도 아닌데, 당시 운동장과 기숙사는 엄청 넓고 커 보였고, 다른 곳에 비해 매우 좋았다.

기숙사 하면 단연 목욕탕이 최고였다. 강당에 텔레비전이 있어 외출 갔다가도 가요 톱 텐 시간이면 맞춰서 들어왔다. 훈련생 때는 한동안 주간반 방에 배치되었다. 그때 기숙사가 1층이라 창문을 열어두면 시끄럽고, 간혹 바바리맨이 창 너머로 나타나 방 식구들이 커튼을 치고 법석을 떨어댄 기억도 난다. 밤 10시에 퇴근하고 미처 창을 가리지 않고 옷을 벗으면 밖에서 난리가 났던 기억도 있다. 주간반 방은 공부하는 학생들이 많았다. 방통대인가 대학공부를 하는 언니도 있었는데, 그 언니는 소등되고 나면 아이롱실에 앉아 공부하다가 옆에 쪼그리고 있는 나에게 영어도 가르쳐주곤 했던 기억이 난다.

나중에 B반으로 배치되면서 217호로 바뀌었다. 자리는 창 옆 순서였다. 호문이 언니, 영순이 언니, 은순이 언니 등이 생각난다. 기숙사는 딴 세상 같았다. 언니들이 너무 좋았다. 순임이와도 친해졌다. 입사동기가 한 방에 배치되어 더 좋았다. 말을 나누다 보니 고향이 전라도 아닌가, 더 반가웠다. '고향 까마귀만 봐도 반가워' 한동안 충청도 친구들과는 잘 안 어울리고 전라도 친구들과만 어울리기도 했다.

처음 8만원의 월급을 받으니 황홀할 지경이었다. 월급 받아서 엄마한테 뭐라도 해드리고 싶은 마음이 컸다. 엄마가 늘 그리웠다. 학 두 마리가 그려진 빨간 밍크이불을 엄마에게 사다 드렸다. 방바닥에 펴놓으니 온 동네 할머니들이 '아이구좋네. 보드랍네' 하며 만져보고 했다고 한다. 월급을 받으면 신협에 적금 들어놓고 집에는 보내지 않았다. 우리 집은 내가 돈을 안 보내도 되는 정도로는 살았다. 다만 딸들은 중학교만 나와도 된다고 공부를 안 시킨 것이다. 오빠들은 고등학교 졸업은 다 했다.

현장 일은 힘은 들어도 언니들이 너무 잘해주고 분위기도 좋아서 괜찮았다. 이곳에서 시집갈 때까지 오래 다녀야겠다고 생각했다. 대림시장의 골뱅이무침, 깻잎전, 충남떡집의 떡라면, 시장 안의 옷가게들을 쏘다녔다. 칼질 하러 한번 가보자며 레스토랑에 가서 먹었던 고소한 스프, 독산동의 어느 나이트에 춤추러도 한번 갔다.

노 동 자 로   사 는   길

현장에 적응해서 일하는 동안 탈춤반이 재미있을 것 같아 나도 들어갔다. 무대에 올라가는 게 으쓱했다. 정숙이가 이승만 역할을 하던 것이 인상적으로 남아있다. 탈춤반은 재미는 있었지만, 잠을 자야 하는데 연습하러 오라 가라 하니 성가셔서 꾀를 부리기도 했다.

영등포산업선교회에서 소그룹 모임도 했다. 이름은 '엄지' 소그룹이었고 회장은 황영애였다. 조지송 목사님은 참 점잖으셨고, 늘 우리 편을 들어주어 너무 좋았다. 부모 같기도 하고 할아버지 같기도 하고.

식당에서 노동절 행사를 하는데, 가수 김연자가 와서 노래를 얼마나 잘 부르던지 흥이 났던 기억도 난다. 노조에서 모임도 많이 했다. 그때그때 이런저런 설명을 잘 해주어서 너무 좋았다. 가끔 순애 언니가 설명해주던 생각도 난다. 친구가 다니는 가발공장을 가보니 원풍과는 천지차이였다. 원풍모방 들어간 것이 큰 자랑거리였다.

그런데 80년 5·18 이후 분위기가 달라졌다. 그때 광주 동신고 앞에 살던 오빠네가 걱정되어 마음 졸였다. 나중에 들으니 오빠네 집 담벼락으로도 계엄군이 서 있었단다. 총소리에 미닫이가 흔들리고, 밖에 나갈 엄두도 내지 못하고 있었다고 해서 얼마나 걱정했는지 모른다. 그때 지금 시누이의 시동생이 죽었고, 시누이의 시어머니도 시름시름 화병을 앓았다고 들었다.

그해 12월, 노조 사무실 앞에 또 군인들이 얼쩡거렸다. 한번은 일부러 주전자에 들어있는 물을 비워 버리고 물 담으러 가는 척 식당에 갔는데, 노조 사무실이 고요하고 아무도 없었다. 수군수군 어디서 소리가 들리는 듯해서 무서웠다. 그후 공장 분위기는 더욱 나빠졌고, 이상하게 숙덕숙덕 하는 식으로 이야기들이 흘러 다녔다. 현장에서는 반장들의 감시가 심해졌다. 지금이 어느 땐데, 라는 식이었다. 즐겁게 일하던 현장이 음울해졌다.

9·27사건과 그 이후의 삶

82년 9월 27일, 나는 2시 퇴근을 앞두고 있었다. 퇴근시간이 가까워지는데 현장에 소문이 퍼졌다. 조합장이 감금되었다는 것이었다. 왜 그랬는지 그 순간, 이제 다 죽었다, 라는 생각이 얼핏 스쳤다. 그렇게 퇴근 후 노조 사무실 앞으로 달려갔고, 정사과 현장에 자리 잡은 농성에 합류했다. 점점 사람들이 많아졌다. 노래 소리도 더 커지고 구호도 외쳐댔다. 이러다보면 조합장이 나오게 되고, 모든 게 정상으로 돌아가지 않을까 기대했다.

남자간부 누군가가 왔다 갔다 하면서 밖으로 나오면 안 된다, 다 끌려간다고 하는 말도 들리고, 한두 명씩 끌려 나가 못 들어오는 상황이 벌어졌다. 3일째인가, 4일째인가 잘 모르겠는데, 단식으로 기운도 없고 공기도 나쁜 농성장에 회사가 갑자기 확 스팀을 틀어댔다. 이건 쪄죽으라는 얘기였다. 여기저기서 픽픽 쓰러졌다. 나도 그날 운동장으로 나왔다가 실신해 한독병원으로 업혀갔다.

병원에서 정신을 차린 후에 오빠네로 가 휴식을 취한 후 다시 산업선교회로 가서 합숙을 하며 지내는데, 군청에 다니는 오촌조카가 찾아왔다.(조카뻘이지만 나이는 더 많다) "고모, 빨리 집에 가자. 군수가 데리고 오라고 했어"라는 것이다. 조카를 설득하여 보냈는데, 이틀인가 지나니 또 찾아왔다. 내려가든지 각서 쓰고 출근하든지 하라는 것이다. "각서 쓰면 내가 배신자가 되는 것 같아서 그건 할 수 없다. 조카는 임무를 다 하고 왔다고 보고하라"고 말한 후 사표 내고 퇴직금을 처리했다.

서울에서는 취업할 엄두도 내지 못하고 있던 차에 친척 언니가 다니는 인천의 한독시계에 취직할 수 있었다. 깔끔하고 환경은 좋은 공장이었지만, 원풍 친구들이 너무 보고 싶었다. 더구나 거기 언니들이 코딱지만한 방에서 자취를 했는데, 내가 얹혀 사는 것에도 한계가 있었다. 원풍 기숙사는 꿈이었던 듯 아득해져 버렸다. 그래서 명숙이와 영희가 사는 성수동 자취방으로 합류했다.

성수동 오리엔트시계 공장에도 아는 사람이 소개를 해서 취직을 해보려고 했지만 '블랙리스트에 들어있는 애들'이라서 안 된다고 했다. 우리더러 운동권이라나? 그런데 그곳에 있던 사람이 오리엔트는 안 되지만 관련 회사가 있으니 그곳으로 가 보라고 일러주어 벽시계 만드는 작은 공장에서 3년 정도 일하다가 스물다섯에 결혼했다.

명예회복이 되고 인증서를 받았을 때는 참으로 뿌듯했다. 옳은 일을 했기 때문에 이 시대를 만나고 이런 대통령을 만나게 되는구나 싶었다. 신랑한테도 당당하게 내놓고 자랑했다. 원풍 모임은 거의 빠지지 않고 참석했다. 사회에 나와 첫 인연을 맺었던 곳이고, 어려울 때 함께 한 친구들이라 그런지 원풍 친구들은 보기만 해도 좋다. 끈끈한 정이고 힘이다. 원풍이 지금까지 이렇게 모임을 유지하는 것도 너무 대단하고 자랑스럽다. 원풍노조는 곧 나의 청춘이었고, 그 젊음의 기억은 그냥 스쳐 사라져가는 것이 아니었다.

122

원풍노조는 나를 일깨워준 스승

정 민 경

_____1961년 전남 곡성에서 태어나 1980년 원풍모방에 입사했다. '바위' 소그룹 활동을 했으며 1982년 9·27폭력사건으로 해고를 당했다. 이어 1982년 10월 13일, 출근투쟁을 하다가 남부경찰서로 연행되어 조사를 받았다. 정부에 의해 민주화운동 관련자로 인정되어 명예회복이 되었다.

나는 전남 곡성이 고향이다. 아버지가 초등학교 때 돌아가셔서 큰오빠를 중심으로 담배 농사를 지었다. 담뱃잎을 따는 날이면 담뱃잎을 엮느라 새벽까지 일해도 밥 먹고 살기가 힘들어서 하루에 한 끼는 고구마로 때우기 일쑤였다. 중학교를 졸업하고 대구에 베 짜는 공장에 취업했다. 20여 명이 일하는 가내공업으로 하루 12시간씩 일하고도 월급은 쥐꼬리만큼 받으며 쉬는 날도 없이 힘들게 1년 정도 다녔다. 너무 힘들어하던 차에 서울에 있는 언니가 원풍의 모집공고를 보고 시험을 보라고 연락을 하여 80년 6월 원풍모방에 입사했다.

'바위' 소그룹

원풍에 입사하여 빨리 기능공이 되어 오랫동안 다니려 맘먹었지만, 정사과로부서 배치를 받고 난 후 우리 뒤로 더는 양성공을 뽑지 않아 나와 고애란이는 현장 청소만 하다가 끝이 났다. 나는 공부를 더 하고 싶은 꿈이 있었다. 원풍의 친구들이 저녁에 기숙사방 불을 끄면 복도에 나와 책을 보면서 공부하는 모습이 너무 부럽고 좋아 보였다. 나도 공부를 해야겠다는 생각으로 영등포에 있는 한림학원에 다니기는 했지만, 고등학교에 진학하는 꿈은 이루지 못하고 끝이 났다.

입사하고 몇 달 안 되어 입사 동기생들과 소그룹 '바위'를 결성해서 활동했다. 부서는 다르지만, 직업훈련 동안 서로의 마음을 나눴던 동기생들이라서 서로 호흡이 잘 맞았다. 산업선교회에 가서 꽃꽂이, 요리와 일상생활에 필요한 상식 등을 공부했다. 우리 그룹의 박영희나 정선임, 김명숙은 노래도 잘하고 춤도 잘 췄다. 그래서 농성하거나 노동조합 행사가 있을 때는 식탁 위에 올라가 노동가를 부르며 분위기를 끌어올렸다. 특히 영희는 〈망부석〉을 잘 불러 인기가 대단했다.

기숙사에서 어려운 산재 노동자 돕기 바자회를 한다며 각자 솜씨를 발휘해서 작품을 내라고 했다. 나는 전기밥통 받침을 뜨개질로 예쁘게 떠서 출품했는데, 바로 팔렸다. 아마 어느 집 식탁에서 밥솥을 더 빛나게 했으리라 생각한다.

처음에는 노동조합이라는 곳은 아무나 가는 데가 아닌 줄 알고 거리를 두고 있었다. 그런데 시간이 지나면서 방 식구들이 자주 책을 빌리러 다니는 것을 보았다. 그러다가 '바위' 그룹을 하면서 자연스럽게 노동조합에도 드나들게 되었다. 같은 그룹의 명숙이와 김정숙은 탈춤반에서 활동했다.

80년 12월, 계엄사 합동수사본부에 간부들이 연행되면서 현장 분위기가 어수선해졌다. 퇴직자는 있는데, 회사에서는 인원을 충원하지 않아 현장은 기계가 부분적으로 멈춰 있었다. 그런 곳은 소등을 해서 분위기도 음습한데, 낯모르는 사람들이 드나들면서 분위기가 더욱 살벌해져 서로 눈치만 보고 말 한마디 못하는 상황이 무섭기만 했다.

정신교육

회사는 정신교육을 하겠다는 의도로 81년 1월 벽두부터 한글학자 한갑수, 귀순용사 김관섭 등을 초청하여 조합원들을 대상으로 식당에서 교육을 했다. 한갑수는 자기 강의에서, 출근할 때 권리는 경비실에 맡기고 의무만 가지고 오라고 했다. 이에 조합원들은, 회사의 의도는 알겠지만, 딱히 거부할 수 있는 상황은 아니어서 하는 수 없이 볼펜을 가지고 딱딱거리면서 소리내기, 껌 씹기 등으로 저항했다. 이 교육은 일주일이나 계속되었다.

회사의 노동조합을 탄압하는 강도가 높아지면서, 82년 5월 새로 뽑은 노동조합 사무원을 경비실에서 못 들어가게 막았다. 노무과장 김용희가 회사 직원들을 동원하고, 박찬배 부공장장이 '내가 죽어도 절대로 출입은 허용하지 못한다'고 해서 우리 부서의 대의원 홍옥선과 이영순 언니가 회사에 항의하는 과정에서 노무과 이덕희 사원에게 머리채를 잡히고, 비상계획과 한성민에게 팔이 뒤틀려지는 폭행을 당했다.

그들은 "이 쌍년, 죽여 버리겠다!"고 하는 욕설과 함께 폭력을 휘둘러서 옷이 찢어지고 속옷까지 벗겨지는 일이 발생하였다. 홍옥선은 병원에서 전치 2주의 진단과 함께 치료를 받았다. 출입 형사가 지켜보는 가운데 자행된 이 사건을 출근하다가 목격하고는 놀라 두근거리는 가슴이 안정이 안 되었다. 이제는 회사가 대놓고 노동조합을 무시하고, 조합원들에게 폭력을 행사하는 일까지 발생한 것이다.

82년 9월 27일, 폭력배들이 노동조합에 쳐들어왔다. 퇴근은 했는데 회사에서는 밥도 안 주어 굶었다. 노조 사무실 앞으로 모이라는 대의원의 연락을 받고 그날부터 농성을 시작했다. 첫날 저녁 식사시간에 양숙화 언니가 퇴근을 중지하고 끝까지 싸운다며, 한 사람도 농성장을 이탈하지 말라고 강력하게 선언해 '이제 올게 왔구나' 생각했다. 뭉치면 살고 흩어지면 죽는다는 각오로 같이해야 한다는 생각뿐이었다.

검사과에서 4박5일간 농성할 때는 긴장을 해서인지 배고픈 것도 잘 몰랐다. 메슥거리는 속을 달래느라 소금을 탄 물을 많이 마셨는데 시간이 갈수록 힘이 빠졌다. 폭력배들이 농성장에 똥물을 뿌린다고 하면서 검사과 지붕 위로 올라가 농성장을 들여다볼 때는 너무 살벌하고 무서웠다.

추석휴무가 시작되는 농성 마지막 날, 회사는 농성장에 전기와 수도를 끊어 무척이나 어두웠다. 어수선한 농성장에 회사가 계속해서 방송을 하는데, 정영례 언니의 아버님이 위독하다는 전보가 왔다는 소리가 나왔다. 그러자 언니가 '우리 아버지는 10년 전에 돌아가셨다'고 해서 회사가 거짓말을 하고 있다는 것을 알았다.

강 제 해 산

마지막 날, 농성장으로 폭력배들이 들어와 개돼지 끌고 가듯이 농성자들을 끌어내기 시작하자, 우리는 모두 운동장으로 뛰어나갔다. 나도 운동장으로 뛰어나간 것은 생각이 나는데, 언제 쓰러졌는지 잘 모른다. 어떻게 병원으로 왔는지도 모르고, 정신이 들어 보니 팔에 링거가 꽂혀 있었다. 옆에 있는 동료에게 어디냐고 물어보니 한독병원이라 했다.

시간은 오전인 것 같은데 병실을 둘러보니 원풍에서 같이 농성하던 다른 동료들도 링거를 맞고 있었다. 나는 농성을 시작하고 난 뒤부터 안면마비가 왔다. 4박5일 단식한 후유증인 것 같은데, 원풍에서 나오고 나서도 침 맞고 한방치료도 하면서 정말 오랫동안 고생했다.

병원에서 나와 원풍 근처에 사는 언니네 집으로 갔다. 언니는 왜 농성을 하게 되었는지도 알고 있었고, 우리들이 끌려 나오는 과정을 밖에서 지켜보고 있었다고 했다. 아픈 데 없냐며 걱정을 하는 언니에게 너무 힘들어 아무 말도 못하고 쓰러져서 깊은 잠을 잤다.

추석휴무가 끝나고 출근을 하려고 회사 정문 앞으로 왔는데, 경비실에서 막고 기숙사 출입도 통제했다. 고향 곡성의 큰오빠에게서 연락이 왔는데, 서울에 가서 동생을 데리고 오라고 지서에서 경찰이 매일 찾아와 괴롭힌다고 한다. 오빠는 가을걷이 농사로 눈코 뜰 새 없이 바쁠 때인데, 경찰이 매일 찾아와 동생이 빨갱이 소굴에 들어가 있으니 빨리 데리고 오지 않으면 큰일 난다고 다그쳤단다.

큰오빠는 서울에 있는 작은오빠에게 전화해, 영자(개명하기 전의 내 이름이다)가 서울에 가서 뭘 짓을 했기에 경찰들이 난리를 치는지 모르겠다며 영자를 빨리 데리고 오라고 연락했다. 연락을 받은 둘째오빠가 언니네 집으로 나를 찾아왔다. 나는 둘째오빠에게 그동안에 있었던 원풍 이야기를 했다. 둘째오빠도 이야기를 들어보니 별일 아니라고 생각했는지 그냥 돌아갔고, 나는 끝내 시골에 내려가지 않았다.

깨어진 꿈

10월 13일, 출근투쟁을 하려고 강남성심병원 앞에 조합원들이 모였다. 머리띠를 두르고 '노동조합을 점거한 폭력배는 물러가라'고 구호를 외치면서 회사로 가려고 하는데, 느닷없이 경찰들이 달려들더니 차 안에다 마구 던져 넣었다. 나도 닭장차에 태워져 남부경찰서로 연행되었다. 경찰서에서도 노동가를 부르고 구호도 외치고 하니 경찰서가 시끄러워졌다. 경찰은 우리에게 '지금부터 소란을 피우거나 하면 특단의 조치를 취하겠다'고 협박했다.

그러자 누군가가 애국가를 부르기 시작했다. 우리는 그때부터 경찰이 윽박지르면 울면서 애국가를 4절까지 불렀다. 경찰은 개인별로 불러서 진술서를 쓰라고 했고, 이름표를 들고 사진도 찍게 했다. 다음 날 경찰서를 나오면서, 잘못한 것도 없이 연행되어 이게 뭐하는 짓인가 싶었지만, 서슬 퍼런 경찰에게 당하는 것 외엔 방법이 없었다. 구속되고 구류를 사는 동료들에게 미안하고 씁쓸한 마음으로 경찰서를 나왔다.

나는 10월 말쯤 기숙사 짐을 정리하러 갔다. 짐이라야 옷가지 몇 개랑 이불이 전부라서 간단하게 정리하여 들고 기숙사를 내려오는데 심정이 착잡했다. 원풍에 오랫동안 다니고 싶은 꿈을 가지고 있었는데, 노동조합이 파괴되어 회사를 정리하게 되니, 앞으로의 불안한 나의 삶이 슬프기만 한 날이라는 생각이 들었다.

마냥 놀고 있을 수는 없어서 세 군데에 이력서를 냈는데, 다 원풍에 다녀서 안 된다고 했다. 그래서 큰 회사로 갈 생각을 접고 대림동에 있는 대륙전기라는 작은 회사에 입사했다. 그런데 며칠 있다가 사무실에서 오라고해서 갔더니 원풍에 다녔냐고 물어봐 그렇다고 했다. 과장에게 무슨 문제가 있냐고 물어봤더니, 경찰서에서 원풍에 다닌 사람은 빨갱이라는 전화가 왔다고 했다.

그러나 과장이 딱히 나가라는 이야기는 안 해서 그냥 출근했다. 경찰은 회사로 계속 전화를 해서 나를 감시하며 괴롭히더니 반년 정도 지나자 감시가 덜하게 되었다. 회사가 해고하지 않아 계속 근무를 하다가 89년에 결혼을 하고 나서야 경찰의 감시망에서 벗어날 수 있었다.

나는 가공과 순주와 같이 안양에 살면서 원풍 모임에 꾸준하게 나올 수 있었다. 우리들이 이렇게 긴 시간 만나는 것은 원풍에서 4박5일 동안 단식농성을 하면서 폭력에 의해 강제로 끌려 나온 동질감 때문이라고 본다. 원풍 사람들은, 만나면 세상을 크게 보고 더 멀리 볼 힘을 나오게 하는 원천이다. 서로가 서로를 걱정해주고 챙겨주는 것이 어떤 모임하고도 다른 점이다. 노동조합을 통해 더불어 잘사는 것을 배웠기 때문에 가능한 일이라고 생각한다. 나는 2년 3개월의 짧은 원풍 근무기간 동안 평생을 사는데 원동력이 되는 근본정신을 배웠다.

민 주 화 운 동 가

민주화운동 인증서를 우편으로 받고는 그동안 감시받고 힘들었던 지난날들이 떠올라 여러 생각으로 마음이 복잡했다. 그 동안 빨갱이라는 낙인에 짓눌려 살아왔는데, 이제는 민주화운동을 했다고 인증서도 받고 생활지원금도 받았으니 얼마나 기쁘고 좋은 일인가.

오랜 기간 동안 우리들을 이끌어주고 보듬어 주어 지금까지 잘 살았다는 그 말을 집행부 언니들에게 꼭 하고 싶다. 가족들에 대한 생각도 안 날 수가 없다. 남편은 내가 원풍모임에 다닐 수 있도록 배려를 해 주었다. 오빠와 언니는 그동안 빨갱이라는 누명을 쓰고 살았던 내가 인증서를 받았다고 하니 자기 일처럼 좋아했다.

아무리 생각해봐도 원풍을 만난 것은 내가 한 일 중에 가장 자랑스럽고 잘 한 일이라고 생각된다. 원풍은 '뭣이 중한 지'를 일깨워 준 스승과 같은 곳이다. 나는 생을 다하는 날까지 원풍을 다닌 자긍심을 가지고 살 것이다. 그 자긍심으로 나만이 아닌 다른 사람과 더불어 잘 사는 사회를 만드는데 보탬이 되도록 살아갈 것을 다짐한다.

123

내 안의 중심축

지 명 환

_____충북 진천에서 1959년 12월 1남4녀 중 장녀로 태어났다. 1980년 6월 원풍모방에 입사했으나 1982년 9월 27일의 농성사건으로 10월 7일 해고되었다. 해고 후 1983년에 빠이롯트 만년필회사에 입사하여 1984년 3월 노동조합 후생부장으로 선임되었다. 그러나 6월 9일에 해고되어 출근투쟁을 하다가 성동경찰서에서 구류를, '청계노조합법성쟁취대회'에 참여해 동대문경찰서에서 구류를 살았다. 그해 10월 성수동 새한전자에 입사하여 1987년 3월에 노동조합을 결성했으나 5월 18일에 해고되었다. 동부노련 위원장을 역임했다.

꿈 을   찾 아 서

충북 진천에서 농사일을 하던 아버지는 1959년 12월, 내가 태어나자 천원을 손에 쥐고 서울로 분가했다고 한다. 미아삼거리에 작은 월세방을 얻고 자전거 한 대를 사니 빈주먹이었단다. 초등학교와 서당 정도를 다녔던 아버지가 할 수 있는 일은 한약을 사고파는 일이었단다. 눈이 오나 비가 오나 경동시장에서 종로를 오가며 일을 하던 아버지에게 자전거는 발이었다. 어스름한 저녁에 집에 오면 아버지는 늘 자전거 앞뒤에 우리를 태웠다. 동네에 있는 고등학교 운동장을 돌면서 "공부 열심히 하면 미국 유학 보내 줄 거야!" 그 말은 우리가 자라는 내내 귓바퀴를 맴돌았다. 집안 행사에는 맏딸이던 나를 언제나 앞세우고 다녔는데, 그래서인지 어린 계집아이인 데도 어른들에게 대우를 받았다.

내가 10살이 될 때까지 줄줄이 여동생 셋이 태어나 딸 부잣집이었는데, 다음해

남동생이 태어났다. 그러나 어린 핏덩이는 내 자리를 대신하진 못했다. 어릴 땐 주변 어른들의 대우를 받는 것이 내가 대단한 아이라 그런 줄 착각했다. 어른이 되어서야 부모님 때문이란 걸 알았고, 그 덕에 나는 자존감이 강한 아이로 성장할 수 있었다.

성실한 일개미였던 아버지는 내가 초등학교 3학년이 되던 해 집을 장만했고, 경동시장에 한약 건재상도 열었다. 나와 둘째동생이 중학교를 다닐 때까지 세상 부러울 것 없었다. 그러나 운수업에 손을 댄 아버지의 실패는 우리 집을 무너트렸고 빚잔치로 끝을 냈다. 진학을 포기하겠다고 했을 때, 아버지는 나를 설득하며 처음으로 눈물을 보이셨다. 선생님이 야간 학교라도 다니라며 사무실을 소개해 줬지만 쉽지 않았다. 6시 퇴근하고 집에 오면 대입 검정고시 공부를 했는데, 독학이 쉽지 않아 3년이나 걸렸다.

대학 입학 준비하던 걸 때려치운 건 우연히 보게 된 유인물 때문이었다. 경기도에 있는 삼성 계열 공장의 여공 6명이 노동조합을 결성한 내용이었다. 회사 측은 회유와 협박, 폭력 끝에 겨우 15살에서 18살인 그녀들을 해고했다. 대학을 졸업하고 사회부 신문기자가 되는 게 꿈이었던 19살의 나는 혼란스러웠다. 도대체 노동조합이란 무엇일까? 주변에 물어 볼 사람이 없어 도서실을 드나들며 책을 찾았다. 『동학혁명』, 『말콤 엑스』 등 닥치는 대로 읽다가 '전태일'을 알게 됐다. 세상은 불합리하고 평등하지 않구나, 법 없이도 살 사람이란 얘길 들으며 성실하게 사는 부모님이 고생하는 건 세상이 잘못된 것 아닌가, 그런 세상을 바꾸려면 공장에 가서 노동조합을 만들어야 된다는 생각이 들었다. 유인물 한 장은 내 꿈과 인생을 바꾸는 계기가 되었다.

이력서를 들고 무작정 구로공단에 갈 때는 금방 취업이 될 줄 알았는데, 일주일을 돌아 다녀도 매번 면접에서 떨어졌다. 부모님과 선생님이 적극 만류했는데, 고집을 부렸던 나는 코가 석자나 빠졌다. 그때 원풍모방에 근무하는 사촌언니를 만났는데, 그렇게 공장에서 일하고 싶으면 소개해 주겠다고 했다.

1980년 6월, 사촌언니의 소개로 21살에 원풍모방 직업훈련생 2기로 취업이 되었다. 3개월 동안 아침 9시 정사과 2층 교육실로 출근해 오후 6시 퇴근을 했다. 그곳에선 각 부서에 대한 작업 공정을 교육했고, 노동조합 부지부장도 두 번 정도 교육을 했다. 9월에 우리는 각 부서로 배치 받았는데, 동기생 한 명과 나는 정방 C반이었다.

기숙사에서 만난 언니

TV 뉴스시간에 봤던 방적기계를 내 눈 앞에서 보다니! 2m가 넘을 것 같은 높이에 15m가까운 길이의 거대한 기계가 일렬로 늘어서 있는 건 장관이었다. 높은 기계 위에서 풀어지는 실은 맨 아래 실패로 얼마나 빠르게 감기는지 실이 보이지 않았다. 그 거대한 기계들 사이를 빙빙 돌며 끊어진 실을 이어주는 사람들이 경이롭게 보였다.

나와 동기생은 비를 들고 바닥을 청소하고, 지관을 크기와 색깔별로 정리해 쌓는 일을 했다. 내 뒤로 직업훈련생이 들어오면 우리도 하얀 앞치마를 두르고 기계를 볼 수 있겠지. 그러나 그 꿈은 이루어지지 않았다. 회사에선 우릴 끝으로 직업훈련생도 양성공도 뽑지 않았기 때문이다. 결국 2년 3개월 동안 청소만 하다 해고되었다.

노동조합에 대한 막연한 동경과 꿈을 갖고 입사는 했지만, 무엇을 어떻게 해야 되는지 알지 못했다. 현장에서 일하며 주변 언니들에게 물으니, 내가 근무하는 원풍의 노동조합이 당시 민주노조의 중심이라고 했다. 하지만 그것이 무슨 말인지는 이해하지 못했다. 부서 언니들은 신입인 우리를 병아리 보듯 예뻐했지만, 기계를 보느라 얘기할 틈이 없었다. 단순노동을 하는 나는 근무시간이 여유로와 틈만 나면 다른 부서 구경을 다녔다. 남자들만 근무하는 공무과만 빼고 전 부서를 구경할 수 있었다.

기숙사가 궁금했는데 총무과에선 집이 서울이라 입소시켜 주지 않았다. 길음동에서 대림동까지 너무 멀어 3교대 맞추기가 어렵다고 졸랐다. 사실 새벽 4시 통금해제 시간에 나와 6시 출근을 했고, 밤 10시 퇴근하면 12시 통금에 걸릴까봐 발을 동동거렸다. 겨우 기숙사 입소를 허락받아 11월에 들어가게 되었다. 이불 보따리를 들고 회사까지 따라온 엄마는 걱정이 태산인데, 나는 여인 천국 '아마조네스'의 생활에 잔뜩 들떠 있었다.

우리 방엔 직포과 상집간부인 박순애 언니와 직포 준비 대의원인 장남수 언니가 있었다. 기숙사가 좋았던 건 현장과 달리 많은 사람을 알게 되고 얘기를 들을 수 있는 거였다. 무엇보다 궁금했던 노동조합 이야기를 들을 수 있어 좋았다. 하

지만 부모님의 걱정은 컸고, 엄마는 매주 세탁물을 가지러 오고 갖다 줘서 한 달
만에 기숙사를 퇴소해야 했다.

한 달 기숙사 경험을 통해 내가 얻은 것은 많았다. 기숙사에 들어가지 않았다
면 노동조합을 이해하는데 오랜 시간이 걸렸을 것이다. 사람들이 대부분 소모임
을 하고 있다는 걸 알게 되었고, 탈춤반을 알았다. 남수 언니는 탈춤반 친구들을
소개해줬고, 다양한 분야의 사람을 만나러 갈 때 나를 데리고 다녔다. 남수 언니
를 만난 건 나에게 행운이었다. 언니는 내가 넓은 곳으로 뛸 수 있게 한 징검다리
였다.

내가 기숙사를 나오고 얼마 안 된 12월 말, 노동조합 상집간부 전원이 계엄사
합동수사본부에 끌려갔다. 해를 넘겨 1981년 1월엔 부장급 상집간부 중 이무술
만 빼고 모두 해고되었다. 남자간부 4명은 깡패들만 잡아 간다는 삼청교육대에
끌려갔다고 했다. 현장에는 양복 입은 정체 모를 남자들이 돌아다니며 위압적인
분위기를 조성했다. 사람들은 뒤숭숭한 분위기에 불안해하면서도 여차하면 들고
일어날 것처럼 살벌했다. 기숙사생들은 군인들의 감시를 받으며 짐을 꾸려 떠나
야 했던 간부들 얘기를 현장에 와서 전했다. 노동조합 사무실에 가면 혼자 왔냐
며 얘기를 나누던 한상분 부지부장, 내가 따르던 남수 언니가 해고라니? 회사에
서 다시는 볼 수 없다는 사실을 믿을 수 없었다.

봄이 되자 회사에서 전 조합원을 4박5일씩 양평에 있는 수련원으로 새마을교
육을 보냈다. 다른 회사에서 온 사람들과 강의를 듣고 토론한 뒤 조별 발표를
하게 했는데, 그들은 노동조합이 무엇인지도 몰랐다. 나도 원풍모방에 입사하기
전까지는 저들과 똑 같았다는 생각에 우리 노동조합에 대해 얘기하면 신기한 듯
들었지만, 거기까지였다.

회사에서는 전 조합원을 대상으로 '교양교육'을 몇 차례 시도했는데, 외부에
서 강사를 데려왔다. 조동춘이란 여자 강사가 '사랑받는 아내의 교실'이란 강의
를 하는데, 식당 여기저기서 '똑똑' 볼펜소리가 나더니 '딱딱' 껌 씹는 소리도 들
렸다. 그것은 조합원들의 노골적 거부이며 무언의 항의였다. 노동조합에선 노동
의 역사나 정치, 정세에 대한 교육을 했는데, 회사에서 주최한 강의는 수준 이하
였던 것이다.

다음해 봄, 성남에 있는 주민교회에서 광주 5·18 때 독일 기자가 찍은 비디오

를 상영한다는 얘길 듣고 친구와 찾아 갔다. 저녁 7시쯤 사람들이 방안 가득 들어차자 두꺼운 커튼으로 창을 가리고 비디오를 틀었다. 어두운 화면엔 헬기소리와 총소리, 사람들의 비명이 뒤섞였다. 건물 유리창이 산산조각 나고, 비디오 화면도 흔들렸다. 충격으로 온몸에 전율이 일었는데, 상영이 끝나고 불이 켜졌을 때 사람들은 한참 동안 아무 말이 없었다.

직업훈련생 때 전두환 계엄군이 민주주의를 외치던 광주시민을 총칼로 무자비하게 도륙한 5·18에 대해 들었다. 계엄군의 통제를 받고 있던 언론이 외면한 진실을 노동조합에서 알려준 것이다. 광주시민을 돕기 위한 모금에 훈련생들도 동참했다. 노동조합에선 모금한 470만원을 광주의 윤공희 대주교에게 전달했다고 했다. 기록영상을 보니 노동조합에서 우리에게 얘기한 것은 사실이었고, 훨씬 더 참혹했다.

입사하고 나서 노동조합 사무실을 들락거릴 때 방용석 지부장과 박순희 부지부장은 한 번도 보지 못했다. 그분들이 보이지 않는 건 5월 초 여의도 노총회관에서 노동자궐기대회를 주도한 것과 5·18 성금 때문에 정화 대상자로 수배가 떨어져 도피중이라고 했다.

잠잠하던 회사가 느닷없이 생산성 향상과 원가절감운동을 하라고 했다. 그것을 Q.C 활동이라 했는데, 사람들은 팔에 달라고 준 동그란 마크를 뒤집어 달고 다니며 항의했다. 담임들은 제안서를 내라며 매번 독촉했지만 호응하는 사람이 없었다.

문화선전대 탈춤반

1979년 3월 10일의 근로자의 날, 노동조합에선 대학생 탈춤반을 초청해 조합원들에게 공연을 보여 주었다고 한다. 그 이후 탈춤반을 결성했는데, 일반 소모임과 달리 전 부서를 망라해 규모가 컸다. 노동자 문화운동의 필요성을 가지고 만든 모임이라 노동조합이 직접 지원했다. 나는 1981년 초에 탈춤반 5기생으로 입단했다. 1박2일 수련회를 가면 탈춤의 역사나 민중적 문화운동에 대해 공부하고 토론했다. 우리는 탈춤반이 '문화선전대'로 노동조합에 어떤 역할을 해야 하는가를 고민했다.

그런데 회장 정해자와 연구부장 최점순 등 당시 탈춤반의 핵심이었던 몇 명은

9·27사건이 났을 때 회사 측에서 요구한 굴욕적인 각서를 쓰고 현장에 돌아갔다. 일반 조합원들에겐 큰 충격이었고, 나는 그것이 내 책임인 것 같아 마음고생을 했었다.

전두환 정권은 민심을 체육이나 문화에 돌리기 위해 기를 썼다. 그래서 3S(스포츠, 스크린, 섹스)라는 말도 나왔는데, 여의도 '국풍 81' 축제를 한다고 대대적으로 홍보했다. 탈춤반에선 '우리도 나가 노동자의 목소리를 내자'고 했다. 그러나 그것은 대학생들의 축제였다. 세상에 노동자들을 위한 무대는 없었던 것이다. 그때 산업선교회에서 '노동자문화제'를 한다며 원풍 탈반에게 공연 요청을 했다. 수배가 풀려 돌아온 방 지부장이 '조선방직쟁의'를 제안했다. 우리는 한국노동운동사를 공부하며 1953년 이승만 정권 시절의 쟁의로 대본을 만들기로 했다.

탈 제작은 당시 홍익대학 미대에 다니던 김원호 형이 도와주었다. 원호 형은 다음해 9·27 때 부모님이 운영하던 슈퍼의 물건을 자전거로 실어와 농성장에 전해 달라며 두고 갔단다. 그러나 당시 식당도 폐쇄해 물도 못 먹게 했던 회사가 그런 물건을 전해줄 리 없었다. 방직공장 기계 효과음은 연출을 도왔던 연세대 이상훈 형이 꽹과리에 엽전 꾸러미를 넣어 흔들자는 제안을 했다. 이런 과정을 통해 무대에 올린 〈조선방직쟁의〉는 관객들에게 큰 호응을 얻었다. 가톨릭전국지도자대회의 초청을 받았을 땐 노동조합에서 관광버스를 대절해 주어 전주에 내려가 공연했다. 다음해 8월 수유리 한신대학에서 기독청년회 초청을 받아 공연할 땐 한여름 밤 비가 오는 데도 대학생들의 호응과 환호가 대단했다.

탈춤반 활동과는 별개로 다들 소모임을 한 두 개씩 하고 있어 부러웠다. 나도 소모임을 하고 싶었지만 가입을 권하는 사람도 없었고, 내가 조직할 줄도 몰랐다. 옆 부서인 전방의 황선금 언니와 장석숙 언니에게 물었다. 언니들은 반장이라 자유로웠던 것도 있지만, 숙련공으로 원풍노동조합에 대해 모르는 것이 없었다. 궁금한 걸 물으면 경험담을 토대로 많은 것을 알려줘서 언니들의 얘기를 들으면 시간 가는 줄 몰랐다.

농 성 장 에 온 아 버 지

1982년 9월 27일 월요일, 나는 야근반이었지만 아침부터 노동조합 사무실에 있었다. 11시쯤 B반 대의원들이 회의를 한다고 들어오기에 식당으로 자리를 옮겼다. 책을 보고 있는데 11시경 한 떼의 남자들이 몰려왔다. 어수선하기도 했지만 왠지 싸한 분위기에 밖으로 나왔다. 그때 운동장으로 향하는 복도 끝에 기세등등하게 몰려오는 사람들이 보였다. 김준호를 비롯한 각 부서 담임들 속에 반장인 강정순 등 여자들 서너 명이 섞여 있었다. 그 뒤를 몽둥이를 든 수많은 남자들이 따라왔다.

그때부터 우리 모두가 알고 있는 상황이 벌어졌다. 회의를 하고 있던 B반 대의원들이 순식간에 끌려 나왔고, 이옥순 총무의 머리에선 피가 흘렀다. 정 조합장과 경리는 폭력배들에게 감금되었고, 울분을 참지 못한 박순애 부조합장이 주먹으로 유리창을 내려쳐 손을 다쳤다. 옆 사람과 엇갈려 팔짱을 끼고 노조 사무실 문을 막아선 폭력배들은 자칭 '구사대'라며 조합장의 사표만 받으면 된다고 했다. 그때 카메라를 들고 방송국 기자들이 몰려왔고, 계영우를 비롯한 회사 사원들도 보였다.

외부에 알려야 한다는 생각에 식당 뒤 펜스 담을 넘었다. 공중전화를 찾아 산업선교회에 연락하고 다시 담을 넘어 오니 기숙사생들과 2시 출근반이 모여들었다. 그러자 폭력배들은 식당의 긴 탁자를 끌어다 노동조합 사무실 앞에 겹겹이 바리게이트를 쳤다.

폭력은 규탄하되 파업은 안 된다는 집행부 방침에 따라 이틀 동안 교대로 근무하며 농성을 했다. 추석휴무로 들어가는 3일째부터는 650명이 농성에 합류했다. 정사과를 농성장으로 택한 건 지금 생각해도 탁월한 결정이었다. 농성의 중심에 있던 양승화 부조합장의 심정을 우리는 짐작할 수 없었다. 그러나 각자의 역할을 찾아 치밀한 계획으로 우리를 도발하는 저들에 맞서야 한다는 건 알았다. 신문기자들이 몰려왔는데, 운동장으로 향하는 문을 지키던 우리가 왜 왜곡된 보도를 하느냐고 따졌다. 기자들은 TV 방송과 달리 사실보도를 못해도 취재는 해야 된다며 미안해 했다.

농성장에 설치된 스피커에선 시골이 고향인 친구들의 감성을 자극하는 〈고향의 봄〉 노래를 틀어댔다. 하루 종일 똑 같은 노래를 들으면 누구라도 진저리가 처질 것이다. 사람들이 귀를 틀어막으며 힘들어 하자 차언년이 가위로 스피커 선을 잘랐다. 여기저기서 박수를 치며 조용하니 살 것 같다고 했다.

추석을 앞둔 가을이라 농성장은 추웠고, 우리는 서로 부둥켜안으며 견디고 있었다. 그런데 4일째부터 농성장이 더워지기 시작했다. '쉭쉭' 하며 스팀이 무서운 열기를 뿜어냈고, 동료들이 축축 늘어졌다. 회사에서 농성을 중단시키려는 의도로 스팀을 강하게 틀어댄 것이다. 팔다리가 뒤틀리는 동료를 주변에서 주무르고 난리가 났다.

고향에 계신 부모님이 위독하다는 거짓말을 확성기로 반복하는 등 회사는 심리전을 폈다. 어떻게 동원했는지, 시골에 있는 부모형제들이 농성장에 들어왔다. 딸과 동생의 이름을 부르며 찾는 가족들로 아수라장이 되었다. 가족을 앞세워 농성장에 들어온 폭력배들은 동료들을 끌어냈다. 우리는 끌려가지 않으려고 실을 담았던 마대자루를 찢어 끈을 이어 길게 만들었다. 그리고는 비장한 마음으로 서로가 서로의 몸을 이어가며 묶었다.

저녁 무렵 농성장에 나타난 아버지를 내가 먼저 발견했다. 동료들 보기 창피해 마룻바닥에 코를 박으며 나를 숨겨달라고 했다. 얼마나 시간이 흘렀을까. 내 뒷덜미를 잡아채서 고개를 드니 아버지였다. 똑같은 작업복을 입고 얼굴을 숨긴다고 찾지 못할까, 단발머리에 교복을 입은 수백 명이 운집한 운동장에서도 뒤통수를 보고 찾았던 아버진데. 함께 들어온 4명의 남자들은 파닥거리는 내 팔다리를 잡아 떠메고 나와 회사 앞에 대기하던 택시에 던졌다.

한밤중 동네가 떠나가도록 마당에서 길길이 뛰자, 엄마와 동생들은 안방에서 숨죽이며 나오지도 못했다. 아버지는 마루 끝에 앉아 애꿎은 담배만 연신 빨아대며 얘기하셨다. "니들이 농성을 시작한 날부터 TV뉴스 시간마다 나오더라. 원풍노조 간부는 도산 회원으로 북의 지령을 받고 있다, 조합원을 감금해 굶겨 죽이려 하는데 목적은 회사 도산이다." 사실이든 아니든 고집 센 딸 걱정에 회사에 오셨단다. 전투경찰이 겹겹이 둘러싸고 형사들과 기자들은 인산인해라 사태가 심상치 않다고 생각했단다. 그들은 가죽점퍼에 선글라스를 쓰고 온 체격 좋은 아버지를 기관에서 나온 줄 알고 술술 얘기하더라나.

"내가 아침부터 종일 있으며 농성장도 두 번이나 들어갔다 나왔다. 오늘 밤이 D데이라는 데 어떻게 그냥 나오냐?"

"그럼 우릴 다 데리고 나오지. 딸도 많은데 하나 정도는 노동운동하다 죽게 놔두지!"

자식으로 해서는 안 될 말까지 하며 펄펄 뛰니 "니가 유관순이냐?"며 아버지는 어이없어 했다. 나중엔 '지금 가봐야 다 끝났을 테니 날 밝거든 가라'며 달래셨다. 그날 이후 아버지는 앞으로 내가 어딜 가는지, 누구와 갔다가 언제 돌아오는지, 솔직히 말해달라고 하셨다. 무슨 일이 생기면 시체라도 찾아야 할 것 아니냐면서. 나는 원풍 9·27 이후 10여년 노동운동을 하다 결혼할 때까지 아버지와 한세 가지 약속을 지켰다.

출 근 투 쟁 과   집 회

날이 밝자 영등포산업선교회에 갔는데 예상대로 동료들이 그곳에 있었다. 새벽에 끌려나와 농성하던 그대로 작업복 차림이 대부분이었다. 노조간부들 전원에겐 수배가 내려졌고, 회사는 10월 6일까지 추석휴무를 연장한다는 공고를 했다. 휴무기간 동안 동료들은 수배중인 각 부서 상집간부를 만나러 다녔고, 흩어진 동료들에게 소식을 전했다.

10월 7일, B반을 선두로 약속된 시간에 회사 앞에 모였다. '출근하자!'는 구호를 외치며 미리 준비한 머리띠를 꺼내 이마에 둘렀다. 그러나 굳게 닫힌 회사 정문은 열 수 없었고, 폭력배와 전투경찰을 뚫을 수도 없었다. 모두 그 자리에 주저앉아 연좌농성을 했다. 간부에게 받아온 '원풍 폭력사태를 규탄하는 성명서'를 김미숙이 읽었다. 정문 앞에는 38명의 이름이 적힌 공고가 붙었는데, 내 이름도 있었다. 9·27 농성 관련 해고자 명단이었다.

회사에선 출근하고 싶은 사람은 앞으로 노조활동을 하지 않겠다는 각서에 서명하라고 했다. 도대체 무슨 귀신 씨나락 까먹는 소리란 말인가? 회사앞 도로 건너편과 양옆 보도에 있던 조합원들은 우리가 선창하면 후창으로 답했다. 오후 2시엔 영등포산선에서 '원풍모방 사태에 대한 집회'가 예정돼 있어 연좌농성을 마무리하고 영등포 사거리를 향해 행진했다. 영등포 사거리엔 시민과 대학생들로 인산인해를 이루었고, 시위가 가열되면서 많은 사람들이 연행되었다. 그날 여현호를 비롯한 대학생 4명이 구속되었고, 우리 조합원들도 구류를 살았다.

10월 13일, 두 번째 출근투쟁 때는 치열한 몸싸움이 벌어져 몽둥이와 군홧발에 다친 사람이 많았다. 경찰버스 2대에 200여 명이 빼곡히 실려 남부경찰서로 연행되어 강당에서 1박2일 동안 조사를 받았다. 날밤을 새며 투쟁가를 불렀고, 경찰들이 저지하면 애국가를 부르며 기 싸움을 했다. 대의원 김숙자 언니와 차언년이 출근투쟁을 주도했다는 혐의로 구속되고, 여러 조합원들이 구류를 살았다.

11월 13일, 서교동교회에 모여 집회를 주도하기로 한 상집간부 한 명을 기다리고 있었다. 그런데 도곡동 아파트에 모여 있었던 노조간부 전원이 연행되었다는 청천벽력 같은 소식이 전해졌다. 간부들이 연행됐어도 예정대로 집회를 하자며 플래카드를 들고 나서는 측과 중단하자는 의견으로 나뉘었다. 그러나 전의를 상실한 동료들이 더 많았다.

연행된 간부들 중 6명은 구속되고, 나머지는 구류를 살고 나왔다. 산업선교회에서 공동생활하며 뜻이 통하던 10명은 이대론 억울하다는 생각을 했다. 용산에 있는 국제그룹사옥이나 야당 당사 점거농성을 하자고 했다. 세상이 모르고 언론이 왜곡하는 사실을 알려야 한다며 분기탱천했다. 그러나 산선 실무진과 노조간부들은 우리를 말리며 감시해 실행에 옮길 수 없었다. 간부들이 구속되고 나자 산선 측의 태도가 변했다. 방마다 문을 잠그고 추운 겨울인데도 난방비 아낀다며 보일러를 틀지 않아 냉방이었다. 나중에는 지하 강당을 쓰라고 해서 그곳에서 생활했다.

12월이라 우리는 크리스마스 카드와 연하장을 만들어 성당이나 교회, 국회의원 사무실을 찾아가 팔았다. 공동생활 비용에 보탬이 되고자 만들긴 했지만, 상품으론 조악했다. 찾아가면 사주긴 했지만 문을 나설 때는 뒤통수가 화끈거리기도 했다. 돌아다니다 보면 밤늦게 올 때도 있는데, 산선 실무진이 대문과 현관문을 걸어 잠갔다. 한번은 함박눈이 펑펑 쏟아졌는데 아무리 흔들어도 문을 열어 주지 않았다. 그래 이곳도 우릴 외면하는구나, 세상에 노동자 편은 없구나, 돈한 푼 없는 우리는 골목 앞 넓은 도로에서 춤을 추고 노래를 부르며 새벽까지 버텼다.

산선에서 우리를 나가라며 노골적인 행동을 한 것이다. 집행부에선 산선 실무진들과 몇 차례의 대화를 하였지만, 소용없었다. 1983년 1월 19일, 산선과 결별하고 공동생활 해산식을 하는 강당은 침통했다. 탈춤반은 조합원들 앞에서 마지막 공연을 했고, 강당은 눈물바다가 되었다.

집에 있는데 회사에서 퇴직금을 수령해 가라는 우편물이 날아왔다. 강제해고를 당하고 간부들이 구속된 상황에 퇴직금이라니? 구속자들이 나올 때까지 퇴직금을 수령할 수 없다며 공탁을 걸라고 했다.

성수동에서 새로운 꿈을 꾸며

최금숙과 나는 블랙리스트를 피해 멀리 떨어진 강북지역에서 민주적인 노동조합을 조직하기로 했다. 해산식을 끝내고 곧바로 성수지역의 작은 전자회사에 취업해 3개월을 다녔는데 신분이 노출되지는 않았다. 자신감을 가지고 볼펜, 샤프, 만년필을 만드는 빠이롯트에 원풍 경력을 감추고 입사했다. 금숙이는 3과, 나는 4과였다. 작업장은 기름과 탈취제로 인해 머리가 아팠고, 프레스 기계는 손가락이 까질까봐 겁이 났다. 모나미와 함께 문구업계 최고라는 명성과 달리 열악한 환경으로 임금도 낮았다. 이직률이 높다 보니 공고나 상고와 결합해 일손을 채웠지만, 미성년자인 그들을 보호하는 제도는 없었다.

그해 8월 광복절 특사로 구속된 간부 8명이 석방되자, 여주 신륵사로 환영식을 겸해 놀러갔다. 신륵사를 다녀와서 금숙이와 나는 향후 활동을 공유하기 위해 방 지부장을 찾아가 빠이롯트에 입사한 것을 얘기했다. 9·27 1주년이 되는 가을엔 방 지부장 집에서 조합원들이 모였다. 구속된 간부들이 모두 나왔으니, 앞으로 좋은 일만 생길 것 같았다.

빠이롯트는 800명 정도 근무하는 큰 공장이었는데, 원풍과 달리 남자가 대부분이었다. 4과는 200명 정도 근무하며 4파트로 나뉘었는데, 여자는 15명 정도였다. 그런데 계장 최상호는 어린 여공들을 마음대로 농락했고, 늘 잔업과 특근을 시켰다. 1년 정도 지나자 동료들과 쌓였던 불만을 주임과 계장에게 얘기했다. 해결이 안 되자 단체로 결근을 했고, 회사 내에서 그 사건은 이슈가 되었다. 몇 달 뒤 대의원대회에서 윤원이가 10년 만에 물러나고 문흥수가 위원장에 당선되면서 나는 후생부장이 되었다.

그러자 회사는 나를 주목하기 시작한 것 같다. 점심시간이면 운동장에 부서 사람을 모아 놓고 빨갱이 불순분자가 회사를 망치기 위해 들어왔다며 입에 거품을 물었다. 나는 빨갱이도 아니고 노동조합은 우리를 위해 필요한 거라고 외쳐야 되는데, 그러지 못해 매번 갈등했다. 사람들이 돌변해 몽둥이를 들고 달려들 것 같아 겁도 났다. 유병갑 상무는 나를 회유하다 안 되니 서류를 꺼내 보여주었다. '원풍 지명환'이라는 이름이 또렷이 있었다. 말로만 듣던 블랙리스트가 존재했던 것이다.

매일 출근투쟁을 하며 부낭해ㄴ와 노동조합의 필요성에 대한 유인물을 만들어 배포했다. 탈의실에서 배포하던 금숙이가 성동경찰서로 연행돼 조사받다 원풍 출신임이 드러나 해고되었다. 종로에서 천호동까지 유인물 1천부를 혼자 나르며 회사 주변에 배포하다 성동경찰서에 연행되어 구류도 살았다. 해고 철회를 위해 지방노동위원회, 중앙노동위원회에 제소하여 법적 다툼이 1년 넘게 이어졌다.

1984년, 차언년과 '청계피복노동조합 합법성쟁취대회'에 참석했다가 동대문경찰서에 연행되어 구류를 살았다. 다시 성수동에 있는 공장에 취업했는데 원풍과 빠이롯트 근무는 숨겨야 했다. 연탄가스 배출기 만드는 곳으로 300명 정도 일하는 작은 공장이었다. 식당이 없어 지하에 있는 탈의실에서 사람들이 도시락을 싸가지고 와 먹었다. 형광등 불빛은 침침했고 창이 없어 환기가 안 되니 먼지와 곰팡이 냄새가 진동했다. 옷을 갈아입거나 도시락을 먹고 있으면 쥐가 지나가 사람들이 비명을 질렀다.

1984년 1월, 신길동 삼호빌라 101호에 '원풍의 집'이 생겼다. 아무 때나 우리들이 모여 떠들 수 있고 쫓겨날 이유도 없는 공간이다. 한국노동자복지협의회(노협)와 함께 사용한 이 집은 9·27사건 발생 전에 노조에서 기금을 조합원들에게 풀었다가 다시 모금하여 마련한 공간이었다. 빠이롯트에서 근무하며 나는 노협 문화부에서도 활동했다. 문화부장은 콘트롤데이터 박영선 언니, 연구부장은 동일방직 정명자 언니였다. 원풍에서는 황영애, 차언년과 내가 함께 했고, 청계피복 등 70년대 민주노조 사업장 탈춤반이 모두 모였다.

우리는 홍제동성당 마당을 빌려서 하는 노동절 행사나 각종 집회에서 공연을 했다. 각 사업장에서 불렀던 노동가나 투쟁가를 두 권이나 책으로 만들어 냈고, 직접 부른 노래로 카셋트 테이프를 만들어 판매도 했다. 각 사업장에서 공연한 탈춤대본을 책으로 엮기 위해 모으기도 했는데, 출판을 담당한 사람이 조직사건에 연루되면서 모은 자료를 모두 정보기관에 빼앗겼다. 참으로 귀한 자료여서 지금까지도 안타깝게 생각한다.

2년 정도 근무하며 소모임을 조직해 노동조합을 결성하게 됐는데, 보호받을 장소가 필요했다. 방 지부장의 소개로 금속노련 사무실에서 결성식을 했다. 15일 정도 지나 노동조합 신고필증이 나왔다. 회사가 발칵 뒤집혀서 노조간부로 이름을 올린 동료들은 매일 사무실에 불려가 시달렸다. 사장은 내가 원풍과 빠이롯트에서 해고된 걸 안다며 일본 협력업체 파견을 제안했다가 거절하자 해고했다.

한 달 넘게 버티던 동료들은 결국 노동조합을 해산했고, 나는 출근투쟁과 법적 구제를 위한 싸움을 할 수밖에 없었다.

다시 현장에 들어가려고 준비하는데, 선배들이 한국노동자연합 일을 제안하며 공간으로 사용할 전세방을 지원해줬다. 회원들과 왕십리역 근처에 방을 얻어 '한터'라고 이름을 지었다. 회원이 늘어나고 규모가 커지자 '한노련 동부지부'로 명칭을 바꾸었다. 사무실은 성수역 근처에 월세로 얻고 원풍 탈춤반을 지원했던 '진영'팀과 연합해 실무진을 구성했다. 회원과 준회원이 늘어나면서 지역의 사업장 가입도 늘었다. 사업장을 실무적으로 지원하고 문화패를 결성, 지원하여 노동단체로 자리 잡았다.

부 모 님 에 게   바 치 는   증 서

10여 년 동안 노동운동을 하며 현장 활동을 자신감을 갖고 했는데, 반합법 단체를 이끌어 가는 건 힘이 들었다. 당시 전국적으로 득세하던 주사파와 각 정파의 노선 싸움으로 하룻밤 자고 나면 자료가 눈덩이처럼 쌓였다. 실무진인 우리는 무보수로 버텼지만, 사무실을 운영하면서 월세를 포함해 지출하는 돈이 만만치 않았다. 별별 장사를 다하면서, 때론 내가 노동운동을 하고 있는 건지 장사를 하고 있는 건지 회의가 들기도 했다. 양태숙을 여러 번 찾아 갔는데 흔쾌히 물건을 팔아줘서 고마웠다. 이념에 치이고 경제적으로 힘들어 1년 정도 휴직기간을 갖던 중 1992년 3월, 생각도 안한 결혼을 했다. 남편은 11년을 친구로 지낸, 뜻을 같이 하던 동지였다.

'민주화운동 관련자 명예회복 증서'를 받았다. 지난 세월 나의 모든 것들이 한때의 추억으로 끝나지 않고 역사가 되었다. 국가는 원풍모방노동조합을 폭력으로 침탈하고 우리를 해고시켰다는 걸 시인한 것이다. 원풍 조직에서 끈질기게 자료를 모으고 노력했기 때문에 가능한 일이었다.

'증서'를 받고 가장 먼저 부모님이 생각났다. 10여 년 동안 수시로 집에 찾아오던 서울시경 형사와 대공과 형사들을 상대했던 부모님. '니들이 정치를 잘하면 내 딸이 왜 그러고 다니겠냐'고 따지셨던 아버지. 매번 내 방에 있던 책이나 자료를 장독에 숨겼던 엄마.

생활지원금은 받지 못했는데, 조직에서 포기하지 않고 민사소송을 걸었다. 또 다시 오랜 법적 다툼이 있었고, 결국 나와 동료들은 승소해 일정액의 배상을 받았다. 학생운동 출신으로 노동운동을 했던 남편도 '증서'를 받았지만, 감옥 생활에 대한 배상을 받진 못했다. '이것이 원풍의 힘'이라고 남편에게 으쓱했다. 배상금을 받으면 부모님을 좋은 곳에 여행 보내드려 내 마음의 빚을 조금이라도 갚고 싶었다. 그러나 치매를 앓고 있는 엄마 앞에서는 자랑거리를 들고 눈물을 흘릴 수밖에 없었다.

눈시울이 붉어진 아버지는 고개를 들지 않으셨다. "니들은 아직도 모여서 뭐하냐?" 서울에 올 때마다 아버지는 물어보신다. 나에게 일이 생겼을 때 집으로 찾아 왔던 정 조합장과 양승화 언니의 안부도 물어 보고. 그런 부모님에게 증서와 배상금이 위로가 되었기를 바라는 마음이다. 나에게 배상금은 그냥 돈이 아니라 증서와 함께 액자에 걸어 놓아야 할 증표이다. 그것은 국가가 우리의 청춘과 꿈을 폭력으로 짓밟은 것에 대한 항복이니까.

나의 청춘은 원풍으로 인해 치열하게 살 수 있었다. 그곳은 세상이 잘못되었다는 막연한 생각을, 구체적으로 무엇이 잘못 되었는지 알게 해준 곳이었다. 내가 경험한 많은 일들과 선배들로 인해 나는 성숙할 수 있었다. 성장과정에 부모님이 만들어준 자존감을 더 크고 단단하게 해주었다. 내가 살아오는 동안 누구 앞에서도, 어떤 환경에서도 당당할 수 있는 근원이 되었다. 그래서 원풍은 내 안의 중심축으로 자리하고 있다.

딸 이수연이 엄마에게 –

나의 부모님은 사람들이 말하는 80년대 운동권 출신이다. 내가 어렸을 땐 야식을 먹으며 엄마와 아빠의 옛날 이야기를 듣는 게 좋았다. 어디서 어떻게 일을 했고, 어떤 책들을 읽었으며, 무슨 일을 겪었는지. 부모님의 얘기를 들으며 어린 나와 동생은 제대로 이해하지 못했지만 굉장하다는 것은 알았다. 그래서 우리에게 엄마, 아빠는 슈퍼히어로 같은 존재로 보였다. 그렇게 어린 내 기억의 시작에서 엄마는 반짝이고 어여쁘며 삶에 충실한 생기 넘치는 사람이었다.

 학교를 다니면서 엄마와 아빠에게 들었던 이야기 속 사건과 이름을 하나씩 알게 되었다. 내가 성장해 5·18민주화기념공원과 상무대, 5·18묘역을 둘러보던 날은 옛날 이야기가 생각나 펑펑 울었다. 대학에 진학해 사회과학을 공부하며 부모님에게 들어 왔던 내용이 한국의 근현대사 책에 실려 있어 놀랐다. 비로소 부모님에게 들었던 이야기들이 퍼즐처럼 하나씩 이름을 찾았다. 수업내용과 친구들과 토론했던 내용을 종종 엄마와 나누면 친구들이 부러워했다. 그럴 때면 부모님의 과거가 자랑스러웠고, 대화가 통하고 토론을 할 수 있다는 게 어깨가 으쓱할 정도였다.

21살에 원풍모방 노동자로 시작해 10여 년 동안 노동운동을 했던 엄마의 삶. 1982년 9월 27일, '구사대'라는 이름의 폭력배를 동원해 노동조합을 빼앗은 사건. 겉으로 노동자와 노동자의 갈등으로 만든 사건은 국가폭력이 민주노조를 탄압한 사건이라고 생각한다. 1980년 전두환 군사정권이 광주시민을 학살한 걸 시작으로 전국의 민주 세력을 탄압하고 억압했기 때문이다. 그래서 엄마와 아빠의 이름이 적힌 '민주화운동 관련자 증서'를 봤을 때도 당연한 것이라 생각했다.

솔직히 나는 성장하는 동안 엄마가 20대에 치열하게 살았던 1980년대를 백제나 고구려처럼 이미 끝난 과거의 역사라고 생각했었다. 부모님과 이모, 삼촌들이 살았던 세상은 내가 사는 세상과 다르다고 생각했기 때문이다. 내가 성장할수록 부모님의 삶과 무관하지 않았지만, 어릴 때 동경하던 이야기들은 점점 멀어져 갔다. 그런데 어른으로 불리는 나이가 되고서야 분리된 것으로 느꼈던 엄마의 옛날을 연결하기 시작했다.

엄마에겐 원풍모방과 그 때의 경험들은 그저 과거의 영광이 아니라 지금까지 이어지고 있는 하나의 삶이었다. 어릴 때부터 늘 만나던 이모들, 엄마를 따라 신길동 원풍 사무실에 갔던 날, 엄마가 재판에 대한 얘기를 했던 날, 그 모든 것은 엄마의 시간 속에 끝난 게 아니라 나에게만 보이지 않았던 거였다. '엄마들'은 지금까지도 계속 투쟁하고 행동하고 있었던 것이다.

 엄마가 원풍모방에서 진행하는 증언록 집필에 참여했다는 얘기를 들었을 때 더없이 기뻤다. 엄마들의 이야기를 나와 동생만이 아니라 더 많은 자식들이 듣고 알 수 있게 되어서이다. 오랜 세월이 지났어도 왜 엄마들은 해마다 모이고 기억하는지, 지나온 시간 동안 무얼 하며 누구와 만나고 무엇을 보았는지, 지금까지 무엇을 위해 어떻게 투쟁하고 고민해 왔는지, 그때부터 지금까지 쌓아온 이야기와 앞으로 쌓아갈 이야기들은 분명 어린 나에게 동경을 심어줬듯이 커가는 우리에게 용기를 줄 것이다.

나다움을 잃지 않고 정의롭게 사는 법, 포기하지 않고 끊임없이 자라는 걸 멈추지 않으며 도전하는 것을 두려워하지 않는 정신. 엄마가 자신이 살아온 삶의 이야기를 쓰듯이 언젠가 나도 나만의 삶의 이야기를 쓰리라 생각한다. 그 시간이 되면 나는 비로소 한 발짝 더 엄마에게 가까워질 수 있을 것이다. 그래서 나는 도전하는 엄마를 응원하고, 포기하지 않고 앞으로 나아가는 원풍을 응원한다.

124

나를 찾으러간다

최 유 선

—————1961년 경기도 이천에서 태어나 1979년 원풍모방에 입사했다. 1982년 9·27폭력사건으로 해고를 당했다. 2007년, 정부로부터 민주화운동 관련자로 인정되어 명예회복이 되었다. 현재 경기도 오산시 오산역 뒤에서 식당을 운영하고 있다.

나는 경기도 이천에서 7남매 중 여섯째로 태어났다. 아버지는 내가 6살 되는 해에 돌아가시고 우리 집은 고만고만한 자식들에 할머니 할아버지까지 있는 대가족이었다. 엄마는 농사를 짓고 살았지만, 농토가 많은 것도 아니라서 품앗이도 하고 바느질 실을 파는 보따리 장사도 하면서 생활에 책임을 지셨다. 나는 빨리 돈을 벌고 싶은 마음에 서울 사당동 이모네 집에서 공장에 취직하여 4년 정도 다녔다. 그러다가 큰언니가 짜깁기하는 기술로 원풍의 일감을 맡아 일을 하면서 인연이 되어, 나는 1979년 7월, 19세에 원풍에 입사했다.

첫 출근

원풍에 첫 출근을 하면서 공장이 크고 넓어서 큰 회사에 입사했다는 자부심이 생겨서 좋았다. 내가 입사했을 당시에는 근로조건과 복지시설이 궤도에 올랐을 때다. 나는 선배님들이 어떤 희생과 노력으로 임금을 높게 만들었는지 잘 모르고, 그냥 좋다는 생각을 하며 만들어진 환경을 즐길 줄만 알았다.

원풍에 들어와서 월급을 타면 우체국에 가 시골에 계시는 엄마에게 부치기도 하고, 돈을 모아 직접 집에 가서 엄마에게 전해드리기도 했다. 엄마는 내가 보낸 돈을 동네의 보험 세일즈 하는 분에게 모아주셨다. 신협에서의 공동구매를 통해 물건을 싸게 구입하고, 미용실에서 파머 머리를 500원 내고 했다.

1980년 3월 10일은 입사 후 처음으로 맞이하는 노동절 행사였다. 식당에 무대가 설치되었다. 이 날 전 조합원이 모두 모여 노동절 기념식도 하고, 각 부서에서 노래 잘하는 사람들이 참여하여 부서별 노래 자랑을 했다. 나는 노래 잘 하는 혜영이와 탈춤을 잘 추는 친구들이 부러웠지만, 용기가 없어서 나서지는 못했다.

나는 원풍에서 3년 동안 근무하면서 노동조합을 가본 적도 없고, 소그룹이나 노동조합 교육도 받은 적이 없다. 그래서 노동조합 활동에 대해서는 잘 모른다. 우리 부서는 종성이 하나만 탈춤반에 들어가 활동했다. 누군가 노동조합이나 소그룹으로 이끌어 주는 사람이 없었고, 산업선교회에도 9·27사건으로 해고를 당하고 가봤다. 대개 시간이 나면 종성이와 하수와 같이 영등포에 있는 한림학원에 공부하러 다니면서 그들과 친하게 지냈다. 그때는 배우고자 하는 열망이 강했지만, 그렇다고 열성적으로 공부만 했던 것은 아니다.

배 고 픔 과 의   전 쟁

1982년 9월 27일, 농성 첫날 회사 주변을 경찰차가 에워싸고, 안에서는 구사대가 폭력으로 조합장을 감금했다. 이때 나는 2시 출근반인데 밥을 주지 않아 그때부터 할 수 없이 단식을 하게 되었다. 현장 식사시간인 오후 7시 30분에 검사과로 전 조합원들이 모이라는 연락을 받고 집합했다. 조합원들이 웅성거리고 분위기가 어수선했다. 부조합장인 양승화 언니가 이날부터 퇴근을 중지하고 일이 끝나면 모두 정사과에 모여 끝까지 싸운다고 선언하자, 다들 숙연해 지면서 함께 하겠다는 결의 같은 것이 느껴졌다.

나는 그 동안 노동조합에 대한 의식이 없는 편이었지만, 그래도 원풍의 한 사람으로서 노동조합을 지켜야 한다는 마음으로 9·27 농성에 끝까지 참여했다. 나는 굶으면서 일을 하게 되어, 배가 너무 고파 소금물을 엄청 많이 마셨다. 나만 배고프고, 나만 힘든 것이 아니므로 다른 사람들과 같이 행동하면서 잘 이겨내야 한다고 생각했다. 배고픔과의 전쟁이었다.

추석 휴무가 시작되었다. 조합원들이 농성현장에 모두 모였다. 밥도 못 먹고 그런 상태로 며칠이 지나니, 나중에는 입이 바싹바싹 마르고 힘이 없어져 축 늘어졌다. 그런데 회사에서는 수도를 끊고 전기도 차단시켜 놓은 상태에서 스팀을 틀어 농성 현장에서는 손발이 뒤틀려 쓰러지는 조합원들이 늘어나기 시작했다. 마지막 날, 우리의 이 상황이라도 알리자 하면서 운동장으로 뛰어나와 '사람 살리라!' 소리를 지르면서 사력을 다했다.

내가 끌려 나올 때는 새벽 4시쯤 된 것 같았다. 폭력배들은 남아있는 조합원들을 회사 밖으로 밀어냈다. 하수와 종성이는 마지막에 경비실 밖으로 뛰쳐나왔다. 구사대에 끌려 나오면서 보니, 조합원들은 경찰차에 잡혀 들어가 있었다. 잡히면 안 되겠다는 생각으로 한참을 뛰어 내려오다 보니 양문교회가 보였다.

누군가가 양문교회로 오라고 소리를 쳤지만 나는 전경에게 잡혔다. 전경에게 놓아달라고 몸부림을 치니 빨리 집으로 가라고 하면서 떠밀었다. 일단 양문교회로 들어갔다. 교회에서는 예배를 보고 있었다. 거기에서 졸고 있다가 나왔는데, 기숙사로 갈 수도 없고, 추석날이기도 해서 일단 이천 집으로 갔다.

원풍 이후의 고단한 생활

이천 집에서 추석을 지내는데 바로 경찰이 찾아왔다. 경찰은 오빠에게 내가 서울에 올라가면 큰일 난다면서 서울로 절대 올려 보내지 말라고 당부했다. 오빠는 내가 서울에 가지 못하도록 막았다. 나는 틈을 보아 추석 휴무가 끝나자 다시 서울로 올라왔다. 회사 경비실에서는 여전히 기숙사 출입을 막았다. 할 수 없이 당시 자취를 하고 있던 하수네 집으로 갔다. 하수는 같이 원풍에 다니는 하자 언니랑 살고 있어서 생활하기에 편리했다. 하수네 집에서 지내면서 원풍 간부들을 만나러 산업선교회를 가게 되었다.

11월 말 쯤 회사를 정리했다. 기숙사 짐도 빼고 퇴직금도 받았다. 짐을 가져오려고 기숙사 방 2층으로 올라갔다. 짐이라고 해봐야 옷가지 몇 개, 그리고 이불과 화장품이 전부라 트렁크에 담으니 얼마 안 되었다. 짐을 들고 방을 나오려는데, 몇 년 동안 정들었던 그 방에 다시는 올 수 없다고 생각하니 서글펐다. 이제 어디로 가야 하나 싶어 그저 착잡한 심정이었다. 짐을 옮겨 놓을 곳도 마땅치 않아 가락동에 사는 친구네 집에 임시로 맡겨놓았다.

입사 동기생들(하수, 종성, 난희)과는 원풍에서 나온 후에도 자주 뭉쳐 다녔다. 일단 밥을 먹고 살아야 하니, 부평의 어떤 전자회사에 입사했다. 거기에 몇 개월 잘 다니고 있는데, 사무실에서 한 사람씩 부르더니 문제가 있다면서 나가라고 했다. 그렇게 모두 해고당하고, 구로공단의 아남전자에 들어갔지만 또 몇 달을 못 넘기고 해고당했다.

셋이 함께 취업을 하면서 계속 해고당하자, 안 되겠다 싶어 우리들은 각자의 삶으로 돌아가 취업도 알아서 하고 연락만 하고 지냈다. 나는 될 수 있으면 원풍과 멀리 떨어진 곳으로 취업 자리를 알아보다가, 의정부에 있는 방직회사의 기능공으로 취업을 했다. 12시간 주야 교대로 근무하는 회사였다. 원풍에서는 8시간 근무를 하여 12시간 근무는 너무 힘들었다. 그곳에서도 기숙사 생활을 했는데 한 방에 5~6명 정도 함께 살았다. 그곳은 이름만 기숙사지 겨우 잠만 잘 수 있는 공간이었다. 원풍이 고향 같은 느낌이었다면, 그곳은 객지 같다는 생각에 마음 한 구석이 씁쓸했다.

내가 다시 찾은 직장은 '뱅뱅'이라는 청바지 파는 곳이었는데, 그곳에서 점원 생활을 하면서 남편을 만나 1986년에 결혼을 하게 되었다. 결혼할 때 남편에게 원풍에 다녔던 것을 말하지 않아 원풍 문제로 남편과의 마찰은 없었다. 그러나 남편과의 인연은 오래가지 못했다. 결혼 몇 년 후 남편과 사별하고 남매를 키우면서 살아왔다.

명예회복이란 단비

2007년, 민주화운동 관련자로 명예회복을 할 수 있다는 이야기를 명화에게서 듣고 원풍 사무실에 오게 되었다. 그 동안 원풍 입사동기생들인 종성이, 하수, 명화, 연옥이 등과 계속 만나고는 있었지만, 82년 9·27사건 이후에도 동지들이 계속 모인다는 것은 모르고 있었다.

민주화운동 관련자 명예회복을 신청하러 왔을 때, 우리는 그저 다된 밥상에 숟가락만 얹는 모습이어서 염치가 없었다. 명예회복에 필요한 서류를 접수하고 수원의 팔달구청에 가서 경찰 입회하에 조사를 받았는데, 구청 직원이 굉장히 호의적으로 대해서 세상 참 많이 변했다는 것을 실감했다.

나는 민주화운동 명예회복 인증서와 생활지원금을 받았다. 남편 없이 살면서 생활고에 시달렸던 나에게 생활지원금은 메마른 땅에 단비 같은 것이었다. 아들과 딸에게 생활지원금을 받은 이야기를 하고, 그 생활지원금으로 전세로 이사를 가자고 했더니 애들이 너무 좋아했다.

이사하던 날, 눈이 펑펑 쏟아져 '우리가 이제 부자가 되려나보다'라고 이야기하면서 기쁜 마음에 힘든 줄도 모르고 이삿짐을 날랐다. 그때 받았던 생활지원금으로 월세방을 전세방으로 바꾸고, 그 일부로 지금의 가게를 임대해 음식점을 냈다. 생활지원금은 우리 가족의 기초를 다지는 소중한 종잣돈이 되었다.

나는 20년 이상 식당 일을 하면서 생활을 꾸렸다. 지금은 오산역 뒤에 3년째 식당을 열고 4명의 직원을 두고 일을 할 정도로 자리가 잡혔다. 하루 종일 종종거리며 일을 해도 이제는 내 것을 하게 되어서 힘들어도 즐겁다. 앞으로 돈을 많이 벌게 되면 원풍에 기부를 해서 맛있는 것을 사주고 싶다. 남매 모두 결혼을 해서 이제는 마음의 여유도 생겼다.

그리운 원풍

나는 민주화운동 인증서를 받는 순간 다시 원풍에 들어가서 일하고 싶었다. 복직이 안 되어 유감이었지만, 정부로부터 인증서를 받으니 내가 원풍에서 부당하게 해고를 당했던 것이 인정된 것이라는 생각에 고마운 마음이 가득했다. 지금와서 생각해 보아도 원풍만한 곳은 없었다. 그래서인지 다른 곳에서의 기억은 지워졌어도 원풍에서의 3년은 30년이 훨씬 지난 지금도 늘 마음 깊은 곳에 자리하고 있다.

당연히 원풍 모임에도 열심히 참석하려고 한다. 거기 가면 만나서 행복한 얼굴들이 있다. 식당일이 아무리 바빠도 매년 원풍 총회에는 빠지지 않고 참석하려고 한다. 참석자의 숫자를 채우러 가는 것이 아니라 나를 찾기 위해서이다. 내 삶에 있어, 지금의 내 마음은 원풍에서의 20대 그 마음이다. 기숙사에서 내려오던 오솔길, 이목리 딸기밭, 송내 포도밭, 태릉 배밭 등등 입사동기들이랑 몰려 다녔던 그 즐거운 기억으로 힘을 얻어 오늘도 손님 맞을 준비를 서두른다.

노동조합 활동도 열심히 하지 않은 나를 이토록 원풍의 추억에 붙잡아 매는 이유가 도대체 무엇일까? 노조 조직의 변치 않는 따뜻함, 어려움을 같이 겪은 친구들과의 깊은 믿음, 바로 그것이 아닐까 싶다.

125

내 삶의 지표

한순주

_____1961년 경기도 광명에서 태어나 1980년 원풍모방에 입사했다. 1982년 9·27 원풍노조 폭력파괴사건 때 해고를 당하고, 10월 13일 출근투쟁을 하다가 남부경찰서에 연행되어 조사를 받고 강제 해고되었다. 2007년 정부에 의해 민주화운동 관련자로 인정되어 명예회복이 되었다.

나는 경기도 광명시에서 6남매 중 다섯째로 태어났다. 아버지의 고향은 이북의 개성이다. 아버지는 6·25 사변 때 남쪽으로 피난을 왔다가 고향으로 돌아가지 못하고 경기도 광명에 자리를 잡았다. 빈손으로 남한으로 내려와 새롭게 일구어간 집안 형편은 가난하여 밥 먹고 살기도 쉽지 않았다.

나는 자전거를 만드는 하청공장에 다니다가 원풍 수정부 갑반에서 반장을 하고 있었던 언니의 권유로 1980년 3월, 21살에 입사했다. 내가 원풍에 입사하고는 후임으로 들어온 사람이 하나도 없었으니 나는 마지막 입사자가 된 것이다.

처음 출근하는 날, 경비실에서 부서별로 꽂혀있는 출근 카드 중에 내 것을 찾아 찍으면서 대기업에 취업한 자부심이 느껴졌다. 3개월 직업훈련을 마치고 나는 수정부로 배정을 받았다. 작업시간 내내 서 있는 것이 적응하기 어려웠지만, 현장 분위기가 조용해서 졸지 않도록 온종일 라디오를 틀어놓고 작업을 했다.

수정부는 수정하고 검사하는 일의 난이도가 있어서인지, 작업하는 중간에 쉬는 시간도 있었기 때문에 별로 힘들지 않고 일할 수 있었다. 출근 첫날, 반에서 신입생 환영파티를 해준다며 중국집에 모여 짜장면에 소주로 흥을 돋우면서 즐거워했던 가족 같은 분위기였다.

노동절 행사

나는 언니와 대림동 강림약국 뒤편에서 자취했다. 겨울에는 어둠이 걷히지 않은 새벽에 출근하는 것이 좀 무섭고 힘들었지만, 회사 운동장 등나무 아래 벤치에서 느끼는 정서는 마음을 설레게 했고, 오월에 피는 장미는 마음을 한껏 들뜨게 했다. 3월에 열리는 노동절 행사에서는 가수도 부르고 각 부서 노래자랑도 했다. 〈망부석〉을 잘 불렀던 박영희가 아직도 생생하게 기억이 난다.

노동절 행사의 하이라이트는 탈춤이었다. 우리 부서 친구 상옥이와 형숙이가 노동자 1, 노동자 2로 출연하여 노동자들에게 가해지는 억압과 사회적 모순을 대사로 묘사하여 울분을 토해냈다. 내가 하고 싶은 이야기를 대신하는 것 같아 마음이 울컥하고 속이 후련했다. 가을 체육대회에서는 오재미로 박 터트리기, 줄다리기 등을 했다. 체육대회가 끝나면 모두가 하나 되어 사물놀이의 꽹과리 소리에 맞춘 뒤풀이로 대미를 장식했던 생각이 난다.

원풍은 복지시설이 잘되어 있어, 출퇴근하는 조합원들이 경비실 옆에 마련된 목욕탕에서 언제든지 따뜻한 물로 목욕을 할 수 있었다. 식당에서 줄 서서 밥 타 먹던 일, 처음으로 맛보는 카레 등 모든 게 생소하고 신기하기만 했다.

첫 월급으로 8만 7천원을 받았다. 일부는 적금을 들고 부모님에게 용돈도 챙겨드렸다. 원풍에 입사할 때는 교복 입고 학교에 다니고 싶은 꿈을 꾸었다. 원풍에서는 장학금이 지급되어 공부을 하고자 하는 마음만 있으면 가능했다. 나는 학교에 가는 것보다 검정고시를 보려고 한림학원에 다녔다.

나는 식당 옆에 있는 노동조합이 뭔지도 잘 모르면서 친구 따라 자연스럽게 노동조합 사무실에 드나들었다. 그러면서 점차 노조에 관심이 생기기 시작했고, 동료들이 모임 하는 곳을 쫓아 다녔다. 부서원들과 이목리 포도밭, 대성리, 강촌 등을 가 즐겁게 놀았던 생각도 난다. 당시 형숙이와 같이 음악을 들으려고 영화다방, 대림다방을 자주 다녔다. 다방에 들어가면 DJ가 알아서 내가 좋아하는 노래 〈루비나의 만날 때와 헤어질 때〉를 들려주곤 했다.

내가 입사했을 때 원풍은 복지제도니 임금이 디 회사보다 무척 좋은 편이었다.

원풍에서는 모든 것이 만족할 만큼 좋았다. 선배들의 희생을 통해 좋은 근로조건이 만들어진 것을 잘 알지 못하는 나는, 그러한 혜택을 당연하게 생각하며 부푼 꿈을 꾸며 살았다.

광주항쟁 소식을 듣고

입사하고 두 달 만에 80년 5·18광주항쟁이 일어났다. 빨갱이들이 침투하여 폭도들을 선동, 폭력사태가 일어났다고 텔레비전은 연일 보도했다. 의식이 별로 없었던 나는 이러다가 전쟁이 일어나는 것은 아닌가 하는 불안한 마음이 들었다. 현장에서는 '광주 시내가 피바다가 되었다, 시체가 병원마다 넘쳐난다'는 등 정반대의 소식도 들렸다. 노조에서 광주항쟁 희생자들을 위하여 모금한다고 해서 동참했다. 동료들을 따라 모금에 동참했지만, 지금 생각하면 모금이라도 한 것이 얼마나 다행인지 모른다.

80년 여름이 지나가고 있을 즈음, 노동조합 사무실에서 지부장님이 보이지 않았다. 광주 모금을 한 후, 원풍이 빨갱이 집단으로 낙인찍히고, 지부장님은 정화대상자로 수배가 되었다는 이야기를 듣고 걱정을 많이 했다.

그러다가 12월에 노동조합 간부 48명이 계엄사에 연행되어 조사를 받았다. 현장은 분위기가 살벌하여 두 명 이상만 모여 이야기를 해도 반장이 이름을 적는 등 눈치를 주었다. 식사 시간에 들리던 노동조합 사무실은 각목으로 폐쇄되었다. 암흑 같은 겨울이었다. 14명이 해고를 당하고 4명이 순화교육을 갔다는 이야기를 듣고 노동조합이 없어지는 것은 아닌지 걱정이 되었다. 출퇴근 시간에도 몸수색을 심하게 하고, 군인 출신이 경비로 교체되기도 했다.

81년 새해가 되자, 살아남은 간부들이 노동조합 사무실을 다시 열고 노조 활동을 재개했다. 그러나 회사는 사사건건 노조와의 마찰을 만들었다. 1월부터 식당에서 전 조합원을 대상으로 1주일간 한글학자 한갑수, 귀순용사 등을 강사로 초청하여 정신교육을 시행했다. '권리는 경비실에 맡기고 의무만 가지고 출근하라'는 한갑수의 헛소리에 우리들은 하품도 하고, 볼펜 소리도 내고 하면서 신경전을 벌이기도 했다.

마 지 막 투 쟁

노동조합이 점점 어려워지나 싶더니, 82년 이무술이 조합장을 사퇴하고 현장으로 출근하면서 남자 담임들과 갈등이 생기기 시작했다는 소문이 돌았다. 그러자 82년 9월 27일, 폭력배들이 조합장을 감금하고 노조 앞에 바리게이트를 쳤다. 당시 나는 2시 퇴근반이어서 바로 노조 사무실 앞으로 달려갔다. 폭력배들은 노동조합 사무실 접근을 막고 있었다. 폭력배들의 지휘자인 주우춘 과장과 김대진 과장 등이 얼굴이 뻘게 가지고 돌아다니고 있었다.

나는 수정부 친구들과 함께 저녁에 정사과 농성장으로 들어갔다. 이날부터 퇴근을 중지하고 4박5일 농성에 참여했다. 단식을 하면서 일을 하는 것은 견딜 만했다. 노동조합을 되찾아야 한다는 생각이 모든 것을 참고 끝까지 농성에 함께 하게 한 것이다. 함께 농성하는 동료들이 많아 무섭고 두렵기보다는 서로에게 힘이 되었다.

3일 정도 굶으니 하늘이 노랬다. 농성이 끝나면 삼우통닭 집에 가서 치킨에다 맥주를 실컷 마시는 생각도 하고, 떡볶이, 빈대떡, 김밥 등 대림시장에서 맛있게 먹었던 것들 이야기를 하면서 허기를 달랬다. 고통을 이겨내기 위한 몸부림이었다. 이틀은 앉아서 농성했지만, 사흘째부터는 힘도 없었고, 폭력배들에게 끌려 나가지 않으려고 서로의 팔을 끼고 누워서 농성했다.

농성 사흘째 되던 날, 광명에 사는 오빠와 올케언니가 면회를 왔다며 경비가 농성장에 와서 알렸다. 나는 면회실에 나가면 오빠에게 끌려가게 될 것 같아 경비에게 못 간다고 전해달라고 했다. 오빠와 언니는, 내가 빨갱이들과 농성을 하고 있으니 어떤 식으로든 데리고 가라는 회사의 연락을 받고 놀라 나를 찾으러 온 것이다. 내가 안 나간다고 했더니 경비실에서 사인을 하고 돌아갔다고 했다.

병 원 이 만 원

마지막 날, 폭력배들은 농성장의 조합원들을 개나 돼지 끌고 가듯이 닥치는 대로 끌어냈다. 농성하던 우리들은 운동장으로 뛰쳐나갔다. 운동장에서 '사람 살리라'고 외쳤지만, 우리를 도와줄 사람들은 없었다. 새벽녘이 되자 폭력배들은 또다시 회사 정문 밖으로 우리들을 끌어냈다. 나는 박상옥, 양태숙과 함께 끌려 나가지 않으려고 서로 손깍지를 끼고 있었다. 그러나 폭력배들은 욕지거리를 하며 완력으로 우리들을 끌어냈다.

쓰러졌다가 정신을 차려 보니 한독병원이었다. 10월 1일 추석날 아침, 병원 여기저기서 조합원들의 신음소리가 들려왔다. 나는 링거를 맞으면서 숨을 가쁘게 쉬었다. 병실을 지키던 경찰이 의사를 불러 나의 몸 상태를 점검했다. 링거를 다 맞고 광명에 사는 오빠네 집으로 택시를 타고 갔다. 며칠 동안 씻지도 못해 몸에서는 고약한 냄새가 나고 모습도 꾀죄죄했다.

명절을 지내러 온 엄마는 나를 보더니 울먹였다. 나는 오빠네 집에서 추석을 지내고 나서도 오빠의 감시로 외부 출입이 쉽지 않았다. 지금도 그 시절 농성 현장을 생각하면 참을 수 없는 분노와 눈물이 차오른다. 단식농성을 하면서 여기저기 널브러져 있었던 동료들의 모습들, 수도와 전기가 끊긴 암흑 같았던 시간들이 내 머리에 각인되어 몸서리가 쳐진다.

집 앞은 형사들이 지키고 있어 동료들을 만나러 다니기도 쉽지 않았다. 나는 출근도 해야 하고, 친구들이 궁금해서 추석휴무가 끝나고 회사에 갔다. 전투경찰이 회사 정문에 바리게이트를 쳐놓고 출입을 통제하고 있었고, 회사 담장 둘레로는 경찰차가 에워싸고 있어 건너편에서 회사 정문만 물끄러미 바라보다가 돌아섰다. 노동조합 소식을 듣기 위해 의용촌에서 자취하는 상옥이 집에 가 친구들을 만나 출근준비를 했다.

10월 13일, 출근을 하려고 회사 건너편에서 조합원들을 만나 길을 건너려고 하자, 느닷없이 경찰차가 달려오더니 조합원들을 강제로 연행하기 시작했다. 나는 상옥이와 함께 연행되지 않으려고 죽어라고 뛰어 도망을 쳤다. 같이 있던 태숙이는 남부경찰서로 연행되었다. 나와 상옥이는 연행된 동료들이 돌아오기를 기다리며 상황을 살피고 있었다.

블랙리스트

부모님은 '회사에 다니라고 했더니 이상한 소리나 듣고 다닌다'고 핀잔을 주면서 회사를 그만두라고 했다. 회사는 각서를 쓰고 출근을 하라고 했지만, 그럴 수는 없었다. 사표를 내지 않고 망설이자, 아버지가 나를 데리고 회사로 가 퇴직금을 타고 정리했다. 11월 중순쯤 간부들이 모두 구속되어 고척동 구치소로 한동안 간부들을 면회하러 다니기도 했다. 밖에서 창문 너머로 보고 오는 정도의 면회였지만, 그렇게라도 간부들의 얼굴을 볼 수 있어서 좋았다.

계속 놀면서 생활할 수 있는 형편이 안 되어 취업을 하려고 전자회사, 봉제공장 등 서너 군데에 이력서를 냈는데 연락이 오는 곳은 한 군데도 없었다. 그러다가 형숙이 동창이 관리자로 있는 독산동 성진봉제공장에 취업했다. 그곳에서 퇴근할 때면 늘 같은 사람이 있었다. 처음에는 우연이겠지 생각을 했는데, 그 사람은 우리가 가는 곳마다 보였다.

한 번은 시험을 해보려고 길을 가다가 갑자기 친구네 집으로 뛰어 들어가 숨어서 지켜봤다. 그 사람은 우리를 찾느라고 두리번거렸다. 우리를 미행하는 사람이라는 것을 확실하게 알게 된 나는 형숙이와 함께 그 사람을 불러 따졌다. 미행이 계속되면서 회사 사장도 그 사실을 알게 되었다. 사장은 공장이 피해를 본다며 회사를 그만두라고 했다. 형숙이 친구인 관리자가 무슨 일이 생기면 자기가 책임을 지겠다고 약속을 하고, 몇 년을 다니다가 88년에 결혼을 했다.

민 주 화 운 동 가

결혼하고 나서는 감시가 없어지고, 직장 생활에도 별문제가 없었다. 원풍 모임에는 해고된 후부터 계속해서 참석했다. 2007년, 민주화운동 관련자로 명예회복 신청을 한다고 했다. 잘 될 거라는 생각보다는 피해의식이 강한 나는 믿기지 않았다. 그런데 명예회복이 되고 생활지원금도 받았다. 그동안 고생했던 것을 생각하면 묵었던 체증이 내려가는 것 같았다.

무엇을 바라고 노동운동을 한 것은 아니지만, 그동안 빨갱이 소리 들으면서 주눅 들어 있었는데, 이제라도 원풍노조 이야기를 마음 놓고 해도 된다는 것이 무엇보다도 기뻤다. 민주화운동 인증서를 남편에게 보여주었다. 남편은 아무나 받을 수 있는 인증서가 아니라면서, 내가 큰일을 했다며 좋아했다. 생활지원금으로는 아들의 대학 등록금을 내주는 등 의미 있게 사용했다.

나는 원풍을 2년 6개월간 다녔다. 노동조합이 뭔지 알기도 전에 폭력에 의하여 끌려 나왔다. 원풍노조는 나에게 노동자도 인간답게 살아야 될 권리가 있다는 것을 알게 해주었고, 민주주의가 무엇인지 새로운 세상을 눈뜨게 해 준 곳이다. 원풍에 다닌 것을 한 번도 후회한 적이 없다. 원풍을 다니지 않았다면 아무런 생각 없이 삶을 살지 않았을까 하여 끔찍하다. 원풍노조는 평생 함께 할 인연들을 만나게 해준 곳, 내 삶의 기준점을 갖도록 인생의 지표를 만들어준 곳이다.

82년 9·27사건 때, 4박5일 함께 농성하고 함께 고생했던 기억들이 오늘의 우리를 있게 한 것 같다. 원풍 동료들을 만나면 지치고 힘든 것을 위로받고 마음이 힐링 된다. 아마도 정치나 사회를 보는 눈이 같아서일 것이다. 바람이 있다면, 지금까지 간부들이 잘 이끌어 주었듯이 지속해서 모임이 이어지기를 바란다.

구술 작업을 한다는 이야기를 듣고 처음에는 기억력이 없어 어떻게 해야 하나 걱정이 앞섰다. 내 삶의 이야기가 기록된 책이 나오면 얼마나 뿌듯할 것인가. 이 모두 원풍노조가 있어서 가능한 일이다. 나는 앞으로도 모임에 열심히 참여할 것이다. 그래서 동료들에게 잊혀지지 않는 사람이 되겠다. 오늘도 원풍 동료들과의 만남의 소중함을 깊이 가슴 속에 새긴다. 그리고 나눔의 귀중함을 깨닫고 살아갈 수 있게 한 인연들에 감사한다.

126

사랑하는 나의 아버지

이 상 훈 (고 이제호 신협이사장 아들)

1983년 9·27 1주년 모임 원풍노동조합 간부들 관악산에서

——————이제호 신용협동조합 이사장은 1943년 전북 김제에서 태어났다. 1967년 원풍모방(구 한국모방)에 입사하여 가공과에서 근무하였다. 1982년 9·27사건 당시 신용협동조합 이사장 겸 노조 부조합장을 겸하여 근무하던 중 국가폭력에 맞서 농성장을 지키며 투쟁하였다. 그 사건으로 불구속 입건되어 징역 10월에 집행유예 2년을 선고받았다. 온화한 성품이었지만 불의를 막는데는 앞장섰던 이제호 이사장은 안타깝게도 1997년 10월 3일 54세의 일기로 타계했다. 고 이제호 이사장에 대한 아래의 회고 글은 아들 이상훈이 썼다.

청운의 꿈을 안고 상경하여 자리 잡은 안정된 직장에서 아버지는 기술자로서 최선을 다해 일하셨습니다. 아버지를 따라갔던 회사 야유회나 서해안 여름 캠프는, 어렴풋하지만 정말 즐거웠던 기억으로 남아 있습니다. 아버지는 어려운 경제적 여건에도 항상 밝고 화목한 가정을 꾸리기 위해 노력하셨습니다. 신협 이사장을 맡으신 후에는 직원들의 복리를 증진시키기 위해 부단히 애를 쓰시던 기억이 납니다. 그 날이 있기 전까지 우리 가족은 화목하고 걱정이 없는, 더할 나위 없이 평화로운 날들을 지내고 있었습니다.

어느 날 아버지는 조카딸의 결혼식과 추석을 지내기 위해 지방에서 오신 잔치 손님들을 뒤로 하고 황급히 회사로 떠나셨습니다. 그 날 이후 우리 가족의 삶은 180도 바뀌게 되었습니다. 어머니는 연락도 되지 않는 아버지를 찾아 이리저리 헤매다 회사 정문에 매달려야 했습니다. 그러나 현장에서 나올 수 없었던 아버지는 며칠 만에 집으로 돌아오실 수 있었습니다. 하지만 극심한 스트레스에 간경화증이 발병하여 온몸에 열꽃이 핀 상태로 병원에 입원하셨습니다.

아버지께서 재판을 받게 되면서 우리 가족은 많은 고통을 겪었습니다. 형사가 아버지와 같은 병실에 위장 입원하여 감시를 하고, 검사는 조사를 한다며 아버지를 환자복을 입은 채로 구인해 갔습니다. 또 경찰과 동장이 아버지에게 찾아와 사표를 강요하였습니다. 당시 어머니는 구멍가게를 운영하고 있었는데, 경찰이 가게에 찾아와 수시로 감시를 하였습니다.

해고 후 정상적으로 직장을 구할 수 없었던 아버지는 어머니와 함께 가게를 운영하며 생계를 이어갔습니다. 하지만 간경화로 인해 새벽에 시장에서 장사할 물건을 떼어 온 후에는 하루의 많은 시간을 누워계셔야만 했습니다. 어머니는 그렇게 십 수 년 동안 가게를 하며 자식들을 챙기고 아버지 병 수발을 하셨습니다. 온 식구가 매달려 가게를 운영한 덕에 자식들은 모두 대학을 마치고 취업까지 할 수 있었습니다.

아버지는 가족들의 반대에도 불구하고 사회활동이나 정치활동을 조금씩 하고자 하셨습니다만, 그마저도 건강과 생계 때문에 얼마 하지 못하셨습니다. 회사에서 벌어진 끔찍한 사건으로 인해 발병된 간경화는 결국 간암으로 발전하여 큰 수술을 받았지만, 병은 점점 더 악화되어 1997년 가을 아들의 결혼식 날 밤 오랜 고통 끝에 돌아가셨습니다.

아버지는 늙어서 살고 싶다고 항상 되뇌이시던 고향의 작은 언덕인 '동소뫼'에 묻히셨습니다. 어머니는 아버지의 꿈을 이루어드리기 위해 아버지가 계신 그 고향 언덕을 지금껏 정성들여 가꾸어 오셨습니다.

아버지가 돌아가신지 20년이 넘었지만, 어머니는 항상 아버지와 함께 계십니다. 아버지의 영정 사진을 거실에 두고 좋은 일이 있을 때나 슬픈 일이 있을 때나 아버지 생각을 하십니다. 어떤 일을 하더라도 아버지가 어떻게 생각하셨을까, 먼저 생각해 보십니다.

어머니는 손주들을 키우며 동네 어린아이들을 무척 좋아했던 아버지를 자주 떠올리곤 하셨습니다. 그렇게 키운 손주들이 다 성장하니 어머니는 벌써 일흔의 중반을 넘긴 할머니가 되셨습니다.

자식 된 입장에서 어머니께 너무 죄송한 것은, 생계유지와 아버지 간병 때문에 쉴 새 없이 일만 하며 살아오신 어머니께 또다시 손주들을 맡기고 키워달라며 쉬시지 못하게 한 것입니다. 이제라도 즐겁게 사시도록 많은 걸 해드리고 싶지만, 어머니는 벌써 적은 연세가 아니라 이곳저곳 편찮으신 곳이 많아지고 있어 서글퍼집니다.

이번 한식에는 돌아가신지 22년이 지나 많이 낮아진 아버지 묘소의 봉분을 다시 높이려고 합니다. 그러면서 아버지에게 어머니의 여생을 즐겁고 건강하게 해달라는 소원의 말씀을 드리려고 합니다.

황선금(원풍동지회 회장)이 고 이제호 이사장에게 −

이제호 이사장은 1943년 전북 김제에서 태어나, 1967년 원풍모방(구 한국모방)에 입사하여 가공과에서 근무하였다. 1982년 원풍노조 9·27폭력사건 당시는 신협 이사장으로 재직하면서 노조 부조합장을 겸하였다.

그는 9·27사건 당시 600여 명의 여성 조합원이 4박5일간 단식농성을 벌일 때, 여성들에게는 없어서는 안 될 생리대를 공동구매조합에서 갖고 와 조합원들이 사용할 수 있도록 조치하였다. 또한 이미 지급받았던 추석 상여금을 농성장에서 분실할 수 있다고 판단하여 신협에 보관하도록 조치해 주는 등 조합원들의 편리를 챙겨주었다.

이 이사장은 단식농성으로 극심한 육체적 정신적 피로가 누적되면서 건강이 악화되었지만, 마지막까지 농성장을 지키다가 10월 1일 새벽 폭력배들에게 끌려 나갔다. 그는 그날 바로 관악지방노동사무소로 끌려가 노동쟁의조정법 위반이라는 혐의로 불구속 입건되었다.

그는 극심한 스트레스로 간경화증이 발병하여 병원에서 치료를 받으면서 1년여 간 재판을 받은 끝에 1983년 7월, 징역 10월에 집행유예 2년을 선고받았다. 재판정에서 이제호 이사장은 "노조 집행부 간부들은 모두 구속 수감되었는데, 나만 불구속이 되어서 부끄럽다"고 진술했다.

원풍 9·27사건으로 이제호 이사장을 비롯하여 남성 조합원 14명이 해고당했다. 해고
된 동료들이 블랙리스트에 올라 취업을 할 수 없게 되자, 그는 그들이 살아갈 수 있
는 방도로 자신의 집 지하에 콩나물공장을 만들어 함께 운영하려고 했다. 하지만 자
신의 건강이 약화되면서 그 계획도 무산되고 말았다.

동료애가 남달랐던 이제호 이사장은 남성 해고자들의 친목모임인 '정우회'에 참여하
여 함께 아픔을 나누며 격려하였다. 그는 온화한 성품이었지만 불의를 보면 참지 못
했다. 그는 사람이 살기 좋은 사회를 만들기 위해 더 많은 일을 하고 싶어 했지만,
9·27사건의 충격으로 발병한 지병이 악화되어 1997년 10월 3일, 54세의 일기로 생을
마쳤다.

그날은 아들 성훈이가 결혼식을 올리는 날이었다. 이 이사장은 아들의 결혼식을 보기
위해 가까스로 예식장 주차장까지 왔지만, 승용차 안에서 예식을 마쳤다는 소식을
들었을 뿐이다. 그날 저녁 우리 원풍동지들은 영정사진으로나 이제호 이사장을 만날
수 있었다.

고 이제호 이사장은 2007년에 '민주화운동 관련자 명예회복 및 보상에 관한 법률'에
의거, 민주화운동 관련자로 명예회복이 되었다. 2019년, 유족은 원풍동지회가 주관하
고 있는 국가배상소송에 참여하고 있다. 원풍동지회를 대표하여 고인의 미망인 김숙
자님과 자녀 성훈, 미진에게 위로와 격려의 인사를 드린다.

겨울에 피어난 꽃
양 승 화

어언 40여 년의 세월이 흘렀다. 지금도 170여 명의 동지들이 그때의 이야기를 나누며 웃음꽃을 피우기도 하고, 또 눈물을 자아내기도 한다. 무엇이 달랐기에, 그리고 무엇이 그리 좋았기에 그 고통스러웠던 기억이 오늘까지도 즐거움으로 남은 것일까?

노조는, 회사가 부도나도 조금도 흔들림 없이 회사를 지켜, 끝내는 정상화시키는 힘을 발휘하였고, 경영진이 노조를 무력화시키기 위한 방편으로 회사를 침몰시키려 해도 끝끝내 정상가동을 외치지 않았던가?

노조의 소그룹 활동은 조합원들이 조금도 흔들리지 않고 다른 눈으로 세상을 볼 수 있게 했다. 노조는, 간부와 대표자 중심의 노동운동을 넘어 조합원 중심의 노동운동으로 자리 잡게 한 동력이라고 할 수 있다.

최후의 1인까지 민주노조와 회사를 지키려는 4박5일의 단식·비폭력·생존권 투쟁은 무엇과도 바꿀 수 없는 잊지 못할 우리의 고귀함이요 자랑이었다. 국가폭력에 처음부터 한계를 갖고 대응할 수밖에 없었지만, 집행부와 동지들 간의 신뢰와 뜨거운 사랑으로 극복할 수 있었다. 1982년, 마지막까지 벌인 출근투쟁, 그리고 연행되었을 때 강력히 저항했던 그것이 우리들의 오늘을 있게 한 것이리라.

1982년의 9·27사건으로 해고를 당하고, 블랙리스트에 올라 감시를 받으며 제대로 직장 한번 가져보지 못하자, 사회와 가족으로부터 불순분자로, 빨갱이로 취급되며 아무 것도 할 수 없어 도망치듯이 결혼한 동지들도 많았다. 동지들이 그렇게 살아온 사연들을 정리하면서 나는 감동과 눈물로 그동안 가슴에 묻어두었던 내 기억도 쏟아져 나왔다.

원풍노조는 사회에 첫발을 내디딘 동지들에게 세상을 바로 볼 수 있게 하고,

올바른 가치관과 자아형성을 할 수 있도록 도와준 곳이다. 원풍노조와 함께 한 시간들을 통해 정치, 경제, 사회를 바로 볼 수 있는 안목을 갖게 되어 다행이라며, 자신의 인생에 있어 가장 큰 행운이라 생각하며 살아왔던 동지들의 마음이 고마울 뿐이다.

억울하게 해고를 당하고 블랙리스트로 인해 긴 세월 아픔을 겪었지만, 민주화운동 관련자로 인정되어 명예가 회복되고, 그 인증서와 함께 생활지원금을 받아 그 동안 우리를 움츠리게 했던 '좌경, 용공, 빨갱이'의 굴레에서 마침내 벗어날 수 있었다. 원풍노조를 견디게 한 치열한 투쟁들이 모여 하나의 꽃을 피워낸 것이다. 그 꽃은 권력의 모진 탄압을 견뎌 낸, 추운 겨울 눈보라 치는 벌판에서 피어난 꽃이라서 더 아름답다.

이 책은, '조국의 민주화'라는 화단에 뿌리를 내려 싹을 틔우고 결실을 이뤄낸 원풍노조가 노동운동의 후세들에게 그 어려웠던 시절, 굴하지 않고 열정적으로 활동한 선배 노동운동가로서 기억되기를 바라는 마음, 그리고 원풍 동지들의 진정성 있는 삶의 흔적을 담고자 노력했다.

다만 내가 정리한 부분이 동지들 각각의 독특한 색깔대로 표현되지 않았으면 어쩌나 내심 걱정이 된다, 그 동안 노동조합 지도부에 무한한 신뢰감과 사랑을 보내준 동지들에게 다시 한 번 감사드린다.

우리 서로, 다시 이름을 부르는 시간
장 남 수

이야기는 같고도 달랐다. 교복 대신 작업복을 입어야 했고, 자신보다는 가족을 짊어져야 했다. 드러냄에 거침이 없기도 했지만, 무겁게 눌러둘 수밖에 없는 지점도 있었다. 입을 열기도 전에 울기만 하는 사례도 있었다. 어쨌든 나의 동료들은 모두 근대의 가난한 딸들로 소박한 꿈을 꾸었던 이들이었다. 그런데 왜 원풍노조원이 된 소녀들은 흰머리가 성성한 지금도 촛불이나 피켓을 들고 서성이고 있는가?

그 지점을 잘 드러내고 싶었지만 쉽지는 않았다. 그러나 두말할 필요도 없이, 우리를 전사가 되게 한 것은 국가의 부당한 폭력이었다. 하지만 '빨갱이'로 호명되고 '블랙리스트'에 올라 있어도 굴하지 않고 싸운 노동자들은 늘 역사의 중심에서도 소외되었다. 그러하니 이 기록은 투쟁의 본질을 드러내는 '기억투쟁'이기도 할 것이다.

2019년 오늘도 춘례는 37년 전 원풍모방보다 더 열악한 조건에서 일하며, 노동의 퇴행과 바뀌지 않는 계급적 토대를 뼈아프게 증명한다. 목욕탕에서 남의 때를 밀어주며 인생을 깊이 통찰하는 순임, 밥을 통해 동네사람들과 어울려 에너지를 주고받는 선호, 딸 아들을 인연 맺게 하여 원풍 동료끼리 사돈이 된 점옥, 어린아이를 데리고 안 해본 일이 없는 세상살이를 거쳐 장례식장에서 일하는 영금, '인생 최고의 선택이 원풍노조 탈춤반'이었다고 말하는 화숙, 돈 벌어 명절에 동생들 옷 사들고 가고 싶어 공장노동자가 되었다는 신숙….

이들은, 9·27투쟁 이후 여공 한 명 감시하느라 시골 관공서가 온통 법석을 떨며 동원되었지만 끝내 각서를 거부하고 '해고자'가 되었다. 그 후 37년, 우리는 매년 9월이면 만사를 뒤로 하고 '원풍동지회'로 향한다. 원풍은 우리에게 무엇이었을까?

꿈 – 꿈을 꾸게 했다. 노동에 불안이 없었기에 소박한 일상의 평안을 꿈꾸기도 했고, 미래의 달라질 세상도 꿈꿀 수 있었다.

배움 – 한림학원, 고등공민학교, 산선이나 시국집회 등으로 학구적 열망을 대신했다. 계층상승 욕구라면 검정고시 등에 주력했을 터인데, 거의 그렇지 않았다. 노조활동으로 자긍심이 컸던 때라 내던져버린 건지도 모르겠다. 가족을 부양하거나 남동생이나 오빠의 학업은 지원하되 자신(딸)의 욕망은 접는 것이 '미덕'이었던 시대이기도 했다.

동료애, 청춘 – 많은 경우가 경제적으로나 환경적으로 어려운 가족관계에서 한 발 떠나 해방구 같은 느낌을 가졌던 것 같다. 청춘의 나이에 따뜻한 언니들과 처지가 비슷한 친구들을 만나 정을 쌓았다. 최적의 공동체 형성 공간이었던 노조와 기숙사가 가정의 역할을 대신했고, 간부들이나 동료가 사매 역할을 했다. '여고시절'

이 없는 우리들에게 이 시기의 기억들은 그것을 대신하는 아련한 추억이 되었다.

존엄, 그리고 정의 – 최고수준의 근로조건을 획득했던 민주노조를 만나 상대적인 만족도가 높았다. '노동'이 귀하게 인식되었고, 노동하는 스스로의 존엄이 긍정되었다. 노조활동을 하면서 정의로운 일에 동참한다는 자긍심도 있었다. 그 소중한 보금자리에 폭력이 가해졌을 때 투쟁은 당연했고, 더 단단한 결속이 되었다. 국가의 명예회복 조치를 통해 가족이나 주변에 한층 당당해진 것은 나중의 일이다.

그날, 원풍노조의 울타리는 찢겼고, 거부된 세월은 잔인했다. 고단하게 고개를 넘고 넘어 온 동료들은 하나같이 '원풍동지회'를 "이곳보다 더 편한 곳은 없다"고 했다. 되돌아갈 수 없기에 더욱 그리운 '청춘의 삶'이 여기에 담겨 있다. 동료들의 구술을 녹취하고 풀며 이해와 존중이 깊어졌다. 서로 다시 이름을 불러주는 느낌이었다. 나를 믿고 이야기를 담아준 직포과 동료들에게 깊은 애정과 감사를 전한다.

나를 돌아보게 되었던 시간
지 명 환

거울 앞에 선 내 모습이 낯설게 느껴질 때가 있으니, 세월이 많이 흐르긴 한 것 같다. 오랜 세월 노동자는 사회가 성장해 가는 과정에 필요한 하나의 톱니바퀴였다. 세상은 노동자가 자신들의 권리를 지키기 위해 치열하게 살아온 것엔 아무 관심도 없었다. 그러나 오늘의 한국사회를 만들어낸 '동력'은 70~80년대 생산현장에서 일했던 우리 노동자였고 민주노조였다.

조합원들의 증언록을 만들자는 논의를 거쳐 편집 팀에 참여하게 되었다. 작가도 아닌 내가 동료들이 쏟아 내는 이야기를 제대로 담아 낼 수 있을지 걱정되었다. 얼마나 많은 동료들이 참여할지도 의문이었다. 모두가 겪은 사건, 모두의 비슷한 경험을 책으로 엮는 게 무슨 의미가 있을까? 하지만 1982년 9월 27일 이후 시퍼렇게 멍든 가슴을 어루만지며 견디어 왔을 동료들, 그들의 삶을 이제라도 기록으로 남겨야 한다는데 동의했다. 이것은 개인적으로도 오래된 생각이었다.

126명의 동료들이, 숨기고 싶었던 가정사, 가슴속에 묻어 두었던 개인사를 울고 웃으며 들려주었다. 태어나서 자란 고향 산천의 모습과 힘겹던 시절의 이야기. 누군가의 딸이며 누이로서 짊어져야 했던 등짐과 상처들. 원풍이라는 공간에서 같은 시기에 겪은 사건이나 경험도 증언하는 이에 따라 기억과 느낌이 조금씩 달랐다. 같은 것이 있다면 단 하나, 그들의 중심에 원풍노조가 있었다는 것이다.

하나. 가장 빛나던 시절 – 10대 중반에서 20대를 그곳에서 보냈기 때문만은 아니었다. 아무 것도 가진 것 없는 어린 소녀들은 그곳에서 꿈을 꾸었다. 무엇이든 할 수 있다는 자신감도 키웠다. 어린 나이에 돈을 벌어야 했던 그들에게 노동조합은 비빌 언덕이었고 울타리였다. 원풍의 노동조합이 아니었으면 그곳은 그저 돈 버는 일터였을 것이다.

둘. 분노와 아픔의 상처 – 국가 폭력으로 노동조합이 점거당하고, 이에 저항하다가 처절하게 끌려나와 해고당한 분노. 두메산골, 바다 건너 작은 섬까지 권력의 손길이 뻗쳐 부모형제를 겁박했던 상처. 블랙리스트로 인해 어느 곳에도 취업할 수 없어 위협 받았던 생존.

셋. 동료가 있어 언제나 그리운 곳 – 어린 나이에 부모형제를 떠나 돈을 벌어야 했던 두렵고 강팍했던 세상. 따뜻한 동료애가 있어 외로움도, 슬픔도, 노동의 힘겨움도 견딜 수 있었다. 기계의 소음과 먼지 속에서도 넓은 세상을 배울 수 있었다. 세상의 다양함을 경험하고 정의로운 행동에도 참여할 수 있었던 곳이었다.

동료들에게 원풍은 이렇게 세 가지로 압축된다. 그래서 세월이 흘러 어머니가 되고 할머니가 되었어도, 그 시절의 이야기를 나누며 초롱초롱 눈을 빛내는 동료들. 그들이 살아온 신산한 삶의 기록에 태고의 화석처럼 가슴에 박힌 원풍노조 조합원이었다는 자부심. 그것은 지금도 진행 중이다.

동료들의 구술을 글로 풀어가는 작업을 하면서 많은 것을 생각하게 되었다. 2년 3개월 원풍노조에서 활동했던 시간, 그리고 10여 년 노동운동을 하면서도 알지 못했던 것들을 배울 수 있었다. 동료들은 노조를 위해 아무 것도 한 것이 없어 미안했다고 말한다. 왜 그들이 아무 것도 한 일이 없겠는가? 앞에 나서지는 못했지만, 조직을 믿고 무조건 따랐다고 말하던 동료들. 그런 이들이 있어 원풍 조직은 건재했고, 앞으로 나아갈 수 있었던 것이다. 권력이 국민으로부터 나오는 것처럼, 노조의 힘도 조합원으로부터 나온다는 걸 새삼 확인할 수 있었던 시간이었다.

믿음이 힘이었다!
황 선 금

원풍 동지 126명의 증언록 정리를 마감하였다. 돌이켜보면 2016년 광화문 광장을 촛불로 밝히던 그 즈음부터였다. 예상보다 많은 동지들이 참여하였고, 한 명 한 명 만날 때마다 뜻깊은 시간이었다. 또 우리 스스로가 만들어가는 책이라서 흐뭇했다.

증언록 정리에 참여하면서 나는 '원풍사람'인 우리가 추구하는 가치가 무엇일까, 그 가치가 무엇이기에 '9·27사건'이 일어난 지 37년이 지나도록 모임을 이어오는 것일까, 하는 의문이 생겼다. 동지들의 글을 읽고 난 지금, 그 답이 어렴풋이 떠오른다. 한 두 마디로 딱 부러지게 정의할 수는 없지만, 그것은 '신뢰'와 '행복'이 아닐까.

우리는 투쟁과 고난을 함께 하면서 '원풍'에 대한 믿음이 생겼고, 또 원풍에 다니면서, 원풍과 마지막을 함께 하면서, 그리고 원풍을 되찾기 위해 뛰어다니면서 행복을 느꼈다. 동지들은 지난날의 기억을 풀어내면서 원풍에 다니며 노조 활동을 했던 그 시절이 가장 행복했다고 말한다. 풋풋한 젊은 날의 추억이 머문 곳이라서 그런 걸까? 그게 모두일까? 올바른 가치가 무엇인지 깨닫고, 또 그것을 추구하며 행동했기에 자존감을 갖고 차별을 뛰어넘을 수 있었다. 몸은 고달 팠어도 꿈이 있었고, 그 꿈을 실현해 나가려는 희망이 있었다.

오래된 시간을 소환하는 일은 쉽지 않았다. 모두가 60대 이쪽저쪽이지만, 여전히 한가롭지가 않다. 자영업을 하는 동지들 외에도 요양보호사, 마트 판매원, 산후도우미, 청소부, 식당 등에서 일용직 노동자로 살아간다. 쉬는 날도 들쭉날쭉해 약속잡기도 만만치 않았다. 하기야 뚜렷한 기술도, 탁월한 지식도 없는 우리들의 삶에서 전과 달라진 것이 무엇이 있겠나싶다. 재난같이 달려드는 노후 준비에 마음이 바빠지고, 늘어나는 나이테만큼이나 아픈 곳만 늘어나니, 모두가 쉬운 삶은 아닐 것이다.

삶이 팍팍해서였을까. 좋은 만남, 아름다운 풍경, 즐거운 추억들은 기억 속에 잘 저장해 놓은 듯했지만, 고단하고 아팠던 일들은 머릿속에서 지워져버린 듯도 했다. 아픈 기억들을 이야기할 때는 구술자와 함께 가슴이 메어져 흐느낌으로 응답을 한 적도 있었다. 이영섭, 기성순 부부의 '원풍 9·27사건' 때 겪어내야 했던 신산한 가족사는, 국가폭력에 의한 상처는 아무리 세월이 흘러도, 어떤 보상을 받더라도 쉽게 아물 수 없다는 사실을 깨닫게 해주었다.

2007년, 우리는 민주화운동가로 명예회복이 되고 생활지원금도 받았다. 명예회복은 국가폭력으로 상처받은 우리들의 자존심을 되찾은 것이자, 권력에 굴복하지 않았던 자긍심의 결과이다. 물론 그것이 우리의 청춘을, 그리고 그 앞에 펼쳐졌을 미래를 무참히 짓밟힌 대가가 될 수는 없을 것이다.

카뮈가 말했듯, 삶은 부조리한 것이다. 시지프스가 끊임없이 굴러 떨어지는 바위를 밀어 올리듯이, 부조리에 굴복하지 않고 투쟁하며 살아가는 삶이 행복한 삶이라고 앞선 사람들은 말한다. 우리가 37년이 지나도록 함께 만나고, 함께 행동하는 바탕에는 그 부조리한 삶에 굴하지 않고 살아갈 수 있는, 서로가 서로를 신뢰하는 마음이 있기 때문이리라.

우린 그런 삶이야말로 진정으로 행복한 삶이라는 경험을 푸르른 시절 원풍에서 이미 공유하고 있었다. 오늘도 우리 모두는, 사람이 잘 살아가는 세상을 바랐던, 원풍노조가 꿈꾸었던 그 희망의 끈을 놓지 않고 있다. 원풍 동지들께 사랑과 신뢰의 마음을 담아 고마움의 인사를 드린다.

▎원풍모방 민주노조가 걸어온 길

1953년	한국견방주식회사 설립. 이후 한국모방을 거쳐 원풍모방으로 상호 변경.
1963년	전국섬유노동조합 한국모방분회 결성.
1972년	어용노조를 민주노조로 개혁.
1974년	노사공동경영체제 출범. 방용석 노조 지부장체제 출범.
1980년	방용석 지부장 해고. 주요간부 48명 합수부에 연행된 후 14명 강제해고. 남성 간부 4명 삼청교육대 압송.
1982년	9월 27일 정치권력과 회사의 야합 하에 노조파괴 폭력사건 발생. 노조 간부 8명 구속 강제해고 559명.
1983년	원풍모방노조 해고자 복직투쟁위원회 결성.
1988년	원풍모방노조운동사 『민주노조 10년』 출간.
2001~09년	'민주화운동 관련자 명예회복 및 보상심의에 관한 법률'에 의거, 원풍 해고자 방용석 외 157명 민주화운동 관련자로 인정.
2010년	『원풍모방노동운동사』, 생애사 『못다 이룬 꿈도 아름답다』 출간.
2010~19년	원풍모방 해고자 135명 국가배상 확정판결.
2011년	원풍동지회 결성.
2016년	원풍모방 해고자 생애사 『공장이 내게 말한 것들』 출간.
2019년	원풍모방 해고자 126명 구술증언록 『풀은 밟혀도 다시 일어선다』 출간.

▎원풍모방 공장배치도

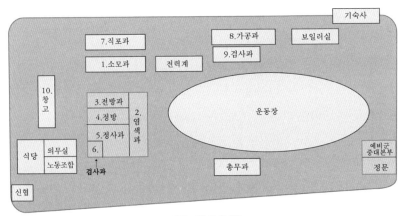

── 원풍모방 작업과정 ──

▌원풍모방의 작업공정 및 현장관리체계

[작업공정]

1. **소모** 양모를 씻어 깨끗한 원료를 만들어 전방으로 보내는 공정. 세척에 사용되는 세제와 기름기가 수질오염을 유발.

2. **전방** 폴리에스텔 원료에서 이물질을 골라내고 섬유를 나란히 펴는 작업을 거쳐 염색한 원료 폴리에스텔과 양모를혼합 믹스하는 실 생산 전 단계 공정. 기계 부딪히는 소리, 솜먼지 발생.

3. **.염색** 소모(양모), 전방(폴리에스텔)에 넘어온 원료 또는 실의 염색 공정. 염색 원료에서 심한 악취 발생.

4. **정방** 전방에서 넘어온 실을 가늘게 늘리고 회전시켜 단사를 생산하는 가장 정밀기술이 필요한 공정. 습도가 높고 온도가 높아 여름철 근무 애로.

5. **정사** 정방에서 넘어온 단사를 합사하여 고정하는 공정. 스웨터를 짜는 털실이 염색에서 넘어오면 지관에 감. 작업과정에 먼지가 많이 나지만 다른 부서에 비해 작업환경은 양호.

6. **검사** 정사에서 생산한 실을 검사하는 공정. 시력이 좋아야 함.

7. **방적** 보전 방적기계를 수리하는 공정.

8. **직포** 양복지를 짜는 공정. 방직기의 북 치는 소리가 심하여 귀막이를 사용해야 함. 소음이 커 직포 근무자는 목소리가 크며 손동작으로 작업지시를 함.

9. **가공과** 직포에서 넘어온 양복지를 빨고 다리고 흠을 수선하는 공정. 물을 많이 사용하여 습도가 높음. 남성 근로자들이 다수로 노조 참여율 저조.

10. **가공수정부** 양복지의 가공단계에 흠과 변색을 검사하여 짜깁기를 하는 공정.작업환경이 조용하고 정결함.

[현장관리체계]

1. **담임** 공고 출신의 남성기사 중에서 입사 순으로 선임된, 한 부서의 생산 관련 총책임자.

2. **반장** 여성 공원 중에서 입사 순으로 선임된, 담임 아래 직급의 작업관리 책임자.(완장 줄 3개)

3. **부반장** 여성 공원 중에서 입사 순으로 선임된, 반장 아래 직급의 작업 준비 및 생산 공정 책임자. (완장 줄 2개)

4. **지도공(조장)** 여성 공원 중에서 입사 순으로 선임된 부반장 아래 직급으로, 일정한 범위 내에서의 작업준비와 생산공정 점검, 진행 책임자.(완장 줄 1개)

5. **기능공(원공)** 독립적으로 작업을 하거나 기계를 운용할 수 있는 숙련공.

6. **양성공(훈련생)** 입사 후 3개월간의 수습기간을 갖는 미숙련공.

풀은 밟혀도 다시 일어선다

1판 1쇄 인쇄 | 2019년 10월 10일
1판 1쇄 발행 | 2019년 10월 15일

엮은이 | 원풍동지회
펴낸이 | 양기원
펴낸곳 | 학민사

등록번호 | 제10-142호
등록일자 | 1978년 3월 22일

주소 | 서울시 마포구 토정로 222 한국출판콘텐츠센터 314호(04091)
전화 | 02-3143-3326~7
팩스 | 02-3143-3328

홈페이지 | http://www.hakminsa.co.kr
이메일 | hakminsa@hakminsa.co.kr

ISBN 978-89-7193-256-8 (03330)

이 도서의 국립중앙도서관 출판시도서목록(CIP)은 e-CIP홈페이지(http://www.no.go.kr/ecip)와
국가자료공동목록시스템(http://nl.go.kr/kolisnet)에서 이용하실 수 있습니다.
(CIP제어번호 : CIP2019036466)

＊ 이 책은 민주화운동기념사업회의 지원으로 제작되었습니다.
＊ 본문에 실린 내용은 구술자와 원풍동지회의 증언입니다. 내용에 관한 모든 책임은 구술자와 원풍동지회에 있습니다.